V&R

Kommentar zu den Apostolischen Vätern

Herausgegeben von
N. Brox, G. Kretschmar und
K. Niederwimmer

Siebenter Band

1991

Vandenhoeck & Ruprecht
in Göttingen

Der Hirt des Hermas

Übersetzt und erklärt von
Norbert Brox

1991
Vandenhoeck & Ruprecht
in Göttingen

Ergänzungsreihe zum
Kritisch-exegetischen Kommentar
über das Neue Testament
Band 7

Die Deutsche Bibliothek – CIP-Einheitsaufnahme

Kommentar zu den Apostolischen Vätern : [Ergänzungsreihe zum Kritisch-exegetischen Kommentar über das Neue Testament] / hrsg. von N. Brox ... – Göttingen : Vandenhoeck und Ruprecht.

NE: Brox, Norbert [Hrsg.]: Kritisch-exegetischer Kommentar über das Neue Testament

Bd. 7. Brox, Norbert: Der Hirt des Hermas. – 1991

Brox, Norbert:
Der Hirt des Hermas / übers. und erkl. von Norbert Brox. – Göttingen : Vandenhoeck & Ruprecht, 1991
(Kommentar zu den Apostolischen Vätern ; Bd. 7)
ISBN 3-525-51674-6
NE: Hermas: Der Hirt

Gedruckt mit Unterstützung des
Förderungs- und Beihilfefonds Wissenschaft
der VG Wort

Gesetzt aus Baskerville auf Linotron 300 System 4
Satz und Druck: Gulde-Druck GmbH, Tübingen
Bindearbeit: Hubert & Co., Göttingen

Vorwort

Der „Hirt“ des Hermas ist ein merkwürdiges Buch. Wäre es verlorengegangen, kein Mensch käme darauf, mit einer solchen Schrift im Frühchristentum der Stadt Rom um die erste Jahrhundertwende zu rechnen. Möglicherweise hat Hermas seine seltsamen Ideen zwar von außerhalb Roms mitgebracht, aber jedenfalls hat seine Schrift bei den Christen der Stadt Rom Akzeptanz gefunden. Denn ganz anders als heute, da nur Spezialisten dieses frühchristliche Buch kennen und kaum jemand es jemals ganz liest, war es vom zweiten Jahrhundert an bis über das Mittelalter hinaus ausgesprochen beliebt und bekannt. In der alten Kirche wurde es mit seinen populären Attraktionen in Form und Inhalt enorm geschätzt, oft zitiert und ausdrücklich empfohlen, so daß es sogar in den „Verdacht“ geriet, als kanonisch gegolten zu haben.

Dem heutigen Leser geht es anders mit diesem Buch. Was die Alten fasziniert hat, wirkt auf ihn wie eine Abfolge von Banalitäten. Zumal der große Handlungsrahmen, die visionäre Welt des Hermas, deren Fülle an stupenden Gestalten und Abläufen in ihren Bann ziehen will, mutet als triviale Fiktion an. Die Erzählungen und Deutungen der Visionen und ihrer Botschaft von der rettenden Buße sind weithin langatmig, die ausgetretenen Paränesen monoton. Hermas hat eine unendliche Vorliebe für Wiederholungen. Andererseits gibt es durchaus unterhaltsame Passagen und psychologisch kluge Schritte der moralischen Motivation. Der pastorale Ernst und die Warnungen vor Verharmlosung der Sünde sind zweifellos eindrucksvoll, noch mehr die vielen Texte zu einer sozialen Ethik. Eine Art Entdeckung kann etliches aus der Theologie des Hermas sein, in erster Linie die hochinteressante Christologie judenchristlichen Zuschnitts. Die Schrift dokumentiert ausführlich eine sonst nirgends antreffbare Variante des Frühchristentums. So geläufig die Themen sind, so ungewohnt ist ihre Entfaltung und so subtil und risikoreich ist es, die Sprache und Logik des Buches zu verdolmetschen. Mit seinen vielen Unschärfen und Oszillationen verführt es den Interpreten, in der Auslegung manches plausibler und klarer werden zu lassen, als es dem Hermas selbst gelungen ist – Aufgabe und Grenze der Interpretation.

Verzichtet man darauf, Hermas in solcher Art verbessern zu wollen, kommt die Texterklärung nicht immer völlig widerspruchsfrei davon. Genau das entspricht diesem eigentümlichen Buch.

Der bisher einzige wirklich genaue und ausführliche Kommentar zum „Hirten“ ist der von Martin Dibelius aus dem Jahr 1923. Die Maßstäbe, die er gesetzt hat, haben sich behauptet, aber natürlich ist seither die Forschung zu Hermas weitergegangen. Die Auslegung hat mit den Eigentümlichkeiten und der Fremdartigkeit dieses Buches zu kämpfen. Man spürt als Ausleger ein extremes Unvertrautsein mit Diktion, Inhalt und Milieu des Buches, und man überwindet – so meine Erfahrung – dieses Unvertrautsein bis zum Schluß der Arbeit am Text nicht restlos.

Das zentrale Thema des „Hirten" ist die Rettung der getauften Sünder durch Buße. Die Rezeption hat sich im Laufe der Zeit auch für etliche andere Teilthemen interessiert. Beim derzeitigen Interesse an sozialgeschichtlicher Aufhellung der Frühgeschichte des Christentums hat das Buch mit einer Anzahl einschlägiger Informationen, die es enthält, gute Chancen, mehr als bislang beachtet zu werden. Eine ganze Anzahl von Studien zum „Hirten" aus dem letzten Jahrzehnt im In- und Ausland zeigt das bereits.

Es ist mehr als Konvention, wenn ich hier festhalten möchte, wer in hohem Maß am Werden dieses Kommentars mitgeholfen hat. Frau Olga Krieger ist für die ausgezeichnete, mit viel Geduld und Genauigkeit angefertigte Druckvorlage zu danken. Für äußerst sorgfältige und kompetente Mitarbeit bei der Erstellung und wiederholten Korrektur des Manuskripts sowie für kritische Diskussionen zur Interpretation danke ich dem ersten Leser dieses Kommentars, Franz Dünzl, und für optimale Zuarbeit Norbert Nagler, für bibliographische Hinweise und computer-technische Hilfe auch Dr. Ferdinand-Rupert Prostmeier und Bruno Steimer.

Da ich den Kommentar vorlege, fühle ich mich entlastet durch Franz Overbeck (285): „Die Lösung aller Räthsel des Hirten wird man von keinem Ausleger erwarten."

Norbert Brox

Inhalt

Zeichen und Abkürzungen

1. Sigel und Abkürzungen der im Kommentar angeführten Handschriften, Fragmente, frühen Benutzer und Übersetzungen[1]

S	= Codex Sinaiticus (4. Jh.)
S^{c}, S^{d}	= spätere Korrekturen des S
G	= Codex Athous (15. Jh.)
M	= Papyrus 129 Universität Michigan (3. Jh.)
F	= Pariser Florilegien-Handschrift (vgl. Vorwort zu Whittaker, 2. Aufl.)
PAm	= Amherst Papyrus II 190, aus einem Codex des 6. Jh.s
Ant.	= Antiochos, Πανδέκτης τῆς ἁγίας γραφῆς
Ath.	= Pseudo-Athanasios, Διδασκαλίαι πρὸς Ἀντίοχον
Ath.^{2}	= Überlieferung des Codex Parisinus gr. 635
L^{1}	= Altlateinische Übersetzung, sog. Vulgata
L^{2}	= Lateinische Übersetzung, sog. Palatina
LL	= Beide lateinische Übersetzungen übereinstimmend
E	= Äthiopische Übersetzung
C^{1}	= Achmimische Übersetzung

2. Zeichen in Text und Übersetzung

[ ]	= Überlieferte Lücke im griechischen oder lateinischen Text
⟨ ⟩	= durch Konjektur gewonnener Zusatz, ohne Anzeichen einer Lücke in den Textzeugen
( )	= sinngemäße Ergänzung des Übersetzers

3. Werkbezogene Abkürzungen

H	= Hermas	Sim	= Similitudines (Gleichnisse)
PH	= Pastor Hermae	Vis	= Visiones (Gesichte)
Mand	= Mandata (Gebote)		

4. Griechische Bibelübersetzungen

Aq	= Aquila	Sym	= Symmachos
LXX	= Septuaginta	Theod	= Theodotion

---

[1] In Anlehnung an das ausführliche Verzeichnis mit Erläuterungen bei Whittaker, XXV–XXVI; vgl. Einleitung § 1.

A. Einleitung

§ 1 Titel, Überlieferung und Zählung des Textes

Der Titel des umfangreichen Buches „(Der) Hirt" ist textgeschichtlich gut gestützt (s.z.St.).[1] Er erklärt sich aus der dominierenden Rolle, die der in Gestalt eines Hirten auftretende Buß-, Schutz- und Strafengel als Offenbarungsübermittler im „Hirtenbuch" (= Vis V bis Sim X) spielt. Der Titel deckt also an sich nur einen Teil des Buches ab, weil die Offenbarergestalt im Visionenbuch (Vis I–IV) nicht der Hirt, sondern eine (alte) Frau (= die Kirche) ist. Erst bei der Endredaktion des PH, als das Visionen- dem Hirtenbuch vorgeschaltet wurde (s. § 4), kann also dieser Titel über das gesamte Buch in seiner vorliegenden Form gesetzt worden sein. Zum Visionenbuch hat er dadurch keinerlei Bezug bekommen. Dieses hat seinerseits ursprünglich sicher einen eigenen Titel getragen, der aber durch den jetzigen Gesamttitel verdrängt wurde und unbekannt ist.[2]

Seit seiner Entstehung im 2. Jh. ist der PH kontinuierlich bekannt gewesen (s. § 8), allerdings war der griechische Text[3] verschollen, bis er ab 1855 aus einer Athos-Handschrift des 15. Jh.s (= G; beschrieben von Whittaker, IX–XI), die allerdings nur bis Sim IX 30,2 reicht, wieder ans Licht kam.[4] Auch die Entdeckung des Codex Sinaiticus (= S) aus dem 4. Jh. durch A. F. C. Tischendorf 1844 und 1859 war ein Glücksfall für den PH, denn er findet sich darin hinter dem Barnabasbrief im Anschluß an das NT eingeordnet[5], – aber wieder unvollständig, nämlich nur bis Mand IV 3,6, d.h. zu einem knappen Drittel erhalten.[6] Aus den zahlreichen Papyri ist wegen seines Umfangs und der Qualität seines Textes der Papyrus 129 Michigan

---

1 Dazu Giet, Hermas, 70f.

2 Auch aus den vorhandenen Papyri läßt er sich nicht rekonstruieren: Carlini, La tradizione testuale del Pastore di Erma, 33f.

3 Zum folgenden Gebhardt-Harnack, V-LXXXIV; Whittaker, IX–XXVI; Musurillo; Philologisches bei Donaldson; Giet, Hermas, 47–63; Vielhauer, NTApo 2^4, 1971, 444f.; Vielhauer-Strecker, NTApo 2^5, 1989, 537f.; Joly, 58–62, der die Fragmente praktischerweise in der Folge des Textes katalogisiert; Hilhorst, Sémitismes, 15–18; Paramelle, 316–318.

4 Siehe Whittaker, IX–XI, auch zur (die Erst-Edition verzögernden) Fälschungsgeschichte des Konstantin Simonides; vgl. Harnack, Fälschung; ders., Wiederauffindung; auch Gebhardt-Harnack, V–IX; ferner Jallabert.

5 Zum Streit um die Plazierung des PH in S bzw. in den Handschriften ursprünglich am Ende des NT oder des AT (als Teil des Propheten-Kanons) siehe Turner, Prophets; dagegen Mercati, Place.

6 Alles Genauere zur Beschreibung der Handschriften und zum Wert ihres Textes s. Whittaker, XIf.

(3. Jh.) (= M) zu nennen, der von Sim II 8 bis IX 5,1 reicht.[7] Die große Zahl kleinerer Fragmente von unterschiedlichem Wert vergrößert sich noch immer[8]; man wird sie in einer zu erwartenden Neuausgabe des griechischen PH verwertet finden.[9]

Wichtig sind auch die alten Übersetzungen des „Hirten". Das ganze Buch ist in zwei schwer datierbaren, wahrscheinlich aber doch recht alten lateinischen Übersetzungen erhalten (an denen im Westen schon früh Bedarf bestanden haben muß), nämlich in der (auf ca. 200 n. Chr. geschätzten[10]) sog. *Versio Vulgata* (= L^1) und der (ins 4./5. Jh. datierten) sog. *Versio Palatina* (= L^2); die erstere ist in archaischem Stil ungeschickt buchstäblicher Wiedergabe (wie altlateinische Bibelübersetzungen und der lateinische *1 Klem*), die zweite in korrektem Latein gehalten.[11] Die *Versio Vulgata* gehört zu den spärlichen Beispielen nichtbiblischer Übersetzungen aus dem altlateinischen Zeitraum der Kirche.[12] Eine *äthiopische Übersetzung* (= E) von verhältnismäßig hohem Alter ist ebenfalls komplett (wahrscheinlich 6. Jh.). Etliche (nur fragmentarisch erhaltene) koptische u. a. Übersetzungen kommen hinzu.[13]

Die herkömmliche Zählung der Kapitel mit Angabe der Buchteile (Vis, Mand, Sim) wurde hier beibehalten, weil sie trotz ihrer Umständlichkeit doch den Vorteil hat, dem Leser übersichtlich zu vermitteln, zu welchem Werkteil der jeweilige angegebene Text gehört, was in vielen Fällen für die Lektüre nicht überflüssig ist. Die Durchzählung von 114 Kapiteln bei Whittaker und Joly, die auch in diesem Kommentar stets mitläuft, ist praktischer, aber weniger informativ und klar.[14]

---

[7] Whittaker, XII–XIV und die Studien von C. Bonner.

[8] Siehe insbesondere die Veröffentlichungen von A. Carlini, K. Treu, R. A. Pack.

[9] Angekündigt von K. Wengst, IX, und zwar im Rahmen der SUC. Eine Teil-Edition (Vis I–III) aus Papyrus Bodmer XXXVIII ist in Kürze von A. Carlini zu erwarten (briefliche Mitteilung vom 20. 10. 1990) und im Verzeichnis der Editionen hier bereits angezeigt.

[10] So z. B. Staats, Hermas, 100; Hilhorst, Sémitismes, 15. Zur kirchensprachgeschichtlichen Einordnung siehe G. Kretschmar, TRE 19, 1989, 77 Zeile 57.

[11] Dibelius, 418; Daniélou, Christianisme latin, 25.

[12] H. Marti, Übersetzer der Augustin-Zeit, München 1974, 19. – Zur Eigenart, Technik und Äquivalenten-Wahl der lateinischen Übersetzungen des PH s. Mazzini-Lorenzini.

[13] Detaillierter Whittaker, XVI–XVIII; Dibelius, 416–419. Zum einzigen sahidischen Textzeugen des PH äußert Lucchesi, Le *Pasteur* die Vermutung, daß er ursprünglich aus zwei Teilen bestand, von denen der erste die neutestamentliche Offb samt den Vis, der zweite die Mand und Sim enthielt, so daß der PH hier (analog zur Situation im S) im Anschluß an das Neue Testament zu stehen kam, was für die Frage kanonischer Ambitionen des Buches (vgl. § 9) von Bedeutung ist.

[14] Dieselbe Option bei Vielhauer-Strecker, NTApo 2^5, 1989, 538; Staats, Hermas, 101.

§ 2 Person, Rang und Autorität des Hermas

Der PH hat einen einzigen Verfasser (zur Diskussion um die Vermutung mehrerer Autoren siehe § 4). Der Name Hermas[1] ist elfmal im Text gebraucht (Kraft, Clavis, 177). Seine Echtheit in Zweifel zu ziehen und ihn für ein gezieltes Pseudonym zu halten[2], besteht kein triftiger Grund.

1. Die Suche nach prosopographischen Auskünften über H stößt auf Schwierigkeiten. Die beiden einzigen externen Mitteilungen über ihn sind unergiebig. Das Muratorische Fragment erwähnt im späten 2. Jh. bzw. um die Wende zum 3. Jh.[3] in Rom oder jedenfalls im Westen[4] den „Hirten", um ihm seinen regional erlangten kanonischen Rang abzusprechen, weil „er ein junges, erst um 145 geschriebenes Buch ist"[5] (d.h. „Hermas gehört nicht mehr in die alte, apostolische Zeit"[6]), ihn für die erbauliche Lektüre aber zu empfehlen (*legi eum oportet*); und bei dieser Gelegenheit äußert er über die Entstehungsverhältnisse des „Hirten" und über dessen Verfasser: „Den Hirten aber hat ganz vor kurzem zu unseren Zeiten in der Stadt Rom Hermas verfaßt, als auf dem Thron der Kirche der Stadt Rom der Bischof Pius, sein Bruder saß usw." (Zeile 73–77).[7] Diese Daten werden in der Forschung historisch recht ernst genommen, und Zuschreibung wie Datierung des Buches werden daran orientiert, so daß der PH nicht zu lange nach (oder auch bereits vor oder während) der gewöhnlich ca. 140–155 n. Chr. angesetzten „Amtszeit" des Pius entstanden und H als Bruder des stadtrömi-

---

[1] Baumgärtner, 86f.: „Ἑρμᾶς ist nichts anderes als die dorische Form von Ἑρμῆς."

[2] So z. B. Enslin, 295 (Apokalypsen waren pseudepigraphisch, und es liegt nahe, den Namen mit Hermes, dem Gott der Herden aus Arkadia [Sim IX 1,4], in Verbindung zu bringen); Behm (der Verfasser ist unbekannt); Fuchs, 40 A.1 („Hermas" ist ein Pseudonym); vgl. Coleborne, The Shepherd, 70 (zur Anonymität von Mand I–XII 3,3); dagegen A. Jülicher, PRE 1, 1894, 2835: H ist der einzige Verfasser einer Apokalypse, der sich nennt, der PH folglich „die einzige nicht-pseudepigraphische Apokalypse"; gegen die Annahme von Fiktion auch Dibelius, 423; Baumgärtner, 75 richtig: Pseudepigraphische Absicht wäre „sehr schlecht ausgeführt".

[3] Es wird bei dieser Datierung des Fragments wohl bleiben, vertreten z. B. von J. Schmid, Muratorisches Fragment, LThK 7^2, 1962, 692f.; von Campenhausen, Entstehung, 283 mit A.193; W. Schneemelcher, NTApo 1^5, 1987, 20f. mit A.37; E. Ferguson, Canon Muratori. Date and Provenance, StPatr XVII/2, Oxford u. a. 1982, 677–683 unter Kritik an A. C. Sundberg, Canon Muratori: a fourth century list, HTR 66, 1973, 1–41; vgl. ders., StEv IV, TU 102, Berlin 1968, 452–461, der ins 4. Jh. datiert, dafür aber bessere Argumente hat als Coleborne, Approach (1965), 618f. für seine Datierung nicht vor 300 n. Chr. aufgrund der dekadenten Latinität und einer vermuteten antiarianischen Tendenz des Fragments.

[4] Zahn, JDTh 19, 1874, 145f.: in einer anderen Kirche Unter-Italiens; andere denken an Africa.

[5] Zahn, Geschichte des Neutestamentlichen Kanons II, 1890/ 1892, 116.

[6] H. von Campenhausen, Entstehung, 299.

[7] Übers. von Schneemelcher, NTApo 1^5, 1987, 29; der Text der barbarischen lateinischen Fassung (des ursprünglich wahrscheinlich griechischen Fragments): *Pastorem vero nuperrime temporibus nostris in urbe Roma Hermas conscripsit sedente cathedra urbis Romae ecclesiae Pio episcopo fratre eius etc.*

schen Bischofs Pius der prominente Autor wäre.[8] Aber um die Sicherheit dieser Angaben steht es nicht sonderlich gut, weil das Muratorische Fragment eine deutliche Tendenz zur Spätdatierung des PH verfolgt, um dessen Autorität zu reduzieren (s. o.); und die völlig selbstverständliche Rede vom „Bischof Pius" angesichts der (gerade durch den PH bestätigten [vgl. Exkurs: Die kirchliche Verfassung]) Verlaufsgeschichte des Monepiskopats in Rom doch eine eher legendäre Perspektive auf die Frühgeschichte der römischen Kirchenverfassung verrät, wie man sie am Ende des 2. Jh.s hatte.[9] Abgesehen von der Unsicherheit, die diesen Auskünften im ältesten Kanon-Verzeichnis anhaftet, ist ihr prosopographischer Informations-Wert nicht gerade spektakulär, zumal diese etwaige Verwandtschaft mit Pius im PH nirgends eine Rolle spielt und keine erkennbare Beeinflussung auf H ausübt.

Die zweite externe Information liefern Origenes (*CoRom* X 31)[10] und (von ihm abhängig?) Euseb (*h. e.* III 3,6)[11], die die Meinung kennen, daß es sich beim Verfasser des PH um den Hermas von Röm 16,14, also um einen Mann der ersten Generation handelt, was aber auf freie Erfindung in späterer Zeit zurückgehen wird, und beide drücken sich auch auffällig vorsichtig aus; Origenes formuliert: „ich meine (*puto tamen*)", und Euseb: „man sagt (φασίν)". Ohne eigenen historischen Informationswert identifizieren den Verfasser des PH mit dem Hermas aus Röm 16,14 viel später auch der *Catalogus Liberianus* aus dem „*Chronograph vom Jahre 354*" und auf seiner Grundlage der ab dem 6. Jh. entstandene *Liber Pontificalis I,14* sowie dessen spätere Rezensionen und weitere Papstverzeichnisse.[12]

2. Bleibt also das Buch des H selbst, das eine ganze Reihe von Angaben zur Person enthält. Man kann sie indes nicht unbesehen als historische Informationen verwerten, weil es sicher ist, daß H fingierte Angaben auch zur eigenen Person in literarischer Funktion dazu benutzt, Modelle zu konstruieren, an denen er typische christliche Verhaltensweisen zwischen

[8] So z. B. Gebhardt-Harnack, LXXVII; Overbeck, 284; Baumgärtner, 94; Dibelius, 421 f. (gegen Edmundson); mit Entschiedenheit Molland, 242; Kraus, 255; H. Lietzmann, Geschichte der Alten Kirche 2, Berlin-Leipzig 1936, 84; etwas zurückhaltender Vielhauer, Geschichte, 522; völlig ablehnend Streeter, 211 f.

[9] Vielhauer, Geschichte, 522 erleichtert wohl aus Rücksicht auf diese Bedenken die Annahme der Historizität dieser Verwandtschaftsangabe (H-Pius) durch eine terminologische Korrektur am Fragment: „Verwandtschaft des Autors mit dem römischen Bischof – richtiger wohl Presbyter"; schon Gebhardt-Harnack, LXXVII gaben zu bedenken: „Atqui tempore, quo scripsit Hermas, episcopum (stricte hanc vocem interpreteris) nondum ecclesiam Romanam gubernasse, ex ipso libro evincitur."

[10] Der Text: PG 14, 1282. Diese alte Meinung wird geteilt von Jachmann in den ersten beiden Kapiteln seiner Studie (Kritik durch K.J. Hefele, ThQ 1839, 170–178) und für erwägenswert gehalten beim Autor des Visionenbuchs von Coleborne, Approach (1965), 70.

[11] Der Text: E. Schwartz – T. Mommsen (ed.), Eusebius Werke 2. Bd. Die Kirchengeschichte 1. Teil (GCS 9/1), Leipzig 1903, 190.

[12] Kurz-Informationen über die genannten Bücher: B. Altaner – A. Stuiber, Patrologie, Freiburg-Basel-Wien 1980^9, 230.472; A. Bigelmair, Chronograph vom Jahre 354, LThK 2^2, 1958, 1189; A. Stuiber, Liber Pontificalis, LThK 6^2, 1961, 1016 f.; G. C. Hansen, Liber pontificalis, RGG 4^3, 1960, 343 f.

Bewährung und Versagen demonstrieren und seine Predigt von Sünde und Bußnotwendigkeit sowie die möglichen Reaktionen der verschieden eifrigen Christen konkret illustrieren kann. Die Entscheidung über historische und exemplarisch-mustergültige Qualität solcher Daten ist im Detail schwierig, weil trotz der literarischen Fiktion unbedingt damit gerechnet werden muß, daß H auch historisch Zutreffendes autobiographisch für dieselben Zwecke einer Beschreibung von Moral und Buße und zur Ausgestaltung seiner eigenen Gestalt als Offenbarungsempfänger in der Rahmung seiner Visionen untergebracht hat. Vgl. § 5.

Über das Buch verstreut finden sich folgende Personalia[13]: H war Sklave, wurde nach (in?) Rom verkauft[14] und später freigelassen. Als er den PH schreibt, ist er Christ (seit wann?) und (ganz offenbar nicht glücklich) verheiratet; er hat erwachsene Kinder mit Erziehungsproblemen; die Kinder haben die Eltern in der Verfolgung an die Behörden verraten und sie auch (wie?) geschäftlich geschädigt; H war materiell einmal besser gestellt als jetzt, nachdem er offenbar ein wirtschaftliches Debakel erlebt hat, hat aber immerhin einigen Landbesitz; gerade das Thema Reichtum und Besitz beschäftigt ihn angesichts der christlichen Pflicht zum Teilen (s. Exkurs: Die Ethik) und wegen seines Bewußtseins, in Ehe-, Familien- und Geschäftsleben ein schlechtes (andererseits doch auch wieder lobenswertes) Vorbild zu sein; seine berufliche Tätigkeit konkurriert mit den Verpflichtungen gegenüber Gemeinde und Moral; Probleme im Alltag quälen ihn in Form von allerhand Mißgeschick und tagtäglichem Unglück, das er als Strafe versteht, und sie stellen ihn vor die Frage der Theodizee; beruflich vermutet man durchweg einen kleinen Geschäftsmann in ihm[15], dessen Mentalität und Gedankenwelt tatsächlich im PH Seite um Seite begegnet (gerade auch in den vielen kleinen Gleichnissen)[16], aber es gibt auch andere Vorschläge wie den, daß man ihn für einen Bauunternehmer halten soll, weil er in seinen Baubeschreibungen einigen Einblick in dieses Handwerk verrät und außerdem Gewinn und Reichtum für den christlichen Unternehmer christlich verteidigt.[17]

Während man also bestimmte einzelne „Lebensdaten" nur mit großem Risiko für historisch erklären kann, läßt sich doch eine Art Profil und charakterlicher wie spiritueller Umriß ihres Verfassers aus dieser Schrift erkennen, auch wenn und gerade da es sich beim scheinbar Konkreten um Individualisierung von Topischem und Typischem handelt, wie es der Ten-

---

[13] Zur genaueren Darstellung s. z.B. Dibelius, 419f.423.427–430.445f. (durchweg sehr kritisch zur Historizität der Daten); Baumgärtner, 90–94; Giet, Hermas, 134–138; Gülzow, 86 A.1; Lampe, 182–188.195–200.

[14] Über die Herkunft bzw. Heimat des H weiß man nichts. Wegen Sim IX 1,4 tippen manche (was sicher leichtsinnig ist) auf Arkadien, z.B. Harris, Hermas in Arcadia (1887); Barnes, 7.

[15] So z.B. Joly, 17–21; Erbetta, 239f.; Hilhorst, Hermas, 683.

[16] Vgl. Brox, Gleichnisse.

[17] Staats, Hermas, 103; nach Barnes, 7 zeigt der „Hirt" das Christentum eines Bauern.

denz des PH entspricht. Fiktiv sind das Szenario des Visionären und viele Mittel zu seiner Herstellung; nicht fiktiv ist dagegen die „Welt", mit der sich H befaßt und die seine Welt ist. Um mit White zu reden[18]: Für den PH ist die „Welt" der vielen Beziehungen, in denen der Mensch steht, von großer Wichtigkeit. Es ist ganz trivial eine Welt von Wein(bau), Landwirtschaft und Geld mit den zugehörigen Problemen „of business ethics" und eine Welt von Frauen mit den zugehörigen Problemen von Ehe(bruch), Askese und verführerischen Jungfrauen. Außerdem ist es (über White's Beschreibung hinaus) die Welt sozialer Standardsituationen und sozialer Skandale, und dies alles in Konfrontation mit der Welt der kirchlichen Gemeinde samt ihrer Disziplin und Moral und deren Anforderung an die Versager und Unzulänglichen. Aus den weitläufigen Texten des Buches zu diesen Themen, aus den fiktiven und doch realistisch skizzierten Situationen der Predigt des H zeichnet sich dem Leser des PH das Bild dieses Mannes ab, dessen Wesenszüge von nicht gerade großartigem Niveau, aber doch von beeindruckender Redlichkeit sind. Für sein ausdauerndes Bemühen, die eigenen Sehnsüchte mit den Forderungen der „Gebote", wie es immer heißt, abzugleichen, und für die permanente Bereitschaft, die eigene, die familiäre und die kirchlich-kollektive Bußbedürftigkeit einzugestehen und die Konsequenz der Buße zu ziehen, kommt dieser Christ H mit einem relativ geringen und monoton verwendeten Vorrat an sprachlichen Mitteln des Christentums aus und kann dabei auf zentrale Vokabeln wie die Namen Jesus und Christus und auf etliche erwartbare Themen der christlichen Überlieferung verzichten, d.h. überraschende Versionen christlicher Binnensprache anwenden. Der PH hat eine Theologie ganz anderer Art, Struktur und Inhaltlichkeit, als sie sonst aus der urchristlichen Zeit bekannt sind, und man wird wohl sagen, daß niemand – gäbe es dieses Buch nicht – mit solchem Christentum im Rom des frühen 2. Jh.s rechnen würde bzw. es „erfinden" könnte.

Der Verfasser H wird nun, gerade was seine Mentalität betrifft, aufgrund seines „Hirten" sehr unterschiedlich eingeschätzt. Die Einschätzung seiner Person ist dabei zum Teil in eine Beurteilung seines „Hirten" verpackt. So ist, was H schrieb, für die einen „von ödester Langeweiligkeit"[19], unselbständig[20], „eine recht schwache Leistung", H selbst „ein kleiner Geist, der uns in kleine Verhältnisse einführt"[21]. Man hat wiederholt ein biographisches und psychologisches Portrait des Verfassers erstellt und phantasievoll, aber oberflächlich den PH als Spiegel der privaten und kirchlich-öffentlichen Karriere

[18] White, 5.22f.208f.218f., der durchgängig sehr skeptisch ist bezüglich der Erreichbarkeit von Informationen zur Person und Umgebung des H aus dem Text. White's Studie bleibt zwar insgesamt abstrakt und für die Texterklärung wenig hilfreich; aber die Rolle, die die Relation Autor – Welt bei der Produktion eines Textes spielt, ist von ihm im Prinzip sicher richtig gesehen, so daß umgekehrt aus dem produzierten Text etwas über Welt und Autor zu erfahren ist.

[19] F. Blaß nach Wohlenberg, 984.

[20] H. Lietzmann, Geschichte der Alten Kirche 2, Berlin-Leipzig 1936, 84.

[21] H. Kraft, Die Kirchenväter, Bremen 1966, 30.

des H angesehen.[22] „Hermas ist trotz all seiner Visionen... ein nüchterner Mensch, dem zum Dichter die Phantasie und zum Propheten die Leidenschaft fehlt“, so daß er auch „nicht der Mann war, neue Gedanken in Umlauf zu setzen“.[23] Streng und nicht mehr zutreffend ist (angesichts des Gottesbildes, der Christologie, des Sündenbewußtseins, der Motivation von Moral u.a. im PH) das Verdikt: „Eine Theologie besitzt Hermas nicht.“[24] Nicht viel günstiger ist die Einschätzung durch H. von Campenhausen: „ein primitiver Moralismus, mit einigen phantastischen ‚christlich‘-religiösen Elementen versetzt.“[25] Den überwiegend unvorteilhaften Bewertungen stehen andere gegenüber, die Sympathie und Verständnis für H aufbringen.[26] Kritik wird aber nicht nur am Niveau, sondern auch an der Tendenz der Theologie geübt. So wurde der PH in die Frühkatholizismus-Debatte verwickelt[27], ohne daß das viel für sein Verständnis gefruchtet hätte.

3. Eine unbegreiflich vernachlässigte Frage im Zusammenhang der Person des Autors ist die nach der theologischen Kategorie, mit der man H als Autor fassen kann.[28] Mit welcher Autorität trat H in Sachen Bußtheologie und neuer Bußpraxis in einer kirchlichen Öffentlichkeit in Rom auf? Genügte zur Legitimation die Berufung auf visionären Offenbarungsempfang? Unter welchem Titel hat er Akzeptanz seitens der Kirche und ihrer Vorste-

---

22 Zumal W.J. Wilson, The Career, 35 mit dem vernichtenden Urteil: „if such men as Hermas had become the real leaders of Christianity, if such books as his had made up the New Testament, the Church could hardly have survived.“ Vgl. de Zwaan; White; die Skepsis gegen derlei Versuche bei Dibelius, 419f.427–430.

23 E. Schwartz, 1f., während Lake, The Shepherd of Hermas and Christian Life, 27 und Riddle ihn in Denken und Praxis für einen Reformer halten.

24 Dibelius, 423. Die Einschätzung des theologischen Niveau's des PH fällt zu seinem Nachteil aus bei Duchesne, 21–28 (ein mittelmäßiger Theologe mit bedenklichen Ideen zu Christologie und Trinität); Carpenter (das auf moralische Fragen reduzierte Interesse der populären Theologie); ähnlich Laeuchli, passim; Dibelius, Geschichte, 89 (ein „Dokument aus Kreisen der ‚Kleinen Leute‘“); A. Harnack, Aus Wissenschaft und Leben, Bd. II, Gießen 1911, 260f. (der PH ist „literarisch die tiefste Stelle in der altchristlichen Literatur“, aber „immer noch eine Urkunde für eine gewisse Bildung“); Lampe, 191 („kein Theologe im eigentlichen Sinne. Spekulative Gedankenflüge liegen ihm fern“).

25 H. von Campenhausen, Amt, 154.

26 Aus ihnen ist Enslin, 289 zu zitieren: „All honor to this second century writer who refused to allow men and women, for whom he felt a sacred responsibility, to fall into hell simply because it was orthodox to do so; but who raised his voice in earnest protest, and by the greatness of his heart rather than of his head found a way out.“ Leutzsch, 245.

27 Elemente des Frühkatholizismus im PH sind aufgelistet bei Zahn, GGA Stück 2, 9. Januar 1878, 63; Loisy, 252; Réville, La valeur, 29; Weinel, NTApo 1924^2, 328f.; vgl. ders., HNTA, 307 zu Sim II; umfassend zuletzt S. Schulz, Mitte, 355–370 mit dem Schlußsatz: „Der Frühkatholizismus ist [sc. im PH] perfekt“. Während die einen das Jüdische im PH dessen frühkatholische Tendenz ausmachen sehen (z.B. S. Schulz, Mitte, 370), sehen andere im jüdischen Charakter Grund genug, den PH eben nicht frühkatholisch zu nennen (Goppelt, Die apostolische und nachapostolische Zeit, A93–95; ders., Christentum und Judentum; Smith, 195.156f.200; J.C. Wilson, Reassessment; auch Köster, Einführung, ordnet den PH nicht unter den „Anfängen des Katholizismus“ (670–676) ein, sondern unter der „Apokalyptischen Lebensordnung“ (693–697).

28 Ausnahmen sind einige Ansätze wie bei Giet, Hermas, 137f.297; Reiling (s.u.).

her erwarten können? Der PH läßt auch in diesem Punkt fast völlig im Stich. Eines allerdings ergibt sich aus ihm mit absoluter Sicherheit, daß nämlich H sich nicht als Prophet verstanden hat, denn Mand XI 5–17 beschreibt er ausreichend eindeutig, was für ihn die Merkmale des (wahren) Propheten sind[29], und eben die weist er selbst nicht auf bzw. für ihn selbst ist anderes typisch als für den Propheten. Die augenfälligsten Unterschiede zwischen dem Propheten der Schilderung des H und der Selbstdarstellung des H[30] liegen darin, daß H sein ganzes Wissen aus Vision und verbaler Mitteilung im stark didaktischen Stil und Klima bekommt, während dem Prophet ohne visionäres Erlebnis ein Geist von oben, von Gott gegeben ist (Mand XI 5). H ist beim Offenbarungsempfang ein mehr oder weniger gelehriger Schüler und der Gemeinde gegenüber lediglich der Weitergebende – mehr reklamiert er nicht für sich – ohne jede Aura des Charismatischen[31], die er für den Propheten nachdrücklich reklamiert (Mand XI 9b). Daß er vor die Gemeinde im Gottesdienst hintritt und in pneumatischer Interaktion mit der Gemeinde dann aktuell vom prophetischen Geist überfallen wird (Mand XI 9), berichtet H nirgends von sich (sondern nur vom Propheten); er selbst erlebt individuelle Entrückungen unabhängig von der Gemeinde (aber für sie). Der Prophet hat nicht eine Botschaft gehört, die er überbringt und wiederholt (wie H), sondern er spricht ohne „Vorlage“ unmittelbar aus sich, übrigens auch ohne visionäre Bilder. Der „Engel des prophetischen Geistes“ in Mand XI 9 artikuliert und diktiert nicht die Botschaft, wie im Fall des H der Hirtenengel es tut, sondern gehört zur Umschreibung der Geistmitteilung an den Propheten. Der Prophet ist in qualitativ anderer Art und Weise pneumatisch beansprucht und kreativ als der Rezipient H. Und H ist weit davon entfernt, dieser Pneumatiker zu sein wie der Prophet. Zur Rolle des Propheten würde H auch darum nicht taugen, weil er doch das Postulat eines einwandfreien christlichen Lebens (Mand XI 7–8a) nur sehr bedingt und eingeschränkt erfüllt.[32] Sogar in seiner tatsächlichen Rolle als bloßer Offenbarungsempfänger wird seine „Würde (ἄξιος)“ ja bedenklich in Zweifel gezogen (Vis III 4,3). Es ist sicher: H beansprucht für sich nicht, im Sinn von Mand XI 16 ein Geistträger (πνευματοφόρος), das heißt also ein Prophet zu sein. Die Situation des Propheten in Mand XI ist das Gegenteil von H's eigener Situation während der Offenbarung. Die einzige Gemeinsamkeit ist, daß sie eine Botschaft an die Kirche haben.

Daß H trotzdem in der Forschung von vielen teils bedenkenlos, teils bewußt gegen die Schwierigkeiten Prophet genannt und als solcher in seiner

---

29 Völlig falsch gelesen von Hörmann, Leben, 250, der in Mand XI die „Sicherung seines eigenen Prophetentums“ von H betrieben sieht.

30 Weitgehend deckungsgleich beschrieben von Reiling, 163–165, der 169f. Argumentationshilfe auch bei Klemens v. Al. dafür holt, daß H nicht als Prophet galt.

31 Ähnlich Opitz, 112.

32 Auf diesen Punkt macht auch Macmillan, Interpretation, 530–533 aufmerksam, der H ebenfalls nicht einen Propheten nennt.

Tätigkeit bewertet wird[33] (obwohl T. Zahn schon 1868 die Klarstellung besorgt hatte[34]), ist so unbegreiflich wie die Vernachlässigung einer intensiven Diskussion des Problems.

Es ist also weiter nach einer angemessenen Kategorie zu suchen. Nachdem Presbyter, Diakon, Prophet und auch Lehrer nach der Terminologie des PH (s. Exkurs: Kirchliche Verfassung) nicht in Frage kommen, wird die Antwort schwierig. Daß H mit seinem Auftrag, den er erfuhr, ein beliebiges, „schlichtes Gemeindeglied"[35] geblieben wäre, ohne Funktion in der römischen Gemeinde, weder Kirchenmann noch Theologe[36], ist nicht gut denkbar, vielleicht aber trotzdem der Fall. Wo nämlich (was die Ausnahme ist) der Hirt oder auch der Engel (= der Sohn Gottes) von H redet, nennt er ihn mit der Allerweltsbezeichnung „Diener Gottes – δοῦλος τοῦ θεοῦ" (Sim IX 33,1; X 3,4), die seine stehende Benennung der Getauften ist und mit der er den H also in nichts heraushebt (s. z. St.). Sucht man nach einer theologischen Kategorie, die aufgrund der Funktion des H zu ihm paßt, bleibt allein zu sagen, daß er ein Visionär ist[37] vom Typos her, den H zeichnen will; mit echter religiöser Schau und visionären Erlebnissen eines apokalyptischen Sehers zu rechnen[38] ist angesichts der Banalität der Berichte aber ausgeschlossen. Ob also die Erzählung von Visionen und Auditionen (verbale Mitteilungen im Rahmen des Geschauten) für H genügte, um hinreichend

---

33 Weinel, Wirkungen, passim; ders., HNTA, 316; ders., NTApo 1924², 327f.330; Dorsch, 276–279.285; A. Puech, Histoire, 74f.77; E. Schwartz, 1f.; Lietzmann, Verfassungsgeschichte, 174; Harnack, Geschichte II/1, 267 („Prophet", „prophetischer Didaskalos"); ders., Entstehung, 55; ders., Mission, 351f.; de Zwaan; W.J. Wilson; Streeter, 203.219; Bonwetsch, Prophetie, 462; Bardy, La vie, 50; von Campenhausen, Amt, 103.155; ders., Entstehung, 252; Barnard, The „Shepherd", 29; Arbesmann, 59; Lampe, 76: „Sein Gewand ist das des Propheten"; Mees, 345: „Hermas selbst will... unter die frühchristlichen Propheten eingereiht sein"; S. Schulz, Mitte, 356: H war „ein Prophet sui generis (vis I 1,3; II 1,1; mand XI). Denn er hat zwar den alten Bußruf der Propheten aufgenommen, aber in frühkatholischer Modifizierung"; schließlich schon Dibelius, Geschichte, 90f.: Absicht und Grundgedanke sind prophetisch; Bauer, Rechtgläubigkeit, 131: H ist „als Prophet tätig"; Daniélou, Théologie, 47; Benz, 131: „Hermas ist der letzte Prophet, der innerhalb der römischen Kirche noch den ‚Stand' des Propheten repräsentierte; Osiek, The Eyes of Hermas, 120. Erst die äthiopische Übersetzung nennt H einen Propheten (s. Schodde, 13). – Nicht zugänglich war mir W. G. Bowman.

34 Zahn, Der Hirt, 116: „Hermas selbst ist kein solcher Prophet, wie er ihn schildert; denn wie es für diesen nicht als auszeichnendes Merkmal angeführt wird, daß er [sc. wie H] im Haus und unterwegs, stehend und liegend Visionen habe, so fehlt dem Hermas gerade das, was die eigentümliche Gabe jenes ist: das im Gottesdienst sich regende und in begeisterter Rede an die Gemeinde sich offenbarende prophetische Charisma." H will und soll kein Prophet sein oder werden, er nennt sich auch selbst nicht so. Vgl. Kraft, Vom Ende, 177: „Der Faden, der den Hermas mit der urchristlichen Prophetie verbindet, scheint schon recht lang und dünn zu sein."

35 Wohlenberg, 957.

36 Goguel, L'Eglise, 79.

37 Vielhauer, NTApo 2⁴, 1971, 453; Vielhauer-Strecker, NTApo 2⁵, 1989, 546; Reiling, 164; Lohmann, 8.10: H bezieht sich „auf persönliche visionäre Erlebnisse zur Autorisierung seiner theologischen Meinung".

38 Deemter, 136–151; Ström.

autorisiert zu sein, mit seiner aufregenden Rede von der Möglichkeit einer zweiten Buße in einer römischen Gemeinde angehört zu werden und die Praxis zu verändern, muß – so unbefriedigend das ist – offen bleiben. H läßt seine eigene Funktion so unkonkret bleiben, wie er es mit den kirchlichen Verhältnissen generell (und sogar im Fall der Buß-Institution und -Liturgie) tut. Selbst wo er etwas konkreter wird, rätselt man trotzdem: H redet im ganzen Buch kraft eigener Autorität als Visionär und auf eigene Verantwortung. Welchen theologischen und verfassungsmäßigen Sinn hat es dann, wenn er nach Vis II 4,3 die aufgeschriebene Bußlehre „mit den Presbytern" in Rom vorlesen wird? Der Vorgang signalisiert offenbar die Integration außerordentlicher kirchlicher Lehrformen in die institutionell geregelten Abläufe bzw. die Koordination neuartiger Mitteilungen durch einen agilen Prediger mit der Zuständigkeit der traditionellen kirchlichen Autoritäten. Denn das wird man vom Autor H ja auf jeden Fall sagen müssen, daß er sich in den Dienst einer innovativen Aufklärung der Gemeinde über einen veränderten Umgang der Kirche mit den postbaptismalen Sünden gestellt hat. Da noch etliche Lehrer die neue Auffassung und Praxis ablehnen (Mand IV 3,1), gehört H trotz seiner biederen Art zu den reformerischen Stimmen seiner Zeit.

§ 3 Ort, Zeit und Adressaten des „Hirten"

Alles spricht für Rom als Abfassungsort des PH, und nur Sim IX 1,4 spricht dagegen: Hier wird H in die griechische Landschaft Arkadien entrückt, von wo er abends noch zu Fuß „nach Hause gehen" und wohin er „in der Frühe wiederkommen" will (ebd. 11,2); hier kann nicht an Rom oder nicht an Arkadien gedacht sein. Aber die übrigen topographischen Angaben, die das Buch macht, führen nach Rom: Rom und Tiber sind die Handlungsorte für Vis I 1,1–3; das nahe bei Rom gelegene Cumae ist Wegziel des H in Vis I 1,3; II 1,1, und nach IV 1,2 ist H auf der Via Campana unterwegs. Strenggenommen sprechen diese Stellen zwar nur für das Visionenbuch; aber da der Verfasser des Hirtenbuchs das Visionenbuch kannte (s. die Einführung zu Vis V) und so gut wie sicher auch dessen Autor ist (s. § 4), gilt nach vollzogener Kombination beider Bücher die Lokalisierung für das Hirtenbuch mit[1], auch wenn man damit rechnen muß, daß die unabhängig voneinander verfaßten Bücher vor ihrer Kombination in voneinander unabhängigen Geographien spielen wollten. Daß der (gesamte) „Hirt" in Rom geschrieben wurde, ist auch dem Muratorischen Fragment (Zeile 74f.), Origenes (*CoRom* X 31) und Späteren geläufig. So besteht diesbezüglich

[1] Die getrennte Existenz beider Bücher in Ägypten, die der Papyrus 129 Michigan (M) belegt (vgl. Lake, HTR 18, 1925, 279f. u.a.), geht nachweislich (s. die Einführung zu Vis V) auf nachträgliche Trennung nach vorher bestandener Einheit zurück. Klemens v. Al. kannte das Ganze als *ein* Werk und zitierte beide Teile unter der einen Überschrift „Hirt".

Konsens[2]; nur Peterson macht eine Ausnahme.[3] Unentscheidbar ist, ob H nach Vis I 1,1 „nach“ oder „in“ (εἰς) Rom verkauft wurde, ob er also nach Rom erst kam oder schon immer dort war (s. z. St.). – Hält man H also für einen römischen Christen, so hat man damit doch nicht die gesamte Kirche der Stadt mit dem PH identifiziert. Mit seiner eigenwilligen Version und Engführung des Christentums ist er wohl nur für eine oder allenfalls für einen Teil von mehreren Gemeinden Roms typisch, repräsentativ, aktuell und erträglich (obwohl sein Zentralproblem der Sünde nach der Taufe für alle Kirchen bestand). Für sie mit ihren judenchristlichen und apokalyptischen Traditionen oder Vorlieben hat er dann geschrieben.[4] Hält man den zeitlich nicht weit entfernten ersten Klemensbrief neben den PH, entsteht ein starker Eindruck von der möglichen Breite des Spektrums verschiedener Gemeinden und ihrer Vorstellungen vom Christentum innerhalb Roms zu Beginn des 2. Jh. s.

Mit der Datierung des PH ist der Zeitpunkt seiner End-Redaktion gemeint, denn das Buch ist aus verschiedenen Teilen komponiert, die man sich im Laufe einiger Jahrzehnte oder jedenfalls Jahre sukzessiv entstanden vorstellen muß (s. § 4). Keine Datierungs-Hilfe kann man aus Zitaten anderer christlicher Schriften im PH, also aus relativ-chronologischen Daten gewinnen. Der PH zitiert nicht (bis auf die unbedeutende Ausnahme Vis II 3,4). Der überwiegend berufene Anhaltspunkt ist die Notiz des Muratorischen Fragments Zeile 73–77, wonach der PH in der Amtszeit des römischen Pius geschrieben ist, die man ca. 140–155 n. Chr. zu datieren hat.[5] Über diesen Zeitraum besteht ein breiter Konsens.[6] Daneben werden für dieselbe Datierung vereinzelt theologisch-inhaltliche Merkmale berücksichtigt.[7]

---

[2] Z. B. Weinel, NTApo 1924², 331; Köster, Einführung, 693; Staats, Hermas, 103; Osiek, Rich, 13f.; Hilhorst, Hermas, 683; Reiling, 24. Giet, Un courant, 95 verzichtet auf eine Entscheidung.

[3] Peterson, 274f.282–284 hält sämtliche Ortsangaben (auch Arkadien) für phantastisch und den Autor des PH für einen palästinischen Judenchristen und das Buch somit für ein palästinisches Produkt, aber später (Giudaismo, 381) entscheidet auch er sich für Rom, was G. Schöllgen, JAC 32, 1989, 28 mit A.24 in seiner Kritik an Lampe, 188 A.218 entgangen ist (allerdings ohne Schaden für diese Kritik).

[4] Solche erklärenden Überlegungen sind auch angestellt worden von Osiek, Rich, 13f. unter Bezug auf Snyder, 20, den Bauckham, 28 mit seinem Verweis auf Vis II 4,3 nicht widerlegt hat.

[5] Siehe Gebhardt-Harnack, LXXVII mit A.6.

[6] Z. B. Behm, 66f.; Overbeck, 284; Gebhardt-Harnack, LXXVII. LXXXIIf.; Geffcken, Christliche Apokryphen, 41; Macmillan, Apocalypse, 67; Dibelius, Hermas, 1822; Erbetta, 240f.; Osiek, Rich, 10–14; Soffritti, 9–12; Whittaker, Hermas, 1074; Hilhorst, Sémitismes, 31–35.186; ders., Hermas, 682f.; Vielhauer, Geschichte, 523; Staats, Hermas, 103; Lampe, 172 A.157.

[7] So z. B. Young, 1–45.319 (Stand der Martyrologie; fehlende Beziehungen zur übrigen frühchristlichen Literatur); Hilhorst, Sémitismes, 186 (deutliche Unabhängigkeit vom NT); ders., Hermas, 682f. (Verfolgungen wie unter Trajan); Staats, Hermas, 103f. (zugunsten einer Datierung deutlich vor 150: H kennt weder Gnostiker noch Montanisten, Verfolgungen wie unter Kaiser Trajan, keinen Monepiskopen in Rom); Köster, Einführung, 694 (wieder das fehlende Verhältnis zu sonstigen christlichen Schriften auch des NT; Stand der Kirchenverfas-

Am sorgfältigsten haben Gebhardt-Harnack den PH unter theologischen Gesichtspunkten nach oben und unten abgegrenzt[8]: Eine Datierung etwa in das 1.Jh. scheitert demnach an der Tatsache bereits mehrerer geschehener Christenverfolgungen, am tristen Niveau der römischen Kirche in Frömmigkeit und Moral, an der Angabe, daß die Ursprungsgrößen und die erste christliche Generation bereits ausgestorben sind (Sim IX 15,4f.), an der Ignorierung des jüdischen Volkes und Gesetzes und schließlich an der Art der Theologie (Theologiae genus, quod auctor proposuit, abhorret a theologiae genere in Pauli epistulis conspicuo). Später als Mitte des 2.Jh.s zu datieren verbietet umgekehrt der Kirchenbegriff des PH, seine Christologie sowie der Umstand, daß es in Rom zu seiner Zeit den Monepiskopat noch nicht gibt.

Es gibt außerdem einige (letztlich aussichtslose) Versuche, differenzierter noch die einzelnen Teile, aus denen sich der PH zusammensetzt, ihrer Entstehungszeit nach zu bestimmen.[9] In einer Reihe von Datierungen wird der vom Muratorischen Fragment abgesteckte Zeitraum auch nach unten oder oben überschritten; dabei hat vehement vertretene Frühdatierung insgesamt überwogen.[10] Ein Indiz relativer Chronologie ist gegen die Frühdatierung geltend gemacht worden und verdient, fortgeschrieben zu werden. Es ist seinerzeit J. R. Harris, On the Angelology, aufgefallen und von F.J.A. Hort aufgegriffen und für die Datierung des PH ausgewertet worden, daß der Text Vis IV 2,4 sehr auffällig mit Dan 6,23 in der Version des Theodotion-Textes übereinstimmt (s.z.St.). Es ist bei der gegebenen Nähe in der Wortwahl zwischen beiden Texten tatsächlich mit Abhängigkeit des H zu rechnen, so daß daraus folgt: Der PH kann nicht älter als Theodotion sein. Auch

---

sung); ähnlich schon Bardenhewer, 480. Generell auf Indizien schon beträchtlich vorgerückter Kirchengeschichtszeit heben Weinel, NTApo 1924^2, 331; Baumgärtner, 56–59.75 ab.

[8] Gebhardt-Harnack, LXXVII-LXXXI; das gleich folgende Zitat ebd. LXXX; vgl. Heyne, 27.

[9] Beispiele: Nach Streeter, 189.204–213 entstand das Buch in Raten zwischen 97 und 110 n.Chr.; nach Goodspeed, History, 30–33 gehen zumindest Teile des PH in das späte 1.Jh. zurück; Reiling, 24 datiert das Visionenbuch in das erste Viertel des 2.Jh.s, Staats, Hermas, 104 in die Zeit um 130; auch Giet, Hermas, 280–285; ders., Un courant, 95f. muß bei seiner These von drei Verfassern das Problem teilen; Coleborne, der sechs verschiedene Autoren entdeckt, die am PH gearbeitet haben, datiert sie alle auf abenteuerliche Weise in das 1.Jh. (nämlich von der neronischen Zeit bis kurz nach 90) (vgl. § 4).

[10] Einen Überblick über die Frühdatierungen vom 16.Jh. bis zur letzten Jahrhundertwende gibt Funk, CXXVI-CXXIX. In den letzten Jahren plädiert J.C. Wilson, Reassessment, 14–100 mit ganz unhaltbaren historischen Urteilen für die Zeit zwischen 80 und 90 n.Chr. Köster, Einführung, 694 operiert mit dem Zeitraum von 60–160 n.Chr., aber mit der Tendenz zur Frühdatierung; Streeter, 204–213; vgl. Stählin, 1220; Edmundson (1.Jh., dagegen Barnes, 23f.); Leutzsch, 10 A.4 hält mehr als die grobe Angabe „zwischen 100 und 130“ nicht für möglich; Bogdanus, 57 schreibt zur Datierung lapidar: „c. 160 A.D.“; Deemter, 43–59: „Anfang und Schluß des Werkes zwischen 100 und 135“ (ebd. 59); vgl. 154f.; Andresen, 692 ordnet den „Hirten“ in der Zeittafel der ersten Hälfte des 2.Jh.s zu, läßt (ebd. 99 A.189 in Anlehnung an Giet, Hermas, 209ff. 302ff.) die Mandata aber „kaum vor 160–170“ geschrieben sein.

nach Harnack[11] ist das „von höchstem Belang", denn der „Hirt" kann dann nicht schon um 100, sondern (so ungenau die Datierung des Theodotion innerhalb des 2. Jh.s ist) erst Jahrzehnte später geschrieben sein, so daß man wiederum auf die Zeit etwa des Pius käme. Mehr als einen statistischen Mittelwert aus allen Überlegungen kann man nicht formulieren: Der PH ist um 140 n. Chr. anzusetzen.[12] Wirklich gelöst ist aber das Problem der Datierung nicht.

Über den Adressatenkreis des PH besteht an sich kein Zweifel, hätte ihn nicht K. Aland anders als bisher üblich definiert: „Als Käufer und Leser dieser Schrift kam das normale Gemeindeglied um 150 nicht in Betracht, sondern nur die wenigen gebildeten Christen – und vor allem die Theologen."[13] Inhalt und Verbreitung des Buches machen aber das Gegenteil sicher. Aland ist an Spätdatierung der Naherwartung interessiert, für deren möglichst langes Fortleben er die führenden gebildeten Christen und Theologen wirksam sein läßt. Aber auch von Seiten der Eschatologie des PH ist das eine Fehleinschätzung (s. Exkurs: Eschatologie). Sprache, Inhalt, Tendenz und Form des „Hirten" erwarten in ihrem vulgären Charakter ein durchschnittliches Niveau und Milieu der Leserschaft.[14]

§4 Komposition und Verfasserschafts-Problem

1. Aufgrund seiner traditionellen Kapitel- oder Zwischenüberschriften, die freilich späterer Zuwachs sind, macht der PH auf den ersten Blick den Eindruck eines deutlich dreiteiligen Buches, das eben fünf Visionen, zwölf Gebote und zehn Gleichnisse in dieser Reihenfolge enthält. Eine genauere Analyse des Makrotextes legt aber eine wesentlich kompliziertere Gesamtstruktur offen. Einerseits erweist sich die vermeintliche Symmetrie dreier Teile als Täuschung. Andererseits stößt man auf eine Anzahl von Zäsuren, klein- und großformatigen Wiederholungen und inhaltlichen Varianten, so daß man nicht von einer ursprünglichen Einheit des Buches reden kann, sondern unterschiedliche Teile zu isolieren hat und zwingend auf eine komplexere Entstehungsgeschichte schließen muß. Schließlich sind auch die Gattungsmerkmale und -unterschiede der Teiltexte durchaus nicht so konsequent und spezifisch, wie die drei üblichen Teilüberschriften das erscheinen lassen wollen (vgl. die Vorbemerkung zu den Sim; grundsätzlich zu den Gattungsfragen § 5). – Welcher Art und von welchem Gewicht die inhaltlichen Unterschiede und die literarischen „Brüche" sind und zu welchen Erklärungen und Schlußfolgerungen für die Entstehungsgeschichte der

---

11 Harnack, Miscelle.

12 So neben vielen anderen Harnack, Geschichte II/1, 257–267.

13 K. Aland, in: Pietas (Festschr. B. Kötting) = JAC. E 8, Münster 1980, 125.

14 Ähnlich auch Osiek, Rich, passim. – Adresse und Trend des Buches werden sozialgeschichtlich formuliert von H. O. Maier.

Schrift sie führen müssen, ist seit Beginn der neueren Hermas-Forschung im 19. Jh. bis in die neueste Diskussion äußerst kontrovers beurteilt. Der Übersichtlichkeit wegen lege ich zuerst diejenige Interpretation der Form des Textes in seiner vorliegenden Gestalt vor, die ich aufgrund der sie stützenden Textanalysen für zutreffend halte und teile. In einem angeschlossenen forschungsgeschichtlichen Überblick werden anderslautende und kontroverse Thesen skizziert, um über sie zu informieren und zugleich das hier vertretene Bild vom Text und seiner Entstehung argumentativ zu begründen.

2. Die Struktur (und Entstehung) des PH leuchtet am besten ein, wenn man ihr von der großen Zäsur aus nachgeht, die mit Vis V gegeben ist. Dieser kurze Text greift auf das Visionenbuch (Vis I–IV), das ursprünglich selbständig zirkulierte[1], zurück (der Hirt wird dem H „noch einmal alles zeigen", was er „schon gesehen" hat, nämlich Vis I–IV) und greift auf das Hirtenbuch (Mand und Sim I–VIII; s. u.) aus (der Hirt läßt den H ab jetzt „die Gebote und Gleichnisse aufschreiben", die er ihm „geben will") (Vis V 5). Vis V ist damit deutlich nicht eine von mehreren Visionen, sondern der Einleitungstext zu einem neuen Buch anderen Inhalts und mit einer anderen Offenbarergestalt (der Hirt tritt an die Stelle der alten Frau, die damit von der Szene verschwindet). Weitere Merkmale einer Zäsur im Text kommen dazu. Außerdem wird, was nun folgen soll, trotz des Doppeltitels „Gebote und Gleichnisse" als ein einziges Buch behandelt (Vis V 5f.; Sim IX 1,1), das wahrscheinlich erst wegen des Doppeltitels nachträglich als zweiteilig aufgefaßt wurde[2], während vom Inhalt her keine saubere Trennung vollziehbar ist, weil auch die „Gebote (Mand)" Parabeln enthalten und die „Gleichnisse (Sim)" gar nicht alle solche sind. Sim VII 7 sind die Gleichnisse sogar „Gebote" genannt, woran man erkennt, wie wenig an der Unterscheidung liegt (vgl. § 5). – Aufschlußreich für die Entstehung des PH ist auch, daß das Visionenbuch (Vis I–IV) keine Kenntnis der übrigen Teile des PH hat, wohl aber das Umgekehrte der Fall ist: Vis V 5 und Sim IX 1,1–3 stellen Rückverweise auf das Visionenbuch dar und sind ganz eindeutig zur Verklammerung beider Teile (Visionen- und Hirtenbuch) formuliert. Und Sim VIII (s. zu VIII 2,1–4) benutzt ausführlich die Turm-Allegorie aus Vis III. – Genaueres in der Vorbemerkung zu Vis V.

Nimmt man alle Informationen des Textes zusammen, ist ihre solideste Erklärung die, den PH als Buch mit zwei Teilen und Vis V als Einleitung zum Hirtenbuch (Mand und Sim I–VIII; s. u.) zu verstehen, das mit dieser Vision beginnt.[3] Das Visionenbuch ist dem (in der Endform sehr viel um-

---

[1] Vgl. besonders Hellholm, Visionenbuch, 11–13; Carlini, P. Michigan 130, 29–37; anders Reiling, 23.

[2] Vgl. Dibelius, 493; Vielhauer, Geschichte, 517; Vielhauer-Strecker, NTApo 2[5], 1989, 540.

[3] Unerklärt ist m. W. die Bemerkung des Athanasius, *ep.heort.* 11, Mand I 1 sei der „Anfang seines (sc. des Hirten) Buchs" (F. Larsow, Die Festbriefe des hl. Athanasius, aus dem Syrischen übersetzt, Leipzig 1852, 117). Das kann auch gelten, wenn Athanasius die Vis V als Einleitung auffaßte, weil dann mit Mand I 1 die Offenbarungsmitteilung begann.

fangreicheren) Hirtenbuch vorgeschaltet worden, wobei die chronologische Priorität beim Visionenbuch liegt, wie man aus inhaltlichen Vergleichen thematischer Wiederholungen schließen muß.

An den Mand des Hirtenbuches fällt auf, daß sie tatsächlich nicht glatt an das Visionenbuch anschließen, sondern bei prinzipiell gleicher Thematik und Tendenz doch andere Akzente setzen, und zwar gerade auch in den gewichtigen Bereichen Moral und Buße (s. Vormerkung zu den Mand). – Ohne Nahtstelle oder erkennbaren Neuansatz und in unverbundener Aufzählung schließen sich die Sim an die Mand an.[4] Das kann deswegen nicht störend genannt werden, weil beide sich in den Materialien und Formen ohnehin überschneiden; in die Mand sind kleine Parabeln eingearbeitet, und die Paränese, in der die Gebote eingeschärft sind, setzt sich in den Sim (besonders Sim VI.VII.X) fort. Die Gleichnisse sind (unter strengen Ansprüchen an die Form) keine solchen, sondern eher eine Verschränkung von Allegorien und didaktischen Visionen, vergleichbar mit Vis I–IV, welche ihrerseits auch mit Kurz-Parabeln arbeiten. So sind bei gemeinsamen literarischen Eigentümlichkeiten aller drei Teile die Mand und Sim sich doch entschieden näher und offenbar als ein Ganzes verstanden. Der Titel „Gebote und Gleichnisse" meint weniger eine Unterscheidung der Buchteile als ihre Zusammengehörigkeit. Die Absicht der Redaktion des Buches zur vorliegenden Gestalt ist eben, wie gesagt, aus Vis V 5f.; Sim IX 1,1 abzulesen. Das gesamte Buch soll nach dem Wechsel der Offenbarergestalt unterteilt sein und folglich nur zwei Teile enthalten. Allerdings kann bei den literarischen Verfahrensweisen des H auch nicht ausgeschlossen werden, daß er, der immer wieder Einzelelemente der Gattung Apokalypse nachahmt, dies auch in der Gliederung seines Buches sekundär tut. Möglicherweise will er seine Komposition aus den Einzelstücken nachträglich als die obligate Themen-Sequenz in einer Offenbarungsschrift verstanden wissen, wie sie in *4 Esra* XIV 8 (ebenfalls nachträglich) durchsichtig gemacht wird: „Die Zeichen, die ich dir gezeigt habe, die Traumgesichte, die du geschaut hast, und die Erklärungen, die du gehört hast...".[5] Vis V 5 und Sim IX 1,1 mit ihren Verweisen auf Visionen, Gebote und Gleichnisse mögen in der flüchtigen Art des Schreibers H durchaus dieselbe Funktion der Unterteilung getragen haben, wie solche Angaben sie erfüllen.

Zwei Bücher, die getrennt existiert hatten, sind durch Vis V also zum PH redaktionell verschweißt worden.[6] Das letztere von ihnen, das Hirtenbuch, hat darüber hinaus zwei Ergänzungen erlebt. Sim IX und X sind, bei aller

[4] Es gibt keinen formkritischen Grund (Epilogcharakter), den Schluß- und Anwendungsteil der Mand (XII 3,2–6,5) für eine Interpolation zu halten (so nämlich Vielhauer-Strecker, NTApo 2^5, 1989, 540 u.a.).

[5] Schreiner, 400; vgl. B. Violet, Die Apokalypsen des Esra und des Baruch in deutscher Gestalt, Leipzig 1924, 191, der sich überzeugt zeigt, daß H in Vis V 5f. seine Einteilung des Buches aus *4 Esra* – unter Änderungen zwar – gewonnen hat.

[6] Zur nachträglichen Amputation des Visionenbuches vom Hirtenbuch in Ägypten im 3. Jh. und zu deren möglichen Gründen s. die Vorbemerkung zu Vis V.

Verschiedenheit untereinander, unter jeweils deutlicher Zäsur sekundär dazugestellt, und zwar wohl erst nach oder gleichzeitig mit der Vereinigung von Visionen- und Hirtenbuch.[7] Das Hirtenbuch schloß ursprünglich also mit Sim VIII. Sim IX wird zur Verhältnisbestimmung gegenüber den anderen Teilen zuerst als Wiederholung (1,1), dann als Überbietung (1,2f.), insgesamt somit als Nachtrag qualifiziert.

Es soll zusammen mit Mand und Sim I–VIII (s. Sim IX 1,1) den zweiten Teil nach Vis I–IV bilden. Inhaltlich bringt Sim IX eine stark und umfassend variierte Version der Turmbau-Parabel (bzw. -Vision) von Vis III (vgl. zu allem die ausführlichere Vorbemerkung zu Sim IX). Sie hat den Umfang eines eigenen Buches (ca. ein Viertel des PH) und wird oft als eigener (dritter) Teil des PH gezählt. – Schließlich also ist Sim X angehängt, womit das Hirtenbuch vollendet sein soll. Es handelt sich in Sim X nicht um ein Gleichnis. Der Rahmen konstruiert eine Vision, wohl kaum gedacht als Pendant zu Vis V[8] (der sie mit der Erscheinung Christi, nicht bloß des Hirten, überlegen wäre), der Inhalt ist Paränese.

Daß der PH durch seinen Autor aus den hier abgegrenzten Teilen in der gezeigten Reihenfolge zu einem Buch zusammengestellt wurde, ist diejenige Annahme, die den Text in seiner Komposition am plausibelsten erklärt. Wegen der Wichtigkeit dieser literarkritischen Beurteilung für das Gesamtbild, das man sich vom PH macht, soll der breite Konsens in dieser Frage schon an dieser Stelle dokumentiert werden, noch bevor die bis hierher gemachte Voraussetzung einheitlicher Verfasserschaft (ein und derselbe Autor hat die Teile verfaßt und den PH zusammengestellt) problematisiert wurde (s. u.). Die Diskussion kam recht in Gang durch Hilgenfeld's These von drei Verfassern für den PH (s. u.). Dieser These widersprach vehement die Harnack-Schule. Nachdem Harnack selbst für die Einheit plädiert hatte[9], traten seine Schüler Baumgärtner und Link den ausführlichen Beweis an[10], indem sie Einheitlichkeit nach theologisch-inhaltlichen und nach formalen Aspekten aufwiesen. Ihre Plädoyers waren nicht so erledigend, daß nicht noch neue Teilungs- (und Verfasserschafts-)Hypothesen vorgeschlagen worden wären (s. u.). Zustimmung zur Einheits-These kam in der Folge

[7] Daß „Gleichnisse IX und X... wie veränderte Neuauflagen von vis IV und V erscheinen" (Staats, Hermas, 102), läßt sich nur dann bedingt sagen, wenn statt Vis IV die Vis III gemeint ist.

[8] So Dibelius, 421.493.601 f.; Vielhauer, Geschichte, 517. Aber Sim X ist „derart farblos", daß es „zu einem kompositionstechnischen Nachtragskapitel erklärt" werden muß (Andresen, 32 A.26 mit nicht ganz berechtigter Berufung auf Dibelius, 644).

[9] Gebhardt-Harnack, LXXIIf.; später: Harnack, Geschichte II/1, 257–267; Funk schloß sich ihm an (s. Baumgärtner, 8).

[10] Baumgärtner; Link, Einheit; ihnen schlossen sich später Ehrhard, Der Hirte, 104–108; Stählin, 1221 f. an, Ehrhard, ebd. 106 allerdings mit der Skepsis, daß der skizzierte „Entstehungsgang" des PH wegen seiner Kompliziertheit „von vornherein unwahrscheinlich" sei und (ebd. 105) nur das gesagt werden könne, „daß das umfangreiche Buch nicht aus einem Guß ist". Hilgenfeld, ZWTh 32, 1889, 363–373 vermerkt in seiner Rezension von Baumgärtner und Link bissig die Parteilichkeiten.

weiter von Große-Brauckmann (sukzessive Abfassung); Jordan, 182 (H hat vorgegebene, ältere „Stücke" inhaltlich und sprachlich zu einer vordergründigen Einheit bearbeitet); H. Schulz, Spuren, 53f. (allerdings nur die Zweiteilung betreffend; bezüglich Verfasserschaft und Entstehung der Sim andere, unhaltbare Meinungen); A. Puech, Histoire, 82–89; Hamman, 125; Young, 45–59; Joly, 15f.; ders., Hermas et le pasteur; Amstutz, 133; Reiling, 22–24; Hilhorst, Sémitismes, 19–31.185f.; J. P. Martín, Espíritu, 333f.338f.; J.C. Wilson, Reassessment, 17–39; Haas, 269f.; Staats, Hermas, 101f.; Henne, Hermas en Egypte. Bisweilen wird die Einheits-Problematik des PH in ihrer Kompliziertheit unterschätzt, so durch Goguel, La doctrine, 78 (es gibt keine wirkliche Inkohärenz im Text, sondern bloß Anzeichen einer etappenweisen Abfassung) und Pernveden (s. Barnard, VigChr 23, 1969, 145–147).

Über die unterschiedlichen Entstehungszeiten und den ursprünglich selbständigen Umlauf der einzelnen Teile kann aus den Teilen selbst heraus aber nichts mehr ausgemacht werden. Nur zu den zeitlichen Relationen läßt sich etwas sagen, nämlich daß das Visionenbuch früher als das Hirtenbuch geschrieben wurde (s. o.); doch wann und in welchem zeitlichen Abstand das geschah, kann nur unter Berücksichtigung weiterer Merkmale kombinatorisch vermutet werden. Entstehung und Publikation der Teile muß man sich sukzessiv vorstellen.[11] Die Datierung (s. § 3) und Interpretation ist in diesem Kommentar darum allein auf die vorliegende End-Redaktion des Makrotextes bezogen.

3. Unumgänglich ist aber jetzt die Nachfrage, wie bei diesen Vorgaben bezüglich der Abfassung der Teile und der komplexen Komposition die Urheberschaft des PH zu denken ist. Die komplexe Struktur des Buches legt es nahe, sich seine gesamte Entstehungsgeschichte mit mehreren Autoren zu erklären, die sich sozusagen in die Abfassungs- und Kompositions-Arbeit geteilt haben. In der Erklärungsgeschichte spielen entsprechende Hypothesen eine entsprechend bedeutende Rolle. Und die Annahme, die komplizierte Struktur des Werkes resultiere aus einer Mehrzahl von Autoren und Redaktoren, macht nach wie vor Karriere. Ein frühes Beispiel gab Graf de Champagny mit der Annahme von zwei Autoren[12]: Der Hermas von Röm 16,14 verfaßte Vis I–IV, den Rest der Bruder Hermas des römischen „Bischofs" Pius (vgl. § 2). Mit zwei Verfassern kam auch Spitta aus: Mitte des 1. Jh.s schrieb ein Jude den ganzen PH, und ein Christ (wahrscheinlich der

[11] Die Frühgeschichte dieser Einsicht bei Uhlhorn, 717, nachgezeichnet von H.W.J. Thiersch (1817–1885) bis zu H. von Soden (1881–1945). Harnack, Geschichte II/1, 266 denkt an eine Entstehungsphase von „nicht mehr als über 20–25 Jahre (es können sehr wohl weniger sein)". G. Schöllgen, JAC 32, 1989, 28 hat sich gründlich verlesen, als er einen breiten Konsens von Harnack bis Osiek für „eine sukzessive Entstehung des Textes ... über drei Jahrhunderte hinweg" vorfand.

[12] Siehe de Champagny, Les Antonins 1, Paris 1875^3, 144; Baumgärtner, 7 dazu: „nichts als eine kritische Ahnung"; weitere bei Harnack, Geschichte II/1, 259 A.5; Gebhardt-Harnack, LXXIII A.2.

Bruder des Pius) überarbeitete ihn christlich.[13] Zwei Verfasser auch bei Haussleiter: Hermas, der Bruder des Pius, hat Vis V bis Sim X geschrieben, die durch Vis I–IV, einen Zusatz vom ausgehenden 2. Jahrhundert, aufgewertet werden sollen.[14] Aber die Zahl der Verfasser stieg im Verlauf der Forschung an. So sind es bei Nautin, 1197 bereits drei, wobei ein Hermas Vis I–IV verfaßt hat, ein Anonymos den Rest und ein Dritter beide Bücher kompilierte. Drei verschiedene profilierte Autoren hatte auch Hilgenfeld in seiner Edition des PH angenommen, und zwar teilte er so auf, daß der Grundstock Vis V bis Sim VII, den er den *Hermas pastoralis* nennt und von späteren Eingriffen, vor allem der Hinzufügung von Mand XI, säubert, vor 112 n. Chr. von einem römischen Judenchristen verfaßt wurde. Nicht früher als 113 n. Chr. wurde, wieder von einem Judenchristen in Rom, das antipaulinische Visionenbuch (Vis I–IV), der *Hermas apocalypticus*, geschrieben. Ein Dritter schließlich fand diese beiden Schriften miteinander verbunden vor und hängte – nach redaktioneller Vorbereitung in Vis V 5 – den *Hermas secundarius* = Sim VIII–X als seine Zutat an und schuf damit (unter Dämpfung des judenchristlichen Kolorits) um 140 n. Chr. die jetzige Endform des PH.

Mit einer völlig anderen Variante der These von drei Verfassern hat dann in jüngerer Zeit Giet die Diskussion neu entfacht[15], in seiner Arbeit am Text (die hier nicht nachvollzogen werden kann) wesentlich fundierter und differenzierter als die Früheren. Sein Ergebnis sieht so aus: Zwischen 100 und 140 n. Chr. wurde von einem sonst unbekannten H, einem Zeitgenossen des Klemens von Rom, das Visionenbuch geschrieben (Vis I–IV). Hermas, der im Muratorischen Fragment als Autor genannte Bruder des römischen „Bischofs" Pius (s. § 2), vermehrte den Text – etwa Mitte 2. Jh. (ca. 140–150) – um die umfangreiche Sim IX. Ein Dritter (Judenchrist) verfaßte dann etliches später Vis V, Mand und Sim I–VIII, die er zwischen die beiden vorhandenen Teile einschob, um mit Sim X das Buch dann abzu-

---

[13] Spitta, Geschichte und Litteratur (scharf kritisiert von Ehrhard, Der Hirte, 107; Funk, Einheit); in der Hauptsache mit Spitta einig Cirillo, Conférences, 336; vergleichbar ist auch H.A. van Bakel. Das jüdisch-christliche Kolorit des PH hat H. von Soden, ThLZ 22, 1897, 586 allerdings so erklärt, daß jüdische Verfasserschaft und christliche Redaktion von ein und derselben Hand eines jüdischen Konvertiten zum Christentum stammen; fast ebenso Völter, Apostol. Väter, 320.327; ders., Visionen; ders., Die älteste Predigt aus Rom, 1908; beide abgelehnt von Funk, Einheit, 258–261; oder Audet, Affinités: Der Autor war möglicherweise ein schlecht bekehrter Essener, dessen Eltern direkten Kontakt mit der Qumran-Gemeinde hatten.

[14] Haussleiter, De versionibus; erledigende Kritik durch Lipsius, ThLZ 10, 1885, 281–284.

[15] Giet, Hermas; ders., Les trois auteurs.

schließen.[16] Giet konnte so kompetente Kenner des PH wie Osiek[17] und Carlini[18] überzeugen. Osiek ihrerseits weicht aber von ihm ab, indem sie immerhin Sim IX für nachträgliche Interpolation hält. Aber ein überwiegender Konsens zugunsten dieses PH-Bildes scheint nicht zustandezukommen. Es gibt im Gegenteil eine zwingende Kritik an der Art und Weise der literarischen, stilistischen und linguistischen Analysen, mit denen im Rahmen der These von der mehrfachen Verfasserschaft eine erdrückende Menge von Brüchen, Widersprüchen, Differenzen, Inkonsequenzen, Paradigmenwechseln usw. in der jetzigen Formation des Makrotextes nachgewiesen werden. Außer der Anfechtbarkeit vieler einzelner Analysen sind auch die Schlußfolgerungen auf die Zahl der vermuteten Autoren hypothetischer, als sie sich geben. Das Verfahren provoziert mehr Fragen, als es beantwortet. Die Kritik an Giet, ausgearbeitet hauptsächlich, aber nicht nur von Joly[19], ist überzeugend in ihrer Ablehnung seiner These.

Den vorerst letzten Versuch dieser Art hat Coleborne unternommen. Mit der These von nicht weniger als sechs Autoren bzw. Redaktoren[20] bringt er sich allerdings um den Kredit. Auf dem Weg einer Identifizierung von Zäsuren im Text, die aus der Textüberlieferung oder aus internen Signalen evident werden, kommt er zu einer Fragmentierung des PH in sieben Teiltexte von verschiedener Hand – ein Ergebnis, das er sich durch gezielte Vergleiche dieser Teileinheiten miteinander bestätigen läßt: Mit Hilfe eines „*apparatus discernendi*" („device for separating"), wie Coleborne sein Instrument des Textvergleichs aufgrund von 162 Merkmalen nichtlinguistischer Evidenz aus Struktur, Nomenklatur und Theologie nennt[21], gelangt er flan-

---

16 Giet, Hermas, 272–279.289–293.294–300.301–305; ders., Les trois auteurs. In Auseinandersetzung mit Giet hält Barnard, The „Shepherd", 32 wieder die Annahme zweier Autoren für wahrscheinlicher richtig; der eine schrieb gegen Ende 2. Jh. Vis I–IV, der andere um 135 n. Chr. Vis V bis Sim X.

17 Osiek, Rich, 6f., die allerdings irrt mit ihrer Behauptung, in den letzten 100 Jahren seien fast alle seriösen Forscher zum Schluß auf mehrfache Verfasserschaft gekommen (s. o.).

18 Carlini, La tradizione manoscritta, 100 bestätigt Giet von der Textüberlieferung her: „La riposta che si ricava dalla *recensio* sembra essere: Hermas e i Pastori, non Hermas e il Pastore", er hatte allerdings im Artikel nie von mehreren Verfassern, sondern nur von der ursprünglichen Mehrzahl selbständiger Teile gesprochen.

19 Joly, 11–16; ders., Hermas et le pasteur; J. Daniélou, RSR 52, 1964, 103–107; Telfer, 192–194; Corti, 247f.; Barnard, VigChr 18, 1964, 183ff.; Hilhorst, Sémitismes, 19–31; Leutzsch, 15f. mit A.9.

20 Eine (wohl nicht beabsichtigte) Eskalation stellt es dar, daß Peterson, 283f. eine kollektive Verfasserschaft für den PH annehmen muß, wenn er ihn für das Produkt einer (apokalyptischen) Schule hält (Kritik durch Reiling, 22.30f.). Durch Peterson auf die Spur gesetzt, will Amstutz, 133 allerdings ganz bewußt (mit Peterson, 272) die Kategorie des Autors bei einem Text wie dem PH, in dessen „hinter- und nebeneinander entstandenen Kompositionseinheiten" vorgegebene Traditionen vorliegen, stark relativieren. – Die emphatische Ich-Rede des H mit ihren individuellen Zügen erlaubt es m. E. nicht, den Autor durch eine Schule zu ersetzen.

21 Coleborne, The Shepherd, 65–67; Approach (1965), IV. 48–72.73–76.288f.; die englische Übersetzung der Formel: Approach (1969), 135; deutlicher Approach (1969), 133 Nr. III.135–137.

kierend zum gleichen Ergebnis von sieben unterschiedlichen Teilen des Buches. Da zwei der sieben Teile (nämlich Vis V und Mand XII 3,4–6,5) von derselben Hand sind, kommt Coleborne auf sechs Verfasser.[22] In einem Prozeß von Kompilation und Nachträgen[23] entstand so der PH im Lauf bereits des 1. Jh.s[24], und er kann nachträglich in seine Entstehungsteile wieder fragmentiert werden. – Was sich an dieser Hypothese aber so stringent und minutiös anhört, basiert auf weitgehend recht beliebigen Einzelurteilen und nicht begründbaren Entscheiden.[25] Der behauptete linguistische Zugang ist kein solcher; man hat bloße Stiluntersuchungen statistischer Art vor sich, die mit zahllosen Ermessensurteilen arbeiten und mit ihrem tabellarischen Vorgehen eine nicht vorhandene Verläßlichkeit suggerieren.[26]

Nach der Studie von Coleborne möchte man grundsätzlich davon abraten, die literarischen Probleme des PH weiterhin durch die Annahme mehrfacher Verfasserschaft lösen zu wollen. Coleborne legt mit seiner These ungewollt tatsächlich die Grund-Aporie dieser Versuche offen. Die Delimitierung von Texten nach den Kriterien der Stilkritik, der Wort-Statistik, Sprachform, Logik, Genauigkeit, Eindeutigkeit usw. läßt sich im Fall des PH in den Formen, wie sie von Giet und Coleborne praktiziert werden, im Prinzip beliebig fortsetzen. Die bei der Scheidung verschiedener Stücke verbleibenden Textteile enthalten so gut wie immer noch einmal die Irritationen, denen man sie durch Fragmentierung entziehen wollte. Es sind eben nicht die individuellen Profile verschiedener Autoren die Ursache für die Uneinheitlichkeiten des PH, sondern die Gründe dafür liegen bei dem einen Autor H mit seinen schriftstellerischen Eigentümlichkeiten.[27] Vieles liegt daran, daß er seine Materialien nur unzulänglich verarbeitet, anderes daran, daß er, inkonsequent und nachlässig, auf die Plausibilität dessen, was er schreibt, keinen großen Wert legt. So kommen zahlreiche Schwererklärbarkeiten zustande; aber (das ist die Erfahrung aus der Auslegung des PH Zeile um Zeile) diese Merkmale setzen sich „endlos" bis in kleine Texteinheiten fort

---

[22] Coleborne, The Shepherd, 65–67; Approach (1965), IV. 501–565. Die übrigen fünf Teile sind: Vis I–IV, Mand I–XII 3,3; Sim I–VII; Sim VIII; Sim IX 1–30 (der ab Sim IX 31 nur lateinisch überlieferte Text inklusive Sim X kann nicht derselben linguistischen Methode unterzogen werden und bleibt bei Coleborne darum unberücksichtigt).

[23] Coleborne, Approach (1965), 481–500.

[24] Coleborne, Approach (1965), V; Approach (1969), 133 Nr. V. 139–141.

[25] Während Osiek, Rich, 6 nur die Kompliziertheit von Coleborne's These (Diss.) notiert, verwirft Reiling sie zusammen mit Giet's jedenfalls soliderer Analyse; methodisch angesetzte Kritik bei Leutzsch, 15f. mit A.9; 17–19.

[26] Siehe z. B. die umfangreiche „linguistische" Statistik bei Coleborne, Approach (1965), 216–289 zu den Differenzen zwischen Mand und Sim (auch 33–48). Eine angebliche Kompositionsanalyse (ebd. 501–565) verbleibt in oberflächlicher Paraphrase. Die Aufzeichnung der Gründe und Absichten, die den Makrotext in seine jetzige Form brachten, als der Implikationen der Fragmentierung (ders., The Shepherd, 67–69) überzeugt durchaus nicht und wirkt einfach zufällig.

[27] Whittaker, Hermas, 1075: Widersprüche und Ungereimtheiten liegen in der Natur des Apokalyptikers.

und können nicht durch Verteilung auf diverse Autoren beseitigt werden.[28] Linguistische Untersuchungen verlangen nicht eine Mehrzahl an Sprechern. Ein ganz wichtiges Argument zur Klarstellung ist die Beobachtung, daß sich viele sprachliche, mentale, philologische, denkerische Eigentümlichkeiten von auffälliger Anomalie, Merkwürdigkeit oder Ungewöhnlichkeit übereinstimmend in allen Teilen des PH finden.[29] Die Annahme, daß ein und derselbe Verfasser für die literarischen Unausgeglichenheiten und Schwächen der End-Redaktion verantwortlich ist, fällt wesentlich leichter als die Vorstellung, daß gleich drei oder sechs Autoren auf einmal in all den ausgefallenen oder jedenfalls auffälligen Besonderheiten und Skurilitäten, wie der PH sie in Diktion und naiver Denkart durch seine Teile hin kontinuierlich bietet, übereinstimmen. Die Irritationen im Text resultieren also aus Schwächen des Schriftstellers H, der zweifelsohne ein dilettantisches Buch geschrieben hat, was die Komposition wie viele Details betrifft, und der seines Stoffs und seiner Absichten nicht immer Herr geworden ist. Die großen Abstände zwischen den einzelnen Lösungsvorschlägen dieses Typs dokumentieren für sich das Ausmaß an Hypothese, das hier toleriert wird.[30] Unterscheidend besser läßt sich der problematische Zustand des Buches durch die ungewöhnliche Schriftstellerpersönlichkeit H erklären.[31]

§ 5 Das Genre (Die Gattung) des Textes

Man kann beim besonderen Zustandekommen und der Kompositionsgeschichte des „Hirten“, wie sie in § 4 nachgezeichnet wurde, kaum mit einer

[28] Folgerichtig die Kritik durch Joly, Hermas et le pasteur, 218: das Verfahren von Giet läßt mehr Verfasser als drei zu; J. Daniélou, RSR 52, 1964, 103–107: vier Autoren anzunehmen ist plausibler als nur drei (oder sechs: N.B.).

[29] Zwei Beispiele sind der merkwürdige Tadel am (an sich rollengemäßen) neugierigen Fragebedürfnis des H (s. Brox, Fragen) und philologische Ungewöhnlichkeiten wie etwa der besondere Gebrauch des ἤθελον zur Umschreibung des Modus in allen drei Teilen des PH (s. Demaray, 77.175; Hilhorst, Sémitismes, 27.65; s. zu Vis III 4,3). Von seiner Seite aus sieht Henne, Polysémie, 135 diese Argumentation unterstützt, doch steht seine These von der allegorischen Polysemie, die er als Interpretationstechnik des H über das ganze Buch hin entdeckt, ihrerseits m. E. auf schwachen Füßen.

[30] Kritiken dieser Art auch bei Link, Einheit, 45; Baumgärtner, 94f.; Dibelius, Geschichte, 89; Funk, Einheit, 258–261; Vielhauer, Geschichte, 517; Hilhorst, Sémitismes, 15–31.185f.; Joly, Hermas et le pasteur, 205–214; Dibelius, Hermas, 1822; Amstutz, 133.

[31] Eine inhaltliche Gliederung des PH, zu deren Erstellung die literarischen Eigenheiten im Text und die Verfasserfrage ausgeblendet bleiben, hat Henne, Le Pasteur, 19–21 allein an Regiebemerkungen des H wie Vis V 5 und Sim IX 1,1 aufgehängt und gemeint, daß das ganze Buch in einer Didaktik der vertiefenden Wiederholungen organisiert wurde und klar in Offenbarungs-Etappen gegliedert ist. Diese Bemerkungen lassen sich aber, kritisch besehen, nicht zu der vorgelegten Logik ordnen und werden in ihrer Funktion innerhalb des Buches überschätzt. Die vorausgeschickten Vergleiche mit dem in Teile sich gliedernden AT (ebd. 8), nach denen der PH „une structure quasi biblique“ aufweist, sagen nichts über eine Gliederung des PH.

einheitlichen Form oder Gattung für alle Textteile rechnen. Weil zu viel erwartet wurde, ist die heutige Diskussion um eine Gattungsbestimmung am PH extrem kontrovers. Wie H sich nicht sehr souverän und konsequent zeigt in der Durchführung seiner Gedankenfolgen oder in der Rezeption und Verarbeitung der diversen literarischen, theologischen, ethischen, paränetischen, gnomischen Stoffe, auf die er zurückgreift, so ist er auch völlig unbekümmert und dilettantisch in der Wahl und beim Einsatz seiner literarischen Mittel. Man wird ihn auf jeden Fall falsch einschätzen, wenn man die Ansprüche nicht von vornherein dem Buch selbst in seinem Zustand anpaßt. Denn: „Hermas heißt der Unhold, von dem jetzt die Rede ist. Was kümmern ihn Litteraturgattungen!“[1] In der Tat hat er sich nicht an eine einzige Gattung oder wenige bestimmte Gattungen präzis gehalten, sondern hat an literarischen Formen beigezogen oder auch nachgebildet, was ihm zugänglich war. Der formalen Gliederung des Buches und dem oberflächlichen Eindruck nach scheint eine Bestimmung zwar nicht schwierig zu sein: Es dominieren die Textformen von Vision, Gebot und Gleichnis. Sie sind außerdem von H selbst wiederholt namentlich genannt (ὅρασις; ἐντολή; παραβολή). Und doch ist mit dem Hinweis darauf nichts gewonnen, weil H gerade diese drei hauptsächlich von ihm verwendeten literarischen Kategorien nicht distinktiv, sondern wechselweise und bedeutungsgleich gebraucht. „Gebot“ und „Gleichnis“ sind konvertierbar, und „Vision“ ist für ihn nichts letztlich anderes als diese beiden (vgl. im Kommentar die Nachweise am Text: in der Einführung vor Sim I sowie z. B. zu Vis IV 1,1; Sim VII 7). H vermischt in Vis, Mand und Sim geradezu die Gattungen, indem er sie durcheinander gebraucht; er beachtet und beherrscht die literarischen Formen nicht, in denen er sich äußert und mitteilt.

Man muß vor allen Versuchen zur Gattungsbestimmung also bedenken, daß H das Zeug zum Literaten nicht hatte, wohl aber eine unbändige Lust am Erzählen und eine große Neigung zum Personifizieren[2], zum Inszenieren, Imaginieren, Illustrieren, Dramatisieren und Allegorisieren. Er hat eine ausgebildete Vorliebe für kleine und große Bilder, für Visionäres, Metaphorisches. Die dabei eingesetzten literarischen Mittel, Formen oder Gattungen werden im Zug ihrer unkontrollierten Verwendung durch H sehr unspezifisch. Ein „Gebot“ (Mand XI) wird beispielsweise als Vision eröffnet (ebd. XI 1) und endet als Gleichnis (ebd. XI 18–21). Ein Gleichnis (Sim VI) bringt Reflexion und Belehrung über die Gebote. Eine Vision hat die Funktion der Einleitung ins Hirtenbuch (Vis V) usw. Die Gleichnisse variieren ziemlich regelmäßig zu Geboten. Außer den Vis wollen auch die Mand und Sim Offenbarungsvortrag sein.[3] So ist eine Gattungsbestimmung für den PH nicht leicht.

---

[1] So Wehofer, 45, der andererseits als m. W. einziger dem „Hirten“ ästhetischen Rang bescheinigt hat (ebd. 45.51.52).

[2] Mackenzie, 139f.

[3] Ähnliche Verhältnisse findet man in *4 Esra* vor (Brandenburger, 15).

In den Handbüchern zur frühchristlichen und apokryphen Literatur wird der PH in der Regel zur frühchristlichen Apokalyptik gezogen und als Apokalypse eingeschätzt.[4] Ob das zulässig und aufschlußreich ist, hängt natürlich von der Definition der Gattung Apokalypse ab. Im Zusammenhang des PH wird diese schwierige Definition so versucht, daß man einen Merkmale-Katalog für die Gattung Apokalypse erstellt[5] und die Summe solcher Kennzeichen als Definition bzw. Kriterium der Gattung ansetzt. Nach K. Rudolph[6] geht es bei der Definition der Apokalypse nämlich darum, „Merkmale apokalyptischer Sachverhalte und Literaturformen in präziser Weise zu einer Rahmendefinition zusammenzufassen, zu einer charakterisierenden, nicht typologisierenden". Diesen Versuch hat J.J. Collins[7] gemacht: Er formuliert aufgrund eines gemeinsamen Kerns von konstanten Elementen in den Apokalypsen eine Definition der Gattung. Danach ist „Apokalypse" ein Genre der Offenbarungs-Literatur mit einem erzählenden Rahmen, in dem von einem Wesen aus einer anderen Welt dem menschlichen Empfänger eine Offenbarung übermittelt wird, die eine transzendente Wirklichkeit erschließt und Aussagen macht über Zeit und Raum, insofern sie sich auf eschatologische Erlösung bezieht und eine andere, übernatürliche Welt beschreibt.[8] Dieser auf dem Weg der Addition von inhaltlichen und formalen Merkmalen zustande gekommenen Definition kann man für den Fall des PH und für die Zwekke der Arbeit an diesem Text als ausreichend und zutreffend zustimmen, weil alles Apokalyptische diesem Buch reichlich äußerlich bleibt und sich im routinemäßigen Gebrauch einschlägiger Motive (neben anderen Motiven) erschöpft. Im Rahmen genereller Gattungsbeschreibung wäre sie

---

4 So auch von vornherein bei Hellholm, Visionenbuch, der keine neuerliche Gattungsbestimmung vornimmt, sondern für das Visionenbuch eben die Gattung Apokalypse unterstellt und eine gattungsgerechte Gliederung des Visionenbuchs bieten will; vgl. die Rezension von Brox, ThRv 78, 1982, 209–211.

5 Solche Kataloge findet man z.B. bei E. Schüßler-Fiorenza, in: Hellholm (ed.), Apocalypticism, 299; zuvor schon: Vielhauer, NTApo 2[4], 1971, 408–417; K. Rudolph, in: Hellholm (ed.), Apocalypticism, 776; A.Y. Collins, 104; J.J. Collins, Introduction; Osiek, Genre, 114; vgl. Erbetta, 238. Ohne Bezug zum PH stellte K. Koch, Ratlos, 20–24 aus frühjüdischen und frühchristlichen Apokalypsen einige Gesichtspunkte zusammen, die (aufgrund formgeschichtlicher Beobachtungen) in jedem Fall zum Umkreis von Apokalyptik gehören.

6 K. Rudolph, in: Hellholm (ed.), Apocalypticism, 776. Die Frage nach der Gattung „Apokalypse" ist im selben Band aufgeworfen von L. Hartmann, ebd. 329–343; W. Harnisch, ebd. 461–493; J.J. Collins, ebd. 531–548.

7 J.J. Collins, Introduction, 9; ders., Towards the Morphology of a Genre, Semeia 14, 1979, (1–19) 9 bietet eine fünfzeilige Rahmendefinition; nachdrückliche Zustimmung von H.R. Seeliger, StPatr XXI, 1989, 186.

8 Texte dieser Gattung gab es übrigens nicht nur im Bereich der jüdischen, sondern auch der ägyptischen und der paganen griechisch-römischen Literatur: J.J. Collins, Introduction, 9; H.W. Attridge, in: J.J. Collins (ed.), Apocalypse, 159–186; H.-D. Betz, The Problem of Apocalyptic Genre in Greek and Hellenistic Literature, in: Hellholm (ed.), Apocalypticism, 577–597; zu Ägypten: J. Lebram, TRE 3, 1978, 198.200; vgl. die Nachweise bei Berger, Hellenistische Gattungen, 1324 mit A.343.

freilich anfechtbar, weil die Kriterien der Zugehörigkeit zur Gattung von Inhalten statt von der Form her bestimmt werden.[9]

An diesem Merkmale-Katalog bzw. an der daraus auf additivem Weg gefundenen Definition mißt man nun den PH und kommt entweder zum Schluß, daß das Buch nicht als Apokalypse gelten darf[10], oder aber zu dem Urteil, daß er – trotz meist gravierender Einschränkungen – eben am besten doch eine Apokalypse genannt wird.[11] Denn einerseits deckt der PH einen ganzen Anteil aller aufzählbaren Merkmale von Apokalypsen ab, andererseits fehlen zentrale Merkmale in ihm, die man konstitutiv nennen wird für die apokalyptische Literatur. Es fehlen z. B. die typischen Enthüllungen über die jenseitige Welt, über die katastrophale Endgeschichte und ihre vorausgeworfenen Schatten im Schicksal der Menschen und über die damit verbundenen kosmischen Katastrophen; es fehlt die globale Geschichts-Spekulation, die pseudepigraphische Anlage (s. u.), der ausgeprägte Pessimismus,

---

[9] Vgl. die Kritik von Berger, Formgeschichte, 296f., der sich in: Hellenistische Gattungen, 1324 der Definition von J.J. Collins aber anschließt.

[10] K.J. Hefele, ThQ 1839, 169.179; methodisch unzureichend Deemter, 23–42.112–121; U.B. Müller, in: Hellholm (ed.), Apocalypticism, 599f.; E. Schüßler-Fiorenza, in: ebd. 299; A. Puech, Histoire, 71 überschreibt sein Hermas-Kapitel: „Transformation du genre apocalyptic"; Gaâb, 129f. (mit dem Bußthema „ist der stricte Begriff der Apocalypsen verlassen"); Macmillan, Apocalypse; ders., Interpretation (mit der widersprüchlichen These, daß H keine Apokalypse schreiben wollte, sein Buch mit der Zeit durch Gebrauch aber für eine solche gehalten wurde, was wieder durch die von ihm gewählte Form der Apokalypse begünstigt wurde); Zahn, GGA 1878, 48.

[11] H. Stegemann, in: Hellhom (ed.), Apocalypticism, 527 A.108; Lake, The Shepherd of Hermas and Christian Life, 26 (der PH ist eine „praktische Apokalypse"); Cirillo, Erma (mit der erstaunlichen These, der PH sei von jüdischer Herkunft und durch H vor einem pharisäischen Vernichtungsgriff gegen apokalyptische Literatur gerettet worden); Deemter, 157; Réville, La valeur, 2f.; Peterson, 283f. (der das „Visionenbuch" und die „Hirtenapokalypse" als Apokalypsen für Schulprodukte hält); A.Y. Collins, 75 (der PH ist der ebd. 62 vorgelegten Definition nach eine Apokalypse, weil der größere Teil aus Offenbarung besteht, die durch überweltliche Wesen vermittelt wird; ganz ähnlich J.J. Collins, Introduction, 9); Osiek, The Eyes of Hermas, 120f.; vor allem dies., Genre, 113–115.117–119 (ein Unterschied des PH zum Großteil apokalyptischer Literatur liegt nicht im Bereich von Form und Inhalt, sondern in der Funktion, die immer mitberücksichtigt werden muß; wie alle Apokalyptik, sagt der PH eine Krise an, und zwar nicht eine Krise von Geschichte und Politik, sondern die Krise des desolaten Zustands der Kirche, worin eine neue Adaptation der literarischen Form vorliegt; es geht um den Aufruf zur Veränderung des Herzens unter der Perspektive eines limitierten Zeitrahmens: Apokalyptik hier als privatisierte Frömmigkeit, als Horizontverengung gegenüber den Themen von Geschichte und Politik, aber die Bedürfnisse der Zeit durchaus treffend, „the translation of eschatological vision into realistic terms"; Osiek plädiert dafür, Abweichung von konventioneller apokalyptischer Form und Thematik wie im PH nicht Abweichung vom apokalyptischen Genus zu nennen, sondern zu sehen, daß in solchen Modifizierungen, wie H sie an der Form der Apokalypse vornimmt, das apokalyptische Genre für neue Möglichkeiten geöffnet wird, in einer veränderten Situation eine veränderte Rolle zu spielen, – insgesamt ein m.E. etwas hoch gegriffener Versuch, dem trivialen Legitimations-Muster, das im Gebrauch der apokalyptischen Form besteht, eine größere Bedeutung beizulegen); Staats, Hermas, 102. Unter dem Aspekt der Funktion („limited apocalyptic history") erfährt der PH seine Einordnung in die Apokalyptik auch bei R.G. Hall, Revealed History: A Jewish and Christian Technique of Interpreting the Past, Diss. Duke University 1986.

der Krisencharakter[12] dieser Literatur, die Endzeitprophetie, die Ausmalung der drohenden endzeitlichen Not auch der Gerechten, wie sich das alles in den Apokalypsen der Epoche findet und als deren Motor und als das wesentliche apokalyptische Paradigma bezeichnet werden darf. Umgekehrt ist eine gute Kenntnis der apokalyptischen Literatur und Vorstellungswelt und eine Affinität ihr gegenüber bei H sehr deutlich, denn man kann eine Reihe von Motiven daraus im PH nachweisen. Dazu gehören die Entrückungen und Visionen im ersten Teil (Vis I–V), die übermittelte Kunde himmlischer Gestalten an den Seher oder Empfänger, mit dem Dialoge geführt werden; das Thema vom persönlichen Weiterleben nach dem Tod; Unheils- und Heilsbeschreibungen; zwei-Äonen-Lehre; Aktivität der (außerweltlichen) Engel und Dämonen; esoterisches Wissen, niedergelegt in schriftlichen Dokumenten (Vis II 1,3–4); Instruktionen über die Verbreitung der mitgeteilten (schriftlichen) Offenbarung (Vis II 4,2–3; V 5–7); seelische Erschütterungen des Sehers (Vis III 1,5; IV 1,7; V 4); Folgerungen für den Leser in Form paränetischer Reden[13]; verschlüsselte Sprache, die ohne Deutung unverständlich bleibt; augenfälliger Kompositionscharakter, daher Risse im Gedankengang und Widersprüche; Mischung literarischer Formen; Uneinheitlichkeit.

Bei all diesen Punkten kann man also von apokalyptischen Elementen im PH reden; bei der Schlußfolgerung, aufgrund der Summe dieser Motive den PH nun eine Apokalypse zu nennen, fühlt man sich aber doch weder wohl noch ganz sicher, weil diese unbestreitbaren apokalyptischen Elemente im PH sämtlich in eigentümlich verschobener oder auch zufälliger Version von Form, Inhalt und Tendenz wiederkehren. Man hilft sich in dieser Unsicherheit damit, daß man die literarische Einschätzung des Textes aufteilt und nur für den Rahmen Apokalyptik reklamiert, nicht für den Inhalt, was sofort einleuchtet: „das Apokalyptische ist nur Rahmenwerk"[14]; „der apokalyptische Rahmen umspannt (eben) kein apokalyptisches Gemälde". Der PH will „der Form nach" eine Apokalypse sein, enthält aber die fälligen Themen nicht[15], und „man wird den Pastor Hermae nur im uneigentlichen Sinne der Gattung der Apokalypsen zurechnen dürfen und ihn als Pseudoapokalypse bezeichnen müssen".[16] Vielhauer demonstriert das Verfahren: „Die Form des Buches ist insofern apokalyptisch, als *angeli interpretes* seinen ganzen

---

12 Vgl. Ponthot, 164; K. Rudolph, in: Hellholm (ed.), Apocalypticism, 776; Osiek, Genre, 113–115.

13 Darüber genauer K. Koch, Ratlos, 22.

14 Altaner-Stuiber, 56; vgl. Dibelius, Geschichte, 88–91.

15 U. B. Müller, in: Hellhom (ed.), Apocalypticism, 599f.

16 Vielhauer-Strecker, NTApo 2^5, 1989, 541.544 (identisch mit Vielhauer, NTApo 2^4, 1971, 448.451); ders., Geschichte, 522. Vgl. Deemter, 157, der als „pseudoapokalyptisch" bezeichnet, was er am PH als literarische (= fiktive) Erweiterungen der echten, auf wirklichen Visionen beruhenden Apokalypse erkennt, die der PH zunächst darstellt. – In der Regel fallen die Behauptungen, man habe im PH einen Text der Gattung Apokalypse vor sich (z. B. bei G. Schöllgen, JAC 32, 1989, 28f.), eine Spur zu apodiktisch, zu undifferenziert aus.

Inhalt dem Hermas offenbaren und deuten. Dieser Form entsprechen die Apparatur (Visionen, Entrückungen), der Ichbericht des Ganzen und die vielen Dialoge"; das Buch ist „inhaltlich aber nicht" apokalyptisch, „da es keine Enthüllungen der eschatologischen Zukunft oder der jenseitigen Welt enthält."[17]

Daß es mit dieser Aufteilung auf Rahmen und Inhalt seine Richtigkeit hat, bestätigt sich, wenn man nach der Absicht fragt, mit der H sich als Visionär im Stil der Apokalypsen beschreibt und geriert. Die Absicht liegt zweifelsohne bei der Autorisierung des Buches und der Legitimation seines unerhört neuen, nicht leicht durchsetzbaren Inhalts. Von daher erklärt sich, daß die apokalyptischen Motive im PH so aufgesetzt und „unecht" wirken, wie es der Fall ist (s. u.), und strenggenommen zu Requisiten wurden. „Die literarische Form der Apokalypse ist hier zwar der adäquate Ausdruck für den Anspruch ihres Verfassers, nicht aber für ihre Aussage."[18] Eine Apokalypse hat H nicht aus der entsprechenden Erfahrung und (Minderheiten-)Situation geschrieben (Endzeitstimmung, Bedrohung, dualistische Geschichtsdeutung und entsprechende Hoffnungen), sondern „die Wahl des Darstellungsmittels ‚Apokalypse' (hat in diesem Fall) ihre Ursache... in Problemen der ‚Legitimation' des Darzustellenden".[19] Natürlich verzahnt der Autor die apokalyptischen Elemente schriftstellerisch mit den weiteren Tendenzen seines Buches und mit deren literarischen Ausdrucksformen. Und wie es oft in der apokalyptischen Literatur ist, so gehen „besonders deutlich im Pastor des Hermas" ἀποκάλυψις und διδαχή ineinander über.[20]

Die Gattungsbezeichnung „Apokalypse" ist, faßt man zusammen, also nicht ideal, aber bezeichnend und brauchbar für den PH. „Pseudo-Apokalypse" ist vielleicht aussagekräftiger, weil diese Einschränkung den defizitären Zustand der Form von Apokalypse signalisieren kann, wie er im PH vorliegt, und vor dem Mißverständnis warnt, der biedere H habe seine pragmatische kirchliche Intervention, für die er um Respekt wirbt, tatsächlich im Auftrag des Himmels erledigt. Die apokalyptische Perspektive des Buches ist auch die vereinheitlichende Klammer, von der die unterschiedlichen Buchteile noch am ehesten formal zur Einheit zusammengehalten werden (inhaltlich spielt diese Rolle, ebenfalls nur notdürftig, das Thema Buße). Darum ist diese Kennzeichnung berechtigt. Aber sie ist doch nicht übermäßig repräsentativ für das Buch. Man darf nicht übersehen, daß sie für die Masse der Texte nicht zutrifft. H schrieb in erster Linie ein Allegorien-Buch, und dieses rahmte und stilisierte er als Apokalypse. Der weit überwie-

---

17 Vielhauer-Strecker, NTApo 2^5, 1989, 540f.538.

18 Vielhauer, Geschichte, 522; Vielhauer-Strecker, NTApo 2^5, 1989, 546. Kritik daran von H. von Campenhausen, Entstehung, 252 A.36, dem die Annahme, die Form sei aus Zweckerwägung gewählt, „zu weit" geht.

19 H. Stegemann, in: Hellholm (ed.), Apocalypticism, 527 A.108.

20 E. Norden, P. Vergilius Maro: Aeneis Buch VI, Darmstadt 1957^4, 309. Auch Benz, 151 macht auf die „auffällige Wucherung der lehrhaften Elemente in den Visionen" aufmerksam; es wird „dem Zuhörer nichts geschenkt" (ebd. 157).

gende Teil aller Perikopen und Teiltexte ist allegorisch angelegt. Die voluminösen Visionen, Gleichnisse und teils sogar die Gebote verlangen ausführliche und manchmal mehrschichtige Deutungen, weil sie allegorisch stilisiert sind und für „anderes“ stehen. Es gibt Personifizierungen für Tugenden und Laster, sagenhafte Szenerien und szenische Vorgänge sowie starre und bewegliche Bilder für christliches Versagen und christliche Umkehr, für die Kirche und die Christengruppen in ihrem wechselhaften Zustand vor dem Anspruch der Gebote, die ihrerseits allegorisch verkleidet sind usw. Wer das Buch aufschlägt, trifft wesentlich häufiger auf Allegorisches als auf Apokalyptisches. Die Allegorie schlägt ja die Brücke von den vielen rezipierten oder kreierten Motiven zum Zweck des PH.

Die Kategorie „Allegorie“ ist darum nicht nur quantitativ repräsentativer und angebrachter als die der „Apokalypse“, sondern zur Kennzeichnung der Lebens- und Vorstellungswelt und der Schriftstellerei des PH doch noch geeigneter als „Apokalypse“. H liebt es, Allegorien zu gebrauchen, zu konstruieren, zu entschlüsseln, aber er rechnet nicht mit dem baldigen Ende der Welt (s. Exkurs: Eschatologie), auch wenn er den Bußbedürftigen eine Frist setzt.[21] Man kann sogar sagen, daß selbst die apokalyptischen Elemente allegorisch verzweckt sind und entsprechend gelesen werden wollen. Weltende und Fristen beispielsweise stehen für den Verpflichtungsdruck, die Buße nicht aufzuschieben. Mit der endzeitlichen Bedrängnis und Not (θλῖψις), mit der H droht, sind – ganz unapokalyptisch – das banale, alltägliche Unglück, der Verdruß, die Ausweglosigkeit und Verzweiflung gemeint, unter denen nach H der Sünder selbstverschuldet Tag für Tag leidet, der nicht zur (sofortigen) Buße bereit ist (s. die Exkurse: Bedrängnis – Verfolgung – Martyrium; Die Buße); die Not wird teils auch als Sündenstrafe begriffen. Während man die Allegorie sonst eher „ein Stilmittel der Apokalyptik“[22] und somit eine Teilgattung der Apokalypse nennt, dominiert sie im PH über die apokalyptischen Formalitäten des Buches.

Weil der PH eine große Sammlung und Kreation von ganz unterschiedlichen Einzel-Allegorien ist, bestimmt man ihn also am besten als „Allegorienbuch“[23] (statt „Allegorie“). Die Beobachtung größerer motiv- und litera-

---

21 Staats, Hermas, 102 sieht das im Prinzip nicht anders, schätzt aber (wie auch andere) die eschatologischen Floskeln des PH doch als so ernsthaft eschatologisch gemeint ein, daß er die „Annahme einer reinen ‚Allegorie‘ ... am endzeitlichen Charakter des Ganzen“ scheitern sieht. Seine Meinung ist, daß der PH „die originelle Form einer frühkatholischen kirchlichen Apokalypse“ darstellt, was sich so – im Rahmen einer Gattungsbestimmung – texttheoretisch schwer vertreten läßt, weil es keine weiteren Exemplare dieser „Form“ gibt, deren literarische Zusammengehörigkeit sie begründen würde. Auch diesbezüglich ist die Bestimmung als Allegorie ungleich günstiger.

22 Vielhauer-Strecker, NTApo 2^5, 1989, 542.

23 Als solches ist er auch charakterisiert worden von Barnes, 1.4; Bogdanos, 57–75 meint mit „Metapher“ und „symbolic spectacle“ nichts anderes und redet im Vergleich des PH mit mittelalterlichen Entsprechungen (Boethius, Dante u.a.) von „visionary allegorie“. H. Musurillo, TS 18, 1957, 366 entscheidet sich so: „If a form were to be assigned to the *Shepherd*, I should prefer to call it allegorical fiction disguised as a primitive Christian prophecy.“

turgeschichtlicher Zusammenhänge in allegorischer und symbolischer Tradition[24] stützt die Richtigkeit oder Brauchbarkeit dieser Bestimmung. Für Großteile des Textes kann man freilich auch von der Gattung der apokalyptischen Mahnrede sprechen, darf dabei aber nicht unterschlagen, daß, wie gezeigt, die Inhalte des PH nur partiell und schlecht zu dieser Gattungsbezeichnung passen wollen.

Nach der Alternative „Apokalypse oder Allegorie?" (R. van Deemter) stellt sich diejenige von „Allegorie oder Wirklichkeit?" (A. von Ström). Die Gattungsbestimmung für den PH ist für etliche Forscher mit der Frage nach der (religiösen oder psychologischen) „Echtheit" der Visionen und Offenbarungserlebnisse verbunden, die H gehabt haben will. Niemand hält zwar den PH direkt und in seiner Gänze für „echten" visionären Bericht, in dem H „naiv und wirklichkeitstreu eigene Erfahrung" mitteilen würde;[25] dazu fallen zu viele Banalitäten im Text auf. Aber es gab und gibt doch eine erstaunliche Bereitschaft, mit „Erlebnis" und „Erlebtem" religiöser Art und aus ernstzunehmenden visionären Erfahrungen zu rechnen.[26] Irgend etwas Außerordentliches sucht man in diesem Buch gern auszumachen und zu retten, muß aber gleichzeitig einräumen, daß es dann die Imitation des „Echten" im PH, hart neben dem „Echten" selbst und mit dem „Echten" literarisch verzahnt, auch gibt[27]; und damit ist eine Abgrenzung und Unterscheidung zwischen

Hermaniuk, 365 kommt aufgrund seines gattungsgeschichtlich interessierten Durchgangs durch Sim I–X zum im Prinzip gleichen Ergebnis: „Les paraboles d'Hermas se présentent, au point de vue de la *forme*, comme des comparaisons, des visions, des allégories et le plus souvent comme des révélations par voie de symboles." Deemter, 130.157 lehnt „Allegorie" als zu partiell zutreffend ab, während Lisco, 95–243 mit seiner phantastischen topographischen und historischen Allegorie, zu der er den ganzen PH macht (um ihn nach Ephesus zu verlegen), die Bestimmung als Allegorie fast diskreditiert; Macmillan, Apocalypse; ders., Interpretation, 524–543 sammelt Argumente für die Bestimmung als Allegorie, die nicht alle überzeugen. Metzger, 63 hat glücklich formuliert: „The book is a picturesque religious allegory."

[24] Vgl. die Arbeiten von Piehler zur allegorischen, symbolischen und psychologischen Funktion von Landschaftsbeschreibung, Vision und Dialog im Mittelalter, zu deren Vorgeschichte der PH zu zählen ist (Piehler, Landscape, bes. 76–80.183–186; ders., Visionary Landscape, 84 u.ö.). Zum Dialog s. Haas, 38–47: H wählt diese Form ganz gezielt und formt das vorliegende, monologisch gefaßte paränetische Material zum Dialog um.

[25] Deemter, 121.

[26] Ein Beispiel ist der kritische Weinel, NTApo 1924^2, 328.332, der „geneigt" ist, den PH „imgrunde auf Erlebnisse zurückzuführen und die Einkleidungen in Visionen nicht bloß für eine literarische Form" zu halten. Er spricht von entsprechender Begabung des H wie Ström, 2–4 („visionäre Anlagen"), der allerdings stark psychologisierend verfährt (18–26). Den Auftritt der himmlischen Klägerin Vis I 1,4–2,1 nennt er die Projektion des schlechten Gewissens in H und stellt an den Texten fest, daß es neben „literarischen Schöpfungen" „psychologisch echte Revelationen" gibt, eine „psychologische Echtheit der Inspirationsunterlage" sowie „psychologisch echte Inspiration" (ebd. 7–18).

[27] Auch Ström, 18 unterscheidet echte Visionen (visuelle Halluzinationen, mechanisch aufgeschrieben: 37–40), sublimierte Wahrnehmungen, literarische Allegorien („schreibtischlich Konstruiertes und Allegorisiertes") und Traumsehen; aber mit Sicherheit, meint er, ist eine völlige Ablehnung von „echter Inspiration" im PH falsch (ebd. 39f.). – In seiner Rezension von Ström begrüßt H.-Ch. Puech, 112f. den Versuch, die Gattungsfrage nicht exklusiv

beiden bei der Gleichartigkeit aller Textteile und Motive im PH schon nicht mehr möglich. Es gibt nicht die Methode, die die Merkmale authentischer Erfahrung von deren späterer literarischer Konzeptualisierung oder von kompletter literarischer Fiktion unterscheiden kann.[28] Und das Buch ist durchgängig, auch in den direkten Visionsberichten, derart klischeeartig und auch oberflächlich, daß es, nüchtern besehen, keinen Anlaß und keine Chance gibt, „echte" Niederschläge religiöser oder psychischer Erfahrungen daraus zu isolieren. Es handelt sich in der Tat um „an odd assortment of false visions – some original and some plagiarized".[29] Wesentlich aufschlußreicher für das Verständnis des PH ist es, sich die Vorstellungswelt eines H zu vergegenwärtigen. Curtius[30] hat die geistes- und religionsgeschichtliche Szene in Kürze beschrieben, in der solche Gestalten und Visionen wie im PH florieren: „Zahlreiche übersinnliche Wesen füllen den Raum zwischen Menschen und Göttern"; göttliche und dämonische Zwischenwesen „bevölkerten den spätantiken Seelenkosmos: Sibyllen, Schutzgeister, Dämonen, übermenschliche Heilbringer und Schädlinge". Das ist exakt der Hintergrund zur Engellehre, Geisterwelt (πνεύματα) und Christologie im PH (vgl. die Exkurse: Die Pneumatologie; Die Engel). „Visionen und Träume besitzen in dieser Zeit eine ungeheure Macht über die Menschen."

Wo aus diesem Arsenal geschöpft wurde, ist nachträglich schwer eine (partielle) Erlebnisechtheit nachzuweisen. Die religionsgeschichtliche und literarische (also „schreibtischliche") Erklärung steht da vergleichsweise auf festerem Boden[31], auch weil sie sich nicht vom Pseudorealismus des H beeindrucken läßt. Was freilich H aus seiner vermutlich turbulenten Traumwelt in den PH investiert hat[32], ist nicht kontrollierbar.

Viel Interesse haben die *autobiographischen* Passagen des PH (Vis I 1,1–2.9;

---

literarisch zu lösen, hält aber die Kriterien und Klassifizierungen Ströms nicht für geeignet. M. Dibelius, Geschichte, 90 entscheidet sich erstaunlicherweise nicht: „schwer zu sagen, was an eigenen visionären Erlebnissen zugrunde liegt. Jedenfalls ist es nicht viel." Poschmann, Paenitentia Secunda, 146 sucht „den Weg zur psychologischen Erklärung..., da eine objektive Offenbarung... doch schwerlich in Frage kommt", rechnet aber auch mit der Verdichtung von Seelenzuständen zu Visionen, die H dann als göttliche Offenbarung erlebt.

28 Vgl. auch Aune, Prophecy, 299.

29 Musurillo, 382f.

30 Curtius, 112.

31 Vgl. Molland, 242; K. Koch, Ratlos, 21; Jordan, 183: „Von Visionärem kann hier nicht mehr die Rede sein, es sind reine literarische Zusammenarbeitungen mit greifbar-kirchlichen Tendenzen"; ganz ähnlich Enslin, 295; A. Bertholet – H. von Campenhausen, Wörterbuch der Religionen, Stuttgart 1952, 185 nennen den PH ein Werk, das von den „fingierten Offenbarungen" des H berichtet.

32 Über den Traum unter anderem suchte auch Ström, 18 die Visionen des H zu deuten. Sie werden alle zu Träumen bei Miller, 327–338, die sich in ihren Forschungen mit dem Traum in der Antike befaßt; mit den Mitteln von Psychologie und speziell Traumanalyse, aber ohne Philologie und Textanalyse und ohne den Urtext (s. ebd. A.4) wird an H die heilbringende Bewußtseinsveränderung beschrieben, die durch Träume und in Träumen eintritt. Hier sind die Texte mit ihrem konventionellen Gebrauchswert beträchtlich in ihrem Reflexionsgrad überschätzt. – Zur Semiotik des Traums in apokalyptischen Texten s. Güttgemanns.

3,1; II 2,2–3; 3,1; III 6,7; Mand II 7; III 3–5; V 1,7; XII 3,6, Sim V 3,9; VII) auf sich gezogen. Die Frage der Historizität dieser Texte mit Auskünften über H, seine Frau, die Kinder, die Familie[33] ist hier mitzubesprechen, weil sie Licht auf den Charakter des Makrotextes wirft. Falls nämlich die autobiographischen Notizen, wie überwiegend angenommen wird, nicht (ausschließlich) historisch zu lesen sind, stellen sie ein weiteres Beispiel dafür dar, daß im PH eine enge Relation zwischen dem Ziel des Verfassers und der literarischen Form besteht, die er seinem Material gibt; H würde dann z. B. hier zuerst die Rolle des Versagers, dann die des bereitwilligen und reuigen Hörers, der Buße tut und die Gebote hält, selbst spielen, um seine Leser zu stimulieren, es ihm gleich zu tun.[34] Die literarische Form ist zugunsten der Tendenz gewählt. Primäre und uneingeschränkte historische Qualität wird den biographischen Texten nur vereinzelt zugetraut[35], weil sich diese These nicht widerspruchsfrei halten läßt, und zwar widersprechen die Texte selbst mit ihren untereinander unvereinbaren Auskünften. Statt dessen werden diese Texte folglich typisch oder exemplarisch verstanden, ohne andere Absicht und Qualität.[36] Aber in diesem Fall dürften beide exklusiven Positionen doch irren. Biographische Angaben und ihre exemplarische Verwendung schließen sich nicht aus.[37] Daß in den biographischen Angaben gar nichts Historisches steckt, ist sehr unwahrscheinlich. In einer zur Veröffentlichung bestimmten orthonymen Schrift kann bzw. wird von einem in der betreffenden Öffentlichkeit bekannten Autor nicht alles an personellen und sachlichen Angaben, die er macht, fingiert sein, da er ja kontrolliert und zur Rede gestellt werden konnte. H mußte also die behaupteten Visionen in seiner Biographie datieren und lokalisieren (er tut es vage genug) und mußte auf seine tatsächlichen Verhältnisse Bezug nehmen, Beruf, Herkunft, Familie betreffend. Auskünfte wie die über seine Herkunft, seine Ehe und Familienprobleme, seine wirtschaftlichen Verhältnisse und vielleicht einiges mehr mögen also in etlichem zutreffen. Jedenfalls ist dies eine vertretbare Vermutung, die wahrscheinlich der Realität näher kommt als die Annahme,

---

[33] Eine „Nacherzählung" findet man bei Joly, 17–21.

[34] So z. B. Haas, 38–47.

[35] Ström, 4–7 („Wirklichkeitsschilderungen, nicht Allegorien"); Deemter, 155 („An dem historischen Charakter dieser Berichte soll man festhalten"); Rife, 81 (zur ersten Zeile des PH: „who has ever put more autobiography into one line?").

[36] Altaner-Stuiber, 55: „Was Hermas selbst über sich und seine Familie berichtet, ist nicht autobiographisch, sondern typisch für die sündige Gemeinde zu verstehen"; im Prinzip sind derselben Ansicht z. B. Dibelius, 419f.; ders., Geschichte, 90; Geffcken, Christliche Apokryphen, 41f. (extrem psychologisierend); Macmillan, Interpretation, 535–538 (H als konstruierte und fiktive Gestalt, die sich verändern konnte, es auch tat, um den Erfordernissen des Autors zu folgen; H ist für den Autor Folie, auf der er jedes Gemeindeglied anspricht); Turmel, 28 A.6 („Inutil de dire que tout cela est de la fiction"); Enslin, 295 („nothing but literary fiction"); Peterson, 284; Joly, 17–21. – Kritik an dieser Position, gegen Dibelius und Joly formuliert, durch Leutzsch, 20–62 passim.

[37] Diese Meinung teilen z. B. K.W. Clark, 117–119; Staats, Hermas, 103; Reiling, 25 kapituliert vor einer Entscheidung.

H habe diese Angaben alle von Grund auf erfunden. Freilich kommt diese These oder Vermutung nur für Einzelheiten in Frage (z. B.: H war Sklave gewesen), denn die autobiographischen Angaben, wie sie dastehen, sind eklatant widersprüchlich und zudem typisch oder phantastisch angelegt.

Schließlich ist im Zusammenhang der Untersuchungen zur Form des PH noch eigens zu bemerken, daß dieses Buch in krasser Abweichung von einem nahezu regelmäßigen Gattungsmerkmal der (jüdischen und christlichen) Apokalypsen keine pseudonyme Verfasserangabe trägt, sondern von H unter dem Namen des tatsächlichen Verfassers veröffentlicht wurde.

§ 6 Die Sprache des „Hirten"

Die Sprache des H wird immer wieder zum Anlaß genommen, sein mangelndes Format als Schriftsteller zu kritisieren. Sein Griechisch ist „das der niederen Koine"[1] und tönt „like newspaper Greek"[2]. Der Stil „ist von Anfang bis zu Ende von einer ermüdenden Monotonie", was tatsächlich einer der nachhaltigsten Eindrücke auf den Leser ist; H praktiziert „größte Einfachheit im Satzbau", und seine Darstellung ist „so umständlich und schwerfällig wie möglich"; H liebt es, „seine Gedanken parataktisch aneinanderzufügen, wo der Grieche eine engere logische Verknüpfung" (durch Konjunktion etc.) vorzieht, während H sich mit καί und οὖν begnügt und ungewöhnlich häufig Satzanschlüsse fehlen läßt.[3] Inhaltliche und formale Schwächen sind nicht zu leugnen; „die Sprache ist volkstümlich", „der Stil oft unbeholfen"[4], aber trotzdem nicht völlig kunstlos.[5] Wiederholungen und Widersprüche sind im PH auch ein sprachlich bezeichnendes Phänomen (Eintönigkeit, begrenzter Wortschatz),[6] – alles zusammen eben ein Signal für „die sinnige Naivität des Hermas".[7]

Ein sprachliches Merkmal sind auch die *Hapaxlegomena*, von denen H etliche selbst geprägt haben mag (συμφυρμός, ἀσυγκρασία, χερσόω, ἀποστιβάζω, ἐθελωδιδάσκαλος, wahrscheinlich auch χονδρίζω), und ebenso vier Lehnwörter aus dem Lateinischen (κερβικάριον, λέντιον, σταtίων, συμψέλιον), die der PH enthält.[8] Zu den Besonderheiten zählen die

[1] Hilhorst, Hermas, 686.

[2] Rife, 81; schon nicht mehr ganz witzig ist Réville, La valeur, 6f.: „C'est l'éloquence d'un curé de campagne, bonasse et grondeur, mêlée aux soucis d'un sacristain préoccupé de gazes, de coussins, de tout ce qui sert à endimancher son église."

[3] Link, Einheit, 31f.; Demaray, 128–136.176.

[4] Lampe, 197 mit Belegen für Einzelheiten.

[5] Laeuchli, passim (s. Register 260); A. Puech, Langue, 361f. Vgl. Joly, 55–57 mit der Warnung vor Unterschätzung des PH in sprachlicher Hinsicht (wie z. B. bei Lelong).

[6] Zahn, Der Hirt, 486; Baumgärtner, 8.

[7] E. Norden, Die antike Kunstprosa, Bd. 2, Leipzig 1898. Nachdruck Darmstadt 1958, 513.

[8] Donaldson, 511; Hilhorst, Sémitismes, 185; die Fundstellen für die Wörter sind nachgewiesen bei Kraft, Clavis. Weitere *Hapaxlegomena* sind aufgelistet bei Demaray, 160 A.2, der auf

lexikologischen und semantischen Christianismen.[9] Zudem ist evident der Zusammenhang zwischen dem vulgären Charakter der Sprache und der sozialen Herkunft des H, die seine Welt von Vorstellungen und seinen Schatz an Bildern, Parabeln und Plausibilitäten vorprägen.[10] Schließlich ist bemerkenswert groß die Anzahl von poetischen Wörtern.[11]

Es ist typisch für das Griechisch des „Hirten", welches also das Griechisch der niederen Koine ist, wie es überwiegend in der griechischen Bibel und in den jüdischen und christlichen Apokryphen geschrieben ist, daß es von einer ganzen Reihe deutlicher Semitismen und – wesentlich weniger – Latinismen durchsetzt ist. Diese Tatsache ist sowohl sprachgeschichtlich als auch tendenzkritisch interpretiert worden. Der Nachweis der Herkunft dieser Elemente in der Sprache des H sowie die Aufschlüsse über die Sprachkenntnisse des H, die sich daraus ergeben, sind entscheidend vorangebracht worden durch die Studie von A. Hilhorst, dessen hauptsächliches Ergebnis ist[12]: Die Semitismen des PH finden sich fast ausnahmslos in der LXX. Sie bedeuten also keinesfalls durch sich, daß H semitische Sprachen beherrschte, sondern daß er sich die Semitismen aus der griechischen Bibel und im christlichen Milieu, wo man diese Bibel las, angeeignet hatte. Die Erklärung der Semitismen ergibt sich also nicht aus einer semitischen Muttersprache des H, die seinen Griechischkenntnissen vorausgelegen wäre, sondern aus seiner Vertrautheit mit der griechischen Bibel und anderen frühchristlichen griechischen Schriften. Das läßt sich auch daran ablesen, daß seine Semitismen vor allem in Wörtern und Formeln bestehen; das System der Sprache ist davon nicht betroffen. Und die Latinismen[13], die sich nach Hilhorst auf die oben genannten vier Lehnwörter reduzieren, lassen weder mit ihrer Form noch mit ihrer Bedeutung den (von Mohrmann gezogenen: s.u.) Schluß zu, H habe Latein gesprochen. Im linguistischen Material findet sich nicht ein einziges Indiz dafür, daß H mit dem Hebräischen bzw. Aramäischen oder mit dem Lateinischen vertraut gewesen wäre. Seine Semitismen sind traditionelle Elemente des Bibelgriechisch, seine Latinismen dagegen Entlehnungen, die ins Griechische seiner Zeit bereits eingegangen und ebenfalls traditionell waren, „eingebürgerte Elemente der kaiserzeitlichen Koine".[14]

Durch diese Untersuchung ist die tendenzkritische Erklärung der sprachlichen Sachverhalte im PH überholt und neben anderem auch auf diesem

---

der Basis von Reinhold und Robison einen umfassenden statistischen Überblick über sprachliche Qualität und Besonderheiten des PH mit Parallelen aus NT, LXX und Papyri vorlegt.

[9] Vgl. Bartelink, 8–57.69–159.

[10] Siehe Stählin, 1221; Duchesne, 18 („c'est le grec du petit peuple de Rome"); White, passim; vgl. Hilhorst, Hermas, 686; ders., Sémitismes, 47–51 zum Sprach-Milieu in Rom zur Zeit des H; Leutzsch, passim.

[11] Eine Liste findet man bei Demaray, 164–173.176.

[12] Hilhorst, Sémitismes, 183–186; ders., Hermas, 686.

[13] Zahn, Der Hirt, 485–497 hatte sie bereits beobachtet und einem „volksthümlichen Judengriechisch" im Sinn eines judengriechischen Dialekts gegenübergestellt.

[14] Hilhorst, Hermas, 686.

Weg gegenstandslos geworden. Von derselben philologischen Ausgangslage aus, aber unter Betonung der Latinismen und ohne gleichzeitige und entsprechende Berücksichtigung der Semitismen war C. Mohrmann nämlich zu der Meinung gekommen, H habe wahrscheinlich Latein gesprochen, den „Hirten" der mit ihm beabsichtigten Wirkung wegen aber griechisch schreiben zu sollen geglaubt.[15] H hat nach Mohrmann sein Buch altertümelnd ans Ende des 1. Jh.s vordatieren wollen (s. den Kommentar zu Vis II 4,2–3). Diese Absicht hat die Abfassung in griechischer Sprache nötig gemacht, in die dann begreiflicherweise Elemente des Latein, das H eigentlich sprach, eingingen. – Ein Vergleich der Thesen und ihrer Begründungen zeigt, daß die Erklärung von Hilhorst die ungleich leistungsfähigere und fundiertere ist.

§ 7 Der „Hirt" und die frühchristliche Literatur

H verzichtet auffälligerweise auf Zitate aus der christlichen, jüdischen und paganen Literatur, die seinerzeit geläufig war, – bis auf die einsame Ausnahme von Vis II 3,4, wo er aus einer verlorenen jüdischen (wahrscheinlich apokalyptischen) Schrift einen kurzen Satz wörtlich bringt und förmlich als Zitat ausweist (s. z. St.).[1] Weil es aber doch eine Menge von unterschiedlich deutlichen Reminiszenzen an biblische und andere Schriften gibt[2], ist eine Beschreibung der Relationen fällig. In der Diskussion darum geht es also nicht mehr um die Frage, ob man Zitate im PH (abgesehen von dem einen genannten) identifizieren kann, sondern darum, ob die unbestrittenen Berührungen des „Hirten" mit zeitgenössischer Literatur über den Niederschlag naheliegender umlaufender Ideen oder Motive eines verbreiteten Gedankengutes hinausgehen und auf literarische Beziehungen des PH zu den jeweiligen Schriften zurückzuführen sind. Die jüngere Forschung ist bei der Abschätzung der jeweiligen Nähe des PH zur vermutbaren Quelle gegenüber älteren Beurteilungen deutlich zurückhaltender geworden.

Man sprach früher davon, daß die Lektüre einzelner biblischer Schriften bei H sicher zu erkennen sei[3], daß das Vorhandensein bestimmter Bücher in Rom zur Zeit des H und deren Einfluß auf H nachweislich sei, daß H z. B. bestimmte Erzählungen aus den Evangelien deutlich gekannt habe, daß er Paulinisches und Johanneisches nach den biblischen Vorlagen übernahm und daß er den Jak, zu dem nun tatsächlich die größte Nähe in der Theologie

---

[15] Mohrmann, Les origenes, 75–78.

[1] Carlini, Erma (*Vis.* II 3,1) rechnet allerdings mit einem Zitat von 2 Kor 7,10 in Vis II 3,1; s. z. St.

[2] Eine kleine Aufstellung bei Harnack, Geschichte I/1, 51.

[3] Joly, 46 war in der 1. Auflage noch der Meinung, daß sich (wenn auch ganz wenige) biblische Zitate im PH nachweisen lassen; er revidierte diese Meinung in der 2. Auflage (ebd. 414 f.) aber gründlich, zumal unter Kritik an Taylor und Massaux (s. u.).

und im Wortlaut erreicht wird (s. u.), praktisch neben sich liegen hatte, als er den „Hirten" schrieb, so daß er hier von Paraphrase oder sogar Zitat nicht weit entfernt scheint.[4] Die Bemühungen konzentrieren sich (mit unterschiedlichen Ergebnissen) auf das AT[5], auf die synoptischen Evangelien[6], die johanneischen Schriften[7] und besonders, wie gesagt, auf den Jak. Weil im Jak die beobachteten Entsprechungen am weitesten gehen, läßt sich an ihm über die gesamte Situation entscheiden. Man führt (außer wiederholtem Gebrauch gleicher Begriffe in beiden Schriften oder der Annahme paraphrasierender Kombination mehrerer Jak-Stellen im PH u. ä.) besonders folgende Stellen vor, aus denen gefolgert oder bestritten wird, daß H den Jak gekannt hat und in bewußter Abhängigkeit von ihm formulierte bzw. die vollständig zu seinem geistigen Eigentum gewordenen Inhalte des Jak frei wiedergab[8]: Es ist demnach zu vergleichen

Jak	mit	*Pastor Hermae*
1,1		Sim IX 17,1
1,5		Mand II 4; IX 4; Sim V 4,3
1,6		Mand IX 2
1,7f.		Mand IX 1–7.11
1,21.26; 3,8		Sim VI 1,1; IX 1,9; 26,7; Mand II 3; XII 11;
1,27		Mand II 7; Sim V 6,7; I 8
2,6		Mand XII 5,1–2
2,7		Sim VIII 6,4
2,19		Mand I
2,21		Sim VIII 2,5
3,2.4		Mand XII 1,1
3,8		Mand II 3
3,15		Mand IX 11; XI 5.6.11

[4] Zahn, Der Hirt, 389–476 besprach das Problem mit „positiver" Tendenz für den Jak (396–409), die paulinischen Briefe (speziell Eph) (410–420), die petrinischen Briefe (421–438), den Hebr (439–452; in diesem Punkt schließt sich Goppelt, Christentum und Judentum, 242 A.1 an), die synoptischen Evangelien und die Apg (453–464) und die johanneischen Schriften (465–476). Zurückhaltender sind Gebhardt-Harnack, LXXIII–LXXVI gewesen, die von Overbeck, 283f. aber dafür getadelt wurden, daß sie bei dieser Frage für die Zeit des H angeblich bereits einen neutestamentlichen Kanon voraussetzen (während sie aber von Einzelschriften ausgehen) und darum „die ursprüngliche Ebenbürtigkeit des Hirten" gegenüber den neutestamentlichen Schriften („und seine spätere Degradierung") als Grund dafür, daß H diese Schriften nicht zitiert, übersehen. Overbeck hätte sicher nicht bestritten, daß es für H autoritative Schriften gegeben haben muß.

[5] Hilgenfeld, 182–184; Gebhardt-Harnack, LXXIIIf.

[6] Vor allem die einschlägigen unter den Arbeiten von Taylor, der (Witness, 146f.) aufgrund einer unakzeptablen Deutung der vier Stuhlfüße von Vis III 13,3 auf die Evangelien von literarischem Gebrauch der Evangelien durch H reden will; ders., The Didache Compared; Traces nimmt auch die Kenntnis der *Didache* durch H an. Die frühere Kritik an Taylor ist bei Ehrhard, 109 notiert; vgl. Joly, 46 mit vernichtendem Urteil.

[7] Siehe z.B. G. Strecker, Die Johannesbriefe, Göttingen 1989, 11 A.5 und früher schon Holtzmann, Hermas und Johannes.

[8] Baumgärtner, 82–86; Deemter, 96–99, die allerdings recht verschiedene Berührungen auflisten, was nicht für deren Deutlichkeit spricht.

3,17	Mand XI 8
3,18	Sim IX 19,2
4,4	Mand X 1,4
4,5	Mand III 1
4,7	Mand XII 2,4; 5,2
4,11	Mand II 1f.
4,12	Sim IX 23,4; Mand XII 6,3
5,4	Vis III 9,6
5,5	Sim VI 1,6
5,7	Mand V 1,1
5,8	Sim V 5,3
5,11	Mand IV 3,5; Sim V 7,4
5,16	Sim IX 23,4

Eine besondere sachliche Nähe liegt im Gebrauch des Wortstammes διψυχ- vor (Jak 1,8 – Mand IX 1–7 und sehr oft: Kraft, Clavis, 113f.; s. Exkurs: Der Zweifel). Insgesamt haben diese Berührungen stark beeindruckt, aber zum Nachweis literarischer Abhängigkeit nicht ausgereicht. Während nämlich eine partielle Verwandtschaft vorliegt, „die über lexikalische und gedankliche Berührungen hinausgeht“, und sich etliches „wie ein Kommentar“ zu den entsprechenden Jak-Stellen liest, zeigen inhaltliche Unterschiede[9], daß sich Rückschlüsse auf literarische Abhängigkeit nicht mit Sicherheit ziehen lassen, sondern es sich wohl darum handelt, „daß beide Schriften über einen verhältnismäßig großen gemeinsamen paränetischen Besitz verfügen, den Hermas meist in verarbeitetem Zustand..., Jak in Spruchform wiedergibt“.[10]

In der Tat reichen zwei Annahmen für die Erklärung der Tangenten des PH zum Jak und zu anderen frühchristlichen und frühjüdischen Büchern aus. Erstens praktiziert H einen irritierend freien Umgang mit seinen Quellen, die er hinter seiner eigenen Verarbeitung und Veränderung verschwinden läßt.[11] Der kritische Leser des PH kämpft mit der Unzahl der Motive und Stoffe, die H mit Sicherheit aus Religions- und Kulturgeschichte, aus

[9] Dibelius-Greeven, 49: Manches ist im PH „weniger verchristlicht“ als im Jak; Goppelt, Die apostolische und nachapostolische Zeit, A95f.: Die Ethik des PH ist gegenüber dem Jak entradikalisiert; F. Mußner, Der Jakobusbrief, Freiburg-Basel-Wien 1975³, 38: H führt die Paränesen viel breiter aus, „die Moralisierungstendenz steigert sich“.

[10] Dibelius-Greeven, 49f., unter Zustimmung von Vielhauer, Geschichte, 573.580. – Seitz, Relationship nimmt z.B. zum gemeinsamen δίψυχος gemeinsame Zitierung eines jüdischen Apokryphon an; Marshall, 438–351 erwägt wegen des δίψυχος (wie im PH und in den beiden Klemensbriefen) eine Lokalisierung des Jak nach Rom (so schon Gebhardt-Harnack, LXXV).

[11] Taylor, The Didache Compared, 325 hat die Art, wie H seine Quellen gebraucht, originell und richtig formuliert: „He allegorises, he desintegrates, he amalgamates. He plays upon the sense or varies the form of a saying, he repeats its words in fresh combinations or replaces them by synonyms, but he will not cite a passage simply and in its entirely.“ Taylor läßt sich durch diesen Schreibstil des H aber dann zu leichtsinnigen Abhängigkeits-Thesen verführen, während die Bemerkung ausreicht, daß der PH bezüglich benutzter Quellen ganz schwer etwas Genaues erkennen läßt. Leichtsinnig verfährt auch Massaux, 261–326.

christlicher, jüdischer und auch paganer Überlieferung (s. u.) übernommen und durchaus nicht selbst erfunden hat, aber er erfährt nicht einmal in Andeutungen, von wo H sie geholt hat und schlecht und recht beherrscht. Darum auch steht der Interpret vor vielen Passagen relativ ratlos da, weil ihm zur Auslegung nur die Ideen und oft nur Motivfragmente ohne Zusammenhänge und Herkunftsangabe vorliegen. Dieser Umstand macht die tatsächliche Nähe des H zu seinen Quellen unsichtbar und nicht mehr rekonstruierbar. Natürlich kann man aus diesem ungenauen und wahllosen Gebrauch der Quellen nicht schließen, daß H gezielt ohne Kanon-Grenze operiert und *alle* Bücher, die er benutzt, als Offenbarungsschriften einschätzt.[12] Er benutzt ja auch außerchristliche, außerbiblische Traditionen oder sogar Bücher; er holt sich unterschiedslos, was ihm bekannt, interessant und brauchbar ist. Die Qualität „Offenbarungsbuch" spielt bei ihm diese kanonische Rolle nicht. Und schließlich ist hier große Zurückhaltung in der Rede vom Kanon frühchristlicher Schriften angebracht. H macht trotz der Reminiszenzen in seinem Buch an (später) kanonische Schriften (Mt, Eph, Jak) keinerlei Bemerkung, die daran denken lassen könnte, daß er sie als kanonische Schriften ansah; im 2. Jh. verlief die Entwicklung der Idee eines Kanons mit seinen Grenzen kirchengeographisch unterschiedlich.[13]

Damit hängt die zweite Annahme zusammen, daß zwar nicht sicher zu sagen ist, was H aus der Literatur alles kannte, daß ihm aber „die urchristliche Literatur in den Hauptschriften bekannt gewesen" sein muß.[14] Aber der PH gehört zu den Texten, die nicht exklusiv von einem Corpus bekannter, etablierter, offiziöser oder gar kanonischer Schriften abhängig sind.[15] Sein „Markt" der entliehenen Ideen, Motive und Stoffe steht grundsätzlich weit offen und reicht von urchristlicher Tauf- und Fastensymbolik über die banalen Gleichnisse aus Küche, Keller, Vorrat und Arbeitswelt bis zum erotischen Roman und zur (schwer bestimmbaren) Folie „Arkadien". Dieser „Markt" stand dem H als Fundus von verschiedensten Überlieferungen und literarisch oder mündlich geformten „Vorräten" zur Verfügung, ohne daß man noch sagen kann, ob aufgrund von Belesenheit (also aufgrund von Literaturkenntnissen auf den angedeuteten Feldern) oder in Form lebendiger Bildung und Überlieferung. Der Eindruck aus der Lektüre des PH, daß die Motive und verschiedenartigen Themen anonym auf H gekommen sind, kann kaum richtig sein. Aber H kümmert sich bei ihrem Gebrauch

[12] Gegen Verweijs, 215.

[13] Vgl. Metzger, 67. Schon Overbeck, 283f. hatte gegen Gebhardt-Harnack, LXXIIIff. darauf bestanden, daß in diesem Fall und für diese Zeit nicht vom Kanon des AT und dem des NT gleichermaßen ausgegangen werden kann und H „von einem neutestamentlichen Kanon noch nichts wußte"; ob allerdings eine „ursprüngliche Ebenbürtigkeit des Hirten und der neutestamentlichen Schriften" jemals gegolten hat, scheint mir trotz der für den PH im Prinzip richtigen Ausklammerung eines neuen Kanons neben dem AT fraglich.

[14] Staats, Hermas, 103; Joly, 46f.; Metzger, 65.

[15] Vgl. J.-D. Dubois, The Second Century 4, 1984, 33.

nicht um den unbedeutenden, solennen oder autoritativen Wert seiner Quellen. Und darum scheinen sie nur so vage durch, wie es der Fall ist.

In neueren Untersuchungen zu dieser Frage ergibt sich immer das gleiche Bild: Die Überschneidungen beruhen auf gemeinsamer Überlieferung[16]; es gibt Spuren einer Kenntnis urchristlicher Schriften im PH, aber in keinem Fall reichen sie zur Gewißheit, daß H diese Schriften tatsächlich benutzt hat.[17] Sämtliche Anklänge an urchristliche Schriften erklären sich aus gemeinsamem Gedankengut bzw. aus tradiertem Formelgut.[18]

Außer den Tangenten zu frühchristlichen Schriften des späteren Kanons ist, wie schon gesagt, ein Berührungspunkt des PH auch mit der *Didache* als literarische Abhängigkeit eingeschätzt worden;[19] es handelt sich um die Nähe zwischen *Did* 1,5 und Mand II 4–6. Bezeichnend für den Charakter der jeweiligen Parallelität ist, daß die Abhängigkeit des „Hirten" von der *Didache* genausogut hat behauptet werden können wie das umgekehrte Verhältnis; der Sachverhalt, der sich im genauen Textvergleich zeigt, ist eben der, daß gemeinsame Überlieferungen zugrunde liegen und eine gegenseitige Abhängigkeit gar nicht unterstellt werden muß oder kann.[20] – Und schließlich sollte eine besonders seltsame Passage des PH aus frühchristlicher Literatur erklärlich sein, nämlich die Erzählung von der Nacht, die H mit den zwölf Jungfrauen allein verbrachte (Sim IX 11); man hat sie in Verbindung gebracht mit Kap. 12 der zu Beginn des 3. Jh.s datierten *Passio Perpetuae*.[21] Es begegnen zwar in beiden Geschichten verbal gleiche Elemente (Küssen, Spielen), aber im Märtyrerbericht haben sie nichts von der völlig eindeutigen Erotik im PH an sich. Der Vergleich ist deplaziert, und weitergehende Annahmen sind schon chronologisch nicht möglich. – Abschließend darf man es auffällig nennen, daß sich keine Spur vom römischen *1. Klemensbrief* findet.

§ 8 Nichtchristliche Quellen und Einflüsse

1. *Frühjüdische Einflüsse*: Religions- und geistesgeschichtliche Beeinflussungen lassen sich am sichersten in der Form literarischer Abhängigkeiten erkennen. Daß dem H jüdische Schriften zur Verfügung standen, zeigt nicht nur das einzige Zitat im PH (Vis II 3,4), das aus dem jüdischen Buch *„Eldad und Modat"* genommen ist; es gibt in vielen Bereichen und Einzelheiten so viel

[16] Vgl. Goppelt, Christentum und Judentum, 242 A.1 zum Verhältnis des PH zum Hebr.

[17] Für die Paulinen Barnett, (198–203) 203; Dassmann, Stachel, 226–231; für die synoptischen Evangelien Köster, Überlieferung, 242–256.

[18] F. Mußner, Der Jakobusbrief, Freiburg-Basel-Wien 1975³, 38 für den Jak.

[19] Besonders Taylor, The Didache Compared; ders., Traces; auch Weinel, NTApo 1904, 229; andere sind bei Niederwimmer, 78 A.67.68 notiert.

[20] Siehe die Textanalyse von Niederwimmer, 108f. und vgl. ebd. 78 mit A.67.68 sowie den Kommentar zu Mand II 4–6.

[21] A.-J. Festugière, La révélation d'Hermès Trismegiste, T. III, Paris 1981³, 142f.

Jüdisches im PH, daß man von intensiver Beeinflussung reden muß. Insbesondere ist dem H die Motiv-, Bilder- und Erlebniswelt der frühjüdischen Apokalyptik völlig geläufig. Vor allem in den Vis fühlt man sich wiederholt an *4 Esra* erinnert[1], so daß man einen direkten Beitrag dieses Buches zum PH annehmen möchte[2] (vgl. z.B. Vis I 1,3 mit *4 Esra* XIII 57; Vis I 4,3 mit *4 Esra* X 33; Vis II 2,1; III 1,1 mit *4 Esra* V 13; VI 31). Oder nachdem die Mand in ihrer Ethik gründlich jüdisch eingefärbt sind, hat man verschiedentlich eine literarische jüdische Vorlage dazu angeben zu können geglaubt, nämlich die *Gemeinderegel* 1QS von Qumran.[3] Sie hätte über die *Testamente der zwölf Patriarchen* und über andere frühjüdische Schriften einen essenischen Einfluß auf den PH ausgeübt.[4] Der Aufweis direkter Beeinflussung und Abhängigkeit überzeugt aber (vgl. § 7) in derartigen Fällen durchaus nicht. Es genügt allemal, von jüdischem Einfluß auf den PH zu reden, der auf näherliegenden Wegen zustande kommen konnte.[5] Die auffälligen Semitismen mußte H über die LXX und die frühchristliche Bibellektüre eingeübt haben bzw. aus den allseits präsenten judenchristlichen Vermittlungen kennen.[6] Die ethischen Mahnsprüche des PH, in denen sich die paränetischen Formen der *Testamente der zwölf Patriarchen* „fast vollständig" nachweisen lassen, stimmen nicht aufgrund direkter Abhängigkeit mit den *Testamenten* überein, sondern weil sie „zum eisernen Bestand der Paränese dieser Zeit" gehören.[7] Auch über die Herkunft des Autors, mit der man die jüdischen Farben im Text dann erklären könnte, sagt der Sachverhalt nichts aus, weil jüdisches Gedankengut enorm verbreitet war. Vieles davon hatte sich verselbständigt und fand sich in unterschiedlicher Dichte auch im Christentum.[8] Die Herkunft muß

---

1 Vgl. Jachmann, 63ff.; eine Aufstellung von Parallelen bei Zahn, Der Hirt, 368–371; Baumgärtner, 78–82; kritischer als sie Gaâb, 38ff.; Gebhardt-Harnack, LXXIV; Paramelle, 318f.

2 Literarische Abhängigkeit des PH von *4 Esra* nahm z.B. Jachmann, 64–66 an. Zahn, Der Hirt, 367–387 lehnte sie ab, weil er den PH nicht für ein Kunstwerk halten will (ebd. 377), d.h. „seine Berichte" für „subjektiv wahr" hält in dem Sinn, daß H sich bewußt ist, „in Zuständen der Entzückung genau das, was er erzählt, erlebt zu haben" (ebd. 371); als Quelle kommt dann eben nichts, auch *4 Esra* nicht, in Frage.

3 Vgl. Kraus, 255f.; Joly, 45.47.

4 Vgl. Joly, 47; Audet, Affinités (mit ihm für essenischen Einfluß auch Daniélou, Théologie, 46.49; Lluis-Font, 96f.; Hanson, 105–108) personalisiert die Abhängigkeit und hält H für den Sohn eines Esseners. In Fortsetzung dieser These macht Ford im PH Elemente des jüdischen Sukkoth-Festes ausfindig und kann angeben, zu welchem Zeitpunkt des liturgischen Jahres H sein Buch schrieb, nennt ihre Konstruktion insgesamt aber bloß „possible". Kritik bei Reiling, 25f.

5 Braun, 185–188.195 läßt nach ausführlicher Dokumentation der wissenschaftlichen Positionen nur eine „Analogie" in den diversen dualistischen Anschauungen in 1QS und PH gelten (ebd. 189).

6 Vgl. Hilhorst, Sémitismes, 185; Staats, Hermas, 102; Barberet, 381 A.9.

7 Aschermann, 155f. Letzteres zum Verhältnis zwischen Jak 4,7 und Mand XII 5,2, es gilt aber generell.

8 Lampe, 62: H gehört als Heidenchrist zu den Trägern synagogaler Tradition, „die selber nicht mehr in der Synagoge wurzeln".

dann im Einzelfall nicht in Form angestrengter Abhängigkeitsbestimmung eigens dramatisiert werden. Ein Mann wie H hat beim Schreiben jüdisches Material „einfach weitergegeben und dieses nur wenig mit eigenem vermehrt“[9]; womöglich rezipiert er aus marginalen Traditionen des Judentums.[10] Aber es sind auf jeden Fall auch zentrale und typische jüdische Theologumena im PH bestimmend, wenn nämlich dann von Christen „jüdisch-theologisch weitergedacht wird…, wenn [z.B.] von Gott als von ‚dem Namen‘ die Rede ist, wenn… Engel eine große Rolle spielen, wenn… die Apokalyptik strukturell unverändert weitergeführt wird“[11], was alles mehr oder weniger explizit im PH nachweislich ist. – Ein starker jüdischer Anteil am gesamten Vorstellungs-Arsenal des PH ist also unbestritten, sein konventioneller Standard ebenso. Es gibt aber auch einen Anteil paganer Motive, der kurz beschrieben werden muß. Im Anschluß daran ist dann über die Relation zwischen beiden zu reden.

2. *Heidnische Einflüsse*: H hat eine ganze Anzahl heterogener heidnischer (weder jüdisch noch christlich definierbarer) Vorstellungen in seinem Werk eingesetzt. Man kann eine Menge einzelner Motive (des paganen Romans, der Bukolik, literarischer Topik, mythischer Szenerie und Geographie usw.) auflisten[12], wobei es sich meistens um übliche, gebräuchliche Motive aus Literatur und Kleinliteratur und populärem Wissen handelt, von H allerdings (wie auch die biblischen Anspielungen) recht stark verändert und unkenntlich gemacht; anderes ist dagegen seiner Herkunft nach nicht eindeutig (dem heidnischen oder dem jüdischen Denken) zuzuordnen (s.u.). Das Christentum des H ist stark judenchristlich durchwirkt, das Milieu, in dem er lebt, selbstredend aber pagan geprägt. Charakteristiken des PH, die nur auf eines von beiden abheben, sind schon darum falsch, weil sie das unbestritten vorhandene jeweils andere vernachlässigen.

Pagane Stoffe, mehr oder weniger zentral, sind in allen Teilen des PH zu finden. Und die zentrale Parabel oder Allegorie vom Bau des Turmes (Vis III; Sim IX) läßt sich nicht ohne die alten mythischen Vorstellungen etwa von den vier Weltecken, dem Wohnen der Menschen über dem Chaos, dem unterirdischen See, von der Himmelsstadt, beschrieben nach den mythologischen Himmelsvorstellungen, verstehen.[13] Die ursprünglichen mythischen Bedeutungen kennt H offenbar nicht immer, sondern verwendet und verändert sie nach seinen jeweiligen Zielen, für die sie nicht selten reichlich ungeeignet sind.

Zwei mögliche oder vermutliche Quellen des PH im Bereich der heidnischen Literatur sind seit langem besonders diskutiert, nämlich der hermetische *Poimandres* (volksethymologisch = „Menschenhirt“) und die sog. *Tabula*,

---

9 Bousset, Kyrios Christos, 293.

10 Ford, 551.

11 C. Colpe, Das Siegel der Propheten, Berlin 1990, 43.

12 Dibelius, 429f.; Lampe, 191–195; namentlich J. Schwartz, 240–247.

13 Vgl. z.B. Knopf, 213–219; Dibelius, 459f. und passim.

richtiger das „Gemälde" (πίναξ) *des Cebes*. Den *Poimandres* hatte im Jahr 1904 Reitzenstein ins Gespräch gebracht, und zwar in Form der These, der „Hirt" sei vom hermetischen „Menschenhirt" abhängig. Verblüffende Parallelen bestehen in Dialog und Szenerie zu Beginn des *Poimandres* einerseits und in Vis V andererseits, ebenso in den parallelen Tugend-Katalogen mit sieben oder zwölf Gliedern und in weiteren Berührungen.[14] Die Reaktion auf diese Deutung war gespalten.[15] Die Diskussion führte zum Konsens in der Annahme verwandter Quellen oder Überlieferungen, auf die von beiden zurückgegriffen wurde. Die Nähe beider Texte zueinander ist wiederum nicht von der Art, daß sie als literarische Abhängigkeit erklärt werden kann. Eine große Anzahl literarischer und inhaltlicher Berührungen des PH mit dem *Corp. Herm.* 13 hat Grese gesammelt, solche mit Plutarch der Sammelband von H.D. Betz.[16] Inzwischen hat aber Büchli[17] eine antichristliche Tendenz im *Corp.Herm.* entdeckt, d.h. eine Reaktion dieser paganen Schriften auf christliche Literatur (nicht umgekehrt). Zusammen mit der Datierung des *Poimandres* (frühes 2. Jh.) verbietet dieser Umstand es, einen Einfluß des Buches (als der dann jüngeren Schrift) auf den PH weiterhin anzunehmen; eher müßte mit einem Einfluß in umgekehrter Richtung gerechnet werden.[18]

Der zweite als eventuelle Quelle des PH ebenfalls sehr wichtig genommene antike Text ist also die *Tabula* oder das „Gemälde" des (sonst unbekannten) *Cebes* (Kebes), eine popular-philosophische Schrift, gewöhnlich ins 1. (oder 2.) Jh. datiert, die in Form des Dialogs und im Medium einer allegorischen Bilderklärung die dem Menschen zur Wahl gestellten möglichen Wege entwirft, also moralische Thematik hatte[19] und unter Christen bekannt war

---

14 Weitere Übereinstimmungen mit Stellenangaben bei Hilhorst, Hermas, 695f.

15 Reitzenstein, Poimandres, 11ff.32ff. – Ablehnung durch O. Dibelius, 170–178; M. Dibelius, Offenbarungsträger, 112f. mit A.4 über die frühe Kritik; sehr skeptisch Weinel, HNTA, 322f.; Zustimmung aber durch H. Schulz, Spuren, 2; K. Latte (H. Dörrie), Poimandres, RGG V^3, 1961, 424 (währenddessen lehnt H. Dörrie, Hermetica, RGG III^3, 1959, 265 „direkte Zusammenhänge zwischen den Hermetica und Hermas" ab); zustimmend auch Savignac, 166f.; Bardy, Le Pasteur, 397–399.403f. erklärt die Gemeinsamkeiten aus der Vorlage einer gemeinsamen Quelle; J. Jeremias, ThWNT VI, 1959, 498 spricht von „Analogie" im Poimandres: „Aus dieser Gedankenwelt dürfte" H „die Vorstellung vom Hirt-Engel als Offenbarungsvermittler übernommen haben"; Staats, Hermas, 102: „parallele Vorstellungen im Corpus Hermeticum"; Hilhorst, Hermas, 696: „Tatsächlich läßt sich die Annahme gemeinsamer Quellen bzw. Abhängigkeit von demselben Epiphanie-Schema durchaus vertreten" (mit Dibelius, 492), – eine Position, die R. Reitzenstein, Hellenistische Wundererzählungen, Leipzig 1906. Nachdruck Darmstadt 1963, 126 mit A.2 bereits (auf H. Lietzmann, ThLZ 1905, 201 hin) bezogen hatte.

16 Grese, Corpus Hermeticum XIII; H.-D. Betz, Plutarch's Ethical Writings and Early Christian Literature, Leiden 1978 (s. Register: 564–566); vgl. Cotterill-Taylor.

17 Büchli, Der Poimandres.

18 Auf die Verunsicherung der Abhängigkeitsbestimmung durch die Datierungsprobleme für das *Corp.Herm.* hatten schon O. Dibelius, 183 und Deemter, 11 hingewiesen; ebenso Büchli, 20f.115 A.377: Der Poimandres ist gegenüber dem PH „in jedem Fall ... die jüngere Schrift".

19 Edition: C. Praechter (ed.), Cebetis tabula, Leipzig 1893; deutsche Übersetzung: F. Krauß, Wien 1890^2; Text und englische Übersetzung: J.T. Fitzgerald – L.M. White (ed.),

(Tertullian, *praescr.* 39,4). Übereinstimmungen des PH mit diesem Buch beeindrucken in der Tat. Schlechte Menschen werden zur Besserung einer personifizierten Strafe ausgeliefert; Reue spielt hier wie dort eine entscheidende Rolle, ebenso Erziehung; die *Tabula* kennt wie der PH einen greisen Offenbarungsträger, dessen Attribute ebenfalls große Verwandtschaft zeigen; Frauengestalten sind als Tugend- und Laster-Allegorien hier wie dort eingesetzt usw.[20] Zumal H die Motive oder Traditionen, die er aufgreift, meist bis zur Unkenntlichkeit und ungeschickt in seine Zusammenhänge einarbeitet, fallen die teils wörtlichen Überschneidungen in diesem Fall besonders ins Gewicht.

Nachdem hauptsächlich Taylor die Abhängigkeit des PH von der *Tabula* uneingeschränkt behauptet und die *Tabula* als eine der Hauptquellen des PH bezeichnet hatte, war das Echo nicht einhellig. Die Parallelen wurden auf indirektem Weg (antikes Allgemeingut) erklärt, teils auch sachlich bestritten.[21] Aber in diesem Fall scheint zunächst der Verweis auf Konventionen wirklich nicht zu genügen. Die differenzierten Untersuchungen von R. Joly haben mit ihrer scharfen Kritik an den Übertreibungen Taylor's und Cotterill's einerseits, mit ihrem Respekt vor tatsächlich vorhandenen Parallelen andererseits die notwendige Ausgewogenheit in die Diskussion gebracht[22], aber doch wieder nicht zu einer exklusiv gültigen Antwort geführt. Während Joly überzeugt ist, daß im PH direkte Imitation der *Tabula* vorliegt, schließen die Fallbeispiele solche Gewißheit doch aus. An der Affinität des H zu den Zentralbegriffen μετάνοια und κάθαρσις in der *Tabula* beispielsweise ist nicht zu zweifeln[23]; hält man die Texte dazu nebeneinander, kann zwischen direkter Lektüre, Gedächtniszitat und Rezeption konventioneller Mittel und Formen sittlicher Unterweisung nicht mit Sicherheit unterschieden werden. Identische Motive haben zum Teil unterschiedliche Funktion, und für man-

The Tabula of Cebes, Chico/Calif. 1983. Zum späten Nachleben dieses immer wieder interessant gefundenen Buches R. Schleier, Tabula Cebetis. Studien zur Rezeption einer antiken Bildbeschreibung im 16. und 17. Jahrhundert, Berlin 1973.

[20] Genauere Aufstellungen wieder bei Hilhorst, Hermas, 696f.; zum Szenario des Hirten: Joly, 51–53; ders., Judaisme, 402–405; Le Tableau, 83.

[21] Taylor, Hermas and Cebes; ders., Note; Cotterill-Taylor. Abhängigkeit bestritten und auf allgemeine Anschauungen verwiesen Weinel, NTApo 1904, 229; H. Schulz, Spuren, 3–44; Bardy, La vie, 54f.; ders., Le Pasteur, 401f., der auf unterschiedliche Prioritäten in der Reihung der Tugenden hinweist; Lampe, 195 denkt nach Prüfung der Parallelen nicht an literarische Abhängigkeit, rechnet aber für Vis III und Sim VI mit einem Hintergrund in allegorischer Literatur aus dem näheren Umfeld der *Tabula*; nach J. Schwartz, 143–145 ist der PH nach Lektüre der *Tabula* geschrieben; Stock, 87–93 findet dagegen im PH nichts, was H nicht ohne Kenntnis der *Tabula* hätte schreiben können, und bestreitet die angeführten Parallelen; Deemter, 105 schließt sich der Ablehnung von Abhängigkeit an; Adinolfi, 579–601 bestreitet (am Maßstab 1 Petr 2,25) den religiösen Charakter der Metanoia des Cebes, ohne aber die Metanoia des PH einer ähnlich strengen Prüfung zu unterziehen.

[22] Joly, 51–53; ders., Le Tableau, 7–12.46.49–51.60.79–86; ders., Judaisme, 402–405; ohne Stellungnahme referiert von Hilhorst, Sémitismes, 47.

[23] Dazu Joly, Le Tableau, 32–40. Ähnlich steht es mit dem Vergleich der Frauen in der *Tabula* und im PH, den Smith, 67–81 in ihrer Studie zu den Frauen im PH vornimmt.

che der Parallelen gibt es die Seitenstücke auch anderswo in der zeitgenössischen Literatur. So kommt man über die Feststellung von Gemeinsamkeiten in Richtung genauerer Ableitung wieder nicht entscheidend hinaus und kann andererseits Abhängigkeitsthesen wie die von Joly nicht von der Hand weisen.[24]

Pagane Einflüsse auf den PH sind also so gewiß wie die jüdischen. Je nach Perspektive hat man das eine oder das andere überwiegen lassen und höher veranschlagt. Entweder wird der jüdische Charakter des Buches einseitig stark herausgestrichen (wie bei Audet, Daniélou und anderen; s.o.) oder – mit derselben Einseitigkeit – der hellenistische: „hier redet der Grieche, der seine Phantasie genährt hat an den Vorstellungen und Bildern der hellenistischen Kleinliteratur... Stoffe der hellenistischen Kleinliteratur, Bilder aus diesem Ideenkreise sind umgearbeitet worden zu einer neuen christlichen Offenbarung, die eine Synthese griechischer Bilder und Ideen, wie sie in der Masse des Volkes gang und gäbe waren, mit christlicher Theologie... darstellt."[25] Da der PH aber nachgewiesenermaßen ideen- und religionsgeschichtlich immer auch von der jeweils anderen Seite beeinflußt ist und weil die Forschung einzelne, nicht unwesentliche Motive durchaus nicht einheitlich ableitet bzw. zuordnet[26], muß differenzierter formuliert werden. Der Sachverhalt ist diffizil. Man hat einerseits den hellenistischen Charakter des Visionen- und Offenbarungs-Apparats im PH nachgewiesen; er ist „weithin von antiken Vorbildern bestimmt" (Repertoire antiker Offenbarungsschilderungen, Epiphanieschilderungen bei Inkubationen). Andererseits gilt, „daß das Visionenbuch des Hermas ohne eine beständige Beziehung zu der apokalyptisch-jüdischen... Literatur nicht zu verstehen ist."[27] Und derselbe Sachverhalt stellt sich bei der Analyse anderer Passagen heraus, z.B. in Mand XI, wo die hellenistische Einkleidung des Themas nur vor der jüdisch-christlichen Folie verständlich wird.[28] Hier zeigt sich, wie es im ganzen Buch steht. Durch die wechselnde Thematik bedingt, verteilt sich Hellenistisches und Jüdisches unterschiedlich auf die einzelnen Teile, im Prinzip aber ist beides gleichzeitig gegenwärtig im PH. Und dieser Zustand des Buches ist nicht primär das Ergebnis einer literarischen Operation (H arbeitet nicht Elemente der einen Art in ein Buch von anderer Art ein), sondern Folge des Milieus, in dem H lebt und schreibt.[29]

---

24 Die Frage wird offen gelassen von Deemter, 103–107; Staats, Hermas, 102; Hilhorst, Hermas, 697; Weinel, NTApo 1904, 229 ist entschieden: „es scheinen die Ähnlichkeiten, die etwa zu finden sind, nicht auf dem zu beruhen, was in beiden Schriftstellern original, sondern auf dem, was der Antike überhaupt eigentümlich ist."

25 Jordan, 183.

26 Z.B. die Berge in Arkadien Sim IX 1,4: Osiek, Rich, 7f. mit A.28. Überblick bei Snyder, 128–130; s. dort besonders zu G.H. Box, der sich auf *4 Esra* IX 26 bezieht.

27 Peterson, 268.308 mit teils anfechtbaren Beurteilungen.

28 Siehe Reiling, passim. Das Ergebnis ebd. 171–173.

29 So auch Reiling, 26. – Zur Illustration des Diskussionsstandes gebe ich eine Auswahl von Autoren und ihrer Positionen (die frühe Diskussion bei Baumgärtner, 72f.): 1) Ausschließlich

In eklatantem Kontrast zum starken jüdischen Einfluß auf den PH steht die bemerkenswerte Tatsache, daß H im ganzen Buch das Judentum weder nennt noch bedenkt. Arnera[30] spricht völlig richtig vom „antijudaïsme caché"; denn es geht im PH mit diesem im 2. Jh. und zumal in der Kirche Roms durchaus prekären Thema nicht laut zu (wie im *Barn* und bei Justin, *Dial.*); aber es gibt eine deutliche Spitze. Im PH wird das Judentum ignoriert, verschwiegen und verdrängt. Die Kirche, vor allem erschaffen (Vis II 4,1), erdrückt alles und existiert ohne das jüdische Volk.

§ 9 Rezeption und Kanon-Frage

Der „Hirt" hat zu den populärsten Büchern der christlichen Frühzeit gehört; er ist in der altkirchlichen Literatur auffällig oft und zu verschiedensten Themen zitiert worden und hat mehr Interesse gefunden als manche neutestamentliche Schrift. Mit seinen allegorischen und visionären Elementen hat er offenbar sogar beträchtlich langfristiger, nämlich bis ins Mittelalter und darüber hinaus, christliche Literatur inspiriert und beeinflußt (s. u.). Im christlichen Altertum waren Form und Inhalt des Buches wohl gleichermaßen attraktiv. Was darin den heutigen Leser fiktiv, skurril, monoton und

---

oder deutlich überwiegenden *jüdischen* Einfluß und Charakter des PH erkennen: Schläger (im Anschluß an Spitta extrem: Der PH ist eine jüdische Schrift mit wenigen christlichen Interpolationen); Audet, Affinités (jüdisch-essenische Herkunft); Goppelt, Christentum und Judentum, 241–244 (Judaisierung des Christentums infolge Einwirkung apokrypher frühjüdischer Literatur); Kraus, 255 („östliche, wohl judenchristliche Herkunft" wegen Ähnlichkeit mit gewissen Lehren von 1QS); Barberet, 402–405 (Parallelen aus Ez); Daniélou, Théologie, 46–48; ders.; Qumran, 168–170 (wie Audet; zusätzliche Beispiele jüdischen Einflusses); Barnard, Hermas and Judaism, 3–9 (Aufzählung jüdischer Elemente im PH); Whittaker, Hermas, 1074f. (jüdische Einflüsse, Nähe zu Qumran); Ford, 531–535; Hanson (Vertrautheit mit Qumran-Tradition); Cirillo, La christologie (Christologie auf der Basis jüdischer Anthropologie); Köster, Einführung, 693–697 (jüdische Traditionen stark betont); Mees, 355 („Alles wird in der Perspektive der spätjüdischen Sophia-Spekulation gesehen"); Nautin (jüdische Quellen maßgeblich); J. C. Wilson (H ist ein Judenchrist des 1. Jh.s). – 2) Ausschließlich oder deutlich überwiegenden *paganen* Einfluß erkennen: Reitzenstein, Poimandres; Dibelius; Peterson, passim; ders., Giudaismo; J. Schwartz (romanisierte Gemeinde, die den Kontakt zum Judentum verloren hat); Hilhorst, Hermas (pagane Bildung des H). – 3) Die Notwendigkeit, den *Einfluß von beiden Seiten* zu respektieren, wird moniert von: Geffcken, Christliche Apokryphen, 40f.45 (aus solchen griechischen und jüdischen Quellen wie *Poimandres* und *4 Esra*; jüdische und heidnische Muster der Form); Stählin; Deemter, 93f.; Joly, Judaisme (bei dominierender christlicher Qualität jüdische und griechische Elemente); Hamman, 125 (neben jüdischem Einfluß bekommen die christlichen Themen ein griechisches Gewand); Snyder, 16f. (jüdisches Milieu und römischer Einfluß); Reiling, 25f. (das Milieu des PH ein Gemisch aus judenchristlichen und eindeutig hellenistischen Elementen); Smith, 169–183.197–199 (auch in den Frauengestalten des PH überschneiden sich jüdische und griechisch-römische Muster).

[30] Arnera, 218; im übrigen nimmt er bei seiner Interpretation der von H gebrauchten Bilder zum Thema dessen Rede zu grundsätzlich und dessen Tendenz zu ausdrücklich (und auch zu polemisch).

trivial anmutet, ist damals offensichtlich sehr anders empfunden und bewertet worden, so daß es zur Lektüre geradezu reizte und durchaus keine Sperre bedeutete. Ein Mann wie Origenes ließ sich vom „Hirten" begeistern (s. u.). Mit seinem von Visionen abgestützten Buß-Appell war das Buch jederzeit nützlich für eine ernsthafte Buß-Paränese und faszinierend selbst für den, der sich durch den Inhalt in seiner Moralität in Frage gestellt sehen mußte.

Das *Muratorische Fragment* (s. u.) empfiehlt gegen Ende des 2. Jh.s die private Lektüre[1] des „Hirten" (Zeile 77: *ideo legi eum [sc. Pastorem] quidem oportet*), nachdem es kanonische Qualität für ihn durch Spätdatierung und durch Ausschluß vom Propheten- und Apostel-Kanon (Zeile 73–80) unmöglich gemacht hat. Wenn solche Empfehlung (oder sogar Verpflichtung: *oportet*) von quasi offiziösem Rang auch anderswo abgegeben wurde, so hat das die Verbreitung des PH natürlich gefördert. Mit dieser Empfehlung vereinbart sich sehr gut die Art des H, seine Bußpredigt nicht als Rede über das öffentlich-kirchliche Bußritual, sondern als Motivation und Aufklärung zur individuellen Umkehr, Buße und Besserung zu stilisieren. Dadurch eignete sich der „Hirt" eben hervorragend für die Privatlektüre und galt „offenbar als ein geeignetes elementares Moralhandbuch"[2]. Es scheinen genügend Exemplare in Umlauf gewesen zu sein.[3] – Die Beliebtheit und Verbreitung sind allerdings nicht vor Irenäus, d.h. vor 170–180 n. Chr., nachweislich.[4] Aber Ende des 2. Jh.s ist das Buch dann in Lyon (Irenäus), Alexandrien (Klemens) und Karthago (Tertullian) bekannt. Es blieb indes nicht bei diesem regen Umlauf, sonst würden wir heute kaum vor der Situation stehen, daß kein einziges griechisches Manuskript mit dem vollständigen Text des PH erhalten blieb.[5] Aus den Zitationen Rückschlüsse auf regional und soziologisch bedingte unterschiedliche Rezeptions-Formen zu ziehen[6], scheint mir nicht möglich, weil die Informationen zu dürftig sind.

---

[1] Der Gegensatz zu *legi* in Zeile 77 steckt „allem Anscheine nach" nämlich in dem *se publicare* (Zeile 77f.): Harnack, ZKG 3, 1879, 370 A.1 mit Zahn, GGA Stück 2, 9. Januar 1878, 36f.

[2] Hilhorst, Hermas, 698; Henne, Canonicité, 89: „manuel de vie chrétienne".

[3] Die erstaunliche Verbreitung des PH, bezeugt durch die Menge und die geographische Streuung des papyrologischen Materials (vgl. z.B. Henne, Canonicité, 89f.), erklärt sich nach Wehofer, 52.55 daraus, daß er „von vornherein *nur* litterarisch concipiert und von vornherein für die buchhändlerische Verbreitung eingerichtet" und „durch buchhändlerischen Vertrieb" verbreitet wurde. Diese These müßte aber mit Vis II 4,3 verträglich gemacht werden, wo die Vervielfältigung und Weitergabe des Buches ein Vorgang qualifizierter kirchlicher Kommunikation ist.

[4] Macmillan, Apocalypse, 68–70 registriert eigens die Fehlanzeige bei den Autoren Markion, Valentinus, Hegesipp, Justin, Kelsos und den frühen Montanisten; vgl. Deemter, 9f. Dagegen glaubt Robinson, Barnabas, bereits die *Didache* verwerte (neben AT, Bergpredigt und *Barn*) den PH mit dessen früher Form der Zwei-Wege-Lehre, in der er vom guten und vom bösen Engel spricht.

[5] Darüber Lake, Facsimiles, III; zur Verbreitung im Westen aufgrund der *Vulgata* (L^1) und der *Palatina* (L^2) s. Harris, Shepherd, 259f.; Paramelle, 332–334.

[6] So Macmillan, Interpretation, 543: Im Westen zirkulierte das Buch im Volk und erscheint kaum in der besseren Literatur; in Africa wird es ebenfalls von den vielen Leuten sehr verehrt und geschätzt, vom Eiferer Tertullian aber scharf abgelehnt; in Alexandrien sahen dagegen

In der folgenden Dokumentation der altkirchlichen Hermas-Zitate schließe ich mich primär, aber nicht eng der Auflistung von Harnack an[7], berücksichtige aber natürlich, was über Harnack hinaus inzwischen gesagt werden kann oder muß, und beschränke mich auf einen Teil der markanteren Zitate aus dem PH. Der Einfluß des populären Buches geht über die ausdrücklichen Zitate freilich hinaus, worauf verschiedentlich noch hinzuweisen ist.

1. Die ersten[8] bekannten Testimonien finden sich bei *Irenäus* (um 185 n. Chr.), und hier als wichtigste *haer.* IV 20,2 und *epideixis* 4.[9] Der beidemal zitierte Text Mand I 1 („An erster Stelle glaube, daß es [nur] einen einzigen Gott gibt, der das All erschaffen und ausgestattet hat und alles aus dem Nichtsein ins Dasein gerufen hat, der alles umfaßt, selbst aber als einziger unfaßbar ist") gehört zu den traditionsreichen Basissätzen der Mission und Apologetik des Frühchristentums (s. z. St.); B. Hemmerdinger hat beobachtet, daß er von Irenäus bereits in *haer.* IV 20,1 zitiert wurde[10], nachdem weitere Fundstellen bei Irenäus schon früher notiert worden waren (s. u.). Das mehrfache Zitat immer derselben Zeilen aus dem PH dokumentiert die Geläufigkeit des Satzes, und man wird unterstellen, daß Irenäus um die Herkunft aus dem PH (den er – aus welchem Grund? – nicht nennt) wußte. Kannte er nur diesen Satz aus dem „Hirten"? Interessanter als der Inhalt des Zitats ist für unseren Zusammenhang auf den ersten Blick die Angabe des Irenäus, daß es „die Schrift (*scriptura*/ἡ γραφή)" sei, aus der er hier zitiert. Was heißt hier aber „Schrift"? Euseb, durch den diese Zeilen im griechischen Original erhalten sind (*h. e.* V 8,7), schließt daraus genauso wie etliche moderne Ausleger[11], daß Irenäus den „Hirten" durch die Kategorie γραφή

---

sogar die Kirchenführer wegen der Form der Apokalypse und der vermeintlich apostolischen Herkunft (so wohl auf die Identifizierung des H mit dem „apostolischen" Hermas aus Röm 16,14 durch Origenes hin) eine echte Offenbarung im PH.

[7] Gebhardt-Harnack, XLIV-LXXI (bestätigt von Overbeck, 283); Harnack, Geschichte I/1, 51–58; vgl. Hilgenfeld, Die apostol. Väter, I–X; Zahn, Forschungen I/1, 327 ff.; Baumgärtner, 19–27 stellte diejenigen Zitate zusammen, aus denen Schlüsse auf die äußere Form des PH gezogen werden können; Chadwick, 274–280 gibt eine kommentierte Durchsicht zur Bestimmung der Verbreitung des PH; vgl. auch Erbetta, 237 f.; Deemter, 10–22. Man kann sich zur Statistik und für die kanonische Einschätzung auch orientieren an A. Jülicher – E. Fascher, Einleitung in das NT, Tübingen 1931^{7}, 472–558 passim (vgl. das Register 626 v. Hermas); Henne, Canonicité druckt viele der betreffenden Texte ab.

[8] Die verschiedentlich vermuteten Zitate im *2 Klem*, bei Ignatius v. A. oder Polykarp, im Johannesevangelium und bei den griechischen Apologeten des 2. Jh.s sind keine solchen (s. die Durchsicht bei Gebhardt-Harnack, XLIV f.).

[9] Irenäus, *haer.* IV 20,1.2 (ed. A. Rousseau, SC 100, Paris 1965, 624.628); *epideixis* 4 (aus dem Armenischen übersetzt von K. Ter-Mekerttschian und E. Ter-Minassiantz, Des heiligen Irenäus Schrift zum Erweise der apostolischen Verkündigung, Leipzig 1908^{2}, 3 f.); eine Rückübersetzung ins Griechische durch A. Rousseau, SC 100, 250.

[10] B. Hemmerdinger, Observations critiques sur Irénée, IV (SC 100) ou les misaventures d'un philologue, JThS NS 17 (1966), (308–326) 309. Zum dogmengeschichtlichen Interesse an diesem Satz s. Henne, Canonicité, 82 A.5.

[11] Z. B. H. Hayd, Ausgewählte Schriften des heiligen Irenäus, 2. Bd., Kempten 1873, 137 A.5; Zahn, Forschungen I/1, 333–335; J. Leipoldt, Geschichte des neutestamentlichen Ka-

als inspiriert und kanonisch beschrieben haben will. Solche Überlegungen wurden von Overbeck (Harnack gegenüber) mit dem Einwand kritisiert, daß hier zu unbedacht von der Existenz, Autorität und Grenze eines neutestamentlichen Bibelkanons ausgegangen werde für eine Zeit, zu der es das alles in dieser generellen Form noch nicht gab; das Ansehen des „Hirten" muß „aus der Zeit vor Existenz eines Kanons" stammen.[12] Zurückhaltung ist angebracht. Der „Hirt" gewann sein Ansehen sicherlich aufgrund seines Inhalts, nicht aufgrund seiner Zugehörigkeit zu einem christlich-biblischen Kanon, der zu seiner Entstehungszeit allerhöchstens „im Werden war".[13] Aber für Irenäus, entscheidende Jahrzehnte später, kann nun doch nicht bestritten werden, daß er den Unterschied zwischen Schriften besonderer Verbindlichkeit und anderen Büchern machte. Und zwar praktiziert er diese Unterscheidung gerade auch im fraglichen Text *haer.* IV 20,2 (s.u.) und rechnet dabei den PH eben nicht zu den exzeptionellen, biblischen Schriften. Overbeck formuliert also zu streng; statt die Zeit des H als „Zeit vor Existenz eines Kanons" zu bezeichnen, ist es einschlägiger, die Zeit der Späteren (die als erste den PH zitierten) als Zeit der Frühgeschichte des Kanons zu deklarieren. A. Rousseau hat (obwohl auch er die Chronologie der Kanon-Bildung nicht bedenkt) die Sache wohl im Prinzip richtig erklärt[14], allerdings nicht in allem korrekt. Nicht korrekt ist sein Ausgangspunkt. Rousseau behauptet[15], es gebe eine von Irenäus bei Schrift-Zitaten regelmäßig verwendete Formel des Wortlauts: καλῶς οὖν ἡ γραφὴ λέγει. Mit ihr vergleicht er den Wortlaut im vorliegenden Text: καλῶς οὖν ἡ γραφὴ ἡ λέγουσα, um mit vollem Recht festzustellen, daß beides nicht dasselbe ist und bedeutet. Nur ist die erste, zur Identifizierung von Bibelzitaten angeführte Formel eine freie Erfindung von Rousseau. Nach meinen Recherchen[16] ist sie bei Irenäus nicht ein einziges Mal nachzuweisen. Auch eine andere stereotype Formel mit dem Stichwort γραφή/*scriptura* gibt es bei Irenäus nicht. Mit der umgekehrt relativ üblichen Zitateinleitung „*bene... ait/dixit/meminit*" ist bei Irenäus in keinem Fall die „Schrift" als Subjekt verbunden, sondern immer der

---

nons I, Leipzig 1907, 36; Gebhardt-Harnack, XLVI mit der These einer gestuften Kanonizität (der PH gehört zu den heiligen Schriften, aber nicht ranggleich mit den Propheten- und Apostelschriften); Hemmerdinger, La prépondérance, 58–60 (die Kanonizität von der Herkunft des PH aus Rom abgeleitet); Macmillan, Apocalypse, 71; Metzger, 63.65; Cirillo, Erma; Grant, 23.

[12] Overbeck, 283; vgl. auch oben § 7.

[13] Hilhorst, Hermas, 697.

[14] A. Rousseau, SC 100, Paris 1965, 248–250; dagegen B. Hemmerdinger, JThS NS 17, 1966, 308 A.1. Früher Gebhardt-Harnack, XLVI, wo Harnack, auch nach Overbeck, 283, in der Begründung zu wünschen übrig läßt. H. von Campenhausen, Entstehung, 255 A.52 und Reiling, 170 A.3 schließen sich Rousseau an.

[15] A. Rousseau, SC 100, 248–250.

[16] Sie basieren auf der Durchsicht aller in Frage kommenden Stellen von *adv. haer.* (s. B. Reynders, Lexique comparé du texte grec et des versions latine, arménienne et syriaque de l'„Adversus haereses" de Saint Irénée, Vol. 2 [CSCO.Sub 6], Louvain 1963, 41: v. καλῶς/*bene*; 290f.: v. γραφή/*scriptura*; vgl. 183: v. *littera*).

Autor Paulus (*haer.* II 14,7; V 10,2; 13,3); ein Anonymus (IV 4,2); der Apologet Justin (IV 6,2); „unser Herr" (IV 7,1); Johannes (IV 10,1); der Prophet Malachias (IV 17,6 anonym; 20,2). Singulär ist III 12,5 mit dem Subjekt *Scriptura* (*inquit Scriptura*), aber ohne *bene*, zur Zitation von Apg 4,22. Der einzige Fall, in dem καλῶς/*bene* und γραφή/*scriptura* in einer einleitenden Formel miteinander gebraucht sind, ist der problematische Text IV 20,2, um den es hier geht. Und unabhängig von seiner mißglückten Voraussetzung ist Rousseau darin zuzustimmen, daß dies keine qualifizierte Einleitungsformel des Irenäus für Bibelzitate ist, sondern ohne weiteres folgendermaßen gelesen werden kann: „Glücklich hat das die Schrift (sc. der ‚Hirt' des Hermas) ausgedrückt, die da sagt...".

Es kommt hinzu, daß die drei Bibelzitate, die bei Irenäus auf das Hermaszitat folgen, im Unterschied zur zitierten Phrase aus dem PH namentlich zugeordnet werden und daß in der Sequenz von prophetischem (Mal), apostolischem (Eph) und jesuanischem Text die drei Autoritäten hierarchisch aufgereiht sind, die bei Irenäus für die gesamte Offenbarung stehen und deren verschiedene Teile ausmachen. Daß der PH hier im gleichen Sinn „Schrift" ist wie sie, ist kaum möglich. Nimmt man etwas anderes an, dann muß man darüber rätseln, warum Irenäus den Namen des H nicht nennt wie die anderen drei. Die Zweifel daran, daß er auf kanonischen Rang des PH hinauswollte, verstärken sich weiter durch das indirekte Zitat *haer.* I 22,1. Dort wird die kirchliche „Richtschnur der Wahrheit" partiell mit denselben Zeilen aus dem PH zusammengefaßt (wieder ohne H zu nennen), und dann folgt eine Bekräftigung mit der Zitateinleitungsformel *„quemadmodum scriptura dicit* (καθῶς ἡ γραφὴ λέγει)"[17] zu zwei Bibelzitaten, so daß der PH hier auch formal deutlich von der Bibel des Irenäus abgesetzt bleibt[18], trotz erkennbarem Respekt und trotz großer Sympathie ihm gegenüber.[19]

Man hat es bislang versäumt, die Konkordanz zu γραφή bei Irenäus zur Beurteilung zu Rate zu ziehen. Zu den schon aufgezählten Beobachtungen hinzu liefert sie aber die entscheidenden Aufschlüsse (trotz der Verunsicherung durch die altlateinische Übersetzung des Buches als weithin einzige Basis dafür). Nach der Statistik[20] steht das Wort bei ca. 118 Belegen in der

[17] Irenäus, *haer.* I 22,1 (ed. A. Rousseau – L. Doutreleau, SC 264, Paris 1979, 308).

[18] B. Hemmerdinger, JThS NS 17, 1966, 308 A.1 bestreitet dies aus der unkritischen Meinung, der griechische Kirchenvater Euseb habe 100 Jahre nach Irenäus dessen Ansicht über die Kanonizität besser beurteilen können als der heutige Leser des Irenäus.

[19] Immerhin gibt Irenäus in *haer.* I 22,1 den Inhalt der *regula veritatis* mit Textteilen des PH wieder, was zusammen mit der Aufnahme des Hermas-Textes in die „Kurzformel" des Glaubens (*epideixis* 4) eine beträchtliche Hochschätzung besagt. Harnack, Geschichte I/1, 50 in einem nicht näher erklärten Sinn: „Jedenfalls ist das Buch dem Irenäus eine Instanz gewesen." Henne, Canonicité schreibt zwar den unhaltbaren Satz: „Dès le début, Irénée intègre le *Pasteur* dans l'Ecriture" (ebd. 82); sein Ergebnis zu Irenäus lautet aber: „Irénée reconnait l'autorité du *Pasteur* mais ne sait où le placer" (ebd. 84; vgl. 89).

[20] Die Grundlage dafür ist B. Reynders, Lexique comparé, Vol. 2, 290f. Vgl. die Auflistung von Zitateinleitungsformeln des Irenäus bei A. Benoit, Saint Irénée, Paris 1960, 75f., der aber keine präzisen Distinktionen erkennen läßt.

bei weitem überwiegenden Zahl der Fälle im Plural (γραφαί) und bezieht sich meistens auf das Alte Testament. Unter den verbleibenden ca. 24 Fällen der Singular-Form sind zwar auch einzelne biblische Bücher als γραφή benannt (die Bedeutungs-Palette reicht von der einzelnen Schriftstelle bis zur gesamten Schrift [des AT]). Aber entscheidend für das richtige Verständnis von *haer.* IV 20,2 ist die Tatsache, daß Irenäus den Singular γραφή auch für andere als die biblischen Bücher verwenden kann; γραφή ist bei ihm zwar weitaus mehrheitlich, aber nicht exklusiv das kanonische, inspirierte Buch. Er redet I 20,1 von häretischen „Schriften" (γραφαί), nennt III 3,3 den ersten Klemensbrief eine „Schrift"[21] und bezeichnet mehrmals sein eigenes Buch *adversus haereses* mit demselben Terminus als „diese Schrift" (*haer.* III 6,4; 17,4; V praef.). Der Gebrauch des Wortes γραφή bei Irenäus liefert also keinen Grund dafür, im fraglichen Text die Kanonisierung des „Hirten" durch Irenäus anzunehmen. Die plausibelste Lesart ist die, daß Irenäus den PH an dieser Stelle mit derselben Selbstverständlichkeit (anonym) als das einführt, was er ist: eben eine „Schrift" ohne Sonderbedeutung des Wortes, wie er es mit dem *1 Klem* und seinem eigenen Opus tut.

Die betreffenden frühchristlich so fundamentalen Zeilen aus Mand I 1[22] sind von Irenäus im Rahmen seiner antignostischen Polemik noch mehrfach gebraucht. Die Liste sämtlicher (inklusive der schon besprochenen) Zitate des Irenäus von Mand I 1 lautet in Anlehnung an Rousseau's Aufstellung, d.h. der Textnähe nach geordnet[23], wie folgt:

– *haer.* IV 20,2 mit der ausdrücklichen, aber anonymen Zitationsformel und dem ungekürzten, wörtlich übernommenen Text.

– *epideixis* 4, ein faktisches Zitat mit geringen Änderungen, ohne als solches kenntlich gemacht zu sein.

– *haer.* I 22,1, ein partielles Zitat ohne Zitationssignal.

– *haer.* IV 20,1 wie das vorhergehende Zitat.

– *haer.* II 30,9 wie das vorhergehende Zitat.

– *haer.* II 10,2, eher Anspielung als Zitat zu nennen.

– *haer.* I 15,5, lediglich eine kurze Anspielung.

Was Harnack, Geschichte I/1, 52 noch an „Anklängen" an den PH bei Irenäus notiert, kommt allerdings in keinem Fall als Indiz von Abhängigkeit oder Zitat in Frage: vgl. *haer.* I 21,1 mit Mand I 1; *haer.* II 30,9 (Ende) mit Sim IX 12,8; Frgm.gr. 29[24] mit Sim VIII 3,2; *haer.* IV 30,1 mit Sim I. Auffälliger sind Ähnlichkeiten in der Terminologie (κενός) bei der Be-

---

21 SC 211, 34 Zeile 41 die *interpretatio vetus: litteras*; der griechische Text mit γραφή bei Euseb, *h.e.* V 6,3.

22 Zum genauen und apologetischen Sinn bei Irenäus s. A. Rousseau – L. Doutreleau, SC 263, Paris 1979, 276–278; zur Breite späterer Rezeption s. den Kommentar z. St.

23 A. Rousseau, SC 100, 249f.

24 W.W. Harvey, Sancti Irenaei Libros quinque adversus Haereses, Bd. 2, Cantabrigiae 1857. Nachdruck Farnborough 1965, 494.

schreibung von Pseudoprophetie in Mand XI und *haer.* I 13,3.4 (s. den Kommentar zu Mand XI).

Etwas seltsam ist, daß Irenäus, bei dem man sich lebhaftes Interesse für diverse Motive des PH vorstellen könnte, aus dem gesamten „Hirten" nur auf diesen einen, an sich für den PH ja nicht sehr typischen Passus Mand I 1 wiederholt zurückgreift, den übrigens auch Origenes viermal, Athanasius zweimal, aber unter anderen, zitieren (s. u.) und der über diese Autoren hinaus ein erstaunliches Echo fand[25], und auffällig ist auch, daß er den Namen des H nie nennt.[26]

2. Weiter wird der PH bezeugt durch das *Muratorische Fragment* (Zeile 73–80; den deutschen Text findet man z. B. bei Schneemelcher, NTApo 1^6, 1990, 29); dieses Schriftenverzeichnis drängt, wie schon gesagt, das Buch in den Bereich der Privatlektüre ab, um es vom öffentlichen kirchlichen Gebrauch auszuschließen.[27] Was das Fragment über Abfassungszeit und Autor des PH sagt (s. o. §§ 2 und 3), sichert dem „Hirten" einen gewissen Rang, verweigert ihm aber kanonisch-öffentliche Reputation, die er folglich wohl, regional zumindest, hatte. Harnack nannte das „eine besondere Kategorie", wenn der Verfasser des Fragments für neuere prophetische Schriften „die private Lectüre derselben als eine kirchliche Pflicht behauptet".[28] Diese Diktion greift ein wenig hoch; Konsens besteht aber in der beschriebenen Einstufung des Buches durch das *Muratorische Fragment.* Hinter den apostolischen und prophetischen Schriften[29], deren Zahl und Sammlung abgeschlossen ist, bleibt er zurück, ist aber darum nicht wertlos: Der „Hirt" ist nicht so hoch einzuschätzen, wie man vielerorts meint, aber man muß ihn nicht darum verwerfen; er ist ein empfehlenswertes Buch.[30]

---

[25] Dokumentation bei Gebhardt-Harnack, 70. Ein Grund für die häufige Zitation mag auch sein, daß Mand I 1 „am Anfang" des Hirtenbuchs stand (Athanasius, *ep.heort.* 11 [s. o.]).

[26] Mit beiden Auffälligkeiten befaßt sich Macmillan, Apocalypse, 71 f. und erklärt sie im Zusammenhang seiner These vom spät erst einsetzenden Berühmtheitsgrad des „Hirten": Irenäus bekam das Buch erst spät in die Hand und hielt es für kanonisch, konnte sich aber nicht intensiv damit befassen. Deemter, 10 f. rechnet mit ungenügender Kenntnis des PH durch Irenäus.

[27] A. Sand, HDG I 3a (1. Teil), 1974, 62: „Die Apokalypse des Hermas wird ohne Diskussion, also grundsätzlich abgelehnt." Nach Andresen, 158 war die Freigabe des PH zur (privaten) Lektüre ein Tribut an den „römischen Lokalpatriotismus". Lampe, 19 hält für den Grund der Ablehnung einen synkretistischen Charakter und Einfluß des PH, wonach es im Text des Fragments (*legi eum oportet*) aber gar nicht aussieht. – Daß die These, H werde hier in „Nebengottesdienste" verbannt (Zahn, Forschungen II, 111 A.1), nicht in Frage kommt, hat P. Glaue, Die Vorlesung heiliger Schriften im Gottesdienst, Bd. 1, 1907, 82 f. gezeigt.

[28] Harnack, ZKG 3, 1879, 369 f.

[29] Die *prophetae* und *apostoli* stehen hier wahrscheinlich für die beiden Testamente insgesamt (von Campenhausen, Entstehung, 298 f.).

[30] Vgl. Macmillan, Apocalypse, 87–91 (die Zurückstufung im *Canon Muratori* zeigt, daß H kein Prophet und der PH keine Apokalypse war). Donaldson, 514–518 zweifelte seinerzeit die Verläßlichkeit des *Canon Muratori* (auch in seinen Informationen zum PH) gegen speziell Harnack's Zutrauen massiv an. Vgl. aus der frühen Debatte auch Nolte, Ueber das sogenannte Muratorische Fragment kanonischer und nichtkanonischer Bücher, ThQ 42, 1860, (193–243)

3. *Tertullian* zitiert aus dem „Hirten" an drei Stellen. Die Christen im afrikanischen Karthago lasen den PH lateinisch, denn Tertullian zitiert: *cum adorassem et assedissem super lectum* (*orat.* 16). Dort kritisiert er Christen, die sich für eine bestimmte Gebetspraxis (Sitzen nach dem Gebet) auf den PH (Vis V 1) berufen und dessen Vorgabe für verbindlich halten (s. den Kommentar zu Vis V 1). Der PH hat in diesen Kreisen offensichtlich eine beträchtliche Autorität. Tertullian ist offenbar daran interessiert, die Autorität des Buches, die von den betreffenden Christen für ihre spezielle Gebetssitte geltend gemacht wird, herunterzuspielen (vgl. das offenbar verächtliche *quid enim si ille Hermas*...). Es scheint, daß Tertullian den „Hirten" generell nicht sehr schätzte, wofür er seine Gründe hatte (s.u.). Er läßt (jedenfalls für die fragliche Praxis) keinerlei Beweiswert des PH gelten und macht diejenigen lächerlich, die aus Respekt vor diesem Buch Verbindlichkeiten bzw. Begründungen daraus ableiten. Dem inzwischen montanistischen Tertullian war der „Hirt" mit seiner Lehre von der Vergebbarkeit des Ehebruchs wie Mand IV 1,4–11, also der Bußmöglichkeit für schwere postbaptismale Sünden, einfach widerwärtig. In *pud.* 10 demontiert er das Buch gegenüber Bischof Zephyrin von Rom moralisch (seinem Inhalt nach: *scriptura Pastoris, quae sola moechos amat*) und formal (seiner angeblich ausgebliebenen kirchlichen Anerkennung nach)[31], worin sich wider Willen eine verbreitete tatsächliche Verbindlichkeit und Rezeption des PH in Rom und Karthago spiegelt.[32] Tertullian nahm nur die eine Seite des PH wahr (sc. die Freigabe der zweiten Buße), nicht auch die andere (sc. strenge Disziplin und Bereitschaft zur Buße). – Im entsprechenden Kontext wiederholt er seine Ausfälligkeiten gegen das Buch (*pud.* 20).[33]

4. Besonders deutliche Nachwirkung des PH läßt sich in der pseudocyprianischen Predigt *Adversus aleatores* (gegen die Würfelspieler) aus Africa um das Jahr 300 nachweisen. Harnack[34] hat die Spuren gesammelt: c. 2 zeigt im

230–234. – Der tatsächliche Grund der Rückstufung des PH ist nach Henne, Canonicité, 85 die späte Abfassung.

31 Philologisches zum Titel und zur Diktion Tertullians in diesem Passus (*divinum instrumentum* u.a.) ausführlich bei Gebhardt-Harnack, XLVIII-L. Vgl. J.F. Jansen, The Second Century 2, 1982, 193f.

32 Gegen A. Harnack, ZNW 24, 1925, 16 A.1 und E. Caspar, Geschichte des Papsttums, Bd. 1, Tübingen 1930, 29 bestreitet G. Roethe, Zur Geschichte der römischen Synoden im 3. und 4. Jahrhundert, Stuttgart 1937, 112f. die Möglichkeit der Schlußfolgerung aus Tertullian, *pud.* 10, der PH sei auf einer römischen Synode unter die apokryphen Schriften gezählt worden.

33 Harnack, Geschichte I/1, 52 rechnet auch in *bapt.* 6 *init.* mit einer Reminiszenz an H; Gebhardt-Harnack, XLVIIf. u.a. (z.B. von Campenhausen, Entstehung, 275 A.146; Hilhorst, Hermas, 698) schätzen den Text aus *orat.* 16 entschieden zu freundlich ein; er zeigt keinen Respekt (Hilhorst) und kein positives Gesamturteil Tertullians über den PH, das er später als Montanist korrigiert hätte. Ebenso Macmillan, Apocalypse, 73–79. Vgl. G.A. Benrath, TRE 7, 1981, 453f.

34 Harnack, *De aleatoribus*, 126–128: „Diese Zusammenstellung lehrt, dass unser Verfasser im Hirten lebt und webt. Sobald er sein spezielles Thema verlässt, ... treten die Reminiscenzen an den Hirten deutlich hervor. An ihm hat er sich gebildet" (ebd. 128). Vgl. Henne, Canonicité, 88f.

Schlußsatz Reminiszenzen an Sim VI; IX 31,5f.; c. 3 nimmt Bezug auf Mand II 1–2.4; V 1,2f.; 2,5f.; X 2,5; 3,2; c. 3 bietet ein fast wörtliches Zitat aus Mand X 2,5; in c. 4 ist Mand II 1,9 ausgeschrieben; eine Phrase in c. 4 ist außerdem vielleicht von Sim X 4,1 her zu lesen; zum Lasterkatalog des c. 5 ist Mand III 3,5; Sim VI 5,5; Mand VI 2,5 zu vergleichen und die Entsprechung in Vis III 9,7 zu beachten; die christliche Selbstbezeichnung *servi dei* aus c. 5.7.8.11 kennt man aus allen Teilen des PH.[35] Interessanter als der faktische Gebrauch des „Hirten" ist die Zitationsweise des anonymen Autors: Er zitiert das Buch als *scriptura divina* mitten unter Paulus-Zitaten. Im c. 2 folgt auf die Einleitung *dicit enim scriptura divina* ein langes Zitat aus Sim IX 31,5f.: *vae erit pastoribus... propter mendacium suum*, und dann folgt: *et alia scriptura dicit* (sc. Sirach 32[35],1, das zitiert wird). Hier ist der PH zweifelsohne gleichrangig mit biblischen Büchern als heilige Schrift gewertet (der Autor benutzt allerdings auch andere „apokryphe" Bücher).[36] – Eine Spur in der ebenfalls pseudocyprianischen Schrift *De singularitate clericorum* 28 glaubte Zahn, Der Hirt, 181 A.2 gefunden zu haben.

5. Der lateinische christliche Dichter *Commodianus* (Mitte 3. Jh.)[37] hat das Bild des H von Ulme und Weinstock (Sim II) in einem sozialkritischen Appell verwertet (*instruct.* I 30 Zeile 15f.: *estote communes minimis... sicut ulmus amat vitem*; ed. J. Martin, CChr.SL 128, 1960, 26).

6. Mitte des 4. Jh.s schreibt der Verfasser des pseudotertullianischen *Carmen adversus Marcionitas* 294f.[38] in der Reihe der römischen Bischöfe, in der er auch prominente andere mitnennt: *post hunc (sc. Hyginum) deinde Pius, Hermas cui germine frater, angelicus pastor, quia tradita verba locutus*; er nennt also des Pius wegen den Bruder H mit und stimmt darin mit dem *Muratorischen Fragment* Zeile 76f. überein.

7. In der griechisch-christlichen Literatur ist, abgesehen vom Kleinasiaten Irenäus in Gallien, *Klemens v. Al.* der älteste und zwar offenbar durch wiederholte Lektüre wirklich mit dem langen Text vertraute Zeuge des PH. In vergleichsweise großer Zahl und Breite der Zitate zeigt Klemens sich an den unterschiedlichsten Themen des PH interessiert. Hier die direkten Zitate, neben denen es eine Reihe von loseren Anspielungen oder Entlehnungen gibt:

Klemens hat an den Anfang seiner umfangreichen *Stromata* ein Zitat aus dem PH plaziert; der fragmentarisch erhaltene Beginn des Werkes (*strom.* I 1,1) eröffnet dieses jetzt mit Vis V 5; die weiteren Zitate: I 85,3f. = Mand XI 3; I 181,1 = Vis III 4,3; II 3,5 = Vis III 3,4; II 43,5–44,3 = Sim IX 15,4–7;

---

35 Siehe Kraft, Clavis, 118f.: ὁ δοῦλος τοῦ θεοῦ.

36 Gebhardt-Harnack, Lf.; Harnack, *De aleatoribus*, 126. Der Text des Traktats bietet eine bessere Version als L¹, wodurch nach Daniélou, Christianisme latin, 25 das höhere Alter von L¹ bestätigt ist.

37 Zur Datierung K. Thraede, JAC 2, 1959, 90–111.

38 Ed. R. Willems, CChr.SL 2, 1954, 1417–1454; vgl. zum Text Gebhardt-Harnack, LII A.1.

16,5–7; II 55,3–6 mit 56,1–2 (vgl. 57–59) = freie Übers. von Vis III 8,3f.; Mand VII 2–4; IV 2,2f.; 3; *strom.* III 82f. vgl. mit Mand IV 4,2; *strom.* IV 15,6; 30,1 = Vis III 2,1; IV 74,4 = Vis IV 2,5; VI 46,5 = Sim IX 16,5; VI 117,3 = Sim II; VI 131,2f. = Vis II 1,4. – Über die Reminiszenzen in den anderen Büchern des Klemens s. Harnack.[39] In ihrer Mehrzahl sind die aufgezählten Zitate ausdrücklich als solche aus dem PH ausgewiesen; für das Fragment *strom.* I 1,1 ist das nicht mehr zu beweisen, aber anzunehmen. Die Form der Zitate beweist die wichtige Tatsache, daß Klemens den H nicht für einen Propheten hielt.[40] Was seine Einschätzung des Buches betrifft, muß festgehalten werden, daß Klemens keinerlei Zitateinleitungsformel verwendet, die einen besonderen Rang dieser Schrift signalisieren würde. Er gibt ganz einfach den Verfassernamen H an. An drei Stellen, nämlich in Bezugnahmen auf das Visionenbuch des H (*strom.* I 181,1; II 3,5; VI 131,2), redet er von einer dem H „erschienenen", zu ihm in der Vision „durch Offenbarung redenden Kraft (δύναμις)"; sie ist Subjekt und somit Verfasser des zitierten Textes, nicht H, der es aber in Zitaten aus Mand und Sim ist; und trotzdem ist nicht erkennbar, daß Klemens den „Hirten" damit als kanonisch eingeschätzt sehen wollte[41], wenn seine Vorliebe und Begeisterung für dieses Buch auch offenkundig ist. In der Vergabe von Autoritätsprädikaten ist Klemens großzügig: Den Autor des römischen Korintherbriefes nennt er den „Apostel Klemens" (*strom.* IV 105,1) wie den des Barn den „Apostel Barnabas" (ebd. II 31,2); das Zitat *Did* III 5 in *strom.* I 100,4 scheint er unter die Qualifikation als γραφή subsumiert zu haben. Für den PH hat er kein vergleichbares Autoritätsmerkmal eingesetzt.

8. Nach Klemens v. Al. bezeugt den hohen Beliebtheitsgrad des PH in Alexandrien auch *Origenes*. Von den 18 Zitaten, die Harnack zusammengestellt hat[42] und die mit ihrem Anteil an den Homilien für die einfachen Christen die weite Verbreitung des PH bestätigen, hat Origenes zwei anonym belassen (*HoEz* I 5: ed. W.A. Baehrens, GCS 33, 1925, 330f. Zeile 19–21: vgl. Sim VIII 2,1; Zitat unsicher, s. z. St.[43]; *CoJoh* XX 29: ed. E. Preuschen, GCS 10, 1903, 376 Zeile 3–5: vgl. Mand II; V 1 f.). Der Satz Mand I 1,

[39] Harnack, Geschichte I/1, 53; Gebhardt-Harnack, LIV. – Daß der PH von den ägyptischen Christen favorisiert wurde, wird durch den papyrologischen Befund aus der Zeit vom 3. bis 6. Jh. gestützt (Turner, Shepherd, 202; zum papyrologischen Material Henne, Canonicité, 89f.).

[40] Reiling, 170.

[41] Reiling, 170 mit A.3 und Henne, Canonicité, 90 beurteilen das genauso. Anders Grant, 23 ohne solide Begründung, und Metzger, 65: Klemens hielt den PH (wie *1 Klem*, *Barn* und *Did*) für kanonisch. Keinen Nachweis bringen Gebhardt-Harnack, LIII für die Behauptung, Klemens habe den PH wie eine göttliche Schrift (im Anhang zu seinem NT) gehalten und ihr eine (fast) kanonische Autorität zugeschrieben, wobei unentschieden bleibe, ob er das Buch gegenüber den Apostelschriften gleichrangig oder doch geringer einschätzte.

[42] Harnack, Geschichte I/1, 54f.; ders., TU 42/4, 1919, 34–36; vgl. die Aufstellung bei Ruwet, 33–35.

[43] W.A. Baehrens, ebd. z. St. bestreitet gegen Hilgenfeld und Harnack, TU 42/4, 1919, 34, daß es sich um ein Hermas-Zitat handelt.

für den Irenäus eine fast ausschließliche Vorliebe hatte (s.o.), wird von Origenes viermal gebraucht (zuerst – von Harnack übersehen – als ein Teil der gesicherten Lehrüberlieferung in *princ.* I praef. 4: ed. H. Görgemanns – H. Karpp, Origenes. Vier Bücher von den Prinzipien, Darmstadt 1985^2, 86; sodann *princ.* I 3,3: ebd. 162; *princ.* II 1,5: ebd. 294; *CoJoh* I 18: GCS 10, 22 Zeile 16–18: vgl. Mand I 1; Vis I 1,6). Origenes machte sich ausdrücklich seine Gedanken über den Rang des „Hirten". Für ihn selbst gab es keinen Zweifel am Nutzen und Inspirationscharakter[44], aber wiederholt stellt er die Anerkennung des Buches frei, wirbt allerdings eher dafür. Er weiß, daß „manche" es „verachten" (z.B. *princ.* IV 2,4: Görgemanns-Karpp, 710) oder nicht als „göttlich" anerkennen (*CoMt* XIV 21: ed. E. Klostermann, GCS 40, 1935, 335 Zeile 24–31), was er nicht verurteilt, sondern nur bemerkt, so daß man tatsächlich den Eindruck gewinnt, daß Origenes sich bewußt ist, in der Anerkennung des PH „einer Privatansicht zu folgen"[45]. Der Terminus ἡ γραφή in *Philoc.* 8 (ed. J.A. Robinson, The Philocalia of Origen, Cambridge 1893, 54) macht keine andere Aussage. – Ruwet zieht die Chronologie der Schriften des Origenes ins Kalkül und erklärt den gerade beschriebenen Tatbestand damit, daß Origenes in Alexandrien, wo er *De principiis* und Buch I des *Joh-Kommentars* schrieb, den PH ohne jede Äußerung von Zweifel und eindeutig als heilige Schrift behandelte, daß er dagegen in Cäsarea immer wieder solche Kautelen einschiebt wie beispielsweise: *si cui tamen libellus iste recipiendus videtur* (*HoPs* I in Ps 37: PG 12, 1372B), womit er also wohl auf Widerstände gegen Anerkennung und Hochschätzung des PH reagiert. Und in diesem gegenüber Alexandrien veränderten Klima ist Origenes diesbezüglich deutlich reservierter geworden.[46] Seine persönliche Vorliebe für den PH hängt natürlich mit seiner Vermutung zusammen, daß der Verfasser der Hermas von Röm 16,15 ist (vgl. § 2). – Das Echo auf den PH ist also insgesamt aus begreiflichen Gründen geteilt gewesen.[47]

9. *Euseb v. Cäsarea* bringt eine Reihe interessanter Beobachtungen und Ansichten zum PH im Zuge einer Belehrung über unbestrittene und über nicht allgemein anerkannte christliche Schriften (*h.e.* III 3,6f.). Er zählt zu den „apokryphen" Schriften (νόθος bei Euseb in dieser Bedeutung: *h.e.* III 31,6; VI 31,1; vgl. II 23,25; schon Origenes, *CoJoh* XIII 17, 104 über ein Zitat aus dem *Kerygma Petrou*)[48] in folgender Reihenfolge auch den PH: die *Paulusakten*, den „sogenannten *Hirten*", die *Petrus-Apokalypse*, den „sogenannten *Barnabasbrief*", die „sogenannte *Didache*" und die *Johannes-Apokalypse* (*h.e.*

44 *CoRom* X 31 (lat. Rufin: PG 14, 1282B: *quae scriptura valde mihi utilis videtur et ut puto divinitus inspirata*).

45 Harnack, Geschichte I/1, 53.

46 Ruwet, 33–35; auch R.P.C. Hanson, Tradition in the Early Church, London 1962, 139f.

47 Vgl. die Bilanz auch bei Bardenhewer, 477f. und die Bearbeitung der kirchlichen Rezeption des PH (im Zusammenhang der Probleme um Datierung, Wertung usw.) durch Chadwick, 274–280.

48 Siehe E. Junod – J.-D. Kaestli, L'histoire des actes apocryphes des apôtres du IIIe au IXe siècle: Le cas des actes de Jean, Genève-Lausanne-Neuchâtel 1982, 9 A.2.

III 25,4; vgl. 3,4f.), was bedeutet, daß er ihm kanonischen Rang explizit bestreitet.[49] Es sind auffälligerweise alle vier Bücher dabei, die der *Codex Claromontanus* gesondert behandelt (s.u.). Dabei lehnt Euseb (in der Sache gegen Origenes) die Identität des Autors H mit dem Hermas aus Röm 16,14 ab; nach Eusebs Übersicht zählt der PH nicht zu den allgemein anerkannten Schriften (ὁμολογούμενα), und er weiß, daß er von manchen beanstandet (ἀντιλέλεκται), von anderen aber für unentbehrlich (ἀναγκαιότατον) gehalten wird, und zwar (wie bei Athanasius: s.u.) ausgerechnet für den christlichen Unterricht mit Anfängern, für die nach dem Urteil des H und von der Sache her der PH gerade mit der Pointe seiner Bußlehre aber denkbar ungeeignet ist (s. Mand IV 3,3–4); außerdem weiß Euseb, daß das Buch in manchen Kirchen öffentlich verlesen wird (ἤδη καὶ ἐν ἐκκλησίαις ἴσμεν αὐτὸ δεδημοσιευμένον), was das *Muratorische Fragment* verbot (s.o.), und daß (wie Irenäus: *h.e.* V 8,7) etliche der frühesten christlichen Schriftsteller den „Hirten" benützt haben (alle Angaben *h.e.* III 3,6).[50]

10. Der *Codex Claromontanus*, eine bedeutende biblische Handschrift (NT) des 6.Jh.s[51], enthält eine (unvollständige) lateinische Auflistung der biblischen Bücher, an deren Ende folgende vier Titel außerbiblischer Schriften unter die biblischen Schriften gemischt sind, die zusammen mit anderen von Euseb gezielt herabgestuft werden (s.o.): Der *Barnabasbrief*, der „*Hirt*", die *Paulus-Akten* und die *Petrus-Apokalypse* (der Text ist leicht zugänglich bei Schneemelcher, NTApo 1^6, 1990, 30). Diese Liste wird in das 3.Jh. datiert.[52]

11. *Athanasius v.Al.* siedelt den „Hirten" erklärtermaßen außerhalb des Kanons der von ihm erstmals als allein maßgeblich aufgelisteten 27 Schriften des NT an und schreibt in der *ep.heort.* 39 vom Jahr 367: „Außer diesen gibt es andere Bücher, die nicht als kanonisch anerkannt (οὐ κανονιζόμενα), doch von unseren Vätern zum Lesen empfohlen wurden für die, die neu eintreten werden und lernen wollen das Wort des Glaubens: die Weisheit Salomons, die Weisheit des Sohnes Sirach, Esther, Judith, Tobias und die Lehre der Apostel... und auch der Hirte."[53] Die (etwas unbegreifliche) Empfehlung des PH für die Anfänger-Katechese begegnete schon bei Euseb (s.o.). Zweimal zitiert Athanasius Mand I 1 zusammen mit Hebr 11,3 (*de incarn.* 3,1; *decr. Nic. syn.* 18,3), einen schon von Irenäus und Origenes besonders geschätzten Text (s.o.), wobei er an der erstgenannten Stelle ganz ähnlich wie Origenes

---

[49] Vgl. von Campenhausen, Entstehung, 250 A.26.

[50] Weitere Vermutungen zu Euseb bei Gebhardt-Harnack, LVII.

[51] Siehe K. Aland, Bibelhandschriften II, TRE 6, 1980, (114–131) 123.

[52] Paramelle, 333f.; Henne, Canonicité, 92 mit allen näheren Angaben zum Text.

[53] P. Merendino, Osterfestbriefe des Apa Athanasios, aus dem Koptischen übersetzt und erläutert, Düsseldorf 1965, 102f.; vgl. die französische Übersetzung von L.-Th. Lefort, S. Athanase. Lettres festales et pastorales en copte (CSCO.S 20), Louvain 1955, 37. Der griechische Text dieses Passus (PG 26, 1437C-1440A; Dublette in der *ep. ad Amunem Mon.* PG 26, 1177C-1180A) ist durch Kosmas Indikopleustes bekannt (Merendino, ebd. 94), einen alexandrinischen Kaufmann und Laientheologen des 6.Jh.s (H.-G. Beck, Kirche und theologische Literatur im byzantinischen Reich, München 1977^2, 93.416f.). – Vgl. die Parallelen bei Rufin (s.u.).

die Qualifikation hinzufügt: „in dem sehr nützlichen Buch des Hirten (διὰ δὲ τῆς ὠφελιμωτάτης βίβλου τοῦ Ποιμένος)“[54], und an der zweitgenannten die wiederholte Klarstellung: „Im Hirten steht geschrieben – da sie (die Arianer) auch das (obwohl nicht zum Kanon gehörig: καίτοι μὴ ὂν ἐκ τοῦ κανόνος) vorbringen -“ (folgt Mand I 1).[55] Also lesen und zitieren auch die Arianer den „Hirten“. Ein drittes Mal spielt Mand I 1 in der *ep. ad Afros* 5 eine Rolle: Ἐλογίζοντο (sc. Eusebiani) δὲ καὶ τὸ ἐν τῷ Ποιμένι γραφέν (folgt Mand I 1).[56] Und zum viertenmal bringt Athanasius den Satz Mand I 1 schließlich in *ep.heort.* 11 aus dem Jahr 339: „Wenn man nicht selbst an dem Zeugnis des Hirten Anstoß nimmt, so mag's gut sein, auch den Anfang seines Buchs anzuführen, wo er sagt: ‚vor allem glaube, daß ein Gott usw.‘“ (folgt Mand I 1).[57] Die Einleitung des Zitats erinnert sehr an die zurückhaltenden Anführungen des Origenes aus seiner Zeit in Cäsarea (s. o.). Daß Athanasius Mand I den Anfang des Buches nennt, muß für die Rekonstruktion der Komposition und der Selbständigkeit seiner Teile beachtet werden (s. o. § 4). – In ketzerpolemischem Zusammenhang gebraucht Athanasius Mand IX 9 (*decr. Nic. syn.* 4,3): „Diese Zweifelei ist eine Tochter des Teufels (αὕτη ἡ διψυχία θυγάτηρ ἐστὶ τοῦ διαβόλου)“; bei Athanasius ist es allerdings die Standpunktlosigkeit (= der Zweifel) der Häretiker, die „vom Teufel abstammend ist (τοῦτο δέ, ὡς ὁ Ποιμὴν εἴρηκεν, ἔκγονόν ἐστι διαβόλου)“.[58] Bei Athanasius findet sich also die fast übliche schillernde Einschätzung des PH.

12. Auch *Didymus v. Al.* (*der Blinde*) (313–398) hielt viel vom Nutzen des PH für die Katechese. Er zitiert den „Hirten“ wiederholt als Autorität in Fragen der Lehre. *In Zach* I 384 interessiert er sich für die Vorliebe des PH, vieles (z. B. Tugenden und Laster) „durch (die Gestalten von) Frauen und Jungfrauen (allegorisch) deutlich zu machen.“[59] Zum Thema Verleumdung zieht er Mand II 2 heran (*Com. in Ijob*).[60] Und er benutzt mit erhobenem Zeigefinger auch den im PH breitgetretenen Topos von den Steinen, die ihres ungünstigen Zustands wegen für den Bau des Turmes (der Kirche) nicht brauchbar sind (Vis III 2–7; Sim IX 4,6–8; 6,3–9,6; 13,6–9) (*Com. in Ijob*).[61]

---

[54] Der griechische Text nach R. W. Thomson (ed. and transl.), Athanasius. *Contra Gentes* and *De Incarnatione*, Oxford 1971, 140; vgl. C. Kannengiesser (ed.), SC 199, 268 f.

[55] Der griechische Text bei H.-G. Opitz (ed.), Athanasius. Über die Entscheidungen des Konzils von Nicäa (*De decretis Nicaenae synodi*), Berlin und Leipzig 1935, 15 Zeile 19–21.

[56] Text nach Theodoret, *h. e.* I 8,8 (ed. L. Parmentier – F. Scheidweiler, GCS [19]44, 1954^2, 35 Zeile 14–17).

[57] F. Larsow, Die Fest-Briefe des Heiligen Athanasius, aus dem Syrischen übersetzt, Leipzig 1852, 117.

[58] Opitz, Athanasius, 4 Zeile 1, der das Zitat allerdings im PH nicht wiedererkennen kann, obwohl er den Verweis auf Mand IX 9 durch Montfaucon kannte. Zur Lesart des Zitats bei Athanasius s. z. St. Vgl. zu Athanasius Gebhardt-Harnack, LVIIIf.

[59] L. Doutreleau (ed.), Didyme l'Aveugle. Sur Zacharie, t. 1, SC 83, Paris 1962, 396.

[60] A. Henrichs (ed.), Didymos der Blinde. Kommentar zu Hiob (Tura-Papyrus), Teil II, Bonn 1968, 192 zu Ijob 6,28.

[61] U. Hagedorn – D. Hagedorn – L. Koenen (ed.), Didymos der Blinde. Kommentar zu Hiob (Tura-Papyrus), Teil III, Bonn 1968, 40 zu Ijob 8,17 = PG 39, 1141. Die Texte sind bei

– In Anbetracht der Tatsache, daß im *Sinaiticus* der PH zusammen mit dem *Barn* dem NT angeschlossen war (s.o. § 1), ist es interessant, daß Didymus genau diese beiden Schriften zusammen als Autoritäten der Lehre reklamiert, und zwar für die Teufelsbezeichnung „der Schwarze – ὁ μέλας" (*In Zach* III 196 und IV 312).[62] – Ob die Zusammenstellung des „Hirten" in diesen Texten mit biblischen Zitaten als Testimonien bzw. die Funktion des PH als „kanonischer" Verifikation[63] tatsächlich kanonischen Rang des Buches bei Didymus bedeutet, läßt sich schwer entscheiden.

13. Das arianische *Opus imperfectum in Mt* (um 550) schrieb Sim IX 15.17 aus und spielt auf Sim II an: *Sicut ulmus infructuosa dat humorem viti, et vitis pro se et ulmo profert fructum* (PG 56, 701).

14. Drei Zitate sind aus *Hieronymus* zu registrieren. In *vir.ill.* 10 stellt er etliche Informationen über H und den PH zusammen, die auch aus anderen bekannt sind, nennt das Buch „nützlich", weiß um seine Beliebtheit und teilweise öffentliche Verlesung im griechischen Osten und seine Unbekanntheit im 4. Jh. im Westen (*apud latinos paene ignotus est*).[64] Wegen der Auskunft des H über den Engel Θεγρί (Hieronymus liest *Tyri*), der die Tiere (*reptilia*) beherrscht (Vis IV 2,4), tadelt er das Buch als töricht, ohne den Autor zu nennen (*lib. I in Hab* 1,14).[65] In *CoHos* VII 9f. zieht er Vis III 10,3–5 bei und leitet wie Origenes vorsichtig ein: *in libro Pastoris, – si cui tamen placet illius recipere lectionem*[66], was wieder die geteilte Vorliebe erkennen läßt.

15. *Rufin*[67] nimmt (vergleichbar mit Athanasius: s.o.) eine eindeutige Einordnung des PH vor. Nach seiner Unterscheidung zwischen kanonischen und kirchlichen Büchern gehört der „Hirt" zu den letzteren: *et alii libri sunt, qui non canonici sed ecclesiastici a maioribus appellati sunt.* Nach den Beispielen für das AT nennt er bei denen zum NT an erster Stelle den PH: *In novo vero Testamento libellus qui dicitur Pastoris sive Hermae.* Es folgt die Erklärung: *Quae omnia legi quidem in ecclesiis voluerunt* (sc. *maiores* bzw. *patres*), *non tamen proferri ad auctoritatem ex his fidei confirmandam. Ceteras vero scripturas apochryphas nominarunt, quas in ecclesia legi noluerunt* (ed. M. Simonetti, CChr. SL 20, 1961, 171). Der „Hirt" hat als „kirchliche" Schrift also seinen Rang und Wert zwischen den

Henne, Canonicité, 94 A.73–75 exzerpiert. Zum Stellenwert des PH in der theologischen Diskussion des Didymus B. D. Ehrman, The New Testament Canon of Didymus the Blind, VigChr 37, 1983, (1–21) 11–13, der überzeugt ist, daß der PH für Didymus kanonischen Rang hatte (ebd. 11.12; Widerspruch von Henne, Canonicité, 94 A.76).

[62] Doutreleau, Didyme l'Aveugle, t.2, SC 84, Paris 1962, 714 und t.3, SC 85, Paris 1962, 964. – Die Bezeichnung „der Schwarze" steht zwar im *Barn* 4,10; 20,1, aber nicht im PH; Didymus hatte hier wohl eine ungenaue Erinnerung an die Verwendung der schwarzen Farbe im „Hirten" für die Welt (Vis IV 3,2), für negative Symbole (Steine, Berge) und Gestalten (Frauen). Die Belege sind bei Kraft, Clavis, 285 zu finden.

[63] Ehrman, The New Testament Canon, 13.

[64] Der Text: PL 23, 626; TU 14/1, 14.

[65] Der Text: ed. M. Adriaen, CChr.SL 76A, 1970, 593. Die Bezugnahme des Textes auf den PH ist umstritten; Henne, Canonicité, 97f. lehnt sie ab.

[66] Der Text: ed. M. Adriaen, CChr.SL 76, 1969, 77.

[67] Über Rufins Abhängigkeiten in Sachen PH s. Harnack, Geschichte I/1, 57.

kanonischen und den apokryphen Schriften, wie auch Athanasius (PG 26, 1440A) zu lesen ist.

16. *Johannes Cassian* hat sich für die Vorstellung von den zwei Engeln beim Menschen im PH, dem guten und dem bösen, und für die Entscheidungsfreiheit des Menschen (Mand VI 2,1) interessiert (*Coll.* VIII 17; XIII 12; ed. E. Pichery, SC 54, 1958, 24f.: *scriptura testatur;* 166f.: *liber ille qui dicitur Pastoris apertissime docet*) und wurde dafür von *Prosper Aquitanus* scharf kritisiert, weil der *libellus Pastoris* ein *nullius auctoritatis testimonium* darstelle (*c. Coll.* XIII 6; PL 51, 250).

17. Der Mönch *Antiochos* nahm im 6. Jh. in seinen *Pandektes*, „ein Handbuch des geistlichen Lebens aus Schrift und Vätern"[68], auch große Teile des „Hirten" auf (sc. Mand II–XII; Sim I–IX).

Der Hermas aus der gnostischen *PetrApk* (NHC VII 3) 78,18 kann nicht identifiziert werden. – Hinweise auf Spuren des PH in der frühchristlichen *Aberkios*-Inschrift (Grab-Epigramm, vor 216 n. Chr.[69]) sind wiederholt gegeben worden.[70] Zuletzt hat Violante sie um eine ihrer Meinung nach in der Zeile 3f. der Inschrift vorliegende indirekte und verdeckte Anspielung vermehrt; es heißt dort: „Mein Name ist Aberkios, Schüler des reinen Hirten (ὁ⟩ μαθητὴς ποιμένος ἁγνοῦ), der die Herden der Schafe auf den Bergen und in den Ebenen weidet."[71] – Weitere weniger wichtige Zeugen dürfen hier vernachlässigt werden.[72] – Die Verbreitung des PH im Osten ist außer durch die griechischen Handschriften seines Textes durch Übersetzungen in etliche orientalische Sprachen erwiesen[73], diejenige im Westen durch die Manuskripte lateinischer Versionen vom 2. bis zum 6. Jh. und vom 9. bis zum 15. Jh.[74] Die Karriere des PH in der lateinischen Literatur des Westens bis ins späte Mittelalter und bei einzelnen Autoren bis ins 20. Jh. kann hier nicht mehr im Detail beschrieben werden, beweist aber die inhaltliche und formale Attraktivität des Buches weit über seine Entstehungszeit hinaus.[75] Im 16. Jh.

---

68 H.-G. Beck, Kirche und theologische Literatur im byzantinischen Reich, München 1977², 449; Grant, 30.

69 Dölger, ΙΧΘΥC 2, 461; J. P. Kirsch, LThK 1², 1957, 41 u. a.

70 Besonders P. Batiffol, DAC I, 1903, 61f. (Angabe von Violante, 355 A.16); Dölger, ΙΧΘΥC 2, 475.

71 Übersetzung von W. Wischmeyer, Die Aberkiosinschrift als Grabepigramm, JAC 23, 1980, 22–47, hier 24. Wischmeyer's Herleitung der fraglichen Wendung läßt den Rekurs auf den „Hirten" des H nicht gerade aussichtsreich aussehen (wie auch T. Klauser, RAC 1, 1950, 14.16 und schon Dölger, ΙΧΘΥC 2, 464–468).

72 Vgl. über sie Harnack, Geschichte I/1, 56; Grant 31. – Baus, 304 belegt seine Angabe nicht, wonach auch die Manichäer „eine Bearbeitung des ‚Hirten' des Hermas" hatten; dasselbe gilt für Daniélou, Christianisme latin, 25 und seine These, der Redaktor der *Passio Perpetuae* habe den PH gekannt.

73 Siehe Hilhorst, Hermas, 684; Dibelius, 418.

74 Whittaker, IX–XX; Gebhardt-Harnack, VI–XXIV; vgl. Bogdanos, 58. Zur Vita S. Genovefae (6. Jh.): Gregor d. Gr., *Hom.* 20 in Ev. (PL 76, 1165D-1168B) s. Paramelle, 334; E. Balmas.

75 Eine Quellensammlung dazu schon bei Gebhardt-Harnack, LXI–LXXI; Harnack, Geschichte I/1, 57; vgl. die Übersicht bei Weinel, NTApo 1904, 227f. Eine Spur des lateini-

setzt dann die Vielzahl der Drucke ein.[76] Der PH spielte im 16. Jh. eine nicht geringe Rolle, übrigens auch für Luther, und zwar namentlich mit seiner dualistischen Denkstruktur und der Zwei-Engel-Lehre.[77]

Und noch C.G. Jung hat sich für den „Hirten" interessiert (Jung, 239–248; s. die Vorbemerkung zu Vis I–IV). Demetz erinnert an eine soziale und politische Interpretation des Ulme/Weinstock-Motivs Sim II in der liberalen Dichtung im Deutschland vor 1848, nämlich bei Ludwig Uhland: „Des Fürsten und des Volkes Rechte sind / verwoben, wie sich Ulm und Reb' umschlingen".[78]

Was noch einmal die immer wieder ventilierte Frage nach der kanonischen Geltung des PH betrifft, hinterläßt die Auflistung der Testimonien also einen eher schwachen Eindruck. Unter allen Rückgriffen auf das Buch ist nur bei Ps-Cyprian kanonischer Rang unterstellt; bei Origenes begegnet diese Ansicht schon nur noch als seine Privatmeinung, und damit sind die Zeugnisse bereits erschöpft. Nimmt man aber hinzu, daß hinter den Kritiken und Ablehnungen doch tatsächliche Autorität des Buches zu erkennen ist, kann man von gewissen Chancen reden, die der PH gehabt hat, kanonischen Rang zu erreichen. Insgesamt aber blieb es dabei. Der „Hirt" wurde enorm geschätzt, wurde aber kein biblisches Buch. Unterhalb der Qualifikation „kanonisch" ist das Ansehen des „Hirten" dann sehr unterschiedlich und reicht von einer quasi-Verbindlichkeit bis zur dezidierten Ablehnung.

Aber einigermaßen spektakulär wirkt natürlich die Tatsache, daß der PH Bestandteil des Codex Sinaiticus (S; 4. Jh.) gewesen ist (s. § 1). An den fast

---

schen PH im Westen findet sich auch in der Vita (12. Jh.?) des St. Kentigern von Glasgow (gest. 612); s. A.1 zu Sim II. Ferner zum Thema (die bei Hilhorst, Hermas, 698 aufgeführten Titel und die Beschreibung der historischen Vergessenheit des PH durch Henne, Canonicité, 95 wiederhole ich hier nicht) Gaâb, 18–62 (kritische Darstellung der Rezeption und Interpretation des „Hirten" vom 15.-19. Jh.); Harris, Shepherd; Piehler, Landscape; ders., Visionary Landscape; Bogdanos, 57–75 (über Zusammenhänge späterer allegorischer Patterns mit dem PH). Speziell einen Einfluß des PH auf Dante untersuchten R. de Gourmont, Dante, Béatrice et la poésie amoureuse, Paris 1922 (skeptisch dazu: Carlini, Tradizione testuale e prescrizioni canoniche, 48 A.23); Salaville (Benützung des PH durch Dante ist wahrscheinlich); M. Bodkin, Archetypal Patterns in Poetry, Oxford 1934. Nachdruck London 1965, 174–178; Crombie, 9.19.

[76] Der erste Druck ist der von J. Faber Stapulensis (J. Le Fèvre d'Etaples), Paris 1513 (s. Dibelius, 416; genaue Instruktionen bei Boyle, 275f.), mit einer interessanten zeitgenössischen Hermas-Zeichnung (s. § 10); ein Exemplar davon liegt in London, offenbar als Teil des *Liber trium virorum et trium spiritualium virginum*, Kat. Nr. 489. i. 5 (siehe British Museum. General Catalogue of Printed Books, vol. 102, London 1955. Nachdruck London 1961, 539). Eine zweite Ausgabe wurde 1522 in Straßburg unternommen. Von ihr ist ein Exemplar im Besitz der Staatlichen Bibliothek Regensburg (= Patr 93), so gut wie sicher aus den im Jahr 1810 aufgelösten Beständen des Klosters Emmeram stammend (S. Benninger, Der Glockenturm von St. Emmeram zu Regensburg, [Mag.-Arbeit; masch.] Regensburg 1985, 60 A.205); es ist der *Aurea in quinquaginta Davidicos Psalmos Doctorum Graecorum catena* im Druck von 1569 beigebunden. Insgesamt vier Drucke des „Hirten" aus dem 16. Jh. sind im Katalog des Britischen Museums (s.o.) nachgewiesen.

[77] Boyle, 275–282.

[78] L. Uhland, Gedichte, Heidelberg 1818, 102; s. Demetz, 526 A.15.

kompletten Text der griechischen Bibel sind dort der *Barn* und der PH angehängt, was sicherlich wiederum seine Hochschätzung erklärt. Damit ist aber noch nicht ausgemacht, daß der „Hirt" hier „zum NT gerechnet"[79] ist, was dann für den *Barn* auch gelten müßte. Autorität und Gewicht spiegeln sich jedenfalls darin, aber die richtige Einschätzung ist schwierig. Noch einmal schwieriger wird sie durch die nicht schlecht begründete, seltsamerweise bislang aber nicht solide diskutierte These von Turner aus dem Jahr 1913[80], wonach der PH in S eine ganz unterschiedliche Zuordnung erlebt hat. In Auseinandersetzung mit den Forschungen zu S von Tischendorf und Lake rekonstruierte Turner, daß der PH ursprünglich hinter den Propheten des AT stand und erst viel später (mit dem *Barn*) an das Ende des NT gerückt wurde, als eine Art Appendix ans Ende der gesamten Bibel. Turner's Argumente sind zweifellos diskutabel, haben allerdings den Nachteil, nur aus formalen Beobachtungen zum S gewonnen zu sein. Sie müßten unbedingt um Fragen nach dem Inhalt ergänzt werden. Es ist schwer vorstellbar, daß der PH mit seinen Themen, z.B. und zumal mit den christologischen und ekklesiologischen Passagen, je als Teil des AT hat angesehen werden können.[81]

§ 10 Ikonographisches

Bescheidene Spuren hat der PH auch in der Ikonographie hinterlassen. Das einzige Beispiel aus früher Zeit ist ein Deckenfresko in der Katakombe S. Gennaro dei poveri in Capodimonte bei Neapel[1] aus dem späten 2.[2] oder frühen 3. Jh.[3], das drei Jungfrauen (ihre Höhe im Bild etwa 35 cm) beim Turmbauen zeigt und damit an die entsprechende Allegorie in Sim IX 3,1–10,4 denken läßt (nicht an Vis III 2,4–9, wo sechs Männer und nicht Frauen den Bau besorgen). Das Bild ist oft reproduziert worden.[4] Eine der

---

79 Molland, 242; anscheinend auch Hilhorst, Hermas, 697f. Ein analoger Tatbestand liegt nach Lucchesi, Le *Pasteur* im einzigen sahidischen Textzeugen vor, wo die Vis anscheinend der neutestamentlichen Offb angeschlossen sind. Ob das mit kanonischen Ambitionen des PH zu tun hat, läßt sich wohl kaum entscheiden. – Demetz, 526 behauptet falscherweise, daß Irenäus, Tertullian (für ihn auch Violante, 362 A.36), Klemens v. Al. und Origenes den PH dem Kanon zugezählt hätten. Vgl. Bogdanos, 58. Übrigens hat man die Kanonzugehörigkeit auch aus ikonographischen Beobachtungen ableiten wollen, was nicht überzeugt (s. § 10).

80 Turner, Prophets.

81 Turner, Prophets, 406 verweist selbst auf verbleibende Schwierigkeiten.

1 Demetz, 524: „the most important proto-christian cemetery in Southern Italy." Vgl. Leclercq, 2286; Gebhardt-Harnack, 36f.; Carlini, La rappresentazione, 93 A.30: „La fortuna iconografica del Pastore è purtroppo molto scarsa."

2 Neuss, Die Kunst, Bildteil 8, Legende zur Abb. 19; Hamman, 241 in der Legende zur Abb.; Daniélou, Christianisme latin, 25.

3 Achelis, Katakomben, Legende zu Tafel 10.

4 Die gesamte Deckenbemalung z.B. bei Garucci, Storia, Vol. 2, tav. 95; Neuss, Die Kunst, Bildteil 13, Abb. 26; Ausschnitt der Turmbau-Szene z.B. bei Garucci, Storia, Vol. 2, tav. 96/3;

Jungfrauen setzt, offenbar auf einem Baugerüst erhöht stehend, auf der Rückseite des Turmes Steine ein. Der Turm ist auf der rechten Seite einschließlich der Zinnen (von denen im Text keine Rede ist) schon fertiggestellt. Die beiden anderen Jungfrauen bringen die Steine herbei. Beides entspricht dem Text der Allegorie. Denn das Herbeitragen ist die erklärte Aufgabe der Jungfrauen (Sim IX 3,4f.; 4,8 u.o.), und obwohl das eigentliche Bauen bzw. Mauern von den sechs Männern besorgt wird, heißt es Sim IX 8,4–7; 9,3; 13,6, daß die Jungfrauen die Steine nicht nur bringen, sondern sie auch „selbst einpassen (ἁρμόζειν)" in den Turm.

Die Zahl Drei entspricht dem Text des PH allerdings gar nicht; er läßt eben sechs Männer, zwölf Jungfrauen oder sieben Frauen (Vis III 8,2) und auch zwölf „wilde" Frauen (Sim IX 9,5) auftreten. Eine Reduktion der zwölf Jungfrauen des Textes (Sim IX 2,3) auf die vier „herrlichen" unter ihnen (ebd.) hätte allenfalls eingeleuchtet. Trotzdem ist kaum daran zu zweifeln, daß es sich bei diesem Bild um eine Illustration zum PH handelt. Ein anderer möglicher Bezug ist kaum anzugeben, weil Jungfrauen als Bauarbeiterinnen kein geläufiges Sujet sind. Das Fresko ist „einzigartig" und ein „Unikum der altchristlichen Kunst"[5]. Es gibt eine Reihe von Abweichungen zwischen der literarischen Vorlage und dem gemalten Bild, denen zum Trotz doch an der Identität des Motivs festzuhalten ist.[6] Zur Anzahl der Jungfrauen, die also „aus künstlerischen Gründen auf drei ermäßigt" ist, gibt es Parallelen; die frühchristliche Kunst nimmt, bedarfsbedingt und oft genug, derartige Reduzierungen sogar in der Darstellung der (zwölf) Apostel vor. Auch in anderen Differenzen zwischen Bild und Text ist das Fresko nicht ungewöhnlich. Der Maler nahm z.B. eine massive Vereinfachung vor. Die Allegorie des PH (Sim IX 2,1–2) beschreibt einen Felsen, der ein Tor hat (beide sind der Sohn Gottes: Sim IX 12,1); die Steine werden „durch das Tor" (Sim IX 3,4; 4,1), das der Fels hat, in den Turm gebracht, und der Turm wird „auf dem großen Felsen und oben auf dem Tor" (Sim IX 4,2) gebaut – ein schwer vor- und darstellbarer Vorgang (s. den Kommentar z.St.). Das Fresko zeigt stattdessen das Tor im Turm; es läßt den Felsen weg, umgeht den im Text komplizierten Vorgang, der sich nicht malen ließ, und zerstört somit die Allegorie des H.

Wenn man sich auf die erhebliche Restauration des Freskos in den Abbildungen einigermaßen verlassen kann, dann hat der Maler die Unterschiedlichkeit der Steine, die zum Bau gebracht werden, recht sorgfältig berücksichtigt und anschaulich herausgearbeitet; die Jungfrauen nämlich bringen mustergültige Quader nach der Beschreibung von Vis III 2,6 herbei und setzen sie in die Mauer ein, und am Boden liegen völlig unregelmäßige Steine herum, die vor einer Verwendung im Bau unbedingt behauen werden müs-

---

Leclercq, 2287f.; Achelis, Katakomben, Tafel 10; Dibelius, 415; Hamman, 241; U.B. Fasola, Le catacombe di S. Gennaro a Capodimonte, Rom 1975, 27, fig. 14.

[5] Achelis, Katakomben, 56; Neuss, Die Kunst, 26.

[6] Zum folgenden Achelis, Altchristliche Kunst, 347.

sen (vgl. Vis III 2,7–9; Sim IX 6,4.7–8; 8,1–9,6). – Die Absicht des Malers, der das Bild von den drei mauernden Jungfrauen ins Ensemble der gesamten Deckenbemalung mit dessen wenig tiefsinnigen Themen einordnete, muß nicht sehr hoch angesetzt werden.[7] Es genügt der Hinweis auf die Erinnerung an ein populäres, beliebtes Buch und dessen reizvolle Allegorie von mauernden Jungfrauen. Absolut leichtsinnig ist die Hypothese von Achelis, aus der Position des Bildes an angeblich „ausgesuchter Stelle unter biblischen Bildern" (was die Reproduktionen nicht erkennen lassen) darauf zu schließen, daß der ‚Hirt' des Hermas damals „in Neapel zum Kanon des Neuen Testaments gerechnet wurde".[8]

Möglicherweise ist noch eine weitere Darstellung in derselben Katakombe als Illustration zum PH gedacht. „Ein Mann im Pallium mit langem Stabe", rechts von ihm ein Baum[9], wird von Demetz auf das Bild von Ulme und Weinstock aus Sim II gedeutet: „This picture... distinctly shows the figure of a farmer who is looking intently at a tree on which a vine seeks its way to the top."[10] Letzteres, für mich im Bild nicht erkennbar, zumal der Kopf des Mannes und die Baumkrone weggebrochen sind, würde nur die von Demetz kulturgeschichtlich dokumentierte Verbreitung des Motivs von Ulme und Weinstock[11] bestätigen, aber nicht (in der Gestalt des Winzers) einen eindeutigen Bezug zum PH herstellen. Andere deuten das Bild auf die Szene vom „herrlichen Engel" am Weidenbaum nach Sim VIII 1. Selbst bei besserem Erhaltenszustand des Freskos wären diese Deutungen riskant.[12]

Aus dem frühen 16. Jh. ist eine Zeichnung erhalten, die H in Begleitung seines Engels (des Hirten) zeigt, dem er „übergeben", d. h. anvertraut war (Vis V 2–4; Sim X 1,1–2; 3,3–5; 4,5). Die Darstellung ist ein Teil der Bildtafel zum *Liber trium virorum et trium spiritualium virginum* aus dem Jahr des Erstdrucks des PH 1513[13]. Es zeigt H in der frommen Geste des Bereitwilligen, mit gefalteten Händen, die etwas zu umschließen scheinen; der

---

7 Achelis, Altchristliche Kunst, 347f. greift sicher zu hoch, wenn er in der Reproduktion der Szene eine Bebilderung akuter Naherwartung sieht. Vielleicht gilt das sogar für die bescheidenere Deutung von C. Pietri (s. u.), wonach die in der Katakombe zum Gebet sich versammelnden Christen durch das Bild an Möglichkeit und Notwendigkeit einer erneuten Buße erinnert werden sollten. – Zur Interpretation auch E. Bertaux, L'Art dans l'Italie méridionale, t. I, Paris 1903. Réimpression Paris-Rom 1968, 27f.; C. Pietri, Catacombes de saint Janvier, in: E. Bertaux, ebd. t. 4, Rom 1978, 146.

8 Achelis, Katakomben, 56 (zu Tafel 10). Zu diesem Thema s. § 9.

9 Siehe Garucci, Storia, Vol. 1, 97; Vol. 2, 114; Achelis, Katakomben, 56 mit Tafel 11.

10 Demetz, 524.

11 Demetz, 525 druckt ein Emblem des Topos Ulme und Weinstock aus dem Jahr 1531 ab (Alciati, Augsburg 1531).

12 Ablehnend auch Joly, 107 A.3.

13 Zur Edition: British Museum. General Catalogue of Printed Books, Vol. 102, London 1955. Nachdruck London 1961, 539; im ältesten dort befindlichen Druck ist der *Liber Pastoris* ein Teil von J. Le Fèvre d'Etaples, *Liber trium virorum et trium spiritualium virginum etc.* 1513. – Kat. Nr. 489. i.5.

Schutz-, Buß- und Strafengel (s. Exkurs: Der Hirt), mit Hirtenstab in der Rechten, führt ihn mit der linken Hand.

Und schließlich scheint auch mit der Möglichkeit gerechnet werden zu dürfen, daß bestimmte Züge aus kirchlicher Architektur und Plastik von einer Kenntnis des PH her zu erklären sind. In einer Regensburger kunsthistorischen Magisterarbeit macht die Verfasserin den Versuch, den Kirchturm von St. Emmeram in Regensburg aus dem 16. Jh. gerade in seinen unkonventionellen Details aus den allegorischen Bildern des H zu deuten.[14] Von der mittelalterlichen Identifikation *Turris sive ecclesia* ausgehend wird der Turm von der Verfasserin als Kirche begriffen und dadurch der Bezug auf den PH gewonnen. Im Bauwerk (sonst die Kirche, hier und bei H der Turm) bildet sich die Gemeinschaft der Heiligen ab, seine Bausteine sind die Heiligen. Der frühere, mittelalterliche Turm von St. Emmeram bot gute Voraussetzungen, bei seiner Umgestaltung im 16. Jh. der Turm als Kirche nach H zu werden (freistehend, quadratisch, mit Figuren an den Außenwänden). Zu den einschlägigen Merkmalen, die vom PH herzuleiten sind, gehört dann, daß Christus statt am höchsten Platz in der untersten Reihe von Heiligen steht, nämlich als deren Fundament im Turm. Zudem ist Christus durch diesen Standort auf das Tor des Glockenturms (= Kirche) bezogen, das er nach dem PH ja „ist". Die Apostel sind nicht an einer Portalwand, sondern am Turm dargestellt; der Grund könnte sein, daß sie im PH zusammen mit Bischöfen und Märtyrern die mustergültigen Quadersteine sind, mit denen der Bau des Turmes (= der Kirche) aufgeführt wird. Auf die Quadersteine des PH, denen alle Christen durch Vollkommenheit gleichen sollten, dürfte demnach auch „die sehr kostspielige Ummantelung" des St. Emmerams-Turmes „mit Quadersteinen" zurückzuführen sein. Diese Ausstattung des Turmes wäre also nicht bloß dekorativ gemeint, sondern in der doppelten Allegorie auf die Eliten und auf alle Christen gemünzt. – Die Hypothese scheint nicht unzulässig und legt vielleicht tatsächlich ein Bau- und Bildprogramm frei, das vom PH her verstanden werden muß. Daß sich die Einzelheiten, primär also die Anordnung der Figuren außen am Turm und die Ummantelung des Turmes, „nur durch die Abhängigkeit von dieser Schrift" erklären lassen[15], zögere ich noch mitzuvollziehen, doch kann diese Meinung angesichts des freizügigen Umgangs mit Allegorien im Laufe der Zeiten durchaus auch stimmen.

---

[14] S. Benninger, Der Glockenturm von St. Emmeram zu Regensburg, (Mag.-Arbeit; masch.) Univ. Regensburg 1985, 59–64.

[15] S. Benninger, Glockenturm, 63.

B. Übersetzung und Kommentar: „(Der) Hirt“

Das Visionenbuch (Vis I–IV)

Der erste Teil des PH, das Visionenbuch, muß zunächst für sich bestanden haben und vor den übrigen Teilen, aber von derselben Hand wie diese geschrieben sein (s. Einleitung § 4). Die Vis V gehört mit einer deutlichen Zäsur (Hellholm, Visionenbuch, 11–13) als Einleitung bereits zu den Mand und Sim. Vis I–IV (die teils aus mehreren Gesichten bestehen, nämlich aus vorbereitenden, nachgetragenen und erklärenden oder ergänzenden Offenbarungen zu den Haupt-Visionen, so daß die übliche Zählung wenig besagt) können für sich gelesen werden, sind aber in der jetzigen Komposition literarisch und thematisch mit den übrigen Teilen (Mand, Sim) in nahezu jeder Beziehung eng verschränkt. Sie zeigen bereits sämtliche Eigentümlichkeiten, die der Interpretation ihre Probleme machen, insbesondere: die Tatsache verschiedener Kommunikationsebenen (Hellholm, Visionenbuch, 98.190f.); „autobiographische“ Daten; Visions-Apparat; Rezeption außerchristlicher Ideen; oszillierende Gattungszugehörigkeit (mystisch-psychischer Erlebnisbericht, fromme Fiktion, Allegorie, Apokalypse).

Dabei weist das Visionenbuch deutlicher die konventionellen Apokalypse-Merkmale auf als die Mand und Sim, die – allerdings nur graduell unterschiedlich – noch größeres Gewicht auf die Paränese legen. Die Vertrautheit des H mit dem Repertoire antiker, speziell jüdischer Offenbarungsschilderungen läßt sich an zahlreichen Beispielen im Visionen-Apparat des PH demonstrieren (Peterson, 254–270). – Hellholm, Visionenbuch sucht mit Hilfe formgeschichtlicher und texttheoretischer Analysen die Gattungsbestimmung speziell für das Visionenbuch (und darüber hinaus) zu präzisieren.[1] – Zur Forschungs- oder Nachgeschichte des Visionenbuches gehört auch, daß C. G. Jung, in zwar wenig glücklicher Manier, die Visionen I–III als den „Übergang vom Frauendienste zum Seelendienste“ im Sinn der Sublimierung erotischer Wünsche deutete.[2] M. Bodkin griff diesen Ansatz

---

[1] Hellholm's Studie kann hier nicht in ihrem texttheoretischen Ansatz als solchem rezipiert werden, da dessen Erprobung am Text des PH in einem 2. Band noch aussteht und weil die Übertragung der theoretischen Überlegungen und der strukturellen Textanalysen vom Umfang einer Monographie auf den Kommentar diesen überfrachten würde. Zur Beurteilung des Buches siehe Brox, ThRev 78, 1982, 209–211.

[2] Jung, 239–247.254f. Joly, Philologie verweigerte dieser Auslegung mit Recht das Plazet des Philologen, weil sie in vielen Punkten, z. B. in der Gattungsbestimmung der Texte, d. h. bezüglich des Genres der Aussagen, nachlässig fehlgeht und weil vieles zufällig und unhaltbar bleibt.

auf und fand darin Interpretationshilfe zu Dantes Divina Comedia.[3] Das Buch verführt leicht einerseits zu derart psychologisch-autobiographischen Fehleinschätzungen (s. Einleitung § 5), andererseits, und zwar trotz seines volkstümlichen und unbeholfenen Stils, zur Überschätzung seiner schriftstellerischen Qualität, indem ihm subtile Dispositionen unterstellt werden, die man nur künstlich nennen kann. Für das letztere ist Völter, Visionen, 11–17 ein anschauliches Beispiel.

(Erste Vision)[4]

„Vorgeschichte" – Die Sünde des Hermas (Vis I 1,1–2)

1 (I 1) 1 **Mein Besitzer, bei dem ich aufgewachsen bin, hat mich an eine Frau namens Rhode nach Rom verkauft. Nach vielen Jahren traf ich sie wieder und begann, sie wie eine Schwester zu lieben.** 2 **Etliche Zeit später sah ich sie im Tiber baden; da reichte ich ihr die Hand und half ihr aus dem Fluß heraus. Als ich sah, wie schön sie war, da kam mir im Herzen der Gedanke: Glücklich wäre ich, wenn ich eine solche Frau hätte, von dieser Schönheit und Art. Nur das dachte ich, weiter nichts.**

Ποιμήν: Das Stichwort „Hirt" als Titel des Buches ist textkritisch sicher (Hellholm, Visionenbuch, 130 A.1; Joly, Hermas et le pasteur, 203–205 gegen Giet, Hermas, 70f. und Coleborne, Approach [1965], 28; Molland, 242: „seit Ende des 2. Jh.s als ‚der Hirt' ... bezeichnet"). Es war wohl zuerst Titel nur des Hirtenbuches (ab Vis V) und ist im *Canon Muratori* schon für das 2. Jh. bezeugt.

1,1–2 Ohne jedes Signal einer Kommunikations-Aufnahme mit den Adressaten (Selbstvorstellung; Anrede erst ab II 4,1 s. dort) beginnt der Text, d. h. eröffnet H das Buch mit einer kurzen, zurückblendenden Erzählung aus seinem Leben. Der Bericht ist dermaßen gedrängt, dürftig und unwahrscheinlich (Genaueres bei Dibelius, 425–430; Enslin, 296; Joly, 17f.; Lampe, 182–184), daß man ihn nicht unbesehen autobiographisch-dokumentarisch lesen kann: Das soziale Verhältnis des H zu Rhode (der Name auch Apg 12,13) als seiner ehemaligen Besitzerin ist in den Wiederbegegnungen (1,1.2.4.7), wie sie aus den Romanzen der Neuen Komödie geläufig sind (W.J. Wilson, 23 A.2), nicht durchgehalten und dessen Beendigung nirgends erwähnt. Das Alter der Rhode „nach vielen Jahren" ist für die folgende Liebesgeschichte eher unpassend (auch wenn Leutzsch, 28 dieses Argument „peinlich" findet; es geht um Topoi und Motive; Leutzsch argu-

[3] M. Bodkin, Archetypal Patterns in Poetry, (Oxford 1934) London 1965, 174–178. Parallelen zu Dante zieht auch Crombie, 9.19.

[4] Sekundäre Angabe: Hellholm, Visionenbuch, 130 A.2.

mentiert übrigens nicht anders, wenn er später ebd. 175 für die Ekklesia feststellt, daß sie „jedenfalls durch ihr Alter" nicht „Objekt männlichen Begehrens" sei). Das Baden einer römischen Frau ihres Standes an einem öffentlich zugänglichen Ufergelände des Tiber ist unschicklich, die Annahme der Hilfe eines zufällig vorbeikommenden (ehemaligen) Sklaven für die Badende kaum denkbar. Die Badeszene ist ein Thema der heidnischen und der jüdischen Erotik: Dibelius, 430; Peterson, 275 A.14; Leutzsch, 36–39; Hilhorst, Hermas, 691f. mit den nächstliegenden Parallelen zu diesem Motiv aus jüdischer Literatur: 2 Sam 11,2; *TestRub* 3,11; *Jub* 33,2f.; *Petrusakten*, kopt. Frgm. p.132: NTApo 2^5, 1989, 256f. und aus heidnischer Literatur: *PsPlut.amat.narr.* 1,2,771E; Anth.Gr. 5,209; vgl. *Longus* 1,13.23f.32. Weil außerdem diese Vorgeschichte mit ihrer Einschätzung der Sünde des H, von der sie erzählt, in der Fortsetzung nur sehr bedingt ernstgenommen wird (3,1), ist die ganze „Erzählung" als einleitende Skizze romanhafter Natur einzuschätzen (Dibelius, 429f.; Hellholm, Visionenbuch, 192; Giet, Hermas, 12.135f.), mit der das Thema Sünde, Heilung von der Sünde und Besserung des Herzens ein erstes Mal angesprochen wird. Beachtlich ist die Unbefangenheit, mit der eine frühchristliche Schrift durch eine erotische Szene, die vom Thema her vermeidbar war und ein Fremdkörper bleibt, eröffnet wird (vgl. Sim IX 10,7–11,8) und der spätere Offenbarungsempfänger H zum (vorläufigen) Paradigma des Sünders und Bußbedürftigen stilisiert ist.

Die biographischen Eckdaten aus 1,1 können zutreffend sein: H war Freigelassener in Rom (zur Geläufigkeit von εἰς = ἐν im PH siehe Hilhorst, Sémitismes, 25–27.32; ders., Hermas, 683) – wobei der Sklavenverkauf ein volkstümliches Motiv in Roman und Apostelgeschichte war (Söder, 148–150) –, der (wie die folgenden Kapitel zeigen) Handel trieb, Ländereien besaß, Familie hatte und bei den weiteren „Ereignissen" bereits Christ war. Geht man vom orthonymen Charakter des Buches aus, können diese Daten im Milieu, in dem H lebte und sein Buch rezipiert sehen wollte, kaum fiktiv sein. Anders steht es mit der angeschlossenen erotischen Erzählung 1,2 und ihren Unwahrscheinlichkeiten, die als Einleitung ja bereits zu den „neuartigen" Mitteilungen des H gehören und deren Logik unterliegen. Leutzsch, 23–46, der sich so lange wie möglich gegen die Annahme der Fiktion in 1,1–2 stemmen will (für die οἶκος-Texte: 50–62), kommt über kultur- und religionsgeschichtliche Vergleiche und sprachwissenschaftliche Theoreme ganz in die Nähe dieser Beurteilung: Das Verhältnis von Autobiographischem und Fiktivem in narrativen Texten muß nicht auf ein Entweder-Oder hinauslaufen, denn auch autobiographische Äußerungen sind nie bloße Abbildung von Wirklichkeit, und „umgekehrt sind die fiktionalen Muster nie unabhängig von der Lebenswelt... und den Verhaltensmustern und Wahrnehmungsrastern" der Zeit (ebd. 46). Die autobiographischen Schlaglichter im PH lassen die Unmöglichkeit der alternativen Bewertung deutlich erkennen, indem sie zwar historische und soziale Realität ins Kalkül ziehen, sie aber in Form der seltsam „unwirklichen" und fiktiven Sprache des PH in die

Szenerie des Buches und seiner Absichten einbeziehen. Was aus biographischen und sozialen Äußerungen über Sklavendasein, Beruf, Familie, über Repression aus religiösen Gründen, über wirtschaftliche Schwierigkeiten und moralischen Standard des H erkennbar wird, läßt sich natürlich für entsprechende Recherchen verwerten, worauf Leutzsch, 49 hinausmöchte, der ebd. 138–144 etliche sozialgeschichtliche Informationen zur Herkunft aus dem Sklavenstand, zur Freilassung und sozialen Karriere, wie der PH sie hier unterstellt, liefert.

Gemessen an den sonstigen Weitschweifigkeiten des PH, ist hier in äußerster Kürze die Situation skizziert, mit der das Thema des ganzen Werks und seiner Teile auf den Weg gebracht wird (Stählin, 1221: „wohl nur der Rest einer ausführlicheren" Geschichte). H liebt die Rhode zunächst in unschuldig argloser bzw. auch asketischer[5] Beziehung (ὡς ἀδελφήν: auch 1,7; II 2,3; 3,1, was für 1,1 wie in 1,7 wohl eine gewisse Diskretion oder Zurückhaltung heißen soll, nicht aber – so W.J. Wilson, 23f. A.2 – das Wiedersehen beider in der christlichen Gemeinde), wird dann aber in der Badeszene durch sein offen ausgesprochenes sexuelles Verlangen nach ihr (anders Plooij, Glosse, 4; Wehofer, 51: ästhetische, nicht sexuelle Empfindung des H) zum (Gedanken-)Sünder. Aber eben das muß H noch lernen, was ihm offensichtlich schwerfällt (über Denk- und Verhaltens-Korrektur als wesentliches Merkmal von Vis I s. Leutzsch, 13f.47). Die πονηρὰ ἐπιθυμία steht hier (gerade mit ihrer Affinität zur Sexualität: die Badeszene führt dem Gerechten anschaulich vor, wie der böse Trieb auftritt) prägnant für den bösen Trieb (*jezer hara*) aus der jüdischen Überlieferung (Peterson, 275 A.14; 225; Amstutz, 135), der – wie dort – auch im PH zum „Geist der Schlechtigkeit" personifiziert werden kann (Mand VI 2,4). Die Vorstellung vom schlechten und guten Trieb spielt eine große Rolle im PH. Aus der Volksliteratur der Zeit (Roman und Apostelroman) ist das geläufig: Handlungsbewegende erotische Motive (Liebschaften) sind selbst im asketischen Milieu beliebt (Beispiele: Söder, 119–148.182f.). Im PH lösen sie eine Diskussion um die Sünde aus, deren Nichtigkeit H zunächst überzeugt beteuert. Es blieb beim Denken und Wünschen (Hebraismus: „kam mir im Herzen der Gedanke" wie I 2,2; III 4,3). Auf die bestehende Ehe des H ist überraschend nicht angespielt, obwohl, wie Epiktet, *diss.* II 18,15 zeigt (der Gedanke „glückselig der Mann einer solchen Frau" ist schon Ehebruch), auch in der Umwelt bereits der lüsterne Blick, das Begehren einer fremden Frau denunziert wurde (Dölger, Ne quis adulter, 139; ders., Ächtung, 141. Vgl. unten 1,8; 2,1.4). – Der Leser jedenfalls weiß durch dieses Fragment einer einleitenden Geschichte jetzt, wer H ist, und ahnt, daß dessen (sündiges) Verhalten Folgen haben wird.

θρέψας: muß als zuverlässiger Text dieser ersten Zeile gelten. Der Sinn des Partizips (mit technischer Bedeutung?) leitet sich von θρεπτός her, der

---

[5] Auf Vis II 2,3 hin kann die asketische Tendenz nicht negiert werden (gegen Snyder, 28; mit Plooij, Glosse).

Bezeichnung für den im Haus geborenen bzw. aufgezogenen, also nicht gekauften Sklaven (vgl. Sophokles, *Oid.Rex* 1123; Platon, *Menon* 85e), so daß θρέψας sein Ziehvater und Besitzer ist, den H aber nicht bekannt gibt (so als erster mit Hinweis auf Hippolyt, *Refut.* IX 12,12: Zahn, GGA Stück 2, 9. Januar 1878, 58f.; ferner Dibelius, 425f.; Lelong, 2; Belege und Literatur befriedigend erst bei Gülzow, 85f. A.2; Leutzsch, 138f.). Vgl. insbesondere T.G. Nani, ΘΡΕΠΤΟΙ, Epigraphica 5/6, 1943/4, 45–84; A Cameron, ΘΡΕΠΤΟΣ and Related Terms in the Inscriptions of Asia Minor, in: W.M. Calder – J. Keil (ed.), Anatolian Studies (Festschr. W.H. Buckler), Manchester 1939, 27–62.

εἰς Ῥώμην: Der Sinn von εἰς bleibt fraglich: „in“ oder „nach“? Darum kann an diesem Text nichts darüber ausgemacht werden, ob H in Rom aufwuchs oder nicht (Hilhorst, Sémitismes, 27.32; anders Dibelius, 426, nämlich mit E im Sinn von „nach Rom“; vgl. Lampe, 182 gegen Osiek, Rich, 11).

Die Anklage (Vis I 1,3–2,1)

1(I 1) 3 **Als ich etliche Zeit später unterwegs war nach Cumae und Gottes Werke pries, wie groß, vortrefflich und mächtig sie sind, da kam im Gehen ein Schlaf über mich. Ein Geist ergriff mich**[6] **und trug mich davon durch eine unwegsame Gegend, die kein Mensch passieren konnte. Der Ort war schroff und von Wassern zerklüftet. Nach Durchquerung der Landschaft gelangte ich in die Ebene. Da fiel ich auf die Knie und begann, zum Herrn zu beten und meine Sünden zu bekennen.** 4 **Während ich betete, öffnete sich der Himmel, und ich sah die Frau wieder, die ich begehrt hatte, wie sie mich vom Himmel her mit den Worten grüßte: „Hermas, sei gegrüßt!“** 5 **Ich schaute sie an und sprach zu ihr: „Herrin, was tust du hier?“ Sie gab mir zur Antwort: „Ich bin (in den Himmel) aufgenommen, um deine Sünden beim Herrn anzuzeigen.“** 6 **Ich sprach zu ihr: „So bist du jetzt meine Anklägerin?“ „Nein“, sagte sie, „sondern vernimm die Worte, die ich zu dir spreche. Gott, der in den Himmeln wohnt**[7] **und aus dem Nichts geschaffen hat, was ist, und es vermehrt und vergrößert**[8] **um seiner heiligen Kirche willen, er zürnt dir, weil du gegen mich gesündigt hast.“** 7 **Ich entgegnete: „Gegen dich habe ich gesündigt? Wie denn? Habe ich jemals ein anzügliches Wort zu dir gesagt? Habe ich dich nicht immer wie eine Göttin behandelt? Habe ich dich nicht immer wie eine Schwester geachtet? Frau, wie kannst du mir so böse und unsaubere Dinge fälschlich anhängen?“** 8 **Sie lachte und sprach zu mir: „In deinem Herzen stieg die Lust zum Bösen auf. Oder bist du nicht der Meinung, daß es bei einem gerechten Mann eine böse Sache ist, wenn in seinem Herzen die böse Lust aufsteigt? Das ist Sünde, und zwar eine schwerwiegende“, sagte sie. „Denn der gerechte Mann sinnt auf Gerechtes. Im Sinnen auf Gerechtes**

---

[6] Vgl. Ez 3,12.14; 8,3; 43,5.
[7] Vgl. Ps 2,4; 122,1; Tob 5,17.
[8] Vgl. Gen 1,28; 8,17; 9,1 u.a.

entsteht sein Ruhm im Himmel, und bei all seinem Tun ist er sich der Zuneigung des Herrn sicher. Die aber auf Böses sinnen in ihrem Herzen, die ziehen sich Tod und Gefangenschaft zu, vor allem die, die diese Welt gewinnen[9] **wollen und sich brüsten mit ihrem Reichtum und sich nicht an die künftigen Güter halten.** 9 **Sie werden das noch bereuen, sie, die nichts zu hoffen haben, sondern an sich und ihrem Leben verzweifelt sind. Aber du sollst zu Gott beten, und er wird deine Sünden heilen**[10] **und die deiner ganzen Familie und aller Heiligen."**

2 (I 2) 1 **Als sie das alles gesagt hatte, schlossen sich die Himmel wieder; und ich war zutiefst erschrocken und traurig. Ich sagte mir: „Wenn mir schon diese Sünde angeschrieben wird, wie kann ich dann gerettet werden? Und wie werde ich Gott versöhnen können angesichts meiner wirklich begangenen Sünden? Oder mit welchen Worten kann ich den Herrn bitten, gnädig mit mir zu sein?"**

1,3 Was sich wie eine neue Episode anliest (H auf dem Weg nach Cumae), ist eines der typischen Rahmenstücke, wie sie in den Apokalypsen die Visionserzählungen ein- und ausleiten (vgl. Brandenburger, 93 zu *4 Esra*). Auf die vorbereitende Disposition des Empfängers hin in Gebet, Meditation, Lob Gottes (I 2,1.2; Sim II 1; vgl. *4 Esra* XIII 57f.), an anderen Stellen auch Fasten (II 2,1; III 1,2; 10,7; Sim V 1,1) und im Schlaf (auch II 4,1) erfolgt die Offenbarung in Gesichten. Später beziehen sich die vorbereitenden Gebete immer auf die Gesichte selbst (II 1,2; III 1,2; 10,7; IV 1,3; Sim V 1,1; VI 1,1). – Die Details der Schilderung sind durchweg konventionell, ob man den Bericht nun zu den „ekstatischen Entrückungen" zählt, „die das Urchristentum kennt"[11] (2 Kor 12,2f.; Offb 17,3; 21,10; Klemens v. Al., *strom.* V 77,2 = Zitat aus der *Sophonias-Apk*[12]), oder pagane und jüdische Literatur (Peterson, 254–270) vergleicht. – Auch in *4 Esra* wechselt die Rahmenerzählung III 1–3 wie hier ohne Schwierigkeit in die Vision über (IV 1).

Die Zielangabe Cumae[13] macht insofern Schwierigkeiten, als der bekannte Ort dieses Namens in Campanien bei Neapel liegt, d.h. von Rom aus nur in mehreren Tagen erreichbar war. Wenn er hier und in II 1,1 gemeint ist, sind dafür sachlich-inhaltliche Gründe ausfindig zu machen (Dibelius, 431.452; siehe zu II 4,1).

Der Schlaf als Zustand vor der Vision (hier als „Schlaf im Gehen") ist ein dominierender Aspekt in den Himmelsreiseberichten (Dean-Otting, 265f.

---

9 Vgl. Lk 17,33 (?).

10 Vgl. Dtn 30,3; Jer 3,22.

11 W. Bauer, Das Leben Jesu im Zeitalter der Apokryphen, Tübingen 1909. Nachdruck Darmstadt 1967, 144.

12 O. Bardenhewer, Geschichte der altkirchlichen Literatur II, Freiburg i.B. 1914², 708.

13 Die Lesart Κούμας (statt κώμας = auf die Dörfer = aufs Land?) ist die durchweg akzeptierte Konjektur durch Tischendorf, z.St. und Dindorf, Bemerkungen, 1857, 67f.; vgl. Dibelius, 431.422; Gebhardt-Harnack, 4f.16; Hilhorst, Sémitismes, 166 A.3 („une coniecture acceptable"); anders Carlini, Le passeggiate; Hilhorst, Hermas, 692 („wahrscheinlich falsch").

mit Beispielen), ἀφύπνωσα terminus technicus der antiken Visions-Literatur (Peterson, 266). – Der entrückende „Geist“ (πνεῦμα) ist ein Engel. Die Entrückung (durch die Luft o. ä.) ist stehendes apokalyptisches Motiv (der Engel „nimmt“, „trägt“, „bringt“, „versetzt“ oder „führt“ den Visionär hin und zurück; die Belege sind überaus zahlreich, z. B. *Paulus-Apk* 11; vgl. auch Barberet, 402f.); auch die Weglosigkeit und Schwerzugänglichkeit der visionären Topographie ist üblich[14] (*grBar* 2,1; weitere Beispiele bei Peterson, 289 mit A.12). Die Durchquerung „des Flusses“ im griechischen Text ist textkritisch verdächtig, da kein Fluß erwähnt war, so daß man (mit L[1]: *locum*) τόπον statt ποταμόν lesen wird (Dibelius, 432; Peterson, 289 mit weiteren Gründen; damit erübrigt sich der Hinweis auf die Beispiele für Durchquerung himmlischer Gewässer bei Dean-Otting, 279; noch Michaels, 245 übersetzt: „So I crossed that river“). Diese Korrektur läßt auch den offenbar beabsichtigten Kontrast zwischen „schroffer Landschaft“ und „Ebene“ deutlicher bleiben (wie – zwar in anderer Bedeutung als hier – Sim VI 1,5; 2,6), denn „Ebene“ ist für den PH ein qualifiziert positiver Begriff in symbolischer Semantik (s. Exkurs: Die Ebene).

Den Visionär überfällt genregemäß die Angst mit körperlichen und seelischen Reaktionen; unter ihnen fällt das Sündenbekenntnis des H sowie das Niederknien als altkirchliches Zeichen der Buße (*1 Klem* 57,1; E. Schwartz, 25 A.1) deutlich aus dem konventionellen Rahmen der Vision und signalisiert das thematische Interesse des PH, dem der visionäre, apokalyptische Apparat eben lediglich das Repertoire an bedrängenden Bildern und eindrucksvollen Attraktionen liefert, um sich wirkungsvoll zu explizieren (s. Einleitung § 5). Man sieht den H der sündhaften Begehrlichkeit einsam und verängstigt in die ihm fremde, furchterregende Landschaft versetzt. Und natürlich ist auf weitere Ereignisse nicht lange zu warten. – „Auf die Knie fallen (τιθέναι τὰ γόνατα)“ ist hier wie 5,2; 9,5 vermutlich ein Latinismus (*genua ponere*: Hilhorst, Sémitismes, 160).

1,4 Die neue Szene bringt die nächste visionäre Dimension: Der Himmel öffnet sich (zwischen diesem Singular und dem Plural οὐρανοί in I 2,1 besteht weder ein semantischer noch ein stilistischer Unterschied: Hilhorst, Sémitismes, 129). Daß sich Rhode darin zeigt, die doch keine überweltliche Gestalt ist, scheint H wie den Leser zu überraschen. Die durch Gruß und Anrede zunächst freundlich eröffnete Wiederbegegnung ist nicht ohne Spannung: Es ist die Frau, die H „begehrt hatte“ und die er jetzt wiederum pointiert „anschaut“.[15] Die Vorgeschichte aus 1,1–2 soll ja hier nicht verges-

[14] Daß sie auch allegorisch sei („Wegelosigkeit“), hat Peterson, 287 A.8 nicht bewiesen. Dagegen korrespondiert sie der Metapher „Ebene“ (siehe den Exkurs: Die Ebene).

[15] Vgl. W. Pape, Griechisch-deutsches Handwörterbuch, Bd. I, Graz 1954^3, 29 v. βλέπω: „Seltener den bloßen Sinn des Sehens ausdrückend“, u. a. „begehren, suchen“.

sen sein. Erst durch den Gruß erfährt man jetzt den Namen des H[16], der ja nicht nur der Autor, sondern vor allem der Offenbarungsempfänger ist: Dieses Versäumnis ist eine der formalen Schwächen des Buches. – Daß Rhode im Himmel ist, bedeutet nicht, daß sie inzwischen verstorben wäre (mit Dibelius, 433; Stuiber, 45 A.8), sondern hat den bald darauf erklärten Grund der Anklage, derentwegen sie nur vorübergehend dort sein muß, wobei man die Abfolge ihrer Rollen nicht besonders geglückt nennen kann: Zunächst ist sie eine Gestalt des alltäglichen Diesseits und der Anlaß zur Sünde für H; dann wird sie vorübergehend erhöht zu einer aus dem Himmel redenden Figur, die ihn verklagt und über seine Schuld aufklärt, um danach aus dem Buch zu verschwinden. – **1,5** Mit seinen vielen Dialogpartien kommt der PH dem *Corp.Herm.* 13 sehr nahe (vgl. Grese, 60f.). H grüßt im Gegensatz zu späteren Dialogen mit der himmlischen Gestalt (I 2,2; IV 2,2) nicht zurück, sondern beginnt mit seiner Frage das Gespräch, das für ihn bedrückend ausgeht (die Anrede Κυρία ist eine Sache der Höflichkeit). Daß es Rhode ist, die die Rolle des in der apokalyptischen Literatur geläufigen Anklägers (*Sophonias-Apk* I 1,3; II 4,2; 10,5; 12,5; 13,5: Rießler, 168–174) spielt, hat wohl zum Grund, daß sie von der Sünde des H betroffen war (1,6). – Der Plural ἁμαρτίας macht den Zusammenhang dabei unklar, weil er generell von „den Sünden" des H redet (vgl. 1,3.9), während es sich hier zuerst um die bestimmte Einzelsünde gegen Rhode dreht. **1,6** Eine weitere Unklarheit liegt in der Verneinung der Frage des H durch Rhode: Sie will ihn demnach nicht (zur Verurteilung) überführen[17], obwohl sie seine Sünden anzeigt, was dann sicher so zu verstehen ist, daß Gott ihm wegen der Sünde an Rhode längst zürnt, das Urteil also schon gefällt ist und nicht Rhode das Unheil über H bringt. Der Zorn Gottes über die Sünde des H an Rhode ist jedenfalls die Pointe der Antwort der Frau (in offenem Widerspruch zu 3,1; s. dort). – „Vernimm die Worte etc." ist Sprache der Offenbarungsübermittlung. Alles im PH über Sünde und Buße Gesagte ist in diesen Nimbus gehoben. – Die Prädikate und Umschreibungen für Gott und Schöpfung sind, thematisch gesehen, erbaulicher Überschuß aus vorgegebenen biblisch-jüdischen Formeln[18], verchristlicht einzig durch die Aussage, daß die Schöpfung um seiner „heiligen[19] Kirche" willen geschaffen wurde, worin die Präexistenz der Kirche (s. II 4,1) mitgemeint sein wird (Beumer, 14). Es ist (wie in 3,4) lediglich der ursprüngliche, jüdische „Prädikatsträger" Israel (Belege bei Gebhardt-Harnack, 6–8) gegen die Kirche eingetauscht (Frank, 28–59.175). Zur Schöpfung aus dem Nichts vgl. Philo, *Op.Mundi* 81; *syrBar* 48,8; *slavHen* 24,2; 2 *Makk* 7,28.

---

[16] Zur Häufigkeit des Namens Gebhardt-Harnack, 5f.; Dibelius, 432f. Philologisches bei Hilhorst, Sémitismes, 165–168.

[17] Es liegt „ein uns nicht bekannter Sprachgebrauch ἔλεγχος = ἐλέγχων" vor (Dibelius, 433).

[18] G. May, Schöpfung aus dem Nichts, Berlin-New York 1978, 27.155. Zum Plural οὐρανοί bei H siehe Hilhorst, Sémitismes, 126–129.

[19] Das Kirchen-Attribut ἁγία bei H auch 3,4; IV 1,3, und auch für die sündige Gemeinde (1,9; II 2,4.5; III 3,3 u. a.); s. 1,9. Vgl. Asting, 275.

1,7 H erhebt mit seinen Fragen Einspruch gegen die Anklage und provoziert dadurch eine Belehrung über die Qualität von Gedankensünden. Er ist entrüstet über die Anklage und erschrocken über das Zornurteil. Daher stellt er Rhode, von der er sich zu Unrecht verklagt fühlt, geradezu zur Rede, wodurch sie als himmlische Sprecherin fast desavouiert ist. In seiner Verteidigung hebt H auf Unschuldsbeteuerungen ab, daß er nichts Verwerfliches getan oder gesagt hat (von seinen damaligen Gedanken sagt er nichts), und stellt umgekehrt sein immer korrektes Verhalten gegen Rhode heraus, allerdings in einer überraschend unchristlichen sowie einer typisch christlichen Wortwahl: Er hat Rhode immer „wie eine Göttin" behandelt und „wie eine Schwester" geachtet. Der Begriff „Schwester" spielt wie 1,1 (vgl. Sim IX 11,3) auf die Unschuld der (nicht sexuellen) Beziehung an; „Göttin", die „entschieden unchristliche Bezeichnung" (Hilhorst, Hermas, 692) und polytheistische Anspielung mit großen Schwierigkeiten für die Kopisten (W.J. Wilson, 25 mit A.3), muß aus der Diktion paganer erotischer Literatur stammen[20], deren Gebrauch im PH durch die Vorgeschichte 1,1–2 und durch Sim IX 11 gesichert ist. **1,8** Das ist auch die Erklärung für das „Lachen" der Rhode (Enslin, 298; Dibelius, 429.434), dann zu deuten als Koketterie gegenüber dem gekränkten, aber wehrlosen Liebhaber. Gegen diese Herleitung spricht nicht, daß solche Assoziationen sehr schlecht zum Zusammenhang passen; tatsächlich ließe die nun folgende Rede Rhode's (zu ihr vgl. Mand IV 1,1–3) eine andere Einleitung als das „Lachen" erwarten: Wenn einem gerechten Mann passiert, was dem H geschah, daß nämlich „die Lust zum Bösen in seinem Herzen aufstieg", so ist das schwere Sünde. Dieses ernste Thema wird fortgeführt, alles übrige ist Staffage. Man kann sagen: „Die Vision droht zur Karikatur zu entarten" (Lampe, 183), aber richtiger ist es, den visionären Rahmen höchst ungeschickt eingesetzt zu nennen.

Man hat in 1,8 die Aussagestruktur vieler Passagen gerade im Visionenbuch vor sich: Es wird ausgegangen von H und seinen Privatverhältnissen in Sachen Sünde und Buße, dann verallgemeinert und auf Familie, Kirchengemeinde bzw. alle Gläubigen ausgeweitet und buß-theologisch wie paränetisch grundsätzlich ausformuliert. Nach dieser Manier werden im vorliegen-

[20] Enslin, 298. Der Term wird gern für den hellenistischen Charakter des PH reklamiert. Man kann auf einen relativ „großzügigen" Gebrauch des Begriffs Gott/Göttin in der Bibel und im Frühchristentum verweisen. Dölger, ΙΧΘΥC I^2, 395 mit A.5; Deemter, 94; Turmel, 52. Hilhorst, Hermas, 692 verweist auf G. Lieberg, Puella Divina. Die Gestalt der Gottgeliebten bei Catull im Zusammenhang der antiken Dichtung, Amsterdam 1962 mit Kapiteln über die erotische Deifikation in der griechischen Dichtung (13–34) und über die Geliebte als Herrin, Heroine und Göttin bei Catull (152–263). Material zur Vergötterung der Geliebten in griechischer und römischer Literatur bei Leutzsch, 33 A.89; seine Skizze einer fortlaufenden Bewegung in den Beziehungen zwischen Rhode und H bis zum Wunsch des H „nach der sexuellen Benutzung der Frau", also progressiv auf Kosten der Rhode (166–169), halte ich philologisch für bedenklich. – Irrtümlich spricht Staats, Hermas, 106 von der „Bezeichnung der Kirche als ‚Göttin'" an dieser Stelle.

den Text das Verhalten der Gerechten und das der Bösen sowie die jeweiligen Folgen kontrastiert und die hoffnungslosen Aussichten der Sünder mit dem Heil (= Sündennachlaß) des H, seiner Familie und Gemeinde als „aller Heiligen" verglichen. Der PH gibt einen kurzen Blick ins Milieu seiner Adressaten frei: Die Hauptgefährdung engagierten Christseins kommt von der Abhängigkeit der Menschen von Reichtum und Besitz. In dieser Form ist das „Ausdruck der Armenfrömmigkeit" (Berührungen mit Jak 5,1–3), die besonders Sim I; II zum Zuge kommt (Dibelius, 435). Die gravierenden Sünden liegen für H nicht im Bereich der Sexualmoral (was die Eröffnung mit der Sünde des H als Paradigma hätte denken lassen)[21], sondern im Bereich der Sozialethik (s. Exkurs: Ethik).

„im Herzen stieg auf": eine sehr häufige, biblische (1 Kor 2,9; vgl. Lk 24,38) Redensart im PH, um Entscheidungen, Gedanken, Gefühle im Menschen zu beschreiben. – ἡ ἐπιθυμία τῆς πονηρίας ist der erste der vielen „hebräischen Genitive" bei H (Hilhorst, Sémitismes, 110–113). – „Tod und Gefangenschaft": Der Begriff der Todsünde ist bei H noch nicht als Bezeichnung bestimmter schwerer Sünden geläufig (E. Schwartz, 8 mit A.3). Beide Begriffe sind Bilder des definitiven Verderbens. Ihr sündiges Leben manövriert die schweren Sünder in aussichtsloses Unheil.

1,9 μετανοήσουσιν hat hier (wie Vis III 7,3; Mand XI 4) nicht den Sinn von „Buße tun", der im PH die Regel ist, sondern muß diesmal mit „bereuen" im unspezifischen Sinn von „bedauern" übersetzt werden und ist durchaus nicht „sachlich unmöglich".[22] Anders Karpp, 64, der eine Negation ⟨οὐ⟩ dazustellt und übersetzt: „Nicht werden die Seelen derer Buße tun, die keine Hoffnung haben." – „alle Heiligen" = Christen: zum Heiligkeitsbegriff des PH Asting, 275–285; Link, Einheit, 37; ἅγιος ist außerdem Attribut der Kirche, der Engel, des „heiligen Geistes", der Geister (s. Kraft, Clavis, 9f.). – „Er wird deine Sünden heilen": wie Vis I 1,9; 3,1; Sim V 7,4; IX 23,5; 28,5.

2,1 Das Ende der Aufklärung des H über seine Sünde und über das Verhängnis aller Sünden wird deutlich als Ende einer Offenbarungsrede markiert: Die Worte sind gesprochen, der Himmel schließt sich. Der erste Satz von 2,1 (Abschlußgeschehen und emotionale Reaktion des H) sind ausleitendes Rahmenstück zur Visionserzählung. Über den Verbleib der Rhode folgt nichts. Folgerichtig nächstes Thema ist die Wirkung auf den so aufwendig belehrten H, der adäquat mit Schrecken und Trauer reagiert (vgl.

---

21 Freilich spielen sexuelle Sünden ihre Rolle im PH; vgl. außer 1,1 auch II 2,2; Mand VI 2,5; VIII 4; XII 1,1–3; Sim V 3,6; VI 5,5 u. ö. Dagegen hilft Enthaltsamkeit Vis II 3,2; III 8,7; Mand I 2; VI 1; VIII 1f.

22 Gegen Dibelius, 435 (mit Bericht über Konjektur-Vorschläge); mit Whittaker; Joly; Crombie; Lake; Snyder z. St. Hellholm, Visionenbuch, 131 A.4 glaubt, daß das Verb auch hier die Verheißung der Bußmöglichkeit bedeutet, aber der Duktus der Rede spricht dagegen. Vgl. auch Hilhorst, Sémitismes, 138f. Mit neuen Argumenten aus der Textgeschichte entscheidet sich auch Carlini, METANOEIN gegen S und für G: μεταμελήσουσιν.

4 Esra V 14: „mein Körper zitterte sehr, und meine Seele litt bis zur Erschöpfung"). „Trauer, trauern, traurig" spielt im PH eine wichtige Rolle in unterschiedlichen und ungewöhnlichen Bedeutungen (siehe Mand X und Kraft, Clavis, 277). – H wird sich des Ernstes seiner Lage bewußt, die er bisher unterschätzt hat. Was er für völlig harmlos gehalten hatte, war bereits Sünde, so daß ihn – wie er jetzt unterscheidet – seine „wirklich begangenen Sünden" erst recht das Fürchten lehren. Das Buch schärft das Sündenbewußtsein der Christen. H stellt die einzig richtige Frage des Sünders: Wie ist Rettung, Versöhnung, Gnade noch möglich? Er ist nämlich das Paradigma auch von Einsicht und Reaktion. Seine Unsicherheit („mit welchen Worten kann ich den Herrn bitten") kommt allerdings dem heilsbedrohlichen Zweifel gleich, der Mand IX beschrieben und bekämpft wird. So ist H auch der Typos des Zweiflers: s. Exkurs: Der Zweifel.

ἀναγράφεσθαι: In Bibel und jüdischer Theologie gibt es das Bild einer himmlischen Buchführung, die von Gott, einem Engel oder einem in den Himmel entrückten Menschen (wie Rhode in 1,5) besorgt wird (Koep, 46; vgl. Dibelius, 436; Gebhardt-Harnack, 13f.; Snyder, 30). Eingeschrieben wird auch das Positive: Sim II 9; V 3,2.8; vgl. Mand VIII 6; Vis I 3,2. Diese jüdische Herleitung kommt wohl eher in Betracht als die vom antiken *liber fatalis*, d.h. der Vorstellung von einem Buch, „in dem Schicksal von Menschen und Völkern verzeichnet ist"[23]. – „Wie kann ich gerettet werden?" Siehe Grese, 104f. zum religionsgeschichtlichen und biblischen Topos. – ἁμαρτίαι τέλειαι: vgl. *Barn* 8,1. – ἱλατεύεσθαι: LXX, nicht NT (Bartelink, 46).

Die Sünden des Hermas (Vis I 2,2–3,2)

2 (I 2) 2 **Als ich so im Herzen nach gutem Rat suchte und meine Überlegungen anstellte, sah ich vor mir einen großen weißen Sessel stehen, aus schneeweißer Wolle gearbeitet. Und eine alte Frau kam in einem leuchtenden Mantel, ein Buch in den Händen, setzte sich allein hin und begrüßte mich: „Hermas, sei gegrüßt!" Und ich sagte in meiner Trauer und unter Tränen: „Herrin, sei gegrüßt!"** 3 **Und sie sprach zu mir: „Was bist du so traurig, Hermas? Sonst so gelassen, nicht leicht aus der Fassung zu bringen, immer zum Lachen aufgelegt, was siehst du so niedergeschlagen aus und gar nicht fröhlich?" Ich sprach zu ihr: „Weil eine hochanständige Frau behauptet, ich hätte mich gegen sie versündigt."** 4 **Sie sprach: „Beim Diener Gottes darf auf keinen Fall (erst) die ausgeführte Tat (zählen). Jedenfalls ist doch in deinem Herzen (das Begehren) nach der Frau aufgestiegen. Und für die Diener Gottes stellt ein solcher Gedanke schon Sünde dar. Denn ein böser, schrecklicher Gedanke ist es für einen reinen und schon bewährten Geist, wenn er Lust auf eine böse Tat bekommt, – erst recht für Hermas, der enthaltsam ist, sich von jeder bösen Begier freihält und in aller Lauterkeit und**

[23] H. Cancik, in: Hellholm (ed.), Apocalypticism, 550 mit A.6; vgl. Joly, 81 A.5; 85 A.4.

in großer Unschuld lebt. 3(I 3) 1 **Aber nicht deshalb zürnt dir Gott, sondern damit du deine Kinder bekehrst, die gegen den Herrn und gegen euch, ihre Eltern, Unrecht getan haben. Aus lauter Liebe zu den Kindern hast du deine Familie nicht zurechtgewiesen, sondern ins Verderben laufen lassen. Deshalb zürnt dir der Herr. Aber er wird alles heilen, was dir an Bösem in deinem Haus widerfahren ist. Denn durch ihre Sünden und Untaten bist du in deinen Geschäften ruiniert worden.** 2 **Aber in seinem großen Mitleid hat sich der Herr deiner und deiner Familie erbarmt und wird dir Kraft geben und dich in seiner Herrlichkeit fest gründen. Du darfst allerdings nicht nachlässig werden. Sei vielmehr guten Mutes und gib deiner Familie Kraft. Denn wie der Schmied sein Eisen mit dem Hammer bearbeitet und so das Stück fertigstellt, das er schmieden wollte, so wird auch das tägliche rechte Wort mit aller Schlechtigkeit fertig. Höre also nicht auf, deine Kinder zurechtzuweisen. Ich weiß nämlich, wenn sie von ganzem Herzen Buße tun, daß sie dann in einer Reihe mit den Heiligen in die Bücher des Lebens eingeschrieben werden.“**

2,2 Es erfolgt ein Szenenwechsel, das Thema bleibt das gleiche. Mit relativ bescheidenen Mitteln und ohne nähere Identifikation wird die alte Frau als Offenbarungsvermittlerin eingeführt (erst später wird sie als Kirche identifiziert: II 4,1; IV 2,2; Sim IX 1,1), die diese Rolle im Visionenbuch beibehält und in Vis V dann vom „Hirten“ abgelöst wird. An Sessel und Gewand ist die weiße Farbe, geläufig als Farbe freundlicher, helfender Gottheiten und als günstiges Omen (Radke, 7–14.31–33), Signatur des Himmlischen. Der Sessel gehört zum Auftritt der Alten und steht jeweils vorher schon da (vgl. III 1,4). Ihr Platznehmen darauf ist als Geste von Würde und Überlegenheit zu sehen (Dibelius, 436; Peterson, 255), heißt aber auch, daß sie sich zur Belehrung des H anschickt (s. 4,1; eine völlig andere Deutung von Alter und Sitzen gibt H in III 11,2–4); denn der jüdische (und christliche) Lehrer sitzt auf der Cathedra (Zahn, GGA Stück 2, 9. Januar 1878, 59 mit Belegen; Klauser, 180). Daß sie sich „allein hinsetzt“, ist als ein Hinweis auf III 1,8; 2,4 verstanden worden, wo zusammen mit ihr auch H sich setzen darf, weil er inzwischen Buße getan hat (Dibelius, 457). Das Niedersitzen von III 2,4 ist dabei aber falsch zugeordnet. Es hat nichts mehr mit Buße und entsprechendem Rang zu tun, sondern ist die Position des Offenbarungsempfängers. Nun setzt sich, wie in III 2,4, der Offenbarungsmittler im PH wiederholt neben den zur Annahme der Offenbarung bereit dasitzenden H (V 2; Sim V 1,1; VI 1,2; X 1). Und wahrscheinlich gegen die Konstellation dieser Szenen soll diejenige von I 2,2 mit dem Hinweis „allein“ abgesetzt werden. Dabei ist allerdings nicht mehr erkennbar, welche Bedeutung der jeweiligen szenischen Anordnung („allein sitzen“; „neben H sitzen“) und damit der hier markierten Differenz zwischen beiden gegeben wurde. Der Sessel (καθέδρα) ist „eine Wechselvorstellung“ zur Bank (συμψέλιον) in III 1,4; 13,3 (Knopf, 217), nicht etwas anderes als diese. Die Szene ist vermutlich nach „den Formen der antiken Divination“ mit dem bei seinem Erscheinen auf einem Thronos Platz nehmenden (und

Orakel erteilenden?) Gott gestaltet (Peterson, 255–257). Auch daß die Alte bei ihrem Erscheinen „ein Buch in den Händen" hält[24] (siehe auch zu 3,3) und H „begrüßt", hat Parallelen in der zeitgenössischen Literatur. Mit diesem Inventar wird der Rahmen zum folgenden Dialog über das theologische Thema des Buches erstellt.

2,3 Zu „Was bist du so traurig, Hermas?" siehe *4 Esra* V 16: „Warum ist dein Gesicht traurig?" und *grBar* 16,1: „Macht doch kein trauriges Gesicht!" (auch 12,6.8; 13,1); es wird damit jeweils Aussicht auf Heil trotz Sünde und Zorn signalisiert. Es ist sicher ein Irrtum, die Charakteristik ὁ πάντοτε γελῶν („immer zum Lachen aufgelegt") als „die abgeklärte Heiterkeit des Asketen" zu verstehen (Amstutz, 136 A.130), weil das hier kaum die richtige Assoziation ist; es geht um die bisherige Unbekümmertheit des H. – Der nachdenklich gewordene H bekommt Gelegenheit, seine Beschwerde über die Anklage, an deren Berechtigung er offenbar immer noch zweifelt, zu wiederholen. Das Gespräch verläuft nicht logisch: Die Alte fragt das, worüber sie sich in 2,4 bestens informiert zeigt. **2,4** Ihre Antwort soll m.E. nicht „zum Ausdruck bringen, daß ein Christ dergleichen unmöglich tun könne" (Dibelius, 436; vgl. Wohlenberg, 909), sondern sie soll das bestätigen, was bereits Rhode gegen die Selbstverteidigung des H gesagt hatte: Eine Gedankensünde (das böse Begehren) ist auch ohne Ausführung Sünde. Darum ist der schwierige Text wie oben vorgeschlagen zu übersetzen.[25] Er setzt sich dann folgerichtig fort mit dem Hinweis auf das von H selbst eingestandene (1,2) Begehren nach der Frau, das für einen „Diener Gottes" als Sünde gilt. δοῦλος/–οι τοῦ θεοῦ: eine Routine-Bezeichnung im PH für alle Christen (wie ἅγιος); zur Häufigkeit (an die fünfzigmal) s. Kraft, Clavis, 118f.; zur Suche nach dem Ursprung ein kleiner Forschungsbericht bei Osiek, Ransom, 1981, 371 A.17; unzutreffend Amstutz, 135 z.St.: der Büßer, Asket; erst später bezeichnet diese Formel in der westlichen Kirche (*servus dei*) asketisch-spirituelles Christentum nach einer „zweiten Bekehrung", zum Teil in monastischen Gemeinschaften (vgl. beispielsweise zu Augustinus P. Brown, Der heilige Augustinus, München 1975, 114–118). – So erfährt H von der Alten über seine Lage nichts anderes als vorher (1,8) von Rhode, allenfalls die Verdeutlichung: Es zählt nicht erst die ausgeführte Tat, sondern schon der Gedanke, die Gesinnung (so auch Mand IV 1,2). Inhaltlich und teils wörtlich sind 1,8 und 2,4 eine Dublette, und man erkennt im nachhinein keinen Sinn darin, daß die Rede der Rhode vom Himmel eingeschaltet ist, wenn die eigentliche Offenbarerin, die die Alte doch immerhin

---

24 Dibelius, 436 verweist dafür auf *Hermes Trismegistos*; Joly, Judaisme, 403 auf die *Tabula Cebetis* 4,3.

25 Von allen vorliegenden Übersetzungen kommt die von Joly, 83 dem am nächsten: „(Il ne s'agit) aucunement, pour un serviteur de Dieu, de l'acte lui-même", während in der Regel so oder so ähnlich wiedergegeben wird wie: „Fern sei (liegt) einem Knecht Gottes solches Tun (diese Sünde)". Vgl. Gebhardt-Harnack, 11: „μηδαμῶς κτλ.] i. e. *actu* nihil fecisti".

ist, noch auftreten wird. – H wird dann mit dem Lob (nicht: Titel, wie Amstutz, 136 mit A.133 will) „der Enthaltsame (ὁ ἐγκρατής)" zu den bewährtesten und vorbildlichsten Christen gezählt[26], allerdings nicht zum Selbstlob des Autors, sondern um seine Sünde als um so dramatischeren „Unfall" zu gewichten. So günstig schneidet H nicht immer ab[27]; er hat als Paradigma des „Dieners Gottes" im paränetischen Programm des ganzen Buches verschiedene Rollen nacheinander zu übernehmen. Wichtige Begriffe der Ethik des PH sind im vorliegenden Text eingesetzt: Καρδία, ἁμαρτία, πονηρὸν ἔργον, ἐγκρατ-, ἐπιθυμία, ἁπλότης (der Oppositions-Begriff ist διψυχία; vgl. die Exkurse: Die Einfachheit; Der Zweifel), ἀκακία. Bewährung und Versagen sind hier hart miteinander konfrontiert. – πνεῦμα: hier anthropologisch gebraucht (vgl. Exkurs: Pneumatologie). „bewährt": dürfte sich auf Verfolgung beziehen (vgl. II 3,2); „große Unschuld": Zur metaphorischen Verwendung der Begriffe „groß – klein" im PH: Piesik, 14.

3,1 Sehr ungeschickt wird nun der Kreis der Sünder weiter geöffnet, nämlich um den Preis, daß die romanhafte Vorgeschichte samt den Gesprächen des H mit Rhode und der Alten unwichtig wird und nur noch sehr locker voransteht: Es geht beim Zorn Gottes (gegen 1,6) plötzlich – das wird zweimal gesagt – überhaupt nicht um die Sünde des H in der Rhode-Geschichte, sondern um seine Versäumnisse gegenüber der Familie (οἶκος), genauer gesagt gegenüber seinen (erwachsen zu denkenden) Kindern. Einen Zusammenhang mit den bisherigen Kapiteln kann man darin finden, daß es in der vorliegenden Komposition nicht darum ging, dem H eine Gedankensünde bedrohlich anzukreiden, sondern ihm durch das Bewußtmachen der ihm selbst verborgen gebliebenen Sünde einen heilsamen Schrecken einzujagen, durch den er auf seine Pflichten gelenkt wird. Es bleibt aber seltsam, wie H die von ihm vorher doch sehr ernstgenommene Reflexion über das, was „bereits" Sünde ist und nicht unterschätzt werden darf, zurückstellt zugunsten des neuen Themas: die Sünden in H's Familie. Aber schon bei H's Sünde ging es um alle „Gerechten", auch um die Familie und die Gemeinde (1,9). Die Erzählung ist alles andere als folgerichtig.

H war zu wenig streng, sehr zum Unheil der Kinder. Ein Bußprediger plädiert nicht für Milde, er ruft zur Bekehrung (der Kinder durch den pflichtvergessenen Vater). H als Autor läßt sich hier von der von ihm selbst

[26] Nach Amstutz, 134–137 ist er im ganzen Vis-Buch „der Typus des büßenden Asketen". Richtig ist statt dessen, daß im letzten Teil von 2,4 die Titulatur des Asketen im Sinn einer „Vollkommenheitsformel" (ebd. 137 A.133) dazu gebraucht wird, alle Christen, besonders aber die fortgeschrittenen (wie H einer ist), in die Bußpflicht zu nehmen. Eine genauere Vorstellung vom Muster eines asketischen Lebens liegt im PH nicht vor (Plooij, Glosse, 4–6). Enthaltsamkeit fällt im PH mit dem allgemeinchristlichen Ethos zusammen (s. Mand VIII; Sim V 1,5; ähnlich Snyder, 31).

[27] H wird je nach Zusammenhang kritisiert (Vis I 1,8; 2,4; 3,1; II 3,1; III 2,2; 10,9; Mand III 3; IX 1; X 1,4; Sim VII 2) oder gelobt (Vis I 2,4; II 3,2; III 6,7; Sim X 2,1f.; X 3,4). Vgl. dazu Macmillan, Interpretation, 535f.

fingierten visionären Gestalt kritisieren. Er hat sein Haus, unter christlichen Kriterien, nicht in Ordnung[28] und war selbst der Leidtragende, denn er mußte durch die (hier wie Sim VII 2 nicht genannten, wohl aber in Vis II 2,2 aufgezählten) schlimmen Taten seiner Kinder (einen wohl wirtschaftlichen) Schaden hinnehmen. Daß es um Vermögensverlust in der Verfolgung geht, ist wegen Sim VI 3,4 und Sim VII 1–7 ganz unwahrscheinlich. Gemeint ist „normales" Unglück, das als göttliche Strafe verstanden wird. Die Bestrafung wie auch die „Heilung"[29] durch Gott, die die Alte verheißt, ist gut jüdisch im Diesseits gedacht (Joly, 84 A.1). Hier ist durchaus mit echten autobiographischen Reminiszenzen an Schicksalsschläge des H zu rechnen, doch bleibt das für die Interpretation des literarisch verarbeiteten Stoffs unerheblich und historisch unentscheidbar. – Zugleich mit dieser neuen Anklage gegen H und der doppelten Versicherung des Zornes Gottes wird die Gewißheit der göttlichen „Heilung" des angerichteten Unglücks ausgesprochen, auffälligerweise ohne daß sie an Bedingungen (Buße, Besserung wie unten oft) geknüpft wird. **3,2** H und sein Haus sind längst vom Mitleid Gottes eingeholt, was man auf die dankbar angenommene (s. II 1,2) Aufklärung über die Tatsache der bisherigen Sünden beziehen muß, die von H bereits als der halbe Weg zur Buße hingestellt wird. Eine bessere Zukunft wird durch Zusicherung der Kraft Gottes einerseits, durch Appelle an Motivation und Einsatz des Menschen andererseits entworfen. Unter dem Bild vom Schmiedehammer (zu seiner literarischen Geläufigkeit Dibelius, 439; Piesik, 63f.), unter dessen Schlägen das Eisen die beabsichtigte Form annimmt, wird H eine beharrliche Erziehungsarbeit eingeschärft, deren Ziel darin liegt, daß die Schlechtigkeit in den Kindern überwunden wird und die Kinder „von ganzem Herzen Buße tun" bzw. daß H sie bekehrt (zu ἐπιστρέφειν im PH Aubin, 85–87). Zur hier erstmals und insgesamt 18mal gebrauchten Formel ἐξ ὅλης τῆς καρδίας siehe Hilhorst, Sémitismes, 142–144. – Zur Einschreibung in die „Bücher des Lebens" siehe zu 2,1. Die Wendung „dich in seiner Herrlichkeit fest gründen" wird eine vergleichbare Umschreibung der Heilsgewißheit sein.

Das Thema Sünde – Buße – Besserung dominiert bis hierher zwar schon deutlich, die Aussagen dazu sind aber teils vage, teils uneinheitlich und schwach profiliert. Die Schlußfloskel „ich weiß nämlich" wird man aber immerhin als Signal dafür verstehen müssen, daß die Kirche des H eine Bußmöglichkeit nach der Taufe kannte.[30]

---

28 Vgl. dazu M. Gärtner, Die Familienerziehung in der Alten Kirche, Köln-Wien 1985, 45–47.

29 „Heilung/heilen (ἰάομαι)" als soteriologischer Terminus ist eine Besonderheit des PH: Snyder, 31f.

30 Joly, 25.411; gegen Poschmann, Paenitentia secunda, 141; Giet, Hermas, 127 A.1.

Drohung und Verheißung (Vis I 3,3–4,3)

3 (I 3) 3 **Als sie diese Rede beendet hatte, sprach sie zu mir: „Willst du mir zuhören, wenn ich lese?" Und ich sagte: „Ja, Herrin." Sie sagte zu mir: „So sei mein Zuhörer und vernimm die Herrlichkeiten Gottes." Ich hörte großartige und wunderbare Dinge, die ich mir aber nicht merken konnte. Denn es waren lauter schauerliche Worte, die kein Mensch ertragen kann. Nur die letzten Sätze habe ich behalten, denn sie waren nützlich für uns und vertraut:** 4 **„Siehe, der Gott der Mächte[31], der mit unsichtbarer und starker Macht und in seiner großen Weisheit die Welt geschaffen hat[32], nach seinem herrlichen Plan die Schöpfung mit Schönheit umkleidet hat, mit starkem Wort den Himmel befestigt[33] und die Erde auf Wassern gegründet hat[34] und in seiner Weisheit und Vorsehung seine heilige Kirche geschaffen und auch gesegnet hat, – siehe, er versetzt die Himmel, Berge, Hügel[35] und Meere, alles wird zur Ebene[36] für seine Erwählten, um ihnen die Zusage zu erfüllen, die er unter lauter Herrlichkeit und Freude gemacht hat, wenn sie die Gebote Gottes erfüllen, die sie in starkem Glauben angenommen haben."**

4 (I 4) 1 **Als sie also aufgehört hatte zu lesen und sich von ihrem Sessel erhob, kamen vier junge Männer, nahmen den Sessel und entfernten sich damit nach Osten.** 2 **Sie rief mich herbei, berührte[37] meine Brust und sprach zu mir: „Hat es dir gefallen, was ich gelesen habe?" Und ich sagte ihr: „Herrin, der letzte Teil gefällt mir. Aber der erste Teil war schlimm und unerträglich." Sie sprach zu mir: „Der letzte Teil galt den Gerechten, der erste dagegen den Heiden und Apostaten."** 3 **Während sie noch mit mir redete, erschienen zwei Männer, griffen ihr unter die Arme und entfernten sich mit ihr nach Osten, wohin auch der Sessel gebracht worden war. Sie ging heiter davon, und während sie sich entfernte, sagte sie noch zu mir: „Sei ein Mann[38], Hermas!"**

3,3 Diesmal bleibt die visionäre Szene die gleiche, aber das Thema wechselt: Es folgt in dramatischer Sprache die Offenbarung der künftigen Schicksale, die Gott für die einzelnen Teile der Menschheit (Heiden, Apostaten, Gerechte: 4,2) bestimmt hat. H bleibt Adressat, aber nicht mehr in der Rolle des von Tadel und Besserungs-Appellen aus dem Himmel betroffenen Bußbedürftigen, sondern nun des Offenbarungsempfängers. Die Zäsur ist allerdings auch auf der visionären Ebene markiert, nämlich durch die Feststellung des Endes der bisherigen Offenbarungsrede der Alten (wie 2,1) und den neu einsetzenden Dialog.

Im Mittelpunkt steht jetzt das Offenbarungsbuch, das die alte Frau

31 Vgl. Ps 58,6; 79,5; 83,9 u. a.
32 Vgl. Apg 17,24.
33 Vgl. Jes 42,5.
34 Vgl. Ps 23,2; 135,6.
35 Vgl. Jes 54,10, 1 Kor 13,2.
36 Vgl. Jes 40,4.
37 Vgl. Dan 9,21Θ; 10,18.
38 Vgl. 1 Kor 16,13.

mitgebracht hatte (2,2), natürlich um seinen Inhalt mitzuteilen. H zeigt als Empfänger das gehörige Interesse, ohne zu wissen, was ihn erwartet. Der Inhalt wird (hymnisch) als „die Herrlichkeiten Gottes" sehr ungenau umschrieben; man muß das wohl auf die erhabenen Ratschlüsse Gottes beziehen, die darin festgehalten und vom Menschen ehrfürchtig zur Kenntnis zu nehmen sind. Da die göttlichen Ratschlüsse das Los der Menschen bestimmen, gerät die Vorstellung in die Nähe des antiken Schicksalsbuches (Koep, 40). – H bestätigt die apokalyptische Großartigkeit[39] dessen, was er daraus hört (vgl. *grBar* 4,1: „Du zeigest Großes mir und Wunderbares": Rießler, 43), zeigt sich der Offenbarung dann aber nicht gewachsen wegen der Unerträglichkeit ihrer Aussagen, so daß er nur deren letzten Teil im Gedächtnis behalten hat[40] und mitteilen kann, weil dieser Teil ihm vom Inhalt her vertraut und tröstlich war. In 4,2 wird man noch erfahren, was der ausgelassene erste Teil enthielt.

3,4 Dieser lange Satz wird also als Zitat aus der Buchoffenbarung der Alten ausgegeben. Der innere thematische Zusammenhalt ist schwach (Schöpfung, Wegbereitung für die Erwählten, Gebotserfüllung als Heilsbedingung). Trotz seiner hymnischen Elemente muß der Text aus Gründen des Stils und der Tendenz als prophetische Offenbarung bezeichnet werden. Gerade diese Verschränkung von Stilelementen (die übrigens kaum zu liturgischen Zwekken entstand; anders Weinel, Wirkungen, 162) und die Menge der verarbeiteten traditionellen Phrasen und Begriffe (Dibelius, 432f.) sind typisch für solche hymnisch abgefaßten Passagen in apokalyptischen Texten.[41] Die Funktion des ersten Teils mit dem ersten (prophetischen) „Siehe", den biblischen Anspielungen und befrachteten Formeln liegt in der Steigerung des Nimbus der ergehenden Offenbarung, während der Schluß mit dem zweiten (prophetischen) „Siehe" (zu ἰδού in Konversation und Dialog: Hilhorst, Sémitismes, 153) der inhaltlich wichtigere Teil ist: Gottes Heilszusage und Heilshilfe werden besiegelt. – „die Erde auf Wassern gegründet": Zur bedeutungsrelevanten Differenz zwischen dem Plural für die kosmologischen Wasser (ὕδατα hier wie Vis I 1,3; III 2,4; 3,5) und dem Singular für das Taufwasser (ὕδωρ: Vis III 3,5; Mand IV 3,1; Sim IX 16,2.4.6) s. Henne, Polysémie, 131 mit A.2, der darin ein Beispiel der besonderen Interpretationstechnik der allegorischen Polysemie erkennt, die für ihn die unterschiedlichen Bedeutungen derselben Motive, wie der PH sie kennt, erklärt: H gibt denselben narrativen Elementen sukzessive unterschiedliche Deutungen.

---

39 Der Text des S mit den adverbialen Formen μεγάλως καὶ θαυμαστῶς ist verderbt. Gut begründet ist die Konjektur von Joly, 84; vgl. Hellholm, Visionenbuch, 131 A.6, nach der oben übersetzt wurde: μεγάλων καὶ θαυμαστῶν ὧν κτλ.; etwas anders Dibelius, 439f. Die adverbiale Lesart ziehen vor z.B. Gebhardt-Harnack, Crombie, Lake.

40 Belege für die Unterstützung des Gedächtnisses in solchen Situationen bei Peterson, 259 A.32.

41 Hilhorst, Sémitismes, 28f. mit den Einzelheiten und unter Kritik an Dibelius, 440. Grese, 176 vergleicht mit *Corp.Herm.* 13.

Bezeichnend christlich ist, daß – wie im vergleichbaren Text 1,6 – die Kirche (statt Israel) der Schöpfung als von Gott eigens (und früh bzw. zuerst: II 4,1) geschaffen zugerechnet wird, ohne daß hier (zwischen den beiden ekklesiologischen Symbolen vermittelnd) kenntlich gemacht wäre, daß die Greisin (= Kirche) von sich selbst redet. Daß Gott die Kirche „gesegnet hat", wird Anspielung auf Gen 1,28 sein, so daß die ersten Menschen dort die Kirche zu vertreten bekommen (Gebhardt-Harnack, 15). Typisch ist für den PH das dogmatische „Defizit", daß bei der Schöpfung der Kirche durch Gott Christus unerwähnt bleibt (Grillmeier, Jesus der Christus 1, 147). Kretschmar, 55 glaubt wegen des Zusammenhangs die Kirche hier (und unter Bezug auf I 1,6; II 4,1; III 10,3; IV 2,1) in einer „Sophia-Ekklesiologie" dargestellt. – Was Gott für „seine Erwählten" tut, wird sodann als Wegbereitung oder Wegerleichterung in die Metapher von Jes 40,4 gekleidet[42], wobei H auch sonst die „Ebene" als Bild des Heils mit bergiger, unwegsamer Landschaft kontrastiert (s. 1,3 u. Exkurs: Die Ebene) und aus alldem deutlich apokalyptische Töne herauszuhören sind (Andresen, 90). Zum Inhalt der Buch-Offenbarung gehört es im PH unbedingt, daß Gott seine Zusage an die Gebotserfüllung, also an ein christliches Leben, an die Bewährung der Christen bindet. – Das Zitat (nach Wohlenberg, 910 wahrscheinlich ein wörtliches Zitat aus einer verlorenen Apokalypse) ist damit beendet, aber die Mitteilung des Buchinhaltes an dieser Stelle noch nicht abgeschlossen; es folgt der Nachtrag in 4,2.

4,1 Niedersitzen (2,2) und Aufstehen vom Sessel markieren Anfang und Ende der Offenbarung als Belehrung. Der jüdische (und christliche) Lehrer saß beim Sprechen bis auf Ausnahmen (vgl. Mand XI 1; zur Szene und zum Sessel siehe auch 2,2). – Die visionäre Bühne des PH wird von vielen Gestalten belebt. Hier sind es die vier jungen Männer, die den Sessel holen kommen (s. III 10,1). Sie stellen Engel dar (s. Exkurs: Die Engel). Man muß sie übrigens wegen III 1,6 mit den zwei Männern aus 4,3 zusammenzählen, obwohl durch III 10,1 (vgl. III 13,3) erwiesen ist, daß auch die Vierzahl ihre eigenständige Funktion haben kann. Die Antike kennt die vier „Eckengel der Welt", und H drückt sich teils (besonders Vis III; Sim IX) in solchen Stoffen der Himmelsmythologie aus (Knopf, 217; Dibelius, 441. 481); außerdem kennen antike Himmelfahrtsvorstellungen vier tragende Kräfte = Winde, und in der christlichen *Passio Perpetuae et Felicitatis* XI 1 tragen vier Engel die Märtyrer davon, und zwar auch „nach Osten" (Peterson, 260f. bringt weitere Seitenstücke; zu nennen sind dann auch die vier Engel in derselben *Passio* XII 1 und 3, von denen die Märtyrer eingekleidet, aber auch „gehoben" werden; ferner die vier Ältesten ebd. XII 2). Auch an die vier Wesen, die in der apokalyptischen Literatur zu den Thronvisionen gehören (Ez 1,5;

[42] Peterson, 290 (mit A.15) rechnet damit, daß hier eine apokryphe jüdische Schrift zitiert ist, zumal ὁμαλός ein Wort sei, „das in die Terminologie der eschatologischen Begriffswelt gehört" wie auch in die Magierlehre.

10,9; Offb 4,6–8; 5,14 u.a.) ist zu denken (Snyder, 33). Und auch die Zweizahl vergleichbarer Gestalten ist belegt (s. I 4,3), so daß in I 4,1.3 die Anzahlen nicht unbedingt komplementär, sondern möglicherweise auch für sich zu nehmen wären. H aber, eventuell ungeachtet der von ihm verarbeiteten Motive, will es anders und faßt sie später (III 1,6) zur ihm geläufigen Sechszahl zusammen. Nach III 10,1 sind es dann „die sechs jungen Männer, die sie wieder abholen", und „vier andere nahmen die Bank". H hält seine Bilder und Vorstellungen oft nicht konsistent durch. – Mit dem Forttragen des Sessels ist das Ende der Offenbarungs-Vision veranschaulicht. „Nach Osten" wird er getragen, weil das aus schwer genauer auszumachenden Gründen die religiös bevorzugte Himmelsrichtung ist (Gebhardt-Harnack, 16f.; vgl. Peterson, 265f.). Nach Zahn, Der Hirt, 286 A.2 weist die Richtungsangabe „auf die morgenländische Geburtsstätte der Kirche hin".

4,2 Die Alte widmet sich noch einmal dem Empfänger. Daß sie ihn „berührt" (auch III 1,6; vgl. Dan 9,21 Θ; 10,18), ist ein Topos irgendwelcher besonderer, hier nicht geklärter Zuwendung zu Kraft- oder Begabungsmitteilung.[43] Solche traditionellen Motive muten im PH oft sehr abgeschliffen an, so daß das hier eine bloße „literarische Phrase im Anklang an die alttestamentlichen Prophetenberufungen" sein mag (Opitz, 112). – Die Frage der Alten an H zielt wohl nicht auf Anerkennung für ihre Lesung aus dem Buch ab, sondern auf deren Verständnis. H unterscheidet und bezeichnet den ersten, nicht verstandenen und „vergessenen" Teil (3,3) noch einmal als fürchterlich, während ihm der hier zitierte Teil begreiflicherweise zusagt. Die Alte erläutert den ganzen Inhalt, was dem vorher verwendeten Motiv der Schwer- oder Unverständlichkeit göttlicher Offenbarung entspricht. Für das Thema des PH ist daran wichtig die Einteilung der Menschen in Gerechte einerseits, Apostaten (auch Sim VIII 6,4; IX 19,1) und Heiden andererseits. Im Buch waren ihre definitiven Bestimmungen oder Schicksale zu lesen (Leutzsch, 210: Gerichtspredigt, die Druck auf Heiden und Apostaten ausübt), für den Teil der Heiden und Apostaten eben unerträgliche, „schauerliche Worte" (3,3). Warnung und Drohung ist stehendes Thema des PH.

4,3 Zur Anzahl der Männer (Engel) siehe 4,1. Es gibt die Zweizahl wegtragender Winde oder entrückender Gestalten in einer Apotheose-Szene (Peterson, 261f.). Daß die Greisin in dieser Form ab- oder eingeholt wird, dient ihrer Würde. Das Stützen ist eine „Zeremonie der Ehrerbietung" im Sinn eines Geleits (wie der Verstorbene nach *PetrEv* 39 u. *AscJes* III 16–17 aus dem Grab geleitet wird: Peterson, 264.631; Daniélou, Théologie, 279; Denker, 100f.).[44] Allerdings kann auch nicht a limine ausgeschlossen wer-

[43] Nach Peterson, 266 (mit A.71) „könnte das ein aus den Inkubationserscheinungen übernommener Zug sein".

[44] Sie wird also nicht getragen, wie Donaldson, 505 meint, der mit Hilgenfeld ἐπὶ τῶν ἀγκώνων liest.

den, daß H in einem Vorgriff auf die Allegorie der Frauengestalt in III 10,3 hier in der ersten Vision ihr hohes Alter signalisieren will. Das Sitzen im Sessel bleibt davon unberührt. Die Ermunterung des H (ἀνδρίζου) zum Abschied läßt dramatische Bewährungen des H für die Zukunft erwarten; vgl. *4 Esra* X 33: „Steh da wie ein Mann!" und *MartPolyc* 9,1 ἀνδρίζου (aber auch Vis III 8,4; 12,2; ἀνδρείως Sim V 6,6; IX 2,5; *viriliter* Sim X 4,1). – „heiter (ἱλαρός/ἱλαρότης)" ist ein im PH häufiges Attribut (Kraft, Clavis, 233) für Menschen, überirdische Wesen (Greisin, Hirt, Engel, heiliger Geist, Frauen/Jungfrauen der visionären Szene) und „Sachen" (fromme Übung, Gebote, allegorische Schafe, Pflanzen, Berge und Plätze); der Sinn ist in ziemlicher Breite immer die frohe Stimmung über beglückende Nähe zu Heil und Rettung, ein psychisch und soteriologisch positiver Zustand der Erleichterung, Zuversicht und Motivation zum guten Handeln. Die beste Übersetzung ist an vielen Stellen: „glücklich". Die ἱλαρότης gehört nach Sim IX 15,1 zu den zwölf Tugenden und ist nicht die Heiterkeit des Asketen, sondern das Glücksgefühl jedes eifrigen Christen.[45]

Zweite Vision

Bußnotwendigkeit und Bußfrist (Vis II 1,1–3,4)

5 (II 1) 1 **Ich ging zur selben Zeit wie im Vorjahr nach Cumae, und beim Gehen dachte ich zurück an die Vision vom letzten Jahr. Und wieder ergriff mich ein Geist und versetzte mich[1] an denselben Ort wie im Jahr zuvor.** 2 **Als ich an den Ort kam, fiel ich auf die Knie und begann, zum Herrn zu beten und seinen Namen zu preisen[2], weil er mir gnädigerweise meine früheren Sünden zu erkennen gegeben hatte.** 3 **Als ich mich vom Gebet wieder erhob, sah ich die alte Frau vor mir, die ich auch im letzten Jahr gesehen hatte. Sie ging umher und las dabei in einem kleinen Buch. Da sagte sie zu mir: „Bist du imstande, das den Erwählten Gottes mitzuteilen?" Ich sprach zu ihr: „Herrin, so viel kann ich mir nicht merken. Aber gib mir das kleine Buch, daß ich es abschreibe." „Nimm es", sagte sie, „und gib es mir dann zurück."** 4 **Ich nahm es, zog mich auf dem Feld zurück und schrieb es Buchstabe um Buchstabe ab, weil ich nämlich die Silben nicht herausfand. Als ich damit fertig war, wurde mir das kleine Buch plötzlich aus der Hand gerissen; ich konnte nicht sehen, von wem.**

6 (II 2) 1 **Dann fastete ich 15 Tage lang und betete viel zum Herrn. Danach wurde mir die Erkenntnis des Textes geoffenbart. Folgendes stand darin:** 2 **„Hermas, deine Kinder haben Gott verachtet, den Herrn gelästert, ihre**

---

[45] Amstutz, 136 A.130; 154 A.229 versteht ἱλαρός als asketischen Begriff (Vis I 2,3; 4,3; Mand V 2,3; Sim I 1,10) und entdeckt in Vis III 10,3 ff.; vgl. 12,1; 13,1 und Mand X 1,1 ff. „eine eigentliche Theorie der ἱλαρότης" in dieser Bedeutung. Der Gegensatz zur Heiterkeit ist im PH aber die Trauer, was nicht in Richtung Askese weist.

[1] Vgl. Ez 3,12.14; 8,3; 43,5.

[2] Vgl. Ps 85,9.12; Jes 24,15; 66,5; 2 Thess 1,12.

Eltern in großer Bosheit verraten, sie haben sich Elternverräter nennen lassen
müssen und hatten von dem Verrat doch keinen Vorteil. Ja, ihre Sünden
haben sie noch um Ausschweifung und schlimme Unzucht vermehrt, und so
ist das Maß ihrer Untaten voll. 3 Aber laß alle deine Kinder diese Worte
wissen und auch deine Frau, die (nur noch) deine Schwester sein wird; auch
sie zügelt nämlich ihre Zunge nicht und sündigt schlimm mit ihr. Aber wenn
sie diese Worte hört, wird sie sich zurückhalten und Erbarmen finden.
4 Wenn du ihnen diese Worte mitgeteilt hast, die mir der Herr zur Offenbarung an dich aufgetragen hat, dann werden ihnen alle ihre früheren Sünden
erlassen und auch allen Heiligen, die bis zu diesem Tag gesündigt haben,
wenn sie von ganzem Herzen Buße tun und aus ihrem Herzen die Zweifel
ausrotten. 5 Denn geschworen hat der Herr bei seiner Herrlichkeit über
seine Auserwählten: Wenn, nachdem dieser Tag festgesetzt ist, noch gesündigt wird, gibt es keine Rettung mehr für sie. Denn die Bußmöglichkeit hat für
die Gerechten ein Ende. Die Tage der Buße sind für alle Heiligen abgelaufen.
Die Heiden dagegen haben Bußfrist bis zum jüngsten Tag. 6 Sag also den
Vorstehern der Kirche, daß sie ihre Wege an der Gerechtigkeit ausrichten, um
die Verheißungen in lauter Herrlichkeit voll zu erhalten. 7 So bleibt dabei
und tut Gerechtigkeit[3] und seid nicht unentschieden, damit ihr Zugang bei
den heiligen Engeln findet. Selig seid ihr[4], wenn ihr in der kommenden
großen Not aushaltet, und auch die, die dann ihr Leben nicht verleugnen.
8 Der Herr hat nämlich bei seinem Sohn geschworen, denen, die ihren Herrn
verleugnen, ihr Leben abzuerkennen, denen, die ihn jetzt, in den noch kommenden Tagen, verleugnen. Denen, die ihn früher schon verleugnet haben,
ist er in seiner Barmherzigkeit gnädig gewesen. 7 (II 3) 1 Und du, Hermas, trage deinen Kindern die erlittenen Bosheiten nicht länger nach und
kümmere dich um deine Schwester, damit sie von ihren früheren Sünden
gereinigt werden. Sie werden ja die richtige Erziehung bekommen, wenn du
ihnen nichts nachträgst. Böses nicht vergessen können bringt Tod mit sich.
Hermas, dich hat schweres persönliches Unglück getroffen wegen der Sünden deiner Familie, weil du dich nicht um sie gesorgt hast. Du hast sie sich
selbst überlassen und bist deinen verdorbenen Geschäften nachgelaufen.
2 Aber es ist deine Rettung, daß du nicht vom lebendigen Gott abgefallen
bist[5], außerdem deine Lauterkeit und große Enthaltsamkeit. Das hat dich
gerettet – vorausgesetzt, du bleibst dabei. Es rettet alle, die so sind und in
Unschuld und Lauterkeit leben. Sie werden alle Bosheit überwinden und
ausharren zum ewigen Leben. 3 Selig alle, die Gerechtigkeit tun[6]. Sie werden in Ewigkeit nicht verloren sein. 4 Sag dem Maximus: ‚Schau, es kommt
drückende Not. Scheint es dir richtig, so leugne halt wieder. Der Herr ist
denen nahe, die sich bekehren. So steht es bei Eldad und Modat[7], den Propheten für das Volk in der Wüste.'"

---

3 Vgl. Ps 14,2; Apg 10,35; Hebr 11,33.

4 Vgl. Jak 5,11.

5 Vgl. Hebr 3,12.

6 Vgl. Ps 106,3.

7 Vgl. Num 11,26–30; das Logion ist apokryph. Zu *Eldat und Medad* (sic) s. die Lexica; Joly, 95 A.3; 421 A. zu 95.

Über die Teiltitel der Vis II–IV und ihre Zählung siehe zu Vis III und IV.

1,1 Weinel, Wirkungen, 101–103 sucht mit ungeeigneten „Parallelen" die Echtheit des Geschilderten zu retten. Infolge der weitgehenden Parallelisierung dieser Szene mit der von I 1 ist hier für die Wegzielangabe Cumae/Koumai (vgl. I 4,1), für die Entrückung und den „Ort" auf I 1,3 zu verweisen. Zeitabstände werden öfter angegeben (II 2,1; III 10,7; IV 1,1). Für den genauen Abstand von einem Jahr zur ersten Vision gibt es keine Erklärung. Daß für die Vision die gleiche Jahreszeit wie im Vorjahr gewählt wird, ist nach Dibelius, 442 (vgl. Joly, 88 A.1) eine Anlehnung an den „Apparat antiker Kosmophysik". Der Sinn dieser Wiederholungen derselben Umstände für die nächste große Vision liegt sicher in der Absicht, Vis II als Fortsetzung von Vis I zu stilisieren. **1,2** Tatsächlich wird Vis I nachträglich als vorläufig bzw. in reduzierter Funktion resümiert: Gott hat dort die „früheren Sünden zu erkennen gegeben". Das bleibt ein entscheidendes Ereignis, muß aber in der noch wichtigeren Kunde von II 2,4–5 fortgesetzt werden. H hatte in Vis I den Typ dessen darzustellen, der sich seines heilsgefährlich sündhaften Zustands gar nicht bewußt war und für die Aufklärung dankbar ist. Das ist die Voraussetzung, um die folgende Rede von der Buße in sich aufzunehmen und darauf zu reagieren. – Zu Niederknien und Gebet s. I 1,3.

1,3 Die Alte zeigt sich nicht auf ihrem Sessel wie vor Jahresfrist, denn sie wird keine Lehrrede halten. Der Text, aus dem sie liest (und der nicht mit dem Buch aus I 2,2 identisch ist und vor allem nicht mit der Apokalypse [?] *Eldat und Modat*: gegen Seitz, Afterthoughts, 333f.; Knoch, 114.116), muß seiner Form nach doch als „Büchlein" bezeichnet werden (anders Dibelius, 442: „Schriftstück", nämlich brieflich = Himmelsbrief). βιβλαρίδιον hier und 4,3 (wo Origenes, *princ.* IV 2,4 βιβλία liest) ist nämlich „Buch", nicht Brief. Die Anschauung des H scheint wieder so prägnant nicht zu sein, daß man statt „Büchlein" partout „Himmelsbrief" sagen müßte[8], zumal H selbst 4,2 auch βιβλίον („Buch" wie I 2,2) sagt. Freilich ist die Vorstellung hier keine andere als die vom Himmelsbrief (Dibelius, 443): Der Text stammt aus dem Himmel, gerät auf wunderhaften Wegen in die Hand eines Menschen, sein Inhalt ist aber zur Weitergabe gedacht, die dann durch Abschriften vor sich geht[9], wobei dieser gesamte Prozeß von Komplikationen begleitet sein kann (z.B. ist der Brief nicht zu fassen zu bekommen, nicht zu entziffern o.ä.; vgl. *OdSal* 23,5–10). Mit solchen Zügen stattet auch H den Ablauf aus: Die Greisin fordert ihn auf, der Offenbarungsmittler an die „Erwählten Gottes"

[8] W. Speyer, Bücherfunde in der Glaubenswerbung der Antike, Göttingen 1970, 17–22.23–32 listet Vis II 1,3 nicht in dieser Kategorie auf. Literatur zum Himmelsbrief: G. Bardy, Eusèbe de Césarée, Hist. Eccl. II (SC 41), Paris 1983^3, 140 A.2.

[9] Die Regel ist allerdings nicht Kopie, sondern Diktat oder Fund des Textes: Joly, 90 A.1 (Lit.).

(über diesen Ausdruck in den Vis: Hilhorst, Sémitismes, 147–150) zu sein (vgl. *slavHen* 33,3–10 mit der Aufforderung an den Offenbarungsempfänger, die von ihm aufgeschriebenen Dinge weiterzugeben). H legt im ganzen Buch größten Wert darauf, daß ihm alles gezeigt wird, um es weiterzusagen. Der zu große Umfang[10] des Buches überfordert die Erinnerung (vgl. I 3,3) und macht eine Abschrift erforderlich. **1,4** Das Original wird dem Menschen nur so lange wie zum Kopieren nötig ausgehändigt, dann sofort wieder entrissen. W. Speyer, Bücherfunde in der Glaubenswerbung der Antike, Göttingen 1970, 16f. mit A.2; 108 mit A.59 verweist auf die späte „Parallele" (oder Abhängigkeit?) im Buch *Mormon.* – Daß H sich zum Abschreiben „auf dem Feld" zurückzieht, ist konventionell und sicher von der Ehrfurcht und frommen Konzentration verlangt.[11] Es folgt das typische Moment der einstweiligen Unverständlichkeit des Textes. H schreibt eine Buchstabenfolge mechanisch ab[12], weil er nicht Silben und Wörter, geschweige denn Inhalt und Sinn erkennt.[13] Das Verständnis wird nämlich einer gesonderten Offenbarung vorbehalten (2,1; und nicht etwa durch eine ungewöhnlich schwierige Schriftart mit Kürzeln, die H nicht auflösen kann, verhindert: so H. Müller, 93; Joly, 89 A.2; 419f.; Seitz, Afterthoughts, 333; vgl. Weinel, HNTA 295). Diese Unmöglichkeit, die Schrift sofort zu dechiffrieren, ist eine Sache des Genres. Der zuerst unlesbare, unergründliche „Himmelsbrief" muß eigens erschlossen werden. Das wird hier in der Form von Leseschwierigkeiten eines Ungeübten formuliert. Die Fortsetzung von Gesichten ist damit vorbereitet.

2,1 Fasten und Gebet gehören zur Disposition des Offenbarungsempfängers (III 1,2; 10,7; *4 Esra* V 13; VI 31.35; IX 23f.; XII 51; *syrBar* 9,2; 12,5; 21,1; vgl. Schümmer, 4.214f.; Arbesmann, 52–71; vgl. 9–32). Die 15 Tage sind runde Angabe von zwei Wochen (vgl. Gal 1,18). Solche Angaben (vgl. IV 1,1: 20 Tage) „gehören zum Stil der Visionsliteratur" (Peterson, 286 A.4 mit Belegen). Das Buch wird hier „Schrift" (γραφή) genannt, seine Erschließung ein Erkennen (γνῶσις) aufgrund von Offenbarung (ἀπεκαλύφθη), – eine emphatische Diktion, hier in stilistisch relativ karger Umgebung verwendet. Auf eine Offenbarungsschilderung wird diesmal völlig verzichtet,

---

10 Zur Überforderung des Gedächtnisses beim Visionär sammelt Peterson, 259 „Vorlagen", besonders *Jub* 32,25.

11 Vgl. *4 Esra* XIV 37.42: „Wir (Esra und 5 Männer) gingen auf das Feld und blieben dort... Der Höchste gab den 5 Männern Einsicht. So schrieben sie das Gesagte... auf."

12 Klemens v. Al., *strom.* VI 131,2–3 entwickelt mit Hilfe dieses Textes seine Schrifttheorie.

13 Vgl. *4 Esra* XIV 42: „So schrieben sie das Gesagte der Reihe nach in Zeichen auf, die sie nicht kannten." Siehe oben A.11 und die arabische Übersetzung von *4 Esra* XIV 42: „Und ihre Schrift war fremdartig, wie sie niemals jemand geschrieben hatte, weil der Höchste es ihnen eingab." Schreiner, 404 A.42a: „Das verstärkt den geheimnisvollen Charakter der Offenbarung noch." Benz, 463 bringt ein mittelalterliches Seitenstück dazu: Hildegard von Bingen kann „in der scriptio continua der Majuskelschrift", die sie entziffern möchte, die Silbentrennung nicht vornehmen.

was zeigt, wie sekundär der visionäre Apparat für den PH ist. **2,2** Der Leser wird jetzt Mitwisser. Der Text des Offenbarungsbuches reicht bis 3,4 (Joly, 90 A.1: bis 2,7); Thema ist Sünde, Buße und Rettung. Während dieser Text für „die Erwählten Gottes", also alle Christen, bestimmt sein sollte (1,3), wird er ungeschickterweise (Hilhorst, Sémitismes, 24) mit einer Adresse an H und mit den Sünden seiner Familie (wie I 3,1–2) eröffnet. Die Sünden der Kinder des H sind hier wesentlich konkreter und gravierender beschrieben, ihre Disqualifizierung ist also gesteigert. Sie haben in der Christenverfolgung Gottesverachtung und Lästerung des Herrn[14], d.h. Verleugnung des Glaubens, und Verrat der Eltern begangen. Dieses letzte Vergehen wird wiederholt.[15] Einer der zahlreichen Widersprüche im PH: Nach Sim VIII 6,4; 19,1.3 sind Gotteslästerer und Verräter „endgültig tot für Gott", während sie hier 2,4 die Chance zu Buße und Vergebung bekommen. Das erklärt sich so, daß H die Bewertung und die Folgen auch der schwersten Sünden von der Gesinnung und Hartnäckigkeit abhängig macht, nicht allein vom materialen Gewicht der Sünde. **2,3** In diesen und weiteren schweren Sünden, aufgrund derer sie ohne Buße als verloren gelten müssen, brauchen die Kinder „die Worte" dieses Buches; und nicht anders die Frau des H, die (wie H selbst früher auch schon: I 1,6.8; 2,4; 3,1) ebenfalls als Sünderin gezeichnet (zur katastrophalen Wirkung der Zunge s. Jak 1,26; 3,5f.8; 1 Tim 5,13), aber zugleich mit Aussicht auf Erbarmen versehen wird. Daß sie die „Schwester" des H sein wird, muß man auf künftiges (d.h. mit dieser Offenbarung beginnendes) enkratitisches Leben der Eheleute deuten (mit Weinel, HNTA, 295f.; Link, Einheit, 11f.; Lelong, 18; Joly, 91 A.2; Laeuchli, 154; Lohse, 133; Leutzsch, 174; Staats, Hermas, 105 mit Betonung des eschatologischen Zusammenhangs; die Parallele und Bestätigung ist ἀδελφός statt ἀνήρ in Sim IX 11,3).-

Dibelius, 445 hat diese familiären Passagen in ihrer Funktion beschrieben: Für seine Bußpredigt braucht H „als Relief schwere Sünden". Dazu zeichnet er eine „unwahrscheinlich lasterhafte und dann... unglaublich bußfertige Familie". Seine Frau und seine Kinder werden so „die typischen Vertreter von Sünde, Buße und erneuter Begnadigung". Von daher erklären sich Unwahrscheinlichkeiten, Ungereimtheiten und Widersprüche, die die nur scheinbar biographischen Texte enthalten. Diese Familie ist „nicht in Wirklichkeit vorhanden, sondern von ihm (H) als eine Art Modell für Christen-

---

[14] Κύριος ist kein christologischer Titel und gegen θεός austauschbar (s. Audet, Affinités, 48) und nur an wenigen Stellen mit genügender Sicherheit auf Christus zu deuten (so II 2,8: „die ihren Herrn verleugnen"; III 7,3). An vorliegender Stelle dürfte es ebenfalls Äquivalent zu „Gott" sein (anders Dibelius, 444). Vgl. den Exkurs: Die Christologie.

[15] „hatten... doch keinen Vorteil": Entweder ist gemeint, daß sie sich durch den Verrat nicht vor der Verhaftung schützen oder freikaufen oder ihre Situation sonstwie erleichtern konnten, oder aber, viel dramatischer, daß sie ihre Situation vor Gott durch diese Sünde verschlimmert haben. Die Verneinung (οὐκ) mit L^1 (*et prodentes profecerunt*) zu streichen (Hilgenfeld, 9; Dibelius, 444; Hellholm, Visionenbuch, 131 A.8) besteht jedenfalls kein Grund. Zu Text und Sinn auch Grotz, 38 A.1.

sünde und Christenbuße konstruiert". Vgl. Bardenhewer, 481: „Hermas und sein Haus sind der Typus der Schäden der damaligen Christenheit." Ferner Bardy, La Théologie de l'Eglise, 118; Deemter, 62f.; Altaner-Stuiber, 55. Die biographische Szenerie ist von derselben fiktiven Qualität wie die visionäre. Der flexible Stil der Typisierung (dieselben Gestalten sind Typ bald des leichten, bald des schweren Sünders; sind bald bußfertig, bald „Tod"-Sünder, einmal wie Kinder beschrieben, dann mit Erwachsenensünden beladen u.ä.) ist aus den zeitlich nicht allzu entfernten Pastoralbriefen des NT bekannt (N. Brox, Zu den persönlichen Notizen der Pastoralbriefe, BZ NF 13, 1969, 76–94).

2,4 In 2,4 trifft man auf die stehende Kombination zweier Gedanken, die im PH zentral sind: Aufgrund des Wissens der hier mitgeteilten Offenbarung wird der Mensch gerettet, falls er Buße tut bzw. die Gebote erfüllt bzw. ungeteilt (vgl. Exkurs: Der Zweifel) christlich lebt. Umgekehrt: Der Mensch erkennt und ergreift das Mittel der Rettung (die Buße) nur dann, wenn er die Worte dieser Offenbarung gehört (d.h. akzeptiert) hat. Darum ist die Rolle des Offenbarungsvermittlers H so eminent wichtig für seine Familie und für „alle Heiligen". Die Offenbarung ist nicht nur für das Haus des H, sondern für alle Menschen mit „früheren", d.h. nach der Taufe „bis zu diesem Tag" begangenen Sünden.

2,5 Eine feierliche Formel (Schwur Gottes) leitet eine der wichtigsten Passagen im ganzen Werk zum zentralen Thema Buße ein (s. Exkurs: Die Buße). Die Offenbarung gilt den „Auserwählten" (wie 1,3; 4,2). Die Aussage ist eindeutig: Es gibt für die Glaubenden („Gerechten") die Möglichkeit der wiederholten Buße, d.h. der Befreiung von ihren (sc. nach der Taufe begangenen) Sünden. Die soeben ergangene Offenbarung gibt aber zu wissen, daß ab sofort eine völlig neue Situation eingetreten ist, als Ratschluß und Schwur Gottes. Es gibt neuerdings eine Frist, ein Ende für diese Chance (dazu H. Koch, 173f.). Und diese Frist ist in dem Augenblick, da sie ausgerufen wird, auch schon abgelaufen. „Dieser Tag" ist schon festgelegt, er ist „jetzt" (2,8), so daß umgehend Buße zu tun ist und ab sofort bei weiteren Sünden (ἁμάρτησις ist einer der „direkten lexikologischen Christianismen" im PH: Bartelink, 10; vgl. 27) keine Rettung mehr möglich ist. Eine solche endgültige Frist setzt auch *syrBar* 85,12: „Denn wenn der Höchste alles das herbeigeführt, dann gibt es dort nicht abermals Gelegenheit zur Buße ... und nicht mehr Gelegenheit für Seelenreue" (Rießler, 113). – Ein Problem ist hier und später im PH, wann die Frist, „dieser Tag" anzusetzen ist. Coleborne, Approach (1965), 602f. will aus Kontext und Grammatik zeigen, daß es ein Tag in der Zukunft ist, aber das klärt sachlich nichts. Es ist jedenfalls nicht der (jüngste) Tag, an dem der Turm vollendet wird (III 4,1f.; 5,5; 7,4; 8,9; 9,5; Sim IX 5,2). In 2,4 ist für alle Sünden „bis zu diesem Tag" (vgl. III 2,2) eine künftige Buße und künftiger Sündennachlaß zugesichert; in 2,5 wird die

Frist dagegen als schon abgelaufen erklärt. Aber diese Rede ist plausibel und konsequent, denn „dieser Tag“, „die Tage der Buße“ sind kein Kalender-Termin. H unterläßt im ganzen Buch jede genaue Angabe dazu, weil Termin, Frist und Ende der Buße mit dem (kurzen) Zeitraum zusammenfallen, in dem H diese Offenbarung und ihre Auflagen zu hören bekommt und weitergibt (vgl. III 8,11; Dibelius, 447). Und dieser Termin oder „Tag“ trifft, so muß man dies weiterdenken, für jeden Christen in dem Augenblick ein, da er mit dieser neuen Fristsetzung durch die Bußpredigt konfrontiert wird (Kittel, 81). Sofort ist letzte Bußmöglichkeit; nur in dem Moment, da er dies hört, ist die rettende Buße noch möglich. Der Satz über die Heiden bestätigt das: Sie haben in der Taufe noch jederzeit bis zum Weltende die Möglichkeit der Buße mit Sündennachlaß (fallen freilich, was nicht dasteht, aber zu ergänzen ist, im Augenblick ihrer Taufe unter die soeben für die Getauften formulierten Bedingungen)[16]. – Damit ist die bisherige vage und allgemeine Rede von der Bußmöglichkeit, die Gott dem Menschen einräumt, verlassen bzw. auf ein anderes Niveau gebracht und mit einer unerhörten Schärfe versehen. Das Neue in der Bußpredigt ist deutlich nicht die Tatsache, daß es Buße und Sündennachlaß (nach der Taufe) gibt, sondern daß es sie ab sofort nicht mehr gibt, oder genauer, daß es sie nur noch jetzt in diesem Augenblick (in anderen Teilen des Buches auch noch nach geringfügigen Aufschüben) gibt. Man sieht, daß der Termin auf keinen Fall mit dem „jüngsten Tag“ identisch ist, die ganze Idee also nicht aus einer tatsächlichen Naherwartung lebt. Trotzdem ist die neue Kunde enorm bedrängend. Übrigens ist sie hier sehr kurz gehalten.

2,6 Überraschenderweise werden als erste Adressaten dieser neuen Botschaft die bisher noch gar nicht berücksichtigten (kirchlichen) Vorsteher genannt. An sie soll H sich wenden, ohne daß er einer von ihnen wäre. Verheißung und Bewährung (Gerechtigkeit) sind auch für sie die Orientierung ihres Lebens. Die seltene Bezeichnung der Vorsteher (προηγούμενοι), die sonst πρεσβύτεροι heißen (4,2.3; III 1,8), steht auch III 9,7 (neben πρωτοκαθεδρῖται) und *1 Klem* 21,6 (Hebr 13,7.17.24; *1 Klem* 1,3: ἡγούμενοι). Vgl. den Exkurs: Die kirchliche Verfassung. Der Anschluß an II 2,6 läßt nicht erkennen, ob 2,7.8 an die Vorsteher oder an alle Christen gerichtet ist. Zum doppelten ἵνα Hellholm, Visionenbuch, 131 A.9.

2,7 Der Aufruf zur Gerechtigkeit wird in eine Anrede transponiert; „unentschieden“ sein ist im PH eine Kardinal-Sünde (zum jüdischen Hintergrund Barnard, Hermas and Judaism; s. Exkurs: Der Zweifel). – „Zugang bei den heiligen Engeln“ ist eine Umschreibung des eschatologischen Ziels (vgl. denselben Ausdruck Sim IX 25,2 und den „Platz bei den Engeln“ Sim

[16] Anders E. Schwartz, 1: „nur denen, die jetzt zur Gemeinde gehören, sei sie (sc. die Buße) verstattet, nicht denen, die künftig Christen werden.“

IX 27,3 sowie das Einschreiben in die Zahl der Engel Sim IX 24,4; Lake, 21 A.2; Joly, 93 A.3). Die Übersetzung von Neymeyr, Lehrer, 15 („Ihr Weg ist an der Seite der Engel") wird kaum zutreffen. Nach Poschmann, Paenitentia secunda, 143 A.2 ist in diesem Ausdruck „die später vielfach bezeugte Vorstellung vom Durchgang der abgeschiedenen Seelen durch die Lüfte, wo Engel und Dämonen um sie streiten"[17], zu sehen; Peterson, 301 erkennt „die Lehre von der Himmelfahrt der Seele". Die Übersetzung wäre dann etwa: „damit ihr (freien) Durchgang habt bei/mit den heiligen Engeln". Aber die „heiligen Engel" werden die Seele doch nicht aufhalten. Darum kann man auch nicht (woran sonst zu denken wäre) vom παρέρχεσθαι (glücklich vorbeikommen) im Sinn von IV 1,9; 2,1 (vorbeikommen am Ungeheuer) her auslegen, wobei allerdings auch der dortige horizontale Ablauf Schwierigkeiten machen würde, während hier der Aufstieg entscheidend ist. Die „heiligen Engel" begleiten die Seele nach oben, während feindselige Dämonen sie aufhalten und abstürzen lassen wollen.[18] Jedenfalls wird der Ausdruck irgendwie identisch sein mit der Eintragung in die Zahl der Engel Sim IX 24,4 (so Dibelius, 448; zur Schwierigkeit der Deutung vgl. O'Hagan, 308 A.3) und auf eine ältere Vorstellung von einer Beteiligung der Engel am Einlaß (vgl. Sim VIII 2,5) und an der Aufbewahrung der Erlösten zurückgehen. – Mit der „großen Not/Bedrängnis" (auch IV 1,1; 2,4.5; 3,6) ist im apokalyptischen Bild vor dem Scheitern in der Glaubensprobe gewarnt. Viele (z.B. Peterson, 304; O'Hagan, 306) deuten auf Verfolgung, die aber allenfalls eine Version der θλῖψις als Test, jedoch nicht ihr Regelfall ist (Genaueres zu IV 2,4.5). – μακάριοι ὑμεῖς: Der erste von mehreren (durchaus ungleichgewichtigen) Makarismen im PH (Vis II 3,3; Sim II 10; V 3,9; VI 1,1; IX 29,3; 30,3; vgl. Vis I 1,2; III 8,4; Mand VIII 9; Sim V 1,3; IX 24,10), wie sie in jüdischen Apokalypsen geläufig sind (z.B. *4 Esra* X 57; *slavHen* 52,1–13). Vgl. P. Meloni, Le beatitudini nei padri della chiesa, Parola, spiritu e vita 21, 1990, 221–240.

2,8 Die Verleugnung des Glaubens war dem Frühchristentum in jeder Version die horrende Sünde schlechthin, wie hier die unter Schwur angedrohten Sanktionen Gottes zeigen. Das standhafte Bestehen in der Bedrängnis wird umgekehrt mit dem Makarismus bedacht. Der verleugnete „Herr" ist (nicht zwingend, aber wahrscheinlich) Christus (nicht Gott). Und auf dieses Thema wird nun die neue Bußlehre von 2,5 angewendet: Wer ab heute verleugnet, also sündigt, hat keine Frist und Chance der Buße mehr, während dieselbe Sünde, früher begangen, vergeben wurde. Man erkennt den konsolatorischen und paränetischen Sinn dieser Lehre: Der Mensch hat, wenn noch so schuldbelastet, bis zu diesem Augenblick die Chance, sünden-

[17] Darüber berichtet J. Stiglmayer, Das Offertorium der Requiemmesse und der „Seelendurchgang", Kath. 93, 1913, 248–255.

[18] Ein anschauliches Beispiel dafür mit der einschlägigen Diktion: Athanasius, *vita Antonii* 65.66 mit διαβαίνειν, διέρχεσθαι, ὑπερβαίνειν, πάροδος, ὁδηγεῖν (PG 26,933–937).

frei zu werden durch sofortige Buße. Aber schon ab sofort erlischt diese Rettungsmöglichkeit. Darauf kommt der PH ab hier wieder und wieder zurück. – Aune, Prophecy, 300–304 sieht in II 2,6–8 den ersten von vier Propheten-Orakelsprüchen (als „salvation-judgement oracles"), die er isolieren zu können glaubt (außerdem nämlich II 3,4; III 8,11–9,10; IV 2,5–6); eine verläßliche literarkritische Analyse und Gattungsbestimmung läßt sich für diese These aber nicht liefern. **3,1** Nach den großen Perspektiven 2,5–8 steht wieder H allein im Mittelpunkt, und zwar mit einer doppelten Sünde gegen seine Familie: Den Kindern gegenüber ist er nicht vergebungsbereit, seiner Frau („Schwester": 2,3) mit ihrer losen Zunge (2,3) läßt er zuviel Freiheit zum Sündigen. Darum haben sie noch ihre „früheren Sünden", d.h. haben durch seine Schuld keine Buße getan. Den richtigen Einfluß würde sein vorbildliches Verzeihen (sc. des Ruins durch die „Untaten" der Kinder I 3,1) bedeuten, während das Nachtragen des Bösen eine schwere Sünde (Sim IX 23,3f.) und „tödlich" ist und den Menschen von Gott, der darin ganz anders ist, unterscheidet (Mand IX 3; Sim IX 23,4). Sein persönliches Unglück (θλίψεις ἰδιωτικαί; s. Exkurs: Bedrängnis – Verfolgung – Martyrium) hat H selbst verschuldet, indem er als Hausvater versagt hat und seine verdorbenen (weil unehrlichen: Mand III 3,3.5) Geschäfte ihm wichtiger waren als das Heil seiner Familie (zu H als handeltreibendem Christen: Drexhage, 42f.). Der PH spiegelt hier die alltäglichen Formen der Buß- und Besserungsbedürftigkeit in seiner Kirche. Carlini, Erma (*Vis.* II 3,1) hat in diesem Text eine Verwandtschaft zu 2 Kor 7,10 entdeckt, bei der er ernsthaft mit literarischer Abhängigkeit des PH von diesem Text, also mit einem Paulus-Zitat rechnet. Er kann nämlich das Sätzchen aus 3,1: μνησικακία θάνατον κατεργάζεται neuerdings aus Papyrus Bodmer XXXVIII fortsetzen mit: τὸ δ' ἀμνησίκακον ζωὴν αἰώνιον κατεργάζεται. Diese Ergänzung stimmt wörtlich mit der Vulgata des PH (L^1) überein: *oblivio enim malorum vitam aeternam cooperatur* und läßt in Aufbau und Diktion tatsächlich eine gewisse Ähnlichkeit zum Paulus-Text entstehen. Es liegt darin aber eine der typischen Redefiguren des H vor: Er formuliert zu einer simplen Aussage oder Anweisung mit großer Regelmäßigkeit auch das (affirmative oder negative) Gegenteil, auch wenn die Leichtverständlichkeit des Ausgangssatzes das nicht erfordert wie im vorliegenden Fall. So reduziert sich die Parallele zu 2 Kor 7,10 auf das jeweils doppelte (κατ)εργάζεται, das bei der Verschiedenheit der Subjekte aber auch keinerlei gegenseitige Abhängigkeit mehr demonstriert (ein Seitenstück zu 2 Kor 7,10 ist thematisch Mand X 2,1–4). So bleibt die kleine Sensation aus, daß es außer 3,4 noch eine Ausnahme von der Tatsache gäbe, daß der PH keine Zitate enthält. – **3,2** Allerdings hat H (in der Verfolgung) nicht von Gott gelassen. Das sowie seine Lauterkeit (s. Exkurs: Die Einfachheit; Amstutz, 138f.) und Enthaltsamkeit (vgl. I 2,4) hat ihn und alle Christen in der Verfassung, die H hier darzustellen hat, „gerettet", falls sie nicht rückfällig werden.

3,3–4 Statt mit den großen Linien der neuen Bußpredigt (2,5) oder dem Makarismus von 3,3 (vgl. zu 2,7) zu schließen, endet das Buch (mit seiner Offenbarung für alle) in der sarkastischen Personalnotiz über einen einzelnen Christen namens Maximus[19], offenbar den Typ unbelehrbarer Lethargie trotz seines sündigen Zustands (bereits einmal abgefallen) und der drohenden neuen Verfolgung. Wie 1 Tim 1,19f. wird im Vorbeigehen jemand aus dem Kreis der Bekannten (durchaus kein Anonymer) verloren gegeben. Leute wie Maximus will H suchen und mit der Bußpredigt aufrütteln. Die Übersetzung von Wohlenberg, 912: „Trübsal kommt (über dich), wenn es dir gut scheint, wieder zu verleugnen" entspricht weder dem Zusammenhang noch der Vorstellung der θλῖψις im PH (vgl. Exkurs: Bedrängnis – Verfolgung – Martyrium). – Der generalisierende Bekehrungsappell beweist den paradigmatischen Charakter solcher fiktiver individueller Situationen. – Merkwürdig ist die Ungeschicklichkeit (Weinel, NTApo 1904, 228f.; Hilhorst, Sémitismes, 24), daß H das Buch aus dem Himmel sich auf eine andere Schrift berufen läßt. Noch dazu ist dies das einzige Zitat überhaupt im ganzen PH (s. Einleitung § 7; Streeter, 241 behauptet, allerdings ohne Nachweis, eine Zitation von 1 Kor im PH); in einer direkten Offenbarung würde man es zuletzt erwarten. In dem nach den prophetisch begabten Männern Eldad und Medad (Num 11,26f.) benannten verlorengegangenen Buch vermutet man eine jüdische Apokalypse, die auch aus etlichen alten Apokryphen-Verzeichnissen dem Titel nach bekannt ist (s. Dibelius, 450; Joly, 95 A.3; 421; Snyder, 38; unterschiedliche Schreibweise der Namen in MT, LXX, den Verzeichnissen und bei H).[20] Zahn, Der Hirt, 317f. findet einen tiefsinnigen Bezug der beiden außerordentlichen Propheten zur Person des H mit seiner außerordentlichen Beauftragung (wobei im Hintergrund der Irrtum steht, H sei ein Prophet; vgl. dazu Einleitung § 2), während hier lediglich ein ganz kurzer, frommer Denkspruch, der nichts mit Laien-Prophetentum zu tun hat, mit seiner Herkunft autorisiert wird, sonst nichts. – Damit endet der „Himmelsbrief", den man als neuartige und universale Bußpredigt, die er sein will, nicht besonders gelungen finden kann, weil er in einer unbeholfenen Gedankenfolge so stark mit (zwar exemplarisch gemeinten) persönlichen, fast privatistischen Mustern, weniger mit generalisierenden, kollektiven Aussagen über Kirche und Christenheit arbeitet und so das Genus der Offenbarung „für alle Erwählten" formal (nicht in der Sache) verfehlt.

---

[19] Wegen des allegorischen Charakters des PH schlägt Barnes, 12–14, wenig überzeugend, vor, den Namen als ein Kryptogramm zu lesen („der sehr Große"). Wohlenberg, 912: „vielleicht einer von den Söhnen des Hermas."

[20] Vgl. E. Schürer, Geschichte des jüdischen Volkes im Zeitalter Jesu Christi, Bd. 3, Leipzig 1909[4], 306f. – Goppelt, Christentum und Judentum, 244: Jüdische Apokryphen waren in Rom zu „Volksbüchern" geworden (dagegen Verweijs, 215). Seitz, Afterthoughts, 332f. vermutet weitergehende theologische Abhängigkeit des H von dieser Schrift, der man übrigens auch das anonyme Zitat *1 Klem* 23,3 = *2 Klem* 11,2 zuschreiben will (J.B. Lightfoot, The Apostolic Fathers, T.1: S. Clement of Rome, London 1869, 91; Lake, 23 A.1).

Die Identität der alten Frau. Verbreitung der neuen Bußlehre (Vis II 4,1–3)

8 (II 4) 1 **Ein sehr gut aussehender junger Mann, Brüder, sagte zu mir, als ich schlief, in einer Offenbarung: „Was glaubst du, wer die alte Frau ist, von der du das kleine Buch bekamst?" Ich sagte: „Die Sibylle." Er sprach: „Du irrst dich, sie ist es nicht." „Wer ist sie dann?" sagte ich. „Die Kirche", sagte er. Da sprach ich zu ihm: „Warum ist sie eine Greisin?" Er sagte: „Weil sie früher als alles andere geschaffen wurde. Darum ist sie eine Greisin, und ihretwegen wurde die Welt geschaffen."**
2 **Danach hatte ich in meinem Haus ein Gesicht. Die alte Frau kam und fragte mich, ob ich das Buch bereits den Presbytern gegeben hätte. Ich verneinte das. „Das hast du richtig gemacht", sagte sie, „ich habe nämlich noch einige Sätze hinzuzufügen. Wenn ich dann alle Aussagen abgeschlossen habe, sollen sie durch dich sämtlichen Erwählten mitgeteilt werden.** 3 **Du sollst zwei Abschriften des kleinen Buches machen und eine dem Klemens, die andere der Grapte zusenden. Klemens soll sie in die auswärtigen Städte schicken, denn das ist seine Aufgabe. Grapte soll (daraus) die Witwen und Waisen ermahnen. Du selbst sollst sie in dieser Stadt mit den Presbytern vorlesen, die die Kirche leiten."**

4,1 In der Anrede „Brüder" ist erstmals Kontakt mit den Lesern aufgenommen (s. I 1,1; ab hier wiederholt: III 1,1.4; 10,3; IV 1,1.5.8). Eine Untersuchung der maskulinen, androzentrischen Gruppenbezeichnungen für die Gemeinde im Interesse der Frage nach der Eigenart des Frauenbildes im PH unternahm (ohne Kenntnis der weiter unten zu 4,1 genannten Dissertation von Martha Montague Smith) Leutzsch, 156–159; zu ἀδελφοί kommen andere maskuline Prädikationen, Verallgemeinerungen u. a. hinzu (ebd. 159). Ergebnismäßig will Leutzsch, 163 „von einer teilweise um Weibliches erweiterten androzentrischen Position" des PH reden; zu Thema und Rolle der Frau im PH außerdem ebd. 164–191. – Die Identifikation der alten Frau verläuft als Vision (im Schlaf wie I 1,3: Dean-Otting, 265) und Offenbarungs-Dialog, nur ist der Vermittler diesmal nicht die Alte, um deren Identität es geht. Der junge Mann ist wie an anderen Stellen ein Engel (s. Exkurs: Die Engel). Vergleichbar ist die Identifizierung in III 10,6–13,3. – Die falsche Antwort des H („es ist die Sibylle")[21] konnte ihm nur in den Mund gelegt werden, wenn sie nicht völlig grotesk war, d. h. ein Anhalt für diese Assoziation in den allegorischen Zügen der Alten vorlag. Dibelius, 450–452 (Joly, 96 A. 1 mit Lelong; Völter, Apostol. Väter, 184f.) hat die im Prinzip plausiblen Erklärungen dazu gegeben: Dieser Anhalt ist in einigen Merkmalen der Greisin, wie sie als Offenbarungsvermittlerin auftrat, gegeben, vor allem in ihrem hohen Alter, dem Sitzen auf dem Sessel, auch im

---

[21] Die Antwort stellt eine kleine ‚Sensation' dar, da dies der erste Rekurs auf die Sibylle in der frühchristlichen Literatur ist. Die weiteren frühen Zitationen bei Gebhardt-Harnack, 24; Deemter, 141f. Zu den christlichen Sibyllinen s. P. Vielhauer u. A. Kurfess, NTApo 2^4, 1971, 422.498–528; U. Treu, NTApo 2^5, 1989, 591–619.

Buch, d.h. der schriftlichen Übermittlung ihrer himmlischen Botschaft. Das sind typische oder doch passende Attitüden der Sibylle, von der H als Verfasser offenbar bewußt die Attribute der Greisin seines Visionenbuches entlehnt hat (M. Dibelius, Offenbarungsträger, 118 in Abwandlung der These von Völter, Apostol. Väter, 184–194). Von anderen (etwa jüdischen)[22] Vorbildern her findet sich keine Erklärung für diesen Text mit der Sibylle. So war die Antwort des H nicht dumm, aber doch falsch, weil die „Sibylle" des Visionenbuches ja nicht sie selbst, sondern die Larve für jemand anderen (sc. die Kirche) ist – eine evident sekundäre Applikation (Vielhauer-Strecker, NTApo 2^5, 1989, 541), „belangloser Firnis und Tribut an zeitgenössische Vorstellungen", die das „italienische Lokalkolorit" in die Vis I–IV eingebracht haben (Andresen, 32 A.26; 33). Es liegt also massiver pagan-christlicher Synkretismus vor (vgl. auch Lampe, 19.91.192.280); daß H aber im Dialog II 4,1 die „Flucht nach vorn" antrete, indem er die Sibylle drauszuhalten sucht, um nicht mit heidnischen Einträgen aufzufallen (Lampe, 192f.), läßt sich nicht behaupten; es geht um ein Erkennungsspiel. Dabei ist nur die Gestalt sibyllinisch, nicht die kirchliche Bußpredigt an H. – Von hier aus ergibt sich die nachträgliche Möglichkeit einer Klärung für die zweimalige Wegzielangabe Cumae I 1,3; II 1,1, die der Entfernung zu Rom wegen in sich unverständlich bleibt. Wenn in einem Text, der in Rom verfaßt wird, „die Sibylle" genannt wird, so wird es die hochberühmte, die cumaeische Sibylle sein, d.h. diejenige aus der euböischen Kolonie Cumae bei Neapel, die Sibylla Cumana.[23] Freilich ist damit nur die Zusammengehörigkeit der beiden im Kontext fremd bleibenden Namen Cumae und Sibylle konstatiert: Auf dem Weg nach Cumae erscheint dem H nicht von ungefähr zweimal die Greisin, für deren Gestalt, wie gesagt, die Sibylle Modell gestanden ist. Was H aber des Näheren mit der Nennung von Cumae beabsichtigt, bleibt trotzdem dunkel (zur Problematik von Cumae vgl. I 1,3).

Die Alte ist also die Kirche. Es ist seltsam, daß sie erst hier identifiziert wird und nicht schon nach ihrem ersten Auftritt I 2,2–4,3. Ihre Rolle als Vermittlerin der Offenbarung überschneidet sich sehr störend mit der Tatsache, daß in Vis II doch die ganze Kirche (samt Klerus 2,6) Empfängerin derselben Offenbarung ist. Daß die Kirche hier als Frau, in III 2,4 u.o. als Turm begegnet, scheint ähnlich schwierig, macht dem Apokalyptiker aber offenbar keine Probleme und hat Parallelen in der Offb und in *4 Esra* X 27 (Knopf, 217) und vor allem *4 Esra* X 44 (s. III 3,3). H hat unterschiedliche Vorstellungen unbefriedigend miteinander kombiniert. – Die Frage nach der Bedeutung des hohen Alters der Kirche wird hier völlig anders beantwortet als in III 11,2–4: Als erstes Geschöpf und Zweck der Schöpfung (wie Israel:

---

22 Ford, 551 glaubt, Einfluß der jüdischen Sarah-Tradition zu erkennen, Köster, Einführung, 694f. den der jüdischen Gestalt der Weisheit (wegen 4,1: „das erste Geschöpf", „durch [sic] sie ist die Welt erschaffen").

23 Vgl. H.C.O. Lanchester, Sibylline Oracles, ERE 11, 1958, (496–500) 497; K. Latte, Römische Religionsgeschichte, München 1967^2, 160f. und die Texte bei Dibelius, 452.

vgl. I 1,6; 3,4; Parallelen bei Gebhardt-Harnack, 25) ist sie hochbetagt. – Diese präexistente himmlische Gestalt Kirche (Beumer, 14)[24] ist hier mit der konkreten Kirche nicht vermittelt, zu der H mit seiner Familie, Maximus (3,4), alle Sünder und ein unzulänglicher Klerus gehören. – Die Weiblichkeit der Kirche in dieser visionären Bilderwelt ist nach Staats, Hermas, 106 am wahrscheinlichsten vom „weiblichen Genus des Geistes im Jüdischen" her zu verstehen. Barnard, Studies, 162f. erinnert an die Shekinah als Frau. Aufgrund sozial-psychologisch und feministisch angesetzter Untersuchungen glaubt Smith, 106f.196 in ihrer Studie, daß die Frau Kirche bei H aus seinen persönlichen Erfahrungen mit Frauen (Rhode, Ehefrau) sowie aus kultureller und literarischer Tradition entstanden ist. Daraus resultierte für H nämlich ein Erlösungsverständnis, das ihn eben für das Bild der Frau Kirche empfänglich machte. Das Heil hängt von der Gliedschaft in der Gemeinde ab, die die Frau selbst ist. Die Gliedschaft wieder hängt von der Beziehung zu Frauen ab (188f.), und fast alle Frauen im PH haben mit der Sicherung und Rettung des H zu tun. Smith sieht H im ganzen Buch – moralisch zwiespältig – mit Frauen befaßt, im realen und im visionären Leben (Höhepunkte: Vis I 1,2; Sim IX 11). Dazu blendet sie allerdings die im PH ebenfalls agierenden Männergestalten (Engel, junge Männer, Hirten, Sklaven usw.) sowie die Tatsache, daß die Offenbarungsgestalt im Großteil des Buches (Mand, Sim), nämlich der Hirt, ein Mann ist, stark aus. Der an sich interessante Ansatz kommt aufgrund von Methode und Tendenz nicht zu haltbaren Ergebnissen.

4,2 H reiht Gesicht an Gesicht. Visionäre Umstände werden nur gerade angedeutet („in meinem Haus"; 4,1: „als ich schlief"), wichtig ist der Inhalt. Die Alte ist an der Verbreitung der vollständigen Offenbarung interessiert. Um die Ankündigung, „noch einige Sätze (dem Buch) hinzuzufügen", geht es dann in III 1,2; 2,3. Weitere Visionen sind somit vorgesehen.[25] H betont oft, daß er die visionären Neuigkeiten stellvertretend für alle empfängt (z.B. III 8,10–11; IV 2,5; 3,6; Sim X 2,2).[26] Von den Presbytern war noch keine Rede gewesen; hier und 4,3 ist ihre leitende Funktion deutlich, aber nicht ihre Beteiligung an der Bußpredigt. – **4,3** Die universale Verbreitung der neuen Bußlehre soll mittels der Kopien, die H anfertigen muß, vor sich

---

[24] Staats, Hermas, 104: Da die Kirche eine Gestalt des hl. Geistes ist (Sim IX 1,1) und „weil der Geist vorweltlichen Seins ist und die ‚ganze Schöpfung geschaffen hat' (sim V 6,5; vgl. Gen1,2), ist auch die Kirche präexistent (vis II 4,1)".

[25] Mohrmann, Les origines, 76 glaubt, in diesen Zeilen altertümelnden Stil, fromme Mystifikation zwecks Rückdatierung des PH zu finden, was wohl ein Irrtum ist.

[26] Beispiele für die Weitergabe aus anderen Apokalypsen: *grBar* 4,2; *slavHen* 33,6; *5 Esra* I 48; *Paulus-Apk* 21; *JakApk* (NHC V 3) 29,20–25 (oft auch elitär nur für einen kleinen Kreis: *4 Esra* VIII 62; XII 36–38; XIV 26.46; siehe Schreiner, 392 A.37a); dazu werden sie „im Herzen" (*4 Esra* XIV 8) festgehalten oder aufgeschrieben wie bei H (z.B. *4 Esra* XII 37; XIV 26.42–47.49–50; *slavHen* 33,5.8.10.; 35,2f.; 36,1; 54).

gehen[27]: durch Klemens, Grapte und H selbst an jeweils andere Zielgruppen, insgesamt an alle Christen. H soll seine Aufgabe (aus 1,3 und 4,2) in Rom zusammen mit[28] den Presbytern dieser Kirche erfüllen, während er sonst immer kraft eigener Autorität als Visionär predigt. Seine Unterordnung unter die Presbyter wird H damit schwerlich meinen. Diese Szene dürfte als historischen Kern die gezielte Vervielfältigung des PH haben, auf die man von der erstaunlichen Verbreitung und Lektüre des Buches (s. Einleitung § 9) schließen muß.

Viel Interesse besteht seit je an der Identifizierung des Klemens.[29] Eine vertretbare Hypothese (allerdings bloße Vermutung) ist es, ihn für den Verfasser des 1. Klemensbriefes zu halten, was in der Regel mit der vorliegenden Bemerkung über die Zuständigkeit des Klemens für die Korrespondenz mit auswärtigen Städten abgestützt wird (z.B. Uhlhorn, 716; Wehofer, 55; Ehrhard, Der Hirte, 106; Harnack, Geschichte II/1, 265; ders., Entstehung, 57; anders ders., ThLZ 2, 1877, 56; Jordan, 182; Dibelius, 422; Brüll, Clemens, 44–52; Lietzmann, Verfassungsgeschichte, 173; von Campenhausen, Amt, 103; J.A. Fischer, Die Apostolischen Väter, Darmstadt 1976^7, 16; Vielhauer, Geschichte, 539; ablehnend A. Jaubert, Clément de Rome. Epître aux Corinthiens, Paris 1971, 22; Lampe, 172 A.157 [vgl. 336 A.101] unentschieden: Es handelt sich „entweder um zwei verschiedene Männer namens Clemens oder um denselben, der zur Zeit des Hermas bereits ein Greis war"; gegen die Identifizierung Weinel, NTApo 1904, 222; 1924^2, 331; Baumgärtner, 75). Historisch unsinnig ist aber die Auskunft, es handle sich um „den" römischen Bischof Klemens, da gerade der PH das Zeugnis dafür ist, daß zur Zeit seiner Abfassung um 140 n. Chr. der Monepiskopat (anstelle kollegialer Presbyter- bzw. Episkopen-Verfassung) in Rom noch nicht eingeführt war (s. Exkurs: Kirchliche Verfassung), so daß sich die Frage nach „dem Papst" Klemens (Quasten, Patrology I, 92; vgl. Whittaker, Hermas, 1074) als für die Frühzeit gegenstandslos erübrigt. Lampe, 335f.338–341 erkennt in ihm den von der „Gesamtheit der stadtrömischen Gemeinden delegierten ‚Außenminister'" (336), der also die Außenkontakte zu anderen Kirchen besorgte, zu denen im Lauf der Zeit namentlich die Korrespondenz und die Organisation der römischen Hilfsaktionen und somit auch die Verwaltung der dafür bestimmten Kasse gehörte, – eine Karriere-Leiter, über die es zur Entwicklung des monarchischen Bischofs in Rom gekommen sei, so daß Klemens bereits Papst vor dem Papsttum gewesen wäre. Mißlich an dieser These ist (trotz 341) unter anderem, daß die Kompetenz, die ein Presbyter

---

27 Carlini, P.Michigan 130, 37 A.21: „in Vis. II 4,3 è descritto, in fondo, proprio il meccanismo della diffusione di un libro ‚de proche en proche'." – Peterson, 282 A.42 hält Epiphanius, *haer.* 30,2,6 für eine Parallele zum PH.

28 Zur Philologie des μετά s. Hilhorst, Sémitismes, 102f.: „mit den Presbytern" statt „an die Presbyter" (Zahn u.a.); Wohlenberg, 957: „vor den Ältesten".

29 Zum früheren Streit um seine Identität sind die Positionen bei Gebhardt-Harnack, 26–28 notiert.

für die Außenkontakte hatte, ihn für einen internen Primat empfohlen und qualifiziert hätte, und vor allem, daß für die Stadt Rom eine originelle Entstehungsgeschichte des Monepiskopats unterstellt wird, obwohl die römische Kirche diese Entwicklung erst relativ spät erlebte. Nach Peterson, 282 A.42 ist Klemens „wohl nicht aus römischer Erinnerung heraus genannt", sondern „vermutlich" wegen seiner Verknüpfung mit judenchristlicher Jakobus-Tradition. – Klemens muß m. E. (wie Maximus 3,4) eventuell sogar als fiktiv, bei der Häufigkeit seines Namens aber jedenfalls als so unbekannt gelten, wie es Grapte ist (in neuerer Zeit sind dieser Auffassung z. B. auch Giet, Hermas, 283; Pernveden, 145; Joly, 14.97 A.5; Hilhorst, Sémitismes, 33f.). Folglich bietet der Name Klemens auch keinen Anhalt für Datierungen; „die Erwähnung von Clemens... läßt sich nicht zwingend deuten" (Altaner-Stuiber, 55).

Grapte: Im PH (und dann sicher in der römischen Kirche seiner Zeit) spielen Frauen eine auffällige Rolle, aber das sind lediglich „Übergangserscheinungen", „länger hält sich die freie Sitte der ältesten Zeit nur am Rande der Kirche und bei den Außenseitern" (J. Leipoldt, Die Frau in der antiken Welt und im Urchristentum, Leipzig 1965[3], 134). Als Grund ihrer Nennung wird von Lietzmann, Verfassungsgeschichte, 173 (von Campenhausen, Amt, 103) vermutet, daß Grapte „eine weibliche Diakonos" war, weil nach Sim IX 26,2 die Aufgabe der Diakone in der Sorge für Witwen und Waisen liege, die nun von Grapte ermahnt werden sollen (vgl. auch Hilgenfeld, Die apostolischen Väter, 163; Hübner, 74; Leutzsch, 161, der auf diesen Fall der weiblichen Diakonos hin mit weiteren Einschlüssen von Frauen in den kirchlichen Funktions- und Rollenbezeichnungen rechnen will). Auch das ist beim gegebenen literarischen Genre des PH nur eine mögliche Spekulation. Die Erwähnung der Witwen und Waisen in zwei so verschiedenen Zusammenhängen berechtigt bei H nicht zu solchen systematisierenden Schlußfolgerungen. Wieso die zur materiellen Unterstützung eingerichtete Institution der Witwen und Waisen (die oft für alle Hilfsbedürftigen stehen: Harnack, Mission, 842 mit Belegen in A.3) hier zum separaten Adressaten der Bußbotschaft wird, bleibt nämlich dunkel. Wegen des fiktiven Stils der „Darstellung" derartiger Konstellationen im PH ist es problematisch, den Text dahin auszuwerten, daß man auf „einen besonderen Kreis" zurückschließt, den Witwen und Waisen bilden, die „eigene fromme Versammlungen" abhalten, „in denen sie von einer Frau belehrt werden" (Leipoldt, ebd. 143) und „einen eigenen Unterricht" erhalten (L. Bopp, Das Witwentum als organische Gliedschaft im Gemeinschaftsleben der alten Kirche, Mannheim 1950, 34f.); auch Leutzsch, 73 mit seiner Rede von einer eigenen Form der Öffentlichkeit, die diese Gruppe in der Kirche bildet, klärt das nicht. – Aus dem Rollenspiel in 4,3 hat man auf die kirchenverfassungsgeschichtlichen Verhältnisse zurückgeschlossen und „an der Selbstverständlichkeit, mit der ein Hermas den führenden Männern seiner Gemeinde Auftrag gibt", abgelesen, daß „sich die ganze Gemeinde einschließlich ihrer Kleriker" dem Zeugnis der Propheten (zu denen man H – irrtümlich – zählt) als göttlichem Gebot „zu unterwerfen hat“ (von Campenhausen, Amt, 204f. mit A.1).[30] Diese Vorstellung scheitert an der Tatsache, daß H sich nicht als Prophet verstanden haben kann (s. Einleitung § 2). – Jedenfalls wird man aus der Übermittlung der neuen Bußlehre an die Vorsteher ableiten, daß diese darauf entsprechende pastorale Wirksamkeiten entfalten (K. Rahner, Schriften, 154). Was aber den Rückschluß auf Amt und Kompetenzen betrifft, ist – die Erwartungen dämpfend – zu beachten, daß die Beauftragung der Grapte zeigt, wie wenig es dem H auf die Beschreibung amtlicher Funktionen ankommt. Lampe, 298f. nimmt (die zitierten Thesen praktisch ausbauend) für Grapte die Beauftragung („von der Gesamtheit der Gemeinden Roms“: 338) zur Glaubensunterweisung getrennt für Witwen und Waisen anstelle der verstorbenen Gatten bzw. Eltern an (298 A.682: „Grapte ist ein schöner früher Beleg für kirchlich organisierte Kinderlehre“), die eigentlich dafür zuständig wären (vgl. *1 Klem* 21,6), – „parallel zu Clemens' ‚Außenamt'“ (338 A.108). Demgegenüber scheint mir allerdings die (sich mit einigen der genannten Erklärungen teils überschneidende) These von Harnack, Geschichte der Anfänge, 535f.; = ders., Mission, 841f. vergleichsweise noch wahrscheinlicher (wenn auch mit erheblichen Zweifeln an ihrer Richtigkeit), daß Grapte hier als die zuständige Person für den „diakonalen Kreis“ steht, den es neben dem „presbyteralen Kreis“ gab und der aus Helfern und Hilfsbedürftigen der Gemeinde bestand. Die karitative Gemeindefürsorge bildete eine Organisation für sich, was nach Harnack aus Vis II 4,3 abzulesen ist. Wenn als zuständig hier eine Frau genannt wird statt eines Episkopen oder Diakons, so ist das ein Signal für Frühzeit und stellt kein eigenes Problem dar. Der Sinn ist, daß die Presbyter als Vorsteher das Büchlein „der Gemeinde als solcher“ übermitteln sollen, Grapte es aber den (organisierten) Hilfsbedürftigen mitteilt. – Origenes, *princ.* IV 2,4 benutzt diesen Text zur Bestätigung seiner besonderen Schrifttheorie von den drei Sinnebenen (s. H.-J. Vogt, Origenes. Der Kommentar zum Evangelium nach Mattäus 1. Teil = BGrL 18, Stuttgart 1983, 13; ders., TQ 165, 1985, 112); wahrscheinlich aus dem Gedächtnis zitierend, stellt er gegen den Text die Reihenfolge Grapte, Klemens, Hermas (σύ) her, um die Personen „allegorisch von dem niederen, dem höheren und dem höchsten Schriftsinn“ zu deuten (R. Anger, Leipz. Repert. XVI, 4.1858, 78f., zitiert von Gebhardt-Harnack, XXXI), beginnend eben mit Γραπτή = die „(bloß) Geschriebene“ (der Buchstabensinn).

---

[30] Nicht mit 4,3 (und aus III 9,7–10; Sim IX 31,5.6) ist die These zu begründen, daß „Träger der Bußgewalt ... die kirchlichen Vorsteher, speziell der Bischof“ waren (Poschmann, RAC 2, 1954, 809), wobei der Singular Bischof obendrein anachronistisch ist.

Dritte Vision

Unter dieser Überschrift ist eine Reihe von unterschiedlich bedeutungsvollen Gesichten erzählt. Ihr Zusammenhang und ihr Inhalt sehen im Überblick wie folgt aus: Zentral ist die Vision vom Turmbau (2,3 b–3,1 a; ausführlicher und mit beachtlichen Varianten noch einmal entfaltet in Sim IX) und deren detaillierte allegorische Ausdeutung (3,1 b–7,6 samt einer Ergänzungs-Vision 8,1–11). Sie belehrt über die Bedeutung der Kirche und die Heilschancen der Menschen, was durch sich auch Warnung und Drohung bedeutet. Konsequent schließt sich angesichts der ernsten Fragen eine Paränese (9,1–10) für die kirchlichen Stände an, ihrerseits in die Form einer Offenbarungsvision gefaßt. Es folgt (10,6 b) eine weitere Kurzvision der Alten, um zur Beantwortung der Frage, die H stellt (10,2–6), die Offenbarungsszene mit dem jungen Mann (10,7 b–13,4) herbeizuführen. Diese Antwort besteht in der allegorischen Deutung der Gestalt der alten Frau (wie vorher des Turmes) auf die Kirche. Diesem bisher beschriebenen Komplex gehen zwei kurze visionäre Szenen eigener Thematik voraus: H erreicht durch sein ungeduldiges Insistieren auf weitere Offenbarung eine neue Vision (1,2–3), in der die „technischen“ Vorbereitungen für die zweite, eigentliche Vision (1,6–2,3 a) getroffen werden. Diese letztere gerät zu einem Disput über innerkirchliche Rangunterschiede aufgrund unterschiedlicher Glaubensbewährung. Hier und gleich darauf in der Turm-Allegorie ist von neuem das Thema Sünde, Rettung und Bußfrist aufgeworfen, dessentwegen der PH geschrieben ist. – Die Aufeinanderfolge der heterogenen Textsorten und Themen von Vis III muß als typisches Elaborat des H gelten und eignet sich trotz dürftig überbrückter Zäsuren nicht zur Identifizierung von Interpolationen.

Belehrungen über Besserung, Buße und Vollkommenheit (Vis III 1,1–2,3 a)

9 (III 1) 1 **(Dritte Vision,) die ich sah, Brüder; sie enthielt folgendes:** 2 **Ich hatte oft gefastet und zum Herrn gebetet, er möge mir die Offenbarung zeigen, die er mir durch die alte Frau angekündigt hatte. Da erschien mir gerade zur Nachtzeit die Alte und sprach zu mir: „Da du so scharf (auf weitere Offenbarung) bist und so eifrig, alles zu wissen, gehe auf den Acker**[1]**, wo du deine Graupen anbaust, und um die fünfte Stunde werde ich dir erscheinen und dir zeigen, was du sehen sollst.“** 3 **Ich fragte sie: „Herrin, an welcher Stelle des Ackers?“ „Wo du willst“, sagte sie. Ich suchte einen schönen abgelegenen Platz aus. Aber noch bevor ich wieder mit ihr reden und ihr den Platz benennen konnte, sagte sie: „Ich komme dorthin, wo du willst.“**

4 **Ich begab mich also zu dem Acker**[2]**, Brüder, schätzte die Stunden ab und ging dann zu dem Platz, wohin ich sie bestellt hatte. Da sah ich eine Bank von**

[1] Vgl. Ez 3,22.
[2] Vgl. Ez 3,23.

Elfenbein stehen, und auf der Bank lag ein leinenbezogenes Kissen und darüber ein feines Leinentuch gebreitet. 5 **Als ich diese Dinge erblickte, aber niemand dort zu sehen war, geriet ich in Schrecken. Eine Art Zittern ergriff mich, und die Haare standen mir zu Berge. Eine Art Angstschauder überkam mich in meiner Einsamkeit. Als ich wieder zu mir kam, dachte ich an die Herrlichkeit Gottes und faßte wieder Mut. Ich kniete nieder und bekannte dem Herrn wiederum meine Sünden wie beim erstenmal.** 6 **Da kam sie mit sechs jungen Männern, die ich schon früher gesehen hatte, trat zu mir her und hörte, wie ich betete und dem Herrn meine Sünden bekannte. Da faßte sie mich und sprach: „Hermas, höre auf damit, ausschließlich wegen deiner Sünden zu beten. Bete auch um Gerechtigkeit, um einen Teil von ihr für dein Haus zu erhalten."** 7 **Dann ließ sie mich an ihrer Hand aufstehen, führte mich zu der Bank und sprach zu den jungen Männern: „Geht zum Bauen!"** 8 **Als die jungen Männer gegangen und wir allein waren, sagte sie zu mir: „Setz dich hier nieder." Ich sprach zu ihr: „Herrin, laß zuerst die Presbyter sich setzen." „Was ich dir sage, (tu, und) setz dich!" sprach sie.**
9 **Als ich mich nun auf die rechte Seite setzen wollte, ließ sie mich nicht, sondern deutete mir mit der Hand, ich solle mich auf die linke Seite setzen. Als ich traurig darüber nachdachte, daß sie mich nicht auf der rechten Seite sitzen ließ, sprach sie zu mir: „Bist du traurig, Hermas? Der Platz auf der rechten Seite ist für andere (reserviert), an denen Gott bereits sein Gefallen gefunden hat und die des Namens wegen gelitten haben. Dir fehlt aber noch viel, um bei ihnen sitzen zu dürfen. Aber bleibe bei deiner Lauterkeit, wie du es tust. Dann wirst du bei ihnen sitzen wie alle, die dieselben Taten vollbringen wie sie und das aushalten, was auch sie ausgehalten haben."** 10 (III 2) 1 **„Was haben sie denn ausgehalten?" sagte ich. „Hör nur zu", sagte sie, „Auspeitschung, Gefängnis, schwere Bedrängnis, Kreuzigung und Tierkampf des Namens wegen. Darum ist ihnen die rechte Seite des Altares reserviert und jedem, der des Namens wegen leidet. Für die anderen ist die linke Seite. Aber beide, die auf der rechten Seite sitzen und die auf der linken, erhalten dieselben Gaben und dieselben Verheißungen. Nur die ersteren allerdings sitzen auf der Rechten und haben eine Art Ehrenstellung.** 2 **Freilich wünschtest du dir, bei ihnen auf der rechten Seite zu sitzen, aber deine Fehler sind noch zu zahlreich. Du wirst indes von deinen Fehlern gereinigt werden. Und alle, die nicht unentschlossen wanken, werden von allen Sünden gereinigt werden, die sie bis auf diesen Tag begangen haben."** 3a **Nach diesen Worten wollte sie davongehen.**

1,1 Der relative Anschluß des Berichts an die Überschrift (wie IV 1,1) hat gestört und zu Varianten im Text geführt (das Material bei Hellholm, Visionenbuch, 131 A.10; 134 A.17). Peterson, 285 hält ihn (wie auch Carlini, Un accusativo, 511f.) für ursprünglich und wegen Dan 8,1 für genuin apokalyptisch, möchte aber die Zählung tilgen, um für das Visionenbuch die *lectio continua* von Visionen zurückzugewinnen, die er für dessen originäre Form hält (Zustimmung von Carlini, La tradizione testuale del Pastore di Erma, 33). Das hat Hellholm, Visionenbuch, 131 A.10; vgl. 134 A.17 als Fehler erwiesen: H selbst zählt die ersten drei Visionen fortlaufend durch

(Vis III 11,2; 12,1; 21,1). **1,2** Fasten und Gebet (s. II 2,1; *4 Esra* V 13.20; VI 31.35; Dan 9,3; 10,3) sowie diesmal explizite Bitte um Offenbarung bilden das obligate Rahmenstück zur Einleitung der Vision. Die Erwartung des Visionärs wird kontextbezogen präzisiert: H möchte die Ergänzungen zu hören bekommen, die die Alte II 4,2 als Nachtrag zur dortigen Kunde aus dem „kleinen Buch" zugesagt hat. Prompt stellt die Alte sich ein (nachts wie II 4,1; III 10,6f.). Im Zusammenhang seiner Erwartungen und Fragen wird H immer wieder eifrig, wißbegierig, aufdringlich[3] und unverschämt genannt (Brox, Fragen; s. zu III 3,5). Es handelt sich zunächst um eine Vorbereitungsvision (1,2–3), denn diesmal gehen der eigentlichen Vision umständliche Vorkehrungen voraus. Die Offenbarerin legt den Ort fest (ein Acker des H[4]; vgl. IV 1,2 und Lampe, 186 zum Grundbesitz des H; sonst in Apokalypsen „Feld, Gefilde, Ebene, Ort": Ez 3,22; *4 Esra* IX 26; X 53; XII 51; XIII 57; XIV 37) und auch die Zeit. Zeitangaben sind in Apokalypsen keine Rarität. Die „fünfte Stunde" (ὥρα πέμπτη) ist ein markantes Beispiel für das Milieu, aus dem die von H aufgegriffenen Motive kommen, und für die oberflächliche Art ihrer Wiederverwendung. Die gleiche Zeitangabe ist nämlich in einem Zauberpapyrus belegt (Hinweis von Peterson, 268 A.76) als eine der Vorkehrungen, wie sie das dort mitgeteilte Zauberrezept zur Auslösung einer Vision durch den Menschen vorsieht, in der er dann „den Gott... sieht und eine Stimme vernimmt in Orakelversen vom Gotte, die du wünschest"; unter anderem nämlich soll man sich, „wenn die Sonne mitten am Himmel steht, in der fünften Stunde", auf dem Hausdach, nach oben blickend, hinlegen usw. Die fünfte Stunde gehört im PH wie dort zur Ansage einer Vision und gleichzeitig zu deren Modalitäten. Es herrscht im Zauberpapyrus auch dieselbe Atmosphäre der Erwartung von Orakel (Offenbarung) wie im PH. Man bekommt „Erwünschtes" in der Vision zu hören und hat die Möglichkeit, Fragen zu stellen, die beantwortet werden: „er wird dir aber Auskunft geben auch über anderes, wonach du fragst. Du wirst Erfolg haben mit der Befragung."[5] Solche Züge werden im PH für die Einkleidung seiner Bußpredigt imitiert. – **1,3** H darf von sich aus die genaue (abgelegene) Stelle wählen, die die Alte dann kennt, noch ehe H sie ihr angegeben hat.

---

[3] Die Übersetzung des ἐνδεής mit „importunate" (= eindringlich) durch Lake, 27 geht in die zutreffende Richtung; ἐνδεής hat hier eine ganz andere Bedeutung als Mand VIII 10; XI 8 (anders Osiek, Rich, 65).

[4] χονδρίζεις (Graupen/Dinkel anbauen) ein *Hapaxleg.*: Die Annahme einer Korruptel (Donaldson, 511) ist wegen weiterer *Hapaxleg.* im PH kein Ausweg. Die Konjektur διορίζεις („das Aussondern... eines abgelegenen Platzes auf dem anscheinend großen Feld": Peterson, 288f.) spricht nicht für sich. H konnte das Verb leicht von χόνδρος, χονδρεύω ableiten (Dibelius, 455). Man kann die Lesart (und auch dem H sein Eigentum an dem Acker) gegen Peterson, 289 belassen. Dann ist – mit etwas Phantasie – „wohl ein Acker (gemeint), der sein besonderes Merkmal in einer Graupenmühle hat, an der Hermas beschäftigt ist" (Bauer-Aland, 1762). – Lampe, 186 hält die bescheidene Anbaufläche und die Dinkelproduktion für Merkmale des selbstgenügsamen Lebens, das der sozialkritische H führte.

[5] K. Preisendanz – A. Henrichs, Papyri Graecae Magicae. Die griechischen Zauberpapyri, Bd. I, Stuttgart 1978^{2}, 76 Zeile 160–177.

1,4 H hält Ort- und Zeitabsprache genau ein und findet die Ankunft der Alten ihrerseits vorbereitet, indem die Bank (wie I 2,2 der Sessel) bereits dasteht. – An dieser Stelle begegnen drei der vier Latinismen bzw. lateinischen Lehnwörter[6] im PH (dazu Mohrmann, Les origines, 75): συμψέλιον = *subsellium* (Bank, auch 1,7; 2,4; 10,1.5; 13,3), κερβικάριον = *cervical* (Kopfkissen) und λέντιον = *linteum* (Leinentuch). Sie sind im 1. und 2. Jh. nicht gerade häufig[7], besagen aber trotzdem nichts über Sprachkenntnisse des H. Zum antiken Hintergrund der Szene s. I 2,2 (und Peterson, 254–257). Die Ausstattung der Bank signalisiert die Sphäre des Göttlichen; ihre vier Beine werden 13,3 noch eigens interpretiert. – **1,5** Diesmal läßt die Alte auf sich warten (anders I 2,2), was H ohne Angabe von Gründen in eine Art[8] fürchterliche Angst versetzt. Die Schilderung bezieht ihre Einzelheiten wieder aus der Welt des antiken Offenbarungszaubers (Peterson, 266).[9] Er fängt sich dann aber, „faßt Mut" (vgl. zu IV 1,8) und tut nun alles, was er vor seinen Visionen auch früher (I 1,3) tat: Gott preisen, zum Zeichen der Buße (E. Schwartz, 25 A.1) auf die Knie fallen und die Sünden bekennen. Nach dieser Vorbereitung setzt die Vision ein.

1,6 Da es hier eigens heißt, daß die Alte mit denselben sechs jungen Männern kommt, die H schon kennt, müssen die vier und zwei Engel von I 4,1.3 zusammengezählt sein zu der im PH häufigen Sechszahl. In diesem Fall scheitert Henne, Polysémie, 132f. mit seiner Hypothese, wonach man im Sinn des H die Männergruppen von Vis I 4,1 (vier junge Männer); I 4,3 (zwei Männer); III 1,6 (sechs junge Männer) und III 10,1 (sechs junge Männer) separat belassen muß und sie nicht addieren darf, um ihre je eigene symbolische Bedeutung zu respektieren, an H selbst, der an vorliegender Stelle die vier und zwei Männer aus I 4,1.3 selbst eben zusammenzählt. – Hier bringen sie die Alte, um 1,7f. von ihr entlassen zu werden und sie 10,1 zusammen mit vier anderen wieder abzuholen. – Die Alte tritt zu H (antike Parallelen bei Peterson, 266), faßt ihn (vgl. I 4,2) und lenkt seine Aufmerksamkeit von der Sünde weg auf die Gerechtigkeit, mit der H eine gottgeschenkte Befähigung meint (Mand V 1,7), das Richtige zu tun. H stellt die Motivation gegen die Resignation.[10] – „einen Teil": Gerechtigkeit in diesem Sinn ist teilbar, d.h. um ein Minimum kann gebetet werden. H ist hier wieder samt seiner Familie das Modell ausgebliebener bzw. neu stimulierter

---

[6] Das vierte ist στατίων = *statio* (Sim V 1,1f.). Außerdem gibt es zwei lateinische Eigennamen (Κλήμης, Μάξιμος) und drei lateinische geographische Namen (Καμπανός, Κοῦμαι, Τίβερις) (s. Hilhorst, Sémitismes, 165).

[7] Hilhorst, Sémitismes, 167 A.2 die Belege; ebd. 166 über die üblichen Modifizierungen der Wörter bei ihrer Übernahme in die andere Sprache und ebd. 168.184 über ihren Stellenwert in der Sprache des H.

[8] Zur semantischen Funktion des doppelten ὡσεί s. Hilhorst, Sémitismes, 135.

[9] Joly, 100 A.1 erinnert an die Tradition vom „leeren Thron".

[10] Schümmer, 179 meint, daß hinter der Szene von 1,4–6 die kirchliche Praxis eines Sündenbekenntnisses „vor Bischof (sic) und Presbytern auf elfenbeinerner Bank" steht.

bzw. erbrachter Bewährung. – **1,7** Zur gerade erfolgten Ermunterung paßt die körperliche Aufrichtung des H. Bei der Entlassung der jungen Männer fällt zum ersten Mal (im Imperativ) das Stichwort „bauen“ aus dem im PH ab 10,4 so überaus wichtigen Wortfeld οἰκοδομεῖν/οἰκοδομή (s. Kraft, Clavis, 309–311), ohne daß hier auch nur ein Hinweis gegeben würde, worum es sich beim Bau handelt.

1,8 Nachdem H mit der Alten nun „allein“ ist und die Bank bereit steht, hat die Aufforderung zum Platznehmen ursprünglich sicher die folgerichtige Funktion, zum Anschauen der Vision (im Sitzen) überzuleiten, wie es in 2,4 beschrieben wird. H gibt offensichtlich aber einer Assoziation zum Einnehmen von Plätzen nach und schaltet einen Disput über Sitzordnung und (innerkirchliche) Rangfolge ein (es geht nicht um die Plätze „im Jenseits“: so von Campenhausen, Idee, 108). Dieses eingeschobene Thema gilt bis 2,2.

Statt eines Sessels (I 2,2) muß es hier eine Bank sein, weil mehrere Plätze (sc. rechts und links von der alten Frau) zu vergeben sein sollen. Wie konstruiert Szene und Konstellation sind, zeigt sich darin, daß die Presbyter[11], denen H den Vortritt lassen will, gar nicht anwesend sind. Und wie groß soll man sich die Bank vorstellen (bzw. wie klein die Zahl der Presbyter), wenn „die (= alle) Presbyter“ und erst recht „die“ Märtyrer und in 2,1 noch alle sündenfreien Christen darauf Platz haben sollen? Die Presbyterbank, von der aus die wahre Kirche autoritativ spricht (Snyder, 41), ist das wohl kaum. Trotzdem hat das seine realistische Bedeutung: H ordnet sich den Amtsträgern der Gemeinde unter. Die Alte läßt seinen Einwand „zuerst die Presbyter“ nicht gelten, korrigiert H also in seiner Ansicht. Was ist die wirkliche Selbsteinschätzung des H, der das ja schreibt? **1,9** H macht es dann doch falsch. Nachdem die Plätze auf der rechten (= würdigeren, höherwertigen) Seite[12] der Bank[13], die er den Presbytern vorbehalten wollte, frei geblieben sind, will er dort Platz nehmen. Die Alte komplimentiert ihn stattdessen nach links. Dadurch sehr betroffen („traurig“), muß H lernen, daß es eine andere Gruppe gibt, der die Plätze rechts zustehen: die Märtyrer[14], von deren Vollkommenheit[15] H nun weit abgerückt wird, aber wieder nicht zur

[11] Lake, 29 versteht darunter nicht die Presbyter der Kirche, sondern „*seniores priores*“ einer Höflichkeitsformel. Das macht den Text unverständlich. Die These von H. Lietzmann, Geschichte der Alten Kirche 2, Berlin-Leipzig 1936, 50, daß hier im Begriff der Presbyter die Märtyrer eingeschlossen seien, scheitert an der evidenten Unterscheidung, die H trifft.

[12] Religionsgeschichtliche Beispiele bei Dibelius, 457.

[13] Das zweimalige μέρη wird von Mohrmann, Les origines, 75; Giet, Hermas, 284 u.a. für einen Latinismus (= *pars*/Seite) gehalten, ist aber im Griechischen nicht auffällig (Hilhorst, Sémitismes, 161).

[14] Auf die Diktion wie Vis III 5,2; Sim VIII 3,7 u.a. hin muß man in den παθόντες des PH Märtyrer statt Bekenner sehen (von Campenhausen, Idee, 108; Brox, Zeuge, 225f.; T. Baumeister, Anfänge, 253; anders B. Kötting, JAC 19, 1976, 10 mit A.17). Zwischen Lebenden und Toten unterscheidet H weder in der Turm-Allegorie noch hier.

[15] Nach altkirchlichen Anschauungen kommen die Märtyrer unmittelbar nach ihrem Tod in den Himmel (Stuiber, 76 mit A.7).

Depression, sondern zur Motivation, es den Märtyrern gleichzutun und dann mit ihnen auf die Ehrenplätze zu kommen (gegen die These von W.J. Wilson, 34f., H verteidige hier seinen Prophetenrang vor den Presbytern, genügt der Verweis auf die Kritik durch Lampe, 198f. und auf die Tatsache, daß H ein Prophet weder war noch hat sein wollen; s. Einleitung § 2). Der „Name" (ohne Zusatz auch 2,1; Sim VIII 10,3; IX 13,2; 28,3.5; *IgnEph* 3,1), um dessen willen „gelitten" (παθόντες = gestorben) wird, ist wahrscheinlich nicht der Name Christi (gegen Dibelius, 457), sondern (und dann in zweifellos jüdischer Sprache) der „Name des Herrn" (= Gottes), wie man auf 5,2f. und besonders Sim IX 28,6 (ἐάν τις ὑμῶν διὰ τὸν θεὸν πάθῃ) hin sagen muß (Schläger, 328f.).[16] Strenggenommen ergibt sich aus 1,8–9 nur dies, daß H den Presbytern den Vorrang läßt und die Alte ihn den Märtyrern nachordnet. Außerdem zieht die Alte ihn mit der zweiten Aufforderung zum Platznehmen den Presbytern vor. So steht H zwischen Presbytern und Märtyrern. Es ergibt sich daraus nicht, daß die Märtyrer über den Presbytern stehen (B. Kötting, JAC 19, 1976, 10 mit A.17), denn die beiden Gruppen werden nicht miteinander verglichen.[17] Ein Kriterium für dieses Ranggefälle wird nicht genannt, ist also auf der Linie der Absichten des PH zu suchen. Es gibt nirgends im PH eine Auseinandersetzung oder Polemik zwischen Amt (Presbyter), Prophet, Märtyrer und „Sonderbotschafter" (Hermas; s. Exkurs: Kirchliche Verfassung). Auch hier kann sie nicht unterstellt werden (anders Weinel, HNTA, 297; Barnard, Studies, 153f.). Nach der Pointe des Textes bekommt H seinen Platz offenbar nicht als „Sonderbotschafter", auch nicht als Visionär (T. Baumeister, Anfänge, 253), sondern aufgrund dessen, wofür er auch sonst gelobt werden kann: seiner Einsicht in die Sünde und seiner Bereitschaft zur Buße wegen, – als Paradigma des Christen also, wie der PH ihn verlangt (vgl. II 3,2; s. Dibelius, 456f.635; von Campenhausen, Amt, 103f. A.5). Es geht nicht um eine Konkurrenz zum kirchlichen Amt, sondern um Stufen der Vollkommenheit. Die Klimax der heterogenen Gruppen „Presbyter – Hermas (= bußfertige Christen) – Märtyrer" hebt nicht auf eine Deklassierung der Presbyter, sondern auf die paränetische Orientierung nach oben, zum Ideal, ab.

2,1 H soll hier wohl kaum so naiv gezeichnet werden, als ob er nicht wüßte, was Märtyrer ertragen haben. Vielmehr ist es der Stil der Apokalypse, durch Fragen weitere Offenbarungen zu provozieren. Gefragt und erzählt wird auch das Selbstverständlichste und Trivialste. Außerdem ergibt das die

[16] Abstrakter I. Hausherr, Noms du Christ et voies d'oraison, Rom 1960, 41: „Le ‚nom', c'est tout le Christianisme, ... la synthèse chrétienne tout entier"; dann allerdings (unter Bezug auf Daniélou, Théologie, 49.201ff.): „pour Hermas et ses pairs c'est la Personne du Fils qui *est le nom*, le seul nom qui exprime parfaitement le Père".

[17] Dieselbe Vorsicht bezüglich dieser „höchst konfusen" Stelle bei Lietzmann, Verfassungsgeschichte, 172. Gebhardt-Harnack, 31f. glauben, daß Presbyter und Laien hier gleichgestellt werden, die Märtyrer beide aber an Würde überragen.

Gelegenheit, das Schicksal schwerer Folter und grausamer Hinrichtungsarten, wie Christen sie damals aushielten, aufzuzählen, um wahres Christsein mit dem permissiven Klima in der römischen Gemeinde, gegen das der PH ankämpft, zu kontrastieren. Die Anspielungen des H auf Verfolgung (s. Exkurs: Bedrängnis – Verfolgung – Martyrium) dokumentieren die Tatsache solcher Vorgänge zu seiner Zeit. – H konstatiert ausdrücklich eine Identität von Heil („Gaben") und Hoffnung („Verheißungen") für Märtyrer und alle (sündenfreien) Christen („die anderen"), hebt die Blutzeugen aber nach Rang und Ehrenstellung (δόξα) ab. Es gibt also relative Unterschiede der Erlösten, nicht der Erlösung (vgl. Sim VIII 2,1–4). Diese Identität der Erlösung für alle wird aber gerade nicht dadurch erreicht, daß man den H hier erhöht sieht (so K. Holl, Gesammelte Aufsätze zur Kirchengeschichte II. Der Osten, Tübingen 1928, 69: H als Vertreter des Prophetenstandes gedacht), sondern indem er „einfach als Typus eines Christen, der Buße getan hat" (von Campenhausen, Idee, 109 A.1), die Zusage erhält, die für alle gilt. Der Text ist eines der frühen Dokumente einsetzender Märtyrerverehrung. Der Lohngedanke, der in ihm steckt, dürfte eher aus dem Milieu jüdischer Apokalyptik (oder Martyrienüberlieferung) als vom „römischen Ruhmesgedanken" (T. Baumeister, Anfänge, 253f.) stammen (Neymeyr, Ruhmesgedanke, 32–34 u. passim), falls er überhaupt abgleitet werden muß. – ἁγίασμα (vgl. die Übernahme der Wendung aus dem PH bei Klemens v. Al., *strom.* IV 15,6; 30,1) ist wahrscheinlich (wie Euseb, *h.e.* VII 15,4) mit „Altar" zutreffend wiedergegeben. Durch den Transfer von Semitismen in die griechische Sprache unter dem Einfluß der LXX haben sich viele Bilder, Begriffe, Vorstellungen von ihrem jüdischen Ursprung emanzipiert. So sind bei H die Termini ἁγίασμα und θυσιαστήριον nicht mehr auf den Jerusalemer Tempel bezogen, sondern zum Inventar der außerirdischen Sphäre geworden (vgl. Hilhorst, Sémitismes, 159 mit A.3), in allegorischer Bedeutung. Ferner gibt es Indizien für eine Verbindung zwischen Bank und Altar (Peterson, 268 A.75 mit *Acta Thomae*: Ein συμψέλιον wird als τραπέζα zur Eucharistie genommen). Jedenfalls ergibt „Seite des Altares" einen besseren Sinn als „Seite des Heiligtums".

2,2 Inhaltlich liegt eine Dublette zu 1,9 (zweite Hälfte) vor. Vom Märtyrer trennen den Normalchristen seine Sünden und die noch nicht erfolgte Buße bzw. Reinigung. Und vom Paradigma H wird die Perspektive dort auf „alle, die dieselben Taten vollbringen", hier auf „alle, die nicht unentschlossen wanken", ausgeweitet. Das Futur „wirst/werdet gereinigt werden" ist paränetisch zu lesen. Die neue Bußpredigt präzisiert in einer allerdings unvollständigen Wiederholung aus II 2,5: Von allen bisherigen Sünden kann man gereinigt werden. Die hier unausgesprochene Bedingung dafür ist Buße und Umkehr. **2,3a** Der beabsichtigte Abtritt der Alten nach dem bedeutungsschweren letzten Satz ist gleich aufs Verbleiben eingerichtet, denn die jungen Männer, die sie abholen und die Bank wegtragen, kommen nicht hier und nicht 3,1, sondern erst 10,1. Erreicht ist damit eine Zäsur.

Die Allegorie vom Turmbau und den Steinen (Vis III 2,3b–3,1a)

10 (III 2) 3b **Ich warf mich aber vor ihren Füßen nieder und bat sie beim Herrn, mir die versprochene Vision zu zeigen.** 4 **Da nahm sie mich wieder bei der Hand, hob mich auf und setzte mich links auf die Bank. Sie selbst setzte sich rechts hin. Und sie hob einen blinkenden Stab hoch und sprach zu mir: „Siehst du einen Vorgang von großer Bedeutung?" Ich sagte zu ihr: „Nichts sehe ich, Herrin." Sie sprach zu mir: „So schau doch hin, siehst du nicht vor dir einen mächtigen Turm, der auf Wassern errichtet wird aus weißen viereckigen Steinen?"** 5 **Der Turm wurde im Viereck von den sechs jungen Männern gebaut, die zusammen mit ihr gekommen waren. Tausende andere Männer trugen Steine herbei, die einen aus dem Abgrund, die anderen vom Land, und sie reichten sie den sechs jungen Männern. Diese nahmen und verbauten sie.** 6 **Die Steine, die aus dem Abgrund heraufgezogen worden waren, fügten sie sämtlich unverändert in den Bau ein. Denn sie paßten und stimmten an den Kanten mit den anderen Steinen überein. Und sie fügten sich so genau zueinander, daß man keine Fugen sah. So sah der Turmbau wie aus einem einzigen Stein errichtet aus.** 7 **Von den anderen Steinen, die vom trockenen Land herbeigebracht wurden, warfen sie einen Teil weg, die übrigen setzten sie in den Bau ein. Andere zertrümmerten sie auch und warfen sie weit weg vom Turm.** 8 **Andere Steine lagen in großer Menge um den Turm herum, und man verwendete sie nicht für den Bau, weil sie unebene Flächen oder Risse hatten oder weil die Ecken abgebrochen waren oder weil sie weiß und rund waren, jedenfalls nicht in den Bau paßten.** 9 **Ich sah noch andere Steine, die weit vom Turm weggeworfen waren; sie waren auf den Weg geraten, blieben dort aber nicht liegen, sondern rollten vom Weg ins unwegsame Gelände. Wieder andere fielen ins Feuer und verbrannten. Noch andere fielen nahe ans Wasser, konnten aber nicht ins Wasser rollen, obwohl sie hineinrollen und ins Wasser gelangen wollten.**

11 (III 3) 1a **Als sie mir das gezeigt hatte, wollte sie fortgehen.**

2,3b H mischt sich wiederholt massiv in den Ablauf der Visionen ein und steuert in den Dialogen den Umfang der himmlischen Offenbarungen (vgl. 3,1). Hier erzwingt er die in II 4,2 angekündigte Mitteilung, die er schon III 1,2 moniert hatte, denn H ist neugierig und läßt nicht locker (Brox, Fragen; vgl. zu III 3,5). Daß er sich der Alten in den Weg wirft und Auskunft erzwingt, hat eine enge Parallele im *Thessalos-Brief* (1.Jh. n.Chr.): περιπεσὼν ἐπὶ στόμα καὶ κλαίων, τῶν ποδῶν εἰχόμην τοῦ ἀρχιερέως... ἔχει γάρ με ἀνάγκην θεῷ ὁμιλῆσαι.[18] Und eine andere Parallele aus dem *Poiman-*

[18] Text: P. Boudraux, in: Catalogus Codicum Astrologorum Graecorum VIII, 3, Bruxelles 1912, 134–139,13, hier 136,13f.16f.; französ. Übers. von A.-J. Festugière, RB 48, 1939, 57–64, hier 61, und ders., La Révélation d'Hermès Trismegiste I, Paris 1950^2. Nachdruck 1981, 57: „je

dres 1,16: Ὦ Ποιμάνδρη, εἰς μεγάλην νῦν ἐπιθυμίαν ἦλθον καὶ ποθῶ ἀκοῦσαι. μὴ ἔκτρεχε. Aus den nachzutragenden Sätzen oder Worten (ῥήματα) von II 4,2 ist in III 1,2 eine Offenbarung (ἀποκάλυψις) und hier eine weitere Vision (ὅραμα) geworden. Daß die bedeutungsschwere Turmbau-Allegorie (mit ihrer umfangreichen Erklärung) lediglich der nötige Nachtrag zum Offenbarungsbüchlein (II 1,3; 4,2) ist, ohne den die Kopien beinahe verbreitet worden wären, mutet bei ihrem Gewicht seltsam an. Die Darstellungen des H haben immer wieder eigentümlich Unwahrscheinliches an sich. Nach Gewährung der Vision wird dann die Offenbarung für definitiv beendet und vollständig erklärt (3,2).

2,4 Das Platznehmen auf der Bank[19] hat hier nichts mehr mit Rangfragen und Verdiensten zu tun, sondern ist Vorbereitung auf die Aufnahme der folgenden Vision (wie das Sitzen in V 1). Die Sitzordnung stimmt aber mit dem vorausgegangenen Gespräch über den Vorrang in der Verteilung von Rechts und Links überein. Auch V 1 setzt sich der Offenbarer neben H. – Ob der Stab in der Hand der Alten ein magisches (Zauberstab) oder ein deiktisches Instrument (wie z. B. *Tabula Cebetis* 4,2: Joly, Judaisme, 403) ist, läßt sich nicht entscheiden, weil die Motive durch H reichlich „lässig... komponiert" sind (magisches Material zum Stab bei Dibelius, 458; Peterson, 260 mit A.37). So oder so bewirkt er in H die zuerst offenbar noch behinderte Wahrnehmung der Vision. – Vorerst ohne jede Erklärung wird das Bild vom Turmbau einfach abgeschildert, obwohl man erkennt, daß eine ganze Reihe von Details bereits von der vorgesehenen Ausdeutung her allegorisch ausgeformt sind. Bild und Allegorie des „Turmes" stellen vor schwierige Fragen nach Sinn und Herkunft dieser Metapher. Ein im Bau befindlicher Turm legt etliche religionsgeschichtliche Assoziationen nahe (Dibelius, 460, dem Vielhauer, Oikodome so gut wie vollständig folgt), aber genauere Seitenstücke zum PH gibt es nicht. Da der Turmbau im weiteren Verlauf in sekundärer Interpretation als Allegorie für die Kirche als Gemeinschaft der durch Buße gereinigten Menschen erklärt werden wird, rechnet Staats, Hermas, 102f. damit, daß in dieser Allegorie „eine prophetisch-pneumatische Umkehrung des alttestamentlichen Bildes vom Turmbau zu Babel (Gen 11) kontrafaktorisch (*sic*) vorliegt, vergleichbar der Gegenbild-Typologie von Sintflut und Taufe in I Petr 3,21." Diese Typologie hat zwar den Vorteil, einen Turm als Vorbild benennen zu können, während man in der Regel die alte Vorstellung der Himmelsstadt für die Grundlage der Turm-Allegorie in Vis III und Sim IX heranzieht (seit Knopf, 216–218; z. B. Benz, 357, auch für Sim I). Für diese letzte Herleitung spricht aber trotzdem mehr,

---

me jetait soudain face contre terre et, tout en larmes, lui tiens embrassés les pieds... il faut absolument que je converse avec un dieu."

[19] Peterson, 255 A.6 vermutet hier ohne Begründung und sicher irrig „die Bedeutung Liegebett".

weil ganz sicher ist, daß die Deutung des Bildes auf die Kirche sekundär[20] ist und viele Details, z.B. die Beschreibung der Kirche mit kosmischen Kennzeichen (I 1,6; 3,4; II 4,1), sich von der Babel-Parallele her nicht verständlich machen lassen. Architektonisch und archäologisch sind Stadt und Turm freilich nicht deckungsgleich. Die Herkunft des Bildes und der Anlaß zu seiner ekklesiologischen Übertragung sind also nicht sicher. Zahn, Der Hirt, 496f. hatte aus der Erzählung des Josephus Flavius, *bell. jud.* VII 10,3 (427.429) vom Bau des jüdischen Tempels in Ägypten in turmähnlicher Architektur (ναὸν... πύργῳ παραπλήσιον) mit Ringmauer (περιτετείχιστο) durch Onias die Möglichkeit erschlossen, daß H geborener Ägypter war und diesen turmartigen Tempelbau lebenslang als Bild vor sich sah. – Siehe auch 3,3.

Der Turm wird „auf Wassern" errichtet (wie die Erde von Gott „auf Wassern" gegründet ist: I 3,4): Darin erkennt Peterson, 328 (im Kontext der jüdischen apokalyptischen Topographie) das „apokalyptische Gewässer", das in III 3,5 dann „zum Taufwasser wird" (324 A.53).[21] Man hat wegen I 3,4 aber eher an kosmische Rahmenvorstellungen zu denken (Dibelius, 460): Erde und Himmel stehen auf dem „Urwasser der Tiefe". – Die Attribute „weiß" und „viereckig" machen die ideale Qualität der ersten Sorte von Bausteinen kenntlich, somit ihre sofortige Verwendbarkeit im Bau ohne weitere Bearbeitung (s.u.). **2,5** Die mäeutische Frage der Alten wird auf der narrativen Textebene beantwortet: H sieht den „bedeutenden Vorgang" von 2,4 in Form der Baustellenszene und erlebt ihn nun mit. Der Turm, „im Viereck" gebaut, muß eine (kosmische?) Variante der Vollkommenheit sein. Die sechs jungen Männer (aus I 4,1–3; III 1,6 bekannt) gewinnen nach ihren bisherigen Auftritten nun als Bauleute an Bedeutung. Sie sind, wie sich zeigen wird, als hochrangige Engel mit dem „Herrn des Turmes" zur Siebenzahl zusammenzuzählen (s. 4,1). Die Myriaden von weiteren Männern sind ebenfalls Engel, im Dienst der Sechs am Bau des Turmes. An dieser Stelle beginnen die vielen und wiederholten Unterscheidungen und hierarchisierenden Gruppierungen, von denen der PH in seiner Bußbelehrung lebt: Kategorien, Qualitäten, Eigenschaften, Unterschiede und Rangfolgen auf der Bildebene werden Zug um Zug auf die moralische Qualität der Christen übertragen, damit jeder Sünder und Bußbedürftige, aber auch der Bewährte sich darin findet und die Konsequenzen zieht. Zuerst werden nur zwei Sorten von Steinen unterschieden (aus dem Abgrund, vom Land), und von beiden wird gesagt, daß sie verbaut werden. Das aber ist eine simplifizierende „Überschrift"; alles wird sofort genauer, problematischer, dramatischer: **2,6** Die Steine aus dem Abgrund, in dem das Wasser aus 2,4 zu denken ist

[20] Vgl. Vielhauer-Strecker, NTApo 2^5, 1989, 542; Köster, Einführung, 695: ein Bild ursprünglich für die Erschaffung der Welt.

[21] Die Schnelligkeit, mit der bei Peterson aus dem Füllhorn des religionsgeschichtlichen Materials, das er ausschüttet, subtile Thesen aus komplizierten Ableitungen entstehen, zwingt hier wie öfter zur Zurückhaltung in der Zustimmung.

(vgl. Peterson, 328f.)[22] und der von vornherein mehr zu bedeuten scheint als ein bloß geographisches Detail (so Joly, 105 A.2), nämlich den Aufenthaltsort der Verstorbenen, sind nach Paßform und Eignung ideal, der Turmbau ist fugenlos[23] und wie ein einziger Stein (vgl. den „Monolith" Sim IX 9,7; 13,5). So zu bauen war hohe Maurerkunst bei bestem Baumaterial. Ohne Mörtel verbaut, lagen die Quader, in Stoß und Lager sorgfältig zugerichtet, optimal aufeinander. Origenes bezieht sich auf diesen Text und seine Symbolik (*Philocalia* 8,3, ed. J. A. Robinson, Cambridge 1893, 54). – **2,7–8** Aber nicht alle Steine haben die Paßform. Die „vom trockenen Land" wären alle auch für den Bau bestimmt, diverse Beschädigungen oder negative Eigenschaften machen einen Teil von ihnen aber untauglich (wörtlich aufgegriffen zur Allegorisierung des Lebensstils eines Gottlosen von Didymos, *Caten. in Job* 8,17f.).[24] **2,9** Es werden nun zwecks späterer Auswertung möglichst viele Varianten aus dem Bild herausgeholt. Und folgende Arten von Steinen sind schließlich aufgezählt: Die „weißen viereckigen Steine" (2,4), die alle unbearbeitet für den Bau brauchbar sind, zählt H als erste, eigene Gruppe, wie nicht aus 2,4, wohl aber aus der Deutung 5,1 völlig klar hervorgeht. Die nächste Gruppe bilden geschlossen sämtliche Steine „aus dem Abgrund". Die dritte Gruppe besteht aus denjenigen Steinen „vom Land", die in den Bau eingesetzt werden konnten (2,7). Und die übrigen Steine „vom trockenen Land" sind dann noch weiter unterteilt: Manche werden bloß weggeworfen, andere davor „zertrümmert" und dann „weit vom Turm weggeworfen" (2,7). Beim Turm liegen vier Sorten herum mit viererlei Schäden oder Fehlern (unebene Flächen, Risse, abgebrochene Ecken, rund) (2,8). „Weit vom Turm weg" liegen noch einmal drei Sorten (die vom Weg gerieten, ins Feuer fielen bzw. nicht ins Wasser kommen konnten) (2,9). Nimmt man in der nicht ganz eindeutigen Aufzählung keine Überschneidung an, handelt es sich um 12 Gruppen (auch Gebhardt-Harnack, 33: „duodecim genera"). Aus der „Vielgestaltigkeit" dieser „Einteilung in zwölf(!) verschiedene Kategorien des Christseins" „auf eine große Anzahl" von Christen im damaligen Rom zu schließen (Lampe, 116; Joly, 36; Leutzsch, 251) ist sehr gewagt; hier spielt die moralisierende Phantasie des H. Es ist wie beim Rekurs auf den Umstand, daß sich nicht alle Christen persönlich kennen (Mand II 4–6) und daß H in seiner Symbolik für die Kirche Bilder verwendet, die jeweils eine ganz beträchtliche Anzahl von Christen unterstellen wollen (Vis III: Turm; Sim VIII: Weidenbaum; Sim IX: Fels, Berge, Turm): Man kann, was

[22] Stuiber, Refrigerium, 45 A.7: „Βυθός bedeutet das kosmische Urwasser, die Hadestiefe und das Taufwasser."

[23] In der oft eigenwilligen Sprache des H ist μετὰ (τῶν ἑτέρων λίθων) soziativ, nicht in der Bedeutung von „ebenso wie" zu lesen (dto. 5,2; Sim IX 7,4; s. Hilhorst, Sémitismes, 98f.).

[24] Text und Übersetzung U. Hagedorn u.a. (ed.), Didymos der Blinde. Kommentar zu Hiob (Tura-Papyrus), Teil III, Bonn 1968, 40f. (vgl. PG 39, 1141). Vgl. die Konkordanz der Katenenfragmente zum Text bei U. Hagedorn-D. Hagedorn, Zur Katenenüberlieferung des Hiobkommentars von Didymos dem Blinden, The Bulletin of the American Society of Papyrologists 22, 1985, (55–78) 70 Sp. 5.

ohnehin niemand bezweifelt, mit einer „ansehnlichen Gemeindegröße" rechnen, aber nicht zu absoluten Zahlenangaben kommen (Leutzsch, 246–251 mit der nötigen Skepsis). – Undurchsichtig bleibt daran manches. Die erste Sorte der Steine z. B. hat keine Herkunft, die anderen kommen aus dem Abgrund oder vom Land. Die am Turm herumliegenden Steine (2,8) scheinen nicht zu den ausdrücklich weggeworfenen zu gehören. H erzählt nicht sehr sorgfältig. Er ist schon hier so stark mit der Deutung oder Anwendung befaßt, daß plötzlich von Absichten, Wünschen und Mißerfolgen der Steine erzählt wird, wie die Menschen sie haben, auf die sie zu deuten sind. Die Vision enthält keine Erklärung dafür, in welches Feuer manche Steine fielen und wieso Steine „verbrennen" können, und auch nicht dafür, daß Steine in ein Wasser zu rollen wünschen. Gerade das Unverständliche in einer Vision macht die Auflösung attraktiv, die für die genannten Punkte dann im allegorischen Stil in 7,1–3 erfolgt (s. dort). – **3,1 a** Das Ende der Vision wird wie 2,3 a durch das drohende Verschwinden der Alten markiert. Diesmal bestand die Offenbarung nicht in Rede, Diktat, Lektüre oder Belehrung, sondern im „Zeigen" des Turmbaus.

Kirche, Buß- und Heilsstufen (Vis III 3,1 b–7,6)

11 (III 3) 1 b **Ich sagte zu ihr: „Herrin, was nützt es mir, das alles gesehen zu haben, wenn ich die Bedeutung der Vorgänge nicht kenne?" Sie gab mir zur Antwort: „Du bist ein gerissener Kerl und willst wissen, was es um den Turm ist!" „Ja, Herrin", sprach ich, „um es meinen Brüdern mitzuteilen, damit sie froh werden und, wenn sie das hören, den Herrn in seiner ganzen Herrlichkeit erkennen."** 2 **Sie sagte aber: „Hören werden es viele; manche von ihnen werden sich daraufhin freuen, manche weinen. Aber auch diese letzteren werden sich freuen können, wenn sie darauf hören und Buße tun. Vernimm also die (Deutung der) Gleichnisse vom Turm. Denn ich will dir alles offenbaren. Belästige mich dann aber nicht**[25] **mit weiteren Offenbarungen. Denn diese Offenbarungen sind nun beendet, weil sie vollständig sind. Du wirst aber bestimmt um weitere Offenbarungen bitten, denn du bist unverschämt."**

3 **„Der Turm, den du im Bau siehst, der bin ich, die Kirche, die dir jetzt und schon früher erschienen ist. Stell nun deine Fragen zu dem Turm, so viel du willst; ich will dir die (erklärenden) Enthüllungen dazu geben, damit du dich mit den Heiligen freust."** 4 **Ich sprach zu ihr: „Herrin, da du mich nun schon einmal für würdig gehalten hast, mir alles zu offenbaren, so gib mir die Offenbarung." Sie sprach zu mir: „Was an Offenbarung für dich zulässig ist, soll dir offenbart werden. Nur muß dein Herz bei Gott verharren, und du darfst nicht zweifeln an dem, was du siehst."**

5 **Ich fragte sie: „Warum ist der Turm auf Wassern gebaut, Herrin?" „Ich habe dir schon früher gesagt", sprach sie, „du gehst, was die Schriften**

---

[25] Vgl. Gal 6,17.

betrifft, gerissen vor, und du fragst sehr genau. Mit deinen Fragen bringst du die Wahrheit heraus. Hör zu, warum der Turm auf Wassern gebaut ist: weil euer Leben durch das Wasser gerettet worden ist[26] und gerettet werden wird. Sein Fundament hat der Turm im Wort des Allherrschers und des ruhmvollen Namens, seine Festigkeit hat er von der unsichtbaren Kraft des Gebieters."

12 (III 4) 1 **Ich antwortete ihr: „Herrin, das alles ist groß und wunderbar. Aber die sechs jungen Männer, die den Bau ausführen, wer sind sie, Herrin?" „Das sind die heiligen Engel Gottes, die zuerst erschaffen sind. Ihnen hat der Herr seine ganze Schöpfung übergeben, damit sie die ganze Schöpfung vermehren, aufbauen und beherrschen. Von ihnen wird also der Bau des Turmes vollendet."** 2 **„Wer sind aber die anderen, die die Steine herbeitragen?" „Auch das sind heilige Engel Gottes. Diese sechs stehen aber über ihnen. Der Bau des Turmes wird fertiggestellt werden, und alle miteinander werden voll Freude rings um den Turm stehen und Gott verherrlichen, daß der Turmbau vollendet ist."**

3 **Ich fragte sie: „Herrin, ich wüßte gern, wie es mit den Steinen ausgeht und was sie bedeuten." Sie gab zur Antwort: „Es ist nicht so, als wärest du von allen der Würdigste, daß dir die Offenbarungen gegeben werden, denn andere sind vor dir und besser als du; ihnen müßten diese Visionen eigentlich gezeigt werden. Aber damit der Name Gottes verherrlicht wird[27], hast du die Offenbarungen bisher empfangen und bekommst noch weitere Offenbarungen, und zwar der Zweifler wegen, die sich im Herzen ihre Gedanken darüber machen, ob alles wirklich so ist oder nicht. Sag ihnen, daß das alles wahr ist und nichts von der Wahrheit abweicht, sondern sämtlich sicher, gewiß und begründet ist." –**

13 (III 5) 1 **„Hör also von den Steinen, die in den Bau gelangten: Die viereckigen weißen Steine, die an den Kanten genau aufeinander paßten, das sind die Apostel, Bischöfe, Lehrer und Diakone, die in Gottes Heiligkeit gewandelt sind und ihre Aufgaben als Bischöfe, Lehrer und Diakone lauter und ehrbar für die Erwählten Gottes erfüllt haben. Ein Teil ist schon verstorben, andere leben noch[28]. Sie haben sich immer verstanden, untereinander Frieden gehalten und aufeinander gehört. Deshalb passen beim Turmbau die Kanten so gut aufeinander." –** 2 **„Aber die Steine, die aus dem Abgrund heraufgezogen worden waren und in den Bau eingefügt wurden und an ihren Kanten mit den anderen Steinen, die schon verbaut waren, zusammenpaßten, wer ist das?" „Das sind die, die des Namens des Herrn wegen gelitten haben."** – 3 **„Ich möchte auch wissen, Herrin, wer die anderen Steine sind, die vom trockenen Land herbeigebracht wurden." Sie sagte: „Die in den Bau eingehen, ohne behauen werden zu müssen, die hat der Herr geprüft, daß sie in der Gerechtigkeit des Herrn gelebt und seine Gebote ausgeführt haben."** – 4 **„Wer sind die, die herbeigebracht und in den Bau eingesetzt wurden?" „Das sind Gläubige, die neu zum Glauben gekommen sind. Sie werden von den Engeln angehalten, Gutes zu tun; daher war keine Schlechtigkeit an ihnen zu finden."** – 5 **„Und die sie nicht genommen und weggeworfen haben, wer ist das?" „Das sind solche, die nach ihren Sünden zur Buße bereit sind.**

26 Vgl. 1 Petr 3,20.

27 Vgl. Ps 85,9.12; Jes 24,15; 66,5; 2 Thess 1,12.

28 Vgl. 1 Kor 15,6.

Deshalb wurden sie nicht weit weg vom Turm geworfen, weil sie ja für den Bau brauchbar werden, sobald sie Buße tun. Die also Buße tun, werden durch die Buße stark im Glauben, wenn sie jetzt Buße tun, solange am Turm noch gebaut wird. Wenn der Bau aber fertig ist, finden sie keinen Platz mehr, sondern sind ausgestoßen. Dann bleibt ihnen nur, beim Turm zu liegen."

14 (III 6) 1 **„Willst du auch die zertrümmerten und weit vom Turm weggeworfenen wissen? Das sind die Kinder der Gesetzlosigkeit. Zwar haben sie sich zum Glauben bekannt, aber nur heuchlerisch, und in nichts haben sie sich von all ihrer Schlechtigkeit getrennt. Deshalb gibt es für sie keine Rettung, weil sie wegen ihrer Schlechtigkeit nicht brauchbar sind für den Bau. Darum wurden sie zertrümmert und weit weggeworfen infolge des Zornes Gottes, denn sie hatten ihn gereizt. –** 2 **Aber von den anderen, die du in großer Menge herumliegen sahst, die nicht in den Bau gelangen, hat ein Teil unebene Flächen; das sind die, die die Wahrheit erkannt hatten, aber nicht bei ihr geblieben sind und sich nicht den Heiligen angeschlossen haben. Deswegen sind sie unbrauchbar." –** 3 **„Und die Steine mit den Rissen, wer ist das?" „Das sind die, die im Herzen etwas gegeneinander haben und keinen Frieden untereinander halten**[29]**; zwar tun sie nach außen friedlich, aber wenn sie auseinandergehen, dann bleiben die Bosheiten in ihren Herzen. Das sind also die Risse, die diese Steine aufweisen. –** 4 **Die Steine, deren Ecken abgebrochen waren, sind die, die zum Glauben kamen und dann überwiegend gerecht leben, zu einem beträchtlichen Teil aber gesetzlos. Deshalb sind sie ohne Ecken und nicht einwandfrei." –** 5 **„Und die weißen runden Steine, die nicht in den Bau passen, wer ist das, Herrin?" Sie gab mir zur Antwort: „Wie weit geht das noch mit deiner Dummheit und deiner Uneinsichtigkeit? Du mußt nach allem fragen und begreifst nichts. Das sind die, die zwar den Glauben haben, aber auch Reichtum dieser Welt besitzen. Wenn dann eine Zeit der Bedrängnis kommt, dann verleugnen sie ihren Herrn wegen ihres Reichtums und wegen ihrer Geschäfte."** 6 **Ich antwortete ihr: „Herrin, wann werden sie denn für den Bau brauchbar sein?" „Wenn", sagte sie, „ihr Reichtum ihnen ‚weggeschlagen' wird, der sie ganz in Beschlag nimmt, dann werden sie brauchbar sein für Gott. Denn wie der runde Stein nicht viereckig wird, ohne daß er behauen und etwas von ihm abgeschlagen wird, so können auch die Reichen in dieser Welt nicht brauchbar werden für den Herrn, wenn ihr Reichtum nicht ‚weggeschlagen' wird.** 7 **Das kannst du am besten an dir selbst erkennen: Solange du reich warst, warst du unbrauchbar; jetzt dagegen bist du brauchbar und tust das Richtige für dein Leben. Werdet brauchbar für Gott; du selbst bist einer von dieser Sorte von Steinen gewesen.** 15 (III 7) 1 **Die anderen Steine, die, wie du gesehen hast, weit vom Turm weggeworfen waren und auf den Weg fielen und vom Weg ins unwegsame Gelände rollten, das sind die, die zwar zum Glauben kamen, aufgrund ihrer Zweifel aber von ihrem Weg der Wahrheit**[30] **wieder abgekommen sind. In der Meinung, einen besseren Weg finden zu können, irren sie unglücklich umher und laufen durch unwegsames Gelände.** 2 **Und die ins Feuer fielen und verbrannten, das sind die, die endgültig vom lebendigen Gott abgefallen sind**[31]**.**

---

29 Vgl. 1 Thess 5,13; Mk 9,50; 2 Kor 13,11.
30 Vgl. 2 Petr 2,2.
31 Vgl. Hebr 3,12.

Es ist ihnen überhaupt nicht mehr in den Sinn gekommen, noch Buße zu tun wegen ihrer wollüstigen Begierden und Schlechtigkeiten, in denen sie gelebt haben. – 3 **Die anderen, die nahe ans Wasser fielen und nicht hineinrollen konnten, willst du wissen, wer das ist? Das sind die, die das Wort hörten**[32] **und auf den Namen des Herrn**[33] **getauft werden wollten; dann aber denken sie daran, daß sich mit der Wahrheit die sittliche Reinheit verbinden muß, und sie überlegen es sich doch anders und laufen ihren alten Begierden nach**[34]**."**

4 **So schloß sie die Erklärung des Turmes ab.** 5 **In meiner Unverschämtheit fragte ich sie weiter, ob alle weggeworfenen Steine, die nicht in den Turmbau paßten, noch eine (Möglichkeit zur) Buße hätten und einen Platz in diesem Turm fänden. Sie sagte: „Eine (Möglichkeit zur) Buße haben sie schon, aber es ist unmöglich, daß sie in den Turm passen.** 6 **Aber sie werden an einen anderen, weit minderen Platz passen, und zwar erst, nachdem sie gequält worden sind und die Tage für ihre Sünden abgeleistet haben. Und zwar werden sie deshalb (dorthin) versetzt, weil sie am gerechten Wort Anteil hatten. Und sie werden dann von ihren Qualen (dorthin) versetzt, wenn sie sich die schlechten Werke zu Herzen nehmen, die sie getan haben. Wenn es ihnen aber nicht in den Sinn kommt zu bereuen, gibt es für sie wegen ihrer Verstocktheit keine Rettung."**

3,1b Der Seher H verlangt nach sofortiger Deutung der Vision, d.h. die Alte darf nicht gehen. Wie H hier (und 2,3b) interveniert und im Dialog mit der Offenbarerin die Mitteilung der Deutung der Vision erreicht, ist durchaus konventionell: Dem Seher von Apokalypsen bleibt das Geschaute zunächst unverständlich; darum folgt in der Regel die Auflösung der änigmatischen Szenen.[35] Im PH freilich belehren die deutenden Gestalten den Visionär nicht über „die Räume des Himmels, sondern öffnen ihm den Blick für die eigentümliche Lage der Kirche seiner Zeit und ihre Gefahren" (M. Dibelius, Hermas, 1822). Nicht so konventionell ist die kritische Reaktion der Alten, die man nicht recht versteht, weil doch H natürlich zu wissen wünschen soll, „was es um den Turm ist", und noch dazu den selbstlosen und seinem Auftrag (II 4,2) entsprechenden Grund angibt, die Kunde den Brüdern weitergeben zu wollen, für die das die Heilschance bedeuten wird. Die Alte spricht eine Art Tadel für H aus (Brox, Fragen, 178 mit A.7: Parallelen), obwohl er sich als Seher mit Fragen und Wißbegier völlig adäquat zum apokalyptischen Genre verhält. Das Motiv steht in dieser Szene innerhalb des PH nicht vereinzelt da und hat seinen besonderen Sinn (s. 3,5). Daß damit die Bedeutung des jeweils Folgenden gesteigert werden soll (Dibelius, 462), läßt sich nicht erkennen. – Zu „froh" (ἱλαρός) siehe I 4,3. „Herr" (κύριος) ist, wie fast immer im PH, Gott; „den Herrn... erken-

32 Vgl. Mk 4,18 par.

33 Vgl. Apg 19,5; 2,38; 10,48.

34 Vgl. Sir 18,30.

35 E. Janssen, Das Gottesvolk und seine Geschichte, Neukirchen-Vluyn 1971, 89–91 mit den Parallelen (89 A.4): Dan 2,35ff.; 7,1–13; 8,1ff.; *äthHen* 52,1ff.; 85,1ff.; *AbrApk* 22,1ff.; *4Esra* IV 44ff.; X 38; XI 1ff.; XIII 1ff.; *syrBar* 35,1ff.; 53,1ff.

nen" ist feierliche Umschreibung der Bekehrung. – **3,2** Die Alte dämpft die emphatische Prognose des H aus 3,1: Hören gibt erst zusammen mit Umkehr Grund zur Freude über sicheres Heil und spielt in dieser Bedeutung (auch wo die Umkehr nicht wörtlich gefordert wird) eine eminente Rolle im PH (s. Kraft, Clavis, 22f.). H schreibt vor dem Hintergrund seiner Kirchenerfahrung in skeptischen Zeilen, daß trotz Kenntnis der Forderungen aus dem Glauben nicht alle danach leben und büßen, sagt aber hier wie stets hinzu, daß es zur Buße nicht zu spät ist. Die von den Hörern, die sich „daraufhin freuen", finden sich in der Allegorie eben in den Steinen wieder, die in den Bau eingesetzt wurden (2,7); und die von ihnen, die „weinen", sind wegen ihrer Sünden durch die Rede von den „weggeworfenen" Steinen verängstigt, aber noch nicht chancenlos (vgl. 5,5). – Trotz des Tadels 3,1 wird die erbetene Offenbarung völlig selbstverständlich zugesagt („die Gleichnisse/Parabeln vom Turm" bezieht sich hier auf die Deutung, in Mand XI 18 dagegen, im Singular, auf die nachfolgende Parabel als solche samt Deutung). Die Alte verbittet sich in verschärftem Ton vorsorglich weitere Fragen nach gegebener Deutung. Ende und Vollständigkeit ergangener Offenbarung sind ein stereotypes Thema des apokalyptischen Szenenwechsels im Stil permanenter Verlängerung der Sequenz von Offenbarungen: „eigentlich ist jede... die abschließende, letzte... In Wirklichkeit schließen sich immer neue Offenbarungen... an" (Dibelius, 462).

3,3 Der lapidare Satz, daß der Turm die Kirche ist, gibt den Schlüssel zur Vision und ihrer Deutung. Die Schwierigkeit, daß der Turm und die alte Frau als Allegorien für die Kirche in dieser Form in ein und derselben Szene nebeneinandergestellt sind und gleichzeitig auftreten bzw. daß die Alte hier den *angelus interpres* spielt und sich als solcher sozusagen neben sich selbst stellt und zwei Bilder für sich selbst gegeneinander austauscht bzw. daß die Kirche unter der einen Metapher (alte Frau) die andere Metapher (Turm) auf sich selbst deutet, scheint vom modernen Leser härter empfunden zu werden als vom Apokalyptiker der Zeit des H, denn solche „Rochaden" in der Allegorie waren auch für andere vollziehbar. *4Esra* X 27 heißt es von der dort agierenden visionären Gestalt (der klagenden Zion): „siehe, da war die Frau für mich nicht mehr zu sehen, sondern eine Stadt war erbaut (vgl. 42), und es zeigte sich ein Ort mit gewaltigen Grundmauern". Eine arabische Übersetzung (Ar[1]; s. Schreiner, 293) sucht die Metamorphose zu verstehen: „Und sie erschien mir nicht mehr gleich einer Frau, sondern gleich einer gebauten gewaltigen Stadt". Und die Deutung dazu (X 44): „Diese Frau, die du gesehen hast, ist Zion, das du jetzt als erbaute Stadt schaust."[36] Solche zeitgenössischen Zionbilder waren leicht auf die Kirche übertragbar (vgl. Snyder, 42f.; vgl. H. Kraft, ThZ 11, 1955, 262). Frau und Bau als Sequenz oder Gleichzeitigkeit mehrerer Allegorien für dieselbe Größe ist so unerhört

[36] Übersetzung von Schreiner, 380.382.

also nicht (zur Problematik Turm-Stadt siehe 2,4). Parallelen zur mehrfachen (doppelten oder dreifachen) allegorischen Präsenz finden sich in Sim VIII 3,2.3 („Dieser Baum... ist das Gesetz Gottes... Dieses Gesetz ist aber der Sohn Gottes"); Sim IX 1,1 („Der heilige Geist, der in Gestalt der Kirche... gesprochen hat; dieser Geist ist nämlich der Sohn Gottes"); Sim IX 12,1 („Dieser Felsen und das Tor, das ist der Sohn Gottes") zusammen mit 12,8 („Der herrliche Mann [= der Herr des Turmes: Sim IX 5,2.6.7; 7,1; 9,4; 30,2] ist der Sohn Gottes"). – H wird jetzt zum Fragen animiert; auch das gehört zum apokalyptischen Genre. Die erhaltene Kunde bedeutet im qualifizierten Sinn Freude (über die Erreichbarkeit des Heils). **3,4** Offenbarung kann nur empfangen, wer erwählt und „würdig" ist (auch IV 1,3); H ist nicht der würdigste (III 4,3). Vgl. *4Esra* XII 9: „Du hast mich für würdig gehalten, mir das Ende der Tage... zu zeigen" (vgl. *4Esra* XII 36; XIII 53–56 u. a.). Auf die Bitte um Offenbarung wird mit gewisser Zurückhaltung („was für dich zulässig/zuträglich ist")[37] und bedingungsweise (bei Gott verharren[38], nicht zweifeln) reagiert. **3,5** Als er dann aber auf Aufforderung wie 3,3 detailliert zu fragen beginnt, weist ihn die Alte eher wieder ab, um ihm sofort die erbetene Erklärung zu geben. Diese seltsame Gedankenfolge 3,1–5 verquickt apokalyptische Konvention des Dialogs zwischen Seher und Offenbarer mit dem Duktus der Moralkritik des PH; s. Brox, Fragen, 183–188; vgl. außer den dort gebotenen Materialien den bereits zu 1,2 verglichenen Zauberpapyros bei K. Preisendanz – A. Henrichs, Papyri Graecae Magicae. Die griechischen Zauberpapyri, Bd. I, Stuttgart 1978², 76 Zeile 166–168; Grese, 59–61.70 (vgl. 77f.) mit A. 58.59 über einschlägige Parallelen zum PH im *Corp.Herm.* 13, die außer in den literarischen Figuren auch in der Tendenz mit dem PH übereinkommen: Beide sind Erziehungs-Traktate, und zudem ist eine Ähnlichkeit mit der Orakelform jeweils Anlaß zum Gebrauch des Fragespiels. Auch antike Topik ist zu erkennen (Peterson, 259 zu Vis III 2,3). Parallelen zu allen Spielarten des Motivs im PH sind in den jüdischen Apokalypsen zu finden (besonders *grBar* und *4Esra*). – Die Zurechtweisungen des H werden von Macmillan, Interpretation, 542 abwegigerweise als Aufforderungen zum Gehorsam an die einfachen Christen gegenüber der Kirche Roms verstanden. Bogdanos, 65 hebt auf das Bild vom naiven und wissensdurstigen H ab. Ähnliches ergibt sich aus den Bild- und Bedeutungsanalysen von W. Harnisch, Der Prophet als Widerpart und Zeuge der Offenbarung. Erwägungen zur Interdependenz von Form und Sache im IV. Buch Esra, in: Hellholm (ed.), Apocalypticism, 461–493: Die literarische und inhaltliche Qualität von *4Esra* wird im PH zwar nicht erreicht, aber doch nachgeahmt. In den drei Dialogen des *4Esra* wird für den Menschen

[37] Diesen Satz zitiert Klemens v. Al., *strom.* II 3,5.

[38] ἤτω (unklass.) ist neutestamentliche Form für ἔστω: Menge-Güthling, Griechisch-deutsches und deutsch-griechisches Wörterbuch, Teil I, Berlin-Schöneberg 1910, 170; E. G. Hoffmann – H. von Siebenthal, Griechische Grammatik zum Neuen Testament, Riehen/Schw. 1985, 163 (§ 125a).

eine erkenntnistheoretische Grenze gezogen, er aber fragt über diese Grenze hinaus – wie (nicht ganz so ernst) H (s. Brox, Fragen, 182f.; vgl. Baumgärtner, 81f.; Dean-Otting, 70). – Die Passage „was die Schriften betrifft, bist du gerissen" macht textkritische Probleme. Die meisten Editionen bzw. Übersetzungen lassen diesen Satzteil mit SL^2E[39] aus (z. B. Gebhardt-Harnack, 36; Lake, 34; Funk, 438; Crombie, 14; Whittaker, 10; Zeller, 189). In der Kurzform genügt der Text aber sachlich nicht. Die Alte würde fälschlich behaupten, die gerade gestellte Frage schon beantwortet zu haben (weder I 3,4 noch II 4,1 ist das der Fall). Was sie „schon früher gesagt" hat, ist nichts zur Deutung der Vision gewesen, sondern daß H gerissene bzw. dreiste Fragen stellt. Darum ist dieser Satzteil mit AL^1 unentbehrlich (so auch Dibelius, 463f.; Snyder, 45; Joly, 108 A.2; ausführlich Hellholm, Visionenbuch, 131 A.11) und ergibt erst den Sinn des Textes. Der Verlust der 6 Wörter ist schreibtechnisch relativ einleuchtend zu erklären (Hellholm, ebd. 132). Allerdings läßt sich für γραφάς keine wirklich plausible Erklärung nennen.[40]

Die bis 7,6 reichende Deutung der Turmvision wird weitgehend durch die Fragen des H, d. h. dialogisch gesteuert. – Weil die Wasser, über denen der Turm gebaut ist, mit Leben und Rettung der Menschen in Sinnzusammenhang gebracht werden, muß es sich um das Taufwasser handeln. Die mythologisch-kosmische Dimension des Motivs in 2,4 ist damit aufgegeben, das Motiv in christliche Symbolik eingereiht[41], selbst wenn die Diktion auch jüdisch gelesen werden kann (Schläger, 340). Rettung in Vergangenheit und Futur entspricht der Bedeutung der christlichen Taufe, in der die geschehene Lösung von den begangenen Sünden und gleichermaßen das definitive künftige Heil garantiert ist. Die Nähe von Kirche (Turm) und Wasser besteht nicht nur im Bild. Man kann die Notwendigkeit der Taufe zur Kirchenzugehörigkeit darin finden (Benoît, 134). Die Wichtigkeit und himmlische Herkunft der Kirche ist durch die eminenten (jüdischen) Umschreibungen Gottes gebührend gesichert, und sie behält dadurch die kosmischen Ausmaße der Himmelsstadt (2,4). Das „Wort (ῥῆμα) des Allherrschers" wird aus dem Zusammenhang der Welterschaffung stammen und kann nicht christologisch („Wort Christi", „Predigt von Christus") gelesen werden. – ὄνομα/Name ist (jüdisch) von Gott gesagt (Pernveden, 35f.).

4,1 Zur begeisterten Reaktion des H auf die erste Enthüllung vgl. *grBar* 4,1: „Du zeigst Großes mir und Wunderbares. Nun zeig mir alles um des

[39] Das Material bei Hilhorst, Sémitismes, 131 A.11.

[40] Hilgenfeld, 17; Dibelius, 464; Hellholm, Visionenbuch, 132 konjizieren darum zu ἐκζητήσεις („Fragen"). Zum irrigen *structuras* statt *scripturas* in der Vulgatatradition s. Hilhorst, Sémitismes, 3–5.

[41] Der Vorbehalt von Andresen, 32 A.25 gegen Giet, Hermas, 114 A.1 ist überflüssig. In 1 Petr 3,20 scheint etwas Ähnliches bei einem frühjüdischen Mythologem vorzuliegen: N. Brox, Der erste Petrusbrief, Zürich u. a. 1989³, 176.

Herren willen!" Die schon früher aufgetretenen sechs jungen Männer (I 4,1.3; III 1,6) aus 2,5 werden jetzt als die (erstgeborenen: auch Sim V 5,3) Erzengel identifiziert (Sahlin, 161; Snyder, 45f.). Nach jüdischer Vorstellung gibt es aber sieben Erstgeschaffene, nicht sechs, und tatsächlich zeigt Sim IX 6,1f.; 12,7f., daß die sechs Engel im PH mit dem „Herrn des Turmes" (Sim IX 7,1), der sie an Größe überragt, zusammengehören. Zur schwierig auszumachenden Identität dieses Siebten siehe Sim IX 6,1; Sim VIII 3,3. Diese ranghöchsten Engel des Judentums spielen auch später noch wie hier eine Rolle im Frühchristentum (s. Lueken, 111f.; 36f.; vgl. Gebhardt-Harnack, 37–39). H hat eine ausgesprochene Vorliebe für die Engel (s. Exkurs: Die Engel). Die sechs Engel, die in kosmischen Funktionen für Bestand und Wachstum der ganzen Schöpfung zuständig sind, bauen und vollenden also die Kirche, womit deren exzeptionelle Herkunft und Bedeutung wieder im Bild beschrieben ist.

4,2 Die Myriaden untergeordneter Engel bereichern das Bild, wobei der Ablauf der Handlung (Tausende bringen Steine, nur sechs Engel bauen) wieder schwer vorstellbar ist. Daß dies die Engel sind, denen Gott die Sorge um die Völker aufgetragen hat (Funk, 441) oder die die Völker „zum Eintritt in den Turm der Kirche" motivieren (Weinel, HNTA, 298), kann man der Allegorie nicht entnehmen. Es entsteht aber der Eindruck des großen Ereignisses und der zügigen Fertigstellung des Bauprojekts. Passend dazu wird das Szenario des Finales entworfen, in dem alle Tausende um den fertigen Turm (die Kirche) stehen und „Gott verherrlichen" (= singen?). Worin die Vollendung des Baus besteht (beim Eschaton, wenn alle Menschen, alle Gläubigen, alle Büßer zur Kirche gehören?), wird in der Ausdeutung nicht gesagt.

4,3 Die pauschale Deutung des Turmes kann nicht genügen, nachdem die Turmvision die dramatischen Unterschiede zwischen den Steinen beschrieben hatte. H fragt danach[42] und löst damit notwendig längere Erklärungen aus. Sie sind durch ein Vorgeplänkel in Form einer Relativierung der ethischen Qualität des H und der Erinnerung an seinen Auftrag eingeleitet.[43] Man kann die Reduzierung seiner „Würde" (vom Verfasser H her) selbstkritisch verstehen, wird sie aber eher, im Hinblick auf dessen Rolle im PH, zur Fiktion rechnen: H stellt den bußbedürftigen Menschentyp dar. Seine Sünde soll aber die Deutung des Turmbaus nicht verzögern, er bleibt Offenba-

[42] Der idiomatische Gebrauch von ἤθελον (fast immer: γνῶναι) in Wünschen, wie H ihn zur Umschreibung des Modus kennt (Hilhorst, Sémitismes, 27.65), ist ungebräuchlich, aber in allen drei Teilen des PH, nämlich Vis III 8,6; 11,4; Mand V 1,7; XII 3,1; Sim II 2; VI 3,4; IX 5,3; 11,6 zu finden (Demaray, 77.175).

[43] Der Satz kann nur moralisch und nicht als Entschuldigung des H für „sein spätes Schreiben" (K.-H. Ohlig, Die theologische Begründung des neutestamentlichen Kanons in der alten Kirche, Düsseldorf 1972, 158 mit A.5) verstanden werden.

rungsempfänger. Die Wendung „damit der Name Gottes verherrlicht wird" ist wegen derselben Formel in 4,2 auf die Vollendung des Baus zu beziehen. Die pastoral-apokalyptische Aufgabe des H ist es, diejenigen (rechtzeitig) zu überzeugen, die in der vom PH als sehr gefährlich eingestuften Haltung der Unentschiedenheit, des Zweifels (s. Exkurs: Der Zweifel) leben. Sehr enge Verwandtschaft hat der Text mit dem schwierigeren Logion *Did* 4,4; *Barn* 19,5: „Du sollst nicht zweifeln, ob es sein wird oder nicht"; weitere Parallelen und zur Ratlosigkeit der Ausleger vor diesem Satz s. Niederwimmer, 134.137f. und Mand IX 1. Durch den Kontext ist die Deutung von Vis III 4,3 indes nicht so aussichtslos wie in den anderen Fällen. Gegenstand des Zweifels ist hier klar die Paränese und Bußpredigt des PH, ihre Gewißheit und Beglaubigung durch Offenbarungen. Vgl. den eventuellen Zusammenhang der Wendung („ob alles wirklich so ist oder nicht") mit derjenigen von Mand XI 2: „was ihnen die Zukunft bringt". – Vgl. Zahn, Forschungen III, 315. – Die Phrase „im Herzen" (auch I 1,2; 2,2; Sim IX 28,4f.) geht mehr oder weniger direkt auf das Hebräische oder das Aramäische oder auf beide zurück (Hilhorst, Sémitismes, 142).

5,1–7,6 Es geht ohne weitere Umstände zur Erklärung der allegorischen Steine und ihrer Verschiedenheiten über. H ist damit bei seinem prekären Thema von der Selbstgefährdung der Christen durch ihre Sünde.[44] Die folgende Erklärung der Allegorie läuft darauf hinaus, daß nur die Eliten und nur die seit der Taufe oder durch noch rechtzeitige Buße sündenlos gewordenen Christen in den Turm gelangen, zu dem sie dann als Bausteine oder als Bewohner gehören. Der Turm bildet hier also die empirische Kirche nicht so ab, wie sie ist, sondern wie sie werden soll. Es handelt sich um die Kirche, die sowohl hiesig (weil es die Eliten, die bewährten Christen und die getauften Sünder ja schon gibt) als auch eschatologisch (weil erst mit der Fertigstellung des Turmes feststeht, wer definitiv zu ihr gehört und wer ausgeschlossen ist) begriffen wird (zum Kirchenbegriff s. Exkurs: Die Kirche). Frage und Antwort bringen eine gewisse Bewegung in die lange Rede. Die Deutung hält sich an die Reihenfolge der Vision. Inhaltlich fällt die Abweichung auf, daß die „viereckigen" und die „aus dem Abgrund heraufgezogenen" Steine voneinander unterschieden sind (gegen 2,4.6) und daß auch die Gruppe der Steine „vom Land", die direkt in den Bau gelangt, in der Erklärung unterteilt und auf zweierlei Christentypen gedeutet wird (Gerechte und Neugetaufte). Insgesamt sind die markierten Unterschiede völlig disparater Art. Einerseits wird zwischen Gerechten und Ungerechten, zwischen Glaube und Unglaube unterschieden, im übrigen aber zwischen unterschiedlichen Graden der Bewährung bzw. der Schlechtigkeit. In dieser allegorischen Entschlüsselung liefert H einen Katalog seiner christlichen Ideale und Sündenfälle, sehr

[44] Der Irrtum von d'Alès, L'édit, es gehe in der dritten Vision um die Zulassung der Katechumenen, ist oft genug widerlegt worden.

deutlich auf der Folie der Erfahrungen mit einer Kirche von nicht überragendem Niveau entworfen. In der Turm-Allegorie wird das ideale Bild einer Kirche ohne Sünde und Fehler dagegengehalten. Denn die Allegorie wie die Deutung lassen nur einwandfreie Steine (Christen) als Bestandteile des Turmes (der Kirche) zu. Man hat in der Turmallegorie von Vis III also nicht eine Beschreibung des Christwerdens vor sich, sondern eine der Eingliederung der sündenlosen Christen in die hier ideal gesehene Kirche (Zahn, Der Hirt, 201f.). Sim IX dagegen redet von Eingliederung und Ausschluß, also nicht von der idealen Seite der Kirche.

5,1 Die erste Gruppe idealer Steine („viereckig" und „weiß"), die den ersten Bauteil (oder das Fundament des Turmes: Sim IX 4,2) bilden, „sind" die kirchlichen Autoritäten der ersten Stunde oder Generation wie sonst nur Eph 2,20. Die vier Gruppierungen „Apostel, Bischöfe, Lehrer und Diakone" scheinen mit den folgenden vier Partizipien distributiv bedacht zu werden, so daß die Bestätigungen für Bischöfe, Lehrer und Diakone funktionsbezogen sind (ἐπισκοπήσαντες, διδάξαντες, διακονήσαντες ἁγνῶς κτλ.), während den Aposteln der Reihenfolge nach das generelle Kompliment eines „Lebenswandels in Gottes Heiligkeit" verbleibt; für sie ist nicht auf spezielle „Aposteltätigkeit" abgehoben, was insofern einleuchtet, als man die Apostel schicklicherweise nicht belobigt. Es wird stimmen, daß die anderen drei Teilgruppen „als eigentliche Ämter" von den Aposteln abgehoben sind (Schweizer, Gemeinde, 144), und zwar im Sinn einer Nachordnung. – Daß ἐπισκοπεῖν die Tätigkeit des Bischofs ist, zeigt den ursprünglich praktischen Charakter des Episkopenamtes. Zum semitischen Charakter der Formel τοῖς ἐκλεκτοῖς s. Hilhorst, Sémitismes, 147–150. Im Unterschied zu den vier Gruppen (Apostel, Bischöfe, Lehrer, Diakone) sind an anderen Stellen „Apostel und Lehrer" für sich genannt, und zwar ebenfalls als die Erstverkündiger aus der Anfangszeit des Christentums (vgl. auch Baumgärtner, 56–58 und die bei Neymeyr, Lehrer, 11 A.15 Genannten; darüber s. zu Sim IX 16,5 und den Exkurs: Kirchliche Verfassung). Sie sind schon verstorben; ihr Auftrag als Predigt für die früheren Generationen (vor und nach deren Tod: Hadespredigt) ist als Ereignis der vergangenen Frühzeit dargestellt (Sim IX 15,4 mit 16,5; 25,2)[45], wie es hier in 5,1 für alle vier genannten Gruppen gemeint ist (Neymeyer, Lehrer, 11f. hält das offen). Bischöfe, Lehrer und Diakone gibt es dagegen noch jetzt (Mand IV 3,1; Sim IX 19,2; 26,2; 27,2).[46] Daß „ein Teil schon verstorben ist" (Sim IX 15,6 sind sie alle

[45] Dem muß dann ein numerisch und zeitlich limitierter Apostelbegriff (die biblischen Zwölf?) und ein ebenso begrenzter Lehrerbegriff zugrunde liegen. In Sim IX 15,4 und 16,5 sind die Apostel eine Teilmenge von 40, der Rest sind „die Lehrer", die nicht mit den Lehrern in Mand IV 3,1; Sim IX 19,2 identisch sind. Diese Lehrer wiederum erfüllen wohl dieselbe Predigtaufgabe zur selben Zeit wie die Apostel, ohne selbst Apostel zu sein.

[46] Die Vermutung von Harnack, Mission, 352, im Sinn des H sei jeweils „Prophet" hinzuzusetzen, kann man nicht teilen.

tot), bezieht sich (gegen Dibelius, 466; Lietzmann, Verfassungsgeschichte, 173) nicht unterscheidend nur auf die „Apostel und Lehrer", die freilich sämtlich dazu gehören, sondern auch auf die ganz frühen Bischöfe, kirchlichen Lehrer (die von den „Aposteln und Lehrern" aus Sim IX 15,4; 16,5; 25,2 zu unterscheiden sind) und Diakone, denn H will hier deutlich die Gründerzeit, die idealen Autoritäten des Ursprungs herausstellen und vom desolaten moralischen Zustand der jetzigen Kirchenvorsteher (II 2,6; III 9,7–10; Sim VIII 7,4) wie des Gros aller Christen abheben. Man hat schon früh (Apg) die Anfänge des Christentums, die bei H mit einigen Überlebenden noch in die Gegenwart reichen („andere leben noch"[47]), idealisiert, weil die Gegenwart vom Ideal nicht viel erkennen ließ. Dazu faßt H alle Größen bzw. Autoritäten und Verantwortlichen der Frühzeit zur Gruppe der idealen Gläubigen zusammen (ähnlich von Campenhausen, Amt, 103). Andernfalls ergäbe sich, daß er auch die gegenwärtig amtierenden Bischöfe und Diakone (so z.B. Duchesne, 13) als ausnahmslos vorbildliche Christen hinstellen würde, während er die derzeitigen Vorsteher doch alle miteinander hart kritisiert (III 9,7–10; Sim VIII 7,4). Dies sind aber die Presbyter, und da man nicht annehmen kann, daß die Presbyter in 5,1 nicht mitgemeint sind, wird es richtig sein, die Bischöfe und Presbyter für identisch zu halten (Gebhardt-Harnack, 39; Joly, 110 A.2), zumal sie nie nebeneinander genannt werden (Funk, 441f.; Schweizer, Gemeinde, 144; Snyder, 46f.). Anders Harnack, Entstehung, 56f.: „Das Verhältnis beider Gruppen bleibt dunkel." – Die Bischöfe und Diakone dieses Textes sind also „die ersten, die es überhaupt gegeben hat, die Zeitgenossen der Apostel" (Zahn, Der Hirt, 96). In der Frühzeit der „Apostel und Lehrer" waren eben auch die Bischöfe, Lehrer und Diakone tadellos. Was H hier Positives über die ersten Kirchenmänner sagt, erinnert inhaltlich an die Pflichtenspiegel für Amtsträger in der frühchristlichen Literatur: Mit guter Amtsführung muß sich ein einwandfrei christliches Leben verbinden. Dafür werden Friede und gegenseitiges Einverständnis unter ihnen genannt. Fugenloses Mauerwerk aus perfekten Quadersteinen ist die Entsprechung in der Allegorie vom Turm, Streit aber unter den Klerikern die in der frühchristlichen Literatur häufig kritisierte Wirklichkeit. – Bei der demonstrierten „Paarung" von jeweils zwei der vier genannten Gruppen fällt die davon abweichende Reihenfolge im vorliegenden Text auf und läßt sich nicht sachlich erklären (Dibelius, 466: „durch die Alliteration bedingte Reihenfolge"; nach Harnack, Entstehung, 55 allerdings stellt H die Bischöfe „um sie zu ehren, vor die Lehrer").

5,2 Im Stil zügiger Belehrung geht es übersichtlich in der Deutung weiter. Für die Herkunft der Steine „aus dem Abgrund"[48] bzw. „vom trockenen

[47] Diese Angabe eignet sich auf keinen Fall für die Datierung des PH (gegen Deemter, 47). Sie sagt, ohne chronologisches Interesse, lediglich, daß H vorbildliche alte Kirchenmänner der vorigen Generation noch kennt.

[48] Der „Abgrund" erfuhr diverse Interpretationen. Zahn, Der Hirt, 201 mit A.1: Bild des

Land" gibt es keine deutende Interpretation, was die Oberflächlichkeit des H in der Verwendung solcher mythologischer u. a. Details zeigt. Die Märtyrer sind die zweite Gruppe von idealer Qualität; auch sie fügen sich so, wie sie sind, in den Turmbau ein. Die Blutzeugen haben oder hatten keine Buße nötig und „passen" mit den idealen Größen der Vergangenheit aus 5,1 „zusammen". In diesem Fall erübrigt sich (anders als 5,1.3) die Beschreibung der Bewährung. Das Partizip παθόντες ersetzt im PH den damals noch fehlenden Märtyrertitel (Brox, Zeuge, 225). Zu „Name (des Herrn)" siehe 1,9 (vgl. Schläger, 328; Joly, 112f. liest hier nach Audet, Affinités, 53 θεοῦ und hält κυρίου für eine Christianisierung des Textes). **5,3** Auch in der Gruppe „vom trockenen Land" sind einwandfreie, d. h. auf Buße nicht angewiesene Christen, nämlich die altbewährten Gläubigen. Ihre Tugendhaftigkeit ist ganz auffällig jüdisch umschrieben. Aufgrund ihres Zustandes sind sie von Gott bereits definitiv angenommen, d. h. Bestandteil der idealen Kirche, denn sie schwanken und zweifeln nicht. Nach A. Dihle, RAC 6, 1966, 719 rechnet H in einer Skala wie der von 5,3ff. „ganz naiv-unchristlich mit Gläubigen, die aufgrund ihrer Vollkommenheit im Lebenswandel der Buße nicht bedürfen", was den Ausbau einer „sittlich-religiösen Hierarchie der Gläubigen" (ebd. 718) dokumentiere, an deren Spitze ein Stand von Vollkommenen steht. Ich verstehe den PH so, daß es sich um Gläubige handelt, die ihre in die Taufe eingebrachte Bußgesinnung nie durch Sünde aufgekündigt haben und folglich keine zweite, postbaptismale Buße brauchen. Richtig ist freilich, daß H in der Unterscheidung verschiedener Klassen von Bußbedürftigen im ganzen Buch der zeitgenössischen Vorliebe für eine Stufung aller Wirklichkeit und für eine Hierarchisierung aller Lebens- und Vorstellungsbereiche entspricht. **5,4** Der brauchbare und in den Turm (die Kirche) gelangende Teil der Steine vom Land ist hier (nicht 2,7) unterteilt: Auch die nicht rückfällig gewordenen Neugetauften gehören dazu. Engel halten sie auf dem rechten Weg. Sie gehören insofern zu den vorigen Gruppen, als sie keine Buße brauchen.[49] Beide Gruppen aus 2,4 leben seit der Taufe ohne Sünde, wozu eben der PH alle Christen motivieren will. Wo dieses Ideal schon verraten wurde, ist die einmalige Buße die einmalige Chance, es ein zweites und letztes Mal zu versuchen.

5,5 Das ist das Thema der nun folgenden Problemgruppen. Die erste von ihnen, „nicht genommen" (für den Bau), „weggeworfen", wegen ihrer Bußbereitschaft aber „nicht weit weg vom Turm", ist nicht tief in die Sünde verstrickt und hat darum gute Aussichten, ist aber in Gefahr. Nur schnelle

---

Martyriums, „Fundgrube nur der Märtyrer und nicht der... Apostel"; Gebhardt-Harnack, 41: „scil. ex profundis martyrii"; Dibelius, 467: „Bild des Todesreichs, in das die Märtyrer eingegangen sind"; eine äquivalente Erklärung für ἀπὸ τῆς ξηρᾶς, die dann fällig ist, wird von niemand angeboten.

[49] Darum gehört das οὐχ (εὑρέθη) zwingend zum ursprünglichen Text (vgl. Funk, 443; Dibelius, 467; Hellholm, Visionenbuch, 132 A.12; gegen Gebhardt-Harnack, 42; Lake, 38).

Buße (νῦν) macht sie „brauchbar“ für den Bau, d.h. läßt sie in die ideale Kirche gelangen (Gebhardt-Harnack, 43: „Cardo totius praedicationis“; vgl. Schümmer, 179). Die Wahl des Ausdrucks, daß diese Christen „durch die Buße stark im Glauben werden“, ist bezeichnend für H, der häufig mit ungewöhnlichen Begriffen und Vorstellungen für Geläufiges überrascht; hier meint er nichts anderes damit als das Platzfinden im Turm (bzw. die Rettung). Warum er es nicht so, sondern eher ungenau umschrieben sagt, ist nicht zu beantworten. In der Allegorie vom absehbaren Bauabschluß, nach welchem niemand mehr gebraucht wird, ist die bedrohliche Frist von II 2,4.5; III 2,2 wieder angemeldet. Wer von dieser Gruppe den Bußtermin verpaßt, mit seiner Buße also während der Bauzeit nicht fertig wird, bekommt keinen Platz im Turm, ist „ausgestoßen“, hat indessen aber auch noch eine – wenn auch reduzierte – Chance. H hat nämlich die Tendenz (deutlich 7,5f.), die Möglichkeiten der Buße zu erweitern, Termine aufzuschieben und vor allem: sogar das Heil zu staffeln, damit die späten Büßer nicht ganz verlorengehen, sondern ein gemindertes Heil noch erreichen. Dazu richtet er in der allegorischen Topographie seiner Vision „Plätze“ (τόποι) dafür ein, die nicht im Turm, aber doch in dessen Nähe liegen: „nicht weit weg vom Turm“, sondern „beim Turm (παρὰ τῷ πύργῳ)“. In 7,6 ist es der „weit mindere Platz“, Sim VIII 6,6; 7,3; 8,8 die Wohnung „in den (ersten) Mauern“, die nicht mit dem Turm identisch sind.[50] Das ist nicht der Platz oder Ort der Büßer[51] (man hat fälschlich auch an den Narthex der Kirchen gedacht, in dem sich die Büßer aufhielten: vgl. z.B. Crombie, 15; s.u. zu 7,6), sondern der Platz, an den die Sünder nach zu später Buße gerade noch zu gelangen verdienen (vgl. auch Giet, De trois expressions, 26). Er ist minderwertig, weil die Buße nicht rechtzeitig, d.h. nicht vollkommen war, liegt aber immerhin „beim Turm“. Wer sich nicht zur sofortigen Buße entschließen konnte, für den gibt es noch ein reduziertes Heil, ohne daß H erkennen läßt, was er damit (eschatologisch-jenseitig) genauer meint. Die Unschärfe liegt wieder beim nicht generell datierbaren Bußtermin, der nicht mit dem Weltende zusammenfällt, sondern sich in der Biographie jedes einzelnen einstellt (s. II 2,4.5). Der Sünder muß sofort, wenn er davon hört, Buße tun. Tut er es nicht, ist spätere Buße ein soteriologisch unausgleichbarer Nachteil, aber weit besser als die totale Verweigerung. – Weiteres s. 7,6; Sim VIII 6–8. Der Prediger droht und ermutigt. Er setzt unwiderrufliche Limits und läßt gleichzeitig Konzessionen zu. Auch in *grBar* 13,2; 16,1 werden die Versager (noch) nicht aufgegeben.

---

[50] Sim IX 4,8; 6,5.8; 7,1 bedeutet die Lagerung von Steinen παρὰ τὸν πύργον dagegen einen Wartezustand bis zur Verwendbarkeit, nicht ein minderes Heil wie die entsprechenden Formeln in Vis III und Sim VIII (Material und Vergleich bei Giet, De trois expressions, unter der Prämisse von drei Autoren des PH).

[51] Ein folgenschwerer Irrtum bei Grotz, 42–44, der den Platz „beim Turm“ nicht mit den „ersten Mauern“ aus Sim VIII identifizieren will; s.u. zu 7,6.

6,1 „Ein Beispiel des außerordentlich schlechten Stils, den H. schreibt" (Weinel, HNTA, 298). Die Gruppe aus 2,7b („zertrümmert", „weit weg vom Turm") ist hoffnungslos. Im Bild: Sie sind (zu) weit entfernt vom Bau (soteriologische Bedeutung des μακρὰν „weit" wie hier 2,7.9; 5,5; 7,1 auch Mand XII 2,4; 4,4; Sim I 1; IX 7,2), außerdem nicht brauchbar als Bausteine, weil zertrümmert. Von Aussicht auf Buße ist hier nicht die Rede. Nominell waren sie Christen und gehören nur darum in die Aufzählung. Faktisch sind sie Heuchler, insofern sie sich moralisch nicht verändert haben. Die Sünden, für die es nach dem PH keine Rettung gibt, sind nicht wegen ihrer „Materie" oder objektiven Schwere von der Buße ausgeschlossen, sondern weil sie als existentielle Einstellung der Buße widersprechen (hier wie 7,1–3 u.o.): geheuchelter Glaube, Unentschiedenheit, definitiver Abfall, Abwesenheit jeder Reue bzw. Bußgesinnung, Verweigerung der moralischen Verbindlichkeit u.ä. – ἀνομία ist der Gegenbegriff zu δικαιοσύνη wie 6,4 (vgl. Bauer-Aland, 142). Die genealogische Metapher οἱ υἱοὶ τῆς ἀνομίας für moralische Qualitäten ist profangriechisch unüblich und ein Semitismus (Hilhorst, Sémitismes, 144–147). – πᾶσα... οὐκ: Zur ebenfalls semitischen Stilistik der Negation Hilhorst, Sémitismes, 133. – „Zorn Gottes": Entweder schiebt sich die Vorstellung vom Gericht ins Bild, oder Gott ist der Bauherr, der über das unbrauchbare Material ungehalten ist. Ein korruptes Verhalten wie das dieser Christen fordert unmittelbar Gott heraus. – **6,2** Zur Hinzufügung λίθους (AL^1) siehe Hellholm, Visionenbuch, 132 A.13. In der weiteren Deutung aller Gruppen aus 2,8 haben die allegorischen Details durchgehend einen bloß vagen Bezug zur „Sachhälfte" der Allegorie. Es geht um Aufzählung typischer Fehlverhaltensweisen. Dabei sind diese Gruppen nicht definitiv verloren wie die aus 6,1. Die um den Turm „liegenden" Steine sind sicher keine anderen als die (nicht weit) „weggeworfenen" aus 5,5. In den ersten muß man die Christen erkennen, die trotz Anschluß an das Christentum keine konsequente Bindung an die Gemeinde eingegangen sind. Damit ist, wie Sim VIII 9,1–3 u.a. zeigen, nicht der Anschluß gleichzeitig an andere Mysterien gemeint (Dibelius, 468 unter Bezug auf seine Beobachtungen zur synkretistischen Praxis im frühen Christentum, Heidelberger Sitz.Ber., phil.hist.Kl. 8, 1917, Nr. 4, S. 40–50), sondern die soziale und ökonomische Integration in die heidnische gehobene Gesellschaft, die dann zur Konkurrenz und zum Übergewicht wurde, dem die Gemeinde vom Niveau wie dem des PH nichts Attraktives entgegenzusetzen hatte. H verlangt Beständigkeit und „Anhänglichkeit". Er verwendet κολλᾶσθαι (= zusammenleimen, verlöten, eng verbinden, fest zusammenfügen; Passiv: sich an jemanden anschließen, jemandem anhängen) auf allen Ebenen: für den fugenlosen Verbund der idealen Steine (2,6), für die Anhänglichkeit des Christen gegenüber dem Herrn (Mand X 1,6) und der Gemeinde (6,2; Sim VIII 8,1; 9,1; IX 20,2; 26,3) und auch für die Verbundenheit mit Lastern und bösen Geistern (Mand X 2,3; XI 4.13). κολλᾶσθαι ist im PH konkret gemeint: nicht wie *1 Klem* 46,1–5 das Festhalten an frommen Beispielen, sondern der Verbleib in der Gemeinde, die „Tuchfühlung" mit den anderen Christen, gemeinsames Leben. Die „unebenen Flächen" stehen hier wie Sim IX 26,3 für den Mangel an enger Berührung und an Zusammenhalt zwischen solchen Christen und der Gemeinde. **6,3** Auch die „Risse" haben eine anschauliche Entsprechung auf der Sachseite. Sie signalisieren das Fehlen von Wille und Fähigkeit zu Einheit und Frieden. – πρόσωπον (zur Genitivkonstruktion mit εἰρήνης Hilhorst, Sémitismes, 113) ist hier die Außenseite im Gegensatz zu καρδία. **6,4** Auch die „abgebrochenen Ecken" (κολοβοὶ καὶ οὐχ ὁλοτελεῖς: dasselbe Bild *Apost.Konst.* 11 κολοβὸς ἢ ἀτελής) scheinen als anschauliches Bild beabsichtigt zu sein. Das Perfekt πεπιστευκότες ist nämlich prägnant zu übersetzen und bezeichnet dann eine Gruppe, die einmal geglaubt hat, den (rechten) Glauben jetzt aber nicht mehr hat, in der (christlichen) Lebensführung dagegen nur mit Maßen zu beanstanden ist. Somit scheinen hier Häretiker beschrieben zu sein (Grotz, 42f.); die „abgebrochenen Ecken" sind das Symbol ihres Verlustes der Orthodoxie.

6,5 Die Deutung der letzten Gruppe erfährt einen der typischen Aufschübe. Der selbstverständliche Vorgang der Erklärung, teils in Frage und Antwort, wird unterbrochen durch einen Tadel für H[52], als sei die Nachfrage deplaziert und müsse Erklärung sich erübrigen. Die Pointe liegt nicht in einer besonderen Betonung der folgenden Aussage (Dibelius, 469), sondern bei der Unzulänglichkeit des H (s. Brox, Fragen, 180). Die Deutung wird sofort angeschlossen. Darin wird die weiße Farbe, die wohl den Glauben bedeutet, nicht eigens beachtet (anders Sim IX 5,4; 8,5.7; 9,4), sondern nur die runde Form, die diesmal die Brauchbarkeit verhindert. In Repressionen gegen Christen, wie die Zeit sie kannte (Exkurs: Bedrängnis – Verfolgung – Martyrium), konnte die Tauglichkeit, „im Turm verbaut zu werden", d.h. der idealen Kirche zuzugehören, im Martyrium bewiesen bzw. erlangt werden. H kann auch im Zusammenhang von Verleugnung mit κύριος Gott (statt Christus) bezeichnen.

6,6 Es ist sicher wieder eine Erfahrungstatsache, daß reiche Christen in Verfolgungszeiten versessener am Leben hingen als die übrigen. Sollen sie „brauchbar" werden, müssen sie sich vom Besitz trennen. Das ist für die Reichen (schon vom bescheidenen Besitzstand eines H an) die Form der Buße als Vorbedingung für das Heil. Das Bild vom runden Stein, der nur unter „Verlusten" und etlicher Gewalt zum verwendungsfähigen Quader wird, ist besonders anschaulich: Reichtum muß „weggeschlagen" werden. Das ist unverblümt der „Grundsatz der Unverträglichkeit von Christsein und Vermögensbesitz", womit H „in einer das frühe Christentum beeinflussenden ‚ebionitischen' Tradition" steht (Hauschild, 35), die man vielleicht

52 Man nennt als Parallelen zu diesem möglicherweise traditionellen Element in Apokalypsen gern *Corp.Herm.* 1,20.22 sowie *Asclepius* 36 (ed. A.D. Nock – A.-J. Festugière, Corpus Hermeticum, T. I, Paris 1960, 13f. bzw. T. II, Paris 1960, 346).

besser judenchristlich-apokalyptisch nennt. Es handelt sich dabei nur verbal um eine „prinzipielle Verdammung des Reichtums"; wichtiger ist daran eine Spiritualität der Armenfrömmigkeit (Ritter, 5f.), die H in kirchlich-moralische Praxis zu übersetzen versteht (s. Sim II).

6,7 Das Leben und die persönlichen Verhältnisse des H werden wieder zur Illustration des Typs eines sündigen, aber bußwilligen Christen eingesetzt. Hier hat er den Fortschritt vom Reichtum zur Besitzlosigkeit vorgelebt. Vom (allerdings nicht freiwilligen) Vermögensverlust des H durch das Treiben seiner Kinder war ja die Rede (I 3,1; II 3,1). Das wird jetzt als Glück für ihn beschrieben. H ist sittlich dadurch ein anderer geworden und auf dem rechten Weg. Bild und Wirklichkeit werden paränetisch ineinandergeschoben: „Du selbst warst nämlich einer von den Steinen"; Funk, 446: „i.e. ex lapidibus albis et rotundis" (v.5), doch ist dann hinzuzusetzen, daß er nach 6,7 zu denen aus dieser Gruppe gehört, die für den Bau „verwendet" werden[53], weil schon nicht mehr „rund" und nicht mehr reich. Gebhardt-Harnack, 45 richtig: „ipse talis lapis (rotundus) fuisti". Von diesem Sinnzusammenhang her muß über Text und Übersetzung des schwierigen Satzes καὶ γὰρ σὺ αὐτὸς χρᾶσαι ἐκ τῶν αὐτῶν λίθων entschieden werden, der von S ausgelassen ist; χρᾶσαι macht Probleme als Medium (F. Blaß – A. Debrunner, Grammatik des neutestamentl. Griechisch, bearb. von F. Rehkopf, Göttingen 1976[14], § 87), das man nicht passivisch wiedergeben kann: gegen Gebhardt-Harnack, 45 (vgl. Lake, 43; Snyder, 48; Crombie, 15; Dibelius, 469; Zeller, 193); Funk, 447 („tu ipse desumeris ex iisdem lapidibus") und Bauer-Aland, 1763f., die die Form zu einem Passiv erklären und obendrein futurisch übersetzen: „du selbst wirst als einer von diesen Steinen Verwendung finden." Hilgenfeld z. St. hat zu diesem Zweck zu χρησθήσῃ geändert, was nicht bezeugt ist. Gebhardt-Harnack, 44 übersetzen: „et tu autem utilior de ipsis lapidibus eris" („und du wirst brauchbarer als diese Steine sein"), was nicht sinngemäß ist: H gehört zu den in 6,6 beschriebenen Steinen. Frei erfunden ist die Wiedergabe von Wohlenberg, 907: „Denn auch du selbst hast Umgang mit Leuten, die solchen Steinen gleichen." Weil für χρᾶσαι kein rechter Sinn gefunden werden kann und das Wort bei LLE fehlt (*tu ipse ex eis lapidibus fuisti* bzw. *es sive eris*), ziehe ich aus philologischen und inhaltlichen Gründen die Auslassung vor: „du selbst bist nämlich einer von dieser (in 6,6 beschriebenen) Gruppe von Steinen gewesen" (so auch Joly, 117; Lelong bei Hamman, 142), denn das ist der Sinn der Satzfolge 6,6.7. Zur partitiven Funktion des ἐκ läßt sich (mit Wohlenberg, 907 A.1) Joh 3,25; 7,40; 16,17; Lk 11,49; 21,16; 2 Joh 4; Offb 2,10 vergleichen. –

Alle Einteilungen des PH im Bereich von Vollkommenheit und Sünde, Tugend und Versagen sind beweglich und an der Durchlässigkeit der Grenzen interessiert: Jeder kann schlimmer werden, als er ist, und muß ab sofort

[53] Der letzte Satz von 6,7 ist schlecht überliefert, S läßt ihn aus (vgl. Lake, 43).

besser („brauchbarer“) zu werden suchen, als es ihm bisher gelang. H gibt fortgesetzt Leitsätze dazu wie diesen: „wenn ihr Reichtum nicht weggeschlagen wird...“ Die Bilder der Visionen machen das an sich Abstrakte und Postulatorische einleuchtend und attraktiv: „Werdet brauchbar für Gott!“

7,1 Um die Sündertypen dieses Textes zur Warnung vorführen zu können, hatte H die seltsamen Züge der Vision in 2,9 entworfen. In 2,9 wie 7,1 bleibt es unsicher, ob die jetzt beschriebenen drei Kategorien eine Unterteilung „der 6,1 dargestellten Klasse der Ausgeschlossenen bilden“ (Dibelius, 469), denn von den „weit vom Turm weggeworfenen“ Steinen wird 2,7 und 6,1 gesagt, daß sie auch „zertrümmert“ (d.h. definitiv aufgegeben) wurden. Das wird weder 2,9 noch 7,1 für die dort gemeinten „weit vom Turm weggeworfenen“ Steine wiederholt und paßt dort auch nicht, weil zertrümmerte Steine nicht mehr rollen können. Wie immer H das gedacht hat, er unterscheidet jetzt drei Gruppen von chancenlosen Christen. Eine der schlimmsten Sünden ist nach H der Zweifel am Christentum als dem „wahren Weg“ (Exkurs: Der Zweifel). Die Metapher vom Finden und Verfehlen des rechten Wegs[54] eignet sich optimal zur Interpretation auch des christlichen Glaubens, ist bei H im Bild von den rollenden Steinen allerdings mit einer reichlich ungeschickten Meta-Allegorie gerahmt worden. H schreibt in seiner Typisierung sicher nicht Fiktionen, sondern Missionserfahrungen nieder: Viele Neuzugänge verließen die junge Kirche wieder, wobei ihnen nicht nur „neue nichtchristliche Heils-Mysterien“ als Alternative blieben (Dibelius, 470), sondern verschiedene Formen philosophischer, kultischer, synkretistischer Frömmigkeit (Joly, 117: Rückkehr ins Heidentum oder, wie schon Gebhardt-Harnack, 45; Funk, 447 meinten, Anschluß an eine Häresie), das „unwegsame Gelände“ der Vision 2,9. Man konnte sie sich nur unglücklich vorstellen, H nennt sie aber nicht moralisch schlecht. **7,2** Offenbar unterschied er sie als Suchende unter dieser moralischen Hinsicht von den „endgültig von Gott Abgefallenen“. Diese letzteren sind nämlich dermaßen in einem verkommenen Leben versunken, daß sie zu keinem Buß- und Bekehrungsgedanken imstande sind (die entsprechenden Gruppen Sim VIII 6,4; IX 19,1). Das Feuer ist wohl Allegorie für den Untergang in brennenden Leidenschaften oder für die Vernichtung des Sünders und Renegaten. **7,3** Der nächste Typ ist wieder nicht moralisierende Erfindung, sondern mit Sicherheit enttäuschende Wirklichkeit für die Kirche des H: Katechumenen, mit deren Taufe (βαπτίζειν hier singulär im PH) die Gemeinde fest gerechnet hatte und die man bereits dazuzählte, entschließen sich der hohen frühchristlichen Anforderungen wegen dann doch nicht zur Taufe, was wie eine falsche „Umkehr“ (vgl. Mand XI 4) und wie der Abfall bei Getauften empfunden wurde (Windisch, 360 redet fälschlich von Taufverzögerung). Auf der Ebene der Allegorie von 2,9: Sie sind nahe beim

---

54 Joly, 117; ders., Judaisme, 403 erkennt hier parallele Züge mit der *Tabula Cebetis* 6; 27,3.

Wasser (sc. der Taufe), möchten auch gern hinein, bringen es aber nicht fertig. Ohne die allegorische Auflösung bleibt das „Wasser" so unerklärt wie das „Feuer"; das Inventar der Vision ist einfach da. In der offensichtlich traditionellen Formel „getauft auf den Namen des Herrn" muß sich κύριος (auch wegen Sim IX 16,1–4: „Name des Sohnes Gottes" im Taufbezug) auf Christus beziehen[55], während κύριος im PH weitaus meistens von Gott gilt (so auch Dibelius, 470: „Getauft wird offenbar noch auf den Namen Jesu s. Sim VIII 6,4; IX 12,5"; Kretschmar, 210: H kennt „nur die Taufe auf den Namen Jesu"; während auf Gott beziehen z.B. Audet, Affinités, 55; Giet, Hermas, 115; Pernveden, 165f.). Die Taufe auf den Namen Jesu Christi resultiert aus der Geistchristologie des PH (dazu L. Abramowski, ZThK 81, 1984, 431–433; vgl. den Exkurs: Christologie und den Kommentar zu Sim V 6). – Das für seine Predigt zentrale Verb μετανοεῖν kann H auch für das Umdenken in der Gegenrichtung von Bekehrung bzw. Buße einsetzen (vgl. Vis I 1,9; Mand XI 4). Wer sich nicht dem Christentum in der Taufe anschließt, lebt „in Begierden". Ein Verb des Gehens mit ὀπίσω c. gen. ist nur biblisch-christlich belegt (Hilhorst, Sémitismes, 105).

7,4–5 Das Ende einer Vision, Offenbarung oder Erklärung wird oft gleich in den Beginn der nächsten übergeleitet, hier wieder durch eine Frage des Visionärs. Nicht ohne Koketterie, so scheint es, stellt H sich als den dar, der couragiert und penetrant der Offenbarerin das Maximum an Offenbarung „für die Brüder" entlockt. Die „Exegese des Turmes (ἡ ἐξήγησις τοῦ πύργου)" (7,4), eigentlich abgeschlossen, wird fortgesetzt, weil H scheinbar mehr zu fragen weiß, als die Alte eröffnet hatte. In Wirklichkeit hat die Alte allerdings in 5,5 schon beantwortet, was H hier fragt; sie spricht jetzt nur detaillierter und wechselt die Diktion. Ein Unterschied liegt darin vor, daß in 5,5 die Buße noch rechtzeitig sein kann („jetzt... solange am Turm noch gebaut wird"), während sie in 7,5 nur noch zu spät kommen kann („Buße... schon, aber es ist unmöglich, daß sie noch in den Turm passen"), als wäre inzwischen eine allgemeine Frist (welche? – die Fertigstellung des Turmes aus 5,5 kann es nach 8,9 nicht sein) verstrichen. Zeitangaben und Datierungen von Einzelszenen sind in Apokalypsen so unbedeutsam bzw. beliebig wie der Tempus-Gebrauch als solcher.

Frage des H und Antwort der Alten in 7,5f., eine der Schlüsselstellen im PH, was die Bußlehre betrifft, sind regelmäßig gründlich mißverstanden worden, weil man den (allerdings interpretationsbedürftigen) Text nicht richtig gelesen hat. Folgende schlichte Beobachtung ist entscheidend, aber notorisch versäumt worden: H fragt nicht nach allen Steinen (Christen), die

[55] Schläger's Behauptung (340f.), κύριος sei im PH immer Gott, die Taufe im Text also jüdische Proselytentaufe und der ganze PH eine jüdische Schrift (s. Einleitung § 8), ist falsch; die richtige Bedeutungsstatistik zu κύριος bei Bousset, Kyrios Christos, 224 mit A.1 (der auf die diesbezügliche Verwandtschaft des PH mit Jak und Offb verweist); Hörmann, 191 mit A.6; s. II 2,2.

nicht in den Bau paßten, sondern (hinter 7,1–3 zurück) nur nach „allen weggeworfenen“, d.h. aber nach allen „*nicht weit* weggeworfenen“ Steinen (5,5), die beim Turm liegen (s. Brox, Die weggeworfenen Steine). Die Antwort, daß sie noch eine Chance zur Buße haben, gilt demzufolge nur von den Christen aus 5,5; 6,2–6.[56] Das sind die, die „zur Buße bereit sind“ (5,5), aber nicht, wie verlangt ist, „sofort“ bzw. „jetzt“ Buße tun (II 2,5; III 5,5), sondern erst, wenn der Turm schon fertig ist (5,5). Ihre Verzögerung als Lauheit kostet sie endgültig den Platz im Turm. „Eine (Möglichkeit zur) Buße haben sie schon, aber es ist unmöglich, daß sie noch in den Turm passen.“ Dieser Gedankengang ist einleuchtend und folgerichtig. Alle anderen Erklärungen beachten erstens den Text nicht genau. H operiert ja seit 2,7.9; 5,5; 6,1; 7,1 mit der wichtigen Unterscheidung zwischen den „weggeworfenen“ und den „*weit* (sc. vom Turm) weggeworfenen“ Steinen, und seine Frage von 7,5 zielt wörtlich nur auf die ersteren (d.h. ist eben gerade keine „ganz allgemein gehaltene Frage“: Zahn, Der Hirt, 207). Zweitens verursachen sie unerträgliche Widersprüche in den hierarchisierten Chancen von Buße und Rettung, wie H sie entwickelt (Spitta, 283 z.B. streicht 7,5.6, weil sich der Text, wenn mißverstanden, nicht mit 7,2 verträgt; vgl. Zahn, Der Hirt, 208). Das verwendete Bild ist von H diesmal sehr präzis und realistisch belassen. Was er erzählt, entspricht sehr genau dem Vorgang beim Mauer- oder Turmbau: Vollwertiges Material, passende Steine werden sofort und ohne Umstände verbaut; minderes, u.U. aber noch brauchbares Material bleibt vorerst auf der Baustelle („beim Turm“) liegen, um eventuell (nach Bearbeitung) später noch verwendet zu werden (vgl. Sim IX 6,8), unbrauchbares Material wird dagegen gleich und endgültig vernichtet („zertrümmert“), beseitigt und („weit“) weggeworfen auf die Schutthalde.

7,6 In einer wichtigen weiteren (obwohl nach 5,5 nicht völlig neuen) Auskunft wird nun mitgeteilt, daß es auch außerhalb des Turmes Plätze gibt, die den zu spät Büßenden wie ein Notbehelf, aber doch als Rettung, nämlich als „Ersatz für den Einbau in den Turm“ (Grotz, 23) angewiesen werden. Sie liegen im Bild „beim Turm“, und dem entspricht für die endgültig Verlorenen das „weit“-vom-Turm-weg-Sein (μακρὰν: 2,7.9; 5,5; 6,1; 7,1; Sim IX 7,2; soteriologisch qualifiziertes μακράν auch Mand XII 2,4; 4,4; Sim I 1). Drei Varianten kennt H dafür: „beim/am Turm liegen“ 5,5; an einen „weit minderen Platz passen“ 7,6; „in den (ersten) Mauern wohnen“ Sim VIII 2,5; 6,6; 7,3; 8,3 (vgl. Giet, De trois expressions). Sehr attraktiv klingt das nicht: „ein weit minderer Platz“, und dieser nur erreichbar nach vollständiger

[56] Giet, De trois expressions, 25 bezieht sie verkehrterweise auch auf die Gruppen aus 7,1–3, Poschmann, Paenitentia secunda, 154–156 auf alle aus Kap. 6 und 7, Grotz, 21 auf „alle“ weggeworfenen Steine, so daß sie alle nach 7,5 noch nicht verloren wären. Vgl. Pernveden, 184 mit A.8. Der Text sagt das Gegenteil: „Für sie (das sind die in 6,1 und 7,1–3 besprochenen Christen) gibt es keine Rettung“ (6,1). Dibelius, 470; Joly, 120f.; Snyder, 49 äußern sich dazu nicht.

Ableistung von Sündenstrafen in Form von Qualen; und nur nach Reue und Buße. Die „Ermäßigung" gegenüber der „rigorosen Befristung" von II 2,5 (Dibelius, 470f.; Joly, 119 redet von Abschwächung) ist nicht groß und war dort nicht ausgeschlossen. Die geringere Seligkeit ist doch der Vorzug, „beim Turm" zu sein, wenn auch bei weitem nicht darin. Bei den „Bußbereiten" (5,5) zählt für H die Berührung mit dem „gerechten Wort", das sich nur auf die kirchliche Predigt und Lehre beziehen läßt[57], als Aussicht, daß sie doch noch Buße tun. Die Rede von diesem reduzierten Heil (τόπος πολὺ ἐλάττων) macht Mut in verzweifelter Heilslage, weil sie außer den Buß- und Vollkommenheitsstufen, auf die sich die Menschen verteilen, wegen derjenigen, die die verlangte sofortige Buße nicht geleistet haben, auch Heilsstufen vorsieht, deren untere man auch als zu später Büßer noch erklimmt. Vor allem demonstriert sie aber den großen Ernst der Frist, die Unausweichlichkeit sofortiger Buße und Besserung. – Diese Klassifizierung der Christen in solche, die ins Heil (den Turm) gelangen, solche, die eine reduzierte Seligkeit (den „anderen, weit minderen Platz") erreichen, und schließlich die Verlorenen, für die es „keine Rettung gibt", ist offenbar apokalyptisches Muster. Im *äthHen* 50 (APAT II, 264f.) finden „die Heiligen und Auserwählten" ihr Heil in „Herrlichkeit und Ehre"; „die anderen", die erst beim Anblick der endzeitlichen Katastrophe, „am Tage der Not", „Buße tun und von dem Tun ihrer Hände ablassen", „werden keine Ehre vor dem Herrn... erlangen, jedoch durch seinen Namen gerettet werden"; und „wer keine Buße vor ihm tut, der wird untergehen".

Der Turm, nicht der „mindere Platz" „beim Turm" ist nach H das eigentliche Ziel des Menschen. Aber wie der Turm, ist auch dieser „Platz", wenn der Turm verpaßt ist, noch ein Ort von Rettung und Heil. Das unterscheidet die zu lange zaudernden Bußfertigen gerade von den hartnäkkigen Bußverweigerern.

H spricht sich zur Qualität und Lokalisierung der Existenz an diesem Ort (wie zu 5,5) nicht genauer aus. Es bietet sich ein großer, aber nicht beliebiger Spielraum für Deutungen an (Kurzbericht mit Literatur bei Poschmann, Paenitentia secunda, 155). Man hat, zumeist nicht sehr glücklich, zur Hilfe auf andere Passagen des PH zurückgegriffen (z.B. d'Alès, L'édit, 59ff.; Poschmann, Paenitentia secunda, 155f.) und vor allem an die ausführliche Beschreibung der hier 7,6 nur kurz erwähnten Strafleiden („Qualen") für die Bußverzögerer in Sim VI und VII erinnert. Sie sind dort als „Qualen des täglichen Lebens", also als Unglück im hiesigen Dasein bezeichnet und aufgezählt (Sim VI 3,4.6). Auch H wird (vom Strafengel) gequält. Diese Qualen sind zur „Erziehung zum Guten" (Sim VI 3,6) und sollen zur Buße motivieren (Sim VII 2). Aber das alles summiert sich nicht, wie oft (z.B. von

[57] Zahn, Der Hirt, 196, der für diesen unüblichen Ausdruck die diskutable Erklärung gibt, daß im Visionenbuch „wiederholt die Kirchengründung mit der Weltschöpfung verglichen wird, in der Beschreibung der letzteren aber das Wort ῥῆμα eine feste Stelle hat" (I 1,6; 3,4; II 4,1).

K. Rahner, Schriften, 155) dargestellt, zu der Vorstellung, daß die Sünder ohne (vollendete) Buße an dem „minderen Ort“, „beim Turm“ oder „in den Mauern“ sind, um dort Büßer zu sein und die Qualen zu erleiden und durch die Qualen so zerknirscht zu werden, daß sie schließlich Buße tun und letztlich doch noch in den Turm kommen. Der Turm ist ihnen unwiderruflich verschlossen (s.o. 5,5). Außerdem heißt es, daß die Strafqualen auch nach vollzogener Buße nötig sind (Sim VII 4), denn es gibt nach H eine unbarmherzige Zumessung von Strafen (Sim VI 2,5–3,3; 4,1–5,4). Sie zu absolvieren ist Voraussetzung für die Rettung (Sim VII 4). So ist das auch im vorliegenden Text 7,6. H setzt eine nach den Sünden bemessene Phase spürbarer Züchtigung für den bußfertigen Sünder an. Erst danach kann er an den „Platz“ kommen, an dem sich seine Heilschance erschöpft und der nun m. E. nur jenseitig-endgültig verstanden werden kann. Die Vorstellung schließt – wie beim „Verbautwerden“ der besseren Christen im Turm – einen Übergang, ein Versetztwerden aus dem hiesigen Leben zum Ort des („halben“) Heiles ein, ein Geschehen an der allegorisch unscharf belassenen Grenze zwischen Hier und Jenseits, so wie auch der Turm als ideale Kirche hiesig ist und „hinüberreicht“ bzw. ideale irdische und himmlische Kirche miteinander vermischt sind (Gebhardt-Harnack, 47; Funk, 447). Der „viel mindere Ort“ ist (vgl. 5,5) auf keinen Fall der „Zustand des Büßers, der... für die Aufnahme in den Turm noch nicht reif ist“ (Poschmann, Paenitentia secunda, 156), und genauso wenig „ein Ort, der den Zustand des Büßers vor Abschluß seiner Buße“ oder sein „Verhältnis zur Kirche vor der definitiven und vollständigen Wiederaufnahme in die Kirche“ verdeutlicht (K. Rahner, Schriften, 155), sondern der definitive Heilsort des Bußaufschiebers, der in den Turm zu gelangen durch zu späte Buße endgültig verpaßt, aber doch noch Buße getan hat (so auch Giet, Hermas, 125f.). Die Menschen sind an diesem Ort also nicht vorübergehend als Büßer, sondern dauerhaft als solche, die zu spät noch Buße getan haben. Merkwürdigerweise gibt es hier keine Übertragung der unterschiedlichen Zustände der Büßer auf die Nähe oder Ferne zur empirischen Kirche als Gemeinde (in Rom) bzw. auch auf kirchliche Riten der Buße.[58] „Hermas will nicht die kirchliche Buße schildern, sondern möchte das Gewissen der Sünder aufrütteln... Die Erwartung ist deshalb unberechtigt, er würde viel von der kirchlichen Form der Buße sagen“ (K. Rahner, Schriften, 151). Vielmehr liegen diese seine Beschreibungen auf der Textebene der Allegorie, d. h. sie verbleiben in einem eigentümlich unscharfen, „unwirklichen“ Verhältnis zu der Realität, die sie beeinflussen wollen. So stimmt es nur in einem sehr generellen Sinn, „daß Hermas hier eine Wirklichkeit spiritualisiert hat, die im empirischen Raum

[58] Vermutungen darüber bei Grotz, 23; Crombie, 15. Mißverständnis bei d'Alès, L'édit, 62ff., der hier die Katechumenen eingeteilt findet, und auch bei E. Schwartz, 3 mit A.2, der den Text von Büßern versteht, „welche die Kirche zwar nicht wieder aufnimmt, aber doch auch nicht völlig aus ihrem Gesichtskreis ausscheidet“. Wahrscheinlich hat aber Duchesne, 20 mit der Ansicht recht, daß H sich diesbezüglich völlig ausschweigt.

der Kirche gegeben war: die Zulassung der bußwilligen Sünder zu kirchlicher Buße" (K. Rahner, Schriften, 155); es trifft schon nicht mehr zu, daß die detailliert beschriebenen Einteilungen der Sünder oder Büßer und die anschaulichen Vorgänge vor dem „realen Hintergrund" kirchlicher Bußpraxis zu erklären sind, denn sie haben deutlich ihre eigenständige Entstehung und Logik visionärer Konstruktionen. – Die Rekonstruktion des verderbten Textes im letzten Satz von 7,6 wurde durch Hilgenfeld, 21 und besonders Hilhorst, Sémitismes, 132f. A.14 geleistet.

Die Tugenden des Christentums (Vis III 8,1–11 a)

16 (III 8) 1 **Als ich ihr dann keine Fragen mehr stellte zu allem, sprach sie zu mir: „Willst du noch etwas sehen?" In meiner Versessenheit auf Visionen freute ich mich begeistert auf weitere Gesichte.** 2 **Sie sah mich an und sagte lächelnd: „Siehst du sieben Frauen rund um den Turm?" „Ich sehe sie, Herrin", sagte ich. „Dieser Turm wird nach einem Auftrag des Herrn von ihnen getragen.** 3 **Vernimm ihre Wirkweisen. Die erste von ihnen, die mit den verschränkten Händen, heißt Glaube. Durch sie werden die Auserwählten Gottes gerettet.** 4 **Die zweite mit dem Gürtel und dem tapferen Aussehen heißt Enthaltsamkeit. Sie ist eine Tochter des Glaubens. Wer ihr folgt, wird glücklich in seinem Leben, weil er sich auf all die schlechten Taten nicht einläßt und daran glaubt, daß er ewiges Leben erbt, wenn er sich von aller bösen Lust fernhält."** 5 **„Wer sind denn die übrigen, Herrin?" „Sie sind Töchter voneinander; sie heißen Lauterkeit, Weisheit, Unschuld, Heiligkeit und Liebe. Wenn du alle Werke ihrer Mutter tust, kannst du das Leben haben."** 6 **„Ich möchte gern wissen, Herrin", sagte ich, „welche Kraft die einzelnen haben." „Dann hör zu, welche Kräfte sie haben", sprach sie.** 7 **„Ihre Kräfte hängen voneinander ab und folgen eine aus der anderen, wie sie auch (voneinander) geboren sind. Aus dem Glauben wird die Enthaltsamkeit geboren, aus der Enthaltsamkeit die Lauterkeit, aus der Lauterkeit die Unschuld, aus der Unschuld die Heiligkeit, aus der Heiligkeit die Weisheit, aus der Weisheit die Liebe. Sie tun nur, was rein, heilig und göttlich ist.** 8 **Wer ihnen dient und an ihren Werken festhalten kann, der wird mit den Heiligen Gottes eine Wohnung im Turm bekommen."**

9 **Ich fragte sie nach den Fristen, ob das Ende schon da sei. Da fuhr sie auf und schrie laut: „Du uneinsichtiger Mensch! Du siehst doch, daß am Turm noch gebaut wird! Erst wenn der Turmbau fertig ist, ist das Ende da. Aber es wird eilig daran weitergebaut. Stell mir jetzt keine Fragen mehr! Für dich und die Heiligen genügt es, wenn ihr euch an diese Dinge erinnert und wenn ihr euren Geist erneuert."**

10 **„Aber die Offenbarung war nicht für dich allein, sondern damit du das allen nach drei Tagen kundtust.** 11 a **Denn zuerst einmal mußt du selbst es begreifen."**

8,1 H hat seine Fragen „zu allem", was er sah, erschöpfend gestellt und schweigt. So bringt diesmal die Offenbarerin von sich aus Dialog und

Mitteilung wieder in Gang, weil sie noch wichtiges weiteres Wissen für H hat. Was sie ihm in seiner geradezu vorbildlichen Neugier und Versessenheit auf Visionen dann weiteres anbietet, ist eine Ergänzungs-Vision zur Turmallegorie. Auffällig ist, daß sie in ihrer Frage über den Inhalt weiterer Mitteilungen nichts ankündigt. **8,2** Die Frage „siehst du..." bedeutet als das typische apokalyptisches „Zeigen" diesmal offenkundig, daß die Frauen erst jetzt für H zu sehen sind und er sie nicht etwa bisher übersehen hat, denn andernfalls hätte H sich nach ihrer Bedeutung erkundigen „müssen" und nicht zu fragen aufhören dürfen. Er darf eben „noch etwas" sehen. – H personifiziert Tugenden und Laster als Frauen, und es gehört dazu, daß eine der Gestalten (Tugend oder Laster) überlegen herausragt und die anderen ihr Gefolge sind (dazu Kamlah, 208f.). Das Wort vom „Tragen" des Turmes ist (im qualifizierten Sinn von βαστάζειν) die Rede vom Fundament (dazu genauer bei Sim IX 14,4–6). In ihrem Nachtragscharakter gibt sich die folgende Vision als ursprünglich nicht zum Turm gehörige Überlieferung mit paränetischem Ziel zu erkennen (Amstutz, 141 A.159.161). Das Lächeln und Anblicken mutet nach Konsens und Harmonie zwischen der Alten und H an. Beim Erscheinen göttlicher Gestalten ist Lächeln allerdings „typisch für die Begegnung zwischen Menschheit und Gottheit", wie in Theokrits *Thalysien* 19f.42.128 μειδιάω; γελάω; vgl. G. Luck, MH 23, 1966, 188 mit auch anderweitigen Belegen). Die Tugenden gehören in der von H vorgenommenen Komposition also zur Kirche. Das ist der Grund, warum diese Vision nicht als etwas Neues, sondern als Ergänzung zur Turmvision gebracht wird. Die heilige Zahl Sieben ist wichtiger als eine Vollständigkeit an Namen und Inhalten der Tugenden (Sim IX 15,2f. ist es die Zwölf bei Tugenden und Lastern, in der *Epistula Apostolorum* 54 die Fünfzahl der klugen Jungfrauen aus Mt 25,1ff.; Hilhorst, Hermas, 696 verweist auf Übereinstimmung mit *Corp.Herm.* 1,25; 13,7–9). Im Genre der Vision wird, was ohnehin üblich war (Joly, 51–53), ein Katalog von Tugenden zu einer Gruppe allegorischer Personifikationen. Auch Grese, 111f.121 mit A.353; 123 sieht in der Liste kontrastierender Tugenden und Laster und im Gebrauch von δύναμις zur Benennung ihrer Wirkungen (s. Kraft, Clavis, 121f.) sowie zu einzelnen Tugenden und Lastern Parallelen im *Corp.Herm.* 13.

8,3 Die „Wirkweisen" (ἐνέργειαι) der Tugenden und Laster muß man kennen (auch Mand V 1,7; 2,1; VI 1,1; 2,2.6). Die Geste der ersten Frau (sc. des Glaubens) ἡ κρατοῦσα τὰς χεῖρας (G stellt um: τὰς χεῖρας κρατοῦσα; siehe Carlini, La rappresentazione, 85 A.1) ist nach Form und Sinn rätselhaft und umstritten. Vorgeschlagen wurden z. B. die Versionen: „die mit den kräftigen Händen" *(Accusativus Graecus*: Zeller, 194; Lelong nach Hamman, 143; Weinel, NTApo 1924^2, 340); „die die andern alle stützt (?)" (Dibelius, 473, der den vorliegenden Text für verderbt weil sinnlos hält und darum ἡ κρατοῦσα τὰς ἑτέρας oder einfach ἡ κρατοῦσα lesen, also nicht auf die eigenen Hände der Frau, sondern auf die der anderen Frauen deuten will;

Kritik bei Carlini, La rappresentazione, 88–90; „lenkt bzw. beherrscht"; „who governs [the others] by gestures": Snyder, 50; Joly, 121). Die erste Variante „stark an Händen, starken Armes" wurde von Zahn, Der Hirt, 502–504 favorisiert (Zustimmung von Gebhardt-Harnack, Funk, Lelong z.St.; H. Schulz, Spuren, 39f.); Zahn stützt sie durch den möglichen Bezug zum Tragen des Turmes (siehe 8,2) nach dem Muster von Sim IX 2,4.5; 3,5; 4,1.5. Dort sind allerdings sämtliche Jungfrauen für das Tragen (der Steine) disponiert, nicht nur der Glaube. Auf ähnliche Weise scheitert die Erklärung von Luschnat, 60, der κρατεῖν in der Bedeutung „(bei den Händen) ergreifen, festhalten" vom Reigen versteht (wie bei den Musen altgriechischer Religion und Dichtung; vgl. ebd. 53–59); diese Herleitung beachtet nicht, daß wieder nur vom Glauben gesagt wäre, was von allen Tugenden gilt und gesagt sein müßte. Denkbar ist freilich die Allegorie, daß die Tugenden von den „starken Händen" „ihrer Mutter" (8,5c) „gestützt" werden, aber man möchte doch annehmen, daß der Ausdruck etwas über die Bedeutung des Glaubens für die Christen, nicht für die anderen Tugenden sagen will. Den Vorteil, diese Erwartung zu erfüllen, hat die Ableitung von Carlini, La rappresentazione, wobei ihr motivgeschichtlich verläßliches Fundament sie zusätzlich empfiehlt. Carlini zeigt ebd. 89–92 Seitenstücke zur Wendung ἡ κρατοῦσα τὰς χεῖρας, hauptsächlich aus Papyri. Danach besagt sie die Vereinigung der Hände und ein Ineinanderlegen oder Kreuzen der Finger (ebd. 92–94), und dies im Sinn einer Schutz- und Verteidigungsgebärde. Hilgenfeld, 159 hatte schon, ohne daß dies später aufgegriffen worden wäre, κρατοῦσα als συμπλέκουσα (verbinden, verknüpfen) verstanden und mit „die Hände falten" übersetzt, ohne dies philologisch abzusichern. Genau so hatten Crombie, 15 und Lake, 47 mit „clasping her hands" wiedergegeben. Diese Interpretation des κρατοῦσα hat durch Carlini also beträchtlich an Sicherheit gewonnen.[59] H stellt in der Allegorie den Glauben in der Schutzgebärde dar. Was ist aber der Sinn dessen im PH? Nach Carlini, La rappresentazione, 93 heißt das, bestens zum Kontext von 3b und des PH insgesamt passend: Der Glaube schützt die Gläubigen vor den Feinden und führt sie zum Heil. Diese Symbolik, aus zeitgenössischer Literatur belegt, muß den Christen geläufig gewesen sein (ebd. 94).

Ohne weitere Erklärung, was Glaube ist, bekommt die erste Tugend die zentrale Heilsfunktion. Der Glaube ist im PH „die oberste der in Katalogen gefaßten Tugenden..., die ihm folgenden Tugenden unterscheiden den Glauben vom Unglauben" (Lührmann, RAC 11, 1981, 82, insgesamt offenbar orientiert an R. Rößler, Studien zum Glaubensbegriff im zweiten und beginnenden dritten Jahrhundert, Diss. Hamburg 1968; über den Glauben im PH auch Pernveden, 115–162). Seine Position an erster Stelle (wie Sim

[59] Carlini, La rappresentazione, 93 glaubt, von da aus auch die freie Wiedergabe des fraglichen Textes durch Klemens v. Al., *strom.* II 55,2: ἡ τοίνυν συνέχουσα τὴν ἐκκλησίαν erklären zu können, mit dem Ergebnis: „Clemente sembra aver còlto il valore simbolico dell'espressione di Erma."

IX 15,2 und *Epistula Apostolorum* 54) ist angemessen, denn in solchen Listen oder Katalogen ist der erste (oder letzte) Terminus häufig der wichtigste (Grese, 121).[60]

8,4 Der Gürtel bildet die Enthaltsamkeit selbst ab. Zum Gürtel als Zeichen der Enthaltsamkeit im Frühchristentum siehe W. Speyer, RAC 12, 1983, 1258–1261 (ohne vorliegenden Beleg). Das tapfere (bzw. mannhafte) Aussehen der Enthaltsamkeit signalisiert die Schwierigkeit, diese Tugend zu leben, die dem PH so wichtig ist, daß sie in ein Filiationsverhältnis zum Glauben gerückt und mit ihm zusammen den anderen gegenübergestellt wird (zu genealogischen Metaphern im PH s. Mand XII 2,2). Mit typischen Begriffen des PH (schlechte Taten, böse Lust) wird ein enthaltsames Leben in wenigen Strichen verlockend skizziert. Die Vision ist ein flüchtig entworfenes Kleid für die Paränese. H sagt nirgends, wie weit der einzelne in der Enthaltsamkeit (vgl. auch Mand I 2) gehen muß (Plooij, Glosse, 6). **8,5** Wichtig ist die Einsicht in den Zusammenhang der Tugenden. Wie sie voneinander abstammen, so darf der Mensch keine von ihnen vernachlässigen. Dabei ist diese Idee der Zusammengehörigkeit wichtiger als die (in der Textüberlieferung: Dibelius, 472 und) in 8,7 gegenüber 8,5 wechselnde Reihenfolge (vgl. Sim IX 15,1–2). Im Bereich der visionären oder bedeutungsbezogenen Details kann H oft den Dingen eine Wichtigkeit geben, die er selbst gleich darauf wieder umstößt. So sind die Tugenden hier 8,5b und 8,7 bedeutsamerweise Töchter voneinander, in 8,5c aber miteinander Töchter des Glaubens (wie die Tugenden der *Tabula Cebetis* 20,3; 21,1 miteinander Töchter der εὐδαιμονία sind), folglich untereinander verschwistert.[61] Nach 8,3 ist damit die Vorrangstellung des Glaubens verstärkt (vgl. Mand I; Sim IX 15). Die sieben Tugenden sind im übrigen sehr unterschiedlich häufig im PH genannt; besonders Glaube, Enthaltsamkeit und Lauterkeit, aber auch Heiligkeit und Liebe bzw. deren Derivate werden öfter besprochen.

8,6–7 Die von H gefragten (zu ἤθελον vgl. 4,3) „Kräfte", die die Tugenden je „haben", sind identisch mit ihnen selbst, denn Sim IX 13,2 „sind" die Tugenden (in der Allegorie der Jungfrauen) „Kräfte des Sohnes Gottes", während sie andererseits auch dort eine Kraft „haben" (Sim IX 13,7f.; 14,1f.). Hilhorst, Hermas, 695f. vergleicht das mit *Corp.Herm.* 13,8f. Die gegenseitige Abhängigkeit und Wirkung ist im Einzelfall der Aufzählung durchweg so beliebig bzw. so wenig einleuchtend, daß eher eine Kette (vgl. Dibelius, 472) oder ein „Kranz" der Tugenden im Gedächtnis bleibt als

---

[60] Grese, 121 stellt Berührungen von Vis III 8,3–5 mit *Corp. Herm.* 13 (und im Begriff δύναμις aus 6 und 7) fest. Klemens v. Al., *strom.* II 55,3–4 zitiert diese Zeilen des „Hirten".

[61] Man weiß darum nicht recht, ob man gegenüber der *Tabula Cebetis* 21,1, wo die Allegorien Töchter derselben Mutter sind, die Gemeinsamkeit mit dem PH in diesem Punkt oder die Differenz ihm gegenüber in der dominierenden Vorstellung von der gegenseitigen Filiation betonen soll (Joly, Le Tableau, 83).

deren gegenseitige Verwandtschaft. – Luschnat, 60f. bezieht die Aussage „sie folgen einander" auf den Musenreigen (s. zu 8,3), während im allegorischen Kontext nur sinnvoll ist, daß sie auseinander folgen; das συγχορεύειν aus der angeführten Parallele Philon, *De vita Mosis* 2,7 fehlt eben im PH. Nachdem die Enthaltsamkeit in 8,4 einen hohen Stellenwert hinter dem Glauben bekam und die Reihe mit dem Glauben beginnt und bei der Liebe endet (vgl. *IgnEph* 14,1; *Acta Pauli et Theclae* 17), kann man keine Klimax in der Filiationsreihe annehmen (für die Reihung siehe Sim IX 15,2–3). **8,8** Tugendübung ist im Bild Dienst an den sieben Frauen und Tun dessen, was deren „Werke" sind. Die Turmallegorie wird jetzt im Zustand nicht der Baustelle, sondern des fertigen Wohnhauses für die bewährten Christen gebraucht.

8,9 Was formal wie eine Anschlußfrage lautet, bringt ein neues Thema. „Diese Kernfrage aller Apokalypsen muß auch im Hirten erörtert werden, sie tritt sonst ganz hinter den Bußruf und den Trost zurück" (Weinel, HNTA, 299). Man erkennt die Differenz zwischen Gestalt und Funktion der Apokalypse als Form des PH: H stellt als Seher die in der Tat einschlägige Frage nach dem Mysterium, das Apokalypsen auflösen wollen (vgl. Macmillan, Interpretation, 542), – eine an dieser Stelle allerdings völlig unmotivierte Frage, nachdem ihm so viele Zurüstungen für das Ende vorgeführt wurden. Und gerade das apokalyptische Interesse an Fristen, Zeiten und Zeitgrenzen ließ sich hervorragend auf sein Thema Buße applizieren (II 2,5; III 2,2; 5,5), um es sachlich und zeitlich dringlich zu machen. H muß daran interessiert bleiben. Trotzdem wird er für seine Frage hart gerügt. Diesmal leuchtet, abgesehen vom routinemäßigen Tadel für neugieriges oder aufdringliches Fragen (Brox, Fragen), ein Grund für die Rüge ein: H hätte nach allem, was ihm gezeigt wurde, sich diese Frage selbst beantworten können, sie also unterdrücken sollen. Solche Geplänkel im Dialog steigern die Spannung und Lesbarkeit. Zur heftigen Erregung der Alten gibt es Parallelen: Mand XII 4,1 wird der „Hirt" über H zornig, und in *grBar* 12,6.8; 13,1; 16,1 werden emotionale Regungen (Trauer u.ä.) bei Michael und seinen (den Menschen zugeteilten) Helferengeln über die Versager berichtet; in Sim VIII 1,16; 5,1.6; vgl. Sim V 2,5.10.11 wird vom Engel, vom Hirten und im Gleichnisablauf Freude über die Vollkommenen geäußert.

Die Versammlung aller sündenfreien Christen im Turm ist nach H ein Vorgang mit Abschluß (4,2; 5,5) und datierbarem Ende. Das Datum dieses Endes fällt – offenbar ursächlich – mit dem Eschaton zusammen. Folglich ist „das Ende" noch nicht da. Das darf und soll aber nicht beruhigend wirken; man hat trotzdem allen Grund, sofort Buße zu tun, der Bau geht nämlich rasch (ταχύ) voran. – 8,9f. mag einmal der Schluß einer Einzelvisionserzählung des H gewesen sein: Es ist nun ausreichende Offenbarung ergangen, weitere Fragen sind darum verboten; die Christen („du und die Heiligen") sollen mit dem erhaltenen Wissen leben und ihren Geist (πνεῦμα als anthropologischer Begriff) erneuern, wie diesmal der Effekt der Bußpredigt umschrieben ist (vgl. Sim VIII 6,3; IX 14,3). Inzwischen steht dieser Text aber mitten in der Komposition des PH, und H schreibt, trotz aller „Abschlüsse", die er setzt, immer weiter. – ἀνακαίνωσις als „lexikologischer Christianismus" auch Röm 12,2; Tit 3,5 (Bartelink, 11); die Ausdrucksweise ἀνέκραγε... λέγουσα ist (obwohl auch im profanen Griechisch belegt) in ihrer Häufigkeit als Semitismus anzusprechen (Hilhorst, Sémitismes, 78).

8,10–11 Diese Belehrung, dem H nicht fremd (II 4,3; III 3,1; 4,3), könnte zusammen mit 8,9 am Ende jeder Vision oder himmlischen Kundgabe plaziert sein. Der große apokalyptische Vorgang, den H in seinem Buch abrollen läßt, ist nicht Privatsache, sondern ein entscheidendes Ereignis für alle (Christen). – Die Zäsur zu 8,11 ist zweifelhaft. Während die Editionen hinter ἵνα πᾶσιν δηλώσῃς/δηλώσεις mit μετὰ τρεῖς ἡμέρας den neuen Satz (8,11) beginnen lassen und Harnack, um zu glätten, das δέ hinter ἐντέλλομαι streicht, schlug schon Lake, 48f., dann A. Puech, Observations, 83f. (Zustimmung von Joly, 122; ders., AnCl 27, 1958, 189f.; entschieden anderer Meinung Hellholm, Visionenbuch, 133 A.15) eine andere (Whittaker, 117: „ansprechendere") Interpunktion vor, die der besseren Ordnung wegen, die sie bedingt, auch der obigen Übersetzung zugrunde liegt: Man liest von 8,10 bis zu ἡμέρας durch; νοῆσαι κτλ. ist nicht mehr Parenthese. Mit ἐντέλλομαι δέ σοι (om. SL[1]) beginnt der neue Satz. Die Interpunktion der Editionen mit ihrer holprigen Folge von Satzteilen ist selbst bei einem nachlässigen Schriftsteller wie H nicht anzunehmen, wenn sich eine bessere Lesart anbietet. Das oft gewählte Verb δηλόω (Kraft, Clavis, 99f.) für Offenbarungsübermittlung und -weitergabe begegnet hier erstmals. Auch II 2,1 braucht der Seher nach der Vision eine Zeit, um den empfangenen Text zu begreifen und weitergeben zu können. Es entsteht (bei beiderlei Interpunktion: s.o.) die Unschärfe, daß unmittelbar hintereinander von zwei Offenbarungen, einer ergangenen (8,10) und einer noch erfolgenden (8,11), die beide weiterzugeben sind, die Rede ist. Zumal das zweite πρῶτον macht Probleme. Welche Folge ist gemeint? Die Schwierigkeit gibt nach, wenn man 8,10.11 a (bis zum ersten πρῶτον einschließlich) in seinem formelhaften und schematischen Charakter (vgl. II 2,1) als Abschluß des Vorangegangenen versteht und vor 8,11 b ἐντέλλομαι δέ σοι die Zäsur macht und diese Worte als Eröffnung der Paränese 9,1–10 ohne Zusammenhang nach rückwärts nimmt.

Eine verschärfte Beauftragung mit namentlicher Anrede zielt auf die effektive Mittlerrolle des H ab. Dem apokalyptischen Text geht es nicht um apokalyptische Sensation, sondern um christliche Realisation („hören und verwirklichen"). H selbst wird als einer der buß- und bekehrungsbedürftigen Sünder behandelt.

Kritik und Mahnrede (Vis III 8,11b–9,10)

16 (III 8) 11b **„Ich trage Dir zuerst auf, Hermas, folgende Worte, die ich dir jetzt sagen werde, ohne Abstriche den Heiligen zu Gehör zu bringen, damit sie sie hören und verwirklichen und so von ihren Schlechtigkeiten gereinigt werden, und du selbst ebenfalls:** 17 (III 9) 1 **Hört mich, meine Kinder. Ich habe euch in großer Lauterkeit, Unschuld und Heiligkeit aufgezogen durch das Erbarmen des Herrn, der die Gerechtigkeit auf euch herabtauen ließ, damit ihr gerechtfertigt und geheiligt würdet von aller Schlechtigkeit und aller Falschheit. Doch ihr wollt mit eurer Schlechtigkeit nicht aufhören.** 2 **So hört mich jetzt. Seid friedlich miteinander**[62]**, kümmert euch umeinander und helft euch gegenseitig**[63]**. Beansprucht nicht für euch allein, was Gott geschaffen hat, sondern gebt den Notleidenden vom Überfluß mit.** 3 **Die einen ziehen sich nämlich durch übermäßiges Essen Krankheiten zu und ruinieren ihre Gesundheit; die anderen haben dagegen nichts zu essen, und ihre Gesundheit leidet darunter, daß sie sich nicht ausreichend ernähren können, und ihr Körper geht zugrunde.** 4 **Dieser Verstoß gegen die Mitmenschlichkeit wird zum Verhängnis für euch, die ihr Besitz habt und den Notleidenden nichts mitgebt.** 5 **Haltet euch das bevorstehende Gericht vor Augen! Da ihr im Wohlstand lebt, sucht nach den Hungernden, bevor der Turm fertiggestellt ist; denn nach der Fertigstellung des Turmes werdet ihr nur zu gern noch Gutes tun wollen, aber keine Gelegenheit mehr dazu bekommen.** 6 **Seht euch vor, die ihr euch auf euren Reichtum viel einbildet, daß nicht die Notleidenden Grund zum Stöhnen haben und ihr Stöhnen aufsteigt zum Herrn**[64] **und euch mitsamt euren Gütern die Tür zum Turm verschlossen bleibt. –** 7 **Und jetzt wende ich mich an euch, die ihr der Kirche vorsteht und die ersten Plätze einnehmt**[65]**. Seid doch nicht wie die Giftmischer! Die Giftmischer tragen ihre Giftstoffe in Büchsen herum, und ihr tragt euer Giftgemisch im Herzen.** 8 **Verstockt seid ihr und wollt eure Herzen nicht reinigen und nicht mit reinem Herzen euer Denken einmütig auf dasselbe (Ziel) richten, damit ihr beim großen König**[66] **Erbarmen findet.** 9 **So paßt auf, meine Kinder, daß eure derzeitigen Streitereien euch nicht das Leben kosten.** 10 **Wie wollt ihr den Erwählten des Herrn Zucht beibringen, wenn ihr selbst keine Zucht habt? Bringt euch also gegenseitig Zucht bei und haltet Frieden miteinander**[67]**, damit ich dann froh vor den Vater hintreten kann und eurem Herrn für euch alle Rechenschaft geben kann.“**

9,1 Die Präsentation des Textes hätte auch wie II 2,2–3,4 in Form des Himmelsbriefes erfolgen können. So ist es eine äußerst eindringliche Predigt zur Weitergabe durch H, wobei die Alte den Christen lehrend und mahnend als Mutter und Kirche, nicht als Offenbarerin, wie Kindern gegenübertritt.

---

62 Vgl. 1 Thess 5,13; Mk 9,50; 2 Kor 13,11.
63 Vgl. Apg 20,35.
64 Vgl. Jak 5,4.
65 Vgl. Mk 12,39 par.
66 Vgl. Ps 46,3; 47,3; Mal 1,14 u.a.
67 Vgl. 1 Thess 5,13; Mk 9,50; 2 Kor 13,11.

Im Stil sowohl der Weisheitsrede („Hört mich, meine Kinder. Ich habe euch aufgezogen... So hört mich jetzt"; vgl. Amstutz, 142f.) als auch der biblischen Anklagen Gottes oder des Propheten gegen sein widerspenstiges Volk („Doch ihr wollt nicht... Seht euch vor... Verstockt seid ihr und wollt nicht") erinnert sie an ihre Bemühungen mit Gottes Hilfe zur sittlichen Erziehung der Menschen.[68] Die drei stellvertretend genannten Tugenden gehörten zum Katalog in 8,5.7. Sie sind (nach Glaube und Enthaltsamkeit in Mand I) auch in Mand II 1.4 zusammengenommen, und zwar dort in der (von Vis III 8,5 abweichenden) Reihenfolge von Vis III 8,7. Der übliche Hinweis zu στάξαντος auf Jer 42,18; 44,6 ist nicht aufschlußreich. Die Vergeblichkeit der Mühe charakterisiert den Iststand der Christen in ihrer „Schlechtigkeit". **9,2** Der neue Appell (mit der Warnung vor Frist, Gericht und endgültigem Unglück 9,5.6) ist Fortsetzung des prophetischen Stils. Die Paränese schärft explizit soziale Tugenden oder Verhaltensmuster mit eindrucksvoller Konsequenz ein. Nach einer allgemeinen Verpflichtung auf friedliches und altruistisches Miteinander geht es dann ausführlich um Besitz und Teilen. Die geschaffenen Dinge, also die verfügbaren Konsumgüter, werden hier (wie Mand II 4; Sim I 8; II 10) nicht diskriminiert, aber sie gehören nicht nur denen, die sie jetzt besitzen und gebrauchen. H dringt auf Ausgleich, aber mit der frühchristlichen Ethik empfiehlt er dafür Almosen „vom Überfluß" und verlangt nicht Verteilung zu gleichem Besitz (s. Mand II 4–8; Sim II). Als Kritiker und Moralprediger redet er allerdings in Extremen: Es gibt nur Überfluß und bittere Not. Zu diesem bis 9,6 reichenden harten Kontrast paßt die zuerst anscheinend von Gebhardt-Harnack, 51 vorgeschlagene Übersetzung von κατάχυμα: „Crediderim hoc vertendum esse: ‚ex abundantia', sed exempla nulla habeo." Dibelius, 475 macht denselben Vorschlag: κατάχυμα = Daraufgegossenes = Brühe ist mit „Überfluß" zu übersetzen; eine „übertragene, bis jetzt aber noch nicht belegte Bedeutung" (Bauer-Aland, 856); Dibelius seinerseits übersetzt den wahrscheinlich sprichwörtlich zu verstehenden Text nach Preuschen, Handwörterbuch, wie folgt: „aus der Brühe fischen" = „für sich ergattern". Außerdem stellt Dibelius, von L^1 begünstigt (das Material bei Hellholm, Visionenbuch, 134 A.16; Dibelius, 475), das ἀλλά hinter μεταλαμβάνετε. Das ergibt (übrigens auch ohne die Umstellung) in der Tat einen plausiblen Sinn, der inzwischen akzeptiert ist (G.W.H. Lampe, A Patristic Greek Lexicon, Oxford 1968, 727; Joly, 122f.; Crombie, 16; Snyder, 50f.; vgl. Weinel, HNTA, 299; Kraft, Clavis 242).[69]

9,3 Die Überlegung von 9,3 über das Essen („viel Essen" im Lasterkata-

[68] Torrance, 117 kritisiert den Begriff des H vom christlichen Glauben als der Reinigung des Gläubigen vom Bösen.

[69] H. Karpp, ZKG 78, 1967, 134 bietet eine Bestätigung der Bedeutung „Überfluß" aus einer Konjektur im lateinischen Text an: Statt *infrunite* (einfältig) ist möglicherweise *infinite* zu lesen.

log Mand VI 2,5; VIII 3; XII 2,1) ist vielleicht nicht so trivial wie ihr erster Eindruck. Einerseits nämlich ist es ja so abwegig nicht, die Perversion menschlicher Ungerechtigkeit an ihren allseitigen Folgen zu demonstrieren („alle" werden krank daran, Täter und Betroffene).[70] Andererseits kann man in den schädlichen Folgen für die Gesundheit der Reichen ganz im Sinn des H Straffolgen für die Sünde sehen, wie sie eben in diesseitigen Qualen auszutragen sind (vgl. 7,6). **9,4** Die Drohung mit schlimmen Folgen bestätigt das. Die ἀσυγκρασία (*Hapaxleg.*) ist wörtlicher: „Mangel an Zusammenhalten oder Gemeingefühl" (Bartelink, 39); vgl. συγκεράννυμι in 9,8 für gemeinsames Bemühen. Die soziale Sünde hat für H erkennbar besonderes Gewicht mit entsprechend vernichtenden Folgen. Die Sozialpflichtigkeit des Besitzes als frühchristliches Thema ist ein Postulat von sicherlich geringer Akzeptanz in der Kirche des H (wie überall) gewesen. **9,5** H steigert die Tonart des Appells. Angesichts des Endgerichts läßt er die Alte dazu aufrufen, nicht nur grundsätzlich zum Teilen bereit zu sein, sondern die Gelegenheit dazu („die Hungernden") geradezu zu suchen, also aktiv zu werden, um teilen und geben zu können. Es ist schneller, als man denkt, zu spät dazu, diese Pflicht zu erfüllen. Mit Hilfe der Metapher von der Fertigstellung des Turmes wird die Sache von Buße und Verwirklichung wieder zeitlich drängend gemacht. Es gibt zu späte Buße (7,6), aber auch zu späten Eifer im Tun des Guten und der Gerechtigkeit.[71] H kann die Frist nur im Bild angeben (Gericht, Ende, Fertigstellung des Turmes), nicht in Zahlen, aber er weiß, daß für jeden Menschen größte Eile nottut. **9,6** Die Warnung setzt sich fort mit der traditionellen Idee, daß die Not der Armen bzw. die Beschwerde über Unrecht an Gottes Ohr gelangt (vgl. *äthHen* 47,1; 97,5; Dtn 24,15; Ps 12,6; 79,11; Jes 5,9 LXX; Jak 5,4; Baumgärtner, 84f.). Daß Besitz und Reichtum mit dem Tod wertlos werden, ist ein Gemeinplatz (Ijob 1,21; Lk 12,20; Mt 6,19; 1 Tim 6,7; *PolPhil* 4,1; *äthHen* 94,8). Selbst außerhalb der Vision eignet sich das Bild vom Turm wieder für die Veranschaulichung des endgültigen Ausgangs des menschlichen Lebens.

9,7 H hat hier zwei Bezeichnungen für die kirchlich Verantwortlichen. Die erste (προηγούμενοι) bezieht man ohne weiteres auf die II 2,6; 4,3; III 1,8 genannten Vorsteher. Um die zweite (πρωτοκαθεδρῖται) geht ein alter Streit: Handelt es sich um eine zweite „Amtsbezeichnung" oder um eine „Rüge" (Dibelius, 476) in dem Sinn, daß die so bezeichneten als ehrgeizige Karrieristen beschrieben sein sollen, die Rangstreitigkeiten ausgelöst haben,

[70] Dieser Gedanke ist auf Grund von Erfahrung so naheliegend, daß er nicht erst durch die Kombination zweier stoischer Ideen (nämlich der „Warnung, Üppigkeit beim Essen schade dem Körper", und der „Mahnung, den ärmeren... Mitmenschen mitzuteilen") für H erschwinglich werden mußte (Dibelius, 475 mit Belegen). Zur semitischen Ausdrucksweise im Satz Hilhorst, Sémitismes, 8 mit Tischendorf.

[71] Die *Versio Palatina* (= L^2) liest für θελήσετε ἀγαθοποιεῖν im Lateinischen *habere* mit Infinitiv: *velle habetis benefacere*; vgl. dazu P. Thielmann, Archiv für lateinische Lexikographie und Grammatik 2, Leipzig 1885, 176f.

auf die wiederum 9,8f. angespielt wird? Das Wort selbst sagt dies letztere nicht, sondern bedeutet schlicht den Inhaber eines Vorrangs oder Vorsitzes (so auch Gebhardt-Harnack, 52f. mit Forschungsgeschichte).[72] Eine andere Sache ist, daß der PH anderswo von Rangstreitigkeiten spricht (9,8f.; Mand XI 12; Sim VIII 7,4) und daß außerdem der vorliegende Text offenbar aufgrund belastender Assoziation an Mk 12,39 par (πρωτοκαθεδρία) im diskriminierenden Sinn gelesen worden ist (sc. von LL: s. Funk, 453) und sich schließlich auch bei Irenäus, *haer.* IV 26,3 der Stamm πρωτοκαθεδρ- innerhalb der negativen Aura von unrechtmäßigem Ehrgeiz findet.[73] Aber in 9,7 ist davon keine Spur, und man kann den Gedanken daran auf die Stilisierung der Passage hin auch nicht einfach von 9,8f. nach 9,7 vorziehen und das Wort hier in denselben „Dunstkreis" versetzen. Es liegt eine pleonastische, doppelte Bezeichnung funktionalen Charakters für die eine Gruppe der Presbyter (die auch Episkopen heißen können: s. Exkurs: Kirchliche Verfassung) vor, denn die Nomenklatur des PH für die Benennung der verschiedenen kirchlich Zuständigen ist nicht gerade luzid (vgl. Crombie, 16). – Die Notwendigkeit einer besonderen Paränese für die kirchlichen Amtsträger – es sind die von II 2,6; 4,3; III 1,8 – dekuvriert das ethische Niveau der betroffenen Kirche samt ihrem Klerus (vgl. Duchesne, 11–13). H sucht mit der folgenden Kritik illusionslos etwas zum Besseren zu ändern. Hier wie öfter (Mand V 1,2–6; 2,5–7; X 3,3b; XI 13.15; XII 5,3–4) wird der Christ parabelhaft als Gefäß oder Behälter für gute und schlechte Essenzen bzw. „Geister" gesehen, hier als „Giftbüchse". „Giftmischer" und „Gift" sind wahrscheinlich gewählt, weil es um (für Glaube und Einheit) tödliche Feindseligkeit im Rangstreit geht (9,9; vgl. Sim VIII 7,4); Piesik, Bildersprache, 67f. deutet auf die Vernichtung des Lebens der Gemeinde durch das Gift der Herzensverhärtung und daraus resultierende Spaltung. Auf Häresie (so Snyder, 51f. wegen *IgnTrall* 6,2; *OdSal* 22,7) gibt es keinen Hinweis (anders in Sim VIII 6,5). **9,8** Die Alte als Kirche attackiert und verklagt jetzt; H zeichnet eine sündige Gemeinde von schlechten Christen mit einem verstockten und auf Ämter versessenen Klerus. Der Gottesname „großer König": Ps 48,3; Mt 5,35. – **9,9.10** Die Vorsteher (für sie die Anrede „Kinder" wie 9,1 für die Christen insgesamt) gefährden ihr eigenes Heil und sind auf Kosten der Gemeinde zu ihren Aufgaben nicht fähig, weil sie nicht besser sind als diese. Das „Motiv der Erziehung der Erzieher" (Dibelius, 476f.) prägt die neutestamentlichen Pastoralbriefe (N. Brox, Die Pastoralbriefe, Regensburg 1989^5, 9–12). Von der Rechenschaftsablage der Kirche

---

72 Zahn, Der Hirt, 98f. hat gegenüber seinem Brief an Harnack vom 5.12. 1875 (Gebhardt-Harnack, 52) zuungunsten unserer Auffassung revidiert; ganz ähnlich Harnack, Entstehung, 56.

73 Irénée de Lyon, Contre les hérésies. Livre IV, ed. A. Rousseau u.a. (SC 100), Paris 1965, 720f.: „*principalis consessionis tumore elati sunt*" mit der vorgeschlagenen Rückübersetzung: τῷ τῆς πρωτοκαθεδρίας τύφῳ ἐπαρθέντες.

für alle einzelnen Christen vor Gott ist sonst nirgends die Rede.[74] Nur hier ist der Begriff „Vater" für Gott absolut gebraucht (s. Joly, 125; zur Auffälligkeit dieses Befunds Snyder, 52). Zu „froh" oder „heiter" (ἱλαρά) siehe I 4,3. Zur Besonderheit des κατενάντι Hilhorst, Sémitismes, 106f. – Das Kirchenbild ist eigentümlich: Die Kirche tritt den Christen wie den Vorstehern als (durch den Kontext: himmlische) Personifikation gegenüber, redet und interveniert aber zugleich in der irdischen Kirche mit Vorstehern, Disziplinfragen, Flügelkämpfen und Tugenden. Man kann sagen, daß die präexistente Kirche der ersten Visionen sich nach Vis III in der Zeit verwirklicht, indem sie sich in die sichtbare Welt begibt (Giet, Hermas, 120f.; Poschmann, Paenitentia secunda, 195). Aber an Abgrenzungen und genauerer Beschreibung dieser subtilen Übergänge ist H nicht interessiert.

Die Kirche auf dem Weg zu Buße und Besserung (Vis III 10,1–13,4)

18 (III 10) 1 **Als sie das Gespräch mit mir beendet hatte, kamen die sechs jungen Männer, die den Bau ausführten, und trugen sie davon zum Turm, und vier andere nahmen die Bank und brachten auch sie zum Turm. Ihr Gesicht konnte ich nicht sehen, weil sie mir den Rücken zuwandten.** 2 **Als sie sich entfernte, bat ich sie um eine Offenbarung über die drei Gestalten, in denen sie mir erschienen war. Sie gab mir zur Antwort: „Um diese Offenbarung mußt du jemand anderen bitten."** 3 **Sie war mir nämlich in dem ersten Gesicht vom Jahr davor, Brüder, als ganz alte Frau erschienen, die in einem Sessel saß.** 4 **In der zweiten Vision war sie im Gesicht jünger, nur Körper und Haare waren alt, und sie sprach mit mir im Stehen. Außerdem war sie fröhlicher als das erste Mal.** 5 **In der dritten Vision dann war sie ganz jung und ausgesprochen schön und hatte von einer alten Frau nur noch das Haar; jetzt war sie äußerst fröhlich und saß auf einer Bank. –** 6 **Ich war tief traurig, weil ich viel darum gegeben hätte, diese Offenbarung zu verstehen.**

Da sah ich die Alte in einer nächtlichen Vision, und sie sprach zu mir: „Zu jeder Bitte braucht es einen Demutsakt. Faste also, dann bekommst du, um was du den Herrn bittest."

7 **Ich fastete also einen Tag, und in der Nacht darauf erschien mir ein junger Mann und sprach zu mir: „Warum bittest du im Gebet immer wieder um Offenbarungen? Gib acht, daß du nicht zu viel erbittest und damit deiner Gesundheit schadest.** 8 **Die bisherigen Offenbarungen genügen für dich. Größere Offenbarungen, als die du gesehen hast, kannst du ja wohl nicht haben?"** 9 **Ich antwortete ihm: „Herr, meine Bitte zielt einzig und allein auf die drei Gestalten der alten Frau, damit die Offenbarung vollständig ist." Er erwiderte: „Wie unverständig seid ihr eigentlich? Aber es sind eure Zweifel, die euch am Verstehen hindern, und die Tatsache, daß euer Herz nicht beim Herrn ist."** 10 **Ich entgegnete noch einmal: „Aber von dir, Herr, können wir die Dinge doch ganz genau erfahren!"**

[74] Dibelius, 477 vergleicht damit die Rolle Michaels, der nach jüdischem Glauben das Gottesvolk vertritt (Hinweis auf Dan 12,1; *äthHen* 20,5).

19 (III 11) 1 **„Hör zu", sprach er, „was die Gestalten betrifft, nach denen du fragst. 2 Warum erschien sie dir im ersten Gesicht als alte Frau und in einem Sessel sitzend? Weil euer Geist alt war und schon ohne Feuer und ohne Kraft infolge eurer Weichlichkeit und Zweifel. 3 Denn wie die alten Menschen keine Hoffnung auf eine zweite Jugend haben und nur noch auf ihren Tod warten, so wart auch ihr durch eure Geschäfte saumselig geworden und in Niedergeschlagenheit verfallen, statt eure Sorgen auf den Herrn zu werfen[75]. Da war euer Wille gebrochen, und ihr wart in eurer Traurigkeit gealtert." 4 „Ich möchte auch wissen, Herr, warum sie im Sessel saß." „Weil jeder, der schwach ist, wegen seiner Schwäche im Sessel sitzt, um den Körper in seiner Schwäche zu stützen. – Damit hast du die Bedeutung der ersten Vision."**

20 (III 12) 1 **„In der zweiten Vision hast du sie stehend gesehen, im Gesicht jünger und fröhlicher als das erste Mal, nur an Körper und Haaren alt. Laß dir", sagte er, „auch dieses Gleichnis erklären. 2 Wenn ein Mensch alt ist, dann gibt er in seiner Schwäche und Armseligkeit die Hoffnung für sich auf und wartet nur noch auf den letzten Tag seines Lebens. Da macht er plötzlich eine Erbschaft. Als er das hört, erhebt er sich, kommt vor lauter Freude wieder zu Kräften, muß nicht mehr liegen, sondern kann stehen, sein Geist wird wieder jung, nachdem er durch die Arbeit eines ganzen Lebens verbraucht gewesen war, und nun sitzt er nicht mehr, sondern steht aufrecht wie ein Mann. So war es mit euch, als ihr die Offenbarung vernahmt, die euch der Herr geoffenbart hat: 3 daß er sich euer erbarmt und euren Geist wieder jung gemacht hat; da habt ihr eure weichlichen Gewohnheiten abgelegt, es wuchs euch Kraft zu, und ihr wurdet stark im Glauben. Und der Herr freute sich, als er euch stark geworden sah. Deshalb hat er euch den Turmbau gezeigt, und er zeigt noch mehr, wenn ihr von ganzem Herzen untereinander Frieden haltet[76]."**

21 (III 13) 1 **„In der dritten Vision hast du sie noch jünger, schön, fröhlich und von gutem Aussehen gesehen. 2 Das ist, wie wenn ein trauriger Mensch eine gute Nachricht erhält. Sofort ist die bisherige Traurigkeit für ihn vergessen, und er wartet nur noch auf die Nachricht, von der er gehört hat. Von da an hat er Kraft zum Guten, und sein Geist wird wieder jung durch die Freude, die er erfahren hat. Genauso habt ihr eine Verjüngung eures Geistes erfahren, als ihr die aufgezählten Wohltaten gesehen habt. 3 Und daß du sie auf einer Bank sitzen sahst, bedeutet ihren festen Stand, weil die Bank vier Füße hat und stabil steht. Auch die Welt hat ihren Halt ja durch vier Elemente. 4 Die nun Buße tun, werden ganz jung und gefestigt sein, – die, die von ganzem Herzen Buße tun. –**

Jetzt hast du die gesamte Offenbarung. Verlange nicht nach weiteren Offenbarungen. Wenn noch etwas notwendig ist, wird es dir offenbart werden."

10,1 Nachdem die Alte zweimal (2,3; 3,1) ohne Begleitung hatte gehen wollen und von H daran gehindert wurde, andererseits (8,1) ihre Anwesenheit aber von sich aus verlängert hatte, war sie also seit 1,6 für H da und wird

[75] Vgl. Ps 54,23; 1 Petr 5,7.
[76] Vgl. 1 Thess 5,13; Mk 9,50; 2 Kor 13,11.

jetzt im Anschluß an ihr Auftreten in 1,6 von den sechs jungen Männern in aller Form abgeholt (zu diesen und zu ihrer Anzahl s. I 4,3; III 1,6). H schiebt seine Bilder sehr oberflächlich ineinander. Die visionäre Szene, die er entwirft, irritiert oft durch Unstimmigkeiten. Die Alte wird zum Turm gebracht, also die Kirche zur Kirche. Nicht plausibler werden die beiden Funktionen der jungen Männer miteinander vermittelt: Sie begleiten die Alte und bauen den Turm. – Zu συμψέλιον s. 1,4. Die Bank wird, wie I 4,1 der Sessel, von vier jungen Männern weggetragen (zur Vierzahl s. I 4,1). Daß sie zum Turm (I 4,1.3: nach Osten) gebracht wird, erklärt sich damit, daß sie eine wichtige Qualität der Kirche symbolisiert (13,3). – Die Engel zeigen den Menschen nicht ihr Gesicht: Eine rätselhafte Auskunft; daß sie sich nur auf die vier Engel bezieht (Dibelius, 477: kosmische Gestalten; Gebhardt-Harnack, 55: zur Abhebung von den Sechs), ist nicht ausgemacht. – **10,2** Diesmal hat H keinen Erfolg mit der Bitte um sofortige Vision bzw. Erklärung wie 2,3; 3,1. Es wird nicht ersichtlich, wieso er die Offenbarung zwar bekommen soll, aber eben nicht von der Alten, obwohl es um sie selbst geht. Aber alles wirkt recht unbeholfen. So ist noch gar nicht erzählt worden, was H hier bereits gedeutet sehen will. Wie 8,1f. die Vision um die sieben Frauen ergänzt wird, so werden nämlich hier die „drei Gestalten", d.h. die verschiedenen Erscheinungsweisen der alten Frau[77] in den früheren Auftritten erst noch „entdeckt" bzw. nachgetragen. Denn das Sitzen-Stehen-Sitzen konnte dem Hörer/Leser nicht als Klimax aufgefallen sein, und von Veränderungen in Haar, Gesicht und Stimmung der Alten war nichts gesagt worden. Visionen werden also nachträglich nicht nur gedeutet, sondern auch weiter ausgesponnen. Das liegt in der allegorischen Phantasie des H, der viele verschiedene Einfälle und apokalyptische Konventionen nicht immer gelungen zu einer ganzen Szenerie kombiniert. Ihm stehen geeignete Motive reichlich zur Verfügung. Die Polymorphie der „drei Gestalten (τρεῖς μορφαί)" ist ein weiteres Beispiel dafür. Ein und dasselbe himmlische Wesen erscheint unter mehreren verschiedenen Gestalten nacheinander. Kontext, Form und Funktion, denen so etwas dient, sind sehr variabel (s. Material und Literatur bei E. Junod – J.-D. Kaestli, Acta Johannis, CChr.SA 2, Turnhout 1983, 466–493, spez. 472 mit A.1). – „jemand anderen (ἕτερον)": Zeller, 196 übersetzt fälschlich: „mich ein anderes Mal"; die Alte gibt diese Offenbarung auch später nicht, sondern „ein anderer" gibt sie (s. 10,7–13,4).

10,3–5 Im Phänomen der zunehmenden Verjüngung der Alten in ihren

[77] Peterson, 267 wagt die Vermutung, daß „die im Schema der drei Altersstufen gesehene Offenbarungsgestalt" als „dreigestaltige Sibylle" zu verstehen ist und die Existenz einer irgendwo in der Reichweite des H aufgestellten entsprechenden Skulptur von drei Sibyllen voraussetzt, die sie nachahmt. Die Idee der allegorischen Polymorphie liegt aber weit näher.

bisherigen Erscheinungen I 2,2; II 1,3; III 1,2 bzw. 1,6[78] spielt sich also in diesem Fall die Polymorphie ab: Verwandlung in Gesicht, Haar,[79] körperlicher Kondition und Stimmung (zum besonderen Sinn von ἱλαρός – „fröhlich" s. I 4,3). Daß gegenüber dem Sitzen im Sessel in der ersten und dem Stehen in der zweiten Vision das Sitzen auf der Bank in der dritten eine noch einmal gesteigerte Verjüngung oder Erstarkung anzeigt, erklärt sich nicht mehr auf der physiologischen Ebene, sondern von der allegorisierenden Assoziation her, über die H in 13,3 belehrt wird. Die folgende Deutung der Trimorphie der Alten ist eben stärker an einer Vielzahl von Erkenntnissen als an der Treue zum Bild interessiert. So fremd die Beschreibung heutzutage bleibt, H redet in damals völlig vertrauten Ideen: „Die Verbindung von Jugend und Alter – oder auch das Wechseln zwischen beiden – wird damals auch verwandt für die Charakteristik weiblicher Idealgestalten, die oft etwas ganz anderes sind als ‚personifizierte Abstracta'. Die auffallende Häufigkeit dieser Gestalten in der Spätantike (bei heidnischen wie bei christlichen Autoren) ist nicht nur Stilmode" (Curtius, 112). H wählt als Allegorie für seine Kirche ein Idealwesen, das zum Bestand der Erlebniswelt gehörte. Der Text ist motivgeschichtlich sehr bedeutsam: „Der Staturwechsel für Allegorien war ... klassisch vorgebildet – nicht aber das Verjüngungsmotiv." Dieses begegnet erstmals „in der Apokalyptik des frühen Christentums", eben im PH (Curtius, 113). Nach H. Kraft, ThZ 11, 1955, 262 ist bei H der ursprüngliche Sinn des Verjüngungsmotivs „bereits verlorengegangen", wonach dieses nämlich „den Übergang von der weinenden, klagenden, irdischen Kirche zur künftigen, verklärten, triumphierenden Gemeinde" bedeutet, was Kraft in *4 Esra* X 40–50 noch zu finden glaubt. – Ford demonstriert daneben als ein völlig geläufiges Merkmal im außerbiblischen Sara-Bild der jüdischen Literatur die Verjüngung Saras (549–551 mit Belegen). Natürlich kommen auch derartige Traditionen für H in Frage.

10,6 Die „Einmischung" des H entspricht wieder der obligaten Neugier des Sehers und bringt einen dramatisierenden Effekt, insofern sie gewiß macht, daß die Aufklärung aus dem Himmel nicht lange auf sich warten läßt. H variiert stets: Er wird zur Vorbereitung auf die Deutungsvision durch ein eigenes Gesicht aufgefordert. Die „Bitte" ist die von 10,2b. Das Fasten (νήστευσον = konditionaler Imperativ: Hilhorst, Sémitismes, 27 A.3) vor dem Empfang der Offenbarung (auch II 2,1; III 1,2; 10,7) ist hier als Demutsgeste interpretiert (Arbesmann, 59; Pernveden, 255–257; Hilhorst, Sémitismes, 141; ταπεινοφροσύνη nach Dibelius, 478 hier und in Sim V 3,7 „technisch für Fasten", nach Zahn, Der Hirt, 364 für die Kasteiung durch

[78] Zusammengefaßt bei Hieronymus, *HosCo* VII,9f. (CChr.SL 76, ed. M. Adriaen, 1969, 77). Zur Interpretation auch Pernveden, 17ff.; Barnard, Studies, 162f.; Ford, 549f.

[79] Nicht Verwandlung, aber vergleichbares Aussehen hat man bei dem Mann in Perpetuas Vision: „Wir sahen... einen alten Mann sitzen, der schneeweißes Haar, aber ein jugendliches Gesicht hatte" (*Passio Perpetuae et Felicitatis* XII 2; vgl. IV 5).

Fasten; siehe auch zu Mand IV 2,2) und löst Offenbarung aus (II 2,1; III 1,2 u.ö.). **10,7–9** Wie II 4,1 übermittelt ein junger Mann (Engel), was die Alte nicht selbst spricht. Für die ungewöhnliche Wendung ὑπὸ χεῖρα i.S. von „stets, ununterbrochen" Ableitung bei Dibelius z.St. Es gibt demnach für den Menschen ein Zuviel an Offenbarungen. Joly, 127 denkt an die schwere physische Belastung durch die Bußübungen zur Vorbereitung auf die Vision; Dibelius, 478 an „Rücksicht auf den körperlichen Zustand des Visionärs" (*4 Esra* XV 5–20 ist allerdings keine Parallele); Weinel, Wirkungen, 225f. an das vorbereitende Fasten. Am nächstliegenden ist in einer Apokalypse der Offenbarungsinhalt mit seinen angstmachenden und dramatischen Vorgängen als Grund für nervliche und organische Überbelastung des Visionärs. H verwendet fiktiv solche Elemente des apokalyptischen und visionären Apparats. Es gibt Parallelen solcher körperlichen Schädigung in den Zauberpapyri (Peterson, 266 A.70). – H bringt gegen diese Warnung das Argument, daß er nur die Vervollständigung der Deutung, nicht neue Offenbarung will. Und sofort wird er (wieder einmal) getadelt, weil er fragt, was er wissen müßte und könnte. Dieser Tadel fällt jeweils recht scharf aus, weil das Nichtverstehen und Nichtwissen ihren sehr genauen Grund im moralischen Defizit des H und seinesgleichen haben. Die verheerende Sünde der Unentschiedenheit und des Zweifels (διψυχία) und der Entfernung von Gott macht nämlich unverständig (ἀσύνετοι) (Brox, Fragen, 184–188). Das ergibt eine der wenig einleuchtenden Gedankenreihen des PH: Nachdem er zur Offenbarungsbitte ausdrücklich ermuntert wurde (10,6b) und darauf eingeht, wird H von derselben himmlischen Seite vor Selbstüberforderung mit „großen (wörtlich: starken) Offenbarungen" (10,8) gewarnt, dann aber für die Unfähigkeit, das Selbstverständliche zu begreifen, getadelt.

10,10 H schmeichelt in raffiniert naiver Weise damit, daß der Offenbarungsträger alles genauer weiß. **11,1–2** Daraufhin läßt dieser sich auf die Frage ein. Leutzsch, 164–166 glaubt, an der Diktion zeigen zu können, daß die „himmlische Frau Ekklesia" dieser folgenden Deutung ein „Spiegel der empirischen Männerkirche" ist; eine androzentrische Profilierung des Textes ist, wie in anderen Passagen des PH, jedenfalls nicht zu bestreiten. Von der ersten Zeile der allegorischen Deutung an ist klar, daß die Alte hier nicht die ideale, sondern die historische dekadente Kirche darstellt, deren Bild zur Abschreckung gezeichnet wird. Darum widerspricht diese Deutung auch dem Original der Frauengestalt in den früheren Texten, auf die Bezug genommen wird. Die Allegorie der Alten von 10,2 an ist – besonders gut erkennbar in 10,3–5 – insgesamt ein Nachtrag zugunsten neuer Deutung mit ganz neuen Ideen. Und zwar ist dieser Nachtrag, was die literarische Bewertung betrifft, eher ungeschickt zu nennen als aus einer gezielten und gekonnten Technik der „allegorischen Polysemie" zu erklären, mit der H nach Henne, Polysémie, 133f. hier arbeitet (mit Hinweis auf einen Übergang von einer kosmologischen Perspektive zur soteriologischen Dynamik, wie er angeblich auch Sim IX 1,2 vorliegt; ebd. 131).

Denn mit dem hohen Alter (das zumal II 4,1 ausdrücklich anders begründet war) und der Pose der sitzenden Frau war nicht Hinfälligkeit und Schwachheit, sondern Würde, Autorität und Präexistenz gemeint gewesen (vgl. Dibelius, 451). „Zweifel" im Sinn von Unentschiedenheit und Schwanken im Glauben ist im PH die tödliche Sünde des Christen. Aber weil das Thema des PH die Chance der Buße ist, bleibt auch das Kirchenbild optimistisch: Die Kirche bessert sich Stufe um Stufe (vgl. Zahn, Der Hirt, 288–290). Der Verdacht, daß die Deutung des Bildes auf eine Entwicklung der Kirche eine „nachträgliche Rationalisierung" sei (Curtius, 113f.), erübrigt sich völlig, weil H selbst sie schon vornimmt, der kein Moderner war.

11,3–4 Die Allegorie der Alten wird jetzt, obwohl sie schon ausgelegt und angewendet wurde (11,2.4), noch durch das Gleichnis von den alten Menschen erläutert (ebenso 12,2; vgl. 13,2). Ihre Hoffnungs- und Perspektivenlosigkeit ist das passende Äquivalent für den Zustand des Sünders, der sich nicht zur Buße entschließt.

Von den Sündern und Ungläubigen unter den Christen wird im PH angenommen, daß sie sich aussichtslos und unglücklich fühlen. „Niedergeschlagenheit" – ἀκηδίαι: Für Gram, Kummer, Niedergeschlagenheit, Resignation, die als Laster im PH eine zentrale Rolle spielen, weil sie die tödliche Motivationslosigkeit für Buße und Bekehrung bedeuten, gebraucht H nur an dieser Stelle den traditionsreichen Terminus ἀκηδία, ansonsten immer λύπη („Traurigkeit"), der das ganze Mand X gewidmet ist und die auch hier in 11,3 noch angeschlossen wird. Die Nähe der ἀκηδία zur λύπη zeigt sich noch früh- und hochmittelalterlich in der Abgrenzungsbedürftigkeit und gleichzeitigen Austauschbarkeit beider Begriffe (G. Bardy, DSp I, Paris 1937, 166–169). – Das Sitzen im Sessel (11,4) war in 11,2 schon mitgedeutet, wird aber eigens präzisiert. Der biblische Ausdruck „seine Sorgen auf den Herrn werfen" als die richtige Reaktion auf den bedrohlichen Zustand des Menschen in Not und Sünde auch IV 2,4.5. Zu ἤθελον vgl. zu 4,3.

12,1–3 „Stehend", „jünger" und „fröhlich" (ἱλαρός: s. I 4,3) sind Allegorien für Heilsaussicht und Heilsnähe. Im aufrechten Stand (ἑστηκυῖαν; vgl. 12,2: ἐξηγέρθη; ἕστηκεν) der Alten (= der Kirche) muß man natürlich mehr sehen als nur die jugendliche Kraft. In Theologie und Liturgie der Alten Kirche wurde aus dieser Körperhaltung ein Symbol für den durch die Taufe erreichten Erlösungsstand; und zwar ist darin die *status-rectus*-Vorstellung der antiken philosophischen Anthropologie, die in einer Umdeutung in der hellenistischen Religionsspekulation fortlebte, christlich soteriologisch interpretiert (die Geschichte des Topos bei A. Wlosok, Laktanz und die philosophische Gnosis, Heidelberg 1960, bes. 8–179). – Mit der Beschreibung „jünger" (νεωτέραν) wird das neue Motiv deutlich, um dessentwillen H die verschiedenen Erscheinungsweisen der Alten hier noch einmal und anders als zuvor deutet, eben das Verjüngungs-Motiv (ἀνανεόω, ἀνανέωσις: 11,3, 12,2.3; 13,2; Sim VI 2,4; IX 14,3), das von 11,2 bis 13,4a die Hauptrolle spielt und auf Regenerationsbereitschaft abzielt. Nach Curtius, 113 ist es nicht klassisch vorgebildet, im PH vielmehr erstmals belegt, hat aber dann eine breitere Geschichte (ebd. 114f.; vgl. A. Demandt, Metaphern für Geschichte, München 1978, 55). Im 2. Jh. n. Chr. läßt sich der römische Historiker Lucius Annaeus Florus, *Epitoma* 1, *praef.* 8 das „Paradox der sich wieder verjüngenden Greisin Roma" einfallen (M. Fuhrmann, Brechungen, Stuttgart 1982, 79.218 A.22); längst vor ihm hat der römische Christ H aus demselben Motiv eine Kirchen-Allegorie gemacht, ähnlich spielerisch entstanden. – Neben anderen Irrtümern in der Auslegung der allegorisierenden Passage unterläuft bei Curtius, 114 auch der, daß er die Alte für die „altjunge Heilbringerin" hält, während sie (sonst die Offenbarungsträgerin) hier die Allegorie für den Zustand und Besserungs-Prozeß der Kirche und die Kirche selbst ist. – Bislang wurde nicht beachtet, daß sich das Verjüngungs-Motiv in den drei Gleichnissen fortsetzt, die H (eben darum) hier einschiebt: An den Greisen von 11,3 und 12,2 sowie an den „Traurigen" von 13,2 (bei denen es ebenfalls um die „Verjüngung des Geistes" geht) macht H dieselbe Sache klar wie an der Verjüngung der alten Frau (Kirche) (s. u.). „Fröhlich" sein können (d. h. Buße und Bekehrung der Christen vor Gott vermelden können) wollte die Kirche schon 9,10. Die Bußpredigt als Kunde von einer offenbar neuartigen, unerwarteten Chance wird mit der Überraschung einer Erbschaft verglichen (sicher ein übliches Paradigma der Moralrede; Beispiele aus der Profanliteratur bei Dibelius, 480; Lampe, 72 A.206: Nur das Erbschaftsmotiv ist traditionell), die den Menschen verloren geglaubte Kräfte mobilisieren läßt, die neue Möglichkeit trotz vermeintlichen Lebensabends zu nutzen, ohne einen Augenblick zu zögern. Mit Ende 12,2 vergißt H das Genus der augenblicklichen Rede und spricht (wie schon 11,1, aber im Gegensatz noch zu 12,1) die ganze Gemeinde in appellativem Stil an (zur Parataxe im Satz Hilhorst, Sémitismes, 122). Es ist nicht berichtet, daß die Offenbarung ihr mitgeteilt wurde. Noch hatte H bis hierher damit zu tun, die Offenbarung vollständig zu erhalten (zuletzt 10,9; vgl. 13,4b und IV 1,3), um sie dann weiterzugeben. Offenbarung ist Voraussetzung und Lohn für die Buße. Es läßt Rückschlüsse auf eine notorische Zwietracht in der Gemeinde zu, daß wieder zum Frieden untereinander ermahnt wird.

13,1–2 Ganz nach dem Muster von 12,1–3, in der gestellten Vergleichssituation um etliches realistischer, wird in nochmaliger Steigerung ein deutlicher Fortschritt der Kirche markiert. Zum Verjüngungs-Motiv s. 12,1–3. „Jung" ist die Kirche auch IV 2,1, dort aber wieder als ideale Kirche, während Verjüngung hier die Metapher für die gesteigerte Distanzierung von der Sünde und für die Verbesserung des christlichen Lebens ist. Dibelius, 481 irrt, wenn er findet: „die Kirche ist nicht aus einer Betrübten in eine

Fröhliche", sondern aus einer alten Frau in eine jugendliche verwandelt worden; beides ist nämlich der Fall: Vor der Buße und Besserung sind die Christen niedergeschlagen und unglücklich („traurig") gedacht (s. 11,3), jetzt sind sie „fröhlich" im Sinn der Heilsfreude (12,1; s. I 4,3).

13,3 Das Sitzen der Alten auf der Bank wird gleich miterklärt, während in 11,4 H nach dem Sitzen im Sessel eigens fragen mußte. Im Unterschied zur trivialen Erklärung 11,4 ist die hier gegebene Deutung des Sitzens so künstlich, daß H nicht von sich aus darauf kommen kann. Die Deutung auf Stabilität (Joly, Judaisme, 404: auch in der *Tabula Cebetis* 18,1) trifft für jedes Sitzmöbel mit vier Beinen zu, hätte sich also schon für den Sessel in 11,4 angeboten.[80] H braucht aber von der zweiten zur dritten Vision eine Steigerung auch in der Pose der alten Frau: Das Sitzen ist jetzt Metapher weder für Würde (I 2,2) noch für Schwäche (11,4), sondern für festen Stand (sc. im Glauben) – als Opposition zum Zweifel (διψυχία) ein hoher Wert im PH. Die kosmische Begründung mit der vierfachen Festigkeit der Welt (Weinel, HNTA, 299: „eine schlimme Allegorie!" Funk, 59: „Argumentatio mere inepta") zeigt die Breite der Ressourcen, aus denen H sein Anschauungsmaterial holt (Dibelius, 481 und Snyder, 54f. versuchen detailliertere Ableitungen). Die Kirche wurde schon wiederholt in kosmische Dimensionen gerückt (I 3,4; II 4,1).[81] – **13,4** Die Anwendung faßt diesen guten Zustand („jung, gefestigt") nun nicht als gegeben, sondern als die Folge der hoffentlich baldigen, und zwar zutiefst aufrichtigen Buße („von ganzem Herzen" ist eine bibelgriechische Vorliebe im PH; vgl. Kraft, Clavis, 313; Hilhorst, Sémitismes, 142–144). Aber das ist Rückfall in den sonst praktizierten paränetischen Jargon; die Kapitel 11–13 wollen vom Erfolg der Bußpredigt reden. Wieder ist laut Angabe die Offenbarung nun vollständig und weiteres Fragen verboten (wie 8,9). Das wird aber so gesagt, daß H weiterschreiben und die Vis IV folgen lassen kann. Mit dem feierlichen Abschluß werden immer wieder Nahtstellen konstruiert und Akzente der Bedeutsamkeit des Gesagten gesetzt.

---

[80] Anders Barnes, 14f.: In der Unterscheidung zwischen Sessel und Bank ist eine Bezugnahme des H auf seinen jüngeren Bruder und römischen Bischof Pius (s. Einleitung § 2) im Sinn eines Tadels versteckt: Die Bank, auf der viele sitzen und auch die Märtyrer und Bekenner einen Platz haben, ist für die Kirche sicherer als der Stuhl, auf dem der Bischof allein sitzt; H fürchtet um die Standfestigkeit des Pius in der drohenden Verfolgung. So sympathisch dieser „synodale" Gedanke ist, der Text kann ihn schon darum nicht meinen, weil der PH für Rom noch nicht den Monepiskopat kennt. – Durch seine phantastischen Bilder reißt der PH seine Interpreten nicht selten zu ähnlichen Leistungen wie den seinen mit.

[81] Taylor, Witness, 5–10.146f. sieht wegen der Wendung ἀγγελία ἀγαθή (13,2) und in Erinnerung an den Jahrzehnte späteren Irenäus, *haer.* III 11,8.9 über die Analogie zwischen der Vierzahl der Evangelien und derjenigen der Windrichtungen und Weltgegenden in den vier Möbelfüßen eine Allegorie für die Evangelien und schließt auf ausdrückliche Anerkennung der vier Evangelien durch H (Robinson, Barnabas, 30 schließt sich an). Man sollte die Zahl der änigmatischen Texte des PH dort nicht vermehren, wo er selbst keinen Anlaß dazu gibt.

Vierte Vision

Die „kommende große Not" des Glaubens (Vis IV 1,1–3,7)

22 (IV 1) 1 **(Vierte Vision,) die ich 20 Tage nach der vorigen Vision sah, Brüder, – ein Bild der kommenden Not. –** 2 **Ich war auf der Via Campana unterwegs zum Feld; es liegt etwa zehn Stadien abseits von der Hauptstraße. Die Stelle ist recht leicht erreichbar.** 3 **Während ich so für mich dahinging, da wünschte ich mir vom Herrn, daß er die Offenbarungen und Gesichte, die er mir durch seine heilige Kirche gezeigt hatte, doch vervollständige, um mich zu stärken und seinen Dienern, die in Sünde gefallen sind, die Buße zu geben, damit sein großer, herrlicher Name verherrlicht werde[1], weil er mich für würdig hielt, mir seine Wunder zu zeigen.** 4 **Und während ich ihm Lob und Dank sagte, da wurde mir wie im Schall einer Stimme gesagt: „Zweifle nicht, Hermas!" Ich begann bei mir zu überlegen und fragte mich: „Welchen Grund hätte ich wohl zum Zweifel, da mir der Herr solche Gewißheit gibt und ich wunderbare Dinge sehen darf?"**

5 **Dann ging ich etwas weiter, Brüder, und siehe da, ich erblickte eine Staubwolke, die anscheinend bis zum Himmel reichte, und ich fragte mich: „Kommen da Tiere, die den Staub aufwirbeln?" Die Entfernung betrug etwa ein Stadion.** 6 **Als die Staubwolke größer und größer wurde, merkte ich, daß es sich um etwas Überirdisches handelte. Die Sonne brach kurz durch, und siehe da, ich sah ein riesiges Tier wie ein Meerungeheuer. Aus seinem Maul sprangen feurige Heuschrecken heraus. An die 100 Fuß war das Tier lang. Einen Kopf hatte es (groß) wie ein Faß.** 7 **Da brach ich in Tränen aus und flehte den Herrn an, mich davor zu retten. Und jetzt erinnerte ich mich an das Wort, das ich zu hören bekommen hatte: „Zweifle nicht, Hermas!"** 8 **Da umgab ich mich, Brüder, mit dem Glauben an den Herrn, dachte an die Großtaten, über die er mich belehrt hatte, faßte Mut und ging auf das Tier zu. Das Tier kam aber mit solchem Ungestüm daher, daß es eine ganze Stadt hätte austilgen können.** 9 **Als ich ihm nahekam, da legte sich dieses riesige Ungeheuer flach auf den Boden, streckte nur seine Zunge vor und blieb völlig bewegungslos liegen, bis ich an ihm vorbeigegangen war.** 10 **Auf seinem Kopf trug das Tier vier Farben: Schwarz, Feuer- und Blutrot, Gold und Weiß.**

23 (IV 2) 1 **Als ich dann an dem Tier vorbeigekommen und etwa 30 Fuß weitergegangen war, siehe, da kam mir eine Jungfrau entgegen, in einem Schmuck, als komme sie gerade aus dem Brautgemach[2], ganz in Weiß und mit weißen Schuhen, bis zur Stirn verschleiert und mit einer Mitra als Kopfbedekkung. Ihr Haar war weiß.** 2 **Von den früheren Gesichten her erkannte ich, daß es die Kirche war, und ich war recht erleichtert. Sie begrüßte mich mit den Worten: „Sei gegrüßt, Mensch!" Ich erwiderte ihren Gruß: „Herrin, sei gegrüßt!"** 3 **Sie antwortete: „Ist dir etwas (Besonderes) begegnet?" Ich sprach zu ihr: „Herrin, ein furchtbares Untier, das ganze Völker vertilgen könnte! Aber durch die Kraft des Herrn und sein reiches Erbarmen bin ich ihm entkommen."** 4 **Sie sprach: „Du bist ihm glücklich entkommen, weil**

---

1 Vgl. Ps 85,9.12; 98,3.

2 Vgl. Ps 18,6; Offb 21,2.

du deine Sorge auf Gott geworfen[3] und dein Herz zum Herrn geöffnet[4] hast,
im Glauben, daß es nur durch den großen und herrlichen Namen Rettung[5] für
dich gibt. Darum hat der Herr seinen Engel geschickt, der über die Tiere
Gewalt hat; Thegri heißt er. Der hat ihm das Maul verschlossen, damit es dir
kein Unheil antun konnte[6]. Einer großen Not bist du entronnen durch deinen
Glauben und weil du beim Anblick des furchtbaren Untiers nicht gezweifelt
hast."

5 „Geh jetzt und erzähle den Erwählten des Herrn seine Großtaten; sag
ihnen, daß dieses Tier ein Bild für die bevorstehende große Not ist. Wenn ihr
euch nun vorbereitet und euch (in Buße) von ganzem Herzen zum Herrn
bekehrt, dann könnt ihr der (Not) entkommen, falls euer Herz rein und
makellos ist und ihr die restlichen Tage eures Lebens dem Herrn tadelfrei
dient. Werft eure Sorgen auf den Herrn[7], und er wird sie glücklich beenden. 6 Glaubt nur dem Herrn, ihr Zweifler, daß er alles kann: Er wendet
seinen Zorn von euch ab und schickt auch seine Strafe über euch, wenn ihr
zweifelt. Wehe denen, die diese Worte hören und sie überhören! Für sie wäre
es besser, nicht geboren zu sein[8]."

24 (IV 3) 1 Ich fragte sie nach den vier Farben, die das Tier auf dem Kopf
trug. Sie antwortete mir: „Wieder fragst du recht neugierig nach diesen
Dingen." „Ja, Herrin", sprach ich, „laß mich wissen, was sie bedeuten."
2 „Hör zu", sagte sie. „Das Schwarz ist diese Welt, in der ihr lebt. 3 Das
Feuer- und Blutrot besagt, daß diese Welt in Blut und Feuer untergehen
wird. 4 Das Gold seid ihr, die ihr dieser Welt entronnen seid[9]. Denn wie das
Gold im Feuer geprüft[10] und brauchbar wird, so werdet auch ihr dadurch
geprüft, daß ihr zwischen den (anderen) lebt. Wenn ihr aushaltet und von
ihnen im Feuer geprüft werdet, dann werdet ihr rein. Wie das Gold die
Schlacke abstößt, so werdet ihr alle Trauer und Angst abstoßen; dann seid ihr
rein und zum Turmbau verwendbar. 5 Das Weiß bedeutet den kommenden
Äon, in dem die Auserwählten Gottes leben werden; denn fleckenlos und rein
sind die, die von Gott zum ewigen Leben ausgewählt sind."

6 „Du darfst nun nicht damit aufhören, zu den Heiligen zu sprechen.
Hiermit habt ihr auch das Bild für die bevorstehende große Not. Aber wenn
ihr wollt, wird sie (für euch) bedeutungslos sein. Denkt dann an das, was
zuvor darüber aufgeschrieben wurde." Nach diesen Worten ging sie davon.
Ich konnte nicht sehen, wohin sie ging, 7 denn es entstand ein Getöse. Da
drehte ich mich voll Angst um, weil ich das Tier kommen glaubte.

Die Tiervision (Vis IV) enthält unter allen Visionen des PH als einzige ein Szenario mit wirklich genregemäßen apokalyptischen Gestalten und Abläufen. Das „Tier" oder „Ungeheuer", das dem H begegnet, ist Bestandteil

3 Vgl. Ps 54,23 (1 Petr 5,7).
4 Vgl. Ps 61,9.
5 Vgl. Apg 4,12.
6 Vgl. Dan 6,23 Θ; Hebr 11,33.
7 Vgl. Ps 54,23 (1 Petr 5,7).
8 Vgl. Mk 14,21 par.
9 Vgl. 2 Petr 2,20.
10 Vgl. Spr 17,3; 27,21; Weish 3,6; Ijob 23,10; Sir 2,5; Offb 3,18; 1 Petr 1,7.

dieses Inventars (Gebhardt-Harnack, 59; Kittel, 81f.; Poschmann, Paenitentia secunda, 152; Joly, 133, der das Tier für eine Reminiszenz aus Offb 12 und 13 hält), aber ohne ursprüngliche christliche Komponente (Köster, Einführung, 695). Es handelt sich in der Tat um „ungeschickte Kopien nach meist verlorenen phantastischen Erzählungen", für deren Deutung nur selten die mögliche Vorlage einigermaßen bekannt ist (vgl. Reitzenstein, Himmelswanderung, 43). Die Vis IV zeigt besonders anschaulich die Art, in der H apokalyptisches Material einsetzt. Die Rezeption dieser Stoffe geschieht ohne Interesse an ihrer apokalyptischen Qualität. Das Drama wird regelmäßig individualisiert: Nur H sieht das Tier; die „große Not" der ganzen Menschheit in der Endzeit 1,1; 3,6 wird hier zur individuellen, persönlichen „großen Not" des H 2,4. Bilder, Details, Sprache und Deutungen machen aus der Erzählung beispielsweise vom Tier, von der kommenden Not oder Drangsal, von der fürchterlichen Gefahr und von der knappen Rettung etc. eine Geschichte des H, die ihrerseits übergeht in eine Rede von der Notwendigkeit sofortiger Buße und sündenfreien Lebensstils aller Christen. Die vier apokalyptischen (oder kosmischen) Farben auf dem Kopf des Tieres sind zur Allegorie für die sittliche Läuterung der Christen geworden. Das Ende ist die biographisch verpaßte Bußchance des einzelnen Sünders bzw. die gelungene Bewährung des Christen. Nicht an der apokalyptischen Bildhälfte hängt das Interesse des H, aber er bevorzugt dieses dramatische Reservoir als Mittel, mit dem er seine Leser und Hörer wirkungsvoll und nachhaltig zu alarmieren versteht. Diese Verschränkung des apokalyptischen Grundmusters mit dem Thema und Begriff individueller Buße ist der durchgängige Denk- und Darstellungsstil des H und in Vis IV nicht eigens „verwirrend" (gegen O'Hagan, 309). Die Vis IV hält zwar vergleichsweise stark die apokalyptische „Temperatur" und Atmosphäre durch, aber die paränetische Programmatik unterwirft sich auch hier das Material völlig (Dibelius, 482–490; Peterson, 285–309; Vielhauer-Strecker, NTApo 2^5, 1989, 542–544; dezidiert anderer Meinung ist Bauckham, 27 u. passim). Aussichtslos ist der Versuch, wie Weinel, Wirkungen, 170f. will, die Vision als Halluzination auf der Basis von sinnlich wahrgenommenen Vorgängen zu erklären; man hat literarische Konzeptualisierungen vor sich. Unbegreiflich ist das Urteil von Weinel, ebd. 170 über Vis IV: „den Stempel des Erlebten trägt jeder Zug der Erzählung an sich". Strittig ist in der Auslegung neben anderen Details insbesondere die genaue Bedeutung der „kommenden großen Not" oder Bedrängnis (θλῖψις; s. zu 2,5) und des „Entkommens" daraus (ἐκφεύγειν). – Die Vis IV schließt das Visionenbuch ab.

1,1 „Vierte Vision, die ich... sah": Der relative Anschluß an die Überschrift hat (wie in III 1,1) zu Änderungen am Text geführt (das Material bei Hellholm, Visionenbuch, 134 A.17 mit 131 A.10), wurde also als störend empfunden. An den Überschriften mit Zählung ist trotzdem festzuhalten (mit Hellholm, ebd. 131 A.10 gegen Peterson, 285, dem Carlini, La tradizione testuale del Pastore di Erma, 33 zustimmt; vgl. Carlini, Un accusativo, 511), weil H selbst die bisherigen Visionen als insgesamt drei Gesichte durchzählt (III 19,1f.; 20,1; 21,1). Auf die „dritte Vision" im Sinn dieser Zählung bezieht H sich zur relativen Datierung (20 Tage danach) der Vis IV zurück (wie II 1,1; 2,1 ein Jahr bzw. 15 Tage); solche Zeitabstandsangaben sind in der Visionsliteratur häufig (Belege bei Peterson, 286 A.4). Die direkte Anrede der Leser („Brüder"), sonst relativ selten (II 4,1; III 1,1.4; 10,3), häuft sich hier (IV 1,1.5.8). Crombie, 17 hält sie für die ursprüngliche Form der prophetischen Rede in der Gemeinde. Noch ehe die Vision erzählt ist, wird deren Bedeutung mitgeteilt: „ein Bild der kommenden Not" (s. 2,4–5; 3,6). Diese Auffälligkeit ist kein ausreichender Grund, mit S die Zeile (Text: AEL[1]; übernommen von Gebhardt-Harnack, 58; Hilgenfeld, 28; Lake, 60; Funk, 458; Whittaker, 19; Joly, 132.425; Dibelius, 482; Snyder, 55) auszulassen, zumal diese Auslassung bei S relativ leicht erklärt werden kann (Hellholm, Visionenbuch, 134 A.18; gegen Peterson, 285).

1,2 In der Manier von I 1,3; II 1,1 beginnt der „Bericht" damit, daß H unterwegs ist und fromme Gedanken hegt. Der harmlos klingende Satz macht Schwierigkeiten. Der „Acker" (bzw. das „Feld") ist sicher der von III 1,2–4 (anders Gebhardt-Harnack, 59). Via Campana („rue des champs") ist als Latinismus ein Beweis dafür, daß H im lateinischen Milieu schrieb (Mohrmann, Les origines, 75), eben in Rom (Hilhorst, Sémitismes, 31). Als Via Campana ist inschriftlich eine Staatsstraße bezeugt, „die von der Porta Portuensis im SW Roms nach dem Campus Salinarum am Meer führt, und zwar am Tiber hin" (Dibelius, 482 mit dem Belegmaterial). Dies bleibt trotz Unsicherheit die plausibelste Identifikation (statt z. B. die Straße von Capua nach Puteoli: Gebhardt-Harnack, 61 oder „Feldweg" im Unterschied zur Hauptstraße: Zahn, Der Hirt, 85; Funk, 459). Die zehn Stadien von dieser Hauptstraße bis zum Acker machen 1,85 km aus, „wenn das ptolomäisch-römische (sic) Stadion gemeint ist" (Dibelius, 482; Hilhorst, Sémitismes, 51 spricht von einem griechischen Längenmaß, und zwar als Indiz für die nicht vollzogene Integration des aus dem Orient stammenden H in die römische Gemeinde).

Die Deutung der skizzierten Szene bleibt in allen Einzelheiten auf Vermutungen angewiesen. Selbst bei der simplen Angabe, daß die „Stelle" (sc. an der der Acker liegt) „recht leicht erreichbar ist (ῥαδίως δὲ ὁδεύεται ὁ τόπος)", kann man zweifeln, ob sie bloß rein anschaulich-beiläufig sein will oder allegorisch zu lesen ist. Obendrein ist die Textgestalt (ῥαδίως) umstritten (s. u.). Nachdem H zur Einleitung seiner Visionen aber wiederholt in Rahmenstücken, wie sie in Apokalypsen üblich sind (Brandenburger, 93 zu *4 Esra*; vgl. Vis I 1,2), unterschiedliche Konstellationen rein erzählerisch konstruiert, wobei man für die Wahl der Umstände und Abläufe meistens keine genaueren Gründe angeben kann, ist auch hier von einer solchen absichtslosen Erzählung auszugehen, die keine allegorischen Ambitionen hat. So wenig H einen wirklich sachlich erkennbaren erheblichen Bedeutungswechsel damit verbindet, wenn er einen Teil der Visionen in Form der Entrückung während des „Gehens" auf einer Reise (I 1,3; II 1,1) bzw. beim „Gehen" zu seinem Acker, einen anderen Teil in seinem Haus (II 4,1.2; III 1,1; V 1) erhielt (anders Peterson, 286, der die „Hauptvisionen" durch ihre Lokalisierung auf dem Acker von den anderen Visionen abgehoben glaubt) oder wenn er teils von einem Engel versetzt wurde (I 1,3; II 1,1), teils aber die Vision an Ort und Stelle zu sehen bekam (II 4,1.2; III 1,2–4; IV 1,5; V 1) usw., so wenig zwingend ist in den Details von IV 1,1–2 eine Allegorie zu unterstellen.

Freilich muß auch unter der Annahme, daß eine einfache szenische Erzählung vorliegt, über den Sinn der leichten Zugänglichkeit der Stelle, die das Wegziel des H ist, gerätselt werden. Gebhardt-Harnack, 61 denken an den Kontrast zur aufziehenden Gefahr durch das Tier; Dibelius, 482 vermutet dahinter den Sinn, daß der Weg des H von der Hauptstraße zum Acker an sich nicht abenteuerlich war („er hatte gar kein besonderes Unternehmen vor") oder daß der ebene Weg die Konzentration des H auf das Beten erleichterte. Mehr Möglichkeiten bieten sich nach einer Textkorrektur an: Unter Berufung auf LL *raro* (und E *vasto*) wird statt ῥαδίως („leicht") σπανίως = „selten" gelesen (Dindorf, 1857, 76 u. Spätere, auch Crombie, 17).[11] Zahn, Der Hirt, 86 versteht das auf der Ebene des Berichts in dem Sinn, „daß es keine belebte Straße sei", wiewohl „ein öffentlicher Weg". Dibelius, 482 vermutet die weitergehende Absicht hinter LL, „die Vision im Sinne von Vis I 1,3" zu zeichnen, d.h auch hier in IV 1,2 die Szene einer „unwegsamen Gegend, die kein Mensch passieren konnte", wie in I 1,3 zu konstruieren. Bei Peterson, 287f. wird aus diesen textlichen und inhaltlichen Konjekturen seiner Vorgänger schließlich die sichere Aussage des H selbst (nicht die seiner lateinischen Übersetzer). – Einen allegorischen Sinn, falls H ihn beabsichtigt, kann man allerdings ohne Textkorrektur ausmachen. Als Gegensatz zu der „unwegsamen Gegend, die kein Mensch passieren kann" (wie I 1,3), wird hier die leichte Zugänglichkeit des Ortes der Vision ausgemalt. Dabei darf man an die (wegsame) Ebene denken, die im PH eine beträchtliche Rolle spielt (s. Exkurs: Die Ebene), indem sie jeweils an entscheidenden Stellen der „Handlung" eine positive Aura herstellt. So mag die leichte Zugänglichkeit des neuen Visionsortes durchaus einen guten, günstigen Umstand für das Folgende markieren; und tatsächlich lebt die ganze Vis IV vom Duktus des glücklichen Ablaufs und Ausgangs trotz gesteigerter Gefahr.

Aufgrund weiterer Eingriffe in den Text wird bei Peterson aus der szenischen Erzählung 1,2 eine absichtsgeladene kleine Allegorie: Aus der Lesart καμπηνῇ G (statt καμπανῇ) leitet Peterson das sonst nicht belegte

[11] Die Umschreibung für einen nicht oft begangenen Weg ist bei Athanasius, *Vita Antonii* 11 (PG 26, 860): οὐκ ἔστιν ἡ ὁδὸς αὕτη τετριμμένη.

καμπηνός als Adjektiv zu καμπή = „Biegung, Krümmung" in der Bedeutung von „gekrümmt, schmal" her. G hat demnach „den gekrümmten Feldweg (gemeint), der von der Via publica 10 Stadien entfernt ist", denn die Schwierigkeit des Weges zu einer Vision (wie I 1,3) ist ein Topos (Belege: Peterson, 287 A.8). Darum ist auch σπανίως zwingend ursprünglich; und außerdem muß δὲ ὁδεύεται durch διοδεύεται ersetzt werden „wegen der Analogie zu διαβάς in Visio I,1,3" (ebd. 288 mit A.9). H war also nicht „auf der Via Campana unterwegs", sondern auf einem „gekrümmten, schmalen Feldweg"; nicht der Acker, sondern dieser Feldweg ist 10 Stadien von der Hauptstraße entfernt; die Stelle, an der der Acker liegt, ist nicht leicht erreichbar, sondern schwer zu durchqueren wie die „wegelose Landschaft in Visio I". Peterson gewinnt damit einen Baustein in seinem Nachweisverfahren (287–291), daß im PH – wie er 328 formuliert – „die drei Bestandteile der jüdischen apokalyptischen Topographie: Land, Acker und Stadt bzw. Tempel (Turm)" eine ausschlaggebende Rolle spielen. Im einzelnen und im ganzen ist diese Deutung aber derart hypothetisch[12], daß man sich ihr nicht anschließen kann[13] und den Text 1,2 bis auf weiteres in seiner griechisch überlieferten Form mit καμπανῇ und ῥαδίως belassen und in ihm eben die arglose szenische Erzählung sehen wird, als die er sich präsentiert und die nichts weiter bezweckt als eine (immer noch vage) Lokalisierung (wie *äthHen* 13,7.9) und Datierung der Vision, wie sie in Apokalypsen üblich ist. – Daß H Visionen außerhalb Roms lokalisiert, versteht Snyder, 41.56 überflüssigerweise als Anspruch auf Autorität der erhaltenen Kunde bzw. des H über die Kirche hinaus („an extraecclesiastical authority"); solche Tendenzen passen nicht zum PH, der sich als kirchliche Predigt versteht.

Da Peterson einigen Einfluß auf die PH-Forschung genommen hat, muß sein Verfahren detaillierter analysiert werden. Die m. E. wichtigsten Beanstandungen, die erhoben werden müssen, beziehen sich auf die Ungenauigkeit und Anfechtbarkeit der kleinen Schritte, die zu Peterson's Konzept führen. So kann nicht behauptet werden, daß „die Hauptvisionen" „auf dem ἀγρός oder auf dem Weg dorthin" erfolgen; die erste Vision hat nichts mit einem ἀγρός zu tun und wird von Peterson selbst später ausgenommen (und bekommt wegen τὰ ὁμαλά eine eigene Bedeutung zugeteilt: „das heilige Land im Zustand seiner eschatologischen Transformation zur Ebene"; 291); in den beiden ersten Visionen (I 1,3; II 1,1) geht H gerade nicht zu seinem Acker, sondern nach Cumae; die Bedeutung der Einführung des ἀγρός in II 1,4 ist wenig klar, nur III 1,2–4 und IV 1,2 sind eindeutig: In III 1,2 wird H auf den Acker geschickt oder bestellt, in IV 1,2 war er dorthin von sich aus unterwegs, wie früher nach Cumae und offenbar aus einem alltäglichen Grund. – Auch ist es nicht so, daß H sich zum Ort der Vision hinbegeben

[12] Siehe die Kritik weiter unten.

[13] Große Skepsis auch bei Joly, 425, der die Konjekturen Peterson's auf dessen Tendenz zurückführt, den PH von allen Beziehungen zu Rom und zur römischen Kirche fernzuhalten (eben auch geographisch).

muß (286); zu den ersten beiden Visionen wird er vom Engel entrückt (wogegen sein Gehen innerhalb der visionären Landschaft I 1,3; II 1,2 belanglos ist). Auch abgesehen vom Fehlen des Topos ἀγρός in Vis I, kann es bei derartigen Unterschieden der Rede vom Acker und dem Weg dorthin nicht heißen, daß alle vier Visionen „ein und denselben Typus einer Visionsstaffage“ darstellen (287). Daß „die Analogie der Wanderung zum ἀγρός“ in Vis IV zu der in Vis I „ganz augenscheinlich“ ist (288), darf als Übertreibung qualifiziert werden und ist als Behauptung erst nach zwei nicht zwingenden Eingriffen in den Text (διοδεύεται, σπανίως) sowie einer riskanten Wortschöpfung (καμπηνός) möglich. – Nachdem 288 A.9 διοδεύεται gelesen wird, und zwar „wegen der Analogie zu διαβάς in Visio I,1,3“, gilt 289 umgekehrt διαβὰς τὸν τόπον in I 1,3 als durch διοδεύεται (konjiziert) ὁ τόπος „gestützt“; auch das ist kein lupenreines Schlußverfahren. – Während καμπηνός als *Hapaxlegomenon* für Peterson keine Schwierigkeiten macht (288), gilt ihm kurz darauf (289) χονδρίζειν als durch denselben Umstand in seiner Zuverlässigkeit belastet. Man vermißt die philologische Konsequenz. – Weiter wird 289f. von einer „Schlucht“ in I 1,3 geredet, was angesichts der Diktion des Textes („der Ort war schroff und von Wassern zerklüftet“) sehr ungenau ist; „die Schlucht“ wird dann, ohne also wirklich identifiziert zu sein, vom Fluß, der mit dem die Welt umgebenden Ozean identisch ist, unterschieden und lokalisiert: sie ist das Hinnomtal bei Jerusalem. – Die Reihe solcher unbefriedigender, unstabiler Thesen setzt sich fort. Der Text wird von Peterson in diesem Fall nicht ausreichend mit motiv- und religionsgeschichtlichen Argumenten gedeutet. Und wenn die Visionenfolge dann als „eine allmähliche Enthüllung der eschatologischen Verheißungen“ (291) interpretiert wird, so zeigt sich, daß diese Interpretation nicht bei der Thematik des PH anlangt, und in der anschließenden Entfaltung dieser „Enthüllung“ kommt der Konstruktcharakter des Entwurfs zum Vorschein. – Solche Kritik widerspricht freilich nicht der von Peterson vielfach erbrachten Einsicht, „daß das Visionenbuch des Hermas ohne eine beständige Beziehung zu der apokalyptisch-jüdischen ... Literatur nicht zu verstehen ist“ (308).

1,3 Die Beschreibung der inneren Disposition des H für weitere Offenbarung wird sofort mit den richtigen Zielen verbunden: H für seine Aufgabe zu stärken; den Sündern „die Buße zu geben“ (der Ausdruck auch Sim VIII 6,2), d.h. sie zur Buße zu bringen (vgl. Poschmann, Paenitentia secunda, 175); schließlich die Verherrlichung Gottes in seiner Selbstmitteilung. Für die Buße kommen nach H nur bestimmte Sündergruppen in Frage (nämlich die aus III 5,5; 6,2–6). Zur LXX-Prägung von σκανδαλίζω Bartelink, 26. Der Wunsch (zum ansonsten im PH seltenen Optativ siehe Hilhorst, Sémitismes, 63.65) nach Vervollständigung der Offenbarungen und Gesichte steht gegen III 13,4b, wo also wenige Zeilen zuvor die Bemühung des H um weiteres Wissen untersagt wurde. Notwendiges wird ihm ohnehin mitgeteilt.

Diesmal ist offenbar nicht die oft monierte Dreistigkeit des H mit seinen Fragen im Spiel, sondern die konträren Aussagen kurz hintereinander dürften ihren Grund in diesem Fall in der nachträglichen Komposition der Visionen zu einem Buch haben. – **1,4** „... wurde mir... gesagt“: Vom Kontext her kann ἀπεκρίθη hier nicht mit „Antwort“ übersetzt werden, weil es sich um eine solche nicht handelt (auch Hilhorst, Sémitismes, 80f.). Es folgt ein Appell an die Glaubensstärke. „Zweifeln (διψυχεῖν)“ ist eine der schlimmsten Formen des Unglaubens oder Sündigens im PH (s. Exkurs: Der Zweifel). Die Stimme (zu ὡς ἦχος φωνῆς vgl. Offb 6,6; Hilhorst, Sémitismes, 135) bleibt anonym (auch 1,7). „Der Visionär hört meist eine ‚Stimme‘, nicht eine Person reden“ (Weinel, HNTA, 300; Reitzenstein, Himmelswanderung, 42: „eine Gottesstimme“). Es liegt wohl eine Vorstellung wie die der Himmelsstimme (*bat qôl*) in rabbinischen Texten vor (das umfangreiche jüdische Material bei P. Kuhn, Offenbarungsstimmen im antiken Judentum: Untersuchungen zur BatQuol und verwandten Phänomenen, Tübingen 1989); „sie wird in den apokryphen Apostelgeschichten oft vernommen“ (Peterson, 293; vgl. Hilhorst, Sémitismes, 135 A.2) und gilt wegen der vielen Himmelsstimmen (φωνή) in der Offb des Johannes als „Stilmittel der christl. Apokalyptik“ (W. Speyer, Himmelsstimme, RAC 15, Lieferung 114, 1989, [286–303] 298). Vgl. *ActThom* 158: „Und man hörte eine Stimme, die sagte: Amen, fürchtet euch nicht, sondern glaubt nur!“ H freilich wird nicht vor Angst, sondern vor dem Glaubensabfall gewarnt. Eine „Stimme vom Himmel“, von Menschen auf dem Weg gehört und auf baldige Ereignisse bezogen, gibt es auch in den *ActJoh* 18. H fühlt sich in der Begünstigung und Gewißheit als Visionär absolut sicher vor Gefährdung seines Glaubens und wird erst später (1,7) verstehen, daß es für den Appell gute Gründe gibt in der bevorstehenden Glaubensprobe. „Ich begann“: Zum periphrastischen ἄρχεσθαι im PH Hilhorst, Sémitismes, 66–70.

Das zweifache ἰδού („siehe da“) in 1,5.6 bindet die Aufmerksamkeit, hier sowie 2,1; Sim IX 6,1, aber (semitisierend) in narrativem Kontext (wie auch Dan 8,5 LXX; Apg 10,30; *äthHen* 12,3), während das profane Griechisch es nur in der Konversation (Theater, Dialog, Brief) kennt, wie der PH ebenfalls mehrfach (Hilhorst, Sémitismes, 153–155). **1,5–6** H ist auf nichts Schlimmes gefaßt und sucht eine völlig unzureichende Erklärung, als er seine ersten Wahrnehmungen der kommenden Bedrohung macht. So entspricht es den Relationen in der Apokalypse: Der Mensch unterschätzt in seiner Ahnungslosigkeit die Vorgänge, um dann von dem, was er sehen muß, schaurig und heilsam überwältigt zu werden; „etwas Überirdisches“ wörtlich: „etwas Göttliches (τί θεῖον)“. Die Phänomene öffnen auch dem H die Augen. Das Tier (vgl. Offb 11,7; 12,3.7; 13,1 u.a.), das er erblickt und das sich ihm schon auf kurze Distanz genähert hat („nicht ganz 30 m“: Dibelius, 483; „about 600 feet away“: Snyder, 56; „a furlong's distance“: Crombie, 17; vgl. Hilhorst, Sémitismes, 51), ist „wie ein Meerungeheuer“, was weniger als Vergleich, vielmehr als Illustration zu lesen ist. Als κῆτος benennt die LXX den Fisch des Jona (Jona 2,1f.11) und das mythische, in der Bibel aber poetisch-bildlich eingesetzte Meerungeheuer Rahab (Ijob 9,13; 26,12), dessen Etymologie auf ungestümes Gebaren weist, was hier zu der Staubwolke wie von einer ganzen Viehherde und „bis zum Himmel reichend" sowie zu 1,8b paßt. Weniger paßt die Bezeichnung des Wassertieres zur Erscheinung auf dem staubigen Land.

Aus der äußerst kurz beschriebenen Erscheinung und ihren Attributen läßt sich nicht erkennen, daß es sich nach H um das (allerdings noch nicht eschatologische) Loslassen der Gehenna handeln soll (so Peterson, 294 mit den Materialien A.35–38); wohl aber ist richtig und „bedeutsam, daß bei Hermas... der Typos der Begegnung eingesetzt ist" (Peterson, 294 A.38). H muß eine lebensgefährliche Begegnung bestehen: das Bild für die Glaubensprobe. Die feurigen Heuschrecken „gehören zum apokalyptischen Apparat" (Dibelius, 483; Gebhardt-Harnack, 61). Vgl. Offb 9,3.7. Daß sie aus dem Maul des Ungeheuers kommen, hat seine Parallele in den „Fröschen" von Offb 16,13. Das mögen Elemente von Endzeitvorstellungen sein; H steuert indes auf eine andere Thematik, nicht auf apokalyptische Erwartungen zu. Die Erschütterungen, die er mit diesen mythologischen Bildern bezweckt, sind solche individueller moralischer Bekehrung und Buße. – Die Heuschrecken werden in der Deutung 3,1–5 nicht berücksichtigt. Mit Länge (vgl. die Längenangabe für die Schlange *grBar* 4) und Größe des Ungeheuers zusammen machen sie dessen schaurige Erscheinung aus. Zu dieser Erscheinung gehört der Kopf „wie ein Faß". Die richtige Übersetzung ist allerdings strittig; ὡσεὶ κεράμου (und die Varianten) muß auf die Größe oder die Form, nicht auf die Materie (Kopf aus Ton: Gebhardt-Harnack, 61; Lake, 63) bezogen werden, weil es um die furchterregenden Abmessungen des Tieres geht. Alle Lesarten gehen offenkundig darin einig, daß der Kopf mit einem Gefäß verglichen wird: κέραμος/καίραμος S; καιράμιον/κεράμιον S^cG; *vas urnale* L^1; *laguena* L^2; *lagena* E. Wenn der Vergleich auf die Form abzielt, kommen „Krug" oder „Flasche" als Gefäß mit engem Hals und weitem Bauch in Frage. Dies gibt aber einen weniger guten Sinn als der Bezug auf die kolossale Größe eines bestimmten Tongefäßes, etwa einer Amphore als Lagerbehälter (wie z.B. Mand XII 5,3). Der Name eines Gefäßes muß nicht für dessen Form, sondern kann auch für eine bestimmte Maßeinheit stehen, wie es z.B. bei λάγυνος = die „Flasche", von dem sich die Wiedergabe mit *laguena* L^2 herleitet, der Fall ist (W. Pape, Griech.-deutsches Wörterbuch II, Braunschweig 1914^2. Nachdruck Graz 1954, 3f.). Man gibt also die Pointe im Deutschen am besten mit „Faß" (oder „Tonne")[14] wieder, wobei es mehr um die Ausmaße als die Form geht (ähnlich Dibelius, 483f.). Die deutsche Wiedergabe mit „Flasche" (Peterson, 295)

[14] Auch Weinel, HNTA, 300 (und NTApo 1904, 240; 1924^2, 343) übersetzt mit „wie ein Faß", weil es um die Größe geht; und treffend: „Des Hermas Bilder bewegen sich in der Sphäre des kleinen Mannes". Vielhauer-Strecker, NTApo 2^5, 1989, 542 übersetzen mit Dibelius: „sein Kopf war wie ein Bottich (?)."

empfiehlt sich schon deshalb nicht, weil sie an Glas (dies würde im griechischen Original eben λάγυνος, nicht κεραμ- voraussetzen) und an kleinere Gefäße denken läßt. Nach Peterson ist aber gerade vom Vergleich mit der Flasche her, „die einen engen Hals und einen weiten Bauch hat", „das Untier sicher zu bestimmen": Es ist „das Untier des Gehinnom" bzw. der „Gehinnom, der oben (an seinem Eingang) eng und unten weit ist" (ebd. 295; O'Hagan, 310f. schließt sich an). Der „weite Bauch" des Tieres müßte aber doch im Leib, nicht im Kopf lokalisiert werden.[15] – Diese wie andere motiv- und religionsgeschichtliche Ableitungen oder Bestimmungen Peterson's (auch 298ff.) sind in der vorgeschlagenen Form wegen ihrer sehr hypothetischen Qualität bei weitem nicht so sicher, wie sie von Peterson vorgetragen werden. Man wird es bei „gröberen" Umschreibungen der materialen und „atmosphärischen" Anschauungswelt belassen, in der H sich bewegen will. Für das „Tier" genügt das z.B. in der Tat und ist jedenfalls sicherer (vgl. auch Snyder, 56f. unter Kritik an Peterson; Bauckham, 31)[16] als Peterson's riskante Identifizierungen.

Die beschriebenen Wahrnehmungen des H zeigen, daß es sich nicht um eine Vision als bloßes Gesicht mit einem Zuschauer H handelt, sondern sich eine reale Begegnung mit physischer Bedrohung des H abspielt. Untier und H stehen im selben Handlungsrahmen. H muß nicht entrückt werden; das Ungeheuer kommt ihm buchstäblich auf dem Weg zum Acker entgegen. Reale Welt und Visionslandschaft überschneiden sich bzw. sind ineinander geschoben.

1,7–8 Die Begegnung löst in H die gewollte Reaktion aus. Er erlebt sich in seiner extremen Rettungsbedürftigkeit und erinnert sich an den Appell der Himmelsstimme (1,4). Ganz ähnlich erinnert sich Philippus bei der Begegnung mit dem Drachen an den Appell Christi bei der Aussendung („fürchtet nichts") und übersteht daraufhin mit seinen Gefährten die gefährliche Situation (*ActPhil* 102–103; detaillierterer Vergleich zwischen dem PH und den *ActPhil* bei Peterson, 298–301). – In 1,8 praktiziert H die Entschlossenheit, den Mut (θαρσήσας; vgl. III 1,5: λαβὼν θάρσος)[17] und die Eindeutigkeit des Glaubens, die das Gegenteil des Wankens oder Zweifels sind, gehorcht also dem Aufruf. Welche Glaubensstärke es verlangte, daß H der Begegnung nicht auswich, sondern auf das Tier zuging, wird aus dem gewalttätigen und angsterzeugenden Auftritt („hätte eine ganze Stadt austilgen können"; s. 2,3) klar. H nimmt die Gefahr an. **1,9** Als er diese Probe vor dem wilden

[15] Das verlangen auch die Belege bei Bill., Bd. III, 809; Bd. IV, 1080.1089f.

[16] Allerdings ist auch kritisierbar, wie Snyder seinerseits den Text auf drohende und nicht eingetroffene, aber unter den Christen doch schon Wirkung zeigende Verfolgung allegorisiert.

[17] Wegen der heilsdramatischen Atmosphäre der Szene ist ein Vergleich mit den Materialien folgender Untersuchungen durchaus angemessen: M. Simon, Θάρσει οὐδεὶς ἀθάνατος. Etude de vocabulaire religieux, RHR 113, 1936, 188–206; R. Joly, L'exhortation au courage (θαρρεῖν) dans les Mystères, REG 68, 1955, 164–170.

Untier bestanden und den Glauben von 1,8; 2,4–6 unter Beweis gestellt hat und dem Tier schon nahe ist, wird das Ungeheuer plötzlich bewegungslos, weil ohnmächtig, und muß den H passieren lassen. Daß es H nicht freiwillig, sondern gezwungenermaßen schont, und daß primär Gott durch seinen Engel (nicht H durch seinen Glauben) das Tier ohnmächtig macht, wird 2,4 ausführlich erklärt. Peterson, 297 zieht zu diesem Bild vom Kollaps des Ungeheuers mit Recht die Aussagen von der Kraftlosigkeit des Teufels, der Wirkungslosigkeit der Angst vor ihm und den Vergleich von Teufel und Leiche in Mand XII 4,6.7; 6,2 heran. – Es geht für H darum, am Tier glücklich vorbeizukommen (παρέρχεσθαι: 1,9; 2,1) wie (mit διέρχεσθαι) *ActPhil* 106. Das ist aber in beiden Fällen nicht ein Ereignis beim Seelenaufstieg[18] und im eschatologischen Drama, sondern eine horizontale Begegnung in der diesseitigen Biographie einzelner Menschen (hier H, dort Apostel), und zwar von der Qualität einer Versuchung.[19] Die Begegnung mit dem Ungeheuer ist im PH Paradigma oder Höhepunkt in der Glaubensgeschichte bewährungspflichtiger und bußbereiter Menschen (auch Peterson, 300–302). Übrigens wird kein Zusammenhang hergestellt zwischen dem Ziel, zu dem H auf dem Weg ist (1,2), und der Verstellung dieses Weges durch das Untier, obwohl es für H darum geht, am Tier vorbeizukommen (auch 2,1). Man erkennt immer wieder, wie oberflächlich die Komposition der Motive bleibt. Was das Bild vom Vorbeikommen am Ungeheuer besagt, ist beim Begriff der „kommenden großen Not" in 2,4.5 zu fragen. **1,10** Der Nachtrag über die Farben „auf" dem Kopf des Tieres ist an dieser Stelle ungeschickt. Er hätte zur Beschreibung 1,6 gehört[20], während die Darstellung hier längst beim Ablauf der Ereignisse ist. Aber auch so wird die Neugier auf die zu erwartende Erklärung geweckt. Zur Rolle von Farben in Visionen vgl. Sach 1,8; 6,2–8; Offb 6,2–8. „Die Farben sind unserem Autor zweifellos als kosmisch-apokalyptische Farben überliefert" (Dibelius, 485f. mit weiteren Angaben über das visionär-apokalyptische Farbenspektrum).

Nimmt man alle Einzelheiten der Szene, zeigt sich die besprochene Übertragung des Apparats apokalyptischer Ereignisse zur Darstellung der individuellen Geschichte von Sünde-Unheil-Bedrohung-Buße-Rettung im Sinn des PH ganz deutlich (vgl. Dibelius, 485f.): Das Tier, von Haus aus einer der traditionellen „Unholde der Endzeit", dessen konventionelle Aufgabe es wäre, „Krieg, Plagen oder anderes Unheil über die Erde (zu) bringen", erlebt eine seltsame Umdeutung (2,5); es „könnte" zwar die obligaten Ver-

---

[18] Darum trägt das παρέρχεσθαι in 1,9; 2,1 auch nichts zur Erklärung der πάροδος in II 2,7 und Sim IX 25,2 bei.

[19] Wie beim fluchtartigen Vorbeilaufen (δρόμῳ σπουδάσαι) am Gold der Versuchung bei Athanasius, *Vita Antonii* 12 (PG 26, 861).

[20] Weinel, HNTA, 300 weiß allerdings, daß H die Farben erst im Vorbeigehen (1,9; 2,1) sehen und folglich nicht früher davon sprechen konnte. Reitzenstein, Himmelswanderung, 43 glaubt, im sog. *Krates-Bericht* (ebd. 37–39) die Erklärung in Form der Vorlage für den PH gefunden zu haben: „erst nachdem der göttliche Helfer das Ungetüm hingestreckt hat, erwähnt der Schriftsteller die Farbe an ihm".

nichtungen und Katastrophen ins Werk setzen (1,8; 2,3), aber es ist hier bloß noch ein Torso seiner selbst, um in dem gar nicht apokalyptischen Drama des einzelnen Menschen brauchbar zu sein. Die Heuschrecken sind schauerliches Attribut und nicht mehr endzeitliche Plage. Die vier Farben haben keine wirklich endzeitliche Metaphorik mehr (3,1–5). Daß die Farben in der Beschreibung des PH vom Untier „auf seinem Kopf" getragen werden, ergibt keinen logischen Bildgehalt. Durch die Ereignisse wird nicht etwa, wie es sein müßte, die Menschheit bedroht, sondern allein H, der in der Rolle des Visionärs zwar betroffen und entsetzt zu sein hätte, aber doch neben oder über der Szene stehen müßte, über die er die Menschen informieren wird, statt sich selbst und allein bedroht zu sehen. So dagegen gehört er selbst zentral und maßgeblich in die Szene. In den Sim gibt es Beschreibungen, wonach H Akteur innerhalb der Vision wird und dort Arbeiten verrichtet, zu denen er gar eine Schürze und Materialien braucht, und auch an Kontrollen und Entscheidungen beteiligt ist, die sich innerhalb der Visions-Szenerie abspielen (Sim VIII 2,6.8.9; 4,1 ff.; IX 7,7–8,1; 9,1–3.6; 10,1–2). Die apokalyptische Welt ist hier stark verzerrt, weil sie für die Buß- und Morallehre des PH instrumentalisiert und individualisiert wird. Sie ist in der Vis IV mit dem paradigmatischen Gebrauch angeblich autobiographischer Daten des H verschränkt, so daß das Ganze durch die Individualisierung zu einer kurzen „Apokalypse des Hermas" wird: H sieht in der Nähe Roms, unter den Umständen seines alltäglichen Lebens, als er aus einem Routinegrund zu seinem Acker geht, plötzlich einen der „Unholde (vor sich), welche den Weg des Frommen zu Gott umlagern" (Dibelius, 486), besteht durch einen moralischen Entschluß zum Glaubensmut den bedrohlichen Augenblick und hat nun vorgeführt, was Glaube als das Gegenteil von Zweifel oder Wanken als Sünde ist. Der Drache liegt hinter ihm, d.h. die Glaubensprobe ist bestanden. Was Glaube ist, wird im folgenden viel präziser und aufwendiger beschrieben als die apokalyptische Begebenheit mit dem Heuschrecken speienden, sich wild gebärdenden Meerungeheuer zuvor. Was H erlebt, ist „ein Bild (Typos) der kommenden Not" genannt (1,1; 2,5), d.h. es geht alle an und hat großes Gewicht (s.u.).

2,1–2 Das glückliche Vorbeikommen am Tier ist die Pointe der Begegnung (vgl. 1,9) und bedeutet die gelungene Bewährung des H gemäß 2,4. Noch in der unmittelbaren Nähe des Untieres (während die Länge des Tieres nach 1,6 „an die 100 Fuß" beträgt, ist H nicht mehr als 30 Fuß, also extrem wenig von ihm entfernt) hat er die nächste Begegnung und Vision. Die gleich einer Braut[21] geschmückte und gekleidete, für Hermas sofort als

[21] Die römische und wahrscheinlich auch die griechische Braut trug ein weißes Kleid (Radke, 40f.; vgl. Leutzsch, 175 mit Literatur). Daß die Jungfrau hier in der beschriebenen Kleidung aus dem Brautgemach herauskommt (statt hineinzugehen), wird für einen Irrtum gehalten, entstanden aus Konfusion von Ps 18,6 und Offb 21,2 (Funk, 461; Dibelius, 486; Hilhorst, Sémitismes, 24). – B.J. le Frois, The Woman Clothed with the Sun, Roma 1954, 13f.

die Kirche erkennbare Jungfrau (2,2) ist offenbar nun vollständig verjüngt, auch nämlich an den Haaren, die in Fortsetzung von III 10,5 weiß im Sinn von nun auch jugendlich sind (von Leutzsch, 175f. kultur- und modegeschichtlich erklärt). Die weiße Farbe der ganzen Kleidung gehört wohl zu den Attributen des Himmlischen (vgl. I 2,2; IV 3,5 und Radke). Die Mitra ist in literarischen und archäologischen Quellen „ein als Haube, Schleier und Tuchbinde getragenes Kopftuch, in Griechenland ein beliebtes Kleidungsstück der Frauen" (Brandenburg, 128), im kaiserzeitlichen Rom auch Kleidung der Römerinnen (ebd. 58). Während der Schleier in der nachklassischen Zeit zugunsten der Haube kaum mehr belegt ist, bezeugen ihn zahlreiche frühchristliche Autoren und Denkmäler (Katakombenmalerei) nach der Zeit des PH als den Schleier, den Bräute und verheiratete Frauen tragen und den auch die asketische Jungfrau tragen soll (das Material ebd. 53–127; die christlichen Zeugnisse 59f.). Daß die Mitra Bestandteil der Brauttracht war, liegt nahe (Dibelius, 486; Joly, 136; Brandenburg, 60.128), obwohl dies nicht belegt werden kann. Jedenfalls paßt zur Gestalt der Kirche in der Vis IV nicht die Ableitung vom jüdischen Hohenpriester mit Mitra (biblische und nachbiblische Belege bei Brandenburg, 57 mit A.17), so daß sie hier als Jungfrau im priesterlichen Gewand aufträte (Giet, Hermas, 18 A.3) und ebenso wenig der Hinweis (Giet, ebd.) auf den in der Tat verbreiteten negativen Ruf der Mitra im damaligen Rom (Zeichen der *effeminatio*/ Verweichlichung: Brandenburg, 56.58f.). Die Kirche, „die durch eine Mitra verschleiert ist" (Brandenburg, 60), hat das Gesicht aber offenbar frei, denn H erkennt sie sofort. Weil sie „bis zur Stirn verschleiert" ist (2,1) und die Mitra als Kopfbedeckung eigens genannt wird, ist letztere wahrscheinlich doch nicht ein zweiter Schleier, sondern eine gewickelte Haube.

Von „Anfängen kirchlicher Brautmystik" (Dibelius, 487), der „Syzygie des Christus und der Kirche" (Weinel, HNTA, 300), dem „Erscheinen als Braut Christi" (Snyder, 57) zu reden, ist bei der besonderen Christologie des PH (s. Exkurs: Die Christologie) äußerst gewagt und wahrscheinlich falsch. Die Kirche (unter dem Bild der Jungfrau auch bei Hegesipp: Euseb, *h. e.* III 32,7; IV 22,4; ferner V 1,45; Tert., *praescr.* 45 u. a.) tritt als lichte Gegengröße gegen das Ungeheuer auf, so daß die Szene eine dualistische Färbung erhält, und teilt dem H die Bedeutsamkeit der Begegnung sowie seine Rettung mit. Die einschlägigen Deutungen gab in der ursprünglichen Gestalt dieser Geschichte von der Begegnung mit dem Ungeheuer sicher eine andere göttliche Helfergestalt; daß es hier die Kirche ist, geschieht natürlich als Angleichung an die vorausgegangenen Visionen (auch Reitzenstein, Himmelswanderung, 43). Die Folge ist eine Mutation: Die Frau ist nicht wie in Vis I–III Offenbarerin, sondern nur noch Interpretin des Geschehens. Die (Wieder-) Erkennung der Kirche löst in H die typische Freude und Erleichterung des

---

lehnt von Diktion und Bildzügen her die These ab, Vis IV mit Tier und Frau (= Kirche) sei als Anspielung auf Offb 12 zu lesen.

Menschen über die Heilsgewißheit aus (zu ἱλαρός s. I 4,3). Welchen genauen Status der Kirche der Autor hier fixieren will (Dibelius, 487: „die nun ganz zur idealen Kirche gewordene empirische Kirche" als „eine Gestalt der Endzeit", die den erfolgreichen Abschluß der Bußpredigt voraussetzt), läßt sich nicht sagen, weil H es mit solchen Folgerichtigkeiten nicht genau nimmt. Er arbeitet mit seinen Bildern assoziativ, plakativ und rein deiktisch, ohne Widersprüchlichkeiten zu vermeiden. Der Austausch der Grüße leitet den längeren Dialog ein (der Gruß der erscheinenden Frau auch in Zauberpapyri u.a.: Peterson, 258). **2,3** Die Unwirklichkeit der gestellten Konstellation demonstriert den Charakter des „Berichts": Während knapp 9 Meter (30 Fuß: 2,1) hinter H das Untier liegt, fragt die himmlische Gestalt der Kirche ihn so ignorant wie arglos nach besonderen Erlebnissen. Die Macht oder Fähigkeit zu katastrophaler Vernichtung („ganze Völker") markiert das Tier als apokalyptisches Wesen (s.o. zu 1,8 und zu 1,10), das aber nicht die Völker, sondern allein H bedroht hat. In der Antwort des H fällt das wichtige Stichwort auch von 2,4.5; 3,4: „entkommen (ἐκφεύγειν)", dem auf der Bildebene das „vorbeikommen (παρέρχεσθαι)" am Tier (1,9; 2,1) entspricht. In der Begegnung mit dem Ungeheuer als Glaubensprobe ging es um Tod und Rettung für H. **2,4** Die Kirche belehrt ihn über das, was ihm selbst nach 1,8 ja bereits völlig klar war. Aber der PH ist nicht für H, sondern für die Leser geschrieben. Wichtig ist der theologisch-paränetische Formelschatz des Textes: „seine Sorgen auf Gott/den Herrn werfen" (wie III 11,3; IV 2,5); „das Herz zum Herrn öffnen"; „im Glauben"; „Rettung gibt es für dich nur durch den... Namen" („Herr" und „Name" beziehen sich auf Gott, nicht auf Christus). – Hier folgt die Erklärung für die plötzliche Ohnmacht und Harmlosigkeit des Tieres (1,9). Gott hatte eingegriffen (das Ungetüm war also nicht vom Glaubensmut des H betäubt). Zum Motiv der Hilfe in höchster Not kennt die volkstümliche Literatur (Romane, Apostelgeschichten) viele Beispiele (Söder, 162–171). Das Verschließen des Mauls deutet Snyder, 58 auf die Einsperrung der Heuschrecken aus 1,6, die die symbolische Plage Gottes gegen den sündigen Reichtum sind (vgl. Joel 1,1–2,11; Offb 9,3), doch sieht es im Text nicht nach dieser Assoziation aus. Seltsam bleibt, daß H den Engel Thegri nicht gesehen hat. Dieser hatte in der Vision keinen Auftritt und übte doch seine Macht über das Tier aus. Nach Reitzenstein, Himmelswanderung, 42 muß der Engel dem Tier „ursprünglich" (d.h. in der Vorlage) „mehr angetan haben". Bestimmte Zuständigkeiten bestimmter Engel sind häufig: Offb 7,1; 14,18; 16,5; *äthHen* 20,5.7; 40,9 (anderes Material bei Peterson, 298 A.51; es gehört sicher auch „die jüdische Anschauung von den die Natur leitenden Engeln" und ihr christliches Fortleben hierher: Lueken, 131).

Schwierig ist bei diesem Engel die (in Apokalypsen durchaus übliche) Namengebung. „Thegri" ist unbekannt. Es kann nicht aus dem Griechischen abgeleitet werden. Hieronymus, *inHab* 1,14 las „Tyri". Gebhardt-Harnack, 63–65 teilen (ohne eigenen Vorschlag) eine Hypothese von F. Delitzsch mit, die für den Namen Thegri eine der Zuständigkeit des Engels entsprechende hebräische Etymologie der Bedeutung „Aufstachler" (sc. von Bestien gegen Menschen) und umgekehrt auch „Bändiger" entwickelt. Von E. Nestle, ThLZ 9, 1884, 357 eigens angezeigt, aber mit Vorbehalten (Harnack, Miscelle; Funk, 462f.; Ehrhard, Der Hirte, 101; Robinson, Barnabas, 31; Snyder, 58) aufgenommen wurde die Erklärung von Harris, On the Angelology (Zustimmung von Plooij, De Christologie, 328 A.1), der, offenbar auf die Entdeckung der Identität des Verbum ἐνέφραξεν hier in 2,4 und Dan 6,23 Θ hin, wo es beidemale vom Schließen von Bestienmäulern gebraucht ist (zur Bedeutung der Übereinstimmung mit Dan 6,23 für die Datierung des PH s. Einleitung § 3), eine entsprechende hebräische Etymologie suchte und im Verb *sagar* = „schließen" fand: Statt Thegri ist daher Segri zu lesen. Es ist der Engel, der (die Mäuler) schließt. Einen Konsens dafür gibt es nicht[22], eher Resignation (wie bei Knorz, 122). Nur verzichtet man inzwischen auf Emendierungen, weil Θεγρί so glaubhaft ist wie andere Lesarten. Einen neuen, aber nicht gerade naheliegenden Tip hat (unter dem Beifall von F.J.A. Hort) J.R. Krueger gegeben. Er stellt das (phonetisch dem Θεγρί ähnliche) Wort *tengri* vor, das in den turco-mongolischen bzw. altaischen Sprachen der zentralasiatischen Steppen vom Schwarzmeer bis Sibirien und Nord-China belegt und durch den extremen Konservativismus der altaischen Sprachen ca. 2000 Jahre hindurch unverändert belegt ist. Es ist die Bezeichnung für den Himmelsgott des animistischen Glaubens der Völker dieses Raumes. Da besteht die Möglichkeit, daß es in den Westen gelangte und von seiner Bedeutung genug bewahrte, um von H oder jemand anderem als Engelname gebraucht werden zu können. Die Schwierigkeit der Hypothese liegt nach Krueger nicht bei der Identifikation beider Wörter, sondern in der Möglichkeit des Transfers des *tengri* in den griechischen Sprachraum. Spätere Interpolation will er ausschließen. So bleibt der Schluß: „We must wait for more light" (299). Sollte es sich einstellen, so wäre das ein veritabler Glückstreffer. – Etliche weitere Versuche zur Erklärung ohne Anspruch auf ernsthafte Diskussion bei Crombie, 18 A.10.

Das entscheidende Stichwort der Vis IV bzw. das Interpretament der Begegnung mit dem Ungeheuer ist die „kommende große Not/Bedrängnis/Drangsal (μεγάλη θλῖψις)"; s. 1,1; 2,4.5; 3,6. Sie ist das Thema für alle Erwählten (s. bei 2,5). Im Übergang von 2,4 zu 2,5 wird der paradigmatische Charakter der vermeintlich biographischen Passagen und der Sünden- wie Glaubensgeschichte des H wiederum eklatant. Die (nochmalige: 1,8; 2,3) Begründung für das Entrinnen des H ist pleonastisch; Glaube und Nichtzweifeln sind in diesem Zusammenhang dasselbe.

---

22 Dibelius, 488 kritisiert an solchen Versuchen, daß sie so tun, als seien Namensbildungen mit Sicherheit an Etymologien orientiert. – Übrigens bietet Kraft, Clavis, 214 irrtümlich die m.W. nirgends bezeugte Schreibweise Θεργί in der entsprechenden falschen alphabetischen Einordnung (statt 203 eben 214).

2,5 Was H erfährt, ist ihm (so heißt es immer wieder) zur Weitergabe an die ganze Kirche mitgeteilt. Mit dem biblischen Begriff der „Großtaten (μεγάλεια)" (vgl. 1,8; Sim IX 18,2; X 2,3; 4,1; Dtn 11,2; Ps 70,19; 2 Makk 3,34; Lk 1,49; Apg 2,11) sind die Visionen als Entgegenkommen Gottes und als Offenbarungsakt, vor allem aber ihr Inhalt und die Aufklärungen gemeint. – Ob die Vision als ganze (1,1) oder das Tier (2,5) das „Bild (τύπος) der kommenden großen Not" genannt wird, ist gleichgültig. Wegen der Idee von der Rettung vor dem Tier aufgrund von Herzensreinheit und Tadellosigkeit ist Klemens v. Al., *strom.* IV 74,4 an diesem Text interessiert gewesen. – Zwei Pointen geben dem Passus sein Profil: Aus 1,1; 2,4 wird das Stichwort von der „bevorstehenden großen Not" aufgegriffen, um nun aus dem individuellen Erlebnis des H zum generell bedeutsamen Ereignis stilisiert zu werden; und der Pointierung der Bedrohung wird die Rettungsmöglichkeit samt ihren Konditionen ebenso pointiert entgegengesetzt. Das sind die beiden Achsen der Predigt des PH: die Gefahren für das inwendige Leben des Menschen und die greifbare Möglichkeit der Rettung. In Vis IV ist dieses Dauer-Thema ins Bild vom apokalyptischen Ungeheuer und von den endzeitlichen Leiden gesetzt. Gemeint ist dieses Thema, nicht die apokalyptische Vision und Sprache. Was bedeutet aber der aus der apokalyptischen Staffage ins Zentrum der Predigt gerückte Begriff der „kommenden großen Not (θλῖψις)"?

Zunächst sind verschiedene Bedeutungen von θλῖψις im PH auseinanderzuhalten, deren Grenzen relativ präzis angegeben werden können (vgl. auch den Exkurs: Bedrängnis – Verfolgung – Martyrium). θλῖψις ist einmal die „Qual" (wie man hier übersetzen kann) der Sündenstrafen, die hier und jetzt verhängt sind und als die Beschwerden, Schicksalsschläge und kleinen Katastrophen des täglichen Lebens spürbar und schmerzhaft zu durchleiden sind, von H selbst (Vis II 3,1) und von allen Sündern (Sim VI 3,6; VII 3–7). θλῖψις ist auch eine Kennzeichnung von Verfolgung, was für Vis II 3,4; III 6,5 und Sim IX 21,3 wegen der jeweiligen Fortsetzung (Leugnung, feiger Götzendienst und Sichschämen wegen des Namens des Herrn) sicher ist und für weitere Stellen bisweilen angenommen wird. Auch bestimmte (nicht alle) Leiden der Märtyrer sind „große Nöte", nicht identisch mit Verfolgung oder Martyrium als solchen (Vis III 2,1). Und schließlich gibt es den deutlich anderen Gebrauch des Begriffs von „der kommenden großen Not" in Vis II 2,7 und IV 1,1; 2,4.5; 3,6[23], mit der H ein genaues Ereignis exklusiv meint, aber nicht benennt oder beschreibt oder datiert. Das macht die Schwierigkeit der Deutung aus. Peterson, 303–305 schließt sicher richtig eine Deutung auf das Eschaton aus: H ist daran nachweislich nicht interessiert; außerdem kann H nicht (als einziger) an der endzeitlichen Not „vorbeikommen" wollen. So plädiert Peterson, 304 für die Lösung: „Die große kommende

[23] Das Verb θλίβειν bleibt hinter diesem Bedeutungsspektrum des Nomen zurück (Kraft, Clavis, 216f.).

Trübsal... kann nur die θλίψις des Gehinnom bezeichnen" (vgl. Peterson zu 1,6), wofür er sich vage auf den „Zusammenhang des Ganzen" bezieht. Und an eben dieser Pein im endzeitlichen Gehinnom will H „vorbeikommen" (1,9; 2,1); das ist „der für das Verständnis der vierten Vision entscheidende Punkt... Was also Hermas unter dem Bilde des Vorbeikommens an dem Ungeheuer sagen will, ist...,daß man durch ein ernsthaftes religiöses Leben der θλίψις des Purgatoriums im endzeitlichen Gehinnom entgehen kann" (305). – Nicht nur, daß Peterson den H dafür zu einem Schüler Schammais macht, die gesamte Deutung übertrifft auch in diesem Fall die Texte und beigezogenen Mythologeme an Genauigkeit bei weitem. Außerdem sind beträchtliche Beliebigkeiten und Lücken im Argument, und vor allem konvergieren die Details nicht auf das Thema des PH. Wie wäre das plötzliche Interesse am Purgatorium zu erklären, da man im ganzen Buch die Bilder variieren, die theologischen Themen aber konstant beim gleichen (verändertes Leben, Buße) bleiben sieht. – O'Hagan, 303–311 zeigt sich von dieser Interpretation der „kommenden großen Not" auf den Gehinnom im Sinn des Purgatoriums weitgehend abhängig, weicht von Peterson allerdings in einigen geringfügigen Perspektiven ab. Bauckham, 27–40 ließ sich dadurch zum Versuch anregen, die Vis IV im Rahmen frühchristlicher Apokalyptik zu durchleuchten.

Die übliche Zurückhaltung, die θλῖψις auf das Weltende zu beziehen, ist sehr angebracht. Es geht H nicht um die Fixierung seiner Kirche auf das Eschaton, sondern um ihre Orientierung an verbindlichen Daten, die vor dem Ende liegen. An seiner Rede vom Bußtermin (s. II 2,5; III 2,2) läßt sich ablesen, wie und wozu H Zeiten wie auch die „kommende große Not" ansagt. Wie sich nämlich die Frist der letztmöglichen Buße nicht generell und objektiv angeben läßt, sondern der subjektiv heute anstehende qualitative Zeitpunkt im Leben eines Christen ist, zu dem er sich zur Bekehrung und Buße entschließen muß, ohne sie aufzuschieben, so ist auch der vage Charakter der „großen Not" damit zu erklären, daß nicht alle Gläubigen gleichzeitig mit derselben θλῖψις als Weltkatastrophe oder auch nur die ganze Kirche mit einer bestimmten staatlichen Verfolgung (so z. B. Joly, 137.140; Reitzenstein, Himmelswanderung, 42) konfrontiert werden wird, sondern daß sie die Glaubensprobe ist, die H jedem einzelnen in dramatischer Vision und bedrängender Diktion bedrohlich in Aussicht stellt, um zur sofortigen Konsequenz des Sich-rüstens darauf zu motivieren. Bezeichnend ist ja, daß H diese „Not" schon hinter sich hat (IV 2,4) und „vorbeigekommen", „entronnen" ist, während „die Erwählten" erst darauf eingestellt werden müssen (2,5). Einerseits war für H also die „Not" schon da, andererseits wird sie von ihm den anderen Christen als künftig angesagt. Man muß in ihr also (nach den einschlägigen Bemerkungen in der Tier-Vision) die Krise oder Probe des Glaubens sehen, der der Glaube einzelner ist, hier aber in den globalen Kategorien apokalyptischer Rede beschrieben wird. So wenig es einen einzigen Bußtermin gibt, der für alle identisch ist (obwohl H so redet: II 2,5), so wenig gibt es eine einzige „kommende große Not", die für alle identisch und gleichzeitig wäre (vgl. II 2,5 mit 7).

Man kann (und muß wohl) den vorliegenden Passus IV 2,5 dahin verstehen, daß den Christen „die restlichen Tage" ihres Lebens nach (nicht: vor) überstandener „Not" verbleiben, so wie sie sich nach getaner letzter Buße bewähren müssen und noch fallen können. Die Sprache des Buches hat auf verschiedenen Ebenen fiktiven Charakter. Ihre Absicht und Aussage ist indes sehr realitätsbezogen. Sie redet in solchen Metaphern von der Gefährdung des Glaubens durch die διψυχία (das Unentschiedensein und Wanken); aber in Kategorien von Moral und Paränese[24] zeigt sie, daß „ihr der Not entkommen könnt, falls euer Herz rein ist" bzw. daß die „bevorstehende große Not, wenn ihr wollt, (für euch) bedeutungslos (οὐδέν = ‚nichts') sein wird" (3,6). Vom Eschaton kann man in keinem Fall sagen, daß es für die Gläubigen „nichts" ist, und in Verfolgungen kann man als Lebender nicht „im Glauben" entkommen sein (2,1.3.4). Also ist die „Not" dieser Texte etwas anderes als Endzeit und Verfolgung, nämlich die apokalyptisch chiffrierte Versuchung zum Glaubenszweifel im Sinn dieses Buches. Man muß beachten, daß die Tier-Vision die „kommende Not" als Probe zwischen Glaube und Zweifel (nicht Leugnung wie Vis II 3,4; Sim IX 21,3), also nicht als Verfolgung beschreibt (gegen Bauckham, 32). Dabei kann Verfolgung natürlich Beispiel solcher Probe sein, aber die Diktion hebt nicht auf Verfolgung als solche und allein ab. Die Chiffren von Untier und endzeitlicher Not sollen in dieser individualisierenden Verwendung natürlich dieselbe Angst machen wie im genuin apokalyptischen Milieu (Bauckham, 35–40 eruiert vor- und frühchristliche apokalyptische Überlieferungen, die für diese Vorstellungen des PH als Vorlage in Frage kommen).

2,6 Von der Beauftragung des H geht die Frau zur Anrede an die Gemeinde über. Gerade die Zweifler sind ohne Vertrauen zu Gott (Mand IX; s. Exkurs: Der Zweifel). Der Ausruf οὐαί/„wehe" hier und Sim IX 31,5(L^1) ist nach Hilhorst, Sémitismes, 179–182 kein Lehnwort, sondern eine griechische Wortschöpfung vom Beginn der hellenistischen Zeit. Im Profangriechisch sehr selten, in der LXX häufig (bes. Jer, Jes), bringt es beträchtliches Gewicht an prophetischem Ernst mit und begegnet darum frühchristlich in den Herrenworten der Evangelien und hauptsächlich in der Offb. Auch im PH hat es diese Würde und Bedeutungsschwere. Eine dauernde Sorge des H ist, daß der Hörer überhört, was er hört. Der Appell, die Offenbarungen richtig aufzunehmen und nicht zu mißachten, findet sich auch in der *Tabula Cebetis* 3,2 (Joly, Judaisme, 403). Die „sprichwörtliche Redensart" (Weinel, HNTA, 300), wonach es besser wäre, nicht geboren zu sein, bezieht sich im Frühchristentum (vgl. Mk 14,21 par) auf die Verdammten, während sie im

[24] E. Schüssler-Fiorenza, in: Hellholm (ed.), Apocalypticism, 300 nennt gerade Vis IV als Beispiel für die häufige Kombination von apokalyptischen visionären Darstellungsmustern mit der Paränese.

antiken Pessimismus generell gilt (Belege und Literatur bei H.-T. Johann, Trauer und Trost, München 1968, § 205 mit A.469). Mit diesem emotional gewichtigen Satz schließt die an die Tier-Vision angeschlossene Buß- und Mahnrede.

3,1–5 Der Tadel der Neugier[25] wie in III 3,1 (Brox, Fragen). In einer wohl kaum ursprünglichen, künstlich anmutenden Allegorie der Farben wird auf kürzeste Art das Weltdrama, dies aber wieder in ethisierendem Zuschnitt der an sich eschatologischen Dimensionen, erzählt. Zur „Wahrnehmung des Nichtchristlichen" im apokalyptischen Entwurf von IV 3 s. Leutzsch, 208–210. Die Erklärungen von „Schwarz" und „Rot" (3,2.3) sind noch im Stil apokalyptischer Katastrophenansage gehalten.[26] Mit dem „Gold" wechselt die Deutung aber in die Paränese über. Die Feuerprobe ist der Leidenstest als Gefahr für den Glauben im Leben der Christen unter den Ungläubigen. Dieser Test muß nicht (nur) in Verfolgung bestehen, sondern ist das tägliche Leben mit seinem Leidensdruck „in a world of divided loyalties" (Snyder, 59). Darin ist er mit 1 Petr 1,6f. identisch (Zahn, Der Hirt, 429; N. Brox, Der erste Petrusbrief, Zürich u.a. 1989^3, 63–65). – Die Worte οἱ κατοικοῦντες ἐν αὐτοῖς[27], seltsam erratisch und unerklärt, sind von H offensichtlich zusammen mit dem Motiv der Läuterung, auf das ihn das Stichwort „Gold" (zunächst die Farbe, jetzt das Metall) brachte, aus einem tradierten Text zum Thema übernommen worden (vgl. auch Dibelius, 489f.). Das Feuer sind die Aggressionen der Umwelt, worin also Verfolgungen, Bedrohungen, Verachtung, Ablehnung u.ä. zu sehen sind. Der Angriff apokalyptischer Mächte auf die Diener Gottes ist völlig entmythisiert: Die Angreifer sind die Heiden, das Feuer nur noch ein Bild. Zweimal heißt es, daß es um die sittliche Reinigung geht. „Traurigkeit (λύπη)" und Angst müssen „abgestoßen" werden, weil sie das Laster der Resignation in der Sünde darstellen (s. Mand X).

Der Anspruch ist hoch: Gerade in der Feuerprobe der Verfolgung und Aggression sollen die Christen Trauer und Angst „abstoßen". Am Ende von 3,4 wird das Bild vom im Feuer entschlackten und somit „brauchbar" gewordenen Gold gegen das schon geläufige von den zum Turmbau „brauchbaren" (Quader-)Steinen (III 2,4–8,9; 12,3; vgl. 3,4 mit εὔχρηστον γίνεται und χρήσιμοι ἔσεσθε jeweils auf der Bildhälfte) ausgewechselt, was das im Grunde unapokalyptische Interesse auch der Vis IV noch einmal bestätigt. Was H sagen will, läßt sich mit und ohne die apokalyptischen

[25] Zur kritischen Wertstellung und skeptischen Beurteilung der „Neugier" (περιεργία, περίεργος) in der Spätantike siehe A. Labhardt, Curiositas, MH 17, 1960, 206–224; R. Joly, Curiositas, AnCl 30, 1961, 33–44; N. Brox, Zur Legitimität der Wißbegier (curiositas), in: H. Bungert (ed.), Das antike Rom in Europa, Regensburg 1985, 33–52.

[26] Die Formulierung von 3,3 bezeugt nach Herrmann, 185 für H einen gewissen Bildungsgrad, weil Belesenheit.

[27] Lake, 67 bezieht αὐτοῖς auf „Blut und Feuer" (3,3), nennt die Satzkonstruktion aber ungeschickt.

Requisiten ausmalen. Die Farbendeutung ist, wie gesagt, gezwungen und verzweckt; und Reitzenstein, Himmelswanderung, 42 hat recht mit seiner Beanstandung, daß in einer angebrachten Symbolik das Untier, statt „die Symbole des kommenden Aion und der christlichen Standhaftigkeit" an sich zu tragen, auf die Katastrophe bzw. deren Urheber zu beziehen gewesen wäre. Die Rede vom „kommenden Äon" ist wieder apokalyptisch stilisiert. Die weiße Farbe stellt hier die Entsprechung zwischen der anderen Welt und den erwählten (und bewährten) Christen her, während sie ursprünglich wohl einfach das gute Omen darstellte (vgl. Radke, 31–33).

3,6–7 H hat die entscheidende Offenbarung erhalten, die er unter den Christen in Umlauf halten muß. Denn alles, was ihm gesagt wurde, ist von Dauer und nicht die Sache einer kurzen Endzeit. Die „bevorstehende große Not" (auch 1,1; 2,4.5), der Turmbau und die Feuerprobe sind Bilder für dasselbe, nämlich für die Schwierigkeit und Gefährlichkeit, aber auch die Möglichkeit, den Glauben zu bewahren, Buße zu tun, das Herz rein zu halten, „die restlichen Tage eures Lebens dem Herrn tadellos zu dienen" (2,5) usw. Im Fall der Bewährung wird die große endzeitliche Not ein „Nichts (οὐδέν)" = bedeutungslos. Dieser Satz kann nur in einer Pseudo-Apokalypse stehen. Was und wann die „Not" oder „Bedrängnis" ist, das wird von H im selben Stil unausgesprochen und unentschieden gelassen wie die Bußfrist und gerade so auf unheimliche Art aktuell und alarmierend. Sie ist im PH eben nicht die globale Katastrophe am Weltende, sondern die Krise der Glaubensprobe, mit der der Christ von innen (διψυχία/Zweifel) und von außen (Verfolgung) rechnen muß.

„was zuvor darüber aufgeschrieben wurde": H erinnert an frühere Seiten seines Buches, die von der Buße und Rettung handeln (Vis II; III) und offenbar als bereits in der Kirche publiziert gedacht sind (anders Joly, 140: Zum Zeitpunkt der späteren Verfolgung ist das, was H jetzt gerade aufschreibt, „früher" geschrieben worden). – Bei anderen Visionen sah H die Frau „nach Osten" (I 4,3) oder „zum Turm" (III 10,1) davongehen bzw. getragen werden. Diesmal also bleibt die Richtung ihres Verschwindens bzw. der Zielort ihres Abtritts verborgen (auch nach *äthHen* 12,1 weiß niemand, wohin Henoch entrückt wurde). Was der Grund dafür ist, hängt von der richtigen Lesart ab. Entweder kam ein Nebel (= eine Wolke/νεφέλη) dazwischen, der den Blick nahm (und vielleicht die Frau auch entführte). So lesen mit SL^2 Lake, 66; Whittaker, 22; Joly, 140; Snyder, 60; Erbetta, 261 („Ci fu una nube"). Oder es entstand ein „Getöse" (ψόφος), auf das hin H sich erschrocken nach dem Tier umdrehte[28], so daß er den Augenblick und damit die Richtung ihres Verschwindens verpaßte. So lesen mit GL^{1}E Gebhardt-Harnack, 66; Hilgenfeld, 32; Funk, 464; Weinel, NTApo 1904,

[28] Bei Athanasius kommt Antonius am Gold der Versuchung gerade dadurch vorbei (παρέρχεσθαι), daß er sich nicht noch einmal umdreht (*Vita Antonii* 12: PG 26, 861 στραφῆναι; Vis IV 3,7 ἐπεστράφην).

243; 1924², 344, Dibelius, 490; Vielhauer-Strecker, NTApo 2⁵, 1989, 543; Lelong nach Hamman, 152; Zeller, 202; Crombie, 18. Da von der Sache her keine der beiden Versionen den Vorzug beanspruchen kann, kann man sich mit Hellholm, Visionenbuch, 134 A.19 für die Lesart ψόφος als *lectio difficilior* entscheiden. – Der Schluß fällt also, gerade mit der Angst des H, in die apokalyptische Szenerie als solche zurück. Nach der erfolgreich bestandenen Begegnung (2,3f.) mußte ja für H das Tier als „Bild der kommenden großen Not" jetzt ein „Nichts" sein (1,6). Statt dessen ist er noch verunsichert und verängstigt, wie es sich für den Visionär gehört. Diese letzten Zeilen sind nicht allegorisch gemeint (wie Weinel, HNTA, 300 schreibt: „Hermas will sagen: macht euch bereit!" Auch von Dibelius, 490, aber aus inhaltlichen Gründen abgelehnt). Von einer Befreiung oder Wiederbelebung des Ungeheuers am Schluß des Berichts (Reitzenstein, Himmelswanderung, 42) ist allerdings keine Rede: Es war nie tot und erscheint auch nicht neuerdings auf der Bühne.

Das Hirtenbuch (Vis V – Sim X)

Zunächst hat man bei Vis V den Eindruck einer glatten Fortsetzung des Visionenbuchs nach Genre, Stil und Inhalt; man stößt aber im Text auf so viele Signale einer Zäsur, daß kein Zweifel besteht: Die sog. Vis V gehört als Einleitung zu einem neuen Buch anderen Inhalts, das nach dieser eröffnenden Szene mit Vision und Dialog die „Gebote und Gleichnisse" enthält. Gleichzeitig hält Vis V aber formal und inhaltlich Anschluß an Vis I–IV (s. u.). In dieser Doppelfunktion stellt sie sich als kompositorisches Element heraus, mit dem die beiden ungleich großen Teile des PH, nämlich das Visionenbuch (Vis I–IV) und das Hirtenbuch (Vis V – Sim X), nachträglich verkoppelt wurden (s. Einleitung § 4). Im folgenden die Daten dazu.

Aus der Überlieferung der Überschrift, deren Variantenreichtum einige Irritation über die Funktion des Textes beweist, ist einerseits ein Indiz für den gewollten Anschluß an das Visionenbuch in Form der Durchzählung zu entnehmen. Etliche Zeugen setzen nämlich die Zählung der Visionen fort: ὅρασις ε' („fünfte Vision") lesen GEL¹, letztere allerdings mit einem widersprüchlichen Zusatz: *visio quinta. initium pastoris.* Und ganz im Stil des Visionenbuchs wird eine neue visionäre Begegnung vorbereitet und mit Orts- und Situationsangabe versehen (V 1 a).[1]

Kontinuität mit dem Visionenbuch ist deutlich in der Beschreibung der (neuen) Offenbarungsgestalt (V 1 b), im Dialog des Visionärs mit ihr und in ihrer Identifizierung (V 1 c–4), im Rückgriff auf frühere Offenbarung (V 5 a) und im Auftrag zum Aufschreiben weiterer Offenbarung (V 5 b) und schließlich auch im Appell an die Konsequenz aus dem Gehörten (V 7), wie das alles aus Vis I–IV vertraut ist.

Andererseits aber gibt es Signale dafür, daß hier etwas Neues oder anderes beginnt. S überschreibt den Text mit ἀποκάλυψις ε' („fünfte Offenbarung"), was sicher „einen bestimmten Unterschied zwischen dieser und den vorhergehenden ὁράσεις" andeuten soll (Whittaker, XII A.6; vgl. Dibelius, 491; Coleborne, Approach [1969], 135; vgl. Carlini, La tradizione testuale del Pastore di Erma, 32), so daß die Zählung ε' in S strenggenommen nicht angebracht und nicht widerspruchsfrei ist (vergleichbar mit L¹).[2] Und L² markiert, wenn nicht überhaupt den Anfang eines selbständigen Buches, so

[1] Diese Angabe gilt zugleich für sämtliche Mand (während die Sim mehrere eigene Lokalisierungen enthalten), so daß die Beobachtung von Coleborne, Approach (1965), 482, die Mand würden nicht die leiseste Andeutung einer Ortsangabe aufweisen, nicht korrekt ist; Vis V ist als ihre Einleitung mitzulesen.

[2] Peterson, 271 hält es für möglich, daß Mand und Sim unter dem Titel „Apokalypse des Hirten" (der nicht überliefert ist) selbständig waren.

jedenfalls eine tiefgreifende Zäsur: *incipiunt pastoris mandata duodecim*. Und tatsächlich ist inhaltlich in mehrfacher Hinsicht eine Zäsur feststellbar (vgl. besonders Coleborne, Approach [1965], 482.487; Hellholm, Visionenbuch, 11–13). Die gravierendste Marke ist der Wechsel der Offenbarungsgestalt. Die „alte Frau" und „Herrin" war im Visionenbuch nahezu exklusiv diese Gestalt. Ab Vis V kommt sie nicht mehr vor, noch weniger übrigens als der Autor Hermas, der im Visionenbuch unter Namensnennung (Kraft, Clavis, 177) zu den ständigen Akteuren gehörte und in den Mand als bloßer Dialogpartner aber immerhin noch eine Statistenrolle spielt. Der neue Offenbarer und Sprecher wird in einer eigenen (Wieder-)Erkennungsszene (V 3–4) sowohl als „Hirt" (ὁ ποιμήν) bezeichnet und beschrieben wie auch als Schutz- und „Bußengel" (ὁ ἄγγελος τῆς μετανοίας) (V 7) identifiziert, was Sim IX 1,1 wiederholt wird (s. den Exkurs: Der Hirt). Erst damit wird der überlieferte Titel des gesamten Buches „(der) Hirt" begreiflich (vgl. Cirillo, Conférences, 336), für den es im Visionenbuch keinen Anhalt gab, so daß davon auszugehen ist, daß Vis I–IV nicht ursprünglich zum Hirtenbuch gehörten (z. B. Giet, Hermas, 99–101). Die Adressaten (ἀδελφοί) des Visionenbuchs sind im Hirtenbuch nur ganz zu Beginn (Vis V 7) noch präsent. In den Mand selbst herrscht sodann totale Anonymität; auch der Hirt als Sprecher bleibt unbenannt, sein Adressat erst recht. – Bezeichnend ist auch der Sachverhalt, daß vor- wie rückverweisende Angaben im Visionenbuch nie über den Bestand und den Rand dieses Buchs hinausgreifen, während sich im Hirtenbuch Rückverweise auf das Visionenbuch finden (Vis V 5; Sim IX 1,1–3), die allerdings so zu verstehen sind, daß sie bei der Komposition beider Bücher als redaktionelle Verklammerungen eingesetzt wurden (Hellholm, Visionenbuch, 12 mit Dibelius, 493.602), was die „Einbahnigkeit" dieser teilübergreifenden Querverweise plausibel macht. – Vis V zeigt außerdem, daß Mand und Sim miteinander als ein einziges Buch gemeint sind, denn sie werden V 6 (und Sim IX 1,1) unter nur einem Artikel, V 5 unter nur einem Possessivpronomen zusammengefaßt. Dieses Argument wird zwar durch den doppelt gesetzten Artikel V 5 (τὰς ἐντολὰς... καὶ τὰς παραβολάς) beeinträchtigt, aber doch entscheidend verstärkt und gestützt durch die Tatsache, daß beide, „Gebote" und „Gleichnisse", in V 5.7 „eingehalten" (φυλάττειν) und „verwirklicht" (ἐργάζειν) werden und man „in ihnen wandeln" (ἐν αὐταῖς πορεύεσθαι) kann, was ja alles nur von Geboten (nicht von Gleichnissen) gesagt werden kann. Außerdem ähneln die ersten Sim den Mand (Dibelius, 493f.546.550f.), und einzelne Kurz-Parabeln sind in die Mand eingeschoben (Mand V 1,5; 2,5; VI 1,2–4; X 3,3c; XI 13.15.18–21; XII 5,3). Und in Sim VII 7 „wird von den παραβολαί als ἐντολαί gesprochen" (Vielhauer-Strecker, NTApo 2^5, 1989, 540). Vielleicht hat der Doppelausdruck erst zur Unterteilung innerhalb des Buches geführt (Dibelius, 493).

Allerdings läßt sich für die ursprüngliche Selbständigkeit der Teile kein zusätzliches Argument aus der Textüberlieferung gewinnen. Zwar zeigt die

Paginierung des M, daß der Text in diesem Codex mit Vis V begann und mit Sim X endete, Vis I–IV also nie enthalten hat (Bonner, A Papyrus Codex [1934], 9.13); das Hirtenbuch mit der Einleitung Vis V zirkulierte in der zweiten Hälfte des 3. Jh.s in Ägypten also für sich (Bonner, ebd. 14; Whittaker, XII A.6). Ähnlich verhält es sich in der achmimischen Übersetzung C^1 (Whittaker, 118), und die sahidische Übersetzung begann ebenfalls mit Vis V (Lefort, Le Pasteur [1938], 244.246; Ergänzungen und Bestätigungen durch Carlini, La tradizione testuale del Pastore di Erma, 31–33; Lucchesi, Le *Pasteur*; besonders Henne, Hermas en Egypte). Gleichzeitig steht aber fest, daß M die Existenz des Visionenbuchs voraussetzt (nicht bloß „vorauszusetzen scheint“: Hellholm, Visionenbuch, 13 A.13), was Coleborne, Approach [1969], 135 nicht vermerkt. Der Text von M reicht nämlich von Sim II 8 Ende (Bonner, ebd. 39) bis Sim IX 5,1 Mitte (Bonner, ebd. 124). In diesem Block fehlen zu Beginn von Sim IX ca. 12 Zeilen (Bonner, ebd. 115). Der Text beginnt hier mit dem Schluß von IX 1,1: τοῦ θεοῦ ἐστιν, und er fährt mit IX 1,2 fort: ἐπειδὴ γὰρ ἀσθενέστερος κτλ. M enthielt also Sim IX 1,1–2, kannte folglich das Visionenbuch, auf das darin angespielt ist. Somit behält Joly, Hermas et le pasteur, 204 mit der Feststellung recht, daß die Textüberlieferung nur bezeugt, daß in einigen Exemplaren das Visionenbuch nachträglich vom Hirtenbuch amputiert worden ist, was nicht mehr Sache des Autors war. Als älteste Handschrift enthält L^1 am Ende des 2. Jh.s den ganzen „Hirten“. Aber man wird dann unterstellen müssen, daß auch das vom Hirtenbuch abgetrennte Visionenbuch wieder separat weiterexistiert hat. Und vor allem ist es sicher richtig, aus der Tatsache dieser Amputation im 3. Jh. darauf zu schließen, daß sie durch die lockere, oberflächliche Manier der nachträglichen Komposition beider Bücher möglich und naheliegend war.[3] Das thematisch komplexe, unübersichtliche Visionenbuch war mit den sauber unterteilten Mand und Sim kombiniert worden; man kann sich das Bedürfnis vorstellen, zur Erhöhung des Gebrauchswerts der letzteren die unter solchem Aspekt gerade als Einleitung weniger geeigneten Vis I–IV (wieder) abzutrennen. Es bleibt dabei, daß die tiefe Zäsur zwischen Vis IV und V kompositorisch bedingt sein muß. – Mir ist nicht bekannt, daß man die in diesem Zusammenhang interessante und sehr auffällige Bemerkung des Athanasius, *ep. heort.* 11 beachtet hätte, wonach Mand I 1 der „Anfang“ des Buches des Hirten ist (s. Einleitung § 4 und § 9); ob mit vorgeschalteter Vis V oder ohne, muß sie doch besagen, daß Athanasius in Ägypten den PH in der Form kannte, daß er das Visionenbuch nicht enthielt und mit den Mand begann.

Aufgrund dieser Tatbestände ist die solideste Erklärung des jetzigen Textbestandes die, daß Vis V die Einleitung zu Mand und Sim darstellt und

[3] Der Versuch Joly's, Hermas et le pasteur, 204, die Abtrennbarkeit des Visionenbuchs vom (sc. entbehrlichen) Inhalt her zu begründen („elle n'était qu'une introduction ou les thèmes centraux du Pasteur n'étaient qu'esquisses“), scheitert am sachlichen Gewicht der Vis I–IV für die Thematik des Hermas.

das selbständige Hirtenbuch mit ihr beginnt, dessen Verfasser das Visionenbuch gekannt und dem Hirtenbuch vorangestellt hat, so daß die chronologische Priorität des Visionenbuchs feststeht. Und bei Niederschrift der Visionen war „an das Folgende noch nicht gedacht" (Harnack, Geschichte II/1, 260). Diese Analyse gilt unabhängig vom Entscheid darüber, ob die Teile aus einer Hand oder von mehreren Autoren stammen.

Fünfte Offenbarung

Auftritt und Auftrag des Hirten (Vis V 1–7)

25 (V) 1 **Als ich in meinem Haus[4] gebetet und mich (dann) auf dem Bett niedergesetzt[4] hatte, trat ein Mann[4] ein von herrlichem Aussehen, im Aufzug eines Hirten, eingehüllt in ein weißes Ziegenfell, mit einem Ranzen über der Schulter und einem Stab in der Hand. Er grüßte mich, und ich erwiderte seinen Gruß.** 2 **Und er setzte sich gleich neben mich und sprach zu mir: „Ich bin vom Heiligsten der Engel gesandt, um die restlichen Tage deines Lebens bei dir zu wohnen."** 3 **Ich glaubte, daß er da war, um mich zu versuchen; darum sagte ich zu ihm: „Wer bist du denn? Ich kenne nämlich den, dem ich übergeben bin." Er sprach: „Erkennst du mich nicht?" „Nein", sagte ich. Er sagte: „Ich bin der Hirt, dem du übergeben bist."** 4 **Und während er noch sprach, änderte sich sein Aussehen, und ich erkannte in ihm denjenigen, dem ich übergeben worden war. Sofort war ich bestürzt, Angst ergriff mich, und ich war vor Traurigkeit völlig erschlagen, weil ich ihm so ungehörige und unbesonnene Antworten gegeben hatte.** 5 **Doch er antwortete mit den Worten: „Du brauchst nicht bestürzt zu sein; hol dir vielmehr Kraft aus meinen Geboten, die ich dir geben will. Denn ich bin dazu geschickt", sagte er, „um dir noch einmal alles zu zeigen, was du schon gesehen hast, vor allem die hauptsächlichen Dinge, die von Nutzen sind für euch. Schreib zuerst von allem meine Gebote und Gleichnisse auf; den Rest wirst du aufschreiben, wie ich es dir dann zeige. Ich lasse dich deshalb die Gebote und Gleichnisse zuerst aufschreiben", sagte er, „damit du sie immer wieder nachlesen kannst und imstande bist, sie einzuhalten."** 6 **Also schrieb ich die Gebote und Gleichnisse auf, wie er es mir auftrug.** 7 **Wenn ihr sie nun zu hören bekommt und sie einhaltet, nach ihnen lebt und sie mit reinem Herzen verwirklicht, dann erhaltet ihr vom Herrn, was er euch verheißen hat. Wenn ihr sie aber hört und nicht Buße tut, sondern noch weiter sündigt, dann bekommt ihr vom Herrn das Gegenteil. Der Hirt, der Engel der Buße, ließ mich alles so aufschreiben.**

1 Eine denkbar knappe Einleitung enthält als typisches Element der Vorbereitung auf die Vision das Gebet, das hier am Anfang des Hirtenbuchs natürlich so wenig wie zu Beginn des Visionenbuchs (I 1,3) von bereits vorausgegangenen Offenbarungen (wie II 1,2; III 1,2) weiß. Für die folgen-

[4] Vgl. Ez 8,1 f.

de Vision eines Hirten hätte man eine andere Umgebung (etwa einen Berg wie Sim V 1,1), nicht das Haus des H erwartet, in dem sie stattfindet (wie Ez 8,1 f.); die Hirtengestalt paßt nicht ohne weiteres in den Kontext (s. u.).

Das „Sitzen" auf dem „Bett" hat offensichtlich einen anderen Sinn als die in der Regel beigezogenen Sätze aus *4 Esra* (III 1; V 14; vgl. IX 27), nach denen der Visionär vor der Vision bei Nacht in von Erregung und Angst gestörtem Schlaf auf dem Bett „liegt". Man hat seit früher Zeit das Sitzen des H mit dem Gebet in engere sachliche bzw. rituelle Verbindung gebracht. Tertullian kritisiert mit Schärfe und Ironie Christen in Africa (und anderswo?), die mit diesem Text aus dem PH die Zeremonie eines regelmäßigen Niedersitzens nach Abschluß des Gebets verbindlich machen wollen. Er stellt richtig: H erzählt hier lediglich, was er eines Tages nach dem Beten tat, und schreibt nicht etwa eine bestimmte Gebetssitte vor *(ad ordinem narrationis, non ad instar disciplinae*: *or.* 16). Man führte also mit Hilfe des PH den Autoritätsbeweis für eine von Tertullian als heidnisch abqualifizierte Sitte, die sich tatsächlich als „eine antik-römische Sitte der Gebetsübung" belegen läßt (Dölger, Niedersitzen, 128–131). Das sagt sehr viel über den theologisch-kanonischen Rang des Buches im damaligen Africa aus, den Tertullian seinerseits deutlich herunterzuspielen sucht (*si Hermas ille...), aber es bedeutet wahrscheinlich nicht, daß diese Christen den Text richtig gelesen haben (so Klauser, 34 A.81) und H folglich selbst diesen Ritus des Sitzens nach dem Gebet in Rom praktiziert hätte. Es ist nämlich sehr die Frage, ob der Zusammenhang zwischen Beten und Niedersitzen im Text gemeint ist (Tertullian lehnt ihn ab). Gegen zahlreiche, diesbezüglich unscharfe moderne Übersetzungen läßt sich zunächst mit Sicherheit sagen, daß es um ein Niedersitzen „nach" dem Gebet geht, wie auch L[1] (*cum orassem domi et consedissem supra lectum)* und Tertullian, *or.* 16 (*cum adorassem et assedissem super lectum)* übersetzen, und nicht „beim" oder „zum" Gebet (die oben gegebene Übersetzung stimmt mit der von Klauser, 34 A.81 und Dölger, Niedersitzen, 123.133 überein). Vermutlich hat das Niedersitzen auf dem Bett eine andere selbständige, allerdings nicht so neutrale Bedeutung, wie Tertullian polemisch wollte. Es gehört ja zur Vorbereitungsszene für die Vision, innerhalb derer sich das Niedersitzen des H sehr wahrscheinlich als Haltung seiner Bereitschaft zum Empfang der Offenbarung versteht, wie schon das Niedersitzen auf der Bank in III 2,4. „Man empfängt die Offenbarung im Sitzen" (Peterson, 272 mit Beispielen). Nicht also Gebet und Niedersitzen, sondern Sitzen zum Hören scheint die wirkliche Pointe der wiederholten Position des H zu sein (III 2,4; Sim V 1,1; VI 1,1), und mit einer gewissen Regelmäßigkeit setzt sich der jeweilige Offenbarer neben ihn (III 2,4; V 2; Sim V 1,1; VI 1,2; vgl. X 1,1), während I 2,2 eigens bemerkt wird, daß die Alte „sich allein hinsetzte".

Wo das Haus des H steht, wird nicht mitgeteilt. Die privatistische Inszenierung der Vision – Bett im Haus (oder im Zimmer: Peterson, 274) des H – kann wegen des allgemeingültigen und öffentlichen Charakters der folgenden Mitteilungen als ungeschickt bezeichnet werden; sie paßt aber nicht schlecht zur Bindung aller Offenbarung im PH an die Person des H als Empfänger und Mittler und zur wiederholt eingespielten exemplarischen Rolle seiner privaten, familiären Verhältnisse. Mit dem Auftreten des Hirtenengels erhalten die Gebote und Gleichnisse (wie die Predigt und Paränese im Visionenbuch) eine apokalyptische Rahmung und ihre Qualität als aktuelle Offenbarung. Daß der „Mann" (dieser Terminus für Engel auch I 4,3; III 2,5; Sim IX 3,1–12,8) „eintritt" und „grüßt", ist „die Sprache der hellenistischen Offenbarungsliteratur" (Peterson, 275 mit Belegen). An seinem Aufzug als Hirt ist zu beachten, was über die selbstverständlichen Attribute bzw. über die selbstverständliche Beschreibung eines Hirten hinausgeht, nämlich seine Ansehnlichkeit und die weiße Farbe des Fells (zur wörtlichen Übereinstimmung mit der Beschreibung des Strafengels in Hirtengestalt siehe Sim VI 2,5). Weiß ist die Farbe der helfenden, freundlichen Gottheiten. Zumal in Traumerscheinungen bedeutete „weiß stets etwas Gutes" und ein günstiges Omen. Ein weißes Gewand läßt sich mit einer „Schicht göttlichen Glanzes" vergleichen, „die sich um den Träger legt" (Radke, 11–14.31–35). Gerade in visionären Schriften signalisiert Weiß an Gewändern und Haaren die himmlische Herkunft des Trägers (Kempf, 78). Damit ist der Nimbus des Engels eindeutig markiert.[5] Daß die Farbe nicht neutral ist, beweist das Gelb des Engels des Betrugs (Sim VI 1,5).

2 Daß sich der Offenbarer „gleich/sofort" zum Visionär setzt, gehört also zur Szenerie der Übermittlung seiner Kunde im PH (s. zu V 1), zu der damit bereits übergeleitet ist. Seine Rede beginnt damit, daß er sich als Schutzengel des H vorstellt, wie die Fortsetzung verdeutlicht (vgl. ἀπεστάλην in derselben Bedeutung Mand XII 6,1). Zur Legitimation dieser Rolle verweist er auf seinen Auftraggeber, den er durch den Titel „Heiligster der Engel" identifiziert, der den Lesern eindeutig gewesen sein muß und sicherlich christologisch zu lesen ist (s. Exkurs: Die Christologie), zumal als Subjekt zu ἀποστέλλω in vergleichbaren Texten der Kyrios (im PH = Gott, nur selten Christus) genannt (Sim VIII 6,3) bzw. anzunehmen (Mand XII 6,1) ist (Moxnes, 51 f.). Für Gebhardt-Harnack, 67 zu V 2 besteht da kein Zweifel, wobei Christus allerdings mit Michael (Sim VIII 3,3), dem „herrlichen Engel", identisch ist (vgl. dieselben auch zu III 4,1); Völter, Apostol. Väter, 235 ist vorsichtiger: „ohne Zweifel der oberste Erzengel, vermutlich der Engel Michael". Auch Wohlenberg, 916; Lueken, 101.155: Es handelt sich um Michael, „dem die übrigen Engel unterthan sind", identisch mit dem „herrlichen Engel" aus Sim V 4,4; VII 1.2.3.5; VIII 1,2 ff.; 2,1; 3,3; IX 1,3; X 1,1; 3,1). Der Titel begegnet nur noch ein einziges Mal (Mand V 1,7).

---

[5] Anders M. Dibelius, Offenbarungsträger, 110: „Nichts deutet zunächst auf einen Himmelsboten."

3 H ist mißtrauisch, also ist die erscheinende Gestalt für ihn ambivalent. Das wirft ein seltsames Licht auf den Hirten, dessen Qualität an Auftritt und Kostüm nicht ablesbar ist. Welcher Art die von H befürchtete Versuchung (ἐκπειράζειν; Bartelink, 13: dieser LXX-Term begegnet außerbiblisch nur im PH, nämlich noch Mand IV 3,6; XII 5,4) sein kann, wird nicht gesagt (Peterson, 278 A.30 vermutet: „eine Versuchung durch den bösen Trieb"). Diejenige von Sim VII 1 (sc. Sündenstrafe) wird es kaum sein. Nachdem die Szene gar nicht zur Probe für H ausgebaut wird, fragt sich, was der Aufschub der Erkennbarkeit des Hirten für H und dann seine Metamorphose zur Erkennbarkeit (V 4) soll (die Frage an den Schutzengel auch *Asc.Jes.* 7,2f.: „Wer bist du, und wie ist dein Name?" Übersetzung von J. Flemming – H. Duensing, NTApo 2^4, 1971, 461 bzw. C. Detlev – G. Müller, NTApo 2^5, 1989, 555). Es ist die Art des H, Motive nur in Form von Torsos zu verwenden, womit er verwirrend unscharfe Texte produziert. Insgesamt handelt es sich vermutlich um Elemente der Epiphaniedarstellung, aber der Sinn ihres Einsatzes in der vorliegenden Szene bleibt unklar und für die Thematik des PH so marginal wie der gesamte apokalyptische und visionäre Apparat. Von dem Vorgang einer früheren Übergabe des H an einen Schutzgeist war bisher keine Rede. Sicher soll sie vom „Heiligsten der Engel" (s.o. V 2) vollzogen sein. Die Verweise auf den Jüngling aus Vis II 4,1; III 10,7, in dessen Gestalt der Hirt figuriere, oder auf eine nicht erzählte Vision sind wertlos. Die entsprechende Szene fehlt ganz einfach. Es paßt allenfalls, an Vis III 2,5 zu denken, wo die Tausende von Männern den sechs jungen Männern die Steine zum Turmbau herbeitragen und „übergeben" (ἐπιδιδόναι, nicht wie Vis V παραδιδόναι), zu denen (als runder Stein) nach III 6,7 auch H gehört (Völter, Apostol. Väter, 233). Jedenfalls liegt das Datum der „Übergabe" zurück (vgl. Dibelius, 494–496; ders., Offenbarungsträger, 108–112; dagegen Deemter, 148: zu Beginn der Mand). Weiteres kann man (wie Otto Dibelius, 175 es tut) nur erraten; Hermas de hac re nihil dixit (Funk, 467). Daß wegen V 7 („Engel der Buße") hier auch die Übergabe des H (wie aller Sünder) an den Bußengel gemeint ist (Völter, Apostol. Väter, 269), ist denkbar, aber nicht sicher. Mit seiner Selbstidentifizierung („ich bin der Hirt"; „die für Offenbarungen typische Einführungsformel" wie Lk 1,19: Peterson, 275) ermöglicht der Hirt das Vertrauen des H und den Fortgang der Handlung. **4** Woran H den Schutzengel erkannte, worin also die Änderung seines Aussehens (wie beim Offenbarer Poimandres: *Corp. Herm.* 1,4, ed. A.D. Nock, Corpus Hermeticum, T.1, Paris 1960, 7f. und *4 Esra* X 25f.), die zur Wiedererkennung durch H führt, bestand, bleibt unbeschrieben, liegt jedenfalls nicht im Ablegen des Aufzugs als Hirt, denn als solcher tritt er ja weiter auf (z.B. Sim IX 10,5; vgl. die ähnliche Diktion in Mand XII 4,1 mit συγχυθῆναι und ἠλλοιώθη). „Traurigkeit" kommt aus der Einsicht in falsches Verhalten (s. Mand X). Die Identifizierung der erschienenen Gestalt löst Betroffenheit des Visionärs aus. **5** Aber auch sie bleibt trotz starker Ausdruckswahl für die Thematik ganz oberflächlich, wie die Beschwichtigung durch den Hirten (er „antwortet“ auf die Reaktion, nicht auf eine Rede des H: Hilhorst, Sémitismes, 80) zeigt, der sogleich das entscheidende Stichwort des Hirtenbuches nennt: Er lenkt H auf die Gebote hin, um deren Übergabe es ab jetzt geht. Schriftlich festgehalten, werden sie nicht so leicht vernachlässigt. – Mitten im Zitat von V 5 beginnen die *Stromata* des Klemens v. Al., nachdem das erste Blatt der einzigen Handschrift (Laur. V 3) verlorenging (ed. O. Stählin – L. Früchtel – U. Treu, GCS 52 [15], Berlin 1985^4, 2).

An dieser Stelle (V 5b) sind die besprochenen redaktionellen Hinweise eingeschoben (s. Vorbemerkungen zu Vis V), die zur nachträglichen Verklammerung des Hirtenbuchs mit dem Visionenbuch notwendig waren. Inhaltlich sind sie nicht gelungen, denn es handelt sich in Mand und Sim nur sehr partiell um eine Wiederholung des schon „Gesehenen“ (allenfalls Sim VIII; IX), selbst wenn man es auf „die hauptsächlichen Dinge“ (κεφάλαια) reduziert. Sogar die Zielangabe für das Buch, der Befehl zur Katalogisierung der „Gebote und Gleichnisse“, der am Anfang des Hirtenbuchs sicher ursprünglich ist und auf die stete Verfügbarkeit und Erfüllung der Gebote aus ist, wird durch Einfügung des „zuerst (πρῶτον)“ angepaßt. Die Rede von einem „Rest“, der zunächst zurückgestellt und später „gezeigt“ und „aufgeschrieben“ werden wird, bezieht sich jedenfalls nicht auf schon Geschriebenes, sieht in diesem Kontext aber doch ebenfalls nach einer redaktionellen Notiz oder Erklärung aus und muß eine nach Abfassung eines Nachtrags erst eingefügte Bemerkung sein. Coleborne, Approach (1965), 599 sieht in dem Satz die Interpolation eines Späteren, der an dieser Stelle die Einschaltung von Sim VIII (nach Coleborne nicht Sim IX; s. Einleitung § 4) vorbereitet. Der Text bleibt rätselhaft.

6–7 Mit der Ausführung des Schreibbefehls[6] durch H ist die Entstehung des Hirtenbuchs erklärt (der Abschluß des Diktats der Mandata ist Mand XII 3,2 markiert). Der Text verläßt die visionäre Fiktion und geht zur Paränese über, die mit diesen Mitteln vorbereitet wurde. Es kommt darauf an, daß die Gemeinde die folgenden Mitteilungen des himmlischen Boten zu hören bekommt und sie auch durch entsprechende Lebensführung respektiert. Das Visionenbuch ermahnte im selben Stil, die Offenbarungen zum Anlaß der dringend nötigen Revision der Lebensführung zu nehmen. Die Wiederholung des Appells in negativer Diktion („nicht Buße tun“, „weiter sündigen“) gerät dabei zur Beschreibung des schlechten status quo der Gemeindemoral. – Und wie nebenbei nennt H den Hirten, der als Offenba-

[6] Peterson, 276f. mit A.25 zählt gegen den Text zu dem, was H aufschreibt, die κεφάλαια aus 5 hinzu, die er zum jüdischen „pirke“ = Kapitel rückübersetzt, während alles danach aussieht, daß mit dem Terminus eben die hauptsächlichen Teile oder Themen des Visionenbuchs gemeint sind (entsprechend lauten sämtliche Übersetzungen). Der Hinweis auf Dan 7,1 mit κεφαλή besagt nichts. – Cirillo, Conférences, 336 hält die κεφάλαια für die 12 Kapitel, aus denen die Moralregel der Mand bestehe.

rer figuriert und sich als Schutzengel vorstellte, am Schluß nun auch den Bußengel.

Die Gebote

Die zwölf Mandata (ἐντολαί) differieren nach Form, Inhalt und Umfang beträchtlich voneinander. Gemeinsam ist ihnen, daß sie mit ihrem paränetischen Inhalt die apokalyptische Szene des Rahmens (Vis V), die den Vorgang himmlischer Offenbarung unterstellt, nur oberflächlich aufgreifen. Blasse formale Elemente erinnern daran, so die Dialogpassagen in den Mand (mit Ausnahme von Mand I.II.XI) und die Einleitung zu dem in etlichen Hinsichten aus der Reihe fallenden Mand XI mit dem zum Visionsapparat gehörigen ἔδειξέ μοι (XI 1). Wie im Visionenbuch bleibt diese Szenerie rein äußerliche Staffage. Im übrigen dominiert klar die paränetische Rede im Stil der kirchlichen Unterweisung. Gemeinsam ist weiter die deutliche Rezeption ethischer Tradition, und zwar jüdischer Provenienz (vgl. Barnard, Hermas and Judaism, 4; Völter, Apostol. Väter, 236–263; vgl. Dibelius, Geschichte, 145f.). Die Begrifflichkeit „weist auf die hellenisierte jüdische Morallehre"; explizit Christliches enthalten die Mand „nur selten" (Köster, Einführung, 695) oder gar nicht. Ihre religiöse Vorstellungswelt ist belebt von Gott, Engeln und Geistern, Kräften und Trieben, Tugenden und Lastern, Angst und Trost, Moral und Sünde; jesuanische und paulinische Elemente spielen keine profilierende Rolle, kommen aber in Moralvorschriften punktuell mit vor. Eine inhaltliche Disposition liegt der Reihung der Gebote nicht zugrunde. Allerdings sind die Mand VI–VIII Erläuterungen und Weiterungen zu Mand I von der Hand des H. Und Mand V, IX und X gehören nach X 1,1 thematisch ebenfalls zusammen. Weitere wechselseitige Bezüge sind indes nicht erkennbar.[1] Wohl aber hat man den Eindruck, daß H mit einem Grundbestand von fünf Geboten (I–V) beginnt und daß es ursprünglich nur diese fünf Mandata gegeben hat (Peterson, 280 A.36), daß H sie aber zunächst, wie gesagt, um seine eigenen Erklärungen und Belehrungen zu I erweitert (VI–VIII) und dann in IX (Zweifel), X (Traurigkeit), XI (Prophetie/Zweifel) und XII (die beiden Triebe) um einige von ihm besonders geliebte Themen vermehrt hat. Thematisch setzt seine Handschrift deutlich mit VI ein.

Der Inhalt von Geboten ist moralischer Art. Mand I, der mit Abstand kürzeste Teiltext, ist aber von anderer (sc. theologischer) Qualität. Gegen den ersten Eindruck ist auch Mand XI ein Gebot, wenn auch unter Benutzung einer Anweisung zur Unterscheidung der Propheten. Insgesamt natürlich sollen sie als Teil des „Hirten" die konkreten Wege eines sündenfreien Lebens der Buße zeigen. Dazu sind sie von der einfachen Weisung bis zu

[1] Die von Cirillo, Conférences, 336f. beschriebene Symmetrie zwischen einzelnen Mand gibt es nicht.

ganzen Traktaten ausgearbeitet, in denen dialogartig durchdachte Belehrungen erfolgen. Ihr Gebrauchswert war für die frühe Kirche so groß und der moralisch-appellative Charakter so beliebt, daß man die Mand öfter als andere Teile des PH in der altchristlichen Literatur zitiert und ausgeschrieben findet (s. Einleitung § 9).

Ihre eigentümliche Vorstellungswelt von Tugend und Laster, bösem und gutem Geist, von moralischer Wahl und Verwirklichung im Menschen erkennt man gut an den eingestreuten Kurz-Parabeln, die H aus Küche und Keller wählt (vgl. Brox, Die kleinen Gleichnisse): Man muß sich den Menschen als ein Gefäß vorstellen, als Topf oder Krug, voll, übervoll oder (halb-) leer, und zwar gefüllt mit konträren, miteinander unverträglichen Essenzen, die bei Vermischung in einem einzigen Gefäß die Verderbnis und Wertlosigkeit des guten Inhalts bedeuten oder durch ein Zuwenig an (gutem) Inhalt auch den Rest verderben machen; wobei das Gefäß einfach durch sich (durch sein Tönen) seine (moralische) Leere beweist. Die Details sind mitunter kurios: V 1,5; 2,5; X 3,3c; XI 13d.15; XII 5,3. Diese Hausrat-Parabeln sind besonders kompakte Illustrationen des Kampfes, den der Mensch in sich austragen muß. Sie sind für das Denken der Mand so charakteristisch wie die anderen Bilder von Vertreibung, Verdunkelung, Erstickung und Beengung des guten Geistes (bzw. Verunreinigung seiner Wohnung) durch die bösen (V 1,2–4; X 2,5f.), vom Wohnungswechsel des guten Geistes (V 2,6), vom Hin- und Hergerissensein des Menschen (V 2,7b), vom Gehen auf dem geraden oder krummen Weg (VI 1,2–5), von den zwei Engeln beim Menschen (VI 2,1f.6–9), von zweierlei Glaube (VI), Angst (VII) und Enthaltsamkeit (VIII).

Die Mand setzen also, bei prinzipiell gleicher Thematik und Tendenz, doch andere Akzente als das Visionenbuch. Die Buße in ihrer zeitlichen Befristung sowie ihrer bedrängenden Unaufschiebbarkeit tritt hinter dem Faktum der Bußmöglichkeit als solcher und den Inhalten der (stark jüdisch skizzierten) Moral zurück. Die in allen entscheidenden Passagen des Visionenbuchs anwesende Kirche ist gegen den Hirten als Offenbarungsträger ausgewechselt, und innerhalb des nur blaß christlich profilierten, eher alttestamentlichen moralischen Monotheismus der Mand (vgl. Liébaert, 187) kommt sie nicht direkt vor. Die ethische Unterweisung ist in die Form direkter Belehrung gefaßt und verzichtet weitestgehend (s.o.) auf die visionäre, apokalyptische Szenerie des Visionenbuchs.

Erstes Gebot

Glaube, Gottesfurcht, Enthaltsamkeit (Mand I 1–2)

26 (I) 1 **„An erster Stelle glaube, daß es (nur) einen einzigen Gott gibt[2], der das All erschaffen[3] und ausgestattet hat und alles aus dem Nichtsein ins Dasein gerufen hat[4], der alles umfaßt, selbst aber als einziger unfaßbar ist.** 2 **Glaube ihm und fürchte ihn, lebe in dieser Furcht enthaltsam! Halte das ein, dann wirst du alle Schlechtigkeit von dir werfen, wirst jegliche Tugend der Gerechtigkeit annehmen und für Gott leben, wenn du dieses Gebot einhältst."**

1 Mand I ist das mit Abstand kürzeste und bündigste Gebot und setzt als einziges unvermittelt mit dem Imperativ ein; alle anderen sind durch „er sprach (zu mir)" bzw. „zeigte mir" (XI 1) eingeleitet. Die Formelhaftigkeit der Sprache springt ins Auge. H hat einen Text mit traditionellen Elementen hellenistisch-jüdischer Theologie an die Spitze gesetzt (die Tradition ist mit vielen Belegen nachgewiesen bei Dibelius, 497f.). Daß er dieses „erste Gebot" später (VI–VIII) ausführlich „kommentiert", beweist, daß er sich zunächst mit einem fertigen Kurztext begnügt hat (Giet, Hermas, 90 rechnet mit einer noch einfacheren Version aus dem zeitgenössischen Judentum, die vor oder von H zum jetzigen Mand I aufgefüllt worden ist). Mit ihm wird die Katene der Gebote konzentriert eröffnet. Es handelt sich nicht um ein ethisches Gebot, auch nicht um eine Glaubensregel im qualifizierten Sinn (über deren Vollständigkeit oder christliche Qualität zu streiten wäre)[5], sondern um eine Art Prolog (Liébaert, 199) zu den Mand. Die dogmatischen Aussagen über Gott (zum Monotheismus im PH s. Simonetti, Problema, 442–446) und Schöpfung stehen weniger für die einzelne Doktrin. Als homologische Basissätze mit biblischen Anklängen bereiten sie die moralischen Weisungen vor: Der Glaube hat seine Form in der veränderten Moral und Lebensweise. Als Priorität (πρῶτον πάντων) werden Monotheismus, Schöpfung und Gottes singuläre Majestät aufgezählt (unfaßbar – ἀχώρητος[6] – wird, nicht folgerichtig [Hilhorst, Sémitismes, 19], auch der „Name des Sohnes Gottes" in Sim IX 14,5 genannt). Mit diesen Aussagen sind die klassischen Symbola des frühen Christentums (zumal im Osten: H. Lietzmann, Geschichte der Alten Kirche 2, Berlin-Leipzig 1936, 108) eröffnet worden. Sie bedeuten die Abgrenzung gegen das Heidentum mit Hilfe der

---

2 Vgl. Jak 2,19.

3 Vgl. Eph 3,9.

4 Vgl. 2 Makk 7,28; Weish 1,14.

5 Origenes, *CoJoh* XXXII, 187–189 moniert zur Formel von Mand I zusätzlich den christologischen, den pneumatologischen und den eschatologischen Artikel (χρὴ bzw. δεῖ δὲ καὶ πιστεύειν...).

6 Zur Abweichung der lateinischen Übersetzungen: *qui nec verbis* (L^2) *(verbo:* L^1*) definiri nec mente concipi potest* sowie zur patristischen Deutung des Satzes Giet, Hermas, 87 A.1. Dibelius, 498: „auch diese Zusätze stammen aus dem Erbgut der Gottesprädikationen."

biblisch-jüdischen Grundaussagen (zu H s. auch Vis I 3,4[7]; Lietzmann, ebd. 108 verweist dafür auf Kol 1,16; Ps 146,6; Josephus Flavius, *c. Apion.* 2,121). Darum wurden gerade diese Zeilen des PH in der frühen Kirche häufig zitiert. Sie orientieren sowohl zur Lebensführung (wie hier) als auch gegen die Häresie (z.B. Irenäus, *haer.* IV 20,2;[8] *epideixis* 4 u.ö.; Origenes, *CoJoh* I, 103; XXXII, 187; *princ.* I 3,3; II 1,5; Athanasius, *incarn.* 3,1f.; die Zitate aus der patristischen Literatur bei Gebhardt-Harnack, 70; Funk, 468f.; Einleitung § 9) und in der Christologie (sc. bei den Arianern: Funk, 469 nach Athanasius). Jüdisch ist die Schöpfung aus dem Nichts wie 2 Makk 7,28 und Weish 1,14, aber auch das Insistieren auf der Furcht Gottes ohne das neutestamentliche Pendant der Liebe (wie Ps 111,10; Sir 40,26; Sim V 1,5; *TestRub* 4,1; *TestLevi* 13,1; vgl. Barnard, Hermas and Judaism, 8; Audet, Affinités, 44; Giet, Hermas, 89). – Der Nachweis, in I 1 liege der Eingang zur Zwei-Wege-Lehre zugrunde, ist bei Amstutz, 147–149 nicht gelungen.

2 Der hier nicht christlich (sc. christologisch) spezifizierte Glaube wird im weiteren nicht inhaltlich, sondern moralisch ausgelegt, und zwar im Sinn der Disposition für gutes Handeln (vgl. Liébaert, 200), wie auch die Gottesfurcht als grundlegend vorweggenommen und die Enthaltsamkeit eine Tugend derselben Priorität ist, da mit ihr (nicht Askese o.ä. [so auch Snyder, 63], sondern) die Entscheidung für das Gute gegen das Böse prinzipiell gemeint ist (s. VIII). Die Glieder dieser Trias folgen auseinander und sind als Einheit (ταῦτα; τὴν ἐντολὴν ταύτην) zusammengefaßt. Damit legt Mand I das Fundament für die sittliche Wende des Christen (Fuchs, 52f. etwas dramatisch: „Existenzabsprung"), m.a.W. es nennt die fundamentale Bedingung des „Lebens für Gott" („wenn du... einhältst"). „Leben für Gott (ζῆν τῷ θεῷ)" ist von Vis V bis Sim IX die stehende Formel des H für erlöstes Leben, und zwar in einem recht komplexen Sinn; zehn der Mand schließen mit ihr (anders nur V und XI). Die rein eschatologische Interpretation liegt (besonders auf VII 5 hin) nahe (z.B. Winter, 37; A. Baumeister, 23; Dibelius, 498f.; Funk, 470; Riddle, 574; Joly, 145 A.4), genügt aber offensichtlich nicht. Neben dem jenseitigen Leben ist oft der entsprechende Lebensstil schon jetzt gemeint, und zwar infolge der Taufe und Buße möglich geworden als Resultat von Glaube und Gebotserfüllung. Vgl. die detaillierte Bestandsaufnahme der unterschiedlichen Nuancen im Gebrauch der Formel bei Winter, 35–38; Barberet; Giet, Hermas, 269; Snyder, 63f., der mit Barberet, 389 die konkrete Realisierung des „Lebens für Gott" in der Zugehörigkeit zur Gemeinde sieht. Jedenfalls ist das „Leben für Gott" ohne deutliche Unter-

---

[7] Weiteres Material: Kelly, 83–87.

[8] A.Rousseau (ed.), Irénée de Lyon. Contre les hérésies livre IV (SC 100), Paris 1965, 249f. zeigt den hohen Rang, den dieser Text aus dem PH für Irenäus hatte. A.Rousseau – L.Doutreleau (ed.), Irénée de Lyon. Contre les hérésies livre I (SC 263), Paris 1979, 276f. schlagen (im Hinblick auf die antignostische Polemik des Irenäus) für ποιήσας... εἰς τὸ εἶναι die prononcierte Übersetzung vor: „qui a... fait de rien toutes choses *pour* qu'elles soient".

scheidung eine primär und überwiegend eschatologisch gebrauchte Formel, die entsprechende Merkmale eines Lebens in Glaube und Gehorsam gegen die Gebote, wie sie hier eingeschärft werden, durchaus mitenthält, ohne daß sie auf das von den Mand definierte „Sollen" des Menschen reduziert werden dürfte (wie bei Fuchs, 9). Daß dieses „Leben für Gott" das Resultat der Gebotserfüllung ohne christologische Vermittlung ist, muß als Signal jüdischer Frömmigkeit gelten (Barnard, Hermas and Judaism, 8f.). – Der Term Tugend (ἀρετή) ist im PH überraschend selten (Kraft, Clavis, 60). Die Wendung ἐνδύειν πᾶσαν ἀρετὴν δικαιοσύνης wiederholt sich wörtlich Sim VI 1,4 (vgl. Sim VIII 10,3).

Zweites Gebot

Lauterkeit (Mand II 1–7)

27 (II) 1 **Er sprach zu mir: „Sei lauter und ohne Falsch! Dann bist du wie die Kinder, die von der Bosheit nichts wissen, die das Leben der Menschen zugrunde richtet.** 2 **Verleumde vor allem niemanden[1] und hör auch nicht mit Vergnügen einem Verleumder zu; sonst bist du als Zuhörer an der Sünde des Verleumders beteiligt, wenn du der Verleumdung, der du zuhörst, Glauben schenkst. Wenn du ihr nämlich glaubst, bist du auch selbst gegen deinen Bruder eingestellt. Auf diese Weise bist du dann an der Sünde des Verleumders beteiligt.** 3 **Die Verleumdung ist schlimm, ein Dämon, der nie Ruhe gibt[2], niemals friedlich ist, sondern fortgesetzt in Streitereien lebt. Halt dich von ihm fern, dann wirst du immer mit allen in Frieden leben.** 4 **Mach die Ehrbarkeit zu deinem Kleid; an ihr ist kein böses Ärgernis, sondern alles Ausgeglichenheit und Freude. – Tu das Gute, und vom Ertrag deiner Arbeit, den Gott dir schenkt, gib allen Notleidenden vorbehaltlos mit[3], ohne einen Unterschied zu machen, wem du gibst und wem nicht. Gib allen! Denn Gott will, daß alle von dem mitbekommen, was ja seine Gaben sind[4].** 5 **Die etwas bekommen, müssen dann Gott Rechenschaft ablegen, warum sie etwas bekamen und wozu. Denn wer in der Not etwas bekam, wird nicht verurteilt; wer sich aber Hilfe erheuchelt hat, wird bestraft.** 6 **Den Geber trifft also keine Schuld. Er hat den Dienst vom Herrn zur Ausführung (aufgetragen) bekommen; vorbehaltlos hat er ihn ausgeführt, ohne einen Unterschied zu machen, wem er gibt und wem nicht. Dieser vorbehaltlos ausgeführte Dienst war rühmlich vor Gott. Wer so ohne Vorbehalte dient, wird für Gott leben. –** 7 **Halte also dieses Gebot, wie ich es dir gesagt habe, damit deine Buße und die deiner Familie sich als lauter erweist, als rein, ohne Falsch und makellos[5]."**

---

[1] Vgl. Jak 4,11; Weish 1,11.
[2] Vgl. Jak 1,8; 3,8.
[3] Vgl. Jak 1,5.
[4] Vgl. Did 1,5.
[5] Vgl. Jak 1,27.

1 Die Einleitungsformel „er sprach zu mir" stellt hier wie in den folgenden Mand die Verbindung zur Rahmenerzählung der Einleitungs-Vision Vis V her. In II 7 ist abschließend daran erinnert. Küchler, 570 zählt II 1 unter die „Kurzparänesen zu einzelnen Lastern", die dem „Bereich weisheitlicher Einsichtigkeit" angehören. Mit dem Stichwort ἁπλότης konkurrieren andere Begriffe im Text (ἄκακος, σεμνότης), aber in der fünffachen Wiederholung (meist als Adverb ἁπλῶς: II 4.6.7) bestätigt sich, daß in diesem Begriff das Thema des zweiten Gebots zu sehen ist. Der Begriff bedeutet Einfachheit i.S. von Redlichkeit, Geradlinigkeit und Lauterkeit. Die traditionelle Rede von dieser Tugend (s. Amstutz) erfährt im PH eine größere Dichte als anderswo (vgl. Kraft, Clavis, 50; Exkurs: Die Einfachheit)[6]. H hat generell eine deutliche Vorliebe für diese Art ethischer Ermahnung, in der zu kindlicher Unschuld, unzweideutiger Offenheit, schlichter Wahrhaftigkeit, lauterem Charakter und unzweifelhafter Grundhaltung aufgerufen wird. Wie ihm der Zweifel (διψυχία) als Zögern, Schwanken und zauderndes, unentschiedenes Überlegen widerwärtig ist, so alles, was im Menschen gespalten, zwiefach und eben nicht einfach (ἁπλοῦς) ist. Bezeichnend ist dafür der Vergleich[7] mit der Naivität der Kinder (auch Sim IX 24,3; 29,1 f.), die eben durch diese Grundhaltung immun sind gegen alles, was den Menschen um sein Leben bringt. **2** Und es ist offenbar eine Art Muster, daß H die Lauterkeit in zwei bestimmten Verhaltensweisen konkretisiert, die beide auf den Wortsinn von ἁπλότης zurückgehen und sich ganz ähnlich im *Testamentum des Issachar* über die ἁπλότης 3,3f. und 3,8 finden (vgl. *TestRub* 4,1; *TestSim* 4,5; *TestLevi* 13,1; *TestIss* 4,1.2.6; 5,1.8; 6,1; *TestAss* 2,1–4,5; *TestBen* 6,5–7; auch *äthHen* 91,4). Die erste ist eine Absage an die Verleumdung (vgl. Jak 4,11). Zum „einfachen", lauteren Christen paßt gerade die Verleumdung mit ihren Folgen nicht. Gemeinsame Sache machen mit einem Verleumder und dem verleumderischen Gerede Glauben schenken macht auch nach Palladius, *Hist. Laus.* 33 mitschuldig. – Die Verleumdung erzeugt nämlich das schlechte Vorurteil gegen den anderen, das die lautere Begegnung und Eintracht mit ihm unmöglich macht. **3** Sie reißt Gräben gegenseitiger Ablehnung auf, produziert Unfrieden, Zwist und Zwietracht in der Gemeinde (zu ἀκατάστατον δαιμόνιον vgl. Jak 1,8; 3,8), was alles das Gegenteil der Lauterkeit als Einfachheit ist[8] und die Unheimlichkeit bzw.

[6] Tanner, 18–22 bietet (wie für V 2,6; VI 1,2f.) eine Rekonstruktion des von ihm unterstellten lateinischen Originals von Mand II (der Beginn: „*Dixit mihi: Liberalitatem habe, et sine fraude esto*"), um den Text von Vorlagen aus der lateinischen Literatur her (z. B. als Reminiszenz aus Horaz) zu erklären. Glücklicherweise bezeichnet er das als experimentelles Unternehmen mit Elementen eines linguistischen „tour de force" (ebd. 22). Kritik durch Hilhorst, Sémitismes, 7f.

[7] Hilhorst, Sémitismes, 135 identifiziert das komparative ὡς in der bibelgriechischen Wendung εἶναι ὡς als Semitismus (wie Mand IX 3; Sim IX 29,1.3).

[8] Hilhorst, Sémitismes, 101f. erklärt εὐθηνία mit soziativem μετά als bibelgriechische Besonderheit.

Heillosigkeit des Dämonischen an sich hat.[9] H imponiert in seiner Ernsthaftigkeit, Empfindsamkeit und Ausführlichkeit, mit der er solchen alltäglichen Fehlern in ihren destruktiven Auswirkungen alle Aufmerksamkeit zuwendet und gravierende Schuld gerade in denjenigen Sünden erblickt, die das menschliche Zusammenleben beschädigen oder vernichten wie die Verleumdung (allerdings ist die Verleumdung in jüdischer und frühchristlicher Literatur generell sehr häufig als schlimme Sünde traktiert: Dibelius, 499f.; Snyder, 65). **4** Daher kontrastiert er die Verleumdung mit der „Ehrbarkeit" (σεμνότης auch Vis III 9,1 mit ἁπλότης und ἀκακία genannt), für die es im Deutschen kein wirkliches Äquivalent gibt (Amstutz, 151: „Inzuchtnahme der Impulse"), die aber jedenfalls wieder das Klima von Lauterkeit, Redlichkeit und „,Integrität' des Herzens" (Amstutz, 157) erzeugt oder verstärkt. Die beiden Adjektive ὁμαλά (eben) und ἱλαρά (heiter), hier übersetzt mit „Ausgeglichenheit und Freude", liebt H für positive Qualifizierungen verschiedenster Art, aber immer mit soteriologischer Reichweite (s. Exkurs: Die Ebene; Kommentar zu Vis I 4,3). – Es folgt als zweite Konkretion der Lauterkeit das schlichte, einfache Geben (zur Debatte um die Relation von II 4–6 zu *Did* 1,3b–2,1 s. Niederwimmer, 98f.: Abhängigkeit der *Didache* außer von Mt, Lk und Sir auch vom PH ist denkbar, aber nicht zwingend; Köster, Synoptische Überlieferung, 230: Der PH kommt als Quelle für die *Didache* aus chronologischen Gründen nicht in Frage, weil die *sectio evangelica Did* 1,3b–2,1 nicht spätere, sondern frühe Interpolation ist; vgl. Wengst, 19 mit A.66). Zwei Aspekte der frühchristlichen Almosenidee (Belege bei Dibelius, 500f.) sind daran wichtig: Was man (vom Ertrag der Arbeit) hergibt, hat Gott geschenkt;[10] und der Geber darf keine Unterschiede darin machen, wem er gibt. Gott will keine Armen. **5** Das Risiko der vergeudeten Hilfeleistung an nicht Bedürftige[11] liegt ausschließlich beim Empfänger, den Gott zur Rechenschaft ziehen wird. **6** Des Gebers Sorge soll es nicht sein, ob er dem Richtigen hilft, sondern daß er allen hilft, und dies vorbehaltlos oder lauter (ἁπλῶς) i.S. von „geradlinig" und unterschiedslos (vgl. II 1.2; Exkurs: Die Einfachheit). H wiederholt mehrfach, daß es um die geradlinige Erfüllung dieses Gebotes (διακονία in der Bedeutung von ἐντολή oder ἔργον auch Sim I 9; II 7; IX 27,2) geht. Einen Grund für Zögern, Zweifel und Unterscheiden gibt es nicht. Das ist allerdings nicht so formalistisch als Gebotserfüllung gemeint, daß man mit Dibelius, 500 sagen könnte, es gehe um ein „Frömmigkeitsgebot" im Gegensatz zum

[9] H personifiziert Tugenden und Laster. Im Fall der Dämonologie scheint er jüdische Vorstellungen zu benutzen (Joly, 146f.). Vgl. das Material bei Funk, 470f.; Gebhardt-Harnack, 73.

[10] H problematisiert an dieser Stelle den Reichtum nicht, während dieser den Menschen sonst unbrauchbar macht für Gott (Vis III 6,5–7). Als Möglichkeit der Hilfeleistung freilich ist Besitz frühchristlich immer legitimiert worden (vgl. M. Wacht, Güterlehre, RAC 13, 1986, 111f.; s. Exkurs: Die Ethik).

[11] Das im PH 27mal belegte διατί (statt des von ihm nie gebrauchten ἱνατί wie im Paralleltext *Did* 1,5) zeigt eventuell die Handschrift des H (Hilhorst, Sémitismes, 31).

„Gebot sozialer Hilfeleistung" (auch Weinel, HNTA, 302: „Rein religiös, nicht sozial gedacht"). Der soziale Duktus der Ethik im PH ist hier und in anderen Texten zu deutlich (s. Exkurs: Die Ethik).

H läßt nicht erkennen, ob er die totale Unterschiedslosigkeit auf die christliche Gemeinde oder auf alle Menschen bezieht. Angesichts der breiten Tradition des Gedankens vom unterschiedslosen Geben (Taylor, Traces) dürfte das letztere zutreffen. Dann entsteht das Problem der Beziehung zwischen Mand II 4–6 und *Did* 1,5. Nach Zahn, Forschungen III, 316–319 hat der Verfasser von *Did* 1,5f. die Passage Mand II 4–6 gelesen. Stahl, 278–285 hielt umgekehrt Mand II für eine wörtliche Bezugnahme des H „auf die Abschwächung eines Herrengebotes[12] in Did. I,5, deren theoretischen Grundsatz er auch in Par. [= Sim] III und IV widerlegt". Niederwimmer, 108f. spricht nach genauem Vergleich vorsichtigerweise nur von Übereinstimmung, nicht von Abhängigkeit. Dabei sieht er die *Didache*-Version durch Rahmung verchristlicht, so daß der jüdische Stil der Sentenz im PH dafür spricht, daß dieser traditionsgeschichtlich die ältere Form bewahrt hat (vgl. auch ebd. 78). Die plausibelste Erklärung ist die, daß in beiden Fällen dieselbe Quelle oder Tradition in unterschiedlichem Interesse aufgegriffen wurde: Der Didachist wollte mit seiner Erklärung der Armenhilfe primär dem schon erlebten Mißbrauch dieser sozialen Einrichtung der Gemeinde gegensteuern, während H vom Mißbrauch zwar auch weiß, aber auf die Einschärfung der sozialen Pflicht als wesentlich christlicher Forderung aus ist (so auch Giet, Hermas, 90–96). *Did* 4,5–8; *Barn* 19,11 stimmen dagegen mit Mand II überein.[13] Sollte doch direkte literarische Abhängigkeit bestehen, dann kommt Mand II gegenüber *Did* 1,5 die Priorität zu (siehe Völter, Apostol. Väter, 237–239 mit der älteren Diskussion). – Der gnomische Ratschlag *Did* 1,6 demonstriert (unverträglich mit *Did* 1,5), was H seinen Lesern mit der Forderung, ohne Rücksicht auf die Person unkompliziert und geradlinig zu geben, zumutete, während anderweitig große Reserve beim Geben empfohlen wurde: „Schwitzen soll das Almosen in deinen Händen, bis du weißt, wem du es geben sollst" (vgl. auch Peterson, 147f.; Niederwimmer, 111–114).

Niemanden verleumden, allen in Einfachheit mitgeben, das ist die Verwirklichung der Lauterkeit, die nicht Vorurteile, Unfriede und Vorbehalte kennt. Dieselbe Formierung der Motive und dieselbe Diktion liegt Sim IX 24,1–3 vor: Die lauteren Christen ohne Falsch (ἁπλοὶ καὶ ἄκακοι) haben nichts gegeneinander; statt sich gegenseitig zu verleumden, freuen sie sich aneinander („an den Dienern Gottes"), sind mitfühlend mit jedem Menschen und geben jedem ohne Vorbehalt und ohne Zögern mit. Die gemeinte Einfachheit als Lauterkeit der Christen hat Frieden mit allen und Hilfe für

[12] Nämlich Lk 6,30.

[13] Vgl. die Auslegung von *Did* 4,5–8 bei Niederwimmer, 138–141. Die zweierlei Rede in der *Didache* wird sich aus der Tatsache erklären, daß *Did* 1,3b–2,1 eine Interpolation ist (zuletzt Wengst, 18–20; Niederwimmer, 93–98).

alle zur Folge. Dies ist für H ein fester Zusammenhang (vgl. auch Sim IX 31,4). – Giet, Hermas, 195 erklärt Mand II ohne weitere Erläuterung zu einer literarischen Komposition; der Eindruck von Komplexität, den der Text macht, rührt aber eher aus der eigentümlichen Verbindung ethischer Motive, die H hier vorgenommen hat.

7 Der abschließende Appell, der natürlich nicht nur dem H gilt, setzt (wie auch Mand V 1,7; XII 3,6; Sim V 3,9) die gelegentliche Einbeziehung der Familie des H im Visionenbuch (Vis I 1,9; 3,1; II 2,2f.; 3,1; 4,3 u.a.) fort. Alle diese Stellen haben dieselbe Funktion, exemplarische Skizzen des sündigen und bußbereiten Menschen zu zeichnen (vgl. Einleitung § 5). Die maßgeblichen Stichworte aus Mand II sind jetzt Attribute der Buße, auf die sie von ihrem Inhalt her (lauter, ohne Falsch) besonders gut applikabel waren. Das Perfekt λελάληκα scheint die Nuance der definitiven Verbindlichkeit der Gebote vom Augenblick ihrer Erlassung an zu bedeuten (Hilhorst, Sémitismes, 59). – Mand II schließt, ohne eine dezidiert christliche Version zu erfahren. Die „Gedanken- und Wortverwandtschaft, nicht Abhängigkeit" gegenüber dem Jak (Weinel, HNTA, 302) weist ins jüdische Milieu.

Drittes Gebot

Wahrheit (Mand III 1–5)

28 (III) 1 **Weiter sprach er zu mir: „Liebe die Wahrheit! Nur Wahrheit soll aus deinem Mund kommen, damit der Geist, den Gott in diesem Leib wohnen ließ[1], sich vor allen Menschen als wahrhaftig erweist, und so wird der Herr verherrlicht, der in dir wohnt. Denn der Herr ist in jedem Wort wahrhaftig, und Lüge gibt es bei ihm nicht[2].** 2 **Menschen, die lügen, sagen sich also von Gott los und werden dem Herrn gegenüber zu Räubern, weil sie ihm das anvertraute Gut nicht zurückgeben, das sie erhalten hatten[3]. Erhalten hatten sie von ihm nämlich einen Geist, der von Lüge frei war. Wenn sie ihn im Zustand der Verlogenheit zurückgeben, haben sie das Gebot des Herrn besudelt und sind zu Räubern geworden."** 3 **Als ich das hörte, mußte ich bitterlich weinen. Als er mich weinen sah, sagte er: „Warum weinst du?" „Weil ich nicht weiß, Herr", sprach ich, „ob ich gerettet werden kann." „Wieso?" sagte er. „Herr", sprach ich, „in meinem Leben habe ich ja noch kein wahres Wort gesagt, sondern allezeit ein unehrliches Leben unter den Menschen geführt, und meine Lüge habe ich vor allen Menschen als Wahrheit ausgegeben. Und niemals hat mir einer widersprochen, sondern man glaubte meinem Wort. Wie, Herr", sagte ich, „kann ich das Leben gewinnen, da ich das getan habe?"** 4 **Er sprach: „Deine Überlegungen sind richtig und treffen die**

1 Vgl. Jak 4,5.
2 Vgl. 1 Joh 2,27.
3 Vgl. 2 Tim 1,14.

Wahrheit. Als Diener Gottes hättest du tatsächlich in Wahrhaftigkeit leben müssen; es hätte nicht ein böses Bewußtsein mit dem Geist der Wahrheit[4] zusammenwohnen und dem reinen, wahrhaftigen Geist Trauer bereiten dürfen." Ich sprach: „Herr, (noch) niemals habe ich über solche Dinge eine klare Auskunft bekommen." 5 **„Aber jetzt bekommst du sie", sprach er. „Halte sie ein, damit aufgrund dessen, daß sich dein jetziges Reden als wahrhaftig herausstellt, auch deine Lügenreden, die du früher bei deinen Geschäften geführt hast, glaubhaft werden. Denn das ist möglich, daß auch sie glaubhaft werden. Wenn du das einhältst und von heute an nur noch die Wahrheit sprichst, kannst du dir das Leben noch erwirken. – Wer dieses Gebot hört und von der grundschlechten Lüge abläßt, wird für Gott leben."**

1 Das dritte Gebot moniert, wieder mit Einleitung und Imperativ, die Tugend der Wahrheit als Wahrhaftigkeit (vgl. Eph 4,25; *1 Klem* 35,2; *Did* 5,2; *Barn* 20,2; Mand VIII 9; XII 3,1; Sim IX 15,2; aber schon jüdisch *TestRub* 3,9; *TestDan* 2,1; ferner Bousset, Religion, 419f.). Sie hat offenbar eine Art Sitz im „Geist" (πνεῦμα) des Menschen, der hier nach mehrheitlicher Auffassung im anthropologischen Sinn die unschuldig geschaffene Seele des Menschen oder „sein gutes Ich", „der von Gott geschenkte gute Geist im Menschen" (Dibelius-Greeven, 267f.)[5] ist, und zwar im Sinn von anvertrautem Gut[6], mit dem die Treue auf die Probe gestellt ist (III 2). Es ist indes schwierig zu sagen, ob die Rede vom Geist und seinem Wohnen im Menschen hier die öfter wiederholte Anschauung wie Mand V 2–3 vom (aktuellen, eventuell bloß vorübergehenden) Einwohnen „heiligen Geistes" als Kraft des Guten im Menschen meint oder doch abweichend davon (und dann singulär) den angedeuteten anthropologischen Sinn hat. Für das Letztere spricht stark das Verb κατοικίζειν in Verbindung mit σάρξ und Gott als Subjekt (Gott läßt den Geist im Fleisch wohnen), wie das außer in diesem Text auch X 2,6 und in der christologischen Diktion von Sim V 6,5 begegnet, so daß an beiden Stellen – einmal anthropologisch, einmal christologisch – mit dem Geist etwas Wesenskonstitutives gemeint ist, in III 1 also Seele oder Ich des Menschen (s.o.). Dazu paßt, daß der Mensch diesen Geist in den Zustand der Verlogenheit (ψευδές) bringen und „besudeln" kann. Aber diese Beurteilung ist andererseits stark in Frage gestellt durch die Diktion von Mand X 2,6, wo es ganz im Rahmen der Lehre von den zwei den Menschen bewohnenden Geistern vom guten Geist (Mand X 2,5) vergleichbar mit Mand III 1 und Sim V 6,5 heißt: „der Geist Gottes, der (dir) in den Leib gegeben ist (τὸ πνεῦμα τοῦ θεοῦ τὸ δοθὲν εἰς τὴν σάρκα ταύτην)". Und zusätzlich verstärkt Sim V 7,1 („bewahre deinen Leib..., damit der Geist, der in ihm wohnt...") die Vermutung, daß die getroffene Unterschei-

[4] Vgl. Joh 14,17; 15,26; 16,13.

[5] Weinel, HNTA, 302: „der heilige Geist, der nicht ganz scharf von dem ‚Geiste', dem Innenleben des Menschen unterschieden wird."

[6] Christliche Belege des relativ seltenen Terminus παρακαταθήκη (III 2) bei Gebhardt-Harnack, 75.

dung doch nicht zutreffend ist. Mand III 1 scheint keine Besonderheit darzustellen, sondern in das übrige Bild vom Wohnen der Geister etc. zu gehören und H hier und dort doch dasselbe zu meinen. Der Zusammenhang schließt eine pneumatologische Deutung aus (gegen Hörmann, Leben, 223.242.247), womit auch die Behauptung fällt, hier sei der göttliche Geist κύριος genannt und so mit Gott gleichgestellt, der unmittelbar danach (III 2) und oft ebenfalls „Herr" genannt wird (Adam, Lehre [1906], 55). Die Rede des PH vom „Wohnen" des (oder: eines) Geistes in einem Fleisch (Mensch) ist recht komplex und mehrdeutig (s. Exkurs: Das Bild vom „Wohnen").

Die Wahrhaftigkeit des hier gemeinten Geistes ist für andere Menschen als solche bemerkbar, sie äußert sich. Daß Gott den Geist im Menschen wohnen machte (sc. mit der Schöpfung; anders Joly, 149 A.3: ein „Geist" nur für Christen), liest man wörtlich auch Jak 4,5 (dazu F. Mußner, Der Jakobusbrief, Freiburg u. a. 1975[3], 181 f.; Dibelius-Greeven, 266–268). Daß er ihn „in diesem Fleisch" wohnen ließ, steht im gleichen Sinn auch X 2,6; gemeint ist: im hier angesprochenen Menschen. Wahrhaftigkeit bedeutet die positive Optik des Christen „vor allen Menschen", besonders aber ist sie Harmonie oder Übereinstimmung mit Gott, von dem es ebenfalls heißt, daß er im Menschen „wohnt". Der Mensch ohne Lüge nimmt Gottes Merkmale an.
2 H erläutert die schlichtesten Dinge durch Dramatisierung und Variation: Wer lügt, trennt sich von Gott und nimmt Gott, was ihm zusteht (und worüber Gott „eifersüchtig" wacht: Jak 4,5; vgl. F. Schnider, Der Jakobusbrief, Regensburg 1987, 101), nämlich den lügenfrei geschaffenen Geist. Der Terminus παραθήκη ist frühchristlich nur in den Pastoralbriefen (1 Tim 6,20; 2 Tim 1,12.14) und hier gebraucht, wobei H den Attizismus παρακαταθήκη wählt „in bezug auf das den Menschen von Gott übergebene πνεῦμα ἄψευστον" (M. Wolter, Die Pastoralbriefe als Paulustradition, Göttingen 1988, 115 mit A.4). Das Bild vom einwohnenden Geist (s. Exkurs: Das Bild vom „Wohnen") stellt den Menschen sich selbst gegenüber: Er muß seinen Geist, d. h. sich selbst Gott in der Unschuld (Lügenfreiheit) zurückgeben, in der er begonnen hat (vgl. Sim IX 32,2c und das typisch triviale Gleichnis dafür Sim IX 32,3–4). Dieselbe (also jüdische) Vorstellung auch im *Test Napht* (hebr.) 10,9: „Heil dem, der nicht besudelt Gottes heiligen Geist, den er ihm eingehaucht. Heil ihm, wenn er ihn seinem Schöpfer so rein zurückgibt, wie er an dem Tag war, an dem er ihm anvertraut wurde" (vgl. Rießler, 1221 f.; Deemter, 102; Völter, Apostol. Väter, 239 f. mit weiteren Indizien für „die durchaus jüdische Färbung" des Mand III). Jede Sünde, die H bespricht (hier: die Lüge), bedeutet die totale Heilsbedrohung des Menschen (hier: sich lossagen, Gott berauben).

3 In die Mitteilung der Gebote wird ein Dialog eingeschoben, der der Erklärung dient. H ist hier (wie IV 2,1.3) derjenige Typ des Sünders, der die Disposition zur Rettung mitbringt. Er reagiert auf die Einschärfung des dritten Gebots mustergültig bzw. exemplarisch: Er beklagt seine Bedrohung (Heilsungewißheit), sieht sein Leben realistisch in dessen ganzer Verlogenheit (zur richtigen Lesart ἔζησα LLE statt ἐλάλησα G siehe Hilhorst, Sémitismes, 97 A.1)[7] und verzweifelt an der Aussichtslosigkeit. Das also ist die Pointe, und die Deutung wie auch der Bezug dieses Bekenntnisses der Lüge auf die autobiographische Information von Vis I 1,1 bei Leutzsch, 20–22 sind zu umständlich und zu kompliziert und m. E. irreführend.

4 In diesem Zustand will der Offenbarer und Bußengel den Menschen sehen, weil er so buß- und besserungsbereit ist. Er hat die Pflicht des Christseins („Diener Gottes“) verletzt. Und das wird als Konkurrenzkampf beschrieben: Ein „böses Bewußtsein“ macht dem „Geist der Wahrheit“[8] den Wohnraum im Menschen streitig bzw. bereitet ihm „Trauer“ (s. Mand V). Diese Konkurrenz um Raum im Menschen und die „Trauer“ des Geistes im Menschen ist als Bild noch massiver V 2,5; X 2,6; 3,2 gebraucht. Der „Geist“ im Menschen steht dort jeweils dualistisch einem oder mehreren schlechten Geistern gegenüber, die die Allegorien für Laster oder Sünden sind. Im vorliegenden Text bleibt es bei einem einzigen ursprünglich guten, dann aber möglicherweise (moralisch) schlechten Geist. Ebenso gut wie „als unbewußter Rest einer Vorstellung von mehreren guten Geistern“ (Dibelius, 503) und statt als Vorwegnahme der Lehre von den zwei Geistern (Snyder, 66; Seitz, Two Spirits, 86f.) läßt sich diese Vorstellung als davon unabhängige, schlichtere Anschauung bewerten (συνείδησις ist nicht πνεῦμα). Völter, Apostol. Väter, 239f. begnügt sich mit entsprechender Charakteristik. – Schließlich bestätigt H, daß ihm die Klarheit dieser Belehrungen neu ist („niemals habe ich... eine klare Auskunft bekommen“). Die Selbstverständlichkeiten moralischer Belehrung, die in dieser letztlich naiven Manier wichtig gemacht werden, bekunden, wie eindeutig die Dialogszene gestellt ist. Dibelius, 503 und Weinel, HNTA, 302 meinen, das Neue sei die Anwendung des Wahrheitsgebotes auf das Geschäftsleben, die zur Zeit des H der jüdischen Paränese entnommen wurde, weil die Christen jetzt allmählich in dieses Leben hineinwuchsen. Aber waren sie denn je berufslos? Die Neuheit ist auf die soeben bildhaft demonstrierte Ausschließlichkeit von Lüge und Wahrheit zu beziehen. H hatte das in dieser alternativen Klarheit noch nicht begriffen (so auch Lake, 75). Oder man hat darin ganz schlicht den Dank des H für eindeutige Handlungsanweisungen vor sich wie auch IV 3,7. Gebhardt-Harnack, 77 verzichten auf eine Erklärung des dunklen Satzes.

5 Immer wieder heißt es auf solche Reaktionen hin, daß die Kunde nur

[7] Philologisches zu den auffälligen Wendungen ἐπιστεύθη τῷ λόγῳ μου (Gebhardt-Harnack, 77 z. St.: „Exspectas: ὁ λόγος“) und οὐδέποτέ μοι οὐδεὶς ἀντεῖπεν: Hilhorst, Sémitismes, 124.184.

[8] Von Hilhorst, Sémitismes, 112 als „hebräischer Genitiv“ eingeordnet, der der Bedeutung nach dem Adjektiv (τὸ πνεῦμα τὸ ἀληθές) entspricht.

dann Nutzen bringt, wenn der Mensch sich ändert und die Forderungen erfüllt. Noch hat er jeweils die Chance, sich das Leben „zu erwirken" und die Sünde – hier ist es die Lüge – zu lassen. – Die ständigen Lügen, zu denen H sich oben in III 3 bekannt hat, sind also auf seine bisherigen Geschäfts- und Berufspraktiken zu beziehen. Von daher wird die moralische Disqualifikation der oft genannten und regelmäßig negativ apostrophierten (s. Kraft, Clavis, 375) „Geschäfte (πραγματεῖαι)" des H als πονηραί (Vis II 3,1) zu erklären sein. Der Sinn des Textes kann nicht die „befremdliche Verheißung" (Dibelius, 503) sein, die er zwar suggeriert: daß nämlich H durch seine „von heute an" gelebte Wahrhaftigkeit sich jetzt das entsprechende Renommee verschafft, mit dem er das Bild des Lügners oder Betrügers aus der Vergangenheit verwischt (Joly, 151.429; Kritik von Giet, Hermas, 197f. mit einem sehr künstlichen Gegenvorschlag) oder – noch wörtlicher – die früheren Lügen nachträglich glaubhaft macht, also verwandelt oder (durch jetzige Buße: Dibelius, 503f.) entkräftet oder daß er „durch das gute Werk der Wahrheitsrede" die Lügen nachträglich kompensiert (Weinel, HNTA, 302). Dazu nimmt H die vergangenen Sünden zu ernst; solche Rehabilitation der Sünde paßt nicht in seine Moral. Die richtige Deutung scheint zu sein, daß in dem Augenblick, da dieses dritte Gebot „Liebe die Wahrheit!" eingehalten wird, auch das Reden (und Handeln) im Geschäftsbetrieb, das sonst bzw. früher immer betrügerisch war, aufrichtig ist (Lake, 77 versteht das dahin, daß H falsche Angaben, z.B. unehrliche Zusagen, im Geschäft nachträglich in Ordnung bringt). – H zeigt die Möglichkeit sofortiger Buße im Milieu des Alltäglichen auf. Die Terminsetzung ἀπὸ τοῦ νῦν ist mit Dibelius, 504 mit derjenigen von Vis II 2,5 gleichzusetzen. Der Zeitpunkt der notwendigen Buße als Umkehr und Lebenskorrektur ist der Augenblick, in dem ihn die Kunde von der Buße erreicht.

Viertes Gebot

Sexual- und Ehemoral. Bußmöglichkeit und Bußfrist (Mand IV 1,1–4,4)

29 (IV 1) 1 **Er sprach: „Ich schärfe dir ein, die Keuschheit zu beobachten. Der Wunsch nach einer fremden Frau, nach einer Unzüchtigkeit oder ähnlichem bösen Treiben darf in deinem Herzen nicht aufkommen. Sonst begehst du eine schwere Sünde. Denke immer nur an deine eigene Frau, dann wirst du niemals in eine Sünde verfallen.** 2 **Denn wenn das Verlangen danach in deinem Herzen aufsteigt, dann sündigst du, und wenn es andere gleich böse Dinge sind, dann begehst du eine Sünde. Denn das Verlangen danach bedeutet für einen Diener Gottes schwere Sünde. Wer aber eine solche böse Tat ausführt, verursacht damit seinen Tod.** 3 **Sieh also zu, daß du dich von diesem Verlangen freihältst. Denn wo Heiligkeit wohnt, da darf Sünde im Herzen eines gerechten Mannes nicht aufsteigen."**

4 **Ich sprach zu ihm: „Herr, erlaube mir ein paar Fragen." „Sprich nur",
sagte er. Ich sagte: „Herr, wenn einer eine gläubige Frau hat und sie beim
Ehebruch antrifft, sündigt dieser Mann, wenn er weiter mit ihr zusammenlebt?"** 5 **Er antwortete: „Solange er nichts davon weiß, sündigt er nicht.
Wenn der Mann aber von ihrer Sünde erfährt und die Frau nicht Buße tut,
sondern in ihrem ehebrecherischen Verhältnis verbleibt und der Mann weiter
mit ihr zusammenlebt, dann ist er an ihrer Sünde mitschuldig und an ihrem
Ehebruch mitbeteiligt."** 6 **Ich sagte: „Was soll der Mann aber machen,
Herr, wenn seine Frau bei ihrer Leidenschaft bleibt?" Er antwortete: „Dann
muß er sie entlassen, und der Mann muß allein bleiben. Sollte er nach der
Entlassung seiner Frau eine andere heiraten, so begeht er selber Ehebruch**[1]**."**
7 **Ich sagte: „Herr, wenn die Frau nach ihrer Entlassung Buße tut und zu
ihrem Mann zurückkehren will, muß sie dann nicht aufgenommen werden?"**
8 **„Aber sicher!" sagte er. „Wenn der Mann sie nicht aufnimmt, dann versündigt er sich und lädt sich eine schwere Sünde auf. Man muß den Sünder
aufnehmen, der Buße tut; allerdings nicht mehrmals, denn für die Diener
Gottes gibt es (nur) eine einzige Bußmöglichkeit. Wegen der Möglichkeit der
Buße kann der Mann also nicht (wieder) heiraten. Dieses Verfahren gilt für
die Frau wie für den Mann."**

9 **„Ehebruch", sagte er, „liegt nicht nur dann vor, wenn einer seinen Leib
befleckt, sondern auch der ist ein Ehebrecher, der so lebt wie die Heiden.
Wenn darum einer bei solchem Lebensstil bleibt und nicht Buße tut, dann
mußt du dich von ihm absetzen und darfst nicht mit ihm zusammenleben.
Andernfalls bist du an seiner Sünde beteiligt."**

10 **„Darum gilt die Vorschrift, daß ihr allein bleiben müßt, ob Mann oder
Frau. Denn es kann ja in solchen Fällen sein, daß der andere Buße tut."**
11 **Dann sagte er: „Nun will ich damit nicht die Anregung gegeben haben,
daß man (den Ehebruch) so praktizieren soll, sondern (es geht darum) daß,
wer gesündigt hat, nicht weiter sündigt. Was die frühere Sünde betrifft, so
gibt es den, der Macht hat, Heilung zu schenken. Er ist es ja, der über alles
Gewalt hat."**

30 (IV 2) 1 **Ich befragte ihn weiter und sagte: „Da schon der Herr mich
für wert gehalten hat, daß du ständig bei mir wohnst, so ertrage noch einige
Worte von mir, da ich rein gar nichts begreife; mein Herz ist nämlich durch
meine frühere Lebensweise abgestumpft**[2]**. Mach mich verständig, weil ich
völlig töricht bin und überhaupt nichts verstehe."** 2 **Er antwortete mir:
„Ich bin für die Buße zuständig und schenke all denen Einsicht, die Buße tun.
Oder meinst du nicht", sagte er, „daß gerade das Bußetun selbst Einsicht
bedeutet? Das Bußetun", sagte er, „bedeutet tiefe Einsicht. Der Sünder sieht
nämlich ein, daß er Böses getan hat vor dem Herrn**[3]**, und in seinem Herzen
steigt auf, was er getan hat. Er tut Buße und tut nun nicht mehr das Böse,
sondern er tut mit allem Nachdruck das Gute. Er erniedrigt und quält sich,
weil er gesündigt hat. – Da siehst du, daß die Buße tiefe Einsicht bedeutet."**
3 **Ich sagte: „Herr, darum erkundige ich mich bei dir ja so genau nach allem,
vor allem weil ich ein Sünder bin, damit ich weiß, welche Werke ich tun muß,**

[1] Vgl. Mk 10,11 par.

[2] Vgl. Mk 6,52; 8,17.

[3] Vgl. Ri 2,11; 3,12; 4,1; 10,6; 13,1; 1 Sam 15,19; 1 Kön 14,22 u.a.

um das Leben zu erlangen, denn meine Sünden sind zahlreich und vielfältig." 4 **Er sagte: „Du wirst das Leben erlangen, wenn du meine Gebote einhältst und nach ihnen lebst. Jeder, der diese Gebote hört und einhält, wird für Gott leben."**

31 (IV 3) 1 **Ich sprach: „Herr, ich möchte noch weiterfragen." „Sprich nur", sagte er. Ich sagte: „Von einigen Lehrern habe ich gehört, Herr, daß es keine andere Buße gibt als die, da wir ins Wasser hinabgestiegen sind und die Vergebung unserer früheren Sünden erlangt haben."** 2 **Er sprach zu mir: „Da hast du recht gehört. So ist es tatsächlich. Wer nämlich die Sündenvergebung erlangt hatte, der hätte nicht mehr sündigen dürfen, sondern sollte in Reinheit leben. –** 3 **Wenn du aber schon alles so genau fragst, dann will ich dir auch folgendes kundtun, ohne damit denen, die künftig zum Glauben kommen werden, oder denen, die jetzt gerade zum Glauben an den Herrn gekommen sind, einen Vorwand (zum Sündigen nach der Taufe) zu geben, denn die jetzt zum Glauben gekommen sind oder in Zukunft zum Glauben kommen, haben keine Bußmöglichkeit für ihre Sünden (nach der Taufe), aber sie haben Vergebung ihrer früheren Sünden.** 4 **Denen also, die schon seit längerer Zeit berufen sind, hat der Herr eine Bußmöglichkeit angesetzt. Denn weil er die Herzen kennt[4] und alles vorherweiß, wußte der Herr um die Schwachheit der Menschen und um die Verschlagenheit des Teufels, daß er den Dienern Gottes Schlimmes antut und Böses zufügt.** 5 **In seinem großen Erbarmen hat sich der Herr darum über sein Geschöpf erbarmt und diese (Möglichkeit zur) Buße angesetzt, und mir wurde die Durchführung dieser Buße übertragen.** 6 **Aber ich sage dir", sprach er, „wenn einer nach jener großen und erhabenen Berufung vom Teufel versucht wird und sündigt, dann hat er eine einzige (Möglichkeit zur) Buße; wenn er danach weiter sündigt und dann Buße tut, so nützt das einem Menschen in dieser Situation aber nichts mehr, denn er wird wohl kaum noch das Leben erlangen."** 7 **Da sagte ich zu ihm: „Es hat neue Lebensgeister in mir geweckt, daß ich das so klar von dir gesagt bekommen habe; denn nun weiß ich, daß ich gerettet werde, wenn ich keine weiteren Sünden tue." „Du wirst gerettet", sprach er, „und alle, die es so machen."**

32 (IV 4) 1 **Ich fragte ihn weiter: „Herr, da du mich schon einmal erträgst, tu mir auch folgendes kund!" „Sprich", sagte er. Ich sagte: „Herr, wenn eine Frau oder auch ein Mann stirbt und der Hinterbliebene von ihnen (wieder) heiratet, begeht er mit der Heirat nicht eine Sünde?"** 2 **„Nein", antwortete er, „er begeht keine Sünde. Allerdings erwirbt er sich mehr Anerkennung und großen Ruhm beim Herrn, wenn er allein bleibt[5]. Aber auch wenn er (wieder) heiratet, sündigt er nicht. –** 3 **Bewahre also deine Keuschheit und Heiligkeit, dann wirst du für Gott leben. Alles, was ich dir jetzt und später sage, sollst du von nun an, dem Tag, an dem du mir anvertraut wurdest, befolgen, dann werde ich in deinem Haus wohnen.** 4 **Für deine früheren Übertretungen wird es Vergebung geben, wenn du meine Gebote befolgst. Und für alle wird es Vergebung geben, wenn sie diese meine Gebote befolgen und in solcher Keuschheit leben."**

---

[4] Vgl. Apg 1,24; 15,8.

[5] Vgl. 1 Kor 7,28.38–40.

Das vierte Gebot besteht aus 1,1–3 und wird 4,3–4 auf die übliche Art beschlossen. Unter dem Begriff der Keuschheit (ἁγνεία) werden sowohl generelle sexualmoralische Richtlinien (1,1–3; 4,3) als auch Direktiven zum Verhalten in der intakten sowie in der zerstörten (1,4–8.10) und der durch Tod eines Gatten beendeten (4,1–2) Ehe gegeben sowie ein „Exkurs" über Götzendienst als „Ehebruch" eingeschoben (1,9). Vor allem werden grundlegende Aussagen zur Tatsache einer Bußmöglichkeit nach der Taufe eingeschoben, wie sie in dieser Geschlossenheit im ganzen PH sonst nicht zu finden sind (1,8.11; 2,2; 3,1–7; 4,4). Der Rest sind dialogische oder thematische Randbemerkungen (1,11; 2,1.3–4). Mand IV ist thematisch also uneinheitlich und ungeordnet, aber formal zusammengehalten durch die Elemente des Dialogs zwischen H und dem Hirten. Zur Komposition (gegen Spitta's Interpolationsthese) vgl. Dibelius, 504f.; Völter, Apostol. Väter, 240–243; Giet, Hermas, 22–25; ders., Pénitence, 16f.

1,1–3 Die „Keuschheit" ist also das Thema dieses Gebots, und zwar im Sinn von ehelicher Treue, nicht von vollkommener Enthaltsamkeit (vgl. Giet, Hermas, 199)[6]. Dabei ist die Rede vom verheirateten christlichen Mann. Es geht nicht um Heiden oder um Mischehen mit Heiden, denn der PH hat exklusiv das geschlossene christliche Milieu im Visier. Die Versuchbarkeit des H in dieser Richtung war mit sehr ähnlichen Worten in der gestellten biographischen Szene von Vis I 1,8 bereits vorgeführt. An beiden Stellen ist auch wortgleich von der „schweren Sünde" die Rede, als die bereits das Verlangen (ἐνθύμησις außer hier nur VI 2,7) nach einschlägigen Abenteuern einzustufen ist. Der bloße Wunsch ist schwere Sünde, die ausgeführte Tat der Tod im soteriologischen Sinn (zur „Todsünde" 1 Joh 5,16f.; E.Schwartz, 8 A.3; Grotz, 29f.; Staats, Hermas, 105). Es leidet m. E. keinen Zweifel, daß H hier zwischen „schwerer Sünde" und „Todsünde" unterscheidet, zumal ja die Steigerung von Gesinnung und Tat dahinter steht (vgl. Poschmann, Paenitentia secunda, 157; Grotz, 29f.; Dibelius, 505). Damit im Rahmen der Gebote und Warnungen nichts vergessen bleibt, bezieht H „andere gleich böse Dinge" mit ein. Der Rat, den er gibt, nämlich immer nur an die eigene Frau zu denken[7], weil man dann niemals sündigt, scheint von dem Bild besetzter und leerer Räume im Menschen abgeleitet (s. Exkurs: Das Bild vom „Wohnen"), das H in III 4 und vor allem V massiver einsetzt als hier: Wenn der Mann vom Denken an seine Frau, also vom guten Denken, ganz ausgefüllt und besetzt ist, dann hat der Wunsch nach Ehe-

[6] Aus der Literatur: H. Crouzel, L'Eglise primitive face au divorce, Paris 1971, 48f.; A. Rousselle, Der Ursprung der Keuschheit, Stuttgart 1989, 140–143 zum römisch-juristischen Hintergrund und über die Empfehlungen des PH vom Standpunkt der juristischen Risiken aus, die die Christen mit ihrer Befolgung eingingen. Siehe K. Niederwimmer, Askese und Mysterium, Göttingen 1975, 167f.; A. Niebergall, Ehe und Eheschließung in der Bibel und in der Geschichte der alten Kirche, Marburg 1985, 116–119.

[7] Epiktet, *Diss.* III 7,21 (256 Zeile 10f. ed. H. Schenkl) bringt den Gedanken vom Verzicht auf andere Frauen mit Hilfe der Überzeugung, daß außer der eigenen keine Frau schön ist.

bruch und dergleichen, also die Sünde, gar keinen Platz, um „im Herzen aufzusteigen". Es sind die schlichtesten Vorstellungen und Motivationen, mit denen H paränetisch arbeitet. – Sein Begriff von der christlichen Ehe, die nach H der normale Status des Christen ist, hat enkratitische Tendenz (Plooij, Glosse, 5). Trotzdem muß die vorliegende Stelle nicht mit Vis I 2,4; II 2,3 zur Deckung gebracht werden (vgl. Joly, 153.429; Giet, Hermas, 22f.).

1,4–5 In allen seinen Teilen verwendet der PH den durch aufdringliches Fragen des H ausgelösten Dialog, um Rede wie Handlung in Bewegung zu halten. An dieser Stelle werden dadurch kasuistische Ausführungen zur Ehemoral veranlaßt, mit denen das Thema Keuschheit konkretisiert wird und die zugleich das Thema Buße neu aufgreifen. – In der Formel πιστὴ ἐν κυρίῳ (vgl. 1 Kor 4,17) = „gläubig" (i.S. von Christin) ist κύριος nicht, gegen seine sonstige Bedeutung im PH (= Gott), singulär christologisch zu lesen (so Schläger, 339f.), weil dazu nichts zwingt. – Die Sache der Ehe ist von H in der antik üblichen Manier ganz vom Männerstandpunkt aus gesehen (Dibelius, 505f.): In 1,1–3 steht die Sünde des Mannes zur Debatte und hier sein christlich korrektes Verhalten der Frau gegenüber, die die Ehe bricht. „Adressat des Texts ist in erster Linie nicht die Person, die die Ehe bricht" (in Fortsetzung der Frage-Perspektive von 1,1–4 ist das die Frau), „sondern ihr Ehepartner" (Leutzsch, 185), also der Mann. Aber H verläßt diese konventionelle Perspektive und erklärt die Rollen von Mann und Frau, was Ehemoral und Bußverhalten betrifft, ausdrücklich für konvertibel und unterschiedslos (1,8.10).

Sofern die Entdeckung[8] seiner Sünde den ehebrecherischen Partner nicht zur Buße, d.h. zum demonstrativen und aufrichtigen Abbruch der Sünde veranlaßt, ist es nach H zur Einhaltung der ehelichen Keuschheit durch den schuldlosen Partner wichtig, daß er das Zusammenleben (vorerst) aufkündigt, sich also äußerlich von ihm trennt, um die Sünde des anderen nicht zu decken und nicht zu teilen; „mitschuldig... und mitbeteiligt": Es handelt sich um Maßgaben der kirchlichen Moral und Disziplin, die jede Form der Vergleichgültigung bzw. der schweigenden und faktischen Zustimmung zum Ehebruch scharf verurteilt. Zum Verständnis einer Mitschuld des unschuldigen Partners trägt ein Rekurs auf das augusteische Eherecht m.E. nichts bei: „Nach der Lex Julia de adulteriis war ein Ehemann gesetzlich verpflichtet, Ehebruch seiner Frau durch Scheidung zu ahnden" (Leutzsch, 189), d.h. er war vor dem Gesetz nicht zur Duldung berechtigt. Aber im PH geben die Eckwerte der römischen Kirchen-Disziplin den Ausschlag, weniger „die jeweiligen gesellschaftlichen Rahmenbedingungen, die sich... in Gesetzgebung und Rechtsprechung manifestieren" (Leutzsch, 188 A.183); denn gerade in Auffassung und Praxis der Ehe setzten sich die Christen seit

[8] Zur Nachwirkung von 1,5b im Mittelalter die Belege bei Funk, 475; Gebhardt-Harnack, 78f.

der Frühzeit von Konventionen und geltenden Auffassungen bewußt und anspruchsvoll ab. **1,6** Es ist im PH nicht eine Pflicht *gesetzlicher* Art (den Ehebruch „durch Scheidung zu ahnden"), wenn der Mann die Frau entläßt, sondern nach dem Kontext offenkundig eine *religiöse* Pflicht. Bei Fortbestand des ehebrecherischen Verhältnisses hat sie die Funktion, den anderen Partner vor Mitverschuldung zu schützen und vielleicht auch, eine Verheimlichung der sündhaften Umstände zu unterbinden (vgl. auch K. Niederwimmer, Askese und Mysterium, Göttingen 1975, 167f., der zudem „einen kultischen Begriff sexueller Reinheit" zugrunde liegen sieht). – „Konstatierung der Mitschuld" (Leutzsch, 188) ist hier und da etwas sehr Verschiedenes, H ist in diesem Punkt nicht aus dem römischen Recht zu erklären. Eine bedeutende Differenz liegt auch darin, daß die *Lex Julia* einseitig vom Part des Ehemanns gilt, während, wie gesagt, in der christlichen Gemeinde des H in Rom „für die Frau wie für den Mann" dieselben Auflagen gelten (1,8.10).

1,7–8 Die Beteiligung des schuldlosen Partners am Vorgang von Sünde und Buße in seiner Ehe geht noch weiter. Der Ehebrecher hat nämlich (dies ist für H keine Selbstverständlichkeit) die Chance der Buße, und der Ehepartner hat daraufhin die Pflicht, den anderen nach dessen Buße und bei entsprechendem Wunsch (wieder) „aufzunehmen" (παραδέχεσθαι).[9] Die Aufnahme zu verweigern wäre seinerseits „schwere Sünde". Wegen dieser Bußmöglichkeit und Wiederaufnahme von Ehebrechern hat Tertullian den PH bekanntlich als „apokryphen Hirten der Ehebrecher" und als „Schrift, die als einzige die Ehebrecher liebt" (*pud.* XX 2; X 11), kritisiert und abgelehnt. – Es gilt generell und grundsätzlich, daß man den Sünder, der Buße tut, „aufnimmt" (vgl. E.Schwartz, 3 A.1; dies wie Frei, 1975, 133 nur für den Bereich der Ehe gelten lassen zu wollen, ist sicher nicht richtig). Das ist keine Zumutung, weil die Buße ganz streng einmalig[10] ist, das Ganze sich also nicht etwa wiederholen wird. Hier wird allein die Einmaligkeit, nicht eine Frist für die Buße gepredigt. Daran wird kenntlich, daß die sonst von H eingeschärfte Frist für jeden Menschen eben seine individuelle biographische Chance und Pflicht zur Umkehr ist. – Danach lenkt H auf den Ehebruch zurück, um die neue Heirat des unschuldigen Teils noch einmal zu untersagen, jetzt (wie 1,10) unvollständigerweise mit der Pflicht zur eventuellen Aufnahme des zurückkommenden Partners begründet, während nach 1,6 der damit vollzogene weitere Ehebruch ausschlaggebend war.

Die kasuistischen Ausführungen berücksichtigen also alle Eventualitäten:

[9] H. Koch, ThLZ 58, 1933, 423: „Mit dem παραδέχεσθαι in Mand IV, 1,8 ist zu vergleichen das δεξιοῦσθαι bei Dionysius von Korinth (bei Euseb. H.E. IV,23,6f...) und damit wieder das προσλάβεσθαι und εἰσδέχεσθαι bei Dionysius von Alexandrien (Euseb. VI, 42,5), ohne daß es jedoch jedesmal dasselbe bedeuten müßte", womit ein Blick in die Szene gegeben ist, in der die frühkirchliche Bußpraxis gedieh.

[10] Zur eigenwilligen Deutung des μία durch Giet, Hermas, 24 A.2; 191 mit A.3 im Sinn von Kontinuität, innerem Zusammenhang („la pénitence... est une attitude normalement durable") hat Joly, 430 die richtige Kritik geschrieben.

Der Ehebrecher (Sünder) tut sofort, später oder nie Buße. Das kann man die Anwendung dessen nennen, was in der Turm-Allegorie (Vis III 5,5–7,3) über die verschiedenen Sorten von Steinen gesagt war (Grotz, 31). Viel unsicherer ist es aber, wieweit diese „Entlassung" (1,6f.) und eventuelle „Aufnahme" (1,7f.), als welche der Umgang des Christen mit dem Sünder von Mensch zu Mensch beschrieben ist, auf die Praxis in der kirchlichen Gemeinschaft „hochgerechnet" und als deren Niederschlag gedeutet werden kann (so Poschmann, Paenitentia secunda, 158.187.193.200 A.1 u.ö.; Grotz, 31f.; Vorgrimler, 36). Der seltsame Umstand, daß H nirgends etwas von den konkreten Formen der kirchlichen Buße erkennen läßt, an die er denkt, macht hier jedes Urteil ungemein schwierig. Weil nicht einmal sicher ist, ob im Fall des Ehebruchs die Buße des schuldigen Gatten für den unschuldigen an einem demonstrativen Ritual oder aber schlicht am reuigen, aufrichtigen Verzicht auf weiteres Sündigen erkennbar wird (nur vom letzteren redet H, und zwar oft, z.B. 1,11), muß man es bereits riskant nennen, von den diesbezüglichen Andeutungen auf die Existenz eines kirchlichen Verfahrens zu schließen, dessen Bußvorgang man sich exakter vorstellt, als alle Beschreibungen des PH sind. 1,8 generalisiert zwar die Aufnahmepflicht (nur diese!) gegenüber dem Sünder nach der Buße im grundsätzlichen Stil und klingt wie eine geläufige, praktizierte Maxime; diese Pflicht und auch die Einmaligkeit und Unwiederholbarkeit von Buße und Aufnahme spiegeln wie die voraufgegangene Entlassung über den Bereich individuellen Verhaltens hinaus zweifelsohne auch die „Struktur" der Praxis bei der Behandlung der Sünder durch die ganze Gemeinde. Aber über diese Grundrisse hinaus (Distanz, Abbruch der Lebensgemeinschaft, „Entlassung", Buße, „Aufnahme") genauer auf deren einzelne Elemente und die offizielle Nomenklatur rückzuschließen, über die H sich völlig ausschweigt, ist nicht möglich. Das Verhältnis dieser individualparänetischen Aussagen zum Ablauf des damaligen kirchlichen Bußverfahrens ist eben nicht klar. Daß die Paränesen direkt eine Übertragung der gemeindlichen Praxis mit den Sündern auf die Individualethik sind, wie viele unterstellen, namentlich K. Rahner, Schriften, 163f., ist durchaus nicht gewiß. Aus Mand IV sollte man für die Bußgeschichte nichts extrapolieren, was nicht anderweitig im PH deutlicher bezeugt ist. Der alte Streit darum, ob der PH eine kirchliche Rekonziliation kenne oder nur die Zulassung zur Kirchenbuße (so H. Koch; J. Hoh), läßt sich allerdings auch von dieser zurückhaltenden Position aus zugunsten der Rekonziliation entscheiden: Was in Mand IV 1 über „Aufnahme" des Sünders (nicht nur des Ehebrechers) gesagt ist, ist nur innerhalb einer Kirche möglich, die die Rekonziliation praktisch realisiert und theologisch rechtfertigt.

1,9 Nahtlos würde sich hier 1,10 anschließen. 1,9 ist dagegen „ein ziemlich ungeschickt eingefügter Nachtrag" (Dibelius, 506), der den Anwendungsbereich von Gebot und ehe- wie bußbezogenen Regeln noch ausweitet:

Es gibt einen „Ehebruch", an dem der Leib des Menschen nicht (im engen Sinn) beteiligt ist, nämlich heidnische Praxis. Gemeint ist der Götzendienst (als Rückfall ins Heidentum), für den ja schon die Bibel diese Metapher wählte (Hos 2,4; 3,1; Jer 2,2; 3,8f.; 5,7; 9,1; Ez 16; 23). Die Regeln für die Reaktion eines Christen auf diese Art „Ehebruch" sind dieselben wie 1,4–8, aber es ist trotzdem nicht an den Fall gedacht, daß es ein Ehegatte ist, der Götzendienst treibt (so Gebhardt-Harnack, 81; Funk, 477; Weinel, HNTA, 302; Dibelius, 507; Joly, 155; vgl. Giet, Hermas, 25) und dadurch seine christliche Ehe zerstört („bricht"), denn natürlich ist auch das μοιχᾶται metaphorisch zu lesen. So ist wieder die Trennung (ἀπέχειν) vom Sünder, der nicht Buße tut, vorgeschrieben und der Abbruch des Zusammenlebens (συζῆν wie 1,4f.) verlangt, um eine Beteiligung an der Sünde zu vermeiden (zu Ausschluß und Bann nach Mand IV s. Doskocil, 177–182). Die Pflicht zur Aufnahme des Sünders im Fall seiner Buße (1,8) ist nicht noch einmal formuliert. Auch für die kapitale Sünde des Götzendienstes (= Glaubensabfall) ist hier die Möglichkeit der Buße vorgesehen wie beim Ehebruch.

1,10 Der Text kommt auf den Umgang mit dem Ehebruch zurück und wiederholt 1,8 (s. dort). – **1,11** Die Warnung des Hirten vor Leichtsinn, zu dem die Rede von der Bußmöglichkeit führen kann, hätte Rigoristen wie Tertullian (s. zu 1,8), der sie ebenfalls ausführlich (und freilich viel gequälter) geäußert hatte (*paen.* 7), beschwichtigen müssen. H behauptet, keine unzulässige Erleichterung einzuführen, sondern mit der Fristsetzung die Sünde schneller zu verhindern. Bezeichnend ist wieder, wie H die Buße ausschließlich ihrem wesentlichen Ereignis nach beschreibt (der Sünder sündigt nicht weiter) und keinerlei rituellen Vorgang andeutet. Wichtig ist wieder die Nennung der Frist. Sie ist jetzt im Augenblick der Offenbarung oder Predigt der Buße eingetreten. Mit dem Sündigen jetzt aufhören heißt fristgemäß Buße tun. Von Buße ist nur für die früheren Sünden die Rede, für die jetzigen und künftigen ist sie ausgeschlossen. Die Umkehr des Menschen ist die eine Seite dabei, die Vernichtung der (früheren) Sünden die andere und im frühchristlichen Milieu unbegreifliche. Darum die Zusicherung, daß Gott die Macht und den Heilswillen hat, die Buße zu ermöglichen. Zu diesem Satz von Gottes sündenvergebender Macht konstatiert Joly, 157, daß man mit der Erwähnung einer eventuellen Rolle des Priesters bei Bekenntnis und Absolution im PH gar nicht rechnen kann. H läßt alle liturgischen und diszplinären Praktiken, die es gegeben haben muß, im Dunkeln.

2,1 H äußert an dieser Stelle keine Frage, sondern eine Bitte, und zwar von ungewöhnlich allgemeiner Art („mach mich verständig"), weil damit eine sehr grundsätzliche Instruktion des Hirten über die Buße herausgefordert werden soll (von Poschmann, Paenitentia secunda, 160 als „nur eine der von Hermas beliebten [sic] umständlichen Einleitungen zu einer neuen Frage" unterschätzt). Er beschreibt seine Bitte als Zumutung und entschuldigungsbedürftig, rechtfertigt sich aber mit zwei Begründungen. Einerseits beruft er sich auf die Aufgabe des Hirten, sein Schutzengel und Begleiter zu sein (Vis V 2–4), als welcher der Hirt in Mand IV auch ausdrücklich auftritt (2,2; 4,3), und andererseits erklärt er sich für ganz auf solche Aufklärung durch den Hirten angewiesen. Dazu lamentiert er über seinen defizitären Zustand: Wie er in III 3 ein völlig verlogener Mensch war, so ist er hier nichts als dumm und durch sein (schlechtes) Vorleben um jedes Verständnis gebracht. Der Selbstankläger ist eine von mehreren Rollen, die H in seinem Buch übernimmt (auch 2,3: der Sünder). Was er nun präzis wissen oder lernen will, sagt er also diesmal nicht. **2,2** Aus der Antwort des Hirten, der zu der folgenden wichtigen Instruktion eigens in der Form ausholt, daß er sich als Bußengel einführt (vgl. auch 3,5; Vis V 7), wird aber klar, was ihm fehlt: das richtige Wissen und Denken über die Buße. Als Bußengel ist der Hirt der zuständige Adressat für diese Bitte. – Er erfüllt sie so, daß er die Einsicht (σύνεσις) mit der Buße verbindet; allerdings „knüpft" er nicht „die Gabe der Einsicht an die Leistung der Buße" (M. Dibelius, Offenbarungsträger, 107), vielmehr läßt er beides identisch sein: Der Bußengel schenkt Einsicht, das Bußetun „ist" Einsicht. Im Hinblick auf 2,3 kann man darin eine Rechtfertigung und Empfehlung der Buße gegenüber Kritikern sehen (Völter, Apostol. Väter, 244). Die Einsicht besteht darin, daß der Mensch seinen unheilen Zustand wahrnimmt und sich des Bösen, das er vor Gott tut[11], bewußt wird. Das ist dann schon die Buße, die in nichts anderem besteht als darin, daß er statt des Bösen entschieden das Gute tut[12]. Wieder beschreibt H die Buße nicht in Form eines Rituals, sondern existentiell als Umkehr. Nur zur Bußgesinnung sagt er noch ein Wort über Selbsterniedrigung, die man als reine Gesinnung verstehen, sich aber auch unter symbolhaften Gesten (Fasten, Sack und Asche oder andere Bußpraktiken) vorstellen kann. Die Sache ist umstritten. W.C. van Unnik ist der Meinung, daß H wie die übrige frühchristliche Literatur die Wendung ταπεινοῦν τὴν ψυχήν (vgl. Sim VII 4; das Verb βασανίζειν läßt van Unnik beiseite) für die innere Haltung, nicht für die zugehörige körperliche Zeichensprache gebraucht (und daß es sich nicht um einen Semitismus oder um Bibelsprache handelt) (van Unnik, Zur Bedeutung, 252–255; gegen Bauer, Wörterbuch, 1952^4, 1463; vgl. Bauer-Aland, 1604f.). Hilhorst, Sémitismes, 140–142 (wie W. Grundmann, ThWNT 8, 1969, 25f.) ist gegenteiliger Ansicht und deutet unter Bezug auf LXX und frühjüdische Literatur auf Fasten und Bußpraktiken. Auf Vis III 10,6 hin, wo es zwar nicht um Buße, sondern um die Vorbereitung des Offenbarungsempfangs geht, aber der verlangte Demutsakt (ταπεινοφροσύνη) eben im νηστεύειν zu bestehen scheint, wird man ihm zustimmen. H empfiehlt das Fasten wiederholt (Vis III 10,7; Sim V 3,7–8; vgl. Vis II 2,1;

---

[11] Vgl. Hilhorst, Sémitismes, 107–109 zum biblischen Charakter und zur genauen Bedeutung der Wendung ἔμπροσθεν τοῦ κυρίου.

[12] Diesen Passus zitiert Klemens v. Al., *strom.* II 55,6 sinngemäß innerhalb eines Bündels von PH-Zitaten.

III 1,2; Sim V 1,3–5). Man darf sich die μετάνοια also nicht nur geistig und moralisch vorstellen, wie es der Hauptthese von Frei, passim entspräche.

In der Gleichung von Einsicht und Buße ist die Buße bei H über den Bereich der Disziplin hinaus als Umkehr aufgrund von Erkenntnis der wahren Situation begriffen und ins Zentrum von Theologie und Leben gerückt. **2,3–4** Jeder Leser muß wie H genauer fragen und dieselbe Einsicht in den Zustand seines Lebens gewinnen und die Konsequenz daraus ziehen. H schließt den Abschnitt mit den üblichen Formeln, die er für diesen Appell hat.

3,1 Mit seinen grundsätzlichen und relativ ausführlichen Aussagen über Buße und Taufe (nach Goppelt, Christentum und Judentum, 242 A.1 „eine vom Hbr herkommende Lehrtradition", was nicht nachgewiesen wird) gehört dieses 3. Kapitel im Sinn des H zu den wichtigsten Stücken des Buches. Er gibt allerdings keinen Wink, wieso er in 1,8 sowie Kap. 2 und 3 das Thema des Mand IV, nämlich die Keuschheit, zugunsten der Buße verläßt bzw. unterbricht und zentrale Sätze seiner Bußlehre gerade hier im Mand IV unterbringt.[13] Dibelius, 504f. hält für den Grund, daß im geschäftlichen und im ehelichen Leben die Hauptproblemfelder der Christensünde gelegen seien, so daß in Mand III und IV die Aktualisierung der Paränese wie die Reflexion der Bußmöglichkeit besonders naheliegend waren. Aber das könnte man sich leicht auch anders denken.

Durch eine schlichte Frage des H[14], die der Hirt ausdrücklich zuläßt, wird dieser essentielle Text eröffnet.[15] Und weil diese Frage nicht abstrakt ansetzt, sondern einen konkreten Dissens in der römischen Gemeinde des H anspricht, wird der PH an dieser Stelle zum Thema der Buße so konkret wie kaum je sonst: Der Rede des Hirten über die Möglichkeit postbaptismaler Buße in 1,8.10 und Kap. 2, die zunächst unbedenklich schien, hält H die davon abweichende Doktrin „einiger Lehrer" entgegen, die er in der Kirche das offenbare Gegenteil hat predigen hören (zur Umschreibung der Taufe als „Hinabsteigen ins Wasser" s. auch Sim IX 16). Eine Erinnerung an seinen Taufunterricht (Frei, 1975, 126f.) ist das wohl nicht. Der Einwand des H bedeutet die Frage nach der Legitimität der Bußpraxis des PH. Schon Vis II 2,4.5 hatte H in derselben Version, wie sie hier folgt, eine einmalige Bußchance für die schon vor längerer Zeit getauften Christen propagiert und seither zur Grundlage der Paränese (z. B. Vis III) gemacht. Die Lehrer, die H jetzt zitiert und die seine Zeitgenossen und also nicht mit den Lehrern von

[13] Zum statistischen Anstieg des Gebrauchs von μετάνοια und μετανοεῖν in Mand IV (wie in Vis III; Sim VIII und IX) siehe Frei, 1974, 191–193 (mit nicht immer verläßlichen Folgerungen).

[14] Ihre Formulierung ist nach Hilhorst, Sémitismes, 77 aus der LXX entlehnt.

[15] Diese Passage fand ein breites Echo in der alten Kirche, namentlich mit ihrer Unterscheidung von μετάνοια und ἄφεσις (3,3) – bei Klemens v. Al., *strom.* II 55,6–57,1; 57,3–59,1: Poschmann, ZKTh 45, 1921, 211; K.Rahner, Schriften, 126 A.2. – Zum biographischen Ort der Studien K. Rahner's über die Buße in der frühchristlichen Literatur s. Neufeld.

Vis III 5,1; Sim IX 15,4; 16,5; 25,2 zu verwechseln sind (vgl. auch Zimmermann, 213f.), halten also streng daran fest, daß es nur die eine Buße in der Taufe gibt (zu μετάνοια – ἄφεσις s. u.). H sieht in ihnen keine Häretiker oder Sonderlinge (sonst würde seine Frage sich erübrigen und auch nicht die Diskussion auslösen können, die dann folgt). Aber „die" Lehrer der Kirche, d.h. deren einzige und für H fraglos maßgeblichen Repräsentanten sind sie auch nicht, sondern es sind „einige (τινές)". **3,2** Der Hirt gibt ihrer Lehre ohne Reserven recht, und zwar nicht, um sie zu schonen (Joly, 158), sondern weil es im Prinzip auch seine Meinung ist, was sie vertreten (s. u.); und wenn er ihr Argument von der Pflicht zur Sündenlosigkeit nach empfangener Taufe[16] (vgl. Hebr 6,4–8) eigens bestätigt, so nicht, um den Rigorismus mit seinem unerreichbaren Niveau doch unakzeptabel zu machen (Joly, ebd.), sondern um den eigentlichen Ausgangspunkt aller Überlegungen über die Buße zu markieren. H muß nicht ihre Lehre erläutern, wohl aber seine eigene (s. u.). Sie vertreten die urchristliche Strenge bei entsprechendem Bekehrungs- und Taufverständnis. – So ist es auf den ersten Blick gar nicht einsehbar, wie der Hirt diesen Lehrern ungeteilt zustimmen kann, nachdem er eine qualitativ andere (mildere) Bußauffassung vertritt. Wie sich das auflösen läßt (s. u.), ist reichlich umstritten, weil die folgenden Zeilen darüber nicht gerade deutlich werden.

3,3 Hier beginnt die Kundgabe oder Offenbarung (δηλοῦν wie mehrfach in dieser Verwendung: Kraft, Clavis, 99f.), die H auf seine „genaue" Frage (zu ἐκπειράζειν s. Vis V 3) nach der Wahrheit der rigorosen Lehre der Lehrer bekommt. Diese Art Eröffnung ist typisch im PH (vgl. Brox, Fragen): Eine wichtige Auskunft wird dem Offenbarungsträger nur dadurch entlockt, daß H in fast peinlicher Weise nachfragt und insistiert. Das τοῦτο ist der Gegenstand der Kundgabe, also der Inhalt von 3,4. Es muß nämlich das sein, was der Hirte nun über die Lehrer hinaus oder anders als sie lehrt und was doch den Konsens mit den Lehrern nicht aufgibt, denn H beteuert ihn. Der gesamte Text 3,3 ist Parenthese (Poschmann, Paenitentia secunda, 161) und noch nicht die Offenbarung, sondern eine theologisch qualifizierte Kautele: Die Kunde von einer weiteren Buße kann in falsche Ohren gelangen. Sie ist nicht für Neuchristen und künftige Christen bestimmt und gilt für sie nicht. Sie verführt sie leicht zum Sündigen nach der Taufe, weil sie sich fälschlich im selben Vorteil glauben (wie sich die schon lang Getauften darüber täuschen können, daß es nur eine einzige Buße gibt: 1,8.11; 3,6). Die Katechumenen müssen demnach so auf die Taufe vorbereitet werden, als gäbe es die Buße nicht.[17] Der mit οἱ γὰρ νῦν πιστεύοντες beginnende Satz gehört somit als Begründung zu μὴ διδοὺς ἀφορμήν.

[16] Daß das ἔδει bereits die Nichterfüllung und darin die weitere Bußmöglichkeit andeutet (Poschmann, Paenitentia secunda, 160 A.2), ist philologisch nicht sicher.

[17] Wie noch Augustinus, *de symb.* 7,15; *sermo* 352,3,8 sagen kann, daß die Buße für die Katechumenen ihr Leben lang kein Thema sein soll.

H gebraucht hier vorübergehend die terminologische Unterscheidung zwischen ἄφεσις als Nachlaß der Sünden durch die Taufe (wie 3,1.2) und μετάνοια als Vergebung durch Buße, die in der weiteren Bußgeschichte vom PH häufig übernommen oder mit ihm belegt wurde. Für H selbst scheint sie nicht von besonderer Bedeutung, sondern gelegentlich übernommen und bloß von pragmatischem Wert zu sein; er gebraucht sie nur hier in 3,1–3, während er sie 4,4, also ganz kurz darauf, gleich zweimal unterläuft und dort gerade die künftige Vergebung für Getaufte, also die μετάνοια im speziellen Sinn, ἄφεσις nennt. 3,1 zeigt, daß es auch unmittelbar im Zusammenhang der Taufe eine μετάνοια gab, die wohl den Anteil des Täuflings an Umkehr und Befreiung von der Sünde beschreibt. Für H gilt die Unterscheidung also nicht prinzipiell, sie scheint aber bei ihm die später deutlichere kirchliche Auffassung vorwegzunehmen, daß bei der Taufe die Sünden von Gott souverän und augenblicklich erlassen oder beseitigt werden, während es bei der Buße dazu die Absage des Menschen in Form langwieriger und mühsamer Abkehrleistung gegenüber dem Bösen bedarf. Der Unterscheidung einen theologisch gewichtigen Sinn abgewinnen zu wollen, bleibt unergiebig (vgl. besonders den unbefriedigenden Versuch von K. Rahner, Schriften, 124–127 und die Kritik von Snyder, 72). Eine Konkurrenz zwischen den beiden Begriffen und Vorgängen einzuführen (Vorgrimler, 34 meint, daß die Taufbewerber in der ἄφεσις „mehr haben als die μετάνοια"; ähnlich Poschmann, Paenitentia secunda, 162) ist falsch. Die Auslegung von Frei, 1975, 126–136 ist komplizierter als der Text und geht in etlichem, namentlich in der Verlagerung der Einmaligkeit von der μετάνοια auf die Taufe (ebd. 129), in die Irre.

3,4 Die durch 3,1–3 vorbereitete wichtige Kundgabe ist die Mitteilung, die nur für die Altchristen[18] gilt, daß nämlich Gott für sie (und nur für sie) eine (zweite) Buße festgesetzt hat (wie Vis II 2,4f.). Zur Legitimation dieser offenkundig begründungsbedürftigen Lehre verweist der PH über die Tatsache hinaus, daß ein Engel sie mitteilt, auf Gottes Präszienz. Gott hat nicht umgedacht, sondern vorausgewußt (καρδιογνώστης: vor H nur Apg 1,24; 15,8; ab Klemens v. Al. oft; Bartelink, 16: eine christliche Neubildung; vgl. J.B. Bauer, BZ 32, 1988, 114–117), daß der Durchschnittschrist dem Bösen in seiner Raffinesse nicht gewachsen ist. **3,5** Er hat darum barmherzig für die Rückfälligen eine Chance geschaffen. Die Legitimation dafür, abweichend einerseits von der strengen Bußlehre, andererseits von der herrschenden Bußpraxis (s. u.) so zu predigen, wie H es tut, liegt in Gottes Barmherzigkeit, die niemand in Zweifel ziehen wird. Und schließlich ist es der Bußengel (vgl. 2,2) mit der einschlägigen Kompetenz, aus dessen Mund die Kunde von der

[18] Mehr als diesen Begriff besagt die Wendung κληθέντες πρὸ τούτων τῶν ἡμέρων (Übersetzung: „schon seit längerer Zeit berufen"; ganz ähnlich Coleborne, Approach [1965], 604f.) nicht. Joly, 161 übersetzt kurzerhand: „appelés avant ces tout derniers (sic) jours" und bezieht das auf seine These vom Bußjubiläum „à date fixe".

Buße kommt. Nachdem der Hirt in 1,8; 2,1–4; 3,1–7 als Offenbarungsengel der Buße fungierte, tritt er hier als Bußengel (der Vollstrecker) auf, wie in 2,1 schon als Schutzengel (s. 4,3) (M. Dibelius, Offenbarungsträger, 107).

3,6 Seit 3,4 sind ganz allein die Altgläubigen im Blick. Während die Sündenvergebung in der Taufe eine selbstverständliche Gewißheit darstellt, ist die Lehre von der Bußmöglichkeit für Sünder nach der Taufe dermaßen „sensationell", daß sie in Form einer spektakulären himmlischen Kunde erfolgt. So abgenutzt die Stilmittel der Vision und Offenbarung im PH sind und wirken, sie behalten ihre Funktion plakativer Information. – Den Sündern wird noch einmal die erleichternde Kunde von der zweiten Buße gesagt und (nach 1,8) jetzt noch prinzipieller die Einmaligkeit dieser Buße eingeschärft, und es wird sofort auch mit den Folgen von Mißverständnis und Unterschätzung gedroht. Die Praxis wiederholter Buße wird (als unwirksam) verworfen. – Die große Berufung (κλῆσις) ist die Taufe[19] (vgl. die κληθέντες in 3,4), nicht die Bußpredigt des H (so Gebhardt-Harnack, 83 Funk, 480; ders., Bußdisciplin, 169f.) und nicht das „Bußjubiläum", das man früher stärker diskutiert hat (s.u.). Die kritische Situation dessen, der auch nach der Buße wieder sündigt (wenn er auch noch einmal eine Buße verrichtet, wobei die Wiederholung den heuchlerischen Charakter seiner Buße bloßlegt), wird durch δυσκόλως (im Unheilssinn auch IX 6; Sim IX 20,2f.; 23,3; vgl. Mk 10,23 par) = „schwer", „kaum", also als extreme Schwierigkeit, aber doch nicht durch eine strikte Negation (so Dibelius, 510: „unmöglich" im Sinn der Verwerfung) signalisiert (vgl. dazu d'Alès, L'édit, 80f.; dagegen H.Koch, 176 A.2; d'Alès, A propos, 83 übersetzt: „son salut est bien compromis"). Zur bußtheologischen Bedeutung des δυσκόλως Genaueres zu 3,7.

3,7 H ist hier der bußbereite, erleichterte und einsichtige (2,1–2) Christ (nicht der vom psychischen Druck der Predigt der rigorosen Lehrer befreite: Gebhardt-Harnack, 84; Weinel, HNTA, 303; Funk, 481). Die Kunde des Hirten animiert ihn ganz neu und läßt ihn die Möglichkeit der Rettung seines Lebens erkennen, die darin liegt, „keine weiteren Sünden zu tun" – eine Umschreibung der Buße. H behauptet nicht, Neues gehört zu haben, aber wohl, es mit neuer Klarheit gesagt bekommen zu haben (vgl. III 4). Auf diesen Punkt wird die Predigt des H abgestellt; das macht ihre Aktualität für diejenigen aus, die ihren Inhalt schon kennen. Das wichtige Kapitel schließt mit der obligaten Öffnung oder Verallgemeinerung und Zusage auf „alle".

Etliche schwierige Punkte des Kap. 3 sind mit der bisherigen Auslegung noch nicht abschließend geklärt (kurzer Überblick über die Problemgeschichte bei Frei, 1974, 126–134). Wegen der Grundsätzlichkeit dieses Kapi-

---

[19] Hilgenfeld, 172f.; Grosse-Brauckmann, 37; d'Alès, L'édit, 73–79; E.Schwartz, 3 A.1; Lelong, 86; Dibelius, 510; H.Koch, 175f.; A.Baumeister, 71ff.; Joly, 160.

tels für eine Nachzeichnung der Grundrisse des Themas μετάνοια bei H ist die weitere Klärung in den Exkurs: Die Buße verlegt. Die Probleme sammeln sich hauptsächlich um die Frage nach dem Verhältnis der Bußpredigt des H einerseits zu derjenigen der Lehrer, die er apostrophiert, und andererseits zur Bußdisziplin der römischen Kirche seiner Zeit.

4,1 Der letzte Passus von Mand IV kommt auf dessen leitendes Thema Keuschheit zurück, das wegen der Belehrung über die Buße zurückgestellt worden war. Auffällig ist immer wieder die Funktion der Fragen, die H als Offenbarungsempfänger nach der Manier des Dialogs in der Apokalypse stellt (zum sprachlichen Charakter des λέγων s. Hilhorst, Sémitismes, 78f.). Hier wird die Erlaubnis zum Fragen dankbar als Großzügigkeit quittiert und die Frage selbst recht feierlich formuliert, als ziele sie auf tiefsinniges, verborgenes Wissen. Dabei geht es lediglich um moralische Grundkenntnisse, die jeder Christ braucht, eben um die Erlaubtheit der zweiten Ehe nach dem Tod des Gatten, über die sich offenbar trotz 1 Kor 7,39f. (1 Tim 5,14) kein sicheres Wissen durchgesetzt hatte (Quellen des 2. Jh.s dazu bei Gebhardt-Harnack, 84f.; Funk, 481; vgl. B. Kötting, RAC 3, 1957, 1020). **4,2** Die zweimalige Erlaubnis umrahmt die enkratitische Option für den Verzicht des verwitweten Partners auf Wiederheirat,[20] die sich (bei unterschiedlicher Erklärung und Motivation: hier moralische Enthaltsamkeit, dort Charisma) in der Lösung der Frage mit Paulus trifft, ohne aber literarische Beziehung zu 1 Kor 7,39f. (so Barnett, 199f.) aufzuweisen. Unbestreitbar ist bei H das Motiv der Abneigung gegen die zweite Ehe im Spiel (auch Lohse, 132f.), das (ohne wörtliches Zitat, aber wieder in Abhängigkeit vom PH) von Klemens v. Al., *strom.* III 82,5 verstärkt wird (Zahn, GGA Stück 2, 9. Januar 1878, 60). Darum läßt sich nicht passend von Stufenethik reden.

4,3 Der Appell („bewahre also") bezieht sich jetzt auf das vierte Gebot als ganzes. Es folgt die Zusage des Heils in der bei H häufigen Fassung „leben (im Futur) für Gott" (siehe I 2). Die mitgeteilten und folgenden Gebote sind wie für H, so für alle (s. 4,4) zur Einhaltung eingeschärft. Das ἀπὸ τοῦ νῦν, d.h. die Pflicht zur sofortigen Befolgung, meint die Buße ohne Aufschub, ist also eine Umschreibung der Bußfrist im Zuschnitt auf den einzelnen Menschen. Jeweils „jetzt", im Augenblick der Konfrontation mit dem Anspruch auf Umkehr und Neubeginn, ist der Termin der Buße. – Die Zeitangabe aus der Eingangsvision zu den Mand, nach welcher H (bei der jetzigen Komposition und Integration rezipierter Texte) dem Hirten als Schutzengel längst früher (Vis V 2–4), nicht erst in diesem Augenblick der Mitteilung der Mand „anvertraut" wurde, scheint vergessen zu sein (vermerkt auch von Giet, Hermas, 25 A.2; von Dibelius, 513f. als „Unstimmigkeit" aufgrund eines von

[20] Hier vom Begriff der *Opera supererogatoria* zu sprechen (Joly, 163; mit anderen Worten auch Zahn, Der Hirt, 182; Lipsius, Der Hirte, 1866, 45; Gebhardt-Harnack, 85; vgl. Exkurs: Die Ethik) trifft nicht das Verständnis der frühchristlichen Askese.

H vorgenommenen Einschubs qualifiziert). Aber die Schutzengel-Funktion von dort wird aufgegriffen. Nachdem schon andere Stellen in Mand IV alle drei Funktionen des Hirten gezeigt haben (s. zu 3,5 und den Exkurs: Der Hirt), besteht kein Anlaß, für 4,3 von einer „unerträglichen Konkurrenz" zu reden (M. Dibelius, Offenbarungsträger, 107f.; Kritik bei Deemter, 148), weil H auf engem Raum den Offenbarungsengel und den Schutzengel auftreten läßt. – Alles ist im jetzigen Moment bedeutungsvoll zusammengedrängt: die Bußpredigt als Information und Appell, die Betroffenheit des H davon und der Beginn des Schutzes und der ständigen Begleitung bzw. Nähe des Engels für H. – **4,4** Hier ist ausdrücklich die sündenvergebende Wirkung der Buße im Verständnis des H beteuert (Buße ist also nicht ausschließlich Beginn eines neuen Lebens in Zukunft); wieder deutet H keinerlei Ritual dafür an, obwohl diese Buße eine „Außenseite" erkennbarer Anzeichen, Gesten, auch Bekenntnisse und Folgen im Bereich der Zugehörigkeit zur Gemeinde gehabt haben muß (s. zu 2,2; 3,7). Doskocil, 177 u. ö. übertreibt die Erkennbarkeit institutioneller Details der kirchlichen Bußpraxis. – Für die Vergebung ist hier zweimal der Term ἄφεσις gewählt, der sonst (3,1–3) nur für die Taufe in Unterscheidung von der Buße gebraucht wird. Die Wirkung der Buße ist an die existentiell-moralische Konsequenz gebunden. Am Schluß erfolgt wieder die Verallgemeinerung der Applikation des Gesagten auf alle (sc. Christen; für die Heiden gilt anderes als für sie: Vis I 4,2; II 2,5), denn der PH will keine Privatoffenbarung an H sein.

Fünftes Gebot

Geduld und Jähzorn (Mand V 1,1–2,8)

33 (V 1) 1 **„Sei geduldig", sprach er, „und einsichtig! Dann wirst du die Oberhand behalten über alle bösen Werke und nur Gerechtigkeit tun.** 2 **Wenn du nämlich geduldig bist, dann ist der heilige Geist, der in dir wohnt, rein, von keinem anderen bösen Geist verdunkelt; er wohnt geräumig, jubelt und ist froh zusammen mit dem Gefäß, in dem er wohnt, und er dient Gott in großer Heiterkeit und lebt mit sich selbst in Frieden.** 3 **Wenn aber Jähzorn hinzukommt, fühlt sich der heilige Geist, der sehr empfindsam ist, sofort beengt, und sein Wohnplatz ist nicht mehr rein, und er sucht von dem Wohnplatz auszuziehen[1]. Er wird nämlich von dem bösen Geist erstickt[1] und hat keinen Platz mehr, um dem Herrn zu dienen, wie er mag, da er vom Jähzorn verunreinigt ist. Denn in der Geduld wohnt der Herr, im Jähzorn aber der Teufel.** 4 **Wenn nun beide Geister am selben Ort wohnen, so ist das schädlich und verhängnisvoll für den betroffenen Menschen, in dem sie wohnen.** 5 **Wenn du nämlich nur eine ganz geringe Menge Wermut nimmst und in einen Topf mit Honig schüttest, dann verdirbt doch der ganze Honig. So viel Honig wird von einem bißchen Wermut verdorben! Er nimmt dem**

---

[1] Vgl. 1 Sam 16,14.

Honig die Süße, und so hat der Honig keinen Reiz mehr für den Besitzer, weil er bitter geworden ist und seinen Gebrauchswert verloren hat. Wenn dagegen kein Wermut in den Honig getan wird, dann schmeckt er süß und ist für seinen Besitzer brauchbar. 6 Schau, die Geduld ist viel süßer als Honig und brauchbar für den Herrn, und er wohnt in ihr. Der Jähzorn ist dagegen bitter und unbrauchbar. Wenn der Jähzorn der Geduld beigemischt wird, dann wird die Geduld verunreinigt, und ihr Gebet ist nicht brauchbar vor Gott."

7 „Herr", sprach ich, „ich wüßte gern die Wirkweise des Jähzorns, damit ich mich vor ihm hüten kann." „Allerdings", sagte er, „wenn du dich vor ihm nicht hütest, du und deine Familie, dann hast du all deine Hoffnung verspielt. Hüte dich jedoch vor ihm, ich bin ja bei dir. Und alle werden sich von ihm freihalten, die von ganzem Herzen Buße tun. Denn ich werde bei ihnen sein und sie überwachen. Sie wurden ja alle von dem heiligsten Engel gerechtfertigt." 34 (V 2) 1 Er sprach: „Vernimm jetzt die Wirkweise des Jähzorns, wie bösartig er ist und wie er durch seine Wirkweise die Diener Gottes verführt und sie von der Gerechtigkeit abirren macht. Die stark sind im Glauben, kann er zwar nicht irreführen, und bei ihnen kann er mit seiner Wirkung nicht ansetzen, weil die Kraft des Herrn mit ihnen ist. Aber die Leeren und Zweifler, die führt er in die Irre. 2 Wenn er nämlich sieht, wie solche Leute in aller Ruhe dahinleben, dann nistet er sich im Herzen dieses Menschen ein, und aus dem nichtigsten Anlaß geraten Frau oder Mann in Erbitterung, z.B. in Geschäftssachen oder über das Essen oder irgendeine Lappalie, über einen Freund, über Geldanlage oder sonstige törichte Sachen. Denn all das ist töricht, nichtig, unsinnig und unnütz für die Diener Gottes. 3 Die Geduld ist dagegen souverän und fest, von überlegener, starker Kraft, die sich wohlfühlt in geräumiger (Bleibe), froh, jubelnd, sorglos; sie lobt den Herrn zu aller Zeit[2], ohne jede Bitterkeit in sich, in ständiger Sanftmut und Ruhe. Diese Geduld wohnt bei denen, die einen integren Glauben haben. 4 Aber der Jähzorn ist vor allem töricht, übereilt und dumm. Aus der Dummheit entsteht dann Erbitterung, aus der Erbitterung Erregung, aus der Erregung Zorn, aus dem Zorn Wut. Diese Wut, die sich aus so viel Fehlverhalten zusammensetzt, wird zu einer schweren, unheilbaren Sünde. 5 Denn wenn diese Geister in einem einzigen Gefäß mit dem heiligen Geist zusammenwohnen, dann reicht dieses Gefäß nicht aus, sondern es läuft über. 6 Der empfindsame Geist, der es nicht gewohnt ist, mit einem bösen Geist und mit Wildheit zusammenzuwohnen, zieht darum aus einem solchen Menschen aus und sucht sich eine Wohnung bei der Sanftmut und der Ruhe. 7 Wenn er dann den Menschen, in dem er wohnt, verläßt, so wird dieser Mensch leer an gerechtem Geist und künftig angefüllt von den bösen Geistern; von da an ist sein ganzes Leben unstet, er wird von den bösen Geistern hin und her gezerrt und ist völlig blind für die gute Gesinnung. So geht es allen Jähzornigen. 8 Halte dir also den Jähzorn fern, diesen besonders schlimmen Geist! Mach die Geduld zu deinem Kleid, widersteh dem Jähzorn und der Erbitterung, so stehst du in der Heiligkeit, wie der Herr sie liebt. Gib acht, daß du dieses Gebot niemals vernachlässigst! Denn wenn du dir dieses Gebot wirklich zu eigen machst, dann bist du imstande, auch die anderen

[2] Vgl. Ps 33,2; Tob 4,19.

Gebote zu befolgen, die ich dir aufgeben werde. Geh mit Kraft und Energie daran. Alle müssen so herangehen, die danach leben wollen."

1,1 Das eigentliche Gebot ist sehr kurz und mit der Rede allein von der Geduld und Einsicht eigentlich unvollständig zu nennen, weil die Geduld (μακροθυμία) ab 1,3 durchgängig in der Konkurrenz zum Jähzorn (ὀξυχολία) gezeichnet wird. Sie ist als eine Grundhaltung begriffen, mit der sich der Mensch des Bösen erwehrt; Jähzorn (1,7–2,7; vgl. VI 2,4) ist ihr Gegenspieler und der Eindringling des Bösen. Erst 2,8 folgt dann die auch den Jähzorn betreffende, im Sinn von Mand V vollständige Gebotsformel, so daß ein Doppelgebot (bzw. die Kombination zweier ursprünglich selbständiger Gebote) vorliegt. Zur Zusammengehörigkeit von V, IX und X siehe vor IX 1 und X 1,1. – Die Einsicht (σύνεσις, συνετός, συνίημι), ein häufiger Begriff der Buß-Spiritualität des PH (z. B. IV 2,1–2; vgl. Kraft, Clavis, 412f.), spielt an dieser Stelle aber weiter keine Rolle. – **1,2** Bevor erläutert wird, woran die Geduld erkennbar ist (s. u. 2,3 vor dem Kontrast von 2,2.5), wird der glückliche Zustand des Menschen beschrieben, in dem sie die Oberhand hat (die Kehrseite dazu 2,7). Zu Bedeutung und Vorkommen von ἀγαλλιᾶσθαι Bartelink, 34. – Für die Illustration der Konkurrenz zwischen Tugend und Laster, namentlich zwischen Geduld und Jähzorn, um die es ab 1,3 geht, greift H die eigentümliche Vorstellung von den bösen und guten Geistern (VI 2,1–10: Engel) wieder auf (s. die Exkurse: Die Pneumatologie; Die Engel), von denen in jedem Fall einer (nach VI 1–10 von vornherein beide) den Menschen bewohnt (s. Exkurs: Das Bild vom „Wohnen"). Er hatte sie schon III 1.2.4 (dort allerdings als Chiffre für das gute Selbst des Menschen und dann als Wechselwort für die Tugend der Wahrheit) eingeführt und benutzt sie hier sowie V 2,5–7; VI 2,1–10; X 1,2f.; 2,1–3,2 zur Beschreibung des Kampfes zwischen Gut und Böse im Menschen. Christlicher Herkunft und Qualität ist sie nicht und bleibt in etlichen Details auch in sich rätselhaft. Bezüglich der religionsgeschichtlichen Herkunft spricht alles für frühjüdisches und judenchristliches Milieu (Lluis-Font; Liébaert, 188; Grillmeier, Jesus der Christus 1, 328f.; Kamlah, 209 mit A.4 belegt eine Verwandtschaft mit den Testamenten der zwölf Patriarchen: *TestJud* XX; *TestAss* I).[3] Siehe auch zu Vis I 1,1–2 (Mand XII 1,1) über den bösen und den guten Trieb. Man kann sich auf das Verständnis der Vorstellung im Gebrauch des H beschränken. Er denkt sich den Menschen nach III 1; V 1,2; X 2,6 als zunächst von einem guten Geist (πνεῦμα) „bewohnt", der verschiedene Epitheta hat (Geist der Wahrheit III 4; wahrhaftig III 1.4; lügenfrei III 2; heilig/σεμνός III 4; heilig/ἅγιος V 1,2.3; 2,5; rein V 1,2; gerecht V 2,7; empfindsam V 1,3; 2,6) und der das von Gott gegebene gute Ich im Menschen (s. zu III 1) und letztlich dieser selbst ist. Die Wohnung (s. Exkurs: Das Bild vom „Wohnen") wird diesem „heiligen Geist" dann von (einem

[3] Ältere Ableitungsversuche in anderer Richtung durch Dibelius, 518f.; Dibelius-Greeven, 266–268.

oder mehreren) bösen Geistern (immer: πονηρὰ πνεύματα; vgl. Chase, 85–101: „The origin and use of ὁ πονηρός as applied to Satan", der die Terminologie des PH allerdings übersehen hat) streitig gemacht (III 4; V 1,3–4; 2,5), so daß dieser Geist entweder durch Ansteckung korrumpiert (III 2) bzw. „verdunkelt" (V 1,2) wird oder den Menschen verläßt, von ihm „auszieht" und den bösen Geistern Platz macht (V 2,5–7), beides zum schweren Nachteil des Menschen, der das in sich geschehen läßt. – Diese Idee von den antagonistischen Geistern, die den Menschen „bewohnen", interpretiert also mit massiv räumlichen Kategorien die moralische Alternative, vor der der Mensch sich findet: Wo das Gute wohnt, ist buchstäblich kein Platz für das Böse. Wo das Böse zum gewaltsamen oder listigen Hausbesetzer wird, zieht das Gute aus. Hier ist das für den getauften Sünder in der Folge Gut-Böse formuliert; für die Situation vor der Taufe kehrt sich die Folge um wie in den *Ecl.proph.* 12: „Wer sich vom Schlechten leer gemacht hat (κενόω), muß die Seele mit dem guten Gott anfüllen (πληρόω), was ein erwähltes Bewohntsein ist. Wenn die Leere (τὰ κενά) nämlich ausgefüllt ist, dann folgt das Siegel (= Taufe), damit das Heilige für Gott bewahrt bleibt"; die Terminologie κενός/κενόω liebt, in verwandter Version, auch H (s.u. XI). – Die Diktion des H ist dabei wiederholt verwirrend, weil sie nicht genauer ist als seine Gedanken. Es wohnt z.B. der gute Geist im Menschen (1,2), aber dasselbe tut der Herr (III 1), ohne daß beide identifiziert sein sollen; und der Herr wohnt, wenn gerade von der Geduld die Rede ist, auch in dieser Tugend (1,3.6), die dem „heiligen Geist" die besten Wohnbedingungen im Menschen bereitet (V 1,2), ohne daß deshalb Geduld und Mensch (als Wohnung) oder Geist und Herr dasselbe wären. H setzt tolerante Leser voraus.

Eine zweifelsfreie Beschreibung dieser Geisterlehre ist ungemein schwierig (s. Exkurs: Die Pneumatologie). Den Nachweis, daß eine ursprüngliche Viel-Geister-Lehre in Form einer Reduktion auf „den einen heiligen Geist, den der Christengott den Christen verliehen hat", christianisiert wurde, hat Dibelius, 518 (vgl. Bousset, Kyrios Christos, 219 A.1) nicht erbringen können, weil die unbekümmerte Art des H, mit Personifizierungen zu operieren (vgl.z.B. neben vorliegendem Text VI 2,1.2), keine verläßliche Basis für solche traditionskritischen Rückschlüsse darstellt. Umgekehrt kann man angesichts der Mehrzahl von bösen Geistern in 2,5.7 an vorliegender Stelle nicht ungeniert von den (nur) zwei antithetischen Geistern im Menschen aus traditioneller jüdischer (Giet, Hermas, 26.201f.) und auf 1 Sam 16,14 zurückgehender (Seitz, Two Spirits, 87f.) Anschauung reden. Denn „Geist" in diesem Sinn ist hier im Singular und als Individuum religionsgeschichtlich bedeutungsgleich mit einer Gruppe von Geistern. Jedenfalls ist dies so in der Vorliebe des H für Allegorien, die er bald für Hauptfiguren, bald für ganze Gruppen (von Tugenden, Lastern, Menschentypen usw.) benutzt. H verzichtet in solchen Zusammenhängen auf Folgerichtigkeit, wenn beispielsweise sowohl der wahre Geist heiter (bzw. froh) ist (V 1,2; X 3,2) als auch die

Geduld (V 2,3); wenn die Geduld in den Gläubigen wohnt (2,3), wie es der Geist (III 1; V 2,1) und die Heiligkeit (IV 1,3) tun, während umgekehrt der Herr in der Geduld wohnt (1,3.6). Das alles sind Variationen eines dualistischen Grundschemas, das von H als Form der moralischen Unterweisung in den Mandata gewählt wird (vgl. Liébaert, 188–199). Zwei Geister(gruppen), zwei Engel (VI 2,1f.), zwei Wege (VI 1,2–4) sind die dominierenden Varianten.

Wo also der Mensch Geduld hat, bleibt der gute Geist, der ihm bildlich gegenübergestellt wird, vor Verunreinigung und Verdunkelung durch einen „anderen, bösen Geist“ verschont und zeigt in idealer Weise Zustand und Eigenschaften des heilsgewissen Menschen, der auf dem rechten Weg ist: Er ist „rein“, „jubelt“ in Freude, „dient Gott“ usw. „zusammen mit dem Gefäß (= dem Menschen), in dem er wohnt“. Sinn und Möglichkeit dieser Differenz zwischen dem Menschen und dem in ihm wohnenden Geist, mit dem er doch jedenfalls identisch ist, bleiben unerklärt. – Zur Idee vom Wohnen gehört die „Geräumigkeit“, die (wie im folgenden deutlicher wird) zum Wohlbefinden und Verbleiben des reinen Geistes im Menschen gehört: **1,3–4** Er braucht allen Platz, d.h. beansprucht den ganzen Menschen. Wo er den Platz mit dem Jähzorn (einem „anderen, bösen Geist“: 1,2) teilen muß, äußert sich sofort seine „Empfindlichkeit“ als eine Allergie oder Irritation (durch das erzwungene Zusammenwohnen wird der Geist der Wahrheit „traurig“: III 4). Diese Situation wird mit verschiedenen bildhaften, von H aber realistisch gemeinten Motiven dramatisiert und illustriert: als beklemmende „Einengung“ des ersten Bewohners im durch den unerbetenen Zuzug zu klein gewordenen Wohnraum, als dadurch eintretende „Erstickung“ und als Auszug[4] des „heiligen Geistes“, ferner als Verunreinigung der Wohnung und seiner selbst (von Joly, 165 A.3; 431 fälschlich auf das göttliche Pneuma bezogen), als Unverträglichkeit so konträrer Bewohner in ein und derselben Wohnung sowie als Beeinträchtigung des Erstbewohners in seiner Betätigung (Dienst an Gott; vgl. auch 2,3.5–6; X 2,6). Daß dann (1,3 Ende) „der Herr“[5] und „der Teufel“ als die „Bewohner“ von Geduld bzw. Jähzorn bezeichnet werden, bleibt mit dem Bisherigen völlig unvermittelt und zeigt, wie gesagt, einmal mehr den unbekümmerten und assoziativen Umgang des H mit frommen Motiven (s. III 1).

1,5–6 Im Unterschied zu 1,2–4 ist dieser Abschnitt bildhaft gemeint, ein ausgeführtes Gleichnis (zum bildgeschichtlichen Umfeld von Wermut und Honig s. Piesik, 62f.; Geffcken, Christliche Apokryphen, 43: „Moralien aus griechisch heidnischer Schule“). Es thematisiert noch einmal die Unverträg-

[4] Wenn ἀποστῆναι und πνίγεται in V 1,3 Anspielung auf ἀπέστη und ἔπνιγεν in 1 Sam 16,14 LXX sind (bei tatsächlich entsprechenden Subjekten), sagt dies inhaltlich doch wenig über die genaue Bedeutung der πνεῦμα-Terminologie im PH.

[5] Auf keinen Fall ist der Herr hier Äquivalent zu „heiligem Geist“, wie Daniélou, Théologie, 193 meint.

lichkeit antagonistischer Elemente auf engstem Raum und die schädliche Folge und Gefahr: Das Verderbliche auch in kleinster Dosis setzt sich durch, das Gute nimmt Schaden bis zur „Unbrauchbarkeit". Die Adjektive „brauchbar (εὔχρηστος; Vis IV 3,4: χρήσιμος)" und „unbrauchbar (ἄχρηστος; hier gleichbedeutend: τὴν χρῆσιν αὐτοῦ ἀπώλεσεν)" markieren die vorhandene und fehlende Disposition oder Bewährung zum Heil, und zwar in den unterschiedlichsten bildhaften Zusammenhängen, weshalb man am besten überall gleichlautend übersetzt: „brauchbar" oder nicht sind die Steine zum „Bau" (Vis III 5,5; 6,1) bzw. für den „Turm" (Sim IX 15,6); die Steine (= die Menschen) für Gott (Vis III 6,6); die Reichen für Gott (Vis III 6,6f.); das Gold in der Metapher (Vis IV 3,4); die Geduld für den Herrn (Mand V 1,6); das Gebet vor Gott (ebd.); der vernachlässigte Weinstock (Sim IX 26,4). H dehnt die Anwendung seiner volkstümlichen Begriffe gern möglichst weit aus und tut den verwendeten Bildern dabei nicht selten Gewalt an.

„Die Geduld ist viel süßer als Honig": zur Übersetzung Hilhorst, Sémitismes, 92. Die ausdrückliche Anwendung des simplen Bildes auf das Thema Geduld und Jähzorn mischt das Motiv der Verunreinigung hinein, das nicht aus dem Gleichnis stammt, sondern zur Vorstellung vom (verunreinigten) Wohnplatz (1,3) gehört. Die Geduld, die eben noch Tugend (1,1.2.6) und Wohnplatz des Herrn (1,3.6) war, ist hier Subjekt des Betens (wie 2,3 des Gotteslobes), steht also (wie der „heilige Geist" 1,2) für den Menschen. Eine andere Bedeutung von ἔντευξις als „Gebet", die wegen 2,3 auch keine Schwierigkeiten macht, kommt kaum in Frage: Zeller, 210 deutet das Wort auf die Vermischung von Jähzorn und Geduld („das Dazukommen jenes", sc. des Zornes zur Langmut). S. X 3,2.

1,7 Mit seiner Frage nach der Wirkweise des Jähzorns („Wirkweisen" – ἐνέργειαι – von Laster und Tugend auch Vis III 8,3; Mand V 2,1; VI 1,1; 2,2.6), die ein neues Thema, ein zuvor vielleicht eigenständiges Gebot zum Jähzorn (vgl. X 1,1), eröffnet, zeigt H, daß er Experte ist als Empfänger und Mittler der sittlichen (Buß-)Predigt: Er weiß, was der Mensch wissen und lernen muß, und fragt das Richtige. Die Antwort des Hirten enthält alle zentralen Züge seiner sonstigen Appelle: Die Warnung vor dem Unheil, den Aufruf zur Wachsamkeit, Zusage des Beistands, Einbeziehung der Familie des Hermas (vgl. z.B. II 7), Ausweitung auf „alle", Notwendigkeit der Buße. Die „Rechtfertigung"[6] durch den „heiligsten Engel" (zur Identität s. den Exkurs: Die Christologie; Vis V 2; Moxnes, 53.55) ist nicht im paulinisch-soteriologischen Sinn zu lesen, sondern als geschenkte Befähigung zur Erfüllung des Gebotes „Geduld statt Jähzorn", eine mitteilbare Kraft (Vis III 1,6).

[6] Schläger, 342 schlägt eine Änderung des ἐδικαιώθησαν (das Verb auch Vis III 9,1; Sim V 7,1) in ἐνεδυναμώθησαν (auch Sim V 4,4; VI 1,3; IX 1,2) einzig aus dem Grund vor, weil man den (von ihm für jüdisch gehaltenen) Text sonst christlich lesen könnte.

2,1 Zu der Auskunft über die „Wirkweise" (vgl. Vis III 8,3; Mand V 1,7; VI 1,1; 2,2.6) des Jähzorns, um die H gebeten hat, verwendet der Hirt erst ab 2,5 wieder die Geistervorstellung. Zunächst spricht er von einer Kraftprobe. Die Rettung ist es, „voll im Glauben" (hier und Mand XII 5,4) statt „verwelkt" (Sim IX 23,2) oder „leer und leichtfertig" (Mand XII 4,5) „im Glauben" zu sein.[7] Beute des Bösen sind nur die Versager, die Lauen, die H mit den für ihn typischen Adjektiven (ἀπό)κενός (im Sinn von Mangel an Glaube usw.) und δίψυχος (im Sinn von Unentschiedenheit und Zaudern) charakterisiert. **2,2** Wie ein raffinierter Feind sucht der Jähzorn die verwundbare Stelle beim Menschen, womit dieser gewarnt ist. Und das ist die Wirkweise des Jähzorns: Im unernst sorglos geführten Leben und aus unauffälligen alltäglichen Situationen erzeugt er verbitterte Streiterei. H reiht etliche solcher Anlässe auf, woraus praktische Erfahrung mit dem christlichen Milieu und wahrscheinlich auch in seiner eigenen, nicht idealen Familie spricht. Die scharfe Abwertung der „törichten Sachen", mit denen die Menschen ihr Leben zubringen, entspricht der Tendenz des Bußpredigers.

2,3 Die Geduld als Bollwerk gegen den Jähzorn als Böses ist hier in die Rolle des Geistes von 1,2 geschlüpft: froh (bzw. heiter), jubelnd usw. und vor allem auf „geräumige" Bleibe im Menschen angewiesen, in dem sie hier „wohnt" (wie 1,2.3). **2,4** Die verheerende Wirkung des Jähzorns wird nach Art der „Kettenschlüsse" beschrieben, die dem Bereich weisheitlicher Einsichtigkeit angehören (Küchler, 570). **2,5** Seine psychologische Eskalation bis zur Wut als schwerer Sünde wird unvermittelt fortgesetzt mit der Rede von den Geistern als Bewohnern des Menschen (III 1; V 1,2). Erst hier begegnen sie, als böse Geister, im Plural, während es den guten, „heiligen" Geist wieder nur im Singular gibt (wie 2,7). Das Bild vom Eindringen der Geister in das „Gefäß" Mensch, in dem der „heilige Geist" als schon wohnend gedacht wird, wird zuerst auf die Enge interpretiert, die durch deren Dazukommen entsteht. Nachdem unter dem Gefäß der Mensch zu verstehen ist und die ganze Schilderung (auch der Enge von 1,3 und X 2,6) die „materialistische Anschauung vom Wesen dieser ‚Geister'" (Fuchs, 34) fortsetzt, liegt in der Rede vom räumlichen Mangel und Überfließen eine Banalisierung (oder Popularisierung) der ganzen Vorstellung. **2,6** Auch hier (wie 1,3) gibt der gute Geist nach und „zieht aus", da er die Wohngemeinschaft mit dem Bösen in seiner Empfindsamkeit nicht erträgt. Für σκληρότης bietet sich die Assoziation an das wilde Aussehen böser Geister oder eher noch (zusammen mit dem Gegenbegriff τρυφερός) der Bezug auf die kontrastierende Materialität der beiden antagonistischen Geister an.[8] Die oszillierende Redensart des H läßt den heiligen Geist aus einem Men-

[7] Das ἐν (τῇ πίστει) ist hier nicht im grammatisch an sich denkbaren instrumentalen (Demaray, 107), sondern wegen dieser Parallelen im limitativen Sinn zu lesen (Hilhorst, Sémitismes, 83).

[8] Die erste Deutung bei Dibelius, 517f.; die zweite bei Joly, 169 A.1; Tanner, 13f., letzterer

schen aus- und bei Tugenden einziehen (statt bei einem jähzornigen Menschen aus- und bei einem sanften und ruhigen Menschen einziehen). **2,7** Die mit der Vorstellung von einwohnenden Geistern (vgl. auch Knorz, 121) verbundene Raumsprache geht weiter. Wo der gerechte Geist auszog, ist der Mensch leer und wird von den bösen Geistern angefüllt (vgl. Mt 12,43f.; Lk 11,24). H greift in seiner Moralpredigt zu anschaulichen Bildern und leicht verständlichen, „handgreiflichen" Beispielen, die den jeweiligen Zustand des Menschen zwischen Fremdeinfluß und eigener Entscheidung plastisch ausmalen. Das Schicksal des vom gerechten Geist verlassenen Menschen, wie es der Jähzornige erlebt, ist bedauernswert und aussichtslos. **2,8** Daraus resultiert das besondere Gebot, wie es zum Schluß (vollständiger als 1,1) formuliert wird: Die Entscheidung gegen Jähzorn und für Geduld nennt H ein Schlüsselgebot für die übrige Gebotserfüllung. Der „schlimmste Geist" ist in X 1,2 allerdings die Traurigkeit, so daß die Hervorhebung einzelner Laster zum jeweils „schlimmsten Geist" hier wie dort bloß Redensart ist und nicht eine wirkliche Hierarchie markiert. Jähzorn und Verbitterung gehören zusammen (s. VI 2,4.5). Das Bild ἔνδυσαι (anziehen) kann wie II 4 von der σεμνότης für die Ausstattung mit verschiedenen Tugenden gebraucht werden (vgl. Kraft, Clavis, 153). Zur Verbindung des Futurs mit dem Partizip (ἔσῃ εὑρισκόμενος) s. Hilhorst, Sémitismes, 73. Die abschließende Verallgemeinerung der Pflicht gehört im PH zum Genus von Gebot und Paränese. H ist nur stellvertretender Adressat.

Sechstes Gebot

Der Glaube (Mand VI 1,1–2,10)

35 (VI 1) 1 **Er sprach: „Im ersten Gebot habe ich dich angewiesen, Glaube, Furcht und Enthaltsamkeit einzuhalten." „Ja, Herr", sagte ich. „Jetzt", sagte er, „will ich dir aber auch ihre Kräfte kundtun, damit du weißt, welche Kraft und Wirkweise jedes von ihnen hat. Zwiefach sind nämlich ihre Wirkweisen; sie laufen auf Rechtes und Unrechtes hinaus.** 2 **Glaube du nun dem Rechten, dem Unrechten glaube nicht. Das Rechte hat (geht) nämlich den geraden Weg, das Unrechte aber den krummen. Geh du auf dem geraden und ebenen Weg und laß den krummen!** 3 **Der krumme Weg hat nämlich keine (gut begehbaren) Pfade, sondern unwegsame Stellen und viele Hindernisse, ist holprig und dornig. Man zieht sich Schäden zu, wenn man ihn geht.** 4 **Wer dagegen den geraden Weg nimmt, der geht eben und ungehindert dahin, weil er weder holprig noch dornig ist. Du siehst also, es ist viel günstiger, diesen Weg zu nehmen."** 5 **Ich sagte: „Ich bin damit einverstan-**

---

mit dem Interesse am Nachweis eines lateinischen Originals des PH (zur Kritik Hilhorst, Sémitismes, 7f.).

den, Herr, diesen Weg zu gehen." „Geh ihn", sagte er, „und wer sich von ganzem Herzen zum Herrn wendet[1], wird ihn gehen."

36 (VI 2) 1 **„Vernimm jetzt, was den Glauben betrifft!" sprach er. „Zwei Engel sind beim Menschen, ein Engel der Gerechtigkeit und ein Engel der Schlechtigkeit."** 2 **Ich sagte: „Herr, wie werde ich ihre Wirkweisen erkennen, da beide Engel bei mir wohnen?"** 3 **„Hör her", sprach er, „dann verstehst du sie. Der Engel der Gerechtigkeit ist empfindsam, schamhaft, sanftmütig und ruhig. Wenn er nun über dein Herz kommt, spricht er mit dir sofort über Gerechtigkeit, über Keuschheit, über Heiligkeit und Selbstgenügsamkeit, über lauter gerechte Werke und über alle rühmliche Tugend. Wenn das alles in dein Herz kommt, dann erkenne daran, daß der Engel der Gerechtigkeit bei dir ist. Das sind also die Werke des Engels der Gerechtigkeit. Glaube darum ihm und seinen Werken. –** 4 **Laß dir jetzt auch die Werke des Engels der Schlechtigkeit zeigen. Zu allererst ist er jähzornig, bitter und dumm, seine Werke sind schlecht und verführen die Diener Gottes. Wenn er über dein Herz kommt, dann erkenne ihn an seinen Werken."** 5 **Ich sagte: „Herr, ich verstehe noch nicht, wie ich ihn erkennen kann." „Hör her", sagte er, „wenn dich der Jähzorn packt oder Erbitterung, so erkenne daran, daß er in dir ist. Und weiter: die Gier nach möglichst viel Geschäft und großer Aufwand an Essen und Trinken und viel Rauschgelagen und an allerhand unverantwortlichem Luxus und Begierden nach Frauen und Habsucht und ausgeprägter Hochmut und Prahlerei – und was alles in dessen Nähe kommt und dem gleicht: Wenn das über dein Herz kommt, dann kannst du daran erkennen, daß der Engel der Schlechtigkeit in dir ist.** 6 **Wenn du seine Werke also erkennst, sag dich von ihm los und glaube ihm nichts, weil seine Werke schlecht sind und für die Diener Gottes schädlich. Jetzt hast du die Wirkweisen beider Engel. Versteh sie und glaube dem Engel der Gerechtigkeit.** 7 **Vom Engel der Schlechtigkeit sag dich aber los, weil seine Lehre für jede Tat schlecht ist. Denn wenn bei einem noch so gläubigen Menschen das Begehren dieses Engels das Herz überkommt, dann kommt es bei diesem Mann oder dieser Frau zwingend zur Sünde.** 8 **Wenn andererseits bei einem noch so schlechten Mann oder einer Frau die Werke des Engels der Gerechtigkeit das Herz überkommen, dann tun sie notwendigerweise etwas Gutes.**
9 **Du siehst also", sagte er, „daß es richtig ist, dem Engel der Gerechtigkeit zu folgen und dem Engel der Schlechtigkeit eine Absage zu erteilen."**

10 **„Dieses Gebot klärt über den Glauben auf, damit du den Werken des Engels der Gerechtigkeit glaubst, und wenn du sie tust, wirst du für Gott leben. Glaube aber auch, daß die Werke des Engels der Schlechtigkeit schlimm sind; wenn du sie nicht tust, wirst du für Gott leben."**

Der Text beginnt mit einem Prolog zu Mand VI–VIII (1,1–5), der neue Belehrungen über die in Mand I proklamierten Tugenden des Glaubens, der Furcht und Enthaltsamkeit ankündigt. Es geht um das Kontrastieren und Unterscheiden von entgegengesetzten Dingen bzw. von Doppelungen. Das ist eine beliebte Denk- und Darstellungsform des PH. Mand VI ist typisch dafür: Es gibt zwei Wege, zwei Geister, je zweierlei Glaube, Furcht und

[1] Vgl. Jer 24,7; Joel 2,12.

Enthaltsamkeit (VII 4; VIII 1). H kennt nämlich ein Prinzip der Ambivalenz aller kreatürlichen Dinge, das erst VIII 1 genannt wird und sinngemäß an den Beginn vorgezogen werden muß. Von diesem Prinzip sind nämlich auch diese drei Verhaltensweisen betroffen, so daß sie in einem dualistischen Klima einen doppelten Sinn haben, positiv und negativ, was in Mand I absolut fern lag. In 2,1–10 wird das am Glauben demonstriert, Mand VII an der Furcht, VIII an der Enthaltsamkeit. In beide Teile von Mand VI ist ungeschickterweise und zu Lasten der thematischen Klarheit außerdem je noch eine zusätzliche, ebenfalls „dualistische" Vorstellung eingeführt, nämlich im Prolog die von den zwei Wegen (1,2–5), im Glaubensgebot die von den beiden Engeln (2,1–10). So überschneiden sich die Antagonismen im Text. Und zwar ist es der Sinn dieser „Lehre von den Doppelungen", die in VIII 1 „auf die gottgewollten Grunddoppelungen der Schöpfung bezogen" sind, „einer subtileren Analyse menschlicher Haltungen dienstbar gemacht (zu) werden" (Küchler, 568). Daß in *TestAss* I 3–5 der „Leitgedanke von Mand VI–VIII" vorliegt (Dibelius, 520), wird man wegen des anderen Kontextes nicht sagen können, aber der jüdische Hintergrund mit der Lehre von den zwei Wegen (VI 1,2–5), den zwei Trieben und zwei Geistern ist evident (ebd.). Und so ist Thema und roter Faden durch Mand VI–VIII die Belehrung: Ein bestimmtes Glauben, Fürchten und Sich-enthalten muß man üben und ein anderes vermeiden. Das jeweils Richtige hat man zu glauben und das Falsche zu fürchten, zu unterlassen. Es geht um zweierlei Glaube (1,2; 2,3.6.10), Furcht (VII 1.2.3.4) und Enthaltsamkeit (VIII 1). Die drei Begriffe werden zu rein moralischen Kategorien. H greift zu immer neuen mechanischen und leicht einprägsamen Ideen seiner Bußpredigt, deren Banalität oft mit einem moralisch anspruchsvollen Inhalt kontrastiert, den sie unterstreichen und vermitteln wollen (vgl. hier VI 2,5; VIII 3.5.10). Das jeweilige Gebot im engeren Sinn ist in Mand VI–VIII an verschiedensten Stellen placiert und wird teils auch wiederholt. „Das ganze Lehrstück trägt" im übrigen „viele Spuren einer recht gekünstelten Komposition" (Küchler, 568). Daß VI–VIII erst hier stehen und nicht unmittelbar an I, auf das sie sich beziehen, angeschlossen sind, hat seinen Grund darin, daß I–V dem H vorgelegen sein müssen (s. o. vor I 1), während man ab VI auf ausschließlich seine eigene „Leistung" und Handschrift trifft. Aus der Komposition wie aus der (trotz der identischen und regelmäßigen Merkmale, die es gibt) störend unterschiedlichen Formgebung in den einzelnen Mand läßt sich nicht eine Bearbeitung mit Einschaltungen rekonstruieren (gegen Völter, Apostol. Väter, 249–253), weil man dabei die Unbeholfenheiten des H bei der Erstellung seiner Texte mit den Folgen einer nachträglichen Redaktion verwechselt, die nach Völter obendrein von H selbst vorgenommen sein soll, so daß Verfasser und Redaktor bei ihrer Arbeit noch schwerer zu unterscheiden sind. Die Durchzählung der Mand bleibt auch bei VI–VIII sinnvoll, weil sie nicht etwa bloß wiederholen, sondern ein jeweils neues Gebot mitteilen wollen. Tatsächlich ist beispielsweise „unter Glaube hier etwas ganz anderes verstanden" als in I (Völter, ebd. 250).

1,1 Von Tugend und Laster muß man grundsätzlich die „Kräfte“ oder Eigenschaften (δυνάμεις) und „Wirkweisen“ (ἐνέργειαι) kennen (Vis III 8,3; Mand V 1,7; 2,1; VI 2,2.6), um moralisch hinreichend orientiert zu sein. Die Instruktion darüber spricht gewöhnlich von den schlechten und guten „Wirkweisen“ der Laster und Tugenden (bzw. ihrer Allegorien). Hier wird sie komplizierter, weil sie von „zwiefältiger“ oder „doppelter“ „Wirkweise“ derselben Größen (Glaube, Furcht und Enthaltsamkeit) redet (hier wie VIII 1: διπλοῦς; VII 4: δισσός) und wegen der unterstellten Zwiefältigkeit von Glaube, Furcht und Enthaltsamkeit das Postulat der notwendigen Unterscheidung der Geister damit verquickt. Der Gedanke wirkt dadurch etwas seltsam, kann aber die menschliche Situation innerlichen Kampfes und notwendiger Entscheidung gut veranschaulichen. Der Mensch hat es immer mit der Wahl und dem Widerstreit zwischen den Bereichen von Gut und Böse zu tun, manchmal wie hier und XII 1,1 sogar unter ein und demselben Wort. Wie das zu verstehen ist, wird im Lauf der Mand VI–VIII deutlich. **1,2** Glaube, Furcht und Enthaltsamkeit sind nicht neutral, sondern je nach der „Richtung“ ihrer Betätigung gut oder auch verfehlt, – eine „zwiefache Wirkweise“ – (Tanner, 14–17 will 1,2 von einem original lateinischen Muster her erklären; Kritik durch Hilhorst, Sémitismes, 7). Der Imperativ („glaube du“) ist das eigentliche sechste Gebot. Er ist aber unübersichtlicherweise zu früh eingesetzt, nämlich schon im Prolog, in dem es vorerst kumulativ um alle drei Tugenden von Mand I, nicht schon um den Glauben speziell geht. Dies ist erst 2,1–10 der Fall, wo sich der Imperativ πίστευε folglich mehrfach wiederholt (2,3.6.10). In jedem Fall ist dieser Imperativ das sechste Gebot „über den Glauben“. Hier und in den Wiederholungen zeigt H einen nicht nur theologisch dürftigen, sondern auch ungenauen Glaubensbegriff (man darf jedoch nicht deshalb statt mit „Glaube“ mit „Vertrauen“ übersetzen wie Joly, 173; Giet, Hermas, 27.202; Fuchs, 47): „glaube dem Rechten (bzw. der Gerechtigkeit) und nicht dem Unrechten“ oder „dem Engel der Gerechtigkeit“ (2,3.6) bzw. „seinen Werken“ (2,10) und „nicht dem Engel der Schlechtigkeit“ (2,6), und „daß die Werke des Engels der Schlechtigkeit schlimm sind“ (2,10). Glaube ist Wahl und Verwirklichung des Rechten oder der Gerechtigkeit, diese ihrerseits eine Chiffre für christliche Moralität, die ebensogut mit der (hier als Bild nicht gerade passenden, aber des Dualismus wegen gewählten) schon altgriechischen Zwei-Wege-Metapher[2] ausgedrückt wird. Das Attribut ὁμαλός = „eben“

[2] Ihre Verwendung hier muß auch logisch als mißglückt gelten: „Das Rechte *hat* den... Weg“ (1,2). Materialien und Ableitungen zum verbreiteten Paränese-Schema der Zwei-Wege-Lehre generell und im PH bei Dibelius, 521f.; Giet, Hermas, 27; Kamlah, 210 („Verbindung des Zwei-Wege-Schemas mit einem Katalogpaar“); Piesik, 47–55; M.J. Suggs, The Christian two ways tradition, in: Studies in NT and Early Christian Literature (Essays in Honor of Allen P. Wikgren), Leiden 1972, 60–74; Rordorf, 109–128; Seitz, Antecedents; Taylor, The two ways; J.P. Martín, 316–318; W. Rordorf – A. Tuilier, La doctrine des douze apôtres (Didachè), Paris 1978, 22–34; Wengst, 92 A.1; Snyder, 77; Hilhorst, Sémitismes, 30f.; ders., Hermas, 692f.; umfassend Niederwimmer, 83–88.

steht qualifiziert positiv (s. Exkurs: Die Ebene) für das rechte Gottesverhältnis; vielleicht ist der Gebrauch im PH von Ps 25,12; 142,10; Jes 40,3 (alle in der Übersetzung des Symmachus) abzuleiten und als Signal für die Nähe des PH zum Judenchristentum zu zählen (Michaels). **1,3–4** Es fällt auf, daß bei H der gute Weg bequem, der schlechte aber gefährlich und beschwerlich ist, und zwar gegen die gesamte Tradition mit der einzigen Ausnahme bei Philon, *vit.Moys.* II 138 (Hilhorst, Hermas, 692f.). Auch die Geländebeschreibung ist im PH in dieser Breite singulär. Das paßt zur Predigt des PH, in der es nicht um Anstrengung, Askese und Strapaze, sondern um kluge, nützliche und unwiderrufliche Wahl und Bekehrung geht (Joly, 170f. erklärt die Abweichung aus dem Aspekt der eschatologischen Konsequenz von Tugend und Laster und dann als Ausdruck des christlichen Optimismus). Daß nach 1,2 der rechte Weg gerade, der unrechte krumm ist, kann für jüdisch-christliche Tradition sprechen (Hilhorst, Hermas, 693). Die an sich denkbare Verbindung der zwei Wege mit den zwei Engeln wie Barn 18,1 findet sich im PH nicht, obwohl er beide Vorstellungen nebeneinander einsetzt (nach Snyder, 77f. muß man zwei zugehörige Anthropologien unterscheiden). **1,5** Sodann wird im typischen Stil H als Paradigma solcher Entscheidung genannt und die Metapher zur möglichen Bekehrung aller ausgeweitet.

2,1 Als sei in 1,2 nicht schon zum Glauben aufgerufen worden, wird die Belehrung darüber (Snyder, 76: „homily"), somit das Gebot, erst hier förmlich eröffnet. Die Anschauung von den zwei antagonistischen Engeln[3] (Crombie, 24 A.1 verweist auf Tob 3,8.17; εἷς... καὶ εἷς ist Semitismus: Hilhorst, Sémitismes, 130f.), die sichtlich nichts mit dem Begriff „Glauben" zu tun hat, sondern über diesen nur mit Mühe in den hiesigen Zusammenhang gebracht wird, entspricht der von den „Geistern" (s. zu III 1.4; V 1,2 (vgl. die Exkurse: Die Pneumatologie; Die Engel) mit dem Unterschied, daß die beiden Engel nicht nacheinander bzw. wechselweise „im Menschen", sondern gleichzeitig „beim Menschen" sind (vgl. auch *TestJud* XX 1: δύο πνεύματα σχολάζουσι τῷ ἀνθρώπῳ τὸ τῆς ἀληθείας καὶ τὸ τῆς πλάνης). Die Lehre von den zwei Engeln (oder Geistern), als solche und in ihrer Verbindung mit dem Zwei-Wege-Schema (1,2–5) jüdische Tradition, wie Niederwimmer, 85 mit A.14 zuletzt gezeigt hat (nach Lluis-Font im PH speziell aus der Gemeinderegel von Qumran III 18-IV 1 genommen: „Hermas pense en juif les dogmes chrétiens"), ist der religionsgeschichtlich adäquate Rahmen für die jüdisch-judenchristliche Ethik der Mandata und ihre Darstellung des inneren Kampfes von Gut und Böse im Menschen mit deren dualistischem Grundriß: Die moralischen Anstrengungen des Men-

[3] Zur altkirchlichen Rezeption und Vorliebe dieses Teils des PH siehe Funk, 487–493 bzw. Gebhardt-Harnack, 91–97. Origenes z.B. zitiert (*LucHo* 35, ed. M. Rauer, GCS 35, 207 Zeile 15ff.) das und fährt fort: *Scribitur et alibi, quod assistant homini sive in bonam, sive in malam partem duplices angeli* (dazu vgl. Kretschmar, 119 A.4).

schen tendieren von der Gespaltenheit, dem Zweifel (διψυχία), auf innere Einheit, Einfachheit und Entschiedenheit. Zu diesem Muster gehören Tugend- und Lasterkataloge. Ausführlicher Liébaert, 188–199; Seitz, Two Spirits; J. P. Martín; Barnard, Hermas and Judaism, 6–8, alle unter Insistieren auf dem jüdischen Hintergrund. Schweizer, Gegenwart, 494–496 leitet die Vorstellung dagegen aus dem persischen Raum her, wo der Geist „die Situation des moralisch lebenden, ethisch entscheiden müssenden Menschen“ bestimmt.

2,2 H stellt sich immer wieder völlig ahnungslos, um alles zu erfahren. Engel, Tugenden und Laster werden wie unbekannte Größen behandelt, zu deren Identifizierung es ein speziell offenbartes Wissen um ihre Merkmale braucht (vgl. Vis III 8,3; Mand V 1,7; 2,1; VI 1,1; 2,6): eine Unterscheidung der Geister[4]. **2,3** Die Adjektive („empfindsam“/τρυφερός ist der vergleichbare Geist auch V 1,3; 2,6) signalisieren die positive Grund-Qualität der rechten Gesinnung, für die der Engel der Gerechtigkeit steht (Fuchs, 46: „so etwas wie die Gemütsverfassung des Menschen“). An der Dominanz der einschlägigen aufgezählten Tugenden (aus jüdisch-christlichem und paganem Wortschatz) im eigenen Denken und Leben ist dieser Engel (Geist) für den Menschen erkennbar, womit die Frage des H beantwortet ist. Das Gebot des „Glaubens“ im Sinn von 1,2 meint wieder das Festhalten und Verwirklichen dieser positiven „Werke“. – **2,4** Ganz parallel stilisiert ist die Kehrseite mit denselben Chriffren bei umgekehrten Vorzeichen. Böse Geister stehen im PH figurativ für moralisch-psychologische Übel (Gokey, 121.123.178) und sind die „zu Dämonen verkörperten, sich beständig widerstreitenden menschlichen Neigungen“ (Schenk, Lehrbegriff, 7) und „verkörpert gedachten Einwirkungen des einen bösen Weltprincips auf den Menschen“ (ebd. 9). „Jähzorn und Verbitterung“ stehen auch V 2,8 für das Böse. **2,5** Die nachbohrende Frage des H (nach dem schlechten Engel) ist wieder das treibende Moment für weitere Information, hier für Präzisierung und Veranschaulichung. Mit diesen Hinweisen wird die Unterscheidung zu einer Sache für jedermann. Dazu dienen die abschreckenden Sünden von jedermann (zu denen im PH das Geschäftemachen gehört: Vis II 3,1; III 6,5; Mand III 5; X 1,4; Sim IV 5; VIII 8,1 u.ö.: Kraft, Clavis, 375).

2,6 Damit ist H über das Wesentliche, die „Wirkweisen (vgl. zu 1,1) der beiden Engel“, belehrt. Die selbstverständlichsten Unterscheidungen werden mit großem Aufwand eingeschärft. Dazu wird Glaubensgebot nach der einen Seite, Glaubensverbot nach der anderen formuliert, weil ja der Glaube „zwiefach“ ist. **2,7–9** Sodann wird geradezu eine zwingende Triebhaftig-

[4] Zu diesem wichtigen Topos der frühkirchlichen Ethik und Askese G. Bardy, DSp 3, 1957, 1247–1254 samt Angaben über die patristische Rezeption des PH in diesem Punkt; J. T. Lienhard, On „Discernment of Spirits“ in the Early Church, TS 41, 1980, 505–529; speziell zum PH Switek, 39f.

keit dämonischer Art beschrieben, als welche die Anwesenheit des jeweiligen Engels auf den Menschen zum Bösen oder zum Guten wirkt. Über ἀποτάσσεσθαι im frühchristlichen Gebrauch Dibelius, 523. Zum Optativ εἴη in 2,8 Hilhorst, Sémitismes, 63.65. Die existentiale Interpretation von 2,7f. durch Fuchs, 47f. entspricht nicht dem Genre der vorliegenden Sprache. **2,10** Abschließend wird das (terminologisch nicht sehr einleuchtend) noch einmal als eine Sache des „Glaubens", hier des Glaubens an die „Werke des Engels der Gerechtigkeit", bezeichnet (vgl. 1,2; 2,3.6), so daß nicht nur der doppelte Sinn, sondern der Gebrauch des Glaubensbegriffs in Mand VI als solcher seltsam ist. In der letzten Variante des Glaubensgebotes wird die Verneinung nicht im Imperativ (wie 2,6: μηδὲν πίστευε), sondern auf der Objektseite formuliert. – H signalisiert hier selbst, daß er das Genre „Gebot" längst verlassen hat: Das „Gebot" hatte (über den Glauben) „aufzuklären" bzw. ihn „offenbar zu machen". Es bleibt so gut wie alles rätselhaft bzw. kompositorische Willkür: Das „Gebot" ist nicht wirklich ein Gebot. Der „Glaube" ist etwas anderes als in Mand I, mit dem Mand VI–VIII sicherlich nicht ursprünglich zusammengehören. In die Erklärung des Glaubens sind die konkurrierenden Vorstellungen von den zwei Wegen und den zwei Engeln eingeschoben, ohne mit ihr und untereinander vermittelt zu werden. – Zur stehenden Schlußformel vom „Leben für Gott" s. I 2.

Siebtes Gebot

Die Furcht (Mand VII 1–5)

37 (VII) 1 **Er sprach: „Fürchte den Herrn und befolge seine Gebote[1]! Wenn du Gottes Gebote befolgst, wirst du bei deinem ganzen Tun Kraft haben, und dein Tun wird unvergleichlich sein. Denn in der Furcht des Herrn wirst du alles richtig machen. Das ist die Furcht, die du brauchst, um gerettet zu werden.** 2 **Den Teufel dagegen darfst du nicht fürchten. Solange du nämlich den Herrn fürchtest, bist du dem Teufel überlegen, weil er keine Macht hat. Wer keine Macht hat, muß auch nicht gefürchtet werden. Wer dagegen glänzende Macht besitzt, der muß auch gefürchtet werden. Denn jeder, der Macht hat, verbreitet Furcht; wer dagegen keine Macht hat, vor dem ängstigt sich keiner.** 3 **Fürchte aber die Werke des Teufels[2], denn sie sind böse. Solange du den Herrn fürchtest, wirst du die Werke des Teufels fürchten und sie nicht tun, sondern dich fern davon halten.** 4 **Es gibt also zweierlei Furcht. Wenn du vorhast, Böses zu tun, dann fürchte den Herrn, und du wirst es nicht tun. Wenn du aber umgekehrt vorhast, Gutes zu tun, dann fürchte den Herrn, und du wirst es tun. Die Furcht des Herrn ist also stark, mächtig und wunderbar. Darum fürchte den Herrn, so wirst du für ihn leben. Und alle, die ihn fürchten, werden – sofern sie seine Gebote befolgen – für Gott leben."**

---

1 Vgl. Koh 12,13.
2 Vgl. 1 Joh 3,8.

5 **Da sagte ich: „Herr, wieso sagst du (nur) von denen, die seine Gebote halten: ‚Sie werden für Gott leben'?" „Weil (zwar) alle Kreatur den Herrn fürchtet", sagte er, „aber nicht seine Gebote befolgt. Das Leben bei Gott erlangen aber (nur) die, die ihn fürchten und auch seine Gebote befolgen. Die aber seine Gebote nicht befolgen, haben auch kein Leben in sich."**

1 Die Tugenden aus Mand I sollen laut VI 1,1 nach dem Axiom vom Doppelcharakter aller Kreatur (VIII 1) redigiert und erläutert, d. h. je nach „Objekt" als Tugend oder Fehler dargestellt werden. Für den Glauben ist das in VI 1,2; 2,3.6.10 durchgeführt, in VIII wird es für die Enthaltsamkeit fortgesetzt. Darum überrascht die Inkonsequenz, daß VII 1 zunächst nicht dieses neue Thema stellt, sondern an der Gottesfurcht im ganz üblichen und traditionell biblischen (Koh 12,13) und jüdischen (Barnard, Hermas and Judaism, 8) Sinn wie I 1,2 in Verbindung mit der Aufforderung zur Gebotserfüllung orientiert. Das wird am Schluß von VII 1 aber schon anders, wo die Wendung „das ist die Furcht..." andeutet, daß es noch eine andere Furcht gibt. **2** Wie der Glaube (VI) und die Enthaltsamkeit (VIII) ist nämlich auch die Furcht durch ihr Objekt doppelt qualifiziert. In dem kurzen Satz von der (verbotenen) Furcht vor dem Teufel ist folgerichtig die antagonistische Variante der Furcht gezeigt und zugleich das (siebte) Gebot („fürchte Gott") nach der anderen, negativen Seite formuliert: „den Teufel darfst du nicht fürchten." Gottesfurcht und (oder: statt) Teufelsfurcht ist das Thema hier, das der Leser nach VI 1,1 in solcher Form erwarten mußte. Die Alternative wird sogleich eindeutig zugunsten der Gottesfurcht entschieden[3]: Wegen seiner Ohnmacht muß der Teufel nicht gefürchtet werden. **3** Um aber die Versuchbarkeit des Menschen nicht zu verharmlosen, unterscheidet H jetzt zwischen dem Teufel und seinen bösen Werken und gewinnt mit der Angst vor den Werken des Teufels eine zweite positive Furcht, die er neben der Gottesfurcht einschärft, wobei die letztere zur ersteren führt (diese Gedanken paraphrasiert Klemens v. Al., *strom.* II 55,4–5). Aber es war nun gar nicht der Sinn des Gedankens seit VI 1,1, über zweierlei Furcht in der positiven Bedeutung von Tugend zu belehren[4], vielmehr geht es um jeweils konträre Begriffe von Glaube, Furcht und Enthaltsamkeit (s. VI 1,1), die man im einen Sinn verwirklichen und im anderen vermeiden muß. **4** Also setzt H neu an und redet nun von „zweierlei Furcht" (hier διssός statt διπλοῦς wie VI 1,1; VIII 1; vgl. Sir 42,24: πάντα δισσά). Aber der Gedanke verunglückt ein zweites Mal: Es wird gar nicht zweierlei oder zwiefältige Furcht vorgeführt, sondern wieder (wie in VII 1) die eine Furcht Gottes, diesmal in der doppelten Wirkung von Vermeidung des Bösen und Verwirklichung des Guten, was nicht dasselbe ist wie δισσοὶ φόβοι im Kontext von VI–VIII. Die Erläuterung der Furcht nach dem Vorhaben von VI 1,1 und

[3] VII 2: φόβον ἔχει ist mit L^2 als *timeri debet* zu verstehen (Gebhardt-Harnack, 97; Dibelius, 525).

[4] Das ist Giet, Hermas, 28 entgangen.

dem Axiom von VIII 1 ist also nur im Übergang von VII 1 zu 2 gegeben, im übrigen aber gründlich mißlungen bzw. verundeutlicht. Die Textüberlieferung zeigt, daß die konfuse Gedankenführung des H den Text unverständlich und korrekturbedürftig aussehen ließ (s. Dibelius, 525; Snyder, 79: „the most muddled passage in the Shepherd"; Joly, 174: „La pensée est ici fort embarrassée"). – Der Rest des Kapitels zeigt, wodurch H sich von seinem Hauptthema einer Erklärung der doppelten Furcht hat ablenken lassen: Es geht ihm um die Gebotserfüllung generell, die er mit der Gottesfurcht zur idealen Haltung des Christen addiert. Diese Kombination wird dann, auf Nachfrage wiederum, als heilsnotwendig erläutert. Zum Ausdruck „für Gott leben" s. I 2.

5 Mit VII 4 war ein kompletter Textschluß erreicht. In Dialogform wird aber noch eine Erklärung angeschlossen, die nicht ursprünglich dazugehört haben kann und aus einer anderen Fragestellung entstanden sein muß. Der Hinweis auf den ungenügenden Glauben der (zitternden) Dämonen nach Jak 2,19 (mit religionsgeschichtlichen Parallelen bei Dibelius-Greeven, 196f.) stellt eine gewisse Deutungsmöglichkeit dar (Funk, 491; Weinel, HNTA, 304; Gebhardt-Harnack, 97 zu κτίσις: „Cf. si vis Rom. 8,19sq."). Sachlich bringt der Annex nämlich etwas anderes. Es scheint nicht um eine über das besprochene Einzelgebot (Furcht) hinaus erweiterte Verpflichtung auf alle Gebote zu gehen (Dibelius, 513 mit Verweis auf V 2,8; VIII 12; XII 3,2ff.), sondern um einen noch einmal neuen Begriff von Gottesfurcht[5], die alle Kreaturen (Menschen?) von Haus aus haben[6], die auch nicht einzuschärfen ist (weil alle Kreatur sie hat) und die von „seinen Geboten" unterschieden wird, die befolgt werden müssen.

Achtes Gebot

Die Enthaltsamkeit (Mand VIII 1–12)

38 (VIII) 1 **Er sagte: „Ich habe dir davon gesprochen, daß Gottes geschaffene Welt zwiefältig ist. So ist auch die Enthaltsamkeit zwiefältig. Bei einigen Dingen muß man enthaltsam sein, bei anderen nicht."**

2 **Da sagte ich: „Herr, laß mich wissen, bei welchen Dingen man enthaltsam sein muß und bei welchen nicht." „Hör zu", sagte er. „Vom Bösen enthalte dich, tu es nicht! Vom Guten dagegen enthalte dich nicht, tu es vielmehr! Wenn du dich nämlich vom Guten enthältst und es nicht tust, dann begehst du eine schwere Sünde. Wenn du dich aber vom Bösen enthältst und**

[5] Giet, Hermas, 203 sagt generell: „l'auteur se heurte aux diverses acceptions du mot crainte."

[6] So scheint auch Fuchs, 19 zu lesen, wenn er den Glauben „einen Standort oberhalb von πᾶσα ἡ κτίσις" nennt und nach ihm Furcht im PH „zum Wesen des menschlichen Daseins" gehört.

**es nicht tust, dann verwirklichst du große Gerechtigkeit. Enthalte dich also
von aller Schlechtigkeit und tu das Gute!"
3 „Herr, was sind das denn für Schlechtigkeiten, von denen wir uns enthalten müssen?" sagte ich. Er sprach: „Hör her: Ehebruch und Unzucht, verbotener Rausch, übler Luxus, viel Völlerei, Schwelgen in Reichtum, Prahlerei,
Hochmut, Stolz, Lüge, Verleumdung und Heuchelei, Nachtragen von Bosheiten und jede Lästerung. 4 Das sind die schlimmsten Werke, die der Mensch
im Leben tun kann. Der Diener des Herrn muß sich von diesen Werken
enthalten. Wer sich nämlich nicht davon enthält, kann nicht für Gott leben.
Laß dir auch noch sagen, welche Werke daraus folgen." 5 Da sagte ich:
„Herr, gibt es denn noch mehr böse Werke?" „Aber natürlich", sagte er, „es
gibt noch viele, von denen der Diener Gottes sich enthalten muß: Diebstahl,
Lüge, Raub, falsches Zeugnis, Habgier, böse Lust, Betrug, Geltungssucht,
Großtuerei und ähnliche Dinge. 6 Meinst du nicht, daß das alles schlimme
Dinge sind?" „O doch", sagte ich, „sehr schlimm für die Diener Gottes!"
„Von alledem muß sich einer enthalten, der Gott dient. Enthalte dich also von
alldem, damit du für Gott lebst und aufgeschrieben wirst unter denen, die sich
davon enthalten haben. Das sind also die Dinge, von denen du dich enthalten
mußt."
7 „Laß dir auch die Dinge nennen, von denen du dich nicht enthalten
darfst, die du vielmehr tun mußt. Vom Guten enthalte dich nicht, sondern tu
es!" 8 Ich sprach: „Herr, tu mir auch die Kraft der guten Dinge kund, daß
ich in ihnen lebe und ihnen diene, um durch ihre Verwirklichung gerettet
werden zu können." „So vernimm", sagte er, „auch die Werke des Guten, die
du verwirklichen mußt und von denen du dich nicht enthalten darfst. 9 Das
ist allen voran der Glaube, die Furcht des Herrn, Liebe, Eintracht, gerechte
Rede, Wahrheit, Geduld. Etwas Besseres gibt es im Leben der Menschen
nicht[1]. Wenn einer das befolgt und sich davon nicht enthält, der wird in
seinem Leben glücklich. 10 Laß dir noch sagen, welche Werke daraus folgen: den Witwen helfen; sich um Waisen und Notleidende kümmern; die
Diener Gottes aus Zwangslagen befreien; gastfreundlich sein – in der Gastfreundschaft liegt doch wohl eine gute Tat; sich gegen niemanden feindlich
verhalten; in friedlicher Ruhe leben; geringer sein wollen als alle Menschen;
die Alten ehren; Gerechtigkeit üben; Brüderlichkeit bewahren; üble Behandlung ertragen; geduldig sein; erlittene Bosheiten nicht nachtragen; Menschen
in ihrem Kummer trösten; solche, die am Glauben irre geworden sind, nicht
fallenlassen, sondern ihnen zur Umkehr helfen und sie zuversichtlich machen; die Sünder zurechtweisen; Schuldner und Arme nicht unter Druck
setzen und ähnliche Dinge. 11 Meinst du nicht", sagte er, „daß das gut ist?"
„Was sollte es denn Besseres geben, Herr?" sagte ich. „Lebe also danach",
sagte er, „und enthalte dich davon nicht, dann wirst du für Gott leben."
12 „So befolge dieses Gebot! Wenn du das Gute tust und dich davon nicht
enthältst, wirst du für Gott leben, und alle, die das tun, werden für Gott leben.
Und wenn du umgekehrt das Böse nicht tust und dich davon enthältst, wirst
du für Gott leben, und es werden alle für Gott leben, sofern sie diese Gebote
befolgen und nach ihnen leben."**

[1] Vgl. Weish 8,7; Sir 25,11; 40,27.

Als letzte der Tugenden von Mand I 1,1f. wird jetzt die Enthaltsamkeit, nach Vis III 8,4 „eine Tochter des Glaubens“, in ihrer „zwiefältigen“ Natur bzw. in ihrem Doppelcharakter erläutert (s. VI 1,1). Dabei handelt es sich um nichts anderes als eine anders gewählte Diktion der Warnung vor Laster und der Werbung für Tugend, der Vermeidung des Bösen und der Verwirklichung des Guten. Gerade im Bereich der Moral setzt der PH mit Vorliebe antithetische Begriffsreihen bzw. dualistische Bilder und Sprachspiele ein.

Ein kurzer Eröffnungs-Passus (VIII 2) hält die beiden Arten der Enthaltsamkeit (sc. von Gut und Böse gemäß VIII 1b) nebeneinander. Diese generellen Sätze werden sodann ausführlich durch Lasterlisten (3–6) und Tugendkataloge (7–11) illustriert und in konkrete Handlungsanweisungen übersetzt. Am Schluß wird das (achte) Gebot noch einmal erinnert.

1 Ungeschickt spät placiert begegnet hier das Axiom von der Dualität aller Wirklichkeit samt den Tugenden, mit dem bereits seit VI 1,1 operiert wird (s. VI 1,1; entfernt vergleichbar *TestAss* 2,2–4,4: Rießler, 1227–1229). Wann und wo diese verallgemeinerte Einsicht (von Dibelius, 525 aus biblischen Texten wie Sir 33,15 [nicht 36,15]; 42,24 erklärt) dem H mitgeteilt sein soll, bleibt ungesagt; das Buch enthält sie anderswo nicht. Giet, Hermas, 28.204 erklärt dies als Unachtsamkeit bei der Kompilation der Teile. Was für Glaube (VI) und Furcht (VII) schon durchgeführt wurde, wird hier für die Enthaltsamkeit besorgt: Wer sie leben will, muß ihre zwei Seiten kennen. Der Doppelcharakter ist wieder vom „Gegenstand“ der Tugend her bedingt. Das wird nicht in Form des Gebotes, sondern einer Belehrung vermittelt. Und mit der umständlichen Unterscheidung wird im Grunde nicht mehr erreicht als die Aussage, daß es für den Christen („Diener Gottes“) Gebotenes und Verbotenes gibt. Hier bei der Enthaltsamkeit fällt das Gekünstelte und Gesuchte an dieser dualisierenden Unterscheidungsfreudigkeit des H besonders auf: „Um an der Enthaltsamkeit zwei Seiten herauszubringen“ (Völter, Apostol. Väter, 250), proklamiert er den völlig selbstverständlichen Unterschied von gutem und bösem Tun wie eine spektakuläre Neuheit, wobei nichts anderes zustande kommt als wieder eine Belehrung über die Differenz von Tugend und Laster und Beispielreihen für beide.

2 H fragt nach der Unterscheidung, um wählen und sich entscheiden zu können (es liegt nicht, gegen Snyder, 80, „the Two Spirit system of self-control“ vor). In der Antwort ist zunächst nur abstrakt von Gut und Böse die Rede. Dabei fällt hier und weiterhin der gekünstelte Charakter des von H eingeführten Sprachgebrauchs auf: „sich vom Bösen enthalten“ geht noch an, aber „sich vom Guten (nicht) enthalten“ ist keine übliche Ausdrucksweise, auch für ἐγκράτεια/ἐγκρατεύεσθαι nicht. Unter dem Einfluß des eingesetzten Axioms wird die Wortbedeutung auf die Verweigerung des Guten durch den Menschen ausgedehnt. – „... verwirklichst du große Gerechtigkeit“: Die pleonastischen Ausdrucksweisen des PH wirken nicht immer geschickt. – Der Text ist nicht gesichert: den ersten ἐάν-Satz läßt G aus, den zweiten L[1].

3–4 Ganz im Sinn des Hirten übersetzt H das „du" des Offenbarungsempfängers von VIII 2 in das „wir" der Kirche, für die jedes Wort bestimmt ist. Man möchte, gerade wegen der nachfolgenden Antwort, diese Frage des H für zu primitiv halten, weil sie auf das selbstverständlichste Wissen eines Christen zielt. Aber H setzt kein hohes Niveau an Kenntnis und Bereitschaft bei seinen Lesern voraus, so daß jede Belehrung über „Schlechtigkeiten" aktuell ist (vgl. die ähnlich arglose Frage „gibt es denn noch mehr böse Werke?" VIII 5). In Entsprechung zu VIII 7–11 mit den Tugenden wird hier aus den Lastern und Fehlern zuerst eine Gruppe der gravierenden und markanten „Werke" gesammelt, die aus sozialen und individuellen Lastern besteht. Dibelius, 526 hält sie für stilistisch so durchgestaltet, daß er sie dem H nicht zutraut. Giet, Hermas, 204f. vergleicht die Liste mit denen aus *Did* 5 und Sim IX 15,3. – μέθυσμα ἀνομίας ist „hebräischer" Genitiv (Hilhorst, Sémitismes, 113). **5** Die Reihe weiterer „böser Werke" ist lang. So trivial sich die Aufzählungen und Warnungen wiederum anhören, H zeichnet mit den Lasterreihen das moralische Milieu sehr plastisch. Im Einzelfall kann man sich über die Bewertung wundern, wenn z.B. die Liebe ohne jeden Akzent bleibt, Völlerei und Prahlerei bei den „schlimmsten", Raub und Betrug aber nur bei den weiteren „bösen Werken" gezählt werden. Aber das alles ist so wenig genau ausgearbeitet, daß die Lüge in beiden Katalogen steht (VIII 3: ψεῦσμα; VIII 5: ψεῦδος), was Joly, 179 für ein Versehen hält. **6** Der Hirt läßt sich in seiner Einschätzung der Wichtigkeit der hier beschriebenen Enthaltsamkeit durch H bestätigen[2] und eröffnet ihm die Heilsaussicht (zu ἐγγράφεσθαι s. Vis I 2,1).

7–8 Es folgt die Gegendarstellung des Guten, das man tun muß. Dabei stört es den Gedankengang, daß H in VIII 8a mit der Frage nach der „Kraft", d.h. nach dem Kennzeichen der guten Werke zur Identifizierung ihrer Qualität (wie Vis III 4,3 u.ö.; Mand VI 1,1) dazwischenkommt, die hier nicht paßt und auch nicht beantwortet wird. Folgerichtig ist dagegen wieder die Aufzählung – jetzt der Tugenden.[3] **9** Daß die Liste mit „allen voran" dem Glauben und der Gottesfurcht eröffnet wird, entspricht Mand I 1; VI 1 (anders Dibelius, 527: Spannung zu Mand I). Die in I 1; VI 1 an dritter Stelle stehende Enthaltsamkeit war bis hierher (VIII 1–8) als „her-

---

[2] Allerdings liegt kein Sprecherwechsel und kein Dialog vor, wenn die Lesart φησί L[2] statt φημί G oder die Auslassung des Verbs (L[1]E; Gebhardt-Harnack, 98) richtig ist. In diesem Fall ist mit Funk, 494 eine Steigerung zu lesen: bei allen Menschen schlimm, unter Christen aber besonders schlimm.

[3] Zu VIII 7–12 liegt zum Vergleich jetzt das leicht variierende koptische Fragment mit Übersetzung von Lucchesi, Compléments, 402–404 vor, zu VIII 9–12 das Papyrusfragment bei Pintaudi, 117f.

meneutische" Tugend der Disposition des Menschen zur Wahl und Abwahl von Gut und Böse verhandelt, taucht darum konsequenterweise nicht innerhalb des Kataloges von VIII 9 auf und darf ihr darum (gegen Giet, Hermas, 205) nicht nachträglich zugerechnet werden. „Gerechte Rede" wörtlich: „Worte (ῥήματα) der Gerechtigkeit" als „hebräischer" Genitiv: δικαιοσύνης i.S. von δίκαιος (Hilhorst, Sémitismes, 111–113; Hebr 5,13 mit λόγος δικαιοσύνης zu vergleichen ist hier nicht hilfreich); Fuchs, 44: „Worte, die recht und billig sind." Der Makarismus auf den, der die Tugenden lebt (vgl. Vis II 2,7; 3,3), bezieht sich (wie Vis III 8,4) wohlgemerkt auf das hiesige Leben. **10** Die Tugendliste von VIII 9 macht einen abstrakten und quantitativ dürftigen Eindruck im Vergleich mit derjenigen der weiteren guten Werke in VIII 10.[4] Übrigens geht es nicht zuerst um Gebotenes, dann um Geratenes (im Sinn der *consilia evangelica*, so z.B. Jachmann, 82f. und – aus erklärter Verlegenheit – Gebhardt-Harnack, 99; dagegen Funk, 494); die Trennung in zwei Reihen muß traditioneller Stil von Tugend- und Lasterkatalog sein (Weinel, HNTA, 304; Fuchs, 43). Man liest eine eindrucksvolle Aufzählung von ausschließlich sozialen Handlungsmustern in mehr als routinemäßigen Konkretionen und exemplarischen Situationen (s. Exkurs: Die Ethik). Die Versorgung von Witwen und Waisen kommt aus der biblischen Prophetie, Gesetzgebung und Paränese (die Stellen bei Dibelius, 527) in die frühchristliche Tugendliste (innerhalb des PH: Mand VIII 10; Sim I 8; V 3,7; vgl. Vis II 4,3; Sim IX 26,2); vgl. Gebhardt-Harnack, 100f. – „Die Diener Gottes aus (Not- oder) Zwangslagen befreien": Es gibt (wie für Sim I 8, dort ebenfalls in der Umgebung von Witwen- und Waisenhilfe) zwei mögliche Bezugnahmen. Entweder ist an den Freikauf gefangengesetzter Christen gedacht (z.B. Funk, 495; Wohlenberg, 980; Dibelius, 527f.; Gebhardt-Harnack, 101 denken an beides zugleich) oder der Loskauf christlicher Sklaven aus nichtchristlichen Häusern gemeint (z.B. Joly, 181; Drexhage, 38; solcher Loskauf wird von *IgnPol* 4,3 abgelehnt).[5] Vielleicht ist auch an die allgemeine Armenhilfe gedacht (vgl. mit ähnlicher Diktion Sim X 4,2–3). Zwingend ist keiner der Entscheide; die Redensart des PH ist hier wie oft zu unspezifisch, um festgelegt werden zu können (die Diskussion und Stimmenverteilung ist bei Leutzsch, 141f. mit A.27.28 notiert). Unter den „Tugenden", von denen der Sache nach an sich keine einzige erklärungsbedürftig ist (vereinzelte Kommentierungen bei Giet, Hermas, 205–207), ist auf den hohen Stellenwert auch der Gastfreundschaft im Frühchristentum und im PH (Sim VIII 10,3; IX 27,2) zu achten.[6] Der besondere Zusatz zur

[4] Osiek, Rich, 59–64 beschreibt den unüblichen, originellen Charakter der Liste aus VIII 10 nach der formalen und inhaltlichen Seite.

[5] Ausführlicher zum Text Osiek, Ransom, 372; sie hält „Haft" (bei Dibelius, 527 „Gefangenschaft" als Möglichkeit) für eine angemessene Übersetzung von ἀνάγκαι, „Not" oder „Schwierigkeit" für eine passende Verallgemeinerung und möchte von der frommen Tradition des Gefangenenfreikaufs ableiten.

[6] Materialien bei Gebhardt-Harnack, 101–103; Dibelius, 528; aus der Literatur: O. Hiltbrunner – D. Gorce – H. Wehr, Gastfreundschaft, RAC 8, 1972, 1061–1123; B.P. Prusak,

Gastfreundschaft, der die Reihe der Tugenden unterbricht („in der Gastfreundschaft liegt doch wohl eine gute Tat"), bekommt seinen Sinn von ποτέ. Man kann es, wie oben vorgezogen, im Sinne von Vermutung mit „doch wohl" übersetzen (so für VIII 10 auch Bauer-Aland, 1393); temporal in der Bedeutung „einstmals, ehedem" aufgefaßt, legt es den durchaus möglichen Sinn nahe, auf biblische Vorbilder der Gastfreundschaft zu verweisen: „man findet" (nämlich in der Bibel), „daß schon in alter Zeit Gastfreundschaft als Wohltat galt" (Wohlenberg, 980 A.1; Dibelius, 528). Daß es für die Tugend der Gastfreundschaft frühchristliche Beispielreihen gab, zeigen Hebr 13,2; *1 Klem* 10,7; 11,1; 12,1.3. Gedacht ist an Abraham und Sara (Gen 18), Lot (Gen 19), Manoach (Ri 13), Tobias (Tob 5–12). – Zur Geschichte und Seltenheit des Terms ἀγαθοποίησις s. Bartelink, 33f.; – ἐνδεέστερον: „geringer (nicht: ärmer, wie z.B. Zahn, Der Hirt, 102) sein wollen als alle Menschen": wie XI 8. Osiek, Rich, 64–68 will darin die Sprache der Armenfrömmigkeit nachweisen, der zufolge „arm" fast synonym mit „gläubig" ist. Jeweils andere Bedeutung von ἐνδεής liegt vor in Vis III 1,2 und im letzten Glied der Tugendreihe im vorliegenden Text VIII 10 (zu dessen singulärem Vorkommen in der frühchristlichen Paränese Osiek, Rich, 68–77). Die vielfachen Anspielungen auf Notlagen verschiedener Art ermöglichen einen Einblick ins christliche und gesellschaftliche Milieu. Das ὕβριν ὑποφέρειν („üble Behandlung ertragen") ist bei Plümacher, 44f. eine Nuance konkreter übersetzt: „allen möglichen Übergriffen ausgesetzt" (vgl. Sim I 6; VI 3,4). Auch der Appell, denen nachzugehen bzw. diejenigen nicht in Verzweiflung geraten zu lassen, die sich von der Gemeinde getrennt haben, ist ein Dokument für Vorgänge und Konflikte innerhalb der Gemeinden der Zeit; über σκανδαλίζω s. Vis IV 1,3. – **11** Es folgt wie VIII 6 die Bestätigung durch H und die Zusicherung des Heils unter den besagten Bedingungen. **12** Zum Abschluß werden alle Stichworte dieses Kapitels zusammengestellt, und das Gebot wird noch einmal beschworen, ohne es im genauen Inhalt auszuformulieren: „enthalte dich (nicht)" etc. Mit besonderem Nachdruck durch Wiederholungen ist diesmal die Verheißung des „Lebens für Gott" (vgl. zu I 2) deklamiert: Nach VIII 4.6.11 wird sie hier gleich viermal gegeben.

Hospitality extended or denied: KOINONIA incarnate from Jesus to Augustine, The Jurist 36, 1976, 89–126; M. Puzicha, Christus peregrinus. Die Fremdenaufnahme (Mt. 25,35) als Werk der privaten Wohltätigkeit im Urteil der Alten Kirche, Münster 1980.

Neuntes Gebot

Der Zweifel (Mand IX 1–12)

39 (IX) 1 **Er sprach zu mir: „Rotte den Zweifel[1] in dir aus! Und zweifle[1] keinen Augenblick daran, etwas von Gott erbitten zu dürfen, indem du dir etwa einredest: ‚Wie kann ich etwas vom Herrn erbitten und bekommen, da ich so schwer gegen ihn gesündigt habe?'** 2 **Mach dir nicht solche Gedanken, sondern wende dich von ganzem Herzen dem Herrn zu[2] und bitte ihn zuversichtlich; dann lernst du seine Barmherzigkeit kennen, da er dich nicht im Stich läßt, sondern die Bitte deines Herzens erfüllt.** 3 **Denn Gott ist nicht wie die Menschen, die das Böse nachtragen, sondern er trägt das Böse nicht nach und erbarmt sich über sein Geschöpf.** 4 **Reinige also dein Herz[3] von allen Nichtigkeiten dieser Welt und von dem, was ich dir eben aufgezählt habe, und bitte den Herrn, dann wirst du alles erhalten und wirst alle deine Bitten erfüllt sehen, wenn du den Herrn zuversichtlich bittest.** 5 **Zweifelst[1] du aber in deinem Herzen, wird dir nicht eine einzige Bitte erfüllt. Die nämlich an Gott zweifeln[1], das sind die Zweifler[4], und sie erreichen rein gar nichts von ihren Bitten.** 6 **Die dagegen in ihrem Glauben vollkommen sind, bitten im Vertrauen auf den Herrn[5] um alles und erhalten es, weil sie zuversichtlich bitten, ohne zu zweifeln. Ein Zweifler[1] wird nämlich schwerlich gerettet werden, wenn er nicht Buße tut.** 7 **Reinige darum dein Herz[3] vom Zweifel[1], umgib dich mit dem Glauben, denn er ist stark, und glaube Gott, daß du alle deine Bitten, die du vorbringst, erfüllt bekommst. Und wenn du einmal etwas vom Herrn erbeten hast und es dauert länger, bis du es bekommst, dann fang nicht an zu zweifeln, weil du die Erfüllung deiner Herzensbitte nicht sofort erhalten hast. Denn mit Sicherheit geschieht es zur Prüfung[6] oder wegen einer Verfehlung, von der du nichts weißt, daß du deine Bitte erst nach längerer Zeit erfüllt bekommst.** 8 **Hör also nie auf, deine Herzensbitte vorzubringen, dann wird sie dir erfüllt. Wenn du aber beim Beten resignierst und zu zweifeln beginnst, dann beschuldige dich selbst und nicht den, der dein Geber ist. –** 9 **Behalte diesen Zweifel im Auge! Er ist nämlich böse und uneinsichtig und entwurzelt viele völlig ihrem Glauben, sogar ganz gläubige und gefestigte Menschen. Diese Zweifelei ist nämlich eine Tochter des Teufels, und sie tut den Dienern Gottes viel Böses an.** 10 **Verachte den Zweifel und beherrsche ihn bei jeder Gelegenheit, gerüstet mit der Kraft und Stärke des Glaubens! Denn der Glaube verspricht alles, er erfüllt alles; der Zweifel dagegen hat kein Selbstvertrauen und scheitert darum bei jedem Werk, das er angeht."**

11 **„Du siehst also", sprach er, „daß der Glaube von oben[7] ist, vom Herrn,**

---

1 Vgl. Jak 1,8; 4,8.
2 Vgl. Jer 24,7; Joel 2,12.
3 Vgl. Sir 38,10.
4 Vgl. Jak 1,7 f.; 4,8.
5 Vgl. Ps 2,13; 10,1 u. a.
6 Vgl. Jak 1,2.
7 Vgl. Jak 3,15–17; 1,17.

und große Kraft hat. Der Zweifel ist aber ein Geist von der Erde[7]**, vom Teufel, ohne jede Kraft.** 12 **Diene also dem Glauben, der Kraft hat, und halte dich vom Zweifel fern, der keine Kraft hat. Dann wirst du für Gott leben, und alle, die so denken, werden für Gott leben."**

Der Zweifel ist eine im PH besonders bedrohliche und verhaßte Sünde oder Schwäche (s. Exkurs: Der Zweifel). X 1,1 wird nachträglich darüber aufklären, daß V, IX und X im Kalkül des PH zusammengehören (Jähzorn, Zweifel und Traurigkeit sind verschwistert); ihre Reihung ist dann ungeschickt unterbrochen durch die ihrerseits zusammengehörige Tugenden-Gruppe VI–VIII.

Das Gebot steht hier gleich zu Beginn, wird dann erläutert, in weiteren Imperativen variiert, schließlich zusammenfassend wiederholt und mit der Routine-Verheißung des „Lebens für Gott" ausgestattet. Zuerst geht es um zweifelsfreies, zuversichtliches Beten (IX 1–5); dann wird der Zweifel mit dem Glauben kontrastiert (IX 6–7 a.10–12) und zum Gegenstand massiver Drohung gemacht (IX 9), und das ganze Mand IX ist durchsetzt von Anleitungen und Einsichten für den Fall der Anfechtung (IX 1.3.5.7.8). – Zur Resonanz von IX 1–3 in der altkirchlichen Literatur und zur Nähe zu Jak 1,6–8 (das eine deutliche Parallele darstellt, aber mit zweimaligem διακρίνειν nicht die Vorlage für den PH-Text ist) s. Funk, 497; Gebhardt-Harnack, 103; Dibelius, 528f.; Dibelius-Greeven, 49f. Die Tangenten des PH zum Jak sind insgesamt und in Mand IX besonders auffällig, beweisen aber keine literarische Abhängigkeit (Einzelheiten bei Weinel, HNTA, 304; s. auch Einleitung § 7; anders Baumgärtner, 84: Mand IX ist „eine paraphrasierende Kombination aus verschiedenen Jakobusstellen").

1 Die an das Gebot („rotte den Zweifel… aus!") angeschlossene Ausführung zeigt, was der kritisierte Zweifel bezweifelt: Nicht etwa Dogma oder Gebot, sondern Gottes barmherzige Zugänglichkeit auch für den Sünder steht dem Zweifler in Frage und wird von H in Sim IV 6 auch tatsächlich ausgeschlossen (dieselbe Debatte auch Sim V 4,3–4). Das läuft dann unerwartet auf eine Belehrung über das Beten hinaus. Sein Sündenbewußtsein verdrängt im Zweifler nämlich den Mut zum Gebet und verursacht den Zweifel am Erfolg des Betens (genauso Kyrill v. Jerusalem, *cat.* II 6). Das Zweifelverbot ist aber traditionell, wie *Did* 4,4 (οὐ διψυχήσεις πότερον ἔσται ἢ οὔ) und *Barn* 19,5 (οὐ μὴ διψυχήσῃς πότερον ἔσται ἢ οὔ) zeigen. Im Gegensatz zu diesen beiden Fällen ist im PH (Vis III 4,3 und hier Mand IX 1) eindeutig, worauf der Zweifel sich jeweils bezieht, was dort sehr dunkel bleibt und nahezu geraten werden muß. Niederwimmer, 138 entwirft wahrscheinlich das richtige Bild: „in sapientieller Tradition existierte eine allgemeine Warnung vor Zweifelsucht und Skrupulantentum", die „natürlich in verschiedener Weise konkretisiert werden" konnte. Die Applikation auf das Vertrauen beim Gebet ist – zumindest später – offenbar der üblichere

Gebrauch geworden.[8] Der PH kritisiert aber jede Skepsis und Resignation (und „Traurigkeit“: s. X), weil sie nicht zur Buße und zum Elan der Umkehr motiviert. Er sucht ständig Optimismus und Vertrauen zu verbreiten. **2** Der Mensch soll, wie er ist, sich im Gebet an Gott wenden, statt ihm auszuweichen. – „von ganzem Herzen“: zu Herkunft und Vorkommen der Wendung Hilhorst, Sémitismes, 142–144. H sichert zu, daß man mit dieser Zuversicht die gute Erfahrung der Barmherzigkeit Gottes machen wird. Kindliches Vertrauen ist ein Merkmal der Spiritualität des PH (Bardy, La vie spirituelle, 60–62). Dieselbe Werbung für zuversichtliches Beten findet man Mk 11,24 par; Jak 1,6–8. Worin die „Bitte des Herzens“ genauer besteht, wird nicht gesagt. Der Fromme bittet „um alles“ (IX 6), Gott erfüllt „alle seine Bitten“ (IX 7). **3** Angst und Unsicherheit in diesem Sinn sind verfehlt und als Zweifel sogar sündhaft, weil der Zweifler unterstellt, daß Gott sich nicht anders verhält als der Mensch und auf Verfehlung so reagiert wie er. Vgl. Sim IX 32,5, wo der Trost des Menschen darin liegt, daß Gott „nicht ist wie ihr“.

4 Der Appell „reinige also dein Herz“ (zur quasi pränominalen Funktion von καρδία in solchen Wendungen s. Hilhorst, Sémitismes, 142 mit A.1) wiederholt sich wörtlich in IX 7, wird da aber fortgesetzt mit dem Thema von IX: „vom Zweifel“ (vgl. X 3,4: „von dieser bösen Traurigkeit“). Das muß (auch wegen des Beginns von IX 5: s. u.) der Sache nach schon hier in IX 4 gemeint sein, weil etwas anderes („Warnung vor allzu menschlichem Begehren beim Gebet“: Dibelius-Greeven, 109; Zweifel als „Zukehr zur Welt“: Fuchs, 14) keinen aufs Thema bezogenen Sinn ergibt (es geht nicht um den richtigen Gegenstand, sondern um die Zuversicht des Gebets), und die Fortsetzung („und von dem, was ich dir eben aufgezählt habe“) zeigt, daß H die Laster (aus Mand VIII oder aus allen Geboten; nicht neutral „actions“: Joly, 183) im Visier hat. Mit einer Allerweltsformulierung also ist das Thema wiederum eingeschärft: Mach dich vom Fehlverhalten (des Zweifels) frei. Eine dem Gebet vorausgehende Sündlosigkeit kann hier gerade nicht vorgeschrieben werden, sondern es ist unbedingt die Selbstreinigung vom Fehler des Zweifels an Gottes Reaktion. Zuversicht und Zusage sind die Orientierung – ἀνυστέρητος (= nicht entbehrend; Übers.: „alle [deine Bitten] erfüllt“): auch *IgnSm* inscr.; vgl. mit Hinweisen auf weitere Fundstellen Bartelink, 37f.; Gebhardt-Harnack z. St. irrtümlich: ἁπ.λεγ.; vgl. 1 Kor 1,7. **5** Und die jetzt formulierte Alternative „zweifelst du aber in

[8] Die Beispiele stammen frühestens aus dem 4. Jh.; *Apostol. Kirchenordnung* (*Can.*) 13,2: ἐν προσευχῇ σου μὴ διψυχήσεις πότερον ἔσται ἢ οὔ; die *Epitome*: ἐν προσευχῇ σου μὴ διψυχήσῃς (ohne den Zusatz); *Apostol. Konstitutionen* VII 11: Μὴ γίνου δίψυχος ἐν προσευχῇ σου εἰ ἔσται ἢ οὔ; ferner *Ps-Ign ad Heron.* 7,1; *ApcEliae* 24,5–12 (s. Niederwimmer, 138 A. 37). Diese Bezugnahme kommt für *Did* 4,4 und *Barn* 19,5 nicht in Frage. Wengst, 94f. A.30 schlägt für *Did* 4,4 Bezug auf Parusie und Gericht vor, Niederwimmer, 138 auf die Skrupel und die „Situation des kleinmütigen Richters“, „der nicht zu entscheiden wagt oder die getroffene Entscheidung bedauert“.

deinem Herzen" garantiert nachträglich die gegebene Deutung von „reinige dein Herz von allen Nichtigkeiten dieser Welt" in IX 4 auf den Zusammenhang der Beseitigung des Zweifels in qualifiziertem Sinn: Zweifel ist Zweifel an Gott (sc. an seiner Barmherzigkeit) und Ursache für vergebliches Beten. **6** Oppositionsbegriff zum Zweifel ist der Glaube (πίστις) im Sinn von Vertrauen (πεποιθέναι) beim zweifelsfreien Gebet.[9] Vgl. Vis IV 2,6: „Glaubt nur dem Herrn, ihr Zweifler, daß er alles kann." Das berechtigte Vertrauen beim Beten aufgrund sittlicher Disposition ist frühchristliche Tradition seit 1 Tim 2,8 (s. Bellis, 32–35). So schlimm also ist der Zweifel, daß dem Zweifler „kaum" eine Heilschance bleibt (δυσκόλως in dieser heilsbedrohlichen Bedeutung auch IV 3,6; Sim IX 20,2.3;23,3), es sei denn, er tut Buße. H läßt nicht nur an dieser Stelle (gegen Joly, 184f.), sondern auch anderweitig im Wort δυσκόλως eine zwar nicht mehr vorstellbare, aber doch winzige Möglichkeit der Rettung ohne Buße oder für Sünder nach der Buße zu (s. zu IV 3,6.7), da der Term zwar die extreme Schwierigkeit, aber nicht die absolute Unmöglichkeit bedeutet. H führt von immer neuen Seiten auf die Notwendigkeit der Buße, indem er über die Sünde belehrt. **7** Der Zweifel verunreinigt das Herz des Menschen (wie der Jähzorn: V 1,3). Glaube wird wieder als Vertrauen (zu Gott) verdeutlicht, das auch im Fall der Geduldsprobe nicht wankt. Verzögerung der Gebetserhörung hat auf jeden Fall einen (guten) Grund: Gott prüft oder bestraft in dieser Form. Keiner kann sicher sein: Auch die nicht bewußte Sünde zählt (wie Vis I 1,6–2,4). „Die Unterscheidung zwischen freiwilligen und unfreiwilligen (hellenisiert: wissentlichen und unwissentlichen) Sünden ist von Haus aus jüdisch" (K. Beyschlag, Clemens Romanus und der Frühkatholizismus, Tübingen 1966, 196 A.1 mit Belegen). – Zum nachgestellten (ταχὺ) οὐκ s. Hilhorst, Sémitismes, 134 mit A.1; „mit Sicherheit – πάντως": in dieser prägnanten Bedeutung auch Sim VII 4 (zweimal).5; IX 9,4 (weniger prägnant Vis I 2,4; Sim I 5; V 7,4); „vielleicht" (so Cadbury, 226) gibt keinen Sinn. – **8** Die „Herzensbitte" wird wieder nicht inhaltlich spezifiziert; sie ist die Bitte „um alles" (s. IX 2.6.7). Wenn sie nicht erfüllt wird, liegt der Grund beim Menschen (vgl. Sim IV 6).

9 Das Gebot gegen den Zweifel wird dramatischer und bedrohlicher umformuliert: Wegen der verheerenden Wirkungen des Zweifels, die über die Zweifel beim Gebet hinauszugehen scheinen, ist höchste Wachsamkeit notwendig. Während der Jähzorn den Starken im Glauben nichts anhaben kann (V 2,1), überwältigt der Zweifel sie durchaus. Glaube (πίστις, πιστός) ist jetzt das Christsein (nicht bloß das Vertrauen wie IX 6–7 a.10–12).

[9] F. Heiler, Das Gebet, München-Basel 1969[5], 370f. nennt diese Bereitschaft des H, „ohne Bedenken um alles (πάντα)" (d.h. „um das Kleinste ebenso wie um das Größte") zu bitten, ein Beten mit „eudämonistischem Einschlag" und „ein Symptom für die völlige Naivität und die gesunde Natürlichkeit" des Beters, der weder von Rationalismus noch von Mystik beeinflußt ist.

„Zweifelei" (διψυχία) als Übersetzung ad genus wegen des Zusammenhangs „Tochter". „Tochter[10] des Teufels" ist auch die „böse Begier (ἐπιθυμία πονηρά)" (XII 2,2; s. dort)[11], und „Tochter des Glaubens" ist die Enthaltsamkeit, und alle Tugenden sind „Töchter voneinander" (Vis III 8,4.5.7) und haben zugleich im Glauben die gemeinsame Mutter (Vis III 8,5c), wie auch die Laster untereinander „Schwestern" sind (X 1,1.2). – **10** Eine weitere Variante des Gebotes, die nach den drohenden Sätzen von IX 9 eher Mut als Angst macht, indem sie den Glauben (als Zuversicht) stark und den Zweifel diesmal schwach, beherrschbar und unfähig aussehen läßt. Auffällig ist die Personifizierung von Glaube und Zweifel, wodurch sie den „Geistern" in der Sprache des PH nahekommen. **11** Diese Perspektive setzt sich fort, jetzt in einem krassen Dualismus: der Glaube ist „stark", weil (ein Geist?) „von oben" (vgl. XI 5.8.20), „vom Herrn", der Zweifel ist „kraftlos", „ein Geist von der Erde" (ἐπίγειον πνεῦμα; vgl. XI 6), „vom Teufel" (vgl. die kleinen Gleichnisse für den beschriebenen Dualismus der Kräfte „von oben" und „von der Erde", zumal für die Schwachheit der irdischen Kräfte: Mand XI 18–21; XII 6,2). Durch die Bezeichnung als (teuflisches, irdisches) πνεῦμα ist der Zweifel endgültig als Laster qualifiziert (vgl. V 1,2–4; 2,5–8; X 1,2). **12** Dem Menschen bleibt Parteinahme als Entscheidung. Der Begriff vom Glauben, der stark ist und dem „gedient (δουλεύειν) wird", scheint hier wieder der von IX 6–7a.10 zu sein. Das Gebot schließt mit der routinemäßigen Verheißung (s. I 2) und der regelmäßigen Generalisierung von H auf alle Christen.

Obwohl im Mand IX der Zweifel eigens thematisiert wird, ist er vergleichsweise harmlos auf das Gebetsvertrauen reduziert, und die Etymologie von Gespaltenheit und Geteiltsein (διψυχία) mit dem Gegensatz zur Einfachheit (ἁπλότης) und der Korrespondenz zu den zweierlei Geistern im Menschen wird hier nicht ausgeschöpft wie an anderen Stellen. S. Exkurs: Der Zweifel.

---

[10] Über den metaphorischen Gebrauch von Verwandtschaftsbezeichnungen in der griechischen und semitischen Literatur s. Hilhorst, Sémitismes, 145f.

[11] Bei Athanasius, *decr. Nic. syn.* 4,3 (ed. H.-G. Opitz, Athanasius. Über die Entscheidungen des Konzils von Nicäa, Berlin und Leipzig 1935, 4 Zeile 1) ist es die Standpunktlosigkeit der Häretiker, die in seinen Augen ihr „Zweifel" ist; statt θυγάτηρ (Ant.LLE) liest Athanasius allerdings ἔγκονον, was nicht der Akkusativ zu ἡ ἔγκονος = „Tochter", sondern ein Neutrum („abstammend") ist: τοῦτο (sc. das häretische Verhalten) ἔγκονόν ἐστι διαβόλου (das textgeschichtliche Material bei Kraft, Clavis, 140 v. ἔγκονος mit der irreführenden Angabe „*filia*"). Vgl. Einleitung § 9.

Zehntes Gebot

Die Traurigkeit (Mand X 1,1–3,4)

40 (X 1) 1 **Er sagte: „Rotte die Traurigkeit in dir aus! Sie ist nämlich auch eine Schwester des Zweifels und des Jähzorns.“** 2 **Ich sagte: „Herr, wieso ist sie deren Schwester? Jähzorn, Zweifel und Trauer scheinen mir völlig verschiedene Dinge zu sein.“ „Du bist uneinsichtig, Mensch“, sprach er, „begreifst du denn nicht, daß die Traurigkeit schlimmer ist als alle anderen Geister, daß sie für die Diener Gottes höchst gefährlich ist und mehr als alle Geister den Menschen verdirbt, den heiligen Geist vertreibt und andererseits aber auch rettet[1]?“** 3 **Da sagte ich: „Herr, ich bin wirklich ohne Einsicht und verstehe diese Gleichnisreden nicht. Wie es möglich ist, daß sie (den heiligen Geist) vertreibt und andererseits doch Rettung bringt, das begreife ich nicht.“** 4 **„Hör zu“, sagte er, „Leute, die nie nach der Wahrheit geforscht und nie nach der Gottheit gesucht haben, sondern einfachhin geglaubt haben, aber in Geschäfte und Reichtum, in Freundschaften mit Heiden und zahlreiche andere Angelegenheiten dieser Welt verwickelt sind[2], – alle, die sich mit diesen Dingen abgeben, können die Gleichnisse der Gottheit nicht verstehen. Denn von all dem ist ihnen der Blick verstellt, sie verderben und verwildern.** 5 **Wie die guten Weinstöcke unter Dornen und vielerlei Pflanzen verwildern, wenn sie nicht gepflegt werden, so irren die Menschen, die den Glauben angenommen haben und dann diesen zahllosen Dingen verfallen, die ich aufgezählt habe, von ihrer guten Gesinnung ab und begreifen nichts mehr von der Gerechtigkeit; und selbst wenn sie etwas über die Gottheit und die Wahrheit hören, dann ist ihr Geist ganz bei ihren Geschäften, und sie begreifen überhaupt nichts.** 6 **Aber alle, die in Gottesfurcht[3] leben und nach der Gottheit und der Wahrheit forschen und mit ihrem Herzen bei Gott sind, die begreifen und verstehen[3] alles sofort, was man ihnen sagt, weil sie die Furcht des Herrn[3] in sich haben. Denn wo der Herr wohnt, da ist lauter Einsicht[3]. Häng also dem Herrn an[4], dann wirst du alles verstehen und begreifen.“**

41 (X 2) 1 **Er sprach: „Hör jetzt, du einsichtsloser Mensch, auf welche Weise die Traurigkeit den heiligen Geist vertreibt und wie sie andererseits rettet[5].** 2 **Wenn der Zweifler irgend eine Sache unternimmt und infolge seines Zweifels dabei scheitert, dann zieht eben die Traurigkeit in den Menschen ein, betrübt den heiligen Geist[6] und vertreibt ihn.** 3 **Wenn andererseits der Jähzorn sich wegen irgend einer Angelegenheit dem Menschen anhängt und er in große Verbitterung gerät, auch dann zieht die Traurigkeit in das Herz des jähzornigen Menschen ein, er wird traurig darüber, wie er sich verhalten hat, und tut Buße, weil er Böses getan hat.** 4 **Von dieser Traurigkeit wird man sagen müssen, daß sie zur Rettung führt[5], weil der**

---

1 Vgl. 2 Kor 7,10.
2 Vgl. 2 Tim 2,4.
3 Vgl. Ps 110,10; Spr 1,7 u. a.
4 Vgl. Sir 2,3.
5 Vgl. 2 Kor 7,10.
6 Vgl. Eph 4,30.

Übeltäter zur Buße gefunden hat. Beide Verhaltensweisen betrüben also den Geist: der Zweifel, weil ihm seine Unternehmung nicht gelungen ist, und der Jähzorn betrübt den Geist, weil er Böses getan hat. Beide, Zweifel und Jähzorn, sind darum für den heiligen Geist Anlaß zur Trauer. 5 **Rotte darum die Traurigkeit in dir aus! Und bedränge den heiligen Geist nicht, der in dir wohnt, damit er nicht bei Gott gegen dich auftritt und dich verläßt.** 6 **Denn der Geist Gottes, der in dieses Fleisch gegeben ist, erträgt keine Traurigkeit und auch keine Beengtheit."**

42 (X 3) 1 **„Umkleide dich darum mit der Freude, die Gott allezeit gefällt und entspricht, und fühl dich in ihr wohl. Denn jeder frohe Mensch tut Gutes, denkt Gutes und verachtet die Traurigkeit.** 2 **Der traurige Mensch tut dagegen dauernd Böses. Erstens tut er insofern Böses, als er den heiligen Geist betrübt, der dem Menschen als ein heiterer Geist gegeben war; zweitens tut er, wenn er den heiligen Geist betrübt, Unrecht, indem er nicht zu Gott betet und ihm kein Lob darbringt. Denn das Gebet eines traurigen Menschen bringt niemals die Kraft auf, zum Altar Gottes aufzusteigen."** 3 **Ich sagte: „Weshalb steigt denn das Gebet des Traurigen nicht zum Altar auf?" Er sagte: „Weil die Traurigkeit sich in seinem Herzen festgesetzt hat; so ist die Traurigkeit mit dem Gebet vermischt und läßt das Gebet nicht rein zum Altar aufsteigen. Denn wie Essig und Wein, in einem Gefäß vermischt, nicht mehr denselben Geschmack wie vorher haben, so hat auch die Traurigkeit, mit dem heiligen Geist vermischt, nicht mehr dieselbe Kraft zum Gebet."**

4 **„Reinige dich also von dieser bösen Traurigkeit, dann wirst du für Gott leben; und alle werden für Gott leben, die die Traurigkeit abwerfen und sich mit lauter Freude umkleiden."**

1,1 Das Laster dieses Gebots (die Traurigkeit – λύπη) wird (durch „Verschwisterung") mit Zweifel und Jähzorn verbunden; dann bilden Mand X, IX und V also eine zusammengehörige Gruppe. Dies ist beim kantigen und oft nicht folgerichtigen Schreibstil des H ganz simpel eine späte, nachgetragene Idee. Und daß VI–VIII in diese „Gruppe" V.IX.X eingeschoben sind und sie unterbrechen, ist eher eine Sache mangelnder Übersicht des H bei der Textabfassung als überlegter Redaktion im Nachhinein (gegen Völter, Apostol. Väter, 251). – Das Gebot steht in der Form von IX 1 (vgl. X 2,5) voran und wird mit Hilfe einer allegorischen Figur begründet, wie H sie in seinen anschaulichen Paränesen als Personifizierungen von Tugenden und Lastern liebt.[7] Die Zuordnung der Traurigkeit zu Zweifel und Jähzorn als ihren Schwestern bedeutet ihren lasterhaften Charakter, und als Schwester der „Zweifelei" müßte folgerichtig auch sie eine „Tochter des Teufels" (s. IX 9) heißen. **1,2** H reagiert begreiflicherweise verständnislos. Auch dem Leser leuchtet diese Trias nicht ohne Erklärung ein, wenn er nicht den eigenwilligen Begriff der Traurigkeit im PH schon kennt. H wird dafür wieder einmal gerügt und darüber aufgeklärt, welches Wissen ihm fehlt. Daß nun die Traurigkeit das schlimmste aller Laster ist (die Traurigkeit als Laster auch *Corp.Herm.* 6,1: s. Hilhorst, Hermas, 696), überrascht trotz allem und wird

[7] Zum Gebrauch der Verwandtschafts-Metaphern Hilhorst, Sémitismes, 145f.

auch nicht durchgehalten. Das jeweils besprochene Laster ist jeweils auch das ärgste (vgl. V 2,8 vom Jähzorn: „der schlimmste Geist"). Die Laster werden in der eigentümlichen dualistischen Diktion des PH hier die (bösen) Geister (πνεύματα) genannt (zum guten Geist und den bösen Geistern s. V 1,2; der gute, „heilige Geist" steht hier wie V 1,2.3; 2,5.6, im Gegensatz zu den schlechten Geistern, immer im Singular als das eigentliche gute Ich des Menschen). Dazu gehört die geradezu räumliche und materielle Vorstellung[8], daß ein Geist den anderen (sc. der schlechte den guten) „bedrängt", „erstickt" und hier „vertreibt", und zwar eben aus dem Menschen, in dem nur für einen von beiden Platz ist (V 1,2–4; 2,5–7; X 1,2.3; 2,1.5.6). Die negative Hauptfigur ist hier die Traurigkeit: Sie vertreibt den „heiligen Geist", das Gute im Menschen. Die überraschende, nicht kontextkonforme (s. u.) Angabe: „andererseits rettet sie aber auch" steigert die Hilflosigkeit des H. **1,3** Noch ist ihm die Gefährlichkeit der Traurigkeit nicht aufgegangen, da muß er noch dazu ihren Doppelcharakter, ihre zwiespältige Wirkung, positiv und negativ, begreifen lernen. Es ist die Ausnahme, daß H hier in die Metasprache wechselt und seine Darstellung des Lasters ein Reden in „Parabeln" nennt, die Allegorie also als solche bezeichnet.

1,4 Der Hirt unterbricht auf den Unverstand des H hin die Rede von der Traurigkeit (bis 2,1) und spricht sehr grundsätzlich über die Ursachen für das Nichtverstehen (1,4–6). Die Fragen, die H im ganzen Buch stellt, sind mehr als konventionelle literarische und stilistische Elemente im Offenbarungs-Dialog; sie geben Anlaß zu wichtigen theologisch-moralischen Erörterungen. Die Christen werden in diesem Exkurs nach Kriterien unterschieden, die nur an dieser Stelle eingeführt sind: Die idealen Christen verlegen sich aufs Forschen und Suchen nach Gott und der Wahrheit. Die anderen (H gehört zu ihnen: 1,2.3; 2,1) „glauben einfachhin", d. h. ohne Bemühen und Einsatz (Weinel, HNTA, 305: die den Glauben obenhin angenommen haben; vgl. Wohlenberg, 977) und sind an Einsicht und Verständnis durch ihre vielen Geschäfte und Beziehungen im Alltag behindert und nicht interessiert. Diese Klassifizierung der Christen nach Einsicht und unwissendem Glauben (nicht nach Glaube und Werken: Jak 2,14) paßt mit ihren elitären Zügen, die sie von Haus aus an sich trägt, eigentlich nicht recht zum schlichten Gemeinde-Milieu und zur meist hausbackenen Theologie des PH. Es paßt dazu eher der ganz andere Gedanke von Sim IX 2,6, wonach der Mensch durch die Offenbarung überfordert ist und um Einsicht nur beten kann. Die Differenz von Glaube und Einsicht wird H, wie den Großteil seiner Materialien, aus der paränetischen Tradition übernommen haben, die ab Paulus nachweisbar ist und Jahrzehnte später nach „Erkenntnis" oder „Wissen" (γνῶσις) und „bloßem Glauben" (ψιλὴ πίστις) unterscheiden wird (Einzelheiten bei N. Brox, Der einfache Glaube und die Theologie, Kairos

8 Zur Erklärung Joly, 431 zu p. 191 n. 1.

14, 1972, 161–187). Der schlichten Moral des PH würden Frageverbot und Mißtrauen gegen das Forschen eher entsprechen. Aber H verwendet die Unterscheidung von Wissen und bloßem Glauben dazu, die Notwendigkeit von Leben und Verstehen des Christentums einzuschärfen. Tendenziell reduziert er die Differenz von Gnosis und Glaube dabei auf die Moral: Nichtverstehen ist schuldhaft und das Fragebedürfnis des H also ein Indiz für mangelndes Christsein und darum immer wieder kritisiert (Brox, Fragen, 183–187). So ist der PH auch mit den törichten und „unverschämten" Fragen des H bei seinem Thema des umkehrwilligen bzw. bußbedürftigen Menschen.

„Freundschaften mit Heiden" (vgl. Jak 4,4) ist zu verstehen im Sinn von Sim VIII 9,1.3 „mit den Heiden leben", sc. statt in der christlichen Gemeinde, gleichbedeutend also mit οὐ κολλᾶσθαι τοῖς ἁγίοις: Vis III 2,6; 6,2; Sim VIII 8,1; 9,1; IX 20,2; 26,3; die Übersetzung „heidnische Liebhabereien" (Zeller, 218) ist zu wenig spezifisch; der Bezug auf einen (heidnischen) Freund aus V 2,2 (Dibelius, 533) ist kaum vollziehbar (auch Wohlenberg, 977: „Freundschaftsverhältnis zu Heiden"). – χερσόομαι („verwildern"): zunächst vom ungepflegten Weinberg, wie 1,5 (vgl. Sim IX 26,3) zeigt (Bauer-Aland, 1758).

1,5 Im Bild vom guten, dann aber durch fehlende Pflege verwilderten Weinberg ist die unterschiedliche Qualität der Christen diesmal aus dem Abfall eines Teils von ihnen erklärt. H kritisiert offenbar diejenigen, die sich nach ursprünglich guter Einstellung so ablenken ließen, daß sie für christliche Lehren (kirchliche Predigt?) überhaupt nicht mehr erreichbar sind. Das Stichwort „Gerechtigkeit" ist durch nichts veranlaßt und lautet wie eine Redensart.[9] – H verurteilt sehr gründlich die mangelnde Distanz vieler Christen zu „dieser Welt" (1,4) auf Kosten ihrer christlichen Einsicht und Moral. **1,6** Das Ideal, die Alternative, sind Gottesfurcht (s. I und VII), Forschen nach Wahrheit und Gottheit (wie 1,4.5), mit dem Herzen bei Gott sein (die Distanz zur Welt), Verstehen und Begreifen von kirchlicher Lehre und Predigt. Einsicht, ein Schlüsselbegriff in der apokalyptischen Sprache des PH von Offenbarung, gibt es nur in Gottes Nähe und bei moralischem Lebensstil: eine ernste Belehrung für Hörer und Leser des PH. – κολλᾶσθαι („hängen an") ist Bild für jede (gute oder böse) Entschiedenheit und Zugehörigkeit oder Anhänglichkeit (s. Kraft, Clavis, 250f.).

2,1 Die Frage von 1,2 wird nach dem Exkurs über Einsicht und Unverstand in ihrer schwierigen Doppelung vom Hirten hier neu gestellt (καὶ πάλιν σώζει gehört wie in 1,2 zur Überarbeitung des Themas, die in 2,2–4 inhaltlich ausgeführt und ab 2,5 wieder storniert wird: s. u.). Die Lösung, die folgt, ist einfach, läßt den Leser aber nicht sehr erleuchtet zurück, weil sie in

[9] δικαιοσύνης lesen mit GL^2 die meisten, anders (θεότητος) z. B. Gebhardt-Harnack, 106.

der Ausführung durch Einschübe des H nicht besonders plausibel ausfällt. **2,2** Die beiden in 2,2.3 beschriebenen „Fälle“ oder Abläufe, die übrigens die (schwerverständliche) Zusammengehörigkeit von Zweifel, Jähzorn und Traurigkeit aus 1,1 herstellen[10], können nicht (obwohl H so stilisiert) als Regel, sondern müssen als Beispiele begriffen werden, denn auch im Fall des Zweifels ist es denkbar, daß die Traurigkeit zur Buße, und im Fall des Jähzorns, daß sie zur „Betrübung“ und Vertreibung des in jedem Fall ursprünglich „frohen“ (3,2) „heiligen Geistes“ führt.[11] Es geht also darum, daß die Traurigkeit beidemal aus Sünde entsteht und in den Menschen einzieht, dort aber grundverschiedene Wirkungen zeigt: Im Zweifler, so scheint das von H gedacht, bleibt es bei der „Traurigkeit“ über den Mißerfolg in irgend einem Unternehmen; wieso diese (und nicht der Zweifel – so 2,4) den „heiligen Geist“ bis zur Vertreibung betrübt = „traurig macht“, bleibt unklar. Ob es nun eigentlich die Traurigkeit des Menschen oder die des Geistes ist, bleibt bei der Identität beider nur insofern schwer beantwortbar, als der Geist vom Menschen oder dem Laster vertrieben werden und „sich zu Gott davon machen kann“ (Fuchs, 33). **2,3** Beim Jähzornigen (Jähzorn [ὀξυχολία] und Verbitterung auch V 1,6; VI 2,5; das Wort ist nicht vor dem PH belegt: Bartelink, 47f.) nimmt alles eine gute Wendung, weil die auch hier entstandene Traurigkeit zur Buße wegen des eigenen schlechten Tuns führt und keine bösen Folgen hat. Rollenverwechslung bei Snyder, 84: „grief is beneficial to the dipsychos because... he repents.“ **2,4** Und hier nun stellt sich heraus, was H nicht explizit sagt, aber meint: Es gibt zweierlei Traurigkeit (nach dem Zwiefältigkeitsmuster von VI–VIII), weil zwei verschiedene Folgen dessen, was die Traurigkeit erzeugte. Diese zweite rettet[12], weil sie zur Buße geführt hat (Dibelius, 534 falsch: „in 4... von Buße aber keine Rede“), während die Unheilsfolge der ersten schon in der Betrübung und Vertreibung des „heiligen Geistes“ konstatiert war. Diese Unterscheidung von zwei Arten Traurigkeit erklärt aber nicht die Lasterhaftigkeit der Traurigkeit als solcher in 1,1–2. Tatsächlich hat die Unterscheidung nicht die Priorität in Mand X und muß als Idee aus anderem paränetischen Muster (Dibelius, 531.533: „christianisierende Bearbeitung“ der durchaus unchristlichen Idee von der Traurigkeit als Laster) hier einbezogen sein. Die Erklärung zu 1,1–2 (ohne καὶ πάλιν σώζει am Schluß)

---

[10] Dibelius, 532: „Es liegt eine außerchristliche Vorstellung zugrunde“, verchristlicht durch den Gedanken von der rettenden λύπη (1,2; 2,1.3.4) und vom Gebet (3,2.3); Joly, 187: Es liegt eine jüdische Paränese über diese drei Laster zugrunde.

[11] Anders Fuchs, 32, der die Reue (sic) prinzipiell beim Jähzorn für normal, beim Zweifel für unmöglich hält. – Von vorliegendem Text scheint Philipp Neri (1515–1595) zu seiner Äußerung inspiriert gewesen zu sein: „Les gens sombres et pensifs font tort à l'Esprit et l'empêchent d'agir“ (zitiert von John Savard, Dieu à la folie, Paris 1980, 143; vgl. P. Miquel, Lettre de Ligugé 244, 1988, 12 A.19).

[12] δοκεῖ σωτηρίαν ἔχειν: „scheint...“ ist im Zusammenhang zu schwach; H geht von der Bußbereitschaft aus. Das δοκεῖ würde, wenn es Vorbehalte des H signalisieren sollte (so Joly, 208; Fuchs, 32), gerade gegen die Tendenz seiner Einschübe verstoßen.

wird hier in 2,4 von dem Satz an gegeben, in dem es heißt, daß beide Verhaltensweisen (Zweifel und Jähzorn) den Geist betrüben, beide für ihn Anlaß zur Trauer bedeuten (was mit 2,3 unvereinbar ist), so daß nun von daher die Trauer ein Laster ist und das Gebot in 2,5 folgerichtig wird, obwohl man genau genommen sagen muß, daß der kausale Charakter bei Zweifel und Jähzorn liegt und die Trauer „unschuldige" Folge mit (durchaus verschiedenen) weiteren Folgen ist. Zieht man (so auch Dibelius, 534) daher vom vorliegenden Text als Einschübe des H in die vorgegebene Lehre diejenigen Passagen ab, die das Thema vom Laster der Traurigkeit durch positive Aussagen über die Traurigkeit undeutlich machen, nämlich dreimal die Worte καὶ πάλιν σώζει (1,2.3; 2,1)[13], ferner καὶ μετανοεῖ κτλ. (2,3) und den ersten Satz von 2,4, so bleibt eine in sich stimmige Lehre von der Traurigkeit als Laster stehen. Dadurch, daß H sie mit eigenen Lieblingsideen (Buße, doppelte Traurigkeit) überarbeitete, entstand dieselbe Unschärfe, die man in VI–VIII darin empfindet, daß dort Tugenden zwei verschiedene „Wirkweisen" haben, eine gute und eine schlechte, was heißen soll, daß Verhaltensweisen mit ein und derselben Bezeichnung von konträrer Qualität sein können (z. B. „Furcht": vor Gott oder dem Teufel VII 1–4).

Die schlichte Lehre aus diesem komplexen Text im vorliegenden Bestand ist also, daß es eine falsche und eine rechte Traurigkeit gibt. Falsch ist die des Zweiflers über seinen Mißerfolg, recht ist die des Jähzornigen, weil sie ihn zur Buße motiviert. – Aber es bleibt bei den Inkongruenzen, die ihren Grund, wie gesagt, darin haben werden, daß H die Lehre vom Laster der Traurigkeit[14] (deren Lasterhaftigkeit in 2,5.6 so beschrieben wird, als gebe es „rechte" Traurigkeit überhaupt nicht) mit einer anderen Lehre von der „zwiefältigen Wirkung" der Traurigkeit verschränkt hat. Aus dieser redaktionell bedingten Überschneidung läßt sich nicht die systematische Verträglichkeit einer „alten Lehre" von der Mißbilligung der Traurigkeit mit einer „neuen Lehre", die der Traurigkeit einen gewissen positiven Wert zuerkennt, konstruieren (gegen Giet, Hermas, 208f.). Daß Trauer als Fehlverhalten so stark profiliert wird, kommt wohl daher, daß H im Hinblick auf die Entscheidung des Menschen zu Besserung und Buße die Resignation, Skepsis u. ä. als Fehler denunziert, andererseits die Trauer des Zweiflers über entgangenes Weltliches als Symptom der Anhänglichkeit an die Welt unbedingt negativ ist.

2,5 Hier wird (wie 3,1–4), ohne Unterscheidungen, die Traurigkeit exklusiv als Laster oder Fehler behandelt, dessen „Ausrottung" verlangt wer-

---

[13] Fuchs, 29 will ohne Erklärung nur in 1,3 b und zwar von πῶς γὰρ bis οὐ νοῶ eliminieren, doch ist ἐκτρίβειν Bestandteil der Lehre vom Laster der Traurigkeit (1,2; 2,1).

[14] Dibelius, 531 f. hält sie für außerchristlich („hellenistisch") und stützt das mit *Corp.Herm.* 6,1; 13,7 (vgl. Hilhorst, Hermas, 696); *TestDan* 4,5f. Denkbar ist auch eine spezielle christliche Tradition eigenwilliger Ideen und Wortwahl wie im Endprodukt, das der PH nun bietet.

den muß (3,4: „diese böse Traurigkeit"). Von diesem Gebot wäre aber diejenige Trauer, die bei Jähzornigen zur Buße führt, auszunehmen. Die beiden Muster der Trauer-Paränese, die hier zugrunde liegen dürften, sind miteinander unverträglich. Hier ist mit der Trauer als solcher und in jedem Fall die unselige Folge verbunden, daß sie beim Eindringen in den Menschen den „heiligen Geist" hinausdrängt und vertreibt und zum Ankläger gegen den Menschen macht. **2,6** Dieser „Geist Gottes" im Leib des Menschen (wie III 1; s. dort; die inkarnatorisch-christologische Wendung dieser Vorstellung in Sim V 6,5) ist mit dem Eindringling Traurigkeit als solchem nicht zu versöhnen und wehrt sich grundsätzlich gegen Einengung durch Zuzug anderer Geister: Ein Bild für den Totalanspruch der kirchlichen Moral im PH.

3,1 „Freude" wird das Gegengewicht zur Traurigkeit. Man „zieht sie an" (eine beliebte Ausdrucksweise im PH für die Ausstattung mit Tugend, Kraft oder Wahrheit: Kraft, Clavis, 153 v. ἐνδύω); sie „zieht" nicht, wie die Traurigkeit (und andere Laster), „in den Menschen ein" (2,2.3). Man „fühlt sich in ihr wohl", während die Traurigkeit deprimiert. Im folgenden Gericht über die Traurigkeit figuriert diese wieder ausschließlich als negative Kraft (anders 2,1–4). Was H mit der Traurigkeit genau meint bzw. warum er das Destruktive, das er beschreibt, „Traurigkeit" nennt, läßt sich nicht leicht genauer sagen. **3,2** Es geht dabei nicht um Stimmungen oder Gemütszustände, sondern um Motivation zum Handeln. Traurigkeit verändert zum Nachteil und schwächt den Menschen, der unter ihrem Einfluß „dauernd Böses tut". Man muß sie sich als Mutlosigkeit und Resignation vorstellen, während ihr Gegenteil, die Freude (bzw. Heiterkeit: ἱλαρότης), Zuversicht und moralische Bereitschaft bedeutet (s. Vis I 4,3). Das wird etwas dürftig detailliert: Der „frohe Geist" wird zum traurigen Geist, und die Fähigkeit oder Kraft zum Gebet (so ἔντευξις hier und V 1,6; Sim V 4,4 durch den Zusammenhang: Bauer-Aland, 542) geht bei Traurigen (wie bei Reichen: Sim II 5) völlig verloren. – ἐξομολογούμενος: hier Lob oder Dank, nicht Bekenntnis (gegen Crombie, 27 u. a.). Zum semitischen Charakter der Negation einer allgemeinen Idee durch πάντοτε... οὐκ (wie Vis III 6,1; Mand XI 5) s. Hilhorst, Sémitismes, 133. – „zum Altar": der Himmel ist als Tempel gedacht; θυσιαστήριον ist ein spezifischer LXX-Term (Bartelink, 14–16), vom PH aber (wie auch ἁγίασμα) nicht mit der LXX auf den Altar im Jerusalemer Tempel, sondern auf den Himmel bezogen (Hilhorst, Sémitismes, 159 mit A.3; Literatur). **3,3** Der Gedanke von 3,2 wird auf Nachfrage einfach tautologisch, nämlich mit der destruktiven Qualität der Traurigkeit als Schwächung des Beters (im Bild: des Gebetes 3,2) begründet. H wird hier besonders nachlässig oder unbeholfen: Die Traurigkeit ist nicht „mit dem Gebet vermischt" (sondern „mit dem heiligen Geist": beides 3,3), was freilich als Ungereimtheit den Vorteil bringt, daß so „das Gebet nicht rein" sein kann infolge der Beimischung. Vor allem aber mißglückt die Auswertung des Gleichnisses von Essig und Wein[15] (vgl. das von Honig und Wermut in V 1,5), denn H hätte vom „Geist" bzw. vom Menschen (nicht von der Traurigkeit) sagen müssen, daß „nicht mehr dieselbe Kraft zum Gebet" aufgebracht wird.

3,4 Der Appell „reinige dich von..." wie IX 7. Die Traurigkeit ist noch einmal unbedingt negativ apostrophiert (anders 2,1–4). Es folgt die Routine-Verheißung der Mand (s. I 2) in der kontextbezogenen Applikation auf Trauer und Freude.

Als Resümee läßt sich sagen, daß der PH einen eigentümlich reduzierten Begriff von Trauer rezipiert und seinerseits prägt, der sich nicht einmal genau definieren läßt.[16] Die Trauer als Leiden an menschlichem Unglück oder Schmerz kommt wider Erwarten nicht vor (außer in den völlig nebensächlichen Nuancen von Vis III 13,2; Sim VI 3,1). Traurigkeit ist im PH ein negativer, vermutlich nichtchristlicher Begriff für einen Zustand, in den der Mensch sich bzw. seinen „Geist" durch falsches oder unmoralisches Tun schuldhaft manövriert. Und zwar entsteht die Traurigkeit aus der nachträglichen Einsicht in die Vergeblichkeit oder Schlechtigkeit des eigenen Tuns (außer X 2,2.3 auch Vis I 2,1.2; V 4) bzw. in das durch die Offenbarerin bescheinigte eigene moralische Manko (Vis III 1,9). Die Traurigkeit kann ihn zwar zur Buße bringen und „retten" (X 1,2; 2,3.4); aber die Traurigkeit selbst bleibt Laster (auch im Zwölfer-Katalog von Sim IX 15,3) und Fehler, weil sie Resignation, Niedergeschlagenheit, Warten auf den Tod mit gebrochenem Willen und darin neues, zusätzliches Versagen ist, statt daß der Sünder seine Sorgen auf den Herrn wirft (Vis III 11,3), d.h. mit Vertrauen und Elan auf Besserung aus ist. Diese andere, richtige Reaktion ist IV 2,2 beschrieben, wo aus der Einsicht in das schlechte Tun im Sünder nicht Traurigkeit, sondern Bußbereitschaft entsteht, so daß er „nicht mehr das Böse, sondern mit allem Nachdruck das Gute tut". Welcher Wirkzusammenhang dabei diese Beeinträchtigung des Menschen genau verursacht, wird aus der Sprache des PH trotz allem nicht wirklich klar. Jedenfalls ist die Traurigkeit ein Zustand, den man in sich „ausrotten", wie Gold die Schlacke abstoßen (Vis IV 3,4) muß und auf moralischen Appell hin durch einen Willensentschluß also beenden kann. Nicht als Affekt, sondern als moralische Verfehlung wird Traurigkeit hier abgelehnt, ohne daß dem H ihre adäquate Beschreibung (gerade auch im Hinblick auf ihre behauptete doppelte Wirkung; s. X 1,2.3; 2,1.3.4) gelungen wäre.

Dieser ungewöhnliche und seltene Begriff von Traurigkeit wird am ehesten verständlich, wenn man ihn als ungefähres Äquivalent zu ἀκηδία/*acedia* (Trübsinn, Nachlässigkeit, Gleichgültigkeit) versteht, die unter den kapitalen Lastern der spirituellen Literatur in Antike und Mittelalter figuriert

[15] Schümmer, 48 A. liest hier Wein und Essig als Sinnbild der Freude bzw. der Trauer.

[16] Die λύπη mit Fuchs, 32–38 als „Gewissensphänomen" zu deklarieren ist so seltsam wie die gesamte Diktion seiner Studie zu den Mand.

(G. Bardy, DSp I, Paris 1937, 166–169) und ein einziges Mal auch von H selbst gleich neben der „Trauer" genannt wird (Vis III 11,3). Mand X ist also mit einem traditionsreichen Thema von bedeutender askesegeschichtlicher Zukunft befaßt (ἀκηδία in der LXX: Ps 118,28; Sir 29,5; Jes 61,3; vgl. auch Cicero, *ad Attic.* 12,45,1).[17]

Elftes Gebot

Propheten und Pseudopropheten, oder: Zweifel und Vertrauen (Mand XI 1–21)

43 (XI) 1 **Er zeigte mir Menschen, die auf einer Bank saßen, und außerdem einen, der auf einem Sessel saß. Und er sprach zu mir: „Siehst du die Menschen auf der Bank?" „Ja, Herr, ich sehe sie", sagte ich. „Das sind Gläubige", sagte er, „und der auf dem Sessel ist ein falscher Prophet; er bringt die Diener Gottes um ihren Verstand; allerdings bringt er nur die Zweifler darum, nicht die Gläubigen.** 2 **Die Zweifler kommen nun wie zu einem Wahrsager gelaufen und fragen ihn danach aus, was ihnen die Zukunft bringt. Und obwohl jener falsche Prophet keinerlei Kraft göttlichen Geistes in sich hat, redet er mit ihnen im Sinn ihrer Fragen und ihrer verdorbenen Sehnsüchte und füllt ihnen die Seele mit dem, was sie sich wünschen.** 3 **Er gibt, selbst ein Hohlkopf, hohlen Leuten auch hohle Antworten. Was er auch gefragt wird, er antwortet auf die Hohlheit des Menschen. In manchem sagt er allerdings auch die Wahrheit. Der Teufel erfüllt ihn nämlich mit seinem Geist und versucht so, den einen oder anderen Gerechten zu Fall zu bringen.** 4 **Alle nun, die stark sind im Glauben an den Herrn, umkleidet mit der Wahrheit, die hängen solchen Geistern nicht an, sondern halten sich von ihnen fern. Aber alle Zweifler, die oft ihren Sinn ändern, treiben Wahrsagerei wie die Heiden und belasten sich mit noch größerer Sünde, weil das Götzendienst ist. Wer nämlich einen falschen Propheten über irgend etwas befragt, der ist ein Götzendiener und leer von der Wahrheit und dumm.** 5 **Denn kein Geist, der von Gott gegeben ist, läßt sich befragen, sondern im Besitz der Kraft der Gottheit sagt er alles von sich aus, weil er von oben[1] ist, von der Kraft des göttlichen Geistes.** 6 **Der Geist aber, der sich befragen läßt und dann im Sinn der Sehnsüchte der Menschen redet, ist von dieser Erde, schwach und kraftlos. Er redet überhaupt nur, wenn er befragt wird."**

7 **Da sagte ich: „Herr, wie kann der Mensch erkennen, ob einer ein Prophet oder ein falscher Prophet ist?" „Laß dich", sprach er, „über beide Arten von**

[17] Aus der Literatur zur Geschichte des Motivs in Medizin, Philosophie und Religion: M. A. Bardolle, Tristesse (ἀθυμία) et thérapeutique spirituelle dans l'exhortation à Stagire de Chrysostome, Lettre de Ligugé 241, 1897/3, 6–19; H. Flashar, Melancholie und Melancholiker in den medizinischen Theorien der Antike, Berlin 1966; J. Starobinski, Histoire du traitement de la mélancolie des origines à 1900, Bâle 1960; A. Derville, v. Mélancolie, DSp 10, 1980, 950–955 (Lit.); P. Miquel, Quatre questions sur le christianisme et la tristesse, Lettre de Ligugé 238, 1986/4, 3–9; ders., Jalons pour une histoire de la tristesse, Lettre de Ligugé 244, 1988, 3–22 (Lit.).

[1] Vgl. Jak 3,15.

Propheten belehren; und anhand dessen, was ich dir sage, kannst du den Propheten und den falschen Propheten erkennen. An seiner Lebensführung mußt du den Menschen erkennen, der den göttlichen Geist hat. 8 Wer den Geist von oben hat, ist in erster Linie sanft und ruhig, demütig und frei von jeder Schlechtigkeit und von eitlen Begierden dieser Welt, macht sich geringer als alle Menschen, gibt grundsätzlich niemandem auf Befragen hin eine Antwort und redet auch nicht im geheimen; und der heilige Geist redet auch nicht dann, wenn ein Mensch es wünscht, daß er redet, sondern er redet nur dann, wenn Gott will, daß er redet[2]. 9 Wenn nun der Mensch, der den göttlichen Geist hat, zur Versammlung gerechter Menschen kommt, die den Glauben an den göttlichen Geist haben, und wenn von der Versammlung dieser Menschen dann ein Gebet zu Gott gesprochen wird, dann erfüllt der Engel des prophetischen Geistes, der bei ihm ist, den Menschen, und jener Mensch redet, erfüllt vom heiligen Geist, zur Menge, wie der Herr es will. 10 So also wird der Geist der Gottheit offenbar. So groß ist die Kraft des Herrn im Wirken des Geistes der Gottheit! – 11 Laß dich", sprach er, „jetzt über den Geist belehren, der von dieser Erde ist, leer, kraftlos und überdies dumm. 12 In erster Linie ist ein solcher Mensch, der sich einbildet, Geist zu besitzen, überheblich und beansprucht (überall) den ersten Platz, ist gleich dreist, unverschämt und geschwätzig, lebt in lauter Luxus und vielen anderen verführerischen Dingen und kassiert Honorar für seine Prophetie. Wenn er es nicht bekommt, prophezeit er nicht. Kann vielleicht ein göttlicher Geist Honorar kassieren und dann prophezeien? Es ist ausgeschlossen, daß ein Prophet Gottes das tut, sondern der Geist solcher Propheten ist von dieser Erde. 13 Außerdem geht er grundsätzlich nicht zu einer Versammlung gerechter Menschen, sondern entzieht sich ihnen. Er schließt sich den Zweiflern und hohlen Menschen an, macht ihnen heimlich seine Prophezeiungen und täuscht sie, indem er ihnen lauter hohle Reden im Sinn ihrer Sehnsüchte hält. Seine Antworten sind ja auch etwas für Hohlköpfe. Denn wenn ein leeres Gefäß mit anderen leeren (Gefäßen) zusammenstößt, dann zerbricht es nicht, sondern beide tönen überein. 14 Kommt er aber (doch) einmal in eine Versammlung von lauter gerechten Menschen, die den Geist der Gottheit haben, und wird von ihnen dann ein Gebet gesprochen, dann steht dieser Mensch leer da, und der irdische Geist flieht vor lauter Angst aus ihm; der Mensch verstummt, bricht völlig zusammen und kann kein Wort mehr reden. 15 Denn wenn du Wein und Öl im Keller lagerst und einen leeren Krug dazustellst und den Keller dann wieder ausräumen willst, so wirst du den Krug, den du leer dazugestellt hast, nach wie vor leer vorfinden. Genau so ist es mit den leeren Propheten, wenn sie unter die Geister gerechter Menschen geraten: Man sieht dann, daß sie so (leer) sind wie zuvor."

16 „Da hast du den Lebenswandel beider (Arten von) Propheten. Überprüfe also den Menschen, der von sich behauptet, ein Geistträger zu sein, anhand seiner Werke und seiner Lebensführung. 17 Glaube du aber dem Geist, der von Gott kommt und Kraft hat; dem irdischen und hohlen Geist glaube dagegen nichts, weil in ihm keine Kraft ist; er kommt nämlich vom Teufel."

18 „Hör das Gleichnis, das ich dir erzählen will. Nimm einen Stein und

---

[2] Vgl. 2 Petr 1,21.

wirf ihn gen Himmel und schau, ob du bis zum (Himmel) werfen kannst. Oder nimm eine Wasserspritze und spritz damit gen Himmel und schau, ob du den Himmel damit durchlöchern kannst.“ 19 **Ich sprach: „Herr, wie soll das möglich sein? Beides, was du sagst, ist unmöglich!“ Er sprach: „Wie das unmöglich ist, so sind auch die irdischen Geister ohnmächtig und kraftlos.**
20 **Nimm dagegen die Kraft, die von oben kommt: Der Hagel ist ein winziges Körnchen, aber wie weh tut er, wenn er einem Menschen auf den Kopf fällt! Oder auch der Wassertropfen, der vom Dach herabfällt: Er bohrt ein Loch in den Stein!** 21 **Du siehst daran: Wenn die kleinsten Dinge von oben auf die Erde fallen, haben sie große Kraft. So ist auch der göttliche Geist, der von oben kommt, stark. Glaube also diesem Geist, halte dich aber von dem anderen fern!“**

Das Thema Prophetie fällt aus der Themenreihe von Buße, Moral, Kirchenzugehörigkeit und Rettung heraus. Aber seinetwegen findet Mand XI spezielles Interesse im Rahmen der Erforschung der nicht eben reich dokumentierten frühchristlichen Prophetie (unter den Älteren z.B. Bonwetsch, Prophetie, 460–464).

Als Gebot (Mandatum) ist dieser Text der Form und Absicht nach zunächst nicht leicht zu erkennen, obwohl er typische Elemente der Mand enthält (πίστευε in XI 17.21 wie VI 1,2; 2,3.6.10; IX 7; XII 6,2; ἀπέχου in XI 21 wie II 3; IV 3.9; V 2,8). Aber auch eine Vision oder ein Gleichnis ist er nicht (trotz der Anfangsformel ἔδειξέ μοι wie Sim III 1; IV 1; VIII 1,1 und trotz der Frage und Antwort βλέπεις – βλέπω wie Vis III 2,4; 3,3; 8,2; Sim II 2; III 1; IV 1; VI 2,1; VIII 6,1; IX 7,4; 14,6 und obwohl er etliche kleine Parabeln enthält: XI 13.15.18–20), denn was nun „gezeigt“ wird, ist weder parabelhaft noch visionär, sondern Realität, „ein aus dem Leben gegriffenes Bild... Der Wahrsager hat seine Sprechstunde“ (Zahn, Der Hirt, 105): H skizziert die alltägliche kirchliche Szene von den Aktivitäten der „Falschpropheten“ in der Gemeinde. So scheint der Text strenggenommen nicht unter die Überschrift des Hirtenbuchs nach Vis V 5.6 (s. dort); Sim IX 1,1: „Gebote und Gleichnisse“ zu fallen, doch rechnet H ihn – wie man sehen wird: mit Recht – dazu. Der apokalyptische Rahmen bleibt durch den Hirten und seine Belehrung sowie in den auch hier spärlichen dialogischen Elementen gegeben.

Der Anlaß nämlich für H, im „Hirten“ eine Phänomenologie der Prophetie und eine Kritik der Falschprophetie unterzubringen, ist seine Absicht, das Vertrauen in die Wahrsagerei, das in der Gemeinde eingebürgert ist, wenn nicht sogar zu einem Fall des qualifizierten Zweifels (s. Exkurs: Der Zweifel), so jedenfalls zu einer Frage der Moral zu machen, die durch das Syndrom von „Zweifel“, Anmaßung, Betrug, Scharlatanerie, verfehltem Vertrauen, Selbstbereicherung und Geheimnistuerei gestellt ist. Die „Leser über die Unterschiede zwischen echtem und falschem Geist zu unterrichten“ (Dibelius, 538; Reiling, 28.155) ist bloß Mittel zum Zweck, nicht die Absicht selbst, nämlich „jeden Leser vor das πνεῦμα τὸ θεῖον (zu) bringen“ (Fuchs,

23). Genaueres im Anschluß an die Auslegung. – Eine interessante Parallele zu XI findet sich wenige Jahrzehnte später in der Beschreibung mantischer Praktiken, speziell der „Prophetenweihe“ (K. Rudolph, Die Gnosis, Göttingen 1990[3], 260), bei den Markosiern, den Anhängern des valentinianischen Gnostikers Markos, die Irenäus, *haer.* I 13,3.4 gegeben hat. Es gibt in den beiden Texten etliche Überschneidungen, auf die in der folgenden Erklärung aufmerksam gemacht wird. Daß die teils verblüffende Ähnlichkeit, besonders der Gebrauch von κενός im Bericht des Irenäus (s. u.), der den PH gekannt hat (*haer.* IV 20,2; s. Einleitung § 9), direkt aus Benützung von Mand XI zu erklären ist (Reiling, 41.103), machen die vorhandenen Differenzen eher unwahrscheinlich.

1 Von der Anordnung der Akteure in der nur ganz kurz eingeblendeten Szene ist keinesfalls auf eine liturgische Momentaufnahme und die Tatsache einer Gemeinde um den Pseudopropheten zu schließen (auch Zahn, Der Hirt, 105); ob sie mantischem Brauch entspricht, ist nicht bekannt (Reiling, 31); an ihr ist nur das von Belang, daß der einzelne Mann auf der Kathedra sitzt, auf der traditionell (auch im Frühchristentum) der amtliche Lehrer sitzt (s. Vis I 2,2; ferner 4,1; III 10,3; 11,2; Klauser, 180; Reiling, 31 mit A.4).[3] In dieser Heraushebung (freilich lehrt er nicht, sondern beantwortet Fragen) ist die Anmaßung des falschen Propheten bzw. sein provokantes Auftreten in der Kirche illustriert. Die statische Kurzszene dient lediglich zur Eröffnung des Themas und ist auf jeden Fall von dem Vorgang in XI 14 zu unterscheiden. Freilich hat sie durch sich auch etwas Separatistisches an sich gemäß den Aussagen von XI 13. Snyder, 86f. definiert im Rahmen seiner Hypothese, es gehe in Mand XI nicht um Prophetie, sondern um Orthodoxie (s. u.), die Kathedra in Mand XI in Entsprechung zu der von Vis I 2,2 u. a.: Dort sitzt die Kirche, hier der Ketzer auf dem Stuhl der Lehre. Die Bank der Klienten hat nichts mit der Bank aus dem visionären Apparat von Vis III 1,4.7–9; 2,4; 10,1 (Lake, 117 besteht darum auf unterschiedlicher Übersetzung: statt couch hier bench = Schülerbank) oder gar der aus Vis III 10,5; 13,3 zu tun. Was sich bei dieser Sitzordnung abspielt und für die Christen („Diener Gottes“) Schlimmes geschieht, folgt XI 2.3. Dazu wird der undifferenzierte Begriff der „Gläubigen“ bzw. „Diener Gottes“ i.S. aller Getauften, der die Zuhörer des Pseudopropheten mit umfaßt, im Sinn von XI 4 („alle, die stark sind im Glauben“) zurückgenommen: Die (wirklich) Gläubigen heben sich von den Zweiflern in der Gemeinde gerade dadurch ab, daß sie gegen den Falschpropheten immun sind. Letzterer ist ψευδοπροφήτης und trotz XI 2 (μάντις) nicht ψευδόμαντις genannt[4], weil dies

[3] Andresen, 99 bleibt nicht beim Text; nach ihm „versetzt uns der Verfasser in einen frühkatholischen Gottesdienst mit seinem Gegenüber von Gemeinde und den Priestern auf der Priesterbank“. Peterson, 183 unterstellt die Sitzordnung in der Synagoge als Schule mit Kathedra.

[4] Zur interessanten vorchristlichen Begriffsgeschichte J. Reiling, The Use of ΨΕΥΔΟ-

dem Vokabular der Gemeinde entsprach (vgl. XI 7); μάντις und προφήτης sind allerdings ohnehin bedeutungsverwandt (Reiling, 34 A.4) wie προφητεύειν und μαντεύεσθαι (Irenäus, *haer.* I 13,4).

2 Ich ziehe mit Gebhardt-Harnack, 112; Lake, 118; Whittaker, 40; Joly, 192; Reiling, 34.177 μάντιν = Wahrsager (statt μάγον = Zauberer: G) vor; ὡς ἐπί: „zu ihm, als wäre er ein Wahrsager" (ὡς markiert „eine erlogene, jedenfalls objektiv falsche Eigenschaft": Bauer-Aland, 1792). Der Falschprophet kann nach H nicht wirklich wahrsagen. Reiling, 34: „i. e. as the heathen go to a soothsayer". In der Kirche des H gibt es mantische (wahrsagerische) Praxis mit den Fachleuten dafür. Der Terminus impliziert als solcher eine Abgrenzung: Wahrsagerei ist nämlich keine Sache der christlichen Gemeinde (s. u.). Vgl. darüber Reiling, 79–96: „The Christian μάντις". Die Christen haben „nie den innerhalb der religiösen Literatur des Heidentums durchaus hochgeachteten Titel ‚Mantis' für die Propheten…, sondern diesen Namen immer nur für die Pseudopropheten" gebraucht (Bacht, 18). – Gegenstand der Fragen und (mantischen) Antworten sind offenbar persönliche, durchaus diesseitige Erwartungen, private Interessen und Zukunftshoffnungen, vorgetragen aus Ungewißheit und Zweifel der Zweifler darüber, was die Zukunft im einzelnen bringen mag (vgl. XI 4). Reiling, 83f. bringt eine Reihe solcher Fragen aus magischen Papyri; sie beziehen sich auf Reisepläne, Heiratsabsichten, Krankheiten, Sklavenkauf, Karriere u. ä., „Fragen, wie sie die Wahrsager aller Zeiten beantwortet haben" (Weinel, HNTA, 305). Daß diejenigen, denen als Zweiflern infolge ihres Zweifels das, was sie tun (πρᾶξίς τις), mißlingt (X 2,2; vgl. IX 5), die Zukunft und was sie tun sollen (πρᾶξίς τις: XI 4) vom Orakel erfragen, statt ihr Leben durch Buße und Erfüllung der Gebote tatkräftig und entschlossen selbst zu sichern, ist typisch für sie in ihrem sündhaften Zweifel (s. Exkurs: Der Zweifel). Schon Lipsius, Der Hirte, 1866, 75ff. interpretierte die Wendung „was ihnen die Zukunft bringt" (abgesehen davon, daß er Parusiebezug und gnostischen Charakter des Falschpropheten von Mand XI unterstellt) mit sachlichem Recht nach Vis III 3,4 („ob alles wirklich so ist oder nicht"), denn die Fragesteller sind zugleich Zweifler. So ist die Befriedigung der Neugier (Zahn, Der Hirt, 105; Bacht, 17) als Motiv zu harmlos; die üblichen Fragen an den Wahrsager sind im PH ein Symptom für Ärgeres: Der Wahrsager bestätigt die verfehlten Wünsche, von denen der Mensch vom Besseren abgelenkt wird, und desavouiert sich selbst, indem er auf alles und jedes antwortet. H stellt die Praxis dieser Leute als opportunistisch und töricht,

---

ΠΡΟΦΗΤΗΣ in the Septuagint, Philo and Josephus, NT 13, 1971, 147–156 (vgl. Bartelink, 21: „Pseudoprophet" ist ein jüdisch-christlicher Terminus): Schon die LXX markierte einen deutlichen Kontrast zwischen der Prophetie, die in Jahwe's Dienst steht, und der Wahrsagerei, die als pagan gilt und vom Übersetzer der Bücher Jer und Sach mit Hilfe des von ihnen eingeführten Terminus ψευδοπροφήτης von der Prophetie abgesetzt wurde: Jer (LXX) 6,13; 33,7.8.11.16; 34,9; 35,1; 36,1.8; Sach 13,2; vgl. Reiling, ebd. 14f.

weil vergeblich, dar. Schon in der Bezeichnung als Pseudoprophet XI 1 und hier im Fehlen des göttlichen Geistes spricht er der Gegenseite jede Kompetenz, den Menschen Nützliches zu sagen, ab. – „füllt ihnen die Seele mit...": H liebt die Vorstellung vom „leer" (oder verlassen) bzw. „angefüllt (oder bewohnt) sein" des Menschen durch gute oder schlechte Kräfte oder „Geister" (s. XI 3; V; Exkurs: Das Bild vom „Wohnen") im Sinn von Ab- und Anwesenheit grundlegender Qualitäten im Menschen; „was sie sich wünschen": Der Vorwurf, daß die Wahrsager ihren Kunden und Geldgebern (zumal Monarchen) nach dem Mund reden und Unheilsprophezeiungen vermeiden, ist traditionell (und im jüdisch-christlichen Urteil nicht stärker ausgebildet als im hellenistischen: mit Aune, Christian False Prophets, 103f. gegen Reiling, 37); vgl. Irenäus, *haer.* I 13,4: ketzerische Prophetie „nach ihren eigenen Wünschen (ἐπιθυμίαι)". Im Streit um Prophetie ist der Geistbesitz das Kriterium, auch im Mand XI; etwas anderes ist die Ketzerpolemik (gegen Andresen, 99). **3** Zur Destruktion der Pseudoprophetie setzt H die Wortgruppe κενός, κενόω, κένωμα (Kraft, Clavis, 245f.)[5] ein, die nicht an das Thema Prophetie gebunden, aber geeignet ist, wieder die räumliche Vorstellung von der Abwesenheit des guten Geistes in solchen Menschen auszudrücken. Sie sind „leer" von göttlichem (prophetischem) Geist. Daß diese Vorstellung vorliegt, zeigt XI 4: „leer von der Wahrheit". Das Wort ist oben, wo eben möglich, mit „hohl" etc. übersetzt, weil dieser deutsche Terminus ähnlich dem griechischen Äquivalent die doppelte Nuance von „leer" und „nichtig" ins Spiel bringt, doch verlangt der Bildzusammenhang an etlichen Stellen (XI 4.13–15) die wörtliche Wiedergabe. Die Häufung hier ist Sarkasmus. Daß in den hohlen Reden auch Wahres vorkommt, gehört offenbar zum frühkirchlichen Bild von der Pseudoprophetie[6] und hat die biblische Tradition für sich, nach der „auch heidnische Propheten wahre Prophezeiungen aussprechen konnten" (Kraft, Vom Ende, 180). Hier wird das als Finte des Teufels erklärt, der den „leeren" Wahrsager „ausfüllt". Zu dieser Idee[7] zwangen wahrscheinlich die Zufallstreffer der Wahrsagerei, da man umgekehrt auch im Christentum aus erfüllten Vorhersagen auf die Echtheit von Prophetie schloß (vgl. den Vorwurf der Besessenheit gegen die Montanisten bei Euseb, *h.e.* V 16–18).

4 Der Zustand „stark im Glauben" ist das Gegenteil zum „Zweifel" (XI

[5] Im Prophetie-Bericht des Irenäus, *haer.* I 13,3 redet die Prophetin der Markosier „leer" (κενῶς), weil ein „leerer Geist" (κενὸν πνεῦμα), der Diktion einer überlieferten Maxime zufolge „leere Luft" (κενὸς ἀήρ), sie erhitzt. Nach Frgm. 24 (Harvey II, 491) bzw. 26 (PG 7, 1244) ist, ohne Bezug zur Prophetie, jeder Mensch „leer" oder „voll" vor Gott, der gesagt hat: „Ich werde in ihnen wohnen und wandeln." Vgl. *4 Esra* VII 25: „das Leere den Leeren und das Volle den Vollkommenen!"; s. Zahn, GGA Stück 2, 9. Januar 1878, 61.

[6] Auch *Did* 11,10 kennt Propheten, die die Wahrheit lehren, sie aber nicht leben. Klemens v. Al., *strom.* I 85,3.4 gefällt diese Aussage des PH.

[7] Vgl. A. Le Boulluec, La notion d'hérésie dans la littérature greque. IIe–IIIe siècles, T. 2, Paris 1985, 324–327: Véracité du diable.

1.2); „umkleidet mit der Wahrheit" (vgl. III 1–2) im Unterschied zu den Lügenreden des Falschpropheten; „solchen Geistern": der Geist des Teufels aus XI 3 wird zum Plural von „Geistern" (πνεῦματα), Lastern, allegorischen Gestalten, in dem das Böse im PH überwiegend auftritt, während das Gute als der „(heilige) Geist" in der Regel im Singular steht (daneben freilich der Plural von Tugenden). Die Gemeinde ist in Anhänger und Gegner der Mantik, in Zweifler und Entschiedene geteilt. Das Verb μετανοεῖν hier ausnahmsweise (wie Vis I 1,9; III 7,3) in der negativen Bedeutung des (ständigen, wankelmütigen) Gesinnungswandels (eine Umschreibung des „Zweifels"), während es sonst (mit μετάνοια) nämlich der Schlüsselbegriff „Buße tun" im PH ist; Funk, 505; Snyder, 12f.87; Zahn, GGA Stück 2, 9.Januar 1878, 61 in Abänderung seiner Meinung in: Der Hirt, 354 A.4 vertreten auch hier die Bedeutung (häufige) Buße. Die Kritik an der Wahrsagerei wird gesteigert: Sie ist heidnische Praxis (folglich innerkirchlich untragbar) und als Götzendienst (dies, weil sie fragen wie die Heiden) schwerere Sünde (sc. als der Zweifel). εἰδωλολατρ- ist „lexikologischer Christianismus" (Bartelink, 12f.). **5** Mantik wird jetzt vom wahren Geistbesitz in der kirchlichen Prophetie abgegrenzt. Die erste Differenz: Der Prophet läßt sich nicht befragen (zur semitischen Form der Negation πᾶν... οὐκ s. X 3,2), d.h. es gibt kein kirchliches Orakel (Lampe, 191 leitet aus diesem prophetischen Axiom unmöglicherweise einen persönlichen Verzicht des H auf Dialog und philosophische Mittel der theologischen Wahrheitsfindung ab). Zweite Differenz: „Der Geist" der Prophetie ist souverän in der Wahl von Gegenstand und Zeitpunkt seiner Äußerungen, weil er „von oben" (ἄνωθεν) ist – ein Wort, das mit Ausnahme von IX 11 nur in XI (5.8.20.21; vgl. Jak 1,17; 3,15) vorkommt: „von oben" sind Glaube, (göttlicher) Geist und Kraft (sinngleiches ἄνωθεν bei Irenäus, *haer.* I 13,4; anstelle von ἀπὸ θεοῦ δοθέν hier steht dort, ebenfalls auf die Prophetengabe bezogen, θεόσδοτον). **6** „Der Geist" der Mantik dagegen, der sich von privaten Fragen und Wünschen abhängig macht, ist „von der Erde" und kraftlos (wie der Zweifel: IX 11; vgl. Jak 3,15). Seine Schwäche zeigt sich darin, daß der Wahrsager nur auf Fragen antwortet, aber nicht (wie der Prophet: XI 5) „von sich aus" Aussagen macht. Vgl. die Autarkie des Geistes im delphischen Orakel, die nicht auf alles eine Antwort zuläßt (Plutarch, *De defectu oraculorum* 51; zitiert von Dibelius, 537). **7** Die wichtige Frage nach der Unterscheidung[8] markiert literarisch einen Einschnitt, kommt aber (wie manches im PH) sachlich zu spät, weil ihre Beantwortung durch den Hirten längst begonnen hat. Der Hirt kann hier volle Klarheit versprechen. Während die Differenz bislang an der mantischen Praxis und ihren Einzelheiten

[8] Eine Frage, die älter ist als die christliche Prophetie: G. Quell, Wahre und falsche Propheten, Gütersloh 1952; J.L. Crenshaw, Prophetic Conflict, Berlin-New York 1971; F.L. Hossfeld – I. Meyer, Prophet gegen Prophet, Fribourg 1973; G. Mündelein, Kriterien wahrer und falscher Prophetie, Bern-Frankfurt/M.-Las Vegas 1979^2; J.T. Lienhard, ‚Discernment of Spirits' in the Early Church, StPatr 17/2, Oxford u.a. 1982, 519–522.

demonstriert wurde (und übrigens nie an einer inhaltlichen Unterschiedlichkeit der jeweiligen Äußerungen nachgewiesen wird), ist jetzt allein von der Lebensführung die Rede (wie *Did* 11,8–10.12; vgl. Mt 7,15–23; 24,11f.; Streeter, 148f.); aber von dieser geht es in XI 8 gleich wieder zu Fragen der Mantik bzw. der Erkennbarkeit der Prophetie über, woran man sieht, wie sehr H auch diese Aspekte als Frage der Moral gesehen wissen will; er nennt beides zusammen das „Leben" (XI 7.16). Dabei ist ζωή („Lebensführung") sehr viel unspezifischer als die Ausdrucksweise in der thematischen Parallele *Did* 11,8: ἔχειν τοὺς τρόπους κυρίου, was so zu lesen ist: „Der wahre Prophet steht... in der Kontinuität mit der Lebenspraxis Jesu, – des irdischen Jesus!" (Niederwimmer, 219). So archaisch ist die Rede des PH bei weitem nicht. XI 8–10 beschreibt den (wahren) Propheten nach Sitte und prophetischem Muster, XI 11–15 tut dasselbe für den Pseudopropheten; ἀμφότεροι/-α benutzt H mit Vorliebe im Zusammenhang seiner mehr oder weniger qualifizierten Unterscheidungen: V 1,4; VI 2,2.6; X 2,4; XI 16; Sim II 7.9; VI 4,3. – „Prophet" ohne Attribut ist im frühchristlichen Sprachgebrauch der wahre Prophet, der Term also keine *vox media* (Reiling, 48). – **8** Der Hirt beginnt also beim Propheten („der Mensch, der den göttlichen Geist hat"). Das positive Hauptmerkmal heißt „von oben" (vgl. zu IX 11; XI 5.20.21). Die beiden harmlos klingenden erstgenannten Vorzüge „sanft und ruhig" finden sich auch unter den Kriterien des Unterscheidungsverfahrens von VI 2,3; „geringer als alle": wie VIII 10, das Gegenteil von Überheblichkeit und Unverschämtheit in XI 12. Auf die Tugendliste folgt, als wäre sie deren Fortsetzung, eine Phänomenologie der orthodoxen prophetischen Praxis, zunächst negativ: Prophetie befriedigt nicht die individuellen Bedürfnisse (Fragen), spielt sich nicht im privaten Bereich ab, richtet sich (auch zeitlich) nicht nach den Wünschen des Menschen, sondern Gottes (vgl. wieder aus dem Prophetie-Kapitel des Irenäus, *haer.* I 13,4: Propheten reden, „wo und wenn Gott es will, aber nicht wenn [der Gnostiker] Markus es befiehlt"). **9** Dann positiv: Ort und Situation der Prophetie[9] ist – analog zu 1 Kor 12.14 – die Öffentlichkeit der versammelten Gemeinde der Rechtgläubigen. Der Text hat hier (und XI 14) Berichtscharakter. Er handelt von der prophetischen Inspirationserfahrung. συναγωγή: Die jüdische Bezeichnung begegnet vereinzelt auch für die frühchristliche Gottesdienstfeier: Völter, Apostol. Väter, 258f.; Chase, 3f.; Streeter, 72f.; H. Lietzmann, Geschichte der Alten Kirche, Bd. 1, Berlin-Leipzig 1937^2, 253; s. Jak 2,2; Hebr 10,25; *IgnPol* 4,2; Justin, *Dial.* 63,5; Dionys v. Al. bei Euseb, *h.e.* VII 9,2; 11,11.12.17; umfassende Bestandsaufnahme des Wortgebrauchs bei Harnack, ZWTh 1876, 102ff.; Gebhardt-Harnack, 115–119 mit dem Ergebnis, daß „der Gebrauch des ... Wortes als Bezeichnung christlicher Versammlungen zwar spärlich ist, aber doch vorkommt, und dies bei rein heiden-

[9] Zur Verwendung von XI 9.10 im *Pap.Oxyr.* I.5 anläßlich einer späteren Diskussion (des späten 2. Jh.s und um den Montanismus?) siehe Reiling, 125 A.2; Paulsen (Lit.).

christlichen, katholischen Schriftstellern" (ebd. 117); wahrscheinlich keine Sonderbedeutung: Hilhorst, Sémitismes, 156f. „Versammlung gerechter Menschen": die gesamte Gemeinde, wie sie zusammenkommt; Weinel, HNTA, 305: gute Christen; Hilhorst, Sémitismes, 156: „fidèles", also nicht nur „Männer" (Zahn, Der Hirt, 103; Dibelius, 541; Wohlenberg, 961; Zeller, 222 u.a.); ἀνήρ steht im PH auch anderwärts für „Mensch", besonders deutlich VI 2,7 = „Mann oder Frau". Während und infolge des Gemeindegebets in der liturgischen Feier kommt für den Propheten „plötzlich" (Bacht, 10) „der einzelne prophetische ‚Anfall'" (Weinel, HNTA, 305), der Augenblick seiner Rede „zur Menge"; d.h. es ist nicht sein eigener Entschluß. Die Liturgie hat „eine doppelte Relevanz für die Prophetie": „Einmal ist sie der Ort, in dem prophetische Rede gegeben bzw. offenbart wird, zum anderen aber ist sie ihr Legitimationsort" (J. Panagopoulos, Die urchristliche Prophetie, in: ders. [ed.], Prophetic Vocation in the NT and Today, Leiden 1977, [1–32] 22.27, der allerdings völlig unbedacht und unzulässig wiederholt Texte heranzieht, die sich auf H als Visionär, nicht auf die Prophetie nach Mand XI beziehen). Die Inspiration, die der Prophet erlebt, wird mit Hilfe der Vorstellung vom „Engel des prophetischen Geistes" (der Ausdruck nur an dieser Stelle)[10] erklärt; viele (z.B. Knorz, 122; Lindblom, 69.161 A.31; Reiling, passim; vgl. Mees, 353f.) verstehen unter dem „Engel", weil er über den prophetischen Geist verfügt, den „Heiligen Geist", was angesichts des flexiblen Charakters der Engel- und Geist(er)vorstellungen im PH (s. die Exkurse: Die Pneumatologie; Die Engel), auch angesichts ihrer Brauchbarkeit nach verschiedenen Seiten und ihrer immer neuen Anwendungen und Abwandlungen (bis hin zu den „Ablegern" in der Christologie wie Sim IX 1,1–2) durchaus möglich, aber nicht definitorisch zu verstehen ist, da H nicht systematisch konsequent ist.[11] Der Engel jedenfalls macht ihn durch seine ständige Anwesenheit zum Propheten („Geistträger": XI 16) und ist dann vergleichbar dem mantischen Beistands-Dämon, δαίμων πάρεδρος, des Gnostikers Markos bei Irenäus, *haer.* I 13,3, eine Ausdrucksweise allerdings, die für H nicht in Frage kommt (vgl. Reiling, 86f.110f.). Jedenfalls „füllt" er ihn nun aktuell „an" (Reiling, 111–121 interpretiert die „Geisterfüllung" als eine mit hellenistischen Elementen erstellte genuin christliche Prophetie-Vorstellung), so daß er als Geist-„Erfüllter" mit den „leeren" Wahrsagern (XI 3) denkbar anschaulich kontrastiert. – ὁ κείμενος ἐπ' αὐτῷ: zur semantisch komplizierten Formel und Vorstellung (Dibelius, 541; Opitz, 113) von der Verbindung Engel – prophetischer Geist – Mensch

[10] Er bleibt namenlos; in *ApkBar* 55,3 ist sein Name Ramiel (Rießler, 91). Zwei andere Einzelengel im PH: der Engel der Buße (Vis V 7) und der Engel Thegri, der über die Tiere Gewalt hat (Vis IV 2,4).

[11] Opitz, 113 A.151 vermutet ganz anders: „Offenbar wird das abstrakte Faktum der Prophetie, des Prophezeiens, personifiziert vorgestellt als pneuma prophetikon, das, wenn ‚es über ihn kommt', seinen angelos, der schon ‚bereitliegt', veranlaßt, den betreffenden Menschen zu ‚erfüllen'."

s. ausführlich Reiling, 104–111 mit motivgeschichtlichen Versuchen: „A curious blending of Jewish, Christian and hellenistic elements" (110).

Daß bei dieser Beschreibung der prophetischen Begabung und deren Aktualisierung in der prophetischen Rede zu der „Menge" der Gemeinde der Term Prophet fehlt, ist auffällig. Es ist die Rede vom „Menschen", an dem und durch den die Prophetie geschieht. Von völlig unterschiedlichen Beurteilungen der frühchristlichen Prophetie-Geschichte und der Einordnung von Mand XI innerhalb dieser Geschichte her nehmen darum auf sehr verschiedenen Wegen Opitz, 106.111–115 und Reiling, 124–143 an, daß H nicht in seiner Kirche eine Gruppe von Christen mit dem Titel Propheten bezeugt, sondern statt dessen eine Kirche von lauter potentiellen Propheten kennt, aus denen vom Geist jeweils aktuell eine Anzahl zur prophetischen Funktion ausgewählt wird, wobei Reiling sein charismatisch-prophetisches Bild von der Kirche im PH an dem sehr prosaischen Charisma-Begriff negativ vermittelt, den Opitz für kennzeichnend im PH hält. Die Argumente, Voraussetzungen und Folgerungen, die bei dieser Interpretation beiderseits ihre Rolle spielen, können hier vernachlässigt werden, weil der Text m. E. etwas anderes sagt. Das Nomen „Mensch" in XI 9 hat semantisch doch längst seine Vorzeichen gesetzt bekommen: In der Frage des H von XI 7 ist die Existenz von (doch offenbar ständigen) Propheten in der Kirche vorausgesetzt, die sich (jederzeit beobachtbar) von einer stets mit sich identisch bleibenden Gruppe von Pseudopropheten abheben, ebenfalls als Gruppe; es gibt nach H „zwei Arten von Propheten" (XI 7). Wenn in XI 7 der „Prophet" als ein „Mensch" besonderer Art definiert wird, so macht das die Wortwahl in XI 9 („Mensch") begreiflich. Daß die Lebensstilbeschreibung unspezifisch für einen Propheten ausfällt, besagt nichts; man kennt dasselbe aus frühkirchlichen Bischofsspiegeln u. ä. Unbefangen wird man von „einer singulären, vereinzelnden Rolle gegenüber dem Gros der Gemeinde" reden (Paulsen, 445 A.22), deren eigener prophetischer Qualität in der Gruppe der Propheten keine Konkurrenz entsteht.[12] Kurz: Der Mensch, „der den göttlichen Geist hat" wie die Gläubigen auch, kommt als Prophet in die Versammlung und wird nicht erst dort unvorhersehbarerweise zum Propheten erwählt und „erfüllt", obwohl er allerdings umgekehrt nirgends sonst prophetisch redet als in der christlichen Synagoge (vgl. auch von Campenhausen, Amt, 203). Voraussetzung für das Ereignis prophetischer Rede scheint für H das „Klima" der Versammlung, die „spirituelle Temperatur" der Gemeinde und das Gebet der Gläubigen, Gerechten zu sein, „die (den Glauben an) den (göttlichen) Geist (der Gottheit) haben" (XI 9.14), obwohl, wie auch die in diesem Mischzitat signalisierten Abweichungen in ein und derselben Aussage zeigen, die Diktion des H in einer Art und Weise

[12] Paulsen, 445 f. kritisiert Reiling's Auswertung des *Pap.Oxyr.* I.5 für die Erklärung von Mand XI und plädiert für die naheliegende, kontextgerechte Lösung zwischen Reiling und Harnack: weder für eine τάξις von Propheten (Harnack) noch für eine Kirche von lauter potentiellen Propheten (Reiling).

immer wieder variiert und oszilliert, daß der Ausleger sich immer neu verunsichert darin fühlt, wie strikt er H beim Wort nehmen muß bzw. kann. So viel läßt die doppelte Situationsbeschreibung in XI 9.14 aber erkennen: Prophetische Inspiration ist von der Gemeinde abhängig und ein persönliches und ein Gemeindeereignis zugleich (Reiling, 163), oder sie ist nicht. – Das Gebet von XI 9.14 darf in seiner die Prophetie auslösenden Funktion nicht wie bei Weinel, Wirkungen, 223 mit den privaten Gebeten verwechselt werden, die H selbst vor seinen Visionen verrichtet (Vis I 1,4; II 1,1; III 1,2; IV 1,3). Über den denkbaren Inhalt der Prophetie verlautet nur, daß er nicht in privaten Orakeln besteht, sondern in Dingen, die der „Menge" von Gott zugedacht sind (Bacht, 13: Gotteswillen oder Gottesspruch).

Man gewinnt aus Mand XI also eine Reihe wertvoller, sonst nirgends bezeugter Details aus der Geschichte der frühchristlichen Prophetie, aber nichts über den Inhalt der prophetischen Rede, des λαλεῖν „zur Menge". Aune, Prophecy, 299–310 ist allerdings der Meinung, daß sich im PH eine Reihe von prophetischen Sprüchen bzw. Orakeln identifizieren und isolieren lassen[13], so daß man, wenn auch nicht im „Bericht" von Mand XI selbst, so doch über den PH verstreut Beispiele prophetischer Rede hätte. Mindestens zwölf Orakel hat H demnach in die End-Redaktion des „Hirten" eingebracht, zweifellos zwar in literarischer Stilisierung, d.h. nicht als Wiedergabe originaler Orakel aus „echt" erlebter Offenbarung, aber im Genre der prophetischen Tradition. Aune nennt aus dem Visionenbuch vier paränetische Orakel von Rettung und Gericht (salvation-judgment oracles), nämlich Vis II 2,6–8; 3,4; III 8,11–9,10; IV 2,5–6. Außerdem identifiziert er zwei Zuversichts-Orakel (oracles of assurance: Mand XII 4,5–7; 6,1–3) und schließlich noch sechs weitere paränetische Orakel von Rettung und Gericht in den Sim (sc. Sim VI 1,4; IX 23,5; 24,4; 28,5–8; 31,3–32,5; 33,1). Ob man Aune in dieser Gattungsbestimmung folgt, hängt von der Einschätzung seiner Kriterien ab. Ohne formgeschichtliche Diskussion und ohne weitere Definition des Genus oder der Form „Orakel" setzt er als Identifikationskriterien lediglich das Vorkommen einer einführenden Legitimations- bzw. Beauftragungsformel (aus dem Mund der Greisin, des Hirten, des Engels) an, die die göttliche Herkunft der Rede garantiert, und den Wechsel von der 2. Pers. Sing. (= H als Adressat) zur 2. Pers. Pl. (= alle Christen als Adresse) (ebd. 300.305.306.309). Diese Bestimmung bleibt beliebig, ungenau und völlig unzureichend und in der Anwendung auf die Texte auch nicht widerspruchsfrei. Im Zusammenhang der Prophetievorstellung des PH helfen die genannten Texte nichts, da sie die Beschreibungen in Mand XI nicht erkennbar ergänzen, denn die formgeschichtliche Verbindung der als Orakel bestimmten Texte mit der Situation des prophetischen Ereignisses in Mand XI 9 ist nicht aufweisbar. Dies wiederum liegt daran, daß Aune's Gattungs-

[13] Aune, Prophecy, 299 mit A.30 (437) sieht (mir scheint: nicht ganz zu Recht) die Textanalysen von Reiling, 166–170 als Vorarbeiten zu seinen eigenen Thesen an und erweitert und modifiziert sie in diesem Sinn.

bestimmung nicht zutrifft. Die von ihm isolierten Texte sind mit Kategorien und Kriterien der (apokalyptischen) Offenbarungsrede und der Paränese hinreichend und exakt bestimmbar (ganz anders etwa die zum Vergleich bereitstehenden, von Aune aber nicht benutzten montanistischen Orakel[14]). Ihre Zuordnung zur prophetischen Rede ist darum nicht möglich. Man kann also nach den von Aune isolierten Texten nicht etwa die Inhalte der Prophetie von XI 9 rekonstruieren.

10 Nach einem abschließenden Hinweis auf den aufschlußreichen Merkmalcharakter dieser Vorgänge folgt die Kriteriologie für den „leeren" Wahrsager. **11** Dieser „Geist" hat die im PH typischen Nachteile, „von der Erde" (statt „von oben"), „leer" (statt „erfüllt" vom „göttlichen und prophetischen Geist") und „kraftlos" zu sein. Der Ausdruck „leerer Geist" (πνεῦμα κενόν; auch XI 17) ist nicht das große Problem, das Reiling, 41–47 daraus macht. Es handelt sich um den anthropologischen πνεῦμα – Begriff des PH (s. Exkurs: Die Pneumatologie), dessen Verbindung mit dem in XI gezielt eingesetzten Attribut („leer") nicht überrascht. Sie definiert die (ohnmächtige) Kraft, die sich in den Wahrsagern und der Wahrsagerei äußert, denkbar negativ, nicht anders als bei den Nomina Mensch (V 2,7), Propheten (XI 15), Diener Gottes (Sim VI 2,1) u.a. „Leerer Geist" ist eine eigenwillige, angesichts der sonstigen Konnotation beider Bestandteile des Ausdrucks (πνεῦμα, κενός) im PH aber konsequente und plausible Konjunktion.[15]

12 Von der pauschalen Disqualifizierung geht es zu einer Reihe von zunächst wieder (wie XI 8 πρῶτον) ethischen Beurteilungen über, die relativ parallel zu XI 8 formuliert werden und eine Mischung von Beschreibung und konventioneller (Reiling, 52) Polemik sein dürften: Der Geistbesitz des beurteilten Propheten (XI 8) ist hier bloß fiktiver Besitz; der Sanftmut und Ruhe des ersten entspricht hier negativ die Überheblichkeit, der Demut die Ehrsucht, Dreistigkeit usw. (Philologisches zur Diktion von XI 12 bei Reiling, 91–94). Der „erste Platz" (πρωτοκαθεδρία) ist vom unmoralischen Geltungsdrang, nicht von kirchenamtlicher Konkurrenz (so A. Ritschl, zitiert von Gebhardt-Harnack, 110, mit seiner Karikatur des Episkopats;

---

[14] Deren Text und Erklärung s. W. Schneemelcher, NTApo 2^4, 1971, 486–488.

[15] Bei Reiling, 41–47 ist die Redeweise vom „leeren Geist" nicht korrekt, weil es im PH beide Male „irdischer und leerer Geist" (XI 11.17) mit zwei gleich feststehenden Attributen heißt. Der anonyme Gewährsmann, den Irenäus, *haer.* I 13,3 mit dem Satz „Etwas Freches und Unverschämtes ist eine Seele, die von der leeren Luft (κενῷ ἀέρι) erhitzt (= inspiriert) ist", zitiert, zeigt zudem, daß das κενὸν πνεῦμα bei Irenäus (für ihn selbst dann gleichbedeutend mit κενὸς ἀήρ) einen sehr anderen Sinn haben dürfte als im PH, nämlich nicht den des anthropologischen Pneuma, sondern einer inspirierenden Kraft von außen. Der PH ist dann schwerlich die Vorlage für Irenäus gewesen. Reiling, 42 schließt von den drei Belegen Mand XI 11.17; Irenäus, *haer.* I 13,3; Anonymos des Irenäus ebd. auf eine im Christentum des 2. Jh.s Gemeingut gewordene Idee von der Erhitzung bzw. Inspiration durch einen „leeren Geist". Die Redensart ist zumindest im PH nicht traditionell, sondern originell.

dagegen Duchesne, 15f., der vom Portrait eines christlichen Zauberers spricht) zu verstehen (die frühe Diskussion bei Gebhardt-Harnack, 110–112; vgl. 119–121), passend zu dem übrigen unausstehlichen Auftreten, das den Falschpropheten hier nachgesagt wird. Die „Geschwätzigkeit" (πολύλαλος) greift eventuell auf die Beflissenheit von XI 2.3 zurück, mit der der Falschprophet auf jede Frage hin weissagt (dafür λαλεῖν: XI 2.3.6.8.13.14). Anders Dibelius, 538: „anderweitige rednerische Betätigung". Weinel, Wirkungen, 89: „Hermas hat recht: wirkliche pneumatische Worte sind abgerissene, knappe Sätze", viele Wörter also per se keine Prophetie. Dem Luxus entsprach beim (wahren) Propheten keine Tugend (sc. Enthaltsamkeit o.ä.). Die Prophetie gegen Geld entlarvt den Schwindler (vgl. *Did* 11,6.12; Irenäus im Prophetentext *haer.* I 13,3: „steinreich geworden"). Über mehrere Zeilen wird mit Empörung die Bezahlung von Prophetie als eklatante Perversion und Selbstentlarvung ihres „irdischen Geistes" kritisiert. Geld ist ein untrügliches Kriterium für die Unterscheidung zwischen Wahrsagerei und authentischer Prophetie in der Kirche (vgl. Euseb, *h.e.* V 18,2.4.7.11; von Campenhausen, Amt, 78). Zur (auch vorchristlichen) Geschichte und Stoßrichtung dieser verbreiteten Kritik an der Wahrsagerei siehe Reiling, 53f. Für Mand XI heißt das: Wer Geld nimmt, ist ein Heide (Götzendiener) in der Kirche.

13 Auch den Falschpropheten (wie den Propheten: XI 9) identifiziert man an seinem Verhältnis zur Gemeinde. Er schließt sich aus; daß er dies „grundsätzlich" (ὅλως) tut, stimmt nicht mit dem gegenteiligen Verhalten in XI 14 überein. „Versammlung von Menschen": s. XI 9. Der Hirt beschreibt den kirchlichen Konflikt um Prophetie und Mantik nach der Art eines Schismas: Die Wahrsager setzen sich mit der *peior pars ecclesiae,* den Zweiflern und „hohlen Menschen", ab, unter denen sie mit ihrer Schwindelei ihr Auskommen haben. Sie wahrsagen (im Gegensatz zu den Propheten: XI 8) „heimlich", also abseits der kirchlichen Versammlung und Öffentlichkeit, in der sie wahrscheinlich verboten sind, wieder (vgl. XI 2) nach den Wünschen der Menschen. Zusammen mit ihnen werden ihre Kunden als „leere Menschen (Hohlköpfe)" abqualifiziert. Mit einer kleinen Parabel wird das Verhältnis dieser „Schismatiker" untereinander spöttisch erklärt: Wie ein leeres Gefäß (so muß das gedacht sein) beim Zusammenstoß mit einem gefüllten, schwereren, zerbricht, beim Zusammenstoß von zwei leeren Gefäßen aber beide nur in gleiche Schwingungen geraten, so geschieht einem „leeren" Propheten nichts, wenn er sich unter seinesgleichen, die „leeren" Zweifler, begibt, mit denen er harmoniert (so auch Piesik, 45), während es ihm beim Zusammentreffen mit einem (vom Geist) „gefüllten" Propheten schlecht ergeht, indem er unterliegt. Mit solchen direkten und massiven Vergleichen macht H seine Theologie und die gegenwärtigen kirchlichen Verhältnisse gern für jedermann verständlich. **14** Und er beschreibt den letzteren Fall, jetzt ohne Parabel, in der kirchlichen Realität. In der Situation des Auftritts in der Gemeinde, in der der (wahre) Prophet sich als solcher beweist (XI 9), versagt der Pseudoprophet kläglich und „steht leer da" (κενοῦται; das Passiv von κενόω im Sinn von Bloßstellung auch Sim IX 22,3), auch von seinem „kraftlosen" „irdischen Geist" verlassen, den das Gemeindegebet durch die Präsenz des (göttlichen) Geistes, die es herbeiführt, offenbar aus ihm hinausdrängt. Weinel, HNTA, 306 will das unparteilich so verstehen: „Der ‚Pseudoprophet' behauptet natürlich seinerseits, er rede zu diesen Psychikern nicht, weil sie ihn doch nicht verständen." Aus der kirchlichen Perspektive gesehen, geschieht hier die Demaskierung des Pseudopropheten, mit Hilfe der Zwei-Geister-Lehre artikuliert als das unglückliche Verlassensein von allem Geist. Diese Unterscheidung der Geister durch die gesamte Gemeinde, wie der PH sie hier bietet (XI 14), ist singulär (Reiling, 66–73). Verwechslung zwischen Propheten und Pseudopropheten ist nicht möglich.

15 Die nächste Parabel, nach der „ein leeres Gefäß nicht von selber voll wird, auch wenn ein gefülltes daneben steht" (Piesik, 45 mit Hinweis auf Platon, *Symp.* 175d, wo ebenfalls die Weisheit nicht bei gegenseitiger Berührung vom „volleren" in den „leereren" Menschen hinüberfließt, während es bei Gefäßen mit Flüssigkeiten eine Technik dafür gibt, was Piesik, 160 A.194 anders liest), scheint eine dem H einleuchtende Erfahrung zu spiegeln. Es beeinflußt, verändert („füllt") den „leeren" Propheten nicht, wenn er unter den „gerechten Menschen" (der Fraktion des H) lebt: Auch über längere Zeit bleibt er trotz deren Nähe „leer". Der Hirt hat im Fall der Falschpropheten die Abgrenzung und Unterscheidung, nicht die Besserung im Blick.

16 Mit der umfangreichen und anwendungsfreundlichen Antwort des Hirten auf die Frage des H von XI 7 kann der schlichte Christ, der H hier ist, sicher und erfolgreich unterscheiden. Sittliches Verhalten und prophetische (bzw. mantische) Praxis waren als „Leben" bzw. als „Werke und Leben" zum Kriterium gemacht. ἔχεις (οὖν) ἀμφοτέρων τῶν... als Einleitung der Ergebnisformulierung auch VI 2,6. – πνευματοφόρος (*hapaxleg.*) ist offensichtlich ein Terminus für den ständigen Status als Prophet, in XI 2.9 umschrieben mit „in sich Kraft göttlichen Geistes habend" bzw. „den göttlichen Geist habend" (nach XI 9 ist „der Engel des prophetischen Geistes bei ihm").[16] So wird abschließend zur Überprüfung der prophetischen Legitimität aufgerufen. **17** Das „Gebot" über „glauben" und „nicht glauben" bezieht sich wohl auf die Inhalte der jeweiligen Rede; freilich gibt auch „Vertrauen" einen Sinn. Alles ist wieder stark dualistisch bzw. antagonistisch

[16] Wie der Mensch, der θεοφόρος/Gottträger heißt (nämlich Ignatios v.A.), „als das tragende Gefäß des innewohnenden Gottes angeschaut" wird (W. Bauer, Die Briefe des Ignatius von Antiochia und der Polykarpbrief, Tübingen 1920, 190 bzw. W.Bauer – H. Paulsen, dasselbe 1985^2, 23), so der Prophet des H als Gefäß des ihn bewohnenden prophetischen Geistes.

und in Kontrasten formuliert: der einen Seite „glauben", der anderen nicht (wie VI 1,2); zwei Geister gibt es: „von Gott" und stark der eine, „von der Erde", „hohl/leer", „kraftlos", vor allem aber „vom Teufel" (vgl. Irenäus, *haer.* I 13,4: „vom Teufel ausgeschickte" pseudoprophetische Geister) der andere. – Mit dieser abschließenden Weisung wäre im Stil der Mand ein Schluß, eine Zäsur erreicht.

18 Es geht aber mit einer Parabel (wie XI 13.15) noch weiter, denn das Hirtenbuch enthält „Gebote und Gleichnisse" (Vis V 5.6; Sim IX 1,1) in gemischter Folge. – Die Parabel vom Steinwurf und der Wasserspritze ist in dieser Fassung nicht logisch: Es soll nicht getestet werden, ob H etwas kann bzw. erreicht, sondern ob etwas, das von unten, von der Erde kommt, Kraft (genug) hat, ein bestimmtes Ziel zu erreichen. Das Paradigma (den Himmel erreichen) ist so extrem gewählt, daß es auf den Versuch erst gar nicht ankommt; die Reaktion des H in XI 19 ist richtig. – Es ist dem H tatsächlich zuzutrauen, daß ihn an dieser Parabel der Bezug zu seiner theologischen Thematik (das Erreichen des Himmels) verlockt hat (Dibelius, 543). **19** Das Gleichnis zeigt die Unmöglichkeit, von der Erde aus den Himmel zu erreichen. Die Anwendung: An der schieren Aussichtslosigkeit ist die absolute Ohnmacht aller irdischen Geister abzulesen. Das griechische Wortspiel ἀδύνατα = „unmöglich" und/oder „ohnmächtig" kann in der deutschen Übersetzung nicht nachgeahmt werden. Statt ἀμφότερα ταῦτα εἴρηκας (Whittaker, Funk, Lake, Joly; Gebhardt-Harnack: ταῦτα [ἅ]) ist mit Dibelius, 543 vorzuziehen ἀμφότερα ἃ εἴρηκας (vgl. L[1]: *utraque enim quae dixisti).* Auf irdische Geister oder Kräfte darf der Mensch folglich nicht vertrauen für sein Heil. **20** Die richtige Einsicht und Entscheidung wird durch eine weitere Parabel herbeigeführt, die nicht geistreicher als die vorige ist. Es handelt sich ursprünglich wohl wirklich „um traditionelle Beispiele für: kleine Ursache – große Wirkung" (Dibelius, 543), die daher an sich nicht sehr passend sind, weil es im PH nicht um die „kleine Ursache" geht, sondern um Kraft, die „von oben kommt" statt von unten (zu ἄνωθεν in Mand XI s. XI 5). H schiebt beides ineinander: Die Geringfügigkeit der „kleinsten Dinge", die eine (spektakuläre) Wirkung erzielen (winziges Hagelkörnchen, Wassertropfen), läßt sich auf den „göttlichen Geist" keinesfalls übertragen (XI 21). **21** Trotzdem vollzieht H diese Anwendung, was nur darum relativ erträglich wird, weil er sie überlagert mit der für ihn entscheidenden Kategorie des „von oben". Von den simplen Alltagsbeispielen soll der Christ auf die Kraft des Geistes von oben schließen und vor allem nur aus dieser „Richtung", nämlich von Gott, Kraft erwarten. Der „Schluß" von XI 17 wird in etwa (in einer für die Mand knappen Form) wiederholt.

H befaßt sich im „Hirten" nur an dieser Stelle (Mand XI) mit dem Thema *Prophetie*, abgesehen von den alttestamentlichen Propheten Vis II 3,4; Sim IX 15,4. Die These, selbst in Mand XI sei unter der Rede von Propheten und Pseudopropheten, beeinflußt von *Did* 11–13, in Wirklichkeit ein anderes

Thema, nämlich Falschlehre besprochen (Snyder, 86f.), ist völlig unhaltbar. Wichtig und richtig ist es dagegen, das Thema Prophetie als Nebenthema des PH und seiner Moral- bzw. Bußpredigt zu erkennen und einzuschätzen. Von Prophetie und Falschprophetie redet H nämlich der Opfer wegen, die in seinen Augen durch ihr Vertrauen zu den Wahrsagern verlorengehen. Die Einschätzung der (Prophetie und) Wahrsagerei durch die Christen wird von H zum Paradigma der Moral gemacht. Es soll in Mand XI den Zweiflern ausgetrieben und der ganzen Kirche dringend abgeraten werden, zu den Wahrsagern zu laufen. Denn dort praktizieren sie in den Augen des H ihren Zweifel und fassen Vertrauen zu irdischen, kraftlosen Geistern. Und überblickt man jetzt Absicht und Ausführung des H, dann zeigt sich nämlich ganz klar, daß auch Mand XI der Gattung nach ein Gebot ist, besonders deutlich im Sinn und Stil von beispielsweise Mand VI 1,2; 2,1–10. Beide sind in der Aussage gleich strukturiert: Der Mensch hat es mit konträren Wirklichkeiten zu tun, auf die er entsprechend unterschiedlich reagieren muß. Wie man der Gerechtigkeit glauben muß, der Ungerechtigkeit aber nicht (VI 1,2); wie man den geraden Weg gehen und den krummen meiden soll (VI 1,2); wie beim Menschen der Engel der Gerechtigkeit und auch derjenige der Schlechtigkeit ist und er dem ersten glauben soll, dem zweiten aber nicht (VI 2,1.3.6), dem ersten folgen soll, vom letzteren sich aber fernhalten (VI 2,9): genau so muß er erkennen und realisieren, daß es „zwei Arten von Propheten" (XI 7) gibt, eben Propheten und Falschpropheten; daß man sich von den letzteren fernhalten muß (XI 4); daß in ihnen zwei verschiedene Geister wirken, von denen man nur dem einen glauben darf, dem anderen aber nicht (XI 17.21), von ihm vielmehr sich fernhalten muß (XI 21). Das ist das Interesse des H am Thema Prophetie und Mantik. Die ausführliche Unterscheidung der Geister und Propheten (XI 4–13) hat dabei dieselbe Funktion wie die Belehrungen über die verschiedenen Wirkungen der beiden Engel (VI 2,2–10) oder über die Zwiefältigkeit der Enthaltsamkeit (VIII 1–12). H fragt in XI 7 genau wie in VI 2,2.5; VIII 2.3.

Diesmal geht es im Gebot zwar nicht auf kürzestem Weg um eine Tugend oder ein Laster, sondern zunächst um die Reaktion auf die Falschpropheten, aber der Sache nach stehen doch deutlich Zweifel und Glaube zur Diskussion (XI 1.2.4.17.21), wie sie im Mand IX 9–12 (über den Zweifel) traktiert werden. Diese Beobachtungen werden von Parallelen im Detail gestützt. So ist nach IX 9.11 der Zweifel „ein Geist von der Erde, vom Teufel und ohne Kraft", womit man XI 6.11.12.14.17.19 vergleichen muß; der Prophet ist „sanft und ruhig" (XI 8) wie der Engel der Gerechtigkeit (VI 2,3). Daß es hier wie in den anderen Mand wirklich um eine Tugend (das Vertrauen zu Gott) und gegen ein Laster (den Zweifel, der sich bei den Falschpropheten Rat holt) geht, hat auch Völter, Apostol. Väter, 257 übersehen, obwohl er zur Gattungskritik von XI völlig richtig bemerkt: „unser Stück... soll und will ein Mandatum sein". Die Passagen im Text, die davon ablenken, rühren nicht von einem zu den Geboten nicht passenden Inhalt, sondern einzig daher, daß die Sünde des Zweifels an einem besonders aktuellen kirchlichen Beispiel und Mißstand demonstriert wird: Gerade hinsichtlich der Prophetie äußert sich der Zweifel als eine bedrohliche Unfähigkeit zur Unterscheidung der Geister und zur Entscheidung für den Glauben.

Mand XI ist also ein besonders deutlicher Fall solcher Operationen des H, in denen er traditionelle Themen und Muster seiner Moralpredigt gefügig macht und sie schlecht und recht einpaßt. Hier ist es das Thema der Prophetie im Konflikt mit der Mantik im Christentum sowie die Unterscheidung der Geister (deren dualer Charakter als solcher den H faszinieren mußte). Er hat daraus ein Gebot über Glaube (oder Vertrauen) und Zweifel gemacht. Diese Absicht steckt gleich in den ersten Zeilen (XI 1.2).

Das Phänomen falscher Propheten zur Zeit des H hat wohl nicht mit Verfall und Entartungen des Prophetentums zu Beginn des 2. Jh.s zu tun (so Dibelius, 539 innerhalb seiner religionsgeschichtlichen Erklärung; ferner Joly, 193; anders Davison, 72–112), sondern ist eine der Folgen des nachweislichen[17] Synkretismus im Christentum des 2. Jh.s, unter dessen Einfluß pagane Mantik in die Kirche wie anderswo (Zahn, Der Hirt, 106f.) eingeschleust wurde und auf viel Sympathie und wenig Bedenken traf. Die Prophetie mußte sich durchsetzen und die Mantik als Heidentum eliminieren, was seine Schwierigkeiten gehabt haben dürfte, weil die Mantik in den unzähligen privaten Belangen hilfreicher war und an diesen bei vielen Christen ein vitaleres Interesse bestand als an der Prophetie in der Gemeinde. Häretische Tendenzen werden nirgends beklagt, die Kritik geht gegen Wahrsagerei und „Zweifel“, von dem diese lebt.

Der Begriff des Pseudopropheten ist im PH prägnant. Im Laufe des 1. und 2. Jh.s bildete sich daneben nämlich ein recht unspezifischer Gebrauch des Terminus heraus, der ihn gleichbedeutend werden ließ mit jeder (nicht unbedingt gnostischen) Art von Falschlehrern und der die Prophetie mit Lehre deckungsgleich statt als besonderes Amt zeigt; das Nomen, das die Verbindung mit ψευδο- einging, war relativ leicht austauschbar (Quellen und Deutung bei Reiling, 58–66). Bei H also begegnet der ursprüngliche, spezifische Begriff vom Falschpropheten, der durch den Anspruch auf Inspiration und den Besitz des Geistes, aber eben des falschen, teuflichen Geistes, gekennzeichnet ist. Dieses genuine Bild zeichnet Jahrzehnte später noch einmal Irenäus, *haer.* IV 33,6, so daß die Entsprechungen zum PH eklatant sind (vgl. Reiling, 63): Wie im PH dem Falschpropheten der „von Gott gegebene Geist“ fehlt (XI 5), so hat er bei Irenäus die *prophetica gratia* nicht erhalten; wie er hier überheblich und arrogant ist (XI 12), so schmückt er sich dort mit *vana gloria*; hier nimmt er Honorar (XI 12), dort prophezeit er *ad quaestum aliquem;* sein Geist kommt vom Teufel (XI 17) bzw. er prophezeit *secundum operationem mali spiritus*; er behauptet Geistträger zu sein (XI 16), was bei Irenäus *fingit prophetare* lautet; der Niederlage und Ohnmacht des Falsch-

[17] Die Zeugnisse über Wahrsagerei im Christentum bei Gebhardt-Harnack, 111.

propheten vor der Gemeinde (XI 14) entspricht das Gericht des Pneumatikers über ihn im Irenäus-Text (IV 33,6). Es zeigt sich eine hohe Stabilität des Ensembles zugehöriger Motive bis zu Irenäus mit seinem Interesse an der Prophetie. Übrigens wird man aus den Informationen des PH über Propheten und Pseudopropheten auf eine nicht nur singulär in der Kirche des H gegebene, sondern auf eine verbreitete kritische Situation schließen müssen, die durch Rezeption mantischer Praxis aus der paganen Umwelt in den Gemeinden entstand und zwingend zu Konflikten führte. H steht in dieser Auseinandersetzung und ist dabei nach Reiling, 58–170 gerade darin für die Zeit typisch, daß er in Mand XI die genuin christliche Prophetie mit Hilfe von hellenistischen Anschauungen definiert und sich selbst so als stark zu seiner hellenistischen Welt gehörig zeigt.

Eigentümlich ist im PH die Entfaltung des Kriteriums vom Geistbesitz. Wahre und falsche Propheten unterscheiden sich nicht dadurch, daß die ersten den Geist haben, die letzteren nicht. Der PH kennt verschiedene Geister, so daß beide Seiten von Geist erfüllt und gelenkt sind, aber eben von konträren, antagonistischen Geistern in jeder Hinsicht (vgl. Hörmann, Das „Reden im Geiste", 145.151–156). Dabei verläßt er die übersichtliche Verteilung auf zwei Geister und redet von diversen Geistern verschiedener Qualität (Giet, Hermas, 209; zur wechselnden Diktion Hilhorst, Sémitismes, 112).

H behandelt alle seine Nebenthemen in äußerst engem Rahmen und oft stiefmütterlich spärlich. So versäumt er es auch, die Propheten, die ihm offenbar wirklich nicht nebensächlich sind, nach ihrem Ort in der Kirche, nach dem Inhalt ihrer Reden wenigstens andeutend zu bestimmen und vor allem, sie in ihrem Verhältnis zu den Amtsträgern, die ihrerseits nur sehr beiläufig Aufmerksamkeit zugewendet bekommen (s. Exkurs: Kirchliche Verfassung), zu kennzeichnen. Die beiden Stellen, an denen eine Relation des H selbst zu den Amtsträgern eine Rolle spielt (Vis II 4,3; III 1,8), können für diese letzte Frage nach dem Verhältnis zwischen Prophetie und Kirchenamt nicht reklamiert werden (gegen Reiling, 152f.), weil H als „the receiver of divine revelations" seinerseits kein Prophet war (s. Einleitung § 2). Krasse Fehlurteile diesbezüglich sind verbreitet, z.B. bei (Nardin, 17–29 oder) Bonwetsch, Prophetie nachzulesen, der den PH als solchen „ein Produkt des altchristlichen Prophetentums" nennt (461) und auch meint, durch die Beiordnung des Engels (Hirten) in Vis V sei „dem Hermas der Beruf eines Propheten geworden". Visionär-apokalyptischer Offenbarungsempfang ist aber nicht Prophetie. Mit der Unterscheidung der Geister in Mand XI dient H nach Meinung von Hörmann, Leben, 250 „der Sicherung seines eigenen Prophetentums". Man wundert sich, wie leicht übersehen wird, daß H Kriterien für die Prophetie ansetzt, die ihn selbst davon ausschließen (s. Einleitung § 2).

Wegen seines Prophetie-Kapitels Mand XI in einem Buch über Buße ist der PH in einen Zusammenhang mit dem Montanismus gebracht worden, und zwar in der widersprüchlichen Weise, daß H von den einen als Gegner, von anderen als Parteigänger der Montanisten eingeschätzt wurde. Daß diese krass konträre Einschätzung möglich war, spricht für keine der beiden Thesen, was ihren Anhalt am Text betrifft. J.-B. Cotelier (1627–1686) war anscheinend der erste, der im PH ein Bollwerk gegen die Strenge des Montanus erkannte; einen im Umgang mit den Texten phantasiereichen Nachfolger fand er in Stahl.[18] Aber stärker verbreitet galt dann die These von A. Dorner, daß im PH selbst der Montanismus stecke, aufgegriffen z. B. von A. Ritschl und J. Reville; auch Brüll erkannte unzweifelhafte Beziehungen zum Montanismus in dessen Frühphase (die neue Lehre von der Sündenvergebung wird erst von wenigen Lehrern vertreten).[19] Streeter[20] glaubt, daß bereits der *Canon Muratori* im PH ein montanistisches Buch sah und ihn deshalb in antimontanistischer Tendenz spätdatieren wollte (vgl. Einleitung § 3), um ihn vom abgeschlossenen biblischen Kanon abzurücken; mangels Nachweismöglichkeit, daß der Verfasser des Fragments so über den PH dachte, muß dies Vermutung bleiben. Die These vom montanistischen „Hirten" wurde besonders forciert von Lipsius, der in H einen „Vorläufer des eigentlichen Montanismus" sah, wobei dessen Grundanschauung bereits „völlig dieselbe wie die des Montanismus" ist.[21] Das Interesse an den zwei Themen Buße und Prophetie ist in frühchristlicher Zeit, für sich genommen, sehr selbstverständlich und kein Indiz für eine aktuelle Auseinandersetzung. Die Behandlung beider im PH spiegelt keinen einschlägig profilierten Stil in Polemik und Aussage, um einen Bezug auf die montanistischen Rigorismen und Prophetiephänomene daraus ableitbar zu machen. Daß H tatsächlich gegen den Montanismus Front gemacht hätte und der Pseudoprophet von Mand XI Montanist war, kommt bei genauem Zusehen zudem aus Gründen der Chronologie und der Geographie nicht in Betracht.[22] Man

---

18 J.-B. Cotelier, Patrum apostolicorum opera, t. 1, Amsterdam 1724, 73; Stahl, 246–267. 357 (H als Antimontanist wie auch als Antignosticus: ebd. 267–278).

19 A. Dorner, Die Lehre von der Person Christi, Berlin 1853², 185f.; A. Ritschl, Die Entstehung der altkatholischen Kirche, Bonn 1857², 555 A. 1; J. Reville, Nouvelle revue de théologie I, 1858, 84; Brüll, Hirt.

20 Streeter, 206.

21 Lipsius, Der Hirte, 1865, 308; Polemik, 249f. Anlaß zur Polemik bei Lipsius gab der junge, damals noch unbekannte, „den Lesern dieser Zeitschrift schon durch Overbeck vorgestellte Herr Licentiat Zahn ... ein Buch von 505 Seiten" (Polemik, 249f.), der nämlich die von Lipsius, Der Hirte hergestellte Verbindung von PH und Montanismus als „irrig" bezeichnet hatte (Zahn, Der Hirt, 106; Zahn, Antwort wehrte sich seinerseits).

22 Siehe de Labriolle, bes. 247–249.254–257; Reiling, 63 aufgrund seiner genauen Recherchen, als deren Ergebnis auch Staats, Hermas, 102 den „noch ganz vormontanistischen, kirchlich-prophetischen Charakter" der Szene von Mand XI festhält. Das darf im übrigen als früher längst geklärt gelten: Zahn, Der Hirt, 356–358 („Es zerreißen also bei näherer Betrachtung sämmtliche Fäden, durch welche man den Hirten mit der Geschichte der montanistischen Bewegung verknüpft hat": ebd. 357); Gebhardt-Harnack, LXXXII mit A. 2 („mihi non persuaserunt" sc. die Vertreter der Montanismusthese); Bonwetsch, Montanismus, 173 („Mit dem geschichtlichen Montanismus steht er [sc. H] nicht in Zusammenhang"); ders., Prophetie, 461. Ablehnend auch Weinel, NTApo 1924², 329; Altaner-Stuiber, 55. – Eine andere,

muß in beiden Fällen, d.h. gleichgültig ob man den PH den Montanismus bestreiten oder vertreten läßt, unvertretbare zeitliche und geographische Ansätze für die Komposition des PH und die Anfänge der montanistischen Bewegung in Phrygien vornehmen.

Zwölftes Gebot

Böse und gute Begier (Mand XII 1,1–6,5)

44 (XII 1) 1 **Er sprach zu mir: „Rotte in dir alle böse Begier aus, umkleide dich mit der guten und heiligen Begier! Wenn du dich nämlich mit dieser Begier umkleidest, dann wirst du die böse Begier hassen und sie nach Belieben zügeln[1].** 2 **Die böse Begier ist nämlich wild und läßt sich nur schwer zähmen. Sie ist nämlich furchtbar und richtet mit ihrer Wildheit die Menschen völlig zugrunde. Besonders wird ein Diener Gottes, der ihr verfällt und ohne Einsicht ist, von ihr in schrecklicher Weise zugrunde gerichtet. Sie richtet aber diejenigen zugrunde, die nicht das Kleid der guten Begier tragen, sondern in diese Welt verstrickt sind. Diese liefert sie dem Tod aus."**

3 **Ich sprach: „Herr, wie sehen die Werke der bösen Begier aus, die die Menschen dem Tod ausliefern? Laß sie mich wissen, damit ich mich von ihnen fernhalte!" Er sagte: „Hör zu, mit welchen Werken die böse Begier die Diener Gottes zu Tode bringt.** 45 (XII 2) 1 **Es ist in erster Linie die Begier nach einer anderen Frau oder einem Mann, nach aufwendigem Leben aufgrund von Reichtum, nach unsinnig viel Essen und Trinken und lauter anderem törichtem Luxus; denn aller Luxus ist für die Diener Gottes töricht und hohl.** 2 **Das sind also die bösen Begierden, die die Diener Gottes zu Tode bringen. Diese böse Begier ist nämlich eine Tochter des Teufels. Ihr müßt euch darum von den bösen Begierden fernhalten, damit ihr infolge eurer Enthaltsamkeit für Gott leben werdet.** 3 **Aber alle, die sich von ihnen beherrschen lassen und ihnen keinen Widerstand leisten, sterben den endgültigen Tod. Diese Begierden sind nämlich tödlich."**

4 **„Umkleide du dich also mit der Begier nach Gerechtigkeit[2], bewaffne dich[3] mit der Furcht des Herrn und widersteh[3/4] ihnen! Denn die Furcht Gottes wohnt in der guten Begier. Wenn die böse Begier sieht, daß du mit der Furcht Gottes bewaffnet[3] und zum Widerstand entschlossen bist[3/4], flieht sie weit von dir[4] und läßt sich aus Angst vor deinen Waffen[3] nicht mehr bei dir blicken.** 5 **Wenn du dann gegen sie ⟨gesiegt und⟩ den Kranz bekommen hast, dann geh hin zur Begier nach Gerechtigkeit, überreich ihr den Sieges-**

durchaus mögliche Sache ist es, wenn Paulsen, 453 vermutet, daß *Pap.Oxyr.* I.5, also das Zitat von Mand XI 9f. und der diese Stelle interpretierende Text, wohl „in einer nicht mehr genau zu erkennenden Weise in die Anfangsphase der Auseinandersetzung mit dem Montanismus" gehört, wobei offenbleiben muß, auf welcher Seite im Konflikt der Text steht.

[1] Vgl. Jak 1,26; 3,2.

[2] Vgl. Jes 59,17.

[3] Vgl. Eph 6,11.13.

[4] Vgl. Jak 4,7.

preis, den du erhalten hast, und diene ihr, wie sie es wünscht. Wenn du der
guten Begier dienst und dich ihr unterwirfst, kannst du die schlechte Begier
beherrschen und sie nach Belieben unterwerfen."
46 (XII 3) 1 Ich sprach: „Herr, ich wüßte gern, auf welche Art und Weise
ich der guten Begier dienen muß." „Hör zu", sagte er, „verwirkliche Gerechtigkeit[5] und Tugend, Wahrheit[5] und Furcht des Herrn, Glauben und Sanftmut
und alles Gute, was dem gleicht. Wenn du das tust, wirst du ein wohlgefälliger
Diener Gottes sein und für ihn leben; und jeder, der der guten Begier dient,
wird für Gott leben."
2 Damit hatte er die zwölf Gebote abgeschlossen und sprach zu mir: „Da
hast du diese Gebote! Lebe nach ihnen und ermahne (alle), die sie hören,
damit ihre Buße für die restlichen Tage ihres Lebens rein sei. 3 Führe
diesen Dienst, den ich dir auftrage, sorgfältig aus, dann tust du viel. Bei
denen, die Buße tun werden, wirst du Dank ernten, und sie werden deinen
Worten gehorchen. Ich werde nämlich mit dir sein und sie dazu bringen, dir
zu gehorchen."
4 Ich sprach zu ihm: „Herr, diese Gebote[6] sind großartig, gut und herrlich
und können das Herz eines Menschen erfreuen[6], der sie befolgen kann. Aber
ich weiß nicht, ob es einen Menschen gibt, der diese Gebote einhalten kann.
Sie sind doch sehr hart!" 5 Er gab mir zur Antwort: „Wenn du selbst es dir
vornimmst, daß sie eingehalten werden können, dann wirst du sie leicht
einhalten, und dann sind sie nicht hart! Wenn in deinem Herzen allerdings
bereits (der Gedanke) aufkommt, daß sie vom Menschen unmöglich einzuhalten sind, dann wirst du sie auch nicht einhalten. 6 Ich sage dir jetzt aber:
Wenn du sie nicht einhältst, sondern außer acht läßt, so gibt es keine Rettung
für dich und auch für deine Kinder nicht und nicht für dein Haus, weil du
bereits für dich entschieden hast, daß diese Gebote von keinem Menschen
eingehalten werden können!" 47 (XII 4) 1 Und das sagte er in heftigem
Zorn zu mir, so daß ich bestürzt war und große Angst vor ihm bekam. Sein
Aussehen veränderte sich nämlich, so daß kein Mensch seinen Zorn aushalten
konnte. 2 Als er mich völlig erschüttert und bestürzt sah, begann er, nach-
sichtiger und freundlicher mit mir zu reden, und sagte: „Du Dummkopf, Tor
und Zweifler! Weißt du nicht, wie groß, mächtig und wunderbar die Herrlichkeit Gottes ist[7]? Daß er die Welt des Menschen wegen geschaffen hat und seine
ganze Schöpfung dem Menschen unterworfen hat[8] und ihm die ganze Gewalt
gegeben hat, alle Wesen unter dem Himmel zu beherrschen? 3 Wenn nun
der Mensch", sprach er, „Herr über alle Kreaturen Gottes ist und alle beherrscht, ist er dann nicht auch imstande, über diese Gebote Herr zu werden?
Ja", sprach er, „der Mensch ist imstande, über alles und auch über alle diese
Gebote Herr zu werden, wenn er den Herrn in seinem Herzen hat. 4 Für alle
freilich, die den Herrn (bloß) auf den Lippen haben, deren Herz aber verstockt ist[9] und die weit vom Herrn entfernt sind, für sie sind diese Gebote hart
und schwer zu erfüllen. 5 So nehmt, da ihr leer und leichtfertig im Glauben

[5] Vgl. Ps 14,2; Apg 10,35.
[6] Vgl. Ps 18,9; 103,15.
[7] Vgl. Ps 20,6.
[8] Vgl. Ps 8,7.
[9] Vgl. Mk 6,52; 8,17.

seid, euren Herrn ins Herz auf, und ihr werdet erkennen, daß nichts leichter, süßer[10] und sanfter ist als diese Gebote. 6 **Bekehrt euch, die ihr nach den widerwärtigen, bitteren, wilden und sittenlosen Geboten des Teufels lebt, und habt keine Angst vor dem Teufel, denn er hat keine Macht gegen euch.** 7 **Denn ich, der Engel der Buße, der ihn beherrscht, werde bei euch sein. Der Teufel verbreitet bloß Angst, aber diese Angst hat keine Wirkung. Fürchtet ihn also nicht, dann wird er vor euch fliehen[11].“**

48 (XII 5) 1 **Ich sprach zu ihm: „Herr, laß mich noch ein paar Worte sagen.“ Er sagte: „Sprich, was du willst.“ Ich sprach: „Herr, der Mensch hat zwar den guten Willen, die Gebote Gottes zu befolgen, und es gibt keinen, der den Herrn nicht darum bittet, in seinen Geboten zu erstarken und ihnen gehorsam zu sein. Aber der Teufel ist hart und hat sie in seiner Gewalt![12]“** 2 **Er sprach: „Er kann die Diener Gottes, die von ganzem Herzen auf ihn (Gott) hoffen, gar nicht in seiner Gewalt haben[13]. Der Teufel kann (mit ihnen) ringen, aber niederringen kann er sie nicht! Wenn ihr euch ihm widersetzt[14], wird er besiegt und beschämt vor euch fliehen[14]. Alle“, sagte er, „die leer sind, fürchten allerdings den Teufel, als hätte er Macht.** 3 **Wenn ein Mensch eine Reihe von Krügen mit gutem Wein füllt und von den Krügen einige (halb) leer bleiben, dann sieht er, wenn er nach den Krügen schauen kommt, nicht nach den vollen, – er weiß ja, daß sie (ganz) voll sind; er sieht vielmehr nach den (halb) leeren, weil er fürchten muß, daß sie sauer geworden sind. Krüge, die (halb) leer sind, werden nämlich schnell sauer, und der Geschmack des Weines geht verloren.** 4 **So kommt auch der Teufel zu allen Dienern Gottes, um sie zu versuchen. Alle, die voll sind im Glauben, leisten ihm kraftvoll Widerstand, und er läßt von ihnen ab, weil er keinen (leeren) Raum findet, wo er eindringen könnte. Dann kommt er zu den (halb) leeren, findet dort Raum und dringt in sie ein und tut in ihnen, was er will, und sie werden seine hörigen Knechte.** 49 (XII 6) 1 **Ich, der Engel der Buße, sage euch aber: Fürchtet den Teufel nicht! Denn ich bin geschickt“, sprach er, „um bei euch zu sein, die ihr von ganzem Herzen Buße tut, und euch im Glauben stark zu machen.** 2 **Nachdem ihr wegen eurer Sünden am Leben verzweifelt habt, weiter gesündigt und euer Leben belastet habt, so glaubt nun Gott: Wenn ihr euch von ganzem Herzen zum Herrn bekehrt[15] und die restlichen Tage eures Lebens Gerechtigkeit verwirklicht[16] und ihm recht dient nach seinem Willen, dann wird er eure früher begangenen Sünden heilen, und ihr werdet Kraft haben, Herr zu werden über die Werke des Teufels. Die Drohung des Teufels sollt ihr überhaupt nicht fürchten. Er ist nämlich so schlaff wie die Sehnen einer Leiche.** 3 **Hört also auf mich und fürchtet den, der alles vermag, retten und verderben[17], und beobachtet diese Gebote, dann werdet ihr für Gott leben.“**

---

[10] Vgl. Sir 23,27.
[11] Vgl. Jak 4,7.
[12] Vgl. Jak 2,6.
[13] Vgl. Jak 4,7.
[14] Vgl. Jak 2,6.
[15] Vgl. Jer 24,7; Joel 2,12.
[16] Vgl. Ps 14,2; Apg 10,35; Hebr 11,33.
[17] Vgl. Jak 4,12; Mt 10,28; Lk 6,9; 9,24 u. a.

4 **Ich sprach zu ihm: „Herr, nun fühle ich mich in allen Satzungen des Herrn gestärkt, weil du bei mir bist! Und ich weiß, daß du alle Macht des Teufels zerschlagen wirst und wir Herr über ihn sein und über alle seine Werke die Oberhand gewinnen werden. Und ich hoffe, Herr, alle diese Gebote, die du aufgetragen hast, befolgen zu können, da der Herr die Kraft dazu gibt."** 5 **Er sprach: „Du wirst sie befolgen, wenn dein Herz rein auf den Herrn gerichtet ist; und alle werden sie befolgen, die ihr Herz von allen törichten Begierden dieser Welt reinigen, und sie werden für Gott leben."**

Bei beträchtlicher Länge ist Mand XII ausdrücklich als (letztes) Gebot stilisiert und gerahmt: Der Imperativ in 1,1 sowie der Zuspruch am Schluß (6,5) mit seiner Öffnung und Universalisierung über H hinaus auf „alle" wiederholen die Merkmale, die in der Mehrzahl der Mandata in dieser Form benutzt wurden. Dazwischen liegen Erläuterungen zum Gebot (1,1) mit einem ersten Gebotsschluß in 3,1b (1,2–3,1) und Digressionen der bei H üblichen Art (3,4–6,4), unterbrochen von der formellen Beendigung der Gebotsoffenbarung (3,2.3). Etliche formale und inhaltliche Motive aus den bisherigen Mand wiederholen sich hier, so daß XII, trotz seiner eigenen Thematik von den Begierden, mit dem Abschluß der Geboteliste und der Generalisierung der Beauftragung des H (3,2.3) insgesamt einen summarischen, resümeehaften Charakter hat, verstärkt durch die grundsätzlich geführte Debatte über die Erfüllbarkeit der Gebote und die Fähigkeit der Menschen zur Buße bzw. über die prinzipielle Übermacht des Guten (3,4–6,3). Dibelius, 543 (mit ihm Fuchs, 2.8; Klevinghaus, 115; Vielhauer-Strecker, NTApo 2^5, 1989, 539f.; vor allem Coleborne, Approach [1965], 84.501–565; ders., The Shepherd, 65–67) nennt die ganze Passage ab 3,2 einen „Epilog", doch sollte man vom Inhalt her noch differenzieren.

1,1 Ἆρον („rotte aus") wie IX 1 vom Zweifel (vgl. Vis II 2,4), X 1,1; 2,5 von der Traurigkeit. H formuliert die moralische Korrektur gern als räumliche Beseitigung des Schlechten (oder eines schlechten „Geistes") aus dem Menschen. Das Gegenteil ist auf der Bildebene das Bewohnt- oder Bekleidetsein des Menschen mit Tugend (s. Exkurs: Das Bild vom „Wohnen"). Hier im letzten Mand geht es um die Begier, die H in zwei konträren Versionen kennt, als „schlechte" und „gute und heilige Begier", wie Glaube, Furcht und Enthaltsamkeit in ihren „zwiefältigen Wirkungen" (VI–VIII). Diese doppelte Qualifizierung der ἐπιθυμία (Begier), d.h. neben der negativen auch die ausdrücklich positive (wie es nach VIII umgekehrt auch eine moralisch negative Enthaltsamkeit gibt), nimmt H nur hier im Mand XII vor, das eben ein Gebot über die Begier vorlegt und mit seiner gekünstelten Doppelung einer Vorliebe des H entsprechen muß; im übrigen ist der Term immer negativ besetzt, was allerdings jedesmal durch entsprechende Bewertung (überwiegend durch den Zusatz πονηρός/πονηρία) angezeigt werden muß (s. Kraft, Clavis, 167f.). Der Begriff ἐπιθυμία ist an sich für H also neutral (anders Dibelius, 544). Er ist hier durchgehend mit „Begier" übersetzt; an etlichen Stellen könnte man mit „Trieb" oder „Leidenschaft" variieren, es empfiehlt sich aber, die originelle Monotonie der Rede von der „Begier" nachzuahmen, die bei positiver wie negativer Bedeutung, im Singular und Plural, immer paßt. Der Sache nach erkennt man freilich auch hier deutlich das frühjüdisch-rabbinische Muster vom guten und bösen Trieb, die den Menschen beherrschen (Barnard, Hermas and Judaism, 7; Kelly, 163). Nach Ausrotten und Bekleiden ist der Haß ein weiteres Bild für die Anstrengung zur Überwindung der bösen Begier, wieder ein ganz anderes das Zügeln (χαλιναγωγεῖν auffälligerweise gemeinsam mit Jak 1,26; 3,2; vgl. Einleitung § 7), wobei die Option für die gute Begier durch sich den Grund der Überlegenheit des Christen über das Böse darstellt. **1,2** Die Beschreibung der bösen Begier als wilder Bestie (oder ist die Begier hier zu einem bösen Geist personifiziert?) mit verheerender, tödlicher Vernichtungswut bedeutet eine alarmierende Warnung. Namentlich die Christen („Diener Gottes") ohne Einsicht, d.h. wenn sie „unverständig" sind (Fuchs, 11) im Sinn naiver und moralisch bedenklicher Sorglosigkeit, werden ihre Opfer. Mangel an Einsicht (σύνεσις) ist ein schlimmer, schuldhafter Zustand (Brox, Fragen, 184–187), und Einsicht hat mit dem Entschluß zur Buße engstens zu tun (IV 2,2). In der Wiederholung von 1,1 b wird die gute Begier als Kleid zum Schutzmantel gegen die böse Begier und diese letztere jetzt konkretisiert als Verhaftung ans Diesseits (ähnlich VI 2,5). Zur bösen Begier als Sünde zum Tod (vgl. 1,3; 2,2.3) s. E. Schwartz, 8 mit A.3; Grotz, 29f.; Staats, Hermas, 105. – Büchli, 119 glaubt, in den Elementen dieses Textes (dem angeborenen Hang zum Bösen, dem ständigen Kampf gegen die Mächte des Bösen) „einen christlichen Hintergrund" für die ähnliche Passage im *Corp.Herm.* 1,23 gefunden zu haben (zum Problem der Abhängigkeit s. Einleitung § 8).

1,3 In artiger Manier stellt H die naheliegende Frage. Nachdem die Mandata bisher bestimmte einzelne Laster und Tugenden thematisierten, verlangt die anonyme Rede von „Begier" (wie VIII 5) nach inhaltlich genauerer Angabe. H fragt dazu nach den „Werken", also der Praxis böser Begier (ἔργα... τῆς ἐπιθυμίας ist „hebräischer Genitiv": Hilhorst, Sémitismes, 113). Es geht im PH immer wieder um ein Wissen als Kenntnis von Tugend, Laster und ihren „Wirkweisen", von Kräften, „Geistern" und Verhaltensmustern, das vor dem Bösen schützt. Zur „Todsünde" siehe 1,2. Das instrumentale ἐν (ποίοις ἔργοις θανατοῖ κτλ.) statt des bloßen Dativs signalisiert semitisierende Sprache, die aus Versiertheit im Bibelgriechisch resultieren dürfte; vgl. zu 1,3 θανατοῦν ἐν: 1Kön 1,51; 2,8; 2 Kön 11,20; ἐν τοῖς ἔργοις: Dtn 31,29 u.ö. (Hilhorst, Sémitismes, 85.86 mit A.7). – **2,1** Auf seine Frage hin wird H zuerst (2,1–3) über die böse Begier belehrt, auf die Zusatzfrage von 3,1 a hin entsprechend dann auch über die gute Begier (3,1 b; vgl. schon 2,4). Es ist also nicht „eigentlich nur die böse Begierde" geschildert und die Lehre über sie der „eigentliche Inhalt von Mand XII" (so Dibelius, 544), sondern ausgewogen wie in diesem Punkt meistens führt H beide Seiten seines dualistischen Musters von den zwei Typen von Begier aus. – Die Frage nach den „Werken" der bösen Begier (im Singular) wird mit der Aufzählung von (bösen) Begierden im Plural beantwortet, während „Begier", quasi personifiziert, bisher im Singular stand. Dieser Wechsel setzt sich 2,2 fort. In der kurzen Liste spiegelt sich wieder das Milieu: Die Kirche des PH hat „in erster Linie" mit permissivem Lebensstil, nämlich mit sexueller Freizügigkeit, luxuriösem Lebensstandard und banaler Genußsucht, seien sie Wunschtraum oder erfüllte Wünsche, zu tun. Die „Begier nach einer anderen Frau" scheint eines der persönlichen moralischen Probleme des H selbst gewesen zu sein (Vis I 1,2.5–9; 2,1.4); jedenfalls gehört sie zu den wenigen Sünden, die am fehlerhaften H identifiziert werden.[18] Die eingestreuten Disqualifizierungen („aufwendig", „unsinnig viel", „töricht", „hohl" = κενός: zum moralischen Gewicht s. XI) bereiten eine Steigerung vor: **2,2** Die bösen Begierden (im Plural) sind tödlich (vgl. 1,2.3; 2,3) und werden zur Ermöglichung der dramatischen Metapher „Tochter des Teufels" (wie IX 9 vom Zweifel; vgl. die Enthaltsamkeit als „Tochter des Glaubens" Vis III 8,4 und die untereinander „verschwisterten" Laster X 1,1.2)[19] wieder im Singular zusammengefaßt, gleich darauf als Objekt der ethischen Enthaltsamkeit der Christen aber wieder in die Mehrzahl konkreter verbotener Laster gesetzt. Der Numerus von ἐπιθυμία hängt also davon ab, ob von den konkreten Begehrlichkeiten als Sünden die Rede ist oder von der allegorischen Gestalt „Begier", die wie eine Bestie oder als Tochter des Teufels dem Menschen Böses antun kann und bedrohlich wird. Zur Gefährlichkeit des Teufels einerseits und seiner Überwindbarkeit andererseits siehe 4,6.7; 5,1.2.4; 6,1.2.4. – „für Gott leben" ist die stehende Formel der Mand (ab I 2) für den Fall der ethischen Umkehr und Buße des Menschen und bildet zusammen mit der vorausgegangenen Ergebnisfeststellung einen ersten Gebotsschluß, auf den noch drei folgen (3,1; 6,3.5). – **2,3** Einzelne dramatisierende Formulierungen („Bewaffnung", „Widerstand"; 2,2: „die Diener Gottes töten") bereiten das nächste Motiv vor: Es geht im Leben um einen Kampf gegen das Böse, genauer mit dem Teufel (auch 4,7; 5,2; Sim VIII 3,6). Das ist ein Topos nicht nur der christlichen Märtyrer- und Mönchsliteratur, sondern schon des jüdischen Hellenismus (V.C. Pfitzner, Paul and the Agon Motif, Leiden 1967; Hilhorst, Sémitismes, 98). – Statt ἀποθανοῦνται εἰς τέλος war ursprünglich vielleicht θανέατῳ ἀποθανοῦνται zu lesen (Hilhorst, Sémitismes, 153).

[18] Über das problematische Verhältnis des H zu den Frauen gibt es die allerdings methodisch bedenkliche Arbeit von Martha Montague Smith, Feminine Images, hier bes. 113f.123–132; vgl. Vis II 4,1.

[19] Genealogische Metaphern sind in der griechischen Literatur sehr häufig, allerdings nicht – wie im PH – in der Version, daß das Abstraktum eine Eigenschaft bezeichnet, über die jemand verfügt (Hilhorst, Sémitismes, 145, der ebd. A.1 die Fälle Vis III 8,4.5; Mand IX 9 und XII 2,2 andererseits nicht semitisierend nennen will).

2,4 Ein Schutz gegen das Böse ist (wie schon 1,1.2) das „Kleid" der guten Begier[20] („nach Gerechtigkeit": hebräischer Genitiv; Hilhorst, Sémitismes, 111 wie 2,5); sie ist es, die im Menschen über das Böse siegt (2,5). Und die Waffe ist die Gottesfurcht. Das letzte ist ein Rückgriff auf die Gottesfurcht von VII 1 als „die Furcht, die du brauchst, um gerettet zu werden". Die Idee von der Überlegenheit des Gottesfürchtigen über den Teufel (VII 2) wird hier als Lehre von den Begierden fortgeführt: Die Furcht Gottes „wohnt" in der guten Begier, ein Bild, das H oft und ohne Prägnanz verwendet, das aber mit seiner Räumlichkeit auf anschauliche Art unselige und heilsträchtige Verbindungen von Gut und Böse im Menschen vorführen kann. Die moralischen und theologischen Begriffe werden in solchen Zusammenhängen personifiziert oder zu allegorischen Figuren wie hier: Die gute Begier wird zum Kleid (2,4), sie erhält den Siegespreis und läßt sich bedienen (2,5), die böse sieht und flieht (wie der Teufel: 4,7; 5,2; zu μακράν „weit" s. 4,4), die Gottesfurcht wohnt. Daß die reine Tatsache der Gottesfurcht die Übermacht bedeutet und den Sieg im Kampf um Leben und Tod, war schon VII 1–4 gesagt, nicht ganz so martialisch allerdings wie hier. **2,5** Aus dem Kampf- und Kriegs-Milieu (nicht aus der Sport-Arena) stammt hier nämlich die Sprache von Sieg, Kranz und Prämierung. Der im Kampf siegreiche Christ gibt den Siegespreis an den eigentlichen Sieger weiter, um sich in die rechte Abhängigkeit zu begeben. Denn das Tun des Menschen wird jetzt als Herrschen (sc. über das Böse) und Dienen oder Unterwerfen (sc. unter das Gute) qualifiziert. Es sind die im PH typischen Unterscheidungen, in denen man aufgrund des geoffenbarten Wissens lernt, wie man sich nach welcher Seite zu verhalten hat. – Nach Sim VIII 2,1; 3,6 werden die Märtyrer mit einem Kranz ausgezeichnet, und zwar sind sie die, „die mit dem Teufel gerungen und ihn besiegt haben" (K. Baus, Der Kranz in Antike und Christentum, Bonn 1940, 174.235 berücksichtigt nur Sim VIII, nicht Mand XII 2,5). Mit der Übergabe des Siegespreises durch H an die gute Begier ist nach W. Grundmann, ThWNT 7, 1964, 632 „die Opferung des Kranzes an die Gottheit aus der antiken Welt... in verchristlichter Form aufgenommen" (wofür er ebd. 620 Xenophon, *Hist. Graec.* III 4,18 anführt und in A. 98 auf die Kranzdarbringung im hellenistischen Herrscherkult verweist). Dieses traditionelle Motiv dient im PH zur demonstrativen Identifikation der wirklich rettenden Kräfte im religiösen Sinn. H spart sich den erklärenden Satz, daß die gute Begier im Menschen gegen die böse oder den Teufel kämpft. – Der Abschnitt 2,2–5 von den zwei Begierden ist also eine Variante des Themas von der dem Menschen aufgegebenen Entscheidung, das auch die zwei Geister in V und die zwei Engel in VI stellen, nach Seitz, Two Spirits, 90 eine Auswechslung des „pneumatischen Dualismus" gegen einen „psychologischen Dualismus".

---

[20] Baumgärtner, 84 verweist auf die Nähe von 2,4 und 5,2 zu Jak 4,7 sowie von 6,3 zu Jak 4,12 (s. Einleitung § 7).

Der Text zu Beginn von 2,5 ist unsicher, namentlich die Zuordnung der Phrase κατ' αὐτῆς (Übersetzung: „gegen sie"), die nach LLE vor στεφανωθείς gestanden haben muß (Lake, 128; om. G; Gebhardt-Harnack z. St.), und der genaue Wortlaut: Ist zu lesen νῖκος λαβὼν καί (so die Rekonstruktion von G. Hollenberg, Pastorem Hermae emendavit, Saarbrücken 1869, z. St. wegen des folgenden τὸ νῖκος ὃ ἔλαβες; Funk und Whittaker schließen sich an) oder νικήσας καί (Lake, 128; Joly, 200)? LLE stützen keine dieser Varianten und gehen in andere Richtung (s. Dibelius, 545). Eine Übersetzung kann also nur mit Vorbehalt vorgeschlagen werden, am Sinn des Textes steht nichts Gravierendes in Frage.

3,1 Auf die obligatorische Nachfrage im Offenbarungsdialog, die an 2,5 anschließt, folgt das Seitenstück zu 2,1: die „Werke" (vgl. ἔργασαι/ἐργαζόμενος) der guten Begier. Die „Werke der bösen Begier" (1,3) waren recht trivial ausgewählt, die der guten sind denkbar anspruchsvoll, wiewohl relativ zufällig in Auswahl und Reihenfolge als Tugendliste. Die formelhafte Zusage, bei erfüllter Bedingung „für Gott zu leben", bildet zusammen mit der Verallgemeinerung zu einer Zusage für „jeden, der der guten Begier dient", einen weiteren vollständigen Gebotsschluß nach 2,2, wie er im Mand-Buch üblich ist. Indes geht der Text weiter und macht nach offizieller Offenbarungsbeendigung und weiteren Disputen zwischen H und dem Hirten einen dritten (6,3) und einen letzten Schluß (6,5) nötig.

3,2 H ist am Abschluß des Diktats von Vis V 6 angelangt, was die Gebote betrifft; die Gleichnisse folgen noch. Daß es „die zwölf Gebote" gibt (nach Völter, Apostol. Väter, 260.263 eine vom Redaktor [= Verfasser] in Nachahmung der Testamente der zwölf Patriarchen künstlich hergestellte Anzahl), wird erst hier gesagt. Die Zahl zwölf spielt eine allegorische Rolle im 9. Gleichnis (Sim IX): zwölf Berge (1,4), Jungfrauen (2,3), Frauen (9,5), Stämme (17,1.2) Völker (17,2; 18,5). – H spielt immer wieder in apokalyptischer Manier mit der Idee von Umfang, Vollständigkeit und Beendigung der empfangenen Offenbarung. An dieser Stelle setzt er ein deutliches Ende, das sich auf das gesamte Mand-Buch bezieht. Falls Mand eine ursprüngliche Einheit mit Sim bilden (s. Vis V), liegt lediglich eine thematische und formale Zäsur und kein Buchschluß vor. Die abschließende Rede des Hirten kann formal ein Epilog genannt werden (s. o.); inhaltlich nimmt sie die Verbindung der Mand mit dem Thema Buße vor in Form eines abschließenden Appells an H selbst, seine nochmalige Beauftragung mit der Bußpredigt an die Kirche und der Zielangabe einer „reinen Buße", die hier auch nicht andeutungsweise mit Frist und Termin in Zusammenhang gebracht wird, sondern für das gesamte restliche Leben trägt. **3,3** Neu ist daran nur der grundsätzliche Akzent, die Tonart letztmaliger Mitteilung und Warnung. Die besondere Aufgabe des H gegenüber den Kirchenchristen, die Bußmahnung, wird hier und Sim X 2,4; 4,1 Dienst (διακονία/*ministerium*) genannt wie sonst die private oder amtliche Pflicht zur tätigen Nächstenliebe II 6; Sim II 7; IX 26,2; 27,2. Der Auftrag kommt vom Hirten, seine Bedeutsamkeit ist groß. Der PH redet nicht immer so positiv von der zu erwartenden Bußbereitschaft, aber es werden auch hier nicht alle einsichtig und konsequent sein. Daß der Hirt selbst seine Anstrengungen unterstützt (eine Umschreibung der Gnade: Joly, 202 A.1), bezieht H in einen Zusammenhang göttlichen Eingreifens ein und macht seine Anstrengungen aussichtsreich, seine Hörer gehorsam. In den Mand liegt die notwendige Anleitung dazu vor, wie man beim Entschluß zur Buße leben muß, nachdem (in der jetzigen Komposition des PH) der Appell zur Buße in den Vis ergangen war (vgl. Frei, 1975, 137).

E vermerkt am Ende von 3,3: *finita sunt mandata duodecim. initium similitudinum. similitudo prima*, und G schaltet zu 3,4 das Signal ἀρχή vor (Gebhardt-Harnack, 126; Funk, 512). Ab 3,4 würde man sich demnach in Sim I befinden (vgl. Joly, 13). Da diese Zäsur im Text philologisch aber nicht nachzuweisen ist, wird man diese alten Angaben mit Joly, 432 (zu 202) durch die Vermutung als erledigt ansehen, daß auf die Formulierung von 3,2 hin (Abschluß der Mand) gleich anschließend der Beginn der Sim angesetzt worden ist.[21]

3,4 H macht der zuversichtlichen Prognose zum Bußerfolg seiner Predigt der Gebote zwei Einwände, die sich aus der Schwäche des Menschen bzw. aus der „Härte“ der Gebote (3,4) und aus der (vermeintlichen) Macht des Teufels (5,1) begründen, und so werden weitere, recht umfangreiche Überlegungen nötig. Die Zustimmungsfähigkeit der Gebote bedeutet nicht auch ihre Erfüllbarkeit (vgl. das Urteil des Juden bei Justin, *Dial.* X 2). Die Formulierung zeigt, daß H niemand, auch sich selbst nicht, von seinen Bedenken ausnimmt. Die Gebote sind „hart“. Diese „resignierte Bemerkung“ (zu ihrer Einordnung Poschmann, Paenitentia secunda, 182 A.4) provoziert den Hirten aufs Heftigste, denn Resignation, Mutlosigkeit, Lethargie in der Sünde sind ein Reizthema des PH und ein auszurottendes Grundübel. Wer so fragt, ist ein Zweifler und anfällig für den Teufel (Batiffol, 346). Etwas Bedenklicheres hätte H an dieser Stelle nicht sagen können. Entsprechend ist die Reaktion. **3,5** Was sich zunächst nur instruktiv anhört (bei entsprechendem Vorsatz und Selbstvertrauen sind die Gebote „leicht einzuhalten“ und „nicht hart“)[22], nimmt zunehmende Schärfe an: Schon der Zweifel an der Erfüllbarkeit macht den Menschen unfähig zur Erfüllung. **3,6** Und das ist bereits das Verderben für H und seine Familie, die hier wie öfter

---

21 Allerdings hält Snyder, 7.90 die Angaben von EG für verläßlich und rekonstruiert die Kompositionsgeschichte des Textes wie folgt: 3,4–6,5 war in einem früheren Zustand die Sim I (mit den Krügen aus 5,3), wurde wegen seiner Bedeutung für die Mand aber verbreitert und dann Mand XII zugeschlagen, um Platz für Sim IX zu bekommen. So ist der Text jetzt „Zwischenspiel“ vor Sim I.

22 Für diesen Satz wird H von Weinel, HNTA, 306 gegen Paulus und Luther gelobt.

(Vis II 2,3; Mand II 7) Paradigma für Sünde und Rettung sind. Wo der Mensch über die Möglichkeit des Glaubens (Leben nach den Geboten) zweifelnd nachdenkt und negativ befindet, hat er seine Rettung schon verwirkt. **4,1** Erst jetzt wird geschildert, in welchem Tonfall man sich diese tadelnde Kritik und Belehrung durch den Hirten vorzustellen hat. Zur Erstellung der adäquaten Dramatik der Szene (für den PH ist die Möglichkeit eines Lebens im Glauben der Drehpunkt seiner Buß-Theologie) wird das Motiv von der emotionalen Erregung des Offenbarers (wie der Alten in Vis III 8,9 und *grBar* 12,6.8; 13,1; 16,1), hier aus seiner Empörung und seinem Zorn über den uneinsichtigen Sünder, benutzt, das auch in der Beschimpfung (4,2; vgl. die atmosphärisch sehr verwandte Szene Vis III 8,9) entsprechenden Ausdruck findet, mißverstanden von Weinel, HNTA, 306: „Dem Visionär wandeln sich leicht die Gestalten seines Schauens je nach den Gemütsbewegungen, denen er unterliegt." In der „Verwandlung" (vgl. *4 Esra* X 25f.) des Offenbarers (ἠλλοιώθη wie Vis V 4) in eine bedrohliche Gestalt und in der Panik des betroffenen Menschen ist ein weiteres Mal der apokalyptische Rahmen des PH zur Illustration der Gefährlichkeit des von H geäußerten Zweifels am Heil genutzt; „die scheinbare Krisis der Unterredung 4,1 hat doch nur die Bedeutung, einen Gedanken besonders hervorzuheben" (Dibelius, 546). – ἡ μορφὴ ἠλλοιώθη auch Dan 5,6.9.10; 7,28, aber ohne vergleichbaren Inhalt. **4,2** Apokalyptisch geht es weiter, wenn der zutiefst erschrockene und völlig demoralisierte Mensch wieder ermutigt und belehrt wird (ἄρχεσθαι c. inf. bei H immer im mehr oder weniger abschwächenden Sinn: Hilhorst, Sémitismes, 66). Die Nachsicht des Hirten läßt sich noch nicht in der Beschimpfung, aber danach finden. H ist kein Idealtyp, sondern demonstriert die grundlegenden Defizite und Fehlhaltungen: ohne Einsicht und ein Zweifler zu sein sind gravierende „Sünden" im PH. Aber ab jetzt wendet sich alles von der Schreckensszene, die H mit seinem Zweifel heraufbeschworen hatte, zur Einsicht und Harmonie: Aus der schöpfungstheologisch begründeten Sonderstellung des Menschen[23] soll H lernen, **4,3** was der Mensch vermag und daß er als „Herr über alle Kreaturen" auch „über diese Gebote Herr werden" (κατακυριεύειν) kann. Das Argument ist Sir 15,14f. ähnlich: „Er hat am Anfang den Menschen erschaffen und ihn der Macht der eigenen Entscheidung überlassen (Er gab ihm seine Gebote und Vorschriften). Wenn du willst, kannst du das Gebot halten." Was aufgrund dieser optimistischen Anthropologie, die zur geläufigen skeptischen moralischen Einschätzung der Menschen im PH nicht sonderlich gut paßt, nach einer Sache von Wille, Vorsatz und Kraftanstrengung aussieht, wird nun doch noch unter eine neue Bedingung gestellt: Wer „Gott in seinem Herzen (statt nur auf den Lippen: vgl. Jes 29,13) hat", vermag den Weg der Gebote zu gehen. **4,4** Im anderen Fall (wer Gott bloß

[23] Nach Vis I 1,6 ist die Welt der Kirche wegen, hier aber des Menschen wegen erschaffen wie *syrBar* 14,18f.

„auf den Lippen“ hat, verstockt ist und weit vom Herrn entfernt; zur soteriologischen Qualität der räumlichen Angabe μακρὰν ἀπό „weit weg von“ siehe Vis III 2,7.9; 5,5; 6,1; 7,1; Sim I 1; IX 7,2; Brox, Die weggeworfenen Steine) ist es, wie H befürchtet hatte: Die Gebote überfordern den Menschen dieser Art, so daß sich nachträglich noch einmal zeigt, daß der Zweifel des H in dessen schlimmem Zustand seinen Grund hatte. **4,5** Die Konsequenz aus dieser Bedingung ist die Paränese[24]: „nehmt euren Herrn ins Herz auf“ und die Verheißung: dann ist „nichts leichter etc. als diese Gebote“ (vgl. 1 Joh 5,3). Andernfalls und jetzt, vor der Buße, ist der Mensch „leer und leichtfertig im Glauben“. Mit dem Adjektiv „leer“ (κενός) nimmt H wieder (vgl. besonders XI) den bezeichnenden Term für seine räumlichen Vorstellungen von der Besetzung bzw. Befreiung des Menschen von guten und schlechten Kräften in Gebrauch. Das Gegenteil zu „leer im Glauben“ ist „voll im Glauben“ (V 2,1; XII 5,4; vgl. auch Sim IX 23,2: „im Glauben verwelkt“)[25], eine typische Diktion im PH zur Kennzeichnung des moralisch-religiösen Zustandes eines Menschen. **4,6** Die „Leere“ kann auch als Leben nach den Geboten des Teufels (statt Gottes) benannt werden.[26] Es geht jeweils um den sofortigen Vollzug der fälligen Bekehrung (ἐπιστράφητε) und Unterscheidung. Beim Teufel und seinen Möglichkeiten bleibt der Text vorerst noch. Hier wird ihm gegenüber mit dem Hinweis auf seine Ohnmacht beruhigt. Über die Angst vor ihm wird so wie in VII geschrieben. **4,7** Die Beruhigung wird jetzt außerdem damit begründet, daß der Hirt den Menschen beisteht. Schutzengel ist er aber nicht für alle, sondern für H (s. Vis V 3.4; Exkurs: Der Hirt), so daß der Beistand, den er hier zusagt, eine Funktion des „Engels der Buße“ sein muß, als den er sich hier auch bezeichnet. Seine Beherrschung des Teufels dürfte dann darin bestehen, daß er Menschen zur Buße bringt und sie ihm so entzieht, so daß der eigentliche Grund für die mögliche Angstfreiheit vor dem Teufel in der Möglichkeit von Buße und Bekehrung liegt, die ihm seine Kraftlosigkeit demonstrieren. Das meint wohl auch Dibelius, 548: „Daß gerade der Bußengel als Teufelsbezwinger erscheint, ergibt sich aus Mand. IV 3,4.“ – Zu φόβον ἔχει Gebhardt-Harnack, 129: „Recte Lat. vulg.: *timorem facit*“; dto. Funk, 517. Außer dem Teufel muß „fliehen“: der irdische Geist aus dem Pseudopropheten (XI 14), die schlechte Begier vor dem gewappneten Menschen (XII 2,4); und der Teufel flieht, beschämt und besiegt vom Widerstand der Christen (hier und

---

[24] Aune, Prophecy, 304–306 hält 4,5–7 aufgrund seiner oberflächlich erledigten Gattungsbestimmung für einen Orakelspruch wie auch 6,1–3, und zwar sind das „oracles of assurance“.

[25] In all diesen Fällen ist das ἐν (τῇ πίστει) im limitativen Sinn zu lesen (Hilhorst, Sémitismes, 82f.).

[26] Es ist ein Irrtum bei Dibelius, 548, daß die Gebote des Teufels hier „wie der Weg der Ungerechtigkeit Mand. VI 1,3“ „schwer“ genannt seien. In Mand VI geht es um den religiösen Schaden, den der Mensch auf dem schlechten Weg nimmt, und hier ist es eine Frage der kontextkonformen Übersetzung von δύσκολος, oben wiedergegeben mit „widerwärtig“ (nach Menge-Güthling, Griechisch-deutsches und deutsch-griechisches Wörterbuch, Teil 1, Berlin 1910, 158: „[von Sachen] mißlich, widerwärtig, ärgerlich, schwierig, unglücklich“).

5,2). – Der erste Einwand des H ist in der Form beschrieben, daß es vom Menschen abhängt, ob die Erfüllung der Gebote als Realisierung des Glaubens eine Überforderung oder die Rettung für ihn bedeutet (vgl. auch Klevinghaus, 115–117).

5,1 Das alles stellt H, der als Fragesteller unersättlich und neugierig ist, nicht zufrieden, und er macht einen zweiten Einwand, der das Problem der faktisch ernst zu nehmenden „Macht des Teufels“ verschärft stellt (Fuchs, 6). Er spielt die Rolle eines Verteidigers der Menschen: „Es gibt keinen“, der nicht das Rechte möchte, aber guter Wille und Entschluß genügen nicht, wie der Hirt oben behauptet, gegen die Macht des Bösen. H verteidigt den enormen Respekt der Gemeindechristen vor dem Teufel gegen unglaubhafte himmlische Zusagen. **5,2** Der Hirt antwortet diesmal ohne Verärgerung und rekurriert wieder auf die Ohnmacht des Teufels angesichts der Übermacht des Guten, unter deren Schutz der Mensch sich begeben kann, diesmal „Hoffnung auf Gott von ganzem Herzen“ genannt (zur Formel „von ganzem Herzen“: Hilhorst, Sémitismes, 142–144). Der Kampf gegen das Böse ist jetzt als Ringkampf mit dem chancenlosen Teufel dargestellt (ἀντιπαλαίω-καταπαλαίω; Sim VIII 3,6: παλαίω), ein einseitiger Kampf, der mit Niederlage und Schande des Teufels enden muß. „Besiegt werden“ (νικᾶσθαι) im PH nur noch Sim VIII 3,6, auch dort vom Teufel. Weil aber H das anders sah, fügt der Hirt hinzu, daß Teufelsangst ein Symptom der „Leere“ (ἀπόκενοι wie V 2,1; XII 5,2–4) im Menschen, also der Glaubenslosigkeit ist; nur wer selbst geistlich schwach ist, hält den Teufel für stark. Die Berührung mit Jak 4,7 im Topos der Flucht des Teufels bedeutet keine Abhängigkeit direkter Art; dieser Topos wie die Sprüche von 4–6 gehörten „zum eisernen Bestand der Paränese dieser Zeit“ (Aschermann, 155).

5,3 Eine kleine Parabel wird eingeschoben (wie V 1,2.5; 2,5; XI 13.15.18.20), deutlich wieder „nicht ad hoc erfunden“ (Dibelius, 548), zum Begriff der „Leere“ im Menschen; man hätte sie eher bei 4,5 (οἱ κενοὶ ... ἐν τῇ πίστει) erwartet.[27] Sie soll dem Verständnis nachhelfen (wozu sie in ihrer Unschärfe aber wenig geeignet ist) bzw. auch emotional die Zustimmung des Lesers erzwingen: Bei der Lagerung von Wein sind erfahrungsgemäß die nicht ganz gefüllten, halbleeren Krüge (L^1 und Origenes, *MtCo ser.* 59, ed. E. Klostermann, GCS 58, Leipzig 1933, 135 Zeile 25, schreiben bereits sinngemäß *semiplenas* = ὑπόκενα? statt einfach „leer“) ein Risiko für die Haltbarkeit, nicht die vollen. **5–4** Das (fast) „völlig mißglückte Gleichnis“ (Weinel, HNTA, 306) bringt nur eine partielle Entsprechung zwischen Bild und Anwendung zustande. Der Teufel spielt nicht die Rolle des Weinbesitzers in der Parabel: Er kommt zwar, wie jener zu allen Krügen, so „zu allen

27 Hilhorst, Sémitismes, 120f. demonstriert an der ersten Periode dieses Paragraphen stilistische Schwächen des H bei der Konstruktion von logisch richtigen Hypotaxen und Parataxen; ebd. 65 anhand von 5,4 über den Optativgebrauch im PH.

Dienern Gottes", aber „der Weinbesitzer kommt in freundlicher Absicht, Schaden zu verhüten, der Satan in feindlicher, zu sehen, ob er Schaden stiften kann" (Weinel, HNTA, 306). Der Teufel kommt, um sie (ein wichtiges Teil-Motiv) *alle* zu versuchen (zu ἐκπειράζειν s. Vis V 3), während jener sich um einen Teil (die ganz gefüllten Krüge) ausdrücklich von vornherein gar nicht kümmert, weil sie intakt sind. Für den aktiven Widerstand der („im Glauben vollen") Gläubigen gegen den Teufel enthält die Parabel keine Entsprechung. Hier und auf der Seite der „Leeren", in denen der Teufel zum Ziel seines „Eindringens" (anderswo: „Wohnens" – κατοικέω: Kraft, Clavis, 243; s. Exkurs: Das Bild vom „Wohnen") im Menschen kommt, reduziert sich alles auf die material-räumlichen Kategorien „leer", „voll", „Platz" (τόπος), die bildhaften Koordinaten, in die H immer wieder den Lebensweg des Menschen als Raum-, Wohnungs- und Besitzwechsel seitens beherrschender (guter und schlechter) Geister einträgt (vgl. V 1,2–4; 2,2.3.5–7). Die Parabel ist dabei verlassen, denn der Mensch dieser Erzählung wollte ja nicht in die Gefäße „eindringen". Ein Vergleichspunkt liegt genau genommen nur darin, daß der Inhalt eines Gefäßes anfällig für Verderbnis ist, wenn das Gefäß nicht (ganz) voll ist und allenfalls noch (mit Weinel, HNTA, 306) in der Übereinstimmung: „der Herr ‚prüft', wie der Satan ‚prüft'." H ist aber nicht am verdorbenen Inhalt, sondern an der Leere als dem Fehlen von etwas bzw. als dem Platz für Schlechtes interessiert. Im Bild: Bei H wird nicht ein guter Inhalt sauer, sondern es kommt Schlechtes von außen hinzu, weil noch Platz (τόπος) im Gefäß ist, der nicht dasein dürfte (ganz ähnlich Piesik, 45f.). – Erschreckend ist für den Leser die Beschreibung dessen, wie es der Teufel in den „leeren" Menschen treibt.

6,1 Nach Aune, Prophecy, 304–306 ist 6,1–3 ein Orakelspruch (s. zu 4,5–7). Der Hirt als Bußengel engagiert sich jetzt unmittelbarer, um die Angst zu nehmen. Er unterstellt Bußbereitschaft[28] und kann um so vorbehaltloser ermutigen. **6,2** Das scheint vor dem Hintergrund von Mutlosigkeit unter den Christen über die eigenen Sünden nach der Taufe („weiter gesündigt") und über Unfähigkeit zum Neubeginn infolge von Resignation (die H haßt) gesagt zu sein (ähnlich Weinel, HNTA, 306). In biblischer Sprache ruft der Bußengel zur Bekehrung auf, um starke Verheißungen anzuschließen. Darin liegen Hauptsache und Tendenz des PH, denen auch die Mand zugeordnet werden. Chase, 131f. macht auf eine thematische Verwandtschaft zwischen 6,2 und dem biblischen Herrengebet Mt 6,9–13; Lk 11,2–4 aufmerksam (Gottes Wille, Vergebung, Gewalt über den Satan). – Wieder spricht H also das für ihn offenbar aktuelle Problem an, daß sündige Chri-

[28] Hier liegt einer der Fälle vor, in denen H die Wendung ἐξ ὅλης καρδίας mit einem Genitiv (αὐτῶν) versieht, den an sich dann fälligen Artikel aber nicht setzt. Das kann nach Hilhorst, Sémitismes, 144 Imitation der LXX sein (die ihrerseits das Hebräische nachahmt), kann aber auch einer griechischen Tradition in Inschriften und Papyri entsprechen oder sogar vom Lateinischen beeinflußt sein (Lit.).

sten resignieren und an ihre Rettung nicht mehr glauben. Darum insistiert er auf dem Glauben als Vertrauen und korrigiert das Gottesbild: Nicht Verzweiflung, sondern Hoffnung auf Barmherzigkeit entspricht dem Gott, „der das Böse nicht nachträgt, wie es die Menschen tun“ (IX 1–10 über den Zweifel). Der Teufel und seine Werke, also das Böse, das offenbar für viele Christen den anspruchsvollen Weg des Glaubens als aussichtsloses Unterfangen aussehen läßt, hat nicht die Macht, die sie fürchten, weil es die Übermacht über ihn gibt. Dafür wählt H das verächtliche Bild: „schlaff wie die Sehnen einer Leiche“. **6,3** Es wiederholt sich dabei die Rede von der doppelten Angst aus VII mit sehr verwandten Sätzen. Die Entscheidung über Rettung und Verderben des Menschen fällt durch Gott, „der alles kann“, nicht durch hilflose Auslieferung an den Teufel, die man befürchtet und die durch den Beistand des Bußengels (6,1) doch ausgeschlossen wird.

6,4 Diesmal ist H einverstanden, seine Befürchtungen sind beseitigt, sein Zutrauen in den Beistand gefestigt. Er wiederholt die Zusicherungen des Hirten, was die Übermacht betrifft, und gibt vorsichtig zuversichtlich die Zusage der eigenen Bemühung um die Gebotserfüllung mit Gottes Hilfe. **6,5** Diese Gedanken werden in die obligate Schlußformel der Mand (ab I 2) gebracht und dabei das Thema von XII (als Einzelgebot und ohne „Epilog“), sc. die „Begierden“, noch einmal aufgegriffen. – In XII ist die Funktion des Hirten über die Offenbarungsübermittlung hinaus also auf seine helfende und begleitende Rolle als Bußengel ausgeweitet und hat etwa diese Umrisse: „Er garantiert die Wirkung des Bußrufs (3,3) und steht dem Menschen gegen den Teufel bei (4,7; vgl... 6,4), er gab die Gebote, die er durch Darlegung und Dialoge interpretiert, er befiehlt die Umkehr (4,5f. vgl. mit 4,1), er bleibt bei allen, die umkehren (6,1)... Ja, der Engel vertritt Gott selbst (6,3...). An der Stellungnahme zu den von ihm gegebenen Geboten entscheidet sich des Menschen Verhältnis zu Gott und damit sein Schicksal“ (Fuchs, 7).

Gleichnisse, die er mir erzählt hat

Die Gleichnisse (Sim), nach ihrem Gesamt-Kolorit sicherlich jüdischer Herkunft (Giet, Hermas, 302; Köster, Einführung, 696), bilden zusammen mit den Geboten (Mand) das „Hirtenbuch“, in dem der „Hirt“ der Offenbarungsträger ist. Unter diesen Titel ist das Visionenbuch (Vis I–IV) mit der alten Frau als Offenbarerin erst nachträglich subsumiert worden, als H es dem Hirtenbuch bei dessen Abfassung vorschaltete (s. Einleitung § 4; Vorbemerkung zu Vis V).

Zum Gleichniserzähler H und zu seinen Stoffen, die er gebraucht, hat man begründeterweise vermutet, daß beide aus einer christlichen Schule kommen, in der Bilder und Allegorien eine große Rolle spielten (Ström; Goguel,

L'Eglise, 78 A.1); denn dem H stellt sich alles in Form von Bildern dar, ohne daß er allerdings mit starker schöpferischer Phantasie begabt gewesen wäre, denn viele seiner Bilder sind wenig zusammenhängend entwickelt und in einer weithergeholten und oft mühsamen Allegorie gedeutet.

Eine durchgängige und präzise, etwa gattungsbedingte Differenzierung besteht zwischen Mand und Sim (und auch Vis) nicht. Denn auch in den Mand wurde schon eine Reihe von Parabeln verarbeitet, und das Thema von der Wichtigkeit der Einhaltung der göttlichen Gebote wird (ohne Gleichnisrede) auch in Sim (besonders VI.VII.X) ausgebreitet, während die sog. Parabeln genaugenommen überwiegend keine solchen sind, sondern eine Kombination von Allegorien und didaktischen Visionen im Stil von Vis I–IV (in welche übrigens auch bereits kleine Gleichnisse eingeschoben sind wie Vis III 12,2) darstellen.

Die jeweilige Rahmung ist aufschlußreich. Das „Gleichnis" von den zwei Städten Sim I wird im Stil einer Homilie eingeführt und ausgewertet. Die Symbiose von Ulme und Weinstock Sim II wird tatsächlich als Parabel aus der Natur aufgegriffen (mit allegorisierender Interpretation); aber anders als hier sind die Bäume in Sim III und IV nicht Naturphänomen, aus dem etwas zu lernen ist, sondern visionäres Element (vgl. das jeweilige typische ἔδειξε), das von vornherein auf die beabsichtigte Instruktion hin konzipiert ist. Das „Gleichnis" von Sim V ist eine detaillierte Allegorie zur theologischen Unterweisung, und Sim VI macht aus der gesamten bisherigen Offenbarung eine Vision („alles, was ich geschaut hatte": 1,1) und bietet ihrerseits eine weitere Vision (δείξω σοι 1,5), keine Parabel. Sim VII enthält weder Parabel noch Vision, sondern einen Dialog mit dem Offenbarungsträger, und Sim VIII entwirft (ἔδειξέ μοι) wieder eine große Vision im Stil des Visionenbuches, auf das die (später nachgetragene) Sim IX ausdrücklich zurückkommt. Sim X schließlich ist paränetischer Dialog, keine Parabel.[1]

Alle Teile des PH stammen eben aus einer Hand (s. Einleitung § 4), und die Fähigkeiten des Autors H in der Beherrschung und Instrumentalisierung literarischer Genera waren begrenzt, so daß trotz der auf den ersten Blick bestechenden Unterteilungen sein Buch weitgehend aus Überschneidungen diverser Gattungen mit wechselndem Übergewicht und aus Wiederholungen ganz ähnlicher Elemente und Sprachspiele besteht. Eine scharfe Unterscheidung der Buchteile war wohl auch gar nicht seine Absicht; er verwendet nämlich für das als Einheit behandelte Hirtenbuch den Doppeltitel „Gebote und Gleichnisse" (Vis V 5.6; Sim IX 1,1), und beide Begriffe scheinen sogar konvertierbar zu sein (Sim VII 7; s. Vorbemerkung zu Vis V). Der Übergang von Mand XII zu Sim I wird durch keinerlei

[1] Die von Dibelius, 577f. (Poschmann, Paenitentia secunda, 171) vorgenommene Unterteilung der Sim, wonach Sim VI „schon der Gattung nach eine neue Reihe unter den Sim." eröffnet und I–V Mahnungen bieten, während VI–IX „etwas anderes", nämlich „den Vollzug der Buße" thematisieren, ist vom Text her also nicht zu vertreten.

sprachliches Signal als Zäsur kenntlich gemacht, weil an der Unterscheidung von Gebot und Parabel nichts lag.

Die trotzdem also von den Mand abgehobene Gruppierung der Sim spiegelt in der vorliegenden Form eine Ordnung vor, die sehr oberflächlich bleibt. Die Sim sind nach Umfang und Struktur extrem verschieden voneinander; auch Themen und Tendenz sind nicht dieselben, und sogar im Charakter als Parabel sowie im allegorischen Gebrauch der sog. Gleichnisse kommen sie also nur partiell überein. Sim VII und X enthalten, wie gesagt, gar keine parabelhaften Elemente, sehr im Gegensatz zu den breit entfalteten Bildern von VIII oder IX. Sim IX und X sind allerdings unbestritten als Nachträge zu lesen (vgl. Einleitung § 4).

So ist die Reihe der zehn Sim im Grund recht lose und wirkt eher etwas willkürlich (vgl. Giet, Hermas, 86). Man darf sich auch durch die Zählung und die Überschriften diesbezüglich nicht bestechen lassen, die in einzelnen Handschriften fehlen, sicher sekundär und nicht übereinstimmend überliefert sind (Genaues bei Dibelius, 550; Vielhauer-Strecker, NTApo 2^5, 1989, 539f.; Whittaker, XIII).[2] Für die variierende Fassung gibt jeweils der textkritische Apparat bei Whittaker und Joly die Auskünfte.

(Erstes Gleichnis)

Die Christen und die Welt (Sim I 1–11)

50 (I) 1 **Er sprach zu mir: „Ihr wißt", sagte er, „daß ihr, die Diener Gottes, in der Fremde wohnt. Denn eure Stadt ist weit entfernt von dieser Stadt[3]. Wenn ihr nun", sagte er, „eure Stadt kennt, in der ihr künftig wohnen sollt[3], wieso schafft ihr euch hier Grundstücke[4] an, wertvolle Einrichtungen, Häuser[4] und unnütze Wohnungen?** 2 **Wer sich solche Dinge in dieser Stadt anschafft, der kann unmöglich in seine Stadt zurückkehren.** 3 **Du Narr, Zweifler und Unglücksmensch, weißt du denn nicht, daß das alles fremdes Gut ist und unter der Gewalt eines anderen steht? Denn der Herr dieser Stadt wird sagen: ‚Ich dulde nicht, daß du in meiner Stadt wohnst; verlaß diese Stadt! Du lebst ja nicht nach meinen Gesetzen!'** 4 **Da hast du Grundstücke, Häuser[4] und umfangreichen anderen Besitz, aber was tust du nun, da du von ihm hinausgeworfen wirst, mit dem Grundbesitz, mit dem Haus[4] und dem anderen, was du dir angeschafft hast[5]? Denn völlig zu Recht sagt dir der Herr dieses Landes: ‚Entweder lebst du nach meinen Gesetzen oder du verläßt**

[2] Zumal in der Zählung gibt es Divergenzen, auch jetzt: Soll man acht oder zehn Sim zählen, nachdem VII und X keine Parabeln sind? Vgl. Turner, Shepherd, 197. Es verwundert, daß Hermaniuk, 357–365 trotz seines Buchtitels (La Parabole) und Interesses keine größere Sorgfalt auf die Gattungsbestimmung verwendet, sondern Sim VII und X unter die Parabeln zählt.

[3] Vgl. Hebr 13,14.

[4] Vgl. Jes 5,8.

[5] Vgl. Lk 12,20.

mein Land!‘ 5 **Was willst du nun machen, da für dich das Gesetz deiner eigenen Stadt gilt? Wirst du zugunsten deines Grundbesitzes und des übrigen Vermögens etwa dein eigenes Gesetz völlig verleugnen und nach dem Gesetz dieser Stadt leben? Sieh dich vor, daß das nicht dein Schaden wird, wenn du dein Gesetz verleugnest! Denn wenn du dann in deine Stadt zurückkehren willst, wird man dich nicht mehr aufnehmen, weil du das Gesetz deiner Stadt verleugnet hast, und man wird dich aus ihr ausschließen.** 6 **Sieh dich also vor: Da du in der Fremde lebst, beschaff dir nicht mehr als den ausreichenden Unterhalt für dich und halte dich bereit, um in dem Augenblick, da dich der Herrscher dieser Stadt hinauswerfen will, weil du dich seinem Gesetz widersetzt, seine Stadt verlassen und in deine Stadt auswandern und nach deinem Gesetz unbehelligt von Übergriffen und in Freude leben zu können.** 7 **Seht euch also vor, die ihr dem Herrn dient und ihn im Herzen tragt. Tut die Werke Gottes und denkt dabei an seine Gebote**[6] **und an die Verheißungen, die er gemacht hat, und glaubt ihm, daß er sie erfüllen wird, wenn seine Gebote befolgt werden.** 8 **Statt der Grundstücke kauft daher notleidende Seelen, jeder nach seinem Vermögen, und kümmert euch um Witwen und Waisen**[7] **und verachtet sie nicht; verwendet euren Reichtum und allen Besitz, den ihr von Gott bekommen habt, für ‚Grundstücke‘ und ‚Häuser‘ dieser Art!** 9 **Dazu hat euch der Herr nämlich reich gemacht, daß ihr ihm diese Dienste tut; es ist weit besser, solche ‚Grundstücke‘, ‚Vermögenswerte‘ und ‚Häuser‘ zu kaufen, die du dann in deiner Stadt vorfindest, wenn du in sie heimkehrst.** 10 **Das ist ein guter und erfreulicher Luxus, der weder mit Traurigkeit noch mit Angst verbunden ist, sondern (nur) Freude macht. Treibt also nicht den Luxus der Heiden; er ist nämlich für euch, die Diener Gottes, nur schädlich.** 11 **Treibt vielmehr eure eigene Art von Luxus, an dem ihr froh werden könnt. Stellt kein Falschgeld her, rührt nicht das Gut anderer Leute an und begehrt es auch nicht! Denn es ist böse, das zu begehren, was anderen gehört. Erfüll deine Aufgabe, dann wirst du gerettet.“**

1 Es wird nicht eigens ein Szenario entworfen, wie es zur Rede des Hirten als des Offenbarungsträgers passen würde. Er spricht jedenfalls in der seit Vis V geltenden visionären Konstellation, in der er sonst „erscheint“ (II 1) oder im qualifizierten Sinn etwas „zeigt“ (III 1; IV 1), und erteilt den Christen („Diener Gottes“) im homiletischen Stil (Adresse im Plural, während nur H anwesend ist) mit Hilfe der Parabel von den zwei Städten eine ernste, stark sozialkritische Lebenslehre. Die „Fremde“ ist zusammen mit der Sehnsucht nach einer anderen, besseren Stadt als Metapher für die distanzierte Existenz der frühchristlichen Gemeinde in sozialer Isolation ein verbreitetes, vom Judentum übernommenes Bild (vgl. Philon, *de Cher.* 120; *de conf. ling.* 76; *de agric.* 65; *4 Esra* 7,6–9; Eph 2,19; Phil 3,20; 1 Petr 1,1.17; 2,11; Hebr 11,13–16; 12,22–24; 13,14; Offb 17–21; *1 Klem, praescr.*; *Diogn* 5,5.9; zur Ableitung und Deutung der „Fremde“ und des Zwei-Städte-Schemas

---

6 Vgl. Ps 102,18.

7 Vgl. Jak 1,27.

s. Leutzsch, 192–208).[8] Es geht hier (s. I 3 und 6) darum, daß die Christen die fremde Stadt (Welt) und deren Inventar wirklich als fremd, d.h. als christlich unverträglich behandeln. – Die Kombination der Bilder von der Fremde und den zwei Städten sucht den richtigen Nenner zu finden für die Distanz und das notwendige Minimum an Zugehörigkeit der Frühchristen gegenüber ihrer sozialen Umwelt in Stadt und Staat. Ausgangsbasis auch für alle unvermeidlichen Kompromisse ist die Nicht-Zugehörigkeit, die Illegalität des Aufenthaltes. Und H „steigert diese (sc. urchristliche) Gegenweltlichkeit geradezu zu einer frühchristlichen ‚Zwei-Reiche-Lehre'" mit zwei Herren und zweierlei Gesetz. Der PH ist „ein einziger beschwörender Ruf zur Umkehr, zurück zum christlichen Ursprung... Zurück zur ursprünglichen Fremdschaft!"[9] Abgesehen vom Hauch der Routine, der über der Predigt des H auch in dieser Passage liegt, redet der PH tatsächlich in einer besonders gesteigerten Passion von Umkehr und Buße in diesem Sinn. Zur politischen Nomenklatur für die Entfremdung der frühen Christen von ihrer heidnischen Umwelt und zu den politischen Folgen dieser „Trennung der Christen von den Gemeinschaften Stadt und Staat" vom Urchristentum bis ins frühe 4. Jh. s. W. Schäfke, Die "Stadt" der Christen, ANRW 23.1, Berlin-New York 1979, 562–572.

Die gleichnishaften Städte bilden Welt[10] und Himmel ab, in denen die Christen nacheinander als in Fremde und Heimat wohnen (was also nicht zu verwechseln ist mit der Opposition Kirche-Imperium, wie z.B. Joly, 212 [anders 210] und Snyder, 94f. wollen, und auch nicht mit der augustinischen Konkurrenz zweier Civitates innerhalb dieser Weltzeit, obwohl im PH die Anfänge dieser Terminologie gesehen werden können: K. Thraede, RAC 12, 1983, 69), wobei die Idee von der Schöpfung vorausgesetzt bleibt (die Güter der Welt sind von Gott: I 8f.), so daß der Dualismus der Städte kein radikaler ist (Giet, Hermas, 35); aber radikal verschieden sind Gesetz und Verhalten der jeweiligen Bürger (s.u.). Der Bürger der „fernen" Stadt lebt schon jetzt in der hiesigen fremden Stadt unbedingt nach dem Gesetz seiner „eigenen" Stadt. – Der große räumliche Abstand der Städte im Gleichnis markiert ihre qualitative Differenz (theologisch qualifiziertes μακϱάν auch Vis III 2,7.9; 5,5; 6,1; 7,1; Mand XII 2,4; 4,4). **2** Die Anschaffung[11] von Reichtum paßt

---

[8] Aus der Literatur: O. Stählin, ThWNT 5, 1954, 28–31; Dibelius, 550f.; J. Roldanus, Références patristiques au „chrétien-etranger" dans les trois premier siècles, in: Lectures anciennes de la Bible (= Cahiers de Biblia Patristica 1), Strasbourg 1987, 27–52.

[9] K. Beyschlag, in: M. Greschat (ed.), Gestalten der Kirchengeschichte, Bd. 1, Stuttgart u.a. 1984, 72; vgl. Bardy, La vie spirituelle, 64–67 über den Ernst dieser Situation; vgl. Leutzsch, 192–208.

[10] Die Deutung „dieser Stadt" auf Rom durch Zahn, Der Hirt, 121–124 darf als erledigt gelten, obwohl noch z.B. von Snyder, 94f. vertreten. Schon der Wechselbegriff „Land" (χώϱα) I 4 spricht dagegen.

[11] Zahn, Der Hirt, 487 A.2; Mohrmann, Les origines, 75; Giet, Hermas, 284 haben gemeint, in ἑτοιμάζειν einen Latinismus (Kopie von *comparare)* zu entdecken, was Hilhorst, Sémitismes, 161 als Irrtum vorführt.

zu „dieser“ Stadt, nicht zu „eurer“, ist für den Christen folglich tödlich paradox, selbst abgesehen von der Überflüssigkeit der angehäuften Sachwerte, weil er seine Freiheit der Entscheidung dadurch verliert. Zu „Rückkehr“ s. I 5. Eine Erläuterung erfährt I 2 noch in I 9 (s.u.). Zu εἰς = ἐν hier und I 3.7 s. die umfangreiche Statistik bei Hilhorst, Sémitismes, 25f. **3** In der disqualifizierenden Anrede, die in diesem Fall nicht durch verständnisloses Fragen des H als des Offenbarungsempfängers noch durch einen Zweifel an der Erfüllbarkeit der Gebote Gottes (Mand XII 4,2), sondern durch unterstelltes Fehlverhalten gegenüber der Welt motiviert ist, ist der „Zweifler“ der unentschiedene Halbgläubige, ein Thema, das den H sehr beschäftigt und für das der folgende Aufruf zur klaren Entscheidung zwischen den beiden Städten und die Verurteilung der Halbherzigkeit optimal geeignet sind (vgl. Snyder, 94; s. Exkurs: Der Zweifel). Die Rede fällt inkonsequent in die Adresse bloß an H zurück (vgl. I 1: „ihr wißt“ mit Fortsetzung I 7–11), und zwar mit alarmierenden Fragen. Wenn sich der Christ hier bereichert, bringt ihn das in die gefährliche Situation der Abhängigkeit von dem fremden Gut (zu ἀλλότρια vgl. *2 Klem* 5,6: τὰ κόσμικα ταῦτα ὡς ἀλλότρια ἡγεῖσθαι κτλ.; M. Wacht, Güterlehre, RAC 13, 1984, 111f.) und von dem „anderen“, dem „Herrn dieser Stadt“, dem die (dann also fremden) Sachwerte gehören. Ob das der Kaiser ist, d.h. die christenverfolgende Behörde, so daß eine Anspielung auf die Möglichkeit des Martyriums vorläge, oder der Teufel, ist nicht strikt entscheidbar (Weinel, Wirkungen, 12 A.1; ders., HNTA, 307; Dibelius, 551), aber als Gegenspieler Gottes im Entscheidungs- und Gewissensbereich des Menschen liegt für die Mentalität des H der Teufel (schon wegen Mand XII 4,6f.; 5,1–6,4) eindeutig näher. – Stadt und Gesetz (πόλις und νόμος) gehören zusammen (K. Thraede, RAC 12, 1983, 60). – Wenn der Herr dieser Stadt den reichen (darin also angepaßten) Christen in seiner Stadt nicht dulden kann, weil er nicht nach seinen Gesetzen lebt, dann ist in den Augen des H das Reichsein also nicht schon der Sündenfall, durch den er dieser Stadt und ihrem Gesetz zugehörig wäre. Denn trotz des Reichtums und dann eben wegen seiner Abweichung im übrigen Lebensstil wird der Christ in dieser Stadt nicht geduldet, ohne daß H hier sagt, worin das Anderssein liegt, das zur Ablehnung führt; es ist – mit einem Gemeinplatz des PH – die Erfüllung der Gebote Gottes. – Mit dem Besitz von Reichtum als solchem ist demnach nicht schon das Gesetz der hiesigen Stadt erfüllt und die Aufenthaltsgenehmigung in ihr gesichert. **4** Aber der Besitz ist die große Gefahr, daß der Christ, vor die Entscheidung gestellt, dem Besitz den Vorzug geben könnte (vgl. Vis III 6,5) und des Besitzes wegen dem Gesetz dieser Stadt folgt. Was das für die Bewertung des Reichtums bedeutet, darüber sagt H an dieser Stelle nichts Ausdrückliches. Unter diesem Aspekt ist der Reichtum in Vis III 6,5f.; Mand X 1,4–5 jedenfalls wesentlich strenger, aber im Prinzip doch nicht anders beurteilt, denn auch da wäre ja ein akzeptabler Umgang mit Reichtum denkbar, nur wird er nicht praktiziert. Davon weiß eben auch Sim I 2–3 (vgl. allgemeiner

Vis IV 3,4). Welcher Reiche garantiert für sich? – Es kann eigentlich nicht der Tod des Christen (so z. B. Leutzsch, 202) und auch nicht die gewaltsame Eliminierung im Martyrium (Joly, 210 u. a.) oder behördliche Verbannung als Hinauswurf aus dieser Stadt (= Welt) durch den Herrn (= Teufel) bezeichnet sein; da wäre eine andere Terminologie zu erwarten, so daß diese Aussperrung aus der fremden wie die „Rückkehr" in die eigene Stadt I 5.6 ganz auf der Bildebene[12] und allegorisch als Beendigung bzw. Anfang einer Zugehörigkeit bzw. als Übergang von der einen Zugehörigkeit zur anderen zu sehen ist. Aus anderen frühchristlichen Quellen (z. B. 1 Petr 4,4) ist bekannt, daß die heidnische Toleranz gegenüber den abweichenden, nonkonformen Verhaltensmustern der Christen ihre Grenzen hatte. χώρα: Dem Versehen des H, in I 4 zweimal „Land" statt „Stadt" zu sagen, kommt sachlich keine Bedeutung zu. **5** Nach dem unpassenden Gesetz in „dieser" Stadt zu leben ist Bild für die Pflicht und die prekäre, konfliktreiche Situation der Gemeinde des H (während es im *Diogn* 5,10 die Umschreibung für die Normalität des Christseins nach den anerkannten Standards ist). Die Alternative zum Festhalten am eigenen (= christlichen) Gesetz ist dessen Verleugnung zugunsten des Gesetzes dieser Stadt.[13] Und dazu kann (nur) der Reichtum, an dem man stärker hängt, der Anlaß sein. Für den reichen Christen liegt es gefährlich nahe, sich die „Rückkehr", d. h. den Übergang zu „seiner" Stadt zu verbauen, indem er um des Reichtums willen sich auf das andere, „hiesige" Gesetz des Handelns einläßt. Dabei ist „Rückkehr" also eine mißglückte Metapher, weil man in der „eigenen" Stadt ja nicht schon früher war und mit ihr nach der Diktion von I 1 und 6 eben nur der Himmel gemeint sein kann.

6 Ab I 6 wird das christlich richtige, gefahrlose Leben mit Reichtum und Besitz entworfen, an dem man die Unterschiedlichkeit der „Gesetze" der beiden „Städte" greifen kann. In der „Fremde" (s. I 1) leben ist moralisch neutral. Anders das Wie dieses Lebens. Die Reduzierung der Besitzbedürfnisse auf das Lebensnotwendige (diese stoische Tugend der αὐτάρκεια nur noch Mand VI 2,3) ermöglicht im Ernstfall die richtige Entscheidung, weil sie leichter fällt, als wenn sie von der Faszination des Reichtums beeinflußt wird. Zur Geschichte des Autarkiebegriffs und zu seinem abschwächenden Effekt im PH Leutzsch, 203–205. – Am Ende wird die Erleichterung und Entlastung empfunden („unbehelligt von Übergriffen" seitens der Umwelt, „in Freude", „nach deinem Gesetz leben" können). – ἀνυβρίστως gehört „zur Fachterminologie der zeitgenössischen Verwaltungssprache, in der es die Sicherheit vor ὕβρεις, d. h. vor ungerechtfertigten Belästigungen und Übergriffen bezeichnet"; was sich jeder Paroike und Fremde wünschte,

[12] Vgl. Dibelius, 552: ἐκβάλλειν ist parabolisch zu nehmen; Zahn, Der Hirt, 124 und Spätere denken dagegen an Verbannung und Märtyrertod.

[13] Auch mit der Verleugnung ist nicht die Martyriumssituation gemeint (gegen Giet, Hermas, 36.235), sondern deutlich die Abwahl christlicher Existenz.

„dereinst einmal in einer ὕβρις-freien Polis leben zu können“, gehört für das frühe Christentum in die Charakteristik der fernen Himmelsstadt wie I 6; hier in „dieser Stadt“ sind sie den Übergriffen nämlich noch ausgesetzt (VI 3,4) und müssen sie aushalten (Mand VIII 10). Sie erlitten ein Schicksal, „das weitgehend demjenigen ähnelte, das auch die nichtchristlichen Paroiken und ‚Fremden‘ zu erdulden hatten“ (Plümacher, 44f.).

7–8 Mit für den PH typischen Umschreibungen des Christseins appelliert der Hirt jetzt wieder an alle (Plural wie I 1f.) und sucht (wie es bei diesem Thema fast alle früh- und altkirchlichen Stimmen tun) dafür zu werben, mit dem Reichtum das Richtige zu tun (vgl. II 7). Statt der üblichen Investitionen werden ganz andere „Objekte“ zum Erwerb angeraten. Um zu zeigen, wie wörtlich das gemeint ist, nennt H an erster Stelle den Loskauf von Menschen aus Not. Wie im Fall von Mand VIII 10, einem Appell in paränetischer Umgebung mit ähnlicher Thematik (s.z.St.), läßt sich nicht entscheiden, ob an den Freikauf christlicher Sklaven[14] oder an den Loskauf gefangener Christen (z.B. Osiek, Ransom, 372) gedacht sein soll (s. zu Mand VIII 10) oder auch ein wirklicher Loskauf aus wirtschaftlicher Not und mit Hilfe von Geld wie Sim V 3,7, also allgemeine Armenhilfe gemeint ist (alle drei Möglichkeiten kommen hier wie Mand VIII 10 in Frage). – H bezeichnet die neuen „Reichtümer“ noch mit den alten Namen: Notleidende Seelen, Witwen und Waisen (schon in Israel die primären Empfänger sozialer Unterstützung und im PH öfter als Zielgruppe genannt: Leutzsch, 127.135f.) sind die Grundstücke, Häuser und Vermögenswerte der Christen, in die sie ihr Geld stecken sollen. Den Rang der Armen vor Gott nicht zu unterschätzen („verachten“), schärft auch Sim II ein. – Der Zusatz „den ihr von Gott bekommen habt“ zeigt (wie I 9), daß Sachwerte als Reichtum für H nicht zum „Fremden“, sondern zur Schöpfung gehören und ihre moralische Qualität erst durch das bekommen, was der Mensch damit tut.[15] **9** Der vorige Gedanke wird verdeutlicht: Gott schenkt Reichtum (πλουτίζειν wie II 10), damit man ihm in der Armensorge dienen (vgl. II 7.10) kann. Die so erworbenen „Dinge“ sind der Besitz in „deiner Stadt“, d.h. echter und bleibender Reichtum. Der Ausschluß des Reichen von „seiner Stadt“ in I 2 (οὐ δύναται) wird also nachträglich damit erklärt, daß eben Immobilien üblicher Art binden, daß aber die „beweglichen“ Schätze (= die Armen, mit denen er im Himmel ist) der Reichtum der Reichen bleiben.

---

[14] Drexhage, 38; Leutzsch, 61f.128 mit A.81; 135.141f.; Peterson, 111; H. Gülzow, Christentum und Sklaverei in den ersten drei Jahrhunderten, Bonn 1969, 89; Lampe, 72; – Gebhardt-Harnack, 135 denken an Sklaven und Gefangene zugleich. Dokumente zum frühchristlichen Gefangenen- bzw. Sklavenloskauf: Aristides, *apol.* 15,8; *IgnPol* 4,3; Cyprian, *ep.* 62.

[15] Das Relativpronomen ἅς: ἅ(?) G beziehe ich (wie Dibelius, 553 und gegen Wohlenberg, 968 A.1), wie die Übersetzung zeigt, auf τὸν πλοῦτον… καὶ τὰς παρατάξεις, weil es sich sinnvoller (und nach I 9) auf die Mittel bezieht, mit denen man den (wahren) Reichtum erwirbt, nicht auf diesen selbst.

10–11 H fährt in der Bildrede fort: Reichtum ist Luxus, also nennt er auch die Besitztümer der Christen so, unterscheidet diesen Luxus aber durch die Attribute, die teils zu seiner „Sondersprache“ gehören: zu ἱλαρός s. Vis I 4,3; der λύπη widmet er als einem bei Christen sehr bedenklichen Defizit das Mand X. „Traurigkeit und Angst“ sind hier die Sorgen, Irritationen und Gefahren, die der Reichtum für den Reichen, vor allem in Randsituationen, bei Verlust und dergleichen, mit sich bringt. So ist zwischen zwei Arten von Aufwand unterschieden. Vor dem der Heiden ist zu warnen, zum „eigenen“ der Christen ist zu stimulieren. Das „froh werden (χαρῆναι)“ bedeutet die Abwesenheit der Angst und Traurigkeit aus I 10. Gar nicht wie ein Gleichnis schließt der Text mit Ermahnungen zur Redlichkeit in materiellen Dingen (Dibelius, 553: „wohl aus irgendeinem anderen Zusammenhang“). Überraschend massiv ist das Verbot der Falschmünzerei (μὴ παραχαράσσετε), das in dieser Rede über materielles Besitzen und neben der Warnung vor Diebstahl wahrscheinlich nicht übertragen („betrügen“) zu verstehen ist; L[1] übersetzt παραχαράσσειν mit *adulterare* (Kraft, Clavis, 337 folgt dem) und deutet also auf Ehebruch (Crombie, 32 A.2); Gebhardt-Harnack, 135 korrigieren zu *corrumpere* („haud recte Lat.: ‚*adulterare*‘“). – Zum theologischen Charakter der Sim I ist die Nähe etlicher ihrer Ideen zur synoptischen Tradition zu beachten: Mt 6,19.20; 16,26; 19,29 (Völter, Apostol. Väter, 289 fügt mit Recht aus der jüdischen Literatur hinzu: Sir 4,1–4; Tob 4,7–11; *TestIss* 5.7; *4 Esra* 7,77).

Die ins Bild von zwei Städten gesetzten Perspektiven der Sim I können soziologisch als Problem der Integration bzw. Identifikation von Gruppen in der Konkurrenz divergierender Wertesysteme beschrieben werden. „Ihr werdet dadurch geprüft, daß ihr zwischen den (anderen) lebt“ (Vis IV 3,4). Diese Metapher spiegelt den Zustand (vgl. Riddle, 561–577), daß die Gemeinde als religiöse Kleingruppe sozial und ökonomisch bis zu einem bestimmten Grad in die gesellschaftliche Großorganisation integriert ist (vgl. als Indiz die Anspielungen auf verbreiteten und beträchtlichen Besitzstand von Christen und auf Freundschaftsverhältnisse zu Heiden Mand X 1,4; Sim VIII 9,3). H als Lehrer oder Führer dieser Gruppe sucht diese integrative Entwicklung auf das notwendige Minimum begrenzt zu halten und die Christen in ihrer progressiven Anpassung zu verunsichern. Für den Fall einer Störung dieses Verhältnisses soll die Bindung nicht zu tiefgehend, sondern leicht aufzugeben sein, um nicht die materiellen Bindungen den ideellen Werten der religiösen Gruppe überlegen sein zu lassen. Treue und Loyalität sollen der religiösen Gruppe, nicht der ökonomischen gehören. Der kirchliche Mahner H will die Integrität der religiösen Gruppe sichern und ihren Beeinträchtigungen gegensteuern.

Zweites Gleichnis

Die reichen und die armen Christen (Sim II 1–10)

51 (II) 1 **Bei einem Landspaziergang fiel mir eine Ulme mit einem Weinstock auf, und ich machte mir meine Gedanken über sie und ihre Früchte. Da erschien mir der Hirt und sprach: „Was denkst du bei dir über die Ulme und den Weinstock nach?“ Ich sagte: „Ich denke darüber nach, daß sie sich gegenseitig sehr gut ergänzen.“** 2 **„Diese beiden Bäume“, sprach er, „sind ein Bild für die Diener Gottes.“ Ich sagte: „Ich möchte das Bild, das diese Bäume darstellen, von denen du sprichst, gern kennen.“ „Du siehst die Ulme und den Weinstock?“ sprach er. „Ja, Herr“, sagte ich.** 3 **Er sprach: „Der Weinstock da bringt Frucht, die Ulme dagegen ist unfruchtbares Holz. Aber wenn der Weinstock da nicht an der Ulme hochrankt, kann er nicht viel Frucht bringen, weil er am Boden liegt; und was er an Frucht bringt, ist faul, weil er nicht an der Ulme hängt. Wenn der Weinstock nun an der Ulme hochgebunden ist, dann bringt er aus eigener Kraft Frucht und mit Hilfe der Ulme.** 4 **Du siehst also, daß auch die Ulme viel Frucht bringt, nicht weniger als der Weinstock, sondern eher noch mehr.“ 〈„Herr, wieso noch mehr?“ sagte ich.〉 Er sprach: „Weil der Weinstock nur dann reichliche und gute Frucht bringt, wenn er an der Ulme hängt, und sobald er am Boden liegt, wenig und faule Frucht trägt. Dieses Gleichnis bezieht sich also auf die Diener Gottes, auf Arm und Reich.“**

5 **„Herr, erkläre mir, in welchem Sinn“, sprach ich. „Hör zu“, sagte er, „der Reiche hat zwar seinen Besitz, in seinem Verhältnis zum Herrn ist er aber arm, weil er völlig mit seinem Reichtum beschäftigt ist, und sein Bitt- und Lobgebet zum Herrn ist äußerst dürftig, und wenn er es überhaupt betet, ist es schwach, dürftig und ohne jede Kraft. Der Reiche stützt sich nun auf den Armen und versorgt ihn mit dem Lebensnotwendigen, und zwar in dem Glauben, daß er seinen Lohn von Gott wird bekommen können, wenn er für den Armen etwas getan hat; der Arme ist ja reich an seinem Bitt- und Lobgebet, und sein Gebet hat großen Einfluß bei Gott. So versorgt der Reiche den Armen ohne Zögern mit allem.** 6 **Der Arme seinerseits, der von dem Reichen versorgt wird, betet zu Gott – voll Dank gegen ihn – für den, der ihm mitgibt. Dieser wieder bemüht sich eifrig noch und noch um den Armen, damit es ihm im Leben an nichts fehlt. Er weiß ja, daß das Gebet des Armen wohlgefällig und reich ist beim Herrn.** 7 **Beide zusammen erbringen also das Werk. Der Arme wirkt mit seinem Gebet, worin sein Reichtum liegt; er hat es vom Herrn bekommen, er gibt es dem Herrn zurück zugunsten dessen, der ihn versorgt. Und genau so gibt der Reiche seinen Reichtum, den er vom Herrn bekam, ohne Zögern dem Armen. Und dieses Tun wiegt viel und ist angenommen von Gott, weil er den Sinn seines Reichtums begriffen hat und mit den Gaben des Herrn etwas für den Armen tat und den Dienst recht ausgeführt hat.** 8 **Die Leute sind der Meinung, daß die Ulme keine Frucht bringt. Sie wissen und verstehen nicht, daß während der Dürrezeit die Ulme das Wasser hält und den Weinstock tränkt und der Weinstock, der nun ständig Wasser hat, doppelte Frucht bringt, für sich und für die Ulme. Genau so ergänzen die Armen, wenn sie für die Reichen zum Herrn beten, was (den**

Reichen bei) ihrem Reichtum fehlt. Und die Reichen umgekehrt ergänzen, wenn sie die Armen mit dem Notwendigen versorgen, was ihnen zum Leben fehlt. 9 **So sind beide am gerechten Werk beteiligt. – Wer so handelt, der wird von Gott nicht verlassen, sondern wird in den Büchern der Lebenden eingetragen sein.** 10 **Selig sind die Besitzenden, die begreifen, daß sie vom Herrn reich gemacht werden. Denn wer das begreift, kann zum Guten (damit) dienen.“**

1 Zur Herkunft und Überlieferung der Überschriften siehe die Einführung zu Sim. Die Versionen der vorliegenden Überschrift verteilen sich folgendermaßen auf die Textzeugen: ἄλλη παραβολή GL[1], *similitudo secunda* L[2] (E schreibt erst hier *initium*). – Strukturanalysen zu Sim II geben Dibelius, 553; Grobel, 50–52; Osiek, Rich, 142–145, die zur Interpretation freilich nichts Originelles beitragen; zum griechischen Text s. außer den Editionen auch Osiek, Rich, 138–141.

Diesmal wird nicht ein spektakuläres, nur im Medium der Vision existierendes Vorkommnis, sondern ein alltägliches Phänomen (aus dem Weinbau) als Parabel zum didaktischen Paradigma der Offenbarung und Instruktion (ähnlich, aber nicht ganz gleich III 1; IV 1) gewählt, so daß man nicht wissen kann, ob H diese Parabel aus der Literatur nimmt oder „aus der Anschauung“ (Dibelius, 554; Hilhorst, Hermas, 694). Ulme und Weinstock stehen nicht zufällig beieinander, der Winzer hat sie kombiniert (s. u.). Man muß sich folglich nicht ein einzelnes „Paar“ vorstellen, sondern eine ganze Plantage, die H sieht, eine ganze Kultur in dieser Anbauart, wobei über die Höhe der Ulmen nichts gesagt ist. Die Eröffnung („bei einem Landspaziergang“) erinnert an die Visionen I–IV als Begegnungen unter freiem Himmel und auf dem Weg. Die visionäre Stilisierung ist auch darüber hinaus evident: Der Hirt „erscheint“ und fragt das typische „βλέπεις – siehst du?“ (III 1; IV 1 u. a.; s. Kraft, Clavis, 78f.). H nimmt aber, was ihn an Ulme und Weinstock beschäftigt, als eine erste Pointe vorweg: ihre gegenseitige Ergänzung, die von Haus aus mit diesem literarischen Motiv gemeint war (s. u.). Den besonderen Bezug auf die „Diener Gottes“ (= Christen) (II 2) weiß aber nur der Hirt, der die Erklärung damit an sich reißt.

Die gewählte Parabel von Ulme und Weinstock ist keine Rarität, sondern ein beliebtes und entsprechend verbreitetes Motiv. Texte dazu bei Wohlenberg, 969 A.1; Dibelius, 554; Hilhorst, Hermas, 693; Piesik, 182 A.498; Osiek, Rich, 146–152; Snyder, 97. Die Recherchen von Leutzsch, 113–126 (samt den Belegen)[1] haben alle wünschenswerten Aufschlüsse für das Verständnis der Sim II geliefert. H benutzt hier ein „dezidiert *römisches* Motiv“,

[1] Leutzsch, 121 A.54 listet auch die Quellen auf, in denen man das Motiv noch zeitlich nach dem PH findet; unter ihnen sind Commodian, *Instr.* I 30,16 (ed. J. Martin, CChr. SL 128, 1960, 26) und Caesarius von Arles, *sermo* XXVII (ed. G. Morin, CChr. SL 103, 1953, 118–122) vom PH abhängig; das ist der Fall auch beim (von Leutzsch nicht genannten) *Opus imperf.* in Mt V 41 *hom.* 12 (PG 56, 701). Vgl. auch Osiek, Rich, 153 A.20; Demetz, 526. – Eine spätere Reminiszenz an Sim II hat Harris, Shepherd, 259–261 in einer Vita des britischen St. Kentigern

nachweislich auffindbar „*nur* in römischer Literatur", gewonnen aus der „Praxis des italischen Weinbaus" (ebd. 113; vgl. 150)[2], deren Besonderheit darin lag, daß (statt liegender Weinstöcke) hochwachsende Ranken an eigens dazu gepflanzten Ulmen aufgebunden wurden. Die enge Lebensgemeinschaft zwischen Ulme und dem an ihr hochrankenden bzw. hochgebundenen Weinstock wurde sehr lebhaft empfunden, so daß sie zur Metapher für menschliche (fast ausschließlich erotische oder familiäre) Verbindungen und Gemeinschaft wurde (das Material bei Demetz, 521 vom ersten vorchristlichen Jahrhundert bis zur Moderne: von Catull bis Kleist; und bei Leutzsch, 113–126) und auch umgekehrt der Winzer die metaphorische Terminologie aus der literarischen Verarbeitung der Parabel in seine Fachsprache für diese Art der Weinkultur übernahm; er sprach landwirtschaftlich von „vermählen, heiraten, Mitgift, Gattin und Witwe" (*maritare, nubere, dos, dotare, coniux, vidua*). Weniger häufig als die Ehe- und Heiratsterminologie wurde die Begrifflichkeit der Freundschaft verwendet. Das der Sim II am nächsten kommende literarische Beispiel ist aus Ovid, *Metamorph.* XIV 661–669 (von Leutzsch, 118 zitiert in Text und Übersetzung nach E. Rösch, München 1952, 547), wo ganz wie Sim II nicht nur abstrakt von Ulme und Weinstock geredet wird, sondern die Redenden bei ihrem Dialog Ulme und Weinstock vor sich haben: „Stattlich stand vor ihr (sc. der Nymphe Pomona) eine Ulme mit glänzenden Trauben. Als sie die und die Rebe gepriesen, die ihr (bei-) gesellt war, sprach sie: ‚Stünde der Baum allein und ohne die (Wein-)Ranken, hätte er nur seine Blätter, sonst nichts, weshalb man ihn suche, sie auch, die Rebe, die so ihm verbunden, sie ruht an dem Stamme, wäre sie dem nicht vermählt, sie läge drunten am Boden.'"

Der Vergleich mit Sim II zeigt, wie konventionell und beliebt die Motive darin sind, die H benutzt: die ansehnlichen Früchte des Weinstocks, ohne den die Ulme völlig uninteressant und wertlos wäre; umgekehrt wäre es ohne die Ulme aber ebenfalls nichts mit dem Weinstock. Die wichtigeren Besonderheiten in der Rezeption des Motivs im PH liegen darin, daß H es zwar wie üblich auf Menschen bezieht, originellerweise und ohne Parallele aber auf das Verhältnis (nicht etwa von Mann und Frau, sondern) von Arm und Reich (Leutzsch, 122f.), also von sozialen Gruppen zueinander, was sonst nicht belegt ist (Demetz, 525; Osiek, Rich, 79.153). Originell und bezeichnend ist außerdem das Interesse des H an den Früchten von Ulme und Weinstock (II 3–4.8) als Metaphern für Fähigkeit und Unfähigkeit zum

(St. Mungo), des Patrons von Glasgow, gest. 612 (vgl. L. Bieler, LThK 6^2, 1961, 117), entdeckt, eine Spur des lateinischen PH im Westen (12. Jh.?); vgl. auch Einleitung § 9 A.75.

[2] Sprachliches und Kulturgeschichtliches dazu auch bei Osiek, Rich, 78f.146–153. Allerdings ist diese Form der Weinkultur auch in Griechenland bekannt gewesen (Hilhorst, Sémitismes, 13 A.2; ders., Hermas, 693f.), so daß die Lokalisierung nicht exklusiv ist und die daraus gezogene These, H sei ein Lateiner gewesen (Alfonsi, 81–86), sowie die Identifizierung des Ursprungs der Parabel im Denken eines Diaspora-Juden aus Mittelitalien (Grobel, 52–55) reichlich voreilig sind, weil die Kriterien des literarisch, botanisch und landwirtschaftlich Besonderen in Sim II zu rigid angewandt sind.

Beten, aufgrund dessen er (zwar fremde) „Früchte" der Ulme eigens einführen und die landläufige Meinung über die Unfruchtbarkeit der Ulme durch agrartechnische Informationen korrigieren muß (II 8). – Leutzsch, 123f. zeigt an II 6.8.9, daß es dem H wahrscheinlich auch eigens um die Langfristigkeit der Verbindung (von Arm und Reich) geht.[3]

2 Die Parabel-Deutung will im Konflikt zwischen armen und reichen Christen in Rom regelnd vermitteln (II 4). **3** Dazu wird zuerst die Bildhälfte (die eigentlich bekannt sein mußte) ausführlich erklärt, freilich sofort im Blick auf die Deutung. Um in der Ulme den Kontrast zur deutlich sichtbaren Fruchtbarkeit des Weinstocks zu gewinnen, übernimmt H zunächst den Gemeinplatz von der vermeintlichen Unfruchtbarkeit dieses Baumes (den er in II 8 als Ignoranz hinstellen wird), redet dann aber, worum es ihm geht, von einer Beteiligung der Ulme am Wachstum der Trauben.[4] Es sind und bleiben die Früchte des Weinstocks, aber die Ulme ist maßgeblich an der Menge und Qualität der Trauben beteiligt. – ἀναβῇ (hochranken) verträgt sich gut mit dem Ausdruckswechsel ἐπαναπαῇ (sich stützen auf) in II 5, das die neueren Editionen (Joly, Whittaker) statt des ἀναβῇ G (z.B. Gebhardt-Harnack), gestützt auf Papyri, lesen; die von Turner, Shepherd, 203 vorgeschlagene Angleichung in II 3 an II 5 ist sachlich nicht nötig und textgeschichtlich nicht veranlaßt. Vgl. aber die veränderte Textgestaltung des Parabel-Endes, ebenfalls nach papyrologischen Anhaltspunkten ebd. 203, sachlich freilich auch wieder unerheblich. **4** Die Leitidee wird jetzt gesteigert: Die Ulme ermöglicht nicht nur die Trauben des Weinstocks, sondern sie selbst „bringt viel Frucht", in einer der beabsichtigten Pointe wegen gewagten kleinen Übertreibung sogar „noch mehr als der Weinstock", d.h. der Anteil der Ulme an der Frucht ist der entscheidendere (nämlich der Beitrag der Armen zur christlichen Spiritualität in der Welt der authentischere), was H nicht begreift. Die Abhängigkeit des Weinstocks wird dabei größer (vgl. „nur dann... wenn"): Ohne die Ulme gibt es keine guten Früchte am Weinstock. **5** Die Überleitung zur Anwendung bzw. Deutung

[3] Von Idee und Text her nicht überzeugend und in der von H gemeinten kirchlichen Praxis undenkbar scheint mir die Vorstellung von Leutzsch, 122.123f., daß es sich von der Parabel und ihrer überkommenen Applikation vorwiegend auf Zweierbeziehungen (Ehe) her praktisch immer um eine Eins-zu-Eins-Beziehung handeln soll, d.h. „stets um die Beziehung zwischen genau zwei Personen", so daß von H in der christlichen Gemeinde persönliche Hilfs- und Gebetsverhältnisse zwischen persönlich sich kennenden reichen und armen Gemeindegliedern gemeint wären und Leutzsch sogar die Absicht des H vermutet, eine Klientelbeziehung zwischen ihnen herstellen zu wollen. Daß das Bild von Ulme und Weinstock (oder der Bildspender Landwirtschaft) dies nahelegt, scheint mir nicht der Fall zu sein.

[4] Kraft, Clavis, passim verbindet das πολύ („viel") aus II 3 und das ὀλίγον („wenig") aus II 4 unbegreiflicherweise wiederholt mit dem ἐρριμένη χαμαί („weil er am Boden liegt"): ebd. 395 (v. ῥίπτω); 369 (v. πολύς); 312 (v. ὀλίγος); 452 (v. χαμαί), wozu man sich kaum eine Übersetzung denken kann. Zweifellos geht es aber jeweils um die Menge der Frucht des Weinstocks, nicht um das Ausmaß des am-Boden-Liegens. Im Widerspruch dazu schreibt Kraft, Clavis, 396 (v. σαπρός) das Lemma ὀλίγον καὶ σαπρὸν (sc. καρπὸν) φέρει aus.

der Parabel auf christliches Arm und Reich geschieht in Dialog-Form. H hat es ungeschickterweise versäumt, die Deutung mit einer Identifizierung der Rollen zu beginnen: Wer ist Ulme und wer Weinstock? Infolgedessen konnte seine Parabel in der Spätantike wie im 20. Jh. falsch gelesen werden. Es wird sich zeigen: Der Weinstock sind die Reichen, die Ulme die Armen (der Weinstock ist im PH durchaus nicht immer eine Allegorie oder Parabel für einen positiven Zustand: Mand X 1,5; Sim IX 26,4). Weil man bei den Armen aber das Merkmal der Unfruchtbarkeit (II 3) nicht passend finden konnte (das doch in II 8 durch Widerruf erst definitiv, nämlich als verborgene Fruchtbarkeit interpretiert wird), haben sich renommierte Interpreten (mit beträchtlichen Schwierigkeiten für die Gesamtdeutung der Parabel) getäuscht und die umgekehrte Rollenzuweisung angenommen. Der früheste unter ihnen ist Origenes (*hoJos* X 1; ed. W. A. Baehrens, GCS 30, 1921, 358f.) gewesen (Harris, Shepherd, 261 nennt seine Umkehrung die Allegorie einer Allegorie), der nächste Caesarius von Arles, *Sermo* 27, den er über Sim II gehalten hat; in neuerer Zeit vertreten diese Erklärung trotz der Richtigstellung von Wohlenberg, 970 mit A. 1 (so ausdrücklich auch Harris, Shepherd, 260f.) Dibelius, 554–557; Geffcken, Christliche Apokryphen, 44; Piesik, 122; Osiek, Rich, 85f.; dies., The Eyes of Hermas, 118 unter ausführlicher, aber nicht überzeugender Abwägung der Argumente[5]; Hilhorst, Hermas, 693 schließt sich ihr an; ferner McGuckin, 9.

Statt an der Parabel zu bleiben, beschreibt H in der Fortsetzung (bis II 7 einschließlich) ohne deren Bild und Diktion die Armut der Reichen und den Reichtum der Armen, um darin, z.T. (II 8) wieder im Muster des Gleichnisses, das richtige Zusammenspiel zwischen beiden zu entwerfen und die sozialen Konflikte in der Kirche Roms mit ihren offenbar zahlreichen Reichen (Vis III 6,5–7; Sim VIII 8.9; IX 20.30,4–5) zu lösen. Diese Beschreibung hat nicht in allen Details ihre Entsprechungen im Gleichnis und wird wohl deshalb unabhängig davon ausgeführt.[6] Namentlich geht die materielle Unterstützung der Armen durch die Reichen über die Parabel hinaus: Nichts bekommt die Ulme im Gleichnis vom Weinstock. Die Ulme kann ohne den Weinstock leben, allerdings nicht Frucht bringen (was sie der Parabel nach jedoch möchte). Dieser „Überschuß" hat irritiert und zusammen mit II 3 (unfruchtbare Ulme) zur falschen Rollenzuweisung geführt (besonders deutlich bei Hilhorst, Hermas, 693). – Wahrer Reichtum ist das

[5] Geffcken, Christliche Apokryphen, 44 dokumentiert die Aporie dieser Auffassung: „die Reichen, die doch wohl hier mit der Ulme verglichen werden, sind plötzlich gleich dem an der Ulme emporsteigenden Weinstock." Schärfer noch Weinel, HNTA, 307: „Zuerst mußte der Weinstock den Armen darstellen, weil der Arme ‚Frucht bringt'. Dann aber werden wir von § 8 an in ein ganz neues Bild geworfen, der Saft der Ulme steht jetzt im Vordergrund." Aber diesmal hat nicht H die Unverständlichkeit zu vertreten, sondern der Ausleger.

[6] Auch Piesik, 122f. (vgl. Geffcken, Christliche Apokryphen, 44) bringt verschiedene Kritiken zu Bild und Deutung an, weil er Überschreitungen des Bildes durch die Deutung und umgekehrt beobachtet. Nach Ritter, 6f. haben wir allerdings ein „wohlgelungenes und eindrucksvolles Gleichnis" vor uns.

Gebet (Lob und Bitte; Wohlenberg, 970 mit A.3: ἐξομολόγησις ist nach dem Gebrauch in der LXX als Dankgebet zu verstehen; vgl. aber Joly, 433; Hilhorst, Sémitismes, 168 A.4 und Dibelius, 535 zu Mand X 3,4); die Reichen besitzen ihn nicht oder nicht ausreichend. ἀδιστάκτως = „ohne Zögern oder Zweifeln", also der Tugend der ἁπλότης entsprechend (Peterson, Giudaismo, 388f.); vgl. Mand II 4: δίδου ἁπλῶς; Mand IX 6: ἀδιστάκτως αἰτοῦνται μηδὲν διψυχοῦντες u.ö. (Kraft, Clavis, 14). – ἄλλην: so lesen Lake, Whittaker, Joly, 433; Sgherri, 88–93 schlägt statt dessen und statt der Konjekturen ἄνω (Gebhardt-Harnack; Weinel, HNTA, 307 wie Mand X 3,2.3: „Kraft nach oben zu steigen"), ἁγνήν (Dibelius), ἀνου = ἀνθρώπου G seinerseits vor: ἄνουν = unverständig, gedanken- oder sinnlos; ἐν τῇ ἐντεύξει: limitativer Sinn (Hilhorst, Sémitismes, 82). – **6** Die Armen können vom wahren Reichtum mitgeben. So lautet also das sozialethische Konzept des H der Parabel entsprechend für gegenseitige Hilfestellung und Ergänzung. **7** Das „Werk", die Verwirklichung des Christseins in der Gemeinde, wird von allen zusammen mit ihren jeweiligen „Reichtümern" erbracht (auch II 9). Reiche und Arme geben, was sie eigens dazu von Gott bekamen (δωρήματα im gleichen Sinn auch Mand II 4). Beim Reichen wiegt das besonders schwer, weil er schwer einsieht, wozu er von Gott „reich gemacht" wurde, – daher der Makarismus auf die reichen Christen in II 10.[7] H verwendet in genau diesem Zusammenhang die Wortgruppe διακονία / διακονεῖν (I 9; II 7.10). Daß der Mensch nicht nur ohne Besitz, sondern auch mit Reichtum auf dem rechten Weg sein kann, schreibt H auch Vis III und Sim IX 20 (McGuckin, 7–10).

Was hier nach einer jenseitsorientierten Ausgleichs-Theorie auf dem Weg gegenseitiger Kompensation der jeweiligen Mängel und Defizite aussieht, ist weniger harmlos und „idyllisch" (so Giet, Hermas, 86) als der erste Eindruck (vgl. Brox, Die reichen und die armen Christen). H verrät eine eindeutige Parteilichkeit zugunsten der Armen, die er reich und fruchtbar vor Gott nennt, wogegen die Reichen arm und armselig dastehen. Was die Armen den Reichen bieten, ist dem, was die Reichen ihnen geben, entscheidend überlegen. Die Reichen sind ohne die Armen viel schlechter dran als die Armen ohne die Reichen. H nimmt eine völlige Ungleichbewertung vor und stellt sich mit seiner ganzen Diktion klar auf die Seite der Armen. Er warnt vor der Verachtung der Armen (I 8) und polemisiert: Den Reichen fehlt nichts, nur das Wesentliche; die Armen haben nichts, aber den entscheidenden Reichtum. Die Armen sind im Wesentlichen reich, die Reichen im Wesentlichen arm. Der Entwurf des Ausgleichs beschreibt also eine krasse Ungleichheit. Die Reichen hätten ihre Chance nicht ohne die Armen und bleiben auf sie angewiesen. Was umgekehrt die Armen von den Reichen erhalten, ist „bloß" das Nötige zum hiesigen Leben, nicht die Ermöglichung des Heils. Die Trauben des Weinstocks sind immer auch die Früchte der Ulme, nicht

[7] McGuckin, 10 A.22 dazu: „Quite a rejection of the ‚woe' (Luke 6.24)."

umgekehrt (II 3.4.8). H markiert ein deutliches Gefälle von Arm zu Reich. Er gehörte (inzwischen gescheitert) selbst zu den Besitzenden und hatte seine Probleme damit, daß sein Reichtum ihn von Gott ablenkte (Vis II 3,1; III 6,7; Mand III 3.5). Der Reiche überwindet diese Unterlegenheit nie. Bei aller der Parabel entsprechenden formalen Parallelität von Geben, Nehmen und gegenseitigem „Ergänzen" spielen Arm und Reich im PH ganz unterschiedlich bewertete Rollen. Diese Ideen stammen aus der jüdisch-christlichen Tradition eines ausgeprägten Armen-Pathos (siehe Dibelius-Greeven, 58–66) und der Nähe des Armen zu Gott. Gerade Sim II ist aus dem PH in der alten Kirche gern zitiert worden (s.o.).

Mit diesen Ratschlägen für ein ausgleichendes, konfliktfreies Miteinander der armen und reichen Christen verbleibt der PH freilich ganz im Rahmen der frühchristlichen Sozialkritik, die sich mit der Ethik reicher und armer Christen befaßte, aber nicht mit der Abschaffung der Armut. Die Lose der Armen und Reichen werden in der Parabel als gegebene Rollen hingenommen und nicht als Unrecht kritisiert. Bei aller gegenseitigen Nähe und Hilfe bleibt die Ulme Ulme und der Weinstock Weinstock.

8 Die Reichen, die noch nicht zu denen von II 10 gehören, sind „die Leute" von II 8, die eine falsche Meinung von der Ulme haben, d.h. die Kostbarkeit der Armen nicht kennen und nicht begreifen. Weil sie das Wasser nicht sehen, das die Ulme unterirdisch und verborgen als kostbar und lebensnotwendig sammelt, wissen sie nicht, daß der Weinstock davon mitlebt (eine sonst nirgends belegte Ergänzung der Parabel durch H) und dessen doppelte Früchte[8] nur so möglich sind. Ohne Gleichnis: Die Armen bringen keine (sichtbaren) Früchte (vgl. II 3), d.h. sie weisen nichts materiell Greifbares, Spektakuläres (wie „glänzende Trauben") vor, womit sie Gutes tun könnten (weil man zum Almosen eben Geld braucht, das sie verächtlicherweise nicht haben), während sie aber tatsächlich einen zwar verborgenen, unsichtbaren Besitz haben, von dem die Reichen mitleben: Gebet und Einfluß bei Gott. Die Aussage von II 8 macht schon für sich allein die These, die Ulme stelle die Reichen dar (s.o.), unmöglich. Mit dem unsichtbar gesammelten, ständig vorhandenen lebenswichtigen Wasser kann nicht der materielle Reichtum der Reichen, sondern nur der spirituelle Reichtum und Überfluß der Armen gemeint sein. πληροφορέω: Es geht nicht um Vergrößerung des Reichtums der Reichen, wie die Übersetzungen zum Teil suggerieren, sondern um dessen moralische Sanierung durch „Auffüllung" der beiderseitigen Mängel, hier an Frömmigkeit, dort am nötigsten Lebensunterhalt; ψυχή = das hiesige Leben, wie V 3,7; anders Hilhorst, Sémitismes, 140: πληροφορεῖν = „compléter ce qui manque à", und ψυχή muß der Sitz von Hunger, Durst oder materiellen Bedürfnissen sein.

[8] „doppelte Frucht, für sich und für die Ulme"; dazu Joly, 218 ironisch: „Comparaison n'est pas raison: le dernier detail (‚pour l'ormeau') joue un peu de rôle d'une fausse fenêtre." Zu derlei Bemerkungen gibt H oft Anlaß.

9.10 Im Stil von Verheißung (vgl. Vis I 3,2) und Makarismus (siehe zu Vis II 2,7) wird die Paränese, die H der Parabel für den heiklen Bereich sozialer Probleme in der Kirche abgewann, zusammengefaßt und abgeschlossen. Der Makarismus gilt nicht den Reichen (gegen Osiek, The Eyes of Hermas, 118), sondern der Einsicht (eines Teils) der Reichen. – Das hier empfohlene Tauschgeschäft von Hilfe auf Gegenseitigkeit über die sozialen Barrieren hinweg wird V 2,10; 3,7 praktiziert (vergleichbar sind Lk 16,9; 2 Kor 9,12–14; *1 Klem* 38,2[9]; Ambrosius, *off.* I 11,39; Klemens v. Al., *Quis dives salv.* 34,2–3; 35,1). – Man kann das eine „nüchterne... naive Beurteilung der sozialen Frage" nennen (Wohlenberg, 974), aber auch „unevangelisch" (Weinel, HNTA, 307). – Wem ist die Parabel gesagt? In erster Linie sicher den Reichen. Sie sind es, die sich umstellen und Gott „den Dienst" der sozialen Hilfe mit ihrem Vermögen tun müssen. Wegen der reziproken Struktur, die H den Christen für ihre Beziehungen vorschreibt, sind indes auch die Armen angesprochen, die in ihrem Rang bestätigt werden, aber keine Paränese zu hören bekommen. Der Arme ist der „Fromme erster Klasse", der Reiche ist ihm religiös *eo ipso* unterlegen. Die Einsicht von II 10 macht für beide Platz: die traditionelle jüdische Lösung (Ritter, 6f.).

Sehr merkwürdig bleibt es, daß bei diesem Kompensationsvorgang mit keinem Wort von der Notwendigkeit eines Gesinnungswandels der Reichen (weg von der Faszination des Reichtums, hin zu Gott) geredet wird; wahrscheinlich sieht H ihn in dem Entschluß, mit dem Vermögen den Armen (und sich selbst) zu helfen, als gegeben an. Oder es geht ausschließlich um die Rettung selbst, die für die Reichen durch das Fürbittgebet der Armen als gesichert gilt.

Drittes Gleichnis

Die Unerkennbarkeit der Gerechten in dieser Weltzeit (Sim III 1–3)

52 (III) 1 **Er zeigte mir eine Menge Bäume, die kein Laub trugen, sondern mir wie vertrocknet vorkamen; sie sahen nämlich alle gleich aus. Er sagte zu mir: „Siehst du", sprach er, „die Bäume da?" „Ja, Herr", sagte ich, „und daß alle gleich aussehen und vertrocknet sind." Er antwortete mir: „Die Bäume, die du da siehst, das sind die, die in dieser Weltzeit leben."** 2 **„Wieso sind sie wie vertrocknet und alle gleich?" sprach ich. Er sagte: „Weil in dieser Weltzeit weder die Gerechten noch die Sünder (als solche) zu erkennen sind; sie sehen vielmehr gleich aus. Denn diese Weltzeit ist für die Gerechten ein Winter, und sie sind nicht erkennbar, da sie unter den Sündern leben.** 3 **Denn wie im Winter die Bäume das Laub abwerfen und gleich aussehen, so daß man nicht erkennen kann, welche vertrocknet sind und welche leben, so sind in dieser Welt weder die Gerechten noch die Sünder zu erkennen, sondern alle sehen gleich aus."**

[9] Den inhaltlichen Vergleich von Sim II mit *1 Klem* 38,2 unternimmt Osiek, Rich, 79–83.

1 Der literarische Umgang mit Bild und Parabel ist hier recht konfus, wiewohl nur graduell von der Praxis in II u.a. verschieden. In dem kurzen Text wechseln Bild und Fokus mehrmals. Die Parabel, die eine bestimmte Einsicht (III 2b.3b) vermitteln soll, wird vollständig erst am Schluß (III 3a) formuliert. Weil H nämlich das Genre der Vision bevorzugt, läßt er den Hirten scheinbar konkrete Bäume, einen Wald, „zeigen"; doch in Wirklichkeit handelt es sich um eine Vision, in der die Bäume mit ihrer Eigentümlichkeit ganz auf die Deutung hin beschaffen sind (wie die Stöcke in VIII). Signal dafür ist wieder die Frage „siehst du...?" (vgl. II 2; IV 1 u.a.). Alle Bäume sind ohne Laub, „wie vertrocknet", völlig gleich (Joly, 219: „semblables et morts"). Von einem Grund dafür ist keine Rede; die Deutung wird (wie in den Visionen des H üblich) von außerhalb des Bildes geliefert. Der erste Schritt zur Deutung ist die Identifikation: Die Bäume sind die Erdbewohner. **2** Es folgt die Frage nach dem Grund ihrer (der Bäume!) Unterschiedslosigkeit, darauf die Angabe dieses Grundes, die ganz nach dem Stilmuster der Visionen des PH den Sachverhalt der Parabel (Vision) kurzerhand auf ein und derselben Ebene mit der intendierten Belehrung vermittelt: Die Bäume sind „alle gleich", „weil in dieser Welt weder die Gerechten noch die Sünder zu erkennen sind".

Soweit ist also die Gleichheit aller Bäume, noch nicht ihre Trockenheit erklärt. Für das Vertrocknetsein mußte man bislang eine Dürre o.ä. mit Waldsterben annehmen (von einer jahreszeitlichen Bedingung war keine Rede). Jetzt wird das Ganze um die Assoziation des Winters erweitert, der alle Bäume gleich macht.[1] Der Winter ist zugleich eine neue Metapher. Die Parabel von den kahlen Bäumen wäre ohne diese Begründung ausgekommen. H erklärt mit ihr aber nachträglich die Laublosigkeit bzw. Trockenheit der Bäume auf der Bildebene und gewinnt dadurch die nächste Metapher, wonach diese Weltzeit ein Winter ist für die Gerechten. Wieso nur für die Gerechten (die Unerkennbarkeit gilt auch für die Sünder)? Es geht um den Nebensinn „böse Zeit" (Dibelius, 558).- Vgl. mit derselben Metapher das gnostische *Philippus-Evangelium* NHC II 3,52,25–30: „Der Winter ist die Welt, der Sommer der andere Äon. Laßt uns in der Welt säen, damit wir im Sommer ernten... Sommer folgt auf Winter." In IV 2 zeigt sich, daß das alles nur die eine Hälfte der Metapher ist (s. dort). **3** Die Metapher vom Winter macht die Parabel leichter nachvollziehbar, da jeder die kahlen Bäume im Winter kennt. Es ist aber immer noch nicht gesagt, welchen Sinn in der Parabel das scheinbare (ἐδόκει μοι) Vertrocknetsein der Bäume hat. Dessen Interpretation läuft auf subtile Art im Text mit. Zuerst kommen dem H *alle* Bäume trocken vor (III 1). Er ist überzeugt, „daß alle vertrocknet sind" (III 1). In seiner Frage (III 2) sagt er dann aber, sie seien „*wie* vertrocknet", was weitere Deutung erwarten läßt. Sie folgt in der Antwort (III 3), daß man

[1] Das Bild, in anderer Deutung, auch *äthHen* 3,1: „Beobachtet und seht, wie [APAT II, 237: im Winter] alle Bäume ausschauen, als wären sie verdorrt und hätten alle ihre Blätter abgeworfen" (Rießler, 356).

„nicht erkennen kann, welche vertrocknet sind und welche leben." Damit ist, nicht gerade deutlich, nachgetragen, daß man die Parabel folgendermaßen lesen muß: Nur ein Teil der Bäume ist tatsächlich vertrocknet, der andere bloß scheinbar. Es sind nicht alle im Winter laublosen Bäume vertrocknet, es gibt die „lebendigen" unter ihnen. In der Anwendung wird dem nämlich noch ein Sinn gegeben, der sich bisher noch nicht abzeichnete. Die Trockenheit von Pflanzen ist im PH ein Sinnbild für Unglauben, fehlende Bußbereitschaft etc., und zwar nicht nur hier, sondern noch viel ausgefeilter in VIII. IX (s. Kraft, Clavis, 306). Die in den winterlichen Bäumen versinnbildlichten Gerechten und Sünder (III 2.3) sind Lebende und „Vertrocknete".

Nach Sim I über die Fremdheit und den anstößigen Nonkonformismus der Christen in der Welt verwundert diese Idee von ihrer Ununterscheidbarkeit. Sie gehört wohl (obwohl von H nicht näher ausgeführt) zum Topos vom Aufschub des (trennenden) Gerichts und von der vorerst unterschiedslosen Behandlung des ganzen Menschengeschlechts durch Gott in Milde und Strenge (Joly, 219 verweist richtig auf Tertullian, *apolog.* 41,3; *Diogn* 5; 6,1–4; Cyprian, *ad Demetr.* 19; de *mortal.* 8). – Mit der Rede von „dieser Weltzeit", vom „Winter", von der „Unerkennbarkeit" (Weinel, HNTA, 308: „eine trübe Erfahrung") ist Sim III nur die Hälfte der Aussage und auf Fortsetzung angewiesen. Diese folgt in IV, wo auf III direkt zurückgegriffen wird (IV 4) und vom Eindruck dieser schwer erträglichen Situation durch tröstliche eschatologische Perspektiven entlastet wird.

Ein anderes ⟨viertes⟩ Gleichnis

Die künftige Offenlegung der Unterschiede zwischen Heiden, Sündern und Gerechten (Sim IV 1–8)

53 (IV) 1 **Er zeigte mir wieder eine Menge Bäume, die teils junge Äste trieben, teils aber vertrocknet waren, und sagte zu mir: „Siehst du die Bäume da?" „Ja, Herr", sprach ich, „und daß sie teils treiben, teils aber vertrocknet sind."** 2 **Er sprach: „Die Bäume dort, die junge Äste treiben, das sind die Gerechten, die in der kommenden Welt leben werden. Denn die kommende Welt ist Sommer für die Gerechten, für die Sünder dagegen Winter. Wenn das Erbarmen des Herrn aufleuchtet, dann werden die zu erkennen sein, die Gott dienen, und sie werden für alle erkennbar gemacht.** 3 **Denn wie im Sommer an jedem einzelnen Baum die Früchte zu sehen sind und man erkennen kann, welche es jeweils sind, so werden in jener Welt auch die Früchte der Gerechten zu sehen sein, und man wird sie alle an ihrem prächtigen Wachstum erkennen.** 4 **Aber die Heiden und Sünder, die du als trockene Bäume gesehen hast, sie werden in jener Welt als vertrocknet und unfruchtbar befunden. Sie werden wie trockenes Holz verbrannt. Und es wird zum Vorschein kommen, daß ihr Tun im Leben böse war. Die Sünder werden nämlich verbrannt, weil sie gesündigt und keine Buße getan haben; die Heiden dagegen werden**

verbrannt, weil sie ihren Schöpfer nicht erkannt haben. 5 **Bring also deinerseits Frucht, damit deine Frucht in jenem Sommer zu erkennen ist. Laß die vielen Geschäfte, dann wirst du nicht sündigen. Denn die Vielbeschäftigten sündigen auch viel, weil sie von ihren Unternehmungen völlig beansprucht sind und ihrem Herrn nicht dienen.“** 6 **Er sagte: „Wie kann ein Mensch in diesem Zustand etwas vom Herrn erbitten und erhalten, wo er doch dem Herrn nicht dient? Die ihm dienen, die werden erhalten, um was sie bitten; die dem Herrn aber nicht dienen, erhalten nichts.** 7 **Wer aber nur ein einziges Geschäft betreibt, kann auch dem Herrn dienen. Denn sein Sinn wird nicht zur Abkehr vom Herrn verführt, sondern er wird ihm mit reinem Sinn dienen.** 8 **Wenn du das tust, kannst du also Frucht für die kommende Welt bringen. Und jeder, der das tut, wird Frucht bringen.“**

Die nächste Vision mit zweierlei Bäumen ist in ihren formalen Elementen parallel zu III 1 (vgl. II 1) gestaltet (IV 1–2), trotz der Zusammengehörigkeit mit III in sich vollständig und insgesamt viel übersichtlicher und konsequenter durchgeführt als III. Die Vision bzw. das Gleichnis führt in die Unterscheidungen der Menschen ein, die am Weltende offengelegt werden. Der fundamentale Unterschied ist in der Parabel aber gleich zu Beginn klargestellt, Verwechslungen oder Unklarheiten (wie in III) sind ausgeschlossen. **2** Grünende Pflanzen bzw. treibende Äste oder Stöcke sind als Gleichnis für religiöses Leben und Gerechtsein besonders in VIII gebraucht. Die Qualität „Sommer“ (auch IV 5) bedeutet in Korrespondenz zum „Winter“ von III 2.3 einerseits die Erkennbarkeit der Gerechten, zugleich aber auch Heilszeit für sie. Dagegen hat der „Winter“ von IV 2 nichts mit Schwererkennbarkeit und Unterscheidung zu tun, sondern bedeutet böse Zeit für die Sünder (vgl. Dibelius, 558). Dieser und der kommende Äon werden vom Gerechten und vom Sünder konträr erlebt. Insofern entsprechen Sommer und Winter innerhalb von IV nicht den beiden Städten von I, wohl aber tun dies der Winter von III 2 und der Sommer von IV 2 (vgl. Völter, Apostol. Väter, 292). – Beim Erkennbarwerden der Gerechten ist nicht mehr die Unterscheidung von den Sündern (wie III) die Pointe, sondern die eschatologische Verherrlichung, der universale Triumph der Gerechten; und folgerichtig ist das Erkennbarwerden der Heiden und Sünder die eschatologische Feststellung ihres Versagens (IV 4). – „Wenn... aufleuchtet“: Offenbar hellenistisch gefärbte, formelhafte Kultsprache (Dibelius, 558f.), wahrscheinlich hier eine Umschreibung der Parusie (auch Funk, 527; Weinel, HNTA, 308). „für alle“: πᾶσι MLL(E); dagegen πάντες G: Funk, Gebhardt-Harnack, Lake, Crombie; Weinel, NT Apo 1924², 358; „die Gott dienen“: „Diener Gottes“ ist häufiger Name der Christen im PH. – **3** Das Gleichnis wird erweitert: Bisher waren junge Triebe das Lebenszeichen der Gerechten, jetzt werden dafür die Früchte und das üppige Gedeihen genannt. **4** Diese Erweiterung wird auf Heiden und Sünder ausgedehnt: Sie sind nicht nur vertrocknet (IV 1), sondern auch ohne Frucht. Ihre Verbrennung ist eschatologische Bestrafung für ihr jeweiliges Versagen. Bei den gescheiterten Christen liegt die Schuld, der paränetischen Grund-Perspektive des PH gemäß, außer in der Sünde selbst natürlich wieder im Fehlen der Bußbereitschaft, das H immer sehr schwer anlastet. Den Heiden gegenüber herrscht Intransigenz (vgl. Röm 1,20; Sim IX 18,1; Joly, 433f.; Jachmann, 79; Zahn, Der Hirt, 324 A.3: „daß sie die auf ihrem Gebiet mögliche Gotteserkenntnis nicht erlangt haben, macht sie straffällig").

5–8 Die Parabel ist ausgedeutet, der Rest hat inhaltlich und formal Gebotscharakter. H muß erlebt haben, wovor er wiederholt andere warnt: Große berufliche Belastung im Geschäft bedeutet viele Anlässe zur Sünde (s. zu VIII 8,1), und ein nicht auf Gott orientiertes, verzetteltes Leben macht wirksames Beten unmöglich (Vis II 3,1; III 11,3; Mand X 1,4.5; Sim II 5), während H an anderer Stelle (Mand IX 1–5) solchen Zweifel, der wegen der Sünde die Wirksamkeit des Gebets in Frage stellt, ausreden will. „Nur ein einziges Geschäft": d.h. Reduzierung der Jagd nach Erfolg und Gewinn auf ein (offenbar immer noch sattes und zur Armenhilfe ausreichendes) mittleres Maß wird hier wie I 6 vorgeschrieben. Dibelius, 560: „*ein* Geschäft verträgt sich mit dem Christentum"; „Kaufmann darf der Christ sein, aber möglichst ein kleiner Kaufmann!"[1] Indes geht es hier nicht um die Legitimität des Reichtums als solchen, sondern um seinen maßvollen Erwerb und Gebrauch, nämlich um die Forderung, „Reichtümer zu verringern, sich auf *ein* Geschäft zu beschränken und so faktisch auf sozialen Aufstieg zu verzichten" (Leutzsch, 137; Osiek, Rich, 121–130). Die „Frucht" in IV 8 hat nicht mehr unbedingt mit der Parabel von den Bäumen zu tun, sondern gehört zum Jargon.

Die Aporien christlicher Existenz in der Welt, die in III bedrückend zusammengestellt waren, erfahren hier durch den eschatologischen Horizont ihre Auflösung zu Lasten der Sünder und Heiden.

Ein anderes, fünftes Gleichnis

A. Vom wahren Fasten. B. Christologie (Sim V 1,1–7,4)

54 (V 1) 1 **Ich saß zum Fasten auf einem Berg. Während ich dem Herrn für alles dankte, was er mit mir getan hatte, sah ich den Hirten bei mir sitzen, und er sprach folgendes zu mir: „Warum bist du am frühen Morgen hierher gekommen?" Ich sagte: „Herr, weil ich Station halte."** 2 **Er sprach: „Was heißt das, Station?" „Ich faste, Herr", sprach ich. „Was ist das für ein Fasten", sprach er, „das ihr da haltet?" Ich sagte: „Ich faste, Herr, wie ich es gewohnt bin."** 3 **Er sprach: „Ihr versteht es nicht, vor Gott zu fasten, und**

[1] Hier ist Hilhorst, Sémitismes auf seiner Suche nach Semitismen ein Fund entgangen, wenn Zahn, Der Hirt, 490 zuzustimmen ist, der zur Konstruktion διαφθαρήσεται ἀπό schreibt: „Die Construction aller möglicher Verben und Adjectiven (sic) mit ἀπό ersetzt ihm echt hebräisch sehr häufig einen negativen Folgesatz." Vgl. Vis I 3,1; Sim VI 2,4 u.a. ebd.

dieses unnütze Fasten, das ihr da vor ihm haltet, ist kein Fasten!" Ich sprach: „Herr, wie kannst du das sagen?" Er sagte: „Ich behaupte, daß das kein Fasten ist, das ihr zu halten glaubt. Ich will dich aber darüber belehren, was ein annehmbares und vollwertiges Fasten vor dem Herrn ist." „Ja, Herr", sprach ich, „du machst mich glücklich, wenn ich das Fasten kennenlernen darf, das vor Gott annehmbar ist." „Hör zu", sprach er. 4 **„Gott will nicht dieses unsinnige Fasten. Mit dieser Art, vor Gott zu fasten, tust du nämlich nichts für die Gerechtigkeit. Statt dessen sollst du vor Gott auf folgende Art fasten:** 5 **Tu nichts Böses in deinem Leben, sondern diene dem Herrn mit reinem Herzen. Beobachte seine Gebote[1] und lebe nach seinen Anordnungen. Laß keinerlei böse Begier in deinem Herzen aufsteigen. Glaube Gott, daß du für ihn leben wirst, wenn du das verwirklichst und ihn fürchtest und du jede böse Tat unterläßt. Wenn du das verwirklichst, dann vollbringst du ein großes Fasten, das vom Herrn angenommen wird."**

55 (V 2) 1 **„Vernimm das Gleichnis, das ich dir erzählen will; es geht darin um das Fasten.** 2 **Ein (Mann) besaß Ackerland und viele Sklaven, und einen Teil des Ackerlandes legte er als Weinberg an. Er wählte nun einen Sklaven aus, der der treueste war und seine Zuneigung hatte; den rief er zu sich, weil er eine Reise antreten wollte, und sprach zu ihm: ‚Übernimm den Weinberg, den ich angelegt habe, und umgib ihn während meiner Abwesenheit mit einem Zaun. Sonst brauchst du nichts am Weinberg zu machen. Halte dieses mein Gebot, dann wirst du ein freier Mann bei mir sein.' Der Herr des Sklaven trat daraufhin seine Reise an.** 3 **Als er abgereist war, machte sich der Sklave an die Arbeit und umgab den Weinberg mit einem Zaun. Und als der Zaun um den Weinberg fertig war, sah er, daß der Weinberg voller Wildkraut war.** 4 **Da überlegte er bei sich: ‚Dieses Gebot des Herrn habe ich erfüllt. Jetzt werde ich den Weinberg auch noch hacken; gehackt sieht er gepflegter aus, und ohne Wildkraut bringt er größeren Ertrag, weil er dann vom Wildkraut nicht erstickt wird.' Er machte sich daran, hackte den Weinberg und riß alles Wildkraut im Weinberg aus. So war der Weinberg in sehr gepflegtem und üppigem Zustand, ohne Wildkraut, das ihn erstickt hätte.** 5 **Nach einiger Zeit kam der Herr des Ackers und des Sklaven zurück, und er ging in den Weinberg. Und als er sah, daß der Weinberg ordnungsgemäß eingezäunt war, außerdem aber auch gehackt und alles Wildkraut ausgerissen war und die Weinstöcke üppig wuchsen, da freute er sich sehr über die Arbeiten seines Sklaven.** 6 **Er rief seinen Sohn herbei, den er liebte und der sein Erbe war, und seine Freunde, die er als Ratgeber hatte, und er erzählte ihnen, was er seinem Sklaven aufgetragen hatte und welche Arbeiten er dann getan vorfand. Und sie beglückwünschten den Sklaven zu dem Zeugnis, das sein Herr ihm ausstellte.** 7 **Und er sprach zu ihnen: ‚Ich hatte diesem Sklaven die Freiheit versprochen, wenn er das Gebot erfüllen würde, das ich ihm gegeben habe. Nun hat er mein Gebot erfüllt und darüber hinaus noch ein gutes Werk am Weinberg getan, und er hat mich überaus zufriedengestellt. Also will ich ihn für dieses Werk, das er getan hat, zum Miterben meines Sohnes machen, weil er auf das Gute bedacht war und es nicht unterließ, sondern ausführte.'** 8 **Mit dieser Meinung, daß der Sklave sein Miterbe werden sollte, war der Sohn des Herrn einverstanden.**

[1] Vgl. Mt 19,17.

9 Nach einigen Tagen richtete sein ⟨Hausherr⟩ ein Mahl aus und ließ ihm zahlreiche Speisen vom Mahl bringen: Der Sklave nahm von den Speisen, die er von seinem Herrn geschickt bekam, so viel für ihn ausreichte, das übrige überließ er seinen Mitsklaven. 10 Seine Mitsklaven freuten sich sehr über die Speisen, die sie bekamen, und fingen an, für ihn zu beten, daß er noch größeres Wohlwollen bei dem Herrn fände, weil er so zu ihnen war. 11 Alle diese Vorgänge kamen seinem Herrn zu Ohren, und der freute sich wieder sehr über sein Verhalten. Wieder rief der Herr alle Freunde und seinen Sohn zu sich und erzählte ihnen, wie der Sklave mit den Speisen, die er bekommen hatte, verfahren war. Da stimmten sie noch nachdrücklicher zu, daß der Sklave Miterbe seines Sohnes werden solle."

56 (V 3) 1 Ich sprach zu ihm: „Herr, ich verstehe diese Gleichnisse nicht und kann sie nicht begreifen, wenn du sie mir nicht auflöst." 2 „Alles will ich dir auflösen", sprach er, „und will dir alles zeigen, was ich mit dir rede. Befolge die Gebote des Herrn[2], dann bist du ihm wohlgefällig und wirst eingeschrieben in die Zahl derer, die seine Gebote beobachten. 3 Wenn du aber über das Gebot Gottes hinaus etwas Gutes tust, dann erwirbst du dir noch größeren Ruhm und stehst noch herrlicher da vor Gott, als du es (sonst) könntest. Wenn du also Gottes Gebote befolgst und darüber hinaus noch diese Leistungen erbringst, dann hast du, wenn du sie nach meinem Gebot beobachtest, Grund zur Freude." 4 Ich sprach zu ihm: „Herr, was immer du mir gebietest, ich werde es befolgen; ich weiß ja, daß du bei mir bist." „Ja", sagte er, „ich werde bei dir sein, weil du soviel Eifer zeigst, Gutes zu tun, und ich werde bei allen sein", sagte er, „die denselben Eifer zeigen."

5 „Dieses Fasten", sagte er, „das darin besteht, daß die Gebote des Herrn eingehalten werden, ist sehr gut. So sollst du es also mit dem Fasten halten: 6 Vor allem hüte dich vor jedem bösen Wort und aller bösen Begierde und halte dein Herz rein von allen Eitelkeiten dieser Welt. Wenn du das befolgst, wird das ein vollkommenes Fasten sein. 7 Folgendermaßen sollst du es machen: Nachdem du das, was oben schon aufgeschrieben ist, erfüllt hast, ißt du an dem Tag, an dem du fastest, nur Brot und Wasser; dann schätzt du für die Speisen, die du sonst gegessen hättest, die Höhe der Kosten ab, die du an diesem Tag dafür aufgewendet hättest, legst (den Betrag) auf die Seite und gibst ihn einer Witwe, einem Waisenkind oder einem Menschen in Not, und so erniedrigst du dich, damit aufgrund deiner Selbsterniedrigung der Beschenkte satt wird und für dich zum Herrn betet. 8 Wenn du also das Fasten so hältst, wie ich es dir gebiete, dann wird dein Opfer von Gott angenommen[3], und dieses Fasten wird angerechnet, und der Dienst, der so erbracht wird, ist gut, erfreulich und dem Herrn wohlgefällig. – 9 Das alles sollst du mit deinen Kindern und deinem ganzen Haus so einhalten. Hältst du es ein, wirst du glücklich sein. Und alle, die das hören und es einhalten, werden glücklich sein, und was sie vom Herrn erbitten, werden sie bekommen."

57 (V 4) 1 Ich bat ihn inständig, mir doch das Gleichnis zu erklären vom Acker und vom Besitzer, vom Weinberg und vom Sklaven, der den Weinberg umzäunte, von den Zaunpfählen und dem Wildkraut, das im Weinberg ausgerissen wurde, von dem Sohn und den befreundeten Ratgebern; ich begriff

[2] Vgl. Koh 12,13.
[3] Vgl. Sir 35,9 (LXX: 35,6); Phil 4,18; Jes 56,7; 1 Petr 2,5.

nämlich, daß das alles eine Gleichnisrede war. 2 Doch er gab mir zur Antwort: „Du bist sehr dreist mit deinen Fragen! Du solltest", sagte er, „eigentlich gar nichts fragen; denn wenn du eine Erklärung brauchst, bekommst du sie schon." Ich sagte: „Herr, was du mir zeigst, ohne es zu erklären, das sehe ich vergeblich, weil ich dessen Bedeutung nicht verstehe. Genau so höre ich die Gleichnisse von dir vergeblich, wenn du sie mir erzählst, ohne sie mir aufzulösen." 3 Er sagte aber wieder zu mir: „Wer ein Diener Gottes ist und seinen Herrn im Herzen hat, der bittet ihn um Einsicht und erhält sie auch[4] und kann dann jedes Gleichnis auflösen, und alle Aussagen des Herrn, die in Gleichnissen gemacht sind, werden ihm verständlich. Wer aber zu schwach und zu faul zum Beten ist, der hat Vorbehalte, Gott zu bitten. 4 Dabei ist der Herr voll Erbarmen und gibt ohne Zögern allen, die ihn bitten. Nachdem du aber von dem herrlichen Engel gestärkt worden bist und von ihm (Belehrung über) solches Beten erhalten hast und nicht zu faul bist, warum bittest du da nicht den Herrn um Einsicht und erhältst sie von ihm?" 5 Ich sagte: „Herr, da ich dich bei mir habe, muß ich doch dich bitten und dich fragen; denn du zeigst mir doch alles und redest mit mir. Wenn ich das alles ohne dich gesehen bzw. gehört hätte, hätte ich wohl den Herrn gefragt, um es erklärt zu bekommen." 58 (V 5) 1 Er sprach: „Ich habe dir eben erst gesagt, daß du gerissen und dreist bist mit deinen Fragen nach den Auflösungen der Gleichnisse. Aber weil du derart hartnäckig bist, will ich dir das Gleichnis vom Acker und allem Zugehörigen auflösen, damit du es allen zur Kenntnis bringen kannst. Hör jetzt zu", sagte er, „und versteh es!"

2 „Der Acker ist diese Welt.[5] Der Herr des Ackers ist der Schöpfer des Alls[6], der es vollendet und mit Kraft versehen hat.[7] ⟨Der Sohn ist der Heilige Geist⟩. Der Sklave ist der Sohn Gottes. Die Weinstöcke sind dieses Volk, das er selbst gepflanzt hat. 3 Die Zaunpfähle sind die heiligen Engel des Herrn, die sein Volk zusammenhalten. Das Wildkraut, das aus dem Weinberg ausgerissen wurde, das sind die Sünden der Diener Gottes. Die Speisen, die er ihm vom Mahl bringen ließ, sind die Gebote, die er seinem Volk durch seinen Sohn gab. Die Freunde und Ratgeber sind die zuerst erschaffenen heiligen Engel. Die Reise des Herrn ist die Zeit, die bis zu seiner Ankunft noch bleibt." 4 Ich sprach zu ihm: „Herr, groß und wunderbar ist das alles und wirkt großartig. Aber, Herr", sagte ich, „hätte ich das etwa verstehen können? Kein Mensch, und wäre er noch so gescheit, kann das verstehen. Erkläre mir noch etwas, Herr", sprach ich, „was ich dich fragen möchte." 5 Er sagte: „Rede, wenn du noch etwas auf dem Herzen hast."

Ich sprach: „Herr, warum tritt der Sohn Gottes im Gleichnis in Gestalt eines Sklaven auf?" 59 (V 6) 1 „Hör zu", sprach er, „⟨nicht⟩ in Gestalt eines Sklaven tritt der Sohn Gottes auf, sondern in großer Macht und Herrschaft." „Wieso, Herr", sprach ich, „das verstehe ich nicht!" 2 Er sagte: „Weil Gott den Weinberg gepflanzt, das heißt das Volk geschaffen und es seinem Sohn übergeben hat; und der Sohn hat die Engel über sie eingesetzt, um sie einzeln zu bewachen; und er selbst hat sie von ihren Sünden gereinigt,

---

4 Vgl. Jak 1,5f.; 1 Kön 3,11.
5 Vgl. Mt 13,38.
6 Vgl. Sir 18,1; Eph 3,9; Offb 4,11.
7 Vgl. Ps 67,29.

und zwar unter großen Mühen und vielen Anstrengungen; denn man kann einen Weinberg nicht ohne Mühe und Arbeit hacken. 3 **Als er dann das Volk von seinen Sünden gereinigt hatte, zeigte er ihnen die Wege des Lebens**[8]**, indem er ihnen das Gesetz gab, das er von seinem Vater erhalten hatte**[9]**.** 4 **So siehst du", sprach er, „daß er Herr ⟨ über das Volk ist, indem er von seinem Vater alle Vollmacht (übertragen) bekam**[10]**⟩."**

„Laß dir erklären, daß der Herr seinen Sohn und die herrlichen Engel zur Beratung über die Erbschaft des Sklaven beizog. 5 **Den Heiligen Geist, der zuvor schon war, der die ganze Schöpfung erschaffen hat, ließ Gott in einem Leib wohnen, den er erwählte. Dieser Leib nun, in dem der Heilige Geist wohnte, diente dem Geist in der rechten Weise, indem er heilig und rein lebte, ohne je den Geist zu beflecken.** 6 **Da er also recht und rein lebte, sich zusammen mit dem Geist abmühte und in allen Dingen mit ihm zusammenwirkte, kraftvoll und mannhaft auftrat, nahm er ihn als Gefährten des Heiligen Geistes. Denn die Lebensführung dieses Leibes gefiel (ihm), weil er sich, im Besitz des Heiligen Geistes, auf dieser Erde nicht befleckt hatte.** 7 **Er zog also zur Beratung den Sohn und die herrlichen Engel bei, damit auch dieser Leib, der dem Geist tadellos gedient hatte, eine Wohnstätte bekäme und es nicht so aussähe, als sei er um den Lohn ⟨ für seinen Dienst gebracht worden. Denn alles Fleisch wird seinen Lohn bekommen⟩, das unbefleckt und tadelsfrei erfunden wird, und in dem der heilige Geist gewohnt hat.** 8 **Damit hast du die Auflösung auch dieses Gleichnisses."** 60 (V 7) 1 **Ich sprach: „Herr, ich bin sehr froh, daß ich diese Auflösung hören durfte."**

„Hör weiter!" sagte er. „Bewahre deinen Leib rein und unbefleckt, damit der Geist, der in ihm wohnt, für ihn ein (gutes) Zeugnis ablegt und dein Leib gerechtfertigt wird. 2 **Sieh dich vor, daß in deinem Herzen nicht (der Gedanke) aufsteigt, dein Leib sei vergänglich, so daß du ihn (ruhig) mißbrauchen und beflecken dürftest. Wenn du deinen Leib befleckst, befleckst du auch den heiligen Geist; und wenn du deinen Leib befleckst, wirst du das Leben nicht haben."** 3 **Ich sagte: „Herr, wenn aber früher, bevor man diese Worte hören konnte, aus Unwissenheit etwas begangen wurde, wie kann der Mensch gerettet werden, der (damals) seinen Leib befleckte?" „Für die früheren Sünden aus Unwissenheit", sprach er, „kann nur Gott Heilung gewähren. Denn er hat alle Macht.** 4 **Aber nimm dich ab jetzt in acht! Dann wird der Herr in seinem großen Erbarmen die früheren Sünden heilen, wenn du deinen Leib in Zukunft nicht befleckst und auch den Geist nicht. Die beiden gehören nämlich zusammen, und man befleckt zwingend immer beide zugleich. Bewahre also beide rein, dann wirst du für Gott leben."**

Die einzelnen Teile der Sim V gehören in der vorliegenden Auswahl und Reihenfolge nicht ursprünglich zusammen. Die Komposition zeigt im Überblick folgenden Ablauf, ein anschauliches Paradigma der gedanklich und

[8] Vgl. Ps 15,11; Spr 16,17.
[9] Vgl. Joh 10,18.
[10] Vgl. Mt 28,18.

literarisch oft recht oberflächlich und seltsam konstruierenden Arbeit des H. Der Text gliedert sich in zwei große Teile.[11]

A. 1,1–3,9 handelt vom wahren Fasten. Nach einem Dialog zur Korrektur des kirchlichen Fastens, wie H es kennt und praktiziert (1,1–5), wird ein doppeltes Gleichnis erzählt (2,2–11), in seinen Ausdeutungen (3,1–3 und noch deutlicher 5,3) von H als ein einziges behandelt, aber doch aus zwei (ursprünglich mit Sicherheit getrennten) Parabeln bestehend. Über die erste (2,2–8) wird ausdrücklich gesagt (2,1), was sie von sich aus nicht erkennen läßt und was von ihrer Herkunft her auch nicht der Fall ist, daß es nämlich in ihr um das Fasten gehe; die zweite Parabel (2,9–10) wird durch 2,11 bewußt an die erste angeschlossen und also demselben Thema zugeschlagen. Die Fastenfrage ist 1,4–5; 3,5 auf die Formel gebracht, daß „Fasten darin besteht, daß die Gebote des Herrn eingehalten werden" (3,5), daß man „nichts Böses im Leben tut" (1,5), daß es also beim Fasten um christliche Lebenspraxis, um Tun der Gerechtigkeit geht (1,4). Genau für solches „Fasten" bringen die beiden Parabeln (2,2–10) zwei Beispiele. Die erste erzählt von einem Sklaven, der voller Eifer und Bereitschaft die Aufträge bzw. „Gebote" seines Herrn erfüllt und sogar überbietet (der also gut „fastet"). Die zweite Parabel, in der dieselben Personen zusammen mit neu auftretenden spielen, erzählt davon, daß der Sklave die christliche Pflicht der sozialen Hilfe (nach Sim II) erfüllt (und also gut „fastet"). Beidemal ist er Beispiel für „ein ausgezeichnetes Fasten" (1,5). So sind beide Gleichnisse dem Thema eng zugeordnet, obwohl das Stichwort Fasten in ihnen nicht vorkommt (weil beide nicht für diesen Zusammenhang erfunden wurden, zumal das erste mit seinen erheblichen „Überschüssen", die durch das Thema Fasten nicht erklärt und eingelöst sind, weitere Ausdeutung verlangt: s. u.). Es folgt die erste von zwei (oder drei) Deutungen (3,1–6), die mit den beiden Gleichnissen das Wesen des wahren Fastens erläutert, mit dem sie ursprünglich nichts zu tun haben, das in den Mahnungen aber umschrieben sein soll. Es genügen dem H dafür die konventionellen Phrasen vom Halten der Gebote, vom überbietenden Tun über Pflicht und Gebot hinaus (3,2.3) und vom Eifer (3,4) sowie den Leistungen des idealen Sklaven. Mit 3,5.6 stellt er dann alles wieder explizit unter das Thema Fasten und schließt pragmatisch eine Anleitung dazu an, wie man das Fasten – und nun ist unvermittelt vom körperlichen Fasten die Rede – zur Ermöglichung der sozialen Tat instrumentalisieren kann (3,7). 3,8.9 sind Abrundung in Gebotsform; das Thema Fasten ist erschöpft.

---

[11] Walter, 139 unterteilt anders, nämlich zwischen 6,4a und 6,4b, weil er, rückwärts von 6,4b aus analysierend (ebd. 133), das erste Hauptthema der Sim V, nämlich das Fasten, nicht respektiert. Es ist vielen Auslegern so gegangen, daß sie – von den Inhalten 4,1–7,4 gefesselt und abgelenkt – die Logik bis 3,9 und damit die der gesamten Sim V übersehen haben. Ein kleiner Forschungsüberblick bei Nijendijk, 85; dessen Interpretation von Sim V: ebd. 83–97; Henne, A propos de la christologie, 571 A.4 kritisiert mit Recht, daß die Konstruktionsanalyse von Hermaniuk, 360–362 den Text nicht vollständig erfaßt.

B. 4,1–7,4 gerät nun unter ein völlig neues Thema, und zwar von der Doppel-Parabel 2,2–11 her, die zur Erklärung des wahren Fastens beigezogen worden war, aber mehr enthält, als diese sekundäre Verzweckung ausschöpft, nämlich im ersten Teil 2,2–8 das Thema Christologie oder, noch ursprünglicher, das Thema der Verdienstlichkeit überschüssiger guter Werke (Giet, Hermas, 246), und im zweiten Teil 2,9–11 offenbar das Thema der sozialen Hilfe wie 1,4; 3,7, so daß H unbedingt darauf zu sprechen kommen will (obwohl thematisch nicht hergehört, was dazu zu sagen ist). Dazu setzt er neu ein: Die neue Bitte um Gleichniserklärung (4,1) ignoriert die erste Bitte samt der Deutung 3,1–6 (als sei beides gar nicht erfolgt) und leitet die zweite, allegorisierend auf die Details eingehende Deutung ein (5,2–3; 6,1–4a). 6,4b–8 kann man insofern eine dritte (statt nur eine ergänzende) Deutung nennen (Weinel, HNTA, 310; Dibelius, 564)[12], als das gesamte Gleichnis auf den neuen, nun dominierenden Punkt der Christologie (und Anthropologie bzw. Soteriologie) gebracht wird. Routinemäßige Dialoge zwischen Empfänger und Träger der Offenbarung (4,1–5,1.4.5; 6,1; 7,1.3) verzögern und vermitteln den Fortgang der Mitteilungen. Die Paränese mit Aufschlüssen zur Anthropologie, die aus der dritten Deutung gewonnen wurden (7,1–4), ist eine ethische Auswertung üblicher Art, nicht der Weg zurück zum definitiv abhanden gekommenen Thema vom wahren Fasten.[13]

A. *Vom wahren Fasten (1,1–3,9)*

1,1 Mit einer Einleitung wie zur Vision wird ein Gespräch eröffnet, in dem im Unterschied zu den zahlreichen übrigen Dialogen der Hirt einmal der Fragesteller ist und H die Auskünfte gibt; es dient dem Zweck, das Fasten der Christen neu zu definieren. Das Fasten (und nicht der Wert überschüssiger guter Werke: Walter, 136) bleibt – was in vielen Auslegungen mit weitreichenden negativen Folgen verkannt wird – bis 3,9 das leitende Thema

[12] In der Regel (z.B. Lebreton, Trinité II, 362; Weinel, NTApo 1904, 261f. bzw. 1924^2, 359f.) redet man von nur zwei Deutungen (sc. 3,1–9 und 4,1–7,4). Die dritte geht allerdings nicht so weit, daß man für V 6,4a–8 die christologische Thematik bezweifeln (oder nur einen christologischen Nebensinn annehmen) könnte (so Henne, La véritable christologie; ders., A propos de la christologie).

[13] Dibelius, 564f., von dessen Kompositionsskizze sich die hier vorgelegte beträchtlich unterscheidet, sieht aufgrund z.T. recht pedantischer Kritik an H und auch einiger Irrtümer im Detail die Sinnstruktur von Sim V weniger folgerichtig (Knorz, 53–55 schließt sich an). Hat man den Wechsel des Themas und die Gründe dafür erkannt, stehen die beiden Hauptteile relativ klar durchgeführt da. Köster, Einführung, 696 verwechselt die literarischen Prioritäten und verdrängt das originäre Thema von V zugunsten der sekundären Nachträge: V 1 und 3 über das Fasten „wirken wie nachträgliche Einschübe und gehören nicht in diesen Zusammenhang"; ähnlich Liébaert, 224. Die von Henne, A propos de la christologie, 569–578 entdeckte konzentrische Konstruktion der Sim V, in der zwei Dialoge über Moral eine Parabelerzählung und ihre Erklärungen einrahmen, ist in ihrer Künstlichkeit nicht die Sache des H.

(die jüdischen Traditionen darin demonstriert Peterson, Giudaismo, 379f.). Alle Einzelzüge der Szene sind bedeutsam, genrebedingt und nicht zufällig. – „ich saß“: Im Sitzen wird Offenbarung empfangen wie Vis V 1,1f.; Sim VI 1,1 (Peterson, 272f. mit Belegen) und auch gefastet (Hilhorst, Sémitismes, 173); „zum Fasten“: H praktiziert in dieser Szene die geläufige kirchliche Fastensitte, die er als Autor in Frage stellen wird (ein anderes Fasten ist das vor einer Vision: Vis II 2,1; III 1,2; 10,6.7); „auf einem Berg“: Zur Fastenübung der Statio (s.u.) gehörte es offenbar, in der Frühe auf den Berg zu steigen (Schümmer, 83.135f.), worin wahrscheinlich ein alter eschatologischer Bezug erhalten blieb, wonach der Berg zum apokalyptischen Apparat gehört und von ihm aus die endzeitlichen Visionen geschaut werden und man das himmlische Jerusalem herabfahren sieht (Kraft, Montanismus, 259); „am frühen Morgen“: typisch jüdischer Modus des Betens (Hilhorst, Sémitismes, 173 mit A.1); „weil ich Statio halte“: στατίων, eines der vier Lehnwörter aus dem Lateinischen im PH (s. Vis III 1,4; Hilhorst, Sémitismes, 6.165.167.184), von lat. *statio*, in der Bedeutung eines kombinierten Fastens und Betens, folglich einen besonderen Fastenritus bezeichnend. Die genaue Wortbedeutung und die christliche Bedeutungsgeschichte sind schwierig zu rekonstruieren und nicht eindeutig bekannt.[14] Zur kirchlichen Praxis ist durch *Did* 8,1 bezeugt, daß es als Nachahmung und Konkurrenz zu jüdischen Formen des Fastens (jüdische Einzelfaster: Schümmer, 138) schon früh wöchentliche Fasttage am Mittwoch und Freitag bei den Christen gab (s. R. Arbesmann, RAC 7, 1969, 509; Niederwimmer, 165–167). Aus Sim V 1,1 ist zu erfahren, daß es ein individuelles und freiwilliges Fasten war. Tertullian (*an.* 48,4; *ieiun.* 10.12.13; *ux.* II 4; *orat.* 19), der nächste nach dem PH, der von *statio* redet, bestätigt all das (s. Schümmer, 83; ferner J.H. Waszink (ed.), Tertullian. De anima, Amsterdam 1947, 513f.; Arbesmann, 41 A.88; Mohrmann, Statio, 311–314; Hilhorst, Sémitismes, 169). Die Frage ist, wie und in welcher Bedeutung der Terminus *statio* die Bezeichnung für dieses Fasten wurde und woher der Term in diesen Zusammenhang kommt. Man hat die Erklärung einerseits im profanen Sprachgebrauch gesucht und beispielsweise im metaphorischen Anschluß an die militärische Bedeutung von „Wache, Wachposten“ unter *statio* eine christliche „Wache“, „Wacht“ oder „Wachsamkeit“ vor Gott gesehen (z.B. Svennung, 294-302; Gebhardt-Harnack, 142f.; H. Lietzmann, Geschichte der Alten Kirche, Bd. 2, Berlin-Leipzig 1936, 129 mit A.3; Dibelius, 560; Lake, 153). Andere haben diese spezielle Wortbedeutung (Fasten) von *statio* in der Bedeutung von „stillstehen, einhalten“ abgeleitet.[15] Naheliegend war die Suche im Judentum. Prominente Thesen sind die Ableitung vom talmudischen *ma^{c}amad* im Sinne von Versammlung als Ausdruck für die Pflicht (der „Stadtmannschaften“), vor

---

14 Die wichtigste Literatur bei Mohrmann, Statio, 307 A.1.

15 G. Thörnell, Gn. 3, 1927, 49f.; ein Hinweis von F.J. Dölger, Zum liturgischen Begriff *Statio*, AuC 6, 1976², 80 auf eine Korrespondenz zwischen *statio* und στάσις bei Gregor von Nazianz führt nicht weiter.

Gott zu stehen (Völter, Apostol. Väter, 293f.; Peterson, Giudaismo, 377–379; G. Kretschmar, TRE 19, 1989, 78 Zeile 10–13; kritische Referate bei Schümmer, 125–127; Mohrmann, Statio, 324f.; Hilhorst, Sémitismes, 170f.) sowie die Theorie von Schümmer, 135–150, *ma^{c}amad* auf einen Gebetsort zu deuten: στατίων ist eine „Örtlichkeit"; στατίωνα ἔχω heißt dann „ich faste", weil das Einnehmen des Gebetsplatzes eine Fastenübung ist. – Schließlich hat man Lösungen aus einer Kombination des allgemeinen Sprachgebrauchs mit jüdischer Diktion vorgeschlagen, etwa W.J. Teeuwen, Sprachlicher Bedeutungswandel bei Tertullian, Paderborn 1926, 101–120, der *statio* als (liturgische) Versammlung sich zur Bedeutung von Fasten entwickeln sah. Anders Mohrmann, Statio, 318–327, die einen Bedeutungswandel von *statio* als „Stellung, Posten" zu „Amt, Dienst" beschreibt, woraus im christlichen Gebrauch „Gottesdienst" wurde, so daß *statio* ein (zwar wenig üblicher) Term für das Stationsfasten wurde, übrigens über den Einfluß wieder des hebräischen *ma^{c}amad* (s.o.).

Diese und weitere Ableitungen und ihre Varianten haben keine Klarheit gebracht. Hilhorst, Sémitismes, der sie alle begründet ablehnt (ebd. 168–172), konzentriert seine eigene Recherche (ebd. 172–179) unter den Grundelementen, wie sie aus Sim V 1,1–2 und Tertullian (s.o.), aus dem AT und Frühjudentum (Hilhorst, Sémitismes, 173 mit A.1) übereinstimmend bekannt sind, auf die Ortsangabe „auf einem Berg". Der besondere, isolierte Ort unter freiem Himmel ist der Platz für das Fasten im AT (Ex 34,28; Dan 10,2–4), für Jesus (Mt 4,1–2; Lk 4,1–2), in den Apokryphen (*ProtEvJak* 1,4) und bei Tertullian *(ieiun.* 16,6). Die Isolation dient dem Kontakt mit Gott unter Fasten und Gebet. Das zugehörige „Stehen *(^{c}amad)* vor Gott" wird im Frühjudentum ein in etwa technischer Ausdruck. Denkbar ist, daß in einer lateinischsprachigen Gemeinde die biblische Formel *„stare ante faciem Domini"* zur Bezeichnung des stationalen Fastens gewählt wurde und das Substantiv *statio* als Fach-Terminus dafür. Hilhorst nennt das die akzeptabelste Möglichkeit (ebd. 177). Dabei muß es sich nicht um einen christlichen Neologismus handeln; eher hat sich diese Bedeutungsgeschichte im Judentum abgespielt.[16] In der jüdischen Gemeinde Roms war die lateinische Sprache stärker verbreitet als in der christlichen (ebd. 177 mit A.3; 49–51). Außerdem war ja die Praxis (fakultatives Einzelfasten), die H στατίων nennt, jüdischer Herkunft. Zusammen mit der Praxis hätten die Christen den jüdischen Namen dafür übernommen. – Diese Ableitung ist nachvollziehbar, aber kaum sicherer als andere. Sie versäumt es z.B., dem Einwurf zuvorzukommen, daß sich die Herleitung stark auf die Gebärde des Stehens (vor Gott) beruft, während H in V 1,1 „(auf einem Berg) sitzt", nicht steht. – Das letzte Wort ist Hilhorst zu dieser Diskussion wahrscheinlich nicht gelungen.

---

[16] Die sprachgeschichtlichen Folgerungen zum christlichen Latein, die Mohrmann, Les origines, 76–78 aus V 1,1 zieht, bleiben unabhängig davon gültig, ob die Christen den Fachausdruck *statio* „erfunden" oder übernommen haben.

1,2 Frage, Nachfrage und Antworten können zweierlei Sinn haben. Entweder sollen sie griechischsprachigen Lesern das für sie ungewohnte oder unverständliche Lehnwort στατίων erklären (Mohrmann, Les origines, 76) oder an den Merkmalen „*statio*" und „Gewohnheit" die Art des Fastens identifizieren, die im weiteren abgelehnt wird. Das Letztere ist wahrscheinlicher, weil nicht übersetzt oder erklärt, sondern identifiziert wird: Die Antwort „ich faste" stellt nicht zufrieden, der Hirt fragt nach der genauen Art des Fastens (vgl. Snyder, 100f.), das daraufhin von H als das übliche, fakultative Fasten namens Statio gekennzeichnet wird (vgl. Hilhorst, Sémitismes, 178).

1,3 Die Schärfe, mit der diese Fastenübung vom Hirten jetzt disqualifiziert und abgelehnt wird[17], ist kaum zu überbieten; der erschrockene Zwischenruf des fromm fastenden H („wie kannst du...") will dem Ausdruck geben. Das Fasten wird als ein vor Gott unnützes, irrelevantes Tun eingestuft. Und weil es die Illusion des Guten (δοκεῖτε νηστεύειν) erzeugt, tritt der Hirt als Bußengel dem mit dem ganzen Ernst der moralischen Korrektur und des Aufrufes zum Verhaltenswechsel entgegen. „Ich will dich... belehren": Der PH will das Fasten der *Statio* als Form persönlicher Religiosität, wie sie verbreitet war, abschaffen und eine Praxis anderer Art neu als Fasten definieren. Damit wendet er das anfängliche Entsetzen des H zur erwartungsvollen Zustimmung. H will „annehmbar" und „vollwertig" vor Gott fasten.

1,4–5 Abgelehnt wird das Fasten als religiöse Übung mit Selbstzweck ohne ethischen Bezug (vgl. Arbesmann, 38). Fasten heißt im Sinn des PH, etwas „für die Gerechtigkeit tun" (womit auf die Praxis von 3,7 angespielt wird; vgl. Ptolemaios, *ep.ad Floram* 5,13f.; die eindringliche Parallele *Barn* 3,1–3, als Vorlage Jes 58,3–7; anders Joly, 225: das christliche Moralgesetz) und „nichts Böses im Leben tun". Der Hirt verbietet nicht Fastenpraxis als solche, wie 3,7 zeigt (so auch Hilhorst, Sémitismes, 173), denn sie kann sich (wie man 3,7 sieht) mit dem, was wesentlich ist, verbinden. Wesentlich ist die richtige Lebensführung, die H ein „Fasten" nennt, offensichtlich auch dann, wenn sie mit Fastenübung im wörtlichen Sinn gar nichts zu tun hat. Das ist nicht die „frühkatholische" Wende zur Werkgerechtigkeit und auch nicht eine Spiritualisierung des Fastens, sondern Kritik am Ritual zugunsten der sittlichen Verwirklichung. Die konventionellen Umschreibungen der realisierten Frömmigkeit in 1,5 („leben für Gott" s. Mand I 2), in vielen Auslegungen unterschätzt und verkannt als an dieser Stelle eigentlich deplazierte allgemeinste Ermahnungen, können einzeln und zusammen ausgewechselt werden gegen den neu definierten Begriff des „Fastens": Die sittliche Verwirklichung ist das „große Fasten", wie eigens zusammengefaßt

[17] Duchesne, 21 redet nur von Kritik am leeren Vertrauen in materielle Observanz.

wird. H wiederholt im folgenden sein Thema Fasten, unter dem alles bis 3,9 zu lesen ist, so oft (1,5; 2,1; 3,5–8), daß man sich wundert, wie wenig die sachliche Einheitlichkeit und Folgerichtigkeit des Textes 1,1–3,9 in der Forschung erkannt worden ist.

2,1 Das liegt freilich daran, daß die Doppel-Parabel, die H jetzt zum Thema Fasten erzählt, viele attraktive, jedenfalls theologisch interessantere Motive enthält, derentwegen sie zwar gar nicht erzählt wird, die indes schon in diesem Teil 1,1–3,9 ablenkend auf die Interpreten wirken und sie erst recht dann bei der Deutung von 4,1–7,4 thematisch verführen. Wegen 2,1 darf aus der Parabel an dieser Stelle nur das beachtet werden, was zum Thema Fasten gehört. Was darüber hinausgeht, wird im Text später zur Sprache gebracht. **2,2–8** Der erste Teil der Parabel benutzt die klassische biblische Metapher vom Weinberg als dem Volk Gottes (besonders Jes 5,1–7).[18] Er bietet im Topos vom treuen Sklaven (Material bei Leutzsch, 145; vgl. 150; Parallelen zur nachfolgenden Inspektionsszene 2,5 ebd. 147f.) ein Paradigma für das „Fasten“ im neuen, korrigierten Sinn: Der Sklave hat das Gebot erfüllt (2,2.4.7) und mehr als das getan (2,4.6.7). Damit hat er exakt das Fasten erfüllt, wie es 1,5 ausdrücklich als solches beschrieben war. Zum Zusatz λέγων als biblischem Semitismus s. Hilhorst, Sémitismes, 78. „Daß der Sklave als Miterbe eingesetzt wird, ist nach römischem Erbrecht möglich, wenn er zugleich freigelassen wird“ (Leutzsch, 148). – **2,9–11** Der zweite Teil der Parabel[19] erzählt wieder vom „Fasten“ desselben Sklaven, das diesmal im Tun der Gerechtigkeit von 1,4, also in der Erfüllung der sozialen Pflicht mit Hilfe des Reichtums, von der im PH wiederholt die Rede ist, zu sehen ist. Dabei stellen 2,10; 3,7 Beispiele für die Weisung von II 5–8 dar, daß die Reichen sich mit ihren Almosen die Fürbitte der Armen sichern sollen, und 2,9 hält sich der Sklave in seiner Genügsamkeit an I 6. Dieser Gedanke, daß der Sklave aufgrund der Gebete armer Menschen, denen er half, von seinem Herrn adoptiert wird (2,10), ist in der später folgenden christologischen Interpretation der Parabel natürlich ganz unbrauchbar und unmöglich und darum von H ab 4,1 nicht mehr erwähnt.

In der Doppel-Parabel „geht es“ also tatsächlich „um das Fasten“ (2,1). Mehr ist über sie, insbesondere über die vielen bildhaften Einzelheiten, darum an dieser Stelle nicht zu sagen. Freilich ist deutlich, daß der Aufwand, der in diesem Gleichnis motivisch und erzählerisch getrieben ist, viel mehr meint und bedeutet als dieses eine schlichte Thema Fasten. Er ist, in beiden Teilen, nicht für dieses Thema inszeniert, aber darauf angewendet, und zwar

---

[18] Giet, Hermas, 40f.245 A.3 listet die biblischen Anklänge in der Parabel auf, Lebreton, Trinité II, 362f. die gravierenden Unterschiede zu den neutestamentlichen Weinberggleichnissen (vgl. Staats, Hermas, 103). Sozialgeschichtliche Hinweise zum Verständnis bei Leutzsch, 144–155 passim.

[19] Die Vermutung von Link, Christi Person, 8–10, H habe das Sujet von Weinberg und Speisen in 2,2–8.9–11 aus *Did* 9,1–3 gewonnen, hat nichts für sich.

ohne Modifizierung (vgl. Enslin, 297f.). Dem Thema „Fasten" dient das Gleichnis allein mit dem Skopos vom eifrigen, die Gebote und die Gerechtigkeit erfüllenden und überbietenden Sklaven. Alles, was darüber hinausgeht, ist für ganz andere Themen erdacht, die H dann auch nicht einzurücken versäumt (4,1–7,4), wozu er das primäre Thema vom Fasten, für welches die Parabel viel zu hochkarätig ist, freilich verlassen muß. Mit H zusammen muß die Auslegung auf 2,2–11 also noch zurückkommen.

3,1–2 H muß die Gleichnisse „aufgelöst" bekommen wie die Visionen im Visionenbuch. Daher werden Dialoge derselben Art abgewickelt wie dort. Die Deutung wird vom Hirten (verbal) „gezeigt", wie er Visionen (visuell) „zeigt" (III 1; IV 1). Das Versprechen vollständiger Erklärung begegnet auch *Tabula Cebetis* 33,1. Es folgt eine erste Deutung (zur Gliederung s. vor 1,1), die sich auf den Vergleichspunkt der Befolgung der Gebote und ihrer Überbietung[20] konzentriert, um zu sagen, was „vollkommenes Fasten" (3,6) ist; denn dazu war das Gleichnis erzählt (2,1), so daß die Deutung dort ankommen muß (3,5.6). Die Deutung erfolgt nun statt als Rekurs auf den Sklaven des Gleichnisses und sein vorbildliches Tun spröderweise in der Form der Paränese, die genau das einschärft, was nun „Fasten" im Anschluß an die Parabel (und bereits nach 1,5) heißt: **3,3** „Befolgung der Gebote" und über die Forderung hinaus Gutes tun. H kennt noch nicht die speziellen Asketen und empfiehlt die supererogativen Werke allen Christen (s. Bardy, La vie spirituelle, 52). Die einschlägigen Motive des Gleichnisses werden in Mahnungen und Verheißung aufgelöst. Der Hirt bleibt nicht im Genre der Gleichnisdeutung, sondern er formuliert die Pointe der Parabel in Imperative um.[21] **3,4** Darum reagiert H mit Gehorsamsversprechen statt mit Dank für empfangenes Verstehen. Seine Sicherheit bezieht er aus der Gegenwart des Hirten gemäß Vis V 2–4, die ja seither für das Buch in der vorliegenden Komposition gilt. Die generalisierende Zusage („bei allen") hat die Struktur der Gebotsschlüsse in den Mand. Zu ἀγαθοποίησις s. Mand VIII 10. – **3,5–6** Erst hier ist der Erkenntnisgewinn aus der Parabel in grundsätzliche Aussagen darüber gekleidet, worin rechtes „Fasten" besteht bzw. was ein „vollkommenes Fasten" ist; man liest es am Sklaven des Gleichnisses ab. – „das darin besteht usw.": so die Übersetzung wegen der Korrespondenz zu 1,4.5.6b; nicht sinngemäß Dibelius, 566: „wenn die Gebote Gottes dabei gehalten werden"; vgl. Weinel, NTApo 1924^2, 359f.; Joly, 231.

3,7 Unvermittelt und nicht besonders geschickt wird H in seinen Anwei-

[20] Zum alten Streit, ob es um überschüssige Verdienste geht (so Ritschl, Lipsius, Hilgenfeld, Harnack) oder um die höhere Stufe des neuen Lebens (Schenk, Lehre), siehe Ehrhard, Der Hirte, 110; und ebd. 111 zum vergeblichen Versuch Benigni's, die „Schwächen und Irrtümer" des PH in solchen theologischen Themen zu bestreiten.

[21] ἐὰν δέ τι ἀγαθοῦ ποιήσῃς: Der partitive Genitiv ist textkritisch unsicher, wäre in dieser Form jedenfalls vermutlich ein Latinismus (Hilhorst, Sémitismes, 124).

sungen zum Fasten konkret. Daß er die bisherigen mündlich gegebenen Anweisungen als „aufgeschrieben" bezeichnet (was Gebhardt-Harnack, 147f.; Funk, 535 allerdings auf die Gebote in der Bibel beziehen), ist eine der Flüchtigkeiten, zu denen H immer wieder fähig ist (L^2 korrigiert: *quae audisti;* Hilhorst, Sémitismes, 24). Man darf nicht überlesen, daß H – ehe er ein Fasten im wörtlichen Sinn für Christen beschreibt (und es durch sozialen Charakter sinnvoll macht) – die kurze Bedingung einschiebt: „Nachdem du... erfüllt hast". Erst wer in seinem Leben das beschriebene „vollkommene Fasten" im übertragenen Sinn realisiert, soll Fasten im üblichen Sinn praktizieren. Und dafür empfiehlt H nun ein Fastenverfahren, bei dem erst dasjenige Geld erübrigt wird, das man dann als Almosen bzw. Unterstützung weitergibt (dazu W.-D. Hauschild, Armenfürsorge, TRE 4, 1979, 19; die Entscheidung über einen Vorzug von συνοψίσας MG oder συμψηφίσας Ath^2 wie Vis III 1,4 muß offen bleiben: A. Puech, La langue, 363). Dieser Ratschlag war in der alten Kirche geläufig (G. Uhlhorn, Die christliche Liebestätigkeit, Stuttgart 1895[2]. Nachdruck 1959, 90f.). „Nach altchristlicher Auffassung gehört das, was man beim Fasten erspart, den Armen, Witwen und Waisen" (Schümmer, 156); z.B. Aristides, *Apol.* XV 9; Origenes, *HoLev* X 2; *Const.Apostol.* V 1; *Didask.* XIX = H. Achelis – J. Flemming, Die syr. Didaskalia, Leipzig 1904, 92,25f.; vgl. XXI = ebd. 114,5f.; vgl. *TestJos* 3. Diese Vorschrift des „sozialen Fastens" verfolgt die Absicht bzw. bringt den Vorteil, daß die soziale Spende genau so regelmäßig geübt wird wie das Fasten. Es verdient Beachtung, daß bei dieser Praxis die Höhe der Abgabe nach dem tagtäglichen Aufwand und Konsum des Gebers errechnet werden soll („die Höhe der Kosten, die du aufgewendet hättest") und nicht anheimgestellt bleibt. Den „Versuch einer Institutionalisierung" individueller Zuwendungen an Bedürftige (Leutzsch, 136) kann ich darin nicht erkennen. Die Pointe sehe ich eher in der gesteigerten Verbindlichkeit. Wie in anderen Fällen (vor allem dem der Buße) fehlt jede Anspielung auf eine kirchlich-institutionelle Ritualisierung des Vollzugs (der Geber händigt seine Gabe privat und direkt an Witwe, Waise oder Notleidenden aus). – ταπεινοφροσύνη κτλ.: als Terminus für das Fasten gebräuchlich; Genaueres und Literatur bei Hilhorst, Sémitismes, 140f. – Witwe, Waise und Notleidender sind schon I 8 zusammen genannt. Die Genügsamkeit ist auch I 6 und V 2,9 das christliche Ideal bei Besitz und Genuß. – ἐμπλήσῃ τὴν ἑαυτοῦ ψυχήν: ist als physisches Sättigen zu verstehen (s. Bauer-Aland, 516); die sprachliche Erklärung aus der LXX (namentlich Spr 6,30) bei Dibelius, 567, der aber selbst „seine Seele sättige" übersetzt; ψυχή ist hier das physische Leben oder in der Funktion des Reflexivum eingesetzt (Bauer-Aland, 1781.1782f.); vgl. Hilhorst, Sémitismes, 139f.; anders van Unnik, Zur Bedeutung, 250–255; ψυχαί für das physische Leben auch II 8. – Zum Tauschgeschäft von Almosen und Gebet bzw. zur gegenseitigen Ergänzung von Reichen und Armen in der Gemeinde siehe II 5–8; V 2,10. – **3,8** H wird darüber belehrt, nicht mehr das bisherige Fasten zu praktizieren, bei dem der Hirt ihn angetroffen hatte (I 1,1–2), sondern das neue, dem alle Verheißungen gelten (und der Verdienstcharakter; vgl. Arbesmann, 39). Die Praxis, die H „gewohnt“ ist (1,2), wird ersetzt durch das, was der Hirt ihm „gebietet“ (3,8). Was der Christ da tut, wird unvermittelt (geistliches) „Opfer“ genannt; θυσία und λειτουργία stehen nur hier im PH (vgl. Liébaert, 224f.: im Sinn der Supererogatoria). Mit beiden Termini scheint von H ein „Fasten“ mit oder ohne buchstäbliches Fasten bezeichnet zu sein.[22] – **3,9** In Abständen werden Haus und Familie des H einbezogen (s. Vis II 2,3), hier als Mitadressaten der Ratschläge zum rechten Fasten. Das „Gleichnis“ ist längst zum „Gebot“ geworden und schließt mit der dafür typischen Verallgemeinerung, die das Gebot für „alle“ geltend macht. – Zum Makarismus s. bei Vis II 2,7. Wer die Gebote einhält, kann nach H aussichtsreich zu Gott beten.

Das Thema Fasten, dem H die Sim V widmete, ist damit im vorgesehenen Umfang von ihm besprochen. Der Text der (nur bedingt passend) gewählten Parabel zieht weitere Aufmerksamkeit auf sich, die zum Themawechsel führt. Die Parabel, die in der ersten Deutung genuin parabolisch ausgelegt wurde, d.h. über einen einzigen präzisen Vergleichspunkt Gleichnis und Sache verband, ist mit ihren Details optimal für eine allegorische Exegese geeignet (vgl. Bemerkungen vor 1,1).

B. Christologie (4,1–7,4)

4,1 Im Rahmen der Thematik von Sim V (das Fasten) ist die Deutung des Gleichnisses durch den Hirten in 3,1–6 bereits gegeben. H verläßt jetzt diesen Rahmen, behandelt in 4,1–5,1 die Parabel als noch nicht ausgelegt und führt den Leser auf inhaltlich völlig anderes Terrain. Die differenzierte Formulierung der Bitte verspricht die Befriedigung der Neugier an den interessanten Details des Gleichnisses, d.h. die allegorische Einzelauslegung (wie bei den Vis I–IV). **4,2** Es folgt eine der ausführlichsten und dramatischsten Passagen zum Topos der neugierigen Fragen des H (s. Brox, Fragen, 178–188), die im PH wiederholt wechselweise zugelassen, sogar provoziert oder aber kritisiert werden. Im Offenbarungsablauf zwischen Hirt und H bedeuten sie eine Verzögerung, diesmal aber mit besonders klärender Funktion. „Dreist“ ist die Frage bzw. Bitte diesmal in ihrer Voreiligkeit. H darf den Zeitpunkt der Erklärung nicht bestimmen wollen und sich nicht zu fragen trauen. Er macht dagegen die Unsinnigkeit und Vergeblichkeit unverstandener (Visionen und) Gleichnisse geltend. **4,3** Natürlich will auch der Hirt als Offenbarer nichts unerklärt lassen, will aber darauf hinaus, daß der Christ selbst die Erklärungen finden kann und keine Fragen braucht (vgl. IX 2,6; Mand X 1,6). Muß er fragen, zeigt er, daß er keine Einsicht hat

[22] Mohrmann, Statio, 319f. meint, daß Tertullian hier *statio* im Sinn von *munus* und *officium* gesagt haben würde; ebd. 324 Hinweis auf LL mit der Rückübersetzung *statio* für λειτουργία.

(die ein vorauslaufendes Verstehen aufgrund rechter Einstellung und Nähe zu Gott ist). Mangel an Einsicht ist signifikant für ein Defizit an Moral und Frömmigkeit. Daher der tadelnde Tonfall des Hirten: Hinter den Fragen stehen alarmierende Ursachen beim Menschen selbst (vgl. Jak 1,5–8). Der richtige Erkenntnisweg führt also nicht übers Fragen, sondern über das Gebet um Einsicht, die ihm alles auflöst. Zu diesem Gebet schwingt sich nur auf, wer ein Minimum an religiösem Eifer aufbringt (der PH teilt die Christen fortgesetzt in Stufen, Gruppen, Arten ein). **4,4** Auch für H ist also das der Weg, zumal er in solches zuversichtliches Beten, zu dem aller Anlaß besteht, eigens eingeführt wurde: dies ein Rekurs auf Mand IX 1–8; der „herrliche Engel" ist niemand anderer als der von Mand V 1,7; Sim VII 1; IX 1,3; X 1,1 (Dibelius, 491; zum Verhältnis von Engel und Gott in diesem Text Moxnes, 53f.), nämlich der Sohn Gottes (s. Exkurs: Die Christologie). **4,5** Rätselhafterweise verzichtet H aber auf die Belehrung durch Gott und will seine Erklärung nach wie vor vom Hirten bekommen. Damit dürfte er sein Privileg verteidigen, daß ihm der Hirte zugeteilt ist (Vis V); oder es ist der Tribut an die Offenbarergestalt der apokalyptischen Szenerie, auf die H großen Wert legt. So oder so geht es um die außerordentliche Herkunft der Bußpredigt des PH. **5,1** Der Hirt bleibt bei seinem Tadel („gerissen, dreist"), gibt aber nach. So steht der dilatorische Effekt in der Szene, durch den Hirten erzielt, neben dem Ergebnis sofortiger Deutung, das H erreicht. Der Sinn des Geplänkels zwischen beiden war es wohl, daß H die sofortigen Auskünfte „erpreßt", während der Hirt den Aufschub oder gar nicht antworten will. Dazu paßt die große Befriedigung des H von 7,1 a. Die merkwürdige Art der Kritik des PH am Fragen zeigt sich in der inkonsequenten Folgerung: „weil du derart hartnäckig bist, will ich... auflösen" (vgl. zur Fortsetzung des Dialogs 5,4–5a). Es vermischen sich in diesen Dialogen des PH ständig die Elemente der apokalyptischen Inszenierung mit den von H eingeführten moralischen Bedenken. Regelmäßig enden die Dispute im ungehemmten Fluß der Offenbarungsrede, von Fragen des Empfängers in Gang gesetzt, unterbrochen und gefördert. H „hört" und „versteht" ohne Abstrich, was er allen Menschen mitzuteilen bekommt.

5,2 Das erklärungsbedürftige „Gleichnis" 2,2–11 ist deutlich allegorisch strukturiert und ausgeführt, so daß sich etliches erst aus der Deutung begründet. Die Deutung ist darum in einer für den weitschweifigen Stil des PH ungewöhnlich kompakten Reihe von zehn Identifikationssätzen rasch gegeben, wobei die Entsprechungen ebenso plausibel sind wie die aufgetragenen allegorischen Bedeutungen. – Textgeschichtlich unsicher ist die dritte Deutung: „Der Sohn ist der Heilige Geist." Überliefert ist sie nur von L^1 (*filius autem spiritus sanctus est*); *om.* GL^2E, was auf eine theologische Bedenklichkeit zurückgehen und auch andere Gründe haben kann (Dibelius, 569). Eine übertragende Identifizierung des „Sohnes" im Gleichnis hat die Deutung mit Sicherheit enthalten, allerdings mußte sie nicht an dieser Stelle erfolgen, sondern würde wie in 2,6 zusammen mit den Freunden und Ratgebern noch im zweiten Teil von 5,3 rechtzeitig sein. Jedenfalls hat die Konjektur ὁ δὲ υἱὸς τὸ πνεῦμα τὸ ἅγιόν ἐστιν (Gebhardt-Harnack, 152; Funk, 538; Link, Christi Person, 6 A.1; Joly, 234f.; Whittaker, 56; Giet, Hermas, 215 A.2; Hilgenfeld, z.St.: τὸ ἅγιον πνεῦμα) sehr gute Gründe für sich; Henne, La véritable christologie, 187f. hält sie für ursprünglich, und man kommt ohne sie nicht aus (anders Bousset, Kyrios Christos, 267 A.1: ein „textkritisch kaum haltbarer Satz", und IX 1,1 ist „eine künstliche Naht"; Adam, Lehre [1906], 57 verzichtet auf theologische Auswertung). – Der Formulierung steht diejenige von IX 1,1 nur scheinbar nahe, denn dort geht es nicht wie hier um den „Sohn" des Gleichnisses, sondern um den „Sohn Gottes", der im „Wesen" Gott zugehörig und identisch mit dem Heiligen Geist ist (s. dort). Daß der Heilige Geist der Sim V nicht beliebiger guter Geist, sondern göttlicher Geist (s. Exkurs: Die Pneumatologie) ist, ergibt sich aus dem Weiteren. – Sorgfältig zu beachten ist für die christologische Sprache des PH, daß der „Heilige Geist" hier nur auf der Bildebene der Parabel, nicht im theologischen Sinn „Sohn" (und nie „Sohn Gottes") genannt ist (anders eben IX 1,1); der „Sohn Gottes" der Deutung umgekehrt ist der Sklave der Parabel.[23] Diese Diktion setzt H vorerst konsequent fort: Von 5,2 bis 6,2 ist der „Sohn Gottes" bzw. der „Sohn" eindeutig und immer der Sklave des Gleichnisses, also „wesensmäßig" der Sohn Gottes, und zwar bei seiner Arbeit (6,2 Ende) am Heil der Menschheit und insofern der inkarnierte Sohn, wenn H diesen Einschnitt „Inkarnation" in der Christologie deutlich machen würde, worauf er (auch IX 12,1–3) keinen Wert zu legen scheint. In IX 1,1; 12,1–2 ist dieser selbe „Sohn Gottes" dann präexistent und mit dem Heiligen Geist identisch (s. dort).

5,3 χάρακες/Zaunpfähle: Es ist an Palisaden zu denken. Zur Bedeutung von χάραξ/χαρακόω s. Henne, La véritable christologie, 190f. mit Literatur. Die „heiligen Engel" (als Schutzengel hier wie 6,2 jüdisch geläufig: Bill. I, 781ff.; III, 437ff.), die sie darstellen, sind nicht (nach III 4,1) identisch mit den „zuerst erschaffenen heiligen Engeln" wenige Zeilen später (gegen Dibelius, 569; vgl. Exkurs: Die Engel). – Das Thema der Christensünde trifft den Nerv des PH. Schutz der Gläubigen seitens der Engel und die Übergabe der Gebote sind Teile dieses soteriologischen Areals. – Die Deutung läßt nichts von der Zäsur im Doppelgleichnis (2,9) mehr erkennen. Die „Freunde und Ratgeber" stehen hier gegen 2,6; 6,7 nicht mit dem Sohn des Herrn des Sklaven zusammen; sie kehren in der Deutung 6,7 wieder. Ihre Funktion ist

[23] Obwohl das längst genügend klargestellt war (z.B. Zahn, Der Hirt, 256), stiften Adam, 44f.; H. Lietzmann, Geschichte der Alten Kirche, Bd. 2, Berlin-Leipzig 1936, 116; Dibelius, 574 für 6,4.7; J. Liébaert, HDG 3/1a, 1965, 22 u.a. hier komplette Verwirrung für die Rekonstruktion der Christologie und Trinitätsvorstellung des PH. Die Identifizierung von Geist und Sohn Gottes in IX 1,1; *2 Klem* 9,5; 14,4 ist in V nicht vollzogen. Kritik auch durch Seeberg, 126f.

ganz jüdisch: Gott hat nichts erschaffen, ohne sich mit den Engeln (Knorz, 123 mit Bill. I, 203; III, 249.681.782) bzw. mit der himmlischen „Familie" (Gebhardt-Harnack, 153) zu beraten, so daß gar keine christologische Sonderaussage in den Ratsversammlungen (2,6–8.11; 6,4b.7) zu suchen ist. Der letzte Satz von 5,3 nennt die Rückkehr des Herrn von seiner Reise (2,2) „seine Parusie". Um Ankunft (Parusie) inszenieren zu können, muß sich der Herr (im Gleichnis) zunächst entfernen, vergleichbar mit den synoptischen Gleichnissen Mk 13,33–37 par; Mt 25,14–26 par. Der Topos der endzeitlichen Parusie Gottes (statt Christi) ist nicht ganz singulär in der frühchristlichen Literatur. *2 Klem* 12,1 (vgl. 17,4) redet von der (ebenfalls endzeitlichen) Epiphanie Gottes (ἐπιφάνεια τοῦ θεοῦ). Der Ausdruck steht dort in der zweimaligen Rede vom Reich (βασιλεία) Gottes (12,1.2), die dadurch zustande kam, daß der Verfasser, wie an anderen Stellen oft, in 12,1 eine prospektive Zitatvorbereitung vornimmt, d.h. aus dem Zitatzusammenhang in 12,2 dieses dort vorgegebene Detail proleptisch verwendet.[24] In dieser Position ist der Genitiv (ἐπιφάνεια) τοῦ θεοῦ (statt eines ausreichenden αὐτοῦ)[25] auffällig. Die Offenlegung der literarischen Relation zwischen dem zweimaligen βασιλεία bringt keinen Aufschluß über die Veranlassung des pointierten Genitivs, es sei denn, man hat ihn als unbedachte Angleichung an das gerade vorausgegangene βασιλεία τοῦ θεοῦ einzuschätzen, also als „gedankenlose Wiederholung des vorigen Genetivs".[26] Für den Ausdruck παρουσία αὐτοῦ im vorliegenden Text des PH (5,3) bleibt nach der inhaltlichen Seite hin nur die Annahme, daß er aus den jüdischen Vorstellungen des H zu erklären ist (Grillmeier, Jesus der Christus 1, 147).[27] – Wengst, 274 A.94 gibt keinen Kommentar zur Sache, so wenig wie van Eijk, 88. Gebhardt-Harnack, 153 und Zahn, Der Hirt, 274 halten das Subjekt „Gott" zu Parusie respektive Epiphanie für nicht problematisch. A.F.J. Klijn, Apostolische Vaders 1, Kampen 1981, 217 A.83 hält 2 Thess 2,8 und Tit 2,13 für Seitenstücke zu *2 Klem* 12,1. R. Knopf, Lehre der zwölf Apostel. Zwei Kle-

---

[24] So die Analyse von R. Warns, Untersuchungen zum 2. Clemens-Brief, Marburg 1985 (1989), 437f. (vgl. zu 12,1 auch ebd. 296f.538 mit A.7985) und in freundlichen brieflichen Erläuterungen vom 9.4. 1990.

[25] Bloßes αὐτοῦ liest in der Tat die syrische Übersetzung (S; 12.Jh.; vgl. Warns, ebd. 438 mit A.7725). Sie wollte wohl stilistisch verbessern (d.h. das doppelte τοῦ θεοῦ vermeiden). Die schwierigere Lesart mit τοῦ θεοῦ haben der *Codex Alexandrinus* (A; 5.Jh.) und der *Codex Hierosolymitanus graecus 54* (H; 11.Jh. – J.B. Lightfoot, The Apostolic Fathers Part I,2, London 1890, 237 schreibt wegen des Herkunftsortes [sc. Konstantinopel 1873] C = *Codex Constantinopolitanus*). Weil A der beste und H der problematischste Zeuge ist (s. Lightfoot; vgl. Wengst, 5f.207.252), bleibt es bei τοῦ θεοῦ, zumal dann auch ein eindeutigerer Bezug für αὐτοῦ ἡ βασιλεία in 12,2 erhalten bleibt (so Warns, brieflich am 9.4. 1990).

[26] Warns, brieflich am 9.4. 1990.

[27] Zur vor- und frühchristlichen Religionsgeschichte des Begriffs der Epiphanie s. bei M. Dibelius – H. Conzelmann, Die Pastoralbriefe, Tübingen 1966[4], 77f. den Exkurs zu ΕΠΙΦΑΝΕΙΑ; D. Lührmann, Epiphaneia, in: Tradition und Glaube (Festschr. K.G. Kuhn), ed. G. Jeremias u.a., Göttingen 1971, 185–199.

mensbriefe, Tübingen 1920, 170 addiert kurzerhand: „nicht nur Christus, sondern auch Gott erscheint mit seinem Reiche."

Es paßt schlecht, daß die Gebote (Speisen) nach der Parusie gegeben wurden. Aber daß H solche Fehlleistungen ignoriert (Dibelius, 570: „Die Chronologie kümmert den Verfasser überhaupt nicht"), liegt daran, daß er das ganze Gleichnis statisch als Inventar wie ein Wachsfigurenkabinett beschreibt und die Handlung zu deuten ausläßt, die er in der ersten Erklärung 3,1–6 ausschließlich herausgezogen und ausgewertet hatte (das Tun und Reagieren von Sklave und Herr bzw. Mensch und Gott). So endet die Deutung auch unerwartet schnell. Man erlebt nicht, daß die Figuren sich zu bewegen beginnen und in ihrem Zusammenspiel der Sinn des Dramas, das sich ja im Gleichnis abspielt (2,2–11), erkennbar wird.

5,4 Das Staunen des H über das Geoffenbarte, eigentlich nur zu einer Vision passend (was ist außerdem an Gleichnis und Deutung so überwältigend und schwer verstehbar?), ist ein Klischee und setzt sich in Verlangen nach weiterer Offenbarung um (wie *grBar* 4,1: „Du zeigst Großes mir und Wunderbares, nun zeig mir alles um des Herren willen!"). H schiebt eine Selbstrechtfertigung ein, die sich wohl auf den Tadel des Hirten 4,1–5,1 bezieht, daß er, H, nicht selbst die Deutung geben kann. Aber das wird sehr nachlässig und ohne Anschluß an den genauen Tadel vorgenommen: H rechtfertigt sich naiv mit der angeblichen Schwerverständlichkeit, während der Hirt das Nichtverstehen allein im Menschen, d.h. moralisch begründete. – **5,5** Die angeschlossene, weiterführende (christologische) Frage des H wird – obwohl sie eine Kritik darstellt – problemlos akzeptiert und beantwortet. Was wie eine Zusatzfrage lautet, läßt in Wirklichkeit einen wahrscheinlich schwerwiegenden kirchlichen Anstoß an der bisherigen Erklärung zu Wort kommen (der Sohn Gottes als Sklave) und eröffnet eine Deutung, die sich nicht nur für die (bewegungslosen) Akteure im Gleichnis interessiert, sondern auch für deren Aktionen (6,1–4a). Die Frage lenkt auf die Christologie, die ab hier das Thema von Sim V und eines der schwierigsten Einzelprobleme des PH ist.

6,1 Zur Richtigstellung durch Umdeutung (Leutzsch, 152f.) wird die allegorische Figur des Sklaven kurzerhand als unzutreffend abgewiesen (obwohl das οὐκ nur durch LLE bezeugt ist, ist es unentbehrlich und wird seit Hilgenfeld, z.St. gelesen; vgl. z.B. Giet, Hermas, 217f. mit A.2; Coleborne, Approach [1965], 606f. zu Überlieferung und Diskussion des οὐκ) und in enger Anlehnung an die Parabel demonstriert, wie der Sohn Gottes ganz anders als ein Sklave auftrat und statt Sklave Herr (κύριος: 6,4) ist; zu κυριότης (6,1) s. Bartelink, 17. Das deutliche Interesse an der „Mühe und Anstrengung" des Sohnes Gottes in 6,2 will „eine Anspielung auf sein Leiden" geben (Hörmann, Leben, 227 mit A.91; vgl. Lebreton, Trinité II, 369; Zahn, Der Hirt, 252; anders Gebhardt-Harnack, 154f.; Hückstädt, 47).

6,2–4a Herrschaftsverhältnis, Befehlsgewalt, erlösende Arbeit an den Menschen (mühsame Reinigung von ihren Sünden), Wegweisung und Gesetzgebung (darin der erste historische Bezug dieser Christologie; vgl. IX 12,3)[28] beseitigen als Hoheitsaussagen den Anstoß und zeigen den von Gott bevollmächtigten Herrn. Die Bevollmächtigung des Sohnes Gottes ist in dieser Form offenbar nicht abgestimmt mit der Adoption des Sklaven (6,4b.7; Kretschmar, 117 A.1: „Adoptionslehre"). Das lautet alles sehr apologetisch. In dieses Bild paßt zwar die Souveränität des sündenbeseitigenden Erlösers, aber weniger das von den Strapazen, die er dazu (eben als Sklave im Weinberg) hat aufwenden müssen. Aber Passionschristologie wird als Skandalon in der Gemeinde ertragen, während der biblische δοῦλος-Titel (Phil 2,7) anscheinend ungeläufig und unerträglich ist (Bauer, Leben Jesu, 316 rechnet auf Sim V 5; 6 hin mit mehr Fällen von Ablehnung Christi in Knechts- bzw. Sklavengestalt). Die Einzelelemente, aus denen ein anderes, hoheitliches Christusbild dagegen aufgebaut wird, sind wieder sehr jüdisch (Lueken, 154 erkennt in ihnen „eine Christianisierung der Vorstellung von dem jüdischen Volksengel Michael, der sein Volk mit Hilfe der ihm untergebenen Engel beschützt"[29] und das Gesetz gibt wie der Sohn Gottes der Parabeldeutung). Der Sohn Gottes als Gesetzbringer ist nicht nur jüdisch in der Pointe, sondern frühchristlich verbreitet, für den PH besonders typisch (vgl. Bauer, Leben Jesu, 525; zur Identität von Sohn Gottes und Gesetz s. VIII 3,2 und Lebreton, Trinité II, 648–650).

6,4b Eine weitere (ergänzende oder auch neue, dann dritte, nach Bousset, Kyrios Christos, 263 A.1: „überaus künstliche") Deutung (s. zur Gliederung vor 1,1) lehnt sich an das Gleichnis an (Beratung des „Herrn" mit „seinem Sohn", der hier natürlich der Sohn der Parabel ist, und den „herrlichen Engeln" über die „Erbschaft" des „Sklaven" – eine Sprache, in der Bild- und Sachhälfte fusioniert werden). Es dient als Anlaß, weiter nach dem Sohn Gottes, der im Gleichnis der Sklave ist, (und nach dem Heiligen Geist) zu fragen. Ich kann nicht die „Zurückweisung eines neuen Bedenkens" erkennen: „wie können Geist und Engel über den Gottessohn Jesus zu Rat sitzen?" (Dibelius, 571). Das Motiv vom Ratschluß über den Sohn in der Versammlung der höchsten Instanzen (Gott, Heiliger Geist, die herrlichen Engel: 2,6–8.11; 6,7) verlangt oder empfiehlt im Kopf des H an dieser Stelle die Erklärung, wer der Sohn sei, über dessen Rang und Rangerhöhung (Freiheit und Erbschaft; vgl. 2,2.7.8.11) da entschieden wurde. Die Brücke zwischen Text und Ausdeutung ist die Idee von der Freilassung und der Einsetzung zum Miterben mit dem Sohn (= Erben: 2,6) des Gleichnisses,

---

[28] Giet, Hermas, 239 A.2 behauptet irrigerweise, daß nach diesem Text der Heilige Geist das Gesetz gebe.

[29] Es ist ein typisches Beispiel für die falsche Vergegenständlichung der merkwürdigen Sprache des PH, wenn nach Bauer, Leben Jesu, 522 hier „von dem irdischen Herrn erzählt wird, er habe seinen Gläubigen Schutzengel beigegeben".

d.h. mit dem Heiligen Geist (συγκληρονόμος: 2,7.8.11). Der Text redet also von einer durch sittliche und religiöse Bewährung des Sklaven herbeigeführte Gleichrangigkeit von Sohn und Sklave des Gleichnisses, die der Herr zusagt und verleiht (2,2.7), und zwar unter Zustimmung des Sohnes und der Berater (2,8.11). H läßt dabei völlig offen, ob und was der Sklave des Gleichnisses, der in der Deutung doch schon Sohn Gottes im qualifizierten Sinn war, in seiner „Karriere“ dadurch gewinnt, daß er „Miterbe“ des Heiligen Geistes wird, dessen Rang also teilt. Das Motiv der geschenkten Freiheit (2,2.7) wird nicht in dieser Richtung ausgedeutet. Aber die folgenden Zeilen (6,5–7) machen den Vorgang in etwa verständlich. Während H – in der Sachhälfte der Parabel – den Sohn Gottes offenbar nachträglich auf sein Heilswirken hin gleichrangig werden läßt mit dem Heiligen Geist, was nicht recht einleuchtet, nachdem der „Sohn Gottes“ doch dem „Heiligen Geist“ nicht gut unterlegen sein konnte, läßt er jetzt eine andere Art Christologie folgen, von der her die hier vermißte Logik sich abzeichnet: Da ist am „Anfang“ nicht der „Sohn Gottes“, sondern (bloß) ein erwählter „Leib“ (σάρξ) = Mensch, der durch Bewährung aufsteigt (was hier sinnvoll ist, weil er ja, im Unterschied zum Sohn Gottes des Gleichnisses, wirklich zu gewinnen hat); und er ist dadurch singulär, daß es der präexistente Heilige Geist ist (und nicht der übliche, alltäglich in den Christen einwohnende „heilige Geist“ wie z.B. Mand V 1,2; 2,5; X 2,5; Sim V 6,7b; 7,1b; IX 1,2; 32,2.4), der in ihm wohnte und dem er in idealer Weise diente. Wie dieser „Leib“ es im Dienst am Heiligen Geist erreicht, „Gefährte des Heiligen Geistes“ zu werden und eine Wohnstätte zu bekommen (2,6.7), so etwa muß man es verstehen, wenn der Sohn Gottes (der 6,5–7 nicht vorkommt) in 2,7.8.11 Miterbe und Freigelassener wird. Genauer hat H das nicht durchdacht. Die Unschärfe in der Verwendung seiner Motive ist notorisch.

6,5 H verläßt jetzt bis 6,7 die Sprache der Parabel[30] und macht also christologische Ausführungen anderen Inhalts, die unabhängig von der Parabel gedacht und formuliert sein müssen. Aber das Thema bleibt die Christologie. Henne, A propos de la christologie, 569–578 macht den gravierenden Fehler, den redaktionellen Beitrag des H im Gebrauch seiner Stoffe (hier: „Fleisch und Geist“) nicht einzukalkulieren und den Passus 6,4–7 (trotz 5,1–6,3) nicht mehr christologisch zu lesen, sondern auf den heilsrelevanten Bewährungsprozeß des Menschen generell zu beziehen. Die Signale im Text für eine Fortsetzung des Themas Christologie sind nämlich zu deutlich: 6,4b kündigt das folgende ausdrücklich als Erklärung einer Teilszene der vorangegangenen Christologie-Parabel an und gebraucht deren Metapher („der Sklave“) für den Sohn Gottes. Außerdem kann die singulär vollkommene Bewährung des bestimmten, immer im Singular benannten „Leibes“ (ἡ σάρξ; „auf dieser Erde nicht befleckt“) nur christologisch begrif-

---

[30] Die diversen Lesarten dieses Passus sind von Crombie, 35 A.9 zusammengestellt.

fen werden, in Abhebung nämlich von den (übrigen) Menschen (πᾶσα σάρξ: 6,7). Die ethisch-paränetische Ausdehnung des Bildes vom Einwohnen des heiligen Geistes im Fleisch allgemein (in anthropologischer Version wie Mand III 1; X 2,6) stellt nicht ein neues (drittes) Thema der Erklärung von Sim V dar, das dann von 5,1 bis 7,4 reichen würde, sondern ist auf 7,1b–4 beschränkt und lediglich eine sekundäre Applikation nach dem ausdrücklichen Übergang auf „alles Fleisch" (6,7; s. dort). – Die neuen Ausführungen zur Christologie haben in den Ideen von Bewährung und dadurch verdienter Belohnung zwar ihre Entsprechungen im Gleichnis, enthalten aber etliches Wesentliche ohne Analogie zum Gleichnis (etwa daß der Heilige Geist in seiner Präexistenz[31] und als Schöpfer und im Zusammenwirken mit einem „Leib" bei der Reinigung des Volkes Gottes dargestellt wird, während der „Leib" im Gleichnis als Sklave dem Herrn, nicht dem Sohn, diente und der Sohn nichts tat). – Gott hat den Primat und bleibt unerreicht: Er handelt bestimmend nicht nur am Sohn, sondern auch am Heiligen Geist (wie im Bild 2,7) und „macht" bzw. „läßt wohnen", ein Ausdruck, der hier wohl auf die Inkarnation bezogen werden will (z. B. Joly, 239; Lebreton, Trinité II, 365; s. 6,7b; Autry, 223 bezieht dagegen auf die Taufe Jesu statt auf Empfängnis und Inkarnation) und eine besondere christologische Prädikation darstellt („Geist-Christologie"; zu vergleichen ist F. Loofs, Theophilus von Antiochien adversus Marcionem und die anderen theologischen Quellen bei Irenaeus, Leipzig 1930, 119–210; Simonetti, Problema, 444f.; L. Abramowski, ZThK 81, 1984, 431–433), die jüdischer Anthropologie entspricht (Cirillo, La christologie) und die H wohl nicht unter dem Schock über die Allegorie vom adoptierten Sklaven (2,6.11) wählt (Lebreton, Trinité II, 355 u. a.). Er behält sie 6,4b.7 ja bei, und es ist eine Art Christologie, die die Vorzüge des Sohnes Gottes assoziativ und pleonastisch schlicht addiert. In der Schöpfungsaussage über den Heiligen Geist (6,5) entsteht für Gott als Schöpfer (Vis I 3,4; Mand I 1; XII 4,2; Sim IV 4; V 5,2) allerdings eine Konkurrenz, die H nicht wahrnimmt und nicht beseitigt, weil er immer für den Augenblick und ohne großen Überblick formuliert (die Auflösung bei Opitz, 56–60 unterstellt eine spekulative Systematik, die dem PH ganz fremd ist).

Die σάρξ (der „Leib") ist der Mensch „Jesus von Nazaret" (Grillmeier, Jesus der Christus 1, 159). Seine Erwählung (ἣν ἠβούλετο) hat eine Entsprechung in der Erwählung (ἐκλεξάμενος: 2,2) des Sklaven im Gleichnis: Einen aus vielen suchte der Herr für die besondere Aufgabe und zur Geisteinwohnung (vgl. Cirillo, La christologie) aus, weil er sich durch Zuverlässigkeit und Eifer von ihnen unterschied.[32] Daß diese σάρξ Jesus bereits mehr als bloßer Mensch (wenn auch nicht Gott) war, meinen etliche Ausleger

[31] Opitz, 56 sieht die Herkunft der Aussage „in der spätjüdisch-hellenisierenden ... Auffassung von der Präexistenz der sophia" (Spr 8,22).

[32] Der Text ist eines der frühchristlichen Zeugnisse der allgemeinen Überzeugung von der zweifelsfreien, absoluten Sündlosigkeit Jesu (andere Beispiele bei Bauer, Leben Jesu, 329).

annehmen zu müssen (z. B. Lebreton, Trinité II, 365), was H jedenfalls zu erwähnen nicht für nötig gehalten hat. Er läßt, was sehr stört, nicht einmal erkennen, ob der Sohn Gottes mehr als ein Mensch bzw. bereits vom Geist „bewohnt“ war, als er die Erlösungsarbeit an der Menschheit leistete. Das christologische System des PH funktioniert nicht auf der chronologischen Achse, sondern in einer assoziativen Vernetzung von Motiven, die als Summe so vage bleiben wie einzeln. – Daß σάρξ an dieser Stelle nicht nur einen Leib, sondern (wie im anthropologischen Zusammenhang Mand III 1; X 2,6) eine (sittlich verantwortliche) „Person“ symbolisiert, ergibt sich zwingend aus dem entscheidenden Element, daß sich „dieser Leib“ als „Wohnung“ des Heiligen Geistes, in dessen „Dienst“ und in Heiligkeit und Reinheit bewährt hat. Das Motiv der Bewährung erklärt auch die Christologie des kurzen Satzes von IX 13,3 Ende: „Der Sohn Gottes trägt selbst auch die Namen dieser Jungfrauen“, was hier heißt, daß er in der Verwirklichung der Tugenden den Christen vorangegangen ist. Daß die Unterscheidung zwischen Geist und Fleisch hier „sicher auf das bekannte christologische Schema κατὰ σάρκα – κατὰ πνεῦμα“ verweist (Kretschmar, 20), kann ich nicht erkennen. – „beflecken“ (μιαίνω): ein Terminus der Moralsprache des PH, den H hier (in der Negation) christologisch für die Bewährung der σάρξ Jesus verwendet. Durch Sünde „befleckt“ der Mensch sich selbst, sein Fleisch, das Gebot des Herrn oder die Gebote Gottes (s. Kraft, Clavis, 295); daß er auch den (heiligen) Geist (nicht) „befleckt“, wird 7,2.4 gesagt (s. zu 7,1 b–4).

6,6 Pleonastisch wird die Bewährung des Leibes Jesus ausgebaut. Die gemeinsame Mühe und das Zusammenwirken von (Heiligem) Geist und „Leib“ (= Jesus) muß sich auf das Heilshandeln beziehen (vgl. den Gebrauch von κοπιάω/κόπος/συγκοπιάω in 6,2.6 für die Tätigkeit sowohl des Geistes als auch des Sohnes). Die Entsprechung im Gleichnis ist die Arbeit des Sklaven (2,4) bzw. in der Deutung die große Heilsmühe des Sohnes Gottes (6,2), allerdings dort als seine alleinige Leistung, ohne den Sohn des Gleichnisses, d. h. ohne den Heiligen Geist, eine typische Ungenauigkeit. Unverständlich, aber nicht buchstäblich zu nehmen ist, daß er erst daraufhin von Gott zum „Gefährten des Heiligen Geistes“ genommen wird.[33] Folgerichtig ist, daß die gute Lebensführung ihn zum Wohnplatz für den Geist prädestinierte, zu dessen Gefährten er darum gemacht wurde, um mit ihm zusammen die Heilsarbeit zu leisten. – Gott handelt am Heiligen Geist und am „Leib“ nach seinem Ratschluß, den er nicht allein trifft (6,7).

6,7 Durch die weiteren Ausführungen wird die Sache (der Christologie) nicht verständlicher. Warum der Herr des Gleichnisses „seinen Sohn und die

[33] Hilhorst, Sémitismes, 99f. bezieht μετά auf εἵλατο (statt auf τοῦ πνεύματος) und versteht so, daß der Herr den Leib zu seinem eigenen Genossen macht, wie es der Heilige Geist ist. Das widerspricht aber dem Zusammenhang und läßt sich nicht von 6,7 her begründen.

herrlichen Engel zur Beratung... beizog" (6,4b), ist noch nicht erklärt worden. Als Grund wird hier angezeigt, daß ein gerechtes, leistungsbezogenes Urteil über den Sohn der Deutung (= den Sklaven des Gleichnisses) zustande kommen mußte, und zwar „*auch*" über diesen Leib: Die Ratsversammlung scheint die Instanz zu sein, die den angemessenen Lohn verteilt, diesmal an den sündenlosen „Leib", den Menschen Jesus. Denn ganz deutlich ist Jesus wieder nicht von vornherein singulär gesehen (wie schon 2,2: er war der treueste unter vielen Sklaven, anders in der Gleichnisdeutung bisher), sondern als ein Fall und Beispiel von Bewährung, Sündenlosigkeit und Belohnung unter anderen. Die Spezifika seiner Auszeichnung, daß er die Freiheit bekommt und Miterbe des Heiligen Geistes und dessen Gefährte wird und die Heilsarbeit am Volk Gottes verrichtet usw., die die Pointe der Parabel im allegorischen Gebrauch waren, spielen keine Rolle mehr: H begnügt sich plötzlich mit allgemeinsten Kategorien (tadelloser Dienst, Lohn, Wohnstätte im Himmel), wie sie auf jeden Christen anzuwenden sind. Statt seiner großen Aufgaben im Weinberg hat der Sohn Gottes in dieser Deutung nur noch „die Aufgabe, sich selbst rein zu halten" (Walter, 138). Und tatsächlich verallgemeinert H jetzt in der bei ihm üblichen Manier, aber diesmal doch sehr überraschend und erstaunlich die gemachte Aussage, um ihre Allgemeingültigkeit für alle zu erklären. Alle Christen bekommen ihren Lohn (s. Lake, Landmarks, 114), und so auch Jesus. Man muß dies tatsächlich in dieser Reihenfolge sagen, denn darin liegt der Schlüssel zur christologischen Perspektive des PH (vgl. den Exkurs: Die Christologie). Das hauptsächliche Interesse des H ist es bei diesem Thema, eine entscheidende, soteriologisch und moralisch belangvolle Parallelität herauszustellen zwischen Christus und den Christen, zwischen Christologie und Anthropologie, denn H kommt von seiner Paränese und Anthropologie her zur Christologie (vgl. van Eijk, 91). Das zu sehen ist entscheidend, um die Gedankenfolge im doch seltsam anmutenden vorliegenden Text und speziell einen thematischen Übergang wie den von V 6,5–6 nach 6,7b zu verstehen. – Unter dieser ihrer Applikation auf die Paränese leidet natürlich die Christologie, das Gleichnis wechselt die Pointe. Alles Singuläre am Sohn Gottes verblaßt in diesen letzten Zeilen. Wegen der paränetischen Tendenz „tritt der bleibende Unterschied zwischen Christus und den Christen hier ganz zurück. Hermas kennt ihn an sich natürlich genau..., aber hier braucht er ihn nicht" (Kretschmar, 20f.). Man muß sich dafür an 2,7.8.11 erinnern: Der Lohn war dort singulär, während der Blick hier in seltsamer Art von der Christologie zu allen Christen („allem Fleisch") wechselt, die wie der Sohn sündenfrei blieben und den heiligen Geist in sich wohnen hatten, der hier nicht der „trinitarische" ist (s. zu 7,1b–4). Dies wird endgültig klar an Sprache und Inhalt der Fortsetzung 7,1b–4, von H in einem neuen Erklärungsansatz geradezu „nachgeschoben", aber rückwirkend aufschlußreich für die christologischen Passagen.

Es ist nach allem ein doppelter Geistbegriff bei H anzunehmen, den man in der Übersetzung günstig durch Groß- und Kleinschreibung markieren kann, wie sie oben praktiziert ist: „Der Heilige Geist" wohnte in dem „Leib" Jesus; „der heilige Geist" ist in „allem Fleisch" (als Gnade und Gottes Kraft zum Guten, wie Mand XI 2 und 5 die „*Kraft* göttlichen Geistes" und nach Mand XI 9 eventuell auch die Kraft oder Begabung zur Prophetie). Dieser letztere, der „heilige Geist" in allen Christen, müßte nach der Diktion des H auch im Plural stehen können. Und tatsächlich erklärt H die zwölf Jungfrauen, die um das Tor des Turmes stehen und den Turm bewachen (IX 2,3; 3,2; 6,2), als „heilige Geister (ἅγια πνεύματα)", ohne die kein Mensch ins Reich Gottes kommt und deren Gewand man anziehen muß, was gleichbedeutend ist mit der Einwohnung dieser Geister im Menschen (s. Exkurs: Das Bild vom „Wohnen"); und parallel erklärt er sie als „*Kräfte* (δυνάμεις) des Sohnes Gottes" (IX 13,2; derselbe Plural πνεύματα 13,5.7; 17,4). Genauso bezeichnend ist es, daß diese Geister zum einen „heiligen Geist" wieder zusammengefaßt werden können (Sim IX 24,2). Bei der notorischen Unschärfe und Oszillation in der Diktion des H ist dies die relativ klare Bestätigung eines „anthropologischen" Geistbegriffs, vom „Heiligen Geist" im Sohn Gottes unterschieden. Wenn H abstrakt bzw. generell von diesem heiligen Geist als der guten Kraft in den Christen spricht, gebraucht er den Singular; denkt er konkret an seine Ausdrucksformen in Gestalt der verschiedenen Tugenden, setzt er den Plural (IX 13). Und er setzt ihn auch dann, wenn er an eine Vielzahl von Christen denkt, von denen jeder eben seinen „Geist" hat (Mand XI 15; Sim VIII 6,3). Und daß H den Artikel weglassen kann (καὶ ἔδωκεν πνεῦμα: Sim VIII 6,1), spricht auch deutlich für verliehene Kraft. Dieselbe Rede vom „heiligen Geist" in anthropologischem Zusammenhang (als der guten Kraft im Menschen) führt H auch in Mand V 1,2–4; 2,5–7 (ausgetauscht gegen „gerechten" Geist); X 2,1 f.4–6; 3,2 f.; Sim IX 24,2; Mand III 4 (Geist der Wahrheit, heiliger und wahrhaftiger Geist), hier überall wieder im Singular. Ein Beispiel für die wechselhafte Sprache des H bei gleichbleibender Aussage: Der „heilige Geist" „wohnt" im Menschen; er ist „der Geist Gottes, der (dem Menschen) in den Leib gegeben ist (δοθὲν εἰς τὴν σάρκα)" (Mand X 2,5f.). – Alle diese Sätze können nicht vom Heiligen Geist der Parabel aus Sim V und seiner Deutung gesagt sein. Der doppelte Geistbegriff ermöglicht dem H seine spezielle Beschreibung der adoptianischen Christologie sowie den unproblematischen, gleitenden Übergang von seiner Bewährungs-Christologie zur Anthropologie und Paränese wie hier in 6,7–8 und 7,1 b (vgl. Exkurse: Die Christologie; Die Pneumatologie).

6,8 Vgl. *4 Esra* 12,10: „Das ist die Deutung der Vision, die du gesehen hast" (vgl. ebd. 13,53). Es wird das Ende der Deutung angezeigt, deren Umfang unklar ist: Denkt H auch noch an 3,1–6, oder ist der Horizont inzwischen ganz auf die christologischen Teile reduziert (sc. 4,1; 5,2–3; 5,5 b–6,7)? – **7,1 a** Die Reaktion des H („ich bin froh...") ist im Zusammenhang von 4,1–5,1 zu lesen (s. dort): Der Bittsteller ist trotz der Widerstände des Offenbarers an sein Ziel gekommen.

7,1b Der Hirt setzt seine Rede ungebeten fort, und zwar mit dem Imperativ ἄκουε, der sehr oft im PH die spezifische Aufmerksamkeit für Offenbarung, Deutung und Belehrung evoziert (Kraft, Clavis, 22f.), hier absolut gesetzt. Die folgende Instruktion wird 7,3 tatsächlich als geoffenbarte Neuheit behandelt. – δικαιόω/rechtfertigen ist hier und Vis III 9,1; Mand V 1,7 die vorläufige Rechtfertigung, die der Anfang des Heils, aber gefährdet ist (anders Dibelius, 576: „natürlich das Gericht").

Mit der in 6,5–7 christologisch gebrauchten Diktion vom im Leib einwohnenden Geist, vom Leib, der vom Geist auf Bewährung hin ein (gutes) Zeugnis ausgestellt bekommt (wie der Sklave vom Herrn im Gleichnis 2,6), erklärt H jetzt das Grundmuster der christlichen Verwirklichung im Menschen. Dazu ist σάρξ/Fleisch – Leib (wie oben Jesus) jetzt jeder Christ (H spricht nicht von allen Menschen), und (heiliger) Geist (πνεῦμα) ist das Gute, das im Menschen von Gott her (sicher durch die Taufe) da ist und dominiert und mit dem bösen Geist (mit bösen Geistern) konkurriert. Ein Vergleich mit Mand V 1,2; 2,5–7; X 2,5 und der dortigen Zwei-Geister-Lehre bzw. Zwei-Geister-Anthropologie (auch von Snyder, 104 in Sim V 7,1–2.4 wiedererkannt) bestätigt das. Der „heilige Geist", der im Menschen „wohnt", ist – anders als im christologischen Passus Sim V 6,5–7 – „der Geist Gottes, der in den Leib (d.h.: dir) gegeben ist" (Mand X 2,6). H liebt das Bild vom „Wohnen" des guten, heiligen Geistes oder böser Geister oder von Kräften oder Tugenden im Menschen (s. Exkurs: Das Bild vom „Wohnen"; Kraft, Clavis, 243f.[34]). Dieser metaphorische Gebrauch von κατοικέω/κατοικίζω in anthropologischen, moralischen und religiösen Zusammenhängen hat im PH viermal die Version τὸ πνεῦμα τὸ ἅγιον τὸ κατοικοῦν ἐν σοί oder ganz ähnlich (Mand V 1,2; 2,5; X 2,5; Sim V 6,7; IX 1,2; 32,2.4), wo jeweils der Geist so wenig wie Sim V 7,1b der „trinitarische" Heilige Geist (5,2; 6,5–7), sondern die Disposition, der innere Zustand des Menschen bzw. Gottes Kraft zum Guten ist.

Die Applikation dieser Begrifflichkeit einmal auf den Sohn Gottes, an verschiedenen Stellen des PH aber auf die Christen erzeugt eine eigentümliche Art der Parallelität zwischen der Christologie und der theologischen Anthropologie dieses Buches. Sie entsteht aus dem jeweiligen „Zusammenarbeiten von πνεῦμα und σάρξ", das übrigens durch nichts im Gleichnis 2,1–8 vorgegeben ist (Walter, 137f.). Die eine Anwendung muß aus der anderen abgeleitet sein. Die Priorität dürfte der anthropologischen gehören, denn ihre christologische Aufstockung (besonders exzellente Bewährung, Besitz des besonderen Heiligen Geistes, Belohnung durch Aufnahme in die

[34] Dort ist κατῴκησε τὸ πνεῦμα aus 6,5 irrigerweise unter κατοικίζω aufgeführt und fehlt unter κατοικέω.

engste Nähe Gottes) ist eher denkbar als eine anthropologische Absenkung der Christologie auf anthropologische Aussagen. Diese Christologie macht aber mit ihrer krassen Subordinations-Aussage und mit dem Adoptions-Vorgang des Gleichnisses auch die entgegengesetzte Ableitung immerhin denkbar. In der beobachteten Parallelität bleibt Christus von den Menschen eindeutig unterschieden durch den anderen (Heiligen) Geist, der in ihm wohnt, und ihnen vergleichbar im Prozeß der Bewährung in Sündenlosigkeit.

7,2 In der beschriebenen σάρξ/πνεῦμα-Anthropologie des PH hat die Leiblichkeit des Menschen offensichtlich einen hohen Stellenwert. H verteidigt sie hier jedenfalls gegen ihre moralische Vergleichgültigung seitens derjenigen Christen, die in einem libertinistisch oder permissiv (nicht: enkratitisch; vgl. Brox, VigChr 19, 1965, 29f. mit A.22) gelebten Leben die Indifferenz „fleischlicher" Sünden demonstrieren wollen; der Mensch hat als σάρξ Zukunft, Gericht und Belohnung zu erwarten. Die Vermutung, diese Zeilen seien antignostische Polemik (z.B. Lipsius, Der Hirte, 1866, 75–81; Weinel, HNTA, 310; Lake, 171; Duchesne, 26; Dibelius, 574; dagegen Reiling, 66) und der Text sei dagegen ein Bekenntnis zur Auferstehung des Fleisches (Joly, 241), irrt darin, daß sie „Leib" und „Geist" dualistisch liest, denn „Leib" ist der ganze Mensch, „Geist" seine Befähigung zum Guten durch Gott (Mand X 2,6) und eins mit dem anderen zusammengehörig (7,4). Die Anthropologie des H kommt aus einem Milieu, in dem σάρξ/Fleisch in einem nichtdualistischen Sinn den ganzen Menschen bedeutet und nicht eine Opposition zur Seele ist; vgl. auch van Eijk, 87.93 in Korrektur an Giet, Hermas, 221.222 A.1; er will darum aus berechtigter Vorsicht nicht von Polemik gegen eine organisierte Häretikergruppe mit einer bestimmten Falschlehre reden, sondern nur einen Hinweis auf bedenkliche Tendenzen darin sehen, die sich bezüglich der Auferstehung des Christen breit machten. Genau besehen geht es aber wieder um die Moral (Mißbrauch, Befleckung). Der „heilige Geist", der mitbetroffen wird, ist wieder nach Mand V 1,2; 2,5; X 2,5; Sim V 6,7 (Ende) zu definieren (s.o.)[35]. – **7,3** Die an H ergangene Offenbarung teilt mit ihrem bedeutsamen Neuheitscharakter die Zeit des Sündigens in ein Vorher und Nachher, in Ahnungslosigkeit und Wissen. Die Frage nach den Sünden der Früheren (Verstorbenen?) wird mit dem Hinweis auf Gottes Macht eher bedrohlich und verunsichernd beschieden; „auf ‚Gott allein' angewiesen, seinem durch keine Verheißung gebundenen Willen ausgesetzt", ein „Sonderfall", insofern Kirche oder Bußengel nichts ausrichten können (Grotz, 27 mit A.6). **7,4** H wird von seiner

---

[35] In der Wiederholung des Satzes „wenn du deinen Leib befleckst" emendieren Gebhardt-Harnack, 158 (mit Korrekturen an Hilgenfeld); Funk, 542; Weinel, NTApo 1924^2, 361 (von Whittaker, 58 ignoriert) τὴν σάρκα GLL(E) zu τὸ πνεῦμα. Die Dublette ist mit ihren beiden ganz verschiedenen Fortsetzungen aber durchaus erträglich. Sachlich sind beide Versionen möglich (vgl. 7,4 und Dibelius, 577).

Frage nach den Sünden anderer auf seine eigenen Aufgaben und Chancen gelenkt. Was „jetzt" nach ergangener Offenbarung zu tun ist, ist bekannt. In der seit 7,1 b gewählten besonderen Diktion ist der Schluß der Sim V ganz konventionell und im Stil von Gebotsschlüssen formuliert. Zur anthropologischen Begrifflichkeit wird vollends klar, daß der Geist (als gute Anlage und positive Disposition) zum Christen gehört. – „Für Gott leben": s. Mand I 2.

Das Ergebnis der Auslegung von V 4,1–7,4 ist ein recht eigenartiges, dürftiges Bild von der Christologie des PH und so eigentümlich, daß es „für eine Geschichte der Christologie kaum brauchbar" genannt worden ist (Bousset, Kyrios Christos, 267 A.1). Läßt man weitere grundlegende christologische Texte zunächst beiseite (vgl. Exkurs: Die Christologie) und hält sich vorerst nur an diese ausführlichsten unter ihnen, läßt sich so zusammenfassen: Obwohl die Parabel bis 2,6 mit nur zwei Personen (Herr und Sklave) beginnt, redet H in Gleichnis und Deutungen von drei Größen, vom Herrn, seinem Sohn und seinem Sklaven, d. h. von Gott, Heiligem Geist und Gottes Sohn (vgl. Seeberg, 127; nach Kelly, 94 allerdings erst seit der Inkarnation). An keiner Stelle ist der Sohn Gottes mit dem Heiligen Geist identifiziert. Alle drei Größen haben göttliche Qualität, allerdings in deutlicher Abstufung Gott – Geist – Sohn.[36] Jedenfalls gehört der Sohn mit seinem Heilshandeln an den Menschen auf die Seite Gottes und wirkt zusammen mit dem Heiligen Geist. Von Präexistenz ist Sim V für den Sohn Gottes nicht die Rede (anders für den Geist); den „präexistenten Christus" vieler Auslegungen und seine Identität mit dem Heiligen Geist kennt der Text nicht. Der Sohn Gottes wird σάϱξ/Fleisch oder Leib genannt, und zwar als der aus vielen erwählte Mensch Jesus, in dem Gott den Heiligen Geist wohnen ließ. Der Mensch Jesus, dessen Namen (Jesus/Christus) der PH nicht ein einziges Mal nennt, hat diese Einwohnung durch Sündenlosigkeit, Gehorsam und tadellosen Synergismus mit dem Geist als Lohn verdient, wobei das Vor- und Nacheinander der Vorgänge von H nicht exakt eingehalten ist. Der Lohn ist Adoption zu nennen (Freilassung, Miterbe), dem H darum adoptianische Christologie zugeschrieben worden (bes. Harnack, Dogmengeschichte I, Tübingen 1909^4. Nachdruck 1964, 211 f.; Opitz, 58f.; Dibelius, 572–576; vgl. Nijendijk, 83–97; s. Exkurs: Die Christologie), während im Teil 6,4–8 eine Geist-Christologie vorliegt, soweit diese professionellen dogmenhistorischen Kategorien auf die jüdisch gefärbten Texte des PH überhaupt applikabel sind. Daß der Geist im Menschen Jesus der Heilige Geist ist und Jesus nur in Verbindung mit ihm am Volk Gottes und zu dessen Erlösung handelt, bringt zweifellos einen binitarischen Trend in das trinitarische Bild von 4,1–6,4a (vgl. auch Lebreton, Trinité II, 374; Walter, 142), es sei denn, diese Verbin-

[36] Ob man die „zuerst erschaffenen Engel" als Ratgeber in diese Hierarchie einbeziehen und dann dem Sklaven überordnen muß (von Walter, 143; Lebreton, Trinité II, 363.365 angenommen), scheint mir durch die Deutung, die keine Relation zwischen Sohn und Engeln bietet, negativ entschieden. Der Sohn hat allerdings nach 6,5 ein Verhältnis zum Heiligen Geist, das für die Engel nicht gilt.

dung ist nur vorübergehend gedacht. Aber schon aus Rücksicht auf die römische Taufformel – so darf man annehmen – mußte H zwischen Sohn Gottes und Heiligem Geist unterscheiden (Uhlhorn, 718); vgl. zur Problematik Kretschmar, 20. Von den Christen unterscheidet der Sohn Gottes sich durch den einzigartigen, den Heiligen Geist, da die Christen von Gott einen heiligen Geist als Disposition zum sündenfreien Leben bekamen, der gegen seine Verdrängung durch böse Geister kämpft. Eine Nähe besteht zwischen dem Sohn Gottes und den Christen in der parallelen Aufgabe, Gebote zu erfüllen, sündenfrei zu leben und dadurch einen (allerdings durchaus verschiedenen) „Lohn" zu erlangen. Der Sohn Gottes ist Wegweiser und geht selbst den vergleichbaren Weg. Das alles scheint sehr judenchristlich entworfen. Ein „absolut geschlossener judaistischer (sic) Monotheismus" hat diesen Adoptianismus christologisch unausweichlich gemacht (Grillmeier, Jesus der Christus 1, 187; vgl. 147). Wie H solche Äußerungen in Rom publizieren konnte, wo sie sich sicher nicht mit den gemeinkirchlichen Formen von Bekenntnis und Christologie deckten, bleibt sein Geheimnis. Die zu erwartenden Bedenken in der Gemeinde (5,5b) und die darauf abgestellten Kautelen oder Rechtfertigungsbemühungen des H haben höchstens vage Spuren im Text hinterlassen (s. Lebreton, Trinité II, 366–369, der sie eher übertreibt). Nicht durch Rücksichten und Selbstkorrekturen ist die Christologie der Sim V so kompliziert und schwierig ausgefallen, sondern weil der PH christologisch verschiedenen Denkmodellen je ein Stück nachgeht und sie in seinem assoziativen Denkstil mit größter Selbstverständlichkeit kombiniert, ohne einer dogmatischen Partei anzugehören[37] (Präzision bietet H statt dessen im Feld von Moral und Buße auf). Grillmeier, Jesus der Christus 1, 160 nennt das eine schlecht gelungene Zusammenfügung damals umlaufender Traditionen von Engel-, Sohnes- und Geistchristologie, und jedenfalls kann man den PH nicht (wie Rambouillet, L'orthodoxie, 23f. in seiner Verteidigung des Buches gegen Duchesne) mit einem Hinweis auf den Parabelcharakter allein entlasten.

Sechstes Gleichnis

Sünde, Strafe, Buße, Genuß (Sim VI 1,1–5,7)

61 (VI 1) 1 **Ich saß in meinem Haus, lobte den Herrn für alles, was ich geschaut hatte, und machte mir meine Gedanken über die Gebote, daß sie gut, wirksam, erfreulich, herrlich und imstande seien, die Seele des Menschen zu retten[1]. Ich sagte bei mir: Ich werde glücklich sein, wenn ich nach diesen Geboten lebe, und jeder, der nach ihnen lebt, wird glücklich sein[2].** 2 **Und**

---

[37] Passende Bemerkungen dazu bei Pernveden, 44.50f. in seinem korrekten Referat.

[1] Vgl. Jak 1,21.

[2] Vgl. Ps 1,1f.; 118,1.

während ich das bei mir sprach, sah ich ihn plötzlich neben mir sitzen, und er sagte folgendes: „Was zweifelst du hinsichtlich der Gebote, die ich dir gegeben habe? Sie sind gut! Da darf es keinen Zweifel für dich geben! Zieh vielmehr den Glauben an den Herrn an und lebe nach ihnen! Ich werde dich nämlich in ihnen bestärken. 3 Diese Gebote sind denen nützlich, die Buße tun wollen; denn wer nicht nach ihnen lebt, dessen Buße ist vergeblich. 4 Da ihr also Buße tut, legt die Schlechtigkeiten dieser Welt ab, die euch ruinieren. Wenn ihr alle Tugend der Gerechtigkeit annehmt, könnt ihr diese Gebote halten und sündigt nicht mehr weiter. Wenn ihr nicht mehr weiter sündigt, werdet ihr eine Menge von euren früheren Sünden tilgen. Lebt also nach meinen Geboten, und ihr werdet für Gott leben. Das ist es, was ich euch zu sagen hatte!"

5 Nachdem er so mit mir geredet hatte, sagte er zu mir: „Laß uns aufs Feld gehen, da zeige ich dir die Hirten der Schafe." „Ja, Herr", sagte ich, „laß uns gehen." Wir kamen in eine Ebene, und er zeigte mir einen jungen Hirten, der in gelbes Gewand gekleidet war. 6 Er weidete eine riesige Schafherde, und die Schafe ließen es sich recht gut gehen[3], schwelgten genüßlich[3] und sprangen fröhlich herum. Auch der Hirt selber war fröhlich über seine Herde; und der Hirt machte einen ausgesprochen fröhlichen Eindruck und ging zwischen den Schafen herum. Und ich sah noch andere Schafe, die immer an derselben Stelle schwelgten und sich's gut gehen ließen, allerdings nicht herumsprangen. 62 (VI 2) 1 Er sprach zu mir: „Siehst du den Hirten?" „Ja, Herr", sagte ich, „ich sehe ihn." Er sprach: „Das ist der Engel der Genußsucht und des Selbstbetrugs.[4] Er ist es, der die Seelen der Diener Gottes – der hohlen unter ihnen – ruiniert und der sie von der Wahrheit abbringt, indem er sie mit den schlechten Begierden betrügt, an denen sie zugrunde gehen. 2 Sie vergessen nämlich die Gebote des lebendigen Gottes, leben in Selbstbetrug und törichten Vergnügungen und werden von diesem Engel zugrunde gerichtet, die einen zum Tod, die anderen zum Verderben."

3 Ich sprach zu ihm: „Herr, ich weiß nicht, was das bedeutet: ‚zum Tod' und ‚zum Verderben'." „Hör zu", sagte er, „die Schafe, die du so fröhlich herumspringen sahst, das sind die (Christen), die endgültig von Gott abgefallen sind und sich den Begierden dieser Welt überlassen haben; in ihnen ist keine Buße zum Leben mehr, weil sie zu ihren übrigen Sünden hinzu den Namen des Herrn gelästert haben. Auf sie wartet der Tod. – 4 Die (Schafe), die du nicht herumspringen, sondern immer an derselben Stelle weiden sahst, das sind die (Christen), die sich zwar den Genüssen und dem Selbstbetrug überlassen, den Herrn aber nicht gelästert haben. Sie sind von der Wahrheit weg ins Verderben gelaufen. In ihnen ist indes noch eine Hoffnung auf Buße, durch die sie zum Leben kommen können. Das Verderben läßt also noch eine gewisse Hoffnung auf Verjüngung, aber der Tod bedeutet ewigen Untergang."

5 Wir gingen wieder etwas weiter. Da zeigte er mir einen großen Hirten, dem Aussehen nach recht wild, eingehüllt in ein weißes Ziegenfell, mit einem Ranzen über der Schulter und einem ganz knorrigen Stab mit Ästen und einer großen Peitsche; sein Blick war sehr grimmig, so daß man sich vor ihm

[3] Vgl. Jak 5,5.
[4] Vgl. 2 Petr 2,13.

fürchten mußte, – so war sein Blick! 6 **Dieser Hirt nahm von dem jungen
Hirten diejenigen Schafe weg, die schwelgten und sich's gut gehen ließen,
aber nicht herumsprangen, und trieb sie in ein steiles Gelände voller Dornen
und Disteln, wo die Schafe sich in Dornen und Disteln verfingen und sich
nicht daraus befreien konnten.** 7 **Dort waren sie nun verfangen und mußten
von den Dornen und Disteln fressen und standen Schlimmes aus, da er noch
auf sie einschlug. Er jagte sie hin und her und ließ ihnen keinen Augenblick
Ruhe; diese Schafe kamen einfach nicht zur Ruhe.** 63 (VI 3) 1 **Als ich das
sah, wie sie mit der Peitsche geschlagen wurden und was sie auszustehen
hatten, da wurde ich traurig über sie, weil sie pausenlos so gequält wurden.**
2 **Ich sagte zu dem Hirten, der mit mir redete: „Herr, wer ist dieser erbar-
mungslose und grausame Hirt, der nicht das geringste Mitleid mit diesen
Schafen kennt?" Er sagte: „Das ist der Strafengel; er gehört zu den gerechten
Engeln und ist für die Strafe zuständig.** 3 **Er nimmt diejenigen, die von Gott
abgeirrt sind und nach den Begierden dieser Welt gelebt haben, und bestraft
sie, wie jeder es verdient, mit verschiedenen schrecklichen Strafen."**
4 **„Herr", sprach ich, „ich würde die verschiedenen Strafen gern kennen,
welche das sind." Er sagte: „Dann vernimm die verschiedenen Qualen und
Strafen. Es sind Qualen des täglichen Lebens. Die einen werden mit Verlusten
bestraft, andere mit Entbehrungen, mit verschiedenen Krankheiten oder allerlei Beunruhigungen, oder sie werden von primitiven Leuten frech behandelt und leiden unter vielen anderen Dingen.** 5 **Denn viele sind nicht konsequent in ihren Plänen, fangen alles mögliche an, aber nichts gelingt ihnen. Sie
beklagen, daß sie bei ihren Unternehmungen kein Glück haben, aber sie
kommen nicht auf den Gedanken, daß sie böse Werke getan haben, vielmehr
schieben sie die Schuld auf den Herrn.** 6 **Wenn sie dann durch allerlei
Drangsal zerknirscht sind, dann werden sie mir zur Erziehung im Guten
überlassen und im Glauben an den Herrn bestärkt, und sie dienen die übrigen
Tage ihres Lebens dem Herrn mit reinem Herzen.[5] Wenn sie also Buße tun,
dann werden ihnen die bösen Werke, die sie getan haben, bewußt, und dann
loben sie Gott und sagen, daß er ein gerechter Richter[6] ist und jeder von ihnen
auf seine Taten hin völlig zu Recht alles erleiden mußte.[7] Künftig werden sie
dann dem Herrn mit reinem Herzen dienen und Glück bei allen ihren Unternehmungen haben[8], indem sie alles vom Herrn erhalten, um was sie ihn
bitten.[9] Und dann loben sie den Herrn dafür, daß sie mir überlassen wurden,
wo sie nichts Schlimmes mehr zu ertragen haben."**

64 (VI 4) 1 **Ich sprach zu ihm: „Herr, erkläre mir noch eines." „Was
willst du wissen?", sagte er. Ich sprach: „Herr, ob die, die in Genuß und
Selbstbetrug leben, dafür genau so lange gequält werden, wie sie genossen
und sich selbst betrogen haben." Er sagte zu mir: „Genau so lange werden sie
gequält."** 2 **Ich sprach: „⟨Dann werden sie aber sehr wenig bestraft, Herr⟩;
denn wer dem Vergnügen lebt und Gott vergißt, müßte siebenfach gequält
werden."** 3 **Er sprach zu mir: „Du bist ein Dummkopf und weißt nichts vom**

---

[5] Vgl. Ps 50,12.
[6] Vgl. Ps 7,12; 2 Makk 12,6; 2 Tim 4,8.
[7] Vgl. Ps 61,13.
[8] Vgl. Ps 1,3.
[9] Vgl. Mt 21,22; 1 Joh 3,22.

Gewicht der Qual." „Herr, wenn ich darum wüßte", sagte ich, „hätte ich dich nicht um eine Erklärung gefragt." Er sagte: „Laß dich darüber belehren, welches Gewicht beide haben. 4 **Wenn die Dauer des Genießens und des Selbstbetrugs eine Stunde beträgt, dann hat die Stunde Qual (dafür) ein Gewicht wie 30 Tage. Wenn also einer einen Tag lang in Genuß und Selbstbetrug lebt und (dafür) einen Tag gequält wird, dann wiegt der Tag Qual (für ihn) so viel wie ein ganzes Jahr. Wie viele Tage demnach einer im Vergnügen lebt, so viele Jahre wird er (dafür) gequält**[10]**. Du siehst also", sagte er, „daß die Zeitdauer von Vergnügen und Selbstbetrug sehr kurz ist, die von Strafe und Qual aber lang."** 65 (VI 5) 1 **Ich sagte: „Herr, ich habe die Zeitspannen von Selbstbetrug, Genuß und Qual noch nicht ganz verstanden. Erklär sie mir noch genauer!"** 2 **Er antwortete mir: „Deine Dummheit hat kein Ende, und du willst dein Herz nicht reinigen und Gott dienen. Gib acht", sprach er, „daß nicht die Zeit abläuft und du immer noch ein Tor bist! – Hör also zu", sagte er, „damit du es deinem Wunsch gemäß verstehst.** 3 **Wer einen Tag lang genießt und sich betrügt und tut, was ihm paßt, der steckt tief in der Torheit und nimmt gar nicht wahr, was er tut. Bis morgen vergißt er, was er gestern getan hat. Vergnügen und Selbstbetrug bleiben ihm nämlich nicht in Erinnerung, weil er in der Torheit steckt. Wenn der Mensch dagegen einen Tag lang Strafe und Qual erlebt, dann empfindet er das wie Strafe und Qual über ein ganzes Jahr. Denn Strafe und Qual bedeuten tiefsitzende Erinnerungen.** 4 **Wenn (der Mensch) nun ein volles Jahr gequält und bestraft wurde, dann erinnert er sich an den Genuß und den Selbstbetrug und erkennt, daß er deswegen die schlimmen Dinge erleiden muß. Jeder Mensch, der in Genuß und Selbstbetrug lebt, wird auf diese Weise gequält, denn obwohl sie das Leben hatten, lieferten sie sich dem Tod aus."**

5 **Ich sprach: „Herr, welche Arten von Genuß sind schädlich?" Er sagte: „Für den Menschen ist alles Genuß, was er mit Lust tut. Denn auch der Jähzornige, der sich mit seinem Verhalten Befriedigung verschafft, genießt das. Auch der Ehebrecher, der Trinker, der Verleumder, der Lügner, der Habgierige und der Räuber und jeder, der Ähnliches tut wie sie, befriedigt seine krankhafte Leidenschaft, das heißt er genießt, was er tut.** 6 **Alle diese Arten von Genuß sind für die Diener Gottes schädlich. Wegen genau dieses selbstbetrügerischen Verhaltens müssen die Gestraften und Gequälten leiden.** 7 **Es gibt aber auch Arten von Genuß, die die Menschen retten. Denn viele genießen es, wenn sie Gutes tun, weil ihre Neigung sie dazu drängt. Diese Art von Genuß ist nützlich für die Diener Gottes, und sie bringt einem solchen Menschen Leben. Aber die zuerst genannten schädlichen Arten von Genuß bringen Qualen und Strafen. Wenn sie dabei bleiben und keine Buße tun, ziehen sie sich den Tod zu."**

1,1 Sim VI bringt das zentrale Thema der Buße neuerdings in den Vordergrund. Die Eröffnung demonstriert besonders deutlich die in der Einführung zu Sim I–X beschriebene Undurchführbarkeit einer genauen Trennung der Gattungen im PH: H „sitzt" (wie V 1,1; s. dort), um eine Offenbarung zu empfangen; er „sitzt in seinem Haus" (wie Vis V 1), um die

[10] Vgl. Num 14,34.

nächste Vision zu erwarten; er nennt das Vorausgegangene, nämlich die Gleichnisse (auch Vis und Mand?), „Geschautes", also Vision, qualifiziert sie inhaltlich aber als Gebote, so daß alle drei Gattungen nahezu austauschbar werden. Freilich sind in der Gliederung des Makrotextes Unterschiede durchgehalten, aber die Teiltexte sind in etlichen Fällen gattungsmäßig so komplex, daß sie sich einer exakten Zuordnung entziehen. Darum ist Dibelius, 577f. puristischer als H, wenn er folgende Bestimmungen für möglich hält: Sim VI bringt formal und inhaltlich eine Vision (wie Vis III), kein Gleichnis, genau so die Sim VII–IX. Sim I–V laufen „im Grunde" auf Mahnungen hinaus, Sim VI–IX handeln (als Vision) vom Vollzug der Buße; daher klingt vorliegender Text 1,1–4 „wie ein Epilog zu den Mand.", hat gleichzeitig aber „die Bedeutung eines Prologs zu Sim. VI–IX" (Völter, Apostol. Väter, 264f.286f. nennt VI–VIII „eine Ergänzung zu den Mandata", „heute ein Teil der Similitudines", „genau besehen... Visionen geradesogut wie es die 4 ersten Visionen sind"). Sieht man genauer hin, ist alles zufälliger und nachlässiger konzipiert. Dibelius, 578.586 erkennt beispielsweise selbst, daß H in VII 7 die Sim VI und VII als Gebote qualifiziert. Es gibt weitere Indikatoren dafür, daß H Visionen, Gebote und Gleichnisse nur unscharf auseinanderhält und die Gattungsbezeichnungen literarisch oft inadäquat einsetzt, sie dabei aber doch geschickt zur Erzielung seiner Effekte instrumentalisiert. Vielhauer-Strecker, NTApo 2^5, 1989, 541 nennen darum in einer wenig klärenden Diktion Sim VI–IX mit Dibelius „visionäre Gleichnisse" und „Allegorien in visionärer Form", was anzeigt, daß keine Gattungsbestimmungen üblicher, präziser Art an diesen Texten möglich sind.

1,1 ist ein selten euphorischer Passus, der die Zuversicht in die rettende Funktion der göttlichen Gebote, die hier mitgeteilt werden, sehr passend in eine Art Makarismus (s. zu Vis II 2,7) einmünden läßt. Das Lob auf die Gebote war Mand XII 3,4 ganz ähnlich gesungen. Auf 1,2 hin wird man das ὅτι („daß") im Sinn eines zweifelnden „ob (sie gut... seien)" verstehen müssen (vgl. Giet, Hermas, 42: „mais il s'inquiète"; Joly, 243: „cette hésitation"), auch wenn sich das nicht gut mit der Tonart des Makarismus verträgt. Man darf sich hier auf Mand XII 3,4 beziehen: Wenn H über die Gebote nachdenkt, beginnt er an ihrer Erfüllbarkeit zu zweifeln (schon Dibelius, 578: „es sind Bedenken wegen der eigenen Kraft gemeint"). Sollte er hier an deren Qualität zweifeln, würde das die Reaktion des H im ganzen Buch auf den Kopf stellen. Der Satz: „Ich werde glücklich sein, *wenn* (= falls) ich nach diesen Geboten lebe", äußert also den „Zweifel bezüglich dieser Gebote" von 1,2 und VIII 11,3; „sie sind gut" ist die (dann unglücklich ungenau formulierte) Entsprechung zu Mand XII 3,5: Bei entschlossenem Vorsatz sind die Gebote nicht zu hart. Das damit angeschnittene zentrale Thema des PH von der Änderung des Lebens durch Erfüllung der Gebote wird in der folgenden Offenbarung und Vision fortgesetzt. **1,2** Nach „ich saß" (1,1) ist ein weiteres Merkmal der Vision die Eröffnung, daß der Visionär den Offenbarer plötzlich neben sich sitzen sieht, ihn aber nicht kommen sah (wie V 1,1).[11] Darin erschöpft sich aber schon das Exzeptionelle der Vision, es geht auf der trivialen Wirklichkeitsebene weiter. – Das Nachdenken des H in 1,1 wird vom Hirten als Zweifel, dieses tödliche Laster (s. Exkurs: Der Zweifel), qualifiziert. Offenbar soll jederlei Nachdenken über die Gebote (und ihre Erfüllbarkeit) unterlassen und statt dessen nur die Praxis der Erfüllung besorgt werden, was zum dirigistischen Stil des PH paßt. Es geht um den sofortigen, zweifelsfreien Entschluß. Der Hirt als Schutzengel (s. Exkurs: Der Hirt) sagt seinen Beistand zu. **1,3–4** Ihr Gewicht bekommen die Gebote im PH von daher, daß ohne sie die über das Schicksal des Menschen entscheidende Buße undenkbar ist, denn Buße heißt nicht mehr weiter sündigen und nach den Geboten leben. Anders gibt es die Buße nicht; προστίθημι ist im PH mehrere Male (auch ohne Objekt) der Terminus für Vermehrung der bisherigen Sünden durch Hinzufügung von weiteren oder einer bestimmten weiteren Sünde (z.B. βλασφημία: 2,3; s. Kraft, Clavis, 385). Im unvermittelten Wechsel zum Plural („da ihr also Buße tut" 1,4) zeigt sich der homiletische Stil der Paränese, der auf die gewählte Situation oder Gattung keine Rücksicht nimmt. „Tugend der Gerechtigkeit" (wie Mand I 2): zur Art und Bedeutung dieses „hebräischen" Genitivs (*genitivus inhaerentiae)* siehe Hilhorst, Sémitismes, 112. In seinem unsystematischen Denkstil spricht H von Tilgung der früheren (postbaptismalen) Sünden durch Verzicht auf neue Sünden, ohne daß er das mit der Vorstellung von der kirchlichen rituellen Buße, die alle Sünder brauchen, vermittelt. Die Phrase „für Gott leben" gehört bei H an sich zur Schlußformel der Gebote (s. Mand I 2). – Diese Belehrung über Buße und Gebote wird formell abgeschlossen.[12] Das Thema wechselt. Dibelius, 578 übersetzt den Schluß von 1,4: „Dies alles laßt euch von mir gesagt sein." Vgl. IX 33,1.

1,5 Die Szene der verbalen Unterweisung wird jetzt durch die Vision (1,5–3,6) abgelöst. H lokalisiert Visionen mit Vorliebe auf dem „Feld (ἀγρός)" (Vis II 1,4; III 1,2–4; IV 1,2; vgl. Sim II 1) bzw. in der Ebene (πεδίον oder ὁμαλά: Vis I 1,3; Sim VI 1,5; VII 1). Das Verb „zeigen" steht in allen Teilen des PH für den deiktischen und lehrhaften Duktus der Visionen, Parabeln, Allegorien (s. Kraft, Clavis, 95f.); „die Hirten der Schafe", so selbstverständlich eingeführt wie ein längst vereinbartes Thema, waren doch noch nirgends genannt und müssen auch dem H noch vorgestellt werden (2,1; 3,2). Zu den Hirten von 1,5 und 2,5 ist eine interessante Parallele *äthHen* 89,59–90,42 (Rießler, 426–432). – Die „Ebene" (vgl. VII 1)

[11] Hilhorst, Sémitismes, 23f. wertet das unerklärte αὐτόν (wer ist mit „ihm" gemeint?) als Beispiel für die Unfähigkeit des Autors (wie Vis I 1,1 u.a.), sich in die Situation des Lesers zu versetzen, so daß man auch bei Beispielen größeren Stils für mangelnden Erzählzusammenhang nicht auf eine Mehrheit von Autoren schließen kann oder muß.

[12] Der Text 1,4 ist nach der oberflächlich vorgenommenen Gattungsbestimmung durch Aune, Prophecy, 306–309 als „parenetic salvation-judgment oracle" zu isolieren (wie auch IX 23,5; 24,4; 28,5–8; 31,3–32,5; 33,1).

steht wahrscheinlich in einem beabsichtigten Kontrast zum „steilen Gelände – τόπος κρημνώδης“ (= Strafort) 2,6, so daß πεδίον mehr bedeutet als einen Wechsel des Ausdrucks (von „Feld“ zu „Ebene“); πεδίον ist im PH nämlich eine Metapher für Positives (s. Exkurs: Die Ebene), und es fällt auf, daß die vergleichbare Kategorie ἱλαρός („heiter“), die ebenfalls immer positive Signale im PH setzt, im selben Passus viermal mit Nachdruck eingesetzt wird (1,6; 2,3). Nun bleibt aber unverständlich, wieso H diese Szene mit positiven Attributen versieht, weil es sich in ihr doch um das unselige Treiben des Engels der Genußsucht und des Selbstbetrugs (2,1) handelt, der die Christen ruiniert. Das erklärt sich allenfalls so, daß der „Selbstbetrug“, von dem die Christen angesteckt werden, auf diese Weise illustriert wird: Es sieht alles nach „Ebene“ und „heiter (oder: fröhlich)“ aus, aber dem folgt die böse Überraschung. – „Ebene“ und „steiles (schroffes) Gelände“ stehen sich auch in der Visions-Landschaft Vis I 1,3 gegenüber, wo letzteres offenbar als Hindernis durchquert werden muß von H, um auf die Ebene der entscheidenden Begegnung zu gelangen. Warum der in 2,1 als „Engel der Genußsucht und des Selbstbetrugs“ apostrophierte „Hirt“ jung ist, wird nicht erklärt,[13] ebenso wenig, daß er gelbe Kleidung trägt, was ihn (im Kontrast zum „großen Hirten“ 2,5) nicht als Hirten kenntlich macht, sich aber vielleicht entschlüsseln läßt: Safranfarbiges Gewand „galt in der Antike als Zeichen besonderer Weichlichkeit“ und Eleganz (Kempf, 78; Dibelius, 579; oder Gebhardt-Harnack, 161: „vestem a mollioribus solitam indui“; Funk, 545 A.5: „coccinea vestis fuit pretiosa, elegans... index laetitiae atque a mollioribus solita indui“; Weinel, HNTA, 311: „luxuriöser, eleganter Anzug“; Vielhauer-Strecker, NTApo 2^5, 1989, 541: „der elegante Hirt“; Adnès, 324 im Blick auf die Negativität dieses Hirten: „Son vêtement *jaune safran*, habit réservé aux banquets et aux saturnales, dévrait cependant, dès abord, mettre en garde“), mit Vorliebe von den römischen Frauen getragen (Giet, Hermas, 42 mit Belegen in A.1); es mag eine Attraktivität gemeint sein, die verführt (Snyder, 110f.), was zur allegorischen Rolle des Hirten im Text (2,1) wohl paßt. σύνθεσις ἱματίων wird ganz unterschiedlich aufgefaßt; es heißt nach Gebhardt-Harnack, 161 „Das Anlegen eines Gewandes... dah. ein leichtes Oberkleid“; nach Wohlenberg, 913 ein „mannigfach zusammengesetzes Gewand“; nach Kraft, Clavis, 413: „hier: der vollständige Anzug“; nach Joly, 245 ein Hausgewand („vêtement d'interieur“); das Attribut ἱματίων ist im letzten Fall pleonastisch. – **1,6** Die Fortsetzung malt in der bukolischen Szene eine ausgesprochene Idylle aus (zu den Periphrasen mit εἶναι und Part. Praes. s. Hilhorst, Sémitismes, 73), die mit ihrer nachfolgenden negativen Interpretation wahrhaftig nicht rechnen läßt. Es fehlt in ihr „jede ungünstige Charakteristik“ (Dibelius, 578), und man hat in der Tat „den Eindruck, es schimmere letztlich eine fremde Schilderung mit bukoli-

[13] Giet, Hermas, 236 A.4 vermutet (ohne Argumente oder Parallelen) darin ein Symbol für die Geschicklichkeit, mit der dieser böse Hirt diejenigen zum Irrtum verführt, die sich ihm anvertrauen.

schen Inhalten *ohne* moralische Bedeutung durch" (Schmid, 121 mit A.2, der über Dibelius, 578f. darin hinausgeht, daß er „hier wie anderswo" im PH „eine gewisse Verbindung – wenn auch eine solche durch mancherlei Zwischenglieder – zwischen dem Hermasbuch und der literarischen Formung und Spiegelung des Bukolischen" konstatiert). Weder der fröhliche junge Hirt noch die genießenden und fröhlich herumspringenden Schafe zeigen moralisch negative Merkmale oder Attitüden, ausgenommen allenfalls das für den Hirten untypische gelbe Kleid. Das Verb τρυφᾶν wird von H dann zwar in meist negativer Konnotation eingesetzt (2,6; 4,1.2.4; 5,3.4.5), ist in der Vorlage aber absolut neutral. H erklärt die Details der Vision nicht deutlicher. – Der Satz „Und ich sah noch andere Schafe, die ... herumsprangen" (καὶ ἄλλα πρόβατα... σκιρτῶντα) ist nur bei Ath^2 überliefert, ist wegen 2,4.6 aber unentbehrlich und deshalb für verläßlich zu halten (von Dibelius, 579; Joly, 244; Snyder, 111 ohne weiteres in den Text übernommen, von Gebhardt-Harnack, 162; Funk, 544 eingeklammert, von Whittaker, 59 in den Apparat verwiesen, von Lake, 173 gestrichen); freilich ist die Einteilung der Schafe in zwei Gruppen eine Eintragung des H, mit der er das bukolische Bild für seine Zwecke verwendbar macht (s.u.). H konzipiert seine Visionen und Parabeln unter Rücksicht auf die Deutung, um die es ihm geht.

2,1 Daraufhin setzt die durchgängig negative Interpretation ein, die das Ziel hat, mit diesem Bild einen Teil der Christen abzuschreiben, einen anderen noch zu motivieren. Dazu wählt H eine (in der Bildhälfte gekünstelt wirkende) Unterscheidung von Christengruppen, wie er es oft tut. Die umständliche Versicherung und Bestätigung, daß der Visionär das Gesicht wirklich „sieht", gehört zum Apparat dieser Gattung (s. Kraft, Clavis, 78f. v. βλέπω). In der Vorstellungswelt des H sind Engel und Geister die mythischen Chiffren der ihnen zugeordneten geistigen und moralischen Realitäten. Das Lasterpaar „Genußsucht (τρυφή)" und „Selbstbetrug (ἀπάτη)"[14] spielt im weiteren bis 4,7 eine große Rolle und wird als die moralische Einstellung schlechter Christen erklärt, in der sie das Leben genießen und sich dabei selbst um ihr Heil betrügen, das sie im süßen Leben erreicht zu haben glauben (daher ist ἀπάτη als Selbstbetrug zu verstehen; andere ziehen „Irrtum" vor; Funk, 547: *voluptas*). Mit den bösen Umtrieben des Engels wird die Gefährlichkeit der Situation gesteigert. Freilich stellt er unter den Christen („Diener Gottes") nur denen nach und kann er nur die „betrügen", die ihm keinen Widerstand leisten (κενός = leer, hohl, als Chiffre für mangelndes Christsein besonders in Mand XI entfaltet). Ihr Schicksal ist Ruin als Wahrheitsverlust und Untergang durch schlechte Begierden. Sie fühlen sich wie die Schafe in der Vision in ihrem Luxus wohl, werden darin aber –

[14] Wegen der terminologischen Überschneidungen mit 2 Petr 2,13 hauptsächlich will Zahn, Der Hirt, 435–438 den Beweis der Kenntnis des 2 Petr im PH geführt haben, überzeugt aber nicht.

wie die Schafe vom gelb gekleideten Hirten – vom Engel der Genußsucht und von sich selbst betrogen. **2,2** Sünder und Lasterengel wirken zusammen das Unheil. Die Gebote Gottes vergessen, um deren Erfüllung es nach H in der Buße geht, ist die bedenklichste Version christlichen Versagens.

Jetzt unterscheidet H zwischen zweierlei Folgen des Lebens in „Genußsucht und Selbstbetrug". Bei den einen führt es zum Tod (θάνατος), bei den anderen (nur) zum Verderben (καταφθορά), das dann im Vergleich zum Tod eben ein (noch) nicht endgültiges Verderben ist (die beiden hier unterschiedenen Sündergruppen scheinen die von VIII 8,4–9,1 zu sein). **2,3–4** Wie an vielen Stellen, so führt H auch hier durch sein Fragen die notwendige Erklärung der zunächst unverständlichen Unterscheidung herbei. Dazu nimmt der Hirt die Nutzanwendung der Vision vor. Zum Verständnis muß man zu 2,3 auch 1,6b und 2,4.6 heranziehen, und es zeigt sich: Das völlig harmlose „Herumspringen (σκιρτᾶν)" der (aller) Schafe von 1,6a wird bei H zum Merkmal nur bestimmter Schafe, von denen die anderen Schafe der Vision sich dadurch unterscheiden, daß sie eben „nicht herumspringen" und immer an derselben Stelle es sich gut gehen lassen, wie die Einfügung 1,6b des H (s.o.) das ausdrückt und 2,4 wiederholt. Diese eingetragene, von H hergestellte Unterscheidung, die es in der Vorlage nicht gab, ist nach 2,3f. folgendermaßen allegorisch zu lesen: Das Herumspringen der Schafe bedeutet diejenigen schlechten Christen, die nicht an derselben Stelle bleiben, d.h. nicht bei Gott verharren, sondern „endgültig von Gott abgefallen" sind, was Gotteslästerung (βλασφημία) genannt wird (2,3) und nicht in einer Verfolgung (Dibelius, 580), sondern in der Alltagsmoral besteht. Die Schafe, die „immer an derselben Stelle weiden", bedeuten dagegen diejenigen schlechten Christen, die „den Herrn nicht gelästert haben" (2,4). „Herumspringen" steht als (Orts-)Wechsel für Abfall und Entfernung von Gott, das Verbleiben an derselben Stelle für weitere Zugehörigkeit zu Gott, für Treue im Glauben, sicher auch für Verbleiben in der Gemeinde. Alle Christen, von denen hier die Rede ist, sind schlechte Christen, denn alle „haben sich den Genüssen und dem Selbstbetrug überlassen." Mit „Tod" und „Verderben" klassifiziert H sie je nach dem Festhalten an Gott. Für die Abgefallenen („Lästerer") bleibt der Tod, für die anderen „gibt es noch eine Hoffnung auf Buße" (2,4; zur zutreffenden qualifizierten Erklärung und Übersetzung des doppelten ἐν τούτοις in 2,3.4 Grotz, 182 A.5: H hebt auf die existentielle Einstellung, nicht auf die äußere Möglichkeit der Buße ab). So sind, wie in Vis III 7 (vgl. die Parallelisierung der Texte bei Grotz, 24–26), definitiv hoffnungslose, durch ihre Sünde endgültig um ihr Heil gebrachte Christen von solchen unterschieden, die ganze nahe am Abgrund stehen, aber eine minimale Chance noch haben und vom Bußprediger deshalb umworben werden, sich zur Buße, zur „Verjüngung" (ἀνανέωσις; s. Vis III 12,1–3; vgl. Vis III 11,3; 13,2; Sim IX 14,3) zu entschließen; sie werden allerdings nicht, wie Vis III 6,2–7, noch weiter unterteilt (vgl. Brox, Steine). H hat eine Vorliebe für solche Einteilungen. Sie spiegeln jedenfalls in etwa die Zustände in der römischen Kirche seiner Tage. Es gab Renegaten, die an Buße und Rückkehr nicht dachten und auch von der Kirche aufgegeben waren, und es gab Getaufte, die nicht anders lebten als die Renegaten, aber doch formell nicht abgefallen waren. H will diese letzteren locken, in der Buße neu anzufangen. So leuchtet für H die Unterscheidung zwischen Leben (bzw. Sünde) „zum Tod" und (bloß) „zum Verderben" ein (dazu E. Schwartz, 8 A.3; Grotz, 181 f.).- Der biblische Ausdruck „diese Welt – ὁ αἰὼν οὗτος" ist häufig im PH (Kraft, Clavis, 19). Zu προστίθημι (Sündenvermehrung) siehe bei 1,4.[15]

2,5 Das „Weitergehen" durch die visionäre Landschaft, um Neues zu „zeigen" bzw. zu sehen, entspricht dem Genre. Der „große Hirt" ist an seiner Kleidung tatsächlich als Hirt zu erkennen (anders war das 1,5; zur Beliebtheit des Motivs vgl. *Mart. Perpet. et Felicit.* 4,5: *„et vidi... sedentem hominem canum, in habitu pastoris, grandem"*); und er wird in genau demselben Aufzug gezeigt, wie der Hirt, der hier spricht, früher (Vis V 1) beschrieben worden war. Wörtlich gleichlautend heißt es jeweils: „eingehüllt in ein weißes Ziegenfell, mit einem Ranzen über der Schulter und einem Stab". Die zusätzlichen Merkmale des „großen Hirten" hier, nämlich das wilde Aussehen, der wundenschlagende Stab, die Peitsche und der grimmige Blick, beschreiben ihn bereits als den Strafengel, als der er später (3,2) identifiziert wird. Daß er im Unterschied sicher zum „jungen Hirten" (1,5) „groß" ist (nicht wie nach Wohlenberg, 913 „voll ausgewachsen"), offenbart seine größere Kraft (sc. des Guten), seine Überlegenheit über den Engel der Genußsucht (2,1). Er gehört auf die Seite Gottes wie der redende Hirt, der nach Vis V 1 „von ansehnlichem Äußeren" war, was der Größe des Strafengels entsprechen wird. – **2,6–7** Unter dem Bild des erbarmungslosen Hirten, der die Schafe brutal hetzt, schlägt und ununterbrochen in qualvolle Situationen treibt, wird der Strafengel in Aktion gezeigt. Jüdische und griechische Inferno-Schilderungen bieten die Vorbilder dazu (Dibelius, 581). Auch daß der Visionär die grauenvolle Peinigung der Ungerechten detailliert besichtigt, ist ein üblicher Vorgang in den Apokalypsen, samt dem Moment der Ruhelosigkeit bzw. der Pausenlosigkeit der Qualen; Beispiele: *äthHen* 54,3; *slavHen* 7; 10; *Gesicht des Esra* (Rießler, 350–354); *ApkPetr* (C. D. G. Müller, NTApo 2^5, 1989, 570–574); *ApkPl* 11; 17; 31; 34–42 (H. Duensing – A. de Santos Otero, NTApo 2^5, 1989, 647–675); *ApkPl* NHC V/2, 22,2–10; *ActThomae* 57 (R.A. Lipsius – M. Bonnet, Acta Apostolorum Apocrypha II/2, Leipzig 1903. Nachdruck Darmstadt 1959, 174); vgl. *4 Esra* IX 13. Zur Korrespondenz zwischen dem „steilen Gelände" hier und der Ebene in 1,5 siehe dort. – Der Strafengel peinigt die schlechten Christen von 1,6b; 2,4, die nicht den Herrn (durch Abfall) gelästert haben und darum noch zu retten sind (s. o.).

[15] H. Schulz, 3–44; vgl. ebd. 53f. und Taylor, Hermas and Cebes (vgl. Joly, 249) haben zur Erklärung von VI Verwandtschaften mit der *Tabula Cebetis* (wenn auch auf Umwegen, über Poseidonios auf Galen zurückgehend?) zu benennen versucht, wenig überzeugend und jedenfalls nicht zwingend; vgl. die Kritik auch durch Dibelius, 579.580; Einleitung § 8.

Während die Chance und der Weg der Buße sonst ausnahmslos als befreiend und erleichternd apostrophiert werden, ist hier dieses schauderhafte Vorspiel der Strafe gezeigt, von dem nie die Rede war, das nur für schwere Sünden gilt (VII 2), das aber rettend ist und für die Buße disponiert (3,6), denn zur Rettung nimmt der „große Hirt" dem „jungen Hirten" diesen Teil der Schafe weg. Es handelt sich, wie gesagt, um schlechte Christen (2,4a; 3,3), und Strafe muß sein nach H.

3,1–3 Mit der folgenden Identifikation des Hirten als des Strafengels (vgl. VII 1.2.6; Strafengel im *äthHen* 20,4; 53,3f.; 56,1; 63,1; 66,1; *TestLevi* 3,2; *slavHen* 10,3 und in den zu 2,6–7 zitierten Texten) wird der mitleidig empörte H wie der Leser insofern überrascht, als der grausame Akteur nicht wie im *Poimandres*[16] ein Dämon ist, sondern zu den „gerechten Engeln" gezählt wird. Zum Entsetzen des H über die Mitleidlosigkeit sind Schrei und Beschwerde des Visionärs in *äthHen* 89,57–58 (Rießler, 426) zu vergleichen. Die Betroffenheit des Visionärs H dient aber nur dem Effekt; für den Autor H ist die Grausamkeit und Vielzahl der Strafen eine Selbstverständlichkeit und „verdient" (3,3.6; VII 1–6; Vis III 7,6). Wie der Hirt des ganzen Buches seine Offenbarungs-, Schutz- und Buß-Funktion ausübt (s. Exkurs: Der Hirt), so dieser Hirt (Engel) die Bestrafung.[17]

3,4–5 Mit der neuen Frage nach den Strafen wird das Thema aus der Entrückung der Vision in die kleine Welt des H gebracht (auf solche Konkretionen ist in Vis III 7,5 verzichtet). Was bedeutet die Hetze und Peinigung der Schafe? „Es sind die Qualen des täglichen Lebens", also peinlich spürbar (s. VII 1), aber im Vergleich zu den Höllen-Foltern der Apokalypsen (s.o.) geradezu harmlos. Alles offenbar, was der Mensch an Rückschlägen, Not, Unannehmlichkeiten durch die Leute und an Unfähigkeiten oder Scheitern im Alltag erlebt, wird – jedenfalls im Fall der Sünder von 3,3 – „mehr jüdisch als römisch" (Weinel, HNTA, 312; vgl. Joly, 248f.) – als Strafe Gottes begriffen. Geffcken, Christliche Apokryphen, 44: „glücklicherweise handelt es sich ohne alle blutige Höllenphantasie nur um irdische (Strafen)". Die Übertragung der Strafen ins Jetzt und Diesseits zeigt, daß für H die paränetischen Absichten, nicht die apokalyptischen Dramen wichtig sind. Und außerdem ist sicher, daß nicht, wie man erwarten möchte, kirchliche Strafen im Rahmen einer Bußdisziplin beschrieben sind, sondern Schicksal als göttliche Strafe. Beruflich-geschäftliches Unglück hat H selbst als Strafe für

[16] Siehe Büchli, 117, der im PH und *Poimandres* eine unabhängig voneinander aufgegriffene „volkstümliche Anschauung" vermutet.

[17] Knorz, 122 schätzt den Aufgabenbereich (Strafe) des Strafengels völlig falsch ein, wenn er in ihm eine Konkurrenz zum Bußengel in 3,6 und VIII 3,5 sieht, weil er fälschlich beiden dieselbe Funktion („Vollzug der Bußleistungen") unterstellt und den Strafengel nur darum eingeführt glaubt, weil vermieden werden sollte, „daß der die Vision erklärende Hirte selbst in ihr auftritt." Gegen solche „Doppelrollen" hat der Verfasser des PH an anderen Stellen (Vis III 3,3; Sim VIII 3,2; IX 12,3; s. den Kommentar) übrigens keine Bedenken.

seine Sünden hinnehmen müssen (Vis I 3,1), und er weiß, wovon er redet. – Über ὑβριζόμενοι („frech behandelt") siehe zu I 6 (ἀνυβρίστως); der Wortsinn ist, daß die Christen „allen möglichen Übergriffen ausgesetzt" sind (Plümacher, 45) wie Mand VIII 10. – 3,5 will Sinn und Notwendigkeit der Strafe begründen: Das Mißlingen aller ihrer Tätigkeiten wird von den Sündern gar nicht als Sündenfolge verstanden, sondern Gott angelastet. Aus dieser Verblendung rettet die Strafe, nach deren Erlebnis sie weich und reif gemacht sind zur „Erziehung im Guten", wozu sie in die Hände des Bußengels gegeben werden, der hier spricht. H beschreibt den Weg, wie man aus der Sünde über Strafe und Erziehung (ein entscheidendes Feld kirchlicher Buße und Paränese) zum Glauben und zum guten Leben zurückfindet. Diese Vorgänge scheinen hier im Begriff „Buße" zusammengefaßt zu sein; sie bringt die Sünder zur Einsicht (s. zu Mand IV 2,2) in ihr Tun und ihren Zustand und in die Gerechtigkeit des strafenden Gottes (ganz wie *äthApkPetr* 13: C. D. G. Müller, NTApo 2^5, 1989, 574). Ihr Leben kehrt sich ins Gegenteil: Sie dienen Gott, ihnen gelingt, was sie beginnen, und ihr Gebet hat (wieder) Kraft und Erfolg, wobei H die Erziehung, die der Hirt des Buches durchführt, den angenehmeren Teil gegenüber der Strafe nennt („nichts Schlimmes mehr zu ertragen"). Und wie die Strafen „Qualen des täglichen Lebens" sind (3,4), so zeigt sich ihre Abkehr von der Sünde auch in hiesigem Glück, Erfolg und Wohlergehen – der jüdische Zusammenhang von Tat und Ergehen. 3,6 ist eine Kurzbeschreibung des Weges, der mit der Buße gemeint ist. Joly, Judaisme, 405 (vgl. ders., Le Tableau, 82f.) will darin eine besonders profunde Imitation der *Tabula Cebetis* mit ihrem Szenario 9,10 und 11 erkennen (s. Einleitung § 8).

4,1–4 H, an anderen Stellen selbst ein bußpflichtiger und von Schuld belasteter Sünder, der um Erleichterung fleht (VII 1), übernimmt die Rolle des rigorosen Eiferers und verlangt das angemessene Quantum („siebenfach") an Strafe, um den Genuß (die Sünde) zu vergällen. Das Thema der zeitlichen Relation zwischen Tun und Strafe auch *TestGad* 5,10f. Der pflichtbewußte Christ wie H will eben zu sehen bekommen, daß beneidenswerter Genuß und Luxus, die er sich aus religiösen Motiven verbietet, den Sündern gründlich verdorben und gerächt werden (daß von diesem Urteil auch die Kinder des H betroffen sind, sagt nichts über den fiktiven Charakter der autobiographischen Notizen des PH aus; gegen Joly, 250). An dieser Einmischung des H wird lediglich die Fehleinschätzung der Qual der Strafe vom Hirten korrigiert, sonst nichts. Das ist der Sinn der Rede von der δύναμις („Gewicht") in diesem Kapitel bzw. von ἰσχύειν (4,4): Die Qual der Strafe ist grauenhaft, und die Strafzeit zieht sich – subjektiv empfunden – enorm in die Länge, bis zum vielfachen der Zeit des Genießens, das bestraft wird. Ohne anzugeben, wie er die Zahlen errechnet (er multipliziert, ohne Berücksichtigung der Nacht, die 12 Stunden Qual des Tages mit den 30 Tagen der ersten Rechnung im Text und kommt so auf 360 Tage = 1 Jahr: Weinel,

HNTA, 311; Gebhardt-Harnack, 167; Funk, 551; Joly, 251; die nachfolgende Entsprechung von Tagen und Jahren ist nicht buchstäblich zu nehmen: Joly, 252; vgl. Dibelius, 583, wobei Num 14,34 u. U. eine Rolle gespielt hat wie bei Origenes, *hoNum* 8,1: ed. W.A.Baehrens, GCS 30, Leipzig 1921, 50; vgl. 3,2, der aus diesem Bibeltext die Äquivalenz von 40 Jahren Buße für 40 Tage Sünde übernimmt: vgl. G.A. Benrath, TRE 7, 1981, 457), greift H in der Bemessung der empfundenen Strafzeit extrem hoch, um vom „Genuß" abzuschrecken[18]; τρυφή/τρυφᾶν ist hier (wie schon 2,1–4) und bis 5,7 mit „Genuß, Vergnügen, Genießen, Lust, Lustgefühl" übersetzt. Der erzielte Effekt der Belehrung ist, daß der immer kurz und flüchtig erlebte Genuß keinen Lustgewinn für den Sünder bringt, da er schrecklich dafür bestraft wird. – **5,1–2** Um diese Auskünfte vom Hirten präzisiert zu bekommen, muß H sich wieder einmal hart tadeln lassen und seine Ignoranz eingestehen (wie 4,3 schon). An dieser Stelle ist besonders deutlich, daß der Autor ein religiöses und moralisches Defizit für das Nichtwissen und Fragenmüssen verantwortlich macht und daß darum die Wißbegier des H nicht gelobt werden kann (Brox, Fragen). Diesmal wird mit einer Frist (der Buße, nicht der Parusie: gegen Joly, 253) gedroht, in der man sich kundig machen muß, – kundig nämlich über die Buße, um sie nicht erst dann zu wollen, wenn es zu spät ist. Gebhardt-Harnack, 169 vermuten, daß H hier eine Position zwischen strengeren und nachsichtigeren Lehrern bezieht und seinerseits im Modus streng, in der Sache versöhnlich ist. – **5,3–4** Es wird auf etwas seltsame Art erklärt, wieso Genuß und Strafe bei gleicher Zeitspanne so kraß unterschiedlich lang empfunden werden: Das sündhafte Genießen und Selbstbetrügen wird vom Menschen oberflächlich und ohne tiefen Eindruck erlebt. Seine (verschuldete) Torheit (ἀφροσύνη) verhindert die Wahrnehmung des eigenen bösen Tuns. Die Wahrnehmung der Qual ist aber unausweichlich und langfristig beeindruckend. Daher das zweierlei Maß. Unter diesem Eindruck wird zudem die Schwere der Sünde und ihr Zusammenhang mit der Strafe begriffen. „Mensch" ist hier Christ, denn er hat „das Leben", nämlich Glaube bzw. Taufe, wählt allerdings „den Tod".

5,5–7 Die Paränese des PH lebt von Unterscheidungen, die zu Einsichten verhelfen sollen. Dualistische Muster prägen das Buch (vgl. Mand VI–VIII. XII). Die Frage des H zielt auf die Unterscheidung zwischen „schädlichen" und „rettenden" (vgl. Mand X 1,2; 2,1) bzw. „nützlichen" Genüssen (5,6.7). In geradezu psychologischer Manier wird „Lust" definiert und in 5,6.7 an moralisch konträr bewerteten Beispielen verdeutlicht, wobei der Text 5,5 „nicht bloß im Ausdruck, sondern auch im Gedankengehalt eine gute Kenntnis der stoischen Affektenlehre verrät" (A. Bonhöffer, Epiktet und das NT, Gießen 1911, 125). Auch das Tun des Guten ist nicht unbedingt

[18] Die Anfänge der „Tarifbuße" kann man darin nicht sehen, denn: „Es handelt sich ja gar nicht um kirchliche Bußstrafen, sondern um göttliche Heimsuchungen" (Poschmann, Paenitentia secunda, 188 A.2).

eine angestrengte Überwindung, sondern unter Umständen eben Genuß, Lustgewinn; H kennt Christen, die mit ihren Pflichten einverstanden sind und sich darin glücklich fühlen. – Die bösen Genüsse haben eine beträchtliche Bandbreite. Was beim Trinker einleuchtet, muß für den Jähzornigen erklärt werden (τὸ ἱκανὸν ποιῶν: ein Latinismus nach *satisfaciens*; Gebhardt-Harnack, 169; Mohrmann, Les orgines, 75; Hilhorst, Sémitismes, 162). Jeder „genießt, was er (Böses) tut": in gewissem Gegensatz zu 5,3, wonach der Genuß kaum bleibend wahrgenommen und erst durch die Strafe erinnert wird. – Die Folgen der zwei Arten von Genuß werden zum Ende in geläufigen Formeln des PH nebeneinandergehalten (5,7). Es geht um Genuß und Strafe, um Leben und Tod. Kriterium und Chance ist die Buße.

Siebtes Gleichnis

Sündenstrafe und Buße (Sim VII 1–7)

66 (VII) 1 **Ein paar Tage später sah ich ihn in derselben Ebene wieder, wo ich auch die Hirten gesehen hatte, und er sprach zu mir: „Was suchst du (hier)?" „Herr, ich bin hier", sprach ich, „um dich zu bitten, dem Strafengel zu befehlen, mein Haus zu verlassen, denn er quält mich schrecklich!" Er sagte: „Es muß sein, daß du gequält wirst; das hat nämlich der herrliche Engel für deine Behandlung angeordnet. Er will nämlich, daß du auch versucht[1] wirst." „Was habe ich denn derart Schlimmes getan, Herr", sprach ich, „daß ich diesem Engel ausgeliefert bin?"** 2 **„Hör zu", sagte er, „deine Sünden sind zahlreich, aber doch nicht so schlimm, daß du dafür diesem Engel ausgeliefert wärest. Aber deine Familie hat schwere Sünden und Vergehen begangen, und der herrliche Engel ist über ihre Werke erbittert, und aus diesem Grund hat er befohlen, daß du eine Zeit lang gequält wirst, damit auch sie Buße tun und sich von aller Begierde dieser Welt reinigen. Wenn sie also Buße getan und sich gereinigt haben, dann wird der Strafengel ablassen."**
3 **Ich sprach zu ihm: „Herr, wenn sie solche Dinge getan haben, daß der herrliche Engel erbittert ist, – was habe denn ich getan?" Er sagte: „Jene können nicht anders gequält werden, als daß du, das Haupt der Familie, gequält wirst. Denn wenn du gequält wirst, erleben notwendigerweise auch sie Qualen; wenn du aber Ruhe hast, kann es für sie keine Qualen geben."**
4 **„Aber sieh doch, Herr", sprach ich, „sie haben von ganzem Herzen Buße getan!" Er sprach: „Das weiß auch ich, daß sie von ganzem Herzen Buße getan haben. Aber glaubst du denn", sagte er, „daß die Sünden derer, die Buße tun, sofort nachgelassen werden? Mit Sicherheit nicht! Vielmehr muß der Büßer seine Seele peinigen und bei all seinem Tun ganz demütig werden und vielen verschiedenen Qualen unterworfen werden. Und wenn er die Qualen, die über ihn kommen, ausgehalten hat, dann wird sich der, der das All geschaffen[2] und belebt hat, mit Sicherheit erbarmen und ihm Heilung**

[1] Vgl. Jak 1,13f.
[2] Vgl. Eph 3,9; Ps 67,29.

schenken; 5 und das mit Sicherheit, wenn er das Herz des Büßers von jeder bösen Tat frei sieht. Für dich und deine Familie ist es von Nutzen, jetzt Qualen zu erleiden. Aber was rede ich viel? Du mußt die Qualen ertragen, wie es jener Engel des Herrn angeordnet hat, der dich mir überlassen hat. Und du mußt Gott Dank sagen dafür, daß er dich würdig befand, dir die Qual schon vorher anzusagen, damit du schon vorher darum weißt und sie tapfer auf dich nimmst." 6 Ich sprach zu ihm: „Herr, sei du bei mir, dann kann ich jede Qual ertragen." „Ich werde bei dir sein", sprach er; „ich will aber auch den Strafengel bitten, daß er dich weniger schwer quält. Eine kurze Zeit freilich wirst du gequält, und dann wirst du wieder in deine (frühere) Lage versetzt. Nur mußt du demütig bleiben und dem Herrn weiter mit reinem Herzen dienen, du, deine Kinder und dein Haus, und nach meinen Geboten leben, die ich dir aufgetragen habe; dann kann deine Buße stark und rein sein. – 7 Und wenn du samt deiner Familie das befolgst, dann wird alle Qual für dich enden. Und die Qual wird für alle enden, die nach diesen meinen Geboten leben."

1 Die „Ebene" (s. zu VI 1,5) stellt jetzt für H den Treffpunkt mit dem Hirten dar. Diesmal bittet er nicht um Vision oder Erklärung, sondern um Befreiung aus den Händen des Strafengels (eine ganz ähnliche Strafengel-Szene in *ApkPl* 17.40: W. Schneemelcher, NTApo 2^5, 1989, 655.665; *äthApk-Petr* 13: ebd. 574). Die Thematik von VI 2,5 wird nämlich noch einmal aufgerollt, und zwar als familiäre Szene des H. H selber ist (inzwischen) dem Strafengel ausgeliefert worden (ein Druckfehler bei Whittaker, 64; richtig: παραδοθῶ [statt παραδοθῷ]). Ein Gleichnis liegt in diesem Text nicht vor. – Zu τιμωρητής (auch 2 Makk 4,16 u.a.: Bauer-Aland, 1631 und späte Papyri) s. Bartelink, 52. – θλίβειν ist hier in VII immer mit „quälen", θλῖψις mit „Qual" wiedergegeben, weil es (wie bei βασανίζειν, βασανός in VI) um Sündenstrafe geht. Der Notschrei zeigt, daß es H wie Vis I 3,2 im Sinn von VI 3,4 sehr schlecht geht, was aber überhaupt nicht erzählerisch vorbereitet ist. So dramatisch wie hier war seine Lage noch nicht geschildert. Das kann einen biographischen Hintergrund haben, der Rekurs auf die familiäre Situation kann aber auch, wie an anderen Stellen, fiktiv sein und inhaltlich als Anhang, thematisch als Dublette zu VI der Illustration dienen. Ein vorzeitiger Abbruch der Strafe kommt nicht in Frage (vgl. VI 3,3; VII 5). Der „herrliche Engel" ist (wie der „heiligste der Engel" Vis V 2; vgl. unten VII 5) der Sohn Gottes (Dibelius, 585; Joly, 255; s. Exkurs: Die Christologie), der eigentlich Handelnde, der die Engel zu seinen Helfern macht und von Gott und dessen Handeln nicht streng unterschieden werden kann (Moxnes, 54f.). Die Qualen des H werden Versuchung genannt (allerdings nicht mehr in der Fortsetzung), während H nach seiner Schuld fragt, sie also als Strafe versteht. **2** Mit Recht fühlt er sich so schuldig nicht, wird auch gar nicht bestraft (auch nicht „mitbestraft": Grotz, 26), sondern soll (vergleichbar Vis I 3,2) durch die erlittenen Qualen seine schwer sündhafte Familie zur Buße und Selbstreinigung führen – ein Befehl des erbitterten Engels

(= Sohn Gottes) –, um die Strafe so für das ganze Haus zu beenden. Zum stellvertretenden Strafleiden des H s.Leutzsch, 56–59. – παραπικραίνειν (erbittern) hat mit alttestamentlichem Hintergrund an sich Gott als Objekt, was die Austauschbarkeit von Gott und dem „herrlichen Engel" (Sohn Gottes) zeigt (Moxnes, 55). In *grBar* 16,1f. haben die Menschen den Engel Michael „mit ihren Taten recht erzürnt", sollen aber trotzdem nicht aufgegeben werden.

3 Die neue Frage, die H stellt, wiederholt diejenige von VII 1 und paßt nicht zur Antwort, um die es hier als klärende Auskunft über den immer noch rätselhaft gebliebenen Zusammenhang zwischen der Schuld der Familie und der Qual des H geht. Der Verfasser hätte ihn hier fragen lassen müssen, was denn die (unverdiente) Qual des H mit der Bestrafung der übrigen (schuldigen) Familie zu tun hat bzw. wie diese Bestrafung allein durch seine Qual möglich ist und die Buße der Angehörigen die Qual des H verlangt. Diese Frage jedenfalls wird beantwortet: Die Angehörigen müssen das Familienhaupt leiden sehen, anders können sie nicht ihrerseits Qual empfinden, die aber notwendig ist. Warum das so ist, ist immer noch nicht geklärt. Von Stellvertretung (Frei, 1975, 182) kann man nicht einfach reden; Wohlenberg, 913 hilft sich mit dem Gedanken „des Verflochtenseins des Geschicks und Verhaltens des Hausvaters... mit den Gliedern seines Hauses". An mehreren Stellen (Vis I 3,1–2; II 3,1; III 1,6) steht H seiner Familie verantwortlich gegenüber, als deren Erzieher und Mahner, der sich um sie sorgt und ihr Kraft gibt. Auch dadurch, daß er gequält wird, scheint er sie anzuführen und zur Buße zu begleiten. Man hat den Eindruck, daß der Verfasser sich hier seinen unbeholfenen theologischen Vers auf Schicksalsschläge zu machen sucht, die ihn trafen[3], und daß er den Sinn seines Leidens darin sehen will, daß die Familie, wenn sie ihn leiden sieht, zur Besinnung kommt. Vielleicht liegt der Anlaß für den Gedanken darin, daß die wirtschaftliche Not, auf die im Text angespielt ist (VI 3,4–6; VII 6), als „Qual" des H die ganze Familie trifft und „quält" (Frei, 1975, 183). H darf jedenfalls so wenig zur Ruhe kommen wie in der Parabel die Schafe (hier wie VI 2,7 εὐσταθεῖν), er muß gepeinigt werden. Giet, Hermas, 238, übersetzt das Verb mit „être dans la prosperité" (Joly, 257: „connaître la prosperité") und hält diese schockierenden Ideen für relativ marginal, lediglich zu Nebenzwecken angeschlossen, unter anderem, um an soziale Solidarität zu appellieren, die in Belohnung und Bestrafung unter Verwandten gelten muß. **4** Überraschend und nicht gerade folgerichtig heißt es jetzt, daß die Familie, die H nach VII 3 zur Buße bringen soll, längst aufrichtige Buße getan hat, daß es aber statt sofortiger Sündenvergebung (εὐθύς MLLE, om. G) nach der Buße zuerst noch Pein, Qual und Bewährung geben muß. Das Erbarmen, die Heilung kommt dann

[3] Snyder, 115: „The only advantage Hermas has (and now everyone else) is to understand the meaning of his tribulations."

(wie immer) von Gott. Die Belehrung darüber, daß zur Sündenvergebung bestimmte Bedingungen über die Buße hinaus zu erfüllen sind (Joly, 257 A.3: „La remise des péchés ne se fait pas sans conditions"), stellt m. E. eine pure Verschärfung der Bußpredigt über die Schwere und Hartnäckigkeit der Sünden dar, ohne bußtheologische Spekulationen (über sühnende Bußleistungen: Poschmann, Paenitentia secunda, 174 A.2). Die Reihenfolge stimmt nun nicht mehr: Nach VI 3,6 kommen die Sünder erst nach der Strafe in die Hand des Bußengels, hier werden sie nach der Buße noch bestraft (Völter, Apostol. Väter, 268f. sucht beides miteinander zu vermitteln). – ἴασίν τινα: τινα muß nicht gravierend einschränkend gelesen werden, als sei dieses Heil nur ein „halbes" (Lake, 187: „some measure of healing"). Mehr als „von ganzem Herzen Buße getan" zu haben, wird im PH nie verlangt. Die schweren Sünder der Sim VI und VII haben diese Buße getan, sie erwarten und erlangen das (ganze) Heil. Grotz, 26f. dagegen liest daraus das „Hypothetische und Unbestimmte" an einer Buße, die durch Strafe zustande kommt. Er will von der „Buße der gewöhnlichen Büßer" eine (erste, vorläufige) Buße schwerer Sünder unterscheiden, die „vor der Übergabe an den Bußhirten" liegt.[4] Auch Frei, 1975, 183 meint ohne Nachweis am Text, „daß es sich bei diesem μετανοεῖν um ein mangelhaft-defektives handle, dem Gottes Vergebung noch nicht zukommen könne". Das ist eine Frage der korrekten Übersetzung und des Kontextes. Ich kann jedenfalls nicht erkennen, daß H die Buße für teilbar hält, wogegen auch der Schluß VII 6 Ende und VII 7 spricht. Wieder einmal lassen seine oft recht unbekümmert variierten Bemerkungen und Formulierungen sich nicht systematisieren. Er entwirft hier nicht eine besondere, schwächere Buße für schwere Sünder, sondern bringt Spannung und Steigerung durch die Beschreibung schwerster Fälle hinein. Dabei bleiben Sinn und Begründung der Auslieferung auch des H an den Strafengel, obwohl er erklärtermaßen kein schwerer Sünder ist (VII 2), über die Angabe hinaus, daß das mit der Rettung der Familie zu tun hat, unklar. Zumal von der Versuchung (VII 1) ist gar keine Rede mehr.

5 H wird mit seinen Bitten und Einwänden jetzt auf die Autorität des

[4] Grotz, 26f. verstärkt diesen Eindruck mit Hilfe der problematischen Übersetzung von Dibelius, 585f., der πάντως (σπλαγχισθήσεται) G mit schwacher Begründung streicht, ein ποτε konjiziert und nach L[1] *forsitan* und L[2] *fortasse* mit „vielleicht" übersetzt (wie übrigens Cadbury, 226). Bauer-Aland, 1232 schlagen für den vorliegenden Text „allerdings" vor, während das zweimalige πάντως in VII 4.5 (dem ersten πάντως M, von Whittaker, 64; Joly, 256 in den Text genommen, ist wahrscheinlich παντελῶς G mit Gebhardt-Harnack, 170; Funk, 554; Hilhorst, Sémitismes, 134 vorzuziehen) ohne Schwierigkeit einheitlich in der Grundbedeutung von „jedenfalls, gewiß, ... unter allen Umständen" (Bauer-Aland, 1232) oder „unbedingt" (Kraft, Clavis, 332) wiedergegeben werden kann. Die Behauptung von Hilhorst, Sémitismes, 26 mit A.1; 134 A.2, πάντως habe im PH durchgängig und „en tout cas 39,7" die Bedeutung „vielleicht", ist eklatant falsch, auch für 39,7 = Mand IX 7; vgl. Bauer-Aland, 1232, wo diese Bedeutung richtigerweise nicht nachgewiesen und nur im Verweis auf Cadbury (s.o.) genannt wird; Joly, 435 präzisiert seine Übersetzung von VII 4.5 gegenüber der 1. Aufl.: „à coup sûr... sûrement".

„Engels des Herrn“ verwiesen („der dich mir überlassen hat“ bezieht sich auf Vis V 2–4; Dibelius, 587; ders., Offenbarungsträger, 109 erwägt die Alternative: „Übergabe auf Zeit an den Bußengel“). Die erklärende Rede wird bezeichnenderweise von der apodiktischen unterbrochen und das bußtheologische Muß der Qual aus dem Befehl des Engels von VII 1.2.3 (= Sohn Gottes) abgeleitet (es gibt eben keine genauere Erklärung der Qual des H, es gibt nur Akzeptanz der göttlichen Verfügung).[5] **6** Da fragt nicht einmal H weiter, sondern drückt, in Dankbarkeit über die Erleichterung der Vorankündigung der Leiden, seine Bereitwilligkeit und Hilfsbedürftigkeit aus. Der Hirt als Bußengel steht ihm in der Strafzeit bei – eine weitere Unschärfe im Detail, denn die Aufgabe des Bußengels setzt erst nach der Strafe ein (VI 3,6). Und was zuerst nicht möglich schien, kann H nun doch erreichen, nämlich Milderung und Abkürzung der Strafe. In den folgenden Auflagen für ein gottgefälliges Leben wird H trotz der vorher markierten moralischen Unterschiede zu seinen Angehörigen jetzt mit seiner Familie zusammengefaßt (wie Vis I 1,9; Mand II 7; Sim V 3,9), und zwar als noch vor oder in der Buße stehend. Damit sollen nicht verschiedene Typen von Buße etabliert werden. Die Buße, so sieht man hier, ist nicht Augenblickssache, sondern ein langwieriger Vollzug, ein Leben nach den Geboten (ἐντέταλμαι: zum qualifizierten Perfekt s. Hilhorst, Sémitismes, 59). **7** Die abschließende Generalisierung über H und seine Familie hinaus (wie in den Mand) formuliert noch einmal die gleichen Bedingungen für alle. Befolgung der Gebote (wie die „Gleichnisse“ VI und VII jetzt genannt werden) macht die Buße echt, d.h. das christliche Leben authentisch (VII 6 Ende), und beendet die Qual: eine Applikation von VI 3,4–6. Alle Details und der Duktus von VII zeigen die paradigmatische Rolle, die H und seine Familie zur Erläuterung der Buße spielen: „es ist gar nicht eine wirkliche Familie, sondern die Christengemeinde, der ein (angenommener) Fall von Strafleiden zur Warnung dienen soll“ (Dibelius, 585).

Achtes Gleichnis

Die Notwendigkeit und überwältigende Wirkung der Buße
(Sim VIII 1,1–11,5)

67 (VIII 1) 1 **Er zeigte mir einen großen Weidenbaum, der Ebenen und Berge schützend überspannte, und unter den Schutz des Weidenbaumes waren alle zusammengekommen, die im Namen des Herrn berufen sind.** 2 **Ein herrlicher Engel des Herrn, ganz enorm hochgewachsen, stand neben der Weide, mit einem großen Messer in der Hand; er schlug Zweige von der**

[5] Darum Gebhardt-Harnack, 171: „Sensus (sc. von Sim VII): peccata non remittuntur, nisi cum paenitentia castigatio coniuncta sit. Habes hic initia perversae illius ecclesiasticae disciplinae, quam postea Romani late excoluerunt.“

Weide ab und gab sie dem Volk, das sich im Schutz unter der Weide aufhielt.
Es waren kleine Stöcke, die er ihnen gab, etwa eine Elle lang. 3 Als alle ihre
Stöcke bekommen hatten, legte der Engel das Messer weg, und der Baum war
unbeschädigt, wie er vorher ausgesehen hatte. – 4 Ich wunderte mich und
sagte bei mir: „Wieso ist der Baum unbeschädigt, obwohl so viele Zweige von
ihm abgeschnitten wurden?" Der Hirt sprach zu mir: „Du brauchst dich nicht
zu wundern, wenn der Baum unbeschädigt blieb, obwohl so viele Zweige von
ihm abgeschnitten worden sind. Warte ab", sprach er; „wenn du alles gesehen
hast, dann wird dir erklärt werden, was das bedeutet."

5 Der Engel, der dem Volk die Stöcke gegeben hatte, verlangte sie wieder
von ihnen zurück. Und wie sie sie bekommen hatten, so wurden sie zu ihm
gerufen, und jeder von ihnen gab seinen Stock einzeln zurück. Der Engel des
Herrn nahm sie entgegen und betrachtete sie. 6 Von manchen bekam er die
Stöcke verdorrt zurück und wie von Würmern zerfressen. Der Engel ließ alle,
die solche Stöcke abgaben, sich gesondert aufstellen. 7 Andere gaben verdorrte (Stöcke) ab, aber sie waren nicht von Würmern zerfressen; auch sie ließ
er sich gesondert aufstellen. 8 Andere gaben halbverdorrte ab; auch sie
stellten sich gesondert auf. 9 Andere gaben ihre Stöcke halbverdorrt und
mit Rissen ab; auch sie stellten sich gesondert auf. 10 Andere gaben ihre
Stöcke zwar grün ab, aber mit Rissen; auch sie stellten sich gesondert auf.
11 Andere gaben die Stöcke halb verdorrt und halb grün ab; auch sie stellten
sich gesondert auf. 12 Andere aber lieferten ihre Stöcke ab, den Stock zu
zwei Dritteln grün, zu einem Drittel verdorrt; auch sie stellten sich gesondert
auf. 13 Andere gaben zwei Drittel verdorrt, ein Drittel grün ab; auch sie
stellten sich gesondert auf. 14 Andere gaben ihre Stöcke fast ganz grün ab,
nur ein ganz kleines Stück ihrer Stöcke war verdorrt, und zwar die Spitze; sie
hatten allerdings Risse; auch sie stellten sich gesondert auf. 15 Bei anderen
war nur ein ganz kleines Stück grün, der Rest der Stöcke aber verdorrt; auch
sie stellten sich gesondert auf. 16 Andere kamen und brachten ihre Stöcke
grün, wie sie sie vom Engel bekommen hatten; die Mehrheit des Volkes gab
die Stöcke so ab. Der Engel freute sich sehr über sie; auch sie stellten sich
gesondert auf. 17 Andere gaben grün und mit Seitentrieben ab; auch sie
stellten sich gesondert auf; auch über sie war der Engel sehr froh. 18 Andere gaben ihre Stöcke grün und mit Seitentrieben ab, und ihre Seitentriebe
trugen Frucht; und die Menschen, deren Stöcke in diesem Zustand waren,
waren überaus froh. Auch der Engel freute sich sehr über sie, und auch der
Hirte war mit ihm überaus froh über sie. – 68 (VIII 2) 1 Dann ließ der
Engel des Herrn Kränze herbeibringen. Und es wurden Palmkränze herbeigebracht, und er bekränzte die Menschen, die die Stöcke mit Seitentrieben und
Frucht abgegeben hatten, und er entließ sie in den Turm. 2 Auch die anderen entließ er in den Turm, die ihre Stöcke mit Seitentrieben, aber ohne
Frucht abgegeben hatten. Zuvor versah er sie mit einem Siegel. 3 Alle, die in
den Turm einzogen, hatten das gleiche schneeweiße Gewand an. 4 Auch
diejenigen, die die Stöcke grün abgegeben hatten, wie sie sie bekommen
hatten, entließ er (in den Turm), nachdem er ihnen ein weißes Gewand und
ein Siegel verliehen hatte.

5 Als der Engel damit fertig war, sprach er zum Hirten: „Ich gehe jetzt. Laß
du diese (noch verbliebenen Menschen) in die Mauern gehen, wie jeder zu

wohnen verdient. Schau aber ihre Stöcke sorgfältig an und laß sie erst dann gehen. Gib acht, daß keiner an dir vorbeikommt! Aber wenn einer an dir vorbeikommt", sprach er, „werde ich sie am Altar[1] überprüfen!" Nach diesen Worten an den Hirten ging er. –
6 Und als der Engel gegangen war, sagte der Hirt zu mir: „Wir wollen die Stöcke von allen nehmen und sie einpflanzen; möglicherweise leben einige von ihnen auf." Ich sprach zu ihm: „Herr, wie kann, was so verdorrt ist, aufleben?"
7 Er gab mir zur Antwort: „Dieser Baum ist eine Weide, von seiner Natur her sehr lebenskräftig. Wenn man diese Stöcke einpflanzt und sie nur etwas Feuchtigkeit bekommen, werden viele von ihnen aufleben. Folglich will ich es versuchen und ihnen Wasser geben. Wenn einige von ihnen aufleben können, freue ich mich über sie, wenn nicht, so war es nicht mein Versäumnis."
8 Der Hirt befahl mir, sie nach ihrer Aufstellung vorzurufen. Sie kamen Gruppe um Gruppe und gaben ihre Stöcke dem Hirten ab. Der Hirt nahm die Stöcke und pflanzte sie gruppenweise ein. Danach begoß er sie mit viel Wasser, so daß man vor Wasser die Stöcke nicht mehr sah.
9 Als er die Stöcke gegossen hatte, sagte er zu mir: „Laß uns gehen und nach einigen Tagen wieder hergehen und nach all diesen Stöcken schauen. Denn der Schöpfer dieses Baumes will, daß alle leben, die von ihm Zweige bekommen haben. Auch meine Hoffnung ist es, daß der Großteil dieser Stöcke auflebt, nachdem sie Feuchtigkeit hatten und mit Wasser getränkt wurden."

69 (VIII 3)
1 Ich sprach zu ihm: „Herr, laß mich wissen, was dieser Baum bedeutet. Ich kann mir bei ihm nämlich nicht erklären, daß der Baum unbeschädigt ist, obwohl so viele Zweige von ihm abgeschlagen wurden, und daß er so aussieht, als sei überhaupt nichts von ihm abgeschlagen worden; das also kann ich mir nicht erklären."
2 Er sagte: „Hör zu! Dieser große Baum, der Ebenen und Berge und die ganze Erde überspannt, ist das Gesetz Gottes, das für die ganze Welt gegeben ist. Dieses Gesetz ist aber der Sohn Gottes, der bis zu den Enden der Erde verkündet worden ist. Die Völker unter dem Schutz (des Baumes) sind die, die die Predigt gehört und daran geglaubt haben.
3 Der große und herrliche Engel ist Michael, der die Macht über dieses Volk hat und ⟨sie⟩ regiert. Denn er ist es, der das Gesetz in die Herzen der Gläubigen gab. Er schaut nun nach, ob die, denen er das Gesetz gab, es befolgt haben.
4 Du siehst die Stöcke von ihnen allen; diese Stöcke sind nämlich das Gesetz. Du siehst nun, daß viele Stöcke untauglich geworden sind; in ihnen sollst du alle die erkennen, die das Gesetz nicht befolgt haben; und du wirst sehen, wo jeder seine Wohnung hat."
5 Ich sagte zu ihm: „Herr, warum hat er die einen in den Turm entlassen und die anderen dir überlassen?" Er sprach: „Die das Gesetz übertreten haben, das sie von ihm bekamen, hat er zur Buße in meine Gewalt gegeben; die aber dem Gesetz schon gefallen und es befolgt haben, die behält er in seiner eigenen Gewalt."
6 „Herr, wer sind die, die einen Kranz bekamen", sagte ich, „und in den Turm gegangen sind?" Er gab mir zur Antwort: „Die einen Kranz bekamen, das sind die, die mit dem Teufel gerungen und ihn besiegt haben. Es sind die, die für das Gesetz gelitten haben.
7 Die anderen, die auch ihre Stöcke grün und mit Seitentrieben, aber ohne Frucht abgegeben haben, sind die, die für das Gesetz

[1] Vgl. Jak 2,21.

Bedrängnis durchgemacht, aber nicht gelitten und ihr Gesetz nicht verleugnet haben. 8 **Die (ihre Stöcke) grün abgeliefert haben, wie sie sie bekommen hatten, sind die Heiligen und Gerechten, die mit völlig reinem Herzen gelebt und die Gebote des Herrn befolgt haben. – Das übrige wirst du erfahren, wenn ich die eingepflanzten und begossenen Stöcke anschauen werde."**

70 (VIII 4) 1 **Nach einigen Tagen kamen wir (wieder) an die Stelle, und der Hirt setzte sich an der Stelle des großen Engels nieder, und ich stellte mich neben ihn. Er sprach zu mir: „Binde eine Schürze um und hilf mir!" Ich band eine saubere Schürze aus Sacktuch um.** 2 **Als er mich geschürzt und bereit sah, ihm zu helfen, sagte er: „Ruf die Menschen, denen die eingepflanzten Stöcke gehören, gruppenweise, wie sie ihre Stöcke abgegeben haben." Ich ging in die Ebene hinaus und rief sie alle herbei. Und alle Gruppen stellten sich auf.** 3 **Er sprach zu ihnen: „Jeder soll seinen Stock herausziehen und zu mir bringen!"** 4 **Als erste gaben ihn die ab, die die verdorrten und zerfaserten (Stöcke) gehabt hatten; sie waren noch genau so verdorrt und zerfasert. Er ließ sie sich gesondert aufstellen.** 5 **Dann gaben diejenigen ab, deren Stöcke verdorrt, aber nicht zerfasert (gewesen) waren; einige von ihnen gaben die Stöcke grün ab, andere aber verdorrt und wie von Würmern zerfasert. Die sie grün abgaben, ließ er sich gesondert aufstellen; die mit den verdorrten und zerfaserten aber mußten sich zu den ersten stellen.** 6 **Dann gaben die ab, deren (Stöcke) halb verdorrt waren und Risse hatten; viele von ihnen gaben sie (jetzt) grün und ohne Risse ab; manche grün mit Seitentrieben und mit Früchten an den Seitentrieben, wie diejenigen sie hatten, die mit Kränzen in den Turm eingezogen waren; manche gaben sie aber verdorrt und zerfressen ab, manche auch verdorrt und nicht angefressen, manche halb verdorrt und mit Rissen wie zuvor. Er ließ sie sich alle gesondert aufstellen, die einen in den entsprechenden Gruppen, die anderen gesondert.** 71 (VIII 5) 1 **Dann gaben die ab, die zwar grüne Stöcke gehabt hatten, aber mit Rissen; sie gaben sie alle grün ab und stellten sich in ihre Gruppe. Der Hirt freute sich über sie, weil sie sich alle geändert und die Risse beseitigt hatten.** 2 **Es gaben auch die mit den halb grünen und halb verdorrten (Stöcken) ab; ihre Stöcke waren teils völlig grün, teils halb verdorrt, teils verdorrt und zerfressen, teils aber auch grün mit Seitentrieben. Sie wurden alle je zu ihrer Gruppe geschickt.** 3 **Dann gaben die ab mit den zu zwei Dritteln grünen und zu einem Drittel verdorrten (Stöcken). Viele von ihnen gaben grüne (Stöcke) ab, viele halb verdorrte, andere aber verdorrte und zerfressene; sie stellten sich alle je in ihre Gruppe.** 4 **Andere hatten ihre Stöcke zu zwei Dritteln verdorrt, zu einem Drittel grün abgegeben; viele von ihnen brachten sie halb verdorrt, manche verdorrt ⟨und zerfressen, manche halb verdorrt⟩ und mit Rissen; nur ganz wenige gaben sie grün ab. Sie alle stellten sich zu ihrer Gruppe.** 5 **Dann gaben die mit den grünen Stöcken ab, an denen ein kleines Stück verdorrt war und die Risse hatten. Manche von ihnen gaben sie grün ab, manche grün mit Seitentrieben. Auch sie traten ab zu ihrer Gruppe.** 6 **Dann gaben die ab, deren Stöcke zu einem ganz kleinen Teil grün, im übrigen aber verdorrt gewesen waren; ihre Stöcke waren zum größten Teil grün und hatten Seitentriebe mit Frucht daran, und andere waren ganz grün. Über diese Stöcke freute der Hirt sich sehr, weil sie sich in diesem Zustand zeigten. Auch sie traten ab, jeder zu seiner Gruppe.**

72 (VIII 6) 1 **Als der Hirt die Stöcke von allen angeschaut hatte, sprach er zu mir: „Ich sagte dir ja, daß dieser Baum lebenskräftig ist. Siehst du", sagte er, „wie viele Buße getan haben und gerettet worden sind?" „Das sehe ich, Herr", sprach ich. Er sagte: „(Daran) sollst du die reiche Barmherzigkeit des Herrn erkennen, daß sie groß und herrlich ist und denen Geist geschenkt hat, die der Buße würdig sind."** 2 **„Warum haben denn nicht alle Buße getan, Herr?" sagte ich. Er sprach: „Bei welchen der Herr sah, daß ihr Herz bereit war, rein zu werden und ihm von ganzem Herzen zu dienen, denen gab er die Buße. Bei welchen er dagegen Bosheit und Schlechtigkeit sah und daß sie die Buße nur heucheln würden, denen hat er sie nicht gegeben, damit sie seinen Namen nicht von neuem lästern."**

3 **Ich sprach zu ihm: „Herr, löse mir jetzt auf, was diejenigen, die die Stöcke zurückgegeben haben, im einzelnen bedeuten und (wo) ihre Wohnung (ist), damit die, die zum Glauben gekommen sind und das Siegel erhalten haben, dieses aber zerbrochen und nicht unversehrt bewahrt haben, es hören, ihre Taten erkennen, Buße tun und von dir ein Siegel erhalten und dann den Herrn preisen, weil er sich über sie erbarmt und dich zu ihnen gesandt hat, ihre Geister zu erneuern."** 4 **„So hör zu", sprach er. „Diejenigen, deren Stöcke sich verdorrt und von Würmern zerfressen zeigten, das sind die Abtrünnigen und Verräter der Kirche, die mit ihren Sünden den Herrn lästern und sich sogar des Namens des Herrn, der über ihnen angerufen ist[2], schämen[3]. Sie sind endgültig tot für Gott. Du siehst, daß auch nicht ein einziger von ihnen Buße getan hat, obwohl sie gehört hatten, was du ihnen in meinem Auftrag gesagt hast. Solche Menschen hat das Leben verlassen.** 5 **Diejenigen, die die (Stöcke) verdorrt und nicht zerfressen abgegeben haben, stehen ihnen nahe. Sie waren nämlich Heuchler, führten falsche Lehren ein und verwirrten die Diener Gottes, vor allem die Sünder unter ihnen, indem sie sie keine Buße tun ließen, sondern sie zu ihren gottlosen Lehren überredeten. Für sie besteht (noch) Hoffnung auf Buße.** 6 **Du siehst ja, daß viele von ihnen Buße getan haben, seit du ihnen meine Gebote gesagt hast. Und andere werden noch Buße tun. Wer keine Buße tut, hat sein Leben verwirkt. Aber alle unter ihnen, die Buße getan haben, wurden gut, und sie bekamen eine Wohnung in den ersten Mauern; manche sind auch in den Turm hinaufgekommen. Du siehst also", sprach er, „daß die Buße der Sünder zum Leben führt, die Verweigerung der Buße aber zum Tod."**

73 (VIII 7) 1 **„Hör auch, was von denen gilt, die (die Stöcke) halb verdorrt und mit Rissen darin abgegeben haben. Die mit den halb verdorrten Stöcken sind die Unentschiedenen. Sie sind weder lebendig noch tot.** 2 **Die mit den halb verdorrten (Stöcken) und Rissen darin sind Unentschiedene und Verleumder, die keinen Frieden untereinander halten[4], sondern ständig in Zwietracht leben. Auch für sie", sagte er, „gibt es noch Buße. Du siehst ja", sprach er, „daß etliche von ihnen schon Buße getan haben. Und es besteht bei ihnen weiterhin die Hoffnung auf Buße."** 3 **Er sagte: „Die von ihnen Buße getan haben, haben ihre Wohnung im Turm; die von ihnen erst später Buße tun werden, werden in den Mauern wohnen; die aber nicht Buße tun, sondern bei**

---

2 Vgl. Gen 48,16; Am 9,12; Jak 2,7; Apg 15,17.
3 Vgl. Mk 8,28 par.; Röm 1,16; 2 Tim 1,8.
4 Vgl. 1 Thess 5,13; Mk 9,50; 2 Kor 13,11.

ihrer Lebensführung bleiben, sterben den Tod. 4 Diejenigen, die ihre Stöcke grün und mit Rissen abgegeben haben, sind immer gläubige und gute Leute gewesen, stritten aber, eifersüchtig aufeinander, um Vorrang und Ansehen. Sie sind allesamt töricht mit ihrem ⟨ eifersüchtigen Streit⟩ um den Vorrang. 5 Aber auch sie vernahmen meine Gebote, reinigten sich, weil sie gut waren, und taten sofort Buße. Sie bekamen also ihre Wohnung im Turm. Wenn aber einer von ihnen in die Zwietracht zurückfällt, wird er aus dem Turm hinausgeworfen und verliert sein Leben. 6 Das Leben wird allen zuteil, die die Gebote des Herrn bewahren. In den Geboten steht nichts von Vorrang und Ansehen, wohl aber etwas über Geduld und Demut des Menschen. In solchen Menschen also ist das Leben des Herrn, in Streitstiftern und Übeltätern aber der Tod.“

74 (VIII 8) 1 „Diejenigen, die ihre Stöcke halb grün, halb verdorrt abgaben, das sind die, die in ihre Geschäfte verwickelt sind und sich den Heiligen nicht angeschlossen haben. Darum ist an ihnen die eine Hälfte lebendig, die andere tot. 2 Viele taten aber Buße, als sie meine Gebote hörten. Und die Buße taten, deren Wohnung war im Turm. Manche von ihnen fielen aber endgültig ab. Für sie besteht keine Möglichkeit zur Buße mehr. Mit ihren Geschäften haben sie den Herrn nämlich gelästert und ihn verleugnet. Durch die Schlechtigkeit, die sie verübt haben, haben sie also ihr Leben verwirkt. 3 Viele von ihnen sind aber unentschlossen. Für sie besteht noch eine Möglichkeit zur Buße, wenn sie sofort Buße tun, und ihre Wohnung wird im Turm sein. Wenn sie die Buße verzögern, werden sie in den Mauern wohnen; tun sie aber gar nicht Buße, dann haben auch sie ihr Leben verwirkt. 4 Die (ihre Stöcke) zu zwei Dritteln grün, zu einem Drittel verdorrt abgegeben haben, sind die, die verschiedene Male (den Herrn) verleugnet haben. 5 Viele von ihnen haben Buße getan, und sie gingen zum Wohnen in den Turm. Viele sind aber endgültig von Gott abgefallen; sie haben ihr Leben endgültig verwirkt. Manche von ihnen sind aber unentschlossen und uneins geworden; für sie besteht noch eine Möglichkeit zur Buße, wenn sie sofort Buße tun und nicht bei ihren Vergnügungen bleiben. Wenn sie aber bei ihrem Tun bleiben, dann erwirken auch sie sich den Tod.“

75 (VIII 9) 1 „Diejenigen, die ihre Stöcke zu zwei Dritteln verdorrt und zu einem Drittel grün abgaben, sind die, die zwar gläubig geworden waren, dann aber zu Reichtum kamen und zu hohem Ansehen bei den Heiden gelangten; sie führten sich sehr hochmütig auf, wurden stolz und verließen die Wahrheit; sie schlossen sich nicht (mehr) den Gerechten an, sondern lebten mit den Heiden zusammen, und das war für sie der angenehmere Weg. Aber sie fielen nicht von Gott ab, sondern blieben beim Glauben, taten aber nicht die Werke des Glaubens. 2 Viele von ihnen taten dann Buße, und sie erhielten ihre Wohnung im Turm. 3 Andere lebten endgültig mit den Heiden zusammen, verfielen der heidnischen Sucht nach hohlem Ansehen und wurden abtrünnig von Gott, und sie handelten wie die Heiden. So wurden sie zu den Heiden gerechnet. 4 Anderen von ihnen sind aber Zweifel gekommen, und sie haben wegen der Taten, die sie verübt haben, die Hoffnung aufgegeben, gerettet werden zu können. (Wieder) anderen sind Zweifel gekommen, und sie haben Spaltungen untereinander verursacht. Für diejenigen, denen Zweifel wegen ihres Tuns gekommen sind, besteht noch eine Möglichkeit der Buße;

aber ihre Buße muß sofort sein, damit sie ihre Wohnung im Turm bekommen können. Denen, die keine Buße tun, sondern bei ihren Vergnügungen bleiben, steht der Tod nahe bevor!"

76 (VIII 10) 1 **„Diejenigen, die ihre Stäbe grün abgegeben haben, nur mit verdorrten Spitzen und mit Rissen, waren immer gute und gläubige Leute und bei Gott angesehen; aber sie haben mit einer kleinen Begier geringfügig gesündigt und ein klein wenig gegeneinander gehabt. Aber als sie meine Worte vernahmen, taten sie zum größten Teil sofort Buße, und ihre Wohnung war im Turm.** 2 **Manche von ihnen waren aber im Zweifel, manche verursachten mit ihrem Zweifel größere Spaltungen. Bei ihnen besteht noch Hoffnung auf Buße, weil sie doch immer gut waren. Von ihnen wird kaum einer sterben müssen. –** 3 **Diejenigen, die ihre Stäbe verdorrt abgegeben haben, mit nur ganz wenig Grün daran, das sind die, die bloß geglaubt, dabei aber schlechte Werke getan haben. Sie sind niemals von Gott abgefallen, haben (seinen) Namen gern getragen und gern die Diener Gottes in ihre Häuser aufgenommen. Als sie dann von dieser Buße hörten, haben sie ohne Zögern Buße getan und verwirklichen lauter Tugend und Gerechtigkeit[5].** 4 **Manche von ihnen leiden auch Tod und Bedrängnis gern, da ihnen die Taten bewußt sind, die sie verübt haben. Sie haben alle ihre Wohnung im Turm."**

77 (VIII 11) 1 **Als er mit den Auflösungen für alle Stöcke ans Ende gekommen war, sprach er zu mir: „Geh jetzt und sag allen, sie sollen Buße tun und für Gott leben. Aus Erbarmen hat der Herr mich nämlich geschickt, allen die Buße zu geben, obwohl etliche wegen ihrer Taten die Rettung gar nicht verdienen. Aber in seiner Geduld[6] will der Herr, daß alle gerettet werden, die durch seinen Sohn berufen sind."** 2 **Ich sprach zu ihm: „Herr, ich hoffe, daß alle Buße tun, wenn sie das hören. Denn ich bin überzeugt, daß dann jeder einzelne sich seiner Werke bewußt wird und aus Furcht vor Gott Buße tut."** 3 **Er antwortete mir: „Alle, die von ganzem Herzen Buße tun und sich von ihren Sünden, von denen vorhin die Rede war, reinigen und nicht mehr weitersündigen, erlangen vom Herrn Heilung von ihren früheren Sünden, falls sie bezüglich dieser Gebote keine Zweifel haben, und sie werden für Gott leben. Aber alle, die weitersündigen und den Begierden dieser Welt leben, verurteilen sich selbst zum Tod. –** 4 **Leb du selbst nach meinen Geboten, dann wirst du ⟨ für Gott⟩ leben; und wer nach ihnen lebt ⟨ und recht handelt, wird für Gott leben⟩." –** 5 **Nachdem er mir das gezeigt und alles gesagt hatte, sprach er zu mir: „Den Rest zeige ich dir in einigen Tagen."**

Sim VIII stellt wiederholt Querverbindungen zu den Buchteilen Vis und Mand her (6,4; 7,5; 8,2; 10,1; vgl. 11,3.4), setzt diese also voraus. – Thema und Absicht dieses Gleichnisses sind durch die sprunghaft ansteigende Häufung der Wortgruppe μετάνοια/μετανοεῖν (3,5; 6–11) erkennbar, außerdem durch die grundsätzlichen Aussagen von 6,1.2 sowie die Absichtserklärungen von 6,3; 11,2. Die Barmherzigkeit Gottes soll eingeschärft werden, die *jedem* Menschen, unabhängig von seiner Sünde, die Bußmöglichkeit gibt, abhängig allerdings vom Buß- und Besserungswillen des Menschen. Außer-

[5] Vgl. Ps 14,2; Apg 10,35; Hebr 11,33.
[6] Vgl. 2 Petr 3,9.

dem wird großes Zutrauen in die rettende Wirkung der Buße aufgebaut, das offenbar nicht bei allen sündigen Christen vorhanden war (vgl. Mand IX und X über Zweifel und Traurigkeit als Resignation). Die Notwendigkeit, Möglichkeit und Eile der Buße wird in der extrem allegorisch ausgenutzten Parabel vom Weidenbaum illustriert, und dies außer im Genre von Paränese und Drohung auch über die Erfolgsmeldung, die mitreißen soll. Trotz der ausführlichen Rede von Vollzug und Verweigerung der Buße macht auch dieser Text wie andere (s. Exkurs: Die Buße) keine offenen Angaben über den Ritus der Buße in der Gemeinde, an dessen Existenz in Form eines öffentlichen, liturgisch-rituellen Verfahrens in der römischen Kirche des H nicht zu zweifeln ist. H verbleibt aber in der einmal gewählten Vorstellungswelt der Vision, Allegorie und Parabel, so daß konkrete Sachaussagen über die kirchliche Praxis fehlen. Immerhin scheinen etliche verdeckte Informationen im Text zu stecken. So gibt es einige wenige Andeutungen über die Grenzen der Zugehörigkeit zur Gemeinde. Deutlich öfter wird vom selbstverschuldeten Ende aller Bußmöglichkeit und damit doch wohl gleichzeitig der Kirchenzugehörigkeit, also von Exkommunikation, gesprochen. Auf einen gesteuerten Modus der Kontrolle in Form von kirchlicher Zulassung und Verweigerung der Buße für die christlichen Sünder der Stadt deutet recht massiv die kasuistische Katalogisierung und Ungleichbehandlung der Sündergruppen in Sim VIII. Sie wird von H nicht ganz aus der Luft gegriffen sein.

Da die Parabel lang und in der Erzählfolge etwas verwirrend sowie nicht ganz widerspruchsfrei ist, stelle ich eine kompakte Übersicht voran (in der Bewertung der Teile abweichend von Dibelius, 587f.).

1,1–4: Die Szene vom Weidenbaum und von der Verteilung der Stöcke an alle Christen als Rahmen der Rede über Gesetz, Bewährung und Heil.

1,5–2,4: Die Rückgabe der Stöcke zur Kontrolle und Sortierung der Sünder sowie zur Abtrennung und Belohnung der Gerechten.

2,5–9: Einpflanzung der Stöcke der Sünder als ausgiebige Bußfrist.

3,1–8: Ein eingeschobener Dialog zur Überbrückung der Bewährungszeit (Bußfrist) mit einer zunächst pauschalen Erklärung der Allegorie von 1,1–18, in der die detaillierte Dechiffrierung der vielen Christengruppen mit den drei Abteilungen der Gerechten beginnt (Fortsetzung mit den Sündern folgt 6,4–10,4).

4,1–5,6: Die Sündergruppen aus 1,6–15 werden ein zweites Mal kontrolliert, um an den in der Bußfrist erfolgten Veränderungen den überwältigenden Erfolg der Buße zu illustrieren und um allerdings auch endgültig gescheiterte Sünder vorzuführen – noch völlig in der allegorischen Diktion von den unterschiedlichen Stöcken.

6,1–2: Bilanz der Buß-Prozedur; viele sind durch Gottes Barmherzigkeit gerettet, aber nicht alle brachten die Bußbereitschaft bzw. Bußwürdigkeit auf.

6,3: Bitte um weitere Gleichnisdeutung, die zur Buße und Rettung aller (restlichen) getauften Sünder führt.

6,4–10,4: Die detaillierte Auflösung der Allegorie von den Stöcken zur

Beschreibung der geläufigen Christensünden und zur ermutigenden Proklamation der Bußmöglichkeit für (fast) alle Sünder.

11,1–5: Gnadenhaftigkeit des Bußangebots und abschließende Anwendung.

1,1 Sparsam eingeleitet („er zeigte mir") hat diese Vision (oder Allegorie bzw. Parabel) als ihren Mittelpunkt den großen (GE: ἰτέαν + μεγάλην) Weidenbaum, der an seinen kosmischen Ausmaßen (auch 3,1) als Chiffre für eine Größe anderer Art erkennbar ist (die Auflösung erfolgt 3,1). Das unter dem Schutz des Baumes zusammengekommene Volk war im Herkunftsbereich der Parabel wahrscheinlich das Judenvolk (Dibelius, 576), jetzt im PH sind es die Christen; zum biblisch-jüdischen Charakter ihrer Umschreibung („im Namen des Herrn berufen") Dibelius, 587; Völter, Apostol. Väter, 282 (zur Textgestalt Hilhorst, Sémitismes, 85: mit GM τῷ statt ἐν). Im folgenden sind sie Volk (3,2: Völker) genannt. Der Baum mag auf den Lebensbaum (Völter, Apostol. Väter, 276; Benz, 379f.) oder den Weltenbaum (Dibelius, 588; H. Rahner, Griech. Mythen, 259) mythischer Überlieferung zurückgehen, zu seiner hiesigen Funktion genügt der Name Weidenbaum. In Antike und Frühchristentum war nämlich die „Symbolik der lebenssprossenden Weide" geläufig (vgl. H. Rahner, Griech. Mythen, 245–280)[7] und die Weide ein Baum mit „immerwährender Triebkraft" (Lampe, 193). Im vorliegenden Text spielt gerade die Lebenskraft und Lebenszähigkeit dieses Baumes (δένδρον φιλόζωον), die auch noch in den abgeschnittenen Stöcken steckt (2,7; 6,1), die entscheidende Rolle. Gottes Absicht mit diesem Baum ist das Leben der Christen (2,9). Der Baum ist das Gesetz (3,2), das, „in die Herzen der Gläubigen" gegeben (3,3), seine Kraft entfaltet und bessernd wirkt. Es ist denkbar, daß erst H zum Zweck dieser Idee die Artbestimmung „Weidenbaum" in die traditionelle Allegorie vom Weltenbaum eingetragen hat, die er hier benutzt (Dibelius, 588).

Das gesamte Motiv ist jedenfalls unstrittig jüdisch (Dibelius, 589; Köster, Einführung, 696f. mit einem Rekonstruktionsversuch zum ursprünglichen jüdischen Inhalt der Parabel).[8] Das liest man an der biblisch-jüdischen Beschreibung der Christen in 1,1 ab, an der Identifizierung des Baumes als „Gesetz Gottes" (3,2), an der maßgeblichen Rolle des Engels Michael bei der Übermittlung des Gesetzes an die Menschen unter dem Baum (1,2; 3,3), am

[7] H. Rahner's Auslegung von Sim VIII (Griech. Mythen, 259f.) ist in drei Punkten fehlerhaft (der Weidenbaum sei ein „Bild der Kirche", die Stöcke würden „in den lebendigen Baum von neuem eingefügt", und Märtyrer würden „in ihren Händen einen Weidenzweig" „schwingen", womit der „etwa eine Elle lange" „kleine" Stock gemeint ist, den alle tragen) und damit ohne Wert.

[8] Ob man derart detaillierte Parallelen im (marginalen) Judentum nachweisen kann, wie Ford, 535–537 und Hanson, 105–108 meinen, sei dahingestellt; die Anhalte dafür im Text sind vage, der Konstruktionszwang stark. – Hilhorst, Sémitismes, 13 mit A.5 kritisiert die These vom klassisch belesenen, also von römischer Literatur abhängigen H, die J. Schwartz und Tanner vertraten.

Motiv der Selektion der Gerechten aus den Sündern (1,5–2,4), an der frühjüdischen (und frühchristlichen) Vorliebe für die Handlung mit diversen realsymbolischen Stöcken oder Stäben (1,2ff.), die wahrscheinlich doch im Anschluß an Num 17,6–28 entwickelt wurde (wie Philon, *Vita Moysis* II [III] 21,178–180; Josephus Flavius, *Ant.* IV 4,2; *äthHen* 26,1; *1 Klem* 43,5). Zum Stabwunder Aarons, zum „Wunder des toten Stabes, der plötzlich grünt, Blätter, Blüten und Früchte trägt", sowie über den kulturgeschichtlichen Hintergrund solcher Stab-Symbolik s. H. Greßmann, Mose und seine Zeit, Göttingen 1913, 275–283.

H also wählte die Allegorie vom großen Baum mit dem Motiv der Selektion der Gerechten, was ihm die Gelegenheit gab, im Zuge des Kontroll- und Buß-Prozesses aller Christen zunächst die (in der Erzählfolge verfrüht, nämlich 2,1–4 und 3,6–8 statt im Rahmen von 6,4–10,4 lokalisierte) Belohnung der Gerechten zu illustrieren, auf die es in der Vorlage wohl ankam, und dann den Bericht über die dramatischen Bewegungen der Sünder zwischen Bekehrung und endgültigem Abfall in einer Verlängerung der Metapher von Baum und Zweigen und mit Hilfe von deren Instrumentar anzuhängen. – Mit Mt 13,31f. hat das Bild vom Baum hier nichts zu tun.

1,2.3 Um die einsetzende Handlungsbeschreibung zu verstehen, brauchte man die Auflösung der allegorischen Bezüge, die bis 3,2–8 auf sich warten läßt. Zur Identität des Engels s. 3,2.3. Zu seiner Größe (vgl. 4,1; IX 6,1): Visionäre Gestalten sind „zum Zeichen ihrer Transzendenz mit übermenschlichen Maßen ausgestattet" (Grillmeier, Jesus der Christus 1, 153). Im Frühjudentum ist die Vorstellung von der Riesengröße der Engel geläufig (vgl. Daniélou, Théologie, 47: *TestRub* 5,7; Denker, 102 mit auch rabbinischen Beispielen). Das Haupt der beiden Begleitengel des Auferstandenen im *PetrEv* 40 „reicht bis zum Himmel" (das des Auferstandenen noch wesentlich höher); in *slavHen* 1,4f. erscheinen „zwei sehr große Männer, wie ich nie auf Erden gesehen". Und innerhalb der angelomorphen Christologie des PH werden solche spektakulären Merkmale auf den Sohn Gottes (er selbst eine Art Engel) übertragen, wie von den Elchasaiten nach Hippolyt, *Refut.* IX 13,2f., die daneben eine weibliche Gestalt von der gleichen Größe kennen, die der heilige Geist ist; vgl. die Ebionäer bei Epiphanius, *Haer.* 30,17,6f. In den *ActJoh* 90 reicht das Haupt des Verklärten bis zum Himmel. Im *Mart. Perpet. et Felicit.* 10,4 überragt Christus als „ein Mann, gewaltig groß", sogar den Giebel des Amphitheaters (zwei weitere Beispiele aus der Martyrienliteratur: *Martyrium des Marianus und Jacobus* 7,3f.; *Martyrium des Sabas* 4,1); im PH überragt der Mann (= Engel), der der Sohn Gottes ist, den Turm, um dessen Bau es geht (Sim IX 6,1). Parallelen aus der paganen (hermetischen) Literatur bei Joly, 300f. – Am nächsten an Sim VIII 1,2; 2,1; 3,6 kommt der Jüngling von *2(5) Esra* 2,43: Er „ragte über alle sie empor und setzte jedem (sc. Märtyrer) eine Krone auf das Haupt und wurde selber immer größer" (Rießler, 316); und der die Kronen und Siegespalmen verteilte (2,45f.), ist niemand anderer als der Sohn Gottes (2,47). – Zur Kombination von „groß" mit ἔνδοξος („herrlich") hier und 3,3 s. bei IX 7,1.

1,4 Es folgt ein unauffälliger Kurzdialog, der die literarische Funktion hat, die im Handlungsablauf des Gleichnisses erforderliche Zeitspanne zwischen Aushändigung und Wiedereinsammlung der Stöcke zu gewinnen bzw. die zwischen 1,3 und 1,5 vermißte „Pause" zu suggerieren. Daß dies so ist, zeigt im weiteren Ablauf als deutlicheres Beispiel der Dialog 3,1–8 und die Frist von mehreren Tagen (2,9; 4,1), in der den Stöcken bzw. Sündern hinreichend Zeit gegeben wird, sich zu verbessern, damit die nächste Prüfung vorgenommen werden kann. Was dort ausdrücklich gesagt ist, wird – weniger gelungen – auch hier erreicht. In 1,5 ist das Verstreichen einer gewissen Frist vorausgesetzt. – H interessiert sich in seiner Frage scheinbar nur für ein mirakulöses Detail (der Baum bleibt bei der Aktion des Engels unglaublicherweise unbeschädigt), aber 3,1–2 zeigt, daß für ihn als Autor hier der Schlüssel zum Tiefsinn der gesamten Allegorie liegt. – Der Hirt weiß (wie VI 1,1), was H bei sich denkt, und kündigt ihm die Erklärung von 3,2 an.

1,5–18 Aus 4,1 ergibt sich, daß „der große Engel" in der folgenden Szene sitzt, und zwar als Richter. In der Zwischenzeit also, die durch den Dialog 1,4 hergestellt wurde (s.o.), sind die Stöcke zu Indikatoren des kraß unterschiedlichen moralischen Zustands ihrer Besitzer geworden. Eine ähnliche Allegorie kennt *grBar* c. 12–15 in der Rede von den „Blumenkörbchen", die voll, halbleer oder leer sind und ebenfalls für Menschengruppen stehen; sie werden dem Michael zur Prüfung gegeben, es gibt Freude und Trauer über den angetroffenen Zustand der Frommen und Sünder, ganz wie hier im PH. – Die genau eingehaltene Reihenfolge bei der Prüfung, die individuelle Prüfung jedes einzelnen, die Einrichtung von gesonderten Abteilungen je nach der Bewährung in Glaube und Moral, – das alles vermittelt Ernst und Gerichtscharakter der Szene. – Die Redensart in der Entfaltung der Allegorie ist durch die gesamte Sim VIII hin darin unstimmig, daß die Stöcke mit ihren unterschiedlichen Merkmalen die verschiedenen Typen von Christen vertreten, während sie im genauen Sinn der Parabel für das Gesetz stehen (3,2–4) und also nicht zugleich auch die Allegorie für den Zustand der Christen darstellen können. So kommen verwirrende Einzelaussagen zustande wie die, daß es wechselweise die Christen und die Stöcke sind, die „leben" sollen (2,9), und daß (was vom Gesetz nicht gelten kann) „viele Stöcke untauglich geworden sind" (3,4), statt daß es dies von den Christen heißt.

Die Kontrolle der Christen durch den Engel führt zu zehn Gruppen von Sündern (1,6–15) und zu drei Gruppen von Gerechten oder Heiligen (1,16–18). Mit großer Vorliebe teilt H die Christen in Klassen ein, und deren Vielzahl geht sicherlich auf H zurück, während die Vorlage nur an drei

Kategorien interessiert war (s. 2,5). Die Listen in Vis III 2,5–9; 5,1–7,6 und Sim IX 19,1–29,3 bzw. 31,2[9] stellen über alle Unterschiede der Ausführung hinweg die im Grund gleiche Konstellation her, die immer mit Notwendigkeit und Erfolg der Buße zu tun hat. Hier symbolisiert sie den Zustand der Christen *vor* der Bußpredigt des H (Joly, 259). – 1,6 „wie von Würmern zerfressen – ὡς ἐπὶ σητός“: eigentlich „wie von einer Motte“ (oder deren Raupe), wobei an Holzwürmer gedacht sein wird (Bauer-Aland, 1498) wie 1,7; 4,5; 6,4. Von dieser schlimmsten Kategorie von Sündern an („verdorrt und wurmzerfressen“) führt die Aufzählung im Prinzip aufsteigend zur Besserung (mehr Grün), aber nicht konsequent: 1,9 müßte vor 1,8 stehen; 1,8 (in der wiederholten Aufzählung 4,3–5,6 ausgelassen, 7,1 aber wieder auftauchend) ist mit 1,11 identisch und also eigentlich keine eigenständige Kategorie.[10] Von 1,12 zu 1,13 sowie von 1,14 zu 1,15 folgt außerdem der schlechtere Zustand in der Reihung jeweils auf den besseren. Das alles ist recht oberflächlich durchgearbeitet. Die Erfindung und Definition der vielen Merkmale ist nicht zwingend und läßt sich anders denken.

Beachtlich ist die positive Bilanz: Die „Mehrheit des Volkes“ (τὸ πλεῖον μέρος τοῦ ὄχλου) hat das „Grün“ der Stöcke bewahrt (1,16; vgl. 2,9), also ihre Sündenlosigkeit seit der Taufe durchgehalten. Nimmt man die vielen Christen hinzu, die im weiteren Verlauf durch die Buße noch in denselben Zustand kommen bzw. dasselbe Ziel erreichen (6,6; 7,3.5; 8,2.5; 9,2; 10,1.4), und diejenigen, die jedenfalls noch die Möglichkeit dazu haben (ebd. passim), dann ergibt sich eine sehr positive Einschätzung der Bußbereitschaft in der Kirche nach der Taufe. Das ist im PH nicht immer so gesehen und soll hier wohl einen Sog-Effekt auslösen.

Die zweimalige Steigerung im erreichten Ideal bei den sündenlosen Christen (1,16–18) wird 3,5–8 entschlüsselt. In 1,18 ist die stereotype Formel καὶ οὗτοι χωρὶς ἵσταντο vergessen. Die Bemerkungen zur Freude über das Heil beim Engel, bei der dritten Gruppe der Gerechten (1,18) sowie beim Hirten – ein im PH beliebter Topos (s. zu Vis I 4,3) – heben die Sphäre der Sündlosigkeit mit reinem Herzen und Befolgung der Gebote sowie deren Steigerung in Bekenntnis und Martyrium (3,6–8) hoch über das Milieu von Versagen, Zweifel und Verweigerung, indem die Monotonie, in der die Sünden aufgelistet wurden, verlassen und von emotionaler Rede abgelöst wird. Die Idee vom „mystischen Laubhüttenjubel“ (H. Rahner, 260; Daniélou, Théologie, 383.400f.; ders., Les symboles chrétiens primitifs, Paris 1961, 28; A.J. Brekelmans, Martyrerkranz, Rom 1965, 28–30; Ford, 532–538) paßt dennoch nicht zu diesem Text und seinen allegorischen Details, sondern ist aus der

---

[9] Giet, Hermas, 242f. zieht (auch tabellarisch) den Vergleich zwischen den beiden Reihen von Sim VIII und IX.

[10] Joly, 436 zu S. 261 bestreitet dies und erfindet die Differenz: 1,8 redet von auf der ganzen Länge halbverdorrten Stöcken, 1,11 von je zur Hälfte verdorrten und grünen. – Gebhardt-Harnack, 175 wollen in der Zahl 13 (12) eine Entsprechung zu 12 Völkern erkennen (vgl. IX 17,1.2; 18,5), doch in diesem Fall wäre H sicher eine korrekte Zählung zuzutrauen.

Kenntnis späterer patristischer Texte zu diesem Thema (H. Rahner, 264.273–277) bezogen. – Der Hirt wird in die Freude einbezogen (1,18), d.h. er tritt in seltsamer Unmittelbarkeit in die visionäre Szene, die er zusammen mit H beobachtete, ein; das wird später gesteigert, und auch H selbst wird zum Akteur (2,5–9; 4,1f.). – ἄνδρες meint hier auf jeden Fall auch die Frauen (wie 2,1; 4,2; 7,6), die in derselben Pflicht stehen; zur Problematik der Diktion Leutzsch, 163f.

2,1–4 Die drei Gruppen der Gerechten werden 3,6–8 zwar dann noch erklärt, aber in der vorliegenden Szene bereits aus der weiteren Handlung herausgenommen. Sie sind vollendet. Das Interesse des PH besteht an den Sündern, die darum unvergleichlich extensiver und differenzierter behandelt werden. – Von den Attributen, die die Gerechten als Vollendete und Belohnte ausweisen[11], steht nur den Märtyrern der Palmenkranz zu; das Siegel erhalten – dem genauen Wortlaut nach (2,2) – nur die beiden anderen Gruppen (bei Poschmann, Paenitentia secunda, 172 u.a. ungenau), das weiße Kleid tragen sie alle (vgl. Krone, Siegespalme und kostbare Kleider für die Vollendeten in *2[5] Esra* 2,39–47). Die Auszeichnung des Märtyrers mit dem Kranz (vgl. 3,6 und Offb 2,10; 3,11; 4,4 u.ö.; 1 Kor 9,25; 2 Tim 4,8; Jak 1,12; 1 Petr 5,4; *2 Klem* 7,3) ist jüdisch (Völter, Apostol. Väter, 279): *4 Makk* 17,15; *TestBen* 4,1; nicht anders das Kleid für die Gerechten und Auserwählten (*äthHen* 62,15f.; vgl. zu Kranz und Kleid auch *TestLevi* 2–10). Der Kranz, in Mand XII 2,5 der Lohn für den moralischen Sieg aller guten Christen über die Begierde, ist auf 3,6 hin speziell der Siegeskranz der Blutzeugen (vgl. T. Baumeister, 254); er „ist der Agonistik entnommen und bedeutet Sieg" (A.J. Brekelmans, Martyrerkranz, Rom 1965, 30; vgl. K. Baus, Der Kranz in Antike und Christentum, Bonn 1940, 174). Dagegen ist das weiße Kleid nicht (wie Offb 3,5.18; 4,4; 6,11; 7,9.13f.) für die Märtyrer reserviert. – Das Siegel (σφραγίς; vgl. Offb 7,2–8; 9,4) ist an dieser Stelle ausnahmsweise natürlich nicht (wie 6,3; IX 16; s. zu IX 16,3) die Taufe, die alle diese Christen längst empfangen haben[12] (gegen d'Alès, L'édit, 87 u.a.), sondern eine ehrende Auszeichnung (Gebhardt-Harnack, 186f.: „una cum alba veste et corona signum triumphale perfectorum"; Funk, 559: „ornamentum confessoribus et iustis proprium"), vielleicht ein Siegelring (Zahn, Der Hirt, 142; Völter, Apostol. Väter, 279; über den Siegelring Dölger, Sphragis, 1–3) oder „der Paß, mit dem sie in den Turm gelangen" (Dibelius, 591 unter Hinweis auf die σφραγίδες des Naassener-Psalms bei Hippolyt, *Refut.* V

---

11 Zur eventuellen, aber eher unwahrscheinlichen Reminiszenz an 2,1 bei Origenes, *EzHo* I 5 (GCS 33, Leipzig 1925, 330f.) s. Baehrens z.St. gegen Hilgenfeld und Harnack; vgl. H. Rahner, 376 A.95; Funk, 559.

12 Hamman, La signification bespricht 2,2.4 seltsamerweise nicht, die beiden Belege bestätigen freilich auch nicht seine Deutung des unterschiedlichen Gebrauchs von σφραγίς im PH. – G. Fitzer, ThWNT 7, 1964, 952 bezieht sämtlichen Gebrauch des Wortes im PH auf die Taufe.

10,2, wobei die Märtyrer statt dieses Passes dann den Kranz hätten[13]; das von Opitz, 121 A.194 angenommene „eschatologische Erkennungs-Schutzsiegel" paßt nicht in den Kontext: Die Besiegelten sind schon gerettet). – Es wird stimmen, daß Kranz und Siegel „unterschiedliche Ehrenränge bei gleichem Heilsbesitz" (weißes Kleid) markieren (T. Baumeister, 254f.). Dasselbe Thema lag Vis III 2,1 vor. Das „Märtyrerprivileg" ist das hier strenggenommen nicht (gegen A.J. Brekelmans, Martyrerkranz, Rom 1965, 29), da außer den Märtyrern auch die Bekenner und Gerechten ohne Verzug in den Turm gelangen.

Mit den unvermittelten, wiederholten Rekursen auf die Metapher vom Turm (2,1–5; 3,4–6; 4,6; 6,6; 7,3.5; 9,2.4; 10,1.4), der nach Vis III 3,3 die Kirche im Bau, in Sim VIII aber himmlische Bleibe oder Aufenthaltsort ist und in den hier alle Gerechten entlassen werden, setzt Sim VIII das Visionenbuch voraus (wie Sim IX 1,2 es explizit tut) und beginnt H die christliche Bearbeitung seiner jüdischen Vorlage. Nach 3,3 ist Michael der Engel, der Einlaß in den Turm gibt; nach jüdischer Überlieferung öffnet Michael den Gerechten die Tore, da er über die Schlüssel des Himmels verfügt (Lueken, 125; *grBar* 11,2: Μιχαὴλ ὁ κλειδοῦχος τῆς βασιλείας τῶν οὐρανῶν).

2,5 Der „herrliche Engel" (Michael = der Sohn Gottes: s. zu 3,3) hat mit der Scheidung der Gerechten von den Sündern seine Aktion beendet. Die Arbeit an den Sündern, die er dem Hirten überträgt (womit er diesen wieder zum Träger der Handlung macht), ist nun aber störenderweise kein Bußprozeß mit Besserung und unterschiedlichem Ausgang, wie in IX 7,1–7 auf ausdrücklichen Befehl und wie es Thema und Aufgabe des Bußengels im PH ist, sondern eine weitere definitive Selektion: Er soll die Sünder, von denen niemand im derzeitigen Zustand in den Turm gelassen werden kann, je nach dem Zustand ihrer Stöcke in die „Mauern" (die an dieser Stelle dasselbe bedeuten wie 6,6; 7,3; 8,3, nämlich die Mauern beim Turm, und nicht – so Dibelius, 589 – „den Turm samt den Wohnungen der minder Gerechten" bzw. „den Turm mit allem, was dazu gehört") einlassen oder nicht, wobei er von einzelnen Sündern überlistet werden kann. Derselbe Vorgang findet unter veränderter Allegorie auch IX 7,1–3 statt. Daran, daß nur diese Unterteilung vorgenommen und vom großen Engel selbst endgültig ratifiziert wird, erkennt man, daß es sich um einen Gerichts- und nicht um einen Bußvorgang handelt. Darum auch kommen hier alle in die Mauern und wird nicht berücksichtigt, daß nach des H eigenem Konzept viele von ihnen noch in den Turm gelangen. Und weil der Hirt als Bußengel in 2,6ff. dann etwas ganz anderes tut, als ihm aufgetragen ist (er richtet eine Bußfrist ein, die zu Ergebnissen führt, die vom „herrlichen Engel" in 2,5 nicht vorgesehen waren), muß 2,5 zu der Vorlage (Bild vom Weltenbaum und der Selektion

[13] Benoît, 122 A.16: Das Siegel ist „l'insigne distinctif des confesseurs et des martyrs... On ne voit pas très bien ce que signifie ce sceau des martyrs".

unter den Menschen) gehören, die, von H recht unvollständig an sein Thema Buße angepaßt, nur von Urteil und Selektion spricht, nicht von noch möglichen Änderungen durch Buße, um die es im PH geht. Die einen kommen in den Turm, die anderen (bloß) in die „Mauern", und wieder andere bleiben draußen (wie zu postulieren ist).

Im einzelnen gilt dann: Die „Mauern" sind nicht der Turm (gegen Dibelius, 591; Grotz, 45f.; Joly, 265), sondern ein mittlerer und minderer Ort eines reduzierten Heils in der Nähe des Turmes, und also auch kein Ort des Aufenthalts für Büßer vor Abschluß der Buße (gegen K. Rahner, Schriften, 155). Nachdem H hier keine Baubeschreibung gibt (siehe allerdings zu 6,6), muß man auf Mauern vor oder um den Turm schließen. Denn man hat aus Vis III die entscheidende Information, daß es für H zwischen Wohnen im Turm und Ausschluß vom Turm, zwischen Heil und Verwerfung also, eine dritte Variante je nach Bewährung des Menschen gibt: das „beim bzw. am Turm liegen" (Vis III 5,5; s. dort), das identisch ist mit dem Verbleib am „weit minderen Platz", an den einer noch „paßt" (Vis III 7,6; s. dort). Nichts anderes ist hier mit dem Wohnen „in den (ersten) Mauern" (Sim VIII 2,5; 6,6; 7,3; 8,3) gemeint (vgl. Giet, De trois expressions, 27–29; Poschmann, Paenitentia secunda, 173). Die Gemeinsamkeit aller drei Ausdrücke ist die Nähe zum Turm, die ein partielles Heil signalisiert. So ist insgesamt deutlich eine definitive Dreiteilung formuliert: die meisten Christen werden in den Turm eingelassen, andere nur in die Mauern, der Rest bleibt völlig draußen bzw. ist endgültig tot. H hatte in seiner Freude am Katalogisieren die Gruppen weiter unterteilt (1,6–18); in der Fortsetzung reduzieren sie sich wieder auf diese drei Möglichkeiten (6,4–8,5). Hier kommt H mit seiner Vorlage zur Deckung, mußte aber seiner Buß-Theologie und pastoralen Intention wegen den langen Prozeß der Frist und der neuen Prüfung vorausgehen lassen. Und noch im Ergebnis bleibt eine bezeichnende Differenz bestehen: Das Urteil des „herrlichen Engels" sah nach 2,5 für alle Sünder nur die Mauern oder Verwerfung vor, während H noch viele Sünder in den Turm gelangen läßt. Das ist der Unterschied zwischen den Themen Gericht (die Vorlage) und Buße (der PH).

Im Nachsatz „wie jeder zu wohnen verdient" (καθώς τις ἄξιός ἐστιν κατοικεῖν) ist καθῶς demzufolge vergleichend („geradeso wie") oder begründend („da ja") (Bauer-Aland, 794), jedenfalls nicht distributiv („je nachdem": K. Rahner, Schriften, 155) zu verstehen. Es markiert keinen anderen Unterschied als den zu solchen (Sündern), die (nicht einmal) in den Mauern zu wohnen verdienen (anders Zahn, Der Hirt, 142: „wegen geringerer Würdigkeit ‚in die Mauern' versetzt"). – Die Aussichtslosigkeit des Versuchs, sich einzuschmuggeln, ist in anderer Allegorie auch IX 4,6–8 gezeigt. „Altar (θυσιαστήριον)": Was die Konstellation (Michael überprüft „am Altar") besagen soll, ist nicht klar (Lueken, 92; Giet, Hermas, 239 A.3; Gebhardt-Harnack, 177, die zur Verständlichkeit die Ergänzung ἑστηκώς vorschlagen), aber der jüdische Topos vom himmlischen Altar, an dem

Michael steht, ist nicht ohne Parallele (Völter, Apostol. Väter, 278f.; vgl. zu Mand X 3,2f.).

2,6.7 Die Szene gehört wieder dem Hirten und H allein. Der Visionär wird jetzt ausdrücklich aus der Zuschauerrolle heraus in die Handlung einbezogen, die zwischen Allegorie und Pseudo-Realität massiv schwankt. Das Vorhaben des Hirten deckt sich nicht mit dem Auftrag des „herrlichen Engels" (über die Gründe s. zu 2,5). Die Frage des H 2,6b entspricht der von IX 7,4 (s. dort). Allegorisch wird die Bußfrist beschrieben und mit Optimismus eingeleitet. Die Lebenskraft (der Weide), der das „Aufleben" der Sünder zugetraut wird (6,1 kommt darauf zurück), ist nach 3,2 (als die Kraft des Weidenbaumes; zur antiken Symbolik siehe zu 1,1; Gebhardt-Harnack, 177 und Funk, 560 zu 2,7) die Kraft des Gesetzes = des Sohnes Gottes. Als Zweige dieses Baumes (der das Gesetz ist) haben die Stöcke Lebenskraft in sich, als Vertreter der Sünder brauchen sie Wasser von außen, was wieder nichts anderes zu sein scheint als die Vertrautheit mit den Geboten (6,6; 7,5; 8,2), die H ja besorgt. – „nicht mein Versäumnis": Ein Topos, der zu dieser Szene gehört (s. die Parallele IX 7,6 ebenfalls mit ἀμελής). Der Bußengel muß als Hirt vor Gott strenge Rechenschaft ablegen (IX 31,6). – Die Bußmöglichkeit besteht für alle; man sollte keinen Widerspruch zu Vis III 6,1 konstruieren (so Neymeyr, Ruhmesgedanke, 26f.); der PH setzt ständig und unausgeglichen veränderte Pointen, auch in wichtigen Einzelheiten. Vis III 6,1 ist zudem nach Sim VIII 6,2 zu lesen.

2,8.9 Die Beteiligung des H an der zweiten Einsammlung der Stöcke wirft die Frage nach seinem Selbstverständnis als Gehilfe des Bußengels (vgl. 4,1–2; IX 10,1–2) auf; es gibt dafür im ganzen Buch keine Kategorie. Die Grenze zwischen Vision und Realität ist verwischt. – Der Handlungsablauf ist nicht folgerichtig: nachdem alle ihre Stöcke dem Engel „abgegeben" haben (1,5–18), ist 2,5.6 vorausgesetzt und 2,8 ausdrücklich gemeint, daß sie sie wieder in Händen haben, ohne daß erzählt wurde, daß und wie sie wieder zu ihren Stöcken kamen. τάγματα τάγματα („Gruppe um Gruppe") ist nicht zwingend, aber wahrscheinlich eine am LXX-Stil orientierte semitische „distributive Verdoppelung" (Hilhorst, Sémitismes, 9.113–116). – „gruppenweise", weil so im nachfolgenden Vergleich die unterschiedlichen Veränderungen optimal markiert werden können (4,4–5,6). Die Wassermenge (vgl. zum Bild Jes 44,4; Ez 17,5.6) soll wohl die abundante Präsenz der Gebote Gottes bei den Christen infolge der Predigt des H symbolisieren (obwohl strenggenommen die Stöcke das Gesetz sind: 3,4). Die Bußfrist bricht an[14], die Sünder sind sich überlassen (auch IX 5,5.6 verlassen Hirt und H für einige Tage den Tatort). Gott hat als Urheber des Gesetzes alles Interesse an dessen Wirkung. Auch der Bußengel ist vom Erfolg betroffen.

[14] Das bedeutet die Pflanzung hier, so daß die von Joly, 435 nachgetragenen Stellen keine Parallelen sind.

3,1 Der folgende Dialog überbrückt in geschickter Weise (wie weniger deutlich 1,4: s. dort) den nötigen Stillstand der Handlung. Die Ausdeutung der zentralen Elemente der Allegorie (Baum, Engel, „Völker", Stöcke), die er enthält, gehört in der Substanz zur verarbeiteten Baum-Allegorie und hätte früher, etwa nach 2,5, ihren ursprünglichen Platz gehabt (vgl. Dibelius, 592). Die (unvollständige) Christianisierung des Bildes im PH überlagert die Vorlage so, daß verwirrende Inkonsequenzen verblieben (s. u.). – H wiederholt seine Frage von 1,4. Dann muß 3,2ff. die Antwort darauf sein, obwohl diese Relation inhaltlich nicht evident wird. Die Antwort soll wohl dahin lauten, daß das Gesetz durch Mitteilung nicht „weniger" wird und sich in seiner Kraft nie erschöpft.

3,2 Es folgt die Entschlüsselung der Allegorie von 1,1–3, die für Sim VIII zentral ist. Die erste Identifizierung (der Baum ist das Gesetz Gottes) lautet jüdisch vertraut (Bill. II, 438; Bousset, Kyrios Christos, 300; Ford, 537ff.; *Pirke Aboth* 6,7 vom Gesetz wie Spr 3,18 von der Weisheit: „Es/sie ist ein Lebensbaum": Rießler, 1081; rabbinische Rede vom Baum als Symbol für das Gesetz bei Pernveden, 54 A.7). Die angeschlossene Gleichsetzung von „diesem Gesetz" mit dem „Sohn Gottes" ist aber unerwartet und (s. u.) die Bearbeitung des H (von Völter, Apostol. Väter, 272f. mit Spitta, 324 als Interpolation gestrichen). Die kosmischen Dimensionen des Baumes passen wie zum Gesetz (universale Verbreitung) so auf den Sohn Gottes (universale Verbreitung der Christus-Predigt). Mit dem Sohn Gottes ist, wie in der Terminologie von Sim V 5,2; 6,1 u. a., Christus gemeint (wie H aber nie sagt). – Die Diktion der Vorlage scheint noch durchzuschlagen im Plural „Völker" (λαοί), der zum (jüdischen) Weltenbaum gehört, unter dem die Völker lagern, nicht dagegen zum Baum als Gesetz, unter dem im PH die Christen als das eine Volk Schutz finden (der Singular: 1,2.5 und wieder 3,3).

Daß der Sohn Gottes Jesus (Christus) ist, unterliegt keinem Zweifel, wenn die Diktion von Röm 1,8; Kol 1,6.23; 1 Tim 3,16 sowie Sim IX 13,5; 15,1; 16,5.7 verglichen wird. Christus als Gesetz ist aber in der frühchristlichen Sprache keine Sensation, sondern im 2. und frühen 3. Jh. öfter belegt: *Kerygma Petrou*, zit. bei Klemens v. Al., *strom.* I 182,3; II 68,2; *Ecl. proph.* 58 (Frgm. I a-c bei E. v. Dobschütz, TU 11,1, 1893); Justin, *Dial.* 11,2; 43,1 (vgl. 51,3; 118,3; *ActaJoh* 112: E. Junod – J.-D. Kaestli, CChr.SA 1, 1983, 309; K. Schäferdiek, NTApo 2^5, 1989, 189); Klemens v. Al., *strom.* VII 16,5 (weitere verwandte Materialien bei E. v. Dobschütz, TU 11,1, 1893, 28f.). Joly, 437 nennt „Gesetz" den archaischen Namen des Sohnes Gottes. Weil der PH die Gleichung Sohn Gottes = Gesetz aber nur an dieser Stelle vornimmt, kann sie nicht ohne weiteres auf andere Vorkommen von νόμος im PH übertragen werden (gegen Zahn, Der Hirt, 151f.). Ein ausgefeiltes christologisches Konzept (wie von Opitz, 83f. unterstellt) scheint im PH nicht dahinter zu stehen. Zur Deutung ist in erster Linie an rabbinische Spekulationen über die hypostasierte, präexistente Tora zu erinnern, deren Bild im Frühchristentum auf Christus übertragen wurde. Der Sohn Gottes ist (auch im PH) mehr als der Gesetzgeber wie in V 6,3, denn mit seinem beispielhaften Leben (V 2,3–5; 6,5–7) setzt er die Handlungsnorm (so auch Winter, 43–46 gegen Zahn, Der Hirt, 143f.147f.151f.); er ist das Gesetz als das Lebensprinzip der Christen[15] (vgl. 2,7.9; V 6,3; Mand IV 2,4 und den stereotyp wiederholten Schluß von Mand I 2). Zur jüdischen Idee mag flankierend die hellenistische Vorstellung vom Logos als Weltgesetz dazu beigetragen haben, die Gleichung Gesetz Gottes = Sohn Gottes nahezulegen (Lebreton, Trinité II, 648–650; Giet, Hermas, 239; Hörmann, Leben, 195f.; eine Bestandsaufnahme der frühjüdischen und frühchristlichen Identifizierungen bzw. der Austauschbarkeit von Weisheit und Gesetz bei Pernveden, 52–57). Auf keinen Fall will H die Anforderungen an den Christen auf das alttestamentliche Gesetz reduziert haben (gegen Schweitzer, 545). Jesus als Gesetz ist aber jedenfalls mehrsagend als Gesetzgeber, denn diese Gleichsetzung muß als „eine andere Art, die Transzendenz Christi darzustellen", begriffen werden, und zwar als eine judenchristliche Art; und solche judenchristliche Theologie „arbeitet hier mit der nachbiblischen jüdischen Hypostasenlehre", die sie auf die Präexistenz und Inkarnation des Gottessohnes anwendet (Grillmeier, Jesus der Christus 1, 147f.). Diese Art der Illustration heilsgeschichtlicher Bedeutung Christi kam H mit seiner Vorliebe für Personifizierungen sehr entgegen. Ob der Gesetzesbegriff (νόμος) in diesen Zusammenhängen eher kosmologisch oder religiös-ethisch gefaßt ist, läßt sich an einem knappen Text wie dem vorliegenden schwer ausmachen (E. v. Dobschütz, TU 11,1, 1893, 29 entscheidet sich für die zweite Möglichkeit).[16] – So scheint die jüdische Tradition an dieser Stelle eine der relativ wenigen Nennungen des Gottessohnes im PH (s. Kraft, Clavis, 434f.) ausgelöst zu haben, weil die ihr geläufige Hypostasierung des Gesetzes den christlichen Autor bei seinem Nachgebrauch der jüdischen Parabel dazu zwang, christlich Hand anzulegen und christlich umzudeuten.

3,3 Die nächste Identifizierung (der Engel ist Michael, der führende Engel des jüdischen Volkes: Lueken, 13–30.100–111) ist gleichermaßen jüdisch (vgl. Völter, Apostol. Väter, 274f.277f.; Lebreton, Trinité II, 656; Nijendijk, 99–103). Der (jüdische) Engel Michael tritt im PH „noch ganz wie in einem jüdischen Buche" auf (Lueken, 101): Er herrscht über „dieses Volk" wie in *äthHen* 20,5 (vgl. Dan 12,1; Gebhardt-Harnack, 180; Funk,

[15] Klevinghaus, 113f.117–120 moniert etliches zum (freilich vorreformatorischen, nachpaulinischen) Gesetzes- und Gnadenbegriff im PH.

[16] Die These von F. Dvornik, Early Christian and Byzantine Political Philosophy, Washington 1966, 589f., wonach die Gleichung von Gesetz und Sohn Gottes aus einer frühchristlichen Vorliebe für den hellenistischen Gemeinplatz vom König, der das inkarnierte Gesetz ist („the concept of a ruler as law animate" bzw. „of the king being law incarnate"), abzuleiten sei, ist angesichts dieser jüdischen Herleitung sehr unwahrscheinlich. Die Erklärungen von Knorz, 59f. mit einem doppelten Sohnbegriff scheitern, weil die Diktion von Sim V 2ff. von ihm mißverstanden wurde.

562f.); er gibt ihm das Gesetz und kontrolliert dessen Erfüllung. Das alles „klingt gut jüdisch und wird auch wohl ursprünglich von einem Juden so gesagt sein" (Lueken, 101 mit Spitta, 357–370). Für den PH läßt sich aber nicht annehmen, daß er den jüdischen Michael unverändert stehen lassen wollte und fungieren ließ. Für ihn ist er der herrliche und große Engel (die Verbindung der Attribute „groß" und „herrlich" auch 1,2; vgl. zu IX 7,1; Simonetti, Problema, 444), als den er den Sohn Gottes umschreibt, und nicht mehr Michael (insofern ist Lueken, 155 zu widersprechen: „Wo Hermas von... dem Erzengel Michael redet, meint er auch wirklich diesen"). Bei dieser Annahme ist der Sohn Gottes in der Szenerie von 3,2.3 zwar doppelt präsent, weil die Rolle des Sohnes Gottes in dieser Parabel durch 3,2 ja schon besetzt ist (er ist Gottes Gesetz), so daß der Engel Michael ein anderer (und geringerer) als der Sohn Gottes sein müßte. Aber das ist kein Einwand. H denkt eigentümlich anders, wie zwei weitere Identifizierungsszenen von gleicher Struktur anschaulich beweisen (worauf auch Gebhardt-Harnack, 173 hingewiesen haben). In der Identität sowohl des Gesetzes als auch Michaels mit dem Sohn Gottes liegt nämlich das exakte Seitenstück zu Vis III 3,3 und Sim IX 12,1.6.8 vor, wo nach der Selbstidentifikation der Alten („der Turm..., der bin ich, die Kirche") bzw. nach den Deutungen von Fels, Tor und „herrlichem Mann" auf den Sohn Gottes jeweils derselbe Fall einer Doppel- bzw. Dreifachpräsenz vorliegt. Für H ist das offensichtlich keine Schwierigkeit: Ein und dieselbe Größe ist in ein und derselben allegorischen Szene (jeweils unter verschiedenem Aspekt: Sim XII 1–3; 5,2 u.ö.) zweimal oder dreimal vertreten, nämlich einmal in einer apersonalen Metapher (die Kirche als Turm; der Sohn Gottes als Fels und Tor; der Sohn Gottes als Gesetz) und einmal als allegorische Person (die Kirche als Greisin; der Sohn Gottes als „herrlicher Mann"; der Sohn Gottes als der Engel Michael). Daß H die christliche Umdeutung der Gestalt auf den Sohn Gottes vornahm, den Namen Michael aber stehen ließ, ist zweifellos irritierend und bleibt innerhalb der christlichen Adaptation der Gestalt inkonsequent (Daniélou, Qumran, 169 spricht von einer „Art Kompromiß" zwischen dem Prädikat „Sohn Gottes" und dem Namen Michael). Die Auswechselung dieses Namens gegen den Titel „Sohn Gottes", den H unterließ oder versäumte, wurde von *2(5) Esra* 2,46f. (Rießler, 317) vorgenommen, ein Text, der als Parallele zählen darf: „wer ist dann jener Jüngling, der ihnen Kronen und Palmen gibt (sc. wie Michael in Sim VIII 2,1)?... Das ist der Gottessohn, den sie in dieser Welt bekannt haben." Ob H eine seiner Fahrlässigkeiten (Joly, 267 rechnet mit „négligence") oder Unbeholfenheiten im Gebrauch traditioneller Motive beging[17] oder der Name Michael für ihn seinerseits „christologische"

[17] Vgl. Grillmeier, Jesus der Christus 1, 153: „Diese Art, Gleichnisse zu verkomplizieren, ist bei Hermas die Regel. Er arbeitet mit traditionellem Material und schafft es kaum, dieses zureichend auf eine neue Verstehensstufe zu übertragen." Ähnlich Michaelis, 155f.

Aura hatte und also nicht getilgt werden mußte[18], läßt sich nicht entscheiden. Daß H aber die Substitution Michaels durch den Sohn Gottes meint, ist jedenfalls sicher und wird durch die Turmparabel von IX bestätigt. Seine Sprache und Bilderwelt ist dabei dogmatisch nicht zu pressen. Eine explizite „Engel-Christologie" oder deren ausformulierter Beginn kann das beim Wandel der Gestalt und der Namen (s. Lebreton, Trinité II, 651–656) und bei der Oszillation in Denken und Diktion des PH nicht genannt werden.[19] Der PH ist in dieser Hinsicht (wie in anderen) zweifellos oft überfragt worden. Und wenn der „herrliche Engel" des PH Subordinations-Merkmale zeigt, ist das kein Grund, seine Gleichsetzung mit dem Sohn Gottes zu bestreiten (wie Giet, Hermas, 227f. es gegen Daniélou, Théologie, 169–175 tut); subordinatianische Christologie ist für Zeit und Milieu des PH eher das Selbstverständliche. Umgekehrt war es für ihn nach V 6,1–4 eindeutig der Sohn Gottes (= der Sklave der Parabel von Sim V), der das auserwählte Volk regiert und ihm das Gesetz gibt, so daß Michael nach 3,3 also niemand anders als der Sohn Gottes sein kann (anders, unter Unterschätzung von V 6, Link, Christi Person, 44f.; Pernveden, 60; Dibelius, 589.593 erkennt bei nichtchristologischer Deutung, die er vertritt, aus guten Gründen eine „wesentliche Unstimmigkeit"). Außerdem nimmt Michael hier in 1,5–18 die Überprüfung der Christen vor, die in IX 6,3–5 Sache des Sohnes Gottes (IX 12,8) ist (weitere kaum bedeutungsleere Ähnlichkeiten bei Zahn, Der Hirt, 265f.). Im (Ps-?)Meliton-Fragment 15 wird Christus als „Fürst des Engelheeres" bzw. als „Engel der Engel" in die Position Michaels eingewiesen (Denker, 108 A.6; zu Textform, Parallelüberlieferungen und Echtheit: S. G. Hall, Melito of Sardis. On Pascha and Fragments, Oxford 1979, XXXVIIf. 82). Über Zusammenstellungen Michaels und Gabriels mit Christus s. Dölger, ΙΧΘΥΣ 1^2, 313–317. – Die Schwierigkeiten im Verständnis dieser Parabel bleiben nur dann relativ gering, wenn man sie christologisch liest (vgl. Moxnes, 50–56); christologische Interpretation auch bei R. Seeberg, DG I, 1922^3. Nachdruck Darmstadt 1965^6, 122f.; Gebhardt-Harnack, 181; Snyder, 119f.; Turmel, 41f.; Sahlin, 162f.; Kelly, 95; Mackenzie, 138; Michaelis, 155–157; Knorz, 113–116; Joly, 267; zur gegensätzlichen Ansicht kommen z. B. Heurtier, 44–46; Lebreton, Trinité II, 656; Lueken, 155; sehr zurückhaltend Dölger, ΙΧΘΥΣ 1^2, 274f.; Bardenhewer, 486; Barbel, Christos Angelos, 232: einmaliger „Kompositionsfehler" aufgrund der „sonstigen Gleichsetzung des Herrn mit dem hohen, herrlichen Engel"; ders., ThRv 54, 1958, 105; Dibelius, 576.589.593; Link, Christi Person, 41–45; Pernveden,

[18] Vgl. die Epiphanie Christi als Gabriel (Denker, 108f.) und die Zuweisung der Stellung Michaels an Christus im (Ps-?)Meliton-Frgm. 15 (Denker, 108 A.6).

[19] Zur Debatte um diesen Begriff und Typ von Christologie seit M. Werner, Die Entstehung des christlichen Dogmas problemgeschichtlich dargestellt, Bern o.J. (1953^2), 302–388 siehe Michaelis, 155–158; J. Barbel, Zur „Engel-Trinitätslehre" im Urchristentum, ThRv 54, 1958, 49–58.103–112; „engelchristologische" Materialien vom 2.-4. Jh. zusammengestellt bei Denker, 106–111. Vgl. Nijendijk, 99–103.

58–62[20]; zurückhaltend auch: Bakker, 257f.; Weinel, NTApo 1924², 330. – Sim VIII 3,3 ist einer der wichtigsten und kompliziertesten Texte zur schwierigen Christologie des PH. Er demonstriert namentlich die rätselhafte und originelle Nähe der Christologie des PH zu seiner Angelologie. Die Identität von Michael und Sohn Gottes in Sim VIII 3,3 bleibt allerdings eine absolut singuläre Sache (Barbel, Christos Angelos, 232f.), die nicht in andere Passagen des PH übertragen werden darf (Lebreton, Trinité II, 656); aber trotz dieser Kautelen liegt sie in Sim VIII 3,3 vor; vgl. auch Exkurs: Die Christologie.

Daß das Gesetz (hier schon nicht mehr hypostasiert, sondern die lebenstiftende Orientierung, „die Gebote des Herrn“: 3,8 oder genereller „die Predigt des Sohnes Gottes“: Gebhardt-Harnack, 179; „the Christian rule of life“: Lake, 199 A.1; Snyder, 119) von Michael in die Herzen gegeben wurde, ist als Umschreibung der Hinführung der Christen zur Kirche, ihrer Aufnahme und Verpflichtung zu verstehen, was wieder für die christologische Lesart des Namens Michael spricht. – αὐτούς (hinter διακυβερνῶν) ist aus LLE ergänzt; αὐτοῖς G (hinter ὁ διδῶν bzw. διδούς) wird von Funk, 562; Whittaker, 68; Joly, 268 (vgl. Bonner, A Papyrus Codex [1934], 93) gelesen, während Gebhardt-Harnack, 180 mit der lateinischen Übersetzung von E (*ut legem eius cordi eorum... inserat*) αυτου = ἑαυτοῦ vorziehen (wozu auch Dölger, ΙΧΘΥC 1², 275 neigt) und mit Hilfe dieses Reflexivums zur Identität Michaels mit dem Sohn Gottes kommen; abgesehen von der schlechten Bezeugung des αυτου, läßt sich dieses auch auf das Volk beziehen (Link, Christi Person, 42; vgl. Dölger, ΙΧΘΥC 1², 274f.); es bleibt beim (übrigens überflüssigen: Pernveden, 59) αὐτοῖς.

3,4 In dieser nachgeholten Erklärung sind die Stöcke das Gesetz, „sofern es Besitz jedes einzelnen geworden ist“ (Weinel, HNTA, 312); als Repräsentanten der Christen sind viele von ihnen aber „untauglich“ geworden, was gegen die erste Metapher verstößt. Solche Unstimmigkeiten nimmt H in Kauf. Das „Gesetz“ entspricht den oft genannten „Geboten des Herrn“ (siehe 3,8). Seit 2,1–4 weiß der Leser, daß von der Bewährung bzw. dem Versagen die (künftige) „Wohnung“, d.h. die Qualität des postmortalen Zustands des Menschen abhängt (vgl. Vis III 5–7; Sim IX). **3,5** Eine elementare Belehrung über den grundlegenden Unterschied zwischen Sünde und Bewährung macht einmal mehr die Notwendigkeit der zeitlich begrenzten Buße unter der Aufsicht des Bußengels (vgl. M. Dibelius, Offenbarungsträger, 106.109; Frei, 1975, 187), welcher der Visions- und Parabelinterpret ja ist, deutlich; „die dem Gesetz schon gefallen haben“: Der Ausdruck (nach Völter, Apostol. Väter, 273 zur Interpolation gehörig) erfordert (gegen

[20] Der Kritik Pernveden's, 58f. an Gebhardt-Harnack, 180f. (zurückhaltender Harnack, DG I, Tübingen 1909⁴. Nachdruck Darmstadt 1964, 199f. A.3) ist weitgehend zuzustimmen, sie erledigt aber nur die von Harnack geltend gemachten Argumente, nicht die Frage nach der Identität Michaels als solche.

Dibelius, 593; Weinel, HNTA, 312) kein personales Verständnis des Gesetzes (wie 3,2, das hier keine Rolle mehr spielt; vgl. Vis III 1,9). Von den in 1,6–18 eingeteilten Gruppen der Christenheit werden hier zuerst die drei der Gerechten und Sündlosen erklärt. Gegenüber Vis III 5,1; Sim IX 15,4; 27,2 fällt auf, daß die kirchlichen Amtsträger diesmal fehlen. **3,6** Die Umschreibung der Gruppe der Märtyrer, der in jeder Hinsicht Priorität zukommt, enthält christlich-sondersprachliche Elemente: Zum Kranz siehe 2,1 (Joly, Judaisme, 403f. erinnert an den Symbolismus von Ziel, Sieg und Krone in *Tabula Cebetis* [s. Einleitung § 8] 22; 27,1); Martyrium als siegreicher Kampf mit dem Teufel (μετὰ mit einem Verb des Kämpfens ist wahrscheinlich ein Semitismus: Hilhorst, Sémitismes, 98); „für das Gesetz": „Gesetz" ist nicht personal auf den Sohn Gottes zu beziehen (die Identifikation aus 3,2 erfährt bei H keine erkennbare Übertragung auf andere, z.B. martyrologische Zusammenhänge: gegen W. Grundmann, ThWNT 7, 1964, 632; A.J. Brekelmans, Martyrerkranz, Rom 1965, 29), ist auch nicht zwingend jüdisch (gegen Schläger, 329), sondern judenchristliche Umschreibung (analog zu 2 Makk 6,28; 7,2.30) für den Sinn des Blutzeugnisses; **3,7** „gelitten (παθόντες)" und „Bedrängnis durchgemacht (θλιβέντες)" sind provisorische Fachtermini im PH für die noch fehlenden technischen Titel des „Märtyrers" und des „Bekenners" (Ausnahmen sind Sim VI 3,4.6; 5,4.6; vgl. Brox, Zeuge, 225f. mit A.112); die Blutzeugen sind in der römischen Kirche der Zeit also als eine eigene Gruppe von der nächstfolgenden der Bekenner abgehoben; „Frucht" haben nur sie gebracht (vgl. 1,18; 2,1); „nicht verleugnet": die frühkirchliche *praeparatio ad martyrium* übte die Standfestigkeit ein (vgl. IX 28). – **3,8** In dieser Gruppe der sündenfreien Christen muß man nach 1,16 die große Mehrheit sehen. Die „Gebote des Herrn befolgen" ist eine Art Passepartout des gottgefälligen Lebens im PH, das vielfältig konkretisiert wird und hier nichts anderes als die Befolgung (in der Negation das Übertreten) „des Gesetzes" aus 3,3.4.5 ist. – Bis hierher sind die Eliten und die „normalen" ernsthaften Christen beschrieben, wie sie an ihr Ziel gelangen. Über die Sünder, um die es im PH geht, muß die wesentlich komplexere Geschichte ihrer Buße, Besserung oder Katastrophe ausführlich erzählt werden.

4,1 Zur Kontrolle des Bußergebnisses werden 4,3–5,6 alle Gruppen neuerdings überprüft. Die Aufzählung folgt genau 1,6–18 mit der Ausnahme, daß die „halbverdorrte" Gruppe (1,8) wegen der Dublette in 1,9 ausgelassen wird, so daß es vorübergehend nur neun Sündergruppen gibt, die von H in 7,1 aber wieder zu zehn Gruppen aufgefüllt werden; G hat versehentlich 5,4 ausgelassen, und bei L^1 fehlt 5,5.

Der Faden und die Hoffnung von 2,9 werden aufgegriffen: Es geht im PH nicht um die Verherrlichung der Gerechten auf Kosten der verworfenen Versager, sondern um Wiederaufleben von gestorbenem oder verkümmertem moralischem Leben, um Buße zur Rettung. Das ist der Sinn der Bußkur,

in die der Bußengel die Sünder nimmt. Daß er sich dazu setzt, wie der Engel Michael zum Gericht (1,5), hebt ihn nicht in dessen Rang, sondern entspricht als Haltung der folgenden sorgfältigen (2,5) Begutachtung der Stökke. H wird wieder (vgl. VIII 2,8) aktiv ins visionäre Geschehen als dessen Funktionär einbezogen. Das geschieht ein weiteres Mal in IX 10,1–2, darf aber nicht überschätzt werden (Leutzsch, 93.107f.: H partizipiert damit „als Gehilfe" an der Rolle des Hirten als Bußengel), denn derlei „Einspielungen" sind von H zumeist weniger inhaltsträchtig und bedeutungsschwer als lediglich dramaturgisch eingesetzt. Die Schürze ist eine der „abgebrochenen" Ideen des Buches, deren einleuchtender Sinn ausbleibt, weil H keine schmutzige Arbeit tut (die Sünder ziehen ihre Stöcke selbst aus dem Boden: 4,3); sie dürfte aus einer Variante der Erzählung stammen, in der etwas zu „reinigen" war (wie die Steine IX 7,2.6; 8,4 und der Platz um den Turm IX 7,6; 10,2.4) bzw. H eine schmutzige Arbeit tatsächlich tat wie das Herbeiholen von Kalk und Tonscherben (IX 10,1f.). Aber nicht nur der Zweck der Schürze bleibt dunkel; auch die Frage, wie H überhaupt so schnell zu einer Schürze kam, kann oder soll man dem Erzähler wohl gar nicht stellen.
4,2 Der Beitrag des H zum ganzen Ablauf erschöpft sich darin, daß er die Sünder in den 1,6–2,4 vorgenommenen Gruppierungen, die auch 2,8 noch dieselben waren, im folgenden aber aufgelöst werden, herbeiruft (ἄνδρας: s. zu 1,18). Zur Bedeutung der Ebene s. den gleichnamigen Exkurs. – πάντες τάγματα τάγματα: Gebhardt-Harnack, 182; Lake, 198; Whittaker, 69 (nach 2,8) ist überflüssigerweise emendiert (Hilhorst, Sémitismes, 113 A.3); πάντα τὰ τάγματα: GM; Joly, 270 ist vorzuziehen; Funk, 564: κατὰ τάγματα. –
4,3–4 Die erste (= schlimmste) Sündergruppe präsentiert sich unverändert verdorben und bleibt als Gruppe konstant; „zerfasert (κεκομμέναι)": eigentlich „abgeschlagen (κόπτειν)", hier mit „zerfasert" übersetzt wegen der Parallele im Bild von 1,6 und 4,5: βεβρωμέναι/κεκομμέναι ὡς ὑπὸ σητός.
4,5 Mit der zweiten Gruppe beginnt sich die Wirkung der Buße zu zeigen; es hat während der abgelaufenen Frist 2,6–9 Besserungen und Verschlechterungen gegeben. „Grün" signalisiert nach 1,16; 3,8 die tadellosen Christen.
4,6–5,5 Die Erfolge der Buße werden rasch gesteigert: Aus manchen Sündern der dritten Gruppe (1,8) sind Märtyrer geworden. Die Symptome „grün", „mit Seitentrieben" und „Früchten" wurden 3,6–8 schon erklärt, alle anderen werden erst 6,4–10,3 dechiffriert. – Durch die Veränderungen infolge der Buße kommt Bewegung in die Gruppen. Giet, Hermas, 242 hat darüber eine Tabelle angelegt. Zwar bleibt also die Abteilung der ärgsten Sünder (1,6) konstant (4,4) und definitiv verdorben (6,4), und auch eine Abteilung der leichten Sünder (1,10) bleibt durch gleiche Besserung aller ebenfalls in der Zusammensetzung konstant (5,1). Aber ansonsten lösen sich die Gruppen durch unterschiedliche Bewährung völlig auf bzw. verteilen die bisherigen Sünder sich ganz neu auf die Gruppen, in negativer und positiver Richtung: Die Gruppe von 1,7 teilt sich in zwei Richtungen auf (4,5); die von 1,9 verteilt sich jetzt auf fünf verschiedene Gruppen (4,6); die von 1,11 auf

vier Gruppen (5,2); die von 1,12 auf drei Gruppen (5,3); die von 1,13 auf vier Gruppen (5,4); die von 1,14 auf zwei Gruppen (5,5); schließlich die von 1,15 auf zwei Gruppen (5,6). Trends in dieser neuen Skala gehen dahin, daß der Ausgangspunkt jeweils Einfluß auf das Bußergebnis hat, daß alle denkbaren Fort- und Rückschritte vorkommen und daß die Buße zu beachtlichen Erfolgen führte, was auch die Freude des Hirten (5,6; vgl. 1,16–18) besagen will; daß sich „alle ändern“ (5,1), ist das Ziel des Bußengels. **5,6** Rätselhaft bleibt in 5,6, daß in der ersten Abteilung hier nach 1,18 Märtyrer gesehen werden müssen, daß aber die zweite Gruppe („ganz grün“: χλωραὶ ὅλαι) offenbar eine Steigerung darstellen soll, während für die erste eine Einschränkung („zum größten Teil grün“: τὸ πλεῖστον μέρος χλωραί) gemacht wird. Gibt es ein minderes Martyrium (bei geringfügiger Sünde)? H weicht hier unverständlich von seiner sonst exakt durchgehaltenen Typenlehre ab. Der Hirt freut sich über beide Gruppen. – Man vermißt, daß den verschiedenen Gruppen nach der Prüfung ihre Aufenthaltsorte (Turm, Mauern: 2,1–4) genannt (vgl. die Bitte des H in 6,3) und sie dorthin entlassen werden. Beides folgt 6,3–10,4, wo auch die hier allegorisch formalisierten Verhaltensweisen der Sünder-Typen endlich inhaltlich erklärt werden.

6,1 Der Hirt bezieht sich auf 2,7 zurück (zur antiken Metapher von der Lebenskraft der Weide s. dort; vgl. Sir 1,20; Zahn, Der Hirt, 151). H hält Allegorie oder Parabel und Realität nicht auseinander. Die Lebenskraft des Weidenbaumes steht allegorisch für diejenige Kraft, die in einem ganzen Teil von sündigen Christen doch noch Buße und somit Rettung verursacht hat. Die Fortsetzung zeigt, daß diese Kraft zur Buße *das* barmherzige Geschenk Gottes ist (wie 6,3; 11,1; Mand IV 3,5). Gnade („Geist“) und menschliche Disposition korrespondieren einander. Die Buße „rettet“ augenblicklich. Für die Entscheidung, statt wie oben zu übersetzen („denen Geist geschenkt..., die der Buße würdig sind“), lieber wie folgt zu lesen: „er hat einen Geist der Buße denen gegeben, die es verdienen“ (Weinel, NTApo 1904, 271; 1924², 367; Kritik bei Joly, 275 u. 437; Gebhardt-Harnack, 185 unentschieden; Funk, 567 gegen Weinels Version), spricht der Umstand, daß in 6,2 μετάνοια zweimal das Objekt zu δέδωκε/ἔδωκεν ist; aber die Wortfolge von 6,1 wird dabei doch stark strapaziert. **6,2** Die folgerichtige Frage des H wird vom Hirten mit dem Hinweis auf die menschliche Disposition beantwortet, welche Gott kennt und nach der er entscheidet, ob er „die Buße gibt“, d.h. wohl die Kraft verleiht (ähnlich und differenzierter Frei, 1975, 188f.; Poschmann, Paenitentia secunda, 175). Gott schützt die Buße vor Mißbrauch und mangelndem Ernst, indem er den Entschluß zur Buße nicht allen Sündern gibt. – Zwischen den beiden Lesarten τὸν νόμον MLL und τὸ ὄνομα GEC¹ wird man sich (wie z.B. Dibelius, 595; Weinel, NTApo 1904, 271; 1924², 367; Snyder, 122; Poschmann, Paenitentia secunda, 175; Zeller, 252; Mayer, 366) für die letztere entscheiden, weil das Objekt zu βλασφημεῖν im PH zumeist ὁ κύριος ist (Kraft, Clavis, 77). In beiden Fällen soll „an die Einmaligkeit der Christenbuße“ (Dibelius, 596) erinnert sein.

6,3 H interveniert wie an anderen Stellen, um ausstehendes Wissen über die Buße zur Weitergabe an die Christen, hier an den Rest der Bußbedürftigen zu ihrer rettenden Information, zu „erpressen“ (vgl. Brox, Fragen). Das Siegel (σφραγίς) ist hier (anders 2,2.4) zunächst die Taufe; damit ist der PH (auch IX 16,2–7; 17,4; 31,1.4) das älteste unbestrittene Zeugnis für die Bezeichnung der Taufe als einer Sphragis (Dölger, Sphragis, 70) neben dem möglicherweise etwa gleichzeitigen *2 Klem* (7,6; 8,6; vgl. 6,9). Weil das Siegel „zerbrochen“ bzw. „zerdrückt“ wird (θλάειν), ist an ein Siegel „in Wachs oder Siegelerde“ (nicht an Mal oder Tätowierung) als metaphorische Vorgabe gedacht (Dölger, Sphragis, 138). Zur Interpretation der Taufe als Siegel s. zu IX 16,3–7. Bedeutsam ist, daß hier in 6,3b (wie 2,2.4) auch die Buße bzw. die in der Buße erlangte Sündenvergebung wie die Taufe „ein Siegel“ genannt wird, das der Bußengel ausgibt (über den engen Zusammenhang von Taufe und Buße handelt noch pointierter Tertullian, *paen.* 7,2). In Sim VIII ist σφραγίς also Bezeichnung für die Taufe, die Buße und (2,2.4) den Schmuck der Vollendeten. H interpretiert die Buße als Erbarmen Gottes und als Erneuerung des Menschen zugleich (vgl. 6,1 f.). Als Siegel wird sie in die Nähe der Taufe gerückt und dadurch als unwiederholbar beschrieben, wie es dem Bußbegriff des PH entspricht. Von „Buße als Ersatz der Taufe“ (Schümmer, 200) oder der „verlorenen Taufgnade“ (Zahn, Der Hirt, 142 A.2) kann man nicht reden, eher von deren Erneuerung oder Wiederaufleben in der Buße (vgl. Völter, Apostol. Väter, 280 f.).

6,4 Die ausführliche Erfüllung der Bitte des H (bis 10,4), in der die Vergebbarkeit jeder Sünde deklariert wird (vgl. Duchesne, 19 f.), bringt die detaillierte Entschlüsselung der allegorischen Bildelemente (eine tabellarische kommentierte Übersicht bei Giet, Hermas, 240 f.), die der Leser nicht selbst in der vorliegenden Variante zu leisten vermöchte. Man erkennt wie bei anderen Parabeln eine Doppelläufigkeit im Text: Auf der Ebene der Allegorie operiert H, um das Ziel zu veranschaulichen, mit der Prolepse, daß die Bußfrist schon abgelaufen und über Heil und Tod endgültig entschieden ist (vgl. Vis II 2,5); im Hinblick auf die reale historische Gemeinde kommt dies (schon aus paränetischen Gründen) dagegen nicht in Frage: Es gibt noch Rückfall (7,5c), die Bußpredigt muß noch ausgerichtet und die Entscheidungen zur Buße müssen noch getroffen, die Buße muß noch geleistet werden; trotz der Erfolge ist noch vieles offen, die Frist läuft (6,3.6; 7,1–3; 11,1–4; Vis II 4,2.3; Mand XII 3,2.3 u. a.). Für die drei idealen Gruppen von Christen war die Erklärung der Stäbe schon durchgeführt (3,6–8), für den Rest aber nur pauschal angedeutet (3,4b). Von der Aufstellung (wie von Vis III 5,1–7,3; Sim IX 19,1–29,3) läßt sich auf den Zustand der römischen

Gemeinde bzw. auf die geläufigsten Mißstände in ihr schließen. Glaubensabfall und Verrat an anderen Christen in der Verfolgung (Vis II 2,2) sind die gravierendsten Vergehen. Die genaue Parallele zu dieser Kategorie formuliert IX 19,1. Vis III 6,1; 7,1–3 hält sich länger bei dieser bereits aussichtslosen Gruppe auf. „Sich-schämen" (wie IX 14,6; 21,3) bezieht sich auf das Christsein unter erschwerenden Bedingungen einer feindseligen Öffentlichkeit wie in den Pastoralbriefen des NT (2 Tim 1,12.16; 2,15; vgl. 1 Petr 4,16; Röm 1,16; N. Brox, Die Pastoralbriefe, Regensburg 1989^5, 337 Register); das Gegenteil dieser Scham ist „den Namen Gottes gern tragen" 10,3; vgl. IX 14,6. Die Sünder dieser Gruppe sind als einzige völlig hoffnungslose Fälle von vornherein (vgl. 4,4), während sie nach Vis II 2,4 noch ihre Chance haben. Das liegt aber nicht an ihrer Sünde, die unvergebbar wäre, sondern an ihrer absoluten Unfähigkeit zur Buße („nicht ein einziger hat Buße getan"), so daß hier kein Widerspruch zu II 3,1 vorliegt, wonach die Kinder des H, die ebenfalls Verräter waren (II 2,2), eine Bußchance bekommen (gegen Joly, 28.276). – Die Formel εἰς τέλος (endgültig) ist im qualifiziert soteriologischen Sinn zu lesen wie Vis III 7,2; Mand XII 2,3; Sim VI 2,3; VIII 8,2.5; 9,3; IX 14,2; von einem besonderen Verfahren, in welchem die Kirche einen bereits Abständigen „nun auch aktiv als von sich getrennt behandelt" und eine Rückkehr des Sünders ausschließt (Grotz, 40), ist hier keine Rede. Der Verweis auf die Bußpredigt des H hebt auf Vis II und die Mand ab, die hier also vorausgesetzt sind. „Der Name des Herrn (sc. Gottes), der... angerufen ist": Für diese biblische Phrase (s. Völter, Apostol. Väter, 282; Gebhardt-Harnack, 187) kann nicht Abhängigkeit von *4 Esra* 4,25 angenommen werden (gegen Baumgärtner, 82), auch die Parallele zu Jak 2,7 (ebd. 85) liegt im Bereich der Formelsprache. – **6,5.6** Nicht viel weniger schlimm sind die „Heuchler" = Häretiker. Der Inhalt ihrer Falschlehren wird nicht mitgeteilt[21], wohl deren Folgen: Sie lassen die Leute, besonders die Sünder, nicht Buße tun. Wegen dieser Beschreibung liegt die Identifizierung der Falschlehrer hier mit den „Lehrern" aus Mand IV 3,1 nahe, die die Möglichkeit der zweiten Buße bestritten (so z.B. Snyder, 123; Weinel, HNTA, 313; Neymeyr, Lehrer, 13; dagegen Dibelius, 596 u.a.). Sie kommt aber nicht in Frage, weil H die Rigoristen in Mand IV 3,1 nicht als Häretiker behandelt, sondern ihnen im Prinzip recht gibt (s. zu Mand IV 3,1ff.) und sie überhaupt nicht negativ (etwa als Heuchler) apostrophiert. Folglich ist die Wendung „indem sie sie keine Buße tun ließen" dahin zu verstehen, daß die Christen, zumal die Sünder, anfällig sind für die Falsch-

---

[21] Gleichwohl gibt es Vermutungen und Behauptungen, um welche Häresie es sich handle: Stahl, 267: „Hermas Antignosticus"; Karpp, 65: „vielleicht gnostische Lehren"; so und ähnlich Lipsius, Der Hirte, 1866, 38.75ff.; Behm, 49ff.; Gebhardt-Harnack, 187; Funk, 569; Dibelius, 596; Joly, 277; Giet, Hermas, 302f.; berechtigte Kritik daran durch Reiling, 66. Bei Crombie, 41 die alte These, daß es sich um Montanisten handelt (s. zu Mand XI Ende). Zur Bestimmung und Beschreibung auch Baumgärtner, 74f.; Barnard, Studies, 155; Duchesne, 16f.28; Lampe, 325.

lehre, durch die Irrlehren abgelenkt werden von notwendigem und kirchlichem Bekehrungsverhalten und so das Wichtigste, die Buße, verpassen, die das Thema der richtigen Predigt (des H) ist. – Häretiker sind im PH also bekehrbar, wie sich bereits erwiesen hat (vgl. 4,5). Sie sind auch durch ihre „Wohnungen" qualifiziert: Einige (wohl die zunächst Unentschlossenen und Säumigen: s. 7,3) kommen nur (aber immerhin) in die „Mauern", die wie 2,5 (s. dort); 7,3; 8,3 der endgültige Aufenthaltsort in einem geminderten Heilszustand sind (so auch Joly, 279). Hier ist eine Art „Baubeschreibung" gegeben, insofern offenbar mehrere Ringmauern um den Turm (die Kirche) gelegt sind und den „ersten" (äußeren und so vom Turm entfernteren?) weitere entsprechen (vgl. Zahn, Der Hirt, 192.496; Völter, Apostol. Väter, 271; Poschmann, Paenitentia secunda, 173 A.2; Giet, De trois expressions, 28; anfechtbar Grotz, 41–46). Andere (mit der entschlosseneren Buße) kamen gar noch in den Turm. Die „Verweigerung" ist offenbar menschlich schuldhaft oder seitens Gottes möglich (6,1.2).

7,1–3 An dieser Stelle unterläuft eine leichte Konfusion in der Gruppierung: H nennt die vierte Gruppe aus 1,9 („verdorrt mit Rissen"), schiebt dann aber die dritte aus 1,8 ein („halb verdorrt"), die er zwischen 4,5 und 4,6 ausgelassen hatte (s. dort und Zahn, Der Hirt, 142 A.3), und kommt hier also auf sie zurück und damit wieder zu den zehn ursprünglichen Sündergruppen. Zu den „Unentschiedenen (δίψυχοι)" s. Exkurs: Der Zweifel. Die Sünden sind gravierend, wiewohl diese Sünder allmählich weniger verstockt sind als die vorigen. Die mangelnde Friedensfähigkeit (in der Gemeinde? in der Nachbarschaft?), auch Vis III 6,3 durch „Risse" symbolisiert und Sim IX 23 detailliert, ist den „Verleumdern" nachgesagt, besteht also in übler Nachrede. Entscheidend ist die Nähe der Sünder zur Buße, anhand derer sie parallel zu 6,6 polarisiert und auf „Wohnungen" in Turm und Mauern verteilt werden. Aus der Literatur: Giet, De trois expressions, 28; völliges Mißverständnis des Bildes von den Mauern bei K. Rahner, Schriften, 155; – „sterben den Tod (θανάτῳ ἀποθανοῦνται)": Verstärkung des Verbs durch den Dativ eines etymologisch verwandten Nomens (Hilhorst, Sémitismes, 150–153).

7,4–6 Die Gruppe von 1,10 wirkt in der absteigenden Reihenfolge der Sünder zunächst eher harmlos, hat aber doch beträchtliches Gewicht, weil (vgl. Vis III 9,10; Sim IX 31,6) mit Sicherheit Rangstreitigkeiten zwischen den kirchlichen Amtsträgern, also irritierende Mißstände in der Gemeinde gemeint sind (Dibelius 598; H. Lietzmann, Geschichte der Alten Kirche, Bd. 2, Berlin-Leipzig 1936, 51; anders Funk, 570; zur Übersetzung von περὶ πρωτείων Savignac, 163f.); ob dies verfassungsändernde Bewegungen (zugunsten etwa der Presbyter, auf Kosten der Propheten) oder Eifersüchteleien unter den Presbytern (so Gebhardt-Harnack, 189) sind, ist nicht erkennbar. Jedenfalls begannen diese Christen gut, taten auf die „Torheit" hin vorbildlich Buße und gelangten (alle) in den Turm: ein relativ günstiges Bild der Vorsteher an dieser Stelle. Ein Rückfall war in Vis III nie einkalkuliert und als Rückfall im Turm (also in der Kirche der Vollendeten) eigentlich undenkbar (Völter, Apostol. Väter, 284f. vermutet Interpolation). Ganz anders in Sim IX, woran H nach Gebhardt-Harnack, 189 hier in VIII 7,5c schon denkt. Rückfall in die Sünde gehört dort zur ständigen Krisenstituation in der Kirche, wie der Sohn Gottes durch seine Kontrolle und Säuberungsaktion deutlich demonstriert (IX 6,3–5; 7,1–2.4–7; 13,6; 17,5–18,4; s. zu 13,1). – Ein solcher Fall wird massiv bedroht (vgl. Doskocil, 182–185). „Demut": Gebhardt-Harnack, 190 mit Apparat; Funk, 570 und Lake, 208 lesen mit G ταπεινοφρονήσεως statt ταπεινοφροσύνης (Dibelius, 598; Whittaker, 73; Joly, 280); Bartelink, 27: H hat eine Vorliebe für Nomina der Endung -ησις. Bei den Geboten ist an die schriftliche Form von Vis II 4,2.3 gedacht. Durch wenige Worte ist die Jagd nach Karriere als unchristlich qualifiziert. „Streitstifter" (διχοστάτης; das Verb in 8,5); so auch Bartelink, 41; gegen Lake, 209: „schismatic."[22]

8,1–3 Daß die Inanspruchnahme durch die Geschäfte (πραγματεῖαι) auf Kosten des Glaubens geht und „die Vielbeschäftigten auch viel sündigen" (4,5–7; s. dort; IX 20,1.2), hat der Geschäftsmann H selbst an sich erfahren (Vis II 3,1; III 6,7; Mand III 3.5), und darum sind Geschäfte schlecht und gefährlich (Vis III 6,5). Sie lockern die Bindung an die Gemeinde und verstärken die Kontakte zu den Heiden, was von der Gemeinde offenbar mißtrauisch gesehen wird (9,1.3). Wenn dies ein Standardproblem war (s. IX 20,2), dann „waren außer Hermas in Rom zahlreiche Christen im Handel tätig und reich" (Drexhage, 43). Die Bemerkung von Asting, 276: „Wir haben hier die älteste Klage über den schlechten Kirchenbesuch vor uns" trifft nur zu, wenn Sim VIII 8,1 älter ist als Hebr 10,25. – Bei dieser Gruppe aus 1,11; 5,9 wird ausnahmsweise eine deutlichere Entsprechung zwischen dem Zustand der Stöcke und dem moralischen Zustand der Sünder versucht („darum" sind sie halb lebendig, halb tot, wie ihre Stöcke halb grün und halb verdorrt sind), während diese Entsprechung in allen anderen Fällen nur ganz vage belassen wird; aber sie ist auch hier wenig anschaulich. – Der Erfolg der Bußpredigt ist auch in dieser Gruppe groß, allerdings (so auch bei den nächsten Gruppen) unter definitiven Verlusten. Das Geschäftsleben ist für H ein spezieller Bereich für Lüge (Mand III 5) und Schlechtigkeit (Vis II 3,1), in dem Christen ihr Leben u. U. verwirken. Es hilft nur die Buße. Die Zweifelnden oder Unentschlossenen (s. Exkurs: Der Zweifel) sind als potentielle Büßer noch chancenreich und werden darum zeitlich gedrängt: Der rasche Entschluß entscheidet über das Heil. Man sieht hier zweifelsfrei, daß Turm und Mauern die dauerhaften Aufenthaltsorte bei

[22] Zur Nomenklatur für Häresie und Schisma A. le Boulluec, La notion d'hérésie dans la littérature greque. IIe-IIIe siècles, T. I, Paris 1985, 21–26.

unterschiedlicher Qualität des Heils darstellen (s. zu 2,5; 6,6; die Mauern sind ein Äquivalent zum „weit minderen Ort" aus Vis III 5,5; s. dort).

8,4.5 „Verleugnen" (ἀρνέομαι) ist ein generalisierender Ausdruck für Sünde (vgl. 8,2). Die Auflösung der Gruppe von 1,12; 5,3 spiegelt das Spektrum der Möglichkeiten für den Sünder ein weiteres Mal. Die endgültige Verlorenheit der hartnäckigen Sünder gilt natürlich auch für ihre Zugehörigkeit zur Gemeinde. Die Aufgabe des Bußengels liegt primär bei den wiederholt genannten Unentschlossenen (Zweiflern), die noch zu retten sind. – διχοστατέω meint hinter διψυχέω hier wie 7,2 nicht noch einmal Zweifel und Unsicherheit (gegen Bauer-Aland, 403), sondern heißt „sich veruneinigen", d.h. streiten (entsprechend διχοστάτης 7,6); denn H konstruiert diese an sich nicht zwingende Kombination von Zweifel und Streit bzw. Spaltung gleich viermal (7,2; 8,5; 9,4; 10,2), wobei das Verhältnis auch kausal beschrieben wird (9,4; 10,2). Daß „Vergnügungen" ihre Sünden sind, paßt zur völlig ungenau bleibenden Definition dieser Sündergruppe.

9,1 Christen, die außerhalb der Gemeinde im heidnischen Milieu wirtschaftlich und/oder prestigemäßig erfolgreich sind und nach deren Ansicht „Christentum und Geschäftstätigkeit" sich also nicht ausschließen (Lampe, 72), stellen offensichtlich eine besondere Problemgruppe für H dar (vgl. Vis III 6,5.6). Die Geschäftsleute von 8,2 müssen wohl dazu gezählt werden. Ihre „Sünde" wird ausführlicher als andere beschrieben. Sie besteht im großzügigen Umgang mit Nichtchristen und mangelnder Beteiligung am Gemeindeleben. Aus der Kritik daran in der vorliegenden Form spricht wahrscheinlich die Unzufriedenheit der einfachen Christen, die sich der Disziplin und Moral der Gemeinde treu unterwarfen und der nicht-christlichen Gesellschaft gegenüber ihre Berührungsängste, jedenfalls aber Abgrenzungsbedürfnisse entwickelt hatten und weiterhin pflegten. Ihnen sind die christlichen Aufsteiger in ihrer weitgehenden Integration in die heidnische Gesellschaft unheimlich und unzulässig. Sie sehen sie nach Art der Heiden Karriere machen und durch die erreichten Annehmlichkeiten sich das Christsein erleichtern. Dabei wird ausdrücklich die Glaubenstreue dieser sozial arrivierten Christen konstatiert, aber es bleibt die Kritik an der nach Meinung des H (der Gemeinde) zu geringen Verwirklichung; „verließen die Wahrheit" ist angesichts der Fortsetzung auf die Vernachlässigung der Gemeinde, nicht als Abfall zu verstehen. **9,2.3** Die Übergänge waren natürlich fließend. In der Rede von der Buße zieht H die nötige Trennungslinie: Wer sich völlig auf die heidnischen Standards einläßt, wird von der Gemeinde als Abtrünniger und Heide abgeschrieben. – **9,4** Aber viele sind auch hier noch nicht entschieden. Es scheint dreierlei Zweifel (Dibelius, 599 dagegen: „offenbar zwei Arten des Zweifels") gemeint zu sein: zuerst der Zweifel als Kapitulation vor dem eigenen Versagen, wie er Mand IX als schwerwiegendes Laster aufwendig und scharf kritisiert wird; auch der nächste Zweifel ist wegen der Verbindung mit Streit und Spaltung (wie 7,2; 8,5; 10,2) ein Laster (ohne daß der auch hier unterstellte Zusammenhang von Zweifel bzw. Unentschlossenheit und Streit offengelegt würde); der dritte Zweifel schließlich scheint die bisherige Lebensführung in Frage zu stellen, was (wie 8,3) die ideale Disposition für die Buße bedeutet, und ist darum wahrscheinlich nicht der zuerst beschriebene Zweifel derer, die wegen ihrer Lebensführung die Hoffnung auf Heil bereits aufgegeben haben und bei denen darum keine Hoffnung auf Buße besteht. Der dritte Fall in 9,4 stellt damit die Ausnahme dar, daß H einen positiven Zweifel kennt (zum Begriff s. Exkurs: Der Zweifel).

10,1.2 Die Gruppe aus 1,14; 5,5 gehört auf der Skala bereits zu den fast idealen und tadelfreien, in denen die Buße durchschlagenden Erfolg hat. Ihr geringes Kontingent an Versagen besteht in „etwas" (μικρά) Streit untereinander. Dieses gute Vorleben disponiert zur sofortigen Buße (vgl. Frei, 1975, 190) selbst diejenigen, die dem Zweifel und dessen schlimmen Folgen („größere Spaltungen") nachgegeben haben. Über den Zweifel s. zu 9,4. – „kaum (δυσκόλως)": außer an dieser Stelle von H stereotyp negativ im Sinn von Schwererreichbarkeit des Heils oder sogar Heilsaussichtslosigkeit gebraucht (Kraft, Clavis, 123).

10,3.4 Von dieser Gruppe aus 1,15; 5,6 wird dasselbe gesagt wie über die in 9,1–4 besprochene. Sie sind zwar nicht von Gott abgefallen und blieben beim Glauben, handeln aber schlecht[23]; „schlechte Werke" – τὰ ἔργα τῆς ἀνομίας wie Jes 59,6; *Barn* 4,1; vgl. 2 Petr 2,8. Der Unterschied dieser Gruppe zur vorigen liegt in den positiven Aussagen, die von ihr gemacht werden können: Die Betreffenden zeigen Bekennermut in der Öffentlichkeit (Gottes „Namen gern tragen" ist hier wie IX 14,6 das Gegenteil zum Sich-schämen 6,4; IX 21,3), üben bereitwillig Gastfreundschaft (Mand VIII 10; Sim IX 27,2) an Christen (zur Wichtigkeit der Gastfreundschaft in der alten Kirche: O. Hiltbrunner – D. Gorce – H. Wehr, Gastfreundschaft, RAC 8, 1061–1123) und sind sofort zur Buße und tätigen Bekehrung[24] bereit. Sie akzeptieren, was ihnen (im Martyrium: Giet, Hermas, 241 A.3) widerfährt, weil sie es als angemessene Strafe verstehen. Zu θλῖψις und zum textkritischen Problem dieser Stelle Coleborne, Approach (1965), 595f.; Dibelius, 600; Whittaker, 75 und die anderen Editionen. – Die vielen Sündergruppen haben, wie man sah, also dreierlei Schicksal: endgültigen Tod, „halbes" Heil (in den Mauern) oder Rettung (im Turm).

[23] „bloß glauben (πιστεύειν μόνον)" hat im PH sein Pendant nicht in einer den „bloßen Glauben (ψιλὴ πίστις)" überbietenden Gnosis, sondern im Tun der Werke.

[24] „Tugend und Gerechtigkeit": ἀρετὴν καὶ δικαιοσύνην G (E); vgl. Vis II 2,7. Snyder, 126, Whittaker, 75 und Joly, 284 ziehen mit Bonner ἀρετὴν δικαιοσύνης LL und koptische Fragmente (wie VI 1,4) vor; anders (mit G) Gebhardt-Harnack, 192f.; Funk, 574; Weinel, NTApo 1904, 273; 1924^2, 369; Dibelius, 600; Lake, 214; Crombie, 42; Zeller, 256; Lelong bei Hamman, 207; Hilhorst, Sémitismes, 112 A.1.

11,1 Hier ist der Grundriß der Bußlehre des PH wiederholt: In seinem allgemeinen Heilswillen hat Gott barmherzigerweise (vgl. 6,1.3) für alle Christen, auch für solche, die es nicht verdienen, die Rettung in Form der Buße angeboten, um die Berufenen (= Getauften: κλῆσις auch Mand IV 3,6 die Taufe) zu retten, die die Berufung verspielt haben, indem er den Hirten als Bußengel sandte, der diese Kunde durch H promulgiert und die Sünder zur Bekehrung motiviert. **11,2–4** Die Bußpredigt bringt dem Sünder zuerst Aufklärung über die schlechte Qualität seines Handelns (wie Mand VI 2,6; Sim VIII 6,3). Zur heilsamen Gottesfurcht s. Mand VII. Die Notwendigkeit, das Sündigen sofort zu stoppen, und die Beteuerung, daß es Vergebung nur für die „früheren Sünden", nicht für künftige gibt, machen einmal mehr den Ernst der Situation klar. Eine Bedingung ist, daß über die Erfüllbarkeit der Gebote Gottes kein Zweifel besteht (s. 6,2.3). – In allgemeinen Formeln der Mand mit der üblichen individuellen und generellen Applikation der Bußpredigt auf H und alle Christen wird die Szene abgeschlossen. **11,5** Der Text kündigt in der Funktion einer (sicher nachgetragenen) redaktionellen Notiz die Fortsetzung an, obwohl nach dem Eindruck des Lesers bis hierher „alles" gesagt ist. Aber H greift – in einigem zeitlichen Abstand, so ist anzunehmen – seine Thematik neuerdings auf. „πάντα bezieht sich auf Mand. I bis Sim. VIII" (Dibelius, 601).

⟨Neuntes Gleichnis⟩

Der überlieferte Text bietet die Überschrift nicht bzw. nicht in dieser Form (*om.* G; *initium similitudinis* E; s. Whittaker, 76 z.St.). Zu den Überschriften der Sim vgl. die Vorbemerkung vor Sim I. Das „Gleichnis" ist formal (1,4) und inhaltlich als Vision entfaltet; der PH hält die Genera, nach denen er streng eingeteilt zu sein vorgibt, überhaupt nicht auseinander. Daß es eine Fortsetzung geben würde, war angekündigt (s. zu VIII 11,5).

Sim IX ist an dieser Stelle nachträglich vom Verfasser angeschlossen worden, nachdem er das Visionenbuch (Vis I–IV) und das Hirtenbuch (Mand und Sim), ursprünglich ebenfalls selbständig, bereits literarisch miteinander verbunden hatte (s. Einleitung § 4). Man fragt sich, warum H die Dublette zur Turmparabel von Vis III, die hier folgt, geschrieben haben mag. Das muß bei seinem Denkstil durchaus keinen theologisch tiefen Grund gehabt haben. Eine Neuerung von entsprechend gravierender Art gegenüber der Vis III ist in Sim IX nicht auszumachen; die Änderungen bleiben im Rahmen von Variation und Anreicherung des gleichen Themas (so auch Snyder, 140). Es trifft weder zu (genauere Begründung dieses Urteils zu 13,1 und im Exkurs: Die Kirche), daß vom Begriff der idealen Kirche (Vis III) zur Wirklichkeit der irdischen, folglich auch sündhaften Kirche (Sim IX) gewechselt wird (gegen z.B. Zahn, Der Hirt, 222; Gebhardt-Harnack, 29.31; d'Alès, L'édit, 104; Völter, Apostol. Väter, 314;

Dibelius, 602; Vielhauer, Oikodome, 149; Hoh, Die kirchliche Buße, 31; Giet, Hermas, 258; vgl. Joly, 288.437; halbherzige Unterscheidung durch Grotz, 47f.; dagegen Stahl, 344; Poschmann, Paenitentia secunda, 184)[1], noch ist „der Gedanke der Unterbrechung des Turmbaus (5,1; 14,2) zur Schaffung einer Bußfrist" so unterscheidend wichtig in Sim IX (gegen Poschmann, Paenitentia secunda, 183–185), wobei die Verzögerung der Parusie (Bußfristverlängerung) das Konzept des PH im Laufe der Jahrzehnte verändert hätte. Die Ausarbeitung des Motivs der Naherwartung (drängende Bußfrist) kann schon im Visionenbuch nicht verbergen, fiktiv eingesetzt zu sein. Und weil das neunte Gleichnis sich völlig genügt, läßt H es auch nicht „die früher begrenzte Bußfrist verlängern" (Kraus, 255). Daß „in der 9. Gleichnisrede die stärkste Korrektur an der Turmbauallegorie vorgenommen wird" und sie christologisch sogar „als ‚orthodoxer' Nachtrag" verstanden werden kann, ist von Andresen, 34f. behauptet, aber nicht bewiesen worden.

Der plausibelste und hinreichende Grund für Sim IX ist (außer seiner ausgeprägten Freude an Wiederholungen im großen und im kleinen) die große Vorliebe des H für diese Parabel und die mit ihr verbundene Thematik von der Buße (der Bereitschaft dazu, der Verzögerung, der Verweigerung, des Erfolgs und des Widerrufs) sowie der große Erfindungsreichtum des H auf den beiden Ebenen von Bild und Deutung. Es fällt doch auf, daß er die Vision vom Turm in einer Art ausarbeitete, wiederholte und variierte wie keine seiner Allegorien oder Parabeln sonst. Der Parabel Vis III folgen zahlreiche Rekurse auf den Turm auch innerhalb des Gleichnisses von den Stöcken (Sim VIII 2,1–3; 3,5.6; 4,6; 6,6; 7,3.5; 8,2.3.5; 9,2.4; 10,1.4), obwohl der Turm mit diesem Gleichnis vom Bild her gar nichts zu tun hat und hier auch unerklärt bleibt. Und die (gegenüber Vis III) noch einmal variierte Sim IX zeigt, wieviel das Bild vom Turm für H bedeutete und wie sehr es ihn auch nach der Fassung von Vis III weiter beschäftigte. Darum ließ er ihm eine eigenständige Dublette folgen, angereichert um neue Ideen und Motive (namentlich die Allegorie von Fels und Tor). Zum Stil des H gehört eben die Wiederholung. Hier wiederholt er die gesamte Turm-Allegorie, die in Vis III ausführlich entfaltet und erklärt worden war. Er beschreibt das in 1,1 (wie Vis V 5) selbst als Wiederholung, in 1,2f. aber als Überbietung des bisher schon Gesehenen. Und die neu ausgedachte Version wird unter Bezugnahme auf die Vis an die Mand und Sim angeschlossen und bildet, wie 1,1–2 zeigt, nach dem Willen des H zusammen mit den Mand und Sim I–VIII (X) in Absetzung von Vis I–IV das Hirtenbuch. H selbst will das Werk nach der jeweiligen Offenbarergestalt unterteilt wissen.[2]

Vis III wird dazu nicht förmlich als überholt behandelt. Im Gegenteil sind

---

[1] In beiden Varianten der Parabel ist die ideale Kirche gemeint, nämlich auch in Sim IX, wo doch die laufende Eliminierung der schlechten Steine betrieben wird (s. zu 13,1).

[2] Nach Zahn, Der Hirt, 276–278 (zustimmend Gebhardt-Harnack, 196) will H das Visionenbuch in sich noch einmal unterteilt haben, und zwar nach dem Prinzip, daß er in einem

Vis III, Sim VIII und Sim IX durch dieselben Motive und durch Querverweise miteinander verbunden. Die Auslegung macht im einzelnen darauf aufmerksam.

Vom Umfang her kann man für Sim IX ohne weiteres von einem eigenen Buch reden, dessen wichtigste Passage die Turmbau-Parabel 3,1–4,8 mit der vorangestellten Vision von Fels und Tor 2,1–2 ist. Es ist sicher richtig, diese Parabel für ursprünglich jüdisch zu halten (s. Knopf, 213–219; Bousset, Die Religion 327; Lueken, 149f. in Auseinandersetzung mit Spitta, 342ff.): Der Turm war die ideale Gemeinde Israels, erbaut auf dem Grund der Patriarchen, Gerechten, Propheten und Diener Gottes, gebildet aus den Frommen der zwölf Stämme Israels und der Heidenvölker. Diese Parabel ist im PH recht frei wiederverwendet und natürlich christlich variiert. Einzelableitungen sind aber oft sehr problematisch. Ford, 540–548 z. B. leitet (noch dazu in ihrer methodisch vagen Manier) die Parabel in etlichen Details aus (marginalen) jüdischen Traditionen ab, die Knopf, 216.218f. seinerseits aus der antiken Himmels-Mythologie erklärt (wie schon zu Vis III); das resultiert aus der Leichtfertigkeit, mit der in beiden Fällen Abhängigkeitsurteile gefällt werden. Für das Verständnis der so hergeleiteten Allegorien im PH ergibt sich daraus kein Gewinn.

Die Arbeitsweise des H ist in diesem Gleichnis die gewohnte. In der Vision ist der Bildteil in vielem von der Deutung her entworfen, und nicht alle Teildeutungen haben ihre Entsprechung im Bildteil (vgl. Piesik, 128–134).

Die Perioden der Offenbarung (Sim IX 1,1–3)

78 (IX 1) 1 **Als ich die Gebote und die Gleichnisse des Hirten, des Bußengels, aufgeschrieben hatte, trat er zu mir und sprach: „Ich will dir alles zeigen, was dir der Heilige Geist gezeigt hat, der in Gestalt der Kirche mit dir gesprochen hat; jener Geist ist nämlich der Sohn Gottes.** 2 **Denn als du körperlich (noch) zu schwach warst, bekamst du keine Offenbarungen durch einen Engel; (erst) als du durch den Geist stark geworden warst und so zu Kräften gekommen, daß du dem Anblick eines Engels gewachsen warst. Damals wurde dir durch die Kirche der Turmbau gezeigt; schön und ehrfurchterregend hast du alles unter der Gestalt einer Jungfrau zu sehen bekommen. Aber jetzt bekommst du vom Engel zu sehen, und zwar durch denselben Geist.** 3 **Du mußt von mir aber alles noch genauer zu sehen bekommen. Dazu bin ich ja von dem herrlichen Engel abgestellt worden, in deinem Haus zu wohnen, damit du alles standhaft ansiehst, ohne dabei zu verzagen wie das erste Mal.“**

1,1 Mit der Markierung einer Zäsur wird für IX sowohl Eigenständigkeit wie Anschluß an die vorangehenden Buchteile Mand und Sim I–VIII (das

---

allmählichen Erstarken schon vor Vis V den Anblick von Engeln aushalten kann. Dies ist nicht richtig gesehen, und Zahn fixiert auch nicht den Wendepunkt innerhalb Vis I–IV.

Hirtenbuch) erreicht. Das Aufschreiben der Gebote und Gleichnisse (wie Vis V 5.6) ist die oft eingeschärfte Pflicht des H, der die Offenbarungen nicht für sich allein, sondern für die Kirche bzw. für alle Christen entgegennimmt. Ohne weitere visionäre Szenerie ist der Hirt, der der Offenbarer und zugleich Bußengel ist (s. Exkurs: Der Hirt), mit neuen Ankündigungen und Erklärungen zur Stelle.[3] Der Grund für eine Wiederholung von „allem", die folgen soll, wird in 1,2f. in der Überbietung angegeben. – „mit dir gesprochen": zu λαλεῖν μετά s. Hilhorst, Sémitismes, 97. Daß durch die Kirche (in ihrer „Gestalt" als alte und verjüngte Frau) der „Heilige Geist" zu H gesprochen hatte, war im Visionenbuch nirgends gesagt, zumal der „Heilige Geist" darin nie begegnet. Er ist hier so unvermittelt eingeführt wie in der Deutung von Sim V 5,2 (s. dort).

Nun wird der Geist nicht mit der Kirche identifiziert (gegen die „Gleichung" bei Dibelius, 602: „Kirche = heiliger Geist = vorweltlicher Gottessohn"; Snyder, 128; Hirsch, 40, die ebd. 42 zudem eine „weibliche Auffassung des Geistes" konstatiert, offenbar in den Frauen bzw. Jungfrauen der Turm-Parabel, die ja eben „Geister" genannt werden können), wohl aber mit dem Sohn Gottes (wobei die Begründung γάϱ unklar bleibt); vgl. Gebhardt-Harnack, 196; Funk, 577; Weinel, HNTA, 314; Coleborne, Approach (1965), 612–615; Nijendijk, 105–119; anders Zahn, Der Hirt, 278–280. Und das ist einzig an dieser Stelle der Fall (nicht dagegen in Sim V). Diese Diktion ist, was die Logik betrifft, verwirrend und christologisch unklar. Nach V 5,2 kennt H deutlich drei verschiedene „Personen": den Schöpfer (Gott), den Heiligen Geist und den Sohn Gottes. Weil der Sohn Gottes, der präexistierte und „in den letzten Tagen vor dem Ende erschienen ist" (IX 12,1–3), von H (1,1) mit dem Heiligen Geist identifiziert wird (hinter dem Sohn Gottes in V und IX wird man ja denselben sehen), ist Kelly, 94 der Meinung, daß die Unterscheidung von Dreien für H offenbar erst seit der Inkarnation datiert und vorher nur Vater und Geist waren. Der Dritte, der Erlöser, kam als vom Heiligen Geist bewohnter „Leib" erst hinzu, der sich in der Kooperation mit dem in ihm wohnenden präexistenten Geist bewährt hatte (V 6,5–7) und adoptiert wurde. – Man müßte sich nach Kelly demnach offenbar eine veränderte Nomenklatur des H vorstellen, die für ihn seit der Inkarnation gilt: Waren die Bezeichnungen „Heiliger Geist" und „Sohn Gottes" ursprünglich identisch, so ist Sohn Gottes jetzt der Heilige Geist, insofern er dem „Fleisch" (Jesus) einwohnt, und der Heilige Geist bleibt „Heiliger Geist", insofern er in der Transzendenz verblieb. Ob man H damit richtig wiedergibt, muß völlig offen bleiben. Ausgeführt hätte er die nach-inkarnatorische Nomenklatur nirgends. Außerdem erfordert diese „Lösung" (was Kelly nicht sagt) die schwierige Vorstellung von einer Teilung des Heiligen Geistes, der „teils" (bzw. einerseits) als transzendente Gestalt und Sohn

[3] Zur Philologie der Phrase, in der ein Genitiv das Subjekt des weiteren Textes enthält, s. Joly, 437f.

Gottes (im präexistenten Sinn) seit je lebt, „teils" (bzw. andererseits) durch Einwohnung im „Fleisch" Jesus existiert und dieses zur Adoption als Sohn Gottes (im nach-inkarnatorischen Wortsinn) bringt. Indes ist sicher: In 1,1 ist die singuläre „Identifikation von präexistentem Christus (wie H nie sagt: N.B.) mit dem Heiligen Geist" vollzogen (Grillmeier, Jesus der Christus 1, 338). Und: „Sohn Gottes" ist im PH der vorweltliche Heilige Geist genannt und auch dessen Vereinigung mit einem „Leib" zu geschichtlicher, sichtbarer Gestalt. – Die Wiedergabe der Christologie des PH kann in vielen Punkten und selbst in ihrer Systematik (vgl. Pernveden, 70f.) nicht klarer ausfallen, als seine eigene Diktion und Vorstellungen sind. Die Schwerverständlichkeit beginnt bei der Merkwürdigkeit, daß H solche hochkarätigen Aussagen wie 1,1 eher nebenbei, äußerst selten, aphoristisch und völlig undogmatisch macht. – Der Sohn Gottes wird von H auch in der Gestalt eines Engels, also in anderen religionsgeschichtlichen Mustern vorgeführt, die nicht auf der Linie lagen, welche zur Trinitätsvorstellung der kirchlichen Bekenntnisformeln führte. Zum gegenseitigen Verhältnis der Christologien in Sim V und IX siehe auch Lebreton, Trinité II, 382–387; Pernveden, 64f. Vgl. den Exkurs: Die Christologie.

1,2 In diesen Zeilen rechtfertigt H, daß er das Vis III ausführlich traktierte Thema neu und breit aufrollt. Er tut dies mit der aus dem Szenario der Vision stammenden Idee, daß der Mensch, der Visionen empfängt, wegen der Furchtbarkeit oder Gewalt des Gesehenen und namentlich der jenseitigen Gestalten (Engel), die ihm begegnen, physisch entsprechend belastbar sein muß, so daß infolge von Fortschritten in körperlicher[4] Robustheit und (nervlicher?) Stärke, die er, H, gemacht hat, eine neue Offenbarungsgestalt für ihn zuständig wird und von ihm „ausgehalten" werden kann, nämlich (so Lake, 217) nach der Kirche (d.h. in der menschlichen Gestalt einer Jungfrau Vis III 3,3; 10,5) nun der überirdische Engel. Es geht ausschließlich um die Offenbarergestalt; und die Engel aus Vis I 4,1.3; III 1,6; 2,5; 4,1f.; 10,1, die H sah, sind hier zu vergessen. H unterstellt darin offenbar eine Steigerung in der zu erwartenden Mitteilung (daß durch den Engel „eine gewisse lehrhafte Ausführlichkeit und pädagogische Pedanterie" ins Spiel kommt, wie Benz, 151 meint, hat H kaum sagen wollen). Inhaltlich wird das nicht eingelöst: Was H unter den Gesichten und Offenbarungen, die ihm die Kirche (Vis I–IV) zeigte, auszuhalten hatte (vgl. z.B. Vis III 1,5; IV 1,5–2,4), wird im Hirtenbuch an Zumutung nicht überboten. – Die unterstellte Steigerung rechtfertigt also die Dublette der Turm-Allegorie. Und tatsächlich gerät die Allegorie in der zweiten, hier folgenden Version ungleich umfangreicher, ideenreicher, großartiger und „genauer" (1,3). Außerdem soll H diesmal eine bessere Figur machen als das erste Mal (Vis III 1,5 u.ö.), sich also

[4] Joly, 289; Peterson, 280 sehen gegen den Wortlaut hier „die fünfte Vision mit einem Fortschritt im geistlichen (*sic*) Leben des Hermas in Verbindung gebracht". Snyder, 128 mißversteht die Schwäche und Erstarkung im moralischen Sinn.

seinerseits steigern. – H unterscheidet also die zwei Phasen der Offenbarung durch die Kirche und durch den Engel. Diese Periodisierung kann aber nur so begriffen werden (Zahn, Der Hirt, 274–287; Gebhardt-Harnack, 195: „Zahnius primus recte disposuit atque explicavit"), daß der Hirt mit dem Engel sich selbst meint, der ja seit Vis V der Offenbarer für H ist, so daß hier zwischen Vis I–IV einerseits und dem Hirtenbuch (Mand und Sim) andererseits unterschieden ist. Der Offenbarerwechsel liegt (trotz des νῦν 1,2) also schon einige Zeit zurück. Nun ist aber durch grobe sprachliche Nachlässigkeit des H oder – wahrscheinlicher – durch Textverderbnis diese Einteilung völlig unklar geworden. Die Konjunktionen ἐπειδή („als"), ὅτε οὖν („erst als"), τότε μέν („damals"), νῦν δέ („aber jetzt") sind in der vorliegenden Reihenfolge mißverständlich, und ihre Chronologie bleibt unklar oder falsch. Sie ergeben nämlich die (in den meisten Übersetzungen auch angenommene) Aussage: „Als du... stark geworden warst und so zu Kräften gekommen, daß du dem Anblick eines Engels gewachsen warst, da wurde dir durch die Kirche der Turmbau gezeigt." Das ist exakt die falsche Fortsetzung, die H nicht meint. Um den Text plausibel zu lesen, ist in der obigen Übersetzung der mit ὅτε οὖν beginnende Nebensatz als Anakoluth behandelt, so daß hinter ἰδεῖν ein Punkt zu setzen ist. So ist die tatsächliche Phasensequenz mühelos hergestellt: Offenbarung zuerst durch die Kirche, dann aber durch den Engel. Und dies wird unbeholfenerweise zweimal gesagt. In der vorgeschlagenen Übersetzung wird die Relation des ὅτε – τότε („erst als – da") zugegebenermaßen ignoriert oder zerstört, aber es ist, wie gesagt, sehr die Frage, ob sie überhaupt den richtigen Text voraussetzt. Größere Schwierigkeiten handelt sich Dibelius, 602 mit seinem Übersetzungsvorschlag „bis(?)" für ὅτε sowie Deemter, 151 mit der Konjektur des ὅτε οὖν zu ὕστερον ein. Sinnvoll ist die von Giet, Hermas, 106 vorgeschlagene Entsprechung zwischen τότε μέν und δεῖ δέ (vgl. ebd. 102–106 zu Problemen des ungeschickten Anschlusses an VIII und zum Verdacht gegen den Text).

Man kommt m. E. auch an dieser Stelle nicht ohne einen geteilten Geistbegriff aus. Wie das christologische πνεῦμα von V 6,5–7a von dem anthropologischen πνεῦμα zu unterscheiden ist, das in allen (guten) Christen „wohnt" und wirkt (V 6,7b–7,2; IX 32,1.4), so ist auch hier das christologische πνεῦμα von IX 1,1, das identisch mit dem Sohn Gottes ist, nicht das πνεῦμα von IX 1,2. Der Geist von 1,1 ist deutlich personaler verstanden (wie der Geist von V 6,5–7a); er „zeigt" nämlich Offenbarung, während der Geist von 1,2 eine Umschreibung von (wachsender) Kraft im Menschen ist. Beides ist nicht dasselbe. Man muß konzedieren, daß H diese Unterscheidung äußerst vage beläßt und keinerlei Signal im Text setzt für den Bedeutungswechsel, der für ihn selbst Routine ist. Mit solchen Versäumnissen muß man beim Stil des H rechnen. Schwierigkeiten macht zunächst die Wendung „durch denselben Geist" in 1,2, weil sich das wieder (christologisch) nach Offenbarungsvermittlung wie 1,1 anhört. Es ist aber anders. Der christologische Geist „zeigt“ selbst die Offenbarung (1,1), man bekommt sie nicht „vom Engel (= Hirten) zu sehen... durch denselben Geist“ (1,2), was als Umkehrung der Aussage den christologischen Geist zum Medium wie Kirche und Jungfrau degradieren würde, während er doch als Autor der Offenbarung gelten muß. Vielmehr heißt „durch denselben Geist“ (in 1,2b auf 1,2a bezogen) in plausibler Entsprechung zur Erklärung in 1,2a über Schwäche und Kraft des H, daß er jetzt im Unterschied zu früher die Offenbarungen nicht mehr (bloß) von der Jungfrau (Kirche) hören oder sehen muß, sondern „vom Engel zu sehen“ imstande ist, weil das „durch denselben Geist“ als Kraft möglich wurde. – Ohne diese Unterscheidung läßt der PH sich m.E. nicht plausibel lesen. Ausdrücklich anders urteilt Funk, 577.

1,3 Alle einzelnen Motive dienen der Verklammerung mit Vis V, dem Beginn des Hirtenbuchs bzw. dem Ende der Offenbarung durch die Kirche. Siehe zu 1,2. Der „herrliche Engel“ ist der „Heiligste der Engel“ aus Vis V 2, also Christus.

Die Vision von zwölf Bergen, Fels und Tor (Sim IX 1,4–2,7)

4 **Und er brachte mich nach Arkadien, auf einen kegelförmigen Berg, ließ mich auf dem Gipfel des Berges niedersitzen und zeigte mir eine große Ebene und rund um die Ebene zwölf Berge, die alle verschieden aussahen.** 5 **Der erste war schwarz wie Ruß, der zweite kahl und ohne jede Vegetation, der dritte voll Dornen und Disteln.** 6 **Der vierte hatte halb verdorrte Pflanzen; die Pflanzen waren oben grün und gegen die Wurzeln zu vertrocknet; manche Pflanzen vertrockneten (völlig), als die Sonne auf sie niederbrannte.** 7 **Der fünfte Berg war ganz felsig, hatte aber grüne Pflanzen. Der sechste Berg war voll von großen und kleinen Spalten; in den Spalten wuchsen Pflanzen, aber die Pflanzen waren nicht gerade üppig, sondern sahen eher wie verwelkt aus.** 8 **Der siebte Berg hatte entzückende Pflanzen, und der ganze Berg stand in Blüte, und alle Arten von Tieren und Vögeln fanden Futter auf diesem Berg; und je mehr die Tiere und Vögel fraßen, desto üppiger und üppiger wurden die Pflanzen dieses Berges. Der achte Berg war voll von Quellen, und alle Arten von Geschöpfen des Herrn tranken aus den Quellen dieses Berges.** 9 **Der neunte Berg hatte überhaupt kein Wasser und war völlig wüst; es gab auf ihm aber tödliche wilde Tiere und Schlangen, für die Menschen lebensgefährlich. Der zehnte Berg hatte mächtige Bäume und war ganz schattig, und im Schutz der Bäume lagen Schafe, um zu rasten und wiederzukäuen.** 10 **Der elfte Berg war ganz dicht mit Bäumen bestanden, und diese Bäume trugen Früchte und waren mit den verschiedensten Früchten behangen, so daß jeder, der das sah, Lust bekam, von den Früchten zu essen. Der zwölfte Berg war ganz weiß, und sein Anblick war ganz entzükkend. Der Berg sah für sich sehr schön aus.**

79 (IX 2) 1 **In der Mitte der Ebene zeigte er mir einen großen weißen**

Felsen, der aus der Ebene hochragte. Der Fels war höher als die Berge[5] und viereckig; er hätte die ganze Welt in sich fassen können. 2 Alt war dieser Fels, und er hatte ein Tor, das aus ihm herausgeschlagen war. Und zwar schien mir, das Tor war erst neuerdings herausgeschlagen. Das Tor strahlte heller als die Sonne, so daß ich über den Glanz des Tores staunte. 3 Rings um das Tor standen zwölf Jungfrauen. Die vier, die an den Ecken standen, schienen mir herrlicher (als die anderen) zu sein; aber auch die anderen waren herrlich. Sie standen an den vier Seiten des Tores, zwei Jungfrauen jeweils in der Mitte (zwischen den ersten vier). 4 Sie waren mit Leinengewändern bekleidet und anständig gegürtet, die rechte Schulter frei, als wollten sie eine Last tragen. So standen sie bereit. Sie waren überaus heiter und eifrig. 5 Als ich das gesehen hatte, staunte ich bei mir über den Anblick (so) großer und herrlicher Dinge. Und was die Jungfrauen anging, konnte ich mir wieder nicht erklären, daß sie trotz ihrer empfindsamen Natur so mannhaft dastanden, als wollten sie den ganzen Himmel tragen. 6 Und der Hirt sagte zu mir: „Warum machst du dir Gedanken, bist in Verlegenheit und stürzt dich in Traurigkeit? Versuch dich doch nicht an Dingen, die du nicht verstehen kannst, als wärest du klug genug, sondern bitte den Herrn um Einsicht, damit du sie verstehst. 7 Was hinter dir ist, kannst du nicht sehen, wohl was vor dir ist. Was du nicht sehen kannst, laß auf sich beruhen und quäle dich nicht. Was du aber siehst, das suche zu bewältigen, und um das andere kümmere dich nicht neugierig. Ich werde dir alles erklären, was ich dir zeige. Schau nun das Weitere."

1,4 Die in 1,1–3 angesagte Offenbarung reicht als Vision von 1,4 bis 11,8, die dazugehörige Deutung mit dialogischer Einleitung von 11,9 bis 31,2. – „er brachte mich": während der Visionär in anderen Visionen des PH vom Offenbarer aufgesucht oder an einen bestimmten Ort bestellt wurde, ist er diesmal wieder (wie Vis I 1,3; II 1,1) entrückt worden, allerdings ohne genauere Beschreibung. Die Übersetzung von Dibelius, 602: „er setzte mich auf dem Gipfel des Berges ab" läßt an eine Luftfahrt denken (vgl. Zahn, Der Hirt, 215: „eine Fahrt durch die Lüfte nach Griechenland" wäre nötig oder eine „mehrwöchentliche Land- und Seereise dorthin"; Weinel, HNTA, 323: „Flug des H. nach Arkadien" und ebd. 314: „Als ob nicht der Pneumatiker ‚fliegen' könne, soweit ihn der Geist ‚trägt'"; Hilhorst, Sémitismes, 50: „le voyage aérien en Arcadie"), aber der Text sagt nichts über die Art der Ortsveränderung und nichts über die Dauer der Reise.

Die Ortswahl „Arkadien" für die folgende grandiose Vision ist geographisch verblüffend weit gegriffen, bleibt aber im Prinzip innerhalb der visionären „Welt" des PH. Über Gründe und Assoziationen des H bei dieser Wahl der Lokalisierung ist viel gerätselt worden (eine kurze Übersicht bei Snyder, 128f.; Giet, Hermas, 44 A.2; Joly, 51.289 A.6), ohne Erfolg bisher: Hilhorst, Hermas, 695. Es geht nicht nur um eine Klärung der eventuell vorliegenden und vielleicht beabsichtigten motivgeschichtlichen Anspie-

[5] Vgl. Jes 2,2; Mich 4,1.

lung, sondern auch um die Frage der Realität der Szenerie im Hirtenbuch. Soll der Leser die Landschaft als reale symbolreiche Natur betrachten oder als Fiktion allegorisch buchstabieren? Und hatte H überhaupt wirklich eine arkadische Landschaft im Auge, kannte er diese dann aus eigener Anschauung und stammte er folglich aus Arkadien (womit die Wahl einigermaßen erklärt wäre)?

Zahn, Der Hirt, 213–217; GGA Stück 44, 28. Oktober 1868, 1722; Stück 2, 9. Januar 1978, 42 hielt nicht nur die Angabe „nach Arkadien" (weil zu entlegen) für einen „Unsinn", sondern glaubte, die Landschaft auf dem Schauplatz der übrigen Erzählungen des PH identifizieren zu müssen. Statt 'Αρκαδίαν muß man 'Αρικίαν lesen, sich also „die alte Latinerstadt" (das heutige l'Ariccia) in den Albaner Bergen vorstellen, und schon befindet man sich im Nahbereich Roms, der zu Fuß erreichbar ist und von dem aus man noch abends nach Rom zurückgehen kann, um am nächsten Tag wieder an Ort und Stelle zu sein (vgl. 11,2.6). In den Formationen dieser Landschaft suchte und fand Zahn alle Details der Vision: den Aussichtspunkt des H; die Berge im Kreis, teils kahl, teils bewachsen; den aus einer Senke hochragenden Fels; „die mannigfaltigen Steinmassen"; sogar „noch das Tor" (Zahn, Der Hirt, 215–217). Und was H nun sah, als „sein natürliches Auge sich schloß, um das zu sehen, was der Engel ihm zeigte", war „nichts anderes als ein verklärender Widerschein" (ebd. 217) der Landschaft, die man noch heute so antrifft. – Dieser „Realismus" hat nicht überzeugt[6], weil er die Details methodisch beliebig auf die verschiedenen Ebenen von Geographie und Fiktion verteilt. Die Forschung hält an der textkritisch unanfechtbaren Ortsangabe Arkadia fest, deutet sie aber kontrovers.

Naheliegend war natürlich der Versuch, die von H in der Vision vermeintlich genau beschriebene Landschaft eben in Arkadien auszumachen. Harris, Hermas in Arcadia (1887); ders., Hermas in Arcadia (1896); ders., Shepherd, 259 sowie Robinson, Hermas in Arcadia; ders., Barnabas, 27f.41 haben minutiös daran gearbeitet, wobei der erstere zu entdecken glaubte, daß H die Landschaft mit den Augen des Pausanias in dessen Beschreibung Griechenlands (Buch VIII) sah, worin ihn Robinson korrigierte: H kannte

[6] Kritik an Zahn bei Völter, Apostol. Väter, 302 A.1; Weinel, HNTA, 314; Funk, 577f. – Allerdings gibt es Verunsicherungen des Ortsnamens auch von etlichen anderen Seiten: B. Violet, Die Esra-Apokalypse (IV. Esra). I, GCS 18, Leipzig 1910, 270 A.3 vermutet zu *4 Esra* IX 26, daß der in seiner Bedeutung „zweifelhafte Name" *Arpad* (bzw. *Ardab* u. ä.; Völter, Visionen, 47 A.1; s. Schreiner, 374 A.26b), ebenfalls Angabe eines Offenbarungsortes, „mit dem Geheimnamen 'Αρκαδία in Hermas Sim IX 1,4 zusammenhängt". Kraft, Montanismus, 260 sieht in Sim IX 1,4 die beiden Traditionen von Feld und hohem Berg als Orten von Vision und Offenbarung des Endzeitgeschehens „bei Hermas miteinander verbunden"; nur hat der Name, sonst überall eben von rätselhafter Bedeutung, „durch des Hermas Tendenz zum Rationalisieren die Form ‚Arkadien' angenommen". – Peterson, 330f. hält 'Αρκαδία für ein Beispiel der (von ihm ohne gute Begründung behaupteten) „Verwendung griechischer Termini für jüdische Vorstellungen", die „ein Bestandteil der jüdischen Apokalyptik" gewesen sein soll.

die Landschaft als einheimischer Sklave und brauchte keine Vorlage. Bei genauem Zusehen kann man aber am Text nur zu der Überzeugung kommen, eine Landschafts-Fiktion (statt einer Landschaftsbeschreibung) zu lesen (ähnlich Funk, 579 mit der Stellungnahme: „rem in medio relinquo"; Dibelius, 603; vgl. Harnack, Wiederauffindung, 305).

Reitzenstein, Poimandres, 33–35 war sich sicher, daß H hier im Rahmen der „Zusammenhänge der frühchristlichen Literatur mit der hellenistischen Kleinliteratur" in der Ortsangabe Arkadien auf den (ägyptischen) Hermes anspielt, der aus Arkadien gebürtig ist (s. Dibelius, 603), so daß H also unbefangen heidnische Vorlagen (wie *Poimandres* XIII bzw. XIV) nachgeschrieben hat und (R. Reitzenstein, Hellenistische Wundererzählungen, Stuttgart 1963[2], 126) „den ganzen Bericht von dem Erscheinen des offenbarenden Gottes in Hirtengestalt verständnislos und ungeschickt einer heidnischen Schrift entnommen hat"; aber gerade der Ortsname bleibt dabei ungeklärt: „Das Führen auf einen Berg ist die übliche Form der christlichen Offenbarungsliteratur, die Wahl gerade Arkadiens aber mehr als befremdlich" (Reitzenstein, Poimandres, 33; Bardy, Le Pasteur, 398). „Denn die hermetischen Schriften sprechen nicht von Arcadia, und Hermas ist nicht Hermes" (Bardy, Arcadia, 597). Auch die Verbindung des Hirten als Schutzengel mit dem Schutzgott Hermes (Dibelius, 494–496.603; ders., Offenbarungsträger; vgl. Weinel, HNTA, 323; O. Dibelius, 177f.; A. Loisy, RHLR 8, 1922, 235; unterstützt auch von Giet, Judaisme, 401 A.3) will motivgeschichtlich nicht gelingen (Schmid, 124–126; Luschnat, 64f.; Hilhorst, Hermas, 694). Ganz problematisch ist der beliebte Verweis auf den bukolischen Charakter Arkadiens in der antiken Literatur, der die Verbindung mit dem Hirten-Motiv so einleuchtend macht. Das bukolische Arkadien im symbolischen Sinn gibt es in der Antike eben nur bei Vergil, sonst nicht (Snell, 26; Schmidt, 36–57; Hilhorst, Hermas, 694f.; leichtsinnig in dieser Hinsicht A. Puech, Observations, 84, der noch weitere, unhaltbare Ableitungen vorschlägt; Lampe, 192 mit A. 231). Außerdem hat H bei der Ortsangabe Arkadien den pastoralen Motiv-Kreis (Curtius, 195) eben nicht herangezogen. Es finden sich für die später entstandene Hirtenland-Idylle und Profanbukolik in Sim IX nur Spuren (1,9b; 10,6–11,8), keine wirkliche Entsprechung (Schmid, 123; Luschnat, 64–66).

Die Idee des H, seine grandiose Vision nach Arkadien zu verlegen, ist noch schwerer zu verstehen als vieles andere in seinem Buch. Overbeck, 285 glaubte, daß „man das ganz Sonderbare" in diesem Fall „als im Objekt begründet als solches wohl einfach gelten zu lassen haben" werde. In der Tat, wenn man über eine Vermutung wie die von J. Schwartz, 244 vorgeschlagene hinauskommen will, wonach H mit der Ortsangabe nichts als den Leser irreführen oder befremden wollte, gerät man in Beweisnot. Vor dem Gesamthintergrund der Bildersprache und des visionären Apparats des PH lassen sich aber doch einige begründete Aussagen machen, die zwar nicht das Rätsel lösen, indes doch die Ratlosigkeit ein wenig reduzieren. „Arkadien ist keine Gegend der Landkarte" (Snell, 27; Schmid, 129), im Hermasbuch so wenig wie bei Vergil. Die Definition als „Traumland" (Giet, Hermas, 147) ist aber mißverständlich. Es muß sich für H um eine symbolhaltige Ortsangabe gehandelt haben, die er aus nicht mehr zu ermittelnden Zusammenhängen gekannt hat. Sie ist, wie etliche andere Motive im PH, darum so schwer in ihrem Sinn zu verstehen, weil H sie seinerseits „abgebrochen", d. h. gar nicht entfaltet und ausgenutzt, sondern eben nur „zitiert" hat, wie es typisch ist für seinen Umgang mit derlei Motiven. Dabei mag die Sache auch so liegen, daß Arkadien mehr Voraussetzung und Möglichkeit als Teil der Vision ist (Schmid, 129) und mit der Vision gar nicht in einem inhaltlich engeren Zusammenhang steht. So ist es nicht einmal sicher, welche Assoziationen Arkadien für H hatte und ob man mit dem Stichwort Bukolik überhaupt auf der richtigen Spur ist, auf der H denkt.

Aber vielleicht hat Snell in Vergils Arkadienbild die richtige Folie gezeigt, vor der dieser überraschende Topos „Arkadien" im PH zu lesen ist. Arkadien war ein „Land der Symbole" (Snell, 41), in das H die große Allegorie von Sim IX lokalisierte, um sie mit einem Nimbus (vgl. Gebhardt-Harnack, 197–199) auszustatten, dessen genauen Inhalt und Bedeutungs-Fundus man wahrscheinlich nicht mehr identifizieren kann, weil es nicht mehr gelingt, die literarischen, religiösen und mythischen Quellenbereiche, die H zur Verfügung standen, und die Art seiner Rückgriffe darauf mit einiger Sicherheit zu rekonstruieren. Man sieht (auch) am PH: „Arkadien wird immer wieder entdeckt"[7], aber in diesem Fall nicht als ideale Landschaft, sondern als apokalyptische Allegorie. Der zeitgenössische Leser des PH muß aus bestimmten (uns Heutigen unbekannten) Gründen die Ankündigung „Arkadien" jedenfalls mit positiven Reaktionen gehört haben. Eine Möglichkeit wäre es z. B., wenn „Arkadien als die die wahre Antithese zum Getriebe der Welt darstellende Landschaft der ἀνάπαυσις empfunden (worden ist), als die Region, in der wie im Urzustand alle ἀσυμφωνία τοῦ κόσμου sich löst". Aber diese von Schmid, 128 vorgeschlagene Interpretation hat mit dem PH inhaltlich und motivisch, wie man an den bezeichnenden Leitbegriffen hier und da sieht, wenig zu tun. – Harnack, Wiederauffindung, 305 verabschiedete sich aus dieser Diskussion wegen ihrer Anhaltlosigkeit: „Ich überlasse die Entscheidung dieser Frage denen, die sich für sie interessieren" (er erklärte allerdings Jahre später [Mission, 790]: „‚Arcadien' ist hier lediglich eine aus dem Heidentum stammende apokalyptische Staffage"). – In der Tat, man kann den PH lesen, ohne dieses rätselhafte Wort verstanden zu haben.

„Auf dem Gipfel des Berges": Der Visionär bekommt stets einen guten Platz, von dem aus ihm nichts entgeht, was „gezeigt" wird; „kegelförmig": μαστώδης wörtlich „brustförmig", öfter von Bergen (Gebhardt-Harnack,

[7] So Curtius, 195 (für den Arkadien freilich das „szenische Korrelat" zum „Hirtentum" ist) mit der Fortsetzung: „Das war möglich, weil der pastorale Motivkreis an keine Gattung gebunden war; auch nicht an die poetische Form."

199); zur Ebene s. Exkurs: Die Ebene. Die Landschaft ist bei Unterschieden in Zahl und Position der Berge doch der von *äthHen* 24–32 sehr ähnlich: „Ich erblickte sieben herrliche Berge, jeden vom andern verschieden, und die Steine waren herrlich und prächtig" (24,2). Die Zwölfzahl rührt von den zwölf Stämmen Israels her, die in der jüdischen Vergangenheit der Parabel gemeint waren (die christliche Deutung folgt ab 17,1). – Die folgende Beschreibung ist von vornherein nicht als Naturschilderung zu lesen, sondern als „die Ausgestaltung der Landschaft... von der Deutung her bestimmt" (Piesik, 129), wobei die Entsprechungen lückenhaft sind.

1,5–10 Auf die Schilderung der Vision ist später von ihrer Deutung her (17,1–29,3) zurückzukommen; sie besagt an sich noch wenig, erinnert aber an die allegorischen Steine (Vis III) und Stöcke (Sim VIII) anderer Visionen. Allerdings gibt es hier keinen einheitlichen Parameter für den Vergleich wie dort (Brauchbarkeit der Steine zum Turmbau bzw. Grünen und Fruchtbringen der Stöcke): H redet hier wechselweise von Unterschieden in Farbe, Vegetation, Geologie und Fauna.[8] In einigen Fällen zeigt schon die Allegorie für sich, „wie sehr... von der Deutung her konstruiert ist" (Piesik, 130f.). Dazu nimmt H irreale bzw. sehr auffällige Details in Kauf, so den unmöglichen Zustand der Pflanzen auf dem vierten Berg (1,6; 21,1–4), die an der Wurzel vertrocknet und „oben grün" sind; weiter beim siebten Berg (1,8; 24,1) das für Pflanzen unpassende Adjektiv „heiter" bzw. „entzückend (ἱλαρός)" (wie auch für den „Anblick" des zwölften Berges 1,10), das im PH Heils-Euphorie und frohe Zuversicht signalisiert (s. Vis I 4,3) und hier nicht die Pflanzen, sondern die Christen des Typs von 24,2–4 beschreibt; ebenso sind die Spalten (σχισμαί; σχίσματα) des sechsten Berges (1,7) wie schon in den Parabeln Vis III 2,8; 6,3; Sim VIII 1,9.10.14; 4,6; 5,1 usw. im Hinblick auf die Spaltungen unter den Christen (Sim VIII 5,1; 9,4; IX 23,2.3) gewählt. Das wunderhafte Motiv beim siebten Berg, wonach die Pflanzen dort zunahmen, obwohl die Tiere sie abfraßen (1,8), erinnert an VIII 1,3f.; es macht aber hier dem H kein Kopfzerbrechen (wie VIII 1,4; 3,1) und wird für die Deutung nicht genutzt (wie VIII 3,2ff.; s. zu 3,1).

Daß die Vision mit 1,4 bei den Bergen beginnt, ist nicht sehr folgerichtig, weil der Turm das Wichtigste ist und die Berge innerhalb der Handlung des Gleichnisses eine nachgeordnete Rolle spielen. Sie sind nachträglich mit dem Thema Turmbau verbunden worden (in der Auslegung 11,9–16,7 nimmt H dann die Reihenfolge auch anders vor). Aber H erreicht so in wenigen Strichen gleich zu Beginn eine großartige Bühne für seine dramatische Turm-Parabel. – Zur vollständigen Umdeutung der jüdischen Parabel von den zwölf Bergen auf die kosmische und historische Totalität der Kirche und ihren Erfolg s. bei 17,1.

---

[8] Beim neunten Berg (1,9) ist wegen 26,1 (ἑρπετὰ καὶ θηρία) zwischen θηρία und ἑρπετά ebenfalls ein καί zu lesen.

2,1 Die Vision bleibt weiterhin (bis 2,6) statisch; eine Handlung setzt erst 3,1 ein. Die gestellte Szene 2,1–5 wird von Andresen, 35 als „Erinnerung an die Lagerordnung des Volkes der Wüstenwanderung (zentrales ‚Begegnungs'zelt, von den 12 Stämmen umgeben)" verstanden. Für Fels und Tor gibt es biblische Parallelen (Völter, Apostol. Väter, 306), und nachdem eine Reihe von Details und ihre Kombination für jüdische Herkunft der Parabel spricht (s. Vorbemerkung zu Sim IX), ist auch dieses zentrale Objekt der Vision jüdisch ableitbar. Vgl. *äthHen* 24,2f.: „Ich erblickte sieben herrliche Berge... Und der siebte Berg lag in ihrer Mitte; er überragte sie an Höhe." Auch Jes 2,2; Mich 4,1 sind zu vergleichen. Der Entwurf solcher Paradelandschaften von ungeahnten Proportionen und Ausmaßen war in Apokalypsen üblich, wie man sieht; ihre Christianisierung ist, wie im vorliegenden Fall auch, gewalttätig und darum noch durchschaubar (vgl. z.B. Lueken, 151–154). Viel umständlicher ist die religionsgeschichtliche Ableitung vom mythischen „hohen Himmelsberg" kosmischer Art, von dem man dann wegen der zwölf umgebenden (kleineren) Berge doch wieder annehmen muß, daß H das Ganze „schon in jüdischer Ausprägung" vorgefunden und übernommen hat (so Dibelius, 604f.).

„Viereckig (τετράγωνος)" (wie die Stadt Offb 21,16) heißt nach Zahn, Der Hirt, 218 „kubische Gestalt", also Würfelform des Felsens. Er ist so lang wie breit und hoch, was die ideale Qualität bedeutet (vgl. Vis III 2,5). Daß er die ganze Welt in sich fassen kann (zur Deutung vgl. 14,5–6), während er doch von einer Landschaft umfaßt wird, ist der Vorstellung nach schwierig. **2,2** Der Fels ist wegen des Tores hohl zu denken, man kann hineingehen. Der Glanz des Tores und besonders die Angabe „erst neuerdings herausgeschlagen" beziehen sich auf die Deutung 12,1–3, nämlich auf die „Epiphanie" des Sohnes Gottes (φανερὸς ἐγένετο). – **2,3** Statt zwölf waren es Vis III 8,2–8 sieben Jungfrauen in anderen Funktionen. Ihre Aufstellung „um das Tor" (auch 4,1) ist unanschaulich. Dibelius, 606 rechnet mit beabsichtigtem Tausch von Turm (der hier aber doch noch gar nicht gebaut ist) gegen Tor: „dem Christen ist das Tor die Hauptsache geworden"; Lake, 221 hält das Tor für eine Art Halle. Es wird unter den Jungfrauen eine Rangfolge ohne Abwertung erstellt, denn sie sind alle „heilige Geister"[9], „Kräfte des Sohnes Gottes" (13,2), als Allegorien für verschiedenrangige Tugenden (15,1–2) aber unterschiedlich. – Zur Form des Distributivs, die hier gebraucht ist, s. Hilhorst, Sémitismes, 113. – **2,4** Die Einzelheiten der Beschreibung zeigen die Bereitschaft zur kommenden Handlung und wohl auch sittlich positive Qualität an, wobei es auffällig ist, daß man zum Tragen die Schulter entblößt (statt sie zu schützen); zu „heiter (ἱλαρός)" s. 1,10; Vis I 4,3. – **2,5** Zwei obligate Reaktionen des Visionärs, Staunen und Verlegenheit angesichts des Geschauten, steigern die Größe des Geschehens. Das

[9] Durch diesen Ausdruck, der der Inflation von Geistern im PH entspricht, kam Hirsch, 41 auf eine pneumatologische Interpretation der zwölf Jungfrauen, die in der Mehrzahl von Geistern deren Mannigfaltigkeit ausdrücken will.

πάλιν („wieder") bezieht sich auf frühere Fälle von Unverständnis, namentlich wohl auf VIII 3,1 mit zweimaligem ἀπορεῖν wie hier (vgl. 2,6). Die „Aporie" liegt im paradoxen Charakter der Jungfrauen; „den ganzen Himmel tragen" wäre ein ganz enormes Vermögen der Jungfrauen, denn (nur) der Sohn Gottes „trägt die ganze Welt" bzw. „die ganze Schöpfung" (14,5). Das Problem des Verstehens ist im PH häufiger Gegenstand kurzer Dialoge zwischen dem Visionär und dem Offenbarungsträger.

2,6–7 Von solchen Dialogen ist auch Sim IX durchsetzt (2,6–7; 5,2–5; 11,9–12,1; 13,6; 14,4f.; 16,1; 17,2–4; 33,2–3). Im vorliegenden Fall wird H sehr grundsätzlich auf die Grenzen der menschlichen Erkenntnisfähigkeit festgelegt, vor Selbstüberschätzung mit nachfolgender Verlegenheit (s. 2,5) und Enttäuschung gewarnt und auf das Gebet um Einsicht (vgl. V 4,3f.) verwiesen; διαλογίζεσθαι („sich Gedanken machen") rückt in die Nähe des gefährlichen Zweifels (Vis III 4,3; Mand IX 2; s. Exkurs: Der Zweifel) und steht auch Vis III 1,9 in Verbindung mit Trauer. Es gibt ein Erkenntnis-Limit für den Menschen. Nur Gott oder der Hirt kann es durch geschenkte Einsicht bzw. durch Erklärungen der Visionen durchbrechen. Was 2,7 über das Sehen gesagt wird, beschreibt bildlich dieses Limit (über ὀπίσω und ἔμπροσθεν als Präpositionen s. Hilhorst, Sémitismes, 105.107). Die Überschreitung ist Neugier (περιεργάζεσθαι; vgl. περίεργος Vis IV 3,1; κενόσπουδος Sim IX 5,5); über deren Gefährlichkeit s. zu Vis IV 3,1. – Die Erklärung der Vision wird noch aufgeschoben (die der Jungfrauen folgt 13,2–5; 15,1–2).

Die Vision vom Turmbau (Sim IX 3,1–4,8)

80 (IX 3) 1 **Da sah ich sechs hochgewachsene, herrliche Männer kommen von gleichem Aussehen. Sie riefen eine Menge (anderer) Männer herbei. Sie kamen, und auch das waren hochgewachsene, sehr schöne und kräftige Männer. Und die sechs Männer befahlen ihnen, oben auf dem Felsen einen Turm zu bauen. Es entstand großer Lärm, als diese Männer herantraten, um den Turm zu bauen, da sie hin und her um das Tor liefen.** 2 **Die Jungfrauen, die um das Tor standen, sagten zu den Männern, es sei höchste Zeit für den Turmbau. Dabei hatten die Jungfrauen die Hände ausgestreckt, als wollten sie von den Männern etwas entgegennehmen.** 3 **Die sechs Männer ließen aus einem Abgrund Steine heraufsteigen und zum Bau des Turmes kommen. Da stiegen zehn viereckige, weiße Steine herauf, ⟨nicht⟩ behauen.** 4 **Die sechs Männer riefen die Jungfrauen herbei und befahlen ihnen, die Steine, die zum Bau des Turmes kommen würden, alle aufzuheben und (mit ihnen) durch das Tor zu gehen und sie den Männern zu bringen, die den Turm bauen sollten.** 5 **Da luden sich die Jungfrauen die zehn zuerst aus der Tiefe heraufgestiegenen Steine einander auf und trugen gemeinsam jeden Stein einzeln.** 81 (IX 4) 1 **Wie sie gemeinsam rings um das Tor gestanden waren, so trugen sie**

auch (die Steine): Die (vier Jungfrauen), die kräftig aussahen, hatten sich den Stein an den Ecken aufgeladen; die übrigen hatten den Stein an den Seiten aufgeladen, und auf diese Art trugen sie alle Steine. Sie trugen sie durch das Tor, wie es ihr Auftrag war, und brachten sie den Männern in den Turm. Die nahmen die Steine und verbauten sie. 2 **Der Turmbau erfolgte also auf dem großen Felsen und oben auf dem Tor. Jene zehn Steine wurden ⟨ nun⟩ zusammengefügt, ⟨ und sie bedeckten den Felsen in seiner ganzen Breite. Und sie bildeten⟩ das Fundament des Turmbaus. Der Felsen und das Tor trugen den ganzen Turm.** 3 **Nach den zehn Steinen stiegen weitere ⟨ fünfund-⟩ zwanzig Steine aus dem Abgrund herauf; auch sie wurden in den Turmbau eingefügt, von den Jungfrauen hingetragen wie die ersten. Nach ihnen kamen 35 (Steine) herauf und wurden auf die gleiche Weise in den Turm eingefügt. Nach ihnen kamen 40 weitere Steine, und sie wurden alle zum Turmbau gebracht. ⟨So entstanden vier Lagen im Fundament des Turmes.⟩** 4 **Und es stiegen keine (Steine) mehr aus dem Abgrund herauf; die Bauleute machten auch eine kleine Pause. Und dann befahlen die sechs Männer allen ihren Leuten wieder, von den Bergen Steine zum Turmbau herbeizuschaffen.** 5 **Von allen Bergen wurden jetzt Steine in vielen Farben herbeigeschafft, von den Männern behauen und den Jungfrauen gebracht; die Jungfrauen trugen sie durch das Tor und brachten sie in den Turmbau. Und sobald die verschiedenen Steine in den Bau eingesetzt wurden, wurden sie alle gleich weiß und verloren ihre früheren Farben.** 6 **Aber einige Steine wurden von den Männern in den Bau gebracht, und sie wurden nicht weiß, sondern blieben so, wie man sie einsetzte; sie waren nämlich nicht von den Jungfrauen hingebracht und auch nicht durch das Tor getragen worden. Diese Steine paßten nicht in den Turmbau.** 7 **Die sechs Männer sahen diese Steine, die nicht in den Bau paßten, und befahlen, daß sie entfernt und wieder an die Stelle hinuntergebracht würden, von wo sie geholt worden waren.** 8 **Und sie sagten zu den Männern, die die Steine einschmuggelten: „Ihr sollt überhaupt keine Steine in den Bau hineinbringen. Ihr sollt sie neben den Turm legen, damit die Jungfrauen sie durch das Tor tragen und in den Bau bringen. Denn“, sagten sie, „wenn sie nicht von den Händen dieser Jungfrauen durch das Tor getragen werden, können sie ihre Farben nicht verlieren. Also“, sagten sie, „macht euch keine vergebliche Mühe!“**

3,1 Die aufgezählten Eigenschaften sind im PH Kennzeichen von Engeln (s. 12,6); die Engel werden hier mit Vorliebe in Über- und Unterordnung (Begründung: Vis III 4,1) gedacht (die sechs Männer fungierten auch Vis III 1,6; 2,5; 4,1). Der „Menge“ entsprechen die „Myriaden“ Vis III 2,5. Das zentrale Thema Turmbau (der Turm auch hier, wie Vis III 3,3, die Kirche: 13,1) beginnt als Auftrag an die „Männer“, der von den Jungfrauen eilig gemacht wird (1,2), ohne daß die Eile begründet würde. Bei der immensen Größe und Höhe des Felsens (2,1) ist es schwierig vorstellbar, wie der Turm „oben auf (ἐπάνω)“ ihm errichtet werden soll. Im folgenden bleiben weitere Details technisch unklar: Warum und wie kommen die Steine durch das Tor zum Turmbau? Ist der Fels nach oben offen? Wie bringen die Jungfrauen bzw. die Männer die Steine in die enorme Höhe des Felsens und durch dessen Inneres hinauf? „Alles das würde der Verf. wohl selbst nicht sagen können" (Dibelius, 605), weil er an der Tatsache, nicht an der Vorstellbarkeit der visionären Abläufe interessiert ist, die er unbekümmert konstruiert. Verständnisfragen von einigem Gewicht ignoriert er, verbreitet sich aber darüber, daß Bautätigkeit mit Lärm verbunden ist. **3,2** Die Eilbedürftigkeit des Turmbaus wird also nicht begründet; sie mag vage eschatologisch oder auch im Gedanken an die Bußfrist gemeint sein. Die Jungfrauen zeigen sich durch ihre Geste noch einmal einsatzbereit wie 2,4.

3,3–4,1 Die Deutung der Steine aus den Kapiteln 3,5–4,8; 6,3–7 ist wie anderes Zusammengehöriges völlig auseinandergerissen und verteilt sich auf 13,3.4.6–9; 15,4–16,7; 29,4–31,2. Die Qualität „viereckig", die hier und 6,7.8; 9,2 (vgl. Vis III 2,4; 5,1; 6,6; vom Turm: Vis III 2,5; vom Felsen: 2,1) gebraucht wird, erfährt in der Deutung 15,4–6 keine Erwähnung. Der eigentliche Vorgang beginnt mit dem auf Veranlassung der Bauengel ausgelösten, eigentümlichen Heraufstieg (ἀναβαίνειν) von Steinen „aus einem Abgrund". Statt des βυθός τις (ohne Artikel bei der ersten Erwähnung) schrieb H in der Parallele Vis III 2,5 sofort den Artikel wie bei einer bereits bekannten Sache. Hier also steigen die Steine auf (3,3.5; 4,3.4; 5,3; 16,1), in Vis III 2,6; 5,2 wurden sie gezogen (ἕλκομαι). Dibelius, 460.607 faßt den Bythos mythisch als „Wassertiefe... das ist das kosmische Urwasser". Er ist (wie Vis III 2,5.6; 5,2) der Aufenthaltsort bzw. „die Welt der Verstorbenen" (Peterson, 328). H erhöht mit den wunderhaften Details den Nimbus dieser Steine im Hinblick auf die Deutung 15,4–6. Die Tätigkeiten, Rollenverteilungen und weitere Details werden in den späteren Deutungen (15,4–16,7) nicht alle beachtet und aufgelöst. Von großer Wichtigkeit ist, daß die Steine weiß und unbehauen sind, d.h. bereits von sich aus die ideale Form mitbringen (5,3) und daß sie „durch das Tor" gebracht werden (vgl. 4,6–8; 15,5f. u.o.). Im Hinblick auf die Erklärungen 13,2 und 15,1–2 ist die demonstrierte Eintracht der Jungfrauen (3,5–4,1) zu beachten. In 4,1 wird die Hervorhebung aus 2,3 wiederholt; die vier dort „herrlicheren (ἐνδοξότεραι)" sind hier die „kräftigen (δυναταί)", weil es ums Tragen geht. Was es zu sagen hat, daß die vier Jungfrauen an den „Ecken" des Tores die Steine an den „Ecken" tragen, bleibt dunkel. Über die genannten Zahlen s. 5,4.

4,2–3 Zu Beginn der Baubeschreibung wird die technisch schwierige und von vornherein allegorisch zu fassende Konstellation (s. 12,1–3) wiederholt, daß der Turm ein Aufbau auf Fels und Tor ist (Vis III 2,4 dagegen „über Wassern"). Daß die zehn Steine den Felsen ganz bedecken, verkompliziert noch einmal die Vorstellung vom Hineingelangen der Steine durch das Tor zur Turmbaustelle. Das Fundament des Turmes ist niemand anders als Christus (14,4–6), so daß θεμέλιος hier die unterste Lage von Steinen auf dem Fundament bedeuten muß (vgl. allerdings Vis III 8,2, wo die Frauen den Turm tragen, nicht Christus). Vielleicht ist allerdings der Text von

Gebhardt-Harnack, 202 (s. Whittaker, 79) nicht richtig rekonstruiert. Die Fortsetzung 4,2c nennt das wirkliche Fundament, nämlich Felsen und Tor. Und alle aus dem Abgrund heraufgestiegenen Steine (sie haben ihre Entsprechung in Vis III 2,4–6) bilden zusammen „vier Lagen *im* Fundament des Turmes“, sind also nicht dieses Fundament (vgl. 5,4; 15,4; Zahn, Der Hirt, 199). Über die Zahlen s. zu 5,4.

4,4–5 Eine Zäsur, ein (erster) Baustop (vgl. 5,1.2; 14,2; X 4,4), durch den die Steine aus dem Abgrund von denen, die von den zwölf Bergen geholt werden, unter Rücksicht auf die spätere Deutung (15,4–16,7) abgerückt werden, in der Sachhälfte aber die Bußfrist verlängert wird (s. Exkurs: Die Buße). Die Berge kommen (als Steinbrüche) ohne jede Erklärung ins Spiel, eine neue Kampagne zum Turmbau beginnt. Die „vielen Farben“ sind Signatur des Negativen, einheitliches Weiß ist das Ideal (vgl. 17,3f.). – λατομέω („behauen“) ist hier und 6,8 nicht wie sonst das Bild für die vom Bußengel bewirkte Buße getaufter Christen, sondern die erste Bekehrung zur Aufnahme in die Kirche (Zahn, Antwort, 198). **4,6–8** Mit der angeschlossenen Episode von den eingeschmuggelten Steinen richtet H einige Verwirrung an. Zuerst nämlich erzählt er sie so (4,6.8), daß die betroffenen Steine eine völlig passive Rolle spielen und aus dem Grund nicht für den Turm taugen und aus ihm entfernt werden müssen, weil sie von den „Männern“ statt von den Jungfrauen hineingebracht und obendrein „eingeschmuggelt“ statt durch das Tor hineingebracht wurden (4,6). – παρεμφέρω: „einschmuggeln“ ist die richtige Übersetzung (Kraft, Clavis, 337); vgl. andere Komposita mit παρ-εμ- in der Bedeutung von „heimlich“ bzw. „nebenher“; es geht um die Unmöglichkeit einer Rettung am Tor vorbei. Dieselbe Idee vom aussichtslosen Versuch des Hineinkommens (nämlich am Hirten vorbei) in VIII 2,5; „unzweckmäßig einbringen in den Turmbau“ (Bauer-Aland, 1264) gibt noch weniger Sinn als die geläufigen Übersetzungen „herbeitragen“ u.ä. – Zuerst also sieht es danach aus, daß diese Steine von den Männern falsch behandelt werden und darum in den Turm nicht passen. Die Männer werden ausdrücklich getadelt und an das korrekte Verfahren der Zulassung von Steinen zum Turmbau erinnert (4,8). Sie tragen die Verantwortung für die Fehlleitung, nicht die Steine. So mag es um eine Kompetenz-Überschreitung unzuständiger Leute in der Kirche gehen, die unbekehrte Menschen auf falschem Weg in die Gemeinde eingeschleust hätten. Bei den fraglichen „Männern“ handelt es sich dem Text zufolge aber um die Bauleute (= Engel) von 3,1, so daß diese Deutung schwierig wird. So bleibt es unklar, was hier gemeint ist (vgl. zu 17,1), zumal die Steine von 4,6 nirgends (abgesehen von drei nachträglichen Anspielungen 5,4; 12,4; 13,3) als eigene Gruppe gedeutet werden. Vor allem aber beantwortet H später die Frage nach ihrer Deutung (5,4) damit, daß sie diejenigen Christen sind, die sich nicht wirklich bekehrt haben (12,4; 13,3), woran man bei 4,6 schon denken mußte („wurden nicht weiß“, „paßten nicht“), wovon aber die Rede vom verfehlten Tun der „Männer" ablenkte. Dieser Vorgang, daß Sim IX das Vorhandensein von Sündern in der Kirche kennt, sie aber dann vom Herrn des Turmes eliminiert werden läßt, bedeutet nach Funk, 576, daß Sim IX sich in ihrem Verlauf mit Vis III deckt, in der ja nur die sündenfreien Menschen Zugang zum Turm haben. Die Pointe des Textes ist in der vorliegenden Komposition der Motive sicherlich die, daß man also an Tor und Jungfrauen, was heißen will an Glaube und Taufe (vgl. Funk, 222) und Tugend vorbei nicht hineinkommt in den Turm, die Kirche. Das Motiv bzw. die konkrete Realität der von den „Männern" verursachten Illegitimität läßt sich dagegen wohl nicht ausfindig machen.

Das ausdrückliche κάτω („hinuntergebracht" 4,7) ist schwer verständlich, weil es zum Berg nicht hinuntergeht und der Hinweg der Steine zum Turm als παραφέρεσθαι beschrieben war. – παρὰ τὸν πύργον („neben den Turm") bedeutet in Sim IX viermal (4,8; 6,5.8; 7,1) einen Platz des Wartens und der Hoffnung für mangelhafte, unverwendbare Steine (= Sünder) bis zu ihrer „Behandlung" (Buße und Aufnahme). In einem sehr anderen Sinn gebraucht H in Vis III 5,5 die fast identische Fassung der Formel παρὰ τῷ πύργῳ dagegen vom definitiven Aufenthaltsort der zu späten Büßer in einem verminderten, „halben" Heil, (gleichbedeutend mit „dem weit minderen Platz" Vis III 7,6 sowie der Wohnung „in den [ersten] Mauern" Sim VIII 6,6; 7,3; 8,8 – jeweils den Umschreibungen eines endgültigen Zustands; vgl. Giet, De trois expressions, 26f.).

Überprüfung und Ausbesserung des Turmes (Sim IX 5,1–11,8)

82 (IX 5) 1 **Und der Bau wurde an diesem Tag eingestellt, aber der Turm war noch nicht fertig; es sollte nämlich an ihm weitergebaut werden, jedoch gab es eine Bauunterbrechung. Die sechs Männer befahlen den Bauleuten, sich zurückzuziehen und etwas zu rasten; die Jungfrauen wiesen sie dagegen an, sich nicht vom Turm zu entfernen. Ich hatte den Eindruck, daß die Jungfrauen zur Bewachung des Turmes dableiben mußten.** 2 **Als alle sich zurückgezogen hatten und rasteten, sprach ich zum Hirten: „Herr, warum wurde der Bau des Turmes nicht fertiggestellt?" „Der Turm kann nicht fertiggestellt werden", sagte er, „bevor sein Herr kommt und den Bau überprüft, um schlechte Steine, die sich eventuell darin finden, auszuwechseln; der Turm wird nämlich nach seinem Willen gebaut."**

3 **„Herr", sagte ich, „ich wüßte gern, was der Bau dieses Turmes zu bedeuten hat, ebenso der Fels, das Tor, die Berge, die Jungfrauen und die Steine, die aus dem Abgrund heraufkamen und nicht behauen, sondern so, wie sie waren, in den Bau gelangten.** 4 **Und warum zuerst zehn Steine in das Fundament eingebaut wurden, dann ⟨fünfund-⟩ zwanzig, dann 35, dann 40, und was die Steine bedeuten, die in den Bau gelangt waren und wieder herausgenommen und an ihren Platz zurückgebracht wurden. Schaff meiner Seele über all das Ruhe, Herr, und laß es mich wissen!"** 5 **Er sagte: „Wenn**

**sich zeigt, daß du nicht aus hohler Neugier fragst, wirst du alles erfahren. In
wenigen Tagen ⟨ gehen wir wieder hierher; dann wirst du sehen, was mit
diesem Turm noch geschieht, und du wirst alle Gleichnisse genau verstehen."**

6 **Und nach wenigen Tagen⟩ kamen wir an die Stelle zurück, wo wir
gesessen waren, und er sprach zu mir: „Wir wollen zum Turm gehen; der
Herr des Turmes kommt nämlich, um ihn zu besichtigen." Und wir kamen
zum Turm; aber niemand war dort, nur die Jungfrauen.** 7 **Da fragte der Hirt
die Jungfrauen, ob der Herr des Turmes etwa schon da gewesen sei. Aber sie
sagten, daß er erst kommen werde, um den Bau zu besichtigen.** 83 (IX
6) 1 **Und siehe, wenig später sah ich eine zahlreiche Männerschar kommen;
und in der Mitte ging ein Mann, so hochgewachsen, daß er den Turm überragte.** 2 **Und die sechs Männer, die die Bau⟨ leitung hatten, gingen rechts und
links von ihm, und alle, die am Bau⟩ gearbeitet hatten, waren bei ihm, und
noch viele andere herrliche (Männer) waren um ihn. Die Jungfrauen, die den
Turm bewachten, liefen herbei, küßten ihn und begannen, dicht neben ihm
den Turm zu umschreiten.** 3 **Und der Mann besichtigte den Bau ganz genau, indem er jeden Stein einzeln betastete. Er hatte einen Stock in der Hand,
mit dem er an jeden Stein schlug, der verbaut war.** 4 **Und wenn er sie
anschlug, wurden manche schwarz wie Ruß, manche bekamen unebene Flächen, manche zeigten Risse, an manchen waren die Ecken abgebrochen,
manche waren weder weiß noch schwarz, manche waren ungleichmäßig und
paßten nicht zu den übrigen Steinen, und manche waren ganz fleckig; das war
das verschiedene Aussehen der Steine, die sich als schlecht im Bau erwiesen.**
5 **Die ließ er dann alle aus dem Turm entfernen und neben den Turm legen
und andere Steine holen und sie an ihrer Stelle einsetzen.** 6 **⟨Und die
Bauleute fragten ihn, von welchem Berg er die Steine geholt haben wolle, die
an ihrer Stelle eingesetzt werden sollten.⟩ Und er ließ sie nicht von den
Bergen holen, ⟨ sondern er ließ sie von einer nahegelegenen Ebene holen.⟩**
7 **Man grub die Ebene um, und es fanden sich weiße viereckige Steine und
auch runde. Und alle Steine, die es überhaupt in der Ebene nur gab, wurden
geholt und von den Jungfrauen durch das Tor getragen.** 8 **Die viereckigen
Steine wurden behauen und anstelle der entfernten eingesetzt; die runden
wurden aber nicht in den Bau eingesetzt, weil sie zu hart waren, um behauen
zu werden, und dies zu lange gedauert hätte. Sie wurden neben den Turm
gelegt, um noch behauen und in den Bau eingesetzt zu werden; sie waren
nämlich ganz weiß. –** 84 (IX 7) 1 **Als der herrliche Mann, der Herr des
ganzen Turmes, das ausgeführt hatte, rief er den Hirten heran und übergab
ihm alle Steine, die aus dem Bau entfernt worden waren und neben dem Turm
lagen, und sprach zu ihm:** 2 **„Reinige diese Steine sorgfältig und setze sie in
den Bau des Turmes ein, soweit sie mit den anderen zusammenpassen können; die nicht dazu passen, wirf weit weg vom Turm!"** 3 **⟨Nach diesen
Anweisungen für den Hirten entfernte er sich vom Turm⟩ mitsamt seinem
Gefolge. Die Jungfrauen stellten sich (wieder) rings um den Turm, um ihn zu
bewachen.**

4 **Ich sprach zum Hirten: „Wie können diese Steine noch in den Turmbau
kommen, nachdem sie bei der Prüfung doch verworfen worden sind?" Er
antwortete mir und sprach: „Du siehst diese Steine?" „Ja, Herr", sagte ich. Er**

sprach: „Ich werde den größten Teil dieser Steine noch behauen und in den
Bau bringen; sie werden dann zu den übrigen Steinen passen.“ 5 Ich sagte:
„Herr, wie können sie denselben Platz ausfüllen, wenn sie behauen sind?“ Er
antwortete und sprach zu mir: „Die dann zu klein sind, werden mitten im Bau
verwendet, und die größeren werden außen eingesetzt und halten sie zusammen.“ 6 Nach diesen Worten sagte er zu mir: „Wir wollen jetzt gehen und
nach zwei Tagen wiederkommen; dann reinigen wir diese Steine und setzen
sie in den Bau ein. Der ganze Platz um den Turm muß nämlich gereinigt
werden, damit nicht plötzlich der Herr kommt, den Platz um den Turm
schmutzig vorfindet und in Zorn gerät. Dann würden diese Steine nicht in den
Bau des Turmes kommen, und ich würde vor dem Herrn als nachlässig
dastehen.“ 7 Und nach zwei Tagen kamen wir wieder zum Turm, und er
sprach zu mir: „Schauen wir uns alle Steine an und sehen wir zu, welche in
den Bau kommen können.“ Ich sagte zu ihm: „Schauen wir sie uns an, Herr!“
85 (IX 8) 1 Und zuerst schauten wir uns die schwarzen Steine an. Sie waren
(noch) genau so, wie sie aus dem Bau herausgenommen worden waren. Da
ließ der Hirt sie vom Turm wegbringen und entfernen. 2 Dann schaute er
die mit den unebenen Flächen an, nahm viele von ihnen und behaute sie und
wies die Jungfrauen an, sie zu nehmen und in den Bau zu bringen. Die
Jungfrauen nahmen sie und taten sie in das Innere des Turmbaus. Die anderen ließ er zu den schwarzen tun; denn sie waren ebenfalls schwarz. 3 Dann
schaute er die mit den Rissen an. Auch von ihnen behaute er viele und ließ sie
durch die Jungfrauen in den Bau bringen; sie wurden auf der Außenseite
eingesetzt, weil sie sich als einwandfrei erwiesen. Die übrigen konnten vor
lauter Rissen nicht behauen werden. Aus diesem Grund wurden sie vom
Turmbau weggeworfen. 4 Dann schaute er die an, deren Ecken abgebrochen waren, und es zeigte sich, daß viele von ihnen schwarz waren und
manche auch große Risse gebildet hatten; er ließ auch sie zu den weggeworfenen (Steinen) tun. Die restlichen davon reinigte und behaute er und ließ sie in
den Bau tun. Die Jungfrauen nahmen sie und paßten sie im Innern des
Turmbaus ein; ihre Tragkraft war nämlich gering. 5 Dann schaute er die
halbweißen und halbschwarzen an. Und viele von ihnen, so zeigte sich, waren
schwarz. Auch die ließ er zu den weggeworfenen tun. Die übrigen wurden
aber alle von den Jungfrauen genommen; denn da sie weiß waren, wurden sie
von den Jungfrauen selbst in den Bau eingepaßt; und zwar wurden sie auf der
Außenseite eingesetzt, weil sie sich als einwandfrei erwiesen, so daß sie die im
Innern eingesetzten (Steine) halten konnten; denn von ihnen war überhaupt
nichts abgebrochen. 6 Dann schaute er die ungleichmäßigen und harten an.
Nur einige wenige von ihnen wurden weggeworfen, weil sie nicht behauen
werden konnten; denn sie waren zu hart. Die übrigen davon wurden behauen,
von den Jungfrauen genommen und im Innern des Turmbaus eingepaßt; ihre
Tragkraft war nämlich gering. 7 Dann schaute er die mit den Flecken an.
Von ihnen waren nur ganz wenige schwarz geworden, und sie wurden zu den
übrigen geworfen. Die restlichen waren weiß und einwandfrei; und sie wurden von den Jungfrauen in den Bau eingepaßt; wegen ihrer Tragkraft wurden
sie auf der Außenseite eingesetzt. 86 (IX 9) 1 Dann ging er hin, sich die
weißen runden Steine anzuschauen, und sprach zu mir: „Was machen wir mit
diesen Steinen?“ Ich sprach: „Wie soll ich das wissen, Herr?“ „Du hast also

keine Meinung über sie?" 2 „Herr", sprach ich, „ich habe einen anderen
Beruf und bin kein Steinmetz und kann mir dazu keine Meinung bilden."
Er sagte: „Siehst du denn nicht, daß sie völlig rund sind? Und wenn ich
sie viereckig machen will, muß viel von ihnen weggehauen werden. Aber
es müssen unbedingt welche von ihnen in den Bau eingesetzt werden."
3 „Herr, wenn das sein muß", sprach ich, „warum quälst du dich dann und
suchst nicht (einfach) die für den Bau aus, die du willst, und paßt sie darin
ein?" Da suchte er die größeren und weißen aus ihnen aus und behaute sie;
die Jungfrauen nahmen sie und paßten sie in die Außenteile des Baus ein.
4 Die restlichen, die dabei übrigblieben, wurden genommen und in die Ebene
zurückgebracht, aus der sie geholt worden waren. Sie wurden aber nicht
weggeworfen, „weil", sagte er, „am Turm noch etwas weitergebaut werden
muß. Der Herr des Turmes will aber unbedingt, daß diese Steine in den Bau
eingepaßt werden, weil sie ganz weiß sind."

5 Da wurden zwölf Frauen herbeigerufen, von wunderschöner Gestalt, in
schwarzen Kleidern, ⟨ umgürtet und mit freien Schultern,⟩ die Haare aufgelöst. Mir kamen diese Frauen wild vor. Der Hirt befahl ihnen, die vom Bau
weggeworfenen Steine zu nehmen und sie auf die Berge zurückzubringen,
von wo sie geholt worden waren. 6 Die aber nahmen hocherfreut die Steine
und brachten sie alle zurück und taten sie dorthin, von wo man sie genommen
hatte. Und als alle Steine weggeschafft waren und im Umkreis des Turmes
kein Stein mehr lag, sagte der Hirt zu mir: „Laß uns um den Turm herumge-
hen und nachsehen, ob auch keine fehlerhafte Stelle an ihm ist." Und ich ging
mit ihm herum. 7 Da der Hirt feststellte, daß der Turm in seinem Bau
gelungen war, war er hocherfreut; denn der Turm war so gebaut, daß ich mir
bei seinem Anblick wünschte, darin wohnen zu dürfen; er war nämlich gebaut
wie aus einem Stein, ohne jede Fuge. Der Stein sah aus wie aus dem Felsen
herausgemeißelt; ich hatte den Eindruck von einem Monolith. 87 (IX
10) 1 Auch ich war beim Rundgang mit ihm froh, etwas so Schönes zu
sehen. Der Hirt sagte zu mir: „Geh und hole Kalk und kleine Tonscherben,
damit ich die Druckstellen von den Steinen, die aufgehoben und in den Bau
gebracht worden sind, (damit) auffülle; denn es muß rund um den Turm alles
ganz eben werden." 2 Und ich tat nach seinem Befehl und brachte ihm
(Kalk und Tonscherben). „Hilf mir", sagte er, „dann [ist die Arbeit bald
getan]." Er füllte also die Druckstellen von den Steinen, die in den Bau
gekommen waren, auf und befahl, daß der Platz um den Turm gekehrt und
sauber gemacht werden solle. 3 Da nahmen die Jungfrauen Besen und
kehrten, räumten allen Unrat vom Turm weg und sprengten dann Wasser,
und der Platz wurde heiter und sehr gefällig. 4 Der Hirt sprach zu mir:
„Alles ist sauber. Wenn der Herr kommt, um den Turm zu inspizieren, kann
er uns keine Vorwürfe machen." Nach diesen Worten wollte er gehen. 5 Ich
hielt ihn aber an seinem Ranzen fest und begann, ihn beim Herrn zu beschwö-
ren, mir aufzulösen, was er mir gezeigt hatte. Er sprach zu mir: „Im Augenblick habe ich keine Zeit, aber ich will dir noch alles auflösen. Warte hier auf
mich, bis ich wiederkomme!"

6 Ich sagte zu ihm: „Herr, was soll ich hier so allein tun?" „Du bist nicht
allein", sagte er, „die Jungfrauen da sind ja bei dir!" „Dann übergib mich
ihnen", sagte ich. Der Hirt rief sie heran und sprach zu ihnen: „Ich vertraue

euch diesen (Mann) an, bis ich wiederkomme!“ Dann ging er. 7 Ich aber
war allein mit den Jungfrauen; sie waren recht vergnügt und zeigten sich
freundlich mir gegenüber, vor allem die vier herrlicheren unter ihnen. 88
(IX 11) 1 Die Jungfrauen sagten zu mir: „Heute kommt der Hirt nicht mehr
hierher zurück!“ „Was soll ich da tun?“, sprach ich. „Du sollst bis zum Abend
auf ihn warten“, [sagten sie,] „und wenn er kommt, wird er mit dir reden,
wenn nicht, bleibst du hier bei uns, bis [er kommt].“ 2 Ich sprach zu ihnen:
„Ich will bis zum Abend auf ihn warten; kommt er nicht, so werde ich nach
Hause gehen und in der Frühe wiederkommen.“ Sie antworteten mir aber:
„Du bist uns doch übergeben; du darfst dich nicht von uns entfernen!“
3 „Wo soll ich denn (über Nacht) bleiben?“ sprach ich. „Du schläfst bei uns
wie ein Bruder“, sagten sie, „nicht wie ein Mann. Denn du bist unser Bruder,
und ab jetzt wohnen wir bei dir; wir lieben dich nämlich sehr!“ Ich schämte
mich aber, (über Nacht) bei ihnen zu bleiben. 4 Und die allem Anschein
nach die erste unter ihnen war, begann mich zärtlich zu küssen und zu
umarmen. Als die anderen sahen, wie sie mich umarmte, fingen sie ebenfalls
an, mich zu küssen, mich rund um den Turm zu führen und mit mir zu
spielen. 5 Und als wäre ich verjüngt, begann ich auch von mir aus, mit
ihnen zu spielen; die einen tanzten, die anderen führten einen Reigen auf,
wieder andere sangen; ich zog schweigend mit ihnen um den Turm und war
fröhlich bei ihnen. 6 Als es [Abend] geworden war, wollte ich nach Hause
gehen; sie ließen mich aber nicht, sondern hielten mich fest. So blieb ich die
Nacht bei ihnen und schlief neben dem Turm. 7 Die Jungfrauen breiteten
nämlich ihre leinenen Gewänder auf dem Boden aus und ließen mich in ihrer
[Mitte] liegen, und sie taten rein nichts als beten; auch ich betete ununterbrochen mit ihnen und nicht weniger als sie. Die Jungfrauen [freuten sich], daß
ich so betete. Und ich blieb dort bei den Jungfrauen bis zum anderen Morgen
um die zweite Stunde. 8 Da war der Hirt (wieder) da und sprach zu den
Jungfrauen: „Habt ihr ihm auch nichts angetan?“ „Frag ihn selbst“, sagten
sie. Ich sprach zu ihm: „Herr, es war für mich eine Freude, bei ihnen zu
bleiben.“ „Was hast du gegessen?“ sagte er. Ich sprach: „Herr, Worte des
Herrn habe ich gegessen die ganze Nacht.“ Er sprach: „Haben sie dich gut
aufgenommen?“ „Ja, Herr“, sagte ich.

5,1–2 Der vorübergehende Baustop (vgl. 4,4) ist nach der Deutung 14,2 dazu konstruiert, eine Verlängerung der Bußfrist für die sündigen Christen einzuführen. Fristensetzung und Fristverlängerung beschäftigen H im ganzen Buch (vgl. Dibelius, 610), weil er den Ernst von Sünde und Buße mit ermutigenden Hinweisen auf noch bestehende Chancen verbindet. Im Gleichnis ist der Bau also durch Materialmängel beeinträchtigt. Vom (erst hier eingeführten) Bauherrn wird der Turm (die Kirche mit Sündern) sorgfältig überprüft und an seinen Schwachstellen saniert werden (6,3–7,2). Eine Prüferrolle hat er auch VIII 2,5. Die Funktionen Michaels in Sim VIII sind zweifellos identisch mit denen des „großen, herrlichen Mannes“ in Sim IX (z.B. identisch das κατανοεῖν IX 5,6ff.; VIII 1,5ff.), so daß Michael und Christus (der im PH nie so heißt, aber gemeint ist) dieselbe Gestalt sind (vgl. R. Seeberg, 122f.; Gebhardt-Harnack, 207; Dibelius, 589; Weinel, NTApo

1924², 330; Knorz, 113), was sich aus VIII 3,3 bereits ergab. Der Bauherr oder Herr des Turmes, in der ursprünglichen Fassung der Parabel Michael, ist jetzt der „herrliche Engel" = „Sohn Gottes" des PH. Daß man „bei dieser Wendung an den postexistenten Christus", also an den Erhöhten zu denken hat (Knorz, 115), ist dabei schon zuviel gesagt. Diese Unterscheidung ist in der Christologie von Sim V, VIII und IX denkbar unbedeutsam für H (s. Exkurs: Die Christologie).

5,3–5 Die Bitte des H um Deutung listet die Hauptelemente der bisherigen Vision auf, wird aber noch nicht erfüllt und leitet letzlich nur einen der Dialoge mit dem Hirten ein, in denen es um die Wißbegier des H, um die Warnung vor Neugier (s. 2,6.7; Vis IV 3,1) und um die weitere Mitteilung von Erklärungen der Gesichte und Parabeln geht. An vorliegender Stelle hat der Dialog überdies die Funktion (wie VIII 2,9–4,1; vgl. 1,4), ein in der Dramaturgie der Vision eingetretenes Intervall zur Ermöglichung von Buße zu überbrücken, also Zeit zu gewinnen oder auszufüllen; Gespräch und vorübergehende Abwesenheit der Akteure sind die Mittel. – Über den Sinn der von H eingesetzten Zahlen (der Steine) läßt sich nur rätseln, auch der Visionär kann sie nicht entschlüsseln. Keine Lösung ist es, die ersten drei (10 + 25 + 35) für sich zu der symbolischen Zahl 70 zusammenzurechnen (Lipsius, Der Hirte, 272), weil die 40 dann vernachlässigt werden muß (Zahn, Der Hirt [1865], 199 A.5). Aus einer Addition scheint sich die Bedeutung nicht zu ergeben.[10] In der Tatsache, daß 4,3 und 5,4 in der Angabe der zweiten Zahl (20) nicht mit der Deutung 15,4 (25) übereinstimmen, sollte man kein Geheimnis (Lake, 261), sondern ein textkritisches Problem sehen; vgl. den Apparat zu allen drei Stellen bei Whittaker, 79.80.89, wonach die 25 den Vorzug verdient.

5,6–6,2 5,6 ist einer der frühesten Belege dafür, daß das *nomen agentis* dieses Satzes, αὐθέντης (= Urheber, Verursacher), sich volkssprachlich (nicht im gehobenen Sprachgebrauch) zur Bedeutung „Herr" entwickelte. – Zum wahrscheinlich semitischen Charakter des καὶ ἰδού in narrativen Texten (6,1 wie Vis IV 1,5.6; 2,1), das allerdings auch lateinisch möglich ist (*et ecce*), s. Hilhorst, Sémitismes, 153–155. – Nach ihrer Abwesenheit und Rückkehr (wie 7,6 mit 7,7; VIII 2,9 mit 4,1; s. zu 5,5) treten Hirt und H aus der Zuschauerrolle auf dem kegelförmigen Berg (1,4) heraus und in den Ablauf des Visions-Geschehens aktiv ein (wie VIII 2,6.8; 4,1–2). Sie kommen genau rechtzeitig zur Vision, die sie (wie 7,1 zeigt) aus der Nähe und als

[10] Völter, Apostol. Väter, 307 A.1 erkennt „den besten Anhaltspunkt" zur Erklärung dieser Zahlen in der lukanischen Genealogie Jesu von Lk 3,23–32 (von Adam bis Noah zehn Glieder, von Noah bis David 25 „und weiter bis auf Christus 42 Geschlechter"); in derselben Richtung suchen eine Erklärung Dibelius, 624f.; Klevinghaus, 125 A.3; Arnera, 219 unter Hinweis auf Giet; Joly, 326f.; Weinel, HNTA, 317; Gebhardt-Harnack, 230; Funk, 607; Taylor, Witness, 12; Snyder, 145.

Beteiligte erleben.[11] Der Auftritt des „hochgewachsenen (ὑψηλός)" bzw. „großen" (VIII 4,1) Mannes in der Männerschar der Bauleute ist ein wichtiges Ereignis. Das Attribut ὑψηλός (wie VIII 1,2) hebt ihn zwar nicht über das Niveau der sechs Männer und der Menge von Männern (Engeln) von 3,1 hinaus, aber er wird durch einen Vergleich dann doch singulär: Nur von ihm heißt es, daß er den Turm überragt (6,1 – Christus als Gigant), der seinerseits höher ist als die Berge, der Fels und das Tor, auf denen er ja gebaut ist (4,2); vgl. zur Kombination von ὑψηλός und ἔνδοξος VIII 1,2; 3,3; ferner 7,1. Die Größe zeigt in Apokalypsen den Rang der kolossalen Gestalt; *2(5) Esra* 2,43: Der Sohn Gottes als Jüngling, der über alle emporragte und immer größer wurde (von Rießler, 1286 mit Sim IX 6,1 parallelisiert); vgl. *slavHen* 1,4f.; *ApkPl* 51 (H. Duensing – A. de Santos Otero, NTApo 2^5, 1989, 673; oben zu VIII 1,2.3; Weinel, HNTA, 315; Grillmeier, Jesus der Christus 1, 153f.; Lueken, 112; Knorz, 115; Dölger, ΙΧΘΥC 2, 559 A.4; Giet, Hermas, 142 A.1; H. Duensing, NTApo 2^4, 1971, 488; Büchli, 11f.; Bauer, Leben Jesu, 314 A.1; Joly, 300f.438). Auch daß die Männer als Gefolgschaft dargestellt sind (6,2), zeigt ein Ranggefälle. Eine späte „Kopie" ist Euseb, *Vita Const.* III 10: Konstantin übertraf beim Einzug zum Konzil in Nikaia an Größe und Schönheit alle seine Begleiter. – Das Verhalten der Jungfrauen (Tugenden: 15,2) gegenüber dem großen Mann (Sohn Gottes: 12,8), das in einem frühchristlichen Buch doch überrascht (s. zu IX 11), darf nach Luschnat, 63 keinesfalls erotisch verstanden werden, sondern ist Geste der Begrüßung („das Entgegeneilen", der Kuß und „das Sich-Einreihen in ein Gefolge"). Aber diese Gesten sollen, über die Konvention[12] hinaus, sicher auch ihre Verbundenheit mit ihm (allegorisch) bedeuten. Mit den sechs Männern ist der Herr jedenfalls eng verbunden, wie die Beschreibung des Geleits zeigt. Unter Voraussetzung einer jüdischen Vorlage mit Michael wird Christus hier in der Regel als der siebte Erzengel begriffen, „mit dem" die sechs anderen zusammengehören (z.B. Gebhardt-Harnack, 207.209 mit Kritik an der Zurückhaltung Zahn's, Der Hirt, 273), dem sie aber zugleich eindeutig untergeordnet sind (6,1 u.ö.).

6,3–8 Die Baubesichtigung soll nur einmal, nicht wiederholt nötig sein (30,2.3). Der Bauherr benutzt dazu einen Zauberstab (Dibelius, 611; vgl. Vis III 2,4). Die Verfärbung und die Mängel, die die Steine bei Überprüfung aufweisen, sind so unnatürlich und allegorisch wie der Vorgang, daß sie (ursprünglich übrigens nur farbverschieden) beim Einbau in den Turm alle weiß geworden waren (4,5).[13] Die sieben Schadensarten oder Mängel sind

---

[11] Während (καὶ) ἰδού gewöhnlich eine eingeführte Handlung sich abspielen läßt, führt H einzig hier in 6,1 eine neue Episode damit ein (Hilhorst, Sémitismes, 155 mit A.1).

[12] Für die „Mode" des öffentlichen Begrüßungskusses in der frühen Kaiserzeit bezieht Luschnat, 69f. A.18 sich auf K. Thraede, Ursprünge und Formen des „Heiligen Kusses" im frühen Christentum, JAC 11/12, 1968/69, (124–180) 143 mit A.48.

[13] Man hat den Eindruck, daß eine allegorische Handlung wie 6,3–5 ihre Herkunft in

aus Vis III 6,2–5 u.a. geläufig. Im Unterschied zu Vis III werden solche beschädigten Steine nicht schon vor dem Turm aussortiert, sondern zunächst im Bau verwendet und erst bei der Probe „entdeckt" und ausgewechselt. – Die Formel „neben den Turm" (6,5.8) ist eine spezielle Ausdrucksform des H in Sim IX für den vorläufigen Aufenthaltsort, an dem die Sünder auf ihre Buße und Rettung warten (wie 4,8; 6,8; 7,1; s. zu 4,8); diese Steine haben noch ihre Chance, zum Bau verwendet zu werden. Auffällig ist, daß die Ersatzsteine anderer Herkunft sind, nämlich nicht von den Bergen, sondern von der Ebene. Die Begründung dafür folgt in der Erklärung 30,1–3, wo zugleich deutlich wird, daß die Alternative genau genommen nicht heißt: Berge oder Ebene, sondern weißer Berg oder die anderen Berge; s. zu 30,3. Außerdem sind diese Ersatzsteine offenbar erst auf die Unbrauchbarkeit der anderen hin für die Szene engagiert worden (zur Ebene s. Exkurs: Die Ebene). Es sind die zwei bzw. drei Sorten von Steinen von 6,6–8; 9,1–4; 29,4–31,3. Sie gehen den ordnungsgemäßen Weg, sind im Prinzip alle brauchbar bis auf einen Rest, der vorläufig zurückgestellt wird. Unklar bleibt, wieso in 6,8 „die viereckigen Steine behauen wurden", denn die Steine werden in der Parabel ja behauen, um viereckiges Format zu bekommen (z.B. 7,2). Das Behauen der harten runden Steine hätte zu lange gedauert, weil es im Augenblick um einen raschen Ersatz für die aus den Mauern entfernten Steine geht; später ist wieder Zeit dafür – eine merkwürdige Szenerie.

7,1–3 Der „hochgewachsene" Mann von 6,1 wird jetzt wie „die" Engel (Sim V 6,4.7; IX 3,1; 12,6.8), wie „der" Engel (Sim V 4,4; VII 1–3; VIII 1,2; IX 1,3; 7,1; 12,7.8), wie „Michael" (Sim VIII 3,3), wie „der Name" (Vis III 3,5; IV 1,3; 2,4; Sim IX 18,5), wie die Jungfrauen (Sim IX 2,3; 10,7) (dazu s. Exkurs: Die Christologie) „herrlich (ἔνδοξος)" genannt (Kraft, Clavis, 152); er erhält als einziger beide Attribute „groß" und „herrlich" zugleich (Sim VIII 1,2; 3,3 wie auch der „Name" Vis IV 1,3; 2,4; Sim IX 18,5), ist in VIII 1,2–2,5 ohnehin als „der Engel" bezeichnet, ist aber im übrigen und als „Herr des ganzen Turmes" allen Engeln überlegen. Das alles hat seine christologischen Implikationen. Wie VIII 2,5 beauftragt er den Hirten als Bußengel mit der Weiterbehandlung der (noch) unbrauchbaren[14] Steine (dort: Stöcke), um sich selbst zu entfernen. Das Bild vom „reinigen" ist hier und im folgenden unpassend, weil die Steine behauen bzw. sortiert werden, und eben von der Deutung (Reinigung von der Sünde) her entworfen.

Nachdem der „Herrliche" klare Unterscheidungen durchgeführt hat, bleibt es dem Hirten – wohlgemerkt: als dem Bußengel –, für den unzulänglichen (sündhaften) Teil der Steine zu sorgen. Aber während er den Hirten VIII 2,5 aufgrund abgelaufener Bewährungszeit mit der endgültigen Vertei-

solchen Reinheits-Metaphern hat, wie beispielsweise Tertullian, *pud.* 20 sie aus Lev 14,36–42 bezog.

[14] Zu ἁρμόζειν μετά bzw. mit dem Dativ s. Hilhorst, Sémitismes, 98f.

lung der Menschen auf die Wohnungen beauftragt, gibt er hier ausdrücklich den Auftrag der Reinigung, d.h. der „Arbeit“ des Bußengels an den Sündern in einer neuen Bußfrist. Die Ausbesserung des Turmes durch den „Herrn“ wird also vom Hirten (nicht von den Bauleuten) fortgesetzt. – „neben dem Turm (παρὰ τὸν πύργον)“: wie 4,8 (s. dort) u.ö. ein vorläufiger Zustand; – „weit weg (μακρὰν ἀπό)“: betrifft die definitiv Verlorenen (zum qualitativen Unterschied zwischen ἀπό und μακρὰν ἀπό [„weg“ und „weit weg“] in Vis III s. Brox, Steine). – Der Abzug des „herrlichen Mannes“ (wie VIII 2,6) und die Rückkehr der Jungfrauen in ihre frühere Aufstellung am Turm (2,3) signalisieren den Szenenwechsel zur Ausführung des Auftrags.

7,4 H stellt eine entsprechende Frage in VIII 2,6. Er hält „Unbrauchbarkeit“ für definitiv und begreift darum die Rede des Hirten von späterer „Brauchbarkeit“ der zunächst verworfenen Steine nicht. Damit provoziert er den Hirten, von weiteren Chancen und aussichtsreichen Warte- bzw. Bewährungsfristen zu reden, d.h. die eigentliche Predigt des Bußengels auszurichten und mit der „Reinigung“ (bzw. dem Behauen) der Steine als deren Besserung zu beginnen. Diesmal ist es dann der Bußengel, der diese Steine „in den Bau bringt“ (nicht die Jungfrauen), was seine souveräne Unabhängigkeit und Zuständigkeit unterstreicht. Das alles steht (wie VIII) unter dem Zeichen des Erfolgs: Der „größte Teil“ der Steine wird in den Bau (die Kirche) passen. **7,5** Von einer Wiederverwendung der Steine, die nicht „im Bau verblieben“ (13,4), am „selben Platz“ war nicht die Rede gewesen. H löst mit seiner Frage eine neue Unterscheidung zwischen den bearbeiteten Steinen aus, die nicht leicht zu erklären ist. Die Steine sind teils „(zu) klein“, teils „größer“, je nachdem nämlich, ob von ihnen viel oder weniger hatte abgehauen werden müssen. Das Bild vom Abhauen (περικόπτω) ist hier ohne Erklärung eingesetzt, weil es wiederholt, auch im Hirtenbuch, in dieser Bedeutung schon vorkam (meist mit dem Verbum λατομέω, in Vis III 6,6 aber mit περικόπτω wie hier), wobei es in der Allegorie das Entfernen der zum Bau untauglichen Rundungen an den Steinen (das Ideal ist der Quader mit glatten Flächen und geraden Kanten; z.B. 9,2), in der Deutung das „Abschlagen“ des Reichtums der betreffenden Christen bedeutet. Je nach der Menge, die abgeschlagen werden mußte, läßt H diese Steine an zwei unterschiedlichen Stellen im Turm verwendet werden, an denen sie mehr und weniger Tragkraft brauchen. Was H sich zur Statik des Baus vorstellt („mitten im Bau“, was wohl gleichbedeutend ist mit den „ersten Mauern“ [τὰ τείχη τὰ πρῶτα] in VIII: Gebhardt-Harnack, 211; und „außen“), wird nicht wirklich deutlich (vgl. 8,3–7). Aber klar ist, daß er – was nun störend ist nach der bisherigen Anlage der Parabel – bleibende Unterschiede zwischen den Steinen im endgültigen Bau formuliert. Die einen halten die (schwächeren) anderen zusammen (vgl. 8,5b). Dies scheint primär aus der Freude des H an Klassifizierungen und Hierarchisierungen zu resultieren und ergibt keinen guten Sinn, weil im Bau letztendlich, nach der Inspektion und Ausbesserung durch den Bauherrn, doch nur „weiße" und „passende" Steine Verwendung finden sollen. Diese neue Unterscheidung leuchtet nicht ein.

7,6 Das Motiv vom Weggehen und Wiederkommen (7,6.7) des Offenbarungsmittlers mit dem Visionär wie VIII 2,9; 4,1; nur fehlt hier ein entsprechender Anlaß, wie er in VIII im Änderungs-Prozeß der eingepflanzten und gewässerten Stöcke, der seine Zeit braucht (VIII 2,9), lag. Mit der Reinigung der Steine könnte man sofort beginnen, da sich an ihnen beim zuwartenden Liegenlassen nichts tut. H hält die Handlung aber für zwei Tage an, weil das in seinen Parabeln das beliebte Bild für neue Bußfrist ist; im vorliegenden Fall der Allegorie von den Steinen verwendet er dieses Motiv, obwohl es auf der Bildebene nicht plausibel ist. H stellt sich nämlich (wie Vis III) Veränderungen der Steine vor (8,1–7), die er beschreibt. Mit dem (dann mißglückten) Bild ist eine Frist gemeint, in (nicht: nach) welcher die Sünder Buße tun, denn sie ist mit dem Behauen- bzw. Gereinigtwerden durch den Bußengel gemeint. – Daß auch der Platz um den Turm in die notwendige Reinigung einbezogen wird, weil auf ihm die Steine zur Bearbeitung gelegen waren, ist wieder ein seltsamer Einzelzug. Offenbar gehört der Platz in diesem Sinn zum Turm, und außerdem hat er etwas mit dem idealen Motiv der Ebene zu tun (10,1–3; vgl. Exkurs: Die Ebene). Man sieht ferner nicht ein, wieso die Reinigung des Platzes in den Auftrag 7,2 nicht einbezogen war, und auch nicht, wieso das Versäumnis auf die Steine (statt nur auf den Hirten) zurückfallen würde. An dieser Stelle der Szene redet H (wie die Parallele VIII 2,7 ebenfalls mit ἀμελής zeigt) stereotyp von Pflicht und Verantwortlichkeit des Bußengels. – Anders als in der Weinberg-Parabel V 5,3, wo Gott zurückkommt, ist es hier der Sohn Gottes. Ob H die Parusie meint, bleibt unsicher.

7,7 Bei der Rückkehr und in der Inspektion von 8,1ff. ist nun offenbar doch vorausgesetzt, daß sich an den Steinen (wie an den Stöcken von VIII) zwischenzeitlich etwas geändert hat, weil so das „anschauen (κατανοέω)" einen Sinn bekäme wie das „nachsehen" in der entsprechenden Aufforderung des Hirten in VIII 2,9. Nach dem Wortlaut des Auftrags von 7,2 wundert man sich, daß H hier bloß vom „anschauen" und nicht (auch) vom „reinigen" spricht. Er ist in der Ausführung und Rezeption von Bildern nicht nur von der beabsichtigten Deutung gelenkt, sondern auch von einiger Nachlässigkeit beeinflußt. **8,1–7** Es folgt die Bestandsaufnahme der Steine, die der Hirt so sorgfältig vornimmt[15] wie der Engel von VIII 1,5; 2,5; 3,8; 6,1 bzw. der „Herr" von IX 5,6.7; 6,3. Dabei ist also unterstellt, daß sich die

[15] Die Verbindung von κελεύειν mit dem Infinitiv passiv ohne Nennung des Beauftragten (8,1–5) ist nachklassischer Stil (Hilhorst, Sémitismes, 125).

Steine (wie die Stöcke VIII 2,6–9; 3,4ff.) in der Zwischenzeit verändert haben. Dabei kommt Verstocktheit ans Licht (8,1), aber auch Eignung für den Turm bis auf einen Rest unbrauchbarer Steine (8,2–3) bzw. verbreitete Untauglichkeit bis auf einen Rest brauchbarer Steine (8,4), und zwischen den diversen Gruppen sind stereotype Unterschiede festgestellt. Genauer: Von den siebenfältig mangelhaften Steinen aus 6,4 (die schwarzen, die mit unebenen Flächen, mit Rissen, mit abgebrochenen Ecken, die halbweiß und halbschwarz sind, die ungleichmäßig und hart sind, die mit den Flecken) ist ein Teil gleich geblieben, der andere hat sich verändert, sowohl zum Besseren wie zum Schlechteren. Darum sind die einen vom Turm entfernt und weggeworfen, die anderen aber behauen, gereinigt und in den Bau gebracht worden, und zwar die einen, um im Inneren des Turmes verbaut zu werden, die anderen, um an der Außenseite den Turm zusammenzuhalten (gemäß 7,5). Alle verwendbaren Steine werden passend zum Bau gemacht; man sieht den Bußengel bei der Arbeit. Alle Steine, die in 8,1–7 „vom Turm weggebracht, entfernt" bzw. „weggeworfen" werden, sind endgültig verworfen; sie haben keine Nähe zum Turm, sondern sind auftragsgemäß (7,2) und im qualifizierten Sinn „weit (μακράν) weg vom Turm geworfen" (vgl. Brox, Steine). Zunächst lagen sie noch mit allen Steinen, die der Herr des Turmes wegen ihrer Mängel aus dem Turm genommen hatte, „neben dem Turm" (6,3–7,1). Bei der zweiten, endgültigen Prüfung durch den Bußengel erwiesen sie sich (weil unverändert schlecht) als definitiv „nicht zu den anderen passend" (7,2) und werden verworfen. Auffällig ist, daß 8,2–7; 9,3 sich die Jungfrauen als Bauleute (nicht mehr nur als Zubringer) betätigen, wiewohl sie ohnehin schon von zentraler Bedeutung waren.

9,1–4 Was hier wie bloße Fortsetzung von 8,1–7 aussieht (nach den anderen Steinen nun „die weißen runden Steine anschauen"), ist tatsächlich eine Zäsur. Es geht jetzt um Steine anderer Art und Herkunft (s. 6,6; 29,4–31,3). Sie gehören zwar zu der Gruppe weißer (also verwendbarer) Steine von 6,6–8, aber als deren mangelhafter Teil („weiß" und „rund"), und müssen folglich – will man sie verwenden – noch bearbeitet werden. In der Schwierigkeit der Verarbeitung (sie sind sehr hart: 6,8) liegt ein Problem für den Hirten (7,2), das im folgenden Kurz-Dialog 9,1–3 „gelöst" wird. Zunächst wechselt H groteskerweise von der visionär-allegorischen Szene und Logik in eine Argumentation mit der handwerklichen Kompetenz, die ihm fehlt (9,1.2). Sie mag Umschreibung für das „Mißverständnis" und den „Unverstand des Menschen gegenüber dem Göttlichen" sein (Dibelius, 615), geschickt eingesetzt ist sie nicht. Dann aber (9,3) hilft er dem Hirten (ein in sich schon singulärer Vorgang innerhalb des PH, vielleicht, um einer Variante in den stereotypen Dialogen willen: Joly, 308f.) mit dem Rat weiter, das Nächstliegende und Notwendige zu tun, was dieser selbst aber schon als solches und als unumgänglich bezeichnet hatte und dann in 9,4b.5 tut. Ein wirklicher Sinn ist diesem Dialog nicht zu entnehmen. Die Notwendigkeit, daß von den runden weißen Steinen „unbedingt[16] welche" in den Bau müssen, wird nicht erläutert. Soll ihr entsprochen werden, muß „viel (πολύ)" von ihnen abgehauen werden; das wieder wird durch das zweimalige „ein wenig (*pusillum*)" (sc. „behauen" bzw. „ein wenig" „blind für die Wahrheit" infolge des Reichtums) in 30,4.5 seltsam konterkariert und verharmlost (weniger harmlos wieder 31,1.2). Klarheit ist hier wie auch sonst oft und auch in der Fortsetzung nicht die Stärke des H: Welchen Stellenwert und Sinn hat es, daß der Bußengel einen Teil aus den Steinen auswählt, wenn auf Dauer auch die von ihm jetzt nicht ausgesuchten weißen Steine (alle) Verwendung im Bau finden und es kein „Wegwerfen", sondern nur Zurückstellung gibt (9,4)? Während ferner die Wahl der „größeren" Steine plausibel ist, weil diese mit ihrer besseren Tragfähigkeit nach 8,1–7 für die tragenden Außenteile des Turmes geeignet sind, ist die Auswahl von „weißen" Steinen Unsinn, weil die fraglichen Steine sämtlich weiß sind (9,1).[17]

9,5 Das Passiv „wurden gerufen" dient zum Auftritt neuer Personen in die visionäre Szene. Die Zahl Zwölf korrespondiert der Anzahl der Jungfrauen in 2,3. Das Aussehen dieser Frauen in schwarzen Kleidern (vgl. 13,8) wird nicht erläutert und gedeutet. Nach Luschnat, 61 muß man sich „eines altgriechischen Äquivalentes erinnern, nämlich der Erinyen, die ja auch Rachegeister und Strafdämonen sind" (mit Belegen). Die schwarze Farbe (vgl. Radke) kontrastiert mit dem Weiß des Felsens (2,1) und der Steine (3,3; 6,7 u.o.). Es steht fest, daß es sich um Negativ-Figuren handelt, denn sie verkörpern die Laster (15,3; vgl. van Unnik, Les cheveux défaits, 99); ihre Schönheit symbolisiert deren verführerische Attraktivität. Daß sie umgürtet sind und schulterfrei gekleidet, dürfte (neutral bewertet und parallel zu 2,4) auf die Bereitschaft zum bald beschriebenen (9,6) Wegtragen von Steinen (mit freilich konträrem Ziel) anspielen, das sie auf Befehl des Hirten besorgen. Die Motivgeschichte der „aufgelösten Haare" ist nicht gerade eindeutig. Diverse Traditionen kommen in Frage. In der Apokalyptik sind an den aufgelösten Haaren die Strafengel zu erkennen (*ApkSoph* I 8; II 5,1; 8,2; Rießler, 168.170.172: „Ihr Haar war aufgelöst wie Frauenhaar"), ebenso an ihrem „finsteren Gewand" (*ApkPetr* 21 [Akhm.]; H. Duensing, NTApo 2^4, 1971, 475 = C. Detlef – G. Müller, NTApo 2^5, 1989, 570). Und tatsächlich strafen diese zwölf Frauen im folgenden (9,5b.6a; 13,9; 18,3), wobei sie nun gleichzeitig die Verführerinnen sind (13,8.9), zu denen das aufgelöste Haar ebenfalls paßt. A. Büchler[18] belegt biblisch-frühjüdisch das Motiv als Kenn-

---

[16] Zur Übersetzung von πάντως = „unbedingt" s. zu Sim VII 4 gegen Cadbury; vgl. Mand IX 7.

[17] Joly, 308 will dem mit seiner Konjektur λαμπροτάτους (nach L^1E; λαμπρούς GL^2) abhelfen, mit der das Problem aber bleibt; vgl. die Kritik durch Whittaker und Coleborne, Approach (1965), 597f.

[18] A. Büchler, Das Schneiden des Haares als Strafe der Ehebrecher bei den Semiten, WZKM 19, 1905, 91–138; hier 93f. A.1.

zeichen der Frau, die im Verdacht des Ehebruchs steht, und bringt es in den Zusammenhang der Ausschweifung. Die Frau trug in der Antike ihr langes Haar bedeckt und zusammengebunden. Von der Araberin weiß J. Wellhausen, Arabisches Heidentum, 199 (Angabe nach A. Büchler, mir nicht erreichbar), daß den Schleier abnehmen (der das Haar hielt) und das Haar fallen lassen oder auflösen fast so gravierend war, als wenn sie sich nackt auszog. Das wäre also das Symbol der Laszivität. Aber das allein scheint es im PH auch nicht zu sein. Die schwarzen Kleider zeigen im Gegensatz zu weißen (= göttliche Farbe) die diabolische Art dieser Frauen an (vgl. Bauer-Aland, 1013 zu μέλας). Ihre fliegenden Haare bedeuten dann Unreinheit, die vom „Reich Gottes" ausschließt (15,3; nach Epiphanius, *haer.* 80,7f. ist dagegen Haarpflege, wie die Abnahme des Bartes, „ein Zeichen des Häretikers"; vgl. B. Kötting, RAC 13, 1984, 197). Und ihr entsprechender Anblick scheint auch mit der „Wildheit" (ἄγριος) signalisiert zu sein. Hier wie öfter bleibt undeutlich, welche Bilder in welcher Bedeutung H einsetzt. Aber Dibelius, 615 unterschätzt die Symbolik des Textes mit seiner Meinung, daß das Äußere der zwölf Frauen „so gar nicht ihre lasterhafte Art verrät". Ford, 548f. bringt diese Frauengestalten in die Nähe weiblicher Dämonen in Traditionen des marginalen Judentums.

9,6a Auf Befehl des Engels übernehmen die zwölf Frauen den Vollzug des definitiven Ausschlusses der nicht brauchbaren Steine vom Bau des Turmes wie 21,4. Daß sie das „hocherfreut" (ἱλαρός hier unpassend, weil sonst ein qualifiziert positiv besetzter Begriff des PH; s. Vis I 4,3) tun, zeigt wohl ihre diabolische Freude am Untergang der Sünder. – Dieser allegorische Vorgang der Bestrafung durch die Frauen wird in der Deutung 13,8–14,2 stark mutiert und sinnvollerweise um den Vorgang erweitert, daß die Christen von diesen Frauen verführt werden und etliche sich verführen lassen.

9,6b Die Inspektion des ausgebesserten Turmes übernimmt der Hirt. Die Handlung nähert sich dem entscheidenden Augenblick der Fertigstellung des Turmes, zu der auch die Räumung und Säuberung des Platzes um den Turm gehört. – **9,7** ἱλαρός („hocherfreut") paßt hier und 10,1 nach seiner typischen Bedeutung im PH (s. Vis I 4,3 und zu 9,6a). – ἐπιθυμεῖν τὴν οἰκοδομὴν αὐτοῦ: A. Puech, Observations, 84 hat Bedenken gegen eine Übersetzung von οἰκοδομή im Sinn von „résidence, Wohnung" wie oben (und wie Dibelius, 616; Lelong bei Hamman, 218; Zeller, 266; Joly, 311 u. a.) und möchte darum statt ἐπιθυμεῖν lesen: ἐπιθαυμάσαι. – Zur Fugenlosigkeit ist die ähnliche Beschreibung baulicher und materialer Perfektion in Vis III 2,6 zu vergleichen. Hier und dort ist der gelungene, mängellose Bau (Kirche) die Summe der einzelnen passenden Steine (Christen); vgl. aber 13,5 mit einer christologischen Variante. Die Fugenlosigkeit ist zusammen mit dem Monolith-Charakter für die Deutung ergiebig. Die Kirche ist infolge des Bußwerks nun von idealer Qualität und Zusammensetzung. **10,1** Nach dem abschließenden positiven Gesamturteil über den vollkommenen Bau wird wieder der Platz um den Turm in die Aufgabe (siehe 7,6) des Bußengels bzw. Hirten einbezogen. Der Hirt beteiligt H an der Arbeit wie VIII 2,6.8; 4,1.2. Beim Hantieren mit Kalk unter Zuhilfenahme von Tonscherben[19] hätte man es besser als bei VIII 4,1.2 (s. dort) verstanden, wenn der Hirt dem H eine Schürze empfiehlt; τύποι im Sinn von Druckstellen oder Vertiefungen außer 10,1.2 auch in der Deutung 33,2–3 (Whittaker, 118; Joly, 441 f.; die lateinischen Versionen lesen *formae lapidum*, haben den Ausdruck also nicht verstanden). Die Deutung liefert 33,2.3 (vgl. Völter, Apostol. Väter, 313); „eben" ist wie „Ebene" (s. Exkurs: Die Ebene) im PH eine Chiffre für Ideales[20], hier gleichbedeutend mit „rein" (7,6). Auf die Ebene des Gleichnisses (6,6–7) darf man den Satz wegen 7,6; 10,1 b trotzdem nicht beziehen, weil es eklatant um den Platz beim Turm geht. Dibelius, 616 versteht allerdings trotzdem die τύποι als „die Grabungsspuren in der Ebene" von 6,7 (ebenso Lake, 243; Zeller, 285: „die Hohlräume der aus der Ebene genommenen Steine"). Daß die auf dem Platz herumliegenden abgehauenen Stücke „jetzt verwandt werden sollen" (Weinel, HNTA, 315; „zugleich wird dadurch der Platz gesäubert"), steht nicht da. **10,2.3** Zwischen „hilf mir" und „er füllte also... auf" besteht ein gewisser Widerspruch. Geht etwa H auf die Bitte des Hirten nicht ein, so daß der Hirt allein mit der Arbeit beginnt? Die Metaphern vom Reinigen und Planieren (zu dieser Kombination s. den Exkurs: Die Ebene) werden wegen ihrer Bedeutung für die Buß-Thematik sehr minutiös ausgeführt, auch in der Arbeit der Jungfrauen. Hirt, H und Turmplatz sind „froh" bzw. „heiter", eine Metapher für die Heilsfreude (Vis I 4,3). Zur auffälligen Wortstellung in 10,3 (τοῦ πύργου weit von ὁ τόπος getrennt) s. Hilhorst, Sémitismes, 100.[21]

10,4.5 Der Bußengel (Hirt) betont im Zusammenhang der Reinigung von Turm und Platz hier wie 7,6 seine Pflichterfüllung und seinen Eifer, den „Herrn" (= Sohn Gottes) zufriedenzustellen. Der Satz „Wenn der Herr kommt" kann, muß aber nicht eschatologisch gemeint sein, sondern erklärt sich schon aus dem Denken des PH in Fristen der Buße. – Der Ranzen bringt die Hirtengestalt in Erinnerung. Der Offenbarungsträger wird von H wiederholt zurückgehalten, um noch weitere Auskünfte zu erteilen (Vis III 2,3;

---

19 So die korrekte Übersetzung; s. Goodspeed, Ostracon; ders., Lexical Notes: „potsherd" = (Topf-)Scherbe im archäologischen Sprachgebrauch, die hier als Kelle zur Verarbeitung des Kalks gedacht ist; gegen die seit Crombie, 46 praktizierte, lexikographisch völlig haltlose Übersetzung „fine (bzw. fine-baked) clay".

20 Überzogene Präzisierungen an dieser generellen Bestimmung bei Peterson, 290 f.; „die Verbindung des Bildes vom Planieren mit der Vorstellung der endzeitlichen ‚Reinigung'" (Andresen, 34 A.30, der mit Vergleichsmaterial aus Qumran Peterson unterstützt) ist dabei aber richtig gesehen (s. 7,6).

21 Auch hier eine der riskanten Ableitungen Peterson's, 290 A. 17: „Die Schilderung in Sim. IX, 10,3 verrät deutlich iranischen Charakter, weil sie das Fegen mit dem ὁμαλά-Werden verbindet."

3,1.2; 10,2). Die erbetene Deutung oder Auflösung der geschauten Bilder und Vorgänge wird (nach 5,5) ein zweites Mal aufgeschoben, aber sicher zugesagt. Aufschübe dieser Art gehören zum Genre der Apokalypse: „Bleib morgen Nacht (noch) hier. Dann wird dir der Höchste in Traumgesichten zeigen, was der Höchste tun wird“ (*4 Esra* 10,58f.); „Nach weiteren drei Tagen will ich über anderes zu dir sprechen und dir schwierige und wunderbare Dinge erklären“ (ebd. 13,56; Schreiner, 383.399). – Es wird keine Andeutung darüber gemacht, was der Bußengel anderswo, abseits vom Ort der Handlung am Turm, tut, so daß er keine Zeit hat.

10,6 H läßt sich, recht ratlos, auf die vorübergehende Trennung vom Hirten ein (10,5), die ihn in eine merkwürdige Situation bringen wird, für welche man visionären Charakter von vornherein nicht annehmen kann; H ist hier kein Visionär, sondern Hauptbetroffener. Die förmliche Übergabe des H für die Zwischenzeit an die Jungfrauen durch den Hirten soll wohl gleich zu Beginn die „Unschuld“ im Verhalten der Jungfrauen und des H in der folgenden Nachtgeschichte sicherstellen. Die Jungfrauen verlassen für die „Übergabe“ und für die ganze folgende Szene ihre obligate Aufstellung zur Bewachung des Turmes (2,3; 3,2; 4,1; 5,1.6), treten aus ihrer statischen Rolle, die sie als allegorische Figuren haben, heraus und werden lebendige Wesen, die (obwohl moralisch völlig integer) im folgenden nur vielleicht die Tugenden symbolisieren (wie die Deutung 15,2 im Hinblick auf 2,3 [nicht auf 10,6–11,8] will), jedenfalls aber als überirdische Wesen mit (dem) Menschen kontaktieren. Der Leser muß wohl auch vergessen, daß sie die „heiligen Geister“ und die „Kräfte“ des Sohnes Gottes sind (13,2). Jedenfalls werden diese Rollen durch die erotischen Elemente überlagert.

10,7 Die (für den PH und Sim IX durchaus entbehrliche) Geschichte von der gemeinsamen Nacht des H mit den Jungfrauen bietet ungemein große Schwierigkeiten. Eine alte These ist, die Geschichte sei als Apologie der frühkirchlichen Praxis des sog. Syneisaktentums zu begreifen, wonach also in mystischer Ehe unter asketischen Christen Frauen und Männer, genauer Witwen bzw. Jungfrauen und Kleriker bzw. Mönche Wohngemeinschaften miteinander hatten, um die Enthaltsamkeit unter gesteigerten Bedingungen zu üben (seit z.B. C.J. Hefele, *Patrum apostolorum opera*, Tübingen 1855^4, XCVI und z.St.; Weinel, HNTA, 315f.; Funk, 596f.; unter den Neueren Joly, 48.312.439; W. Schäfke, ANRW 23.1, Berlin-New York 1979, 515; E.A. Clark, 172; Kritik bei Gaâb, 56–58; Zahn, Der Hirt, 179f.; Gebhardt-Harnack, 216f.; Dibelius, 618f.; Giet, Hermas, 145–148). Da diese Einrichtung[22] nicht schon früh im 2. Jahrhundert entstand, hat man den PH spät zu datieren gesucht. Und weil sie nie einen unbescholtenen Ruf in der Kirche

[22] Aus der Literatur H. Achelis, Virgines Subintroductae, Leipzig 1902; ders., Agapetae, ERE 1, 1909. Nachdruck 1959, 177–180; vgl. Giet, Hermas, 144–148.

hatte, färbte der schlechte Leumund auf den H ab, und man verwies, H damit weiter belastend, auf sein Interesse an Frauen auch in Vis I 1,2; III 8,2 und stellte die vielsagende Frage, wieso H von Schlafen miteinander, von Lieben und Küssen schreiben mußte.[23] Die Geschichte ist nach Genre und Aussage schwer abschätzbar (vgl. Snyder, 138). Laeuchli, 154 hielt sie für den erotischen Ausdruck eines frustrierten Asketismus; der Ablauf ist als Test zu verstehen, nach dessen überzeugendem Bestehen dann verdientermaßen die Deutung der Visionen (11,9) erlebt werden darf.

Dibelius, 617–619 suchte, methodisch genauer, schließlich aber doch zu hypothetisch und zu flüchtig (Kritik auch durch Luschnat, 54) nach dem literarischen und motivgeschichtlichen Genre, dem der Text zuzurechnen ist. Seine Vermutung ist, daß H „eine erotische Darstellung" benutzte, einen „fremden, der außerchristlichen und außerjüdischen ‚Welt' entstammenden Stoff" (mit Literatur). Bei diesem Stoff könnte es „sich um das Abenteuer eines ‚reinen Toren' handeln, der in die verführerische Gesellschaft einer Mädchenschar gerät, die trotz seines Widerstrebens ihr Minnespiel mit ihm treibt" (ebd. 618; von Joly, 314 übernommen). Dieser Stoff ist hier nur unvollständig ausgebreitet, weil H ihn christlich einklammern mußte. Die Verharmlosung bzw. die asketische Ansage zu Beginn (11,3) sowie die Rede vom Gebet am Schluß (11,7–8), die miteinander jedes christlich-moralisch unzulässige Treiben in der Nacht von vornherein ausschließen, nehmen dem traditionellen Stoff wahrscheinlich seine erotische Pointe (ganz ähnlich Enslin, 269). Aber alles übrige ist von Dibelius „unter urchristlichen Voraussetzungen völlig unerklärlich" genannt worden, muß demnach also „eine Schilderung aus erotischer Literatur" sein. Hilhorst, Hermas, 695 stimmt dem zu, daß H einen „Vorgang aus erotischer Literatur" und „das Motiv der Liebeswiese... unbeholfen übernommen" hat (mit Literatur), und nimmt auch (wie A. Adam, ZKG 68, 1957, 22f.) von Dibelius die Vorstellung von der Syzygie zwischen H und den Tugenden (15,1.2) bzw. den „heiligen Geistern" (13,2.5) oder „Kräften des Sohnes Gottes" (13,2) nach *Corp.Herm.* 1,26 auf. Auf sehr rasche Art leitet Taylor, The Two Ways, 250–252 die Sache aus Xenophon, *Mem.Socr.* II 1,21f. her.

So sicher ist diese Herleitung aus paganer Literatur indes nicht, und für seine Geschichte vom „reinen Toren" hat Dibelius nicht ein einziges Beispiel. Unmittelbar aus jüdischen Quellen, nämlich aus dem Repertoire der rabbinischen Literatur, besonders dem Babylonischen Talmud und noch stärker von Qumran, sucht Ford, 538–546 eine Erklärung, wobei sie zwar den Auftritt von Frauen als im jüdischen Milieu nicht erstaunlich begreiflich

---

[23] Vgl. Gebhardt-Harnack, 217f.: „Sed negare nolo, ea quae H. his versibus narravit, licet allegorice, licet de mulieribus castis et puris, castum scriptoris animum suspectum facere... Jure quaeres, cur Hermas... illud... scripserit." Crombie, 47: „This curious chapter... is but a dream and a similitude. In the pure homes of Christians, it is almost unintelligible... Nothing in this picture is the product of Christianity, except the *self-mastery* inculcated as the only safeguard even amongst good women."

macht, die Erotik in der Szenerie aber gerade nicht erklärt. – Aber auch eine zufriedenstellende Vermittlung aus rein christlicher Tradition wird (anders als von Dibelius) verbreitet für möglich gehalten. Völter, Apostol. Väter, 305 genügt die Auskunft, daß H die Zeit bei den Jungfrauen „froh aber fromm verbringt". A.-J. Festugière, La révélation d'Hermès Trimegiste III, Paris 1981^{3}, 142f. hält die Motive (unter Distanzierung von Dibelius) für christlich (Kritik von Joly, La doctrine pénitentielle, 33 A.2) bzw. für austauschbar (142: Bild der himmlischen Freuden). Ein kompliziertes Erklärungs-Syndrom aus christlichen Motiven bei Crombie, 47. Nach Bardy, La vie spirituelle, 58–60 gehört diese Geschichte zum Thema Freude im PH, stellt keine romaneske Sache dar, auch keine geistliche Hochzeit, sondern H wird hier den Tugenden anvertraut und beschreibt seine Freude über deren Gegenwart: Alles an ihnen ist rein und keusch (wobei die erotischen Motive aber unterschätzt sind). Söder, 119–148.182f. hat erotische Motive, z.B. mystische Liebschaften, aus christlich-apokrypher Literatur (Apostelromanen) zusammengetragen, und zwar gerade aus asketischen Zusammenhängen, wie sie hier in IX 11 gegeben sind. Auch Staats, Hermas, 102 hält pagane Erotik nicht zwingend für die Vorlage, „da auch christliche Parallelen, besonders in *Passio Perpetuae* 12 bekannt sind". Schließlich ist nach Plooij, Glosse, 4 die Gastfreundschaft, die H bei den Jungfrauen findet, „die enthusiastische, allgemein-christliche Agape, welche neben den asketischen auch erotische Formen annimmt". Grotz, 50f. versteht dieses Zwischenspiel mit den Jungfrauen als Vollzug freiwilliger Buße des H, für den Buße „an sich nicht notwendig" sei (eine Meinung, die kaum mit Vis V und Sim VI zu vereinbaren ist), so daß man „in diesem Liebeswerben der Jungfrauen... das Spiel der Seele mit den Tugenden" erkennen soll. Man kann die Jungfrauen aber nicht zu Bußengeln machen, während H selbst sie „Helferinnen (*adiutrices*)" genannt hat (X 3,1). An Buße wird der Leser von IX 11 wirklich zuletzt denken, eher allenfalls an ein Lehrstück in Askese. Was Grotz zur Charakteristik als Bußvorgang aufführt („Büßervorhof", Gebet, Nachtwache, „Verjüngung der Seele") hat im Kontext nicht diesen Sinn (s. zu den Stellen). Es kann auch nicht die Rede davon sein, der Ort der Handlung sei auf den Platz um den Turm verlegt, insofern dieser Platz als Ablage der noch zu behauenden Steine der Platz der Büßer sei; die Jungfrauengeschichte hat von Haus aus nichts mit der Turmbau-Parabel zu tun, und der Platz spielt zur nachträglichen Verklammerung der Geschichte mit Sim IX erst 11,6 eine Rolle, und hier eben nicht wegen des Buß-Nimbus, den er in der Parabel sonst hat. Im übrigen will die doch reichlich heikle Episode von solcher Fremdheit und Abseitigkeit innerhalb der Sim IX mit Sicherheit nicht in dieser Weise rational buchstabiert und auf spezielle kirchliche Bußpraktiken allegorisiert werden. Und das qualifizierte „Übergeben" einer Person ist im PH durchaus nicht auf die Bußidee begrenzt (s. Kraft, Clavis, 334f. v. παραδιδόναι), die wegen 11,8, zumal mit der Frage des Hirten nach guter Aufnahme, für diesen Text nicht in Frage kommt; παραδίδωμι ist in 10,6 außerdem durch das hier singuläre παρατίθημι abgelöst, das auf Fürsorge, nicht auf Buße abhebt.

Wenn H diese Einschaltung völlig anderer Art (die Fremdheit des Stücks ist auch von Liébaert, 177 A.1 stark betont) hier machte, hat er vermutlich einen genauen Zweck damit verfolgt, ohne daß man bei ihm mit einem allzu gründlichen und reflektierten Gedanken und mit dessen ausdrücklicher Mitteilung rechnen muß. Er greift in verschiedenste mythische, literarische, religionsgeschichtliche und christlich-populäre Überlieferungen, und zwar auch, um unterhaltsam zu sein und um kompetent zu wirken. Manche Erklärungen seiner Bilder sind daher mit Sicherheit zu kompliziert, z. B. die von Giet, Hermas, 145–148 (Kritik an seinem Argumentationsstil durch Joly, 439), wonach H mit diesem Text auf eine gewisse Abwertung der Sexualität, die in den Visionen des PH zum Vorschein komme, antwortet; er setzt einer Schüchternheit und Verdrängung des Themas die offene Rede darüber entgegen. In diesem Fall hätte H aber die Visionen dann gleich anders konzipieren sollen bzw. können, um eine Selbst-Korrektur zu vermeiden.

Einen „neuen Ansatz" hat Luschnat versucht. Er erklärt die Geschichte teils motivgeschichtlich, teils aus dem PH selbst und lehnt um beider Wege willen die zwei Grundthesen von Dibelius ab, daß der Text in seiner Besonderheit total isoliert zu deuten und die Unterscheidung von „christlich" und „weltlich" dazu notwendig sei. Beginnend beim Motiv der Verjüngung (11,5), das Grotz 50f.; Snyder, 139 recht voreilig von der Buße verstehen wollten, identifiziert er weiter das Motiv des (Musen-)Reigens (11,4) und bringt für beides „Parallelen" (Luschnat, 54) aus der antiken Literatur (Euripides, Aristophanes, Menander, Archilochoslegende, Theokrit, Properz, Vergil, Lukrez). Beide wurzeln also „in altgriechischer Religion und Dichtung" mit deren „Verbindung von Kult, Tanz und Erotik" (ebd. 55) und haben ihre Nachgeschichte „bis in die hellenistische und römische Literatur" (ebd. 59). Verschiedene Motive der Jungfrauengeschichte können demnach „über eine hellenistische allegorisierende Literatur popularphilosophischer Provenienz auf altgriechische religiöse Vorstellungen" zurückgeführt werden, so daß mit einer Berührung des H mit derlei Themen und Vorstellungen gerechnet werden darf. – Das Umarmen und Küssen des H (11,4) bleibt bei diesen Recherchen noch übrig. Luschnat ist überzeugt, daß beide Gesten dadurch ins Spiel kamen, daß H in 11,4 die Szene von 6,2 aufgreift und weiterspinnt (ebd. 63). Und die Absicht, die man dafür angeben kann, ist die, daß alle diese Motive und Topoi eine „Auszeichnung dessen bedeuten, dem das alles widerfährt" (ebd. 64). – An diesem Versuch ist nicht alles bestechend, nicht alles zwingend, etliches leicht anzufechten. Trotzdem macht er mit der Geschichte von Ideen und Motiven bekannt, aufgrund deren die Szenerie dieser Nachtgeschichte in einer moralisch orientierten frühchristlichen Schrift nicht mehr gar so unbegreiflich und kurios wirkt wie bei Unkenntnis solcher paganer Traditionen, aus denen H in diesem Fall allem Anschein nach schöpft. Aber mehr gewinnt auch dieser Ansatz nicht; „was inhaltlich mit der Geschichte gemeint ist, bleibt dunkel" (so selbst Luschnat, 53).

Ab 10,7 sind die Schwierigkeiten einer detaillierten Interpretation darum groß. Liest man diesen Text von der Deutung X 3,1 her, dann haben alle Bemerkungen über die erotisch ausgemalte Zuneigung der Jungfrauen zu H ab 10,7 den Sinn, das hilfreiche Nahverhältnis der Tugenden zu H zu schildern. Es bahnt sich darin der Dauerzustand des Wohnens der Tugenden bei H (11,3; X 3,1) an, ein Bild für die Stabilisierung seines tugendhaften Lebens. – Das ist die werkimmanente Verwendung und Deutung der erotischen Geschichte. Ihre Motivik vom Kontext des PH isoliert zu erklären, fehlen für viele Einzelheiten die Anhalte. Daß sich besonders die „herrlicheren" Jungfrauen um H bemühen, hat als Allegorie vielleicht den Sinn einer Hierarchisierung der Tugenden (welche braucht H zuerst und hauptsächlich? vgl. 11,4), als die der Autor die Jungfrauen seines „Stoffes" versteht.

11,1 Daß der nächtliche Aufenthalt des H bei den Jungfrauen nun die Verzögerung der Rückkehr des Hirten, d.h. der Auflösung der Vision vom Turm überbrückt, ist sekundäre Konstruktion. – „wenn nicht, bleibst du hier bei uns": Die „Übergabe" (10,6) verpflichtet die Jungfrauen, H (zum Schutz?) nicht aus den Augen zu lassen (s. 11,2b); der Satz ist ein Befehl. – **11,2** Daß H trotz der „Übergabe" durch den Hirten (10,6) und trotz der Aufforderung 11,1 nicht bleiben, sondern die Nacht zu Hause verbringen will, hat schon mit der keuschen Scham von 11,3 zu tun. Das seltsame Oszillieren des PH zwischen Vision bzw. Parabel oder Allegorie und Realität erreicht hier seinen Höhepunkt. H will irrealerweise am Abend noch (von Arkadien nach Rom) nach Hause gehen, den „Weg" der Entrückung von 1,4 also noch (zu Fuß) zurücklegen und in der Frühe bereits wieder da sein. Wenn der Autor H hier nicht vergessen hat, daß er sich seit 1,4 zur Vision in Arkadien aufhält und nicht in Rom, und seine Ungereimtheiten um eine weitere vermehrt hat (Hilhorst, Sémitismes, 24), so unterläßt er es jedenfalls, „die beiden Bereiche – ein phantastisches Arkadien und die bürgerliche Heimat des Entrückten" (Luschnat, 59) – voneinander zu trennen bzw. die Möglichkeit des Verkehrs zwischen beiden „Welten" plausibel zu machen. – H kann sich von den Jungfrauen nicht entfernen. Was zuerst willkommene Gesellschaft für den Vereinsamten war (10,6.7), ist zur strengen Aufsicht geworden. Der nähere Sinn dieser Situation kann nur geraten werden. – **11,3** Es stimmt, daß diese Szene insgesamt den Hauch einer etwas krankhaften Keuschheit atmet.[24] Die Scham des H verrät, daß die Formulierungen zuvor erotisch gelesen werden sollen, wiewohl ihr heikler Ton sogleich

[24] E. Renan, L'Eglise chrétienne, 414 (zitiert nach Nardin, 26: „Un parfum de chasteté un peu maladive s'exhale de cette vision").

asketisch abgefangen wird: „wie ein Bruder, nicht wie ein Mann" (vgl. dazu „Schwester" Vis I 1,1.7; II 2,3; 3,1). Aus dem enkratitischen Bruderbegriff wird hier nachfolgend eine Bezeichnung für das Nahverhältnis des H zu den Jungfrauen als Tugenden. Das künftige Wohnen der Tugenden bei H („ab jetzt wohnen wir bei dir; wir lieben dich nämlich sehr!") verzahnt diese Geschichte mit X 3,1, das zum Kontext der Sim IX gehört (eine Tatsache, die Luschnat, 59 gegen die Isolierung der Szene durch Dibelius vorbringt). – **11,4** Nach der Sympathie-Bekundung (10,7) und dem Liebesangebot (11,3) stellen die Zärtlichkeiten von 11,4 eine Steigerung dar. Wie in 10,7 die „vier herrlicheren" (s. dort), so ist hier „die erste unter ihnen" besonders aktiv. Die Zahl der Vier stammt noch aus der Turmbau-Parabel (2,3), „die erste" (die es bei den zwölf Jungfrauen von 2,3–5 nicht gab)[25] demnach aus dem übernommenen „Stoff". Der Bruch ist offenkundig. Die Führung um den Turm gehört vermutlich zum Reigen, der im Spiel einbegriffen ist (παίζειν auch: tanzen). Das Herumtanzen um einen Mittelpunkt ist nämlich „aus dem Motivreichtum des Komplexes ‚Dichterweihe'" bekannt, und nach Luschnat, 58f. (mit Beispielen) „konnte Hermas... eben diese Vorstellung kennen, daß übermenschliche weibliche Wesen einen Mann in ihre Mitte nehmen und mit ihm um etwas herumtanzen". Daß dieser Mittelpunkt der Turm ist, lenkt auf die Parabel zurück und verzahnt vorliegende Geschichte wieder mit dem Kontext (vgl. 11,3). Solche motivischen Parallelen, wie Luschnat sie beibringt, sind, wie gesagt (s. Forschungsübersicht zu 10,7), lediglich geeignet, die Merkwürdigkeiten dieser Geschichte aus traditioneller Topik begreiflich zu machen, nicht etwaige Fundorte des H zu identifizieren.

11,5 In diesem Sinn sind auch Parallelen zum Verjüngungs-Motiv im vorliegenden Text zu werten. Verjüngung scheint „für kultische Tänze konstitutiv" gewesen zu sein, wobei „diese religiöse, alte Männer verjüngende Festesfreude nicht ohne Erotik" war (Luschnat, 54f.). Der durch Reigen und Zärtlichkeiten verjüngte H wird nun beim Tanzen aktiv (gegen das passive Bild bei Joly, 314), singt aber nicht mit, obwohl er sehr glücklich ist. Was mögen diese Einzelheiten für H bedeuten? Zum Spielen (im Sinn von scherzen, lustig sein, tanzen) gehört, was die verschiedenen Gruppen der Jungfrauen tun, also Gesang, Einzel- wie Reigentanz. „Was die Jungfrauen singen, soll man lieber nicht fragen, da ja klar ist, daß die ganze Szene auf vorchristlichen Vorstellungen beruht" (Luschnat, 68 A.12).

11,6 Es folgt die Konsequenz aus 11,2b: H ist an die Jungfrauen und deren Aufsicht gebunden. Das Warten auf den Hirten wird nicht erinnert, obwohl das passend wäre. Die Ortsangabe „neben dem Turm (παρὰ τὸν

[25] Man darf sie nicht, wie Funk, 597, kurzerhand zur πρώτη aus 15,2 machen, denn daß die „Zählung" dieser Geschichte auch die des H in seiner Deutung ist, ist sehr unwahrscheinlich.

πύργον)" ist hier zur Verklammerung der Jungfrauengeschichte mit dem Turmbaugleichnis eingesetzt, nicht im speziellen Sinn von Büßerplatz wie 4,8; 6,5.8; 7,1, der hier gar nicht in Frage kommt (neutrale Bedeutung auch 5,6). – **11,7** Der Schlafplatz mitten unter den Jungfrauen (nicht etwa abseits) kontrastiert wieder auffällig mit der sofort folgenden Beteuerung, daß ausschließlich gebetet wurde und die Szene sich zu einem Konsens und Wettstreit im Gebetseifer zwischen Jungfrauen und H entwickelt. Diese ganze Geschichte, die bis 8 Uhr morgens dauert[26], lebt von der Freude an der erotischen Inszenierung und zugleich von der ihr widersprechenden Demonstration absoluter Askese.

11,8 Der Hirt gehört nicht zur Jungfrauengeschichte, sondern nur zur aktuellen Rahmung dieses Zwischenspiels im PH (10,5.6). Wer an dieser Stelle des ursprünglichen Motiv- oder Erzählzusammenhangs (sc. nach Ablauf der Nacht) diese Frage gestellt hat („Habt ihr ihm auch nichts angetan?") und in welchem Sinn (zur vorliegenden Erzähl-Variante paßt sie durchaus nicht, es sei denn, man versteht sie erotisch), bleibt unbekannt. In der vorliegenden christlich applizierten Fassung der Geschichte kann die erste Frage des Hirten nicht wirklich mit einer seelischen Verletzung des H durch die Jungfrauen rechnen (Gebhardt-Harnack, 219: „Nescio cur pastor haec interrogaverit"). H beteuert den ungeteilten (geistlichen) Genuß der Gemeinschaft mit ihnen so, daß die dritte Frage des Hirten (nach der „Aufnahme") überflüssig ist. Die Antwort des H auf die zweite Frage („was hast du gegessen?") spiritualisiert schließlich die ganze Geschichte und steht total außerhalb dieser Geschichte selbst und auch der Theologie des PH. Das Essen der „Worte des Herrn" erinnert an Dtn 8,3; Mt 4,4; Joh 4,34. Eventuell liegt eine (christianisierende) Variante der Fassung vor, die – wie *Apk Abrah* 12,1 – besser dem visionären Milieu angepaßt ist: „Ich aß kein Brot und trank kein Wasser, weil meine Speis es war, den Engel, der bei mir, zu schauen, und seine Rede war mein Trank" (Rießler, 22).

Die Deutung von Fels, Tor, Turm und Steinen
(Sim IX 11,9–16,7)

9 **Er sprach: „Was willst du jetzt zuerst hören?" Ich sagte: „Herr, in der Reihenfolge, wie du es mir von Anfang an gezeigt hast. Ich bitte dich, Herr, mir die Erklärungen so zu geben, wie ich dir meine Fragen stelle." „Wie du willst", sprach er, „so gebe ich dir die Auflösungen, und ich werde nicht das Geringste vor dir verbergen."** – 89 (IX 12) 1 **„Herr", sprach ich, „erkläre mir als erstes von allem das: Wer ist der Felsen und das Tor?" „Dieser Felsen", sprach er, „und das Tor, das ist der Sohn Gottes." Ich sagte: „Wieso**

[26] Weinel, HNTA, 315; Dibelius, 617; Joly, 315; Gebhardt-Harnack, 219: „Hermas disponit horas more Hebraeorum."

ist der Felsen alt, das Tor aber neu, Herr?" „Hör zu", sagte er, „und sieh doch ein, du einsichtsloser Mensch! 2 **Der Sohn Gottes ist vor seiner ganzen Schöpfung geboren[27], so daß er Ratgeber des Vaters bei seiner Schöpfung war[28]; deshalb ist der Felsen auch alt." „Aber warum ist das Tor neu, Herr?" sagte ich.** 3 **Er sagte: „Weil er in den letzten Tagen vor dem Ende erschienen ist, darum entstand das Tor neu, damit alle, die gerettet werden sollen, durch es hindurch in Gottes Reich eingehen[29].** 4 **Hast du gesehen", sagte er, „daß die Steine, die durch das Tor hineingekommen waren, zum Bau des Turmes ⟨genommen worden sind⟩, daß die nicht (durch das Tor) hineingekommenen aber wieder an ihren alten Platz geworfen wurden?" „Das habe ich gesehen, Herr", sagte ich. „So wird niemand ins Reich Gottes eingehen[29]", sagte er, „der den Namen seines Sohnes nicht annimmt.** 5 **Wenn du nämlich eine Stadt betreten willst und diese Stadt rundherum von einer Mauer umgeben ist und (nur) ein einziges Tor hat, so kannst du in diese Stadt doch nur durch das Tor hineinkommen, das sie hat?" Ich sprach: „Welche Möglichkeit sollte es sonst geben, Herr?" „Wenn man in die Stadt also nur durch das Tor hineinkommt, das sie hat, so kann der Mensch", sprach er, „ins Reich Gottes nur hineinkommen[29] durch den Namen seines Sohnes, den er liebt." –** 6 **Er sprach: „Hast du die Schar der Leute gesehen, die den Turm bauen?" „Ja, Herr", sprach ich. Er sagte: „Das sind alles herrliche Engel; sie umgeben den Herrn wie eine Mauer. Das Tor ist der Sohn Gottes; es ist der einzige Eingang zum Herrn. Anders kann niemand zu ihm hineingelangen als durch seinen Sohn[30]." –** 7 **Er sprach: „Hast du die sechs Männer gesehen und in ihrer Mitte den herrlichen und großen Mann, der um den Turm herumging und die Steine aus dem Bau verwarf?" „Ja, Herr", sprach ich.** 8 **„Der herrliche Mann ist der Sohn Gottes", sagte er, „und diese sechs (Männer) sind die herrlichen Engel, die ihn rechts und links umgeben. Von diesen herrlichen Engeln", sagte er, „kommt keiner zu Gott hinein ohne ihn; wer seinen Namen nicht annimmt, kann ins Reich Gottes nicht eingehen[29]".** – 90 (IX 13) 1 **Ich sprach: „Aber der Turm, wer ist das?" „Der Turm", sagte er, „das ist ⟨die⟩ Kirche."** 2 **„Und wer sind die Jungfrauen?" Er sagte: „Das sind heilige Geister; und kein Mensch kann anders im Reich Gottes sein, als daß sie ihm ihr Gewand anziehen. Denn wenn du bloß den Namen annimmst, aber nicht das Gewand von ihnen annimmst, wird dir das nichts nützen; die Jungfrauen sind nämlich Kräfte des Sohnes Gottes. Wenn du den Namen trägst, seine Kraft aber nicht trägst, dann wirst du seinen Namen vergeblich tragen.** 3 **Die Steine", sagte er, „von denen du gesehen hast, daß sie weggeworfen wurden, die haben zwar den Namen getragen, aber das Kleid der Jungfrauen haben sie nicht angezogen." Ich sagte: „Was ist denn ihr Kleid, Herr?" „Nichts anderes als (ihre) Namen", sprach er, „die sind ihr Kleid. Wer den Namen des Sohnes Gottes trägt, muß auch ihre Namen tragen; denn der Sohn Gottes trägt selbst auch die Namen dieser Jungfrauen."** 4 **Er sagte: „Die Steine, die, wie du gesehen hast, in den Bau ⟨des Turmes gelangten und, durch ihre Hände dorthin gebracht, auch im Bau verblieben,⟩ sind**

[27] Vgl. Kol 1,15.
[28] Vgl. Spr 8,27–30.
[29] Vgl. Mk 9,47; 10,23–25; Mt 5,20; 7,21; 18,3; Joh 3,5.
[30] Vgl. Joh 14,6.

alle mit der Kraft dieser Jungfrauen bekleidet. 5 Deshalb siehst du, daß der Turm ⟨ mit⟩ dem Felsen zu einem Monolith geworden ist. So werden auch die, die dem Herrn durch seinen Sohn geglaubt[31] und diese Geister angezogen haben, zu einem Geist, einem Leib[32], und ihre Gewänder werden ein und dieselbe Farbe haben. Und solche, die die Namen der Jungfrauen tragen, haben ihre Wohnung im Turm." – 6 „Und nun die weggeworfenen Steine, Herr", sagte ich, „warum sind sie weggeworfen worden? Sie sind doch durch das Tor gekommen und von den Händen der Jungfrauen in den Bau des Turmes eingesetzt worden." „Da dich alles interessiert", sagte er, „und du genau fragst, sollst du auch etwas über die weggeworfenen Steine hören. 7 Sie haben alle den Namen des Sohnes Gottes angenommen", sagte er, „haben aber auch die Kraft dieser Jungfrauen angenommen. Durch die Annahme dieser Geister wurden sie stark und gehörten zu den Dienern Gottes, und sie hatten einen Geist, einen Leib[32], ein Kleid. Sie waren nämlich ganz einig[33] und verwirklichten Gerechtigkeit[34]. 8 Nach einiger Zeit indes wurden sie von den Frauen verführt, die du in den schwarzen Kleidern gesehen hast, mit freien Schultern und aufgelösten Haaren und von guter Figur. Als sie sie sahen, verlangten sie nach ihnen und zogen ihre Kraft an, ⟨Kleid und⟩ Kraft der Jungfrauen aber streiften sie ab. 9 So wurden sie vom Haus Gottes[35] weggeworfen und jenen (Frauen) überlassen. Aber alle, die sich von der Schönheit dieser Frauen nicht hatten täuschen lassen, verblieben im Haus Gottes[35]. Damit hast du die Auflösung der weggeworfenen (Steine)", sagte er.

91 (IX 14) 1 „Was ist nun, Herr", sprach ich, „wenn diese Menschen in ihrem üblen Zustand Buße tun, die Begierden dieser Frauen ablegen, zu den Jungfrauen zurückkehren und in deren Kraft und nach deren Werken leben, kommen sie dann nicht (doch noch) in das Haus Gottes[35] hinein?" 2 „Sie kommen hinein", sagte er, „wenn sie die Werke dieser Frauen ablegen, die Kraft der Jungfrauen wieder annehmen und nach deren Werken leben. Dazu gab es nämlich auch die Bauunterbrechung, damit sie nach getaner Buße noch in den Turmbau gelangen. Wenn sie aber keine Buße tun, dann kommen andere hinein, und sie werden endgültig hinausgeworfen."

3 Für all das dankte ich dem Herrn, weil er sich über alle, die mit seinem Namen benannt sind[36], erbarmte und den Bußengel zu uns geschickt hat, als wir gegen ihn gesündigt hatten, unseren Geist erneuerte und, als wir schon verloren waren und die Hoffnung auf das Leben aufgegeben hatten, unser Leben wieder jung gemacht hat.

4 „Herr", sprach ich, „erkläre mir jetzt, warum der Turm nicht auf dem Boden errichtet worden ist, sondern auf dem Felsen und auf dem Tor." Er sagte: „Bist du immer noch ohne Verstand und Einsicht?" „Herr", sprach ich, „es ist einfach notwendig, daß ich dich alles frage, weil ich völlig außerstande bin, etwas zu begreifen; das alles sind nämlich große und herrliche Dinge, für die Menschen schwer zu fassen." 5 „So höre!" sprach er. „Der

---

31 Vgl. Joh 1,7.
32 Vgl. Eph 4,4.
33 Vgl. Röm 12,16; 15,5; 2 Kor 13,11; Phil 2,2; 4,2.
34 Vgl. Ps 14,2; Apg 10,35; Hebr 11,33.
35 Vgl. 1 Tim 3,15.
36 Vgl. Jes 43,7.

Name des Sohnes Gottes ist groß und unfaßbar und trägt die ganze Welt. Wenn also die ganze Schöpfung vom Sohn Gottes getragen wird, was glaubst du dann von denen, die von ihm berufen sind und den Namen des Sohnes Gottes tragen und nach seinen Geboten leben? 6 **Siehst du jetzt, welche (Menschen) er trägt? Die von ganzem Herzen seinen Namen tragen! Er selbst ist also ihr Fundament geworden und trägt sie gern, weil sie sich nicht schämen, seinen Namen zu tragen**[37]**."**

92 (IX 15) 1 **„Erkl[äre mir], Herr", sprach ich, „die Namen der Jungfrau[en] ⟨ und der Frauen in den schwarzen Kleidern." „So hör die Namen der Jungfrauen", sagte er ⟩, „und zwar (zuerst) die der stärkeren, die an den Ecken standen.** 2 **Die erste (heißt) Glaube, die zweite Enthaltsamkeit, die dritte Stärke und die vierte Geduld; die übrigen, die zwischen ihnen standen, haben folgende Namen: Lauterkeit, Unschuld, Keuschheit, Freude, Wahrheit, Einsicht, Eintracht, Liebe. Wer diese Namen trägt und den Namen des Sohnes Gottes, der kann ins Reich Gottes hineinkommen**[29]. 3 **Hör auch die Namen der Frauen mit den schwarzen Kleidern", sprach er. „Auch von ihnen sind vier kräftiger. Die erste heißt Unglaube, die zweite Unmäßigkeit, die dritte Ungehorsam und die vierte Betrug. Und die in ihrem Gefolge heißen Traurigkeit, Schlechtigkeit, Zügellosigkeit, Jähzorn, Lüge, Torheit, Verleumdung und Haß. Ein Diener Gottes, der diese Namen trägt, bekommt das Reich Gottes zwar zu sehen, hineinkommen wird er aber nicht**[38]**."**

4 **Ich sprach: „Herr, die Steine aus dem Abgrund, die in den Bau eingefügt worden sind, wer ist das?" „Die ersten zehn", sagte er, „die ins Fundament gelegt wurden, sind die erste Generation; die 25 sind die zweite Generation gerechter Menschen, die 35 sind Propheten Gottes und seine Diener; die 40 sind Apostel und Lehrer der Botschaft des Sohnes Gottes."** 5 **Ich sprach: „Herr, warum haben die Jungfrauen denn auch diese Steine durch das Tor getragen und in den Turmbau gebracht?"** 6 **Er sagte: „Weil sie als erste diese Geister getragen haben, und beide haben keinen Augenblick voneinander gelassen, weder die Geister von den Menschen noch die Menschen von den Geistern, sondern die Geister blieben bis zu ihrem Entschlafen bei ihnen. Und hätten sie diese Geister nicht bei sich gehabt, dann wären sie für den Bau dieses Turmes nicht brauchbar gewesen."**

93 (IX 16) 1 **„Gib mir noch weitere Erklärungen, Herr", sagte ich. Er sprach: „Was willst du wissen?" „Herr", sagte ich, „warum stiegen die Steine aus dem Abgrund herauf und wurden dann in den Bau ⟨ des Turmes ⟩ eingesetzt, nachdem sie (doch) diese Geister getragen hatten?"** 2 **Er sprach: „Sie mußten unbedingt durch Wasser**[39] **heraufsteigen, um lebendig gemacht zu werden; sie konnten nämlich nur so ins Reich Gottes hineingelangen**[29]**, daß sie das Totsein ihres ⟨ früheren ⟩ Lebens ablegten.** 3 **So also bekamen auch sie, die schon entschlafen waren, das Siegel des Sohnes Gottes ⟨ und gingen in das Reich Gottes hinein**[29]**; ⟩ denn der Mensch ist tot", sagte er, „bevor er den Namen ⟨ des Sohnes ⟩ Gottes trägt; wenn er das Siegel aber erhält, dann legt er das Totsein ab und nimmt das Leben an.** 4 **Und zwar ist das Siegel das Wasser. Sie steigen tot ins Wasser hinunter und steigen lebendig wieder**

---

[37] Vgl. Mk 8,28 par; Röm 11,6; 2 Tim 1,8.
[38] Vgl. Dtn 34,4.
[39] Vgl. Joh 3,5; 1 Petr 3,20.

herauf. Auch ihnen wurde dieses Siegel gepredigt, und sie machten Gebrauch davon, um ins Reich Gottes einzugehen[29].“ 5 Ich sprach: „Herr, warum kamen denn auch die 40 Steine mit ihnen aus der Tiefe herauf, die das Siegel doch schon erhalten hatten?“ Er sagte: „Weil sie, die Apostel und Lehrer, die den Namen des Sohnes Gottes gepredigt hatten und in der Kraft des Sohnes Gottes und im Glauben an ihn entschlafen waren, auch den vorher Entschlafenen gepredigt und das Siegel der Predigt gegeben haben. 6 Sie stiegen also mit ihnen ins Wasser hinunter und stiegen wieder herauf; allerdings stiegen sie lebend hinunter und lebend wieder herauf; die vorher Entschlafenen dagegen stiegen tot hinunter, stiegen aber lebend wieder herauf. 7 Durch sie geschah es, daß sie lebendig wurden und den Namen des Sohnes Gottes erkannt haben. Deshalb stiegen sie auch zusammen mit ihnen herauf, wurden in den Bau des Turmes miteingepaßt und konnten unbehauen mitverbaut werden. Sie waren nämlich in Gerechtigkeit und großer Keuschheit entschlafen; nur dieses Siegel besaßen sie nicht. – Damit hast du auch dafür die Auflösung.“ „Ja, Herr“, sagte ich.

11,9 Nach Ablauf der Nachtszene, die aufschiebenden Charakter hatte (10,6–11,8), knüpft die Erzählung unvermittelt an das Verlangen des H nach Erklärung der Vision in 5,3; 10,5 an. Der Hirt steht ihm jetzt (im Unterschied zu 10,5b) zur Verfügung. Die vielen Dialoge zwischen beiden variieren inhaltlich stark. Während öfter die Wißbegier und das Fragen des H als solche getadelt werden (Brox, Fragen), darf er diesmal sogar die Reihenfolge der Erklärungen bestimmen. Dabei geht es ihm letztlich bloß um die Vollständigkeit der Erklärungen. Plausibel ist nämlich zwar, daß er die Abfolge der Visionen zugrunde legen will, umständlich und widersprüchlich aber, daß er andererseits durch seine eigenen Fragen die Beantwortung abweichend davon steuern will. Denn tatsächlich hält er sich im folgenden mit seinen Fragen eben nicht an die Abfolge der Visionen. Dann nämlich hätte er mit der Ebene und den zwölf Bergen (1,4–10) beginnen müssen. **12,1** Er beginnt aber mit Fels und Tor aus 2,1–2. Daß die Frage Fels und Tor zusammen nennt, zeigt schon das Wissen darum, daß beide den Sohn Gottes im christologischen Sinn (s. zu 1,1; VIII 3,2) bedeuten. Die Frage mit τίς (wer), von der Mehrzahl der Übersetzungen (auch Dibelius, 620) wie in 13,1 falsch mit „was“ wiedergegeben (Ausnahmen sind Mayer, 385 und Snyder, 140), nimmt vorweg, daß diese visionären „Realien“ auf eine Person zu deuten sind. Die Nachfrage des H, der in diesem Dialog deutlich die Initiative hat (und in der üblichen Form wieder einmal für seine Ignoranz gerügt wird), und die Wiederholung eines Teils der Nachfrage (12,2b) lösen die differenzierende Erklärung aus. **12,2–3** Das Gleichnis trifft also „die Unterscheidung zwischen dem ewigen Gottessohn, der Ratgeber des Vaters bei der Schöpfung war (Prov 8,22f.) und die ganze Schöpfung trägt, und der Offenbarung dieses Sohnes in der Endzeit“ (Kretschmar, 21; aus Prov/Spr wäre 8,27–30 zu nennen); und es illustriert das in den allegorischen Attributen von „alt“ und „neu“ sowie in der Statik des Felsens und in der Funktion des Tores. Schon die Kirche war nach H alt, insofern sie präexistent gegenüber der Schöpfung ist (Vis II 4,1); so der Fels (Christus) in IX 12,1–2: Das sind geläufige Motive, die, in breiter christlicher Tradition, auf jüdische Weisheits-Spekulationen zurückgehen, um die Präexistenz des Sohnes Gottes zu formulieren, so daß sich die Christologie der Sim IX von der eher adoptianischen der Sim V doch deutlich verändert abhebt (vgl. Pernveden, 66–68; anders Nijendijk, 105–119). Zur eschatologischen Diktion vgl. συντέλεια auch Vis III 8,9. Gott hat sich mit dem präexistenten Sohn bei der Schöpfung beraten „wie nach jüdischer Vorstellung mit den Engeln" (Lueken, 152). Zur kosmischen Bedeutung des Sohnes vgl. auch 2,1; 14,5–6. – Der Satz „in den letzten Tagen vor dem Ende erschienen" ist nach V 6,2 der einzige (wiederum vage) historische Bezug in der Christologie des PH; man notiert als gleichlautende Aussage: Hebr 1,2; 9,16; 1 Petr 1,20; *IgnMg* 6,1; *2 Klem* 14,2; *TestLev* 10; Irenäus, *haer.* I 10,3; *OracSib* VIII 456. Menschwerdung ist hier Teil der Eschatologie bzw. der Bußmöglichkeit (vgl. Kittel, 78f.). Der neutestamentliche Topos vom „Eingehen ins Reich Gottes" überrascht in dieser Umgebung und wird auffälligerweise nur von 12,3 bis 29,2 (noch zwölfmal) gebraucht. Er steht immer da, wo sonst wörtlich oder sinngemäß vom Einlaß in den Turm, also in die Kirche, die Rede ist. Trotzdem scheint er nicht einfach deckungsgleich mit dem Einlaß in die Kirche zu sein, sondern eschatologisch das Endziel des Heiligen und Gerechten zu meinen (vgl. Exkurs: Die Kirche). Bei der Bildrede von Tor und Einlaß, die in diesem Passus dominiert, stellte sich das biblische Bild vom Einlaß ins Reich Gottes zum (vorübergehenden) Gebrauch freilich leicht ein.

Christus ist die „Tür" auch Joh 10,7.9; *IgnPhilad* 9,1; *1 Klem* 48,2–4. In der Klarheit der Präexistenz-Aussage über den Sohn, der in dieser Welt war, kann man eine Präzisierung gegenüber der Christologie einer Einwohnung des Heiligen Geistes in einem erwählten Leib von Sim V 5;6 erblicken.[40] Weil man aber Parabelsprache vor sich hat, darf man kaum so weit gehen zu sagen, daß „also ‚alter Fels' und ‚neues Tor' zusammen Gott und Mensch in Christus" bedeuten (Grillmeier, Mit ihm, 60f.). Die Sprach- und Bilderwelt des PH gibt derartige Unterscheidungen nicht her. Man kann es auch nicht (so wenig wie bei den begleitenden Engeln) „Menschengestalt" (Grillmeier, Mit ihm, 61) nennen, in der der Sohn Gottes in der Vision auftritt. Hermas hat weder eine präzise Theologie noch eine exakte Diktion für die Inkarnation, so daß es „kaum möglich (ist), anzugeben, wie sich der Hirt des Hermas die Inkarnation vorstellt" (Grillmeier, Jesus der Christus 1, 146). Wichtig ist aber, daß entsprechend der Identifikation von Geist und Sohn Gottes, die am Beginn von Sim IX vorgenommen war (1,1) und in Sim V so nicht gilt, der Sohn Gottes hier so eindeutig präexistent ist wie in Sim V der Heilige Geist

[40] Nachdem H in Vis II 4,1 für die Kirche und Vis III 4,1 für die Engel eindeutige Präexistenz-Aussagen gemacht hat, wird man allerdings nicht denken, daß er sie in der Christologie von Sim V nicht gemeint hat, auch wenn er sie reichlich vage beläßt.

und daß er eine kosmologische Rolle spielt, vergleichbar der des Heiligen Geistes in Sim V. Diese und weitere Beobachtungen zeigen Geist und Sohn sehr nahe verwandt (Pernveden, 64f.); sie für identisch zu halten (ebd. 65), ist bei der im bildlichen und begrifflichen Bereich von H beibehaltenen Unterscheidung aber kaum richtig.[41] Vgl. den Exkurs: Die Christologie.

12,4 In der Fortsetzung (12,4–6) wird die Parabel vom Tor ausgefaltet. Dazu erinnert der Hirt zuerst an den entsprechenden Part der Vision (4,1.5 bzw. 4,6–8). Einbau und Ausschluß der Steine stellen die Unerbittlichkeit beim Eingang ins Reich Gottes dar.[42] Recht ungeschickt wirkt es, daß H in die Parabelrede vom Tor, das der Sohn Gottes ist und durch welches alle zu ihrer Rettung hindurch müssen (12,3), das völlig andere Motiv von der Annahme des Namens des Sohnes Gottes bzw. von dem „Hineinkommen ins Reich Gottes durch den Namen seines Sohnes“ einträgt, nämlich 12,5.8 und schon hier in 12,4; da ist nicht mehr der Sohn Gottes als das Tor der (einzige) Durchlaß, sondern die Annahme seines Namens die einzige Einlaßbedingung, – ein für H typischer Motivwechsel ohne Ansage. Aber ab 12,4 bekommt die Umschreibung des Sohnes Gottes durch seinen „Namen“ für H eben großes Gewicht; in 12,5.8 und vor allem in 13 und 14 entwickelt er besondere Vorliebe für diese „Namen-Christologie“.[43] „Name des Sohnes Gottes“ (nur in Sim IX, nämlich 12,4.5; 13,3.7; 14,5 zweimal; 15,2; 16,3.5.7; 17,4; 28,2.3) kann mit L. Abramowski, ZThK 81, 1984, 432 als Analogiebildung zum auf Gott bezogenen „Namen des Herrn“ begriffen werden, so daß die Epitheta Gottes auf den Sohn übertragen werden (z.B. 14,5). Und wenn die Vermutung von L. Abramowski zutrifft, daß so wie der Titel „Herr“ im Judentum den unaussprechlichen Gottesnamen vertritt und darüber selber zum „Namen“ oder Titel wird, im christlichen Text der Titel „Sohn Gottes“ für den im ganzen Buch nicht ausgesprochenen Namen „Jesus Christus“ steht, dann ist der jüdische Charakter des PH (s. Einleitung § 8) von einer neuen Seite nachweislich geworden. Dann nämlich wäre es der Fall, „daß

---

[41] Hirsch, 42 will den Heiligen Geist, vom Sohn abgehoben, wieder in den Jungfrauen erkennen (vgl. Anm. zu 2,3). Knorz, 55 trägt die Christologie von Sim V hier ein und versteht den Sohn als den präexistenten und am Ende der Zeit erschienenen Heiligen Geist.

[42] Zu λάβοι τὸ ὄνομα vgl. Hilhorst, Sémitismes, 62–66 über die Problematik der Echtheit der (nur) fünf Optative im PH. Reinhold, 113 nennt λάβοι den einzigen Optativ im PH, doch sind nach Hilhorst, ebd. 62f. fünf Belege zu zählen (sc. Vis IV 1,3; Mand VI 2,8; XII 5,4; Sim IX 12,4; 26,6), was allerdings eine Sache der Textkritik ist.

[43] Dölger, Sphragis, 109 mit A.2 verweist für die „Annahme des Namens“ 12,4 auf die Zusammengehörigkeit mit 12,5; 13,2.3; 14,5.6 und hält das für „altertümliche Ausdrucksweise für die Taufe = Empfangen des Namens Gottes“ (Bezug auf die Taufe sehen auch Weinel, HNTA, 316; Funk, 600; Knorz, 62). Das „Tragen des Namens des Sohnes Gottes“ ist in 16,3 identisch mit dem Getauftsein. Indes ist es möglich, daß es sich an anderen Stellen um die Diktion der „Namens-Christologie“ handelt (vgl. Grillmeier, Jesus der Christus 1, 144–147 mit Daniélou, Théologie, 199–216). Ein durch V 6,4.5 ausgelöster Irrtum ist es, wenn Hörmann, Leben, 221f. im „Sohn Gottes“ des vorliegenden Textes den christologischen Heiligen Geist der Sim V sieht.

Hermas den Namen Jesus Christus in dieser seiner für Christen bestimmten Schrift behandelt wie die Juden den Namen Jahwes: Er wird nicht ausgesprochen, sondern durch einen Titel ersetzt, eben durch den Titel ‚Sohn Gottes'" (ebd. 433). Allerdings bleibt diese Terminologie, wie gesagt, auf einen Teil von Sim IX (s.o.) eingegrenzt; aber die Begrifflichkeit und Bildersprache des PH ist in den meisten Teilbereichen seiner Theologie wenig kontinuierlich. **12,5** Dabei fällt rein „statistisch" eine Zusammengehörigkeit der Rede vom Eingang ins Reich Gottes und der vom „Namen" seines Sohnes auf; denn am Ende des Gleichnisses 12,5 und auch in 12,8 wird die Motiv-Kombination von 12,4 wiederholt. Daß dies auch eine traditionsgeschichtliche Zusammengehörigkeit wäre, läßt sich nicht erkennen oder herleiten. – Das Tor der Stadt wird wie das im Fels (12,3.6) christologisch gedeutet. Die Parabel von der Stadt mit Mauer und nur einem Tor versteht sich von selbst. **12,6** Sie wird jetzt offenbar benutzt, um die Szene mit den vielen Bauleuten von 3,1.4; 4,5.6.8; 5,1 durch Assoziation zu interpretieren, denn die maßgeblichen Motive „Mauer" und (einziges) „Tor" in 12,6 sind aus der Parabel 12,5 aufgegriffen. Der Sinn bleibt reichlich unklar. Wenn (wovon man ausgehen wird) Mauer und Tor noch dasselbe meinen wie in der Parabel von 12,5, so wird der Sinn sein, daß die Engel in einer Formation analog zur Begleitung und zum Aufzug von 6,1–2; 12,8 wie eine Mauer um „den Herrn" sind (Sim V 2,2.3.5; 5,3 stehen sie als Zaunpfähle zum Zusammenhalt um das Volk Gottes); und zwar werden sie in dem Sinn allegorisch als Mauer beschrieben, daß man nicht durch sie, sondern nur durch das (einzige) Tor, das der Sohn Gottes ist, „Eingang zum Herrn" findet (anders ist das 13,2 mit den Jungfrauen = Tugenden als den „Kräften des Sohnes Gottes"). Die Mauer (aus den Engeln) ist kein Tor. Diese zwar durchaus nicht sichere Deutung[44] hat den Vorteil, daß sie die Rede von der Mauer und den wörtlich aus 12,1 wiederholten Satz vom Sohn Gottes als (einzigem) Tor in einer sachlichen Zusammengehörigkeit zeigt. Für sie spricht auch, daß sich der zweimalige Titel κύριος beide Male auf Gott bezieht (der christologische Gebrauch des Titels ist im PH äußerst selten; vgl. Kraft, Clavis, 260–263); denn wenn das Bild so richtig verstanden ist, „umgeben" die Engel in dem Sinn „den Herrn wie eine Mauer", daß sie keinen „Eingang zum Herrn" darstellen bzw. gewähren. H vermischt hier die visionären Konstellationen mit der Pointe der Parabel von 12,5. Dibelius, 620: „Man sieht das Durcheinandergehen der Vorstellungen." Man muß wegen 12,5 und des von H gewollten Zusammenhangs im Verb περιτειχίζω hier unbedingt den allegorischen Topos Mauer bei der Deutung beachten und nicht

[44] Ganz anders z.B. Joly, 318f., der seine Übersetzung „C'est par eux (sc. les anges glorieux) que le Seigneur a été entouré d'un rempart" so erläutert: „Ce rempart désigne la tour." Unbegreiflich Weinel, HNTA, 316: „Christus ist... die ‚Mauer'." Gebhardt-Harnack, 222: „Deus ipse hic cum arce comparatur, angeli cum muro, filius dei cum porta in muro." Lake, 251: „here the Lord is for the moment identified with the tower." Welchen Sinn das jeweils hat, wird von den Erklärern nicht zu sagen versucht.

gleich (wie Bauer-Aland, 1314) im übertragenen Sinn nur durch blasses „umgeben" übersetzen. – Am Felsentor, Stadttor und Einlaß wird also die Zulassung zum Heil in räumlichen Allegorien christologisch interpretiert. Letztlich ist das nichts anderes als die sonstige Rede des PH von der Buße als verändertem Leben nach den Geboten oder dem Gesetz, das der Sohn Gottes ist (VIII 3,2).

12,7 Wie schon 12,4, geht die Erklärung der Visionen durch den Hirten (gegen 11,9) nicht gemäß der Fragestellung des H (wie dann wieder 13,1) und auch nicht der Reihenfolge der Vision nach weiter, sondern indem der Hirt einzelne Details des Gleichnisses abruft. Nachdem Fels und Tor christologisch erklärt sind (12,1–6), wird diese Allegorie verlassen und der gestalthafte Auftritt und die Funktion des Sohnes Gottes aus 6,1–7,2 erinnert. Er ist an den Attributen („herrlich, groß": zur Bedeutung s. zu 6,1; VIII 1,2–3; zur frühen Vorstellung vom „großen Gottessohn" s. Grillmeier, Mit ihm, 55f.) als solcher in seiner Hoheit zu erkennen und ist in der visionären Landschaft mittlerweile dreifach präsent: als Fels, als Tor im Felsen, als Herr des Turmes (vgl. 5,2.6.7; 7,1; 9,4; 30,2; vgl. 7,6; 10,4) in jeweils anderer Bedeutung oder Funktion, – für die Bilderwelt des PH keine Schwierigkeit. Parallelen dazu sind bei Vis III 3,3 besprochen. – **12,8** Die Identifizierung bzw. Deutung der Hauptgestalten ist hier das eigentliche Thema, H verschränkt es überraschend mit dem Zusammenhang von Tor und Einlaß: Nicht nur für die Menschen (Christen) gilt das Tor ausschließlich. Selbst diese sechs (vgl. Vis III 4,1) obersten Engel sind, um zu Gott hineinzukommen, auf den Sohn Gottes als Tor angewiesen. Das Bild vom Tor wird hier aber (wie 12,4.5), die Parabelrede verundeutlichend, wieder durch andere Redensarten ersetzt: „ohne ihn"; „Annahme des Namens" (s. zu 12,4–5). H markiert hier eindeutig die Sonderstellung des Sohnes Gottes gegenüber den sechs Erzengeln, die auf ihn angewiesen bleiben und sein Gefolge sind (vgl. Barbel, Christos Angelos, 224–235; Grillmeier, Jesus der Christus 1, 153); Weinel, HNTA, 316 erkennt Polemik gegen Engelverehrung, aber das christologische Argument reicht für die Deutung. – „die ihn umgeben" spielt auf 6,1–2 an, um dessen Deutung es geht, so daß Dibelius, 620 zu wenig genau ist: „der himmlische Christus steht inmitten seines Hofstaats". Der Sohn Gottes ist den Erzengeln überlegen, wahrscheinlich nach dem Muster des Verhältnisses Michaels zu den Engeln im Judentum (vgl. VIII 3,3; Bakker; Daniélou, Théologie, 119–127; Snyder, 141), und zwar in einer Weise, daß man nicht von Engel-Christologie reden kann.

13,1 Das Frage-Pronomen τίς muß (gegen die Mehrzahl der Übersetzungen: „was?") wörtlich mit „wer?" wiedergegeben werden (vgl. 12,1). Mit der Deutung des Turmes auf die Kirche (wie Vis III 3,3) wird die Parallele zu Vis III enger. Es ist günstig, die hauptsächlichen Differenzen und Übereinstimmungen zwischen beiden Fassungen der zentralen Turmbau-Parabel des PH vorweg zu kennen. Vgl. auch die Ausführungen über das Verhältnis beider Versionen zueinander in der Vorbemerkung zu Sim IX. Ein Unterschied liegt darin, daß in Vis III der Einbau von Steinen in den Turm die definitive Kirchenzugehörigkeit von wahren Christen aufgrund ihres integren Lebens bzw. ihrer Buße und Bewährung bedeutet, während die Integration der Steine in den Bau nach Sim IX die Aufnahme von Menschen (Heiden) aufgrund ihres Glaubens (und der Taufe?) darstellt. Aber in Sim IX kommt es dann auf demselben Weg wie in Vis III letztendlich doch auch durch vorausgegangene Einschätzung und Behandlung der Steine zu einer reinen Kirche, indem eben nur vollkommene, bewährte und zuverlässige Steine aufgenommen werden (IX 30,1–5; 31,1–2). Im Grundsätzlichen macht H keinen Unterschied in den beiden Texten. Es liegt also nicht der oft behauptete doppelte Begriff von der Kirche (ideale und empirische Kirche) vor (s. Exkurs: Die Kirche). H stellt in den verschiedenen Fassungen derselben Parabel (Turm = Kirche; Turmbau = Scheidung der Menschen nach dem Kriterium der Bewährung) jeweils einen anderen Sachverhalt dar: Vis III zeigt, daß nicht alle Christen das erforderliche Niveau erreichen oder halten und also von der Kirche ausgeschlossen werden müssen und das Heil verlieren, daß viele (die meisten) aber doch unwiderruflich ins Heil kommen. Sim IX erzählt dagegen (6,3–5; 7,1–2.4–7; 13,6; 17,5–18,4; auch VIII 7,5c), daß viele Menschen aus den Völkern der Welt zunächst zur Kirche stoßen, ein ganzer Teil von ihnen ihr Christsein aber durch schlechtes Leben korrumpiert und aus der Kirche wie vom Heil wieder ausgeschlossen wird. H redet in Sim IX von der Notwendigkeit, daß der Turm respektive die Kirche Gottes respektive das Volk des Sohnes Gottes „gereinigt“ werden mußte und der Sohn Gottes darüber „begeistert und froh“ ist, weil, wenn die Sünder aus der Kirche „entfernt, hinaus- und weggeworfen“ sind, die Kirche als „ein einziger Leib von Gereinigten“ dasteht (18,2–4; vgl. 30,3: *purgare*). In beiden Fassungen ist von der empirischen, realen Kirche mit ihren Verlusten an schlechten Gliedern die Rede. Den doppelten Kirchenbegriff, den die Forschung hier entdecken will, hat H letztlich nicht gemeint. Das zeigt ein Text, der (als andere Parabel) sozusagen zwischen beiden beschriebenen Fassungen des Gleichnisses steht und die übliche Unterscheidung unterläuft: In Sim VIII 1,16–2,5; 3,5–8 ist beschrieben, wie die bewährten Christen anerkannt werden und im Turm ihre Wohnung bekommen, – ganz im Stil von Vis III. Dann aber (nämlich Sim VIII 7,5) wird völlig überraschend der Fall vorgesehen, daß solche, die die „Gebote vernahmen, sich reinigten, weil sie gut waren, und sofort Buße taten“ und darum „ihre Wohnung im Turm bekamen“, in ihre Sünde, nämlich „in die Zwietracht zurückfallen“ und darum „aus dem Turm hinausgeworfen werden und ihr Leben verlieren“, – ganz im Stil von Sim IX. Nach Sim VIII 7,5 kann und muß also aus der Kirche von Vis III jemand ausgeschlossen werden wie in Sim IX. H nimmt es terminologisch und sachlich immer wieder nicht so genau mit seinen Unterscheidungen, von denen andererseits seine dynamische Bußtheologie lebt. Details bleiben widersprüchlich oder unklar.

Eine deutliche Differenz liegt aber darin, daß die Ekklesiologie von Sim IX ganz anders als die von Vis III christologisch fundiert ist, wie die Metapher vom Turm „oben auf dem Felsen", „auf dem großen Felsen und oben auf dem Tor" (3,1; 4,2), die beide der Sohn Gottes sind (12,1), bereits zeigt. Fundament, Zugang und Herr ist der Sohn Gottes. Und in ihrer Ausführung bekommt die Parabel Sim IX dann auch einen gegenüber Vis III sehr veränderten Charakter dadurch, daß eben ganze Gruppen oder Massen nur vorläufig zur Kirche gehören und dann ausgeschlossen werden und als Büßer behandelt werden müssen. – Die Zahlen der (Jung-)Frauen (Tugenden) differieren zwischen sieben (Vis III 8,2) und zwölf (Sim IX), was allerdings sachlich kaum relevant ist. Neu ist in Sim IX gegenüber Vis III die Fundamentierung der Kirche durch den Rekurs auf die (biblischen) Geschlechter der Frühzeit (15,4–6). Vgl. Snyder, 140, dem man allerdings nicht in allem folgen kann.

13,2 In der Allegorie von den zwölf Jungfrauen (vgl. die sieben Frauen von Vis III 8,2) wird wieder der wichtige, auf die Christen bezogene πνεῦμα-Begriff aus Sim V 2–7, der dort vom christologischen Gebrauch abgegrenzt wird, aber doch auch eine partielle Überschneidung mit diesem aufweist, verwendet, diesmal im Plural, weil es beim Geist im Menschen hier um die Mehrzahl von Tugenden als Kräften geht (der Singular für denselben Geistbesitz auch Sim IX 32,1.4). Es geht hier um die Tugendlehre (die Tugenden als dem Menschen geschenkte Kräfte)[45], um Realisierung und Bewährung. H spaltet das Thema auf: In 13,2–5 geht es um die unbedingte Zusammengehörigkeit von Annahme (bzw. Tragen) des Namens des Sohnes Gottes und der Annahme (bzw. dem Anziehen) des Kleides bzw. der Kraft bzw. der Namen der Tugenden, was bedeutet: um die Notwendigkeit von Glaube und Tun in einer eigentümlichen christologischen Begründung (13,3); in 15,1–2 werden dann die Tugenden nach der Manier von Vis III 8,3–8 spezifiziert und erklärt. Der letzte Satz von 15,2 bindet beide Gedankenreihen zusammen. H drückt sich in eigentümlicher Terminologie aus und vermischt obendrein die verwendeten Bilder. Daß dem Menschen ein guter (heiliger) Geist „gegeben" ist bzw. im Menschen ein guter (heiliger) Geist (seltener der Plural: gute Geister) „wohnt" und gegen böse Geister wirkt, gehört zum Vorstellungs-Repertoire des PH (z.B. Mand V 1,2–4; 2,5–7; X 2,1f.4–6; 3,2f. Vgl. die Exkurse: Das Bild vom „Wohnen"; Die Pneumatologie). In einem ähnlichen Sinn sind die Tugend-Allegorien hier „(heilige) Geister" (auch 13,7; 15,6; 16,1; 17,4) genannt.[46] Die Bekleidung mit ihrem Gewand

[45] Bardy, La vie, 53f. zur Wichtigkeit der Tugend im Christentum des H.

[46] Die „Geister", als welche die Jungfrauen bezeichnet werden, sind nach Hörmann, Leben, 247–249 (vgl. ebd. 197) „übernatürliche Wirkungskräfte", „Wirkungskräfte des Hl. Geistes",

(= der gute Einfluß auf den Menschen)[47], die in der Vision übrigens keine Entsprechung hat (auch 11,7 nicht), ist 13,3 näher erklärt. Die Wichtigkeit der Tugenden und ihres Wirkens im Menschen kann nach 12,3–5 mit der dort formulierten Bedingung für den Einlaß ins Reich Gottes (nur durch den Sohn Gottes kommt man hinein) nicht höher veranschlagt werden als durch die Wiederverwendung des Reich-Gottes-Begriffs (Einlaß nur mit Hilfe der Tugenden). Eine Tugend wie ein Kleid „anziehen" (ἐνδύεσθαι) ist ein beliebter Ausdruck des H (Kraft, Clavis, 153). Die Unterscheidung zwischen Annahme des Namens (sc. des Sohnes Gottes: 13,3.7) und Annahme des Tugendgewandes bedeutet die Differenz zwischen (bloßem) Glaubensbekenntnis (samt Taufempfang? So Zahn, Der Hirt, 222; Funk, 601) und der Verwirklichung des Glaubens. H polemisiert gegen ein unnützes Lippenbekenntnis (vgl. Jak), das den Menschen nicht ändert. Sohn Gottes und Tugenden, die bis hierher unterschieden waren, gehören zusammen: Die Tugenden sind – eben noch „heilige Geister" – jetzt „Kräfte des Sohnes Gottes" bzw. die Kraft seines Namens[48], die sich nur unter Zustimmung des Menschen, d.h. in seinem sittlichen Tun auswirken, eben nicht schon im verbalen Bekenntnis zum Namen.

13,3 H operiert einmal mehr mit seinen Aufteilungen der Christen in zumindest zwei Gruppen (17ff. werden es dann zwölf Gruppen sein). Die Verifizierung an der Turmbau-Parabel mißrät als Bild: Die Steine tragen den Namen und hätten das Kleid der Jungfrauen anziehen sollen. Freilich weiß der Leser sich die Bilder zu ordnen und den Sinn zu begreifen. Die Erklärung des Kleides hätte der Deutung der im Bau verbliebenen und der weggeworfenen Steine vorangestellt werden sollen. Mit den weggeworfenen Steinen dieses Textes sind die von 4,6–8 gemeint (vgl. schon 12,4), die an den Jungfrauen vorbei, d.h. ohne Bewährung in den Tugenden, in den Turm (die Kirche) gebracht worden waren, was von vornherein nicht hätte sein dürfen. Also irren Gebhardt-Harnack, 225: „De iis, qui non per virgines turri inserti erant..., nihil pastor dicit." Daß es jetzt „die Namen" der Tugenden sind, die man „trägt", scheint Angleichung an das Tragen des Namens des Sohnes Gottes zu sein. H variiert seine Diktion sehr eigenwillig. Wenn es um die Namen der Tugenden geht, müssen sie nur vom Hirten genannt werden, um alles verständlich zu machen. Dies geschieht aber erst 15,1–2 auf Nachfrage. Das Ende von 13,3 ist unauffällig formuliert, aber christologisch äußerst wichtig: „Der Sohn Gottes trägt selbst auch die Namen dieser

was so nicht dasteht. Die zunächst einzig richtige Übertragung ist wegen 15,1–2 die auf die Tugenden.

[47] Zum Kleiderwechsel als Wesensverwandlung Snyder, 141f.; Zahn, GGA Stück 2, 9. Januar 1878, 63 will zu ἔνδυμα (Gewand) „an das linnene Taufkleid" erinnern, das in diesem Kontext aber nicht in Frage kommt.

[48] Zur (allerdings doch nur allegorisch stilisierten) Personifikation der δύναμις s. Grese, 121.

Jungfrauen." In der Metaphorik des Kontextes ist damit gesagt, daß auch der Sohn Gottes selbst sich in den Tugenden von 15,2 bewährt und ausgezeichnet hat. Das ist exakt der Ansatz der „archaischen" (adoptianischen) Sarx–Christologie von V 6,4b–8, die auf der Bewährung und Gottgefälligkeit des Sohnes basiert (s. besonders zu V 6,5). Und H hebt hier wieder auf dieselbe Ähnlichkeit oder Parallelität der Menschen mit dem Sohn Gottes ab wie dort in der Fortsetzung V 7,1–4: Wie dort zuerst der Leib (Mensch Jesus) „heilig, recht und rein lebte" und darum Gott „gefiel, weil er sich auf dieser Erde nicht befleckt hatte", und darum auch „alles Fleisch seinen Lohn bekommt, das unbefleckt und tadelsfrei erfunden wird" (V 6,5–7; 7,1–4), so muß hier, wer sich zu Gott bekennt, die Tugenden leben, die auch der Sohn verwirklicht hat.[49] Vgl. 13,4–5.

13,4–5 In der geläufigen Art geht es mit Unterteilungen, Gruppierungen und Heilschancen-Abwägung weiter. Das „Kleid" der Tugenden ist jetzt ihre „Kraft" (statt „ihre Namen" s.o.). Name, Gewand und Kraft sind „hier offenbar Wechselbegriffe" (Dibelius, 621). Die maßgebliche Bedeutung der Jungfrauen bei der Entstehung des Turmes wird kurz erinnert („durch ihre Hände dorthin gebracht"). Alle, die endgültig im Turm sind, sind in den Tugenden bewährt wie der Sohn Gottes nach 13,3 (Ende), so daß man das διὰ τοῦτο („deshalb") wahrscheinlich der zu 13,3 beschriebenen Christologie zuzurechnen hat: Diesmal ist nicht wie 9,7; Vis III 2,6 der Turm für sich wie ein Monolith, sondern Turm „mit"[50] Fels sind miteinander in dem sehr genauen Sinn zum Monolith geworden, daß sie (sc. Jesus und alle Menschen) gemeinsam im gleichen Zustand der Gottgefälligkeit aufgrund ihrer Leistung und Bewährung dastehen (zur verbleibenden christologischen Differenz in diesem Entwurf siehe zu V 6,4b); Daniélou, Théologie, 333 erkennt darin eine judenchristliche Ekklesiologie. Hier sind die Jungfrauen bzw. Tugenden wieder die „Geister" wie 13,2, und die „Geister" werden „angezogen" wie vorher „ihr Kleid". Eine Ekklesiologie von dem einen „Geist" und „Leib" (vgl. 13,7; 17,4)[51] ist im PH nicht entfaltet und nicht die übliche,

[49] Zahn, Der Hirt, 163 verharmlost den Satz und übersieht die christologische Qualität: „In der Deutung wird ihre (sc. der Jungfrauen) Bezeichnung als Kräfte oder Kraft des Sohnes Gottes dadurch erklärt, daß dieser selbst ihre Namen trägt." „Namen tragen" heißt im PH Bewährung in den jeweils genannten Idealen bzw. Zugehörigkeit zum Heil als Folge der Bewährung. – Andere beachten den wichtigen Text gar nicht.

[50] Allerdings ist gerade das μετά („mit") eine Konjektur im Text, von Hilgenfeld auf der Basis von LL vorgenommen, von den Editionen und Übersetzungen übernommen. Sollte mit Hilhorst, Sémitismes, 100 die Lesart ohne μετά vorzuziehen sein, bleibt es bei der schlichten Aussage von der Einheit der Christen untereinander wie 9,7; Vis III 2,6 (von der in der Fortsetzung die Rede ist), aber man fragt sich dann vergeblich nach der Bedeutung des nachhängenden τῆς πέτρας.

[51] Barnett, 200 zählt die Texte zum verbreiteten Echo auf die eindrucksvolle Formel aus Eph 4,4 (ihrerseits eine christianisierte hellenistische Einheitsformel). Köster, Einführung, 697: Die „ganz paulinisch klingenden Wendungen" meinen nur die Einheit in den gleichen verpflichtenden Tugenden. – εἶναι εἶς ist LXX-Stil (Hilhorst, Sémitismes, 75f.).

sondern ist an dieser Stelle eine versprengte Idee, obwohl Einheitsformeln sich hier häufen (13,5.7; 17,5; 18,3.4).[52] Die Farbe (vgl. 17,3.4) meint das Weiß der Steine in der Vision (4,5; 6,4; 8,5; 9,1) als soteriologisch positives Kennzeichen. Die Rede von 13,4.5 meint wohl die endgültig im Turm Wohnenden, bei denen kein Rückfall mehr zu befürchten ist.

13,6–9 Von Rückfall unter solchen, die schon im Turm sind, redet – gegen Vis III – der vorliegende Text (vgl. auch Sim VIII 7,5c). Erklärung s. zu 13,1. Die beiden dominierenden Kriterien waren in 13,2–3 das Tragen des Namens des Sohnes Gottes (bzw. seiner Kraft) und das des Kleides bzw. der Kraft der Namen der Jungfrauen. Hier ist wie bisher in IX (und freilich auch 13,4.5c) der Zutritt durch das Tor und mittels der Jungfrauen entscheidend. Die weggeworfenen Steine sind diesmal also nicht die von 13,3, sondern diejenigen von 6,3–5; 7,1–2.4–7, die zunächst zu Recht im Turm waren, wie zweimal, von H und vom Hirten, eigens versichert ist, aber, wie H in einem neuen Dialog herausbringt, nach vollem Christsein und bei Zugehörigkeit zur Gemeinde in völliger Einheit mit ihr dann doch in verführerische Laster (s. 15,3) verfielen, als die nun die schwarz gekleideten Frauen von 9,5–6 gedeutet werden. Intakte, bewährte Christen („durch das Tor gekommen und von den Händen der Jungfrauen in den Bau des Turmes eingesetzt") fallen ab. H bringt diese schlimme Erfahrung (wie schon kurz Mand VIII 7,5) in den Ablauf seiner Turm-Parabel ein. Der Abfall ist allegorisch ein Kleiderwechsel bzw. ein Kräftetausch. Zur Gestalt der verführerisch schönen Frauen s. 9,5–6. Dort sind sie als zuständig nur für die Entsorgung der vom Bau weggeworfenen Steine gezeichnet, die sie – obwohl das den Ausschluß für die Steine bedeutet – mit Freuden übernehmen, denn sie sind am Untergang des Menschen interessiert. Aber daß sie Verführerinnen sind, hat keine Entsprechung in der Parabel. Sie sind „eher Vollstrecker der Strafe als Geister des Lasters" (Dibelius, 622). – Die „weggeworfenen Steine" von IX 13,3 und 6 sind also, unter sich schon stark verschieden, beide nicht diejenigen weggeworfenen Steine von Vis III, die dort ausnahmslos entweder vorläufig oder aber endgültig negativ aussortiert wurden, weil sie (immer noch) unbrauchbar waren (Vis III 2,7.9; 5,5; 6,1; 7,1). – In 13,9 fällt zweimal der Begriff „Haus Gottes" (statt Turm) für die Kirche (ebenso 14,1), zweifellos ein Bild für die Gemeinde (s. 1 Tim 3,15; Doskocil, 187). – „So wurden sie vom Haus Gottes weggeworfen": die allegorische Version des Ausschlusses von Sündern aus der Kirche. Sie war im Gleichnis bereits in Form der Überprüfung und Ausbesserung des Turmes durch den „Herrn" (Christus) (6,3–5; 7,1–2) als Selektion zu endgültiger Verwerfung oder zur Buße gekennzeichnet. – Es gerät wieder manches durcheinander: Die Frauen, die zur Sünde verführen, stehen in Konkurrenz zu den verschie-

[52] Die religionsgeschichtliche Ableitung dieser σῶμα-Stellen durch Schlier, 51–53 ist teils fehlerhaft (niemand muß im PH durch ein Tor in das σῶμα hinein), teils überholt (den gnostischen Anthropos-Mythos des Eph u. a. hat es, wie man inzwischen weiß, nicht gegeben).

denen Qualitäten der Berge, durch die die Qualität der Steine (Christen) bedingt sein soll (vgl. 17,1–29,3). Eine Vermittlung fehlt.

14,1 H ist immer daran interessiert, was aus den verschiedenen Steinen (Christen) wird bzw. noch werden kann. Das ist die Frage nach der Bußmöglichkeit (vgl. Vis III 7,5.6): Gibt es jeweils noch Rettung durch Buße? Die Buße ist im PH nie prinzipiell und jederzeit möglich, sondern an Bedingungen (Ernst, Aufrichtigkeit, Konsequenz, Eile) gebunden und zeitlich befristet. Alle typischen Elemente finden sich in diesen Zeilen. H expliziert das Bußetun in der Diktion des Kontextes seit 13,2: Die Buße besteht im Ablassen von den Sünden (Begierden), zu denen die schwarz gekleideten Frauen (9,5–6; 13,8–9; 15,1.3) verführt hatten (wegen des Plurals ἐπιθυμίαι, wegen der Parallele zu den „Werken" der Jungfrauen und wegen der Fortsetzung mit der doch bedeutungsgleich gemeinten Formel „die Werke dieser Frauen" 14,2 liegt in γυναικῶν 14,1 wohl kaum ein *Genitivus obiectivus*, sondern ein *Genitivus possessivus* vor, trotz 13,8b; anders in ihren Übersetzungen Dibelius, 622; Mayer, 388; Zeller, 271; Joly 323; Weinel, NTApo 1924^2, 376; Snyder, 143). Es ist durchaus denkbar, den PH von den „Begierden" der allegorischen Frauengestalten reden zu hören. Die Rückkehr zu den Jungfrauen entspricht (auch mit dem Stichwort δύναμις) dem Kontext mit dem Wechsel von 13,8, der hier rückgängig gemacht wird. **14,2** H bekommt seine Vermutung fast wortgleich mit seiner Frage bestätigt. Und wie üblich, wird eine Bußfrist·für die Bußbedürftigen eingerichtet, in der Parabel durch die Bauunterbrechung symbolisiert (4,4; 5,1–2), damit noch Zeit für die Rettung der Sünder ist (vgl. X 4,4 die Dringlichkeit; Exkurs: Die Buße). Dabei steht fiktiv immer die Idee im Hintergrund, als würde ein Ereignis oder ein Zeitenende dicht bevorstehen, das die Buße zeitlich unmöglich macht, wenn es nicht verzögert und verschoben wird. Aber genannt wird es nie, weil H für jeden Sünder die individuelle Notwendigkeit der sofortigen Buße monieren will und es dafür keinen generellen Nenner gibt. So kann man auch nicht von Verzögerung der Parusie reden (gegen Joly, 322). Daß bei verpaßter oder verweigerter Buße „andere hineinkommen", wie in der Parabel schon dargestellt wurde (6,5–6; 29,4), ist eigentümlich und läßt vermuten, daß H von einer festen Zahl, einem bestimmten Kontingent von Plätzen im Turm ausgeht, was indes nicht hinreichend deutlich seine Meinung ist. H erhöht so für die Sünder den Anreiz zur schnellen Buße durch Ehrgeiz und Konkurrenz-Druck. Es gibt für ihn auch an dieser Stelle den endgültigen Hinauswurf (εἰς τέλος wie Vis III 7,2), d.h. ein Versagen von Christen, das definitiv aus der Kirche exkommuniziert.

14,3 H unterbricht die Deutung des Turmbaugleichnisses kurz durch ein paar allgemeine Sentenzen der Erbaulichkeit, wie sie typisch für sein Buch sind und freilich das leitende Motiv deutlich markieren. Dramatik und Routine mischen sich in den rettenden Prozeß von Heilsaussichtslosigkeit,

Hoffnungslosigkeit, Gnade, Erbarmen, Erneuerung und Dank. – Es ist nicht sicher, aber möglich, daß das Partizip κατεφθαρμένων (mit Poschmann, Paenitentia secunda, 182) dem distinguierten Gebrauch des zugehörigen Nomen καταφθορά VI 2,2–4 entsprechend zu verstehen ist (s. dort), wonach das Verderben im Sinn der Verderbtheit noch Hoffnung auf Rettung läßt, und zwar im Unterschied zum „Tod" (vgl. E. Schwartz, Bußstufen, 8 A.3). Buchstäblicher verstehen Gebhardt-Harnack, 227: „Hermas hic de Christianis lapsis loquitur", wofür auch das parallele Muster in *Barn* 14,5; *2 Klem* 2,7 spricht. Zum (für H bedeutsamen) Verjüngungs-Motiv s. Vis III 11,3; 12,1–3; 13,2.

14,4 Die Erklärungen der Parabel werden nach kurzer Unterbrechung durch die Reflexion des H (14,3) fortgesetzt. Das Thema vom Fundament (14,6) der Kirche, das hier aufgerufen wird, hätte man an einer früheren Stelle, nämlich gleich im Zusammenhang von 12,1–3 erwartet. Das ganze Buch ist sachlich und formal sehr unzulänglich geordnet. In Vis III 2,4; 3,5 ist der Turm nicht auf einem Felsen, sondern „auf Wassern" gebaut (s. dort). – Das dialogische Geplänkel zwischen Offenbarer und Empfänger im Stil der Apokalypse dient im PH immer wieder zur Aufrechterhaltung der szenischen Fiktion und zur Auflockerung der langatmigen Erklärungen, die das Buch bietet (vgl. Brox, Fragen). H macht sich zum Anwalt aller (durch die Offenbarung überforderten) Christen bzw. Menschen. Es geht ihm um Verstehen und Vollständigkeit der Offenbarung. – **14,5–6** 14,5a ist die Antwort auf 14,4a, zu lesen von 14,6b her: Der Sohn Gottes hat das Fundament (θεμέλιος) sein wollen, darum steht der Turm nicht auf dem Boden, sondern auf dem Fels, der der Sohn ist. H redet seit 12,4 (s. dort) und auch hier wiederholt in der Diktion der „Namen-Christologie": Der „Name des Sohnes" ist, wie die Aufeinanderfolge beider Wendungen zeigt, mit dem „Sohn Gottes" identisch (vgl. Einleitung § 8 zur jüdischen Qualität dieser Redeweise). Seine kosmische Dimension („trägt die ganze Welt")[53] ist schon 2,1; 12,2 vorweggesagt (kann „die ganze Welt in sich fassen"). „Der ‚Name des Gottessohnes' impliziert hier vollständige Transzendenz und Präexistenz" und ist von Gott klar unterschieden (Grillmeier, Jesus der Christus 1, 145f.); vgl. V 6,5 für den Heiligen Geist der dortigen Parabel. κόσμος (Welt) und κτίσις (Schöpfung) sind dasselbe. Der Gedanke von 14,5 ist als Schluß *a minori ad maius* (oder umgekehrt) zu lesen: Wenn der Sohn Gottes schon die ganze Welt „trägt", wird er um so mehr als Fundament die Christen, d.h. die Kirche (den Turm) tragen. Diese Logik soll die Frage des H beantworten. Die Parabel vom „tragenden (βαστάζειν)" Fundament ist bedeutungs-

[53] Der Zusammenhang, den Taylor, Hermas and Matt. XXVIII 19f. in ἀχώρητον und ὅλον τὸν κόσμον χωρῆσαι zu Inhalt und Lesart von Mt 28,19f. herstellen will, kann nicht ganz ernstgenommen werden.

schwer für H, ohne daß dieses „Tragen“ aus der Parabel klar in eine Sachaussage übertragen würde: Die sieben Frauen in Vis III 8,2 „tragen den Turm“; die ihnen entsprechenden Jungfrauen aus IX 2,5 sehen aus, „als wollten sie den ganzen Himmel tragen“; Fels und Tor (= Christus) „tragen den ganzen Turm“ (IX 6,2), und wiederholt wird dasselbe Tragen (βαστάζειν) relativ unspezifisch gebraucht (s. Kraft, Clavis, 75). Das Tragen des Kosmos ist „welterhaltende Tätigkeit“, „der Ausdruck für die Mittlerrolle des Gottessohnes in der Schöpfung“ (Grillmeier, Jesus der Christus 1, 145). Im PH geht es aber um den ekklesiologischen Sinn von „Tragen“ und Fundament. 14,6 zeigt, daß vom Sohn „getragen“ wird (βαστάζειν), wer den Namen des Sohnes „trägt“ (φορεῖν), wie konsequent unterschieden wird. Das βαστάζειν gehört zur Parabelsprache von Bau und Fundament, so daß man es nicht als „ertragen“ (Zeller, 271) oder wechselweise mit „halten“ und „unterstützen“ (Grillmeier, Jesus der Christus 1, 145) übersetzen darf. Es kann unmittelbar durch „Fundament“ ersetzt werden. Der Bildbegriff „Fundament“ (θεμέλιος, θεμέλιον) wird aber nur an dieser einen Stelle des PH in die theologische (christologische) Aussage herübergenommen, während er sonst nur (abgesehen vom eigenwilligen Gebrauch in 21,2) innerhalb der Parabel vom Bau steht (4,2.3; 5,4; 15,4). Das φορεῖν (Tragen des Namens) ist das aus 13,2–7. Beiderlei „Tragen“ bedingen, entsprechen, fördern sich offenbar wechselseitig. An anderer Stelle bringt H diese gewählte Diktion zwar völlig durcheinander: In VIII 10,3 haben die dort besprochenen herzlich schlechten, aber bußbereiten Christen „(seinen) Namen getragen (τὸ ὄνομα… ἐβάστασαν)“, wie es IX 14 von solchen Christen schwerlich lauten könnte. Aber kurioserweise heißt es dort, daß sie „den Namen gern getragen haben (ἡδέως ἐβάστασαν)“, wie es in denselben Termini vom qualifizierten Tragen des Sohnes Gottes hier in 14,6 heißt: er „trägt sie gern (ἡδέως αὐτοὺς βαστάζει)“, von Grillmeier, Jesus der Christus 1, 145 fälschlich mit „liebevoll“ übersetzt. Man sieht an dieser Tauschbarkeit, daß ein tiefer Sinn darin nicht zu suchen ist. – „sich schämen“: wie VIII 6,4; IX 21,3; der Kontrast zu dieser unseligen Scham ist das ἡδέως (gern) aus VIII 10,3.

15,1–2 Der Hirt setzt die Erklärungen fort, wie H seine Fragen stellt (vgl. 11,9). Durch Rekurs auf die Positionen der Jungfrauen im Gleichnis (2,3) hierarchisiert H diese Gestalten: Vier von ihnen sind „herrlicher“ (2,3) bzw. „stärker“ (15,1) als die anderen. Zur Geläufigkeit der Zählung, Reihung, Personifizierung, Herkunft der Tugenden und Laster s. das Material bei Bardy, La vie, 54f.; ders., Le Pasteur, 401f.; Dibelius, 472f.623f.; zum Thema Tugend und Laster vgl. die Mand; über die Tangenten (nicht Abhängigkeiten) des PH bei diesem Thema zu vor- und außerchristlichen Listen (speziell zum *Poimandres* und zur *Tabula Cebetis*) z. B. Weinel, HNTA, 323; Grese, 111f.; Kamlah, 208: „Man erkennt die Spuren der katalogischen Tradition“. Im Vergleich zur folgenden Aufzählung und Namensnennung der Tugenden war die Erklärung der (dort sieben) Tugenden in Vis III 8,3–8 wesentlich aussagekräftiger und interessanter, weil die Erklärung der „Wirkweisen (ἐνέργειαι)“ bzw. „Kräfte (δυνάμεις)“ angeschlossen ist. Das Äquivalent dazu ist in 15,1–2 allerdings in den „Namen (ὀνόματα)“ zu sehen, die im qualifizierten Sinn von 13,3 nicht bloße Bezeichnung sind, sondern die innere Bedeutung der einzelnen Tugenden (und Laster: 15,1.3) aussagen. – Die Auswahl und Gewichtung ist im einzelnen christlich nicht einzusehen (z.B. die Liebe am Schluß und nicht unter den vier „stärkeren“). Die Reihung (mit Glaube jeweils am Anfang und Liebe am Ende) wird unter ganz anderen Aspekten entstanden sein, als H sie hier (zur Hierarchisierung) einführt (ein Begründungsversuch der Reihung von Tugenden und Lastern bei Liébaert, 178f.). Wie man im Vergleich mit Vis III 8 sieht, liegt für ihn die Anzahl der Tugenden nicht fest, wohl in etwa die Reihenfolge. Die Tugendliste des H ist nicht stärker christlich profiliert als der ganze PH (die Hoffnung fehlt usw.). Der letzte Satz von 15,2 bildet in Idee und Diktion von 12,3–8; 13,2–5 die Kurzformel für alle Ausführungen seit 13,2 und verbindet die Teile, indem er deren theologische Schlüsselbegriffe (Name des Sohnes Gottes, Namen der Jungfrauen, Einlaß ins Reich Gottes) einsetzt (vgl. die Entsprechung 15,3 Ende). **15,3** Das kurze Laster-Kapitel ist ganz parallel aufgebaut. Auch für die schwarz gekleideten Frauen kommt es auf die „Namen“ (= speziellen Qualitäten) an. Sie waren schon 13,8–9 (s. dort) als (verführerische) Laster apostrophiert, während die Parabel sie nur in der Rolle der Strafvollstrecker gezeigt hatte (9,5–6). „Namen tragen“ bedeutet, wie 13,3 u.a., das Bekenntnis und die Verwirklichung des Glaubens, in diesem Fall das Gegenstück zu 15,2, den Unglauben. Ein Christ („Diener Gottes“) hat das Reich Gottes gesehen, die Chance hineinzukommen also gehabt, aber verspielt. „Sehen“ ist nicht das Hineinkommen (anders Joh 3,3).

15,4 H bestimmt mit seiner Frage gemäß 11,9 das nächste Thema. Es geht um die in der Tat rätselhaft wirkenden ersten Sorten von Steinen zum Bau des Turmes in 3,3–4,3. Daß es besonders passende und „hochkarätige“ Steine sind, sollte durch die auffallend umständliche und feierliche Beschreibung ihrer Beschaffung und Verbauung 3,3–4,2 wohl für alle vier Gruppen angezeigt sein. Diese Steine stammen in Vis III 2,6 und Sim IX 3,3 aus dem Abgrund (βυθός), dem Aufenthaltsort der toten Vorfahren. Vgl. zum folgenden den Text und die Erklärung von Vis III 2,4–8,8. – Diese ersten, deutlich hervorgehobenen Steine symbolisieren jeweils Sondergruppen: in Vis III 5,1 die christlich-kirchlichen Autoritäten der Ursprungszeit (Apostel, Bischöfe, Lehrer und Diakone, die nach Vis III 5,1 nur zum Teil noch leben, nach Sim IX 15,6 alle schon verstorben sind) und die Märtyrer (Vis III 5,2); hier in 15,4 noch zusätzlich die alttestamentlichen Größen: die erste und zweite Generation der Gerechten (Gebhardt-Harnack, 229: „Fortasse denarius sanctus patriarcharum“) und die Propheten und Diener Gottes, denen Apostel[54] und Lehrer (vgl. 16,5; 25,2) des Christentums folgen. Sie sind als Autoritäten der Gründungszeit der Kirche deren Fundament wie Eph 2,20. Die christlichen Propheten erwähnt H „bei diesen kirchengründenden Betrachtungen" nicht (Harnack, Entstehung, 55). Zu den „Aposteln und Lehrern" s. zu 16,5 und Exkurs: Die Kirchliche Verfassung. Ein besonderer Sinn der vier Zahlenangaben (gegenüber der einheitlichen Gruppe in Vis III) ist nicht zu ermitteln (Lösungsversuche, letztlich hilflos, s. bei 5,4); sachliche Unterschiede bedeuten sie nicht, denn die Gruppen bilden zusammen das Fundament von vier Lagen über dem (eigentlichen) Fundament, das der Fels ist (4,3) (so mit Recht Zahn, Antwort, 195). Biblisch-alttestamentliche und kirchliche Größen sind – auf dem Felsen Christus – das Fundament des Turmes der Kirche. An dieser Stelle hat H die Turmbau-Parabel gegenüber Vis III also um die biblische Vorgeschichte des Christentums erweitert, ohne daß dadurch Israel ein Thema für ihn würde: „Das jüdische Volk ist für H einfach nicht vorhanden" (Klevinghaus, 123; vgl. 120–128; ähnlich Verweijs, 212–214. Goppelt, Christentum und Judentum, 243: „Die Gemeinde löst hier Israel nicht mehr heilsgeschichtlich ab, sondern nimmt geradezu seine Stelle ein"; vgl. Duchesne, 16). Die Zählung von zwei Generationen von Gerechten am Anfang erklärt H nicht. Die „Diener" Gottes, die zusammen mit den Propheten von den 35 Steinen dargestellt sind, werden nicht identifiziert. – Der Genitiv (κήρυγμα) τοῦ υἱοῦ τοῦ θεοῦ wird am besten als *Genitivus obiectivus* zu lesen sein, nämlich im Sinn von VIII 3,2, wonach der Sohn Gottes das bis an die Enden der Erde verkündete Gesetz ist (vgl. 16,5; 17,1; 25,2).

15,5–6 Jetzt wird die Verbindung auch dieser Menschengruppen mit den Tugenden hergestellt (zur Bezeichnung der Jungfrauen = Tugenden als „Geister"/πνεύματα s. den Exkurs: Die Pneumatologie). Daß auch sie von den Jungfrauen durch das Tor in den Turm gebracht wurden, heißt, daß für sie keine andere Pflicht als für alle Christen bestand. Sie haben das allgemeine Ideal vorzüglich realisiert, nämlich „als erste diese Geister (bzw. ihre Namen) getragen" (vgl. 13,2–5). Sie kamen aufgrund derselben Voraussetzung in den Turm wie alle, allerdings besonders vorbildlich. Niemand war und ist auf andere Weise Kirchenglied bzw. gerettet. Die Thematik setzt sich fort.

16,1 Die neue Frage des H entspricht der von 15,5 und fragt genau genommen noch einmal dasselbe, nämlich wieso die Ursprungsgrößen sich

---

[54] H. von Campenhausen, Amt, ordnet den Aposteltitel von 15,4 doppelt ein: einmal (zusammen mit Offb 2,2; *Did* 11,3–6; *Ps.Clem.Hom.* 11,35) unter eine „Art von Standesbezeichnung für die Missionare und asketischen Geistträger" (ebd. 25), andererseits unter der Idee, nach der die Apostel „in einem ganz unreflektierten Sinne wieder zum ‚Fundament' der Kirche" geworden sind (ebd. 57). Dem wird man – abgesehen von der asketischen und charismatischen Pointe, die sich nirgends im PH findet – zustimmen.

zum Heil dem unterziehen müssen, was für alle Menschen (oder Christen) gilt; H möchte sie offenbar privilegiert bzw. schon im Heil gesichert sehen. – „diese Geister tragen“: wie 15,6. Aus 16,5 wird deutlich, daß die Frage vorerst nur auf die alttestamentlichen Größen (also auf die 10, 25 und 35 Steine aus 15,4) bezogen ist. **16,2** Der Hirt konstatiert in aller Klarheit die Heilsnotwendigkeit der Taufe (wie die Fortsetzung eindeutig zeigt) auch für die in vorchristlicher Zeit Verstorbenen[55], die ohne Taufe als tot (16,3.6) statt lebendig galten. „Das Leben ist ‚Tod‘, wenn es nicht ‚gerettet‘ ist“ (Weinel, HNTA, 317; vgl. *2 Klem* 1,6; Vis III 3,5). Ihr (früheres) Leben war ein „Gestorbensein (νέκρωσις)“, das nur in der Taufe (Bauer-Aland, 1084) „abgelegt“ werden kann und nicht wegen 16,7c („in Gerechtigkeit und großer Keuschheit“) ethisch verstanden werden darf (und auch nicht als Läuterung: Peterson, 328 A.65). Die ersten Generationen von Gerechten und die Propheten und Diener Gottes waren absolut integer. H vertritt (auch 18,1–2) trotzdem eine strenge Tauftheorie[56], die sich auch auf die Toten bezieht (während nach *1 Klem* 49,5; 50,3 bei ihnen die praktizierte Liebe zum Heil genügt) und deren Rigidität wohl u.a. mit dem Bild vom „Siegel“ gemeint ist. Magische Interpretation des Siegels bei Weinel, HNTA, 317f. Die Terminologie von (Hinab- und) Heraufsteigen bezieht sich hier und in den weiteren Zeilen auf den βυθός (Abgrund als Hades), in dem von H auch das Wasser befindlich gedacht ist, „durch“ das hindurch man „heraufsteigt“ (vgl. den „Turm auf Wassern gebaut“ in Vis III 3,5), wobei dieses Heraufsteigen bereits Metapher der Taufe ist, die auch die Toten im Abgrund brauchen. **16,3** „Siegel (σφραγίς)“ ist hier nicht die Auszeichnung (Siegelring?) von VIII 2,2.4 und VIII 6,3b, sondern wie VIII 6,3a; IX 31,1.4 eine frühchristliche Bezeichnung der Taufe (wiederholt bis 17,4; vgl. zu VIII 6,3). In der Wiederholung ist „Siegel“ ausgetauscht gegen die ebenfalls speziell für die Taufe geprägte Formel „den Namen ⟨des Sohnes⟩ Gottes tragen bzw. annehmen“, die H seit 13,2 wiederholt gebraucht, anscheinend aber nicht streng dafür vorbehält (vgl. 14,6).

Der Begriff σφραγίς (Siegel) stammt aus der hellenistischen Kultsprache (nach Piesik, 103f. mit Dölger, Sphragis, 170 liegt allerdings direkte Übernahme aus der Rechtssphäre auf die christliche Taufe vor); seine Bedeutung ist in der christlichen Rezeption unverändert geblieben, nämlich Eigentumsangabe und apotropäisches Medium. Das Siegel konnte Tätowierung, Brandmal, Beschneidung, Salbung, aber auch weniger materiell das Aussprechen geheimnisvoller, besonders göttlicher Namen und Formeln sein (vgl. R. Knopf, Lehre der zwölf Apostel. Zwei Clemensbriefe, Tübingen

[55] Über das Verhältnis der alttestamentlichen Gerechten zur Kirche, das daraus folgt, Klevinghaus, 125–128.

[56] K.J. Hefele, ThQ 1839, 183f.: Diese Strenge muß „als eine, obgleich ernstlich gemeinte, doch völlig willkürliche Amplifikation des christlichen Gedankens angesehen werden, nur Christus sei die Pforte des Heils, zu welcher der gewöhnliche Weg auf Erden allerdings durch das Taufwasser führt, ohne daß jedoch dieser der einzige wäre“.

1920, 162f.). Zur Bezeichnung der christlichen Taufe ist der Begriff wahrscheinlich infolge der Kombination von Anrufung des Namens (Jesu) und der Taufhandlung geworden. Diesen Zusammenhang zeigt Bousset, Kyrios Christos, 227–229 überzeugend gerade am vorliegenden Text, der das „Tragen bzw. Annehmen des Namens des Sohnes Gottes“ und das „Siegel“ parallel stellt: „die Bezeichnung der Taufe als Siegel hängt an der Namennennung“ (Bousset, ebd. 228). Der 16,4 folgende Satz: „Das Siegel ist das Wasser“ ist dann als „erklärende Glosse“ zu lesen und „ist keine Worterklärung zu σφραγίς“ (ebd. 228 A.5), sondern definiert den Bezug der Metapher auf die Taufe. „Siegel“ hat im kultischen Bereich mit Namen, aber nicht mit Wasser zu tun. Darum ist die Herleitung Bousset's einleuchtend: „Die Nennung des Namens ist wahrscheinlich nur eine abgeschwächte sakramentale Form für die ursprünglichere, robustere Sitte, dem Einzuweihenden das Zeichen (Name, Symbol) des betreffenden Gottes, dem er geweiht wurde, aufzuprägen oder einzuätzen“ (ebd. 227), besonders wenn diese Namensnennung schon früh mit der Signierung des Täuflings mit dem Kreuzzeichen kombiniert gewesen sein sollte. Bousset wird glänzend bestätigt von der dopppelten Umschreibung der Taufe durch exakt die von ihm gemeinte Kombination von Benennung mit dem Namen und Bezeichnung als Siegel in 17,4: „Alle Völker... sind auf ihr Hören und ihren Glauben hin mit dem Namen ⟨des Sohnes⟩ Gottes benannt worden (τῷ ὀνόματι ἐκλήθησαν). Als sie das Siegel erhalten hatten, nahmen sie eine einzige Gesinnung an.“ Die Erklärung Dölger's, Sphragis, 72f.; vgl. 70–80 von einer vermeintlichen Gleichsetzung von „Siegel“ und „Wasser“ in 16,4 her (die Schläger, 334f. für die falsche Idee des Bearbeiters H hält und die auch von Peterson, 329f. geteilt wird) ist durch Bousset überholt, ebenso bereits die neuere Hypothese, unter dem Siegel sei der Geist zu verstehen: G. Fitzer, σφραγίς κτλ., ThWNT 7, 1964, 939–954, hier 952; K. Wengst, 272 A.56; vgl. Snyder, 145f. Die Identifizierung von Siegel und Geist ist m.W. nicht belegt. Weiteres und Literatur bei VIII 6,3.

16,4 In der gewohnt schlechten Disposition des PH wird jetzt nachgeholt, das Siegel als Taufe (Wasser) zu identifizieren. Zum Wert des Satzes „Das Siegel ist das Wasser“ als erklärender Glosse, nicht mehr, s. zu 16,3. – Unter Rücksicht auf die Metaphorik des Kontextes und angesichts der seltsamen großen Zurückhaltung des H in der Mitteilung und Beschreibung von konkreten historischen, institutionellen, rituellen Details wird man das „Hinunter-“ und wieder „Heraufsteigen“ nicht vom liturgischen Vorgang des Hinabsteigens ins Taufbecken verstehen, obwohl das naheliegt. Der Bythos der Parabel beherrscht den Text. Die Verstorbenen stiegen bei ihrem Ableben soteriologisch „tot“ hinunter, aber lebendig wieder herauf, wie in der Vision (bzw. im Gleichnis) gesehen. Die Vision führt nicht den liturgischen Taufvorgang vor, sondern diese mythisch gefärbte Taufe im Auftauchen aus dem Abgrund „durch Wasser hindurch“. Daß H ganz in diesem

Bild bleibt, zeigt die Fortsetzung 16,4b mit der Hadespredigt und 16,6, wo jedenfalls das Taufbecken nicht gemeint ist. Ein anderer Heraufstieg als der auf die Predigt hin (16,5) und zur Taufe, um „ins Reich Gottes einzugehen", d.h. als der „durch Wasser", ist hier nicht beschrieben. Freilich war die Diktion des PH leicht auf die kirchliche Taufe zu übertragen, und vielleicht gilt die Assoziation an das Tauchbad auch für ihn, was Mand IV 3,1 sehr nahelegt (vgl. *Barn* 11,11). – Übrigens läßt H es völlig im Dunklen, wann denn dieses „Heraufsteigen" der Steine, von dem er im Praeteritum spricht, also die nachgeholte Taufe bzw. Predigt (s.u.), stattgefunden hat oder (eschatologisch) stattfinden wird. Die Relation von Vision und Realität bleibt im PH ganz unklar und fließend. Nachdem H in Sim IX als Akteur auftritt (5,6; 7,6–8,1; 9,1.2.6; 10,1.2; 11,7–8 wie VIII 4,1 u.ö.), möchte man doch eine Datierbarkeit der Vorgänge unterstellen, aber andererseits ist das Gleichnis von den Steinen ja eine Allegorie und nicht der Vorgang selbst.

16,5 Die Frage von 16,1 wird für die 40 Steine (Apostel und Lehrer) gesondert gestellt, diese werden von den anderen Gruppen also abgesetzt; sie sind die christlichen Ursprungsgrößen, die die Taufe längst vollzogen („das Siegel doch schon erhalten") hatten. Eine Zahl (etwa 12 Apostel, 28 Lehrer) wird für sie nicht genannt. Warum H hier nicht wie Vis III 5,1 (vgl. Sim IX 26,2; 27,2) die Bischöfe und Diakone mitnennt, läßt sich nicht sagen; gewöhnlich begründet man das mit der Aufgabe der Predigt im Hades, die durch die Taufbedürftigkeit der Toten erforderlich war und eben den 40 zukommt. – Der Begriff des Lehrers ist dabei in 15,4; 16,5f. und 25,2 trotz gleichen Kontextes nicht mehr derselbe wie Vis III 5,1, wenn auch alle vier Stellen die Lehrer „in einem Atem" (von Campenhausen, Amt, 103) mit den Aposteln nennen und eindeutig „archaisierend" reden (Zimmermann, 213f.). Er ist hier auf eine Weise mit dem Apostelbegriff gekoppelt, daß man zwischen beiden einen Unterschied weder suchen muß noch angeben kann. Auf seltsame, unerklärte Art ist die Ursprungs-Qualität der Lehrer hier durch den Zusammenschluß mit den Aposteln derart akzentuiert, daß es sich nicht um den Stand des zeitgenössischen kirchlichen Lehrers wie Vis III 5,1; Mand IV 3,1 handelt (vgl. auch Reiling, 151 A.1–2) und auch nicht um eine Gruppe neben anderen wie Vis III 5,1 und man in der Fortsetzung von einem *descensus apostolorum et/sive magistrorum* reden muß. „Lehrer" ist hier der Sache nach eine Apposition zu „Apostel" (vgl. den Exkurs: Die Kirchliche Verfassung), offensichtlich nicht eine zweite Personengruppe neben den Aposteln. Ein und dieselbe Aussage kann einmal von den Aposteln allein (17,1) und dann von den „Aposteln und Lehrern" gemacht werden (25,2). Die Apostel *sind* dann die Lehrer der Menschen, auch derer im Hades, als „Idealgestalten der Vergangenheit" (von Campenhausen, Amt, 103 A.4; vgl. auch Dibelius, 466.626.634). Der PH bleibt in seiner Diktion oft unscharf und durchaus nicht immer folgerichtig und konstant. Auch seine Rede von Lehrern ist also uneinheitlich und nicht konsequent.

Der Auf- und Abstieg der „Apostel und Lehrer" wird jetzt so erklärt, daß das alles nicht für sie selbst ablief, denen nichts mehr fehlte, sondern daß sie sich dem zugunsten der anderen, Früheren, die genannt waren, unterzogen. Klemens v. Al., der am Problem der verstorbenen Gerechten interessiert war, zitiert zweimal aus Kap. 16 (*strom.* II 43,5–44,3; VI 46,4–5). Die Apostel und Lehrer haben also im Bythos (Hades) das Siegel (16,4), den Namen Gottes (16,5) gepredigt, damit die dort Befindlichen zur Taufe „heraufstiegen". Die Frage des H will den Grund für das Heraufsteigen der Apostel und Lehrer wissen, als könnten diese an sich, weil schon getauft, im Abgrund bleiben; die Antwort begründet das Heraufsteigen mit der Predigt, was alles ungenau ist. Auch der Ausdruck „Siegel der Predigt" ist nicht erklärt. Gebhardt-Harnack, 233; Funk, 610 verweisen für ihn auf Mt 28,19; Dölger, Sphragis, 99 sieht darin die Taufe bezeichnet, nämlich als „Siegel der Lehrverkündigung" im Sinn einer Bestätigung wie 1 Kor 1,9; Zahn, Der Hirt, 154 A.6 übersetzt: „das Siegel auf die geglaubte Predigt". – **16,6** Was genau gemeint und eine sinnvolle Auskunft ist, folgt hier: Sie sind zum Zweck der Predigt und Taufe „mit ihnen" (was aus Gründen der Zeitenfolge heißen muß: „wie sie" bzw. „zu ihnen") „ins Wasser" (im Abgrund) hinabgestiegen und (wann? s.o.) „wieder heraufgestiegen". 16,6bc wird noch einmal beteuert, daß Ab- und Aufstieg für sie nicht notwendig, sondern Mittel zum Zweck der Predigt war. Gebhardt-Harnack, 233 schreiben zu ζῶντες: „i.e. baptizantes, non baptizandi"; Funk, 610: „ i.e. baptizati et baptizantes, non autem baptizandi". Daß „auf ältere Praxis der Vikariatstaufe für Verstorbene reflektiert" wäre (so Staats, Hermas, 104), läßt der Kontext m.E. nicht zu. **16,7** Das wird, etwas anders gewendet, wiederholt. Der Gedanke der Gotteserkenntnis als Heils-Vokabel außer hier in 16,7 nur Vis III 3,1; Sim IX 18,1.2. – Allein die Taufe hatte gefehlt, so daß die alttestamentlichen Gerechten ohne weitere Behandlung, im Bild: ohne als Steine noch passend behauen werden zu müssen (ἀλατόμητος *hapaxleg.*, nur hier; aber λατομέω in diesem Sinn s. Kraft, Clavis, 268), in den Turm (die Kirche als Gemeinde der Lebendigen, Erlösten) mit-eingepaßt werden konnten; Gerechtigkeit hatten sie verwirklicht. Daraus zu schließen, der PH wolle kein anderes Gesetz erfüllen als das des AT und nehme eine vollständige „Inanspruchnahme des AT als des die Kirche konstituierenden, Leben schaffenden Gesetzes vor" (Klevinghaus, 121.123), ist ein kompletter Irrtum. – Der Text ist (abgesehen vom abhängigen Klemens v. Al.; s. zu 16,5) in der frühchristlichen Literatur das einzige Zeugnis für die Höllenfahrt (den Abstieg ins Totenreich) nicht Christi[57], sondern der Apostel. Woher H dieses Motiv bezieht bzw. ob er es selbst entwickelt hat, ist nicht zu sagen. Es gibt vage Parallelen bei Hippolyt, *De antichristo* 45 und im *EvNikod* II (XVIII)

[57] Zur Höllenfahrt Christi Materialien bei Gebhardt-Harnack, 233; N. Brox, Der erste Petrusbrief, Zürich/Braunschweig-Neukirchen-Vluyn 1989[3], 182–189. Zur Taufe der Toten in der Unterwelt durch die Apostel s. Denker, 93 mit A.7; 94 mit A.7; Stuiber, 34.45 mit dem Interesse an Zwischenzustands-Vorstellungen (Hades).

(F. Scheidweiler, NTApo 1^6, 1990, 414f.), wo jeweils Johannes der Täufer als Vorläufer in den Hades kommt, um das Kommen Christi dorthin anzukündigen. Dasselbe tun nach Origenes (*Hom. in 1 Sam* 28,3–25) Moses und die Propheten. Vgl. Bauer, Leben Jesu, 170f.248 mit A.3. Vor allem aber paßt die Idee genau in die früh- und altkirchliche Vorstellung, wonach die Weltmission eine Sache nur der Apostel war (so auch 17,1), die sie vollständig realisiert haben; ihr Abstieg in die Unterwelt ist eine Form ihrer gründlichen Arbeit gewesen.[58] – Die Idee von der Predigt (und Taufe) in der Unterwelt machte es möglich, die vorchristlich verstorbenen Gerechten nicht schuldlos vom Heil ausgeschlossen sehen zu müssen. Hinter dem mythischen Höllenabstieg der Apostel und Lehrer (oder Christi) steht also das Theodizeemotiv (Dibelius, 625; Dölger, AuC 2, 1930, 21). Der Höllenabstieg gehört zu den archaisch-naiven Überlieferungen der christlichen Frühzeit (vgl. Grillmeier, Jesus der Christus 1, 181); Overbeck, 284: „Die hier vorgetragene Vorstellung einer Predigt der Apostel in der Unterwelt ist überhaupt ein höchst charakteristisches Musterstück aus der Periode des noch ganz naiven... Waltens der christlichen Mythologie... Lehrreich ist auch die Unbeirrtheit, welche die Vorstellung eines Getauftseins aller Apostel bei Hermas noch hat, anders bei Tertullian und Clemens."

Die Deutung der zwölf Berge (Sim IX 17,1–29,3)

94 (IX 17) 1 **„Herr, gib mir jetzt die Erklärung für die Berge; warum haben sie alle unterschiedliches Aussehen und sind sie so verschieden?" „Hör zu", sagte er, „diese zwölf Berge sind die zwölf Stämme[59], die auf der ganzen Welt wohnen. Ihnen wurde der Sohn Gottes durch die Apostel gepredigt."** 2 **„Warum sind die Berge aber so unterschiedlich und sieht jeder anders aus? Erkläre mir das, Herr." „Hör zu!" sagte er. „Diese zwölf Stämme, die auf der ganzen Welt wohnen, sind zwölf Völker. Sie sind in Gesinnung und Denken verschieden. Wie du bei den Bergen Unterschiede gesehen hast, so gibt es auch Unterschiede in Denken und Gesinnung dieser Völker. Ich erkläre dir noch das Verhalten jedes einzelnen von ihnen."** 3 **Ich sagte: „Herr, erkläre mir zuerst, wie es kommt, daß trotz der so großen Unterschiede zwischen den Bergen ihre Steine in dem Augenblick, da sie in den Bau eingesetzt wurden, in ein und derselben weißen Farbe zu leuchten begannen, genau wie die Steine, die aus dem Abgrund heraufgekommen waren."** 4 **Er sagte: „Weil alle Völker, die unter dem Himmel wohnen, auf ihr Hören und ihren Glauben hin mit dem Namen ⟨des Sohnes⟩ Gottes benannt worden sind. Als sie das Siegel erhalten hatten, nahmen sie eine einzige Gesinnung an und ein einziges Denken, und ihr Glaube war ein einziger und die Liebe eine einzige[60], und sie trugen die Geister der Jungfrauen zusammen mit dem**

[58] Vgl. N. Brox, Zur christlischen Mission in der Spätantike, in: K. Kertelge (ed.), Mission im Neuen Testament, Freiburg u. a. 1982, (190–237) 194–207.

[59] Vgl. Jak 1,1.

[60] Vgl. Eph 4,3–5.

Namen. Darum begann der Turmbau in ein und derselben weißen Farbe zu leuchten wie die Sonne. 5 **Als sie alle zum selben Ort hineingelangt und ein einziger Leib**[61] **geworden waren, befleckten sich etliche von ihnen und wurden aus dem Geschlecht der Gerechten ausgeschlossen, und sie wurden wieder, wie sie vorher waren, eher noch schlechter.“** 95 (IX 18) 1 **Ich sagte: „Herr, wieso wurden sie noch schlechter, sie hatten Gott doch erkannt?“ „Wer Gott nicht erkennt“, sprach er, „und sündigt, der wird für seine Sünde bestraft. Wer aber Gott erkannt hat, der darf nicht mehr sündigen, sondern muß Gutes tun.** 2 **Wenn nun der, der Gutes tun mußte, sündigt, tut der deiner Meinung nach nicht eine schwerere Sünde als der, der Gott nicht kennt? Darum sind zwar die, die sündigen, ohne Gott zu kennen, zum Tod verurteilt; die aber Gott erkannt und seine Großtaten gesehen haben und doch sündigen, werden doppelt bestraft und müssen für immer sterben. Auf diese Weise wird die Kirche Gottes gereinigt,** 3 **wie du es ja sehen konntest, als die Steine aus dem Turm entfernt, den bösen Geistern ausgeliefert und von dort weggeworfen wurden. Und es wird einen einzigen Leib**[61] **von (lauter) Gereinigten geben. Wie auch der Turm nach seiner Reinigung wie aus einem einzigen Stein war, so wird es auch mit der Kirche Gottes nach ihrer Reinigung sein, wenn die Bösen, Heuchler, Lästerer, die Zweifler und verschiedenartigen Übeltäter hinausgeworfen sind.** 4 **Wenn sie hinausgeworfen sind, wird die Kirche Gottes ein Leib**[61]**, eine Gesinnung, ein Denken, ein Glaube und eine Liebe sein.**[60] **Und dann wird der Sohn Gottes begeistert und froh unter ihnen sein darüber, daß er sein Volk rein bekam.“ – Ich sagte: „Herr, großartig und herrlich ist das alles!“**

5 **Dann sprach ich: „Herr, erkläre mir noch, welche Kraft und welche Verhaltensweisen die einzelnen Berge bedeuten, damit jede Seele, die auf den Herrn vertraut, seinen großen, wunderbaren und herrlichen Namen preist**[62]**, wenn sie das hört.“ Er sagte: „Dann laß dir die Unterschiede zwischen den Bergen und den zwölf Völkern erklären.“**

96 (IX 19) 1 **„Vom ersten Berg, dem schwarzen, ist folgende Art von Gläubigen: (die) Abtrünnigen und (die) Lästerer des Herrn und (die) Verräter der Diener Gottes. Für sie gibt es keine Buße, nur den Tod, und deshalb sind sie auch schwarz; ihre Art ist ja Gesetzlosigkeit.**

2 **Vom zweiten Berg, dem kahlen, ist folgende Art von Gläubigen: (die) Heuchler und (die) Lehrer der Schlechtigkeit. Sie gleichen den ersten, indem sie keine Frucht der Gerechtigkeit bringen**[63]**; wie nämlich ihr Berg ohne Früchte ist, so haben auch diese Menschen zwar den Namen, sind aber glaubensleer und ohne jede Frucht der Wahrheit. Für sie besteht nun die Möglichkeit der Buße, wenn sie sofort Buße tun; schieben sie sie aber auf, ist – wie bei den ersten – ihr Schicksal der Tod.“** 3 **„Herr“, sprach ich, „wieso haben sie die Möglichkeit der Buße, die ersten dagegen nicht? Ihr Verhalten ist doch ungefähr das gleiche.“ „Sie haben aus dem Grund die Möglichkeit zur Buße“, sagte er, „weil sie ihren Herrn nicht gelästert und die Diener Gottes nicht verraten haben. Aus Profitsucht haben sie aber geheuchelt, und jeder hat seine Lehre den Wünschen der sündigen Menschen angepaßt. Aber sie wer-**

---

61 Vgl. Eph 4,4.

62 Vgl. Ps 8,2; 85,9.12; 98,3; Jes 24,15; 66,5.

63 Vgl. Spr 3,9; 11,30; Phil 1,11; Hebr 12,11; Jak 3,18.

den ihre Strafe erleiden; doch bleibt ihnen die Möglichkeit zur Buße, weil sie weder Lästerer noch Verräter waren."

97 (IX 20) 1 **„Vom dritten Berg, dem mit den Dornen und Disteln, ist die Art der Gläubigen, die teils aus Reichen, teils aus solchen besteht, die in zahllose Geschäfte verwickelt sind. Die Disteln sind die Reichen, die Dornen diejenigen, die in vielerlei Geschäfte verwickelt sind.**[64] 2 **⟨Infolge ihrer Verwicklung in zahllose verschiedene Geschäfte⟩ bleiben sie den Dienern Gottes nicht angeschlossen, sondern geraten in die Irre und ersticken in ihren Unternehmungen. Die Reichen bleiben (ebenfalls) schwerlich den Dienern Gottes angeschlossen, da sie befürchten, von ihnen angebettelt zu werden. Solche Menschen kommen schwerlich ins Reich Gottes**[65]**.** 3 **Denn wie es schwer ist, mit bloßen Füßen über Disteln zu laufen, so ist es für solche Menschen schwer, ins Reich Gottes zu kommen**[65]. 4 **Aber ihnen allen bleibt die Möglichkeit der Buße – allerdings nur sofort! –, damit sie in den (jetzigen) Tagen nachholen, was sie in früheren Zeiten unterlassen haben, und Gutes tun. ⟨Wenn sie nun Buße tun und Gutes verwirklichen,⟩ werden sie für Gott leben; bleiben sie aber bei ihrem Verhalten, werden sie jenen Frauen ausgeliefert, die sie töten."**

98 (IX 21) 1 **„Vom vierten Berg, dem mit den vielen Pflanzen, die oben grün, gegen die Wurzeln zu aber vertrocknet sind, von denen manche von der Sonne auch verdorrt sind, ist folgende Art von Gläubigen: die Unentschiedenen, die den Herrn auf den Lippen haben, aber nicht im Herzen.** 2 **Deshalb ist ihre Grundlage**[66] **ausgetrocknet und kraftlos, und nur ihre Worte sind lebendig, ihre Werke aber tot**[66]**. Solche Menschen sind ⟨weder lebendig noch⟩ tot. Sie sind wie die Unentschiedenen; denn auch die Unentschiedenen sind weder grün noch verdorrt, nämlich weder lebendig noch tot.** 3 **Denn wie diese Pflanzen vertrockneten, als sie die Sonne sahen, so wenden sich auch die Unentschiedenen, sobald sie von (drohender) Not hören, in ihrer Feigheit an die Götzen und schämen sich des Namens ihres Herrn**[67]**.** 4 **Solche Menschen sind ⟨weder lebendig⟩ noch tot. Aber auch für sie gilt: Wenn sie sofort Buße tun, ⟨können sie das Leben erhalten; wenn sie aber keine Buße tun,⟩ dann sind sie schon den Frauen ausgeliefert, die ihnen das Leben nehmen."**

99 (IX 22) 1 **„Vom fünften Berg, der grüne Pflanzen hat und felsig ist, ist folgende Art von Gläubigen: Sie haben zwar den Glauben, sind aber schwer zu belehren, dreist und selbstgefällig, wollen alles wissen und wissen doch gar nichts.** 2 **Wegen ihrer Dreistigkeit verließ sie die Einsicht, und alberne Torheit zog bei ihnen ein. Sie rühmen sich ihrer angeblichen Einsicht und wollen Lehrer nach eigenem Gutdünken sein, dabei sind sie dumm.** 3 **Infolge dieses Hochmuts sind viele, die sich erhöhten**[68]**, als hohl bloßgestellt worden; denn [die Dreistigkeit] [und das hohle Selbstvertrauen] sind ein gefährlicher Dä[mon]; viele von ihnen sind also verworfen, etliche taten aber Buße, kamen zum Glauben und fügten [sich den] Einsichtigen, da sie ihre**

64 Vgl. Mk 4,18f. par.
65 Vgl. Mk 10,23f. par.
66 Vgl. Hebr 6,1; 9,14.
67 Vgl. Mk 8,28 par; Röm 1,6; 2 Tim 1,8.
68 Vgl. Lk 18,14.

Dummheit [einsahen]. 4 Auch für die übrigen aus dieser Gruppe bleibt die Möglichkeit der Buße; sie waren ja nicht schlecht, sondern eher [töricht und dumm. Wenn sie] Buße tun, werden sie für Gott leben; tun sie aber keine Buße, müssen sie bei den Frauen wohnen, die ihnen Schlimmes antun."

100 (IX 23) 1 **„Die vom sechsten [Berg], der große und kleine Spalten hat und in den Spalten verwelkte Pflanzen, ist folgende Art von Gläubigen: 2 Diejenigen, die die kleinen Spalten haben, sind die, die etwas gegeneinander haben und von ihren üblen Nachreden im Glauben verwelkt sind. Aber viele von ihnen haben Buße getan. Und die anderen werden noch Buße tun, wenn sie meine Gebote zu hören bekommen; ihre üblen Nachreden sind nämlich geringfügig, und sie werden sofort Buße tun. 3 Die mit den großen Spalten sind die, die beharrlich bei ihren üblen Nachreden bleiben, das erlittene Böse nachtragen und im Zorn auf einander leben. Sie wurden vom Turm weggeworfen und von seinem Bau ausgeschlossen. Solche Menschen werden schwerlich das Leben erhalten. 4 Wenn Gott, unser Herr, der über alles herrscht und über alle seine Geschöpfe Macht hat, denen das Böse nicht nachträgt, die ihre Sünden bekennen, sondern gnädig (zu ihnen) ist, darf da der Mensch, der sterblich und voller Sünden ist, dem (anderen) Menschen das Böse nachtragen, als stehe es ihm zu, ihn zu verdammen oder zu retten[69]? 5 Ich, der Bußengel, sage euch: Wenn ihr diese Einstellung habt, dann legt sie ab und tut Buße. Dann wird der Herr eure früheren [Sünden] heilen, falls ihr euch von diesem Dämon reinigt; wenn nicht, werdet ihr ihm zum Tod ausgeliefert."**

101 (IX 24) 1 **„Vom siebten [Berg] mit den grünen [und] entzückenden [Pflanzen] und wo der ganze Berg in Blüte stand und wo alle Arten von Tieren und die Vögel des Himmels die Pflan[zen auf dem] Berg fraßen und die Pflanzen, von denen sie fraßen, um so üppiger wurden, ist folgende Art von Gläubigen: 2 Sie waren allezeit lauter, ohne Falsch [und glücklich,] hatten nichts gegeneinander, sondern freuten sich allezeit an den Dienern Gottes, bekleidet mit [dem heiligen] Geist [dieser Jung]-frauen und allezeit mitfühlend mit jedem Menschen, und gaben jedem Menschen vom (Ertrag) ihrer Arbeit ohne Vorbehalt und ohne Zögern mit. 3 Als der Herr ihre Lauterkeit und die ganze kindliche Unschuld sah, da vermehrte er den Ertrag der Arbeit ihrer Hände, und er segnete sie bei allem ihrem Tun. 4 Zu euch, die ihr solche Menschen seid, sage ich, der Engel der Buße: Bleibt so, und euer Same wird in Ewigkeit nicht ausgelöscht! Denn der Herr hat euch geprüft und euch in unsere Zahl eingeschrieben, und euer ganzer Same wird beim Sohn Gottes wohnen. Denn ihr habt von seinem Geist empfangen."**

102 (IX 25) 1 **„Vom achten Berg, auf dem die vielen Quellen waren und alle Geschöpfe des Herrn aus den Quellen tranken, ist folgende Art von Gläubigen: 2 (Die) Apostel und Lehrer, die auf der ganzen Welt gepredigt und das Wort des Herrn lauter und rein gelehrt haben, ohne aus einer schlechten Absicht irgend etwas zu unterschlagen; vielmehr lebten sie allezeit in Gerechtigkeit und Wahrheit, wie es dem heiligen Geist entspricht, den sie empfangen hatten. Solche Menschen haben Zugang zu den Engeln."**

103 (IX 26) 1 **„Vom neunten Berg, dem wüsten, mit Schlangen und wil-**

[69] Vgl. Jak 4,12; Mt 10,28; Lk 6,9; 9,24 u. a.

den Tieren, die für den Menschen lebensgefährlich sind, ist folgende Art von Gläubigen: 2 **Die (Steine) mit den Flecken sind Diakone, die ihr Diakonamt schlecht ausgeübt und Witwen und Waisen den Lebensunterhalt geraubt und sich mit Hilfe des Diakonamtes bereichert haben, das sie doch zum Dienen übernommen hatten. Wenn sie bei dieser Begier bleiben, dann sind sie tot und ohne jede Hoffnung auf Leben. Wenn sie aber umkehren und ihr Diakonamt auf lautere Weise versehen, dann können sie am Leben bleiben. –** 3 **Die mit den unebenen Flächen, das sind die, die ihren Herrn verleugnet haben und nicht zu ihm zurückgekehrt sind; sie sind verwildert und wüst, hängen den Dienern Gottes nicht an, sind statt dessen vereinsamt, wodurch sie ihre Seele ruinieren[70].** 4 **Denn wie ein Weinstock, der vergessen an einem Zaun steht und nicht gepflegt wird, abstirbt und unter den (anderen) Pflanzen verödet und mit der Zeit verwildert und für den Besitzer nicht mehr brauchbar ist, so haben diese Menschen sich aufgegeben und sind in ihrem verwilderten Zustand für ihren Herrn unbrauchbar.** 5 **Für sie gibt es eine Buße, wenn sich zeigt, daß ihre Absage nicht aus (tiefstem) Herzen kam; zeigt sich aber, daß einer aus (tiefstem) Herzen verleugnet hat, so weiß ich nicht, ob er das Leben erlangen kann.** 6 **Das sage ich allerdings nicht für die Zeit (ab) jetzt, damit jemand verleugnet und dann zur Buße greift; es ist nämlich ausgeschlossen, daß einer gerettet wird, der jetzt noch seinen Herrn verleugnen wird. Sondern Buße gibt es – so ist die Überzeugung – nur für die, die in der Vergangenheit verleugnet haben. Wenn daraufhin einer Buße tun will, so muß das sofort sein, ehe der Turm fertiggestellt ist; andernfalls wird er von den Frauen zu Tode gebracht. –** 7 **Und die (Steine), deren Ecken abgebrochen sind, das sind (die) Betrüger und Verleumder. Auch die Tiere, die du auf dem Berg gesehen hast, sind das. Denn wie die Tiere mit ihrem Gift den Menschen umbringen und vernichten, so bringt das Reden solcher Leute den Menschen um und vernichtet ihn.** 8 **Sie sind in ihrem Glauben verstümmelt infolge des Verhaltens, das sie an den Tag legen. Manche haben aber Buße getan und sind gerettet worden. Auch die übrigen Leute von dieser Art können gerettet werden, wenn sie Buße tun; wenn sie aber keine Buße tun, werden sie von den Frauen, deren Kraft sie (in sich) haben, getötet."**

104 (IX 27) 1 **„Vom zehnten Berg, auf dem Bäume standen, die etlichen Schafen Schutz boten, ist folgende Art von Gläubigen:** 2 **(Die) Bischöfe und (die) gastfreundlichen Menschen, die gern und jederzeit und ohne Heuchelei die Diener Gottes in ihr Haus aufgenommen haben. Die Bischöfe haben jederzeit und ununterbrochen die Notleidenden und Witwen mit ihrem Dienst in Schutz genommen und haben jederzeit lauter gelebt.** 3 **Sie werden alle ständig den Schutz des Herrn erfahren. Die das verwirklicht haben, sind herrlich bei Gott, und ihr Platz ist alsbald bei den Engeln, wenn sie bis zum Ende dabei bleiben, Gott dem Herrn zu dienen."**

105 (IX 28) 1 **„Vom elften Berg, wo Bäume voller Früchte standen, mit den verschiedensten Früchten behangen, ist folgende Art von Gläubigen:** 2 **Die gelitten haben für den Namen des Sohnes Gottes, und zwar bereitwillig und von ganzem Herzen gelitten und ihr Leben hergegeben[71] haben."** 3 **Ich sprach: „Herr, wieso haben alle Bäume Früchte, aber manche**

[70] Vgl. Mt 10,39; Mk 8,35 par; Lk 17,33; Joh 12,25.

[71] Vgl. Apg 15,26.

davon sind besonders schöne Früchte?" „Hör zu", sagte er, „alle, die jemals wegen des Namens gelitten haben, sind herrlich bei Gott, und allen von ihnen wurden die Sünden getilgt, weil sie wegen des Namens des Sohnes Gottes gelitten haben. Hör (aber auch), warum ihre Früchte unterschiedlich, manche aber überragend sind." 4 **Er sagte: „Alle, die den Machthabern vorgeführt und verhört worden sind und nicht geleugnet, sondern bereitwillig gelitten haben, die sind ganz besonders herrlich beim Herrn; ihre Frucht ist die überragende. Aber alle, die Angst bekamen und in Zweifel gerieten und in ihrem Herzen überlegten, ob sie leugnen oder bekennen sollten, und (dann aber doch) gelitten haben, deren Früchte sind nicht so schön, weil in ihrem Herzen dieser Gedanke aufkam; denn das ist ein schlimmer Gedanke, daß ein Knecht seinen eigenen Herrn verleugnet.** 5 **Seht euch also vor, die ihr euch mit diesem Gedanken beschäftigt, daß er nicht in euren Herzen bleibt und ihr für Gott tot seid! Die ihr wegen des Namens leidet[72], müßt Gott preisen[72], weil Gott euch für würdig gehalten hat, daß ihr diesen Namen tragt und alle eure Sünden geheilt werden.** 6 **Preist euch also selig[73]! Seid überzeugt, ein großes Werk getan zu haben, wenn einer von euch Gottes wegen gelitten hat[73]. Leben schenkt euch Gott, und ihr begreift es nicht. Eure Sünden lasteten ja auf euch, und hättet ihr nicht wegen des Namens des Herrn gelitten, wäret ihr wegen eurer Sünden für Gott tot gewesen.** 7 **Das sage ich euch, die ihr zwischen Leugnen und Bekennen schwankt: Bekennt, daß ihr einen Herrn habt, damit ihr nicht wegen Leugnung ins (ewige) Gefängnis eingeliefert werdet.** 8 **Die Heiden bestrafen ihre Sklaven, wenn einer seinen Herrn verleugnet; was, glaubt ihr, wird euch der Herr antun, der über alles die Gewalt hat? Schafft diese Gedanken aus euren Herzen weg, damit ihr immer für Gott lebt!"**

106 (IX 29) 1 **„Vom zwölften Berg, dem weißen, ist folgende Art von Gläubigen: Sie sind wie unschuldige Kinder[74], in deren Herzen (noch) keine Bosheit aufkommt, und sie wissen (noch) nicht, was Schlechtigkeit ist, sondern sind immer in ihrer Unschuld geblieben.** 2 **Solche Menschen werden ohne jeden Zweifel im Reich Gottes wohnen, weil sie bei keiner Gelegenheit die Gebote Gottes befleckt haben, sondern in ihrer Unschuld alle Tage ihres Lebens bei derselben Gesinnung geblieben sind."** 3 **Er sprach: „Alle von euch, die dabei bleiben und wie die Kinder[74] sein werden, ohne Bosheit, werden herrlicher sein als alle (Arten), von denen zuvor die Rede war; denn alle Kinder sind bei Gott herrlich und stehen bei ihm an erster Stelle. Selig seid ihr also, wenn ihr die Schlechtigkeit bei euch beseitigt und die Unschuld anzieht; als erste von allen werdet ihr für Gott leben!"**

17,1 Aus der Bitte des H um Erklärung sämtlicher Visionsteile (5,3; vgl. 10,5) und der Zusage des Hirten, daß er „alles erfahren" wird (5,5), fehlt noch die Erklärung der Berge, die der Reihenfolge der Vision nach (1,4–10) viel früher hätte erfolgen sollen (s. zu 11,9). Die vorliegende Erklärung steht immerhin in der Sequenz der Erklärungswünsche 12,1; 13,1–3.6; 14,1.4;

---

72 Vgl. Apg 9,16; 1 Petr 4,14.16.
73 Vgl. Mt 5,11; Lk 6,22; 1 Petr 4,14.
74 Vgl. Mt 18,3; 1 Petr 2,1 f.

15,1.4.5; 16,1.5. – Aber es wird längst nicht alles erklärt, was dem Leser dunkel bleibt. Zur Anordnung der Berge „rund um die Ebene" (1,4) beispielsweise und zu ihrem Größenverhältnis („der Fels war höher als die Berge" 2,1) findet sich in der Deutung nichts. Völter, Apostol. Väter, 308 glaubt diese Details nach Mich 4,1ff.8; *äthHen* 87,3 gezeichnet. Zumal der letzte Hinweis *äthHen* („sie zeigten mir einen Turm hoch über der Erde, und all die Hügel waren niedriger": Rießler, 420) ist akzeptabel, liefert aber auch keine Deutung des Visions-Materials. Außerdem stammen diejenigen Steine, die in die Affäre von 4,6–8 verwickelt waren und „nicht in den Turmbau paßten", ebenfalls von den Bergen, so daß sie zusammen mit den Bergen hätten gedeutet werden müssen. Das erfolgt nicht. So bleibt weitgehend unklar, was mit dieser Episode gemeint ist (vgl. zu 4,4–8). Auch was es bedeutet, daß diese Steine dann an ihren Herkunftsort zurückgebracht, was heißt „entfernt" und „weggeworfen" wurden (4,7; 12,4; 13,3), wird nicht gezeigt. Es bleibt unklar, was es besagen soll, daß sie nicht nur verworfen, sondern dorthin zurückgebracht wurden, von wo sie geholt worden waren. Überraschend konsequent und deutlich ist dagegen in 29,4–30,3 (s. dort) erklärt, wieso der Hirt das Ersatzmaterial „nicht von den Bergen holen" ließ, „sondern von einer nahegelegenen Ebene" (6,6).

Zur Interpretation muß man sich mit den wenigen ausreichend klaren Hinweisen im Text selbst begnügen. „Alles weitere Fragen führt zu Unsinn und gibt nur Stoff für gelehrte Streitigkeiten von gänzlicher Unfruchtbarkeit. H. hätte selbst auf alle hier aufzuwerfenden Fragen nicht antworten können" (Weinel, HNTA, 318). Schließlich ist nicht jedes bildliche Detail mit einer eigenen Absicht befrachtet, und umgekehrt gibt es nicht zu jeder Aussage über die Verschiedenheit zwischen den Bergen (Christen) eine Entsprechung im Bildteil (vgl. Piesik, 128–134).

Die Deutung der Berge muß wegen 4,4b–5 auf jeden Fall in eine Erklärung der Steine übergehen. Weil aber die zwölf Berge ein entlehntes Motiv sind, welchem H seine Allegorie der Steine sekundär anhängt, beginnt die Erklärung mit den Bergen als solchen. Das für H interessante Merkmal an ihnen ist ihre große Verschiedenheit (aus der sich später viele Christengruppen bilden lassen) und der Grund dafür. – Mit Gebhardt-Harnack, 234; Funk, 610; Joly, 330 ist τὰ δώδεκα δώδεκα (GLL) zu lesen statt δώδεκα (PAmE; Whittaker, 90). Die Zwölfzahl erklärt sich gewiß aus der Herkunft des Bildes aus dem Judentum, wo Israels zwölf Stämme damit markiert waren. Bei H wird aus dem Gottesvolk der zwölf Stämme (vgl. Dibelius, 605.626; Joly, 329; Völter, Apostol. Väter, 309; Snyder, 147) umgehend die Menschheit „auf der ganzen Welt", und zwar unter dem Aspekt der christlichen Weltmission.[75] Alle Menschen haben von den Aposteln, die exklusiv für

[75] Arnera, 217f. sieht Zusammenhänge mit Jes 51,1–2 und findet hier wie dort das Thema vom Felsen als Steinbruch, aus dem ein Volk hervorgeht, wobei H (infolge seines verdeckten Antijudaismus, den Arnera ihm unterstellt) allerdings die Nennung Abrahams (Jes 51,2) vermeidet. Sehr wahrscheinlich klingt das nicht.

die Mission zuständig sind (s. zu 16,7), die Heilspredigt vom Sohn Gottes gehört. **17,2** Damit ist aber eine Gemeinsamkeit der „zwölf Stämme" genannt, und H, den doch die Unterschiede beschäftigen, muß seine Frage wiederholen. Die Differenzen zwischen den Bergen werden vom Hirten daraufhin auf die innere Einstellung und auf die Lebensführung der Völker, die sie bedeuten, bezogen, und somit ist die Allegorie von 19,1–29,3, zu der die Parabel dann wird, angekündigt. – Was zuerst (sicher in der Diktion der jüdischen Vorlage) „Stämme" (φυλαί) hieß, wird in der christlichen Missionssprache also zu „Völkern" (ἔθνη), wobei es seltsam und wirklichkeitsfern ist, daß die Völker jeweils als ganze eine bestimmte Einstellung und Praxis vertreten. Die Ausdeutung verläuft später dann auch anders: Die einzelnen Berge stehen für die unterschiedlichen Gruppen von Christen (19,1–29,3), nicht für Völker. Die Diktion ist wieder einmal nicht abgeglichen.

17,3 H verzögert nun selbst die Darstellung der Unterschiede, die er 17,1f. gewünscht hatte, weil er sich jetzt für das Phänomen von 4,5 interessiert, bei dem die diversen Steine von den Bergen, sobald sie in den Turmbau eingesetzt wurden, ihre unterschiedlichen Farben (d.h. ihre Unterschiede aufgrund der Herkunft von den verschiedenen Bergen) verloren und alle augenblicklich weiß wurden im Sinn des gemeinsamen Kennzeichens von Vollkommenheit und Zugehörigkeit zur Kirche wie 3,3, worauf H ausdrücklich Bezug nimmt (λαμπρός, λευκός; vgl. Kraft, Clavis, 267.272f. mit den Parallelstellen). **17,4** Die Antwort wird in einer Utopie gegeben, die als Tatsachenbericht formuliert ist: Alle Völker kamen zum Glauben, ließen sich taufen und konvertierten also zu einem einzigen Denken und Lebensstil. – „den Namen ⟨des Sohnes⟩ Gottes tragen" und „das Siegel erhalten" sind Umschreibungen der Taufe (s. zu 16,3); die Formulierung „die Geister der Jungfrauen tragen" (24,2 steht ausnahmsweise der Singular: „bekleidet mit dem heiligen Geist dieser Jungfrauen") ist nach der Tugend-Allegorie und ihrer Ausführung in 13,2–5; 15,6 zu verstehen und bedeutet, ungeteilt am Guten orientiert zu sein. – Die Einheit aller Menschen in Glaube und Leben ließ also den Turm (die Kirche) einst in der weißen Farbe „leuchten wie die Sonne". Warum tut H diesen Griff zur Utopie, der nur in Verlegenheit führen kann? Natürlich kennt er die Kirche seiner Zeit so „leuchtend" nicht und kommt von diesem ideal beschriebenem Zustand auch direkt auf sein ureigenes Thema, die Christensünde, zurück. **17,5** Die Metapher vom „einen Leib (ἓν σῶμα)" für die Gemeinschaft der Glaubenden ist auch 13,5.7; 18,3.5 gebraucht. – Inzwischen also ist der ideale Zustand verloren, es gibt (getaufte) Sünder. Sie sind das Problem des H. Die Utopie, wonach „alle Völker" sich hatten taufen lassen (17,4) und „etliche von ihnen" sich befleckten und ausgeschlossen wurden und „wieder wurden, wie sie vorher waren" (17,5), dürfte eine Extrapolation des H sein: Die Gemeinde, die zuerst aus lauter treuen Gläubigen besteht, erlebt Versagen und Widerruf des Glaubens. Diese Erfahrung wird von H „umgelegt" auf die Totalität der Menschheit. Das frühchristliche Denken neigt dazu, Erfahrungen, Vorgänge, Erfolge und Rückschläge in der Kleingruppe der Gemeinde zu universalen Abläufen von globaler und weltgeschichtlicher Bedeutung zu stilisieren.[76]

18,1–2 „Wieso wurden sie noch schlechter?" Die Christensünde ist im frühchristlichen Urteil wesentlich gravierender als die Sünde vor der Taufe (vgl. den Sarkasmus 2 Petr 2,20–22). Keine einzige Sünde ist harmlos, aber es gibt Verschärfungen. H spricht wiederholt wie hier von der Sünde zum Tod (vgl. E. Schwartz, Bußstufen, 8 mit A.3; Grotz, 29f.; Staats, Hermas, 105). „Die Ausführungen vertreten das strengste Tauf- und Katharerideal. Sie wissen nur von der Schwere der Sünde nach der Taufe und von dem Verderben des sündigen Christen zu reden" (Windisch, 360). „Die Auffassung, daß eine schwere Sünde nach der Taufe viel häßlicher ist als eine Sünde vor der Taufe, hat sich im nachapostolischen Zeitalter erhalten" (Dölger, Sphragis, 129; ferner 137f.). – „sie hatten Gott erkannt": Zur Gotteserkenntnis als soteriologischer Vokabel s. zu 16,7. – **18,3** Aus Rücksicht auf die Aussage von der Reinigung der Kirche wird H in der Formulierung nachlässig: Es hatte in der Parabel nie (wie hier) geheißen, der Turm werde gereinigt, sondern dies war von den Steinen gesagt (7,2; 8,4) und vom Platz um den Turm (7,6). Aber es ist hier nicht anders als dort: Turm bzw. Kirche werden gereinigt, indem die unzulänglichen Steine bzw. Christen gereinigt oder entfernt sind. – „wie du ja sehen konntest": spielt auf 9,5–6 an (vgl. 13,8–9). **18,4** Unter Wiederholungen von Formulierungen aus 17,4 wird die Notwendigkeit von Hinauswurf und Exkommunikation der Sünder mit dem erbaulichen Bild der in Tugend vereinigten Kirche kontrastiert. – Der Sohn Gottes ist ganz im Stil der Christologie von Sim V sehr menschennahe, menschenähnlich gezeichnet. Er ist wie dort sehr engagiert, „unter" den Erlösten, „seinem Volk". Von wem und wozu er dieses sein Volk „rein bekam (ἀπειληφὼς... καθαρόν)", bleibt ungesagt und nicht zu ergründen. In seiner Christologie ist H „archaisch" (vgl. Exkurs: Die Christologie). – Das Kompliment des H bedeutet Abschluß und Überleitung zugleich.

18,5 Hier endlich kommt es zur Antwort auf die Frage des H nach den Unterschieden (17,1f.), die bis 29,3 reicht. In seiner Wiederholung fragt H bereits allegorisch: Er weiß, daß es unterschiedliche „Kräfte und Verhaltensweisen" sind, die mit den unterschiedlichen Bergen bezeichnet sein sollen. In ähnlicher Weise hat er früher nach den verschiedenen Wirkweisen (ἐνέργειαι) allegorischer Gestalten wie z.B. der Tugenden (Vis III 8,3) oder der Engel (Mand VI 1,1; 2,2.6) gefragt (vgl. Vis III 8,6.7; Mand VI 1,1; VIII 8 u.ö.). – „damit jede Seele usw.": H erfährt und empfängt alles, um es

[76] Am Beispiel des 1 Petr: N. Brox, Situation und Sprache der Minderheit im ersten Petrusbrief, Kairos NF 19, 1977, 1–13.

an die Gläubigen weiterzugeben und in ihnen die richtigen Reaktionen zu wecken.

19,1 Die nun folgende Verteilung der Christenheit auf die zwölf Berge ist weitgehend willkürlich und insgesamt nachträglich, d.h. in dieser Form auf das Bild aufgetragen. Man kann ihr darum nicht umgekehrt durch Ableitung aus diesem Konstrukt, das eben eine Schöpfung des H ist, bedeutsame theologische Aufschlüsse des PH über den Zustand der Menschheit vor dem Evangelium oder über eine Berufung der Heiden anstelle der Juden (Wechsel von φυλαί zu ἔθνη), über das Verhältnis der Kirche zum Judentum oder über ihre Herkunft aus *allen* Völkern (Arnera, 218) gewinnen (vgl. die Positionen bei Gebhardt-Harnack, 234; Zahn, Der Hirt, 223f.; Funk, 610f.).[77] Die stereotype Formel „vom… Berg ist folgende Art von Gläubigen" zeigt die rein äußerliche Qualität von Entsprechungen zwischen den Bergen und den Christen. Der gegenseitige Bezug erschöpft sich fast schon in der formalen Aussage des H: „Wie du bei den Bergen Unterschiede gesehen hast, so gibt es auch Unterschiede… dieser Völker" (17,2), d.h. es gibt Unterschiede auf der Welt, auch unter den Christen. Die allegorischen Einzelzüge (die Merkmale der Berge) sind äußerst vage und spärlich gehalten. Offenbar hat H eine Steigerung in der Reihung der Berge und Gruppen beabsichtigt gehabt, er hat sie aber weder einigermaßen sorgfältig angelegt noch durchgehalten. Aber aus der Schilderung und den größenmäßigen Andeutungen zu den einzelnen Gruppen erkennt man wieder den Optimismus des H, mit dem er die Mehrzahl der Christen doch durch Vollkommenheit oder Bußpraxis der Rettung sicher sieht. Die Utopie des Totalerfolgs der christlichen Mission bei „allen Völkern" aus 17,1.4 spielt hier keine Rolle, und die Szene entwickelt nach der Seite der Vision von den Bergen insgesamt eine Eigenständigkeit sogar gegenüber dem Turmbau (schärfer Dibelius, 628: Das Bild von den Bergen gehört mit dem vom Turmbau „eigentlich überhaupt nicht zusammen"), obwohl H während der ganzen Allegorie von den zwölf Bergen das Turmbau-Gleichnis im Kopf hat und darauf anspielt (der Turm: 17,4; 18,3; 23,3; 26,6; 29,4; die Steine: 17,3; 18,3; die schwarz gekleideten Frauen: 20,4; 21,4; 22,4; 26,6.8) und umgekehrt die Turmbau-Erklärung mit der Allegorie der Berge verzahnt (30,1–3). Es gehört zu den Vorzugsideen des H, die Christen nach moralischen Maßstäben zu gruppieren. Die verschiedenartigen Berge seines traditionellen Bildstoffes animieren ihn an dieser Stelle dazu, nach Vis III und Sim VIII eine dritte große Einteilung vorzunehmen. Die Anzahl der Gruppen, die dabei herauskommen, variiert: Waren es in Vis III 5,1–7,3 vier und acht und in Sim VIII 3,6–8; 6,4–10,4 drei und zehn Gruppen, so sind es hier 19,1–29,3 – vorgege-

[77] Nach Arnera, 218 kann man die Allegorie der Berge tatsächlich als Vorgang lesen, indem die Kirche alle jüdische Vergangenheit, Offenbarung und Geschichte aufsaugt; H läßt das jüdische Volk nicht lauthals und polemisch, sondern in einer frommen Sprache verschwinden. Aber selbst das geht zu weit: Die Juden sind kein Thema des PH.

ben durch die Visionsszene – eben zwölf. Die Bezeichnungen und Kategorien von Christen bzw. Sündern wiederholen sich zum Teil (vgl. Baumgärtner, 65f.), weichen aber auch recht weit voneinander ab.

Die Reihe beginnt, wie VIII 6,4 (s. dort; Vergleichstabelle bei Giet, Hermas, 243), mit den Abtrünnigen, Lästerern und Verrätern, die unwiderruflich verloren sind (anders Vis II 2,2.4). – „deshalb sind sie auch schwarz", sc. wie der rußschwarze Berg 1,5, von dem sie „sind": das muß auf die Gesinnung bezogen werden; die schwarze Farbe ist im PH oft das Signal für Unheil und Negativität (Kraft, Clavis, 285). „Verräter der Diener Gottes" muß Anzeigen in der Verfolgung meinen (vgl. 19,3 und zu Vis I 3,1). Hier steht erstmals in Sim IX (außer 1,1; 14,3 Bußengel) der zentrale Begriff μετάνοια (Buße), den Frei, 1975, 190–202 eigens für dieses Buch bearbeitet. – **19,2** Der kahle Berg (ψιλός ist nach 1,5 gegen ὑψηλός G vorzuziehen; vgl. die Editionen und Kraft, Clavis, 442.463) symbolisiert („ohne jede Vegetation" 1,5) die moralische Fruchtlosigkeit. Der Personen- bzw. Sünderkreis wie VIII 6,5. – „haben zwar den Namen", d.h. sind getauft, leben aber nicht danach, d.h. sie „heucheln" (der Gegensatz ὄνομα – πίστις hat auf der Bildseite keine Entsprechung, ebensowenig die Bußmöglichkeit: Piesik, 129); andere („Lehrer der Schlechtigkeit") sind Ketzer (vgl. die konstante ketzerpolemische Diktion auch in *IgnEph* 7,1; *PolPhil* 6,3). Aber H hebt sie entscheidend von der ersten Gruppe ab: Durch sofortige Buße können sie deren Schicksal vermeiden. H arbeitet wieder mit der (fiktiven) Bußfrist (s. Exkurs: Die Buße). „Lehrer der Schlechtigkeit": πονηρίας kann *genitivus obiectivus* (Joly, 213: „des docteurs du vice") oder auch *qualitatis* sein (Dibelius, 628: „böse Lehrer"); vgl. Hilhorst, Sémitismes, 113. – **19,3** In üblicher Manier löst H durch Fragen weitere Einsichten aus. Aus verschiedenen Sünden resultieren unterschiedliche Schuld und Strafe. H unterschätzt die Unterschiede und wird gleich zweimal über das Schwergewicht von Gotteslästerung und Verrat am anderen (in der Verfolgung) belehrt.[78] Die Heuchelei aus Gewinnsucht besteht in der Ablenkung der Christen durch ihr Geld, die nur noch scheinbar und oberflächlich eine Zugehörigkeit zur Gemeinde zuläßt. Und die Häresie wird (wie die Rede des Falschpropheten in Mand XI 2.6.13) als Konzession an verdorbene Bedürfnisse (an den „Zeitgeist") disqualifiziert. Beide sind also weniger gravierend als die beiden ersten Sünden.

20,1 Die dritte Gruppe (sie entspricht VIII 8,1–3, dort allerdings andere Differenzierungen) ist ihrem bedenklichen Lebensstil nach konkreter vorstellbar, der allegorischen Deutung nach aber sehr gekünstelt. Reiche und Geschäftsleute werden einzig aus dem Grund unterschieden, um eine Entsprechung zu den beiden Pflanzenarten (Dornen und Disteln) zu gewinnen.

---

[78] Im PH die Unterscheidung zwischen „der sündigen Tat als solcher" und der „seelischen Verfassung des Sünders" vorzunehmen (so Poschmann, Paenitentia secunda, 175f.) ist wenig sinnvoll.

Eine Entsprechung über die Zahl hinaus (wieso „sind" die Christen der dritten Gruppe Disteln und Dornen? Dibelius, 625 assoziiert Gen 3,18) wird nicht angegeben. **20,2** Zu 20,1f. ist auf Mk 4,18 zu verweisen, wo die Motive Reichtum, Dornen, Sorgen um Hiesiges, Habsucht, Ersticken und Unfruchtbarkeit in einer vergleichbaren Art kombiniert sind. – Die einen also verlieren den Kontakt zur Gemeinde infolge ihrer (überflüssigen, habgierigen) Arbeitsbelastung[79], die anderen halten ihn nur „schwerlich", weil sie ihr Geld mit den Armen in der Gemeinde zu teilen nicht bereit sind. Gleich zweimal gebraucht H hier das Wort δυσκόλως (schwerlich, kaum; von Lampe, 73 seltsamerweise mit „verdrießlich" wiedergegeben), mit dem er wiederholt (Kraft, Clavis, 123) Aussichtslosigkeit oder Schwererreichbarkeit des Heils und moralisch gefährliche bis hoffnungslose Perspektive markiert. **20,3** „Orientalischem Gleichnisgebrauch entspricht es, daß aus dem Distelbild noch eine Sonderdeutung herausgeholt wird" (Dibelius, 629), mit der die Schwierigkeit von 20,2 (δύσκολος hier wieder doppelt aufgegriffen) – zwar in einem relativ harmlosen Gleichnis – veranschaulicht sein soll. – **20,4** Und wieder das Thema: Trotz allem sind sie durch sofortige Buße (die Gutestun umfaßt) noch zu retten. – Überraschend wird hier gerade in demjenigen Kapitel, das die Entfernung der Allegorie der Berge von der des Turmes und des Tores dadurch so deutlich macht, daß sie die Christen nicht (schlechte) Steine, sondern Dornen und Disteln sein läßt (20,1), nun an die Szene um den Turm erinnert: Es wird den Reichen mit ihrer Auslieferung an die schwarz gekleideten Frauen von 9,5–6 (deren Deutung 13,8–9; 15,1–3) gedroht, die sie töten (auch 21,4; 22,4).

21,1 Die gefährdete und großenteils abgestorbene Vegetation des vierten Berges (1,6) bildet den schlimmen Zustand der Unentschiedenen bzw. Zweifler (δίψυχοι) ab (vgl. VIII 7,1f.). H redet hier von einer einzigen Gruppe ohne weitere Aufteilung (anders Dibelius, 629f.). Das Gleichnis ist von der Deutung her ausgeführt: Die unrealistische Beschreibung von Pflanzen, die oben grün und an den Wurzeln vertrocknet sind, will widerspiegeln, daß nach außen nicht kenntlich ist, wie schlimm es um den Zweifler in dessen Innerstem steht (vgl. 21,2). Der Zweifel ist für H ein besonders sündhafter und heilsgefährdender Zustand (s. Exkurs: Der Zweifel). Zweifler sind innerlich unentschieden („auf den Lippen... nicht im Herzen"). **21,2** Offenbar bekennen sie sich verbal zum Glauben, entschließen sich aber nicht zu dessen Verwirklichung, wie die etwas konfusen Wiederholungen der Alternative „lebendig – tot" unterstreichen. – „ihre Grundlage (τὰ θεμέλια αὐτῶν)": θεμέλιον ist ein Ausdruck vom Bau (auch im PH: IX 4,3; 5,4; 15,4), nicht aus der Botanik, so daß man nicht mit „Wurzeln" (Dibelius, 630) übersetzen kann und keine spezielle Übertragung „von Pflanzenwur-

[79] Zur Textgestalt ⟨... οὐ⟩ κολλῶνται (Negation oder nicht) s. Gebhardt-Harnack; Lake; Funk; Whittaker z.St. zugunsten der Negation οὐ (LL *om.*G); anders Wohlenberg, 975f. mit A.1.

zeln auf Zweifler" (Bauer-Aland, 722) vorliegt, sondern der übliche übertragende Gebrauch von θεμέλιον im Sinn von „Grundlage, Tiefstes, Innerstes"; „ausgetrocknet" paßt wieder in die Metapher von der verdorrten Vegetation. **21,3** Die sengende Sonne, unter der viele Pflanzen verbrennen, ist Gleichnis für die verschärfte Belastungsprobe des Glaubens in der Verfolgung, welcher die Zweifler nicht gewachsen sind. θλῖψις ist im PH wiederholt (Kraft, Clavis, 216) die Glaubensbedrängnis[80]; „an die Götzen": εἰδωλολατρεῖν ist ein lexikologischer Christianismus (Bartelink, 12); aus Angst fallen sie ab und schließen sich der verlassenen paganen Religiosität wieder an[81]; „sich des Namens schämen": qualifizierte Scham wie VIII 6,4 (s. dort). **21,4** Der springende Punkt ist bei jeder Gruppe die Frage der Bußchance. Bei den Zweiflern besteht die Möglichkeit und sofortige Notwendigkeit der Buße. Zur Drohung mit den „Frauen" s. 20,4; 22,4.

22,1 Der fünfte Berg (1,7a) signalisiert Positives („grüne Pflanzen") und Nachteiliges („felsig"). H hat Leute im Visier, deren Anspruch, im Christentum kompetent und Lehrer zu sein, für ihn zweifelhaft ist und nicht anerkannt werden kann. Anders als die in 19,2 angegriffenen Irrlehrer haben sie aber den Glauben (dagegen 22,3), nehmen indes keine Belehrung an (δυσμαθεῖς ist im passiven Sinn zu lesen; vgl. die Varianten in den Editionen) und zeigen elitäre, arrogante Attitüden. Sie sind in Wirklichkeit Ignoranten (vgl. 1 Kor 2,14f.). **22,2** Nach H gibt es Bewohner und Platzwechsel im Menschen. Bei diesen Irrlehrern zog die Einsicht aus, die Torheit ein. H sagt nicht inhaltlich-dogmatisch, warum er sie weder als Lehrer[82] akzeptiert noch für doktrinär zuständig hält, sondern disqualifiziert sie in polemischen Verallgemeinerungen. Aber der Einwand, daß sie die Einsicht nicht haben und nichts wissen, geht über eine Kritik am Auftritt und Verhalten hinaus. Der Vorwurf von Stolz, Dreistigkeit und Ignoranz entspricht zwar der frühkirchlichen Polemik gegen die Gnostiker, denen – wie hier – gesagt wird, daß gerade sie, die alles zu wissen behaupten, eben nichts wissen. Aber das zweimalige γιγνώσκειν (22,1) ist keine genügend stabile Basis, diese abgelehnten Lehrer für gnostisch zu halten (gegen Dibelius, 630; Lipsius, Der

[80] Vgl. Coleborne, Approach (1965), 595f. Exkurs A: „Some Aspects of ΘΛΙΨΙΣ" in Sim VIII und IX.

[81] Dibelius, 630 sieht damit auf „das im Christenprozeß verlangte Götzenopfer" angespielt; Coleborne, Approach (1965), 626f. hält 21,3 für die christliche Beschreibung desselben Vorgangs, den Trajan im Reskript an Plinius so formuliert: „*si deferantur et arguantur, puniendi sunt, ita tamen ut qui negaverit se Christianum esse idque re ipsa manifestum fecerit, id est supplicando dis nostris, quamvis suspectus in praeteritum, veniam ex paenitentia impetret*" (Plinius d.J., *ep.* X 97). – Diese Festlegung ist möglich, aber nicht zwingend.

[82] Am *Hapaxlegomenon* ἐθελοδιδάσκαλοι, das durch das beigefügte θέλουσιν εἶναι nicht verständlicher wird, entscheidet sich nichts. Die Übersetzung „freiwillige Lehrer" (Neymeyr, Lehrer, 14) gibt keinen Sinn; die Wiedergabe „nach eigenem Gutdünken" statt auf kirchliche Bestellung (Bauer-Aland, 439; Kraft, Clavis, 129) deckt sich mit Dreistigkeit, Selbstruhm usw. Lake, 275 A.1 schlägt vor: „a teacher who unduly magnifies his office". Dibelius, 630 verweist auf Kol 2,23 ἐθελοθρησκεία; Beispiele für Parallelbildungen bei Bartelink, 44.

Hirte [1866], 75; Weinel, HNTA, 319; Gebhardt-Harnack, 242; Lelong, 282; Zeller, 277; Neymeyr, Lehrer, 14 mit A.6; viel vorsichtiger Giet, Hermas, 173; Joly, 338; und mit Recht dagegen Reiling, 66). H teilt die Christen ständig in Gruppen ein, die sich nach Sünde und Bußbereitschaft unterscheiden. Er geht dabei wiederholt bis an den Rand der Fiktion. Im vorliegenden Passus muß er darum keine geschlossene (gnostische) Gruppe meinen, sondern er denkt an den Typ des arroganten, gegenüber Lehre und Lehrern unbotmäßigen Gemeindechristen, den es in der römischen Gemeinde gegeben haben muß. – **22,3** Die Bloßstellung der selbsternannten Lehrer in ihrer „Hohlheit" (κενοῦσθαι ganz ähnlich Mand XI 14 und wie dort, so auch hier vielleicht als vor der versammelten Gemeinde sich abspielend gedacht) ist wie ein Gericht, das wegen der fiktiven Zeitangaben des PH als schon vollzogen dargestellt wird: „viele... verworfen, etliche taten Buße", die übrigen haben die Entscheidung noch zu treffen. Die Personifizierung der Untugend als „Dämon" auch Mand II 3; Sim IX 23,5. Wie zu jeder Gruppe wird die Bilanz unter dem Aspekt von Buße und Rettung gezogen; „kamen zum Glauben (ἐπίστευσαν)" stößt sich mit der Angabe 22,1 „haben den Glauben (πιστοὶ μέν)"; „fügten sich usw.": nämlich den anerkannten Lehrern. Die Buße bleibt diesmal besonders leicht möglich, weil, wie nachsichtig gesagt wird, mehr Dummheit als Verdorbenheit vorliegt. Zur häufigen Formel „für Gott leben" s. bei Mand I 2. Die Drohung mit den Frauen bereits 20,4; 21,4.

23,1–2 Spalten (wie Risse) sind für H etwas Negatives; glatte Flächen, Quader und gerade Kanten sowie Ebenes (und Ebene) sind bei den Baubeschreibungen Vis III und Sim IX sein Ideal. Daher die Metaphorik des sechsten Berges (1,7b). Schon Vis III 6,3 sind Risse in Steinen Metapher für Spaltung, Streit und Friedlosigkeit unter Christen, nach Sim VIII 7,2 nicht anders die Risse in den Stöcken (s. auch zu 1,5–10). „Die Folge der Spaltungen der Gemeinde ist das Schwinden des Glaubens, durch das Welken der Pflanzen versinnbildlicht" (Piesik, 131); zum instrumentalen ἐν (τῇ πίστει) s. Hilhorst, Sémitismes, 83. Es geht also um das zwischenmenschliche Verhalten. Von den beiden unterschiedenen Gruppen ist die erste mit ihren geringfügigen Verfehlungen kein Problemfall im Hinblick auf die Buße. Die positiven Zustände steigern sich im Laufe der Aufzählung. **23,3** Gegenläufig folgt eine Gruppe bereits Verworfener. Das Verbleiben beim Bösen ist das Gegenteil von Bußbereitschaft und darum tödlich. „Je größer die Böswilligkeit bei einer Sünde, desto schwieriger der Entschluß zur Buße" (Poschmann, Paenitentia secunda, 177 A.3). Hier verfällt H unvermittelt in die Metaphorik vom Turmbau (s.o.), in deren Diktion (wie auch durch das δυσκόλως = „schwerlich", s. zu 20,2) er diese Menschen nahezu aufgibt. **23,4** H führt einen anspruchsvollen Parameter ein, der den verleumderischen, nachtragenden und zornigen Menschen schlecht aussehen läßt: Gott, der in seiner totalen Überlegenheit „über alle seine Geschöpfe" dem Sünder seine Verfehlungen nachtragen könnte, im Fall der Reue aber gnädigerweise darauf verzichtet (vgl. 32,4–5), sollte den sterblichen Menschen, der selber sündigt, dazu motivieren, ebenfalls zu verzeihen (und sich davor zu hüten, Richter des anderen sein zu wollen); dieser Gedanke gehört in die Tradition der ethischen Nachahmung Gottes in Antike, Bibel und Frühchristentum (A. Heitmann, Imitatio Dei, Rom 1940, 74f.); vgl. die zur Übersetzung notierten neutestamentlichen Entsprechungen. **23,5** Wegen der Wichtigkeit dieser Warnung und Mahnung[83] führt der Hirt sich jetzt feierlich in seiner Kompetenz als Bußengel (vgl. besonders Vis V 7; Mand XII 6,1; Sim IX 1,1; 14,3) ein (wie 24,4; 31,3). Deshalb wird diesmal auch nicht statistisch und konstatierend über Buße und Bußbereitschaft in einer bestimmten Christengruppe berichtet, sondern der Hirt wechselt in die direkte paränetische Anrede über, die den Buß-Appell mit der Alternative von Heil und Tod beinhaltet. Der damit erreichte größere Nachdruck, die deutlichere Autorisierung, das eindrucksvollere Niveau christlicher Ethik bedeuten wie in 24,4; 28,5–8; 31,3–32,5; 33,1 eine Steigerung der moralischen Verpflichtung, die H einschärft, nach der Seite von Attraktivität und Überzeugung. Zum wiederholten καθαρίζειν ἑαυτὸν ἀπό s. Hilhorst, Sémitismes, 142. „Dämon“: s. zu 22,3. – Ob aus dem Ernst dieser Einrede gegen Spaltungen auf besonders dramatische Einheitsprobleme in Rom zur Zeit des H geschlossen werden muß, bleibt unbekannt. – αἵρεσις („Einstellung“): Zum ursprünglichen (vor-häresiologischen) Gebrauch des Wortes N. Brox, RAC 13, 1986, 256–259; – „wird... eure... Sünden heilen“: wie Vis I 1,9 (Dibelius, 435).

24,1 Der siebte Berg (1,8) mit der blühenden Pflanzen- und Tierwelt ist ein Gleichnis von rundum positiver Aussage. Über ἱλαρός („entzückend“ oder „heiter“) sowie über die wundersame Vermehrung der abgefressenen Pflanzen (die Ausdeutung s.u. 24,3) vgl. zu 1,5–10. **24,2** Wie das Bild, so strahlt die Anwendung eitel Freude und Glück aus. Es ist die Rede von den vollkommenen Christen, deren entscheidende Vorzüge in der dem PH wichtigen Lauterkeit oder Redlichkeit (s. Exkurs: Die Einfachheit [ἁπλότης]) liegen sowie im vorbildlichen zwischenmenschlichen Verhalten durch Friedfertigkeit und soziales Teilen. Das wird in auffälliger Parallele zur Diktion von Mand II 1–4 ausgeführt (vgl. auch Amstutz, 153f.). – „freuten sich an den Dienern Gottes“ muß bedeuten: freuten sich aneinander (statt zu streiten), weil trotz 29,1–3 nicht an eine Gegenüberstellung mit noch vollkommeneren Christen gedacht zu sein scheint; „bekleidet usw.“ als Zustand der Vollkommenheit: s. zu 13,2–5; ἀνονειδίστως: „gegen eine von jüdischer wie griechischer Spruchweisheit bekämpfte Unsitte beim Geben“ (Dibelius, 632 unter Verweis auf *Did* 4,7; *Barn* 19,11; Sir 41,22; vgl. Bartelink, 36; Niederwimmer, 138f.; Mand II 4). **24,3** Daß Gott auf die Frömmigkeit und

[83] Aune, Prophecy, 306–309 will diesen Text als „parenetic salvation-judgment oracle“ isolieren können (ebenso 24,4; 28,5–8; 31,3–32,5; 33,1), doch bleiben die literar- und gattungskritischen Analysen dazu entschieden zu vage.

Unschuld hin (zu νηπιότης vgl. 29,1–3; 31,3) den „Ertrag der Arbeit" der Frommen „vermehrte", wollte das Gleichnis mit der Vermehrung der Pflanzen trotz Abfressens durch die Tiere gesagt haben und läuft der Sache nach auf die Forderung zu gesteigertem sozialem Engagement hinaus, denn vermehrter Besitz heißt im PH erhöhte Möglichkeit und Pflicht des Teilens. **24,4** Wieder die autoritative Stimme des Bußengels wie 23,5, der diesmal aber nicht warnen muß, sondern bestätigen kann. „Bleibt so (διαμείνατε τοιοῦτοι)" ist im PH ein unerhört beruhigender und selten gehörter Aufruf. – σπέρμα („Same") sonst nur Vis II 2,2 (als Äquivalent für „Kinder"), hier aber offenbar in der Bedeutung geistlicher Nachkommenschaft der Frommen (wie *1 Klem* 16,11; vgl. S. Schulz, ThWNT 7, 1964, 547); „in unsere Zahl eingeschrieben": ἐγγράφεσθαι in anderen, aber gleichbedeutenden Verbindungen Vis I 3,2; Mand VIII 6; Sim V 3,2. Als Zugehörigkeit zu den Engeln ist das Erlöstsein bzw. die darüber gefallene Entscheidung auch Vis II 2,7 (s. dort); Sim IX 25,2; 27,3 interpretiert; „wohnen (κατοικέω)": eine im PH häufige (Kraft, Clavis, 243) Chiffre für Zugehörigkeit, wiederholt vom heiligen Geist im Menschen gebraucht (Mand V 2,5; X 2,5; Sim V 7,1; s. Exkurs: Das Bild vom „Wohnen"), an vorliegender Stelle ungewöhnlich die Wendung „beim Sohn Gottes[84] wohnen" als Ausdruck für frommes Christsein.

25,1 Die Quellen, aus denen auf dem achten Berg die Geschöpfe trinken (1,8), sind das Bild für die weltweite Predigt des erquickenden Wortes Gottes und für dessen Annahme durch die Menschen. **25,2** Mit der Gruppe der Apostel und Lehrer ist noch eine Steigerung gegenüber den Frommen vom siebten Berg gegeben. Zur Identität von Aposteln und Lehrern an dieser Stelle s. 16,5. Eine Zahl (wie bei den Steinen aus der Tiefe 15,4; 16,5 die 40) wird für die Gruppe der „Apostel und Lehrer" nicht angegeben. Ebensowenig wird eine Angabe darüber gemacht, ob sie (teils) noch leben (vgl. Vis III 5,1; Sim IX 16,5). Für die bisherige geographische Reichweite der christlichen Missionserfolge werden wie VIII 3,2; IX 17,4 „die stärksten Ausdrükke" (Zahn, Der Hirt, 93 A.1) eingesetzt. Die Vollständigkeit der Predigt (auch H beteuert fortgesetzt, daß er *alles* wissen will, um alles weitergeben zu können) und der tadellose, vom Geist motivierte Lebenswandel machen die Vollkommenheit der „Apostel und Lehrer" aus, so daß auch sie „Zugang" zu den Engeln haben[85] (vgl. 24,4; 27,3 und zu Vis II 2,7). Dibelius, 632 will (mit Gebhardt-Harnack, Hilgenfeld und Funk) νοσφισάμενοι („unterschlagen") „auf das Beiseitebringen von Gewinn beziehen und nicht... auf die Unterschlagung von Lehren", doch überzeugt seine Begründung nicht. Der Satz hat andererseits seinen Sinn nicht erst als „Spitze gegen die Gnostiker, die sich auf Geheimtradition von den Aposteln her beriefen" (Weinel,

[84] Schläger, 329 glaubt, daß μετὰ τοῦ υἱοῦ hier die „Engel" der jüdischen Schrift, die der PH demnach einmal war, bei deren christlicher Überarbeitung verdrängt hat. Diese Operation nimmt er auch 12–17; 18,4; 28,3 vor, durchaus nicht zwingend.

[85] Joly, 343 übersetzt πάροδος fälschlich mit „place", wie es 27,3 heißt.

HNTA, 319), sondern ist mit der Maxime einer treu besorgten Vollständigkeit der Predigt ohne Abstriche (und ohne Hinzufügung) hinreichend erklärt. Die genaue Parallele ist ein πάντα wie Vis III 8,11: τὰ ῥήματα ταῦτα... λαλῆσαι αὐτὰ πάντα.

26,1 Der neunte Berg (1,9) ist im krassen Gegensatz zum siebten völlig unwirtlich und abweisend. – ἐν αὐτῷ ist hier wie entsprechend in 1,9 gleichbedeutend mit ἐν ἑαυτῷ (Hilhorst, Sémitismes, 88). – ἐρημώδης ist *Hapaxlegomenon* im PH (1,9; 26,1.3).[86] Das Gleichnis ist kompliziert und konfus durchgeführt. **26,2** Zunächst wird sein Bild gar nicht angewendet oder ausgedeutet (dies erst 26,3.7bc), sondern kurzum ein anderes Bildfeld zusätzlich eingeschoben, nämlich das von Steinen und Turmbau, mit dem es vorerst weitergeht. H denkt gemäß 4,4–5; 6,6b daran, daß es Steine sind (nicht die Gläubigen), die vom neunten Berg „sind" und die Gläubigen lediglich versinnbildlichen. Er führt nach „Aposteln und Lehrern" (25,2) nun doch noch die Diakone in dieses Gleichnis ein; und 27,2 trägt er auch die Bischöfe noch nach (die Zusammengehörigkeit von Bischöfen und Diakonen bereits Phil 1,1; *1 Klem* 42,4; *Did* 15,1), so daß zwar nominell alle Gruppen aus Vis III 5,1 aufgerufen sind, tatsächlich aber doch eine andere Gruppierung als dort vorliegt: s. Vis III 5,1; Sim IX 16,5. Hier in der Allegorie von den Bergen scheint H es so zu wollen, daß die „Apostel und Lehrer" als Gestalten der Frühzeit verstorben sind und über ihre Bewährung längst positiv entschieden ist (16,5; 25,2), während Diakone und Bischöfe noch leben und das definitive Urteil über sie (ob bei bedrohlichem Versagen der Diakone oder vorbildlichem Lebensstil der Bischöfe) noch von ihrer weiteren Bewährung abhängt (26,2; 27,3).

Den schlechten Diakonen (Steine „mit Flecken" – οἱ τοὺς σπίλους ἔχοντες wie 6,4; 8,7) wird Pervertierung ihres Amts vorgeworfen (schamlose Bereicherung statt selbstloses Dienen)[87], sehr biblisch-jüdisch formuliert („Witwen und Waisen" wie Vis II 4,3; Mand VIII 10, Sim I 8; V 3,7; Justin, *Apol.* I 67,6; in *ApkPl* 35 ist die Vernachlässigung von Witwen und Waisen die Sünde des Bischofs, während sich nach Sim IX 27,2 die Bischöfe gerade darin bewähren). Den Dienst tun die Diakone als Helfer der Bischöfe, denen nach 27,2 also speziell die Witwen anvertraut sind. Es wird für den Fall der Besserung eine (Buß- und) Heilschance eingeräumt – das Thema der ganzen Allegorie und des PH. **26,3** Steine „mit unebenen Flächen (ἐψωριακότες)" wie Vis III 2,8; 6,2; Sim IX 6,4; 8,2 signalisieren moralisches bzw. religiöses Defizit, in Vis III 6,2 anders definiert als hier („Herr" – κύριος ist, wie meistens im PH, Gott, nicht Christus). Zur Schwere der Sünde der Gottesleugnung siehe Vis II 2,8; sie ist sicher von den Versagern in der Verfolgung

[86] Zur Statistik s. Hilhorst, Sémitismes, 25 A.1. Piesik, 132 erklärt nicht, wie er zu der Übersetzung „völlig verwilderter Pflanzenwuchs" kommt.

[87] Hintergrund ist die normale kirchliche Sozialhilfe, nicht, wie Hagemann, 30 meint, eine Hungersnot, und zwar diejenige unter Antoninus Pius (138–161).

zu verstehen (vgl. den Maximus aus Vis II 3,4), die nachher den Anschluß an die Gemeinde nicht wieder gesucht haben, erstaunlicherweise aber die Chance der Buße haben (dazu Poschmann, Paenitentia secunda, 177). H kommt mit dem Terminus ἐρημώδης nun flüchtig auf den neunten Berg (1,9; 26,1) zurück, indem er diesen Zustand des Berges auf die heilsgefährdende Glaubensverleugnung und Vereinsamung abständiger Christen anspielen läßt. Der Berg gibt aber nicht viel für dieses Thema (notwendiges „hängen" – κολλᾶσθαι 26,3 an den Glaubensgenossen, d.h. Nahverhältnis zur Gemeinde) her. **26,4** Darum setzt H eines seiner Kurzgleichnisse ein (vgl. Brox, Gleichnisse). Der Weinstock ist darin der Christ, die (anderen) Pflanzen sind die Nichtchristen rundum. Heidnische Umgebung läßt den Glauben „verwildern" und „veröden", für Gott wertlos werden.

26,5 H nimmt diesen Fall zum Anlaß für einige grundsätzliche Äußerungen zur Bußfrage. Er unterscheidet die Sünder immer nach ihrer wahren Überzeugung, aus der sie handeln. So ist selbst Gottesleugnung für ihn nicht in jedem Fall das gleiche; je nach Entschiedenheit ist Buße (= Heil) noch möglich oder nicht. Daß H sich im Fall der überzeugten Leugnung nicht sicher ist bezüglich der Buß- und Heilschance (οὐκ οἶδα, εἰ δύναται ζῆσαι), ist die Ausnahme; in der Regel kennt er sich darin sehr gut aus. Der Grund für sein Zögern ist sicher die Schwere der Sünde der Apostasie (vgl. Joly, 27). – **26,6** Mit dem Unterschied, den H zwischen Sünden in der Vergangenheit und solchen in der Zukunft macht, interpretiert er die fiktive Bußfrist (die für jeden mit dem Hören der Bußpredigt gesetzt ist) und beugt er dem Mißbrauch der Bußmöglichkeit vor: siehe den Kommentar zu den Parallelstellen Vis II 2,8; Mand IV 1,11 mit denselben Klarstellungen und Warnungen (es handelt sich um eine der zahllosen Wiederholungen im PH). Geschehene Sünden müssen und können sofort gebüßt werden, ohne daß weitere Sünden einkalkuliert und auch noch gebüßt werden könnten. – Gleich mit zwei Motiven (Turm und Frauen) bindet H diese Belehrungen an die Turm-Allegorie an, die noch immer dominiert. Die Fertigstellung des Turmes, d.h. das Ende des Dramas von Sünde und Buße (= Rettung) markiert das definitive Buß-Limit (ohne datiert zu werden und ohne datiert werden zu können, weil die Frist für bußfähige Sünden sich, wie gesagt, individuell-biographisch in der Konfrontation mit der Bußpredigt ergibt). Die Drohung mit den Frauen aus 9,5–6 (13,8–9; 15,1–3) wie 20,4; 21,4; 22,4; 26,6.8.

26,7 Die Steine, „deren Ecken abgebrochen sind" (so übersetze ich in der Regel κόλοβος bzw. κολοβοῦσθαι), sind öfter genannt (Vis III 2,8; Sim IX 6,4; 8,4; vgl. 8,5), aber erst ein einziges Mal (Vis III 6,4) gedeutet und in Sim IX 26,7.8 nun also ebenfalls erklärt, aber auf eine andere Gruppe als Vis III 6,4 bezogen. Die Unterteilungen sind vage und beliebig wie immer: Die Verleumder waren schon 23,2.3 apostrophiert. – Und nun läßt H beide Gleichnisse konvergieren, die er seltsam durcheinander gebraucht: Die gefährlichen Tiere vom neunten Berg (θηρία hier gleichbedeutend mit Schlangen; vgl. Lake, 283 A.1) „sind" dieselben Christen wie die Steine „mit abgebrochenen Ecken" („Bilderverwirrung": Dibelius, 634). Üble Nachrede als Gift (ἰός auch Vis III 9,7) mit tödlich vernichtender Wirkung ist für H, der viel von Friedfertigkeit und Versöhnung redet, eine einschlägige Metapher. – **26,8** Auf die Menschen bzw. den Glauben (nicht die Steine) bezogen, muß κολοβός wörtlicher mit „verstümmelt" übersetzt werden (s. 26,7). Der Abschnitt schließt mit den üblichen Unterscheidungen in der Bußfähigkeit und -bereitschaft, um die es dem H geht, und mit der Drohung wie 26,6.

27,1 Mit dem idyllischen Bild im Schatten lagernder Schafe, wie es zu Arkadien (1,4) paßt, meint die Allegorie des zehnten Berges die christliche Schutz- und Versorgungspflicht gegenüber den Hilfsbedürftigen. Die „bekannte Übertragung des Hirt-Schafe-Verhältnisses auf das Verhältnis des geistlichen Leiters der Gemeinde zu den ihm Anvertrauten" (Piesik, 133) liegt hier nicht erkennbar vor. Die Schafe gehören zur pastoralen (arkadischen) Aura der Allegorie, noch bevor die Bischöfe genannt sind. **27,2** „Bischöfe und gastfreundliche Menschen": „Man beachte, wie wenig fest das Amt ist, wenn solche Ausdrucksweise möglich" ist (Weinel, HNTA, 320). Crombie, 52 verfälscht mit der Übersetzung: „bishops given to hospitality". – Dassmann, Hausgemeinde, 90 mit A.54 entnimmt diesem Text folgende Information zur Verfassungsgeschichte: „Man hat... in den Gastgebern größerer Hausgemeinden die natürlichen Kandidaten für entsprechende [sc. Führungs-]Aufgaben in der Ortsgemeinde gesehen."[88] Das scheint aber deshalb nicht im Text zu stecken[89], weil die „Diener Gottes" nicht die Gemeinde sein müssen, sondern einzelne, zumal durchreisende Christen sein können, weil außerdem zusammen mit den „Gastfreundlichen" doch die Bischöfe die Träger der Gastlichkeit sind und vor allem, weil Gastlichkeit zusammen mit Armenfürsorge genannt ist, also hier jedenfalls gleichermaßen in den karitativen Bereich gehört und nicht die Einladung ganzer Hausgemeinden (zu Versammlung und Eucharistie), sondern den Dienst der Beherbergung an (fremden, reisenden) Mitchristen bedeutet; und schließlich zeigt die wörtliche Parallele zum Text, nämlich VIII 10,3, daß H die Aufnahme der Diener Gottes als private Tugend versteht, denn „in der Gastfreundschaft liegt doch wohl eine gute Tat" (Mand VIII 10). – Nicht nur die Bischöfe, aber zumal die Bischöfe haben sich in der frühchristlich so wichtig genommenen Gastfreundschaft (Literaturangaben zu Mand VIII 10) und Armenfürsorge (die H speziell anmahnt; s. Exkurs: Die Ethik)

---

88 Dassmann verweist dafür ebd. auf F. V. Filson, The Significance of the Early House Churches, JBL 58, 1939, 112.

89 Anders steht es mit der begründeten Vermutung von G. Theissen, Soziale Schichtung in der korinthischen Gemeinde, in: ders., Studien zur Soziologie des Urchristentums, Tübingen 1983^2, (231–271) 248, daß solche Gastgeberei wahrscheinlich doch ein Kennzeichen „für einen gehobenen Sozialstatus" war.

vorbildlich und offenbar ausnahmslos bewährt. Zur Zuständigkeit des Bischofs für beides siehe Justin, *Apol.* I 67,6. Zur Witwe im PH s. zu 26,2. **27,3** Die Heils-Euphorie ist das Echo auf die so positive Bilanz des zehnten Berges, die nur noch unter der Kautele der Ausdauer steht. „Platz bei den Engeln" als Umschreibung der Erlösung: vgl. Vis II 2,7; Sim IX 24,4; 25,2.

28,1–2 Der elfte Berg (1,10a) ist ein einziges Bild der Fruchtbarkeit und spiegelt die Märtyrerkirche. Der Rang der Blutzeugen ist exzeptionell, so daß die hohe Einschätzung der Märtyrer insgesamt mit der Vorliebe des H für Unterscheidungen, wonach es bessere und weniger vollkommene Christen auch unter den Märtyrern gibt, konkurriert. Zum Ausdruck „von ganzem Herzen (ἐξ ὅλης [τῆς] καρδίας)", 15mal im PH, s. Hilhorst Sémitismes, 142–144. In der zweimaligen Wendung (auch 28,3) ὄνομα τοῦ υἱοῦ τοῦ θεοῦ ist τοῦ υἱοῦ auffällig und entbehrlich, aber die oszillierende Diktion des PH erlaubt aus solchen Eigentümlichkeiten keine literarkritischen Konsequenzen.[90] Kann man in 28,2 noch den Eindruck haben, es sei die Rede von allen Märtyrern und ihrer heroischen Einstellung, so zeigt die Auflösung der Allegorie vom elften Berg und seinen Obstwäldern, daß dies nur in 28,2a der Fall ist und 28,2b bereits differenziert. **28,3** Noch einmal wird bei den Vorzügen begonnen, die auf „alle" Märtyrer zutreffen (ὅσοι ποτὲ ἔπαθον): sie sind „herrlich bei Gott" und erfahren Tilgung ihrer Sünden. Aber dann muß doch die unterschiedliche Qualität der Früchte erklärt werden. Dabei ist bezeichnend, daß bei den Märtyrern mit der Tendenz nach oben, zum Besseren differenziert wird: „ihre Früchte sind unterschiedlich (ποικίλοι), manche aber überragend (τινὲς δὲ ὑπερέχοντες)". **28,4** Die unterschiedliche Bewährung ist exklusiv und speziell auf das Martyrium und die Art, in der es bestanden wurde, bezogen. Die Gegenüberstellung unbeirrbarer Standhaftigkeit in Prozeß und Folter (wiederholt παθόντες/ἔπαθον = „leiden" zum Tod) auf der einen Seite und ängstlicher Unentschlossenheit auf der anderen deckt nun doch einen großen Unterschied zwischen den Märtyrern auf (der etwas anderes ist als der Unterschied zwischen Märtyrern und Bekennern VIII 3,6.7). Für H ist Zögern (vgl. Exkurs: Der Zweifel) und das Erwägen einer Sünde (zumal der Apostasie) bereits für sich eine schlimme Sünde (siehe Vis I 1,6–2,1; 2,3–4). **28,5** Folgerichtig ergeht die Warnung an die Gemeinde, die mit Verfolgung, Verhaftung und Aburteilung rechnen muß. H kennt die Angst und mangelnde Entschlossenheit, die in den Köpfen umhergeht, noch ehe der Ernstfall eintritt. So betreibt er hier bis 28,8 (wie schon VIII 3,7) *praeparatio ad martyrium*. Der Gedanke im Herzen an etwaige „Verleugnung des Herrn" in der nächsten Verfolgung bedeutet „Tod" vor Gott. – πάσχοντες ist auch hier (wie πάθη in 28,6) martyrologisch gebraucht (Korrektur gegenüber Brox,

[90] Darum ist auch die These von Schläger, 328f. nicht zwingend, υἱοῦ θεοῦ sei christlicher Zusatz im ursprünglich jüdischen PH, wobei aus seinen Argumenten aber die Rolle Gottes (statt Christi) im PH deutlich wird.

Zeuge, 225), wobei die Wendung ὑμεῖς δὲ οἱ πάσχοντες entweder konditional aufzulösen ist („wenn ihr leidet") oder (eventuell proleptisch-fiktiv) als Adresse an eine Generation von Christen stilisiert ist, die ständig „mit einem Bein" im Martyrium steht (und nicht bloß Bekennerschicksal kennt: vgl. VIII 3,7). Die frühkirchlichen Lehrer muteten den Christen die Einsicht zu, daß das Martyrium nicht Grund zu Angst, Panik und Zweifel ist, sondern zu Gotteslob, Dankbarkeit und Heilssicherheit (wegen der Sündentilgung).[91] **28,6** Stolz, Selbstvertrauen und Makarismus (Seligpreisung, wie Vis II 2,7; 3,3; Sim II 10; IX 29,3; 30,3) sind schon vor dem Martyrium bzw. auf die bestandenen Martyrien hin unter den Lebenden begründet.[92] So werden die Schrecken von Folter und gewaltsamem Tod nicht nur erträglich, sondern attraktiv. Man muß wohl annehmen, daß Sätze wie „Leben schenkt euch Gott, und ihr begreift es nicht (καὶ οὐ νοεῖτε)", auf das Martyrium bezogen, gegen Verweigerung und Angst unter den Christen geschrieben wurden. Das vollzogene Blutzeugnis wird gedanklich vorweggenommen („seid überzeugt, ein großes Werk getan zu haben, wenn einer... gelitten hat"; „und hättet ihr nicht... gelitten, wäret ihr... tot gewesen"), es wird in seinen Folgen bedacht, wie wenn es schon geschehen wäre, und plötzlich wird unterstellt, daß die Angesprochenen ihre schwere Sündenlast nicht anders als im Martyrium los werden konnten (zur richtigen Lesart πεπόνθατε s. Hilhorst, Sémitismes, 60 A.3), so daß sie heilfroh sein müssen, dieses Schicksals würdig (28,5) zu sein. **28,7** Die folgende Einschärfung für Unentschiedene meint (nach 28,4) mit Sicherheit den über Mut und Versagen entscheidenden Augenblick, nämlich die Prozeßsituation: „Bekennt, daß ihr einen Herrn habt!" Es wird die einzig vertretbare Antwort eingeübt, die der Christ auf die Aufforderung zur Apostasie durch den verhörenden Richter hin vor Gott vertreten kann. Sollte er der Einkerkerung durch Leugnung entgehen wollen, gerät er in ein Gefängnis anderer, schlimmerer Art (ewiger Strafort für die Sünder; vgl. αἰχμαλωτισμός [„Gefangenschaft"] in Vis I 1,8). **28,8** Sollte einer das nicht verstehen, wird er es aus dem bedrohlichen Vergleich begreifen, wonach Gott als Herr Treulosigkeit, Ungehorsam und Vertrauensbruch seiner Diener ebensowenig ungestraft läßt, wie die heidnischen Sklavenhalter es tun (solche massive Drohung auch 32,4–5a). Man darf auf einen gewissen Widerspruch zum Gottesbild von 23,4 verweisen, aber H will hier eben (auch mit der Angst) Druck ausüben, um für den Ernstfall zu präparieren (darum muß man nicht mit Leutzsch, 143 darüber nachdenken, ob die

91 Bei der (sachlich sinnlosen) Lesart ἡμῶν (statt ὑμῶν) αἱ ἁμαρτίαι bei Whittaker, 97 Zeile 1 handelt es sich um einen Druckfehler, nicht um eine textgeschichtliche Variante.

92 Sehr anders Deemter, 46. Weil er Stahl, 226ff. folgt, nach dessen irriger Auffassung „die Märtyrer nicht über allen anderen stehen, sondern das Leiden nur Mittel zur Reinheit ist", der Märtyrer im PH also nicht sehr hoch eingeschätzt ist, liest er den folgenden Text groteskerweise als Tadel und Kritik an den Märtyrern: „Wir meinen darum, daß Sim IX 28,6 bedeutet: ‚Aber ihr glaubt, etwas Großes getan zu haben, wenn jemand von euch um Gottes willen leidet', und nicht (so Dibelius) ein Imperativ: ‚... ja, seid gewiß, etwas Großes usw.'" Das ist vom Kontext her ausgeschlossen.

Sklavenbehandlung von H hier negativ gewertet oder „als berechtigt“ angesehen wird; sie ist ein Faktum zum Vergleich). Es lag damals vielen Christen mit Sicherheit näher, über eine Möglichkeit nachzudenken, wie man Verhaftung, Folter und Tod entkommen konnte, als sich vorbehaltlos für dieses Schicksal zu begeistern. Darum ist es ein aufschlußreiches Moment, was Piesik, 134 zum Text beobachtet: „Ein wesentlicher Punkt des Bildes [sc. vom elften Berg], daß sich alle nach dem Essen der Früchte [d.h. also nach dem Martyrium: N.B.] sehnen, findet in der Deutung keine Entsprechung.“ H freilich will die „Lust“ wecken, „von den Früchten zu essen“, wenn die Gelegenheit dazu kommt.

29,1 Der zwölfte Berg kann mit seiner weißen Farbe, dem entzückenden Anblick und schönen Aussehen (1,10b) nur etwas rundum Positives symbolisieren. H will die Aufzählung der Grade des Christseins tatsächlich noch einmal steigern. Es gibt Christen, die noch überhaupt nicht mit Sünde und Schlechtigkeit in Berührung kamen – „wie unschuldige Kinder“. Man wird das auf ihr Leben seit der Taufe beziehen müssen. Die Unschuld als glückliche Naivität zu umschreiben, konnte H aus der frühchristlichen Tradition übernehmen; vgl. „das ungleich schönere Wort Mt 18,10“ (Dibelius, 637) und 1 Petr 2,1f.[93] Natürlich ist es das Ideal des H und der frühen Kirche, jede postpaptismale Sünde zu vermeiden. Das Bild der unschuldigen Kinder (ὡς νήπια βρέφη) ist auch 31,3 *(innocentes sicut infantes)*; vgl. 24,2–3 (πάσα νηπιότης) gewählt. Es ist charakteristisch für die Frömmigkeit des H, sagt aber nichts über seine Liebe zu Kindern (Weinel, HNTA, 320) oder über seine besondere Sorge um deren Unschuld (Bardy, Conversion, 165f.), denn es handelt sich ja um eine Metapher, nicht um eine Beschreibung (zum komparativen ὡς s. Hilhorst, Sémitismes, 135). **29,2–3** Abgesehen von der Heilsgewißheit solcher Christen, denen H nun diejenigen aus seinen Lesern oder Hörern zuzählt, die ebenso beharrlich unschuldig sind, ist ihm die Überlegenheit dieser Gruppe über „alle“ anderen wichtig. Daß er sie tatsächlich „allen, von denen zuvor die Rede war“, vorzieht, stimmt nicht mit den Höchstbewertungen der Märtyrer von VIII 2,1–4; 3,6–8 überein und ist sachlich kaum zu rechtfertigen, wenn man die Gruppen aus 24,1–3; 25,1–2; 27,1–3; 28,1–4a und (trotz der Einschränkung) 28,4b vergleicht, wird von H selbst überraschend relativiert (30,4–5) und ist wohl auch von vornherein nicht so wörtlich gemeint gewesen[94]: Es geht um Lobpreis und Favorisierung der kindlichen Frömmigkeit („alle Kinder stehen bei Gott an erster Stelle“). Dazu stimmt der Makarismus, den H in solchen Zusammenhängen öfter einsetzt (vgl. Kraft, Clavis, 279). – ἐν οὐδενὶ πράγματι κτλ.: zum semiti-

[93] Mehr zu diesem Bild bzw. Vergleich im Neuen Testament R.M. Grant, Like Children, HThR 39, 1946, 71–73.

[94] Snyder, 153f. und Joly, 349 glauben, daß die Wertung mit dem Grad der Bedrohung durch Verfolgung zusammenhängt; in akuterer Situation würde der Märtyrer den „Unschuldigen“ sofort übertrumpfen.

schen Kolorit und zur instrumentalen Funktion von ἐν sowie zu μιαίνειν ἐν in der LXX und in Apokryphen s. Hilhorst, Sémitismes, 85f.

Die Deutung der Steine aus der Ebene (Sim IX 29,4–31,2)

4 **Als er fertig war mit den Gleichnissen von den Bergen, sagte ich zu ihm: „Herr, erkläre mir jetzt die Steine, die [aus] der Ebene genommen wurden und anstelle der Steine, die [aus] dem Turm genommen worden waren, in den Bau eingesetzt wurden, auch die runden (Steine), die in den Bau eingesetzt wurden, und auch die, die (jetzt) noch rund sind.“** 107 (IX 30) 1 **Er sagte: „Höre, (was ich) auch über sie alle (sage). Die Steine, die aus der Ebene genommen und anstelle der weggeworfenen in den Turmbau eingesetzt wurden, sind die Wurzeln dieses weißen Berges.** 2 **Da die Gläubigen von dem weißen Berg alle ohne Falsch waren, ließ der Herr des Turmes sie aus ⟨den Wurzeln⟩ dieses Berges in den Bau des Turmes bringen; er wußte nämlich, daß diese Steine, wenn in den Turmbau gelangt, weiß bleiben und keiner von ihnen schwarz werden würde.** 3 **Hätte er (Steine) von den anderen Bergen genommen, hätte er den Turm wiederum inspizieren und reinigen müssen. Diese sind aber alle weiß, sowohl die, die schon glauben, als auch die, die noch zum Glauben kommen; sie sind nämlich von derselben Art. Selig ist diese Art, weil sie ohne Falsch ist.** 4 **Hör jetzt auch über die runden weißen Steine. Auch sie stammen alle von dem weißen Berg. Hör aber, warum sie rund sind. Ihr Reichtum hat sie ein wenig blind für die Wahrheit und (ihre Farbe) etwas dunkler gemacht; aber sie haben nie von Gott gelassen, und kein böses Wort kam aus ihrem Mund[95], sondern lauter Gerechtigkeit und Kraft der Wahrheit.** 5 **Als der Herr ihre Gesinnung sah, daß sie imstande waren, sich für die Wahrheit zu entscheiden und auch gut zu bleiben, da ließ er von ihrem Besitz abhauen, ihn aber nicht völlig nehmen, damit sie mit dem, was ihnen blieb, Gutes tun könnten. Und sie werden für Gott leben, weil sie von guter Art sind. Darum sind sie also ein wenig behauen und in den Bau dieses Turmes eingesetzt worden.“**

108 (IX 31) 1 **„Aber die übrigen, die bis jetzt rund geblieben sind und in den Bau nicht eingepaßt worden sind, weil sie das Siegel noch nicht empfangen haben, die sind an ihren (alten) Platz zurückgebracht worden; denn sie waren völlig rund.** 2 **Diese Welt mit ihren hohlen Schätzen muß aber von ihnen abgehauen werden, erst dann werden sie ins Reich Gottes gelangen. Sie müssen nämlich unbedingt ins Reich Gottes eingehen[96]; der Herr hat diese Art der Unschuldigen ja selig gepriesen[97]. Also wird kein einziger von dieser Art verloren gehen. Denn selbst wenn einer von ihnen vom Teufel, dem großen Schurken, versucht wird und eine Sünde tut, wird er rasch zu seinem Herrn zurücklaufen.“**

---

95 Vgl. Eph 4,29.
96 Vgl. Mk 9,47; 10,23–25; Mt 5,20; 7,21; 18,3; Joh 3,5.
97 Vgl. Mt 18,3f.

29,4 Eine vorletzte (s. 33,2–3) Erklärung wird nachgetragen. Sie betrifft nach dem „Exkurs" zu den zwölf Bergen (17,1–29,3) wieder das Turmbau-Gleichnis. Es geht um die nicht aus der Tiefe, nicht von den Bergen, sondern aus der Ebene geholten Steine aus 6,5b–8; 9,1–4, die als verläßlicher Ersatz für ausgesonderte schadhafte Steine (6,5a) dienten und noch nicht erklärt sind (vgl. im folgenden den Kommentar zu den genannten Stellen). Das führt seinerseits zur Allegorie von den Bergen zurück, weil die Steine „aus der Ebene" genaugenommen Steine vom weißen Berg sind (s. zu 30,3). H fragt natürlich nach sämtlichen Steinen aus der Ebene, d.h. nach den „weißen viereckigen" und nach den „runden" aus 6,7. Die ersteren sind in vorliegender Bitte nicht ausdrücklich angesprochen, aber mitgemeint, wie das (von Dibelius, 637 in seiner unkorrekten Übersetzung übergangene) καὶ (τῶν στρογγύλων) zeigt. Die runden Steine unterteilt H gemäß 9,3b–4 in „(behauene) runde" und „(jetzt) noch runde". Die Bemerkung, daß die „runden, die in den Bau eingesetzt wurden", zuvor „behauen (λατομέω)" werden mußten (6,8; 9,1–3), fehlt hier allerdings überraschenderweise (sie ist mit Sicherheit nur vergessen und dem H stets wichtig; s. Kraft, Clavis, 268), während sie 6,8a fälschlich und verwirrend von den „viereckigen" (Steinen) gemacht war (s.z.St.), deren Quaderform ja gerade die ideale ist und unverändert, d.h. „unbehauen" bleiben muß. Es mißglückt dem H etliches in seiner kompliziert erzählten Gleichniswelt.

30,1 Der Hirt identifiziert die Steine aus der Ebene, um ihre Besonderheit zu erklären, als „Wurzeln (ῥίζαι)" des weißen Berges. „Die hier vorgetragene Deutung geht von der Voraussetzung aus, daß ein Berg ‚Wurzeln' hat" (Dibelius, 637; zu einfach Völter, Apostol. Väter, 310f.: „Fuß des weißen Berges"; Weinel, HNTA, 320 ohne Belege: „für die antike und die naive Naturansicht haben Berge Wurzeln"). Dann aber „hat" nach H ein Berg nicht nur Wurzeln, sondern bestimmte Steine „sind" diese Wurzeln, und als solche „sind" sie eine bestimmte Art von Christen. Man muß raten: H will die unerschütterliche Unschuld der „Gläubigen vom zwölften Berg" (s. 29,1–3) offenbar mit diesem Bild verstärken. Während sie nach 29,1 nicht anders als die anderen Gläubigen von den elf Bergen „sind" bzw. kommen, „sind" sie jetzt die Wurzeln des Berges, was eine engere Zugehörigkeit oder elementarere Qualität besagen mag. H nimmt solche Identifikationen, die oft nicht ins gerade gebrauchte Bild passen, leichthändig vor. So „sind" die Reichen und Kaufleute vom dritten Berg die Disteln und Dornen (20,1); die fleckigen Steine vom neunten Berg „sind" schlechte Diakone (26,2), aber umgekehrt „sind" die entsprechenden Gläubigen vom zehnten und elften Berg nicht etwa die Schatten- oder Obstbäume (27,1; 28,1) bzw. dies erst bei Bedarf. Das alles bleibt im PH beliebig.

30,2 Die Anwendung geschieht teils im Bild, teils in Entschlüsselung („die Gläubigen ohne Falsch"). Die weißen Steine wurden „aus ⟨ den Wurzeln⟩“ gebracht, wobei man nicht mehr weiß, ob sie noch Wurzeln „sind“ (30,1) oder die Wurzeln des Berges ihr Aufenthalts- oder Herkunftsort sind. Thematisch entscheidend ist die Zuverlässigkeit dieser Christengruppe für eine Kirche, die die Sünde aus ihrem „Bau“ ausschließen will wie in Vis III. Der „Herr des Turmes“ (dieser Ausdruck für Christus nur in Sim IX: ὁ κύριος τοῦ πύργου hier und 7,1; δεσπότης τοῦ πύργου 5,7; 9,4; αὐθέντης τοῦ πύργου 5,6) ist sich ihrer sicher.

Der erhaltene griechische Text des PH (G) reißt hinter 30,2 ab. Ausnahme sind einige Reste zu 30,3.4 aus einem Kodex des 6.Jh.s, s. Whittaker, 98 z.St.; zwei Zitate aus Antiochos (31,3–4.4–6: s. Whittaker, 101 und 33,1–3 s.u.). **30,3** Übersetzung und Kommentar folgen ab hier mit Whittaker's Text den beiden lateinischen Versionen LL in der Rezension von R.A.B. Mynors (vgl. Whittaker, Vorwort zur 2. Auflage); die Übersetzung wird allerdings an der griechischen Nomenklatur orientiert, wo die Äquivalente eindeutig auszumachen sind. – Es zeigt sich jetzt, daß die Ausdrucksweise aus 6,6: „er ließ sie nicht von den Bergen holen, sondern... von einer... Ebene“, nicht ganz korrekt ist. Sie lautet nach 30,3 sinngemäß so: er ließ sie nur vom weißen Berg holen, nicht von den anderen Bergen. Es geht um die absolut verläßliche Tauglichkeit der Steine, d.h. um die Sündlosigkeit und Unschuld derer „vom zwölften Berg, dem weißen“. Die Ebene ist allenfalls ein Bedeutungsträger zweiter Ordnung (s. Exkurs: Die Ebene). Jedenfalls klärt H die Konkurrenz nicht. – Das Erübrigen einer neuen Inspektion und Reinigung (nach dem Vorgang von 6,3–5b) besagt, daß – auf die Kirche bezogen – der Bau wie in Vis III definitiv fertiggestellt werden soll und keine Baustelle bleiben darf. Daß die Steine aus der Ebene vom weißen Berg erst auf das Versagen anderer hin und als Ersatz geholt werden (6,5–6; H kennt das 14,2 ja ausdrücklich, daß unbußfertige Sünder „endgültig hinausgeworfen“ werden zugunsten anderer, die „hineinkommen“), wirft die Frage auf, was aus ihnen geworden (oder geblieben) wäre, wenn die anderen Steine sich bewährt und ihren Platz behauptet hätten. Von dieser Seite blickt H nicht hin. – Eine unerwartete Unterscheidung zeigt, daß Menschen vom weißen Berg auch dann „weiß“, d.h. „ohne Falsch“ sind, wenn sie noch nicht Christen sind (vgl. 31,1: „das Siegel [die Taufe] noch nicht empfangen“). Hier steht der einzelne Berg in der Allegorie tatsächlich für eine bestimmte, moralisch und charakterlich integre Art von Menschen. Getaufte und Ungetaufte können von dieser guten Art (γένος) sein; γένος (*genus*) ist hier (wie auch 17,5; 19,1; 30,5; 31,2) das jeweilige Paradigma des Handelns. Die Gretchenfrage ist, welche Gruppe oder Art von vorbildlichen, unübertrefflichen Menschen H hier meint. Wenn man sie sich recht konkret vorstellen will, gibt es viele Probleme (vgl. die kleine Forschungsgeschichte und den Versuch bei Völter, Apostol. Väter, 310–313), die „homines natura boni“ (Gebhardt-Harnack, 255) oder „geborenen Gotteskinder, die zum Eingang ins Gottesreich prädestiniert sind“ (Völter, ebd. 312) oder „von Hause aus gutgearteten Menschen“ (Poschmann, Paenitentia secunda, 180 A.3) mit einer Gruppe zu identifizieren. Man wird angesichts der künstlichen Art, in der H die Menschen nach moralischen Unterschieden auf die Berge verteilt hatte, darauf verzichten. Auf seiner ansteigenden Skala von sittlichen Werten und Verwirklichungen gibt es ganz einfach diesen unvergleichlichen Typos. Der Sinn des Konstrukts vom „weißen Berg" mag sein, daß Vertrauen in die derzeitigen Taufbewerber gesetzt wird: Sie werden keine weiteren Reparaturen am Turm verursachen (ähnlich Dibelius, 637). H bringt einen Makarismus über sie aus, wie er es vom „Herrn" kennt (s. 31,2).

30,4 Weil sich mit „rund" ein Nachteil verbindet, beteuert H die Herkunft auch der runden Steine (d.h. der „unvollkommenen Unschuldigen": Dibelius, 637, die unschuldig sind und reich) vom weißen Berg („rund und weiß" sind sie, fast paradox). H grenzt ihren Schwachpunkt sorgfältig auf eine Geringfügigkeit ein: Er liegt im Reichtum, der sie aber nur ein wenig (*pusillum*) blind usw. und nur etwas weniger weiß macht. Im übrigen werden sie als völlig tadelsfrei und tugendhaft beschrieben. **30,5** Weil sonst nichts fehlt, wird ihr Reichtum auf die Menge reduziert, die sittlich ungefährlich und sogar karitativ notwendig ist. „Sie werden für Gott leben (*vivent deo*)": s. zu Mand I 2. H befaßt sich hier mit den „guten Reichen" in der Gemeinde. Reichtum bedeutet selbst bei ihnen eine moralische Beeinträchtigung, aber nur ganz geringfügig. Wie sie nur „ein wenig blind" durch ihn werden „für die Wahrheit", so müssen sie nur „ein wenig (*pusillum*) behauen", d.h. um einen Teil ihres Reichtums gebracht werden, und schon taugen sie für den Turm. Gegenüber anderen Passagen (besonders gegenüber Vis III 6,5–7 mit offenbar derselben Personengruppe) empfindet man die Behandlung dieser guten Reichen durch H als ausgesprochen verharmlosend und schonend. Außerdem ist diese Schonung auf der Bildseite überhaupt nicht vorbereitet: Da sind dieselben Steine alle „völlig rund (λίαν στρογγύλοι)", und es muß „viel (πολύ)" von ihnen weggehauen werden (9,2), und der Hirt ist ratlos, die Behandlung dieser Steine problematisch (9,1–2). Hier sind sie „von guter Art" (vgl. 30,3), während sie dort „zu hart (σκληροί)" waren, um in einer akzeptablen Zeit behauen werden zu können, allerdings auch „ganz weiß", so daß sie zur weiteren Verwendung aufgehoben werden (6,8; vgl. 9,1–3). – **31,1** Zunächst wurde also keiner der runden weißen Steine verwendet (6,8). Dann aber wurden „die größeren und weißen" verbaut (9,3), die nämlich, wie 31,1 jetzt zeigt, die Getauften unter ihnen sind, während die Ungetauften unverändert draußen blieben, weil sie mit ihrem Reichtum („völlig rund – λίαν στρογγύλοι – *valde rotundi*"), für den sie nach der Taufe fürchten (mit Weinel, HNTA, 320), nicht brauchbar waren. Der Rücktransport an ihren alten Platz bedeutet keine Verwerfung, sondern Reserve (9,4). **31,2** Sie sollen also doch noch behauen werden, d.h. ihren Besitz fahren lassen, denn als Menschen dieser „Art" (30,3.5) bestehen sie jede Versuchung und erreichen notwendig ihr Heil, – eine wahrhaft „selige Art" von Menschen, die H da kennt, getauft und ungetauft. Mt 18,3, worauf H möglicherweise anspielt[98] (er zitiert nie, abgesehen vom Apokryphon in Vis II 3,4), ist kein Makarismus, paßt freilich her. Der Text bietet eines der wenigen Beispiele, da „Herr (κύριος, *dominus*)" christologisch zu lesen ist. Nach 31,1 hätte man erwartet, daß noch das Behauen und die Verwendung dieser letzten runden weißen Steine im Turm erzählt würde, doch wird dasselbe hier in anderen Bildern gesagt. Mit der Betonung, daß keiner von ihnen verloren geht (vgl. auch 9,4c), verträgt sich nicht die Aussage 9,2, wonach „welche (τινές) von ihnen in den Bau eingesetzt werden müssen", demnach nicht alle; bereits 9,4c unterstreicht, daß der „Herr" (alle) „diese Steine in den Bau eingepaßt" sehen will. Man kann H nur in einer von beiden Aussagen wörtlich nehmen, und das dürfte hier diese universale sein. Aber doch ist auch 9,2 ernst zu nehmen, weil der Hirt dann aus den Steinen aussucht (9,3), also nicht alle nimmt. Plötzlich sieht es nach einer repräsentativen Funktion der Gruppen im Turm aus: Auch diese runden weißen Steine müssen darin vertreten sein.

Verschärfte Ermahnungen (Sim IX 31,3–33,1)

3 **„Ich, der Engel der Buße, erkläre euch alle für selig, die ihr unschuldig seid wie Kinder, weil euer Anteil bei Gott gut und ehrenhaft ist.** 4 **Aber ich beschwöre euch alle, die ihr dieses Siegel empfangen habt, lauter zu sein, Bosheiten nicht nachzutragen und nicht bei eurer Schlechtigkeit zu bleiben noch beim Nachtragen kränkender Bosheiten. Wachst in einem Geist zusammen, heilt und beseitigt bei euch diese schlimmen Spaltungen, damit der Herr der Schafe bei seinem Kommen an ihm und den Schafen seine Freude hat.** 5 **Er freut sich aber dann, wenn alle (Schafe) unversehrt sind und nicht ein Teil von ihnen versprengt ist. Wenn aber ein Teil von ihnen versprengt ist, dann wehe den Hirten!** 6 **Und wenn die Hirten selbst versprengt sind, was wollen sie dem Besitzer der Herde dann sagen? Etwa daß sie von den Schafen versprengt wurden? Das glaubt ihnen niemand! Es ist nämlich völlig unglaubhaft, daß einem Hirten von seinen Schafen etwas angetan wird. Da werden sie wegen ihrer Lüge um so ärger bestraft! Und ich bin selbst Hirt und muß strenge Rechenschaft über euch geben."**

109 (IX 32) 1 **„Heilt euch also, solange am Turm noch gebaut wird!** 2 **Der Herr wohnt in Menschen, die den Frieden lieben; der Friede ist ihm nämlich teuer. Von Streitsüchtigen und in Schlechtigkeit Verdorbenen hält er sich weit entfernt. Gebt ihm den Geist also unversehrt zurück, wie ihr ihn erhalten habt.** 3 **Wenn du dem Walker ein neues Gewand in unbeschädigtem Zustand gibst, willst du es doch auch unbeschädigt zurückbekommen; wenn der Walker es dir aber mit einem Riß wiedergibt, nimmst du es dann etwa zurück? Wirst du nicht gleich wütend, fängst Streit mit ihm an und sagst: ‚Ich habe dir**

[98] Dibelius, 638f. rechnet (ohne Stellenangabe) mit einer solchen Bezugnahme auf ein Logion der Evangelien-Tradition. Köster, Synoptische Überlieferung, 255 erkennt den einzigen Fall, wo „deutlicher auf ein synoptisches Stück, und zwar in der Mk.-Fassung angespielt zu sein scheint".

ein unbeschädigtes Gewand gegeben. Wieso hast du es zerrissen und unbrauchbar gemacht? Mit dem Riß, den du hineingebracht hast, ist es nicht mehr zu gebrauchen!' Das alles wirst du dem Walker doch sagen, weil er den Riß in dein Gewand gebracht hat. 4 **Wenn du dich also schon über dein Gewand ärgerst und dich beschwerst, weil du es nicht unbeschädigt zurückbekommst, was, glaubst du, wird der Herr mit dir tun, nachdem er dir den Geist unversehrt gegeben hat und du ihn völlig unbrauchbar gemacht hast, so daß er für seinen Herrn zu nichts mehr zu gebrauchen ist? Denn er ist seit dem Augenblick nutzlos, da er von dir verdorben wurde. Wird ⟨dich⟩ der Herr dieses Geistes wegen deines Tuns da nicht ⟨mit dem Tod⟩ bestrafen?"**
5 **„Sicher wird er das mit allen tun", sagte ich, „die er beim Nachtragen von Bosheiten bleiben sieht." Er sprach: „Tretet seine Milde nicht mit Füßen, sondern ehrt ihn vielmehr dafür, daß er so nachsichtig mit euren Sünden ist und nicht ist wie ihr. Tut Buße, das ist zu eurem Nutzen!"**

110 (IX 33) 1 **„All das, was hier niedergeschrieben ist, habe ich, der Hirt, der Engel der Buße, dem Diener Gottes gezeigt und gesagt. Wenn ihr also glaubt, auf meine Worte hört ⟨und nach ihnen lebt⟩ und eure Wege bessert[99], könnt ihr das Leben erlangen. Wenn ihr aber bei eurer Verschlagenheit und beim Nachtragen des Bösen bleibt, – keiner, der sich so verhält, wird für Gott leben! Alle diese Worte sind euch (hiermit) gesagt."**

31,3 Der Bußengel redet zuerst alle kindlich Unschuldigen (wie 24,2–3; 29,1–3) an, um sie zu feiern (anders Dibelius, 639: nur „jene 31,1 ff. behandelte Gruppe"), sodann alle Getauften (31,4), um sie zu ermahnen. Da ist die Überlegenheit der Christen vom „weißen Berg" über alle anderen (29,3) noch einmal vollzogen. **31,4** Massiv fällt dann die Paränese für die „normalen" Getauften aus. Der Hirt nennt zentrale Tugenden seiner christlichen Moralvorstellung: „lauter sein – *simplicitatem habere* – κρατεῖν τὴν ἁπλότητα"; „Bosheiten nicht nachtragen – *neque offensarum memores esse* - μὴ εἶναι μνησικάκους" usw. Sie müssen nicht kommentiert werden. Es geht darum, nach der Taufe als Lebens-Zäsur die Schwelle zur Sünde nie mehr zu übertreten. – **31,5–6** Für die Beseitigung oder Vermeidung von Spaltungen sind die Vorsteher in erster Linie zuständig. Darum führt H hier für die Vorsteher und für den Hirten die Idee der Rechenschaftsablage ein (wie Sim VIII 2,7; IX 7,6). Über eine einige Herde freut sich der Herr, „wenn er kommt" (Whittaker, 101: *si dominus venerit;* Ant.): *ut dominus pecorum gaudeat de his (sc. pecoribus).* Schwierigkeiten macht die griechische Version aus Ant.: ἵνα ὅταν ἔλθῃ ὁ κύριος τῶν προβάτων χαρῇ ἐπ' αὐτῷ καὶ ἐπὶ τοῖς προβάτοις εὐφρανθῇ. Mit αὐτῷ kann das ἓν πνεῦμα von 31,4 gemeint sein, an dessen Gegenwart und Wirkung in der Gemeinde der Herr sich freut. Andere Referenzen sind noch schwieriger. Den Hirten wird gedroht; ihre voraussehbaren Ausreden wegen der Spaltungen werden von vornherein nicht akzeptiert. „Wehe (οὐαί)" außer Vis IV 3,6 nur hier; vgl. ausführlich Hilhorst, Sémitismes, 179–182.184. Die Presbyter sind also ihrerseits zerstritten und

99 Vgl. Jer 7,3; 18,11; 26,13.

gespalten, nicht allein die Herde. – *pastorem pati posse* ist generischer Singular, die Hirten (Presbyter) des PH leiten die Kirche kollegial (s. Exkurs: Die Kirchliche Verfassung). Der Abschluß „und ich bin selbst Hirte" dürfte das Vorbild gewissenhafter Verantwortung für die Anvertrauten (Wohlenberg, 964) wie einen Zeitpunkt der Rechenschaftsablage (K. Rahner, Schriften, 154) markieren (vgl. VIII 2,7). Zum Gericht über die Hirten von Campenhausen, Amt, 90 A.5.

32,1 H setzt mit weiteren bevorzugten Motiven zu neuer Paränese an. „Heilt euch also (*remediate ergo vos)*": Die Vergebung der „früheren" (= bisherigen) Sünden wird von ihm oft im Bild von Heilen und Heilung (ἰᾶσθαι, ἴασις), Gott somit indirekt als allein helfender Arzt und die Sünde bzw. die Schlechtigkeit und das Böse als Krankheit des Menschen beschrieben, die geheilt wird (Vis I 1,9; 3,1; Mand IV 1,11; XII 6,2; Sim V 7,3–4; VII 4; VIII 11,3; IX 23,5; 28,5 sowie 31,4 *permedicare* bzw. *permediare* und 32,1 *remediare*[100] und X 3,1 *remedium*). – „solange noch": vgl. 9,4, wo am Turm (nur) noch etwas gebaut werden muß, d.h. der Bau fast fertiggestellt ist; H operiert wieder mit der fiktiven Frist (s. Exkurs: Die Buße), um die Buße zu beschleunigen. **32,2** Das Einwohnen guter und böser Kräfte im Menschen, Friedfertigkeit, Aversion gegen Streit und gegen Verdorbenheit sind Topoi der Paränese im PH. „Gebt ihm den Geist unversehrt zurück": Gott läßt den „heiligen Geist", d.h. seine positive Kraft zum Guten, im Menschen wohnen, wodurch das Risiko entsteht, daß dieser (sehr empfindliche) Geist verletzt, bedrückt, befleckt, erstickt oder „unbrauchbar gemacht" wird (s. Mand V 1,2; 2,5–7; X 2,5; Sim V 7,1–2; IX 1,2; s. Exkurs: Das Bild vom „Wohnen"). Er ist wie ein geliehenes Instrument zur Verwirklichung des Guten, das veruntreut werden kann (vgl. Mand III 2). **32,3** Der Vergleichspunkt im Gleichnis vom Walker[101] ist demnach, daß etwas unbrauchbar gemacht wurde, das zu Gutem hätte dienen sollen. **32,4** Auch den „unversehrten" Geist hat der Mensch „unbrauchbar (*inutilis*, ἄχρηστος, ἀχρειόω)" gemacht wie der Walker das Gewand. Wieder wird (wie 28,8) von den Verhaltensweisen der Menschen auf die Reaktion Gottes geschlossen, um zu drohen, während Gott nach 23,4 gerade anders reagiert als die Menschen. **32,5** Aber das steht auch hier am Ende: Nachdem H unbedenklich dem zustimmt, daß bei hartnäckigem Nachtragen des Bösen mit absoluter Sicherheit mit Gottes Zorn (Todesstrafe 32,4) zu rechnen ist, wird er belehrt, daß Gott, anders als die Menschen, Nachsicht zeigt „und nicht ist wie ihr". „Denn Gott ist nicht wie die Menschen, die das Böse nachtragen,

---

[100] Zu den lateinischen Äquivalenten ist bei Kraft, Clavis, 490.494 die Bezeugung durch die Handschriften nicht zutreffend verzeichnet und nach H. Karpp, ZKG 78, 1967, 134 zu korrigieren.

[101] Der Walker (*fullo;* griech. γναφεύς) wäscht, glättet, walkt und appretiert die Kleider, wobei ein Kleidungsstück durch grobe Behandlung beschädigt werden kann.

sondern er trägt das Böse nicht nach" (Mand IX 3; vgl. Vis II 3,1; Mand VIII 3.10).[102] Der abschließende Appell zur Buße ist mit dieser Nachsicht verbunden: „Er trägt denen das Böse nicht nach, die ihre Sünden bekennen" (23,4).

33,1 *Haec omnia etc.* bezieht sich auf das Hirtenbuch (Mand und Sim). Trotz einer formalen Zäsur (der Hirt faßt sich zusammen; Dibelius, 640: „ein förmlicher Buchschluß") geht es noch ein Stück im gleichen Stil wie seit 31,4 mit konventionellen Themen der Paränese weiter: – IX 33 ist aus einer Pariser Florilegien-Handschrift (F) im griechischen Text bekannt (vgl. Whittaker, Vorwort zur 2. Auflage; der griechische Text ebd. 118; Joly, 441 zur Rezension des Textes).[103] – Der volle Titel des Hirten unterstreicht die Botschaft. – τῷ δούλῳ FE hat den Vorzug vor τοῖς δούλοις LL, weil H im ganzen Buch Wert darauf legt, mit seiner Person der Offenbarungsempfänger zu sein, der das Gehörte den anderen Christen weitergibt. Um die Annahme aus seinem Mund („meine Worte") geht es auch noch in dieser Abschluß-Paränese, die trotz ihres verallgemeinernden, beschließenden Stils die δολιότης und μνησικακία als gravierende Einzelsünden hervorkehrt. Der Plural *(vobis) dei servis* LL erklärt sich wohl so, daß die Allerweltsbezeichnung für die Christen (Diener Gottes, δοῦλοι θεοῦ: s. Kraft, Clavis, 118f.) als Anrede des H für unpassend gehalten wurde. – „für Gott leben": s. zu Mand I 2. Das wirkliche Schlußsätzchen erinnert an das von Sim VI 1,4.

Nachgetragene Erklärung der Druckstellen (Sim IX 33,2–3)

2 **Der Hirt sprach ⟨ zu mir ⟩: „Hast du mir alle Fragen gestellt?" „Ja, Herr", sagte ich. Er sprach: „Warum hast du ⟨ mich ⟩ nicht nach den Druckstellen von den Steinen, die in den Bau gekommen sind, gefragt, die wir aufgefüllt haben?" „Herr, das habe ich vergessen", sprach ich.** 3 **Er sagte: „Hör jetzt darüber! Das sind die, die jetzt auf meine Gebote gehört und von ganzem Herzen Buße getan haben. Und Gott hat gesehen, daß ihre Buße gut und rein war, und daß sie imstande sind, bei ihrer Buße zu bleiben. So ließ er ihre früheren Sünden tilgen. Denn diese Druckstellen waren ihre Sünden. Sie wurden eingeebnet, so daß man sie nicht mehr sieht."**

33,2 Dem Hirten (bzw. dem Autor H) geht reichlich spät eine Unterlassung auf: Die „Druckstellen" von 10,1–2 sind noch nicht erklärt (der Hirt

[102] Eine auffällig nahe Parallele zu 32,5 ist *IgnMag* 10,1 (übers. von J.A. Fischer, Die Apostolischen Väter 1. Teil, Darmstadt 1986⁹, 168f.: „Seien wir daher nicht gefühllos gegen seine Güte. Wenn er nämlich uns in unserem Tun nachahmen wird, dann ist es aus mit uns."

[103] An der vorgelegten Textgestalt kritisiert Hilhorst, Sémitismes, 85 die Konjektur ἐὰν πεισθῆτε [ἐν], wo F eine Lücke aufweist: πεισθῆναι ἐν ist der bekannten Gräzität nicht geläufig. Hilhorst hält οὖν für wahrscheinlicher, zumal L^1 *ergo* liest. Auch E. Lappa-Zizicas tilgt das ἐν (s. Joly, 441f.

hatte damals zur Deutung keine Zeit: 10,5). Ihr Sinn blieb in der Visionsschilderung rätselhaft und ließ wegen 7,6 am ehesten an Zeichen der Sauberkeit denken, die wohl auch ihre Rolle spielt und im Zusammenhang der Buße wichtig ist. **33,3** Im Vergleich zur nachgetragenen Deutung der Berge 17,1ff. ist von diesem geringfügigen, wenn auch seltsamen Detail nicht viel zu erwarten, wie sich bestätigt. Dibelius, 640 sieht bei völlig anderer Einschätzung, „daß mit höchster Betonung... an den Schluß des Ganzen diese Botschaft gestellt wird: wahre Buße bedeckt jede Spur der früheren Sünden". Der Nachtrag macht in seiner kurzen Fassung, schlichten Form und geringen Emphase aber absolut nicht den Eindruck, das literarische Mittel für die Mitteilung der wichtigsten Botschaft des PH zu sein. Er trägt lediglich ein neues Bild für eine oft wiederholte Aussage nach (ernste Buße und dauerhafte Sündlosigkeit sichern das Heil), wobei das Bild von den Druckstellen, die die gelagerten und dann weggenommenen Steine im Boden hinterlassen hatten (10,1–2), überhaupt keinen Bezug zur hier mitgeteilten Deutung zeigt. Daß die Druckstellen Sünden „sind" bzw. darstellen und ihre Einebnung[104] die Tilgung bedeutet (vgl. den Exkurs: Die Ebene), ist eine rein künstliche Erklärung durch H. Außerdem ist die Gruppe der betreffenden Sünder nur vage definiert, denn ernste Hörer und Büßer gibt es in diversen Gruppen (strenggenommen müssen alle Steine von 6,5 und 7,1 sowie die von 6,8 Druckstellen hinterlassen haben, weil sie alle Sünden hatten und auf dem Platz „neben dem Turm" gelegen hatten). Der ganze Nachtrag hat ein besonders hohes Ausmaß von der für den PH bezeichnenden Ungenauigkeit an sich. Die Szene von 10,1–2 (Hirt und H gipsen die Löcher zu) bleibt in der Deutung ganz vernachlässigt, während man sich eine allegorische Deutung von Kalk und Tonscherben durchaus hätte denken können. Die Aufwendigkeit der ohnehin merkwürdigen Szene (H hilft dem Hirten handwerklich bei der Arbeit; s. den Kommentar zu 10,1–2) findet keine Entsprechung in der Deutung 33,2–3. Hier scheint H ein Motiv (Druckstellen von Steinen auf einem Platz und die nachträgliche Verwischung ihrer Spuren) völlig oberflächlich auf seine Thematik appliziert zu haben – ohne Erkenntnisgewinn letztlich, denn es war schon berichtet, daß die Bußfertigen und Besserungsfähigen von 6,5; 7,1 (und auch von 6,8) ihre Buße ernst und dauerhaft vollzogen haben und ihre Sünden folglich getilgt sind.

Zehntes Gleichnis

Schlußermahnungen – Vermächtnis des „heiligsten Engels" (Sim X 1,1–4,5)

111 (X 1) 1 **Als ich dieses Buch fertig geschrieben hatte, kam jener Engel, der mich diesem Hirten übergeben hatte, in das Haus, in dem ich war, und setzte sich auf das Bett, und rechts (von ihm) stand dieser Hirt. Dann rief er**

[104] Griechisch: ἐξομαλίζω (F); lateinisch: *exaequata sunt* (L^1) bzw. *deleta sunt et aequata* (L^2).

mich und sprach zu mir: 2 „Ich habe dich und dein Haus diesem Hirten
übergeben, damit du in seinem Schutz sein konntest." „So ist es, Herr",
sprach ich. Er sagte: „Wenn du also vor aller Mißhandlung und Grausamkeit
geschützt werden und mit jedem guten Werk und Wort Erfolg haben und alle
Kraft zur Gerechtigkeit besitzen willst, dann lebe nach seinen Geboten, die er
dir gegeben hat; dann kannst du über alle Verdorbenheit Herr werden.
3 Wenn du nämlich seine Gebote hältst, wird dir alle Begier und Lust dieser
Welt unterworfen sein; bei allem guten Tun wirst du aber Erfolg haben.
Vergegenwärtige dir seine Würde und Milde und sag allen, daß er eine hohe
Ehren- und Würdestellung beim Herrn hat, daß er über große Macht verfügt
und mächtig ist in seinem Amt. Ihm allein ist auf der ganzen Welt die Macht
über die Buße zugeteilt. Hast du nun einen Begriff von seiner Macht? Aber ihr
verachtet seine Würde und seine Rücksicht gegen euch." 112 (X 2) 1 Ich
sagte zu ihm: „Frag ihn selbst, Herr, ob ich seit dem Zeitpunkt, da er in
meinem Haus ist, etwas Ordnungswidriges getan habe, womit ich ihn belei-
digt hätte!" 2 Er sprach: „Auch ich weiß, daß du nichts Ordnungswidriges
getan hast oder tun wirst. Ich spreche deshalb so mit dir, damit du standhaft
bleibst. Denn er hat mir gegenüber ein günstiges Urteil über dich abgegeben.
Du sollst diese Worte aber an die anderen weitergeben, damit auch die, die
Buße getan haben oder noch tun werden, genau so denken wie du und er mir
gegenüber günstig über sie urteilt und ich dann vor dem Herrn." 3 „Herr",
sagte ich, „ich will jedem Menschen die Großtaten des Herrn verkünden. Ich
hoffe, daß alle früheren Sünder gern Buße tun werden, wenn sie das hören,
und das Leben gewinnen." 4 „Bleib also bei diesem Dienst", sprach er,
„und erfülle ihn ganz. Alle, die seine Gebote tun, werden das Leben haben,
und er beim Herrn große Ehre. Aber alle, die seine Gebote nicht halten,
fliehen vor ihrem Leben und ⟨ sind ⟩ gegen ihn, ⟨ er aber hat beim Herrn seine
Ehre. Alle aber, die gegen ihn sind ⟩ und seinen Geboten nicht folgen, liefern
sich dem Tod aus, und jeder von ihnen macht sich schuldig an seinem eigenen
Blut. Dir gebiete ich, diesen Geboten zu dienen, dann erhältst du Heilung von
deinen Sünden."

113 (X 3) 1 „Ich habe dir aber (auch) diese Jungfrauen geschickt, damit
sie bei dir wohnen; ich habe nämlich gesehen, daß sie dich mögen. Du hast sie
also als Helferinnen, so daß du seine Gebote um so leichter halten kannst.
Man kann diese Gebote nämlich nicht ohne diese Jungfrauen halten. Und ich
sehe, daß sie gern bei dir sind. Ich werde ihnen aber die Vorschrift machen,
dein Haus auf keinen Fall zu verlassen. 2 Du mußt dein Haus nur reinigen;
denn in einem sauberen Haus wohnen sie gern. Sie sind nämlich rein, keusch
und eifrig und stehen alle beim Herrn in Gnade. Wenn sie also bei dir ein
reines Haus haben, werden sie bei dir bleiben. Wenn aber nur der geringste
Schmutz vorkommt, verlassen sie dein Haus sofort. Diese Jungfrauen können
Schmutz nämlich grundsätzlich nicht ausstehen." 3 Ich sprach zu ihm:
„Herr, ich hoffe, ihnen zu gefallen, so daß sie immer gern in meinem Haus
wohnen. Sie sollen nichts zu klagen haben wie der, dem du mich übergeben
hast, nicht über mich klagen kann." 4 Da sprach er zu dem Hirten: „Ich
sehe, daß (unser) Diener Gottes das Leben erlangen, daß er diese Gebote
bewahren und den Jungfrauen in einer sauberen Wohnung Platz geben will."
5 Als er das gesagt hatte, überließ er mich wieder dem Hirten, rief die

Jungfrauen herbei und sprach zu ihnen: „Da ich sehe, daß ihr gern in seinem Haus wohnt, empfehle ich euch ihn und sein Haus. Verlaßt sein Haus niemals!" Sie hörten diese Worte aber sehr gern.

114 (X 4) 1 **Dann sagte er zu mir: „Bewähre dich in diesem Dienst wie ein Mann! Sag allen Menschen die Großtaten Gottes an! Dann wirst du bei diesem Dienst in Gnaden stehen. Wer also nach diesen Geboten wandelt, der wird leben, und er wird in seinem Leben glücklich sein. Wer (sie) aber nicht beachtet, der wird nicht leben, und er wird in seinem Leben unglücklich sein.** 2 **Sag allen, daß sie nicht nachlassen, die recht zu handeln vermögen; gute Werke zu tun ist nützlich für sie. Ich sage hiermit: Jeder Mensch muß seiner Not entrissen werden. Wer nämlich Mangel und im täglichen Leben Not leiden muß, der befindet sich in großer Qual und Zwangslage.** 3 **Wer also einen Menschen in solchen Situationen aus seiner Zwangslage herausholt, der bereitet sich große Freude. Wer nämlich von solcher Not gequält wird, wird von derselben Qual gepeinigt und geplagt wie ein Gefangener. Viele begehen ja wegen solcher Notsituationen, die sie nicht aushalten können, Selbsttötung. Wer also um die Not eines solchen Menschen weiß und ihn da nicht herausholt, der begeht eine schwere Sünde und wird schuldig an dessen Blut.** 4 **Tut also gute Werke, wie ihr (sie) vom Herrn empfangen habt, nicht daß der Bau des Turmes abgeschlossen wird, während ihr noch zögert, sie zu tun! Euretwegen wurde die Arbeit am Bau ja unterbrochen. Wenn ihr euch also nicht beeilt, Gutes zu tun, wird der Turm fertiggestellt, und ihr seid ausgeschlossen!"**

5 **Nach diesem Gespräch mit mir erhob er sich vom Bett, nahm den Hirten und die Jungfrauen bei der Hand und ging mit ihnen fort, sagte mir aber noch, daß er mir den Hirten und die Jungfrauen in mein Haus zurückschicken werde.**

1,1 Der Text schließt als neues Schluß-Kapitel an das nun vollendete Hirtenbuch (Mand und Sim) an. Von einem Gleichnis hat er nichts an sich. Die Rahmung läßt eher von einer Vision reden. Tatsächlich soll der ganze Vorgang offenkundig ein Pendant zu Vis V sein (vgl. Vielhauer-Strecker, NTApo 2^5, 1989, 542; Frei, 1975, 202–204).[1] „Jener Engel" „kommt", „setzt sich auf das Bett" des H, „geht" wieder, nachdem er gesprochen hat (1,1; 4,5; vgl. Vis I 4,1; III 2,4; besondes Vis V 2). Es bleibt hier wie schon Vis V 2–4 völlig offen, wo, wann bzw. bei welcher Gelegenheit H vom Heiligsten der Engel dem Hirten übergeben wurde. – Es tritt also zum Schluß der Auftraggeber des Hirten auf („Ich bin vom Heiligsten der Engel gesandt" Vis V 2), der H und seine Familie auf Lebenszeit zu Schutz, Leitung und Kontrolle (1,2; 2,1) dem Hirten „überlassen" hat. H erlebt die Epiphanie des „heiligsten Engels" und „Gottessohnes", wie der PH Christus nennt (vgl. Vielhauer, Geschichte, 516f.; s. auch Exkurs: Die Christologie). „Das müßte der Höhepunkt des Buches sein" (Dibelius, 641), aber die Gewöhnlichkeit, in

[1] Eine Beschreibung des Übergangs von Sim IX nach X und eine Analyse des Aufbaus von X bietet Giet, Hermas, 46.106f.249–272 von seiner These mehrerer Autoren aus in großer Ausführlichkeit.

der diese Begegnung dann verbleibt, und die Banalitäten, die dann folgen, lassen keinen entsprechenden Glanz aufkommen. **1,2** Mit dem kurzen Dialog wird nämlich eine einzige Reihe von Wiederholungen schon mehrfach wiederholter Mahnungen, Drohungen, Ermunterungen und Verheißungen und „gar nichts Neues" (Dibelius, 641) eingeleitet. Auffällig sind nur die dramatischen Ausdrücke zu Beginn: „Mißhandlung (*vexatio*)" und „Grausamkeit (*saevitia*)", die nur auf Verfolgung bezogen werden können, vor welcher der Hirt demnach „schützt", sowie die Thematik von 4,2b–3. Die Bindung des H an den Hirten (als Buß- und Schutzengel; s. Exkurs: Der Hirt) und an „seine Gebote" wird rein formelhaft verstärkt. **1,3** Zentrale Selbstverständlichkeiten des PH („wenn du seine Gebote hältst..."; exklusive, universale Zuständigkeit des Hirten für die Buße und des H für die Weitergabe der Bußpredigt 2,2–3) werden wie Neuigkeiten vorgetragen. Dazu wird die Kompetenz und Autorität des Hirten unterstrichen, aber auch seine Milde. H sucht ständig Respekt vor der Forderung, Zuversicht in die Erfüllbarkeit und Gewißheit der Rettung durch Buße zu erzeugen. Nichts ist vernünftiger, als sich als Sünder demjenigen anzuvertrauen, der die Zuständigkeit über die Buße hat. **2,1** Der Tadel einer Mißachtung des Hirten durch die Christen löst den Widerspruch des H aus. **2,2** Der Dialog auf nicht sehr hohem Niveau stellt richtig, daß der Tadel pädagogisch gedacht war und H das beste Zeugnis über seine bisherige Zeit mit dem Hirten erhielt und daß es um „die anderen" geht, sie zu bessern. **2,3–4** H gibt die Zusage, weiter Propaganda für die Buße zu machen, woraufhin ihm der Engel noch einmal das einschärft, was er schon weiß und im Laufe des Buches dutzendfach selbst schon propagiert hat. Es ist erstaunlich, auf welch ödem Niveau der Autor (der freilich nicht über seinen Schatten springen kann) den Gottessohn und Heiligsten der Engel mit einem Menschen schulmeisterlich reden läßt. – „Heilung": s. zu IX 32,1.

3,1 Neben dem Hirten gibt es weitere Helfer(innen)/*adiutrices* für H, nämlich die Jungfrauen vom Turm, bei denen er „nicht allein" ist; „die Jungfrauen sind ja bei dir" wird ihm gesagt, als er sich verlassen fühlt (IX 10,6). An diese allegorischen Jungfrauen (IX 2,3–5; 3,2.4 u.ö.), die die Tugenden darstellen (IX 15,1–2), wird H also erinnert, und zwar unter Einschluß der „abenteuerlichen" Nacht, die er mit ihnen verbrachte, und der erotischen Elemente dieser früheren Begegnung mit ihnen (IX 10,7–11,8). Wenn sie den H „mögen", „gern bei ihm sind" (3,1), H „ihnen gefällt" und „sie gern in seinem Haus wohnen" (3,3.5), so ist das ein Gleichnis für seine Vertrautheit mit den Tugenden. – H vermischt die Allegorie von den Jungfrauen mit seiner Vorstellung vom „heiligen Geist" im Menschen nach Mand V 1,3. Die Jungfrauen wohnen bei H (*ut habitent tecum*) (3,1) bzw. in seinem Haus (3,3.5), wie der „heilige Geist" „im Menschen wohnt" (Mand V 1,2–3). Hier „kann man die Gebote nicht ohne diese Jungfrauen halten", wie „kein Mensch anders im Reich Gottes sein kann", als daß ihm „die heiligen Geister“, die IX 13,2 niemand anderer als die Jungfrauen sind, „ihr Gewand anziehen“ (IX 13,2). **3,2** Die Reinlichkeit der Jungfrauen, also ihre Keuschheit, ihr Eifer usw., und ihre Aversion gegen Schmutz sind dieselben Eigenschaften wie beim „heiligen Geist“ in Mand V 1,3 (wo der Wohnplatz „nicht mehr rein“ und „vom Jähzorn verunreinigt“ ist). Die „Empfindsamkeit“ dieses „heiligen Geistes“ (τρυφερός Mand V 1,3; 2,6; VI 2,3) ist wiederum die der Jungfrauen (Sim IX 2,5). **3,3–5** Die Jungfrauen werden durch den Befehl des Engels, durch die eigene Zustimmung und Neigung wie durch die Bereitschaft des H fest wohnhaft in ihm, d. h. H fällt aus dem Leben nach dem Ideal des PH nicht mehr heraus, so wenig wie alle, die sich entscheiden wie er (wie man dem Autor in seinem sonstigen Stil hier beispringen möchte). – Die Jungfrauen sind 3,5 plötzlich auf Rufweite gedacht. Das „*tradere* – übergeben“ (auch 1,1; 3,3) stellt gemäß dem besonderen Sinn von Vis V 3 das notwendige Verhältnis des H zum Bußengel dar. Daß es hier vom „Engel“ „wieder/*iterum*“ vollzogen wird, paßt zum Grundsatz- und Wiederholungscharakter der Schluß-Passage, in der so gut wie „alles“ noch einmal gesagt wird.

4,1 H wiederholt sich sogar innerhalb der summarischen Wiederholung, denn in der Fortsetzung der Schluß-Paränese kommt kein wirklich neuer Gedanke auf. – „... wie ein Mann – *viriliter conversare*“ LL: vgl. „ἀνδρίζου – *viriliter age*“ LL (Vis I 4,3). **4,2** In 4,2a kann die Interpunktion auch anders vorgenommen werden. In der Übersetzung ist derjenigen von Gebhardt-Harnack, 268; Funk, 636–638; Crombie, 55; Lake, 302–304; Zeller, 288; Snyder, 160; Joly, 362) gefolgt, während man auch lesen kann wie Whittaker, 110; Lelong, z. St. (s. Hamman, 240).[2]

4,2b bringt am Schluß des Buches noch einmal das im PH oft und variantenreich gestellte Thema der Sozialpflichtigkeit bzw. Nächstenliebe des Christen (s. Exkurs: Die Ethik), und zwar diesmal in einer zwingenden Konkretheit (H vermeidet gerade bei diesem Thema die Floskelhaftigkeit der Sprache, die man ihm in anderen Bereichen der Ethik und gerade in Sim X nachsagen muß). H beginnt bei der verlangten Unterschiedslosigkeit der Hilfeleistung („jeder Mensch usw.“), die auch über den Rand der Gemeinde hinausgehen soll (Lampe, 74). „Mangel“ und „Not“ sind zunächst materiell zu verstehen. H meint akute Nöte in einer Zuspitzung, die zur Selbsttötung führen kann (4,3). Man hat immer wieder den Eindruck, daß er die angesprochene „Qual und Zwangslage“ nachvollziehen kann und aus nächster Erfahrung kennt[3], denn hier redet er fast immer mitfühlend und als Realist und nicht

---

[2] Die Mehrheit liest also: *dic omnibus ut non cessent, quicumque recte facere possunt; bona opera exercere utile est illis;* die andere Möglichkeit ist: *dic omnibus ut non cessent, quicumque recte facere possunt, bona opera exercere; utile est illis.*

[3] Es wird die These vertreten, daß H aus der Situation einer Hungersnot unter Antoninus Pius (138–161) zu lesen ist: Hagemann, Der Hirt; Baumgärtner, 66 A.1. Anders begründet Wohlenberg, 966: „Von seinem Sklavenstande her mochte ihm die Bitterkeit der Armut bekannt sein.“

in der oft uneigentlichen, metaphorisch verfremdenden und abgenutzten Sprache ganzer Partien des Buches.

4,3 H meint jetzt offenbar die psychischen Folgen und Begleiterscheinungen der materiellen Not und Zwänge („wie ein Gefangener – *qui in vincula est*"), die den Menschen überfordern und in Verzweiflung und Suizid treiben können („*mortem sibi adducunt*: ἀποθνήσκειν ὑφ' ἑαυτοῦ" o. ä.).[4] Die moralische Pflicht der besitzenden Christen gegenüber den Notleidenden wiegt schwer: „wer um die Not... weiß usw." (vgl. z.B. Vis III 9,3–6); – „der bereitet sich große Freude": H betont im Zusammenhang der sozialen Frage regelmäßig den soteriologischen Nutzen für den Geber. **4,4** Die Kraft zum Tun des Guten verpflichtet den Christen, und sie mag auch das Objekt zu *accepistis* sein, wofür allerdings auch das private Eigentum in Frage kommt, ohne das, wie öfter bemerkt ist im PH (s. Exkurs: Die Ethik), keine Hilfe geleistet werden kann. – Mit zweierlei darf der Christ nicht zaudern, weder mit den guten Werken noch mit der Buße, denn für beides läuft eine Frist. In der visionären und apokalyptischen Bilderwelt des PH ist das die Zeit bis zur Fertigstellung des Turmes. Vgl. Vis III 9,5: „Sucht nach den Hungernden, bevor der Turm fertiggestellt ist", was in einem anderen Bild heißt: „Haltet euch das bevorstehende Gericht vor Augen!" (ebd.). Zweifel, Aufschub und Zögern sind heilsgefährlich (s. Exkurs: Der Zweifel). Zur Fristverlängerung wird die Zeit angehalten, wie die Anordnung eines Baustops sagen will, den Sim IX 4,4; 5,1; 14,2 gegenüber Vis III einführt, – ein Bild für die Erhöhung der menschlichen Chancen bzw. für Gottes Nachsicht und Gnade. H warnt davor, darin einen Grund der Beruhigung zu sehen statt der Eile und Entschlossenheit.

4,5 Die künstlich visionäre Szene verlangt den förmlichen Abtritt der Offenbarergestalt, die der „Engel" hier ist. Dazu gehört, daß er Begleitung und himmlischen (englischen) Hofstaat hat (vgl. Vis I 4,3; III 1,6; 10,1).[5] Nach Erfüllung dieses Dienstes müssen die Jungfrauen (Tugenden) und der Hirt gemäß 3,1.5[6] ins Haus des H zurückkehren und bei ihm „wohnen" („im Haus" des H wohnte der Hirt schon Mand IV 4,3 und auch der Strafengel: Sim VII 1). – Das Buch schließt völlig prosaisch und unspektakulär.

---

[4] Wohlenberg, 984 zählt diese Phänomene zu den „sittlich-religiösen Gefahren des Armen". Nach Lampe, 72 A.205 dagegen ist die Formulierung „so allgemein, daß nicht klar wird, ob auch arme Christen diese letzte Möglichkeit wählten".

[5] Daß der Hirt mit abtritt, versteht M. Dibelius, Offenbarungsträger, 105f. allerdings als „Ende der Offenbarungen", so daß er nur als Schutzengel (nicht als „Offenbarungsengel" und *angelus interpres*) zurückkehren kann. Das Letztere stimmt zwar, aber der Text läßt die Funktionenfolge nicht erkennen; H schreibt unbekümmerter.

[6] Man versteht nicht, wie Henne, Polysémie, 133 hier einen Widerspruch erkennt (ein solcher wird gerade sorgfältig vermieden), den er mit seiner Polysémie-These aufzulösen versucht.

C. Exkurse

1. Bedrängnis – Verfolgung – Martyrium

Im Verlauf seiner Bußpredigt setzt H wiederholt und wirkungsvoll ein bestimmtes Syndrom von bedrohlichen und zugleich stimulierenden Motiven ein, die zur Steigerung des Ernstes der Lage beitragen, die er beklagt. Der einzelne Christ und die gesamte Christenheit müssen ständig mit extremen Situationen rechnen, wie man sie aus der Vergangenheit kennt, wie sie von einzelnen derzeit erlebt werden (nämlich als Strafe: Sim VII) und wie sie jetzt oder bald eintreten und überstanden werden wollen. Man muß sich auf sie einstellen und beginnt dies einzig richtig so, daß man sofort Buße tut bzw. sich durch solche Belastungen zur Buße animieren läßt. H vermischt in seiner Rede darüber Paränese, Buße, Eschatologie und Ethik in einer Form, die in der Auslegung viel Verwirrung und Dissens verursacht hat. Für die Eigenart des PH sind diese einerseits mythisch düsteren, andererseits realistischen Ausblicke bezeichnend. Als Bußprediger will H die Entscheidungsräume eng machen, das Risiko des Bußaufschubs erhöhen und der Verharmlosung der Sünde nach der Taufe gegensteuern. Die Drohung gehört zu seinen pädagogischen Mitteln. Für die Auslegung stellt sich die Frage nach den eventuellen historischen Fakten (z.B. Christenverfolgungsmaßnahmen), auf die H Bezug nimmt.

H kennt für diese Zusammenhänge eine teilweise technische Terminologie (vgl. auch die Aufstellung bei Hilhorst, Hermas, 689f.). Der Terminus θλῖψις/θλίβω ist (neben βάσανος/βασανίζω u.a.; s. Kraft, Clavis, 73f.) eines der hauptsächlichen Kürzel, mit denen er Not, Bedrängnis, Bedrückung, Angst oder Druck verschiedener Art ankündigt und benennt, um die sorglosen Sünder zu verunsichern und Mut, Glaubensfestigkeit und sittliche Bewährung lohnend und attraktiv zu machen. Es paßt zur Tendenz des H, jeden einzelnen und alle Christen zusammen zur Buße zu drängen, daß θλῖψις in der Mehrzahl der Belege ganz einfach individuelles triviales Unglück bedeutet, und dies als Sündenstrafe. Es handelt sich um θλίψεις ἰδιωτικαί (Vis II 3,1), persönliche Schicksalsschläge, „Qualen und Strafen des täglichen Lebens" (Sim VI 3,4), wie sie als (finanzielle) Verluste, als Armut, Krankheiten, Irritationen, soziale Konflikte, Orientierungslosigkeit und Pech im Beruf (vgl. auch Vis I 3,1), also als die Banalitäten des Alltags, die zur enormen Bedrückung werden können, auftreten (Sim VI 3,4f.). Der Begriff θλῖψις hat hier keinerlei Assoziation an die Christenverfolgung (etwa Denunziation, Vermögensverlust und andere Nachteile). Im Fall des H (als

Typos des Sünders) sind die Ursache der Bestrafung nicht nur seine eigenen Versagen, sondern sogar auch die Sünden seiner Familie (Vis I 3,1; II 3,1; Sim VII 2–5). Nach anfänglichem Widerstand akzeptiert er (um den skandalisierten Christen den Weg von der Verweigerung zur Zustimmung vorzuleben) die Bedrängnis als Strafe auch in der extremen Härte der brutalen Bilder von Sim VI 2,5–3,6 (überaus harte Strafen auch Sim VII 1–7). Der Sinn solcher θλῖψις ist es, die Sünder zu „zerknirschen" (ὅταν... θλιβῶσιν πάσῃ θλίψει: Sim VI 3,6). Ganz im individuellen Rahmen bleibt die wiederholte Rede von θλῖψις als Strafe für persönliche (und familiäre) Sünde auch in Sim VII 3–7. Der sündige Christ verschuldet also alle seine Not und Bedrängnis durchaus selbst (wie H sehr jüdisch denkt). Sein Schicksal kommt nicht von ungefähr über ihn. H benutzt die Unzufriedenheit der Leute mit dem vielen kleinen und großen Unglück ihres Lebens, um vor der Sünde zu warnen, deren Folge das ist. Und daß die Sündenstrafen nach H völlig im Diesseits abzubüßen sind, jeder also jederzeit mit ihnen in Form von Schicksalsschlägen rechnen muß, beweist die Zweitrangigkeit des endzeitlich-apokalyptischen Rahmens, mit dessen Hilfe H dieselbe bedrohliche Paränese betreiben kann. Zu diesem Rahmen gehört auch die Rede von Strafe (für den Sünder) und Belohnung (des Märtyrers), auf die im PH großer Wert gelegt ist.

Denselben Begriff θλῖψις wendet er in anderen Passagen durchaus apokalyptisch und meint mit ihm die Endzeit-Katastrophe, in der die Sünder böse zu leiden bekommen und alle sich im Aushalten bewähren müssen. Das ist die „kommende (große) Not" (ἡ θλῖψις ἡ ἐρχομένη bzw. θλῖψις ἡ μέλλουσα ἡ μεγάλη u.ä.) von Vis II 2,7; IV 1,1; 2,5; 3,6 (s. den Kommentar zu Vis IV 2,5) – ein Topos, den H nur im Visionenbuch kennt (vgl. dazu Bauckham).[1] Der Begriff ist in Vis II 2,7 auf Verfolgungsnot gedeutet worden (Peterson, 304; O'Hagan, 306; s. zu Vis IV 2,5), aber der Kontext spielt nirgends auf dieses Thema, wohl aber ständig auf die Endzeit an (2,5: „jüngster Tag"; 2,6: „Verheißungen erhalten"; 2,7: „Zugang bei den heiligen Engeln finden"; 2,8: „in den noch kommenden Tagen"). Wichtig ist zu beachten, daß alle Erwähnungen der „kommenden Not", auch in der Variante der persönlichen Bewährungsprobe für H in Vis IV 1,1; 2,5; 3,6, ohne Datierung des Endes und insgesamt völlig abstrakt bleiben (s. zu Vis IV 2,5). Die Eschatologie (s. den Exkurs: Eschatologie) ist nicht das Thema, sondern nur der Rahmen, dem die zweckdienlichen Perspektiven für die Bußpredigt, nämlich der katastrophale Horizont, die Gründe für schlimmste Befürchtungen und ein erheblicher Bewährungsdruck, entliehen werden. Die Eschatologie ist restlos der Buß-Paränese dienlich gemacht (s. Einleitung § 5). Das Ende kommt (anders als die Strafe) ohne Zutun des Menschen. Für ihn kommt es

[1] Mutmaßungen über den Grund des Ausfalls in den anderen Buchteilen führen zu nichts. Baumgärtner, 68f. nimmt an, daß die große θλῖψις, die das Ende einleiten sollte, zwischen den Abfassungsterminen des Visionenbuches und des Hirtenbuches tatsächlich eingetroffen ist, aber als Verfolgung wie die anderen auch, d.h. ohne das von H erhoffte Weltende zu bringen.

darauf an, in welchem Zustand von Glaube und Moral er davon angetroffen wird, d. h. aber: wie er jetzt lebt.

Ohne Zutun kommt schließlich auch das dritte Ereignis auf den Christen zu, das H als θλῖψις bezeichnet, nämlich die Verfolgung. Sie zieht als Gefahr einen weiteren bedrohlichen Ring um die Gemeinde, der aber in dem Augenblick seinen Schrecken verliert, da der Christ sich durch Buße und ohne Zögern darauf vorbereitet. Wer leugnen wird, ist verloren (Vis II 3,4), und wenn es heißt, daß die Versuchung, in der „Not" zu leugnen, durch den Besitz von „Reichtum und Geschäften" noch verstärkt wird (Vis III 6,5), dann stehen schlechte Erfahrungen dahinter, die mit den reichen Christen in der Verfolgung gemacht worden sind. In Vis III 2,1 sind die θλίψεις μεγάλαι („schwere Bedrängnisse"), so unbestimmt sie bleiben, jedenfalls ein Teil des Märtyrerschicksals, also auch im Zusammenhang der Verfolgung zu lesen, denn: „Sämtliche Einzelbestimmungen in vis III 2,1 sind Explikationen des Oberbegriffs ‚leiden' (παθεῖν)" (Leutzsch, 80 A.115). Auch in Sim IX 21,3 ist die gestellte Situation eindeutig: Wo man unter dem Druck drohender „Not" (θλῖψις) sich der Zugehörigkeit zum Christentum „schämt" und sich aus Feigheit zum heidnischen Götzenopfer zwingen läßt, handelt es sich um Verfolgungsszene.

H zeichnet diesen bedrohlichen Horizont, um zur Vorsicht zu rufen und Mut zu machen. Denn jeder hat das Entrinnen, den glücklichen Ausgang selbst in der Hand. In der Chiffre von der künftigen großen Not lautet das so: „Wenn ihr euch nun vorbereitet und euch (in Buße) von ganzem Herzen bekehrt, dann könnt ihr der Not entkommen etc." (Vis IV 2,5). Und noch kürzer: „Wenn ihr wollt, wird die bevorstehende große Not (für euch) bedeutungslos sein" (ἐὰν δὲ ὑμεῖς θελήσητε, οὐδὲν ἔσται: Vis IV 3,6). Die Not wird zum „Nichts" (οὐδέν), wo fest und zweifelsfrei geglaubt wird.

Christenverfolgung und Martyrium sind für die Kirche des H zweifellos geläufig und aktuell. Es ist von der „Verleugnung (des Herrn)" (ἀρνεῖσθαι/ἀπαρνεῖσθαι/ἄρνησις) die Rede und damit der Abfall in der Verfolgung gemeint (z. B. Sim IX 26,3–6; vgl. Vis II 2,8; ferner Vis I 3,4; III 6,5), auch wenn die häufige Formel ἀρνεῖσθαι τὸν κύριον (s. Kraft, Clavis, 61) anderswo allgemein für Sündenfall und Glaubensschwäche gebraucht wird, so wenn bestimmte Christen „verschiedene Male (den Herrn) geleugnet haben" (οἱ ἀρνησάμενοι ποικίλαις ἀρνήσεσιν: Sim VIII 8,4). Manchmal werden die Angaben konkreter und genauer. H hat es erlebt, daß die eigenen Kinder die Eltern (in der Verfolgung) verraten (d. h. denunziert) haben (Vis II 2,2; s. z. St.). Das Verhalten einer bestimmten Gruppe von schlechten Christen in Sim IX 19,1.3 wird als Abtrünnigkeit (ἀποστάται), als Lästerung des Herrn (βλάσφημοι εἰς τὸν κύριον) und als Denunzierung der Diener Gottes (προδόται τῶν δούλων τοῦ κυρίου) beschrieben, womit auf ihre Rolle vor Gericht sowie während der Verhaftungswelle abgehoben ist. Der Begriff ἀποστάτης, in Vis I 4,2 und Sim VIII 9,3 neben den Heiden und Sim VIII 6,4 wie hier für die Versager in der Verfolgung gebraucht, scheint dem Thema Verfolgung vorbehalten zu sein, ebenso προδότης mit den Objekten Eltern (Vis II 2,2), Kirche (Sim VIII 6,4) und Diener Gottes (Sim IX 19,1) und ἐπαισχύνεσθαι (sich schämen) in Sim VIII 6,4 und Sim IX 21,3 (vgl. 14,6) sowie ὁμολογεῖν/ὁμολόγησις (bekennen, Bekenntnis) in Sim IX 28,4.7, während βλασφημεῖν/βλασφημία/βλάσφημος weniger spezialisiert ist. Sehr anschaulich wird die Rede in Sim IX 28,1–7, wo die Verfolgungs- und Martyriums-Szene rekonstruiert ist (vgl. Weinel, NTApo 1924², 331; Hilhorst, Hermas, 688f.) und weitere einschlägige Erfahrungen erzählt werden: Nicht alle Märtyrer starben heroisch und mutig; in den Verhören bekamen viele auch Angst und begannen zu überlegen, „ob sie leugnen oder bekennen sollten" (Sim IX 28,4). Aber alle, die durchgehalten haben, sind „herrlich bei Gott", „allen von ihnen wurden die Sünden getilgt", d.h. sie brauchten keine Buße mehr, „weil sie wegen des Namens des Sohnes Gottes gelitten haben" (ebd. 28,3).

Die Aktualität von Verfolgungen ist also sicher (s. den auch sozialgeschichtlich angelegten Bericht bei Leutzsch, 79–82.213f.). Aber die Angaben des PH bleiben absolut vage und unzureichend, wenn man aus ihnen bestimmtere Auskünfte über historische Daten gewinnen will. Bei der üblichen Datierung des PH (s. Einleitung § 3) läßt sich immerhin sagen, daß die Anspielungen auf Verfolgungen „um des Namens willen" „am ehesten zur Rechtslage nach Plinius / Trajan" passen (Dibelius, 422; Snyder, 20f.24; Staats, Hermas, 103f.; Hilhorst, Hermas, 689: „unter Trajan und Hadrian"; Lampe, 188; anders Weinel, NTApo 1924², 331: „die Zeit nach Trajan"; Baus, 161: Zeit des Antoninus Pius; J.C. Wilson, 64–89: Neronische Verfolgung). Wenn in der Forschung aber unterschieden wird zwischen einerseits kürzlich erlebten und andererseits erwarteten künftigen Verfolgungen (Dibelius, 422; Snyder, 3; Giet, Hermas, 289f.; Metzger, 64; Reville, La valeur, 22; Young, 17–37; Hilhorst, Hermas, 689), so bleibt das völlig unzuverlässig, weil man sich dafür primär an die von H gesetzten unterschiedlichen Tempora halten muß (vgl. besonders Hilhorst, Hermas, 689 unter Bezug auf Dibelius, 630.636), der Tempus-Gebrauch in Apokalypsen aber über Praeteritum und Futur nichts aussagt. Inhaltliche Kriterien, die zwischen Datierungen unter Domitian (81–96), Trajan (98–117) und Antoninus Pius (138–161) zu entscheiden erlaubten, gibt es im PH nicht. Die Erfahrung mit vergangener Verfolgung und das Rechnen mit neuen Verfolgungen gehört dermaßen durchgängig zur Szene des Frühchristentums, daß in den meisten Fällen gar nicht nach einer bestimmten „großen", bekannten Verfolgung zurückgefragt werden kann, sondern Verfolgung, in der Frühzeit übrigens eher pogromartig, als Not, Bedrängnis und Bedrückung „allgegenwärtig" und entmutigend akut war (vgl. auch Barnes; Osiek, Rich, 12f.).[2]

Zum Profil des Märtyrers (der siegreich „mit dem Teufel gerungen" hat:

---

[2] Die Situation des 1. Petrusbriefes ist als Seitenstück zum PH in diesem Punkt direkt vergleichbar; s. N. Brox, Der erste Petrusbrief, Zürich und Braunschweig-Neukirchen-Vluyn 1989³, 27–34.

Sim VIII 3,6) im PH bleibt zu sagen, daß die Kirche ihn längst als das Ideal kennt, an dem es (innerhalb der Allegorien von den Bausteinen, den Stöcken und den Bergen) nichts zu optimieren gibt (Vis III 5,2; Sim VIII 1,18–2,1; IX 28,1–4). Er hat die Buße nicht mehr nötig (Sim IX 28,3), was das höchste Prädikat für einen Christen ist, und gelangt unmittelbar zu Auszeichnung und Aussonderung (Sim VIII 2,1–4; 3,6). Entsprechend hoch ist die Einschätzung von Bewährung, Belohnung, Rang und Verehrung des Märtyrers (Vis III 1,9–2,2; s. Text und Kommentar z. St.; zu Nimbus und Rang des Märtyrers auch der Exkurs: Kirchliche Verfassung). Aber einen eigenen Namen haben die Blutzeugen noch nicht. Sie werden jedoch unterscheidend als παθόντες benannt, d. h. als die, „die (den Tod) erlitten haben“ (Vis III 1,9; vgl. die Differenz zwischen θλιβέντες und παθόντες in Sim VIII 3,7; dazu Adnès, 326 f.). Das Verb (seinerseits auch in anderem Sinn gebraucht: Sim VI 3,4.6; 5,4.6) ersetzt den noch fehlenden Märtyrertitel (Vis III 1,9[3]; 2,1; 5,2; Sim VIII 3,6.7; IX 28,2.3.4; vgl. von Campenhausen, Idee, 65; Brox, Zeuge, 225 f.). In seiner typisch oszillierenden Diktion wählt H das Verb παθεῖν aber auch für die Verfolgungsleiden noch lebender Christen (Sim IX 28,5.6). Überraschenderweise gibt er auch beim Thema Märtyrer seiner großen Vorliebe für Ein- und Unterteilungen der Christen in unterschiedlich wertvolle Gruppen nach; er differenziert in dieser idealen Schar, die höchstes Lob erhält, doch noch einmal nach dem Grad der Entschiedenheit, mit der ein Christ ins Martyrium ging (Sim IX 28,1–4), um daran eine Paränese für potentielle Märtyrer anzuhängen, die ihrem Ziel nach aber schon jetzt und unter den gegenwärtigen Verfolgungsleiden gilt (ebd. 28,5–8), die also alles Wanken und Zweifeln sowohl jetzt wie im etwaigen entscheidenden Augenblick ausschließen will. Wegen der inkonsequenten Diktion des H bleibt es letztlich unsicher, wer ebd. 28,5–8 gemeint ist; wegen des dreimaligen Gebrauchs des im PH martyrologisch gefärbten Verbs πάσχειν (ebd. 28,5) muß man an Verfolgungsleiden denken, ohne explizit „Bekenner“ im Unterschied zu Märtyrern annehmen zu müssen (so Leutzsch, 81 mit A. 119 und 120); es geht hier um den eventuellen Fall des Martyriums für alle. Das Gegenstück dazu ist die Einteilung der Versager (Apostaten u. a.) nach dem Ausmaß oder der Endgültigkeit ihrer Glaubensverleugnung (Sim IX 26,5–8).

Und schließlich wird der Märtyrer vom Mitchristen unterschieden, der sich nicht weniger bewährt hat, aber in der Verfolgung und Folter nicht ums Leben kam, d. h. in der späteren Kirchensprache: vom „Bekenner“ (Sim VIII 1,17 f.; 3,6 f.; vgl. von Campenhausen, Idee, 65; T. Baumeister, Anfänge, 255). An dieser Stelle und zu diesem Punkt ist die Wortwahl des H sorgfältiger und dadurch eindeutiger als in der eben besprochenen Passage

---

[3] B. Kötting, JAC 19, 1976, 10 glaubt, daß H an dieser Stelle die „Bekenner“ meint, was aufgrund der einschlägigen Bedeutung von παθόντες im PH nicht gut möglich ist. Es läßt sich allenfalls vertreten, daß H „an dieser Stelle nicht zwischen ‚Bekennern‘ und ‚Märtyrern‘“ unterscheidet (ebd. 10 mit A. 18).

Sim IX 28,1–8. – H bringt, wie nahezu alle Themen seines Buches, so auch die Probleme, die die frühe Kirche mit der ihr gegenüber aggressiven Außenwelt hatte, mit seinem Generalthema Buße in Verbindung. Auch diverse Not, Verfolgung und Martyrium ordnen sich in diesen Rahmen ein. Das ist in diesem Buch wichtiger als die Explikation der Märtyrer-Idee als solcher (zu dieser T. Baumeister, Anfänge, 252–257; zum Leidensverständnis im PH Bayes, passim).

2. *Die Buße*

Das hauptsächliche Thema des PH ist die Rettung der Getauften trotz postbaptismaler Sünden, das Mittel dazu die Buße. Vom Thema Buße ist das ganze Buch eingefärbt; besonders deutlich und wichtig sind die Teile Vis II 2,5–8 und Mand IV. Ihre Auslegung ist zur Lektüre dieses Exkurses mitzulesen.

Ich stelle eine Kurzfassung der Bußlehre des PH voran,[1] um dann die zentralen Probleme und bezeichnende Einzelheiten aufzugreifen. H redet ab Vis I (d. h. auch schon vor der Offenbarung der neuen Bußlehre in Vis II) wie selbstverständlich von der Bußmöglichkeit nach der Taufe (z. B. Sim IX 14,1 f.; 17,4–18,4; 26,5–6; 33,2–3). Seine Sorge dreht sich darum, daß sie von allen Christen, die es nötig haben, ergriffen wird. Was die Rede des H dabei nun in der stadtrömischen Kirche seiner Zeit Neues sagt und einführt, ist demnach nicht die Buße nach der Taufe als solche, sondern die Einmaligkeit einer Buße nach der Taufe (vgl. besonders Vis II 2,5; Mand IV 1,8; so auch Vogel, 17) und die Ansetzung einer Frist, über die hinaus es keine Chance gibt. „Die Bußmöglichkeit hat für die Gerechten ein Ende (ἔχει τέλος)" (Vis II 2,5). Oder so: „Hermas verkündet nicht den Anfang, sondern das Ende der Bußmöglichkeit für die Heiligen" (Meinold, 1546); noch einmal anders: H predigt als Neuigkeit „nicht die grundsätzliche Bußmöglichkeit" (Poschmann, Paenitentia secunda, 203; vgl. Staats, Hauptsünden, 756), „sondern die Befristung der Buße" (Poschmann, ebd. 144 f. 203), so „daß Hermas der Kirche weit eher eine ‚letzte' als die vermeintlich erste Buße verkündigen will" (von Campenhausen, Amt, 155 A. 1; vgl. 239 A. 4; ebenso Quasten, 98 f.).[2]

Die Hervorhebung der Einmaligkeit macht weitergehende Praxis oder Hoffnung zunichte. Zu Ansatz und Ablauf der Frist macht H auffälligerweise nirgends genaue Angaben (vgl. Vis II 2,5.8). Beide, Einmaligkeit und Fristablauf, haben zum Ziel, „daß, wer gesündigt hat, nicht weiter sündigt" (Mand IV 1,11). Die Frist einhalten heißt, mit dem Sündigen aufzuhören,

[1] Eine kleine Übersicht über die Forschung in typisierender Form haben Snyder, 69–71; Vorgrimler, 33 A. 16–19 und Goldhahn-Müller, 241 f. angelegt.

[2] Andresen, 159 erklärt nicht, in welchem Sinn und wieso er von der „überholten Bußkonzeption" des H spricht.

und zwar sofort. Die Frist ist nämlich keine „objektive“, sondern sie setzt für den Christen individuell in dem Augenblick ein und läuft auch schon ab, da der einzelne die Kunde davon hört.[3] Die einzig richtige Konsequenz ist Buße jetzt. Jedes Zögern bedeutet irreparable Verspätung. – Anderes gilt für Katechumenen und Neugetaufte (zum bußtheologischen Unterschied zwischen den Ungetauften und den Getauften s. Mand IV 3,3–6; Sim IX 18,1–2). Sie müssen den Ernst der Lage sofort begreifen und jede Sünde (nach der Taufe) von vornherein ausschließen; an der Bußlehre des H gilt für sie nur das urchristliche Erbstück, daß, wer die Sündenvergebung in der Taufe erlangt hat, nicht mehr sündigen darf, sondern in Reinheit leben soll (Mand IV 3,2; Sim IX 18,1). Sie sollen das Versagen und die Bußbedürftigkeit der Altchristen (die allein H hier anspricht und motivieren will) von vornherein auf keinen Fall als eigene künftige Eventualität einkalkulieren.

Der einzig mögliche Rückschluß von dieser Predigt des H auf die kirchlichen Verhältnisse diesbezüglich in Rom ist der, daß dort (wiederholte) Buße nach der Taufe üblich und anerkannt war. In diesem Punkt macht H keinen Widerstand erkennbar. Anders ist es mit der Einmaligkeit und mit der Fristsetzung. Sie scheint von H eingeführt zu sein. Über seine (rigoristische) Absicht dabei weiter unten.

Diese Darstellung der Buß-Konzeption wird auf den ersten Blick nun ganz beträchtlich dadurch gestört, widersprüchlich und unklar, daß H im Gespräch eine andere, offenbar ganz gegenteilige Auffassung von Sünde und Buße, nämlich die urchristliche rigorose (Hebr 6,4–6; 10,26–31; vgl. 12,16f.; 1 Joh 3,6; 5,16f.; vgl. beispielsweise H. Koch, 180f.; Goldhahn-Müller, 27–114) ins Spiel bringt und er den Hirten auch diese akzeptieren läßt. Er gibt damit der radikalen Auffassung seine Zustimmung, daß es keine andere Buße gibt als die in der Taufe (Mand IV 3,1–2). Was denkt H nun wirklich?

Das ist zunächst schwierig zu beantworten, weil – wie gesagt – H den Lehrern eines rigorosen Kurses kräftig zustimmt und selbst gleichzeitig für die konziliantere Theorie und Praxis einer postbaptismalen Buße eintritt. Eine wichtige Konklusion aus dem Text, deren Richtigkeit als gesichert gelten darf, ist die, daß man von der Ausdrucksweise „*einige* (τινές) Lehrer“ (Mand IV 3,1) darauf schließen muß, daß es auch andere Auffassungen und Praktiken, und das heißt dann auch die Zulassung der Buße nach der Taufe in der römischen Kirche gegeben hat (dezidiert anderer Meinung ist Dibelius, 512). Für H ist es deutlich (nicht nur in Mand IV, sondern bereits Vis I), daß er die Zulässigkeit solcher Buße als verbreitete Überzeugung voraussetzen kann.

[3] Ganz ähnlich Knorz, 107. Das gilt trotz der Unterbrechung und Vollendung des Turmbaus als nur scheinbar „objektiven“, tatsächlich aber fiktiven Terminen (Sim IX 5,1; 9,4; 14,2); die Fristsetzung ist pastoral-pädagogisch zu lesen (Staats, Hermas, 104f.). – Tröger, 70 stellt (wie viele andere, z.B. Benrath, 452f.) die Sache auf den Kopf, wenn er die Buße von der Eschatologie her interpretiert, statt die Bußpredigt über die apokalyptische Szenerie zu entschlüsseln, wie Kittel, 79–81 das vorgeführt hat.

„Einige Lehrer" also vertreten rigide die Exklusivität der Sündenvergebung in der Taufe bzw. die Buße im Rahmen des Taufempfangs als einzige Buße (Mand IV 3,1). H dagegen predigt die Zulässigkeit (weil Gottgewolltheit) der einmaligen Buße nach der Taufe (3,4). Die Differenz läßt sich nicht befriedigend damit erklären, daß es sich bei den Lehrern um die Katecheten für Katechumenen handelt, die nicht so unklug waren, ihren Taufschülern vorzeitig von fortgesetzter Bußmöglichkeit zu reden, während im übrigen, d.h. für die längst Getauften, zur Buße aufgerufen wurde (so d'Alès, L'édit, 67–86; ders., La discipline; verteidigt und gestützt von Poschmann, Paenitentia secunda, 165f.; Bardenhewer, 483f.; Hörmann, Leben, 232–237). Dies würde H bei seiner Frage nach den Lehrern wissen und einkalkulieren müssen, weil es sie gegenstandslos gemacht hätte. Und es würde sich wirklich um die (schwer glaubliche) Unterschlagung der Buße vor den Neophyten aus pastoral-taktischen Motiven handeln (H.Koch, 174 A.2; ähnlich Benoît, 117–119; Galtier, Aux origines, 132 A.33; Joly, 158f.). Die Differenz löst sich auch nicht dadurch auf, daß die Lehrer eine zweite ἄφεσις ausschließen und deren Einmaligkeit durch die einmalige μετάνοια des H nicht tangiert würde (Vorgrimler, 34 unter Bezugnahme auf Frei, 1975, 129). Die Unwiederholbarkeit der Taufe stand nie zur Disposition.

Man muß davon ausgehen, daß immer die allgemeine Bußlehre für alle gemeint ist, auch von den Lehrern. Dann ist die Auffassung der Lehrer aber nicht die Auffassung aller und nicht die offizielle Kirchenlehre (gegen Goguel, L'Eglise, 155), sondern die rigoristische Linie im bestehenden kirchlichen Spektrum der Meinungen (so auch H.Koch, 174; Weinel, NTApo 1924², 328; Benoît, 118f.).[4] Auf diesen urchristlich üblichen Rigorismus reagiert der PH in Mand IV 3,2 (Whittaker, Hermas, 1075), und zwar reagiert er eben zustimmend, was bei einer Umschreibung seiner Position zu sehen natürlich ausschlaggebend ist. Auf die Existenz auch einer anderen, nämlich milderen Linie in Theorie und Praxis muß vom PH her zwingend geschlossen werden. H macht aus der Buße nach der Taufe keine Neuheit. Vielmehr soll „neu" für viele Ohren die Entschiedenheit sein, mit der er die Wiederholung der Buße bei wiederholter Sünde ausschließt, und „neu" ist auch die Frist, die gesetzt wird (s. zu Vis II 2,5.8). Und damit bestätigt er eben genau die bestehende Praxis wiederholter Buße (vgl. Grotz, 33 A.1; Baus, 364–366). Man darf so weit gehen zu sagen, daß Buße nach der Taufe die mehrheitliche Lehre und Praxis war, da sie nur von „einigen" Lehrern bestritten wird. Daran, daß diese wenigen von H durch nichts als Ketzer markiert werden und er ihnen sogar ausdrücklich recht gibt, ohne zu handeln wie sie, also auch ihr Standpunkt in der Bußfrage möglich ist, wird klar, daß es eine einheitliche Lehre und Disziplin in dieser Frage noch nicht gab (vgl. E.Schwartz, 1–3). Von zwei ausgebildeten „Schulen" sollte man vielleicht nicht reden, weil das

[4] Gebhardt-Harnack, 82 („montanizantur") und Stahl, 246 halten die Lehrer für Montanisten, Lipsius, Der Hirte dagegen den H selbst (s. u. A.10).

zuviel an theoretischer Ausdrücklichkeit voraussetzt (vgl. auch Snyder, 71f. in Auseinandersetzung mit Peterson, 271f. = HJ 77, 1958, 362). Der PH redet von zwei praktizierten Positionen, macht aber Front nur gegen Laxheit und Leichtsinn, nicht gegen den Rigorismus; den Rigorismus bricht er aber durch die einmalige postbaptismale Buße auf (er ist dafür reformerisch genannt worden: Prete), und zwar im Sinn der Barmherzigkeit und Hoffnung. Rigoristen wie diese „einigen" Lehrer urteilten vom Ernst der Taufe her und hatten dabei sicher auch die Neuchristen im Blick, für die die wiederholbare Buße kein förderliches Thema war; andere gingen vom pastoralen Notstand der Altchristen aus und eröffneten ihnen einen ermutigenden, aber anspruchsvollen Neubeginn. Man kann sagen, daß der PH es unternimmt, beide Rücksichten zu nehmen. Er verbindet die strenge Lehre von der Exklusivität von Buße und Sündennachlaß bei der Taufe mit der Zuversicht, daß Gottes Barmherzigkeit auch noch die getauften Sünder erreicht, und konzediert eben die Buße nach der Taufe, aber strikt ohne Wiederholung. Er rechnet also damit, daß die heilige Gemeinde, die die Rigoristen fordern, nicht gelingen wird und daß auf der anderen Seite auch die wiederholbare Buße versagt, weil sie die wiederholte Sünde vorsieht und nach sich zieht. Diese letzte Befürchtung kommt in seinen zahllosen Warnungen vor halbherziger Buße und in den vielen Appellen zur Umkehr „von ganzem Herzen" zum Ausdruck. Und das ist auch der Sinn der Einmaligkeit, weil die nächste Buße zeigt, daß die vorige schon nicht ernst war. Beidem will er mit der Praxis der befristeten einen Buße nur für die Altchristen wirksam steuern.[5]

Ist H somit ein Rigorist oder das Gegenteil davon? Es ist wenig informativ, ihn in der Theorie rigoros, in der Praxis aber moderat zu nennen (Benoît, 116), denn so läßt sich nicht unterscheiden. H plädiert für die Strenge der Rigoristen. Und für Strenge plädiert er auch da, wo er nur die eine (und keine weitere) Buße zuläßt (vgl. Duchesne, 19). Denn von „Erleichterung" kann man da nicht reden, weil es sich gegenüber der herrschenden kirchlichen Praxis wiederholter Buße um eine rigorose Reduktion und Verschärfung handelt und die einmalige Buße von H sehr streng ausgelegt wird, was ihre Aufrichtigkeit, Entschlußfreudigkeit und Unwiderruflichkeit betrifft. So wiederholt H weder die eine noch die andere Seite, sondern bezieht eine eigene, neue, originelle Position.

Es stimmt zwar schon, daß die Rede des H in der Regel die Pointe hat: Es gibt noch eine (einzige) Buße, ergreife sie! Daher die geläufige Meinung, die postbaptismale Bußmöglichkeit als solche sei das Neue, das H einführen will. Das täuscht. Diese Rede von der Buße nach der Taufe muß zusammengelesen werden mit der Einmaligkeit und der Fristsetzung einerseits und mit

[5] Die Idee, daß es nach der Taufe nur die einmalige Buße gibt, galt noch länger, ohne daß die gleichzeitige Bußpraxis wünschenswert deutlich bekannt wäre (vgl. Tertullian, *paen.*; Klemens v. Al., *strom.* II 56–59; Origenes, *in Lev* 2,4; 15,2): Die Forderung besagt nicht unbedingt etwas darüber, wie die Praxis aussah.

der Zustimmung zur Position der Lehrer aus Mand IV 3,1 andererseits, wonach deren Rigorismus richtig ist. H korrigiert oder ergänzt mit seinem Buch die verbreitete Vorstellung. Verbreitete Vorstellung war aber, daß man immer noch oder irgendwann Buße tun könne. Dies schließt H mit seinen Auflagen (Einmaligkeit, kürzeste Frist) aus. Er lehnt Wiederholbarkeit und Aufschiebbarkeit der Buße ab, außerdem aber auch die Verzweiflung des Christen, es gebe für ihn in seiner Sünde keine Chance mehr. Diese verschiedenen Pointen sind nur dann miteinander verträglich und einem kühlen Kopf (der H war) gleichzeitig zuzutrauen, wenn es dem Trend nach auch für H um eine Verschärfung der Bedingungen ging, nicht um Erleichterung. Ziel seiner Änderungsversuche an der kirchlichen Bußpraxis war es, den Ernst der Bekehrung über den Enthusiasmus des Anfangs hinaus zu sichern. Bei den Altchristen sind Strenge, Ernst und Begeisterung, die man an den Neubekehrten kennt, erloschen. H will den Enthusiasmus als Vergebungs- und Befreiungserlebnis reanimieren. Mit dem Appell, sofort und ohne Aufschub Buße zu tun, d.h. mit dem Sündigen aufzuhören, ist jeder wieder an den Beginn seines Christseins gestellt. Und diese Chance gibt es nur einmal. H selbst strahlt gelegentlich das Erlösungsbewußtsein aus, zu dem die postbaptismale Vergebung führen soll (siehe Mand IV 2,3; 3,7).

Trotzdem ist die genaue Version, in der H seinen Vorschlag macht, seltsam zu nennen. Seine Lösung berücksichtigt ja nur die derzeitige Generation von Altchristen und nicht auch die nächste und jeweils nachkommende, die nicht mehr in den Genuß der einzigen und befristeten Chance kommen. Diese Konzeption konnte H nur darum trotz ihrer Unwiederholbarkeit vertreten, weil er das Problem nicht genauer theoretisch anging (vgl. Simonetti, Roma, 131). Er kennt kein Problem der Ungleichbehandlung, das darin steckt und das von ihm in der Form beseitigt wird, daß es keine Zukunft zu berücksichtigen und keine kommende Generation zu erwähnen gibt bei der Bußfrage, sondern nur die gegenwärtige Problematik. H drängt nämlich mit Hilfe der fiktiven Vorstellungen vom (baldigem) Weltende (Vis III 8,9; 9,5; Sim IX 32,1; X 4,4)[6] (s. Exkurs: Eschatologie) und vom gesetzten Bußtermin (s. zu Vis II 2,5.8) das gesamte Problem von Sünde, Buße und Frist auf den Augenblick der Gegenwart zusammen und kann es bei dieser Momentaufnahme in der praktizierten Form lösen. Infolge der Nichtberücksichtigung der Zukunft der derzeitigen Neuchristen (die ebenfalls sündige Altchristen sein werden) vereinfacht sich das Problem bis zur Lösbarkeit. In dieser merkwürdigen Form ist aber auch die Zukunft, und zwar alle Zukunft, geklärt. H legt die Bußfrist nämlich nicht im Sinn eines allgemein gültigen, für alle Menschen gleichzeitig eintreffenden Termins aus (wie die von Batiffol initiierte, noch von Joly, 22–27.160; ders., La doctrine fortgeschriebene These vom „Bußjubiläum", also einer einmaligen, zeitlich

[6] Die Enderwartung ist wörtlich nur in den Vis und Sim, nicht in den Mand zu belegen; aber eben die Fixierung auf den gegenwärtigen Augenblick ohne Zukunft stellt dieselbe Fiktion des nahen Endes dar.

befristeten Vergebungsmöglichkeit in Form des sog. „Jubiläums", eines besonderen Gnadenerlasses, vor dem Hintergrund einer im übrigen rigorosen Begrenzung der Sündenvergebung auf die Taufe[7], es will), sondern eher als je individuell eintreffenden Zeitpunkt (siehe Vis II 2,4f.), auch mit Verzug und Verlängerung. Die einmalige Buße wird also für jeden Altchristen in einem anderen Augenblick akut. Die Fiktion der endzeitlichen Eile ist um ihres protreptischen Effekts willen gebraucht. Die Bußlehre sieht eine bleibende Lösung des Problems der Christensünde auch in diesem Rahmen vor. Dann ist, nimmt man H beim Wort, die Rede von der bloß einen Buße tatsächlich „offenbar nicht so absolut zu nehmen, wie es zunächst scheinen könnte" (Poschmann, Paenitentia secunda, 170; vgl. 162). Für jeden Christen jeder Zeit soll es folglich nach H die prinzipiell (aber auch faktisch?) limitierte Bußfrist geben. Diese Buß-„Systematik" hat in allen Details das einfache pastorale Ziel, „daß, wer gesündigt hat, nicht weiter sündigt" (Mand IV 1,11), sondern „von ganzem Herzen Buße tut". Gerettet wird, wer keine weiteren Sünden tut (Mand IV 3,7). Und H gewinnt mit seinem Konzept einen großen Vorteil: Nach der Predigt des Hirten sind alle Christen, von den Katechumenen bis zu den Altchristen, in derselben Situation, nämlich eine einzige rettende Chance ihres Lebens ergreifen zu können, hier die Taufe, dort die Buße. Und alle stehen sie unter derselben Pflicht, die im einen Fall heißt: keine Sünde nach der Taufe! und im anderen Fall: keine Sünde nach der Buße! (vgl. d'Alès, L'édit, 83; A.Baumeister, 53). Bis zur nächsten Rettungsplanke soll man denken, über sie hinaus mit einer weiteren aber nicht rechnen, weil das die Buße zur Farce macht.[8]

Die Differenz des PH gegenüber den Lehrern liegt also darin, daß der Hirt die Sünder nach der Taufe unter Berufung auf Gottes Barmherzigkeit nicht schon sofort, sondern erst bei Rückfall nach der einmaligen Buße (prinzipiell jedenfalls) verloren gibt, und gegenüber der wiederholten Buße, daß er sie für unzulässig hält. Anders wäre das Konzept des H nicht stimmig, und anders könnte der Hirte nicht den Lehrern zustimmen. Die „Errungenschaft" oder das neue Buß-Limit des H liegt dabei nicht, wie in der Regel angenommen,[9] darin, daß er eine Bußmöglichkeit nach der Taufe neu einge-

---

[7] Bericht bei Frei, 1974, 127–130. Siehe Windisch, 507–514 (vgl. 356–382; Frei, 1974, 129f.) zur strengen „Tauftheorie".

[8] Obwohl Windisch unangemessen stark psychologisiert, ist folgender Satz doch nicht deplaziert: „Hermas verwendet die Psychologie, die seit den Tagen des Ezechiel allen Entsündigungstheorien zugrunde liegt, die Psychologie der Exklusivität und der plötzlichen radikalen Eingriffe."

[9] Nach den Früheren wie z.B. E. Preuschen, ZNW 11, 1910, 144f.; Kelly, 198f.; Goguel, La doctrine, 35–37; Windisch, 356–382; H. Koch, 173; Goppelt, Die apostolische und nachapostolische Zeit, A95: E. Schwartz, 1–3; Dibelius, passim; Lake, 20 A.1; unbegreiflicherweise neuerdings wieder G. Strecker, Die Johannesbriefe, Göttingen 1989, 300f.; Lampe, 76; Goldhahn-Müller, 240–288 (im Anschluß an sie G. Strecker, NTApo 2^5, 1989, 544f.) mit der parallelen Entwicklung bei Elkesai, ebd. 226–240; auch Goldhahn-Müller geht davon aus (wie ich es für Rom zwischen 100 und 140 n.Chr. annehme), daß das urchristlich „verbreitete Verbot einer Zweiten Buße für schwere Sünden nicht den faktischen Gegebenheiten der

führt hätte, die es bis dahin kategorisch nicht gab (sog. Tauftheorie), und den bis dahin in Rom geltenden Buß-Rigorismus als erster durchbrochen hätte, sondern darin, daß er die postbaptismale Buß-Praxis unter rigorose Kontrolle brachte und für jeden Christen auf den einmaligen Fall reduzierte. Die Betonung liegt aus paränetischen Gründen oft auf der Beteuerung, daß es überhaupt noch eine Möglichkeit zur Buße gibt, so daß niemand sich aufgeben soll; die Emphase aber liegt beim Limit nach oben, wonach es nur noch eine einzige, befristete, d. h. sofort zu nutzende Gelegenheit gibt (Vis II 2,4f.), danach nichts mehr.

Aber was wird nun wirklich aus den nach der Buße rückfällig gewordenen Christen? Sie werden also (s. o.) „kaum noch" das Leben haben (Mand IV 3,6). Das ist eine gezielt ungenaue Diktion, die eine uneingestandene Nachsichtigkeit (vgl. Joly, 161 A.7) des H verrät. Denn wenn er für die Rückfälligen die Rettung nicht rundum ausschließt (was er nach seiner Theorie tun müßte), so gibt er eben nach und bestätigt die Vermutung, daß er mit Sündenvergebung nach der einen Buße doch noch kalkuliert, ohne dies – was paränetisch unklug wäre – deutlich zu sagen. Wenn er damit rechnet, ist es wohl zwingend, daß auch diese Vergebung aufgrund einer (dann weiteren) Buße nach der Taufe möglich ist.[10] H spricht das allerdings nie aus, ihm liegt daran, den Raum für Buße möglichst eng zu machen, um die Menschen zu drängen. In anderen Texten findet er für die gewisse Lockerung aber eine Bild-Variante, die im Grund nichts anderes sagt. Dibelius, der im Adverb δυσκόλως (Mand IV 3,6) keinerlei „Aufweichung" der radikalen Bußlehre erkennen (s. o.) und von einer Bußpraxis in der Kirche des H nichts wissen will, ist aufgrund des besagten Bildes aber ebenfalls der Meinung, daß gerade die so rigoros wirkende Fristsetzung für die einmalige Buße „doch nicht so unheimlich streng" ist, wie es nach Vis II 2; 3 aussieht. H redet nämlich von Verlängerung dieser Frist (Vis II 4,2), „und diese Verlängerung erstreckt sich eigentlich über das ganze Buch" (Dibelius, 512). Neben dem Zurückhalten der Offenbarung von Vis II 4,2.3 gibt es eine Reihe

Gemeinden entsprach", also nicht die Praxis war, was zu den Kompromissen des Elkesai und H führte. Nur muß der Kompromiß des H so beschrieben werden, daß sein Applaus für die radikalen Lehrer von Mand IV 3,1 weder ein Rätsel bleibt noch zum Widerruf seiner Position von der einmaligen Buße wird, was bei der Annahme der Ersteinführung postbaptismaler Buße durch H, mit der er sich in eklatanten Gegensatz zu den Lehrern setzt, nicht gelingen kann. Daß mit der Konzession des H an die Wirklichkeit „das rigoristische Taufideal erneut ungebrochen zur Geltung gebracht werden sollte" (ebd. 287), kann man angesichts der Aufweichung dieses Ideals durch weitere Bußmöglichkeit kaum sagen.

[10] Lipsius, Der Hirte, 1866, 37f. sieht im Gegenteil H, der sich prinzipiell auf die Seite der Rigoristen stellt und mit ihnen gemeinsame Sache macht, auf dem Weg zur montanistischen Abschaffung schon der ersten postbaptismalen Buße, „die nur ausnahmsweise durch eine besondere Offenbarung ... verstattet worden ist". Das ist aber nur verbal die Tendenz des H; realiter reagiert er längst auf den Mißerfolg des Rigorismus. – Man kann vielleicht wirklich mit A.W. Strock sagen, daß H es auf Kosten der theologischen Adäquatheit seines Konzepts versäumt hat, seine zweite Buße von der Taufe und von einer dritten und vierten Buße zu unterscheiden.

anderer retardierender, aufschiebender Momente, nämlich die Bauunterbrechung am Turm (Sim IX 5,1; 14,2; X 4,4), das Warten auf Buße (Sim VIII 6,6), die immer neue Fortsetzung des Buches. Keine Spur von Frist und Eile auch Mand XII 3,2 („Buße für die restlichen Tage ihres Lebens“). Diese Züge (durch welche die Frist immer wieder verlängert wird; vgl. Dibelius, 453.512.610) bringen die Idee von der drängenden Frist um einen Teil ihres Effekts, eröffnen aber eben die Perspektive, daß die Chance der Buße immer vorhanden ist. Dieses Hinausschieben der zeitlichen Grenze, d.h. die Aufgabe des heilsnotwendigen Jetzt der Buße, besagt dasselbe wie die durch das offen bleibende δυσκόλως eingeschränkte Heilsverlorenheit des nach der Buße Rückfälligen, nämlich: Die Möglichkeit der Buße gibt es weiterhin. Allerdings kann H nicht herstellen wollen, was er ablehnt: die leichtfertig und heuchlerisch wiederholbare Buße. Darum kann es kaum eine kirchliche Einrichtung und Routine werden, was H (wenn dies richtig ist) an eventuellem weiteren Ausweg aus der Sünde meint, sondern allenfalls Milde und Vergebung von Fall zu Fall.

Aber insgesamt stellt sich heraus, daß H die bestehende Bußdisziplin prinzipiell sehr viel strenger macht, indem er die totale Rigorosität der Lehrer verbal mitvertritt (Mand IV 3,2) und die Praxis der wiederholten Buße zu unterbinden versucht, indem er die Möglichkeiten dazu bis auf (jeweils: vorerst) eine reduziert. Frist und Einmaligkeit haben ihr Motiv im massiven Mißtrauen des H gegen Rückfällige. Er bringt in seiner Bußlehre beides zusammen: die Vertretung des Ideals, wie es sein sollte, und die Rücksicht auf die triste Realität, wie sie tatsächlich ist (so auch d'Alès, La discipline; ders., A propos, 83). Daß diese Lehre dabei wenig klar ausgefallen ist (Benoît, 118), kann man mit einigem Recht sagen. Daher auch der Streit um ihre richtige Wiedergabe. Das Neue an ihr ist die Predigt von der Unwiederholbarkeit der Buße.

Es bleibt die genauere Frage nach der Praxis. Buße vollzog sich als konstatierbare Abkehr von der Sünde und als Reue des einzelnen gegenüber Gott unter begleitenden zeichenhaften Gesten (s. zu Mand IV 2,2) des Büßers: Selbsterniedrigungsgebärden (ebd. 2,2), Gebet um Sündenvergebung (Vis I 1,9), tägliche Wachsamkeit im Kampf (Vis I 3,2), Fasten (Vis III 10,7), Almosen (Vis III 9,4–6; Sim V 3,7–8 u.ö.). Gehörten darüber hinaus aber auch kirchliche Öffentlichkeit (das Forum der Gemeinde), amtliche Regie und Intervention, liturgische Riten dazu? Auch das ist ein notorischer Streitgegenstand in der PH-Forschung. Markante entgegengesetzte Positionen vertreten repräsentativ Joly, 28–30 und Poschmann, Paenitentia secunda, 189–202. Joly orientiert sein Urteil an der Nichterkennbarkeit einschlägiger Elemente im Text (so auch Labriolle, 254; Schümmer, 179; Giet, Pénitence, 15–30); tatsächlich werden die Presbyter nur im Zusammenhang der Weitergabe und Verbreitung der Bußpredigt genannt (Vis II 4,2f.), nicht im Rahmen eines Bußverfahrens, das seinerseits genauso wenig erwähnt ist; und den Maximus aus Vis II 3,4 für einen wiederaufgenommenen Lapsus zu halten (Joly, 29), ist bereits gewagt. Es steht eben nichts von irgendeiner Verfahrensweise der kirchlichen Amtsträger (Presbyter) mit den Sündern im Text. Man kann sich die Existenz eines geregelten Bußvorgangs doch fast nicht wegdenken, aber H, der Visionär und Moralist, zeigt keinerlei Interesse, darüber etwas zu sagen, obwohl er sehr praktisch mit der pastoralen Korrektur und der sichtbaren Besserung der unchristlichen Verhaltensmuster befaßt und ein durch und durch kirchlich orientierter Mann war. Es kann also weder pauschal die Struktur noch detailliert der Ablauf einer Bußliturgie mit vernünftiger Sicherheit angegeben werden. Allerdings läßt sich postulieren: Wenn es überhaupt eine Buße über den Rahmen privater Frömmigkeit hinaus gegeben hat (und anders kann es in der Kirche des H, in der die Buße ein öffentliches Thema war, wie Mand IV 3 beweist, nicht gewesen sein), dann muß es die Elemente von Schuldbekenntnis (Reue), Selbstdistanzierung der Kirche vom Sünder und Wiederversöhnung mit ihm in irgendeiner Form von Buß-Institut gegeben haben, weil andere Akte kaum denkbar und sinnvoll sind. – Die Anstrengungen Poschmann's andererseits (s.o.), die Praxis von Exkommunikation und Rekonziliation „indirekt" im Text zu finden und das, was die Rolle der Kirche im öffentlichen Bußverfahren war, aus der Bilderwelt des visionären Apparats zu rekonstruieren, bleiben ohne solides Ergebnis, weil methodisch bedenklich.

Gegenüber Versuchen wie dem Poschmann's ist es angebracht, mit Frei, 1975, 183 in aller Deutlichkeit festzuhalten, daß der Begriff μετάνοια im PH „noch nicht bußtechnisch erstarrt" ist und die deutsche Übersetzung mit „Buße" (zu der es aber nur in Einzelfällen eine Alternative gibt) anachronistisch mißverstanden werden und also unglücklich sein kann.[11] Im übrigen stößt Frei, 1974, 190.199 u.ö. aber offene Türen auf, wenn er mit dem Anspruch auf eine neue Leitfrage für die PH-Forschung auftritt und auf jede Übersetzung verzichtet und die μετάνοια als eine primär dynamisch auf Zukunft gerichtete, von futurischer Finalität gezeichnete Sache sieht (sc. statt „im herkömmlich-institutionalisierten Sinne des Begriffs ‚Buße' als Vergebungsakt für begangene Sünden" zu meinen und sie „wesenhaft vor allem der Vergangenheit zugewandt" zu sehen: Frei, 1974, 190). Die μετάνοια ist im PH völlig unbestritten beides, nämlich Nachlaß der seit der Taufe begangenen Sünden wie Neubeginn eines zum Besseren veränderten künftigen Lebens. H schließt dabei keine Sünde wegen ihrer Schwere von der Buße aus.[12] Ihre Grenze findet die Buße nur an der Verweigerung des

[11] Studien zu Begriff und Wort μετάνοια außer Frei: H. Schulz, Spuren, 56; H. Emonds, RAC 2, 1954, 802–805; Aubin, 85–87; Giet, Pénitence. 15–30.

[12] Aus der Literatur zur Bußlehre des PH: Zahn, Der Hirt, 327–360; Kattenbusch, 714–716; Vanbeck; Hoh, Die Buße; ders.; Die kirchliche Buße; Poschmann, Paenitentia secunda, 134–205; Young, 94–190; Torrance, 122–125; Joly, La doctrine; ders., Hermas et le pasteur, 215–218; Grotz, 11–70; Giet, L'apocalypse; ders., Hermas, 125–134. 175–178.189–194.230–234; Doskocil, 160–191; Pernveden, 223–276; Medica; Molina; Adnès, 327–331.

Menschen, der nicht sofort bzw. bis zur Frist bzw. bis zum Ende der verlängerten Frist Buße tun will. Die Buße ist nicht primär der rettende Entschluß des Menschen, sondern zuvor die von Gott barmherzig gesetzte Gelegenheit und Möglichkeit (Frei, 1974, 193f. A.40 hat die zugehörigen verwendeten Verben aufgelistet), innerhalb deren der Mensch das Seine tun kann. Also ist μετάνοια die aufrichtige und baldmögliche Umkehr des Menschen unter Anstrengung der Bußleistungen[13], zugleich Befreiung von den postbaptismalen Sünden und das als die Chance, die ein verständnisvoller Gott für seine schwachen Kreaturen eingeräumt hat.

Der Glaubwürdigkeit und Verbindlichkeit wegen ist das ganze Konzept der Buße von H als göttliche Kunde durch einen Offenbarungs-Apparat[14] autorisiert worden. Mit der Autorität von Kunde und Text ist auch der Gnaden-Charakter markiert. Es geht immerhin um eine Korrektur an der herrschenden Bußpraxis, die die Anzahl der möglichen Vergebungen und den „Kanon" der vergebbaren Sünden (auch Ehebruch und Glaubensabfall fallen darunter) tangiert.

3. *Die Christologie*

1. H hat die Christologie in seiner langen Schrift nur selten thematisiert und sie überdies nur ungenau und fragmentarisch entfaltet.[1] Zudem macht er die hochkarätigsten Aussagen in einer eher kategorischen und aphoristi-

[13] Zu den Bußleistungen und zur Ethik des PH gehört zentral das Almosen, die Armenhilfe, ein Dauerthema des H (s. Exkurs: Die Ethik). Aber unhaltbar übertrieben ist es, die Bußpredigt und Bußtheorie des PH als solche sich in ihrer sozialen Funktion zugunsten der Armenhilfe erschöpfen zu lassen, wie es Lampe, 75–78.348 tut: „Hermas' Prophetie von der *zweiten Buße* hat die soziale Funktion, die *Armenversorgung* in der Gemeinde zu sichern. Oder anders: Die Prophetie der zweiten Buße zielt u. a. darauf, verweltlichte Reiche ins aktive Gemeindeleben zu reintegrieren, so daß wieder Geldmittel für die Armenpflege verfügbar werden" (ebd. 75). Tatsächlich ist es eine wichtige Sache, diese günstigen Folgen einer aktiven Zugehörigkeit möglichst vieler reicher Leute zur Gemeinde für die Möglichkeit kirchlicher Armenhilfe zu beobachten und einzukalkulieren. Aber die Reduktion des Hauptthemas Buße auf diese soziale Funktion ist falsch. Die zweite Buße ist ein Thema für *alle* Altchristen (nicht nur oder vorwiegend für die Reichen unter ihnen, deren Geld im Fall ihrer Bekehrung und Buße in der Gemeinde bleibt bzw. ihr wieder zur Verfügung steht) und besteht als Problem auch unabhängig von der sozialen Frage und den sozialen Sünden (Mand IV als wichtiges Beispiel handelt es am Fall des Ehebruchs ab).

[14] Das Dringen auf Buße und das Versäumen von Bußfristen ist in jüdischen und christlichen Apokalypsen geläufig. Einige Beispiele: *ApkSoph* 15,9–16,4 (Rießler, 175); *4 Esra* IX 12 (Schreiner, 372); *ApkPl* 10.17.16 (ἀπόλεσας τὸν καιρὸν τῆς μετανοίας: K. von Tischendorf, Apocalypses Apocryphae, Leipzig 1866. Nachdruck Hildesheim 1966, 46).24.40.43.44.50.51 (H. Duensing – A. de Santos Otero, NTApo 2[5], 1989, 647–673); *ApkPetr* 13 (C. Detlef – G. Müller, NTApo 2[5], 1989, 574).

[1] Kritisiert wurde H dafür von Whittaker, Hermas, 1075; auf naive Weise verteidigt dagegen von Kiküm, 38; dogmatisch enttäuscht zeigen sich Link, Christi Person, 34; Plooij, De Christologie; Ehrhard, Der Hirte, 110f. Zur Geschichte der Bewertung Grillmeier, Jesus der Christus 1, 158 A.76.

schen Form, die mehr voraussetzt als mitteilt. Darum ist der Versuch einer von vornherein systematisierenden Wiedergabe (Nijendijk) nicht glücklich. Man muß besonders eng den schwierigen Texten folgen. Die Reihenfolge, in der man die Texte liest, ist nicht beliebig. Man beginnt am besten mit Sim V 2–7, weil das der umfassendste Text zum Thema ist und weil H hier (wie sich herausstellt) Voraussetzungen und Klärungen für die beiden dichtesten aller weiteren Aussagen des PH zur Christologie liefert, nämlich für Sim IX 1,1 und 12,1–3, die man ohne Sim V kaum lesen kann. Die Komposition dieser ganzen Passage Sim V 2–7, literarisch und thematisch einigermaßen kompliziert, ist zu Beginn des Kommentars zu Sim V 1,1 ff. geklärt (s. dort). Sie spielt für das Verständnis der christologischen Linie des PH insofern eine große Rolle, als man an ihr begreift, wieso die Christologie so fragmentarisch und schwerverständlich bleibt. H spricht nur so weit und so oft darüber, als sich ihm das an einigen wenigen Stellen seines Buches von der Paränese her nahegelegt hat. Das christologische Bekenntnis interessiert ihn nämlich in seiner Funktion für Anthropologie und Paränese (so beobachtet auch von van Eijk, 90.93), nicht darüber hinaus. Infolgedessen bleiben der Gleichnistext sowie die Deutung, die H selbst gibt, „ein entmutigendes Rätsel“[2]. Es muß aber davon ausgegangen werden, daß die vorhandenen Aussagen sich gegenseitig interpretieren, auch wenn man im PH mit groben Unschärfen rechnen muß.[3]

2. Die Namen Jesus und Christus[4] (sowie den Logosbegriff) gebraucht H nicht[5] und gehört damit zu den „auffälligen Ausfallserscheinungen“ für diese Titel im 2. Jh. (s. Grillmeier, Jesus der Christus 1, 68 mit Lit.). Den Titel „Herr“ (κύριος) hat er (mit und ohne Artikel, vertauschbar mit θεός) entgegen dem christlichen Sprachgebrauch seiner Zeit fast ausschließlich für Gott reserviert[6] und spricht christologisch meistens vom „Sohn Gottes“ bzw. vom großen und herrlichen Engel (oder Mann). Im Doppel-Gleichnis Sim V 2,1–11 figuriert der Sohn Gottes (der Sklave der Parabel) neben Gott, dem „Schöpfer des Alls“ (dem Herrn der Parabel), dem Heiligen Geist[7] (dem Sohn der Parabel) und den Engeln (den Ratgebern in der Parabel) (Sim V 5,2–3). Die weitere Beschreibung wird schon schwierig. Wer ist der „Sohn

---

[2] J. Liébaert, HDG 3/1 a, 1965, 21; vgl. Walter, 133.

[3] Ein Forschungsbericht mit nützlichen Referaten der wichtigsten Thesen bei Nijendijk, 5–24; vgl. Lebreton, Trinité II, 361 A.1.

[4] χριστός steht allerdings in drei (sicher nicht primären) Lesarten (Vis II 2,8; III 6,6; Sim IX 18,1): Nijendijk, 75 führt sie vor.

[5] Über eine eventuelle gezielte Absichtlichkeit des Nichtgebrauchs s. L. Abramowski, ZThK 81, 1984, 431–433.

[6] Bei ca. 340 Belegen gelten etwa ein Dutzend dem Sohn Gottes, nach unterschiedlichem Kontext folgendermaßen gruppierbar: 1) Vis III 7,3; Sim VIII 1,1; IX 14,3; 2) Vis III 5,2; Sim VIII 6,4; IX 28,2.6; 3) Sim V 6,4 (vgl. 6,1); IX 5,2; 7,1; 10,4; 30,2 (nach Nijendijk, 79f.; vgl. Schläger, 337f.; Hörmann, Leben, 191 mit A.6 [auf p. 309]; 212–223).

[7] Der Begriff ἅγιον πνεῦμα findet sich nur in den Sim, in denen exklusiv auch die wichtigsten Aussagen zur Christologie gemacht sind.

Gottes" im unterscheidenden Sinn? Einmal heißt es, daß der Sohn aufgrund seiner (stark betonten: ebd. 2,2–4.10 und bezeugten: 2,5–8.10f.) Bewährung bei der ihm von Gott aufgetragenen Arbeit an der Erlösung der Menschen (Sim V 2,1–7), zu der er aus „vielen Sklaven" von Gott wegen Treue (also aufgrund einer Vorleistung) und aus Zuneigung ausgesucht worden war (ebd. 2,2), „Miterbe" des Heiligen Geistes wird und die Freiheit erlangt (ebd. 2,8.11), was man als Adoption[8] interpretieren wird. Wieso er aber bereits vor der Adoption die Erlösungsarbeit in der Welt (dem Weinberg bzw. dem Acker der Parabel: ebd. 5,2) als „Sklave" leisten konnte, bleibt offen. H hat in der Parabel die Sequenz der Ereignisse um Christologie und Inkarnation nicht ganz folgerichtig entworfen (s. u.). In einer späteren Deutung ist die „Erbschaft des Sklaven" deutlicher, aber nicht ganz widerspruchsfrei gegenüber der Parabel erklärt (ebd. 6,5–7): hier ist am Anfang ein „Leib" (σάϱξ), ebenfalls unter vielen anderen wie der Sklave; es ist der Mensch Jesus. Ihn erwählte Gott, diesmal ohne Vorleistung, und ließ den präexistenten Heiligen Geist, der hier der Schöpfer genannt wird, in ihm wohnen – auch dies eine Adoption, durch die es offenbar überhaupt erst zur Existenz des Sohnes kam, der er als bloßer „Leib" (Mensch) noch nicht war. Die Einwohnung (Inkarnation) wird von H nirgends erklärt. Dieser „Leib" bewährte sich einzigartig im Dienst an dem in ihm wohnenden Geist, mit dem zusammen er wirkte und sich abmühte. Auf diese Bewährung hin nahm Gott ihn als (ständigen) „Gefährten (κοινωνός)" des Heiligen Geistes. Diese Deutung weicht von der Parabel Sim V 2,1–8 darin ab, daß der Sklave (in der Nomenklatur der Parabel) sich dort allein (d.h. noch ohne den Geist) bewährt und daraufhin Miterbe des Geistes (d.h. adoptiert) wird, während der Sohn Gottes hier ebenfalls, wie 2,2, als einer aus vielen, ein „Fleisch" oder „Leib" wie andere, aus nicht angegebenem Grund von Gott erwählt wurde und mit dem Heiligen Geist bereits verbunden ist, als er sich rundum und vollkommen bewährte (ebd. 6,5b.6; zu 6,5 vgl. Cirillo, La christologie), woraufhin er (offenbar eine Steigerung als Lohn) „Gefährte" des Geistes wird (ebd. 6,6), ohne daß der Unterschied zwischen dem Bewohntwerden vom Heiligen Geist und der Gefährtenschaft angegeben wurde. Eine seltsame, archaische[9] Christologie, die dadurch also noch seltsamer wird, daß die Auserwählung des „Leibes" (Jesus) aus anderen (6,5; vgl. 2,2) zu einem Fall unter denkbaren anderen wird (s. Kommentar zu 6,7–7,4). Die Singularität verblaßt, die Christologie erfährt die ungeläufige Reduktion auf Vorbildlichkeit und Beispielhaftigkeit des Einen unter allen anderen, die ebenfalls

[8] Zur Adoption im PH Dibelius, 573; Lake, Landmarks, 111; H. Lietzmann, Geschichte der Alten Kirche, Bd. 2, Berlin-Leipzig 1936, 116; Barnard, Studies, 156; Coleborne, Approach (1965), 620–623; Köster, 696; Turmel, 38f.; Autry, 222–224; A. von Harnack, Lehrbuch der Dogmengeschichte, Bd. 1, Tübingen 1909[4]. Nachdruck Darmstadt 1964, 211f. A.2, bestritten von A. Gilg, Weg und Bedeutung der altkirchlichen Christologie, München 1966[3], 18–20.

[9] Gebhardt-Harnack, LXXXI schließen aus diesem Charakter auf die Datierung: Eine Christologie wie die des PH kann für die Zeit nach 160 n. Chr. nicht angenommen werden.

„Leib“ (d.h. Menschen) sind. Einer der „Leiber“ wird aus „allem Fleisch“ erwählt, bewährt sich und macht die Heils-Karriere, die als „die Lebensführung dieses Leibes“ darin besteht, daß er sich und den Geist auf dieser Erde nicht befleckt hat (6,5.6b.7) (wobei die Erlösungsarbeit von 6,6a keine Rolle spielt). Dies wird nun so weit generalisiert, daß es dem Zuschnitt und der Anforderung nach für alle möglich ist, wenn sie leben wie er; und umgekehrt bekommt er seinen Lohn wie „alles Fleisch..., das unbefleckt und tadelsfrei erfunden wird“ (6,7).[10]

3. Aber trotz und neben dieser Gedankenreihe muß m.E. ein singulärer Rang des Sohnes Gottes in den Vorstellungen der Sim V unterstellt werden. Denn seine Bewährung, seine Mühen liegen nicht nur in einem generellen guten Lebenslauf, sondern auch in der Arbeit an der Erlösung der Menschen (6,6a), die mit und ohne Parabel ausdrücklich als Arbeit und Mühe beschrieben wird (2,3f.; 6,2.6a; Mees, 354 rechnet mit Anlehnung an Jes 53). Das geht in 6,5–7 zwar dann im Zuge der Verallgemeinerung der Anstrengungen auf christliches Verhalten schlechthin praktisch unter, ist als Erlöserrolle aber doch exzeptionell, wie ja auch das Wirken und Sichabmühen des Heiligen Geistes nur auf das Erlösungswerk bezogen werden kann.

4. Und in diesem Zusammenhang ist höchstwahrscheinlich in der Rede vom jeweils beteiligten Geist von einer wesentlichen Unterscheidung auszugehen, die H vornimmt[11]: Der Heilige Geist der Parabel (Sim V 5,2), „der zuvor schon war, der die ganze Schöpfung erschaffen hat“ (6,5), den Gott Wohnung nehmen ließ in dem „Leib“ (Jesus) (6,5), ist doch wohl ein anderer, erhabenerer als der „heilige Geist“ am Ende von 6,7 (und sehr oft), der in allen Christen „wohnt“ (s. 7,1f.4), auffälligerweise im Plural stehen kann (s. Kommentar zu Sim V 6,7) und als Gnade und Gottes gute Kraft o.ä. im Christen umschrieben werden zu müssen scheint (zur Geistlehre im Detail s. Exkurs: Die Pneumatologie), während man dem Heiligen Geist von Sim V 2–6 doch (mit aller Zurückhaltung) eine Art personaler Qualität belassen wird. Dieser Unterschied läßt sich, wie gesagt (s. Kommentar zu Sim V 6,7; IX 1,1–2), am besten mit einer unterschiedlichen

[10] Damit ist es von der Christologie in Sim V nicht weit zur ebionäischen Christologie im Referat des Hippolyt, *refut.* VII 34: Die Ebionäer „leben nach jüdischer Sitte und behaupten, sie würden durch das Gesetz gerechtfertigt, wie auch Jesus durch Tun des Gesetzes gerechtfertigt worden sei. Deshalb sei er auch der Christus (Gesalbte) Gottes und Jesus genannt worden, da keiner von den anderen das Gesetz erfüllt habe. Wenn nämlich auch ein anderer die Auflagen des Gesetzes erfüllt hätte, dann wäre er der Christus (Gesalbte). Bei gleicher Bewährung (ὁμοίως ποιήσαντες) könnten sie selbst auch Christoi (Gesalbte) werden. Sie sagen nämlich, daß er ein Mensch ist wie alle“ (Irenäus, *haer.* I 26,2 übergeht diese Schilderung); Gesetzesbegriff und -praxis sind bei den Ebionäern aber offenbar unterscheidend strenger jüdisch gefaßt als bei H.

[11] Diese Unterscheidung wird von Ribagnac, 25–33 abgelehnt. Man kommt ohne sie aber schlecht aus, auch wenn man mit Knorz, 74 vielleicht sagen kann, daß der Geist, der im Leib Jesus wohnt, „nicht von dem in allen anderen Menschen wohnenden heiligen Geist wesensmässig verschieden“ ist. Weitere Stellungnahmen in Anm. 1 zum Exkurs: Die Christologie.

deutschen Schreibweise markieren, wie sie in der Übersetzung hier praktiziert wird („Heiliger Geist“, „heiliger Geist“).

5. Daß H in dieser verwirrenden Weise christologisch abwechselnd nivelliert und profiliert, entspricht seinem Denk- und Schreibstil in vielen anderen Fällen. Zur Profilierung gehören natürlich auch die soteriologischen Funktionen des Sohnes Gottes: Durch ihn gab Gott seinem Volk die Gebote (Sim V 5,3), und er setzte lauter souveräne Akte zum Heil des Volkes (ebd. 6,2f.). Deutlich ist freilich auch die Subordination[12]: Schließlich ist es Gott, der handelt und verfügt, auch über den Sohn Gottes und den Geist (Sim V 2,2.5–7.11; 6,5–7; vgl. Mand I 1). Sohn Gottes und Heiliger Geist sind Sim V, wo H sie unterscheidet (was er Sim IX 1,1 nicht tut: s. u.), Gott untergeordnet, auch der Geist (gegen Bönhoff, 516: „Das Verhältnis des Geistes zum Vater ist unbestimmt“). Sohn Gottes und Geist ihrerseits sind von H hier offenbar nicht gleichrangig gedacht, denn in der Parabel ist der Sohn des Herrn von Haus aus natürlich mehr als der (später adoptierte) Sklave (Sim V 2); und durch Präexistenz und Schöpferrolle (6,5) ist der Heilige Geist dem „Leib“ weit voraus und dann auch dem Sohn Gottes, der ja erst durch die Einwohnung des Geistes im „Leib“ zustande kommt.

6. Eine Christologie von so „minimalem“ Zuschnitt wie in Sim V war auch in der Kirche Roms offensichtlich nicht die einzige. Bezeichnenderweise muß H sich gegen ihre Diskreditierung wehren. „Warum tritt der Sohn Gottes im Gleichnis in Gestalt eines Sklaven auf“ und nicht als eine ansehnlichere Gestalt? (Sim V 5,5). H formuliert seine Christologie daraufhin nicht um, sondern deutet sie nur um (ebd. 6,2–4a), d. h. er verändert keineswegs das eben beschriebene Gefälle, obwohl ihm durchaus eine Reihe von christologischen Hoheitsaussagen zur Verfügung standen, wie Sim VIII 1,2.5; 3,3; IX 1,1; 12,1–3 zeigen. – Übrigens bietet 6,2–4a zusammen mit IX 12,3 die einzigen historischen Anspielungen zur Christologie des H (Inkarnation und irdische Existenz, ohne daß Geburt und Tod eine – zumal soteriologische – Rolle spielen, allenfalls die Strapaze der Passion: Sim V 6,2.6).

7. Vor und neben dem „Sohn Gottes“ dieser Christologie von Sim V gibt es also den (groß zu schreibenden) „Heiligen Geist“, ohne daß H Vorstellungen trinitarischer Art erkennen ließe, d. h. die drei Größen Gott, Geist, Sohn irgendwie zu einer Trias ordnen und in Relation zueinander bringen würde. Das legen nämlich seine Identifikation von Sohn Gottes und Heiligem Geist (Sim IX 1,1), der monarchische Gottesbegriff (s. Mand I 1) und die religionsgeschichtliche Herkunft dieser christologischen (und pneumatologischen) Elemente, die H verarbeitet, überhaupt nicht nahe. Bausteine und

---

12 Simonetti, Roma, 124.126 betont die Nichtzugehörigkeit des Sohnes Gottes (= Christi) zum Bereich des Göttlichen. Das ist ganz anders trotz teils paralleler Ideenfolge (Christologie zur Paränese) im *2 Klem* 9,5: „Christus... zuerst Geist gewesen, ist er Fleisch geworden... hat uns berufen; so werden wir auch in diesem Fleisch den Lohn empfangen (πρῶτον πνεῦμα ἐγένετο σάρξ... καὶ ἡμεῖς ἐν ταύτῃ τῇ σαρκὶ ἀποληψόμεθα τὸν μισθόν); vgl. K. Wengst, 248–250.229. Zum PH: Staats, Hermas, 106.

Grundrisse der Christologie des PH – darüber besteht Konsens – sind nämlich jüdisch (vgl. z.B. J. Liébaert, HDG 3/1a, 1965, 21f. mit Audet, Affinités; Joly, Judaisme, 394f.). Der Begriff vom Geist Gottes ist da zunächst betroffen, außerdem die Rolle von Engelvorstellungen innerhalb der Christologie (s. u.) und natürlich der jüdische (monarchische) Gottesglaube, der der christologischen (und trinitarischen) Entwicklung der frühchristlichen Theologie bis ins 4. Jh. hinein Zurückhaltung auferlegte.

8. Der Bewährungs- und „Sklaven-Christologie" von Sim V 2–7, die H Sim IX 13,3.5 (s. z. St.) unter einer anderen Diktion bedeutsamerweise noch einmal wiederholt, korrespondiert unter den übrigen Texten zur Christologie, was den Grad der christologischen Erhöhung betrifft, am ehesten noch Sim VIII, insofern der Sohn Gottes dort ebenfalls bei seiner Heilstätigkeit gezeigt wird und rang- oder würdemäßig nicht höher (wenn auch anders) eingeschätzt wird. Er wird der Gestalthaftigkeit nach als „herrlicher Engel des Herrn (ἄγγελος τοῦ κυρίου ἔνδοξος)" beschrieben, von „enormer Größe (λίαν ὑψηλός)" (Sim VIII 1,2; wie 3,3; 4,1; IX 6,1; 12,7). Völlig ungewohnte Ausmaße kennzeichnen ihn also; das ist eine jüdische Form, überirdische Wesen (Engel) zu markieren (s. Kommentar zu Sim VIII 1,2.3). Seine Rolle als Gesetzgeber (ebd. 1,5; 3,3) und Richter (Kontrolleur der Parabel 1,5–2,5; 3,3) paßt zu dieser Herkunft der Motive. Dasselbe gilt für die Identifikation des Weltenbaumes mit dem Gesetz Gottes und dann die des Gesetzes mit dem Sohn Gottes (ebd. 3,2; Material, Parallelen und Erklärung im Kommentar z. St.). Der Sohn Gottes ist also mehr als Gesetzgeber, nämlich das Gesetz selbst, also die Handlungsnorm in Form seines beispielhaften Lebens.

9. Der archaische, angelomorphe[13] und deutlich judenchristliche Charakter dieser Christologie gipfelt in der Identifikation des Engels (= Sohnes Gottes) mit Michael, dem führenden Engel des jüdischen Volkes (Sim VIII 3,3; s. z. St.), über das er herrscht. Die Identifikationen, wie H sie vornimmt, sind bedeutungsmäßig nicht alle von derselben Art und oft schwierig nachzuvollziehen. Aber den vorliegenden Fall, daß in dem jedenfalls christologisch zu lesenden Text der Sohn Gottes mit Michael identisch ist, hätte man nicht erwartet. Zwar nennt H, wie schon angedeutet, den Sohn Gottes oft den großen (ὑψηλός, μέγας) und herrlichen (ἔνδοξος) und heiligen (ἅγιος, σεμνότατος) Engel (bzw. Mann = Engel) (Vis V 2; Mand V 1,7; Sim V 4,4; VII 1–3.5; IX 1,3; 7,1; 12,7; X 1,1; sämtliche Stellen bei Lebreton, Trinité II, 651f.); und „der herrliche Mann (Engel) ist der Sohn Gottes" (Sim IX 12,8), wobei das Attribut ἔνδοξος ihm keineswegs reserviert ist (s. z.B. Sim V 6,4.7; IX 3,1; 6,2;

[13] Bei der Überschneidung von Christologie und Engelvorstellung sollte man nicht (wie Lampe, 191) von Degeneration der Christologie zur Angelologie reden, denn es handelt sich ja um Anfänge und Frühformen der Christologie, nicht um ihre Verluste. Zum Hintergrund solcher Vorstellungen im hellenistischen Judentum s. Talbert, 432f. Vgl. Moyo.

12,6.7.8).[14] Und man ist durch diese christologische Sprachregel, die im entsprechenden judenchristlichen Milieu kreiert und in direkter Anlehnung an den jüdischen Engelfürsten Michael entfaltet worden sein dürfte, einigermaßen vorbereitet. Aber daß H den Namen Michael aus seiner jüdischen Vorlage, die er insgesamt doch ans Christliche adaptierte, als Namen für den christlichen Sohn Gottes stehen ließ, bleibt doch sehr erstaunlich,[15] es sei denn, man unterstellt eine (judenchristliche) ausgebildete christologische Semantik dieses Engelnamens im Frühchristentum. So aber muß man sich ohne schlüssige Erklärung damit abfinden, daß H „Michael" stehen ließ, wo er nach Parallelstellen „Sohn Gottes" hätte sagen sollen. Was hier von Michael gilt (er herrscht über das Volk, gab den Menschen das Gesetz, überprüft danach ihr Tun), ist exakt das, was anderswo in die Zuständigkeit des Sohnes Gottes gegeben ist (Sim V 6,1–4; IX 6,3–5; 12,8). Wahrscheinlich schlägt sich eine große Nähe der christologischen Vorstellungen des H zur jüdischen Angelologie darin nieder.[16] Die sogenannte Engelchristologie der Dogmengeschichtsschreibung ist das trotzdem nicht (s. zu Sim VIII 3,3).[17] – Daß der Sohn Gottes mit dem Gesetz und mit Michael zugleich identifiziert wird, braucht nicht aufzuhalten; H führt nämlich auch Vis III

---

14 Daß mit dieser Diktion der Sohn Gottes gemeint sei, will Bönhoff, 517 mit der bei H falschen Unterscheidung ausschließen, der Sohn Gottes sei „ein göttliches, kein englisches Wesen". Richtig sind die Identifikationen bei Duchesne, 26; Gebhardt-Harnack, 67f.207f. (gegen Zahn, Der Hirt, 263–280); Mackenzie, 137f.; Lebreton, Trinité II, 651–656; Joly, 32.413; Barbel, Christos Angelos, 47–50; Sahlin, 161. Zum Thema Christus-Kirche vgl. Folgado Flórez, El binomio, 647–656.

15 Man muß allerdings an die starke Bevorzugung Michaels in den frühjüdischen Apokalypsen denken, so daß dieser Engel geradezu zum Apparat des PH gehört. – Dean-Otting, 305 hat in ihrem Register Funktionen Michaels aus der hellenistisch-frühjüdischen Literatur aufgelistet und belegt, wie man sie am Sohn Gottes und „herrlichen Engel" des PH wiederfindet (dazu natürlich vor allem Lueken, 32–43), so daß die Identifizierung mit Michael plausibel wird. Zu den seinerzeitigen Bestreitern der Identität gehörten Heurtier, 44–46 und Link, Christi Person, 40–46; neuerdings Nijendijk, 99–103; anders 121. Bakker, 257f. hatte ihre Bedenken dagegen, daß Michael und Sohn Gottes im PH so stark jüdisch vergleichbar werden und daß H in seinen diesbezüglichen Ideen so unklar ist. Aber durchweg ist die Identität inzwischen anerkannt: z.B. Duchesne, 22–28; Turmel, 41f.; Hückstädt, 46; Mackenzie, 138; Lebreton, Trinité II, 656; Daniélou, Théologie, 171–177; Knorz, 113–116; Pernveden, 58–62; Ford, 546f.; Staniek; Kelly, 95. Eine sehr speziell abgeleitete Identifizierung nahm Sahlin, 161–163 an (Jesus, der Menschensohn der Evangelien, war zugleich der Menschensohn aus Dan 7 und *äthHen*, dieser aber mit Michael identisch), die dann bewirkte, daß es einem jüdisch geprägten Frühchristen wie H „ganz natürlich gewesen sein muß, den Christus als Michael zu verstehen", hoch über allen (anderen) Engeln.

16 Zum Nahverhältnis zwischen beiden s.z.B. Ribagnac, 46–60; Daniélou, Théologie, 47f.167–169; ders., Trinité et angélogie, 8–13; Moxnes, 49f.55.

17 Eine Tradition von Engelchristologie in der seinerzeit von M. Werner, Die Entstehung des christlichen Dogmas, Bern-Tübingen 1954², 302–388 behaupteten Form hat es, wie Michaelis, 155–158 in seinen Vergleichen der PH-Texte mit jüdischen Engelvorstellungen gezeigt hat, gar nicht gegeben. Diese „Spezialität" dürfte in der vorliegenden Variante weitgehend eine Vorliebe des originellen H sein. Vgl. zum Problem Grillmeier, Jesus der Christus 1, 150–154, der (ebd. 160) mit Traditionen rechnet, die H schlecht gelungen zusammenfaßt; vgl. Barbel, Jesus Christus, 92.

3,3 und Sim IX 12,1.6.8 (s. dort) solche allegorische Doppel- oder Dreifachpräsenz wichtiger Größen ein, eine seiner vielen Eigenheiten.

10. In der Nähe der bisher registrierten christologischen Vorstellungen liegt es, wenn der Sohn Gottes sich nach Sim IX 18,4 als Retter über die Reinigung „seines Volkes" freut (vgl. schon Sim VIII 1,16ff. passim). Das zeigt ihn (wie besonders in Sim V) sehr menschennahe und engagiert im Werk der Erlösung (s. z. St.). Gesteigerte christologische Prädikationen trifft man in Sim IX 14,5–6 an; die Begrifflichkeit ist wiederum anders gewählt: Nur hier wird der Sohn Gottes „Fundament (θεμέλιος)" genannt, das die guten Christen „gern trägt". Diesen Bildbegriff gebraucht H öfter im Zusammenhang der Turmbau-Allegorie und wendet ihn hier zur soteriologischen Aussage. Das leitet sich aber von der großartigen Vorstellung eines kosmischen Tragens der ganzen Welt bzw. Schöpfung her, das „der Name des Sohnes Gottes" vermag. Auch die Diktion der Namen-Christologie (seit Sim IX 12,4; vgl. Grillmeier, Jesus der Christus 1, 145–147) ist originell, ohne eine besondere christologische Nuance gegenüber dem Begriff Sohn Gottes zu bedeuten. Wichtig und gewichtig sind natürlich die kosmischen Dimensionen und Kräfte, die dem Sohn Gottes hier zur Verfügung stehen (vgl. Sim IX 2,1; 12,2) und Präexistenz (und Transzendenz?) bedeuten (Grillmeier, Jesus der Christus 1, 145f.). Und diese kosmische Parabel von dem die Welt tragenden Fundament (der Sohn Gottes „trägt" die erlösungsfähigen Christen) ist neben dem „Gesetzgeber" das zweite hauptsächliche ekklesiologische Element der Christologie des PH, wobei die Christologie wieder den Heilbringer neben den kosmischen Riesen stellt. Der Turm (die Kirche) wird „auf dem Felsen und auf dem Tor" als seinem tragenden Fundament errichtet (ebd. 14,4), die beide der Sohn Gottes sind (s. zu Sim IX 14,5–6).

11. Große Schwierigkeiten macht eine weitere Identifikation in der Christologie; H schreibt: „jener Geist ist nämlich der Sohn Gottes" (Sim IX 1,1), ein rätselhafter Satz in schwerverständlichem Kontext. Nur eines ist sicher, nämlich daß H diese Gleichsetzung nur hier vornimmt (die scheinbar gleichlautende von Sim V 5,2: „Der Sohn aber ist der Heilige Geist" bedeutet lediglich, daß der Sohn in der Parabel den Heiligen Geist vertritt, weiter nichts). Man wird in Sim IX 1,1 den Heiligen Geist von Sim V annehmen, in einer Art Personalität gedacht. Er hat bisher mittels der Gestalt einer Jungfrau (Kirche) mit H gesprochen. Dieser Geist kommt auffälligerweise weder im Visionenbuch noch in den Mand vor. – Man erkennt für die fragliche Identifikation an dieser Stelle keinen Grund (d. h. das γάρ bleibt unerklärt). Aus Sim V ist sicher, daß beide getrennte Größen sind und nicht identisch, wenn auch in der Figur der Einwohnung des Geistes in der σάρξ vereint. In der Erzählung der Parabel von Sim V spielen sie unterschiedliche, eigenständige Rollen. Von diesem Befund muß man bei der Rekonstruktion der Christologie ausgehen, auch für Sim IX 1,1 (s. den Kommentar z. St.), zumal dort der Kontext rein nichts erklärt. Von Sim V aus ist die rätselhafte Identifikation von Heiligem Geist und Sohn Gottes aber eher verwirrend als

hilfreich. Um sie zu verstehen, muß man sie mit den anderen christologischen „Fragmenten" des Buches zusammenlesen. In Sim IX 12,2 (s. u.) ist für den Sohn Gottes des PH die eminente Aussage der Präexistenz gemacht (die übrigens innerhalb der Christologie von Sim V 2–7 in dieser Form nicht denkbar wäre). Aus Sim V 6,5–6 ist andererseits die Vorstellung des H bekannt (s. den Kommentar z. St.), daß es den Sohn Gottes nicht immer schon gab, sondern daß er dadurch „entstand", daß Gott einen „Leib" (Menschen) erwählte und in ihm (Jesus) den Heiligen Geist wohnen ließ; die gottgewollte Kooperation beider bewerkstelligte die Erlösung der Menschen. Anders Sim IX 1,1; hier ist die Identität „von präexistentem Christus mit dem Heiligen Geist" formuliert (Grillmeier, Jesus der Christus 1, 338, der fälschlich Sim V 6,5 ebenfalls für diese Identifikation reklamiert). Wahrscheinlich ist H damit richtig wiedergegeben. Ich verstehe die Möglichkeit der Identifikation dabei so, daß der Heilige Geist eben insofern schon immer der Sohn Gottes ist, als er es ist, der sich mit der σάρξ, dem Menschen Jesus, vereint und in dem, der daraus „wird" und Sohn Gottes heißt, der wesentliche „Teil" ist und der das Andersartige, Heilbringende in der Vereinigung mit der σάρξ ausmacht. Oder etwas anders: Sohn Gottes ist der Name für den einwohnenden Geist zusammen mit dem dienenden, am Heil mitwirkenden, vorbildlich lebenden „Leib" (s. Sim V 6,6a). Vor und nach der Einwohnung (Inkarnation) heißt der Heilige Geist der Sohn Gottes, weil und insofern durch ihn das Wesen „Sohn Gottes" maßgeblich konstituiert und als „göttlich" qualifiziert ist, das den Heiligen Geist und den „Leib", den er bewohnte, umfaßt hat (anders, wenn auch ähnlich lautend, die Lösung von Kelly, 93–95.164; s. z. St.). Auf diese Art sind die Einzelaussagen noch am ehesten sachgemäß miteinander verschränkt, und auf diese Art läßt sich auch die Möglichkeit der fraglichen Identifizierung denken. Aber die Frage, wieso die Identifizierung an dieser Stelle (Sim IX 1,1) vorgenommen wird und für was sie die Begründung (γάρ) liefert, erfährt trotzdem keine Antwort.

12. Es bleibt unter den christologisch bedeutsameren Texten noch Sim IX 12,1–3, das jetzt keine zusätzlichen Probleme mehr bietet: Der Sohn Gottes ist präexistent und wirkte beratend an der Schöpfung mit. Es ist wohl zwingend, daß man für diese Aussage die über Sim V verstandene Identifikation von Sim IX 1,1 (s. o.) voraussetzt bzw. einbezieht: Es ist der Heilige Geist, „der zuvor schon war" (Sim V 6,5), „der die ganze Schöpfung erschaffen hat" (ebd.) und der im Hinblick auf seine (inkarnatorische) Einwohnung im „Leib" Jesus bereits in der Präexistenz der Sohn Gottes heißt oder ist. Auch diesmal ist der Sohn Gottes in kosmischer und in soteriologischer Dimension gesehen. Denn 12,3 ist auf die irdische Existenz und (neben Sim V 6,2) als Hinweis auf die historischen Ereignisse zu deuten (Einzelheiten zur Erklärung s. z. St.).

Man trifft in der Christologie des PH auf ziemlich disparate Aussagen, von denen (angesichts des Schreibstils des H) niemand sagen kann, welches Maß an Vereinbarkeit man in ihnen erwarten kann oder postulieren muß. Der Adoptianismus der Sklaven- und Bewährungs-Christologie steht theologiegeschichtlich jedenfalls nicht im selben Entwicklungsstadium wie die Präexistenzaussage. Zur Auflösung der Differenzen bleibt aber nur der christologische Textvergleich. Religions- und motivgeschichtliche Ableitungen haben zu unbrauchbar unterschiedlichen Ergebnissen geführt (vgl. zuletzt Nijendijk im Vergleich zu Früheren). Und tatsächlich zeigt der Deutungsversuch zu Sim IX 1,1, daß und wie Präexistenz des Sohnes Gottes sich bei entsprechender Sprachregelung (Sohn Gottes ist der Heilige Geist, insofern er den „Leib" Jesus bewohnen wird) mit Adoption (des „Leibes") verträgt. Immerhin läßt sich so eine einigermaßen befriedigende Schlüssigkeit der Aussagen zum Thema absehen.[18] Weiterreichende Systematisierungsversuche scheitern am Text (vgl. auch Pernveden, 70f.; Weinel, NTApo, 1924^2, 330; ders., 1904, 226f. mit denselben Kautelen). Und eine Typisierung dieser Christologie mit Hilfe der gängigen dogmenhistorischen Kategorien (z.B. kommen in Frage Adoptianismus, Antimodalismus, Geist- und Engelchristologie) muß äußerst zurückhaltend gehandhabt werden[19], weil der dogmatisch häufig überfragte PH nicht genügend Informationen enthält, um ein geschlossenes Muster der Christologie daraus verläßlich zu gewinnen.

Die Christologie des PH geht – will man resümieren – „nirgends über den streng judenchristlichen Monarchianismus" hinaus (Lipsius, Der Hirte, 1865, 277), so daß man Aussagen über Christus als Gott in ihr nicht erwarten wird (Grant, 13). Sie ist aber, als marginales Thema des Buches, diesbezüglich weder beachtet noch beanstandet worden; man interessierte sich für die Moral des Buches, die auch seinem Verfasser das Wichtigste war (Joly, 33; Altaner-Stuiber, 57).[20] Auch die Soteriologie bleibt ganz bei diesem Thema

[18] Andere betonen stärker die Differenzen, z.B. Pernveden, 64–68. Nach Joly, 33 gibt es gar keine Differenzen zwischen Sim V und IX.

[19] Dieselben Bedenken bei S. Schulz, Mitte, 367. Von Bönhoff, 516f. wurde vorgeschlagen: Ditheismus (und das Monster „Hemikaidyotheismus"); Pelagianismus. Als „Geistchristologie" bezeichnet mit vielen anderen L. Abramowski, ZThK 81, 1984, 431–433 das Konzept des PH. Zur neueren Frage der Definition und Verbreitung einer Geistchristologie s. A. Gilg, Weg und Bedeutung der altkirchlichen Christologie, München 1966^3, 18–20; G.C. van de Kamp, Pneuma-Christologie, Diss. VU, Amsterdam 1983; Nijendijk, 26f.; Cirillo, La christologie.

[20] Literatur: Grundlegend, wenn auch nicht in allen Punkten konsensfähig: Ribagnac, 5–45.60; Dibelius, 572–576; Lebreton, Trinité II, 346–387.651–662; Kurzfassung bei Staats, Hermas, 106; ferner Bönhoff; Seeberg, 126–128; Adam, 46–49; Bardenhewer, 485f.; Pernveden, 38–111; auf der Basis seiner Verfasserschafts-Theorie Giet, Hermas, 121–123. 156–168. 181–185. 215–224; Grillmeier, Jesus der Christus 1, 145–148. 152–154. 158–160; ders., Mit ihm, 55–57.60–62. Alle betonen mehr oder weniger das jüdische Konzept dieser Christologie, z.B. Giet, Un courant, 105–111; Nijendijk, 123–134. – S. Schulz, Mitte, 367f. meint zur Christologie des PH, man treffe hier auf die (frühkatholische) Idee von der Kirche als dem *Christus prolongatus*. Die beiden Texte, auf die er sich bezieht, enthalten das nicht. In Sim IX 13,5 ist nicht die Identität von Fels (Sohn Gottes) und Turm (Kirche), sondern die Einheit der Christen durch den Sohn Gottes aufgrund ihres Glaubens ins Gleichnis gesetzt; und Sim IX 1,1 formuliert die Identität des Heiligen Geistes mit dem Sohn Gottes, die Kirche bleibt draußen.

und in der entsprechenden Bilderwelt: Der Sohn Gottes reinigt als „Sklave" den Weinberg (das Volk) (Sim V 2,4; 5,3; 6,2f.) und als „Herr des Turmes" und „herrlicher Mann" den Turm (die Kirche) (Sim IX 6,3–4). H denkt und lebt zwischen Befleckung durch die Sünde und Reinigung durch Buße. Die Hauptelemente der Christologie entsprechen dem. Die christologische Nomenklatur von Gottes Heiligem Geist im „Leib/σάρξ" (Jesus) und von der Bewährung des „Leibes" in dieser Konjunktion ist ganz deutlich abgeleitet von einer bestimmten Nomenklatur der Anthropologie und Soteriologie des PH, in der nämlich „alles Fleisch (σάρξ) seinen Lohn bekommen wird, das unbefleckt und tadelsfrei erfunden wird und in dem der heilige Geist gewohnt hat" (Sim V 6,7b–7,4; vgl. den Kommentar zum Text). Was die Christen als Pflicht beschrieben bekommen, haben der Heilige Geist und die σάρξ, in der er wohnte, zuvor schon realisiert.

4. Die Ebene (τὸ πεδίον, τὰ ὁμαλά)

Der Nomenklatur von der Ebene (bzw. dem Ebenen) wird ein eigener Exkurs gewidmet nicht wegen besonderer theologischer Gewichtigkeit, sondern weil sich in ihr die Eigentümlichkeit und Eigenwilligkeit des H in seinem parabolischen Denken besonders originell zeigen und weil dem Leser ohne Kenntnis des Bildzusammenhanges manche Aussagen des PH über Ebene und Ebenes nicht leicht nachvollziehbar sind bzw. entgehen.

H gebraucht τὰ ὁμαλά und τὸ πεδίον gleichermaßen für „die Ebene" (vgl. Vis I 1,3 mit Sim VI 1,5; austauschbar auch gegen ἀγρός[1]: Sim VI 1,5), so daß er in seinem Misch-„Zitat" von Vis I 3,4 das πεδία aus Jes 40,4 LXX mit ὁμαλά wiedergeben konnte bzw. in seinem (eher Sym als der LXX nahestehenden: s. u.) griechischen Bibeltext ὁμαλά vorfand. Die oder das „Ebene" hat im PH aber, mit Ausnahme der rein geographischen Bedeutung in Sim VIII 1,2; 3,2, in oszillierender Art und unterschiedlicher Deutlichkeit regelmäßig eine übertragene, parabelhafte Konnotation, und zwar eine durchaus positive. „Ebene" und „Ebenes" sind etwas Gutes.[2] Ganz anschaulich ist das erkennbar im Zusammenhang der Entrückung und Vision von Vis I 1,3–4: Die Ebene ist der Ort, der H zum Beten bringt und zum Bekenntnis seiner Sünden, und hier wird er aufgeklärt über seine Schuld und seinen heilsgefährlichen moralischen Zustand (ebd. 1,1–9); damit ist „Ebene" positiv besetzt (und bedeutet mehr als etwa das zweimalige πεδίον in *1 Klem* 4,6). Auch die Ebene von Sim VI 1,5, die man beim Lesen des Textes kaum registriert, ist ein besonderer Platz als Ort der Begegnung mit dem

---

[1] Zum Verhältnis ἀγρός und πεδίον bzw. ὁμαλά problematische Thesen bei Peterson, 286–293, übernommen von Andresen, 34.

[2] Michaels, 245f. (vgl. ders., NTA 13, 1968/9, 385) hat das bereits generell formuliert: ὁμαλός im symbolischen (nicht geographischen) Sinn ist im PH Ausdruck für das rechte Verhältnis zu Gott.

Hirten (Sim VII 1). Ganz ähnlich steht es mit Vis IV 1,2: ῥαδίως δὲ ὁδεύεται ὁ τόπος – das Ziel des H ist gut zugänglich. Daß H dies prinzipiell so meint, beweisen die (regelmäßig negativen) Entsprechungen, mit denen er die Ebene und das Ebene kontrastiert. In Vis I 1,3; III 2,9; 7,1; Mand VI 1,3 korrespondiert der Ebene die schroffe, unwegsame Landschaft;[3] in Sim VI 1,5 ist es das steile Gelände des Strafortes von Sim VI 2,6; der Kontrast kann, ohne Bild, auch „böses Ärgernis" sein (siehe unten zu Mand II 4). Gott ist es, der die günstigen τόποι, die ebenen Plätze schafft, „um ihnen (den Gläubigen) die Zusage zu erfüllen, die er... gemacht hat": „Siehe, er versetzt die Himmel, Berge, Hügel und Meere, alles wird zur Ebene für seine Erwählten" (Vis I 3,4). Er „planiert" die Hindernisse auf dem Heilsweg (Bauer-Aland, 1011 empfehlen für μεθιστάνει die Übersetzung „er verpflanzt"). Das Bild stammt sicherlich aus der Metapher von Jes 40,4.

Zweimal zeigt H, daß dieses Bild für ihn die Chiffre allgemeinster Positivität im theologischen Sinn ist, und zwar einmal eben in Vis I 3,3–4, wenn Gott die Unebenheiten planiert, d.h. die Bedingungen für die Menschen optimiert und die Widrigkeiten auf ihrem Weg zum Heil ausräumt. „Ebene" ist also die Parabel für Heil und Zuwendung Gottes, ohne daß man sie in spezielle Bezüge zur Soteriologie setzen könnte. Die Anschaulichkeit dieser Parabel, die wegen der Assoziation an Jes 40,3f. auch mit Wegbereitung zu tun hat[4], ist von H nicht näher spezifiziert worden. – Das zweite Mal definiert H die „Ebene" ähnlich prinzipiell in Sim IX 10,1. Da muß im Zusammenhang der Turmvision der Platz um den Turm hergerichtet und in den idealen Zustand gebracht werden. Namentlich müssen die Druckstellen (Löcher) aufgefüllt werden, die von den dort gelagert gewesenen Bausteinen zurückblieben (Sim IX 10,1). Und hier ist es die Kirche, deren Idealität vom „Hirten" folgendermaßen prinzipiell formuliert ist: „Es muß rund um den Turm alles ganz eben werden (δεῖ γὰρ... πάντα ὁμαλὰ γενέσθαι)". Das ist das Bild für Vollkommenheit, für Buße, Bekehrung als Reinigung (vgl. Sim IX 7,6; 10,2).[5] Daß der Platz und nicht die Steine (= Menschen/Christen) gereinigt werden müssen, liegt am Bild vom Einebnen, das auf die Bausteine

[3] Zahn, Der Hirt, 212 dazu: „gleichsam ein topographischer Ausdruck des Gedankens, daß es durch Noth zur Freude gehe." Vgl. zu ἀνοδία auch Vis III 7,1; ferner Vis III 2,9; Mand VI 1,2; Michaels, 243.

[4] Wegbereitung in Jes 40,3f. für Gott, hier bei H für den Menschen. Vgl. L. Krinetzki, „Tal" und „Ebene" im AT, BZ NF 5, 1961, (204–220) 216f. Michaels, 247f. erinnert noch an Ps 26,11f.; 143,10 in der Sym-Übersetzung und an weitere biblische Stellen (ebd. 248f.), die die Terminologie des PH verständlich machen. Nachzutragen ist Jes 45,2: Ἐγὼ ἔμπροσθέν σου πορεύσομαι καὶ ὄρη ὁμαλιῶ. Auch 1 QS IV 2 gehört hierher: „alle Wege wahrer Gerechtigkeit vor ihm zu ebnen". Alle diese Texte meinen das rechte Verhältnis zu Gott, wo sie von Ebene reden.

[5] Siehe den Kommentar zu Sim IX 10,1 mit der Kritik an Peterson, 290f. und seinen komplizierten Thesen zur Sache, denen sich Andresen, 34 anschließt. Es ist aber nur halb richtig, von einer „Verbindung des Bildes vom Planieren mit der Vorstellung der endzeitlichen ‚Reinigung'" (Andresen, 34 A.30 mit Peterson, 290) zu sprechen: Das „Kommen des Herrn" in Sim IX 7,6 ist nicht eschatologisch, sondern als Detail der Allegorie zu lesen.

nicht anwendbar ist. In der nachgelieferten Deutung Sim IX 33,2f. heißt es freilich kurzum von den betreffenden Steinen (die in den Bau gekommen sind): „Das sind die, die jetzt auf meine Gebote gehört haben usw."; etwas später nämlich sind die Druckstellen „ihre (früheren) Sünden" genannt: „Sie wurden eingeebnet[6], so daß man sie nicht mehr sieht." Das Thema des PH, daß alle Sünder Buße tun und sündenfrei bleiben müssen, heißt in der hier besprochenen Parabel: „alles muß ganz eben werden".

Das Adjektiv ὁμαλός (Bauer-Aland, 1146: „plan, eben, gleich") weiß H noch freier einzusetzen. Nach Mand II 4 ist an der Ehrbarkeit (σεμνότης) (im Gegensatz zum „bösen Ärgernis" – πρόσκομμα πονηρόν) alles ὁμαλὰ καὶ ἱλαρά (in der Übersetzung: „alles Ausgeglichenheit und Freude"), wobei ἱλαρός von gleichfalls durchgehender positiver Konnotation ist wie ὁμαλός (siehe zu Vis I 4,3). Die Übertragung geht hier so weit, daß die Übersetzung nicht mehr wörtlich folgen kann und das Bild (plan, eben) aufgeben muß. – In Mand VI 1,2 wählt H das Wort ὁμαλός sehr passend innerhalb der Zwei-Wege-Lehre: „Geh du auf dem geraden und ebenen Weg (τῇ ὀρθῇ ὁδῷ… καὶ ὁμαλῇ) und laß den krummen (στρεβλήν)." In der hier benutzten Variante der Zwei-Wege-Lehre ist der „ebene", leicht begehbare, gerade Weg der richtige (siehe den Kommentar z.St.). – H ruft die Menschen, denen die Stöcke gehören, aus der Ebene (τὸ πεδίον) (Sim VIII 4,2); sie halten sich also dort (im Wartezustand) auf, was in der vorausgegangenen Allegorie, in der je nach der Qualität der Stöcke die Gruppen eingeteilt wurden, nicht erzählt worden war. Vom Sprachgebrauch des PH her muß man eine positive, bedeutsame Aussage in diesem Detail sehen und darf sie wohl darin erkennen, daß sich die Sünder an einem Bewährungsort mit positiven Erwartungen aufhalten (siehe die überzeugenden Ergebnisse des zur Bewährung eingeschobenen Moratoriums im Resultat von Sim VIII 6,1). – Die „große Ebene" in Arkadien, die von den zwölf Bergen umgeben ist und aus deren Mitte der große weiße Fels hochragt (Sim IX 1,4; 2,1 je zweimal πεδίον), scheint schwieriger auf ein Detail festgelegt werden zu können als andere Verwendungen dieser Chiffre; sie partizipiert als Teilstück der christologisch, ekklesiologisch und soteriologisch bedeutsamen Szenerie dieser Vision aber zweifelsohne am hohen Rang des Parabelspektrums des PH. – Schließlich ist da noch die „nahegelegene Ebene (πεδίον)" von Sim IX 6,6, aus der – statt von den Bergen wie bisher – die weiteren Steine geholt werden sollen (6,6; vgl. 29,4), in die die übriggebliebenen aber vorläufig zurückgebracht werden (9,4); sie wird in der Deutung Sim IX 30,1–3 merkwürdigerweise nicht als Ebene behandelt, sondern mit „den Wurzeln (αἱ ῥίζαι)" des weißen Berges identifiziert. H verliert diese „Ebene" also aus dem Blick (siehe zu Sim IX 6,3–8).[7] Trotzdem bleibt zu

---

[6] ἐξομαλίζω (F); L[1]: *exaequata sunt*; L[2]: *deleta sunt et aequata*; s. den Kommentar z.St. (vgl. *Barn* 11,4).

[7] Poschmann, Paenitentia secunda, 180 hilft sich mit der Umschreibung: „aus der Ebene am Fuß des einen Berges, die nur weißglänzendes und dauerhaftes Gestein enthält."

vermerken, daß „Ebene" hier wieder betont positiv besetzt ist, denn aus ihr kommen die „ganz weißen" Bausteine, die sich garantiert bewähren und jede weitere Bauüberprüfung aufgrund ihrer guten Qualität erübrigen (vgl. Sim IX 9,4; 30,3).

Man fragt sich, was H an dieser Parabel von der Ebene und dem Ebenen so fasziniert haben mag. Der Hinweis auf die biblische Vorgabe in Jes 40,4 als Attraktion (s.o. und Michaels, 247f.) ist wohl nicht falsch. Obwohl die symbolische Semantik wahrscheinlich gar keine genaue religionsgeschichtliche Herleitung verlangt, um verstanden werden zu können, kann man auf die Suche nach Motiv-Zusammenhängen nicht verzichten. Biblischerseits wird Lk 6,17 (τόπος πεδινός als Ort der Rede Jesu) kaum eine Rolle spielen, noch weniger die Belege in den griechischen Bibelübersetzungen neben der LXX (siehe die Statistik und Interpretation bei Michaels, 246f. aus Aq, Sym und Theod, die den Begriff eindeutig negativ besetzen). Aber für Stellen wie Vis I 1,3; III 1,2; Sim VI 1,5; VII 1 kommt sehr wohl Ez 3,22f. in Frage. Auch Barberet, 403, der eine Reihe von Tangenten des PH zu Ez zeigt, hält Vis III 1,2 (ἐλθὲ εἰς τὸν ἀγρὸν... καὶ δείξω σοι...) und Ez 3,22 (ἔξελθε εἰς τὸ πεδίον καὶ ἐκεῖ λαληθήσεται πρὸς σέ... καὶ ἐξῆλθον εἰς τὸ πεδίον) nebeneinander. Michaels, 248f. konnte zeigen, daß H nicht aus der LXX, sondern aus einer jüdischen Bibelübersetzung, die nahe bei Sym steht, einschlägige Stellen bezog, ohne direkt zu zitieren.[8]

Wichtig ist ein bestimmter Nimbus, den der Begriff Ebene in prophetischen und apokalyptischen Büchern des AT und des Judentums hat.[9] „Ebene" und „Tal" (Tiefebene) liegen dort in einem Teil der Terminologie nahe beieinander[10], wobei die Talebene „der Ort der Offenbarung der Herrlichkeit Jahwes und seines endzeitlichen Reiches" ist und „gelegentlich Stätte prophetischer Visionen (Ez 3,22–27)".[11] Und das Hantieren mit der „Ebene" im PH verliert viel von seiner Merkwürdigkeit, wenn man sieht, daß die „Ebene" ein geläufiges Element im jüdisch-apokalyptischen Inventar darstellt; sie wird dort „gezeigt", beschrieben, „gesehen" und erklärt (z.B. *grBar* 2,3.4.5; 3,3; 4,3; 10,2.4), und sie „ist der Ort, wohin die Seelen der Gerechten

[8] Michaels, 249: „Hermas has taken a detail of late Jewish translation vocabulary and made it one of his key expressions for the standing of the penitent before God."

[9] Die Annahme allerdings, in Vis I 3,4 lasse H direkt eine apokryphe jüdische Schrift reden (Peterson, 290), ist nicht bewiesen und beweist nichts.

[10] A. Schwarzenbach, Die geographische Terminologie des Alten Testamentes, Leiden 1954, 34–36, der in der geographischen Diktion metaphorische Entsprechungen für z.B. Geradheit, Billigkeit, Gerechtigkeit, Frieden ausmacht (ebd. 37). Vgl. auch L. Krinetzki, „Tal" und „Ebene", 205–207.

[11] L. Krinetzki, Tal, in: H. Haag (ed.), Bibel-Lexikon, Einsiedeln-Zürich-Köln 1968^2, 1704f. Nach L. Krinetzki, „Tal" und „Ebene", 218 „ist die fruchtbare Talebene eines der symbolischen Elemente der eschatologischen Herrlichkeit des Gottesreiches, des endzeitlichen Paradieseszustandes".

gehen" (ebd. 10,5). Am Thema „Ebene" bestätigt sich das jüdische Milieu des PH.[12]

Besonders interessant ist noch eine Parallele in Plutarchs Exposé über die Magier, in dem der Entwurf des idealen Zustands der Welt unter anderem mit Hilfe der Parabel von der Ebene erstellt und diese sofort in ihre Sachaussage übersetzt wird: τῆς δὲ γῆς ἐπιπέδου καὶ ὁμαλῆς γενομένης ἕνα βίον καὶ μίαν πολιτείαν ἀνθρώπων μακαρίων καὶ ὁμογλώσσων ἁπάντων γενέσθαι („die Erde soll flach und eben sein, es soll einen einzigen Lebensstil geben und eine einzige Staatsverfassung für alle Menschen, die glücklich sein und eine gemeinsame Sprache sprechen werden") (*De Iside et Osiride,* 47)[13]. Die Ebene ist hier die Metapher für diverse Utopien von geschichts- und menschheitsglobaler Dimension. Eine ausführlichere Variante trifft man im *Carmen de ave Phoenice* des (Ps.?-)Laktanz an, das mit der geographischen und klimatischen Beschreibung eines sagenhaften Topos beginnt (*Est locus in primo felix oriente remotus etc.*) und dazu die Metapher der Ebene benutzt:

Illic planities tractus diffundit apertos,
Nec tumulus crescit nec cava vallis hiat.[14]

In seiner Endzeitkatastrophen-Schilderung kennt Laktanz dasselbe Bild, das hier auf eine alte jüdische Prophetie zurückgeht, die ergänzt und modifiziert wurde[15]: *montes quoque altissimi decident et planis aequabuntur, mare innavigabile constituetur* („selbst die höchsten Berge werden einstürzen und flach wie die Ebenen werden, das Meer wird für die Schiffe unbefahrbar")(*Inst.* VII 16,11);[16] es ist zu vergleichen und vermutlich identisch mit *Orac. Sibyll.* VIII 236: Ἶσα δ' ὄρη πεδίοις ἔσται καὶ πᾶσα θάλασσα οὐκέτι πλοῦν ἕξει.[17] Es gibt indische Parallelen. Von E. Abegg wurde folgendes Endkatastrophen-Detail aus iranischer Tradition mitgeteilt[18]: „Es heißt auch (in der hl. Schrift): Die Erde wird ohne Unreinheit, eine Fläche ohne Unebenheiten sein. Selbst den Berg, der die Brücke Cinvat trägt, werden sie niederlegen,

---

12 Vgl. die Überlegungen bei Michaels, 249f. über eine eventuelle judenchristliche Zugehörigkeit des H in Rom aufgrund dieser Wortuntersuchung zu ὁμαλός. Den Term πεδίον bezieht Michaels auffälligerweise nicht ein.

13 Text nach J.G. Griffiths (ed.), Plutarch's De Iside et Osiride, Cambridge 1970, 192; Erläuterungen ebd. 479 und bei J. Bidez – F. Cumont, Les Mages hellénisés II, Paris 1938, 72 A.1, die ebd. 77 A.19 noch aus dem Bundahishn 30,33 zitieren: Bei der Wiederherstellung des Universums „wird diese Erde eine Ebene ohne Eis und Abhang sein". Griffiths, ebd. 479 unter Hinweis auf Jes 40,4: „Mountains are regarded as the work of the Spirit of Evel and will disappear with his fall", womit noch einmal die Kehrseite des Bildes formuliert ist. Der Einsturz der Berge hat seine apokalyptische Qualität auch ohne den Topos der Ebene (s. *Assumptio Mosis* 10,4; *äthHen* 1,6).

14 Der Text: S. Brandt (ed.), CSEL 27, Prag-Wien-Leipzig 1893, 135 Zeile 1–8.

15 Siehe F. Cumont, RHR 103, 1931, 78.

16 S. Brandt (ed.), CSEL 19, Prag-Wien-Leipzig 1890, 636 Zeile 11f.

17 J. Geffcken (ed.), Die Oracula Sibyllina, GCS 8, Leipzig 1902, 156 Zeile 236f.

18 E. Abegg, Der Messiasglaube in Indien und Iran, Berlin-Leipzig 1928, 219; vgl. Peterson, 290 A.17.

und er wird nicht mehr bestehen." Darin liegt ein weiteres Beispiel (s. o.) der interpretierenden Verbindung von Planieren und Reinigen vor.

An solchen Beispielen wird die Geläufigkeit des Motivs bzw. der Parabel von der Ebene deutlich. H benutzt es für seine moralisch-disziplinäre Thematik vom Bemühen um Vollkommenheit und innerhalb seiner visionären Szenarios, für die er transparente Bilder benötigt. Dazu gehört damals das Bild von der Ebene.[19] H sammelt seine Motive in den unterschiedlichsten Regionen und benutzt sie für seine oft eigenwilligen Gleichnisse.

5. Die Einfachheit (ἁπλότης)

Zu diesem Thema[1] sind die Exkurse zur Ethik und zum Begriff des Zweifels zu vergleichen. Der Term ἁπλότης, hauptsächlich in Vis (I 2,4; II 3,2; III 1,9; 8,5.7; 9,1), aber auch in Mand (II 1.7) und Sim (IX 15,2; 24,3) gebraucht, daneben einmal das Adjektiv ἁπλοῦς (Sim IX 24,2) und viermal das Adverb ἁπλῶς (Mand II 4.6), favorisiert im PH nämlich auf konventionellen Bahnen eine bestimmte Art charakterlicher und moralischer Grundhaltung und ist Oppositions-Begriff zum Laster des Zweifels im PH. Diese besondere Opposition ist bei der Bedeutungsbestimmung zu beachten (s. André, 307); ἁπλότης hat eine Reihe von ganz verwandten Begleitbegriffen (ἀκακία, ἁγνεία, σεμνότης) und noch mehr Oppositions-Begriffe: διψυχέω, διψυχία, δίψυχος; διπλοῦς; δισταγμός (Sim IX 28,4), διστάζω; διχοστασία, διχοστατέω, διχοστάτης; ἀκαταστασία, ἀκαταστατέω und auch ὑπόκρισις. Sie alle lassen sich reduzieren auf ein Geteiltsein, eine Zweiteilung, Verwicklung und Verwirrung der Seele; und was demgegenüber der Vorteil der ἁπλότης ist, setzt H mit Vorliebe ins Bild vom „ganzen Herzen": ἐξ ὅλης τῆς καρδίας muß Buße getan und „für Gott" gelebt werden. Wegen der Grundbedeutung „*simplicitas*: Einfalt, Schlichtheit, Gradheit" (Kraft, Clavis, 50) ist in der Überschrift zu diesem Exkurs die Übersetzung „Einfachheit" gewählt, während im laufenden Text aus Sach- und Verständnisgründen die Übersetzung „Lauterkeit" vorgezogen wurde, die durch sich allerdings die Grundbedeutung nicht mehr erkennen läßt, von ihr aber auch nicht abweicht (Dibelius-Greeven, 106f. nennen allerdings Lauterkeit als Grundbedeutung); das viermalige ἁπλῶς in Mand II 4.6 ist

[19] Obwohl das Bild also für vergangene und zukunftsbezogene Utopien oder auch für Vorstellungen von Ende bzw. Wiederherstellung der Welt stehen konnte (vgl. F. Cumont, La fin du monde selon les Mages occidentaux, RHR 103, 1931, 78 A.2), läßt sich im Blick auf den PH nicht behaupten, daß das Wort ὁμαλός „in die Terminologie der eschatologischen Begriffswelt gehört" (Peterson, 290). – Für den ungenau belassenen Hinweis von Griffiths (ed.), Plutarch's De Iside et Osiride, Cambridge 1970, 479 A.2 auf D. Müller, Ägypten und die griechischen Isis-Aretalogien, Berlin 1961 für das Resultat, „that early Christian poets describe Paradise in a very similar way", kann ich die Bezugstelle bei D. Müller nicht ausmachen.

[1] Vgl. die beiden Monographien von C. Edlund, Das Auge der Einfalt, Uppsala 1952 und Amstutz sowie Y. de Andia, Simplicité. Ecriture et premiers Pères, DSp 14, 892–903.

des dortigen Zusammenhanges wegen mit „vorbehaltlos“ wiedergegeben, das seinerseits dasselbe Ideal, freilich in einem besonderen Fall ethischer Entscheidung, meint. Die Variation in der Bedeutung je nach dem Kontext ist recht groß (s. Dibelius-Greeven, 106f.; Adnès, 325f.; A. Baumeister, Ethik), darum muß auch die Übersetzung variieren.

Die ἁπλότης ist eine der traditionellen Tugenden (s. Amstutz), innerhalb des NT nur im *Corpus Paulinum* eingesetzt, hier allerdings mit etlichem Gewicht im Sinn von Aufrichtigkeit (besonders beim Geben). In seiner typischen Art macht H aus dem Konventionellen etwas Originelles, ungewohnt Profiliertes. In der Reihe der Tugenden nimmt die Lauterkeit bei ihm einen vorderen Platz ein, allerdings sind Reihenfolge und Beschreibung nicht festgelegt (vgl. mit Kommentar Vis III 8,5.7; Sim IX 15,1–2). Die Reihung mag aus den „Systematisierungsansätzen der jüdischen Ethik“ stammen (H. Bacht, RAC 4, 1959, 832); daß die Einfalt oder Einfachheit in der „allegorischen Genealogie der sieben Frauengestalten“ aber „in einem anderen Licht“ als an den übrigen Stellen im PH erscheint (Bacht, ebd.), ist nicht zu erkennen. Auch an anderen Stellen hat die ἁπλότης Begleittugenden wie Gerechtigkeit, Heiligkeit und ἀκακία. – H hat die größten Bedenken gegen Zaudern, Zögern und Unentschlossenheit im Verhalten der Christen. Man muß das Gute und die Buße sofort tun, die Gebote ohne Aufschub erfüllen und alle Schlechtigkeit umgehend ablegen. Zieht man den Zeit-Faktor („sofort“) ab, bleiben Geradlinigkeit, Konsequenz, Kompromißlosigkeit und die Redlichkeit als Inhalt dieser Lauterkeit. H verlangt unzweideutige Offenheit, schlichte Wahrhaftigkeit und lauteren Charakter. Dafür steht ἁπλότης/Lauterkeit als Sammelbegriff, und das ebenfalls nicht von H erfundene geeignete Bild dafür ist die Naivität der Kinder (Mand II 1; Sim IX 24,3; 29,1f.). Der Christ darf sich nicht verzetteln in Wünschen, Begierden und vielerlei Geschäften, sondern muß auf Verwirklichung des Christseins konzentriert sein. Das ist die lautere Einfachheit, die darum zum Etikett für integres Christsein wird (Vis I 2,4; II 3,2; Sim IX 24,2f.) wie Gerechtigkeit tun, Enthaltsamkeit, Heiligkeit und Unschuld (s. die große Proklamation der Alten in Vis III 9,1) und in die Nähe der Märtyrer führt (Vis III 1,9). Die typische und wortnahe Erklärung gibt H mit den Wendungen „ohne Falsch“ und „wie die Kinder“ (s. o.). Es ist die typische Diktion des H, wenn er daraufhin gerade die Buße in besonders große Nähe zur Lauterkeit bringt (ἵνα ἡ μετάνοιά σου… ἐν ἁπλότητι εὑρεθῇ) und sie „rein, ohne Falsch und makellos“ (Mand II 7) nennt, wenn sie aufrichtig, entschieden, sofort und ohne inneren Vorbehalt abgelegt wird. Der Term ἁπλότης ist besonders geeignet, der schlichten, aber anspruchsvollen ethischen Unterweisung des PH nachhaltigen Ausdruck zu geben (vgl. den Kommentar zu Mand II 1.2.6; Vis III 8,5). „Lauterkeit, Geradlinigkeit, Redlichkeit“ ist der Zustand des Christen, der über die heilsgefährliche Gespaltenheit durch Zweifel und Unentschiedenheit hinaus ist. Er wird nicht mehr von zwei konträren „Geistern“ bewohnt und beherrscht (s. Exkurs: Das Bild vom „Wohnen"), sondern nur vom einen guten Geist (s. Mand V).

Die Funktion und Bedeutung dieses Begriffs von Einfachheit und Geradheit der Gesinnung und des Handelns ist einer der deutlich jüdischen Motivbereiche im PH (vgl. Einleitung § 8).[2] Er ist „wirklich ein Grundbegriff der jüdischen Ethik" und soll im jüdischen Gebrauch zum Ausdruck bringen, „daß das Gute eine Einheit ist und nur in einer Richtung liege" (Bousset, Religion, 418f.). Die Einheitlichkeit des Guten, der ungeteilte Mensch ist bei H dasselbe Ideal, wie es die *Testamente der zwölf Patriarchen* kennen (die Belege siehe im Kommentar zu Mand II 2; Daniélou, Théologie, 419f.; rabbinische Parallelen bei Bousset, Religion, 419). Auch die christliche Literatur in Reichweite des PH kennt diese Begrifflichkeit in der Benennung der richtigen ethischen Grundhaltung von Einfachheit und Einfalt, Aufrichtigkeit und Ungeteiltheit, Rechtschaffenheit und Redlichkeit (H. Bacht, RAC 4, 1959, 831; André, 307–327); vgl. *1 Klem* 23,1–3 mit ἁπλοῦς und διψυχεῖν/δίψυχοι; 60,2 *vl*; *Barn* 19,3, wo ganz wie im PH, allerdings nicht so aufwendig wie dort mit denselben Begriffen gearbeitet wird. Im PH gehört die Einfachheit bzw. Lauterkeit, die schon frühjüdisch ein „Charakteristikum des Frommen war" (Amstutz, 156), in die „Porträtskizze" (ebd. 153) des Christen (wie Sim IX 24,2.3).[3] Durch die Überwindung des bösen Triebs (s. Vis I 2,4; II 3,2) ist die ἁπλότης als „daraus resultierende Einheit – Ganzheit des Herzens" oder als die „Integrität" des Menschen gewonnen (Amstutz, 137).

6. *Die Engel*

H bevölkert die visionären Szenen seines Buches mit überirdischen Wesen und läßt auch verschiedenartige Engel auftreten, die in der Allegorie als „Männer (ἄνδρες)" figurieren. In Vielfalt und Verschiedenheit sind sie an den Abläufen der allegorischen Ereignisse beteiligt und greifen auch in Leben und Verhalten der Menschen ein. Nirgends werden Rang und Funktion der diversen Engel von H konsequent und übersichtlich geklärt. Rangunterschiede und unterschiedliche Arten von Engeln sind aber wie selbstverständlich angezeigt. Einerseits gibt es Engel in Einzelrollen. Den bedeutendsten Fall bietet die Christologie: Der Sohn Gottes selbst, der „Herr des Turmes", wird (auf ganz jüdische Art wie Michael: Sim VIII 3,3; s. Exkurs: Die Christologie) nach Rang, Bedeutung und Würde als „großer (μέγας, ὑψηλός)", „herrlicher (ἔνδοξος)" und „heiligster (σεμνότατος) Engel" abgehoben (die wichtigsten Texte: Vis V 2; Mand V 1,7; Sim V 4,4; VII

[2] Hellenistisch-römischer Einfluß ist geringer, als manchmal vertreten wurde; vgl. die Kritik von C. Spicq, RSPhTh 22, 1933, 11; ferner H. Bacht, RAC 4, 1959, 830.833; Daniélou, Théologie, 418–425, der stark auf essenischen Einfluß abhebt.

[3] Unglücklich gewählt und unpassend für den PH ist dagegen bei Amstutz, 156f. die Assoziation an den Asketen.

1.2.3.5; VIII 1,2ff.; 2,1; 3,3; IX 1,3; X 1,1; 3,1). Mit dieser Gestaltbeschreibung werden christologische und soteriologische Funktionen des „Engels" verbunden (dazu der Exkurs: Die Christologie). Andere Engel sind seine Begleitung, seine Gehilfen und Befehlsempfänger, ihm also untergeordnet; sie haben ihre Aufträge wie der Hirt: z.B. Vis IV 2,4 (?); V 2; Sim VII 1.5; VIII 2,5; IX 3,1; 5,1; 6,5f. (ihre eigene Initiative Sim IX 3,1.3; 4,4; 5,1). – Eine Einzelrolle spielt auch der Engel, der auf Anweisung des „heiligsten" Engels (Vis V 2; Sim X 1,1f.; 3,1.5; 4,5) den H durch das ganze Hirtenbuch (Vis V – Sim X) in der dreifachen Funktion von Offenbarungsmittler, Schutz- und Bußengel begleitet (s. Exkurs: Der Hirt). Dieser „Hirt", der sich übrigens selbst unter die Engel zählt (Sim IX 24,4: „unsere Zahl"), ist auch der Engel von Sim IX 1,2, wo H den Offenbarungsablauf periodisiert und zwischen den Mitteilungen durch die Kirche (die alte Frau in Vis I–IV) und denjenigen durch den Engel den Unterschied macht, daß er als Empfänger beim Engel größere Kraft braucht als bei der Kirche. Obwohl diese Idee nicht ausgeführt wird und nur der Rechtfertigung der Dublette vom Turmbau in Sim IX dient, muß sie doch eine Überlegenheit des himmlischen Wesens „Engel", das der Hirt ist, bedeuten. – Ein weiterer Einzelgänger ist der für die Christen schädliche, lasterhafte „Engel der Genußsucht und des Selbstbetrugs" (Sim VI 2,1f.) und ebenso „der Strafengel (ὁ ἄγγελος τῆς τιμωρίας)" (ebd. 3,2), von dem (offenbar im Unterschied zum „Engel der Genußsucht") gesagt wird, daß er zu den „gerechten Engeln" gehört[1] – eine Unterscheidung, die Mand VI 2,1–10 breit ausgebaut wird (s.u.) und eigentlich sicher zur Geisterlehre gehört (s. Exkurs: Die Pneumatologie). – Der „Engel des prophetischen Geistes (ὁ ἄγγελος τοῦ πνεύματος τοῦ προφητικοῦ)" (Mand XI 9) ist am ehesten ebenfalls ein Einzelengel mit dieser speziellen Zuständigkeit (über andere Möglichkeiten s.z.St.), zumal er anderswo den Namen Ramiel trägt (*syrBar* 55,3: Rießler, 91). – Einzeln tritt schließlich noch der einzige Engel auf, den H beim Namen nennt (abgesehen vom „herrlichen Engel" Michael; s.o.): Der rätselhafte Thegri hat H vor dem Ungeheuer gerettet (Vis IV 2,4; s.z.St.; Dibelius, 487f.). – Die Rede von den beiden antagonistischen Engeln, die „beim Menschen" sind (ein Engel der Gerechtigkeit und ein Engel der Schlechtigkeit) (Mand VI 2,1–10), ist eine angelologische Verkleidung der Zwei-Geister-Lehre des PH (s. Exkurs: Die Pneumatologie); sie bedeutet strenggenommen keinen Beitrag zur Engelvorstellung, sondern eben zur Geisterlehre.

Weiter gibt es die hervorgehobene Gruppe der sechs großartigen Engel von Sim IX 3,1–12,8 (die Allegorie zeigt sie wieder als „Männer": IX 3,1). Im Visionenbuch hatte H sie „sechs junge Männer (νεανίσκοι, νεανίαι)" genannt (s.u.). Es sind nach der Charakteristik von Sim V 5,3 (hier ohne Zahlenangabe) dieselben wie die Ratgeber in der Parabel Sim V 2,6.11, wo

[1] Ohne Kommentar erfahren die schwarzgekleideten Frauen von Sim IX 9,5, die ebenfalls für die Strafe an den Sündern zuständig sind (ebd. 13,9; 18,3), die gegenteilige Einordnung unter die „bösen Geister" (ebd. 18,3).

man eine rangmäßige Relation zwischen ihnen und dem Sohn Gottes (dem Sklaven der Parabel) ausmachen kann (sie beraten über den Sohn), die auf Kosten des letzteren geht, ganz im Unterschied zur Szene Sim IX 6,1–3 mit ihrem deutlichen Gefälle. Die Sechs sind der Vielzahl der übrigen Engel gegenüber rangmäßig überlegen: „Diese sechs stehen aber über ihnen" (Vis III 4,2). Das schlägt sich im Visionenbuch (Vis III 4,1f.) wie im Hirtenbuch (Sim IX 3,1–12,8) darin nieder, daß sie die Bauleitung am Turm in der Hand haben (Sim IX 6,2) und die übrigen Engel nur ihre Anordnungen ausführen. Im übrigen wird ihre Besonderheit mit etlichen Mitteln gesteigert: Sie sind „als erste erschaffen" (Vis III 4,1; Sim V 5,3) und mit Kompetenz für die ganze Schöpfung ausgestattet (Vis III 4,1; Sim V 5,3); sie bekommen dieselben Attribute „hochgewachsen und herrlich (ὑψηλοὶ καὶ ἔνδοξοι)" wie der Engelfürst, der Sohn Gottes. Das soll als qualitativ unterscheidende Beschreibung verstanden werden, auch wenn die Attribute teils (ὑψηλοί: Sim IX 3,1; ἅγιοι ἄγγελοι: Vis III 4,2) für die gesamte große „Menge" der Engel ebenfalls verwendet werden (Sim IX 3,1). Der Gebrauch dieser qualifizierenden Attribute für den Sohn Gottes, für die Sechs und für die gesamte Anzahl von Engeln bedeutet deren gemeinsame himmlische oder göttliche Herkunft und „Natur"; die sonstige Beschreibung zielt aber auf ein Gefälle vom Sohn Gottes über die sechs Hauptengel zu der Masse, den „Myriaden" (Sim IX 3,1; 6,1; Vis III 2,5) der Engel ab, die die Steine zum Bau herbeischleppen (wobei die anderen aufgezählten Einzelengel auf dieser hierarchisierenden Skala gar nicht berücksichtigt werden). – Wiederholt wird die Menge der „heiligen" Engel, bisweilen in kollektiver Funktion, genannt (Vis II 2,7; III 2,5; 4,2; 5,4; Sim V 5,3; 6,2; IX 3,1; 6,1; 12,6: „alles herrliche Engel, sie umgeben den Herrn wie eine Mauer").

Das also ist der Bestand der Engelwelt des PH.[2] Über das Verhältnis zwischen den sechs herausragenden Engeln und dem „heiligsten" Engel, dem Sohn Gottes, gibt es eine unentschiedene Diskussion. H macht widersprüchliche Angaben: Die Sechs beraten über den Sohn Gottes (Sim V 2,6.11; 5,3; 6,4b), sind aber andererseits total abhängig von ihm (Sim IX 12,8). Zu solcher Ungereimtheit hat ihn hier einmal mehr die unkritische Rezeption umlaufender Vorstellungen verführt. Interessanter ist eine andere Frage. Aufgrund des jedenfalls jüdischen Hintergrundes all dieser Engelvorstellungen[3] wird von manchen fest angenommen, daß der Engelfürst nach H mit den sechs Hauptengeln zur Siebenzahl der (jüdisch-ebionitischen) Erz-

[2] Daß alle Christen nach ihrem Tod (rangverschiedene) Engel werden (so Mackenzie, 139 und Michaelis, 156 wegen Vis II 2,7; Sim IX 24,4; 25,2; 27,3) und die Zahl der Engel also noch vervollständigt wird, ist aufgrund der Texte bei weitem nicht so sicher, wie das behauptet wird. Die betreffende Diktion des H ist nicht eindeutig und spricht eher dagegen. Die verschiedenen Ausdrucksformen dieser Texte, die das Heil als Nähe zu (oder Identität mit) den Engeln beschreiben, sind so wenig buchstäblich zu nehmen wie diejenige, wonach alle Christen „bei/mit (μετά) dem Sohn Gottes wohnen" werden (Sim IX 24,4).

[3] Siehe z.B. Goppelt, Christentum und Judentum, 243; Dean-Otting, 262–290; Einleitung § 8.

engel zusammengezählt sein soll, wie es dort für Michael gilt. Man kann ansehnliche Beispiele aus frühjüdischer (und frühchristlicher) Literatur sammeln, aus denen das Interesse an der Sechs- und Siebenzahl und zumal an ἑβδομάς-Spekulationen der Zeit deutlich wird (z.B. Ez 9,2; Tob 12,15; *äthHen* 20; *TestLevi* 8,2; die Materialien bei Klemens v.Al., *strom.* VI 142,4–145,3; *ecl.proph.*; Offb 1,4.20; 3,1; 4,5; 5,6; 8,2).[4] Schon vor und seit Gebhardt-Harnack, 68 wird der Befund im PH so gesehen, daß H von sechs Hauptengeln spricht, damit der Sohn Gottes der siebte sein kann bzw. daß H die Siebenengelvorstellung übernahm (z.B. Dibelius, 464; Barbel, Christos Angelos, 198 mit A.76). Doch scheint das eher unwahrscheinlich. Lebreton, Trinité II, 659 hatte schon geltend gemacht, daß die Sechszahl im Visionenbuch nie zur Siebenzahl aufgebrochen wird (s.o.). Das stellt in der Tat ein Problem dar für die besagte These. Es kommt hinzu, daß der Sohn Gottes, bzw. der herrliche Engel im Hirtenbuch immer in unterscheidender, überbietender (nicht in gleichmachender) Pose und Rolle gegenüber den sechs Hauptengeln auftritt und nie in deren Gruppe eingeschlossen wird. Wenn er in ihrer Mitte schreitet, umgeben von den Sechs, den vielen Bauleuten und den Jungfrauen (Sim IX 6,1–3), wird seine Andersartigkeit und Unvergleichlichkeit gerade dadurch unterstrichen. Außerdem wird die Zahl Sieben (ἑπτά) im Unterschied zur Sechs und zum genannten biblischen, religionsgeschichtlichen usw. Vergleichsmaterial nie genannt. Folglich geht es nicht um sie. H gebraucht diese Zahl nur ein einziges Mal, und zwar für die Anzahl der Frauen (= Tugenden) am Turm (Vis III 8,2), um sie in der Dublette der Turmbau-Allegorie in Sim IX für die entsprechende Gruppe von Jungfrauen gegen die Zwölfzahl auszutauschen (ebd. 2,3). Sieben ist (anders als die Sechs oder Zwölf) nicht die Zahl des H. Er spricht bei den Hauptengeln immer nur von sechs und sieht den „heiligsten Engel" nie als siebten an (dieses Ergebnis auch bei Barnard, Studies, 156).

7. Die Eschatologie

1. Die wichtigste Information zu diesem Thema im PH ist die, daß die Eschatologie hier nahezu völlig instrumentalisiert ist für die Interpretation der Eilbedürftigkeit und Frist der Buße. Das Buch ist diesbezüglich sehr oft mißverstanden worden, als würde seine Topik und Thematik von Eschatologie und Naherwartung des Endes gesteuert und als sei H an der Enderwartung brennend interessiert, so daß die Annahme der reinen Allegorie als Gattung des PH „am endzeitlichen Charakter des Ganzen" scheitern würde (Staats, Hermas, 102). Exakt das Umgekehrte ist der Fall. Denn in der Tat

[4] Turmel, 36 vermutet die persische Lehre von den sieben obersten Engeln hinter dem PH; religionsgeschichtliche Beiträge zur Siebenengelvorstellung bei Barbel, Christos Angelos, 195 A.61.62. G. Tavard, HDG 2/2b, 1968, 20f. bietet lediglich eine Aufzählung der Engel-Texte im PH.

ist der PH „eher ein Aufruf zur Reform der gegenwärtigen Kirche als eine Verkündigung der von Gott bald herbeizuführenden Zukunft" (B. Daley, HDG 4/7a, 1986, 97).[1] Außer der Buße, einem „Leben für Gott" (s. u.) und der Rettung gibt es nur Nebenthemen im PH, die entsprechend vernachlässigt werden, was die Genauigkeit ihrer Ausarbeitung betrifft. Mit letztlich nur recht wenigen Texten[2] zum Thema Weltende und Zukunft bei Gott hat H einen unverhältnismäßig großen Eindruck noch auf die jüngste Forschung gemacht. Natürlich wüßte H mehr zur Eschatologie zu sagen, als er tut, aber man liest (wie zu anderen Teilthemen) nur Unzusammenhängendes und teils nur Zufälliges darüber bei ihm; und dies hat dann, auch im Fall der Eschatologie, oft genug obendrein fremde Züge.

Das ist bereits so beim einzigen Vorkommen des Begriffs bzw. des expliziten Gedankens der Parusie (παρουσία: Sim V 5,3). H deutet hier die Rückkehr des Herrn des Weinbergs im Gleichnis, der niemand anderer als Gott ist (ebd. 5,2), von seiner Reise (Sim V 2,2.5) auf „*seine* Ankunft" (παρουσία αὐτοῦ: ebd. 5,3). Das αὐτοῦ bezieht sich auf der Bildebene zweifelsfrei auf Gott, während die Aussage der Parusie doch nach aller frühchristlichen Tradition vom Sohn gelten muß; die Ausnahme liegt allerdings auch *2 Klem* 12,1 vor (s. den Kommentar zu Sim V 5,3). Zur Eschatologie des PH in Sim V gehört demnach die endzeitliche Parusie Gottes (nicht Christi). Daß das „Erscheinen", d.h. die Inkarnation des Sohnes (nur einmal so direkt benannt: φανερὸς ἐγένετο) „in den letzten Tagen vor dem Ende" geschah (Sim IX 12,3), ist eine der urchristlichen Standard-Aussagen, und nur die Allegorie dafür (das im alten Felsen neu entstandene Tor) ist ungeläufig. Diese beiden Eckdaten, die Zeit vor dem Ende und deren Ablauf, zeigen die typische Zeitrahmenvorstellung des Urchristentums. Der Rahmen wird durch verstreute Details nur dürftig ausgefüllt. Einzig der Gedanke vom Gericht über alle Menschen (bzw. Christen) wird breit und umständlich ausgeführt. Er ist im PH aber gerade nicht in die direkte Metapher von Richter und Gericht, sondern in die Allegorien von Auswahl und Verwerfung der Steine (Vis III; Sim IX) bzw. der Stöcke (Sim VIII) gestellt und macht den größeren Teil des ganzen Buches aus[3], und zwar nicht der eschatologischen Pointe, sondern der Motivation zur sofortigen Buße wegen. Außer dem Interesse an der Buße ist etliches vorstellungsmäßig daran unklar. Die Allegorien oder Visionen, in denen das alles dem H

---

[1] Kittel, 83: Im PH „ist die Eschatologie der Bußforderung untergeordnet und dienstbar geworden".

[2] P. Vielhauer, NTApo 2^4, 1971, 449 (= P. Vielhauer – G. Strecker, NTApo 2^5, 1989, 541): „Eschatologische Gedanken finden sich kaum –, ganz nebenbei und unbetont wird [Sim] V 5,3 die Parusie erwähnt, und gelegentlich verheißt der Hirt den Gerechten ... ewiges Leben."

[3] Es ist grotesk, daß Aono, 3 und Lohmann, 9 in ihren Monographien über den Gerichtsgedanken bzw. die Eschatologie der apostolischen Väter ausgerechnet auf den PH verzichten; der erste mit der Begründung, daß der Hirt „als Schrift eine derart andere Gattung (bildet), daß er diese Untersuchung zu sehr belastet hätte"; der zweite mit dem Hinweis auf „Gattungsgründe" (sic) und – noch seltsamer – auf den „großen Umfang der Schrift".

mitgeteilt wird, lassen es nicht zufällig in der Schwebe, ob die entscheidende Beurteilung der unterschiedlichen Christen diesseits oder jenseits der Schwelle des Endes zu denken ist. Es geht dem H aber um das, was diesseits geschieht. Die eschatologischen Motive sind eben fremd verwendet, so daß man in diesem Fall sagen kann, „daß die Nahaussagen und Baldmahnungen nicht auf die streng endzeitliche, sondern auf vor-endzeitliche Termine und Geschehnisse sich beziehen" (Kittel, 82; vgl. Dibelius, 598).

Die übliche dramatische Endzeitbeschreibung mit Not, Wehen und Katastrophen für die Lebenden ist im PH angesichts des Umstands, daß das Buch sich als Apokalypse gibt, auffällig zurückhaltend; es fehlt „die sonst typische Schilderung eschatologischer Ereignisse" (Staats, Hermas, 102). Was davon übrigbleibt, ist auf den Begriff der θλῖψις (Bedrängnis) reduziert (vgl. Windisch, 359), der aber, wie in der übrigen urchristlichen Literatur (H. Schlier, ThWNT 3, 1938, 144–146; A.Y. Collins, 75), bei H nicht nur eschatologisch gebraucht wird. Und H „läßt das Verhältnis der kommenden großen Trübsal zum Ende absichtlich im unklaren" (P. Vielhauer – G. Strecker, NTApo 2^5, 1989, 545). Der Term θλῖψις wird hier, wie die eschatologische Vorstellungswelt insgesamt (s.o.), sekundär benutzt. Der eschatologische Nimbus daran ist Fiktion (s. den Exkurs: Bedrängnis – Verfolgung – Martyrium).

Ein weiteres Beispiel dafür ist der Topos der Parusieverzögerung. Er wird von H (wie noch zu zeigen ist) allegorisch in einen Baustop transponiert; der Sache nach (s.u.) soll diese von Haus aus eschatologische Idee nichts anderes als Zeit für den verstockten, zweifelnden und zögernden Sünder gewinnen, in der er sich noch besinnen kann. Dieser Gedanke, der ins Genre von Parabel oder Allegorie gefaßt ist, läßt sich nicht kurzum damit wiedergeben, daß H seinen Lesern hier „auseinandersetzt, daß und weshalb die Parusie – aber nur für kurze Zeit – aufgeschoben sei".[4] H will hier keine dogmatischen Lehren erteilen, sondern zur beschleunigten Buße motivieren.[5] Und wenn er die Adressaten mit Hilfe der Fristenverzögerung bedrängt, läßt sich daraus nicht schließen, daß gegen Mitte des 2. Jh.s noch die Naherwartung vorhanden war. In derartig historisierenden Auswertungen des PH ist die Textsorte verkannt, mit der man es hier zu tun hat (vgl. Einleitung § 5). Die apokalyptisch-eschatologische Einrahmung des Appells zur Buße ist Staffage, nicht Thema. Eine apokalyptische Phraseologie von Eile und Ende wird von H in paränetischer Funktion gebraucht. In der Bildhälfte seiner Allegorien redet er eschatologisch von Frist, Verzögerung und Ende; in der Sachhälfte inter-

---

[4] K. Aland, in: Pietas, JAC.E 8, 1980, 125.

[5] P. Vielhauer, NTApo 2^4, 1971, 453 (= P. Vielhauer – G. Strecker, NTApo 2^5, 1989, 545): „das traditionelle Motiv der Naherwartung und das aktuelle Problem des Lebens der Christen in der weiterbestehenden Welt sowie der Kirche als *corpus permixtum* stoßen aufeinander"; H „rettet sich aus dieser Kollision mit seiner Theorie und Botschaft von der einmaligen befristeten Christenbuße. Das Problem, das ihn beschäftigt, ist nicht das ausgebliebene Weltende, sondern das Verhältnis von idealer und empirischer Kirche."

essiert daran das Ende der Buße und damit der Sünde (und umgekehrt), nicht das Ende der Welt.

Die eschatologische Idee von der in Kürze unweigerlich ablaufenden Frist war für H besonders geeignet, sein Thema von der Eilbedürftigkeit der Buße wirkungsvoll zu formulieren (z.B. Vis II 2,4.5; Mand IV 3; Sim IX 9,4). Nicht nur die Buße, sondern sofortige Buße ist heilsentscheidend (z.B. Sim VIII 7,5; 8,3.5; 9,4; 10,1; IX 19,2; 20,4; 21,4; 23,2; 26,6; X 4,4 mit den Termini ταχύ und ταχινός), weil auch der Turm „schnell" gebaut wird (Vis III 8,9; vgl. Sim IX 9,4)[6], die Frist also kurz ist; jeder Aufschub, alles Zögern (βραδύς, βραδύνω: Sim VIII 7,3; 8,3; IX 19,2) bedeutet das Verderben. H erzeugt eine gekünstelte Naherwartung.[7] Mit der „eschatologischen" Ansage einer Frist, eines „festgesetzten" und „letzten Tages" (Vis II 2,5) gerät jeder sündige Christ unter Druck. Diesen Druck erhöht H dadurch, daß er die eschatologische Rede von Fristen benutzt, dabei aber die Befristung fingiert, die Genauigkeit der Frist bloß suggeriert (wie Sim IX 26,6), d.h. die Frist nie datiert und ihr Ende so wenig definiert wie den Beginn dieser als neu eingerichtet zu denkenden Frist. Man greift hier die oben behauptete Instrumentalisierung eschatologischer Elemente für das Thema Buße mit Händen. H predigt nicht eine objektiv für alle Christen gesetzte Frist bis zum Ende und Gericht im Rahmen einer universalen Eschatologie; vielmehr kleidet er die bedrohliche Rede von der Notwendigkeit, daß jeder getaufte Sünder sofort Buße tut, um sie noch rechtzeitig zu tun, in die eschatologische Vorstellung von der Unwiderstehlichkeit einer Frist, von deren Ablauf jeder bedroht ist, der seine Buße noch nicht getan hat. Daran, daß H sie nicht nach Beginn und Ende definieren kann, läßt sich erkennen, daß sich für jeden bußbedürftigen Christen seine individuelle Frist biographisch (eben mit dem Vernehmen der Bußpredigt) einstellt.[8] Das Wahrnehmen und Einhalten der Frist ist das Bild für das bereitwillige Hören der Predigt und den entschiedenen Willen zur Bekehrung (s. zum Begriff der Frist den Exkurs: Die Buße).

In den Zusammenhang der Frist gehört als Variante die in Sim IX.X eingeführte Idee vom Baustop als einem Zeichen für Gottes Geduld mit den

---

[6] Auch die Turmbauvollendung wird in die eschatologische Szene einbezogen, denn das Verb συντελέω (Vis III 4,2; 8,9; Sim IX 5,2) hat seine Semantik hier von συντέλεια in Vis III 8,9; Sim IX 12,3.

[7] Ohne Übertreibung van Eijk, 88: „La *Naherwartung* est donc ici aussi artificielle; elle est un climat créé délibérément par l'auteur, enfin de mieux faire ressortir l'urgence de la μετάνοια" (im Anschluß an G. Kittel).

[8] Auch Poschmann, Paenitentia secunda, 146: „‚Dieser Tag' (sc. der von Vis II 2,5) fällt... für den einzelnen zusammen mit der Zeit, wo ihm die neue Offenbarung verkündet wird", allerdings nicht, wie Poschmann meint, weil die Parusie für H wider Erwarten „doch nicht so schnell eintrifft", sondern weil das ganze eschatologische Sprachspiel des PH fiktiv ist. Staats, Hermas, 102: Es werden „Offenbarungen des Jenseits individualisiert"; S. Schulz, Mitte, 363: Der apokalyptische „Tag" des Endgerichts wird „zum innergeschichtlichen Bußtermin für die frühkatholische Großkirche". Kritische Anmerkungen zu dieser Individualisierung von Apokalyptik und Moral im PH und zu deren Folgen bei Köster, Einführung, 693.697.

Sündern, denen er eine Fristverlängerung gewährt.[9] In einer brisanten Szene erfährt H auf seine Frage nach den Fristen (καιροί), daß das Ende mit der Fertigstellung des Turmes eintrifft, nicht früher (Vis III 8,9), d.h., daß eine Idee aus der Eschatologie wieder ganz bußtheologisch gewendet wird: Wenn alle Christen gereinigt sind und in den Turm „passen", erst dann und nicht schon jetzt (sagt zornig die Alte) ist das Ende da. In diesen Fristablauf bringt Sim IX 4,4; 5,1 eine „Pause", einen Baustop ein, während dessen nicht gebaut, wohl aber Buße getan werden soll. Es wird zwar für diese Unterbrechung als Grund auch angegeben, daß der Herr des Turmes, der Sohn Gottes, die Steine auf ihre Qualität, d.h. die Christen auf ihren Zustand hin kontrollieren muß (ebd. 5,2). Der Hauptgrund aber ist, „daß sie nach getaner Buße noch in den Turmbau gelangen" (Sim IX 14,2). Es besteht die Gefahr, „daß der Bau des Turmes abgeschlossen wird, während ihr noch zögert" (Sim X 4,4). Wann es soweit ist, kann H nicht sagen, weil es den objektiven Termin dafür nicht gibt. – Übrigens wird den Steinen und Stökken auch ohne die Vorstellung der Frist wiederholt Zeit zur rettenden Besserung gelassen (Vis III 5,5; 6,6; Sim VIII 2,6–9; 4,1–6,1; Sim IX 6,8c; 7,1.4–7; 8,1), die sie eigentlich schon versäumt hatten, aber jetzt als letzte Möglichkeit doch erhalten.

2. Abgesehen von dieser pastoralen und pädagogischen Verzweckung eschatologischer Motive im PH bleibt zum Thema Eschatologie natürlich zu fragen, was sich im Buch findet an Vorstellungen über Gericht und Jenseits, über Zuständlichkeit und Hoffnungsinhalte in einem Leben nach dem Tod. Aus den am Anfang dieses Exkurses angegebenen Gründen kann man nur Fragmentarisches referieren und teils ungewöhnliche Ideen wiedergeben. Manches vermißt man, besonders die urchristliche Nomenklatur von Auferstehung[10], Unsterblichkeit und Unverweslichkeit (van Eijk, 94 hätte ζωὴ αἰώνιος nicht zu den Fehlanzeigen rechnen dürfen; s.u.). Anderes bleibt recht unbestimmt, so die sehr oft gebrauchte Pauschalformel für eschatologisches Ziel und Hoffen: „für Gott leben" (ζῆν τῷ θεῷ; s. zu Mand I 2). Und trotz ihrer Unbestimmtheit ist diese Formel dem H besonders wichtig für die Eschatologie. Er interpretiert den Wechsel des Christen von der hiesigen zur jenseitigen Welt nämlich mit Vorliebe als den Wechsel vom Tod zum Leben.

---

[9] Das ist von vornherein Fiktion und nicht eine stillschweigend vorgenommene Ausdehnung der Bußfrist, „als sich das erwartete Ende hinausschob" (so Poschmann, Paenitentia secunda, 183; Staats, Hermas, 102).

[10] Ihr Fehlen registrieren besonders Lake, Landmarks, 111 (H sagt nichts über Auferstehung und war offenbar zufrieden mit Unsterblichkeit); B. Daley, HDG 4/7a, 1986, 97, der immerhin einen Hinweis auf die Auferstehung in Vis III 1,9–2,3 findet; Beblavý, 191–204, der solche Themen im PH gegen simplen Moralismus eingetauscht sieht, und van Eijk, 87, der aber dann zeigt, daß Sim V 7,2 die Auferstehung des (ganzen) Menschen (σάρξ) impliziert; van Eijk, 95 vermutet, daß die σάρξ vielleicht die Unvergänglichkeit von sich aus bereits besitzt, aber für derlei Fragen interessiert H sich nicht. – Auch von Christi Auferstehung ist keine Rede, ebensowenig von seiner Himmelfahrt, was Bauer, Leben Jesu, 275 eher für Zufall hält.

Der Übergang geschieht in der Taufe (s. Exkurs: Die Taufe), die darum für alle Menschen (auch die der vorchristlichen Zeit) notwendig ist. Vorher ist der Mensch tot (νεκρός), legt das Totsein (νέκρωσις) in der Taufe dann ab und erhält das Leben bzw. wird lebendig gemacht (ζωοποιεῖσθαι) (Sim IX 16,2–4). Dabei prägt H die paradoxe Diktion vom „Totsein ihres Lebens" (νέκρωσις τῆς ζωῆς αὐτῶν ebd. 16,2). Und dieser Tod ist die Folge der Sünden, die sie tun (Vis I 1,8; II 3,1; Mand IV 1,2; XII 1,2.3; 2,2.3; Sim IX 20,4), wobei H einen endgültigen Tod von einem vorläufigen Verderben unterscheidet (Mand VI 2,2–4). Dieser „Suizid" durch Sünde ist die perverse Wahl der Menschen: „Obwohl sie das Leben hatten, lieferten sie sich dem Tod aus" (Mand VI 5,4).

Die über das eschatologische Schicksal des Menschen entscheidende Wende von dieser Art Tod zum Leben ist die Buße; H denkt im ganzen Buch nämlich an die Altchristen, deren Taufe weit zurückliegt und inzwischen von ihnen verraten wurde und nicht wiederholbar ist, so daß sie nach dem „zweiten" Heilmittel, der Buße, greifen müssen. Die großen Allegorien des PH führen die eschatologische Perspektive darum im Bild von Auswahl, Urteil und definitiver Zugehörigkeit zum Turm aus. Das trägt den Charakter des Gerichts. In endgültigen Entscheidungen werden die Unbußfertigen verworfen, die Bußbereiten in den Turm entlassen. Es findet (künftig) die Aussonderung der Verlorenen (z.B. Vis III 2,7.9; 7,1–2; Sim IV 4; VI 2,4; VIII 7,3; 11,3) von den Geretteten (z.B. Vis II 2,7; 3,2f.; IV 3,5; Sim IV 2.3; IX 24,4; 27,3; vgl. 25,2) statt. Ob das ein Vorgang der Zukunft oder der Gegenwart ist (in Form der Aufnahme in eine ideale Kirche), läßt sich nicht beantworten, weil das, was man bei H darüber liest, eben die Allegorie und nicht der Vorgang selbst ist.

Einige bruchstückartige Aussagen stehen aber auch außerhalb der großen Gleichnisse oder Allegorien. Neben dem Bild vom Einlaß in den Turm kennt H in Sim IX das vom Eingehen ins Reich Gottes (εἰς τὴν βασιλείαν εἰσέρχεσθαι τοῦ θεοῦ: Sim IX 12,3–5.8; 13,2; 15,2.3; 16,2–4; 20,2.3; 29,2), ohne daß man sich einen sicheren Begriff davon machen könnte, was er unterscheidend damit meinen mag.[11] H überlagert die Reich-Gottes-Metapher mit dem kleinen Gleichnis von der Stadt, die nur ein einziges Tor hat; er interpretiert hier wie Sim IX 12,3 das Tor christologisch (Sim IX 12,5). – H gebraucht für den eschatologischen Heilszustand in anderen Teilen des Buches auch den Ausdruck „ewiges Leben" (Vis II 3,2; III 8,4; IV 3,5: ζωὴ αἰώνιος). Nicht leicht zu deuten ist die Metapher vom Zustand des (ewigen) Verweilens bzw. des Zuganges „bei den heiligen Engeln" (Vis II 2,7; Sim IX 25,2; 27,3) bzw. vom „Einschreiben in die Zahl der Engel" (Sim IX 24,4); jedenfalls wird es kaum eine Verwandlung der Erlösten zu Engeln meinen (s. Exkurs: Die Engel), sondern auf eine traditionelle Vorstellung zurückge-

[11] Es ist durch nichts beweisbar, daß das „Reich Gottes" hier die Kirche „als die verklärte und verherrlichte" ist (Frick, 32).

hen, nach welcher die Engel am Einlaß der Erlösten und an ihrer Aufbewahrung im Himmel beteiligt sind (vgl. Kommentar zu Vis II 2,7). Das Bild von der Einschreibung hat weitere Varianten, die nichts mit den Engeln zu tun haben, aber dieselbe eschatologische Aussage machen. Moralisch verbesserte Christen (hier die Familie des H) werden „in einer Reihe mit den Heiligen (= Christen) in die Bücher des Lebens eingeschrieben werden" (Vis I 3,2). Der Christ muß sich fernhalten von Lastern; dann nämlich „wird er aufgeschrieben unter denen, die sich davon enthalten haben" (Mand VIII 6), bzw. „eingeschrieben in die Zahl derer, die seine Gebote beobachten" (Sim V 3,2). – In der Kirche des H hat man sich offensichtlich Gedanken gemacht über unterschiedliches Heil und verschieden angenehme oder renommierte Plätze im Himmel aufgrund von unterschiedlicher Bewährung. Während die Aufforderung: „Laß du diese Menschen in die Mauern gehen, wie jeder zu wohnen verdient" (καθώς τις ἄξιός ἐστιν κατοικεῖν: Sim VIII 2,5), nicht eine ungleiche Verteilung von Heilsplätzen vorsieht, sondern die Grenze meint zu denen, die gar nicht ins Heil gelangen (s. Kommentar z. St.), ist eine massive Bevorzugung einer bestimmten Christengruppe, nämlich der der Märtyrer in Vis III 2,1 festgelegt: Ihnen ist der „Platz auf der rechten Seite" reserviert (Vis III 1,9; 2,1), und „für die anderen ist die (mindere) linke Seite" (2,1). Allerdings wird der Unterschied relativiert, denn „beide, die auf der rechten Seite sitzen und die auf der linken, erhalten dieselben Gaben (δῶρα) und dieselben Verheißungen (ἐπαγγελίαι)" (2,1), d.h. dasselbe Heil. Die Märtyrer auf der rechten Seite haben allerdings eine gewisse Ehrenstellung (ἔχουσιν δόξαν τινα) (ebd.). So gelingt es H, eine Bevorzugung aufgrund von Leistung und Verdienst („was sie ausgehalten haben") festzuhalten, gleichzeitig aber das Heil nicht zu teilen. Entsprechend, aber nun doch um den Preis eines unterschiedlichen Heils, gibt es eine Benachteiligung aufgrund von Zögern und Versagen. Der schlechtere Teil der Christengruppe, die gerade noch über den Total-Versagern steht, bekommt seine Wohnung nicht im Turm, sondern in den „(ersten) Mauern", die in der Nähe des Turmes zu denken und als minderer Ort eines reduzierten Heils zu verstehen sind (s. mit Kommentar Sim VIII 2,5; 6,6; 7,3; 8,). Es gibt für H zwischen Heil und Verwerfung ein Drittes (vgl. Vis III 5,5; 7,6 mit geänderten Metaphern für dieselbe Vorstellung).

Ein vergleichsweise umfangreicher und geschlossener Text zur Eschatologie liegt im ersten „Gleichnis" vor (Sim I 1–11). H beschreibt hier (in einem für seine sonst eher biedere Theologie erstaunlichen Stil) in der typisch dialektischen Manier des Frühchristentums die eschatologischen Bedingungen (vgl. *Diogn* 5) des christlichen Lebens in der Welt. Die Fremdheit der Umwelt, die konträren zwei Städte, die anderen Gesetze, – das sind die genauen Chiffren für die Vorläufigkeit und Relativität der Zugehörigkeit des Christen zu dieser Welt. H spannt diesen Rahmen aber wieder der Moral wegen aus, die deutlich das Übergewicht im Text bekommt. Paßt der Christ sich den Gesetzen dieser Stadt an, die für ihn „Fremde" (ξένη) ist, in der er aber vorübergehend wohnen muß,[12] läuft er Gefahr, in die eigene nicht eingelassen zu werden. Das wird – typisch für den PH – primär sozialkritisch gewendet. In eschatologischer Akzentuierung wird gedroht und gelockt: „Tut die Werke Gottes und denkt dabei... an die Verheißungen, die er gemacht hat, und glaubt ihm, daß er sie erfüllen wird, wenn seine Gebote befolgt werden" (Sim I 7); „erfüll deine Aufgabe, dann wirst du gerettet!" (Sim I 11; vgl. den Kommentar zum Text für die Einzelheiten der Parabel).

3. Zweifellos ist die Eschatologie für H ein wichtiges „Kapitel" des Christentums. Und so muß man, nachdem ihre (sekundäre) Funktion innerhalb des PH beschrieben ist (s.o.), sagen, daß H die Parusie-Erwartung natürlich auch buchstäblich teilte. Wie sehr das akut der Fall war, läßt sich allerdings nicht an der Vehemenz seiner Rede von letzter Frist und Ende ablesen, weil alles Drängen im PH zum Respekt vor dem Ende dazu investiert wurde, daß die Christen sich endlich zur Buße und zum engagiert christlichen Leben bequemen und nicht ihr liederliches Leben fortsetzen, das H in vielen Details beschreibt und beklagt. Wenn man diese genauen Tendenzen nicht zutreffend einschätzt, ist die Bedeutung der Eschatologie für den PH schnell übertrieben.[13] Und daß man die Anstrengungen des H um Einsicht und Buße der Gemeinde die theologische Bewältigung des Problems des Ausbleibens der Parusie nennt[14], halte ich für einen Irrtum.[15]

8. Die Ethik

1. Gleich die Eröffnung des Buches (Vis I) zeigt von der Kehrseite der Sünde her, daß es im PH um das rechte Verhalten, um die Ethik geht, um den Ernst von Tun und Versagen, um Sünde und Gerechtigkeit (z.B. Vis III 1,6) und darum, auf Gerechtes statt auf Böses zu sinnen. Denn Glaube und Christsein gibt es im PH (so wenig wie im Jak: Joly, 43) nicht ohne Moral. Die Rede von der Ethik ist stärker als vieles andere im PH dualistisch gefaßt (s. die Vorbemerkung zu Mand I–XII).[1] H operiert mit langen Reihen von Lastern und Tugenden (Vis III 8,2–8; Mand VI–VIII; XII 3,1; Sim IX

---

[12] Frick, 32: „die Vorstellung von der civitas dei im Gegensatz zur civitas terrena bereitet sich hier deutlich vor." Adnès, 326 sieht den Unterschied zu Augustinus darin, daß die Stadt Gottes bei H der Himmel und nicht auf dieser Erde schon präsent ist.

[13] Das trifft zu z.B. auf M. Dibelius, Geschichte, 88; Tröger, 70; G. May, TRE 10, 1982, 300.

[14] Neben anderen K. Aland, Das Ende der Zeiten. Über die Naherwartung im Neuen Testament und in der frühen (bzw. Alten) Kirche, in: ders., Neutestamentliche Entwürfe, München 1979, (124–182) 175–180; Lohmann, 249; vgl. Goguel, La doctrine, 38.

[15] Nach seiner Methode behandelt Giet, Hermas die Eschatologie separat nach den einzelnen Teilen des PH: 123–125 (Vis); 174f. (Sim IX); 189–194 (Mand); 229f. (Sim). Pernveden, 265–276 macht Ausführungen über den Zusammenhang von Heil, Kirchenzugehörigkeit und Eschatologie.

[1] Vgl. Adnès, 322f. über den „Dualisme moral" in Tugend- und Lasterlehre (s.u.), im Zwei-Wege-Schema (Mand VI 1,2–5) bzw. Zwei-Engel-Thema (Mand VI 2,1–10) mit den Parallelen in *Did*, *Barn*, *Doctrina Apostolorum* und (entfernter) in der *Gemeinderegel* von Qumran;

15,2–3; 18,5–24,2) und profiliert seine sittlichen Forderungen meistens im Kontrast. Mit der Häufigkeit des Begriffs der Gerechtigkeit (δίκαιος/δικαιοσύνη: Kraft, Clavis, 109–111) kontrastiert die ständige Rede von der Schlechtigkeit (πονηρία/πονηρός/πονηρεύομαι: Kraft, Clavis, 370–372). Die zentrale Orientierung dieser Ethik liegt in den Geboten (ἐντολαί: Kraft, Clavis, 156f.) Gottes, um deren Erfüllung es im Leben der Christen geht. Gebote und Gleichnisse sind der wichtigste Inhalt der Offenbarungen, in deren Autorität H auftritt (Vis V 5); man muß sie immer wieder nachlesen, wozu sie hier aufgeschrieben sind (ebd.); man holt sich aus ihnen seine Kraft (ebd.). Wer sie ausführt, wer Gutes tut (z.B. Sim VI 1,1–4; X 1,2–3; 4,1), der „tut das Richtige für sein Leben" und ist „brauchbar für Gott" (Vis III 6,7).

Die Gebote hören und sie einhalten ist die Umschreibung für die Lebensaufgabe des Christen nach der Taufe bzw. nach der (einmaligen, zweiten) Buße (vgl. die Schlußformeln der Mand, besonders Mand VII 5): „Wer Gott erkannt hat, der darf nicht mehr sündigen, sondern muß Gutes tun" (Sim IX 18,1). Wer Gott erkannt hat, ist ethisch unvergleichlich in die Pflicht genommen (ebd. 18,2): „da hast du diese Gebote, lebe nach ihnen!" (Mand XII 3,2).

2. Beachtenswert ist der positive Duktus dieser Ethik. H redet gegen Trauer und Zweifel im menschlichen Verhalten (s. Mand IX; X und den Exkurs: Der Zweifel) für eine initiative Moral, die nicht niederdrückt, sondern aus der besonderen Art der Freude (ἱλαρότης) stammt, die H kennt (vgl. zu ἱλαρός bei Vis I 4,3). „Denn jeder frohe Mensch tut Gutes und denkt Gutes" (Mand X 3,1). H wehrt sich lebhaft gegen die Resignation, aus der der „traurige" Mensch wegen der Höhe der Anforderung aufgibt und der ethischen Pflicht ausweicht. Die Gebote sollen nicht deprimieren, sondern sie „erfreuen das Herz eines Menschen, der sie befolgt"; wenn er sich die Erfüllung, das Gelingen zutraut, wenn er „den Herrn in seinem Herzen hat", wenn das Herz „rein auf den Herrn gerichtet ist" (vgl. dazu Adnès, 324f.), dann kann er sie auch „leicht einhalten" (Mand XII 3,4–6,5) und „tut das Gute mit allem Nachdruck" (Mand IV 2,2). H ist kein finsterer Moralist gewesen; er zählt die Freude oder Heiterkeit zu den Tugenden (Sim IX 15,2). Ja, er geht so weit, vom „Genuß" eines guten Lebens zu sprechen: „Für den Menschen ist alles Genuß (τρυφή), was er mit Lust tut" (Sim VI 5,5). Und wie sich der Jähzornige „mit seinem Verhalten Befriedigung verschafft" und das „genießt" und wie Ehebrecher, Trinker, Räuber usw. ihre „krankhafte Leidenschaft befriedigen", „das heißt genießen, was sie tun", so „genießen viele es, wenn sie Gutes tun, weil ihre Neigung sie dazu drängt"; es gibt nämlich „Arten von Genuß, die die Menschen retten... Diese Art von Genuß... bringt einem Menschen Leben" (Sim VI 5,5.7). H

detaillierte Beschreibung (zumal der doppelten Loyalität des Menschen) bei Pernveden, 206–222; vgl. S. Schulz, Mitte, 368–370.

erlebt das Gute, das man tut, als beglückend und befreiend: „Wer nach den Geboten wandelt, der wird leben, und er wird in seinem Leben glücklich sein" (Sim X 4,1), denn wer z. B. anderen hilft, der „bereitet sich (selbst) große Freude" (Sim X 4,3 a; vgl. Mand X 3,4). Und mit diesem Glück wirbt das Buch sehr viel öfter um die Verwirklichung des Guten als mit Strafandrohung, obschon auch sie eine beträchtliche Rolle spielt.

Erleichterungen und Abstriche an der sittlichen Aufgabe läßt der Rigorist H nicht zu. Er bleibt gegen die Klage über die Schwere der Gebote hart (Mand XII 3,4–4,5). Im übrigen geht es bei der Ethik nicht so sehr um die Details, sondern um Grundhaltungen, die das menschliche Leben steuern. Alles in diesem Leben muß vom Tun des Guten geleitet sein. Wer z. B. fastet, muß es so tun, daß er darin „etwas für die Gerechtigkeit tut", und folglich wird umgekehrt die realisierte Gerechtigkeit „ein großes Fasten" genannt (Sim V 1,4–5; vgl. ebd. 3,5–8).

3. Wegen ihrer unaufhörlichen Rede von Geboten hat man diese Ethik oft sehr eilfertig und oberflächlich nomistisch genannt. Aber da ist H nicht gut verstanden (dagegen z. B. Liébaert, 225f. und Pernveden, 300–307 mit einem kritischen Forschungsbericht und den fälligen, entschiedenen Richtigstellungen). Freilich will er die Christen seiner Kirche mit allem, was er schreibt, zu sittlichen Anstrengungen und Leistungen treiben. Aber er redet oft genug von der Kraft, die der Mensch dazu braucht und bekommt. In chiffrierter Rede lautet das beispielsweise so: „man kann die Gebote nicht ohne diese Jungfrauen halten" (Sim X 3,1); „diese Jungfrauen" sind aber „Kräfte des Sohnes Gottes" (Sim IX 13,2). Bezeichnend ist die christologische Personifizierung des „Gesetzes": Als Summe der Gebote ist das Gesetz der Sohn Gottes (Sim VIII 3,2).[2] Die Notwendigkeit der Gnade ist dem frommen H so sicher wie geläufig: „Ich hoffe, ... alle Gebote ... befolgen zu können, da der Herr die Kraft dazu gibt" (Mand XII 6,4; vgl. Sim IX 13,7).[3]

Mit der Buße selbst ist es nicht anders: Gott räumt ihre Möglichkeit ein und zeigt den Weg (d. h. setzt den Menschen instand); der Mensch muß auf das Angebot allerdings sofort und total mit eigener Anstrengung reagieren. Und wenn sogar mehr als die Erfüllung „aller Gebote", mehr als das Pflichtmäßige getan werden kann (Dibelius, 566 meinte, das die „Züchtung von Qualitätschristen" nennen zu sollen; aus der Literatur: Schenk, Lehre; V. Schweitzer; das Beispiel dafür ist Jesus in seiner Erlösungsarbeit: Sim V 2,2 Ende.4–8; 3,2 b–3), dann steht es mit den „Überschüssen" (ebd. 3,3: τί

[2] Nach etlichen anderen gibt auch S. Schulz, Mitte, 357 den vermeintlichen Sinn dieser Personifizierung bzw. Identifizierung irreführenderweise als Sündenfall des H wieder: „Das heißt aber: Von Hermas wird das Evangelium als Gesetz verstanden, wie umgekehrt das Gesetz als Evangelium verkündigt wird." Das ist eine exegetische Fehlleistung, weil die semantische Variation im Terminus „Gesetz" nicht mitvollzogen wird, die im Text dadurch erfolgte, daß eben jetzt vom „Sohn Gottes" her sich die Semantik des Begriffs „Gesetz" regelt. „Gesetz" ist deutlich Metapher.

[3] Diese Texte sind, soweit ich sehe, von S. Schulz nicht zitiert; sie gehören aber mit ihrem Akzent auf der Initiative Gottes zum Spektrum der unsystematischen Theologie des PH.

ἀγαθοῦ ἐκτὸς τῆς ἐντολῆς; 2,7: προστίθημι ἔργον καλόν) zwar nicht anders als mit den allgemeinverbindlichen Geboten; sie sind nur von dem zu erbringen, der das aufgrund seiner Verbindung mit den guten „Kräften" und „Geistern" (Gottes) leistet. Aber H setzt hier (in Sim V sowie im Beispiel von Mand IV 4,1–2; s.z.St.) eindeutig die theologisch durch nichts begründbare Grenze zwischen Pflicht und überschüssiger Leistung, wie die spätere Tradition sie kennt.[4]

Was den Inhalt der sittlichen Forderungen betrifft, kann man sich einerseits über die seltsam unspezifische Reihenfolge bzw. Prioritäten-Setzung wundern, andererseits (und damit zusammenhängend) über den weit stärker jüdischen als christlichen Charakter des eingeschärften Ethos (s. dazu die Vorbemerkung zu Mand I–XII). H kommt aus jüdischem Milieu (s. Einleitung § 8) und beherrscht einigermaßen die zeitgenössische Handhabung der Tugendlehre. Eine qualifizierte Ordnung in seinen sittlichen Vorstellungen setzt er nicht. Und inhaltlich sind sie in vielem einfach banal.

4. Es fällt allerdings auf, mit welcher Regelmäßigkeit H die Ethik der unmittelbar zwischenmenschlichen Beziehungen forciert.[5] Ein wichtiges Kriterium der christlichen Lebensführung ist für ihn der Wille und die Fähigkeit, nichts „gegeneinander zu haben" (κατ' ἀλλήλων ἔχειν), d.h. zum friedlichen Miteinander (εἰρηνεύω/εἰρήνη: Kraft, Clavis, 135f.), zur Verträglichkeit (συμφωνέω), zum Hören aufeinander (ἀλλήλων ἀκούειν), ohne Nachtragen des erlittenen Bösen (μνησικακέω/μνησικακία/μνησίκακος: Kraft, Clavis, 297); dies wird von den Amtsträgern ebenso verlangt (Vis III 5,1; 9,9.10) wie von allen Christen (Vis III 6,3; 9,2a.9.10; 12,3; Mand II 3; VIII 10; Sim VIII 7,2; 10,1; IX 23,2–5; 32,2). H greift auf schlechte kirchliche Alltagserfahrungen zurück und untersagt „üble Nachreden" und „Zorn aufeinander" (Sim IX 23,2–5). Er motiviert dazu, „friedlich miteinander" zu sein, sich „umeinander zu kümmern", sich „gegenseitig zu helfen" (Vis III 9,2a). In Mand III 10 entwirft er ein ganzes Muster christlichen Zusammenlebens in dieser Folge: gastfreundlich sein; sich gegen niemand feindlich verhalten; geringer sein wollen als alle Menschen; die Alten ehren; Gerechtigkeit üben; Brüderlichkeit bewahren; üble Behandlung hinnehmen; geduldig sein; Menschen in ihrem Kummer trösten; solche, die am Glauben irre geworden sind, nicht fallen lassen, sondern ihnen zur Umkehr helfen und sie zuversichtlich machen; die Sünder zurechtweisen. Das ist ein thematisch

---

[4] In der späteren Tradition waren jene „Guten Werke" *opera supererogationis* oder *opera supererogatoria*, „die über das allgemein Gebotene und zum Heil Erforderliche hinausgehen" (F. Wulf, LThK 10[2], 1965, 436), wobei dieser „alte Schulausdruck" nach B. Häring, LThK 3[2], 1959, 1247 „den urtümlichen, tiefen Sinn" hatte: „Werke, die Gott über das allgemeine Mindestgesetz hinaus durch die individuelle Gnadengabe hervorlockt." So etwa ist auch der PH zu verstehen. Anders S. Schulz, Mitte, 362f.

[5] Was dazu im folgenden zu sagen ist, füllt zusammen mit der anspruchsvollen Sozialethik des PH (s.u.) m.E. doch die Lücke im Ethos des H, die Joly, 45 durch das Fehlen von Ausführungen zum Thema Nächstenliebe entstanden sieht; es geht hier um die Nächstenliebe. – Von Gottesliebe redet H aber tatsächlich nicht, sondern nur von Gottesfurcht (ebd.).

gänzlich ungeordneter Katalog von Verhaltensweisen, aber doch mit durchgängigem Akzent auf der christlichen Bewährung im Zusammenleben in Haus und Gemeinde. Und die Rede davon greift an einzelnen Stellen fugenlos über in den Bereich der sozialen Unterschiede von Arm und Reich (Vis III 9,2b–6; Mand III 10), von dem noch eigens zu reden ist. Ganz bezeichnend ist, wie diese Konzentration der Christen auf die entscheidenden richtigen Verhaltensweisen verstärkt wird. Der oftmalige Gebrauch des Wortes πρᾶξις (Kraft, Clavis, 375f.) in unterschiedlicher Wertung macht es zwingend, daß die Christen auf ihr „Tun" schauen, um es zu korrigieren; die Ethik des H ist „praktisch" und kompakt. Außerdem wird die tägliche berufliche Tätigkeit der Menschen (im Fall des H sein Geschäft) als überschätzte und schlechte, verwerfliche Geschäftigkeit (πραγματεία; vgl. πράγμα; Mand X 1,4: πραγματεῖαι τοῦ αἰῶνος τούτου) disqualifiziert, die mit dem Christsein nicht vereinbar ist und die der Christ umgehend reduzieren muß (Sim IV 5), um sich nicht weiter darin zu verwickeln (Mand X 1,4; Sim VIII 8,1; IX 20,1.2) und zu verzetteln (und den Heiden dadurch nahezukommen: Mand X 1,4), sondern auf das Wesentliche hinzuleben (Vis II 3,1; III 6,5; Mand III 5; X 1,4; Sim IV 5; VIII 8,1.2; IX 20,1–2).[6]

5. Diese Ethik lebt formal zwar noch sehr nachdrücklich von den Eckdaten des Urchristentums, in erster Linie also von der bedrängenden Kürze der Frist bis zum Weltende, von der Dramatik drohender Verfolgung, von der Erfahrung der Fremdlingschaft der Christen in der Welt, von der Radikalität der eschatologischen Forderung der Umkehr in Glaube und Lebensführung. Aber es ist nicht zu bestreiten, daß diese Theologumena an Kontur so stark verloren haben, daß die Eschatologie und ihre ursprünglichen Folgen sich im PH auf Fiktionen reduziert haben (zu diesem diffizilen Thema siehe Pernveden, 265–276 und den Exkurs: Eschatologie), die aber doch immer noch mehr als pädagogische Motivationen und Stimulantia sind. Ein gutes Beispiel dafür ist Sim I: Die Welt ist für die Christen eine fremde Stadt, der Aufenthalt darin nur vorläufig und durch das Ende befristet, das ein Gericht und Fortleben in der himmlischen Heimat einleitet. In diesen urchristlich-eschatologischen Koordinaten einer Ethik, die vom recht individualistischen Zuschnitt einer Verzichtethik zu sein scheint, ist mit Hilfe des eschatologisch entworfenen Bildzusammenhangs eine veritable „politische Ethik" (Staats,

---

[6] Zum jüdischen Charakter dieses Ethos und zu Schwerpunkten und Einzelheiten des Inhalts vgl. außer den Genannten die (unterschiedlich informativen) Arbeiten von A. Baumeister; Schenk, Lehrbegriff; Ehrhard, Der Hirte, 109f.; Winter, 35–46; Hörmann, Leben, passim; Giet, Hermas, 20–34.195–211 (zu den Mand); Liébaert, 159–226; Osiek, Rich, passim, die im übrigen herauszubringen sucht, wie H das theologische Verständnis von Reichtum und Armut mit Hilfe der von ihm gewählten literarischen Genera (s. ebd. 41–45) erarbeitet und welchen Aufschluß das für die soziologische Zusammensetzung seiner Gemeinde liefert; ihr Ergebnis ist, daß es sich in der Sprache des H in Rom nicht (wie bei Lk und Jak) um Arme und Reiche im symbolischen Sinn jüdischer Tradition, sondern im sozialen Sinn handelt und die „Reichen" des PH (wie H selbst) durchaus Mittelständler und keine Aristokraten waren.

Hermas, 105) artikuliert, die man passenderweise weder „frühkatholisch" noch „pädagogisch-gesetzlich" nennen sollte (wie es Goppelt, Christentum und Judentum, 187.241–244; ders., Die apostolische und nachapostolische Zeit, A95; S. Schulz, Mitte, 358 tun). Aber trotz teils hoch gestellter Anforderungen ist die propagierte Ethik in ihrer „Ausgeglichenheit" (vgl. Duchesne, 20) ihrem Charakter und ihrer theologischen Begründung nach insgesamt tatsächlich dürftig und unspezifisch, aber in ihren Höhepunkten trotzdem anspruchs- und eindrucksvoll. H nimmt, wie gesagt, nichts vom Anspruch und der Konsequenz zurück, die mit der Taufe übernommen werden, aber seine theologische Kompetenz reicht nicht für eine fundamentale christliche Begründung der „Gebote" über allgemeine Ethik hinaus. Ethik wird und bleibt bei H Tugendlehre (vgl. z.B. Liébaert, 199–211; S. Schulz, Mitte, 357f.), aber im Rahmen solcher rezipierter Darstellungsmodelle bricht H die Rede von Tugend doch immer wieder in Richtung eines Ethos mit z.B. jüdisch-urchristlichem Pathos der Armensorge, der Gottesfurcht, der Buße und Umkehr auf. Der Rahmen (Tugendlehre) bleibt in diesem Fall der Ethik ähnlich sekundär, wie die visionäre Staffage dem Inhalt des Buches insgesamt und wie die eschatologische „Temperatur" des Buches für seinen Inhalt sekundär bleiben. Dies zu übersehen und die theologische Aussage des PH auf sein Repertoire der Darstellungsformen zu reduzieren ist ein Irrtum mit Folgen für die Interpretation.[7]

6. Auffällig oft und auffällig streng spricht H im Rahmen seiner Ethik das Thema der sozialen Gerechtigkeit an, das Problem von Arm und Reich, den Konflikt zwischen Christsein und Besitz. Ein beträchtlicher Teil der römischen Christen muß vermögend gewesen sein, und H beschreibt die für ihr Christsein gefährlichen Folgen. Er sieht die kirchliche Situation sehr prekär: Die Armen (πτωχός/πτωχότης; πεινῶντες; θλιβόμενοι; meistens πένης oder ὑστερούμενος) sind in einer bedauernswert abhängigen, aussichtslosen Notlage und – wenn H nicht übertreibt – zum Teil in einer bedrohlichen Unterversorgung (Vis III 9,3; Sim X 4,2–3); und die Reichen (πλούσιοι; οἱ ἔχοντες; eine ausführlichere Konkordanz und Statistik der Nomenklatur von Arm und Reich im PH bei Osiek, Rich, 40f.) stecken mit ihrem Reichtum an Vermögen und Geld (πλοῦτος, ὑπάρξεις, κτήματα, χρήματα), an Immobilien (Häuser, Wohnungen, Einrichtungen) in einer äußerst gefährlichen Haut, was ihr Heil betrifft. H beschreibt das in einer Reihe von Details für beide Gruppen.[8] Mit seiner sozial gerichteten Ethik steht er übrigens

---

[7] Am ärgsten ist ihm S. Schulz, Mitte, verfallen. Es ist richtig, den „Frühkatholizismus" des PH offenzulegen, aber der (verbissene) Wille zur Fahndung nach frühkatholischen Elementen garantiert noch nicht die Richtigkeit der Beurteilung im einzelnen. S. Schulz mißt in oft grotesk anachronistischer Manier mit der orthodox geschnitzten Elle von Rechtfertigungslehre, Gesetz und Evangelium, auf die er den PH geradezu fachterminologisch festlegen will.

[8] Ausführlichere und teils stärker strukturierte Berichte geben Wohlenberg, 965–984; Osiek, Rich, 39–57; Leutzsch, 127–137 (mit Differenzierung der in der Gemeinde vorhandenen sozialen Gruppierungen, Konflikte, Lösungsversuche und Hilfeleistungen); Lampe, 71–75.

wiederum in auch jüdischer Tradition[9] (vgl. aus der apokalyptischen Literatur z.B. *slavHen* 42,7–9; 50,5; 51,1–3; 63,1–3 u.a.; vgl. Dibelius, 556); auch die Nähe zum Jak (s. Einleitung § 7) ist besonders deutlich (vgl. Vis III 9,1–6; Sim I 8ff. mit Jak 5,1–6; Dibelius, 555; Dibelius-Greeven, 50). Texte zum Thema findet man in allen Teilen des Buches. Es ist tägliche Realität, daß die Gemeinde unter sozialen Kriterien völlig inhomogen ist (vgl. Leutzsch, 113.127–137) und die sozialen Unterschiede auch religiöse Folgen haben, insofern sie nämlich die Einheit zerstören, aus Sünde resultieren (s.u.) und mit der mangelnden Intensität der Zugehörigkeit der Reichen zur Gemeinde zu tun haben. Die Beschreibung der Zustände geht im PH mit Kritik und Appell zusammen.

Was H zur Sozialpflichtigkeit von Besitz und Vermögen sagt, ist mit dem Wissen zu lesen, daß für ihn der Reichtum an sich nicht schlecht, sondern unproblematisch und von Gott (als Ertrag der Arbeit; vgl. *Did* 4,6) geschenkt ist und zu Gottes Kreatur gehört (Vis III 9,2; Mand II 4; Sim I 8; II 10; IX 24,2). Es kommt nur darauf an, daß man das Rechte damit tut, nämlich teilen: „Selig sind die Besitzenden, die begreifen, daß sie vom Herrn reich gemacht werden. Denn wer das begreift, kann zum Guten damit dienen" (Sim II 10). So indifferent oder harmlos bleibt der Reichtum dann aber nicht. In einem Gleichnis ist die Welt mitsamt ihrem Inventar (Besitz und Reichtum) eine Stadt (als „Fremde"), in der nach Gesetzen gelebt wird, die sich mit dem Christsein nicht vertragen (Sim I). Dazu gehört der Erwerb von Besitz, der hier nicht als Schöpfung, sondern als „fremdes Gut (ἀλλότρια)" taxiert wird, das „unter der Gewalt eines anderen (sc. des Teufels)" steht (Sim I 3; vgl. M. Wacht, RAC 13, 1986, 111f.) und darum nur in der zum Leben notwendigen Größenordnung besessen werden darf (ebd. 6). Die Reichen können nicht „brauchbar sein für den Herrn", wenn sie sich vom Reichtum nicht trennen (Vis III 6,5–7), indem sie eben das Richtige mit ihm machen, nämlich ihn verteilen (Mand II 4–8; VIII 10). Was H selbst, der ebenfalls betroffen war, jetzt aber „brauchbar" ist und das Richtige tut, also nicht mehr reich ist, mit seinem Reichtum (mit dem er offenbar ein Debakel erlebt hat: Vis II 3,1) gemacht hat (geschäftlicher Ruin oder Teilung mit den Armen?), bleibt unsicher.

Der PH kennt also eine doppelte Qualität der Sachwerte; sie sind Kreatur oder Fremdgut. Bei den Aufrufen zum Teilen (Vis III 9,2–4 u.ö.) geht es einerseits um den sozialen Ausgleich und die bitter nötige Armenhilfe, andererseits um das Heil der Reichen, die ungefähr alles falsch machen, indem sie sich auf ihren Reichtum viel einbilden (Vis III 9,6; Sim VIII 9,1), sich durch ihre vielen Geschäfte verzetteln und unter erschwerten Bedingun-

[9] Eine Nuance anders K. Beyschlag, Simon Magus und die christliche Gnosis, Tübingen 1974, 197 A.127: Die Rede von „gerechten Werken" (wie Mand VI 2,3; vgl. 2,8.10) ist vorstellungsmäßig „hellenistisch-jüdisch grundiert".

gen dem Glauben sofort untreu werden (s.o.; Vis I 1,8; III 6,5; Mand X 1,4; Sim IV 5; VIII 8,1; IX 20,1f.), sich nicht entsprechend verbindlich und dauerhaft der Gemeinde anschließen (Sim VIII 8,1; 9,1; IX 20,2), sondern ihren Umgang in der heidnischen Gesellschaft haben (Sim VIII 9,1), in der ihr wirtschaftlicher Erfolg (den sie u.U. erst nach dem Übertritt zum Christentum erreicht haben: ebd. 9,1) hohes Sozialprestige bedeutet. Reichtum bringt für den Christen nach vielen Seiten Gefahr (vgl. auch Lampe, 73). Christliche Praxis (Sim VIII 9,1) bzw. der Glaube selbst (ebd. 9,3) stehen auf dem Spiel. Darum will H das Problem grundsätzlich lösen. In Sim I heißt die Lösung, daß man als Christ Reichtum erst gar nicht erwirbt oder aber ihn abstößt; und gleich drauf in Sim II (ausführliche Analyse bei Osiek, Rich, 78–90) heißt sie, daß der Reiche, der nur materiell reich, sonst (d.h. vor Gott) aber völlig armselig ist (Sim II 5: πτωχεύειν des Reichen), mit seinem Geld den Armen hilft, die große Not leiden. In einer Symbiose beider Gruppen ist beiden durch Ausgleich geholfen. Jeder empfängt vom anderen, was er braucht, aber nicht hat. Das ist insofern nicht eine banale Ausgleichstheorie, als der Reichtum des Reichen von absolut negativer Qualität ist, während die Armut der Armen (sc. Gebet und Zugang zu Gott) wirklich Reichtum ist. Der Reiche würde ohne den Armen und dessen Gebet das Heil verfehlen, während der Arme auf den Reichen bloß für die hiesigen materiellen Güter angewiesen ist (vgl. den Text mit Kommentar und Brox, Die reichen und die armen Christen).

Reichtum ist für Christen also – moralisch gesehen – lebensgefährlich (Vis I 1,8–9). Darum stellt sich H reiche Leute trotz ihrer gegenwärtigen Großspurigkeit in Bälde verzweifelt vor. Sie werden es bereuen, sich nicht an die künftigen Güter gehalten zu haben, und haben nichts zu hoffen. Andererseits kann H diese Situation unter der Perspektive der Buße völlig verharmlosen. Obwohl der Reichtum eigentlich zum Christen nicht paßt, wird den reichen Christen von Sim IX 30,4–5 nicht ihr ganzer Besitz genommen, „damit sie mit dem, was ihnen blieb, Gutes tun könnten" (ebd. 30,5). In der Parabel heißt das, daß diese Steine, obwohl rund, doch in den Turm gelangen, nachdem sie nur „ein wenig behauen (*pusillum circumcisi*)" (ebd. 30,5) werden müssen, weil ihr Reichtum sie nur „ein wenig (*pusillum*) blind gemacht hat für die Wahrheit" und im übrigen an ihnen nichts zu beanstanden ist (ebd. 30,4). Das Almosen als Rechtfertigung für die Reichen wirkt sich beruhigend aus.

7. Die Warnungen vor Reichtum und Geschäft signalisieren sehr wahrscheinlich eine wirtschaftliche Konjunktur in Rom damals, von der auch die Christen profitierten (vgl. Riddle, 565–569). Mit ihr wuchsen die aufgezählten Gefahren für die Reichen und Besitzenden, und es wuchsen die daraus resultierenden Spannungen zwischen den sozial unterschiedlichen Gruppen in der Kirche (s. Leutzsch, 134f.). Die Appelle des H sind entsprechend dramatisch: „Sucht nach den Hungernden", so lange ihr zum Helfen noch Zeit habt, „damit die Notleidenden nicht Grund haben zum Stöhnen" (Vis

III 9,5f.). Unterlassene Hilfe wird zum Verhängnis (ebd. 9,4), wie auch nach Sim X 4, dem bedrohlichen Schlußtext des PH über die Verhinderung von Suizid aus physischer und psychischer Not: „Jeder Mensch muß seiner Not entrissen werden... Wer um die Not eines solchen Menschen weiß und ihn da nicht herausholt, begeht eine schwere Sünde" (ebd. 4,2b–3).

Diese massive Sozialkritik ist einer der Schwerpunkte innerhalb der ethischen Belehrungen des PH, nicht dessen ganze Ethik (diesbezüglich einseitig Osiek, Rich, passim; Lampe, 77), die ja an alle, nicht nur an die Reichen adressiert ist (z.B. Mand VIII 3). Zur sozialen Frage im PH vgl. auch Wohlenberg, 965–984; Dibelius, 555f.; Liébaert, 217–220; W.-D. Hauschild, Armenfürsorge. Alte Kirche, TRE 4, 1979, (14–23) 18; die Arbeiten von Osiek. Wegen der Dringlichkeit der Armenhilfe hat nach dem Bericht des H seine römische Gemeinde entsprechende Maßnahmen institutionalisiert oder zumindest die Zuständigkeiten geregelt. Es gehört zur Aufgabe der Diakone, Geld an Mittellose (genannt werden Witwen und Waisen; vgl. den Kommentar und Leutzsch, 127.135) zu verteilen (Sim IX 26,2), für die aber auch alle Christen verantwortlich sind (Mand VIII 10; Sim I 8; V 3,7). Und es muß ebenfalls eine Sozialhilfe sein, wenn zur Aufgabe der Bischöfe der Schutz bzw. die Sorge für die „Notleidenden und Witwen" gehört (Sim IX 27,2).

9. *Der Hirt*

Die Herkunft der Hirtengestalt ist motiv- und religionsgeschichtlich einigermaßen schwierig zu bestimmen. Es liegt allerdings auch nicht allzu viel daran, weil H die Gestalt jedenfalls völlig originell modelliert hat. Der Hirt hat nämlich mehrere, sich überschneidende Funktionen, für deren Kombination es kein Vorbild gibt und die aus ihm eine komplexe Figur machen (Enslin, 297). „Hirt" bekommt keinen (allegorischen) Bezug zu den Rollen des Offenbarers *(angelus interpres)*, Schutzengels und Bußengels, die er im weiteren Verlauf spielt (präzis differenziert von M. Dibelius, Offenbarungsträger, 105–109). Als Offenbarungsvermittler diktiert und „zeigt" er dem H die nachfolgenden Inhalte „zuerst in der Form heiliger Texte, dann (von Sim. VI ab)" in Form von Visionen (Dibelius, 494; Knorz, 116.121), wie im Visionenbuch die Alte, und begleitet ihn dabei mit Erklärungen, Belehrungen und Korrekturen (der *angelus interpres* gehört nahezu in der gesamten apokalyptischen Literatur zum Inventar; ein deutliches Beispiel ist *äthHen*). Als Schutzengel ist er für H lebenslang zuständig (Vis V 2–7; Mand XII 4,7; 6,1; Sim IX 1,1.3; 14,3; 23,5; 24,4; X 1,1–3; 4,5), und als Bußengel schenkt er Einsicht (Mand IV 2,2) oder vollstreckt er an den Sündern samt H sehr empfindliche Strafen (Sim VI 3,6; VIII 3,5; IX 7,1–9,4). Diese Funktionen sind im Prinzip eindeutig und unstrittig. Demgegenüber ist von geringerer Bedeutung, aber nicht unerheblich die Frage, wieso H eine Hirtengestalt zu ihrem Träger macht. Aus urchristlichen – wie auch aus jüdischen[1] – Vorstellungen gibt es dafür keine Vorlagen (vgl. M. Dibelius, Offenbarungsträger, 114; Jeremias, 498). Aber man kommt nicht umhin, ein Vorbild bzw. die Rezeption einer geläufigen Gestalt anzunehmen, weil H den Hirten auch nicht als Bild gewählt hat: Sämtliche denkbaren bildlichen Züge (Herde, Weiden, Wachen) bleiben ungenutzt (M. Dibelius, Offenbarungsträger, 114); „Hirt" ist nur Name und Aussehen, nicht einmal Allegorie für seine Funktionen (was allerdings nur mit der Einschränkung gilt, daß für den „Engel der Genußsucht und des Selbstbetrugs" [Sim VI 1,5–2,4] sowie für den Strafengel [ebd. 2,5–3,3] die Hirten-Allegorie jeweils relativ ausführlich entfaltet wird). Folglich hat man nach in Frage kommenden Ableitungen dieser Gestalt gesucht, denn um eine freie Erfindung des H wird es sich nicht handeln. Reitzenstein, Poimandres, 11–35 glaubte zeigen zu können, „daß im Hirten des Hermas eine ältere und ausführlichere Fassung des Poimandres benutzt ist" (ebd. 32). Statt der auffällig parallelen Motive des zunächst unerkannt eingetretenen Offenbarungsvermittlers, der Frage nach seiner Identität (σὺ γὰρ τίς εἶ wörtlich wie Vis V 3), seiner Verwandlung zur Kenntlichkeit, seiner Namensnennung (εἰμὶ ὁ Ποιμάνδρης) und der Zusicherung, beim Propheten, dem er dort erscheint, zu bleiben (σύνειμί σοι πανταχοῦ), ist nach Reitzenstein entscheidend die Übereinstimmung beider Texte darin, „daß der offenbarende Geist... bei dem Heiden sich als den Menschenhirten, bei dem Christen sich als den Hirten dieses Menschen vorstellt" (ebd. 12). Dazu ist zunächst zu bemerken, daß „*Poimandres*" volksetymologisch tatsächlich als „Menschenhirt" verstanden worden ist, obwohl die Bedeutungswurzel des Wortes nicht sicher und eventuell koptisch ist (Jeremias, 498 mit A. 129.130), daß aber, wie gesagt, „Hirt" in Vis V 3 lediglich wie ein Name genannt und nicht im Sinn einer Funktion (nämlich des Schutzengels) als „Hirt dieses Menschen" zu verstehen ist (s. o.).[2] Nach O. Dibelius, 172 erledigt sich die These Reitzenstein's dadurch, daß es undenkbar ist, daß H aus dem *Poimandres*, hätte er ihn gelesen, nur diesen einen Zug übernommen hätte.[3] Seinerseits erklärt er die Verwandtschaft „religionsgeschichtlich, nicht literargeschichtlich" (ebd. 177). Und R. Reitzenstein, Hellenistische Wundererzählungen, Leipzig 1906, 126 A. 2 hatte selbst schon in dieser Richtung nachgegeben. Dibelius, 492; ders., Offenbarungsträger, 113 (Zustimmung von Hilhorst, Hermas, 696) erkennt im *Poimandres* lediglich dasselbe Epiphanie-Schema, das er in Vis V unterstellt

[1] Die Vision von den 70 Hirten in *äthHen* 89,59–90,13, an welche Kempf, 76 erinnert, kann doch nur an der Oberfläche und nur zu Sim VI verglichen werden (Hirten als Täter in einer grausamen Straf-Expedition).

[2] Anders O. Dibelius, 173, der im Wort Hirt „den persönlichen Schutz- und Offenbarungsengel des Hermas" markiert findet.

[3] Hilhorst, Hermas, 695f. nennt allerdings weitere Übereinstimmungen in der beiderseitigen Rede von den Tugenden und Lastern. Die Texte, die H. Schulz, Spuren, 51–53 als unzweideutige Beweise der Beeinflussung des PH durch den *Poimandres* vorlegt, sind hochinteressante Parallelen aus der apokalyptischen Topik, nicht mehr.

(Offenbarungsträger, 111: „Auftreten des göttlichen Gastes in unbekannter Gestalt, Verwandlung, Wirkung auf den Menschen"), jetzt aber „in literarisierter und sublimierter Verarbeitung", von der H mit seiner „massiveren" Variante desselben Stoffes nicht mehr abhängig sein kann. Büchli, 21 identifiziert im *Poimandres* antichristliche Tendenz, datiert ihn spät (115: „Zeit des Origenes"; 207: Mitte des 3.Jh.s) und kann ein Abhängigkeitsverhältnis zum PH folglich allenfalls in umgekehrter Richtung akzeptieren; beide Schriften rekurrieren aber eher auf dieselbe, höchstens ansatzweise noch eruierbare (ebd. 204f.) christliche Basis für den Nus als Hüter der Frommen im *Poimandres* und den Schutzengel im PH. Jedenfalls ist es namentlich das Hirtenmotiv, das vom Christentum in den *Poimandres* übernommen wurde (ebd. 203).

Weil eine literarische Vorlage noch nicht gefunden ist, muß man sich mit Vorstellungen, die belegbar sind, begnügen, um die Gestalt des Hirten, wie ihn der PH in Vis V; Sim VI 1,5; 2,5 erstaunlich einheitlich für Hirtengestalten sehr unterschiedlicher Qualität kennt, zu erklären. Den Hirten von Vis V beschreibt M. Dibelius, Offenbarungsträger, 114f. als „göttlichen Mentor..., der dem Menschen lebenslang zur Seite steht"; dafür macht er religionsgeschichtlich den Typ eines als Mentor bekannten und als Hirt erscheinenden Gottes aus, „Hermes oder eine ähnliche Figur" (ebd. 116).

Diese letzte Präzisierung führt noch einmal zu Reitzenstein zurück, der die Forschung auf die Fährte des Hermes gesetzt hatte (Poimandres, 33): Die rätselhafte Lokalisierung der Sim IX nach Arkadien (Sim IX 1,4), der Heimat des Hermes, gibt diesen entscheidenden Tip. Während Dibelius, 496; ders., Offenbarungsträger, 116 ihn bereitwillig gelten läßt (ebenso Knorz, 120, der auf die Zusammengehörigkeit von Arkadien und Hirtengestalt generell abhebt; dazu J. Schwartz, Survivances, 240–244 und Vielhauer-Strecker, NTApo 2^5, 1989, 541), äußern Weinel, HNTA, 322f. und O. Dibelius, 177f. sich sehr zurückhaltend, ebenso Bardy, Le Pasteur, 391–398 in seiner vorsichtigen Studie über Abhängigkeiten des PH, sowie Schmid.

Aber man muß den Hirten aus Vis V vor dem Hintergrund vergleichbarer Gestalten der damaligen Vorstellungswelt sehen, wie sie in unterschiedlichsten Zusammenhängen begegnen. Ein älteres Beispiel dafür ist anscheinend die Gestalt des Lykidas in Theokrits *Thalysia* (= 7. Gedicht; 3. Jh. v. Chr.)[4], deren Auftritt M. Puelma, MH 17, 1960, 144–164 und vor allem G. Luck, MH 23, 1966, 186–189 als Theophanie lesen (während die übliche Auslegung Lykidas mit diversen Dichtern der Zeit identifiziert). Die vergleichbaren Elemente: Lykidas begegnet ausdrücklich als (Ziegen-)Hirt (αἰπόλος V. 13), mit „dem gelblichen Fell (κνακὸν δέρμα V. 16) eines zottigen, struppigen Bockes" und einem Stab (κορύνα V. 19; λαγωβόλον V. 128) ausgerüstet. Nach G. Luck ist das eine „Schöpfung der Phantasie" in der Form, daß sich in dieser Begegnung „die Erscheinung eines göttlichen

4 F. P. Fritz (ed.), Theokrit. Gedichte, griechisch-deutsch, München 1970, 54–64.

Wesens" abspielt, wobei die Formel: „denn ausnehmend glich er einem Ziegenhirten" (αἰπόλῳ ἔξοχ' ἐῴκει V. 14) nach Luck „in epischen Theophanien geläufig" ist, „und zwar dann, wenn die Gottheit in Menschengestalt erscheint" (Luck, 187). Das mehrfach pointierte „Lächeln" der erscheinenden Gestalt (V. 19f.42.128) weist in dieselbe Richtung; der PH kennt es allerdings nicht beim Hirten, sondern bei der alten Frau als Offenbarerin (siehe zu Vis III 8,2). Luck, 188: „Kein Zweifel, Lykidas ist ein überirdisches Wesen, ein Gott oder Dämon, in Gestalt eines Ziegenhirten", als solcher an den bukolischen Attributen erkennbar. Als literarisches Vorbild gilt die Erscheinung der Athene in der *Odyssee* 13,221–225 als Hirt (ἐπιβώτωρ) mit „doppelt gefaltetem Gewand um die Schultern", in der Hand einen Spieß (ἄκων).

Bei Licht besehen, dokumentieren die Ableitungsversuche also tatsächlich nur die Ratlosigkeit vor den schwer verständlichen Zeilen des H, die allenfalls zu Hypothesen gelangt. Im einzelnen läßt sich vieles zur historischen Möglichkeit und zur motivischen Wahrscheinlichkeit der vorgeschlagenen Ableitungen einwenden. Andererseits ist der allgemeine Hinweis möglich, daß „im profanen wie religiösen Bereich der Hirt als Lenker und Erzieher ein allgemein bekanntes und oft gebrauchtes Bild" war (Kempf, 78), welches von H in Sim VI ausführlich benutzt wird. Aber das erklärt nicht das Besondere des Hirten bei H. Der erratische Charakter dieser Hirtengestalt innerhalb der Szene der Vis V, zu welcher ein Hirt nicht gerade paßt, beweist, daß H hier eine Vorgabe verwendet. Das Hirtenkostüm ist dann „ein beibehaltenes Requisit aus der mythischen Vergangenheit der Figur" (M. Dibelius, Offenbarungsträger, 116), von der jedenfalls auszugehen ist. Die mythische Vorgabe und ihre Herkunft sind aber nicht in Form des literarischen Vorbilds zu identifizieren. Ihre mangelhafte Einarbeitung in den neuen Zusammenhang verursacht die Verständnisprobleme mit den Einzelheiten im Text. – Vgl. Exkurs: Die Engel.

Zu Rang und Funktion des Hirten ist auf die genaue Diktion zu achten. Als Schutz- und Bußengel und als göttlicher Mentor „wohnt" er „beim" Menschen und in dessen Haus, aber – im Unterschied zu Gott und den zweierlei (guten und bösen) Geistern – eben nur „beim" Menschen, nicht „in" ihm. Er ist als Offenbarungsträger nur eine Mittlergestalt (s. Exkurs: Das Bild vom „Wohnen").

10. Die Kirche

Die Kirche wird im PH in dreierlei „Milieu" gezeigt.[1] Sie ist in Vis I und II die großartige, präexistente Gestalt aus der anderen Welt, die in der Allegorie (auch von Vis III und IV) als (alte) Frau und als himmlische Offenbarerin auftritt; weiter ist sie in etlichen eher zufälligen, über das ganze Buch verstreuten Texten die konkrete Gemeinde mit Versammlungen, Vorstehern, Ständen und einschlägigen Konflikten (z. B. Vis II 2,6; 4,3; III 1,8; 9,7; Mand VIII 10; XI 9.13f.; Sim I 8; IX 27,2); schließlich ist sie (im ganzen Buch, namentlich aber in den drei großen Allegorien Vis III, Sim VIII und IX) die Menge der Getauften oder Heiligen, und zwar unter dem speziellen Aspekt, daß viele von ihnen Sünder sind und ihre Reinigung durch Buße die dringlichste Angelegenheit von der Welt ist. Der Sohn Gottes hat zu ihrer Reinigung gearbeitet, so daß sie die Chance des Heils haben (Sim V 2,1–5; 5,2–3; 6,2–3.6). Dreimal bekommt die Kirche von H das Attribut „heilig (ἡ ἁγία ἐκκλησία)" (Vis I 1,6; 3,4; IV 1,3), und zwar jeweils im Visionenbuch, wo sie, wie gesagt, als Offenbarerin figuriert.[2] Als reinigungsbedürftige konkrete Gemeinde heißt sie dreimal „die Kirche Gottes" (Sim IX 18,2–4) und wird – wieder im Sinn von Gemeinde wie 1 Tim 3,15 – „Haus Gottes" genannt (Sim IX 13,9; 14,1; vgl. Doskocil, 187). An den übrigen zehn Stellen hat ἐκκλησία kein Attribut. Die für die Botschaft des PH wichtigsten Identitätssätze stehen Vis III 3,3[3] und Sim IX 13,1: Der Turm, an dem gebaut wird, *ist* die Kirche. Das Gros aller Aussagen über die Kirche in Zeit und Welt werden im Muster dieser für den PH zentralen Allegorie (Vis III; Sim IX) gemacht (sowie der von Sim VIII). Die Mandata und Sim I–VIII thematisieren die Kirche nur mittelbar.

1. Die Kirche war aber schon vor Zeit und Welt[4]. H macht über sie die eminentesten Aussagen. In einer die Hoheit Gottes umschreibenden Rede

[1] Es gibt ganz andere Vorschläge für eine Unterteilung der Rede des H von der Kirche, zuletzt z. B. die von Frank, 148–174, der allein im Visionenbuch einen apologetischen, einen allegorischen und einen theologischen Kirchenbegriff identifiziert und davon den Kirchenbegriff der Sim IX und den noch einmal anderen in Sim V und Mand VIII abhebt, um es aber dann bei wenig gravierenden Differenzen zu belassen und die „historisch-christologische Kausalität der Kirche" (177) als das Gemeinsame dieser Begriffe zu formulieren. Wichtiger ist die unten besprochene Unterscheidung zwischen idealer und konkret-empirischer Kirche. – Die hier vorgezogene dreifache Unterscheidung will, ohne jede systematisierende und interpretatorische Absicht, schlicht wiedergeben, von was jeweils im Text beim Thema Kirche die Rede ist.

[2] Das ein (gegenüber *1 Klem*, *Did* und *Barn*) „bedeutend fortgeschrittenes Stadium in der Verbindug des Heiligkeitsbegriffs mit den Institutionen zu nennen (Asting, 275) ist ein krasser Irrtum. Die Kirche ist an allen drei Stellen nicht Institution.

[3] Eine allegorische Doppel-Präsenz (die Alte und der Turm sind hier gleichzeitig die Kirche) macht für H keine Schwierigkeit (s. z. St.). Die allegorische Alternative Frau und/oder Gebäude hat H nicht erfunden; vgl. *4 Esra* X 27: „siehe, da war die Frau nicht mehr für mich zu sehen, sondern eine Stadt war erbaut, und es zeigte sich ein Ort mit gewaltigen Grundmauern" (Schreiner, 380).

[4] Vgl. Folgado Flórez, La Iglesia. Die Studie von Frank zur Idee einer präexistenten Kirche

heißt es, daß er die Schöpfung aus dem Nichts „um seiner heiligen Kirche willen" (Vis I 1,6: ἕνεκεν τῆς ἁγίας ἐκκλησίας; II 4,1: διὰ ταύτην) setzte, sie also Sinn und Zweck der Schöpfung darstellt. Durch die Einführung der Kirche in diese Lobrede wird christianisiert, was jüdisch an dieser Stelle von Israel galt (s. z. St.; Bardy, La Théologie de l'Eglise, 163; Joly, 34), und das beinhaltet bereits die Präexistenz der Kirche, die in der Buchoffenbarung der Alten in Vis I 3,4 gemeint sein muß und Vis II 4,1 zweifelsfrei ausgesprochen ist (πάντων πρώτη ἐκτίσθη), weshalb die Kirche auch alt aussieht. Diese himmlische, vorweltliche Gestalt Kirche, die dem H „jetzt und früher erschienen ist (ὀφθεῖσα)" (Vis III 3,3) und durch die Gott bzw. der Heilige Geist ihm Offenbarungen und Gesichte zeigt (Vis IV 1,3; Sim IX 1,1), wird im ganzen Buch nicht wirklich vermittelt mit der konkreten Kirche, zu der H mit seiner moralisch hoch verschuldeten Familie, alle Sünder und ein ethisch unzulänglicher Klerus gehören. Sie ist die transzendente Gestalt und die von Sünde durchsetzte Gemeinde zugleich, die vor dem baldigen Ende der Welt noch eiligst ihre Buße zu besorgen hat. Beide „Seiten" dieses Kirchenbegriffs zusammenzuhalten scheint für H so unwichtig, wie es für die Interpretation ein Bedürfnis und zur Klärung des Kirchenbildes im PH auch notwendig ist (s. u.). Zur hinreichenden Aufwertung der Kirche und ihrer Autorität als Offenbarerin wird in den zitierten Hoheitsaussagen jüdisches Formel- und Ideengut eingesetzt, mit dem eine idealisierende Abstraktion erreicht wird. Die Konturen dieser weiblichen Gestalt Kirche sind jedenfalls jüdischer Herkunft; s. Kommentar z. St. Die jüdischen Vorbilder dafür liegen nicht weit: H. Schlier, Der Brief an die Epheser, Düsseldorf 1971[7], 49–51 mit Belegen aus frühjüdischer Literatur zur Präexistenz des Messias, des Heilsvolkes, der Heilsgüter; das wird christlich auf die Präexistenz der Kirche verlängert bei *IgnEph, inscr.*; *2 Klem* 14,1.2. Schlier, ebd. 50 zum PH: „Die Vorzeitigkeit der Kirche ist also dahin verstanden, daß sie das erste Geschöpf ist." Man kann frühjüdische Sophia-Spekulationen als mögliche Vorlage nennen[5] und von einer Sophia-Ekklesiologie im PH sprechen, denn offenbar ist hier „die himmlische Kirche als Weisheit gezeichnet", wenn ihretwegen die Welt geschaffen und sie selbst „nach der Weisheit und Vorsehung Gottes geschaffen" ist, denn „auf sie kann Prov 8,22 bezogen werden"; auch wenn sie aussieht wie die Sibylle (Vis II 4,1), in Wahrheit ist sie die Kirche (Kretschmar, 55).[6]

2. An dieser transzendenten, himmlischen Gestalt Kirche zeigt H in den

---

treibt einen eindrucksvollen Aufwand, ist aber in der philologischen Methode wie in der dogmengeschichtlichen Hermeneutik anfechtbar und darum nur von begrenztem Wert.

[5] Mees, 355, der den Sinn dieser ekklesiologischen Bemühungen des H trefflich formuliert: H macht durch die Präexistenz-Aussage die Kirche zu „Gottes liebster Idee, die von Ewigkeit her vor ihm stand und sich in der Zeit verwirklicht". – Daß diese Präexistenzspekulationen wegen ihrer jüdischen Herkunft und Qualität für den „Hirten" ohne theologische Relevanz seien (Frank, 183), kann man natürlich gerade nicht sagen.

[6] Vgl. Giet, Hermas, 108–121.169–173; ders., A propos d'ecclésiologie.

anderen Teilen seines Buches kein Interesse[7], dafür um so mehr an der Kirche als sündiger und reinigungsbedürftiger Christenheit, an Sündenvergebung in und nach der Taufe (vgl. auch Kelly, 191). Das ist die Thematik der zweimaligen Turmbau-Allegorie (Vis III 2,4–8,9; Sim IX). Die Allegorie illustriert in aller Breite und Ausführlichkeit den groß angelegten Vorgang von Buße und Aufnahme (bzw. Verbleib) in der Kirche, der Sim IX 18,1–4 ganz kurz und unter weitgehendem Verzicht auf die Allegorie resümiert ist. Denselben Vorgang will auch die Parabel aus Sim VIII erzählen, die allerdings keine Rolle für die Kirche darin vorsieht. H führt, deutlich sekundär, einen wiederholten Rekurs auf den Turm von Vis III auch in die Parabel Sim VIII von den Stöcken ein, aber der Turm ist diesmal nicht die Kirche im Bau, sondern Ziel und himmlische Bleibe (s. z. St.). Zwar gibt es in dieser langen Parabel einen kurzen Text, der den Sündern (im Turm) den Hinauswurf aus dem Turm ankündigt (Sim VIII 7,5c), was man nur (wie in Sim IX) auf die empirische Kirche beziehen kann (so auch Doskocil, 184). Aber dadurch wird die Semantik von Aufnahme und Ausschluß im Turm, wie sie die ganze Sim VIII beherrscht, nicht verändert. Die Ausnahme 7,5c verdankt sich der unsorgfältigen Redeweise des H, der sich durch Assoziationen sofort vom Thema bzw. der Präzision des Gedankens ablenken läßt.

Die Kirchenleitung hat auffälligerweise im PH grundsätzlich keine Schlüsselrolle für die Buße. In ihren Gliedern tut sie zwar Buße, sie ist es aber nicht (als Instanz)[8], die die Buße gewährt und Schuld vergibt (sondern Gott: Mand IV 1,11; Sim V 7,3) und die Buße propagiert und durchführt (sondern der Hirt als Bußengel: Mand IV 3,5) und die Botschaft davon den Christen bringt (sondern Hermas und seine Helfer).[9] Aber Kirche ist auch im Zusammenhang der Buße nach Vis III und Sim IX doch wieder nicht nur das Volk, sondern ebenfalls hypostasiert, als Turm parabelhaft verselbständigt: Der Turm (die Kirche) ist hier logisch *vor* den Steinen (den Christen) da. Diesen Eindruck hat man bereits ohne die Präexistenzaussagen des Visionenbuches (s. o.), aber durch sie ist er bestätigt. Kirche bleibt auch im Vollzug von Ein- und Ausgliederung der Getauften eine eigentümlich jenseitige, vorzeitige Größe. In der Parabel vom Turmbau bekommt die Entstehung oder Sammlung der Kirche durch ihre idealen Züge und die visionäre Aura den seltsamen Charakter eines Vorgangs von transzendenter Realität, aber gleichzeitig den eines zeitlich gedehnten „irdischen" Prozesses.

3. Das ist ohne Zweifel ein dramatischer Kirchenbegriff: Kirche als Baustelle und im Prozeß von Zuwachs und Besserung als „Verjüngung" (Vis III

---

[7] Ab Vis V hat er sie als Offenbarungsgestalt durch den Hirten („Engel") abgelöst, worauf er Sim IX 1,1 zurückkommt.

[8] Deshalb kann man die Kirche bei H nicht (wie es Goguel, L'Eglise, 84f. im Stil einer Frühkatholizismus-Kritik tut) die Heilsinstitution nennen, die an der Heiligung ihrer Glieder arbeitet, indem sie sie auf die Wege der Buße führt. Das kann man weder von der visionären Alten (= Kirche) noch von der empirischen Kirchenleitung sagen, die H nicht an der großen Aufgabe der Buße beteiligt.

[9] Ganz ähnlich H. Koch, Bußfrist, 178f.

11–13). Die Idee vom Bau ist ein wesentliches Element des ältesten Kirchenbegriffs (s. Goguel, L'Eglise, 84), angeschlossen an biblisch-frühjüdische und urchristliche Tradition (R. Schnackenburg, Der Brief an die Epheser, Zürich u.a. 1982, 303–305); originell ist im PH die erzählerische Breite dieser Allegorie und ihrer Deutung. Auch daß der Bau traditionell mit der Parusie vollendet wird, weiß H (Vis III 8,9). Die Terminologie vom Bau der Gemeinde, wie man sie in Qumran-Schriften findet, zeigt die Geläufigkeit der Baubeschreibungen, wie H sie zu geben liebt. Man kann ohne Rücksicht auf die teils sehr verschiedenen sachlichen Bezüge doch die metaphorische Diktion auf beiden Seiten vergleichen, um das jüdische Paradigma des PH zu demonstrieren. Vergleichbar z.B. der Baubeschreibung von Sim IX 4,1–2 usw. sind die Bilder vom Bau, wie man sie in Qumran gebrauchte: Die Gemeinde ist Gottes „Gründung auf Fels", die er „legt", um „die bewährten Steine zu prüfen, um eine starke Mauer zu bauen" (1 QH 6, 26); oder: „Dies ist die bewährte Mauer, der kostbare Eckstein, nicht wanken sollen ihre Fundamente" (1 QS 8,7); „du stellst mich hin wie einen starken Turm auf einer hohen Mauer, setzest fest auf Fels meinen Bau und ewige Fundamente zu meinem Grund" (1 QH 7,8f.) (vgl. Schnackenburg, ebd. mit weiteren Beispielen und Lit.).[10]

Verwunderlich ist, daß jede klare Anspielung auf ein kirchliches Ritual der Buße und auf institutionelle Vorkehrungen fehlt (wie auch bei der Taufe; die Eucharistie wird nicht einmal genannt, nach Staats, Hermas, 104 aber wohl die „Gemeindeepiklese" in Mand X 3,1–3). Wegen der öffentlichen Praxis von Exkommunikation[11] und Rekonziliation (die letztere glaubt Vogel, 18 in Mand IV 1,8 belegt), aber auch unabhängig von deren schon erfolgter Institutionalisierung wird die Vorstellung eines Bußritus für die vielen „normalen" Sünder, die H im Auge hat, doch zwingend. Doskocil, 177 übertreibt die Erkennbarkeit institutioneller Elemente. – Wenn H von den

---

10 Ein grobes Mißverständnis bei H. Pohlmann, RAC 5, 1962, 1059f., der meint, daß nicht Christus die Rolle des Fundaments des Turmes (der Kirche) im PH spiele (sondern die Gruppen von Autoritäten in Sim IX 15,4) und Christus „außerhalb dieses Turmes bzw. der Kirche" stehe und daß daran eine „gewisse Loslösung der Kirche von Christus und des Heils von dem Heilsereignis in Christus" bemerkbar sei. These und Folgerung sind falsch: Zwar spricht H flüchtigerweise von den Steinen, die die Autoritätengruppen bedeuten, als dem Fundament des Turmes (Sim IX 4,2; 5,4; 15,4), er meint dies aber nur im baulichen, nicht theologischen Sinn. Denn dieses „Fundament" tritt in der Parabel hinter dem Umstand zurück, daß der Turm „oben auf dem Felsen" gebaut werden muß (ebd. 3,1), „auf dem großen Felsen und oben auf dem Tor... Der Felsen und das Tor trugen den ganzen Turm" (ebd. 4,2). Sim IX 14,4–6 löst diese Parabel auf: „Er (der Sohn Gottes) ist also ihr Fundament geworden und trägt sie gern." Mit seiner völlig konfusen Diktion (besonders ebd. 4,2) hat H diesen Irrtum mitverschuldet (s. den Kommentar zu den Texten, speziell zu Sim IX 15,4).

11 Es ist wohl zu leichtsinnig, von der Auflage des Engels, der (einzelne) Christ müsse sich vom Sünder distanzieren (Mand IV 1,9), die (liturgische) Praxis der Exkommunikation zu folgern, wie es B. Poschmann, HDG 4/3, 1951, 17; Doskocil, 160–193; K. Rahner, Schriften, 138f. tun, während Grotz, 19 gegenteiliger Meinung ist und Vorgrimler, 35 darin „eine bußterminologische Frage" sieht, die er aber nicht beantwortet.

„Sünden der Heiligen“ reden kann (Vis I 1,9; II 2,4f.; III 8,11; IV 3,6), zeigt das die außerhalb der Ethik liegende Semantik des ἅγιος (Asting, 275), das von der Zugehörigkeit zur Gemeinde über die Sünde hinaus zu verstehen ist. – Gebhardt-Harnack, LXXXI betonen, daß diese Kirche (noch) ohne bischöflich propagierte apostolische Tradition und antihäretisch geschliffene Glaubensregel ist. Von diesen Sicherungen läßt der PH, chronologisch begreiflich, tatsächlich noch nichts erkennen, obwohl die Häresie als Gefahr bekannt ist (van Eijk, 89f.): Sim VIII 6,5; IX 19,2 und (nicht ganz sicher) 22,1 (s. Kommentar). Es ist eine irreführende Vergröberung, wenn Jeffers die Gemeinde des PH als charismatische Gruppe der Gemeinde des *1 Klem* als einer Gruppe gegenüberstellt, die von der Legitimation aus Autorität, Hierarchie und Tradition lebt.

4. In ihrer „Misch-Natur“ von konkreter Gemeinde und transzendenter, himmlischer Figur[12] ist die Kirche ganz ausschlaggebend für das Heil der Menschen, und zwar zunächst dadurch, daß sie (in Gestalt der Frau) die Vermittlerin der heilsnotwendigen Offenbarung ist (Vis III; Sim IX 1,1); weiter durch die sündenvernichtende Taufe (die sogar für die vorchristliche Menschheit noch notwendig ist und durchgeführt wird [Sim IX 16,5–7]) und schließlich und hauptsächlich in Form der notwendigen Zugehörigkeit (K. Rahner, Schriften, 136f.; Folgado Flórez, Teoría teórico-descriptiva, 238–246; Vorgrimler, 35). Das Thema des Buches, die Buße, lebt von der alarmierenden Tatsache, daß nicht alle Getauften sündenfrei sind, die Kirche also einen „Misch“- oder Doppelcharakter hat.

Über die Grenzen der Kirche bzw. der Zugehörigkeit zu ihr besteht aber Ungewißheit (vgl. die Parabel von den im Winter nicht unterscheidbaren Bäumen Sim III 3; vgl. IV 1–4). Der Turm (die Kirche) von Vis III, in den nur geeignete Steine eingesetzt (2,5ff.), d.h. nur sündenfreie Christen zugelassen werden, entspricht dieser Parabel von den winterlichen Bäumen insofern nicht, als die getauften Sünder darin fehlen. Doch das sieht nur so aus. Deutlicher ist das beim Turm von Sim IX, in den zuerst alle möglichen Steine eingesetzt werden und später die schlechten sorgfältig wieder ausgesondert werden müssen (4,5–8; 6,3–5). Hier wird erst in einem zweiten Durchgang, nämlich bei der Ergänzung nach der Überprüfung und Aussonderung der unbrauchbaren Steine, so genau hingesehen und sortiert (6,7–9,6) wie in Vis III schon zu Beginn, ohne daß man eine Absicht erkennen könnte, die H mit dieser Variante verfolgen würde. Er ist in all diesen Dingen weder genau noch konsequent. Aber immerhin hat sich an dieser Inkongruenz zwischen den zwei Ausführungen ein und derselben Parabel die Debatte um einen eventuell doppelten Kirchenbegriff entzün-

[12] Gut beschrieben von Adnès, 320f. Die Kirche „eine geistige Wirklichkeit... und zugleich eine empirische Größe“ unter vielen zu nennen (Vorgrimler, 15) entspricht terminologisch nicht dem Wirklichkeitsbegriff des H. Die präexistente Kirche ist ihm so konkret, greifbar und „(visionär) empirisch“ wie die hiesige, historische Kirche.

det.[13] Nach Meinung vieler (markant z.B. Giet, Hermas, 108–121; Benz, 358; vgl. 591f.; auch Doskocil, 173.176) hat H in Vis III die ideale Kirche, in Sim IX die reale oder empirische zeichnen wollen. Seit Zahn, Der Hirt, 190f.209f.222f. und der Zustimmung von Gebhardt-Harnack, 29.31 wird dieses Bild fortgeschrieben (s. die Vorbemerkungen zu Sim IX). Es ist aber, wie sich zeigen läßt, kaum richtig (s. zu Sim IX 13,1).

Zunächst einmal ist für den Turm jeweils derselbe Grund gelegt, indem die biblisch-christlichen Ursprungsgrößen beidemal, gemäß der Vorliebe des H nach entsprechenden Kriterien ordentlich gruppiert (Vis III 5,1; Sim IX 15,4; 16,5; 25,2), den idealen, grundlegenden Bestandteil der Zugehörigen bilden. Das Leitmotiv der Besserung der sündigen Christen spielt in beiden Ausführungen der Allegorie dieselbe Rolle. Vgl. die sich verjüngende Alte (Vis III 10,9–13,4)[14], deren allegorische Metamorphosen den Bekehrungs- und Bußprozeß der Christen spiegeln, und den wachsenden Turm und seine Fertigstellung in beiden Versionen sowie den Optimismus[15], mit dem jeweils noch mit Bußbereitschaft bei den ohnehin relativ wenigen Versagern gerechnet wird (Vis III 5,5; 6,6f.; reduzierte Hoffnung in 7,6), und die Bilanzgeschichte mit vielen guten Ergebnissen (bei reduzierten Erwartungen) in Sim IX 7,1–9,4.[16] In diesen Tendenzen und Perspektiven sind sich beide Varianten der Turm-Allegorie einig.

Bei derart gewichtigen Parallelen zwischen den Parabeln von Vis III und Sim IX wird man verschiedene Kirchenbegriffe erst ansetzen, wenn sich das nicht vermeiden läßt. H gibt keinen Anlaß dazu durch offenkundig unterscheidende Vorstellung oder Tendenz, die er äußern würde. Es kann zwar nicht behauptet werden, H erzähle beidemal dasselbe auf dieselbe Art, was beim anzunehmenden zeitlichen Abstand zwischen Vis III und Sim IX (s. Einleitung § 4) auch nicht zu erwarten ist. Aber die Differenzen reichen nicht zu einem doppelten Kirchenbegriff. Es handelt sich auch in Vis III letztlich nämlich um die Kirche (auch) der Sünder (Quasten, 100 nimmt dies nicht einmal für Sim IX wahr und sieht hier wie dort die triumphierende Kirche beschrieben). Denn auch hier ist Bußpredigt *in* der Kirche nötig, d.h. Vorkommen von Sünde unter den Getauften, also *in* der Kirche vorausgesetzt. Die Altersbeschreibung der greisen (sich dann verjüngenden) Frau, die doch die Kirche ist (Vis III 11,2–4), meint ja nicht Heiden, sondern müde gewordene, träge, kraftlose Christen mit „gebrochenem Geist“, also

[13] Ein kritisches Referat der ekklesiologischen Deutungen des PH von Zahn bis Pernveden findet sich bei Frank, 133–148. M. Jacobs, Das Christentum in der antiken Welt, Göttingen 1987, 32 sieht die Differenz irrtümlich schon in Vis III gegeben, wo „in der Figur eines alten Weibes und dann einer jungen Frau... die bestehende und die eigentliche, künftige Kirche“ dargestellt sei.

[14] Siehe z.St.; zum jüdischen Hintergrund der Idee Pernveden, 17–37; Barnard, Studies, 162f.; Ford, 549–551 (traditionelle Sara-Motive).

[15] Über ihn auch P.V. Dias, HDG 3/3a, 1974, 119.

[16] Dasselbe Bild wie Vis III und Sim IX bietet diesbezüglich Sim VIII 1,16–18; 2,6–9; 5,1.6; 6,1–2.

die empirische Kirche in ihrem desolaten Zustand der Sünde in vielen Christen. Die Sünder gehören nach H auch hier zur Kirche, wenn sich das jetzt im Augenblick der Bußpredigt auch neu entscheidet. Was nun die Vis III erzählt, nämlich die Aufnahme nur der tadellosen bzw. nachgebesserten Steine in den Turm, ist die Metapher für die Erfolge, die Gottes Gebote und Buße schon haben. Ein Teil der Christen hat das Ziel schon erreicht (wie bei der Entlassung in den Turm Sim VIII), so daß sie aufgrund von Bewährung, Buße und integrem Leben von H als stabilisiert und endgültig zugehörig eingeschätzt werden. Von der vorher vorgenommenen Unterscheidung und Auslese unter den Christen wird man ja nicht sagen können, sie sei außerhalb oder draußen vor der Kirche geschehen. Die Sünder sind alle „Heilige", d.h. Getaufte, und entscheiden sich *innerhalb* der Kirche und während sie zur Kirche gehören für oder gegen die sofortige Buße. Für diesen Tatbestand hat H es allerdings versäumt, die Entsprechung in der Allegorie von Vis III zu schaffen. Nach der Allegorie ist die Kirche (der Turm) scheinbar nur von den Eliten und wahren Christen bevölkert. Und dadurch läßt die Parabel in ihrer Rede vom Turm die irdische, historische Dimension der Kirche, die auch in Vis III konstitutiv ist innerhalb der ganzen Abwicklung des Heils- und Bußvorgangs, tatsächlich fast vergessen. Der Turm (die Kirche) transzendiert hier den Augenblick in derselben Weise, wie er in Sim VIII als der Turm, in den die Vollkommenen jeweils entlassen werden, die ewige Bleibe im Heil und gar nicht mehr die Kirche bedeutet. Es handelt sich um Prolepse, um eschatologischen „Überschuß", für den H später (Sim IX 12,3–29,2) den Begriff vom Reich Gottes gebraucht (s.u.). Nimmt man den Ausgangspunkt des Dramas vom Turmbau hinzu, der ja bei der qualitativen Verschiedenheit der Steine liegt, d.h. hält man die Allegorie zusammen, dann zeigt sich das Bild, daß H einer realen Gemeinde die attraktivste Seite an der Kirche vor Augen hält, um sie zu motivieren, was darum notwendig ist, weil diese Kirche auch andere Seiten bzw. die besagte „Misch-Natur" hat, auch in Vis III.[17]

In Vis III geht es also darum, daß die Christen, die durch die Taufe schon in der Kirche sind, sich bei der letztmöglichen Gelegenheit (falls sie nicht schon Gerechte sind) endgültig für Buße und ein Leben nach den Geboten Gottes entscheiden. Das ist allerdings anders in der Variante von Sim IX. Dort werden, wie das verbreitet auch verstanden wird, Menschen aus den Völkern, also Heiden, aufrund von Glauben und Taufe in die Kirche aufgenommen. Das also heißt hier das Verbauen von Steinen im Turm. In

[17] Von Pernveden und dem Aufriß seiner Monographie zur Ekklesiologie des PH, in der er ebenfalls die verbreitete Bereitschaft ablehnt, einen geteilten Kirchenbegriff zu unterstellen, unterscheide ich mich darin, daß ich in beiden Fassungen der Turmbau-Allegorie die Kirche mit allen ihren Dimensionen gemeint sehe, während Pernveden die Einheit und Vollständigkeit der Kirche sukzessive in den Stadien Präexistenz, empirische Kirche und eschatologische Kirche realisiert sieht. L.W. Barnard, VigChr 23, 1969, 146 kritisierte daran zu Recht, daß H von Pernveden bezüglich der Präzision theologischer Begrifflichkeit und der systematischen Kraft überschätzt wird.

beiden Fällen ist die ideale Endgestalt der Kirche als Bauvollendung eine Sache der Zukunft, des Endes, und nicht schon der Gegenwart (vgl. Vis III 4,2 mit Sim IX 9,7). Auch in Vis III ist der Turm noch nicht fertig, die Kirche nicht vollendet und folglich nicht ideal. Sie reicht in den Bezirk von Sünde und Bußbereitschaft, nicht nur in den der Vollendung.[18] Und wie in Vis III schlechte Christen aussortiert werden mußten (Vis III 2,5–7,6), so müssen hier voreilig und halbherzig bekehrte und auf falschem Weg in den Turm gelangte Menschen wieder aus ihm entfernt bzw. vorher schon abgewiesen werden (Sim IX 1,4–10; 3,3–4,8; 5,2; 6,3–9,6; 13,3–14,2; 15,4–31,2). Die Identität der Gruppen hat sich verändert, aber nicht der Kirchenbegriff. Und zum Schluß kommt es in Sim IX doch auf demselben Weg zur reinen Kirche wie in Vis III, nämlich durch Aufnahme nur von Vollkommenen und Zuverlässigen, eben der weißen Steine (Sim IX 30,1–5; 31,1–2). Die Kirche ist in Vis III und Sim IX dieselbe defizitäre und zugleich ideale Ansammlung, auch wenn H das durch seine verwirrend variierenden Redensarten und durch die ständigen Modulationen seiner Pointen zu einem Thema streckenweise anders aussehen läßt (vgl. auch Sim IX 13,1). – Als Differenz zwischen Vis III und Sim IX ist allerdings auch zu notieren, daß im Kirchenbegriff der Vis III völlig die dezidiert christologische Fundierung fehlt, ohne die sich die Allegorie von Sim IX gar nicht nacherzählen läßt (Sim IX 5,2.6f.; 6,1–7,3; 12,1–4).

5. Es muß noch die These erwähnt werden, daß H die Kirche, insofern sie die präexistente Gestalt von Vis I und II ist, mit dem Sohn Gottes identifiziert hat (Weinel, HNTA, 298 zu Vis III 4,1; ders., NTApo 1904, 227; Lelong, LXXIX; Dibelius, 575; Frick, 31; vgl. Folgado Flórez, El binomio; Smith, 198). Schlüsseltext für diese These ist Sim IX 1,1, wo der „Heilige Geist", der nach diesem Text der Sohn Gottes ist (vgl. den Exkurs: Die Christologie), in Gestalt der Kirche aufgetreten und so mit dieser identisch zu sein scheint. Man verweist auf das seltsame Miteinander und Durcheinander der herausragenden Gestalten im PH (Sohn Gottes, herrlicher heiligster Engel, Michael, sechs herrliche Engel und schließlich Kirche), das scheinbar nur in Identitäten seine Auflösung erfahren kann. Aber es ist gerade der unkontrollierte Stil des H bei diesen Identifikationen, beim Rollenspiel und Rollentausch seiner prominenten Figuren, der den Interpreten hier zu großer Vorsicht und Zurückhaltung veranlassen muß (Bedenken diesbezüglich auch bei Lebreton, Trinité II, 662 und Pernveden, 104f.). Die Diktion von Sim IX 1,1 (s.z.St.) wiederholt sich nirgends, sondern ist so gelegentlich wie schwerverständlich. Umgekehrt enthält Sim IX in ihrer christologischen Fundierung der Ekklesiologie so durchgängig ein deutliches

[18] Lebreton, Trinité II, 661: „pour Hermas, l'Eglise préexistante ne se distingue pas aujourd'hui de l'Eglise historique." Poschmann, Paenitentia Secunda, 195: „Für Hermas ist die himmlische Kirche, wie sie in den Visionen erscheint, ... zugleich die empirische Kirche, ... entkräftet, ... verunreinigt durch die schlechten Christen, ... bleibt aber auch in dieser irdischen Zuständlichkeit doch die eine, ‚heilige' Kirche" (vgl. 197f.).

Gegenüber von Sohn Gottes (Christus) und Kirche, daß die Identifikation unvertretbar ist: Felsen (Tor) und Turm sind und bleiben bis zum Schluß zweierlei; das Lob auf die gelungene Arbeit, den herrlichen Monolith (9,7; 13,5), den ohne Fuge die Teile Felsen, Tor und Turm bilden, ist Metapher für die enge Einheit, nicht für Identität von Kirche und Sohn Gottes. Der Sohn Gottes ist nicht der Turm (die Kirche), sondern dessen „Herr" (5,7), und er spielt diese Rolle: Er hat den Turmbau veranlaßt, er leitet, inspiziert und kontrolliert ihn (s. Lebreton, Trinité II, 660f., der die Unhaltbarkeit der These auch mit dem richtigen Hinweis demonstriert, daß der Sohn Gottes nie wie die Alte [die Kirche] sagen könnte: „Der Turm bin ich.").

Statt mit der Logik der Allegorie kann man dasselbe mit einem Katalog soteriologischer Beziehungen zwischen dem Sohn Gottes und der Kirche zeigen, die sich im PH finden: Der Sohn Gottes kann nicht mit der Kirche identisch sein, wenn er (so eine Aufstellung von Pernveden, 72–111) das Volk Gottes bewacht[19], von Sünden reinigt, mit dem Gesetz beschenkt, wenn er es beruft, ihm die Wege des Lebens offenbart und selbst das Tor zur Kirche ist, das Fundament des Turmes = der Kirche und schließlich Herr und Richter der Kirche. – Dies gilt, auch wenn man sagen muß, daß der Sohn Gottes im PH nicht besondes gut in die Soteriologie und die ihr zugrundeliegende Ekklesiologie integriert ist, weil beide jüdisch sind im Grundriß, d.h. nach dem Bild vom Heil entworfen sind, das ausschließlich Gott (und nicht ein Mittler oder „Sohn") an seinem Volk wirkt (Smith, 152f.198.200).

6. Etwas rätselhaft ist es, daß H in der Passage Sim IX 12,3–29,2 und nur hier plötzlich (dreizehnmal) die Formel vom „Eingehen ins Reich Gottes" einsetzt, wo er sonst vom Einlaß in den Turm redet (s.z.St.). „Reich Gottes" ist aber trotzdem kein Wechselbegriff für „Kirche"[20], sondern scheint über die Kirche und kirchliche Zugehörigkeit hinaus auf das Endziel und eschatologische Heil der Christen bezogen werden zu müssen. H läßt, wie oben gesagt, ja auch sein klassisches Bild für die Kirche, die Parabel vom Turmbau, gelegentlich schon diesen eschatologischen „Überschuß" mitenthalten, wenn er in Sim VIII wiederholt von der jeweiligen Entlassung der Gruppen von bewährten Christen „in den Turm" redet, ohne einen Bezug zur Kirche herzustellen. Oder wenn er in Vis III die Kirche aus lauter sündenfreien Gliedern derart beschreibt, daß die Kirche in diesem ihrem vollkommenen Teil zur Kirche schlechthin zu werden scheint und also längst ans Eschaton rührt.

Der Kirchenbegriff des PH ist also einigermaßen facettenreich und bestätigt im Vergleich zur Ekklesiologie der übrigen christlichen Literatur der

---

19 Ein einziges Mal wird diese Idee auf die irdische Ebene der kirchlichen Tatsachen geholt und die Behütung des Gottesvolkes von H als Verantwortung der kirchlichen Amtsträger für die Kirche, im Bild: der Hirten (*pastores* L^1; ποιμένες Ant.) für die Herde (*pecora* L^1, ποίμνιον Ant.) des Herrn (δεσπότης Ant.), buchstabiert: Sim IX 31,5–6.

20 Frick, 32: „Bei Hermas rücken Reich Gottes und Kirche ... sehr nahe zusammen."

Zeit auch in diesem Punkt die Eigentümlichkeit des PH. Gemeinchristlich ist es freilich, daß der Kirchenbegriff für das Thema Rettung und Heil des Menschen als Befreiung von der Sünde instrumentalisiert wird. – Zur Organisationsform und Ämterfrage s. Exkurs: Die Kirchliche Verfassung; zum Kirchenverständnis Zahn, Der Hirt, 137–282; Young, 191–288; Daniélou, Théologie, 318–326; Schweizer, Gemeinde, 141–145; Pernveden, dem S. Schulz, Mitte, 457 A.537 (vgl. 363–367) vorwirft, daß er den PH durchweg paulinisch-reformatorisch statt frühkatholisch interpretiere; Surubaru (rumänisch); Folgado Flórez, El binomio, 657–670; ders. (systematisierend), Teoría teórico-descriptiva; ders., La Iglesia; Frank, 7–185; Smith, 106f.156–180.195f.

11. Die kirchliche Verfassung

H zeigt kein großes Interesse an dieser Thematik. Die beiläufigen Aussagen, die er dazu macht, erlauben folgende Bestandsaufnahme, aber nicht ein befriedigend klares und plausibles Gesamtbild. Die dürftige Statistik ist anschaulich: An Ämtern bzw. Amtsträgern erwähnt H explizit im ganzen Buch nur je dreimal Presbyter und Bischöfe, zweimal Diakone, außerdem wenige Male „Hirten", Lehrer und Propheten (s. u.).

1. Die *Presbyter* (πρεσβύτεροι: Vis II 4,2[1].3; III 1,8; vgl. Vis II 2,6; III 9,7; Sim IX 31,5f.). Ihre Aufgabe ist die Kirchenleitung (vgl. den Zusatz Vis II 4,3: οἱ προιστάμενοι τῆς ἐκκλησίας); speziellere Angaben zu ihrer Funktion finden sich nicht[2]; namentlich hätte man sie dort erwartet, wo H die Presbyter ebd. 4,2.3 in die Verbreitung der Bußoffenbarung einbezieht, während sie mit deren Empfang nichts zu tun hatten und auch die Vermittlung sonst immer eine Sache des H allein und sein Auftrag gerade auch an die Presbyter (Vis II 2,6) ist. Wenn H sich mit ihnen in Verbindung setzt, wird nicht klar, ob es sich um ein rangmäßig bedingtes „Muß" handelt (so offenbar Lietzmann, Verfassungsgeschichte, 172) oder um eine Mobilisierung aller Kräfte für die Propagierung der Buße. Wichtig ist die dritte und letzte Erwähnung der Presbyter unter diesem Namen in Vis III 1,8f., weil es hier ausdrücklich um Hierarchie und Rangfragen geht, was allerdings wieder unklar endet. Die Presbyter werden so unverhofft in die Szene einbezogen wie in Vis II 2,6; 4,2.3 (zur Unwahrscheinlichkeit der Situation in Vis

[1] Andresen, 52 redet von *zwölf* Presbytern in Vis II 4,2 „(Symbolzahl für die 12 Stämme der Diaspora?)"; er hat δέδωκα mit δώδεκα verwechselt.

[2] Harnack, Mission, 841 schlüsselt die Vorsteher-Funktion auf: Sorge für „Erbauung, Disziplin und Ordnung der Gemeinde" mit dem Recht auf Gehorsam seitens der Gemeinde; Mühlsteiger, 279f.: „Unterricht in der Lehre und allgemein seelsorgliche Führungsaufgaben... Durchführung der christlichen Gemeindedisziplin"; daß aber die Presbyter „indirekt als Leiter der Eucharistiefeier charakterisiert" seien, weil die umstrittenen ersten Sitze von Vis III 1,8; 9,7; Sim VIII 7,4 „wesentlich für die kultischen Funktionen da" seien (ebd.), ist eine riskante These.

III 1,8f. s.z.St.). H unterwirft sich offenbar den Presbytern, indem er ihnen den Vortritt läßt beim Platznehmen; die Alte läßt das nicht gelten, ihr Befehl (oder die Rolle des H?) wiegt mehr als der Vorrang der Presbyter. Was von beidem H als Autor nun gelten lassen will, bleibt unklar.[3]

Presbyter sind auch die „Vorsteher" oder „Führer" der Kirche (προηγούμενοι: Vis II 2,6; III 9,7f.). Sie werden im Zuge der allgemeinen, bedrohlich gehaltenen Bußpredigt unvermittelt als von der moralischen Verantwortung besonders Betroffene scharf angeredet und verwarnt. Wegen dieses kritischen Zusammenhangs wird der Begriff πρωτοκαθεδρίτης oft negativ als Beschreibung von Fehlverhalten der Vorsteher gedeutet.[4] Er kann aber durchaus auch als weitere Amtsbezeichnung gelesen werden (s. den Kommentar zu Vis III 9,7). Das Erstere ist nicht auszuschließen, zumal der Term πρωτοκαθεδρία (Mand XI 12) und der Rangstreit in Sim VIII 7,4 zeigen, daß das Interesse an vorderen Plätzen im römischen Klerus der Zeit beachtlich war; aber das zwingt nicht dazu, an dieser Stelle einen anderen Sinn als den üblichen im Wort zu sehen, wonach es den Inhaber eines Vorsitzes oder Vorranges bezeichnet. Die Presbyter haben im PH, wie gesagt, ihre eigene Würde.

Presbyter sind endlich auch die „Hirten", denen das „Wehe" von Sim IX 31,5–6 gilt, wenn sie die Herde vernachlässigen (ποιμένες Ant., *pastores* L[1]; ποίμνιον Ant., *pecora* L[1]). Dieser Begriff vom Hirten hat mit den anderen Versionen desselben Bildes im PH (s. Kraft, Clavis, 366) nichts zu tun, sondern in ihm ist „ein in der Tradition vorgegebener Sammelbegriff wieder aufgenommen, der die Fülle der Aufgaben und die Bedeutung der Stellung" des Gemeindeleiters metaphorisch zum Ausdruck bringt (Mühlsteiger, 280). Tatsächlich bleibt das eine Metapher im PH.

2. Die *Bischöfe* (ἐπίσκοποι: Vis III 5,1; Sim IX 27,2 [zweimal]). Sie werden in beiden Texten für ihre Bewährung gelobt.[5] Die Beschreibung ihres Tuns ist im ersten Fall (Vis III 5,1) recht nichtssagend, weil ihr gutes Leben lediglich durch die amtliche Funktion tautologisch illustriert wird, nämlich mit dem Verb ἐπισκοπεῖν (zu ἐπίσκοπος, wie auch διδάσκειν zu διδάσκαλος und διακονεῖν zu διάκονος, letzteres auch Sim IX 26,2). Im zweiten Fall (Sim IX 27,2) ist es zuerst (27,2a) die Gastfreundschaft, die die Bischöfe auszeichnet (vgl. auch Mühlsteiger, 280); aber diese Tugend oder Aufgabe ist nicht exklusiv die der Bischöfe, wie die Zusammenfassung der Bischöfe mit „gastfreundlichen Menschen" zeigt. Sodann wird (27,2b) für die Bischö-

[3] Die Annahme, daß H in Vis III 1,8f. die Hierarchie Märtyrer, Propheten, Presbyter etabliert (Goguel, L'Eglise, 153f.), ist schon dadurch falsch, daß H kein Prophet war (s. Einleitung § 2).

[4] Zahn, Der Hirt, 98: „ohne Zweifel scharfer Tadel eines… Strebens nach vorwiegendem Einfluß"; anders und sehr behutsam Harnack, Entstehung, 56; von Campenhausen, Amt, 91f.: „Inhaber des ersten Platzes", „vielleicht mit einem tadelnden Nebenton"; Mühlsteiger, 279 rein deskriptiv: die Presbyter „nehmen die ersten Plätze ein"; Lampe, 336.

[5] Die Bischöfe auf Vis III 5,1 hin die „apostolischen Nachfolger" zu nennen (S. Schulz, Mitte, 365) ist Willkür.

fe allein ihre überzeugende soziale Sorge herausgestellt. Gelegentlich wird auf liturgische Aufgaben des Bischofs und Diakons geschlossen (Dibelius, 634f. unter Bezugnahme auf *1 Klem* 44,4.5 und Justin, *Apol.* 1,67,6; S. Schulz, Mitte, 365: „die eigentlichen Kultusbeamten“; dto. Hübner, 74 mit A.100), aber der sonstige Gebrauch von λειτουργέω im PH (Mand V 1,2.3; Sim VII 6) legt das gar nicht nahe, und in der Bezugsstelle Sim IX 27,3 hat das Verb den Sinn privatistischer Frömmigkeit. Aus der Zusammenstellung der Bischöfe mit den „gastfreundlichen Menschen“ mag auf noch lockere Abgrenzung des Amts gegenüber den vielfältigen Funktionen in der Gemeinde zu schließen sein. Das Stichwort διακονία (27,2) dürfte aber doch auf Zuständigkeit des kirchlichen Amtes zu deuten sein und ist freilich ein Teil des „lauteren Lebens“ der Bischöfe.[6] Gastfreundschaft und Armenfürsorge waren natürlich gemeinchristliche Pflichten bzw. Vorzüge. Hier wird mit ihnen der gute Bischof gezeichnet. Wenn Diakone und Bischöfe von H gerade auf ihre Bewährung im sozialen Dienst hin bewertet werden, sollte man das nicht, wie es geradezu üblich ist, als amtsspezifisches Kriterium verstehen, sondern beachten, wie zentral für den PH innerhalb der Paränese generell die Sozialethik steht (s. Exkurs: Die Ethik), so daß er mit derartigen Kritiken[7] nicht das ganze oder spezifische Tätigkeits-Spektrum der Amtsträger umreißt, sondern einen Schwerpunkt aller christlichen Anforderungen ihnen gegenüber geltend macht (zur wahrscheinlichen Vielfalt der Ressorts der Amtsträger s. von Campenhausen, Amt, 92 A.6).

Es gibt die Bischöfe im PH nur im Plural[8] wie auch die Presbyter. Die römische Kirche war kollegial geleitet.[9] Der Monepiskopat ist zur Zeit des H in Rom noch keine Realität und keine Prätention.[10] Es ist eine beden-

---

6 Harnack, Mission, 841f., der die karitative Gemeindefürsorge als eine Organisation (aus Episkopen und Diakonen) für sich sieht, beschreibt für die Bischöfe und Diakone im Gegensatz zu den Presbytern als Aufgaben die Beteiligung „beim Kultus“, vor allem aber die Verwaltung der gesamten ökonomischen Gemeindefürsorge, also auch die Verfügung über die notwendigen Gelder. So weit gehen die zufälligen Daten des PH, die nicht als erschöpfend gelten können, nicht. Zudem kommt man aus anderen Gründen nicht ohne die Identität der Episkopen mit den Presbytern aus.

7 Kritik an den Amtsträgern (Presbyter, Bischof, Diakon, Lektor) im apokalyptischen Rahmen auch *ApkPl* 34–36 (ed. H. Duensing – A. de Santos Otero, NTApo 2^5, 1989, 662f.).

8 Diesen Plural daraus zu erklären, daß H an die Kirche als wesentlich himmlisches Wesen denke (s. Exkurs: Die Kirche), das weltweit präsent und als viele Ortskirchen konkret ist, so daß hinter dem Plural möglicherwiese viele Monepiskopen stehen (Pernveden, 144f.), ist eine Verlegenheitslösung.

9 Simonetti, Roma, 118f. vermutet, daß in der Kirche zu Rom das Presbyter-Kollegium in etwa die Pluralität ethnischer Gruppen repräsentierte, von der gekennzeichnet man sich diese Kirche vorstellen muß.

10 Darüber besteht ein fast lückenloser Konsens: Gebhardt-Harnack, LXXXI; Hilgenfeld, Die apostol. Väter, 161; Harnack, Entstehung, 57; ders., Geschichte II/1, 175; Dibelius, 421f.; Wohlenberg, 962; Lietzmann, PRE 8, 1912, 725; Réville, La valeur, 28f.; Joly, La doctrine pénitentielle, 32f.; de Savignac, 162; Lawson, 224f.; von Campenhausen, Amt, 181 A.5; J. Martin, Genese, 78f.; S. Schulz, Mitte, 367; Lampe, 334; Altaner-Stuiber, 55; Osiek, Rich, 11f.; Staats, Hermas, 104; Hübner, 74; Simonetti, Roma, 118f.; G. Ruiz, Evolution de l'organi-

kenswerte These, daß die „Fraktionierung" der stadtrömischen Kirche in Hausgemeinden die kollegiale Presbyterialverfassung begünstigte und in Rom länger als anderswo, nämlich bis zur zweiten Hälfte des 2. Jh.s, „die Ausbildung des Monepiskopates" verhinderte (Lampe, 334.336). Die Ignatiusbriefe sind wegen der Unsicherheit ihrer geläufigen Frühdatierung kein geeignetes Vergleichsstück für die Chronologie des Monepiskopats anderswo.

Ein sehr deutliches Profil des Bischofsamtes ist aus den wenigen Andeutungen des PH nicht zu gewinnen, und das Verhältnis zwischen Bischöfen und Presbytern ist nirgends besprochen. Weil es aber nicht gut denkbar ist, daß die Presbyter in der Aufzählung der (frühen) Autoritäten von Vis III 5,1 nicht dabei und nicht mitgemeint sind, müssen sie dort unter dem Namen der Bischöfe laufen, mit diesen also identisch sein, zumal beide Titel ausschließlich alternativ und nie nebeneinander stehen (s. z. St.).[11] Daß Presbyter der „inhaltlich weitere Begriff" sei „ebenso wie in 1 Clem" (Mühlsteiger, 279; ganz ähnlich Pernveden, 154f.; Goguel, L'Eglise, 155; S. Schulz, Mitte, 366; Lampe, 337), ist am Text nicht nachweislich, aber denkbar (nicht alle Presbyter sind Episkopen, die Episkopen vielleicht Presbyter mit speziellen Zuständigkeiten). Der PH stellt „Bischöfe und Diakone" nahe zueinander, was alter Tradition entspricht (Phil 1,1). Die Überschneidung und partielle Identität des Bischofsamtes mit dem Presbyteramt ist ebenfalls wahrscheinlich älter als der PH, nämlich in den neutestamentlichen Pastoralbriefen[12] gegeben, ebenso Apg 20,28; *1 Klem* 42,4.5; 44,1 („Episkopen" als Ausnahmen vom Presbytertitel *1 Klem* 1,3; 3,3; 21,6).[13]

sation ministérielle dans les écrits des Pères Apostoliques, Connaissance des Pères de l'Eglise 38, 1990, (4–10) 8f. Pernveden, 144f. hält die Existenz des Monepiskopats so früh schon für nicht ausgeschlossen. Coleborne, Approach (1965), 616f. will ihn bereits ins 1. Jh. datieren, und zwar allen Ernstes mit dem kuriosen Argument, daß sonst Ignatius v. A., der illustre Vertreter dieses Amts, bei seiner Ankunft in Rom sich sehr hätte verwundern müssen über die dortigen Zustände (ohne monarchische Leitungsspitze) und einen beträchtlichen Schock erlebt hätte.

[11] So auch Baumgärtner, 59–61 ausführlich. Nach J. Roloff, Der erste Brief an Timotheus, Zürich-Neukirchen-Vluyn 1988, 182 scheint H sogar beide, die Bischöfe und die Diakone, zum Kreis der Presbyter zu zählen. J. Martin, Genese, 78: „Alle drei Gruppen können, wie im Klemensbrief, das gleiche Amt meinen" (dto. Leutzsch, 68), jedoch setzt er fort: „es ist aber nicht auszuschließen, daß die Episkopen des Hermas schon monarchische Bischöfe sind." Völlig undifferenziert und oberflächlich J. Rohde, Urchristliche und frühkatholische Ämter, Berlin 1976, 148. Lawson, 224 spricht von Presbyter-Episkopen. Die Identität beider auch bei Hilgenfeld, Die apostol. Väter, 161f.; Zahn, Der Hirt, 101; Wohlenberg, 962; Schweizer, Gemeinde, 144; von Campenhausen, Amt, 91f.; Mühlsteiger, 280; Pernveden, 154 A.2; Lampe, 337; Harnack, Entstehung, 57 dagegen: „Das Verhältnis beider Gruppen bleibt dunkel."

[12] N. Brox, Die Pastoralbriefe, Regensburg 1989^5, 147–152; ders., Historische und theologische Probleme der Pastoralbriefe des Neuen Testaments, Kairos NF 11, 1969, 81–94; J. Roloff, Der erste Brief an Timotheus, Zürich-Neukirchen-Vluyn 1988, 170–176.

[13] Mit diesem Vergleich soll nicht der obsolet gewordene Weg beschritten werden, *1 Klem* und PH als zwei römische Dokumente aus nahezu derselben Zeit sich gegenseitig interpretieren und korrigieren zu lassen. Angesichts seiner Eigenwilligkeit und Fremdbeeinflussung durch viele unbekannte Traditionen ist der PH in historischen Angaben zu schwer kontrollierbar; ähnlich J. Martin, Genese, 78.

3. Die *Diakone* (διάκονοι: Vis III 5,1; Sim IX 26,2).[14] Sie sind Vis III 5,1 zusammen mit den Aposteln (s.u.), Bischöfen (s.o.) und Lehrern (s.u.) als solche genannt, die ihre Aufgabe vorbildlich erfüllt haben, in Sim IX 26,2 dagegen als solche, die schlechte Diakone waren und versagt haben. Im ersten Text ist durch den Hinweis auf die Erwählten Gottes gezeigt, daß Arbeit und Dienst an der Gemeinde gemeint war; und im zweiten sind die Zuständigkeiten um eine Nuance konkreter, nämlich als Dienst an Witwen und Waisen umschrieben, was natürlich so wenig wie bei den Bischöfen (s.o.) exklusiv zu verstehen ist. Was die Diakone tun, tun sie wahrscheinlich als Helfer der Bischöfe. Zur traditionellen Zusammengehörigkeit der „Bischöfe und Diakone" siehe im vorigen Punkt.

4. Die *Lehrer* (διδάσκαλοι). Es gibt in der Kirche des H Lehrer (Mand IV 3,1) und Falschlehrer (Sim IX 19,2; vgl. das zugehörige διδάσκειν in Sim IX 19,3 und διδαχή wie Mand VI 2,7; Sim VIII 6,5) bzw. selbsternannte Lehrer (ἐθελοδιδάσκαλοι: Sim IX 22,2). Die ersteren vertreten in der Gemeinde dezidierte Lehrmeinungen auch in Sachen Moral und Disziplin, an die sich ein schlichter Christ, dessen Rolle H hier übernimmt, gebunden fühlt. In Mand IV 3,1 vertreten sie z.B. die rigorose Position der Verweigerung jeder postbaptismalen Buße, der H sich anschließt, obwohl er sie entscheidend modifiziert (s. Kommentar z.St. und Exkurs: Die Buße).[15] Angesichts des Wortwechsels von Mand IV 3,1 läßt sich kaum die These vertreten, daß „die Bedeutung der Lehrer... bei Hermas... in den Hintergrund getreten zu sein" scheine (Mühlsteiger, 279). Die „Lehrer der Schlechtigkeit" werden für H Häretiker gewesen sein, die sich aber nicht identifizieren lassen (zur Häresie im PH s. Sim VIII 6,5; IX 19,2; 22,1 und den Kommentar z.St.).

Die „Lehrer" in der Kirche des H sind außerdem die Gruppe, die er neben den Aposteln, Bischöfen und Diakonen, und zwar zwischen den beiden letzteren Gruppen so nennt (zur Begründung dieser Reihenfolge s. zu Vis III 5,1; vgl. διδάσκειν hier und Sim IX 25,2; recht umständlich ist die Beschreibung der Lehrer bei Pernveden, 147–149); sie gehören zum Ensemble der Erstverkündiger des Christentums, der zuverlässigen, vollkommenen Größen der Vergangenheit, auf die er die Kirche gebaut sieht. Von ihnen allen gilt mit Ausnahme der (längst toten) Apostel, daß ein Teil inzwischen verstorben ist und andere noch leben. Zur Bedeutung dieses Rekurses auf die Ursprungszeit und der Idealisierung ihrer Vertreter s. den Kommentar zu Vis III 5,1.

---

[14] Lietzmann, Verfassungsgeschichte, 173 ist sicher, daß auch der in Vis II 4,3 „als Gemeindesekretär bezeichnete" Klemens „entweder Episkopos oder... wahrscheinlicher... Diakonos gewesen" ist; von Campenhausen, Amt, 103 hält die Grapte dieses Textes ebenfalls für „wahrscheinlich eine angesehene römische Diakonisse"; dto. Hübner, 74 u.a. (s.z.St.).

[15] Das Verhältnis des H zu den Lehrern ist völlig mißverstanden von Goguel, L'Eglise, 155 in der Bemerkung, H halte seine Offenbarung für autoritativer als die offizielle Kirchenlehre (vgl. Exkurs: Die Buße).

Vom bisher besprochenen Lehrerbegriff muß man einen anderen, engeren unterscheiden. Er entstand dadurch, daß H (Sim IX 15,4; 16,5; 25,2) eine Gruppe von Lehrern mit den Aposteln auf eine originelle, besonders dichte Art zusammengestellt hat. „Apostel und Lehrer" sind dabei ein festes Wortpaar, abgesetzt von den anderen Gruppen. Beachtet man den Kontext, sieht man keinen Sinn darin, einen Unterschied zwischen beiden (sc. Aposteln und Lehrern) zu suchen, und keine Möglichkeit, einen solchen anzugeben. Trotz der jeweils identischen Idee (Rekurs auf den Ursprung der Kirche) sind das andere Lehrer als in Vis III 5,1; Mand IV 3,1. Ihr Zusammenschluß mit den Aposteln ist so akzentuiert, daß nicht der gegenwärtige kirchliche Lehrer gemeint sein kann, sondern „Lehrer" hier eine Art Apposition zu „Apostel" geworden ist und nicht mehr eine zweite Personengruppe neben den Aposteln darstellt, – eine der stilistischen und gedanklichen Eigentümlichkeiten des H. Vielleicht leitet sie sich von einer Sprachregelung her wie 2 Tim 1,11 (ἐτέθην ἐγὼ κῆρυξ καὶ ἀπόστολος καὶ διδάσκαλος; vgl. 1 Tim 2,7). Ein Vergleich von Sim IX 17,1 mit 25,2 zeigt, wie „Lehrer" als Attribut zu „Apostel" bei gleichbleibender Aussage eingesetzt, aber auch ausgelassen werden kann: Dieselbe Predigt auf „der ganzen Welt – (εἰς) ὅλον τὸν κόσμον" wurde einmal (17,1) „durch die Apostel", das andere Mal durch „die Apostel und Lehrer" verbreitet. Insofern die Apostel die ganze Welt belehrt haben, sind sie „Apostel und Lehrer". Der Doppeltitel meint die gleichen Männer. Diese Art Lehrer gehört dann natürlich wie die Apostel zu den Toten von Vis III 5,1.

5. Die *Apostel* (ἀπόστολοι) sind von H mit der Ausnahme Sim IX 17,1 (wo aber mit Sim IX 25,2 die Lehrer einbegriffen zu denken sind; s.o.) immer mit anderen Gruppen zusammengestellt, entweder nämlich mit den Bischöfen, Lehrern und Diakonen in dieser Reihenfolge (Vis III 5,1) oder in der eben beschriebenen eigentümlichen Verbindung mit den Lehrern, die sie demnach selbst sind (Sim IX 15,4; 16,5; 25,2). Diese Zusammenstellungen und Kontexte lassen erkennen, daß die Apostel die Urapostel der ersten Stunde und Generation sind (s. Dorsch, 254–272; Dibelius, 466; Mühlsteiger, 279), die nicht mehr leben. Sie können natürlich nicht den kirchlichen Funktions- oder Amtsträgern beigeordnet werden, denn sie haben überbietende Qualität gerade in der Kombination „Apostel und Lehrer", die in den nachgewiesenen Stellen der „ganzen Welt" erstmals den Sohn Gottes bzw. das Wort des Herrn (= Gottes) gepredigt, ihr also das Christentum gebracht haben. H rückt die Apostel seinerseits von den übrigen Gruppen ab. In Vis III 5,1 behandelt er sie in der Anerkennung ihres Werkes anders als Bischöfe, Lehrer und Diakone (s.z.St.). Wo er den Doppel-Titel „Apostel und Lehrer" gebraucht, setzt er sie von den anderen Gruppen vorteilhaft ab wie in Sim IX 16,5 (s.z.St.).

6. Die *Propheten* (προφῆται). H nennt in seiner Aufzählung der Ursprungszeugen des Glaubens hinter den ersten Generationen von alttesta-

mentarischen Frommen die Propheten der Bibel[16] (die mitgenannten „Diener [διάκονοι]" Gottes werden nicht identifiziert und sind folglich nur vermutungsweise zu deuten [Patriarchen?] [Sim IX 15,4]). Abgesehen von dieser vereinzelten Erwähnung der alten Propheten beschränkt sich alle Rede des PH von Propheten, Prophetie und Prophetismus auf Mand XI, wo es auf die Unterscheidung von Propheten und Pseudopropheten und auf die Darstellung wahrhafter Prophetie in der kirchlichen Gemeinde ankommt (Mand XI 7.12.15.16). – Für die Aktualität und die offenbar beträchtliche kirchliche Rolle der Prophetie in Rom wird auf den Kommentarteil zu Mand XI verwiesen. Die Propheten sind dort offensichtlich eine Sondergruppe, denn H bezieht sie da, wo er die Ämter oder Funktionen in der Kirche zusammenzählt, nie mit ein (s.o.). Sie gehören offenbar im Unterschied zu den Aposteln, Lehrern, Bischöfen und Diakonen nicht zur „Hierarchie" der kirchengründenden und „kirchenamtlichen" Gruppen, wiewohl von einer Konkurrenz oder Polemik (des Amts gegen das Charisma) im PH nicht die Rede sein kann (so auch S. Schulz, Mitte, 366). Eine befriedigende Erklärung dafür kann m.E. nur in ihrem dauer-charismatischen Charakter gesucht werden.[17] Vielleicht darf man die Märtyrer (s.u.) zum Vergleich heranziehen. Beide, Märtyrer und Propheten, überbieten die kirchlichen Ämter, indem sie in der Außerordentlichkeit ihrer Rolle „jenseits" der Ämterordnung und rangmäßig über ihr stehen.[18] Ihre Position ist unmittelbar von Gott anerkannt bzw. gegeben (Vis III 1,9; Mand XI 5.8–10.21). Eine plausible Erklärung für den Verzicht auf die Propheten in der Bestandsaufnahme der Ämter angesichts ihrer Wichtigkeit und Kostbarkeit für die Kirche (H widmet ihnen das ganze Mand XI) ist es also, sie in ihrer Besonderheit zwar der Kirche, aber nicht der Hierarchie zuzuzählen.[19]

---

[16] Von Schweizer, Gemeinde, 144 A.575 auf die christlichen Propheten mißverstanden.

[17] Ganz unbefriedigend ist die Erklärung von Harnack, Mission, 352: „Hermas überging die Propheten, weil er sich selbst zu ihnen rechnete." Abgesehen davon, daß diese letzte Angabe zum Selbstverständnis des H falsch ist (s. Einleitung § 2), ergibt sie als Begründung auch keinen Sinn für die Auslassung der Propheten in der „Hierarchie".

[18] Auch Bardy, La vie, 50 spricht von der Überlegenheit der Propheten über die etablierte Hierarchie und Schweizer, Gemeinde, 143 von einer gewissen „Konkurrenz zwischen Märtyrern und Geistbegabten einerseits, Amtsträgern andererseits", wobei „beide Gruppen... zusammen in der Gemeinde" stehen. Jedenfalls zählen die Propheten nicht zu den Führungsämtern (Davison).

[19] Weil Harnack, Mission, 351–353 glaubt, daß H die Propheten nur aus Bescheidenheit unerwähnt ließ, wo er die Ämter seiner Kirchenverfassung aufzählt, sieht er sich berechtigt, überall da, wo H „Apostel" und „Lehrer" nennt, „,Propheten' zu supplieren und so indirekt auch von Hermas die Trias ,Apostel, Propheten, Lehrer' bezeugen zu lassen" (Mission, 352). Diese „enthusiastische" Trias ist nämlich die Lieblingsidee Harnack's in seiner Vorstellung von der frühkirchlichen Verfassung mit einem dreiteiligen Dienst oder Amt (für den PH wieder unterstellt von G. Klein, Die zwölf Apostel, Ursprung und Gehalt einer Idee, Göttingen 1961, 99; Mühlsteiger, 278f.). Ausführliche Kritik kam von Dorsch, 254–293, der energisch und polemisch, mit manchen Richtigstellungen, aber auch Fehlgriffen, gegen Harnack die Apostel und Propheten von der Hierarchie ausschließt, was jedenfalls zutreffend ist. Vgl. auch H. Greeven, ZNW 44, 1952–1953, 3–15; von Campenhausen, Amt, 65–67; Reiling, 7f.

Darin den „Kampf zwischen Prophet und Amt schon im vollen Gange" und den „Kampf zwischen Märtyrerkirche und Amtskirche" auch schon angekündigt zu sehen (Staats, Hermas, 104) ist für den PH zu dramatisch gedacht. Unter vielen anderen banalen Sünden registriert er Ehrgeiz, Rivalität und Machtgelüste im Klerus, weiter wahrscheinlich nichts.

7. Verschiedene „*Stände*": *Witwen* (χῆραι), *Waisen* (ὀρφανοί) und *Märtyrer* (παθόντες). Diese drei Gruppen spielen keine amtliche und doch eine faktische Rolle in der römischen Kirche des H. „Witwen und Waisen" (Sim IX 27,2 ohne die Waisen) sind die ständigen Adressaten der sozialen Versorgung durch die Kirche (Mand VIII 10; Sim I 8; V 3,7; IX 26,2) und in der frühen Zeit dazu als feste Gruppe oder „Stand" mit Ansehen (Sim I 8), Zulassungsvoraussetzungen und bestimmten Auflagen etabliert (s. 1 Tim 5,3–16). Das wird für die römische Kirche zur Zeit des H gegolten haben, ohne daß die kirchliche Liebestätigkeit als soziale Praxis auf Witwen und Waisen eingegrenzt gewesen wäre (s. Mand VIII 10; Sim V 3,7; IX 27,2). – Auch die Märtyrer (s. Exkurs: Bedrängnis – Verfolgung – Martyrium) sind eine eigene Gruppierung mit ehrwürdigem Nimbus (Sim VIII 3,6; 28,1–4) und großem, aber nicht uneinholbarem Vorsprung gegenüber den anderen Christen, die es ihnen gleich tun und damit in denselben Rang rücken können (Vis III 1,9; 2,1; 5,2; Sim VIII 3,6.7; 10,4; IX 28,2–6).[20] Zwar leben die Märtyrer nicht mehr („gelitten haben" heißt im PH den Märtyrertod gestorben sein), sind aber Teil der Kirche, wie ihre Einordnung in die Skala der verschiedenen Christengruppen zeigt, und zwar stehen sie an erster Stelle (Vis III 1,9), um die es erheblichen Streit in der Kirche gab (s. Weinel, NTApo 1924^2, 330).[21]

Alle Daten zur Kirchenverfassung, die H mitteilt, lassen deutlich sein einseitiges Interesse an Mahnung, Warnung, Bedrohung und Kritik, Bewährung und Versagen auch in der Rede von Amt und Amtsträgern erkennen (besonders Vis II 2,6; III 5,1; 9,7–10; Sim VIII 7,4; IX 26,2; 27,2; 31,5–6). Daher rührt die „Unvollständigkeit" seiner Angaben. Ein Vergleich mit beispielsweise der *Didache* zeigt die Andersartigkeit der Perspektive. In der *Didache* ist von den „Ämtern" oder Funktionsträgern um der kirchlichen Ordnung willen die Rede, bei H aber der moralischen Integrität aller, auch der „vorstehenden" Christen wegen.

Im urchristlichen Vergleich zeigt der PH – wie zu erwarten – Abweichungen und Übereinstimmungen mit den Gemeindeverhältnissen anderswo. Er

---

[20] Diese Tatsache kann allerdings nicht die Ansicht von Stahl, 226–234 begründen, daß die Märtyrer nicht als solche über allen anderen stehen, sondern insofern ihnen das Leiden Mittel zur Reinheit geworden ist.

[21] Die ältere (protestantische) Forschung (z.B. Hilgenfeld, Die apostol. Väter, 163; Wohlenberg, 963; Baumgärtner, 62f. mit und über Ritschl, Behm und Heyne; Weinel, NTApo 1904, 222; Deemter, 50f.; vgl. Mühlsteiger, 281) sah auf Vis II 4,3 hin und vor allem im Streit um den Vorrang wie Mand XI 12; Sim VIII 7,4 (ζῆλος περὶ πρωτείων) Vorzeichen für den Primat des bald durchgesetzten Monepiskopen in Rom und einen Anhalt für dessen Datierung. Das wird nicht mehr vertreten, schon Dibelius, 635 lehnte es ab.

kennt nur lokale, seßhafte Amtsträger, keine Wanderprediger wie die *Didache* (gegen Daniélou, Théologie, 407). Als Apostel kennt H mit der frühchristlichen Literatur nur die urchristlich-biblischen[22], während der Titel in der *Didache*[23] (ein singuläres Phänomen in der Frühzeit) für zeitgenössische Wanderprediger gebraucht wird (*Did* 11,3.4.6). Solche sind auch die Propheten der *Didache* (*Did* 10,7; 11,3.7–11; 13,1.3.4.6; 15,1.2), zusammen mit den Aposteln genannt und ähnlich wie sie behandelt (11,3.4–6.9; 13,1f.). Die Merkmalbeschreibung für die Propheten der *Didache* fällt in größerem Umfang mit dem Propheten-Kapitel Mand XI des PH zusammen. Presbyter nennt die *Didache* dagegen nicht. Den Lehrern in der *Didache* (13,2; 15,1) entsprechen die von Vis III 5,1 und Mand IV 3,1; den eigenwilligen Begriff von Lehrern in dem Doppeltitel „Apostel und Lehrer" kennt freilich nur H (s.o.). H stellt den Lehrer nicht so nahe zum Propheten wie *Did* 13,1f.; 15,1. Daß der „Dienst von Propheten und Lehrern" auch von „Bischöfen und Diakonen" (nur *Did* 15,1) geleistet werden kann, die einen also von den anderen abgelöst werden können oder sollen (*Did* 15,1), ist im PH nicht denkbar, weil das Ämter-Profil (besonders Prophet und Lehrer) anders aussieht. In *Did* 15,1 spiegelt sich ein Schritt in Richtung größerer Kompetenz für „Bischöfe und Diakone", die man im PH nicht beobachten kann. Der PH spricht völlig unverbunden von Presbytern einerseits, Bischöfen und Diakonen andererseits; d.h. er läßt nichts von Bemühung um Ausgleich oder Angleichung zwischen den zwei Terminologien und den zwei Ämter-Spektren von Presbyterverfassung auf der einen, Episkopen- und Diakonen-Verfassung auf der anderen Seite erkennen. H selbst interessiert sich für derartige Fragen wohl wenig, bezeugt aber wie der *1 Klem* die zweifache Terminologie in Rom, die längst in gegenseitiger Verträglichkeit gebraucht wird.

12. Die Pneumatologie

Von den Engeln (s. Exkurs: Die Engel) unterscheidet H bis auf einzelne Überschneidungen (s.u.) die „Geister" (πνεύματα; das Adjektiv πνευματικός fehlt). Sie verdanken ihre Existenz seiner dramaturgischen Lust an Personifizierungen: Gut und Böse, Tugenden und Laster, Talente und Versagen, moralische Kräfte und Schwächen der Menschen erleben im PH ihren Auftritt als Allegorien. Verschiedenerlei Geister strukturieren das Weltbild des H nach einem dualistischen Ordnungs-Konzept.

[22] Harnack, Mission, 339 legt Wert darauf, daß H einen weiteren Kreis von Aposteln (d.h. nicht nur die Zwölf) im Auge hatte, ohne zu sagen, ob er damit eine größere Zahl von Aposteln der ersten Generation meint oder die Erweiterung des Apostelbegriffs auf in der Gegenwart lebende Prediger und Missionare abhebt, wie die *Didache* sie kennt; dies letztere scheint der Fall zu sein, weil er anschließt: „Ebenso hat die Didache ausschließlich einen weiteren Kreis von Aposteln im Sinn." Für den PH ist das allerdings ein Irrtum.

[23] Zur kirchlichen Ordnung und Verfassung der *Didache* zuletzt Wengst, 36–43; Niederwimmer, passim.

Eine wichtige Unterscheidung ist im Kommentar zu Sim V 6,7 und im Exkurs über die Christologie geklärt.[1] Die christologischen Geistaussagen Sim V 5,2; 6,5–7,1 a; IX 1,1 sind von den übrigen Texten, die vom Geist (von Geistern) in *allen* Christen sprechen, abzusetzen. Der „Heilige Geist" dieser Texte ist auf jeden Fall als eine Art Person verstanden, und er spielt im Zusammenhang der Christologie (Inkarnation) eine große Rolle für H, während „Geist, Geister" im übrigen Gebrauch für „Kraft, Begabung" und auch für moralische Qualitäten steht. Der „heilige Geist" ist „der Geist des Guten... stammt von Gott, wird den Menschen geschenkt und ist in jeder Tugend, die gleichsam eine Erscheinungsform" des heiligen Geistes ist und selbst ein „Geist" genannt werden kann (Asting, 279). Die Rede des H ist in diesem Punkt teils zwar recht verwirrend, weil er, wie in der Christologie (Sim V 6,5), so auch bei den Christen vom Einwohnen des Geistes im „Leib (σάρξ)" spricht (Mand III 1; X 2,6) und Christologie und Anthropologie unter dem Leitmotiv der Bewährung stark parallelisiert (Sim V 2–7; IX 13,3). Dieselbe Diktion, die – offenbar mangels markanterer Kategorien im begrifflichen und bildlichen Repertoire des H – in der Christologie das „Wesen" des Sohnes Gottes beschreiben muß, steht im übrigen für die „alltägliche" gnadenhafte Ausstattung des Christen mit der Kraft zum heilsrelevanten Tun. H variiert sprachlich und macht erkennbar, daß er Geist als Kraft versteht: Mand XI 2 und 5 spricht er jeweils statt von Geist von der „Kraft göttlichen Geistes", die der Christ in sich hat (vgl. Vis III 8,6f.). Der „prophetische Geist" in Mand XI 9 ist die Kraft und Begabung zur Prophetie. „Kraft" und „Kräfte" setzt H auch Sim IX 13,2 als Äquivalente für Geist ein. Und wenn der Geist „das anvertraute Gut" ist (Mand III 2: παρακαταθήκη; vgl. die Parabel vom Walker und ihre Deutung Sim IX 32,2–5), zeigt das in die gleiche Richtung; H personifiziert mit dem Begriff Geist jeweils Kraft und Gnade des Christseins. – Daß dieser sehr häufig verwendete Geistbegriff nicht mit dem christologischen zusammenfällt, wird auch daran evident, daß er im Plural stehen kann (Sim VIII 6,3; IX 13,2.5.7; 17,4; Mand XI 15), wo es sich eben um viele Christen oder um die Vielfalt dieser Kraft in diversen Tugenden[2] handelt, wie umgekehrt die bösen Geister dort im Plural stehen, wo viele Laster etc. den einen Menschen bedrohen (Mand V 2,5). – In diesem Exkurs ist darum nur vom nichtchristologischen Pneuma die Rede.

[1] Diese Unterscheidung setzt auch Benoît, 127 voraus. Sie wird dagegen dezidiert nicht vorgenommen z.B. von Ribagnac, 25–33; Swete, 27; Adam, 36–49; Henne, La véritable christologie und vielen anderen, besonders Haas, 48–131, dessen vorzügliche Studie dadurch an Schlüssigkeit verliert. Man definiert dann (ziemlich nichtssagend), daß der „heilige Geist" des PH den Geist Gottes und den Geist des Menschen zugleich bedeutet (z.B. Cirillo, La christologie, 37). Autry, 219f. hält jegliche Unterscheidung verschiedener Inhalte in diesem Geistbegriff außer der von Gut und Böse für unzulässig, während man am Text gar nicht ohne sie auskommt.

[2] Sim IX 15,6 heißen die Jungfrauen am Turm darum ganz einfach gleich fünfmal τὰ πνεύματα in einem Kontext, der diese Diktion überhaupt nicht erklärt (s.z.St.).

Etwas rätselhaft ist die zweimalige Entrückung des Visionärs durch einen „Geist“ (Vis I 1,3; II 1,1), weil H nichts zu dieser Person erklärt, sie später trotz vieler Visionen nicht wieder einsetzt und besser wahrscheinlich „Engel“ genannt hätte; vielleicht hat aber Bousset, Kyrios Christos, 219 A.1 damit recht, daß dieser Geist „noch recht eigentlich die Naturkraft des Windes“ ist. Singulär bleibt auch die versprengte Redensart vom „Engel des prophetischen Geistes“ (Mand XI 9).[3]

Sodann also gibt es in sehr vielen Varianten das πνεῦμα, das den Menschen qualifiziert. Relativ indifferent bleibt der Begriff, wo er das eigentliche, moralisch verantwortliche und Entscheidungen treffende Ich, „einfach das Innere des Menschen“ (Bousset, Kyrios Christos, 219 A.1) bezeichnet, entweder im reinen und bewährten (Vis I 2,4) oder im resignierten, moralisch vergreisten Zustand „ohne Feuer und Kraft“, als Folge von Verweichlichung und dringend auf Erneuerung und mentale Verjüngung angewiesen (Vis III 8,9; 11,2; 12,2.3; 13,2; Sim VIII 6,3; IX 14,3 teils in kleinen Parabeln veranschaulicht).

Im Bereich frühjüdischer und urchristlicher Welt-Interpretation, von der H stark geprägt ist[4], gibt es die Lehre von zweierlei verschiedenen Geistern (Zwei-Geister-Lehre), vom bösen und guten Trieb (*Jezer ha-Ra* und *Jezer ha-Tob*). Die guten, von Gott kommenden Geister (Kräfte) haben in ihrer für die Menschen segensreichen Funktion eine mächtige und gefährliche Konkurrenz in den bösen Geistern (Mand V 1,2.3.4; 2,7.8; XI 3.4.6; Sim IX 18,3), in den Dämonen (Mand II 3; V 2,8 vl Ath.; Sim IX 22,3; 23,5)[5], im Teufel (Mand V 1,3; IX 11; XI 3.17)[6] und in den irdischen, kraftlosen, hohlen, ohnmächtigen Geistern (Mand XI 6.11.14.17.19). Die zwölf schönen Frauen von Sim IX 9,5 in schwarzen, schulterfreien Kleidern und mit aufgelösten

[3] Außer Vis I 1,3; II 1,1 und Mand XI 9 hat H auch mit den „zwei Engeln beim Menschen“ in Mand VI 2,1–10 den Unterschied von Engeln und Geistern nicht deutlich durchgehalten, denn es geschieht wohl in Anlehnung an die Geisterlehre, daß H hier den Antagonismus zwischen zwei Engeln (nicht Geistern) markiert, wie er auch den Strafengel (Sim VI 3,2) korrekt im Unterschied zum „Engel der Genußsucht“ zu den „gerechten Engeln“ zählt. Mackenzie, 139 tadelt ihn dafür. Vgl. Giet, Hermas, 225–228.

[4] Siehe den Kommentar zu Mand V 1,2; Einleitung § 8; detailliert Bousset, Kyrios Christos, 219 A.1, der aber auch an *Corp.Herm.* 13 erinnert; ferner Staats, Hermas, 106. Lampe, 191: „seine Geistlehre (ist) nicht frei von Animismus“ (sic); Adam, 42: „realistischer Spiritualismus“, zu sehen im Zusammenhang des „allverbreiteten Dämonen- und Genienkults der altrömischen Gesellschaft“. Vgl. J. P. Martín; Mees, 345–355; Barnard, Hermas and Judaism; Giet, Hermas, 186 A.1; 185–189; Haas, passim. Nach Lluis-Font hat sich H hier speziell der Gemeinderegel von Qumran III 18-IV 1 bedient (ganz ähnlich Cirillo, La christologie; Autry, 219). Asting, 275–285 hält die Pneumalehre des PH für „im ganzen unjüdisch“, in Ausnahmen jedoch für „stark von jüdischen Vorstellungen... geprägt“ (277); Verweijs, 198 nennt sie hellenisierend.

[5] Zur Rede von Dämonen Benoît, 127: „Sans doute a-t-il (sc. Hermas) essayé de christianiser une démonologie d'origine paienne.“ Vgl. Dibelius, 517f. So absichtsvoll muten die drei oder vier Dämonenstellen allerdings nicht an.

[6] Insgesamt über 20 Belege (Kraft, Clavis, 101f.), mit Ausnahme von Sim VIII 3,6 sämtlich in den Mandata.

Haaren haben – trotz ihres völlig anderen, auf Verführung und Attraktivität angelegten, angenehmen allegorischen Aussehens – doch dieselbe Funktion (Sim IX 13,9; 18,3) wie die bösen Geister und sind ebenfalls die Gegenstücke (Sim IX 13,8f.; 14,1f.; 15,1–3) zu den „heiligen Geistern" von Sim IX 13,2.6.7; 15,6; vgl. Vis III 8,2–8, nämlich „böse Geister" (Sim IX 18,3).[7] Das alles ist Allegorie für Gefährdung, Unsicherheit, Schwanken und Versagen des Menschen. Oft wird die Unverträglichkeit beider Sorten von Geistern miteinander eingeschärft (Mand V 1,2–6; 2,5.6; X 3,3; XI 2); das geschieht in sehr lehrhafter Form und in Ausführlichkeit Mand VI 2,1–10 (s.z.St.), wobei H hier aber überraschend und wohl nicht ganz korrekt von zwei „Engeln (ἄγγελοι)" statt von Geistern spricht. Sachlich liegt nichts anderes vor als die Zwei-Geister-Lehre. H nimmt es immer wieder nicht so genau und trägt den ethischen Dualismus dieser Lehre auch in seine Rede von den Engeln ein, zu der er wahrscheinlich ursprünglich nicht gehörte (vgl. den Exkurs: Die Engel). H verschiebt die Vorstellung außerdem geringfügig: Während er sonst den guten Geist als von vornherein im Christen vorhanden denkt und es darum geht, keinen schlechten Geist hineinkommen zu lassen, sind hier beide Engel gleichzeitig im Innern des Menschen, und dieser muß dem schlechten von ihnen eine Abfuhr erteilen (s. den Kommentar zu Mand V 1,2–5). H addiert geläufige Vorstellungen, ohne ihre Varianten miteinander abzugleichen. Gerade für Kontraste, Doppelungen und Dualismen hat er eine große Vorliebe (s. zu Mand VI und J.C. Wilson); darum sind ihm zwei konträre Engel so lieb wie zwei konträre Geister.

In den Mandata werden die anonymen Geister gelegentlich mit Namen versehen, d.h. die Allegorie wird in ihre Deutung auf Konkretes aufgelöst, und zwar vorwiegend moralbezogen entschlüsselt: Ein besonders schlechter „Geist" oder Dämon (δαίμων Ath.) ist der Jähzorn (Mand V 2,8). Der Zweifel (s. Exkurs: Der Zweifel) ist ein Geist von dieser Erde (statt von oben) (Mand IX 11), und die Traurigkeit ist schlimmer als alle anderen πνεύματα und verdirbt den Menschen mehr als alle anderen Geister (Mand X 1,2). Und der „prophetische Geist" (Mand XI 9) verrät durch seine Bezeichnung als solche, welche besondere Kraft mit ihm gemeint ist. Die Verleumdung ist ein Dämon (δαιμόνιον), der niemals friedlich ist (Mand II 3); Dreistigkeit und hohles Selbstvertrauen sind ein gefährlicher Dämon (Sim IX 22,3); und ein eigener Dämon ist auch die im PH gravierende Fehlhaltung, anderen das Böse nachzutragen (Sim IX 23,5; s. Kraft, Clavis, 297: v. μνησικακέω, μνησικακία, μνησίκακος).

Das hauptsächliche Interesse besteht natürlich an der Welt der guten, für den Christen förderlichen Geister. Die Grundanschauung des H zur Pneumatologie ist, daß die Christen (in der Taufe? so Benoît, 127f.) und genauso auch die Apostel und Lehrer (Sim IX 25,2) den „heiligen Geist", der

[7] Der gnadenlose Strafengel von Sim VI 3,2 gehört dagegen trotz der Negativität seiner Gestalt zu den gerechten Engeln (ebd.), weil seine Grausamkeit nicht Verderben, sondern rettende Strafe ist.

ebensogut „göttlicher Geist", „Geist von oben" (Mand XI 7; 18–21), „Geist der Gottheit" (ebd. 10.14) heißen kann, als eine Kraft empfangen haben, nun besitzen (s.o.) und pflegen oder vertreiben. Er ist nämlich der Geist, „der von Gott kommt und Kraft hat" (Mand XI 17). Immer wieder heißt es, daß er im „Leib" (σάρξ) des Menschen (Christen) „wohnt" (Mand V 2,7; X 2,5; Sim V 6,7; 7,1 wie Mand III 1; X 2,6). Der Christ hat den „heiligen Geist" und ist sein „Gefäß", insofern er Gott dient (Mand V 1,2); er läuft aber akute Gefahr, diesen Geist zu verlieren bzw. sich in Widerspruch zu ihm zu setzen, im Bild: ihn zu „beflecken" und zu bedrängen, ihm seine Wohnung im Menschen durch Einlassen des bösen Geistes zu verdunkeln, zu eng, zu schmutzig, zu stickig, den Geist selbst traurig, ja ihn „unbrauchbar" zu machen (Sim IX 32,4), so daß er, der sehr „empfindlich (τρυφερός)" ist, auszieht, den Sünder verläßt, – eine dramatische Abfolge (Mand V 1,2–5; 2,5.6; vgl. III 4; X 1,2; 2,1–5; 3,2; Sim V 7,2; vgl. den Exkurs bei Dibelius, 517–519). Daß die handelnden, wirkenden und leidenden „Geister" die Allegorie für Kraft und Gnade sind, zeigen verschiedene Redensarten des H. So hat Gott denen, die der Buße würdig sind, „Geist" (πνεῦμα ohne Artikel) geschenkt (Sim VIII 6,1); die Christen haben „von (ἐκ) seinem Geist empfangen" (Sim IX 24,4). Und wechselweise mit dem Geistbegriff redet er ja von der „Kraft dieser Jungfrauen" (Sim IX 13,4), während die Jungfrauen „Kräfte des Sohnes Gottes" sind (ebd. 13,2). Die Rede des H von den Geistern ist insgesamt etwas kaleidoskopartig, vergleichsweise aber gut durchschaubar.[8] An der Geist- bzw. Geistervorstellung zeigt sich besonders stark die Abweichung des PH von urchristlichen Vorgaben.[9] Andererseits ist sie zentral und bezeichnend für die Spiritualität des H selbst und für sein Weltbild[10], denn sie ist ja die Beschreibung des großen Themas vom Kampf zwischen Gut und Böse im Menschen (Weiteres im Kommentar zu Mand V 1,2).

[8] Skeptischer und doch als traditionell beurteilt Benoît, 130 sie. Bemerkenswert ist noch das *hapaxleg.* πνευματοφόρος (Geistträger) in Mand XI 16, offenbar ein Spezialausdruck aus der frühkirchlichen Prophetie (s.z.St.), nicht der allgemeinen Geisterlehre. – Eine Besonderheit noch in Mand X 2,5: Der Geist führt Beschwerde bei Gott gegen den Menschen, der ihn „bedrängt". – Der Geistbegriff aus Sim IX 13,5.7 ist wohl nicht anders als ekklesiologisch zu verstehen und damit von sehr anderer Art als die übrige Terminologie, die es im selben Text (13,5) auch gibt.

[9] Vgl. auch Asting, 275–285; Haas, 132–150: eine innerhalb der frühchristlichen Literatur ganz singuläre Pneumatologie.

[10] Bousset, Kyrios Christos, 219 unterschätzt das, wenn er meint, daß für die Frömmigkeit des Verfassers „der Geist nicht gar viel" bedeutet, weil er nämlich im Geist der Mand V.IX.X bloß „die im Menschen herrschende gute Gesinnung" erkennt, während doch ständig gesagt wird, daß der Geist von Gott verliehen und ihm zurückzugeben ist und von oben kommt, und die Geister den H offensichtlich sehr beschäftigen. Mees, 355 umgekehrt überschätzt die Rolle der Geistlehre im PH: „Alles wird in der Perspektive der spätjüdischen Sophia-Spekulation gesehen, im Wirken Gottes durch seinen Geist bei der Schöpfung, was Hermas auf die Kirche überträgt." – Die Studie von Opitz ist trotz seiner Warnung (136), den H wie einen systematischen Denker zu lesen, diesem Fehler bis zur Unkenntlichkeit des H verfallen. Aus ähnlichen Gründen sind die Wiedergaben zur Geistlehre bei Hörmann, Leben, 197–204.219f. 222f.241–253 nicht wirklich geglückt.

Mit dieser dualisierenden Pneumatologie verbindet sich im PH das frühchristlich wichtige Thema von der Unterscheidung der Geister, zu dem das Buch einen kleinen Traktat liefert, den ältesten dazu, den wir kennen (Adnès, 323f.; s. zu Mand VI 1b–6; XI 7–16).

13. Die Taufe

Obwohl Buße, Sündenvergebung und Rettung das hauptsächliche Thema des PH sind, kommt H überraschend selten auf die Taufe zu sprechen, der ja doch durch sein Plädoyer für eine Wiederholbarkeit der Sündenvergebung durch die Buße eine wirkliche Konkurrenz erstand. Aber die wenigen Sätze dazu, die dann doch fallen, gleichen das durch Ernst und Inhalt aus. Aus der traditionellen kirchlichen Nomenklatur für dieses zentrale Thema gibt H den Bildern von Wasser und Siegel den Vorzug, während βαπτίζειν (in der frühchristlichen Literatur mit Ausnahme der *Didache* und Justin generell selten wie auch βάπτισμα) nur einmal gebraucht ist, und dies in der Formel „taufen auf den Namen des Herrn" (Vis III 7,3; s.z.St.).[1] So wird zunächst das mythische Wasser-Fundament, auf dem der Turm (die Kirche) steht (Vis III 2,4), als Taufwasser gedeutet (Vis III 3,5; s.z.St.); denn „durch das Wasser (διὰ ὕδατος)" wird das menschliche Leben „gerettet" (vergleichbar ist 1 Petr 3,20). Sogar der Aufenthalt der vorchristlichen Frommen in der Unterwelt und ihre Herausführung durch Predigt und Taufe, die ihnen die Apostel brachten, wird als Durchzug durch das (Tauf-)Wasser erzählt (Sim IX 16,1–4). „Denn der Mensch (ohne Taufe) ist tot" (16,3), legt aber in der Taufe das Gestorbensein ab und nimmt das Leben an: „Sie steigen tot ins Wasser hinunter und steigen lebendig wieder herauf" (16,4), und „sie mußten unbedingt durch Wasser heraufsteigen, um lebendig gemacht zu werden", weil sie in diesem Herabsteigen „das Gestorbensein ihres ⟨früheren⟩ Lebens ablegten" (16,2). Deszensus und Wiederkehr aus der Unterwelt durch das mythische Abgrundwasser hindurch werden hier unter offensichtlichem Bezug auf den Taufritus (Hinabsteigen ins Wasser) als die entscheidenden Heilsschritte aller Menschen beschrieben und daraus die Notwendigkeit der Taufe für alle (auch für die in vorchristlicher Zeit Verstorbenen) abgeleitet. Vom Wasser wird allerdings nur gesagt, was es bewirkt, aber nicht, wie es die Rettung bringt.

Durch eine direkte Identifikation wird das Wasser dann mit der Metapher des Siegels verbunden: „Und zwar *ist* das Siegel das Wasser (ἡ σφραγὶς οὖν τὸ ὕδωρ ἐστίν)" (Sim IX 16,4; vgl. den Kommentar z. St.). Damit ist der PH der älteste Zeuge für die Bezeichnung der Taufe als „Siegel" (Sim VIII 6,3a; IX 16,2–7; 17,4; 31,1.4; anders Sim VIII 2,2.4; 6,3b); zur Statistik und zur

[1] Dieser Beleg scheint von Peterson, 284 A.49 übersehen zu sein, wenn er, ohne ihn zu erwähnen, schreibt, daß „Hermas niemals den terminus technicus βάπτισμα verwendet" und „nur den terminus: σφραγίς".

Vorstellung vom Siegel (man muß an Wachs oder Siegelerde, nicht an Mal oder Tätowierung denken) s. zu Sim VIII 6,3. Die Metapher Siegel (zur zugehörigen Deutung der Taufe s. zu Sim IX 16,1–3) ist austauschbar gegen die ebenfalls der Taufe zugeordnete, ihr aber nicht vorbehaltene (vgl. Sim IX 14,6) jüdisch stilisierte Formel „den Namen ⟨des Sohnes⟩ Gottes tragen“ bzw. „annehmen“ (vgl. Adnès, 321), die H ab Sim IX 12,4 häufig gebraucht (s. z. St.).

Das überwiegend pastorale Interesse des H an der Taufe zeigt sich darin, daß er eine Reihe von problematischen Situationen rund um die Taufe anspricht. Da sind einmal die total abständigen Menschen, die an Umkehr und Buße nicht (mehr) denken (z. B. Vis III 7,2). Dann gibt es die kurzfristig Zugehörigen, die sich vom Christentum aber nicht überzeugen lassen (z. B. Vis III 7,1), und schließlich diejenigen, die für die Taufe noch überhaupt nicht disponiert sind; H ist aber unbedingt zuversichtlich, daß sie sich entsprechend moralisch ändern werden (Sim IX 31,1–2). Es gibt aber auch Taufbewerber, die die Kraft zur Umkehr nicht aufbringen und verlorengegeben werden müssen, weil sie nicht bereit sind, sich dem sittlichen Anspruch des Christentums zu stellen (Vis III 7,3) und sich im Lebensstil deutlich zu ändern. Die Frühkirche erlebte das Interesse der Unentschiedenen, die sie dann doch nicht zum endgültigen Übertritt und zur Taufe überreden konnte (vgl. z. B. Vis III 6,2). Aber auch unter den längst Getauften waren die leidenschaftlichen Appelle notwendig, wie H sie fortgesetzt einstreut, um christliche Verhaltensmuster durchzusetzen (Sim IX 31,4: „ich beschwöre euch alle, die ihr dieses Siegel empfangen habt“). H redet vom Erfolg der Taufe, wobei er speziell ihre gemeinschaftsstiftende Kraft herausstellt („Als sie das Siegel erhalten hatten, nahmen sie eine einzige Gesinnung an…, ihr Glaube war ein einziger und die Liebe eine einzige“: Sim IX 17,4), und vom Scheitern bzw. Widerruf („die zum Glauben gekommen sind und das Siegel erhalten haben, dieses aber zerbrochen und nicht unversehrt bewahrt haben“: Sim VIII 6,3).

Schließlich ist ja der verbreitete Widerruf der Taufe in Form der Sünde das große Problem des H mit seiner Kirche, so daß er einen der hauptsächlichen Effekte der Taufe, nämlich die Sündenvergebung auf Umkehr und Buße hin, (einmalig) wiederholbar machen will (s. Exkurs: Die Buße). „Der Rigorist Hermas hat es gewagt, Sündlosigkeit zu fordern“ (Windisch, 376), und war der Meinung, daß mit der Taufe das gesamte Leben und Verhalten des Christen schlagartig und grundlegend verändert wird, d. h. für den Christen überhaupt nur noch moralisch Gutes in Frage kommt und von ihm verwirklicht wird. Das ganze Buch dient dazu, das problematisch gewordene Phänomen getaufter Sünder zu beseitigen, ohne gleichzeitig die Taufe abzuwerten, indem anderweitig, nämlich in der Buße, die (wenn auch einmalige) Wiederholbarkeit ihrer sündenvergebenden Wirkung ermöglicht wird. Die fragwürdige Situation in der stadtrömischen Kirche des H scheint dabei die zu sein (s. Exkurs: Die Buße), daß die wiederholte, „zweite“ Buße längst die verbreitete Praxis ist und er selbst einerseits diese Praxis als Verharmlosung der Sünde ablehnt, andererseits aber auch dem absoluten Bußverbot der Rigoristen, die es gibt, Widerstand entgegensetzt. Seine Lösung lautet, daß es ausschließlich für die schon Getauften, die Altgläubigen, die Möglichkeit einer einzigen weiteren Buße nach der Taufe gibt. Neugetaufte und derzeitige Katechumenen sollen sich aber entsprechende Hoffnungen auf keinen Fall machen (s. Text und Kommentar zu Mand IV 1,8.11; 3,1–7).

Dazu macht sich H im Prinzip die rigoristische Auffassung „einiger Lehrer" zu eigen, „daß es keine andere Buße gibt als die, da wir ins Wasser hinabgestiegen sind (= Taufe) und die Vergebung unserer früheren Sünden erlangt haben... So ist es tatsächlich. Wer nämlich die Sündenvergebung erlangt hatte, der hätte nicht mehr sündigen dürfen" (Mand IV 3,1f.; vgl. III 4; Sim IX 18,1). Nun aber gilt neuerdings trotzdem Gottes Erbarmen mit seinem schwachen Geschöpf, so daß er „diese Buße angesetzt" hat (ἔθηκεν τὴν μετάνοιαν ταύτην: Mand IV 3,5) neben bzw. nach der Taufe. Daß dies der exklusiven rettenden Rolle der Taufe Abbruch tut, empfindet natürlich auch H, und er wertet sie darum verbal auf, wenn er sie in der „großen und erhabenen Berufung" (ebd. IV 3,6) mitmeint und sein gesamtes Buß-Programm doch stark restriktiv praktizieren will, indem er ausschließlich für die derzeitigen Altgläubigen und für sie nur ein einziges Mal eine Bußmöglichkeit nach der Taufe konzediert, um künftig die Taufe als Sündenvergebung wieder singulär und exklusiv sein zu lassen, wobei er den aus ernsthafter Bußgesinnung geborenen Verlegenheitscharakter seiner Lösung damit überdeckt, daß er durch fiktive Naherwartung (s. Exkurs: Eschatologie) einen längerfristigen Praxis-Entwurf überflüssig macht und eine Lösung nur für die gegenwärtige Generation braucht.[2]

Diese Restriktion in der (doch unvermeidlichen) Öffnung eines Bußweges neben bzw. nach der Taufe ist aus tauftheologischen Gründen zwingend. Die Taufe ist und bleibt für H die entscheidende Buße des Menschen (Neunheuser, 39) und heilsnotwendig auch für die vorchristlichen Toten; in den zitierten Texten geht es bei der Taufe um Leben und Tod im letzten Sinn, „denn der Mensch ist tot...; wenn er das Siegel aber erhält, dann legt er das Gestorbensein ab und nimmt das Leben an" (Sim IX 16,3).

Mit „hinabsteigen" (καταβαίνειν) ins Wasser (Mand IV 3,1; Sim IX 16,4.6) wird auf das kirchliche Taufritual angespielt[3] mit Eintauchen ins

[2] Windisch, Taufe, 378 sucht H zu entlasten: „Eine neue Taufe hat er nicht eingeführt... Tatsächlich jedoch erneuert die zweite Buße die Kraft der Taufe", womit er H bei denen stehen sieht, die die „ursprüngliche Tauflehre" vom Ausreichen der Taufe für alle Zeit bewahren. Aber so drückt H das Verhältnis von Taufe und Buße nicht aus, und sein Kompromiß tut dieser Lehre Abbruch.

[3] Peterson, 284 A.49 bezweifelt das ohne Angabe von Gründen trotz des eindeutig tauftheologischen Zusammenhangs: Das Hinabsteigen muß „bei Hermas nicht notwendig Bezeichnung für die christliche Taufe sein", es „kann auch das Hinabsteigen in das jüdische Tauchbad bedeuten". – Die Formel „auf den Namen Jesu taufen" wird von W. Heitmüller, „Im Namen Jesu", Göttingen 1903, 121 mit den entsprechenden neutestamentlichen Formeln verglichen.

Wasser, das in völlig verändertem Zustand vom Täufling wieder verlassen wird (ebd. 16,4.6), und dadurch „geschah es, daß sie lebendig wurden und den Namen des Sohnes Gottes erkannt haben“ (ebd. 16,7). Leben und Erkenntnis sind – außer Sündennachlaß (Mand IV 3,1 f.) – die Früchte der Taufe; als Siegel (zu Herkunft und Bedeutung s. zu Sim IX 16,3; vgl. Pernveden, 168–171) besagt sie Eigentumsüberschreibung an Gott und apotropäische Wirkung. In Sim IX 13,1–9 ist in zwar undeutlicher und verwirrender Art, aber wohl doch gezielt vom Geistempfang durch die Taufe (die hier „Tragen“ bzw. „Annehmen des Namens des Sohnes Gottes“ heißt) die Rede; H polemisiert gegen ein unverbindliches Lippenbekenntnis bei der Taufe, und die (Geister- bzw.) Geistmitteilung befähigt als Kraft zum veränderten Lebensstil (vgl. Sim VIII 2,1–9; IX 13,1–9; 31,3–5; s. auch Benoît, 127–130; Staats, Hermas, 104). Wie im ganzen Buch, so ist auch im Zusammenhang der Taufe keine Rede von Tod und Auferstehung Christi, nur von seinem „Namen“. Die Taufe ist jedenfalls die Einlaßbedingung zum Reich Gottes (Sim IX 16,2–4).[4]

14. Das Bild vom „Wohnen“ *(οἰκεῖν, κατοικεῖν, κατοικίζειν, κατοίκησις, κατοικία, habitare, habitatio)*

H liebt es, theologisch oder moralisch qualifizierte Beziehungen zwischen himmlischen und allegorischen Personen sowie den Menschen als ein „Wohnen in oder bei jemandem“ oder „im Haus“ des jeweils anderen zu illustrieren. „Wohnen“, „Ein- und Ausziehen“ (Wohnungswechsel), „Bleiben“, „geräumig“ und „eng“, „Sauberkeit“ und „Verunreinigung“ sind die hauptsächlichen Chiffren dieser Metapher von Haus[1] und Wohnung. H scheint einen wichtigen Unterschied zu meinen zwischen „wohnen *in*“ einerseits und „wohnen *bei*“ bzw. „wohnen *im Haus* des/der“ andererseits. Jedenfalls reserviert er das „wohnen *in*“ exklusiv dem Gottesverhältnis des Menschen und der Gegenwart des „heiligen Geistes“ Gottes und böser Geister im Menschen. Zur Verbindung mit „in“: „so wird der Herr verherrlicht, der in dir wohnt (ὁ κύριος ὁ ἐν σοὶ κατοικῶν)“ (Mand III 1); „Gott wohnt in den Menschen, die den Frieden lieben (*habitat in viris*)“ (Sim IX 32,2; vgl. Mand X 1,6: Gott wohnt in den Menschen, die die Furcht des Herrn in sich haben usw.: ὅπου ὁ κύριος κατοικεῖ – auf das Innerste des Menschen bezogen;

[4] Interpretationen des Taufverständnisses des PH von unterschiedlichem Wert bei Torrance, 111–125; Benoît, 115–137; Hörmann, Leben, 227–238; Windisch, 356–382; Pernveden, 162–176; L. Heiser, Die Taufe in der orthodoxen Kirche, Trier 1987, 32–34. – Von einer Taufe Jesu ist im PH nicht die Rede: Bauer, Leben Jesu, 131 A.2 gegen J. Bornemann, Die Taufe Jesu durch Johannes, 1896, 33 f.; vgl. Autry, 223 zu Sim V 6,5.

[1] Die Metapher vom Wohnen im Haus hat nichts zu tun mit der sozialen Realität οἶκος (Haus) als der konstitutiven Gemeinschaftsform, auf der die römische Gesellschaft sich aufbaute; Leutzsch, 50–53 sucht ihre Spuren im PH.

dort wohnt Gott). – In Verbindung mit der Zwei-Geister-Lehre wird der Streit zwischen beiden um die Wohnung „im Menschen“ beschrieben: Der gute „heilige Geist“ Gottes wohnt „im Leib (ἐν τῇ σαρκί)“ (Mand III 1; Sim V 7,1; zu beiden Texten und ihren Problemen s. den Kommentar). Statt des „Geistes“ kann die „Heiligkeit (σεμνότης)“ im Menschen wohnen (Mand IV 1,3). Am genauesten ausformuliert ist das Bild vom Einwohnen (und Ausziehen) des guten Geistes in Mand V 1,2–4; 2,7; X 2,2–6, der bösen Geister in Mand V 2,7 und beider Arten von Geistern miteinander in Mand III 4; V 1,3–6; 2,5.6; VI 2,2; X 2,2–6, wo die gegenseitige Unverträglichkeit dieser Geister (und somit der Entscheidungsdruck des Christen) als Streit um Wohnraum und als absolute Unmöglichkeit der Symbiose erzählt wird. Für das „Wohnen in“ zieht H eine Reihe von Gleichnissen mit „Gefäßen (σκεῦος)“, Töpfen und Krügen heran; es geht darin um Hohlraum, Leere, Anfüllen, Überlaufen und gemischten Inhalt der Gefäße, mit denen nämlich die Menschen verglichen werden (vgl. mit Kommentar Mand V 1,2.5.6; 2,5; X 3,3b; XI 13c.15; XII 5,3). – Eine Sonderrolle spielt der christologische Text Sim V 6,5 von der Einwohnung des (präexistenten Schöpfer-)Geistes *im* erwählten (Leib) Jesus; hier ist es der Heilige Geist (im „trinitarischen“ Sinn), der in Jesus Wohnung nimmt, woraufhin Jesus singulär, aber doch auch exemplarisch oder vergleichbar unter den Christen gezeichnet wird (s. Exkurs: Die Christologie und den Kommentar zu Sim V 6,5).

Alle übrigen Gestalten, von deren „Wohnen“ die Rede ist, wohnen nicht „im“ Menschen, sondern „bei“ ihm oder „in seinem Haus“, was als Unterschied vermutlich heißen soll, daß sie nicht in demselben Nahverhältnis zum Menschen stehen (heilbringend oder verderblich) wie Gott und beiderlei Arten Geister. So wohnt der Hirt „bei“ H (Vis V 2: μετὰ σοῦ οἰκήσω) oder in seinem Haus (Mand IV 4,3: εἰς τὸν οἶκον σου κατοικήσω; dto. Sim IX 1,3); der Hirt ist „bei“ H, um ihn gegen den Strafengel, der in seinem Haus ist, zu helfen (Sim VII 6), und „wohnt immer bei ihm“ (Mand IV 2,1). – Der Strafengel wohnt also im Haus des H und soll es verlassen (ἐκ τοῦ οἴκου μου ἐξελθεῖν: Sim VII 1). – Die Jungfrauen (Tugenden) schließlich wohnen „bei“ H und in dessen Haus, bleiben dort gern oder ziehen aus (Sim X 3,1–5; IX 11,3). Von den Frauen in schwarzen Kleidern heißt es überraschend nicht, daß sie bei den Sündern wohnen, sondern umgekehrt, daß die unbußfertigen Christen „bei den Frauen wohnen (müssen) (κατοικήσουσιν μετὰ τῶν γυναικῶν)“ (Sim IX 22,4). Aber es gibt mehrere Beispiele für diese Art „Wohnverhältnisse“, H ist da nicht gerade genau: Der Getaufte sollte „in Heiligkeit wohnen = leben (ἐν ἁγνείᾳ κατοικεῖν)“ (Mand IV 3,2); „in der Geduld wohnt (κατοικεῖ) der Herr (Gott), im Jähzorn aber (wohnt) der Teufel“ (Mand V 1,3.6); die Geduld „wohnt bei denen (κατοικεῖ μετὰ τῶν κτλ.), die einen integren Glauben haben“ (Mand V 2,3); die Gottesfurcht „wohnt in der guten Begier (κατοικεῖ ἐν τῇ ἐπιθυμίᾳ)“ (Mand XII 2,4); die Nachkommenschaft lauterer Christen „wird beim Sohn Gottes wohnen (κατοικήσει μετὰ τοῦ υἱοῦ τοῦ θεοῦ)“ (Sim IX 24,4). Man erkennt die Breite der Anwendbarkeit dieses Bildes, wobei seine Applikation auf die Zugehörigkeit zur Kirche („wohnen im Turm" u.ä.) noch nicht einmal einbezogen ist und hier nicht entfaltet werden muß. Es ist ein typischer Fall des variablen Spiels mit Bildern und „Gleichnissen", das H treibt. – Vgl. den Kommentar zu Mand V 1,2–4.

15. Der Zweifel (διψυχία)

Das Thema Zweifel spielt in allen Teilen des PH eine Rolle wie in keiner frühchristlichen Schrift sonst (s. Kraft, Clavis, 112–114). Die Wortstatistik dazu gibt Rätsel zur Herkunft der überwiegend verwendeten Terminologie auf. Abgesehen von den selten gebrauchten δισταγμός (Sim IX 28,4; vgl. *1 Klem* 46,9) und διστάζω (Mand II 4; IX 5; Sim V 4,3; IX 28,7; vgl. *Did* 4,7; *Barn* 19,11; *1 Klem* 11,2; 23,3; *2 Klem* 11,2) ist aus der hoch frequentierten Wortgruppe διψυχ- das Verb διψυχέω in Profanen, LXX, NT nicht belegt, διψυχία nicht in LXX sowie NT und δίψυχος nicht in Profanen und LXX. Die Konzentration des Stammes διψυχ- auf die christliche Literatur[1], darin wieder unverhältnismäßig stark auf den PH (knapp 60 Belege insgesamt) und weit dahinter auf *1* und *2 Klem* (6 Belege zusammen: *1 Klem* 11,2; 23,2.3; *2 Klem* 11,2.5; 19,2), ist mit der Annahme einer gemeinsamen schriftlichen Vorlage für *1 Klem* 23,3; *2 Klem* 11,2; Jak 1,8; 4,8 und Mand IX erklärt worden (Dibelius-Greeven, 112 A.1; Seitz, Relationship; selbstkritisch allerdings ders., Antecedents, 212; kritisch auch Snyder, 82f.; Seitz, Afterthoughts bezieht Qumran-Materialien ein; A. Davids, Kairos NF 15, 1973, 170; Joly, 92; Coleborne, Approach [1965], 608–611 über διψυχία und Jak), die man in dem Vis II 3,4 zitierten Apokryphon „Eldad und Modat" identifiziert haben möchte (so Seitz, Afterthoughts, 332f.; Spitta, z.St.; Knoch, 116; vgl. Vis II 3,4 und die kritische Anmerkung bei Dibelius-Greeven, 266 A.2, in der diese These mit Recht als zu leichtsinnig beschrieben wird). Jüdische Herkunft der Idee wird überwiegend vermutet, so von Peterson, 293 A.34; gegen Daniélou, Théologie, 120.420 („Le terme δίψυχος surtout est caracteristique de la spiritualité chrétienne archaïque"), ganz entschieden von E. Werner, Post-Biblical Hebraisms in the Prima Clementis, in: H.A. Wolfson Jubilée Volume, T. II, Jerusalem American Academy for Jewish Research, Rom 1965, (793–818) 796f. Da eine literarische Interdependenz unwahrscheinlich ist, wurde von Marshall statt nach der gemeinsamen Quelle nach einem gemeinsamen Herkunftsort gesucht: δίψυχος κτλ. ist in solchen frühchristlichen Dokumenten geläufig, die mit einiger Wahrscheinlichkeit in Rom abgefaßt wurden: *1 Klem*; PH; vielleicht auch *2 Klem*

[1] Bei Bousset, Religion, 418 dagegen findet sich (allerdings ohne Belege über *äthHen* 91,4 hinaus, wo die Übersetzung ins Griechische aber eher διπλοκαρδία wäre, s.u.) der Hinweis auf „Ausführungen über die ἁπλότης... und deren Gegensatz die διψυχία..., denen wir so oft in jüdischen Schriften begegnen".

(*Did* 4,4; *Barn* 19,5 schreiben den Term διψυχεῖν beide im Zusammenhang der Zwei-Wege-Lehre, beide innerhalb des schwer verständlichen Logions unbekannter Herkunft, so daß sie das Wort lediglich zitieren und nicht, wie *1* und *2 Klem* und PH, in ihren eigenen Sprachschatz aufgenommen haben). Zu denken (nicht zu beweisen) ist nach Marshall, 351 eine Begriffsprägung in einer griechischsprachigen Synagoge in Rom[2], denn das Apokryphon in *1* und *2 Klem*, aus dem diese Schriften δίψυχος entnehmen, zeigt keine christliche Spur. Solche Hypothesen erklären, wie gesagt, die auffällig enge Verteilung des Wortstammes διψυχ- auf den PH und die Klemensbriefe, bleiben aber notgedrungen hypothetisch.

Die Verwendung der Wortgruppe als solche läßt ebenfalls ähnliches vermuten. Es geht der Sache nach um die biblisch-jüdische (spätrabbinische) Rede von der religiösen und moralischen Gespaltenheit des Menschen (vgl. Knoch, 116–118), deren Gegenteil übrigens die Einfachheit (ἁπλότης; s. Exkurs: Die Einfachheit) ist. Die griechischen Äquivalente für die zugehörige Terminologie vom guten und bösen Trieb (*jezer*; vgl. Vis I 1,1–2) sind aber διάνοια und καρδία (s. Marshall, 348f.), so daß διψυχ- innerhalb dieser Anthropologie eher neuartig, auffällig und nicht selbstverständlich ist und zu vermuten wäre, daß ein Hellenist die jüdische Anschauung in seiner griechischen Diktion artikuliert hätte und es bei einer wenig verbreiteten, lokalen Sprachregel geblieben wäre (Marshall, 349). Angesichts der Dichte des Gebrauchs im PH, die dann übrigens wieder für die Kombination von jüdischem und hellenistischem Erbe in dieser Schrift zeugt, wäre fast von christlicher „Sondersprache" zu reden. Das etymologisch „natürlichere" Äquivalent zum (jüdischen) geteilten oder zwiespältigen Herzen (*leb*), nämlich διπλοκαρδία, trifft man in *Did* 5,1 und *Barn* 20,1 an.

Die Wortbedeutung ist im PH weit über den üblichen Sprachgebrauch hinaus ausgelegt. „Zweifel" ist nicht nur die Uneinigkeit und das Zerbröckeln einer Gruppe in Lehre und besonderer Disziplin (gegen Riddle, 563–565), sondern bedeutet einen ganz und gar unseligen Zustand des Menschen, der je nach Kontext der vielen (bei Kraft, Clavis, 112–114 notierten) Belege in der Akzentuierung leicht variiert. Gemeint ist Unentschiedenheit im Glauben; mangelnde Entschlossenheit zur Buße; Mutlosigkeit bezüglich der Erfüllbarkeit der göttlichen Gebote; fehlende Konsequenz im Verhalten; innere Gespaltenheit, Zögern und Labilität; Unfähigkeit zur vertrauensvollen Einfachheit; Skepsis betreffs göttlicher Warnungen, Zusagen und Zuneigung (vgl. J. A. Robinson, JThS 35, 1934, 134) und betreffs der Heilsaussicht und göttlicher Hilfe generell (Simonin, [167]); Zweifel an der geoffenbarten Festsetzung der Bußfrist; Resignation im Sündenbewußtsein; fehlende Motivation zum Guten; Zerrissenheit zwischen zwei gegenteiligen Tendenzen; mangelnde Festigkeit in der Anhänglichkeit an Gott und dessen

[2] Marshall, 351 gibt zu bedenken, daß diese römische Herkunftsbestimmung für die Wortgruppe möglicherweise Konsequenzen bei der Bestimmung des Abfassungsortes des Jak (mit δίψυχος in 1,8; 4,8) hat.

Willen; schwacher Glaube an die Offenbarungsworte; fehlendes Vertrauen in die Wirksamkeit des Gebetes bzw. in Gottes Barmherzigkeit. Man kann den Zweifel (διψυχία), wie gesagt, auch das Negativ zur Einfachheit (ἁπλότης; s. Exkurs: Die Einfachheit) nennen (Bousset, Religion, 418f.; Daniélou, Théologie, 421; vgl. Bartelink, 41–43; Joly, 91 A.5; Bardy, La vie, 51; Torrance, 119–122).

Die im Französischen mit „âme partagée", im Englischen mit „double-mindedness" vorgezogene Übersetzung gibt die Etymologie von der geteilten Seele in διψυχία gut wieder, kann bei anachronistischer Assoziation an psychologische Symptome aber zu Mißverständnissen führen (vgl. Simonin, [166]). – Der Zweifel kann vereinzelt übrigens auch positiv gesehen werden, wenn er nämlich die Qualität des eigenen Tuns in Frage stellt und dadurch die Chance der Buße im letzten Augenblick vor Ablauf der Frist eröffnet (Sim VIII 9,4). Dies ist wenig überraschend, weil die ganze Diktion nahe bei der Metapher von den zwei Wegen liegt (Torrance, 119f.) und gerade das Schwanken und Zaudern zwischen den beiden Möglichkeiten meint, zwischen denen der Mensch sich entscheiden muß. Der Zweifel ist also ein Laster wie Jähzorn und Traurigkeit, mit denen der PH ihn Mand X 1,1 zusammenstellt. Im PH ist er nicht der „Parusiezweifel", wie es im *1 Klem* u. a. der Fall ist (vgl. Knoch, 111–125[3]; A. Davids, Kairos NF 15, 1973, 170); aber auch in *1 Klem* wird der Parusiezweifel allgemeiner zur Opposition gegen den Willen Gottes, zum Zweifel an seiner Macht (11,2), dessen Typos die Frau des Lot war (vgl. A. Le Boulluec, La notion d'hérésie dans la littérature grecque IIe–IIIe siècles, T. I, Paris 1985, 27). Der Gebrauch und die besondere paränetische Anwendung des Vokabulars vom Zweifel, insbesondere die spürbare Allergie des H gegen den Zweifel und die Tatsache, daß er defizitäres Christsein gerade so (sc. als Zweifel im beschriebenen Sinn) veranschaulicht, zeigt das Charakteristische seines kirchlich-paränetischen Versuchs.[4]

---

[3] Der Exkurs von Knoch, 111–125, wird nicht stärker herangezogen, weil zuvor Fehler und Fehlurteile auszuräumen wären. Vgl. aber Simonin, [170]-[176]; Coleborne, Approach (1965), 608–611.

[4] Wie eigentümlich Begriff und Verständnis des Zweifels im PH sind, zeigt der Vergleich mit einer Studie wie J. Amstutz, Zweifel und Mystik besonders bei Augustin, Bern 1950. – Die anthropologische Entfaltung oder Dimension des Zweifels hat Strock gezeigt.

Literatur

Die benutzten Abkürzungen entsprechen denen von S. Schwertner, Internationales Abkürzungsverzeichnis für Theologie und Grenzgebiete [IATG], Berlin-New York 1974 bzw. denen des Abkürzungsverzeichnisses der Theologischen Realenzyklopädie [TRE], Berlin-New York 1976; die hier aufgeführten Titel werden mit Autorname und Seitenzahl, wo nötig zusätzlich mit Kurztitel bzw. Vorname zitiert.

1. Editionen und Übersetzungen des Textes

A.d'Abbadie (ed.), Hermae Pastor. Aethiopice primum edidit et Aethiopica Latine vertit, Leipzig 1860. Nachdruck Nendeln/Liechtenstein 1966.

R. Anger, Hermae Pastor Graece, Leipzig 1856 (mit Vorwort und Index von G. Dindorf) = Editio princeps.

A. Carlini (ed.), Papyrus Bodmer XXXVIII. Erma: Il Pastore (Ia – IIIa Visione) Edito con introduzione e commentario critico (con la collaborazione di L. Giaccone), Fondation Martin Bodmer, Cologny-Genève 1991.

F. Crombie, The Pastor of Hermas, in: A. Roberts – J. Donaldson – A.C. Coxe (ed.), The Ante-Nicene Fathers, Vol. 2, Grand Rapids 1979, 3–55.
zit.: Crombie.

M. Dibelius, Der Hirt des Hermas, Tübingen 1923.
zit.: Dibelius.

A. R. M. Dressel, Patrum Apostolicorum Opera. Editio altera aucta supplementis ad Barnabae epistolam et Hermae Pastorem ex Tischendorfiana codicis Sinaitici editione haustis, Leipzig 1863. [= L^1 und L^2].

M. Erbetta, Gli apocrifi del Nuovo Testamento III. Lettere e apocalissi, Torino 1969, 249–308.

F. X. Funk, Patres Apostolici Vol. I, Tübingen 1901^2, 414–639.
zit.: Funk.

O.de Gebhardt – A. Harnack, Hermae Pastor graece, addita versione latina recentiore e codice Palatino, (= Patrum Apostolicorum Opera, rec. O.de Gebhardt – A. Harnack, T. Zahn, fasc. III), Leipzig 1877.
zit.: Gebhardt-Harnack.

A. Hamman, Naissance des lettres chrétiennes, Paris 1957, 125–240.
zit.: Hamman.

A. Hilgenfeld, Hermae Pastor. Veterem Latinam interpretationem e codicibus ed., Leipzig 1873. [= L^1].

–, Hermae Pastor, graece integrum ambitu primum ed., Leipzig 1887.
zit.: Hilgenfeld.

R. Joly, Hermas. Le Pasteur, Paris 1968^2. Réimpression 1985^3.
zit.: Joly.

A. F. J. Klijn, Apostolische Vaders 2, Kampen 1983, 125–232.
zit.: Klijn.
K. Lake, The Apostolic Fathers with an English Translation, Vol. II, Cambridge/Mass.-London 1913. Nachdruck 1976, 1–305.
zit.: Lake.
A. Lelong, Les Pères Apostoliques IV: Le Pasteur d'Hermas, Paris 1912.
zit.: Lelong.
I. C. Mayer, Der Hirte des Hermas, in: ders., Die Schriften der apostolischen Väter, Kempten 1869, 253–411.
zit.: Mayer.
G. F. Snyder, The Shepherd of Hermas. A new translation and commentary, London-Camden-Toronto 1968.
zit.: Snyder.
O. Soffritti, Erma il Pastore. Introduzione, traduzione e note, Ed. Paoline 1970.
zit.: Soffritti.
C. Taylor, The Shepherd of Hermas translated, 2 vols., London 1903.
zit.: Taylor.
A. F. C. Tischendorf, Hermae Pastor Graece. Ex fragmentis Lipsiensibus instituta quaestione de vero Graeci textus Lipsiensis fonte ed., Leipzig 1856.
zit.: Tischendorf.
H. Weinel, Der Hirt des Hermas, NTApo 1904, 217–292.
–, Der Hirt des Hermas, NTApo 1924[2], 327–384.
M. Whittaker, Der Hirt des Hermas, Berlin 1956[1]. 1967[2].
zit.: Whittaker.
F. Zeller, Der Hirte des Hermas, in: ders., Die Apostolischen Väter, München 1918, 171–289.
zit.: Zeller.

2. Literatur zur Textgeschichte und Interpretation

H. Achelis, Altchristliche Kunst, ZNW 14, 1913, 312–348.
–, Die Katakomben von Neapel, Leipzig 1936.
K. Adam, Die Lehre von dem Heiligen Geiste bei Hermas und Tertullian, ThQ 88, 1906, 36–61, jetzt in: Gesammelte Aufsätze zur Dogmengeschichte u. Theologie der Gegenwart, ed. F. Hofmann, Augsburg o.J. (1936), 53–69.
M. Adinolfi, La metanoia della Tavola di Cebete alle luce della 1Pt, Anton. 60, 1985, 579–601.
P. Adnès, Hermas. Doctrine Spirituelle, DSp 7/1, 1968, 320–332.
A.d'Alès, La discipline pénitentielle d'après le Pasteur d'Hermas, RSR 2, 1911, 105–139.240–265.
–, A propos du Pasteur d'Hermas, Études 132, 1912, 79–94.
–, L'édit de Calliste. Étude sur les origines de la pénitence chrétienne, Paris 1914.
–, De sacramento paenitentiae, Paris 1926, 17–21.
L. Alfonsi, La vite e l'olmo, VigChr 21, 1967, 81–86.
B. Altaner – A. Stuiber, Patrologie, Freiburg-Basel-Wien 1980[9], 55- 58.
E. Amann, La pénitence dans le „Pasteur" d'Hermas, DThC XII/1, Paris 1933, 759–763.

J. Amstutz, ΑΠΛΟΤΗΣ. Eine begriffsgeschichtliche Studie zum jüdisch-christlichen Griechisch, Bonn 1968, 132–157.

G. André, La vertu de simplicité chez les Pères Apostoliques, RSR 11, 1921, 306–327.

C. Andresen, Die Kirchen der alten Christenheit, Stuttgart-Berlin-Köln-Mainz 1971.

Anonymos, La version latine du Pasteur d'Hermas, Bibliothèque de l'école des Chartes 46, 1885, 372.

T. Aono, Die Entwicklung des paulinischen Gerichtsgedankens bei den Apostolischen Vätern, Bern-Frankfurt/M.-Las Vegas 1979.

S. Arai, Angelus interpres in the „Shepherd of Hermas". An Introduction-Christology, Tokyo 1959 (japanisch).

R. Arbesmann, Fasting and Prophecy in Pagan and Christan Antiquity, Tr. 7, 1949–1951, 1–71.

G. Arnera, Du rocher d'Esaie aux douze montagnes d'Hermas, ETR 59, 1984, 215–220.

H. Aschermann, Die paränetischen Formen der „Testamente der zwölf Patriarchen" und ihr Nachwirken in der frühchristlichen Mahnung. Eine formgeschichtliche Untersuchung, ungedr. Diss. Berlin 1955.

R. Asting, Die Heiligkeit im Urchristentum, Göttingen 1930.

P. Aubin, Le problème de la „conversion", Paris 1963, 85–87.

J.-P. Audet, Affinités littéraires et doctrinales du Manuel de Discipline. Le ‚Pasteur' d'Hermas, RB NS 59, 1952, 219–238; 60, 1953, 41–82.

–, [Rez. zu: G. F. Snyder, The Shepherd of Hermas] JBL 87, 1968, 475–477.

D. E. Aune, Herm.Man. 11.2: Christian False Prophets who say what people wish to hear, JBL 97, 1978, 103–104.

–, Prophecy in Early Christianity and the Ancient Mediterranean World, Grand Rapids, Michigan 1983, 299–310.437.

A. C. Autry, Christ and the Spirit in the New Testament and in Christian Thought of the Second Century: A Comparative Study in Pneumatology, Diss. Waco, Texas 1983.

H. Bacht, Die Prophetische Inspiration in der kirchlichen Reflexion der vormontanistischen Zeit, ThQ 125, 1944, 1–18.

H.A.van Bakel, De compositie van den Pastor Hermae, Diss. Amsterdam 1900.

A. Bakker, Christ an Angel? A study of early Christian docetism, ZNW 32, 1933, 255–265.

E. Balmas, L'adattamento valdese del *Pastore di Erma* [Latin text with vernacular version of Cambridge Univ. Library Ms Dd XV 29], BSSV 148, 1980, 3–17.

J. Barbel, Christos Angelos. Die Anschauung von Christus als Bote und Engel in der gelehrten und volkstümlichen Literatur des christlichen Altertums. Zugleich ein Beitrag zur Geschichte des Ursprungs und der Fortdauer des Arianismus, Bonn 1941. 1964^2.

–, Jesus Christus im Glauben der Kirche, Aschaffenburg 1976, 92.

F. Barberet, „La formule ΖΗΝ ΤΩΙ ΘΕΩΙ dans le Pasteur d'Hermas", RSR 46, 1958, 379–407.

O. Bardenhewer, Geschichte der altkirchlichen Literatur, 1. Bd., Freiburg i.B. 1913^2. Nachdruck Darmstadt 1962, 465–487.

G. Bardy, La conversion au christianisme durant les premiers siècles, Paris 1949 =

deutsch: Menschen werden Christen. Das Drama der Bekehrung in den ersten Jahrhunderten, ed. u. übersetzt von J. Blank, Freiburg-Basel-Wien 1988.
–, Le Pasteur d'Hermas et les livres hermétiques, RB NS 8, 1911, 391–407.
–, La vie spirituelle d'après les Pères des trois premiers siècles, T. I, Paris 1935. Edition revue et mise à jour par A. Hamman, Tournai 1968.
–, La Théologie de l'Église de Clément de Rome à saint Irénée, Paris 1945.
–, Arcadia, RAC 1, 1950, 596f.
G. Bareille, Hermas, DThC VI, 1920, 2268–2288.
L. W. Barnard, [Rez. zu: M. Whittaker, Der Hirt des Hermas; S. Giet, Hermas et les pasteurs] VigChr 18, 1964, 183–186.
–, Hermas and Judaism, StPatr VIII (TU 93), Berlin 1966, 3–9.
–, Hermas, the Church and Judaism, in: ders., Studies in the Apostolic Fathers and Their Background, Oxford 1966, 151–163.
–, The „Shepherd" of Hermas in Recent Study, HeyJ 9, 1968, 29–36.
W. E. Barnes, Hermas. A Simple Christian of the Second Century, Cambridge 1922.
A. E. Barnett, Paul Becomes A Literary Influence, Chicago 1941.
G. J. M. Bartelink, Lexicologisch-semantische studie over de taal van de Apostolische Vaders, Utrecht o. J. (1952).
P. Batiffol, Hermas et le problème moral au second siècle, RB 10, 1901, 337–351.
R. J. Bauckham, The Great Tribulation in the Shepherd of Hermas, JThS NS 25, 1974, 27–40.
W. Bauer, Das Leben Jesu im Zeitalter der neutestamentlichen Apokryphen, Tübingen 1909. Nachdruck Darmstadt 1967.
–, Rechtgläubigkeit und Ketzerei im ältesten Christentum, Tübingen 1934; ed. G. Strecker, Tübingen 1964².
–, Griechisch-deutsches Wörterbuch zu den Schriften des Neuen Testaments und der übrigen urchristlichen Literatur, Berlin-New York 1971⁵.
–, dass., 6., völlig neu bearbeitete Auflage, ed. K. Aland und B. Aland, Berlin-New York 1988.
zit.: Bauer-Aland.
A. Baumeister, Die Ethik des Pastor Hermae, Freiburg 1912.
T. Baumeister, Die Anfänge der Theologie des Martyriums, Münster 1980, 252–257.
P. Baumgärtner, Die Einheit des Hermas-Buchs, Freiburg 1889.
K. Baus, Von der Urgemeinde zur frühchristlichen Großkirche, Freiburg-Basel-Wien 1965, 364–366.
C. Bausone, Aspetti dell'ecclesiologia del Pastore di Hermas, StPatr XI (TU 108), Berlin 1972, 101–106
J. F. Bayes, Suffering in the Theologies of the Apostolic Fathers, Diss. Leeds, 1988.
J. Beblavý, Les idées eschatologiques de saint Paul et des Pères apostoliques, Diss. Strasbourg, Alencon 1924.
H. M. T. Behm, Über den Verfasser der Schrift, welche den Titel „Hirt" führt: Historisch-kritischer Versuch, Rostock 1876.
M. A. Bellis, „Levantes puras manus" nell'antica letteratura cristiana, Ricerche di storia religiosa 1, 1954, 9–39.
U. Benigni, Il Pastore di Herma e la ipercritica protestante, Bess. 4/6, 1899, 233–248.
A. Benoît, Le baptême chrétien au deuxième siècle, Paris 1953, 115–137.
G. A. Benrath, Buße V. 1, TRE 7, 1981, 452–458.

E. Benz, Die Vision. Erfahrungsformen und Bilderwelt, Stuttgart 1969.
K. Berger, Formgeschichte des Neuen Testaments, Heidelberg 1984, 295–305.
–, Hellenistische Gattungen im Neuen Testament, ANRW II 25/2, Berlin-New York 1984, 1031–1432.
J. Beumer, Die altchristliche Idee einer präexistierenden Kirche und ihre theologische Auswertung, WiWei 9, 1942, 13–22.
H. Bönhoff, Die Christologie im „Hirten“ des Hermas, Neues Sächsisches Kirchenblatt 7, 1900, 497–502.515–518.
T. Bogdanos, The Shepherd of Hermas and the Development of Medieval Visionary Allegory, Orph. 22, 1975, 57–75.
C. Bonner, A Papyros Codex of the Shepherd of Hermas, HTR 18, 1925, 115–127.
–, A New Fragment of the Shepherd of Hermas (Michigan Papyrus 44-H), HThR 20, 1927, 105–116.
–, (ed.), A Papyrus Codex of the Shepherd of Hermas (Similitudes 2–9). With a Fragment of the Mandates, Ann Arbor 1934. Nachdruck 1979.
N. Bonwetsch, Die Prophetie im apostolischen und nachapostolischen Zeitalter, ZKWL 5, 1844, 408–424.460–477.
–, Die Geschichte des Montanismus, Erlangen 1881. Nachdruck Hildesheim 1972.
W. Bousset, Kyrios Christos. Geschichte des Christusglaubens von den Anfängen des Christentums bis Irenäus, Göttingen 1965^5.
–, Die Religion des Judentums im späthellenistischen Zeitalter, Tübingen 1966^4.
W. G. Bowman, The Place of Hermas Among the Early Christian Prophets, Diss. The Iliff School of Theology 1964.
M. O'Rourke Boyle, Luther's Rider-gods: From the Steppe to the Tower, JRH 13, 1984/85, 260–282.
H. Brandenburg, Studien zur Mitra. Beiträge zur Waffen- und Trachtgeschichte der Antike, Münster 1966.
E. Brandenburger, Die Verborgenheit Gottes im Weltgeschehen. Das literarische und theologische Problem des 4. Esrabuches, Zürich 1981.
H. Braun, Qumran und das Neue Testament, Bd. 2, Tübingen 1966, 184–211.
N. Brox, Zeuge und Märtyrer, München 1961.
–, [Rez. zu: D. Hellholm, Visionenbuch] ThRv 78, 1982, 209–211.
–, Die unverschämten Fragen des Hermas, in: Anfänge der Theologie. XAPICTEION (Festschr. J. B. Bauer), ed. N. Brox, A. Felber, W. L. Gombocz, M. Kertsch, Graz 1987, 175–188.
–, Die reichen und die armen Christen. Eine Parabel aus der altrömischen Kirche, in: Biotope der Hoffnung. Zu Christentum und Kirche heute (Festschr. L. Kaufmann), ed. N. Klein, H. R. Schlette, K. Weber, Olten-Freiburg i.B. 1988, 224–229.
–, Die weggeworfenen Steine im Pastor Hermae Vis III,7,5, ZNW 80, 1989, 130–133.
–, Die kleinen Gleichnisse im Pastor Hermae, MThZ 40, 1989, 263–278.
A. Brüll, Clemens von Rom und der Hirt des Hermas, ThQ 60, 1878, 44–52.
–, Hirt des Hermas. Nach Ursprung und Inhalt untersucht, Fribourg-en-Br. 1882.
J. Büchli, Der Poimandres. Ein paganisiertes Evangelium. Sprachliche und begriffliche Untersuchungen zum 1. Traktat des Corpus Hermeticum, Tübingen 1987.
H. J. Cadbury, Lexical Notes on Luke-Acts. I., JBL 44, 1925, 214–227.

H. von Campenhausen, Kirchliches Amt und geistliche Vollmacht in den ersten drei Jahrhunderten, Tübingen 1963[2].
–, Die Idee des Martyriums in der alten Kirche, Göttingen 1964[2].
–, Die Entstehung der christlichen Bibel, Tübingen 1968.
A. Carlini, La tradizione manoscritta del Pastor di Hermas e il problema dell'unità di composizione dell'opera, in: Festschr. zum 100jährigen Bestehen der Papyrussammlung der Österreichischen Nationalbibliothek. Papyrus Erzherzog Rainer (P. Rainer Cent.), Wien 1983, 97–100.
–, P. Michigan 130 (Inv. 44-H) e il problema dell'unicità di redazione del Pastore di Erma, ParPass 38, 1983, 29–37.
–, Papiri e stratificazione testuale nei *Patres Apostolici*, Atti del XVII Congresso Internazionale di Papirologia 2, Napoli 1984, 367–372.
–, Un nuovo testimone delle Visioni di Erma, AeR NS 30, 1985, 197–202.
–, Due estratti del *Pastore* di Erma nella versione Palatina in *Par.lat.* 3182, SCO 35, 1985, 311 f.
–, Tradizione testuale e prescrizioni canoniche: Erma, Sesto, Origene, Orph. NS 7, 1986, 40–52.
–, Le passeggiate di Erma verso Cuma (su due luoghi controversi del *Pastore*), in: Studi in onore di E. Bresciani, Pisa 1986, 105–109.
–, Erma (*Vis.* II 3,1) testimone testuale di Paolo? SCO 37, 1987, 235–239.
–, La tradizione testuale del Pastore di Erma e i nuovi papiri, in: Le strade del testo, ed. G. Cavallo, Bari 1987, 21–43.
–, ΜΕΤΑΝΟΕΙΝ e ΜΕΤΑΜΕΛΕΣΘΑΙ nelle Visioni di Erma, in: Miscelánea R. Roco-Puig, Barcelona 1987, 97–102.
–, Hermae Pastor, MAND. VIII 9–10; 11–12; SIM. V 7,34; VI 1,2–4 (Gr. II 516; Gr. III 1228 + Gr II 516 + dal Gr. IV 164 (2 frr.); dal Gr. IV 164), in: R. Pintaudi – R. Dostálová – L. Vidman (ed.), Papyri Graecae Wessely Pragenses (PPrag. I), Papyrologica Florentina XVI, Firenze 1988, 17–25.
–, La rappresentazione della ΠΙΣΤΙΣ personificata nella terza visione di Erma, Civiltà classica e cristiana 9, 1988, 85–94.
–, Un accusativo da difendere (*Hermae Pastor*, *Vis.* III 1,1; *Vis.* IV 1,1), SCO 38, 1988, 511 f.
H. J. Carpenter, Popular Christianity and the Theologians in the Early Centuries, JThS NS 14, 1963, 294–310.
H. Chadwick, The New Edition of Hermas, JThS NS 8, 1957, 274–280.
F. H. Chase, The Lord's Prayer in the Early Church, Cambridge 1891.
L. Cirillo, Conférences sur les idées et le vocabulaire juifs du „Pasteur" d'Hermas, AEPHE.R 80–81, 1972–73, 336–337.
–, La christologie pneumatique de la cinquième parabole du ‚Pasteur'd'Hermas (Par. V, 6,5), RHR 184, 1973, 25–48.
–, Il Pastore di Erma e la storia, in: Miscellanea di Studi storici, Università della Calabria, II, 1982, 35–58.
–, Erma e il problema dell'apocalittica a Roma, Cristianesimo nella storia 4, 1983, 1–31.277.
E. A. Clark, John Chrysostom and the Subintroductae, ChH 46, 1977, 171–185.
K. W. Clark, The Sins of Hermas, in: A. Wikgren (ed.), Early Christian Origins, Chicago 1961, 102–119.

W. Coleborne, A Linguistic Approach to the Problem of Structure and Composition of the Shepherd of Hermas, Phil.Diss. University of Newcastle, Australia 1965. zit.: Coleborne, Approach (1965).
–, A Linguistic Approach to the Problem of Structure and Composition of the Shepherd of Hermas, Colloquium 3, 1969, 133–142. zit.: Coleborne, Approach (1969).
–, The Shepherd of Hermas. A Case for Multiple Authorship and Some Implications, StPatr X/1 (TU 107), Berlin 1970, 65–70.
A. Y. Collins, The Early Christian Apocalypses, in: Apocalypse: The Morphology of a Genre, ed. J.J. Collins, Semeia 14, 1979, 61–121.
J.J. Collins, Introduction: Towards the Morphology of a Genre, in: Apocalypse: The Morphology of a Genre, ed. J.J. Collins, Semeia 14, 1979, 1–20.
G. Corti, I Padri Apostolici. Il pastore di Erma e la lettera di Barnaba, Roma 1966, 239–253.
J. M. Cotterill – C. Taylor, Plutarch, Cebes, and Hermas, JP 31, 1910, 14–35.
E. R. Curtius, Europäische Literatur und lateinisches Mittelalter, Bern-München 1973[8].
J. Daniélou, Trinité et angélogie dans la théologie judéo-chrétienne, RSR 45, 1957, 5–41.
–, Qumran und der Ursprung des Christentums, Mainz 1958.
–, Théologie du judéo-christianisme, Tournais-Paris 1958, 46–49.169–177.
–, Les origines du christianisme latin, Paris 1978.
E. Dassmann, Der Stachel im Fleisch. Paulus in der frühchristlichen Literatur bis Irenäus, Münster 1979, 226–231.
–, Hausgemeinde und Bischofsamt, in: Vivarium. Festschr. Th. Klauser, Münster 1984, 82–97.
J. E. Davison, Spiritual Gifts in the Roman Church: I Clement, Hermas and Justin Martyr, Ann Arbor, Michigan 1981.
M. Dean-Otting, Heavenly Journeys. A Study of the Motif in Hellenistic Jewish Literature, Frankfurt-Bern-New York 1984.
R. van Deemter, Der Hirt des Hermas. Apokalypse oder Allegorie? Delft 1929.
L. Delaporte, Le Pasteur d'Hermas. Fragments de la version copte-sahidique, ROC 10, 1905, 424–433.
–, Note sur de nouveaux fragments du Pasteur d'Hermas, ROC 11, 1906, 101 f.
–, Le Pasteur d'Hermas. Nouveaux fragments sahidiques, ROC 11, 1906, 301–311.
H. Delehaye, Un manuscrite de l'ancienne version latine du pasteur d'Hermas, Bulletin critique 1894, 14–16.
C. E. Demaray, Studies in the Language of Hermas, Diss. Ann Arbor, Michigan 1940.
P. Demetz, The Elm and the Vine: Notes toward the history of a marriage topos, Publications of the Modern Language Association of America 73, 1958, 521–532.
J. Denker, Die theologische Stellung des Petrusevangeliums. Ein Beitrag zur Frühgeschichte des Doketismus, Bern-Frankfurt/M. 1975.
M. Dibelius, Hermas, RGG[2] 2, 1928, 1821 f.
–, Der Offenbarungsträger im „Hirten" des Hermas, in: Harnack-Ehrung, Leipzig 1921, 105–118, jetzt in: Botschaft und Geschichte. Gesammelte Aufsätze 2, ed. G. Bornkamm, Tübingen 1956, 80–93.
M. Dibelius – H. Greeven, Der Brief des Jakobus, Göttingen 1984[12].

M. Dibelius, Geschichte der urchristlichen Literatur. Neudruck der Erstausgabe 1926, unter Berücksichtigung der Änderungen der englischen Übersetzung von 1936 ed. F. Hahn, München 1975, 88–91.

O. Dibelius, Poimandres, ZKG 26, 1905, 167–189.

H. Diels – A. Harnack, Über einen Berliner Papyrus des Pastor Hermae, Sitzungsberichte der Berliner Akademie 1891, 427–431.

W. Dindorf – R. Anger, Nachträgliche Bemerkungen zu Hermas, Leipziger Repertorium der deutschen und ausländischen Literatur 14, III, 1856, 129–147.

W. Dindorf, Nachträgliche Bemerkungen zu Hermas II, Leipziger Repertorium der deutschen und ausländischen Literatur 15, I, 1857, 65–79.

F. J. Dölger, Sphragis. Eine altchristliche Taufbezeichnung in ihren Beziehungen zur profanen und religiösen Kultur des Altertums, Paderborn 1911. Nachdruck 1967.

–, IXΘYC 1^2, Münster 1928; 2, Münster 1922.

–, Ne quis adulter! Christliche und heidnische Ächtung des Ehebruchs in der Kultsatzung, AuC 3, Münster 1932. 1975^2, 132–148.

–, Das Niedersitzen nach dem Gebet. Eine Auseinandersetzung zwischen Christentum und Heidentum im häuslichen und liturgischen Gebetsbrauch. Ein Kommentar zu Tertullians De oratione 16, AuC 5, Münster 1936. 1976^2, 116–137.

–, Zur Ächtung des Ehebruchs bei Epiktet und Hermas, AuC 5, Münster 1936. 1976^2, 141 f.

J. Donaldson, The Shepherd of Hermas, The Theological Review 14, 1877, 504–519.

E. Dorsch, Zur Hierarchie des ‚Hirten', ZKTh 28, 1904, 250–294.

W. Doskocil, Der Bann in der Urkirche. Eine rechtsgeschichtliche Untersuchung, München 1958.

J. Dräseke, Zum Hirten des Hermas, ZWTh 30, 1887, 172–184.

H.-J. Drexhage, Wirtschaft und Handel in den frühchristlichen Gemeinden (1.-3. Jh. n. Chr.), RQ 76, 1981, 1–72.

L. Duchesne, Le livre du Pasteur et l'église Romaine au commencement du second siècle, RMC 20, 1880, 7–28.

F. Dvornik, Early Christian and Byzantine Political Philosophy. Origins and Background, Vol. II, Washington, D.C. 1966.

G. Edmundson, The Date of the Shepherd of Hermas, Expositor 24, 1922, 161–176.

A. Ehrhard, Die Berliner Hermas-Fragmente auf Papyrus, ThQ 74, 1892, 294–303.

–, Hermasfragmente auf Papyrus, Centralblatt für Bibliothekswesen 9, 1892, 223–226.

–, Der Hirte des Hermas, in: ders., Die altchristlicher Litteratur und ihre Erforschung von 1884–1900. Erste Abteilung. Die vornicänische Litteratur, Freiburg i.B. 1900, 100–111.

T.H.C. van Eijk, La résurrection des morts chez les Pères Apostoliques, Paris 1974.

H. Emonds – B. Poschmann, Buße, RAC 2, 1954, 802–814.

M.S. Enslin, A Second Century Pastor, CrozQ 6, 1929, 278–298.

M. Erbetta, Gli apocrifi del Nuovo Testamento III. Lettere e apocalissi, Torino 1969, 235–308.

A. Folgado Flórez, El binomio Cristo-Iglesia en el „Pastor" de Hermas, CDios 185, 1972, 639–670.

–, Teoría teórico-descriptiva sobre la Iglesia en el „Pastor" de Hermas, CDios 191, 1978, 217–246.

–, La Iglesia, anterior a los siglos en el „Pastor“ de Hermas, CDios 191, 1978, 365–391.
–, Teoría eclesial en el Pastor de Hermas, Real Monasterio de El Escorial (Madrid) 1979.
J. M. Ford, A Possible Liturgical Background to the Shepherd of Hermas, RdQ 6, 1969, 531–551.
A. Frank, Studien zur Ekklesiologie des Hirten, II Klemens, der Didache und der Ignatiusbriefe unter besonderer Berücksichtigung der Idee einer präexistenten Kirche, Diss. theol. (1972), München 1975.
H. A. Frei, Metanoia im ‚Hirten‘ des Hermas, IKZ 64, 1974, 118–139.189–202; 65, 1975, 120–138.176–204.
R. Frick, Die Geschichte des Reich-Gottes-Gedankens in der alten Kirche bis zu Origenes und Augustin, Gießen 1928.
E. Fuchs, Glaube und Tat in den Mandata des Hirten des Hermas. I. Teil der Inaug.-Diss. Theol., Marburg 1931.
F. X. Funk, Zur Versio Palatina des Pastor Hermä, Zeitschrift für die österreichischen Gymnasien 36, 1885, 245–249.
–, Zum griechischen Pastor Hermä, ThQ 70, 1888, 51–71.
–, Zur Hermasfrage, Litterarische Rundschau 1888, 227–231.
–, Zur altchristlichen Bußdisciplin, in: ders., Kirchengeschichtliche Abhandlungen und Untersuchungen, Bd. 1, Paderborn 1897, 155–181.
–, Zum Pastor Hermä, ThQ 85, 1903, 639f.
–, Die Einheit des Hirten des Hermas, ThQ 81, 1899, 321–360, jetzt in: ders., Kirchengeschichtliche Abhandlungen und Untersuchungen, Bd. 3, Paderborn 1907, 230–261.
E. Gaâb, Der Hirte des Hermas. Ein Beitrag zur Patristik, Basel 1866.
P. Galtier, Aux origines du sacrement de la pénitence, Rom 1951, 132–144.
–, De paenitentia. Tractatus dogmatico-historicus, Rom 1956, 189–197.
R. Garrucci, Storia della Arte cristiana, Vol. 2, Prato 1873, 113f. ad tab. 96,3.
J. Geffcken, Christliche Apokryphen, Tübingen 1908, 40–45.
–, Die Hirten auf dem Felde, Hermes 49, 1914, 321–351.
G. Ghedini, Nuovi codici del „Pastore“ di Erma, ScC 62, 1934, 576–580.
S. Giet, L'apocalypse d'Hermas et la Pénitence, StPatr III (TU 78), Berlin 1961, 214–218.
–, Hermas et les Pasteurs. Les trois auteurs du Pasteur d'Hermas, Paris 1963.
–, Un courant judéo-chrétien a Rome au milieu du IIe siècle? in: Aspects du judéo-christianisme. Colloque de Strasbourg 23–25 avril 1964, Paris 1965, 95–112.
–, Les trois auteurs du Pasteur d'Hermas, StPatr VIII (TU 93), Berlin 1966, 10–23.
–, De trois expressions: „Auprès de la tour“, „la place inférieur“, et „les premieurs murs“, dans le Pasteur d'Hermas, StPatr VIII (TU 93), Berlin 1966, 24–29.
–, Pénitence ou repentance dans le Pasteur d'Hermas, RDC 17, 1967, 15–30.
–, A propos de l'ecclésiologie du „Pasteur“ d'Hermas, RHE 63, 1968, 429–437.
M. Goguel, La doctrine de l'impossibilité de la seconde conversion dans l'épître aux Hébreux et sa place dans l'évolution du christianisme, Melun 1931.
–, L'Église primitive, Paris 1947.
F. X. Gokey, The Terminology for the Devil and Evil Spirits in the Apostolic Fathers, Washington 1961, 121–174.178–180.
I. Goldhahn-Müller, Die Grenze der Gemeinde. Studien zum Problem der Zweiten

Buße im Neuen Testament unter Berücksichtigung der Entwicklung im 2. Jh. bis Tertullian, Göttingen 1989.
E.J. Goodspeed, Lexical Notes on Paul, Luke, James, Hermas, JBL 72, 1953, XII.
–, The Ostracon in Literature, JBL 73, 1954, 85f.
–, A History of Early Christian Literature. Revised and enlarged by R.M. Grant, Chicago 1966, 30–33.
L. Goppelt, Christentum und Judentum im ersten und zweiten Jahrhundert, Gütersloh, 1954, 241–244.
–, Die apostolische und nachapostolische Zeit, Göttingen 1966^2, A93–95.
R.M. Grant, After the New Testament, Philadelphia 1967.
W.C. Grese, Corpus Hermeticum XIII and Early Christian Literature, Leiden 1979.
A. Grillmeier, Mit ihm und in ihm. Christologische Forschungen und Perspektiven, Freiburg-Basel-Wien 1978^2.
–, Jesus der Christus im Glauben der Kirche, Bd. 1, Freiburg-Basel-Wien 1982^2.
K. Grobel, Shepherd of Hermas, Parable II, in: Vanderbilt Studies in the Humanities, Vol. I, Nashville 1951, 50–55.
M. Gronewald, Ein verkannter Hermas-Papyrus (P.land.l 4 = Hermae Pastor, Mand. XI 19–21; XII 1,2–3), ZPE 40, 1980, 53f.
E. Grosse-Brauckmann, De compositione Pastoris Hermae, Diss. Göttingen 1910.
J. Grotz, Die Entwicklung des Bußstufenwesens in der vornicänischen Kirche, Freiburg 1955, 11–70.
H. Gülzow, Christentum und Sklaverei in den ersten drei Jahrhunderten, Bonn 1969.
E. Güttgemanns, Die Semiotik des Traums in apokalyptischen Texten am Beispiel von Apokalypse Johannis 1, LingBibl 59, 1987, 7–54.
C. Haas, De Geest bewaren. Achtergrond en functie van de pneumatologie in de paraenese van de Pastor van Hermas, s'Gravenhage o.J. (1985).
H. Hagemann, Der Hirt des Hermas, ThQ 42, 1860, 1–40.
A. Hamman, „La signification de σφραγίς dans le Pasteur d'Hermas", StPatr IV (TU 79), Berlin 1961, 286–290.
A.T. Hanson, Hodayoth VI and VIII and Hermas Sim. VIII, StPatr X (TU 107), Berlin 1970, 105–108.
A. Harnack, [Rez. zu: H.M.T. Behm, Über den Verfasser; G.H. Schodde, Hêrmâ Nabî] ThLZ 2, 1877, 55–59.
–, Das Muratorische Fragment und die Entstehung einer Sammlung apostolisch-katholischer Schriften, ZKG 3, 1879, (358–408) 369f.
–, Miscelle zu Hermas, ThLZ 10, 1885, 146.
–, Über eine in Deutschland bisher unbekannte Fälschung des Simonides, ThLZ 12, 1887, 147–151.
–, Der pseudocyprianische Tractat De aleatoribus (TU 5/1), Leipzig 1888, 126–128.
–, Die Wiederauffindung der Athoshandschrift des Hirten des Hermas, ThLZ 13, 1888, 303–305.
–, Geschichte der altchristlichen Literatur bis Eusebius I/1, Leipzig 1893. Nachdruck 1958, 49–58; II/1, Leipzig 1897. Nachdruck 1958, 257–267.
–, Entstehung und Entwickelung der Kirchenverfassung und des Kirchenrechts in den zwei ersten Jahrhunderten. Urchristentum und Katholizismus (1910), Darmstadt 1980.

–, Zur Geschichte der Anfänge der inneren Organisation der stadtrömischen Kirche (1918), in: Kleine Schriften zur alten Kirche, Bd. 2, Leipzig 1980, 528–561.
–, Die Mission und Ausbreitung des Christentums in den ersten drei Jahrhunderten, Leipzig 1924[4].
J. R. Harris, On the Angelology of Hermas (Johns Hopkins' University Circulars, Vol. III, Nr. 30, April 1884), jetzt in (und zitiert nach): ders., Hermas in Arcadia and Other Essays, Cambridge 1896, 21–25.
–, Hermas in Arcadia, JSBL 7, 1887, 69–83, jetzt in: Hermas in Arcadia and Other Essays, Cambridge 1896, 1–20.
zit.: Hermas in Arcadia (1887).
–, Hermas in Arcadia and Other Essays, Cambridge 1896.
zit.: Hermas in Arcadia (1896).
–, The Shepherd of Hermas in the West, ET 39, 1928, 259–261.
W.-D. Hauschild, Christentum und Eigentum, ZEE 16, 1972, 34–49.
J. Haussleiter, Textkritische Bemerkungen zur palatinischen Übersetzung des „Hirten des Hermas", ZWTh 26, 1883, 345–356.
–, De versionibus Pastoris Hermae latinis, Acta Seminarii Philologici Erlangensis III, Erlangen 1884, 399–477.
D. Hellholm, Das Visionenbuch des Hermas als Apokalypse. Formgeschichtliche und texttheoretische Studien zu einer literarischen Gattung. I: Methodologische Vorüberlegungen und makrostrukturelle Textanalyse, Lund 1980.
–, (ed.), Apocalypticism in the Mediterranean World and the Near East. Proceedings of the International Colloquium on Apocalypticism Uppsala, August 12–17, 1979, Tübingen 1989[2].
B. Hemmerdinger, La prépondérance de l'Eglise de Rome en 95, RSPhTh 47, 1963, 58–60.
M. Hengel, [Rez. zu: L. Pernveden] ThLZ 94, 1969, 437–439.
P. Henne, A propos de la christologie du Pasteur d'Hermas. La cohérence interne des niveaux d'explication dans la *Cinquième Similitude*, RSPhTh 72, 1988, 569–578.
–, La christologie chez Clément de Rome et dans le Pasteur d'Hermas, Diss. Louvain-la-Neuve 1988 (nicht veröffentlicht).
–, La polysémie allégorique dans le *Pasteur* d'Hermas, EThL 65, 1989, 131–135.
–, Canonicité du „Pasteur" d'Hermas, RThom 90, 1990, 81–100.
–, Le Pasteur d'Hermas, Connaissance des Pères de l'Eglise 38, 1990, 18–25.
–, La véritable christologie de la *Cinquième Similitude* du *Pasteur* d'Hermas, RSPhTh 74, 1990, 182–204.
–, Hermas en Egypte. La tradition manuscrite et l'unité rédactionelle du *Pasteur*, Cristianesimo nella storia 11, 1990, 237–256.
–, Le péché d'Hermas, RThom 90, 1990, 640–651.
M. Hermaniuk, La Parabole Evangélique. Enquête exégétique et critique, Bruges-Paris-Louvain 1947.
L. Herrmann, Le faux prophète à la cigogne, in: Mélanges Isidore Lévy, Bruxelles 1955, 179–186.
B. Heurtier, Le dogme de la Trinité dans l'épître de Saint Clément de Rome et le Pasteur d'Hermas, Thèse Lyon 1900 (handschriftlich).
G. Heyne, Quo tempore Hermae Pastor scriptus sit, Diss. Regimonti Pr. [Königsberg] 1872.

A. Hilgenfeld, Die apostolischen Väter. Untersuchungen über Inhalt und Ursprung der unter ihrem Namen erhaltenen Schriften, Halle 1853, 125–184.
–, Novum Testamentum extra canonem receptum. Hermae Pastor, Leipzig 1884.
–, Zu dem griechischen Schlusse des Hermas-Hirten, ZWTh 30, 1887, 185f.
–, Die Hermas-Gefahr, ZWTh 30, 1887, 334–342.
–, Bemerkungen zu Hermas, ZWTh 30, 1887, 497–501.
–, Zur vorläufigen Säuberung des griechischen Hermas-Schlusses, ZWTh 30, 1887, 256.
–, [Anzeige von E. Hückstädt, Der Lehrbegriff des Hirten, Anklam 1889] ZWTh 32, 1889, 501–506.
–, [Anzeige von A. Link, Die Einheit des Pastor Hermae, Marburg 1888; P. Baumgartner, Die Einheit des Hermas-Buches, Freiburg i.B. 1889] ZWTh 32, 1889, 363–373.
–, Zu dem griechischen Texte des Hermas-Hirten, ZWTh 36, 1893, 438–441.
A. Hilhorst, Sémitismes et latinismes dans le Pasteur d'Hermas, Nijmegen 1976.
–, Hermas, RAC 14, 1988, 682–701.
S. Hirsch, Die Vorstellungen von einem weiblichen πνεῦμα ἅγιον im Neuen Testament und in der ältesten christlichen Literatur, ein Beitrag zur Lehre vom heiligen Geist, Diss. Berlin 1926, 40f.
K. Hörmann, Leben in Christus. Zusammenhänge zwischen Dogma und Sitte bei den Apostolischen Vätern, Wien 1952.
–, Das „Reden im Geiste" nach der Didache und dem Pastor Hermae, Mystische Theologie 3, 1957, 135–161.
J. Hoh, Die Buße im Pastor Hermae, ThQ 111, 1930, 253–288.
–, Die kirchliche Buße im II. Jahrhundert. Eine Untersuchung der patristischen Bußzeugnisse von Clemens Romanus bis Clemens Alexandrinus, Breslau 1932.
H. Holtzmann, Hermas und Johannes, ZWTh 18, 1875, 40–51.
F. J. A. Hort, Hermas and Theodotion, Johns Hopkins' University Circulars, Vol. IV, Nr. 35, December 1884, 23, jetzt in: J. R. Harris, Hermas in Arcadia and Other Essays, 23f.
R. M. Hübner, Die Anfänge von Diakonat, Presbyterat und Episkopat in der frühen Kirche, in: A. Rauch – P. Imhof (ed.), Das Priestertum in der Einen Kirche, Aschaffenburg 1987, 73f.
E. Hückstädt, Der Lehrbegriff des Hirten. Ein Beitrag zur Dogmengeschichte des zweiten Jahrhunderts, Anklam 1889.
K. R. Jachmann, Der Hirt des Hermas. Ein Beitrag zur Patristik, Königsberg 1838.
P. J. Jallabert, Hermas et Simonidès, Etudes sur la controverse récemment soulévée Allemagne par la découverte d'un manuscrit grec, Paris-Lyon 1858.
E. G. Jay, From Presbyter-Bishops to Bishops and Presbyters: Christian Ministry in the Second Century. A Survey, The Second Century 1, 1981, 125–162.
J. S. Jeffers, Social Foundations of Early Christianity at Rome: The Congregations Behind 1 Clement and the Shepherd of Hermas, Diss. Univ. of California, 1988.
J. Jeremias, ποιμήν κτλ., Der Hirt des Hermas, ThWNT 6, 1959, 497f.
R. Joly, „Judaïsme, Christianisme et Hellénisme dans le Pasteur d'Hermas", NC 5, 1953, 394–406.
–, Philologie et Psychanalyse. C. G. Jung et le „Pasteur" d'Hermas, AnCl 22, 1953, 422–428.

–, La doctrine pénitentielle du Pasteur d'Hermas et l'exégèse récente, RHR 147, 1955, 32–49.
–, [Rez. zu: M. Whittaker, Die Apostolischen Väter I. Der Hirt des Hermas, Berlin 1956] AnCl 27, 1958, 188–190.
–, Le Tableau de Cebes et la philosophie religieuse, Bruxelles-Berchem 1963.
–, Hermas et le pasteur, VigChr 21, 1967, 201–218.
H. Jordan, Geschichte der altchristlichen Literatur, Leipzig 1911.
C. G. Jung, Psychologische Typen (1921), in: Ges. Werke, ed. M. Niehus-Jung u. a., Bd. VI, Olten und Freiburg i. B. 1971, 239–247.254f.
E. Kamlah, Die Form der katalogischen Paränese im Neuen Testament, Tübingen 1964.
H. Karpp, Die Buße. Quellen zur Entstehung des altkirchlichen Bußwesens, Zürich 1969.
F. Kattenbusch, Das apostolische Symbol II, Leipzig 1900. Nachdruck Darmstadt 1962, 714–716.
J. N. D. Kelly, Early Christian Doctrines, London 1977^{5}.
T. K. Kempf, Christus der Hirt. Ursprung und Deutung einer altchristlichen Symbolgestalt, Rom 1942, 76–79.
E. Kikuchi, Hermae Pastor Visiones, St. Paul's Review, Arts and Letters No. 12, Tokyo 1962 (japanisch mit englischen Zusammenfassungen).
Kiküm, Glaubenslehre und Orthodoxie des Pastor Hermae (Colleg. August. zu Gaesdonck. Bericht über das Schuljahr 1862–63), Kleve 1863, 1–38.
G. D. Kilpatrick, A New Papyrus of the Shepherd of Hermas, JThS 48, 1947, 204–205.
G. Kittel, Der Jakobusbrief und die Apostolischen Väter, ZNW 43, 1950/51, 54–112.
T. Klauser, Die Cathedra im Totenkult der heidnischen und christlichen Antike, Münster 1927.
J. Klevinghaus, Die theologische Stellung der Apostolischen Väter zur alttestamentlichen Offenbarung, Gütersloh 1948, 113–129.
O. Knoch, Eigenart und Bedeutung der Eschatologie im theologischen Aufriß des ersten Clemensbriefes, Bonn 1964, 111–125.
R. Knopf, Die Himmelsstadt, in: A. Deißmann – H. Windisch (ed.), Neutestamentliche Studien (Festschr. Georg Heinrici), Leipzig 1914, 213–219.
P. Knorz, Die Theologie des ‚Hirten des Hermas', Theol. Diss. masch. Heidelberg 1958.
H. Koch, Die Bußfrist des Pastor Hermä, in: Festgabe A. Harnack, Tübingen 1921, 173–182.
K. Koch, Ratlos vor der Apokalyptik, Gütersloh 1970.
K. Koch – J. M. Schmidt, Apokalyptik, Darmstadt 1982.
L. Koep, Das himmlische Buch in Antike und Christentum, Bonn 1952.
H. Köster, Synoptische Überlieferung bei den Apostolischen Vätern, Berlin 1957, 242–256.
–, Einführung in das Neue Testament, Berlin-New York 1980, 693–697.
H. Kraft, Die altkirchliche Prophetie und die Entstehung des Montanismus, ThZ 11, 1955, 249–271.
–, Clavis Patrum Apostolorum, Darmstadt 1963.
–, Vom Ende der urchristlichen Prophetie, in: J. Panagopoulos (ed.), Prophetic Vocation in the New Testament and Today, Leiden 1977, 162–185.

–, Dalla „chiesa“ originaria all'episcopato monarchico, RSLR 22, 1986, 41ff.
J. Kraus, Hermas, LThK 5^2, 1960, 255f.
G. Kretschmar, Studien zur frühchristlichen Trinitätstheologie, Tübingen 1956.
J.R. Krueger, A Possible Turco – Mongolian Source for Θεγρί in Hermas' The Pastor, AJP 84, 1963, 295–299.
M. Küchler, Frühjüdische Weisheitstraditionen, Freiburg/Schw.-Göttingen 1979.
P.de Labriolle, La crise montaniste, Paris 1913, 247–257.
F. La Cuesa Gonzáles, La penitencia en „El Pastor“ de Hermas, Studium legionense 4, 1963, 217–271.
S. Laeuchli, The Language of Faith: An Introduction to the Semantic Dilemma of the Early Church, Nashville 1962.
K. Lake, Facsimiles of the Athos Fragments of the Shepherd of Hermas, Oxford 1907.
–, The Shepherd of Hermas and Christian Life in Rome in the Second Century, HThR 4, 1911, 25–46.
–, Landmarks in the History of Early Christianity, London 1920, 110–120.
–, The Shepherd of Hermas, HThR 18, 1925, 279–280.
S. P. Lambros, A Collation of the Athos Codex of the Shepherd of Hermas. Together with an introduction. Translated and edited with a preface and appendices by J. A. Robinson, Cambridge 1888.
P. Lampe, Die stadtrömischen Christen in den ersten beiden Jahrhunderten. Untersuchungen zur Sozialgeschichte, Tübingen 1989^2.
A.van Lantschoot, Un second témoin éthiopien du „Pasteur“ d'Hermas, Byz. 32, 1962, 93–95.
E. Lappa-Zizicas, Cinq fragments du Pasteur d'Hermas dans un manuscrit de la Bibliothèque National de Paris, RSR 53, 1965, 251–256.
J. Lawson, A Theological and Historical Introduction to the Apostolic Fathers, New York 1961, 219–267.
J. Lebreton, Histoire du dogme de la Trinité des origines au concile de Nicée, T. II, Paris 1928, 346–387.
–, Le texte grec du Pasteur d'Hermas d'après les Papyrus de l'université de Michigan, RSR 26, 1936, 464–467.
H. Leclercq, „Hermas (Le Pasteur D')“, DACL VI/2, 1925, 2265–2290.
L.-T. Lefort, Le Pasteur d'Hermas en Copte-Sahidique, Muséon 51, 1938, 239–276.
–, Le Pasteur d'Hermas. Un nouveau codex sahidique, Muséon 52, 1939, 223–228.
–, Les pères apostoliques en copte, édités (CSCO 135. Scriptores coptici T.17), Louvain 1952, II–IX. 1–31.
–, Les pères apostoliques en copte, traduits (CSCO 136. Scriptores coptici T. 18), Louvain 1952, 1–24.
J. Leipoldt, Der Hirt des Hermas in saidischer Übersetzung, SPAW 1903/1, Berlin 1903, 261–268.
–, Ein neues saidisches Bruchstück des Hermasbuches, ZÄS 46, 1909/10, 137–139.
J. Lenaerts, Un papyrus du Pasteur d'Hermas: P. Iand. 1,4, CEg 54, 1979, 356–358.
M. Leutzsch, Die Wahrnehmung sozialer Wirklichkeit im „Hirten des Hermas“, Göttingen 1989.
J. Liébaert, Les enseignements moraux des pères apostoliques, Gembloux 1970, 159–226.
H. Lietzmann, Hermas (4), PRE 8, 1912, 722–725.

–, Zur altchristlichen Verfassungsgeschichte (1914), in: Kleine Schriften I, ed. K. Aland, Berlin 1958, 141–185.

J. Lindblom, Geschichte und Offenbarungen. Vorstellungen von göttlichen Weisungen und übernatürlichen Erscheinungen im ältesten Christentum, Lund 1968.

A. Link, Christi Person und Werk im Hirten des Hermas, Diss. Marburg 1886.

–, Die Einheit des Pastor Hermae, Marburg 1888.

R.A. Lipsius, Der Hirte des Hermas und der Montanismus in Rom, ZWTh 8, 1865, 266–308; 9, 1866, 27–81.183–218.

–, Replik gegen Herrn von Tischendorf, ZWTh 9, 1866, 122–130.

–, Die Polemik eines Apologeten beleuchtet, ZWTh 12, 1869, 249–311.

–, [Rez. zu: J. Haussleiter, De versionibus] ThLZ 10, 1885, 281–284.

H. Lisco, Roma Peregrina. Ein Überblick über die Entwickelung des Christentums in den ersten Jahrhunderten, Berlin 1901, 95–243.

P. Lluis-Font, Sources de la doctrine d'Hermas sur les deux esprits, RAM 39, 1963, 83–98.

H. Lohmann, Drohung und Verheißung. Exegetische Untersuchungen zur Eschatologie bei den Apostolischen Vätern, Berlin-New York 1989.

B. Lohse, Askese und Mönchtum in der Antike und in der alten Kirche, München-Wien 1969.

A. Loisy, L'apocalyptique chrétienne, RHLR 8, 1922, 78–113.215–253.

E. Lorenzini, Le versioni latine del Pastore di Erma, Urbino 1975/76.

E. Lucchesi, Compléments aux Pères apostoliques en copte, AnBoll 99, 1981, 395–408.

–, Le *Pasteur* d'Hermas en copte. Perspective nouvelle, VigChr 43, 1989, 393–396.

D. Lührmann, Glaube B.II.7, RAC 11, 1981, 82.

W. Lueken, Michael. Eine Darstellung und Vergleichung der jüdischen und der morgenländisch-christlichen Tradition vom Erzengel Michael, Göttingen 1898.

O. Luschnat, Die Jungfrauenszene in der Arkadienvision des Hermas, ThViat 12, 1973/74, 53–70.

F.S. Mackenzie, The Interpretation of the Shepherd of Hermas, in: K. Lake, Landmarks in the History of Early Christianity, London 1920, 137–140.

K.D. Macmillan, The Shepherd of Hermas. Apocalypse or Allegory?, PTR 9, 1911, 61–94.

–, The Interpretation of the Shepherd of Hermas, in: Bibl. and Theol. Stud. by the Members of the Faculty of Princeton Theological Seminary, New York 1912, 493–543.

H.O. Maier, The Social Setting of the Ministry as Reflected in the Writings of Hermas, Clement and Ignatius, Diss. Univ. of Oxford 1987.

M.van Manen, Hermas als getuige voor de kanonieke Evangelien, ThT 27, 1893, 180–194.

M. Marin, Sulla fortuna delle Similitudini III e IV di Erma, VetChr 19, 1982, 331–340.

S.S. Marshall, Δίψυχος: a local term?, StEv VI (TU 112), Berlin 1973, 348–351.

J. Martin, Die Genese des Amtspriestertums in der frühen Kirche, Freiburg-Basel-Wien 1972.

J.P. Martín, Espíritu y dualismo de espíritus en el Pastor de Hermas y su relación con el judaísmo, VetChr 15, 1978, 295–345.

M. Martins, Un pouco de Hermas na Idade Média portuguesa, Brotéria 71, 1960, 52–62.

E. Massaux, L'influence de l'Evangile de saint Matthieu sur la littérature chrétienne avant saint Irénée, Louvain-Gembloux 1950, 261–326.

I. Mazzini, Il codice Urbinate 486 e la versione palatina del Pastore di Erma, Prometheus 6, 1980, 181–188.

I. Mazzini – E. Lorenzini, Il Pastore di Erma: Due versioni latine o due antologie di versioni?, Civilta classica e cristiana 2, 1981, 45–86.

J. A. McGuckin, The Vine and the Elm Tree: the Patristic Interpretation of Jesus' Teachings on Wealth, SCH(L) 24, 1987, 1–14.

G. M. Medica, La penitenza nel „Pastore" di Erma, RivLi 54, 1967, 573–596.

M. Mees, Der Hirte des Hermas und seine Aussagen über den Heiligen Geist, Lat. 47, 1981, 343–355.

P. Meinold, Bußwesen, RGG[3] 1, 1957, 1546.

G. Mercati, The Place of the Pastor in the Codex Sinaiticus, JThS 15, 1914, 452.

–, Per la sticometria del „Pastore" in: Nuove Note di letteratura biblica e cristiana antica, Città del Vaticano 1941, 58.81 f.

S. G. Mercati, Passo del Pastore di Erma riconosciuto nel pap. Oxy. 1828, Bib. 6, 1925, 336–338.

B. M. Metzger, The Canon of the New Testament. Its Origin, Development, and Significance, Oxford 1987, 63–67.

W. Michaelis, Zur Engelchristologie im Urchristentum. Abbau der Konstruktion Martin Werners, Basel 1942.

J. R. Michaels, The ‚Level Ground' in the Shepherd of Hermas, ZNW 59, 1968, 245–250.

P. Cox Miller, „All the Words Were Frightful": Salvation by Dreams in the Shepherd of Hermas, VigChr 42, 1988, 327–338.

C. Mohrmann, Les origines de la latinité chrétienne à Rome, VigChr 3, 1949, 67–106.163–183, jetzt in: dies., Etudes sur le latin des Chrétiens III, Rom 1965, 67–126.

–, Statio, VigChr 7, 1953, 221–245, jetzt in: dies., Etudes sur le latin des Chrétiens III, Rom 1965, 307–330.

M. A. Molina, La penitencia en el Pastor de Hermas, Mayéutica 6, 1980, 63–70.

E. Molland, Hermas, RGG[3] 3, 1959, 242.

H. Moxnes, God and His Angel in the Shepherd of Hermas, StTh 28, 1974, 49–56.

A. Moyo, Angels and Christologie in the „Shepherd of Hermas", Diss. Harvard Univ. 1979.

J. Mühlsteiger, Zum Verfassungsrecht der Frühkirche, ZKTh 99, 1977, 129–155. 257–285.

F. W. K. Müller, Eine Hermas-Stelle in manichäischer Version, SPAW 1905/2, Berlin 1905, 1077–1083.

H. Müller, Zum Pastor Hermae, ThQ 90, 1908, 89–94.

M. M. Mueller, Der Übergang von der griechischen zur lateinischen Sprache in der abendländischen Kirche von Hermas bis Novatian, Diss. Rom 1943.

H. A. Musurillo, The Need of a New Edition of Hermas, TS 12, 1951, 382–387.

F. Nardin, Essay sur les prophètes de l'Eglise primitive, Thèse Paris 1888.

P. Nautin, Erma (Pastore), Dizionario Patristico e di Antichità Cristiane 1, 1983, 1197 f.

K. H. Neufeld, Karl Rahner zu Buße und Beichte. Ein Überblick, ZKTh 108, 1986, 55–61.

B. Neunheuser, Taufe und Firmung, Freiburg-Basel-Wien 1983², 39.

W. Neuss, Die Kunst der alten Christen, Augsburg 1926.

U. Neymeyr, Römischer Ruhmesgedanke und jüdisches Lohndenken im Hirten des Hermas, Diplom-Arbeit Fachb. Kath. Theol. Univ. Mainz 1981.

–, Die christlichen Lehrer im zweiten Jahrhundert. Ihre Lehrtätigkeit, ihr Selbstverständnis und ihre Geschichte, Leiden-New York-Kopenhagen-Köln 1989.

K. Niederwimmer, Die Didache, Göttingen 1989.

L. W. Nijendijk, Die Christologie des Hirten des Hermas. Exegetisch, religions- und dogmengeschichtlich untersucht, Diss. Rijksuniv. Utrecht 1986.

J. D. A. Ogilvy, Books known to the English, 597–1066, Cambridge, Mass. 1967.

A. P. O'Hagan, The Great Tribulation to Come in the Pastor of Hermas, StPatr VI/2 (TU 79), Berlin 1961, 305–311.

K.-H. Ohlig, Die theologische Begründung des neutestamentlichen Kanons in der alten Kirche, Düsseldorf 1972.

H. Opitz, Ursprünge frühkatholischer Pneumatologie. Ein Beitrag zur Entstehung der Lehre vom Heiligen Geist in der römischen Gemeinde unter Zugrundelegung des I. Clemensbriefes und des „Hirten" des Hermas, Berlin 1960.

C. Osiek, The Ransom of Captives: Evolution of a Tradition, HThR 74, 1981, 365–386.

–, Wealth and Poverty in the Shepherd of Hermas, StPatr XVII/2, Oxford u. a. 1982, 725.

–, Rich and Poor in the Shepherd of Hermas. An Exegetical-Social Investigation, Washington 1983.
zit.: Osiek, Rich.

–, The Genre and Function of the Shepherd of Hermas, in: A. Y. Collins (ed.), Early Christian Apocalyticism: Genre and Social Setting, Semeia 36, 1986, 113–121.

–, The Early Second Century through the Eyes of Hermas: Continuity and Change, BTB 20, 1990, 116–122.

C. A. Osiek, Rich and Poor in the Shepherd of Hermas, HThR 71, 1978, 322f.
zit.: Osiek, Rich and Poor.

F. Overbeck, [Rez. zu O. de Gebhardt – A. Harnack, Hermae Pastor graece] ThLZ 3, 1878, 281–285.

R. A. Pack, The Greek and Latin Literary Texts from Greco-Roman Egypt, Ann Arbor 1965, Appendix: Patristic Textes Nr. 29–42 (p. 153).

J. Panagopoulos, Die urchristliche Prophetie. Ihr Charakter und ihre Funktion, in: ders., Prophetic Vocation in the New Testament and Today, Leiden 1977, 1–32.

J. Paramelle, Hermas. Questions d'histoire littéraire, influence, DSp 7/1, 1968, 316–320.332–334.

H. Parkin, The Numinous in ‚The Shepherd', CQ 1, 1963, 211–216.

H. Paulsen, Papyrus Oxyrhynchus I.5 und die ΔΙΑΔΟΧΗ ΤΩΝ ΠΡΟΦΗΤΩΝ, NTS 25, 1979, 443–453.

L. Pernveden, The Concept of the Church in the Shepherd of Hermas, Lund 1966.

M. Perraymond, Alcune visioni nell'arte cristiana antica: Abramo, Giacobbe, Ezechiele, Pastore d'Erma, Felicità e Perpetua, Aug. 29, 1989, 549–563.

E. Peterson, Frühkirche, Judentum und Gnosis. Studien und Untersuchungen, Rom-Freiburg-Wien 1959. Nachdruck Darmstadt 1982.

zit.: Peterson.
–, Beiträge zur Interpretation der Visionen im Pastor Hermae (1947), in: ders., Frühkirche, Judentum und Gnosis. Studien und Untersuchungen, Rom-Freiburg-Wien 1959. Nachdruck 1982, 254–270.
zit.: Peterson.
–, Die Begegnung mit dem Ungeheuer (1954), in: ders., Frühkirche, Judentum und Gnosis. Studien und Untersuchungen, Rom-Freiburg-Wien 1959. Nachdruck 1982, 285–309.
zit.: Peterson.
–, Die „Taufe" im Acherusischen See (1955), in: ders., Frühkirche, Judentum und Gnosis. Studien und Untersuchungen, Rom-Freiburg-Wien 1959. Nachdruck 1982, 310–332.
zit.: Peterson.
–, Kritische Analyse der fünften Vision des Hermas (1958), in: ders., Frühkirche, Judentum und Gnosis. Studien und Untersuchungen, Rom-Freiburg-Wien 1959. Nachdruck 1982, 271–284.
zit.: Peterson.
–, Giudaismo e Cristianesimo: culto giudaico e culto cristiano, RSLR 1, 1965, 367–391.
P. Piehler, The Visionary Landscape. A study in medieval allegory, London 1971.
P. H. T. Piehler, Landscape and dialogue: a study of allegorical tradition in medieval literature, Ann Arbor, Michigan 1965.
H. Piesik, Bildersprache der apostolischen Väter, Diss. Bonn 1961.
R. Pintaudi, Propemticon (Nuovi frammenti papiracei del Pastore di Erma), SCO 33, 1983, 117f.
D. Plooij, De Christologie van den Herder van Hermas, ThT 43, 1909, 297–333.
–, Eine enkratitische Glosse im Diatessaron, ZNW 22, 1923, 1–16.
E. Plümacher, Identitätsverlust und Identitätsgewinn. Studien zum Verhältnis von kaiserzeitlicher Stadt und frühem Christentum, Neukirchen-Vluyn 1987.
H. Pohlmann, Erbauung, RAC 5, 1962, 1043–1070.
J. Ponthot, The Jewish Apocalyptic Tradition. Features and Purpose of the Literary Genre, LV 40, 1985, 153–166.
B. Poschmann, Paenitentia secunda. Die kirchliche Buße im ältesten Christentum bis Cyprian und Origenes, Bonn 1940.
–, Buße und letzte Ölung, Freiburg-Basel-Wien 1951.
–, Buße. Christlich, RAC 2, 1954, 805–812.
S. Prete, Cristianesimo antico e riforma ortodossa. Note intorno al „Pastore" di Erma (II sec.), Conv. 19, 1950, 114–128.
A. Puech, Histoire de la littérature grecque chrétienne 2, Paris 1928, 71–95.
–, La langue d'Hermas, in: Mélanges O. Navarre, Toulouse 1935, 361–363.
–, Observations sur le Pasteur d'Hermas, in: Studi dedicati alla memoria di P. Ubaldi, Milano 1937, 83–85.
H.-Ch. Puech, Compte rendu de l'étude de A. von Ström, RHR 115, 1937, 110–113.
J. Quasten, Patrology I, Utrecht-Antwerp 1966, 92–105.
G. Radke, Die Bedeutung der weißen und der schwarzen Farbe in Kult und Brauch der Griechen und Römer, Diss.phil. Berlin, Jena 1936.
H. Rahner, Griechische Mythen in christlicher Deutung, Darmstadt 1966[3], 259–261.376 A.95.

K. Rahner, Die Bußlehre im Hirten des Hermas, ZKTh 77, 1955, 385–431. zit.: K. Rahner.
–, Schriften zur Theologie 11, Zürich-Einsiedeln-Köln 1973, 97–172.
Rambouillet, L'orthodoxie du livre du Pasteur d'Hermas, Paris 1880.
–, Un dernier mot sur l'orthodoxie d'Hermas, Paris 1880.
J. Reiling, Hermas and Christian Prophecy: A study of the Eleventh Mandate, Leiden 1973.
H. Reinhold, De graecitate Patrum Apostolorum librorumque apocryphorum Novi Testamenti quaestiones grammaticae, Diss. Halle 1898.
R. Reitzenstein, Poimandres, Leipzig 1904. Nachdruck Darmstadt 1966, 11–13.32f.
–, Himmelswanderung und Drachenkampf in der alchemistischen und frühchristlichen Literatur, in: Festschr. Friedr. Carl Andreas, Leipzig 1916, 33–50.
J. Réville, Compte rendu de l'étude de Spitta, RHR 36, 1897, 120–122.
–, La valeur du témoignage historique du Pasteur d'Hermas, Paris 1900.
A. Ribagnac, La christologie du Pasteur d'Hermas, Thèse Paris 1887.
D. W. Riddle, The Messages of the Shepherd of Hermas: A Study in Social Control, JR 7, 1927, 561–577.
P. Rießler, Altjüdisches Schrifttum außerhalb der Bibel, Darmstadt 1984[5].
J. M. Rife, Hermas and the Shepherd, ClW 37, 1943–44, 81.
A. M. Ritter, Christentum und Eigentum bei Klemens von Alexandrien auf dem Hintergrund der frühchristlichen „Armenfrömmigkeit" und der Ethik der kaiserzeitlichen Stoa, ZKG 86, 1975, 1–25.
J. A. Robinson, Hermas in Arcadia, in: S. P. Lambros, A Collation of the Athos Codex of the Shepherd of Hermas, Cambridge 1888, 30–36.
–, Barnabas, Hermas, and the Didache. Being the Donnellan Lectures, London 1920.
H. B. Robison, Syntax of the Participle in the Apostolic Fathers (Historical and Linguistic Studies, Second Series, Vol. II, Part V), Diss. Univ. of Chicago 1913.
G. Roethe, Zur Geschichte der römischen Synoden im 3. und 4. Jahrhundert, Stuttgart 1937.
W. Rordorf, Un chapitre d'éthique judeóchretienne: Les deux vois, RSR 60, 1972, 109–128.
W. Roslan, Die Grundbegriffe der Gnade nach der Lehre der apostolischen Väter, ThQ 119, 1938, 200–225.275–317.470–503.
J. Ruwet, Les „Antilegomena" dans les oeuvres d'Origène, Bib. 23, 1942, 18–42.
H. Sahlin, Wie wurde ursprünglich die Benennung „der Menschensohn" verstanden?, StTh 37, 1983, 147–179.
S. Salaville, Le „Pasteur" d'Hermas et la „Divine Comédie" de Dante, EOr 20, 1921, 385–401.
J. de Savignac, Quelques problèmes de l'ouvrage dit „Le Pasteur" d'Hermas, ETR 35, 1960, 159–170.
R. Schenk, Zur angeblichen Lehre des Hirten des Hermas vom überschüssigen Verdienst, ZKWL 6, 1885, 407–413.
–, Zum ethischen Lehrbegriff des Hirten des Hermas, Aschersleben 1886, 3–35.
G. Schläger, Der Hirt des Hermas eine ursprünglich jüdische Schrift, NThT 16, 1927, 327–342.
H. Schlier, Christus und die Kirche im Epheserbrief, Tübingen 1930, 51–53.
W. Schmid, Eine frühchristliche Arkadienvorstellung, in: Convivium (Festschr.

K. Ziegler), Stuttgart 1954, 121–130, jetzt in: Ausgewählte philologische Schriften, ed. H. Erbse u. J. Küppers, Berlin-New York 1984, 510–518.
E. A. Schmidt, Arkadien. Abendland und Antike, AuA 21, 1975, 36–57.
G. H. Schodde, Hêrmâ Nabî. The Ethiopic Version of Pastor Hermae Examined, Leipzig 1876.
J. Schreiner, Das 4. Buch Esra, Gütersloh 1981.
J. Schümmer, Die altchristliche Fastenpraxis, Münster 1933.
H. Schulz, Spuren heidnischer Vorlagen im Hirten des Hermas, Diss. Rostock, Borna-Leipzig 1913.
S. Schulz, Die Mitte der Schrift. Der Frühkatholizismus im Neuen Testament als Herausforderung an den Protestantismus, Stuttgart-Berlin 1976.
E. Schwartz, Bußstufen und Katechumenatsklassen, Straßburg 1911.
J. Schwartz, Survivances littéraires paiennes dans le „Pasteur" d'Hermas, RB 72, 1965, 240–247.
V. Schweitzer, Der Pastor Hermae und die opera supererogatoria, ThQ 86, 1904, 539–556.
E. Schweizer, Gemeinde und Gemeindeordnung im Neuen Testament, Zürich 1959, 141–145.
–, Gegenwart des Geistes und eschatologische Hoffnung bei Zarathustra, spätjüdischen Gruppen, Gnostikern und den Zeugen des Neuen Testamentes, in: The Background of the New Testament and Its Eschatology. In Honour of C. H. Dodd, ed. W. D. Davies-D. Daube, Cambridge 1964, (482–508) 494–496.
R. Seeberg, Lehrbuch der Dogmengeschichte 1. Bd., Leipzig 1922³. Darmstadt 1965⁶.
O. Seitz, Selected Subjects in the Thought and Terminology of Hermas, Th.D. thesis Harvard University 1945.
O. J. F. Seitz, Relationship of the Shepherd of Hermas to the Epistle of James, JBL 63, 1944, 131–140.
–, Antecedents and Signification of the Term ΔΙΨΥΧΟΣ, JBL 66, 1947, 211–219.
–, Afterthoughts on the term ‚dipsychos', NTS 4, 1957/58, 327–334.
–, Two Spirits in Man: An Essay in Biblical Exegesis, NTS 6, 1959/60, 82–95.
G. Sgherri, Textkritische Bemerkungen zu Hermas 51,5, VigChr 31, 1977, 88–93.
A. Siegmund, Die Überlieferung der griechischen christlichen Literatur in der lateinischen Kirche bis zum zwölften Jahrhundert, München-Pasing 1949.
M. Simonetti, Il problema dell'unità di Dio a Roma da Clemente a Dionigi, RSLR 22, 1986, 440ff.
–, Roma cristiana tra II e III secolo, VetChr 26, 1989, 115–136.
H.-D. Simonin, Le „doute" d'après les Pères Apostoliques. Διψυχία, VS.S du Tome 51, 1937, [165]-[178].
K. Sittl, Jahresbericht über die spätlateinischen Schriftsteller vom Ende 1879 bis einschl. 1884, JKAW 17, 1889, 34f.
M. M. Smith, Feminine Images in the Shepherd of Hermas, Diss. Duke University 1979.
B. Snell, Arkadien, die Entdeckung einer geistigen Landschaft, AuA 1, 1945, 26–41.
H. von Soden, [Rez. zu: F. Spitta, Zur Geschichte und Litteratur] ThLZ 22, 1897, 581–587.
R. Söder, Die apokryphen Apostelgeschichten und die romanhafte Literatur der Antike, Stuttgart 1932. Nachdruck Darmstadt 1969.

F. Spitta, Zur Geschichte und Litteratur des Urchristentums II: Der Brief des Jakobus; Studien zum Hirten des Hermas, Göttingen 1896, 241–437.
R. Staats, Hauptsünden, RAC 13, 1985, 734–770.
–, Hermas, TRE 15, 1986, 100–108.
O. Stählin, Die altchristliche griechische Litteratur, München 1924[6], 1220–1223.
A. Stahl, Patristische Untersuchungen. Der „Hirt" des Hermas, Leipzig 1901, 225–359.
E. Staniek, Angelologia w Pasterzu Hermasa (Die Engellehre im Pastor des Hermas), STV 9, 1971, 51–82 (polnisch mit deutscher Zusammenfassung 82).
S. G. Stock, Hermas and Cebes – A Reply, JP 28, 1903, 87–93.
B. H. Streeter, The Primitive Church, London 1929.
A. W. Strock, The Shepherd of Hermas: A Study of His Anthropology as Seen in the Tension Between Dipsychia and Hamartia (Repentence), Diss. Emory Univ. 1984.
A. von Ström, Der Hirt des Hermas: Allegorie oder Wirklichkeit?, Uppsala 1936.
J. Stufler, Die Bußdisziplin der abendländischen Kirche bis Kallistus, ZKTh 31, 1907, 433–473.
A. Stuiber, Refrigerium interim, Bonn 1957.
I. N. Surubaru, Doctrina despre biserica in „Pastorul lui Herma", StTeol 19, 1967, 432–445 (rumänisch).
J. Svennung, Statio = ‚Fasten', ZNW 32, 1933, 294–308.
H. B. Swete, The Holy Spirit in the Ancient Church: A Study of Christian Teaching in the Age of the Fathers, London 1912. Nachdruck Grand Rapids 1966.
G. Switek, „Discretio Spirituum". Ein Beitrag zur Geschichte der Spiritualität, ThPh 47, 1972, 36–76.
C. H. Talbert, The Myth of a Descending-Ascending Redeemer in Mediterranean Antiquity, NTS 22, 1975/76, 418–440.
R. G. Tanner, Latinisms in the Text of Hermas, Colloquium 4, 1972, 12–23.
C. Taylor, The Didache Compared with the Shepherd of Hermas, JP 18, 1889, 297–325.
–, Traces of a Saying of the Didache, JP 19, 1891, 167–172.
–, The Witness of Hermas to the Four Gospels, London 1892.
–, The Two Ways in Hermas and Xenophon, JP 21, 1893, 243–258.
–, Hermas and the Four Gospels, ClR 7, 1893, 200f.
–, Hermas and Cebes, JP 27, 1901, 276–319; 28, 1903, 24–38.
–, Note on Hermas and Cebes – A Reply, JP 28, 1903, 94–98.
–, Hermas and Matt. XXVIII, 19f., JThS 7, 1906, 268f.
–, Plutarch, Cebes and Hermas, JP 31, 1910, 14.35–41.
W. F. Telfer, [Rez. zu: S. Giet, Hermas et les Pasteurs] JThS NS 16, 1965, 192–194.
P. Thielmann, [Rez. zu: J. Haussleiter, De versionibus] Archiv für lateinische Lexikographie und Grammatik 1, Leipzig 1884, 456–458.
H. W. J. Thiersch, Die Geschichte der christlichen Kirche im Alterthum 1. Die Kirche im apostolischen Zeitalter, Frankfurt/M.-Erlangen 1858[2], 350–357.
A. F. C. Tischendorf, Novum Testamentum Sinaiticum sive Novum Testamentum cum epistula Barnabae et fragmentis Pastoris, Leipzig 1863.
T. F. Torrance, The Doctrine of Grace in the Apostolic Fathers, Edinburgh-London 1948, 111–125.
K. Treu, Ein neuer Hermas-Papyrus, VigChr 24, 1970, 34–39.

–, Papyri und Patristik, Kairos 16, 1974, 97–114.
K.-W. Tröger, Das Christentum im zweiten Jahrhundert, Berlin 1988.
S. Tugwell, The Apostolic Fathers, London 1989, 47–88.
J. Turmel, Le pasteur d'Hermas, Annales de la philosophie chrétienne 148, 1904, 26–52.
C. H. Turner, Is Hermas Also Among the Prophets?, JThS 14, 1913, 404–407.
–, The Shepherd of Hermas and the Problem of Its Text, JThS 21, 1920, 193–209.
G. Uhlhorn, Hermas, RE^3 7, 1899, 714–718.
W.C.van Unnik, Les cheveux défaits des femmes baptisées, VigChr 1, 1947, 77–100.
–, Zur Bedeutung von Ταπεινοῦν τὴν ψυχήν bei den Apostolischen Vätern, ZNW 44, 1952–53, 250–255.
A. Vanbeck, La Pénitence dans le Pasteur d'Hermas, RHLR NS 2, 1911, 389–403.
P. G. Verweijs, Evangelium und neues Gesetz in der ältesten Christenheit bis auf Marcion, Utrecht 1960, 194–216.
P. Vielhauer, Der Hirt des Hermas, NTApo 2^3, 1964 = 2^4, 1971, 444–454.
–, Geschichte der urchristlichen Literatur, Berlin-New York 1975, 513–523.
–, Oikodome. Das Bild vom Bau in der christlichen Literatur vom Neuen Testament bis Clemens Alexandrinus, Karlsruhe 1939; jetzt in: Oikodome. Aufsätze zum Neuen Testament, Bd. 2, ed. G. Klein, München 1979, 147–152.
P. Vielhauer – G. Strecker, Der Hirt des Hermas, NTApo 2^5, 1989, 537–547.
M. Violante, Il ‚casto pastore' dell'„Iscrizione" di Abercio e il „Pastore" di Erma, Orph. NS 8, 1987, 355–366.
D. Völter, Die Visionen des Hermas, die Sibylle und Clemens von Rom, Berlin 1900.
–, Die apostolischen Väter neu untersucht. I. Teil: Clemens, Hermas, Barnabas, Leiden 1904, 173–327.
C. Vogel, Le pécheur et la pénitence dans l'Église ancienne. Paris 1966, 16–18.62–66.
H. Vorgrimler, Buße und Krankensalbung, Freiburg-Basel-Wien 1978^2, 33–36.
J.von Walter, Die Komposition von Hermas sim. V und ihre dogmengeschichtlichen Konsequenzen, ZNW 14, 1913, 133–144.
J. Warichez, Le pasteur d'Hermas. Un nouveau manuscrit de l'ancienne version latine, RHE 6, 1905, 281–288.
C. D. Watkins, A History of Penance I, London 1920, 47–72.
T. M. Wehofer, Die Genesis eines judenchristlichen Prophetenbuches (Hermas), Untersuchungen zur altchristlichen Epistolographie, SAWW.PH 143, XVII. Abhandlung, Wien 1901, 43–56.
H. Weinel, Die Wirkungen des Geistes und der Geister im nachapostolischen Zeitalter bis auf Irenäus, Freiburg i.B.-Leipzig-Tübingen 1899.
–, Der Hirt des Hermas, HNTA, Tübingen 1904, 290–323.
–, Der Hirt des Hermas, NTApo 1924^2, 327–384.
K. Wengst, Didache (Apostellehre), Barnabasbrief, Zweiter Klemensbrief, Schrift an Diognet, Darmstadt 1984.
J. C. White, The Interaction of Language and World in the Shepherd of Hermas, Diss. AnnArbor, Michigan 1973.
M. Whittaker, Hermas, Shepherd of, NCE 6, 1967, 1074f.
J. C. Wilson, Toward a Reassessment of the Milieu of the Shepherd of Hermas: Its Date and Its Pneumatology, Diss. AnnArbor, Michigan 1984.
W. J. Wilson, The Career of the Prophet Hermas, HThR 20, 1927, 21–62.

H. Windisch, Taufe und Sünde im ältesten Christentum bis auf Origenes, Tübingen 1908, 356–382.

F.J. Winter, Sittliche Grundanschauungen im „Hirten“ des Hermas, ZKWL 5, 1884, 33–46.

G. Wohlenberg, Bilder aus dem altkirchlichen Leben einer heidnischen Großstadt, NKZ 11, 1900, 904–918.957–984.

F. W. Young, The Shepherd of Hermas: A study of his concepts of repentance and of the church, Diss. AnnArbor, Michigan 1945.

T. Zahn, Der Hirt des Hermas untersucht, Gotha 1868.

–, GGA Stück 44, 28.Oktober 1868, 1721–1727.

–, Antwort auf des Herrn Professor Dr. Lipsius Beleuchtung der Polemik eines Apologeten, JDTh 15, 1870, 192–206.

–, [Rez. zu: O.de Gebhardt – A. Harnack, Hermae Pastor graece] GGA Stück 2, 9. Januar 1878, 33–63.

–, Forschungen zur Geschichte des neutestamentlichen Kanons und der altkirchlichen Literatur, 10 Bde, Erlangen-Leipzig 1881–1929.

–, Geschichte des neutestamentlichens Kanons, 2 Bde, Leipzig 1888–1892.

A.F. Zimmermann, Die urchristlichen Lehrer. Studien zum Tradentenkreis der διδάσκαλοι im frühen Urchristentum, Tübingen 1988^{2}.

J.de Zwaan, Hermas, de Romeinsche Christen, in: ders., Jezus, Paulus en Rome, Amsterdam 1927, 149–164.

Register

Zwischen Verweisen auf den Haupttext und solchen auf die Anmerkungen ist nicht optisch unterschieden. Das Sachregister erfaßt nur den Kommentarteil, also nicht den übersetzten Text des „Hirten", dessen Nomenklatur mit Hilfe der *Clavis* von H. Kraft überblickt werden kann. Übermäßig häufige Begriffe sind nicht oder nur mit den wichtigsten Belegstellen bzw. in den Exkursen berücksichtigt. Ins Autorenregister ist wegen seiner enormen Häufigkeit der Name M. Dibelius nicht aufgenommen.

Sachregister

Autorenregister